유럽 풋볼
스카우팅 리포트
2025-26

Column 01	토트넘 10년, 손흥민의 레거시	•004
Column 02	홍명보호의 '임파서블'	•010
Column 03	축구 정치학: 왜 북중미월드컵은 48개국이나 출전할까?	•016

플레이어 랭킹 & 스카우팅 리포트 •022

공형 미드필더 & 윙어 | 센터포워드 & 폴스9 | 미드필더
풀백 & 윙백 | 센터백 | 골키퍼

잉글랜드 프리미어리그 •174

리버풀 | 아스널 | 맨체스터 시티 | 첼시 | 뉴캐슬 유나이티드 | 애스턴 빌라
노팅엄 포레스트 | 브라이튼 & 호브 알비온 | AFC 본머스 | 브렌트포드 | 풀햄
크리스탈 팰리스 | 에버튼 | 웨스트햄 유나이티드 | 맨체스터 유나이티드
울버햄튼 원더러스 | 토트넘 핫스퍼 | 리즈 유나이티드 | 번리 | 선덜랜드

라 리가 •220

바르셀로나 | 레알 마드리드 | 아틀레티코 마드리드 | 아슬레틱 빌바오 | 비야레알
레알 베티스 발롬피에 | 셀타 비고 | 라요 바예카노 | 오사수나 | 마요르카
레알 소시에다드 | 발렌시아 | 헤타페 | 에스파뇰 | 데포르티보 알라베스 | 지로나
세비야 | 레반테 | 엘체 | 레알 오비에도

CONTENTS

분데스리가 · 266

FC 바이에른 뮌헨 | 바이어 04 레버쿠젠 | 아인트라흐트 프랑크푸르트
보루시아 도르트문트 | SC 프라이부르크 | 1.FSV 마인츠 05 | RB 라이프치히
SV 베르더 브레멘 | VFB 슈투트가르트 | 보루시아 묀헨글라트바흐
VFL 볼프스부르크 | FC 아우구스부르크 | FC 우니온 베를린 | FC 장크트파울리
TSG 1899 호펜하임 | FC 하이덴하임 | 1.FC 쾰른 | 함부르크 SV

세리에A · 308

SSC 나폴리 | 인테르 밀란 | 아탈란타 BC | 유벤투스 | AS 로마
ACF 피오렌티나 | SS 라치오 | AC 밀란 | 볼로냐 FC 1909 | 코모 1907
토리노 | 우디네세 칼초 | 제노아 CFC | 헬라스 베로나 | 칼리아리 칼초
파르마 칼초 1913 | US 레체 | 사수올로 칼초 | 피사

리그앙 · 354

파리 생제르맹 | 올랭피크 마르세유 | AS 모나코 | OGC 니스 | 릴 OSC
올랭피크 리옹 | RC 스트라스부르 알자스 | RC 랭스 | 스타드 브레스투아 29
툴루즈 | AJ 오세르 | 스타드 렌 FC | FC 낭트 | 앙제 SCO | 르 아브르 AC
FC 로리앙 | 파리 FC | FC 메츠

토트넘 10년, 손흥민의 레거시

홍재민
버벡대학교 대학원에서 축구산업학을 전공했다.
2012년부터 포포투에서 기자로 활동했으며
《2023 2024 파리생제르맹 가이드북》,
《프리미어리그 히스토리》 등을 썼으며,
《레드 온 레드》, 《차세대 축구명장 36》 등을 번역했다.

Column 01

2008년 영화 '킬러들의 도시'에서 주인공 레이(콜린 패럴)는 회화 작품 앞에 선다. 16세기 화가 피터르 브뤼헐이 연옥을 묘사한 그림이다. 레이는 동료에게 이렇게 말한다. "연옥은 애매한 사람들이 가는 곳이에요. 정말 최악은 아닌데, 그렇다고 해서 또 대단한 삶도 아닌 거예요. 토트넘처럼요."

레이의 설명처럼 예전부터 토트넘은 늘 '중간계' 이미지였다. 그랬던 토트넘이 최근 10년간 눈부시게 성장했다. 최첨단 스타디움을 갖췄고 UEFA챔피언스리그 결승전 무대에도 섰다. 알다시피 그 변화는 손흥민의 전성기와 정확히 겹친다.

2015년 여름 손흥민은 토트넘으로 이적했다. 분데스리가에서 가장 주목받던 공격수답게 몸값은 2천만 파운드(약 372억 원)에 달했다. 그로부터 정확히 10년이 흘렀다. 손흥민이 남긴 족적은 또렷하다. 첫 시즌을 제외한 아홉 시즌 내내 붙박이 주전으로 뛰었다. 2024-25시즌을 마친 시점에서 손흥민은 클럽 역대 최다 출전 7위(454경기)에 올라 있다. 세계 최고 선수들이 우글거리는 리그에서 9년 연속 주전이라는 사실 자체가 얼마나 대단한 업적인지 유럽 축구 팬이라면 쉽게 이해한다.

손흥민을 돋보이게 하는 기록은 역시 득점이다. 측면에서 뛰면서도 그의 득점력은 정상급 스트라이커 못지않다. 손흥민의 173골은 토트넘 역대 득점 5위 기록이다. 2023년 4월 8일, 손흥민은 브라이턴을 상대로 프리미어리그 100번째 골을 터트렸다. 프리미어리그 센츄리클럽 33호인 동시에 역사상 최초의 아시아 출신 가입자가 된 것이다. 이후 손흥민은 리그 득점수를 127골(역대 16위)까지 늘렸다. 토트넘 선배 로이 킨, 리버풀 영웅 스티븐 제라드, 90년대 슈퍼스타 라이언 긱스, 첼시 레전드 디디에 드로그바가 모두 그의 뒤에 있다. 2021-22시즌 모하메드 살라와 함께 리그 공동 득점왕에 등극한 순간은 하이라이트였다. 한국인 선수가 프리미어리그의 득점왕이라고? 망상처럼 느껴지지만, 손흥민이 그걸 해냈다.

팀스포츠인 만큼 축구에서는 우승 실적이 중요하다. 토트넘은 1960-61시즌 이래 지금까지 64년째 1부 리그에서 우승한 적이 없다. 대회 종류와 상관없이 타이틀만 따져도 토트넘의 우승 실적은 17년 전 리그컵(현 EFL컵)까지 거슬러 올라가야 한다. 2025년 5월, UEFA유로파리그 결승전에서 토트넘은 자국 라이벌 맨유를 1-0으로 꺾고 우승을 차지했다. 그렇게 드문 토트넘의 우승 사진에서 손흥민은 캡틴으로서 영원히 클럽 역사에 남게 되었다.

한국인 주장이 트로피를 들어 올리는 장면은 현지 팬들에게도 큰 울림을 줬다. 2년 전, 토트넘 팬들은 바이에른뮌헨으로 떠나는 해리 케인의 뒷모습을 보며 땅을 쳤다. 유소년 시절부터 다 함께 키웠던 역대 최다 득점자가 출가하는 이유가 '이곳에서는 우승하지 못할 것 같아서'였기 때문이다. '데스크(DESK; 델레 알리, 크리스티안 에릭손, 손흥민, 케인)'에 이어 '손케(손흥민, 케인)'마저 해체되자 팬들의 마음속에서 우승 가능성은 줄어드는 것처럼 느껴졌다. 실망감이 팽배했던 2024-25시즌 토트넘이 유럽에서 두 번째 권위를 보유한 유로파리그에서 우승한 것이다. 홀로 남은 충신인 손흥민이 주장 완장을 차고 트로피를 들어 올리자 스페인 빌바오에 모였던 토트넘 팬들은 기쁨의 눈물을 흘릴 수밖에 없었다. 손흥민 개인으로서도 빈자리가 너무나 컸던 우승 이력 항목이 드디어 채워지는 값진 순간이기도 했다.

토트넘 역사에서 황금기로 정의할 수 있는 시기는 세 번 있었다. 첫 번째 황금기는 1960년대 빌 니콜슨 감독 시대다. 이 기간에 토트넘은 1부 우승 1회, FA컵 우승 3회, 리그컵 우승 2회, UEFA컵과 컵위너스컵 우승 각 1회 등 각종 타이틀을 집중적으로 획득했다. 1960-61시즌의 더블(리그, FA컵)과 1962-63시즌의 컵위너스컵 우승은 모두 영국 클럽으로서 최초의 신기원이었다. 화이트하트레인 시절, 스타디움 정문으로 이어지는 작은 도로명이 '빌 니콜슨 웨이'였을 정도로 그는 클럽의 전설로 남는다.

두 번째 황금기는 1980년대 초반이다. 잉글랜드 축구 최초의 판타지스타로 평가받는 글렌 호들을 비롯해 1978년 FIFA월드컵 챔피언인 아르헨티나의 오스발도 아르디예스(애칭 '오지')와 리카르도 비야, 클럽 역대 최다 출전 기록자 스티브 페리먼 등이 그라운드를 화려하게 수놓았다. 당시 토트넘은 FA컵에서 2년 연속 우승했고, 1984년 UEFA컵에서도 우승했다. 화려한 트로피가 채워졌기에 당시 멤버들은 지금도 잊지 못할 추억으로 남는다. 빌바오 우승 현장에서 손흥민에게 "너는 토트넘 레전드야"라며 축하했던 TV 중계 패널이 바로 호들이었다. 은퇴 후 지도자로 변신한 아르디예스는 1994년 위르겐 클린스만을 영입해 큰 화제를 뿌렸다.

그리곤 세 번째로 찾아왔던 전성기가 바로 손흥민의 활동 시기다. 마우리시오 포체티노 감독이 박진감 넘치는 플레이스타일로 팬들을

매료시켰다. 토트넘 아카데미가 배출한 케인이 리그에서 골을 펑펑 터뜨렸고, 천재형 미드필더 에릭손과 알리가 중원을 장악했다. 바이에르 레버쿠젠에서 영입된 손흥민의 공격력이 보태져 팀 전력이 급상승했다. 2015-16시즌부터 토트넘은 4년 연속 4위권을 유지하면서 리그 우승을 다퉜다. 2016-17시즌의 리그 2위 피니시는 1962-63시즌 이후 54년 만에 맛본 호성적이었다. 기억에 뚜렷이 남는 시기의 주연으로 활약했기에 손흥민은 토트넘 팬들에게 특별하게 다가갈 수밖에 없었다.

세 번째 황금기에는 차별성이 있다. 그라운드 밖에서 벌어진 대변혁 덕분이다. 레비 회장이 새 구장 건립 사업을 기어이 실현해냈다. 경기장 신축은 막대한 선투자뿐 아니라 완공 후에도 장기간에 걸쳐 금융 부담을 수반한다. 토트넘은 물론 모기업인 ENIC도 그런 꿈을 꾸기엔 덩치가 작았다. 그러나 레비 회장은 모든 금융 인맥과 노하우를 총동원해 총공사비 13억 파운드(약 2조 3,640억 원)짜리 스타디움을 완성했다. 2019년 4월 3일, 토트넘은 크리스털팰리스를 상대로 대망의 공식 개장 경기를 치렀다. 이날 선발 출전한 손흥민은 선제골을 터뜨렸다. 클럽의 새 시대를 상징하는 토트넘홋스퍼스타디움 공식 1호 골이었다. 시장조사기관 '딜로이트'에 따르면, 토트넘의 새 홈구장은 영국 축구에서 경기일 매출이 가장 큰 곳이다. 수용 규모 확대는 자연스레 클럽 매출 신장으로 연결되었다. 2023-24시즌을 기준으로 토트넘은 전 세계 9위 매출을 기록했다. 위풍당당한 토트넘홋스퍼스타디움의 공식 개장은 빅클럽 선포식이나 다름이 없었다. 손흥민의 개장 1호 골이 그 축포였고.

손흥민의 10년 헌신은 토트넘에 기대 이상의 축복이었다. 반복하지만, 손흥민이 북런던에서 뛰기 전까지 토트넘의 이름에는 언제나 '거의(nearly)'라는 부사가 따라붙었다. 거의 이길 뻔했다거나 거의 우승할 뻔했다는 식이었다. 그러나 손흥민이 그 말을 깨끗이 지웠다. 3년 전, 필자는 런던의 밤거리를 걷고 있었다. 건널목 신호를 기다리다가 건너편에 있는 옥외 전광판에 시선을 빼앗았다. 영국 내 프리미어리그 중계권사인 〈스카이스포츠〉의 광고 속에서 손흥민이 멋지게 무릎 슬라이딩을 하고 있었다. 광화문이 아니었다. 런던 시내에 있는 대형 스크린에서 손흥민을 보는 경험은 짜릿했다. 영국 현지 팬들에게도 손흥민은 이미 프리미어리그 생중계를 챙겨봐야 하는 이유 중 하나라는 뜻이었기 때문이다. 얼마 전까지 그저 그랬던 토트넘이 프리미어리그를 대표하는 슈퍼스타 두 명(케인은 2023년 떠났지만)을 한꺼번에 보유했다는 사실은 클럽의 입지 상승을 보여준다. 손흥민이 뛰는 동안, 토트넘은 '거의 빅클럽'이란 정체성에서 '거의'를 뗄 수 있었다.

한국인 슈퍼스타는 성적과 함께 돈을 불렀다. 생중계에서 알 수 있듯이 토트넘의 홈경기 관중석에는 태극기를 든 한국인 팬이 놀라울 정도로 많다. 경기장 클럽숍에서는 경기일 하루에만 손흥민의 유니폼이 1천 장 가까이 팔린다고 한다. 토트넘홋스퍼스타디움은 런던을 찾는 한국인들의 필수 방문 코스가 되었고, 손흥민의 7번 유니폼은 런던에서 반드시 사야 할 선물 1호 아이템으로 자리 잡았다. 2025년 여름까지 토트넘은 서울을 세 번이나 찾는다. 여름 프리시즌 투어는 클럽의 짭짤한 수입원이다. 손흥민이 없었으면 토트넘이 대한민국까지 날아와 클럽 인지도를 높이고 돈까지 벌어가는 사업 기회는 없었을 것이다.

1970년대 말, 한국 축구의 선구자 차범근이 유럽 진출을 개척했다. 2002년 월드컵은 한국인 선수들의 유럽행을 선물했다. TV 중계에서나 봤던 세계 최고 인기 리그에서 박지성과 이영표, 설기현, 이청용 등 한국인 스타들의 플레이를 시청하는 것 자체가 국내 팬들에게는 호사였다. 그러나 손흥민의 '토트넘 족적'은 달랐다. 국적으로 주목받는 수준이 아니었다. 손흥민은 토트넘 역사에 길이 남을 업적을 쌓았다. 프리미어리그를 대표하는 간판스타로 자리매김했다. FIFA 월드컵이든 AFC아시안컵이든 메이저 대회 현장에서 수많은 외국 취재진이 손흥민으로부터 한마디라도 듣기 위해 발을 동동 구른다. 한국에서도 이런 축구선수가 나왔다. 토트넘은 손흥민과 함께 연옥에서 빠져 나오고 있고.

홍명보호의 '임파서블':
선수단 변화, 평가전 호성적, 그리고 북중미월드컵 8강

홍재민

울산 시절

대표팀

Column 02

배준호

얼마 전 새 교황 레오 14세가 선출됐다. 콘클라베(비밀 투표) 장소인 시스티나 성당은 미켈란젤로의 역작 '천지창조'로 유명하다. 미켈란젤로는 혼자 초대형 작품을 완성하면서 작업 현장을 아무에게도 보여주지 않았다. 작품 의뢰자였던 당시 교황까지 출입 금지였단다.

대한민국 국가대표팀의 홍명보 감독도 아마 그렇게 일하고 싶을 것 같다. 앞으로 남은 1년 동안, 아무런 방해 없이 본인이 생각하는 최고의 팀을 만들어 북중미월드컵에서 '짠' 하고 선보이고 싶지 않을까? 물론 그런 설정은 불가능하다. 국가대표팀은 하나부터 열까지 공개된다. 테스트인 평가전(월드컵 전까지 10경기)도 고스란히 생중계된다. 언론의 취재 경쟁까지 보태진다. 홍명보 감독은 벌거벗은 임금님 신세로 자신의 여섯 번째, 감독으로선 두 번째 월드컵을 준비해야 한다.

이런 업무 환경 자체는 문제가 아니다. 세상 모든 축구 감독이 그렇게 일한다. 인기 감독이라면 매번 외부로부터 응원받고 칭찬받으면야 감사할 뿐이다. 알다시피 홍명보 감독의 처지는 별로 안락하지

않다. 홍명보호 2기는 지난해 7월 출범했다. 출범하는 순간부터 모든 게 꼬였다. 울산HD 감독직 잔류 선언을 일주일 만에 뒤집어 서포터즈로부터 배신자로 낙인찍혔다. 불투명해 보이는 대표팀 감독 선임 과정은 대중의 공분을 샀다. 문화체육관광부와 국회의 감사가 이어졌다. 국가대표팀 홈경기에서도 야유가 나올 정도로 홍명보 감독은 고독하다. 사방에서 도끼눈으로 감시당하는 상황은 팀빌딩 작업에 긍정적일 리가 없다.

어쨌든 대한민국은 북중미월드컵으로 간다. 6월 명단 발표 기자회견에서 홍명보 감독은 대표팀 운영 철학을 재천명했다. 그는 "재능만 갖고 응집력이 없는 팀, 서로 신뢰하지 않는 팀이 되면 과연 우리가 높이 올라갈 수 있을까? 나는 절대적으로 불가능하다고 생각

양현준

한다"라고 강조한 뒤에 "대표팀에 간절하지 않은 선수도 있는 것 같다"라고 말했다. 이례적 발언이었다. 기존 스타들에겐 엄중한 경고이기도 했다. 몇 년 전부터 대표팀 선수들은 언론과 국내 팬들로부터 '역대 최고'라는 찬사를 즐겼다. 팬들의 이런 인식 덕분에 선수들은 절대선 영역에서 후한 대접을 만끽했다. 2023년 AFC아시안컵에서 우승에 실패한 원인도 선수단 내분보다 위르겐 클린스만 당시 감독의 무능력 때문이라는 팬들의 믿음이 강했다.

홍명보 감독의 생각은 여론과 조금 다른 것 같다. 개인 기량의 합만큼 국가대표로서의 사명감과 팀 정신을 강조했다. 일본〈교도통신〉의 기획으로 이루어진 한일 양국 축구 국가대표팀 감독 대담에서도 홍명보 감독은 "유니폼 뒤에 있는 이름보다 앞에 있는 이름을 위해 뛰는 선수가 강팀을 만든다"라며 자신의 팀 철학을 펼쳤다. 팬들은 '정신력 타령이냐?'라며 발끈할지 모른다. 그러나 대표팀은 최근 메이저 대회마다 현장에서 선수단 불화 등 잡음이 이어졌다. 대표팀 내부에서 직접 문제 원인을 파악한 최종 책임자가 태도와 사명감을 강조하는 데에는 그만한 이유가 있을 것이다.

앞으로 월드컵까지 남은 1년 동안 대표팀은 재정비 수순을 밟는다. 세대교체 작업도 필수적이다. 이론적으로는 그런 변화 시도 안에 주장 교체도 포함된다. 문제는 그게 생각대로 흘러가기가 쉽지 않다는 점이다. 현재 대표팀이 주장 손흥민 중심이기 때문이다. 2018년 파울루 벤투 체제부터 지금까지 손흥민은 7년째 주장 완장을 차고 있다. 대중은 그의 존재감을 절대적으로 바라본다. 팬들 머릿속에는 2026년 북중미월드컵에서도 '캡틴 손'이 고정값일 것이다. 야유받는 감독이 추앙받는 주장을 건드릴 수 있을까? 손흥민이 주장 완장을 내려놓는 상황에 여론은 어떻게 반응할까? 수많은 팬이 홍명보 감독을 가만히 놔둘까? 새로운 주장을 곱게 받아줄까? 후폭풍의 크기를 가늠하기가 솔직히 어렵다. 손흥민이 주장 완장을 자진 반납한다면야 문제가 쉽게 해결되겠지만, 월드컵을 1년 앞둔 시점에서 최고 스타가 월드컵 주장이란 타이틀을 순순히 포기하긴 현실적으로 어렵다. 홍명보 감독이 언제 어떤 방식으로 주장 교체를 단행할지는 앞으로 굉장한 구경거리다.

차기 주장 후보로는 황인범과 이강인이 거론된다. 황인범은 포지션 자체가 주장과 잘 어울린다. 8번 미드필더는 팀플레이, 특히 수비에

양민혁

서 공격으로 전환하는 작업을 책임진다. 경기장 밖에서도 황인범은 성숙한 인성으로 동료들의 신망이 두텁다. 앞선 대표팀 내분 사태에서 황인범은 또래 친구 황희찬과 함께 중재자 역할을 자처했던 것으로 알려진다. 이강인 주장론도 나쁘지 않다. 최근 소속팀에서 입지가 축소됐지만, 대표팀에서는 영향력이 점점 커진다. 이강인의 출전 여부에 따라 대표팀 전력이 크게 달라진다는 것이 중론이다. 자타공인 대표팀에서 소위 볼을 제일 잘 차는 선수가 바로 이강인이다. 더불어 21세기 출생자라는 상징성이 있다. 이강인이 주장 완장을 차는 순간, 홍명보호 2기는 자동으로 미래성을 획득한다.

홍명보호 2기의 월드컵 준비 작업에서 또 다른 포인트는 역시 선수단의 변화다. 기준은 단순명료하다. 홍명보 감독은 "1년 뒤에 최고의 폼을 유지할 선수"라고 못 박았다. 현재 최고의 경기력을 1년 후까지 유지할 선수, 또는 1년에 걸쳐 성장하는 잠재력을 인정받은 선수라고 할 수 있다. 팬들로부터 가장 큰 기대를 받는 선수는 배준호다. 2003년생 배준호는 대전하나시티즌에서 프로로 데뷔한 뒤 현재 잉글랜드 2부 스토크시티에서 주전으로 활약 중이다. 어린 나이에 잉글랜드 무대에 진출해 두 시즌 연속 득점과 도움을 10개 이상 기록했다. 대표팀에서 붙박이 선발이었던 황희찬이 주춤한 틈을 최근 들어 배준호가 노리는 양상이다. 뛰어난 상황 판단과 한 템포 빠른 패스가 일취월장하고 있어 홍명보 감독을 흡족하게 한다. 셀틱의 양현준(2002년생)과 토트넘의 양민혁(2006년생)도 앞으로 소속팀에서 활약한다면 자기 어필이 가능하다.

3선 중앙에서는 황인범의 파트너로서 박용우가 지금까지 중용됐지만, 백승호, 김진규, 강상윤 등이 빠르게 치고 올라온다. 세 선수는 커버 영역이 넓은 데다 전진 패스 및 공격 가담 능력에서 높은 평가를 받는다. 레프트백 포지션도 경쟁이 치열하다. 아시아 3차 예선에서는 이태석이 홍명보 감독의 선택을 받았다. 하지만 유럽 선수들을 상대해본 경험이 상대적으로 적다. 오른쪽에 있는 설영우(세르비아 레드스타)가 왼쪽 풀백까지 소화할 수 있어 좌우 풀백 경쟁이 더 뜨겁다. 누가 최종적으로 선택을 받든지 풀백 포지션은 홍명보 감독이 북중미월드컵 전까지 반드시 정답을 찾아야 할 고질적 취약점이다. 설영우가 유럽에서 경험치를 쌓고 있어 그나마 다행스럽긴 하지만, 레프트백 자리에서 홍명보호 2기는 유럽 수준의 자원을 하루빨리 발굴해내야 한다. 북중미월드컵에서 한국이 백3 전술을 꺼낸다면 그 필요성이 더 커진다. 풀백 또는 윙백이 높은 수준의 퍼포먼스를 제공해줘야만 한국은 월드컵에서 원하는 성과를 얻을 수 있다.

북중미월드컵의 테스트베드라고도 할 수 있는 2025년 FIFA클럽월드컵은 날씨 적응력이란 화두를 던졌다. 6월과 7월에 걸치는 미국 날씨는 지나치게 더웠다. 오후 경기에서는 체감 온도가 40도까지 치솟기도 했다. 1년 뒤 똑같은 경기장에서 열리는 북중미월드컵에서는 불볕더위에 버티는 체력과 정신력이 필수적이다. 순간 스피드만큼 지구력이 뛰어난 선수, 30대보다는 20대 초중반의 싱싱한 철각이 유리해진다. 앞서 이야기한 주장 교체도 비슷한 맥락에서 비롯되는 고민거리다. 34세 손흥민의 체력이 90분 내내 체감 온도 40도를 버틸 수 있을까? 홍명보 감독과 코칭스태프의 냉철한 고민이 필요하다.

2018년 자카르타-팔렘방 아시안게임을 준비했던 김학범 U23 국가대표팀 감독은 마음고생이 컸다. 성남 시절 애지중지했던 황의조를 '오버에이지(over-age player; 와일드카드)' 선수로 선발했다가 인맥 축구 논란에 휩싸였기 때문이다. 황의조는 혼자 9골을 터뜨려 금메달 획득의 일등 공신이 되었고, 김학범 감독은 경기 후 인터뷰에서 뜨거운 눈물을 흘렸다. 2024년 7월 홍명보 감독은 거센 비난을 무릅쓰고 국가대표팀 감독으로 복귀했다. 유튜브 여론은 홍명보 감독을 대한축구협회와 함께 '적폐 세트'로 묶었다. 지금도 홍명보 감독은 무슨 결정을 내리든, 무슨 말을 하든 욕을 먹는다. 월드컵 아시아 예선을 무패로 통과해도 돌아오는 목소리는 "그러니까 이제 홍명보 나가"였다.

2026년 북중미월드컵의 준비 과정은 아마도 '역대급'으로 험난할 것이다. 당장 올가을에 잡힌 평가전 일정부터 험한 것이 튀어나올지 모른다. 홍명보호 2기는 9월 미국에서 월드컵 개최국인 미국과 북중미 최강 멕시코를 상대한다. 10월에는 홈에서 월드컵 본선행을 확정한 파라과이 평가전이 확정됐고, 브라질이 함께 올 가능성이 점쳐진다. 네 팀 모두 만만치 않다. 한국이 속 시원한 경기력으로 압도할 만한 상대들이 아니다. 평가전은 오답 노트를 작성하는 기회로 활용돼야 하는데, 지금 대중은 그런 여유를 허락하지 않는다. 홍명보호 2기는 평가전부터 끝내주게 잘해야 한다. 긍정적인 전술을 선보여야 하고, 승리도 챙겨야 한다. 그렇게 환상적인 모습으로 북중미월드컵에 가서 '또' 이겨야 한다. 홍명보 감독은 혹독한 감시 체제 속에서 성공적으로 팀을 만들어낼까? 홍명보 감독은 미켈란젤로가 한없이 부럽다.

축구 정치학;
왜 북중미월드컵은 48개국이나 출전할까?

홍재민

Column 03

1982 월드컵 결승전 이탈리아와 독일의 경기

1998 월드컵 로고

2026 월드컵 개최국 결정

대한민국은 2026년 북중미월드컵 출전을 확정했다. 그런데 아시아 예선은 아직 끝나지 않았다. 4차 예선과 대륙간 플레이오프를 통해 최대 3개국이 더 합류할 예정이다. 내년 월드컵 출전국 수가 단번에 확 늘어난 덕분이다. 왜 이렇게 많이 나오는 걸까? 국제축구연맹(FIFA)은 도대체 무슨 생각일까?

FIFA월드컵은 시간과 함께 성장했다. 1930년 원년 대회에는 13개국이 출전했다. 전쟁통에 들쑥날쑥했던 월드컵은 1954년부터 1978년까지 16개국 체제로 진행됐다. 1982년 스페인월드컵에서 24개국으로 늘었고, 1998년 프랑스월드컵에서 32개국 체제가 정립됐다. 8개씩 늘었던 성장세가 내년 북중미 대회부터 갑자기 12개나 확 늘어난 것이다.

일단 2026년 북중미월드컵의 개요를 살펴보자. 총 48개 팀이 출전한다. 조별리그는 4개 팀, 12개 조 방식이다. 각 조의 1, 2위를 차지한 24개 팀(2×12=24)이 32강에 진출한다. 조 3위 12개 팀 중에서 상위 8개 팀이 남은 여덟 자리에 합류한다. 경기 합계는 기존 64경기에서 104경기로 증가한다. 팀당 최대한 치를 수 있는 경기 수도 7경기에서 8경기(조별리그 3경기, 토너먼트 4경기)로 늘어난다. 미국, 캐나다, 멕시코 3개국이 공동 개최를 하는 바람에 대회 외형이 더 복잡해 보인다. 내년 월드컵은 3개국 16개 도시에서 개최된다. 캐나다 2개 도시(밴쿠버, 토론토), 멕시코 3개 도시(멕시코시티, 과달라하라, 몬테레이), 그리고 미국 11개 도시(LA, 샌프란시스코, 시애틀, 댈러스, 휴스턴, 캔자스시티, 애틀랜타, 보스턴, 마이애미, 뉴욕, 필라델피아)가 월드컵 경기를 유치한다. 개최지 면적이 너무 넓은 탓에 12개 조는 동부, 중부, 서부 식의 종단 분류된다.

벌써 '뭐가 이리 복잡해?'라는 생각이 드는 게 당연하다. 천천히 설명해드린다. 대회 확장 방안이 구체화된 계기는 2016년 2월 FIFA 회장 선거였다. 2015년 각종 비리에 연루된 셉 블라터 당시 FIFA 회장과 핵심 임원들이 한꺼번에 날아갔다. FIFA는 부랴부랴 새 회장을 뽑아야 했다. 당시 유럽축구연맹(UEFA)의 사무총장이었던 잔니 인판티노가 출마를 선언했다. 그는 선거 공약 중 하나로 '월드컵 규모 확장'을 내걸었다. 왜냐고? 더 많은 국가에 월드컵 출전 기회를 부여한다는 아이디어는 곧 더 많은 득표로 연결되기 때문이다. 인판티노 후보는 자신이 있었다. 이미 UEFA의 챔피언십인 유로를 16개국에서 24개국 체제로 늘렸던 경험이 있었다. 스위스 취리히에서 열린 비상총회에서 인판티노는 제9대 FIFA 회장에 당선됐다.

월드컵 문호 확대안은 많은 회원국에 희망을 던졌다. 지금까지 월드컵 25개 대회에 한 번이라도 출전해본 국가 수는 80개였다. 하지만 20개국이 달랑 1회 출전에 그친다. 5회 이하 출전국으로 확장하면 그 숫자가 41개국으로 늘어난다. 25차례 치러진 대회에 10회 이상 출전한 국가는 17개뿐이었다. FIFA의 전체 회원국은 211개에 달한다. 단체가 4년에 한 번 주관하는 최대 행사 월드컵에 회원 대다수가 출전하지 못한다는 뜻이다. 월드컵에 11회나 연속으로 출전하는 한국으로서는 소외 계층의 심정을 알 수가 없다. 아프리카 축구 강국인 이집트와 코트디부아르도 월드컵 출전 횟수가 세 번밖에 되지 않는다. 축구에 누구보다 진심인 튀르키예를 보라. 월드컵에 딱 두 번 나왔다. 2002년 월드컵 3위 금자탑을 세운 이후 지금까지 치러진 다섯 차례의 대회에 튀르키예는 한 번도 출전하지 못했다. 더 많은 회원국에 월드컵을 직접 즐길 기회를 부여한다는 명분은 사실 매우 타당하다. 한국이 너무 배가 불러서 남들의 굶주림을 공감하지 못할 뿐이다.

인도와 중국도 FIFA로서는 반드시 해결해야 한다. 국가 인구수에서 인도와 중국 1, 2위에 랭크되어 있다. 두 국가의 인구를 합치면 전 세계 인구의 34%에 달한다. 세계 최대 스포츠이벤트인 월드컵이 지구 인구 3분의 1을 품지 못한다는 뜻이다. 국내총생산에서도 중국이 2위, 인도가 4위에 있다. 매출 신장 측면에서도 인도와 중국은 FIFA가 절대 포기할 수 없는 미래 시장이다. 두 국가는 반드시 월드컵에 들어와야 한다. 어떻게 해서? 출전국 수를 늘려서!

FIFA가 발표한 '2023-2026 사이클 재정 예상 보고서'는 대회 확장 효과가 얼마나 확실한지를 설명한다. 4년 주기로 결산하는 FIFA는 2011~2014년(브라질월드컵)에 48억 달러, 2015~2018년(러시아월드컵)에 53억 달러, 2019~2022년(카타르월드컵)에 63억 달러의 매출을 보고했다. 이 숫자가 북중미월드컵에서 단번에 100억 달러로 뛴다는 전망이다. 75%에 달하는 성장률이다. 경기 수가 64개에서 104개로 증가하면 스폰서 기업의 브랜드 노출 시간이 그만큼 늘어난다. 티켓 판매 및 스폰서십 계약 수입이 현저히 증가한다는 뜻이다. FIFA는 티켓 판매로만 30억 달러 이상 수입을 올릴 것으로 자신했다. 마케팅 수입도 전년 대비 9억 달러가 오른 27억 달러로 잡았다.

인판티노 회장으로서는 FIFA를 세계 축구 시장에서 최강자로 계속

클럽월드컵 결승에 진출한 첼시

군림하게 하려면 월드컵 매출을 키울 수밖에 없다. FIFA는 UEFA와 수면 위와 아래에서 모두 경쟁 중이다. UEFA는 국가대항전의 상품 가치를 극대화하려고 '네이션스리그'를 만들었다. 클럽대항전인 챔피언스리그도 날이 갈수록 몸집을 키우는 중이다. 여기에 클럽들의 이권단체인 유러피언클럽협회(ECA; European Clubs Associatioin)도 '슈퍼리그' 카드를 앞세워 기존 시장 질서를 위협한다. 이런 와중에 FIFA가 2025년 클럽월드컵의 규모를 기존 7개국에서 갑자기 32개국으로 확 키웠다. 애초 클럽들은 일정 과밀화를 이유로 대회 출전에 난색을 보였다. 그러나 10억 달러에 달하는 총 상금 규모 앞에서 저항감은 봄날의 잔설처럼 사르르 녹았다.

FIFA의 광폭 행보 뒤에는 사우디아라비아의 든든한 돈줄이 있다. 세계 축구의 권력 지형에서 중동의 모래바람은 이미 요지를 접수했다. 인구 3백만 소국 카타르가 월드컵을 유치했고, 이제 그 길을 사우디가 뒤따른다. 2024년 4월 FIFA는 사우디 국부의 원천인 석유 회사 '아람코'와 전략적 파트너십을 맺었다. 아람코는 2026년 남자 월드컵과 2027년 여자 월드컵이 진행될 때까지 매년 1억 달러를 FIFA에 지원하기로 약속했다. 2034년 월드컵 유치전에서는 사우디는 단독 입후보로 중동 역사상 두 번째 개최국 자격을 획득했다. 올해 열린 클럽월드컵의 총상금 10억 달러도 사우디의 호주머니에서 나왔다. 스포츠 전문 OTT 플랫폼인 〈다존(DAZN)〉이 클럽월드컵 독점 중계권을 10억 달러에 매입했는데, 한 달 뒤 사우디 국부 펀드(PIF)가 다존의 지분 일부를 같은 금액에 인수했다는 소식이 전해졌다. 사우디는 프리미어리그 인기 클럽인 뉴캐슬을 앞세워 유럽 시장도 적극적으로 공략 중이다. 최근 FIFA가 주관하는 각종 대회는 무리라고 느껴질 정도로 빠르게 덩치를 키우고 있다. 마음껏 내질러도 항상 부족분을 메워줄 사우디가 지켜주는 덕분이다.

월드컵 증량에 대한 우려도 분명히 존재한다. 경기 일정 과밀화 현상이 대표적이다. 월드컵이 개최되는 해에는 전 세계 국가대표급 선수들은 휴식 기간이 짧아질 수밖에 없다. 유럽을 기준으로 보면, 8월에 시작한 시즌은 이듬해 5월에 종료된다. 곧바로 국가대표팀에 소집된 선수들은 훈련과 월드컵 출전으로 7월 초중순까지 일해야 한다. 일정이 끝나면 2~3주 정도 쉬곤 다음 시즌 준비를 다시 시작해야 한다. 여기에 월드컵 사이에는 대륙별로 챔피언십이 진행된다. 유럽에서 활동하는 대한민국 국가대표 선수라면, 새 시즌이 시작한 지 4개월 만에 다시 AFC 아시안컵에 출전하는 강행군을 감수해야 한다. 휴식과 회복 시간이 줄어들면 자연히 부상 위험이 커진다.

환경 파괴 문제도 무시할 수 없다. 여느 대형 조직처럼 FIFA도 ESG 경영을 앞세운다. 그런데 사업 방향은 정반대로 달린다. 2026년 월드컵은 북중미 3개국에 걸쳐 진행되므로 선수단은 모든 이동을 비행기에 의존해야 한다. 2030년 월드컵은 모로코, 스페인, 포르투갈은 물론 우루과이, 아르헨티나, 파라과이에서 분산 개최된다. 단일 대회에서 12시간 이상 비행기로 이동하는 선수단이 나온다. 환경보호 관점에서 가장 큰 장애물인 대규모 관중과 장거리 이동이 월드컵 안에서 한꺼번에 벌어지는 것이다. FIFA는 '모두를 위한 월드컵'이라는 명분으로 자신들의 ESG 경영 가치를 스스로 무너트리고 있다.

월드컵의 문호 개방 추세는 한국 축구에 별로 달갑지 않다. 아랫물에서 월드컵 출전 경쟁이 치열해지기 때문이다. 아시아에 배정된 티켓 수가 증가하자 지금껏 월드컵과 거리가 멀었던 하위권 국가들이 본선행을 꿈꾸며 자국 축구에 과감히 투자하기 시작했다. 인도네시아와 말레이시아는 대표팀 전력을 강화하려고 외국인에 가까운 선수들을 혈연으로 엮어 귀화시키고 있다. 인도네시아는 대표팀 선발진을 사실상 네덜란드 출신자로 채워 이번 아시아 4차 예선까지 살아남았다. 2002년 월드컵 이후 발전 속도가 점진적으로 떨어지고 있는 한국으로서는 부담스러운 시대 변화일 수밖에 없다. '앙시엥레짐'으로서 도태되지 않으려면 한국 축구는 월드컵 규모 확대에 진지하게 적응해야 한다.

PLAYER'S RANKING & SCOUTING REPORT

유럽 풋볼 스카우팅 리포트는 지난 2023-24시즌 이후 3년 연속 유럽 5대리그 주요 선수 800여명에 대한 포지션별 랭킹을 매겼다. 지난 시즌 스타급 선수들의 프리미어리그, 라리가, 분데스리가, 세리에A, 리그1, UEFA 챔피언스리그, 유로파리그, 각국 컵대회의 개인 기록을 합산해 90분 기준 기록으로 환산한 다음, 항목별 순위를 정했다. 또한, 선수들의 기록에 더해 팀 성적과의 연관 관계, 유럽 주요 축구 언론의 평점 등을 종합적으로 합산해 유럽 풋볼 스카우팅 리포트 자체의 시스템으로 분석을 했다. 그 결과, 지난 시즌 FC 바르셀로나의 윙어 라민 야말이 공격형 MF는 물론이고, 유럽 5대리그 전체에서 최고의 선수로 선정되었다. 그리고 CF 킬리안 음바페(레알 마드리드), 미드필더 페드리(FC 바르셀로나), 풀백 & 윙백 아시라프 하키미(PSG), 센터백 버질 반데이크(리버풀 FC), 골키퍼 조르제 페트로비치(스트라스부르) 등이 각 포지션별 1위에 올랐다. 독자 여러분들 각자 나름대로 포지션별 랭킹을 매긴 다음 이 책과 비교해보는 것도 재미있을 것이다.

ATTACKING MIDFIELDERS & WINGERS
CENTER FORWARDS & FALSE 9
MIDFIELDERS
FULL BAC KS & WING BACKS
CENTER BACKS
GOAL KEEPERS

유럽 5대리그 포지션별 랭킹 ①

공격형 미드필더 & 윙어

현대 축구에서는 공격형 미드필더와 윙어를 합해 '2선 공격수'라고 부른다. 최전방(센터포워드)과 중원(미드필더) 사이에 포진해 화려한 드리블과 정확한 패스 콤비네이션으로 기회를 만들고 득점까지 올린다. 축구의 여러 포지션 중 가장 개인기가 좋고, 화려하며 '축구 IQ'가 뛰어난 선수들이 '2선 공격수'로 활약한다. 축구 역사 전체를 놓고 살펴봐도 리오넬 메시, 펠레, 디에고 마라도나, 요한 크루이프, 알프레도 디스테파노, 미셸 플라티니, 보비 찰튼, 가린샤, 차범근, 손흥민 등이 이 포지션에서 최고의 명성을 떨쳤다. 지난 시즌 세계 최고의 '2선 공격수'는 FC 바르셀로나를 라리가 우승으로, 스페인 대표팀을 유로 2024 정상으로 모두 이끌었던 라민 야말이었다. 그는 지난 시즌 엄청난 활약을 펼치며 '축구의 신' 리오넬 메시의 후계자로 자리를 굳혔다. 야말에 이어 리버풀 EPL 우승의 주인공인 모하메드 살라, PSG에 유럽 챔피언스리그 트로피를 안겨준 우스만 뎀벨레, 바이에른 뮌헨의 '영건' 마이클 올리세, FC 바르셀로나에서 야말과 환상의 콤비를 이룬 하피냐, 독일 대표팀과 바이에르 레버쿠젠에서 맹활약한 플로리안 비르츠 등이 최상위권에 올랐다.

유럽 5대리그 공격형 미드필더 & 윙어 항목별 랭킹 (90분 기준 기록, 100분율)

01위 Lamine YAMAL — 8.21
라민 야말 2007.07.13 / 180cm / ESP

'라 마시아' 출신으로 메시의 진정한 후계자다. 정교한 왼발 킥, 뛰어난 드리블, 훌륭한 스루패스, 영리한 축구 지능을 갖추고 있는 현 세계 최고의 윙어다. 지난 시즌 라리가에서 경기당 4.6개(1위)를 성공시켰을 정도로 드리블에 능하고, 방향전환과 특유의 바디 페인팅을 이용해 상대를 무너뜨린다. 특히 박스 바깥에서 중앙으로 이동해 시도하는 감아 차기가 전매특허다. 시장 가치는 2억 유로, 추정 연봉은 1670만 유로.

슈팅-득점 / 2024-25 FC 바르셀로나 / 위치 RW RM
77-4 / 67-5
144-8 LG-8
0-0 RG-1
0-0 HG-2
31-4 / 2864 / 13 / 40.2-31.8 / 79%
9.1-4.7 / 1.9-1.3 / 0.5 / 3-0 / 12

G	A	SH	SG	PC	P%	PP	CR	SC	TK	IC	BT	DC	PR
상위	상위	상위	상위	상위	하위	상위	상위	상위	상위	상위	상위	상위	상위
36%	11%	1%	1%	22%	41%	2%	43%	7%	50%	43%	11%	1%	5%

02위 Mohamed SALAH — 7.95
모하메드 살라 1992.06.15 / 175cm / EGY

지난 시즌 리그 전 경기에 선발 출전해 29골 18도움을 기록하며 PL 득점왕과 도움왕을 싹쓸이 한 리버풀의 리빙 레전드. 2017년 리버풀로 이적해 리그 2회, UCL 1회 우승을 차지했고, 득점왕 4회와 PFA 올해의 선수 2회를 수상했다. 순간 속도가 워낙 빠르기 때문에 간결한 터치와 방향 전환만으로도 상대를 쉽게 제칠 수 있고, 플레이 메이킹도 최고 수준이다. 시장 가치는 5000만 유로, 추정 연봉은 2460만 유로.

슈팅-득점 / 2024-25 리버풀 FC / 위치 RW AM
119-29 / 11-0
130-29 LG-26
1-0 RG-3
9-9 HG-0
38-0 / 3380 / 18 / 30.4-22.5 / 74%
3.5-1.6 / 0.8-0.6 / 0.2 / 1-0 / 10

G	A	SH	SG	PC	P%	PP	CR	SC	TK	IC	BT	DC	PR
상위	상위	상위	상위	하위	하위	상위	상위	상위	하위	상위	상위	상위	상위
2%	1%	12%	11%	29%	18%	6%	32%	27%	2%	13%	35%	38%	39%

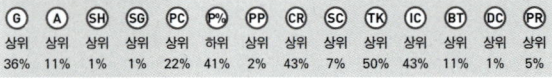

03위 Ousmane DEMBÉLÉ — 7.88
우스만 뎀벨레 1997.05.15 / 178cm / FRA

주 포지션은 우측 윙어지만, 엔리케 감독에 의해 '가짜 9번'으로 배치돼 기량을 폭발시켰다. 지난 시즌 총 49경기에서 33골 13도움을 기록하며 PSG의 역사상 첫 '트레블'의 주역이 됐고, UCL과 리그앙 올해의 선수에 선정됐다. 최고 속도 36.6km/h의 빠른 주력과 왼발을 활용한 전환 드리블이 최고의 무기다. 단점인 오프 더 볼을 개선하며 '완성형' 공격수가 됐다. 시장 가치는 9000만 유로, 추정 연봉은 1800만 유로.

슈팅-득점 / 2024-25 시즌 파리 생제르맹 / 위치 RW CF RM AM
72-20 / 25-1
97-21 LG-10
0-0 RG-9
1-1 HG-3
20-9 / 1737 / 6 / 33.7-28.0 / 83%
3.2-1.5 / 0.7-0.4 / 0.3 / 2-0 / 9

G	A	SH	SG	PC	P%	PP	CR	SC	TK	IC	BT	DC	PR
상위	상위	상위	상위	상위	상위	상위	상위	하위	하위	상위	상위	상위	상위
1%	10%	1%	1%	11%	40%	5%	29%	4%	2%	29%	7%	23%	3%

04위 Michael OLISE — 7.82
마이클 올리세 2001.12.12 / 184cm / FRA

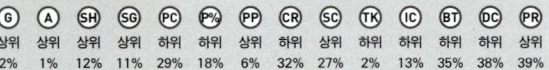

주로 우측면에서 활약하는 왼발잡이 '크랙형' 윙어로 패스 센스와 돌파 능력이 장점이다. 지난 시즌 페널티 박스 안으로의 패스가 상위 1%에 들었을 정도로 패스 자체에 대한 이해도가 매우 높다. 특히 우측에서 골대로 강하게 붙이는 크로스는 현 시점 리그 최고 수준이고, 15도움을 함께 분데스리가 도움 1위를 차지했다. 화려하지는 않지만 빠른 주력을 살린 드리블도 무기다. 시장 가치는 1억 유로, 추정 연봉은 1350만 유로.

슈팅-득점 / 2024-25 바이에른 뮌헨 / 위치 RW AM RM CM
58-8 / 28-4
86-12 LG-12
7-2 RG-0
0-0 HG-0
28-6 / 2348 / 15 / 40.0-35.6 / 89%
4.3-2.1 / 1.8-1.2 / 0.2 / 3-0 / 9
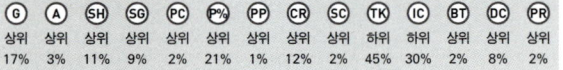

G	A	SH	SG	PC	P%	PP	CR	SC	TK	IC	BT	DC	PR
상위	상위	상위	상위	상위	상위	상위	상위	상위	하위	상위	상위	상위	상위
17%	3%	11%	9%	21%	1%	12%	2%	45%	30%	6%	8%	6%	2%

05위 RAPHINHA — 7.81
하피냐 1996.12.14 / 176cm / BRA

플릭 감독 전술에서 한 단계 업그레이드된 윙어. 야말이 우측면에서 돌파와 찬스 메이킹에 집중한다면, 하피냐는 엄청난 활동량과 박스 타격에 집중하며 시너지 효과를 만들었다. 뛰어난 왼발 킥에서 나오는 패스와 슈팅 퀄리티가 좋기 때문에, 지난 시즌 총 34골 23도움을 올리며 '커리어 하이'를 달성했다. 엄청난 활동량을 바탕으로 한 성실한 수비 가담도 장점이다. 시장 가치는 9000만 유로, 추정 연봉은 1460만 유로.

슈팅-득점 / 2024-25 FC 바르셀로나 / 위치 LW RW AM
66-16 / 48-2
114-18 LG-13
18-0 RG-4
2-2 HG-1
32-4 / 2845 / 9 / 34.3-27.5 / 80%
2.8-1.4 / 1.7-1.1 / 0.4 / 4-0 / 10

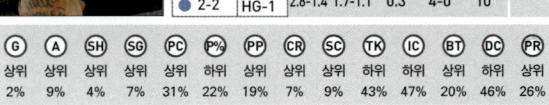

G	A	SH	SG	PC	P%	PP	CR	SC	TK	IC	BT	DC	PR
상위	상위	상위	상위	상위	하위	상위	상위	하위	하위	상위	하위	상위	상위
2%	9%	4%	4%	31%	22%	19%	7%	42%	43%	47%	20%	46%	26%

06위 Florian WIRTZ — 7.77
플로리안 비르츠 2003.05.03 / 176cm / GER

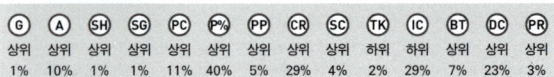

PL 역대 최고 이적료인 1억 3600만 유로에 리버풀의 유니폼을 입은 독일의 특급 재능. 지난 시즌 패스 성공과 동료로부터 패스 받는 횟수에서 '상위 1%'를 기록한 플레이메이커다. 탄탄한 기본기, 부드러운 볼 컨트롤, 완성도 높은 패싱력, 간결한 드리블 돌파에 활동량까지 갖춘 완성형 MF다. 공간 활용도가 높아 '라움도이터(공간 연주자)'라 불리기도 한다. 시장 가치는 1억 4000만 유로, 추정 연봉은 (미정)만 유로.

슈팅-득점 / 2024-25 바이에르 레버쿠젠 / 위치 AM LW CF RW CM
48-9 / 30-1
78-10 LG-2
1-0 RG-8
4-2 HG-0
25-6 / 2357 / 12 / 51.3-42.1 / 82%
5.5-2.7 / 1.5-1.0 / 0.3 / 3-0 / 7

G	A	SH	SG	PC	P%	PP	CR	SC	TK	IC	BT	DC	PR
상위	상위	상위	상위	상위	상위	상위	상위	하위	상위	하위	상위	상위	상위
15%	9%	20%	5%	1%	27%	14%	45%	7%	32%	65%	2%	4%	1%

26 공격형 미드필더 & 윙어

○ 유럽 5대리그 공격형 미드필더 & 윙어 항목별 랭킹 (90분 기준 기록, 100분율)

07위 Mason GREENWOOD 7.75
메이슨 그린우드   2001.10.01 / 181cm / JAM

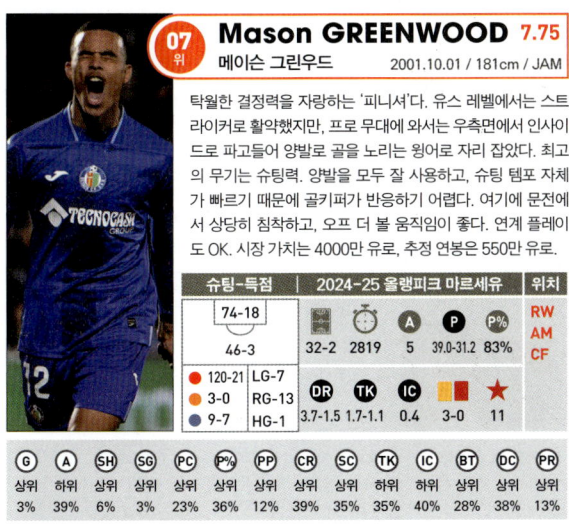

탁월한 결정력을 자랑하는 '피니셔'다. 유스 레벨에서는 스트라이커로 활약했지만, 프로 무대에 와서는 우측면에서 인사이드로 파고들어 양발로 골을 노리는 윙어로 자리 잡았다. 최고의 무기는 슈팅력. 양발을 모두 잘 사용하고, 슈팅 템포 자체가 빠르기 때문에 골키퍼가 반응하기 어렵다. 여기에 문전에서 상당히 침착하고, 오프 더 볼 움직임이 좋다. 연계 플레이도 OK. 시장 가치는 4000만 유로, 추정 연봉은 550만 유로.

슈팅-득점	2024-25 올랭피크 마르세유	위치
74-18 / 46-3	32-2 2819 5 39.0-31.2 83%	RW AM CF
● 120-21 LG-7		
● 3-0 RG-13	3.7-1.5 1.7-1.1 0.4 3-0 11	
● 9-7 HG-1		

G	A	SH	SG	PC	P%	PP	CR	SC	TK	IC	BT	DC	PR
상위	하위	상위	상위	상위	상위	하위	상위	상위	하위	하위	하위	상위	상위
3%	39%	6%	3%	23%	36%	12%	39%	35%	35%	40%	28%	38%	13%

08위 Jamal MUSIALA 7.70
자말 무시알라   2003.02.26 / 184cm / GER

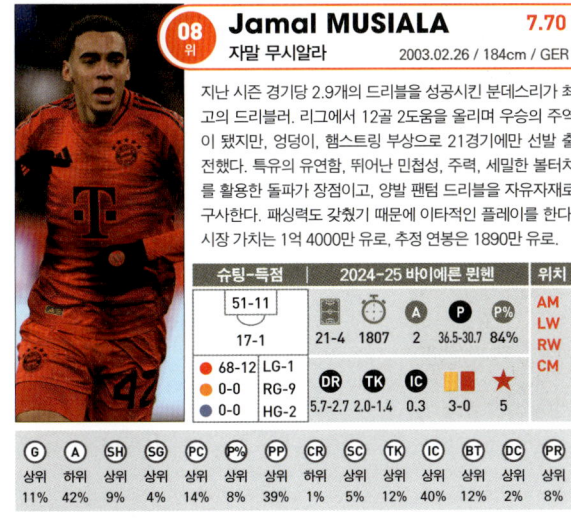

지난 시즌 경기당 2.9개의 드리블을 성공시킨 분데스리가 최고의 드리블러. 리그에서 12골 2도움을 올리며 우승의 주역이 됐지만, 엉덩이, 햄스트링 부상으로 21경기에만 선발 출전했다. 특유의 유연함, 뛰어난 민첩성, 주력, 세밀한 볼터치를 활용한 돌파가 장점이고, 양발 팬텀 드리블을 자유자재로 구사한다. 패싱력도 갖췄기 때문에 이타적인 플레이를 한다. 시장 가치는 1억 4000만 유로, 추정 연봉은 1890만 유로.

슈팅-득점	2024-25 바이에른 뮌헨	위치
51-11 / 17-1	21-4 1807 2 36.5-30.7 84%	AM LW RW CM
● 68-12 LG-1		
● 0-0 RG-9	5.7-2.7 2.0-1.4 0.3 3-0 5	
● 0-0 HG-2		

G	A	SH	SG	PC	P%	PP	CR	SC	TK	IC	BT	DC	PR
상위	하위	상위	상위	상위	상위	하위	하위	상위	상위	상위	하위	상위	상위
11%	42%	9%	4%	14%	8%	1%	5%	12%	40%	12%	2%	8%	8%

09위 Cole PALMER 7.68
콜 파머   2002.05.06 / 189cm / ENG

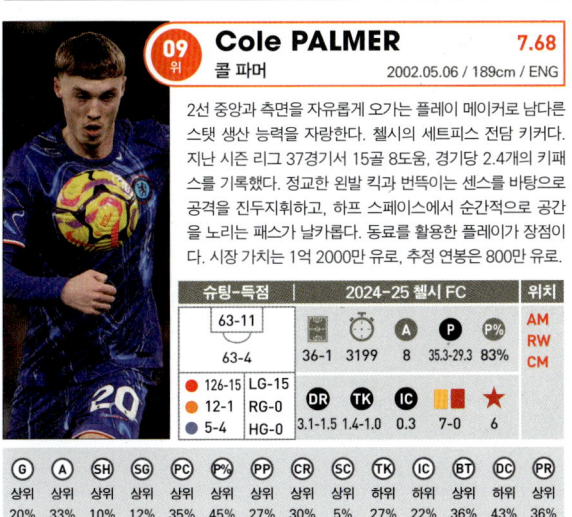

2선 중앙과 측면을 자유롭게 오가는 플레이 메이커로 남다른 스탯 생산 능력을 자랑한다. 첼시의 세트피스 전담 키커다. 지난 시즌 리그 37경기서 15골 8도움, 경기당 2.4개의 키패스를 기록했다. 정교한 왼발 킥과 번뜩이는 센스를 바탕으로 공격을 진두지휘하고, 하프 스페이스에서 순간적으로 공간을 노리는 패스가 날카롭다. 동료를 활용한 플레이가 장점이다. 시장 가치는 1억 2000만 유로, 추정 연봉은 800만 유로.

슈팅-득점	2024-25 첼시 FC	위치
63-11 / 63-4	36-1 3199 8 35.3-29.3 83%	AM RW CM
● 126-15 LG-15		
● 12-1 RG-0	3.1-1.5 1.4-1.0 0.3 7-0 6	
● 5-4 HG-0		

G	A	SH	SG	PC	P%	PP	CR	SC	TK	IC	BT	DC	PR
상위	상위	상위	상위	상위	상위	상위	상위	상위	하위	하위	상위	하위	상위
20%	33%	10%	12%	35%	45%	27%	30%	5%	27%	22%	36%	43%	36%

10위 Bryan MBEUMO 7.67
브라이언 음뵈모   1999.08.07 / 173cm / CMR

RW, CF, RWB, AM, RM 등을 모두 소화할 수 있는 다기능 플레이어다. 측면에서 빠른 발과 개인 기술을 이용한 돌파가 장점이고, 영리한 오프 더 볼 움직임과 동료를 활용한 플레이로 전진하는 것이 특징이다. 측면에서 중앙으로 이동해 직접 슈팅을 때리거나, 한 번 접어 왼발로 날카로운 궤적의 크로스를 올린다. 지난 시즌 사카를 제치고 PL 올해의 팀에 선정됐다. 시장 가치는 5500만 유로, 추정 연봉은 미정.

슈팅-득점	2024-25 브렌트포드 시티	위치
62-18 / 23-2	38-0 3417 7 28.9-21.4 74%	RW CF RWB AM RM
● 85-20 LG-17		
● 6-0 RG-3	2.8-1.4 1.8-1.4 0.3 3-0 6	
● 6-5 HG-0		

G	A	SH	SG	PC	P%	PP	CR	SC	TK	IC	BT	DC	PR
상위	하위	하위	상위	상위	하위	상위	상위	하위	상위	상위	하위	상위	하위
6%	48%	41%	45%	25%	9%	42%	14%	49%	37%	47%	36%	36%	29%

11위 Bukayo SAKA 7.66
부카요 사카   2001.09.05 / 178cm / ENG

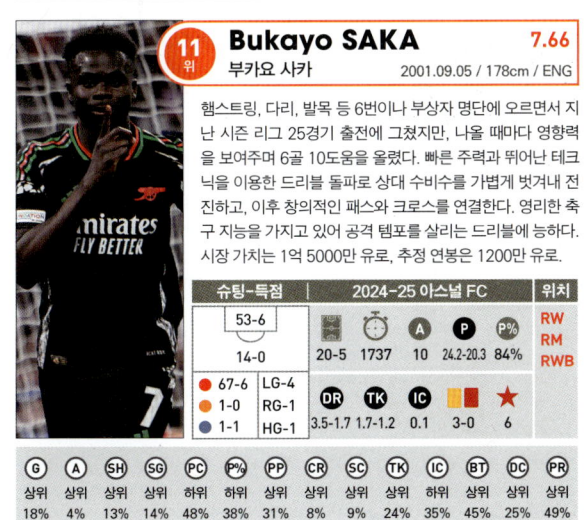

햄스트링, 다리, 발목 등 6번이나 부상자 명단에 오르면서 지난 시즌 리그 25경기 출전에 그쳤지만, 나올 때마다 영향력을 보여주며 6골 10도움을 올렸다. 빠른 주력과 뛰어난 테크닉을 이용한 드리블 돌파로 상대 수비수를 가볍게 벗겨내 전진하고, 이후 창의적인 패스와 크로스를 연결한다. 영리한 축구 지능을 가지고 있어 공격 템포를 살리는 드리블에 능하다. 시장 가치는 1억 5000만 유로, 추정 연봉은 1200만 유로.

슈팅-득점	2024-25 아스널 FC	위치
53-6 / 14-0	20-5 1737 10 24.2-20.3 84%	RW RM RWB
● 67-6 LG-4		
● 1-0 RG-1	3.5-1.5 1.7-1.2 0.1 3-0 6	
● 1-1 HG-1		

G	A	SH	SG	PC	P%	PP	CR	SC	TK	IC	BT	DC	PR
상위	상위	상위	상위	상위	하위	상위	상위	상위	하위	하위	하위	상위	상위
18%	4%	13%	14%	48%	38%	31%	8%	9%	24%	35%	45%	25%	49%

12위 Xavi SIMONS 7.64
사비 시몬스   2003.04.21 / 179cm / NED

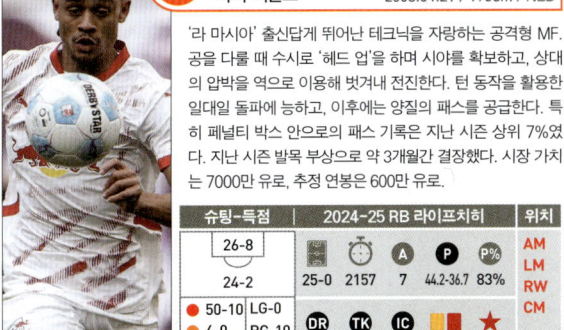

'라 마시아' 출신답게 뛰어난 테크닉을 자랑하는 공격형 MF. 공을 다룰 때 수시로 '헤드 업'을 하며 시야를 확보하고, 상대의 압박을 역으로 이용해 벗겨내 전진한다. 턴 동작을 활용한 일대일 돌파에 능하고, 이후에는 양질의 패스를 공급한다. 특히 페널티 박스 안으로의 패스 기록은 지난 시즌 상위 7%였다. 지난 시즌 발목 부상으로 약 3개월간 결장했다. 시장 가치는 7000만 유로, 추정 연봉은 600만 유로.

슈팅-득점	2024-25 RB 라이프치히	위치
26-8 / 24-2	25-0 2157 4 44.2-36.7 83%	AM LM RW CM
● 50-10 LG-0		
● 4-0 RG-10	3.9-1.4 1.8-1.0 0.4 5-0 4	
● 0-0 HG-0		

G	A	SH	SG	PC	P%	PP	CR	SC	TK	IC	BT	DC	PR
상위	상위	상위	상위	상위	상위	상위	상위	상위	상위	상위	상위	하위	상위
27%	37%	48%	36%	10%	39%	7%	41%	18%	50%	41%	12%	45%	14%

유럽 5대리그 공격형 미드필더 & 윙어 항목별 랭킹(90분 기준 기록, 100분위)

13위 Matheus CUNHA 7.64
마테우스 쿠냐 1999.05.27 / 183cm / BRA

현대 축구에서 요구하는 팀 단위 압박을 수행하는 동시에 저돌적인 공격을 시도하는 전천후 공격수다. 주로 세컨드 스트라이커로 활약하지만 좌우 측면과 전방도 모두 가능하다. 마치 미드필더처럼 폭넓은 움직임을 가져가며 공수 모두에 기여하는 것이 특징이다. 준수한 발재간을 이용해 전진한 후 어떻게든 슈팅으로 마무리하고, 칩 슛 등 슈팅 기술이 좋다. 시장 가치는 6000만 유로, 추정 연봉은 미정.

슈팅-득점	2024-25 울버햄튼 원더러스					위치
55-10						AM
55-5	29-4	2604	6	29.1-23.0	79%	CF
● 110-15 LG-2						LW
● 12-0 RG-13	4.1-1.9	1.8-1.2	0.6	4-0	★ 9	RW
● 0-0 HG-0						

G	A	SH	SG	PC	P%	PP	CR	SC	TK	IC	BT	DC	PR
상위	상위	상위	상위	상위	하위	상위	상위	상위	상위	상위	상위	상위	상위
8%	40%	2%	2%	46%	21%	21%	17%	20%	48%	25%	32%	21%	42%

14위 Rayan CHERKI 7.64
라얀 셰르키 2003.08.17 / 180cm / FRA

리옹 유스 출신으로 2019년 프로 데뷔해 2025년까지 맹활약하며 과르디올라 감독의 부름을 받아 맨시티에 입성한 공격형 MF다. 현대 축구에서 보기 드문 정통 '10번' 플레이메이커고, 양발을 활용한 전진 드리블과 뛰어난 패싱력이 최대 장점이다. 넓은 시야를 바탕으로 적재적소에 패스를 공급한다. 다만 2022년 2월 중족골 골절 부상 이후 주력이 저하됐다. 시장 가치는 4500만 유로, 추정 연봉은 미정.

슈팅-득점	2024-25 올랭피크 리옹					위치
33-8						AM
12-0	22-8	2048	11	40.5-34.0	84%	RW
● 45-8 LG-5						CF
● 3-0 RG-2	3.3-1.7	1.2-0.6	0.2	3-0	★ 6	RM
● 0-0 HG-1						LM

G	A	SH	SG	PC	P%	PP	CR	SC	TK	IC	BT	DC	PR
상위	상위	하위	상위	상위	상위	상위	상위	상위	하위	상위	상위	상위	상위
27%	1%	46%	34%	6%	34%	8%	11%	1%	6%	4%	27%	4%	10% 4%

15위 Bradley BARCOLA 7.63
브래들리 바르콜라 2002.09.20 / 182cm / FRA

지난 시즌 선발과 교체를 오가며 모든 대회 전 경기(58경기)에 출전해 21골 19도움을 기록하며 PSG의 '트레블'에 기여했고, 리그앙 올해의 팀에 선정됐다. 볼을 오래 소유하기 보다는 간결한 볼 터치로 순간적으로 수비를 벗겨내고, 이후 빠른 주력을 이용해 침투한다. 특유의 상체 페인트 동작을 이용한 돌파가 장점이고, 반 박자 빠른 슈팅 타이밍이 인상적이다. 시장 가치는 7000만 유로, 추정 연봉은 660만 유로.

슈팅-득점	2024-25 파리 생제르맹					위치
65-14						LW
9-0	27-7	2194	10	25.7-21.4	83%	RW
● 74-14 LG-1						CF
● 0-0 RG-12	3.9-1.1	1.6-0.4	0.6	2-0	★ 4	
● 0-0 HG-1						

G	A	SH	SG	PC	P%	PP	CR	SC	TK	IC	BT	DC	PR
상위	상위	상위	상위	상위	상위	하위	상위	상위	상위	상위	상위	상위	상위
14%	8%	20%	5%	43%	16%	9%	29%	36%	6%	44%	37%	5%	29%

16위 Jude BELLINGHAM 7.63
주드 벨링엄 2003.06.29 / 186cm / ENG

현대판 지네딘 지단. 드리블, 패스, 슈팅, 지능, 리더십 등 MF에 필요한 모든 것을 갖췄고, 지단이 가지지 못한 활동량과 수비력까지 있는 '육각형' MF다. 좁은 공간에서 볼을 간수하는 동시에 뛰어난 전진성을 바탕으로 '탈압박'하며, 이후에는 다양한 구질의 패스를 공급한다. 깔끔한 퍼스트 터치에 이은 강력한 슈팅력도 장점이고, 경기를 읽는 눈까지 뛰어나다. 시장 가치는 1억 8천만 유로, 추정 연봉은 2080만 유로.

슈팅-득점	2024-25 레알 마드리드					위치
45-9						AM
17-0	29-2	2495	8	48.5-42.7	88%	LW
● 66-9 LG-2						CM
● 0-0 RG-5	2.5-1.4	2.4-2.0	0.8	5-1	★ 4	RW
● 2-1 HG-2						DM

G	A	SH	SG	PC	P%	PP	CR	SC	TK	IC	BT	DC	PR
상위	상위	상위	상위	상위	상위	상위	상위	상위	상위	상위	상위	상위	상위
46%	21%	32%	41%	5%	1%	22%	43%	6%	3%	9%	41%	5%	

17위 Ademola LOOKMAN 7.63
아데몰라 루크맨 1997.10.20 / 174cm / 아탈란타

2017년 한국에서 열린 U-20 월드컵에서 우승을 차지한 잉글랜드 대표팀의 일원이었지만, 자신의 혈통인 나이지리아 국가대표를 선택했다. 공격 전 포지션을 소화할 수 있고, 저돌적인 돌파를 자랑하는 '크랙형' 윙어다. 아프리카 특유의 민첩성과 탄탄함을 바탕으로 한 일대일 경합과 돌파가 장점이고, 축구 지능과 패스 능력까지 갖춰 플레이 메이킹이 가능하다. 시장 가치는 6000만 유로, 추정 연봉은 230만 유로.

슈팅-득점	2024-25 아탈란타					위치
67-13						AM
15-2	28-3	2266	8	25.8-20.4	79%	CF
● 82-15 LG-5						LW
● 0-0 RG-9	3.4-1.3	1.3-1.0	0.1	4-0	★ 5	RW
● 1-1 HG-1						

G	A	SH	SG	PC	P%	PP	CR	SC	TK	IC	BT	DC	PR
상위	상위	상위	상위	상위	상위	상위	상위	하위	상위	상위	상위	상위	상위
4%	47%	5%	2%	46%	45%	18%	20%	8%	44%	3%	39%	39%	32%

18위 Vinícius JÚNIOR 7.62
비니시우스 주니오르 2000.07.12 / 176cm / BRA

2024년 FIFA 올해의 선수에 빛나는 레알의 '슈퍼 크랙'이다. 압도적인 스피드와 순간 '가속력'만으로 상대 수비진을 파괴할 수 있고, 브라질 특유의 발재간을 가지고 있어 위협적이다. 지난 시즌 경기당 2.7개의 드리블 돌파와 2개의 키패스를 성공시켰을 정도로 찬스 메이킹에 강하고, 상대의 타이밍을 뺏는 슈팅으로 마무리한다. 다혈질적인 성격이 유일한 단점. 시장 가치는 1억 7000만 유로, 추정 연봉은 2080만 유로.

슈팅-득점	2024-25 레알 마드리드					위치
56-10						CF
25-1	24-6	2259	8	27.7-21.9	79%	LW
● 81-11 LG-2						AM
● 0-0 RG-9	6.3-2.8	1.1-0.7	0.1	8-1	★ 4	
● 3-2 HG-0						

G	A	SH	SG	PC	P%	PP	CR	SC	TK	IC	BT	DC	PR
상위	상위	상위	상위	상위	하위	상위	상위	상위	하위	상위	상위	상위	상위
10%	28%	14%	22%	8%	37%	27%	40%	13%	24%	7%	50%	3%	31%

유럽 5대리그 공격형 미드필더 & 윙어 항목별 랭킹 (90분 기준 기록, 100분율)

●	●	●	LG	RG	HG			A	P	P%	DR	TK	IC	★	G	A	SH	SG	PC	PP	CR	SC	TK	IC	BT	DC	PR
전체슈팅-득점	직접프리킥시도-득점	PK시도-득점	왼발시도-득점	오른발시도-득점	헤더시도-득점	출전횟수 선발-교체	출전시간(MIN)	도움	평균패스시도-성공	패스성공률	평균드리블시도-성공	평균태클	인터셉트	페어플레이 경고-퇴장	MOM	득점	도움	전체슈팅	슈팅시도	패스성공	패스성공률	박스안패스	크로스	슈팅기회 창출	태클	인터셉트	볼터치	드리블성공	패스받음

19위 Luis DÍAZ — 7.62
루이스 디아스 · 1997.01.13 / 178cm / COL

폭발적인 주력과 현란한 드리블로 측면을 허무는 윙어다. 주 포지션은 LW이지만 슬롯 감독 체제에서는 '가짜 9번' 형태의 최전방에서도 활약하고 있다. 남미 출신다운 화려한 발재간, 부드러운 터치, 스피드를 활용한 돌파가 최고의 무기다. 순간적인 방향 전환과 속도 변화만으로도 수비를 쉽게 제친다. 패싱력, 볼 키핑, 연계 플레이, 수비 가담, 활동량도 장점이다. 시장 가치는 7000만 유로, 추정 연봉은 340만 유로.

슈팅-득점 / 2024-25 리버풀 FC / 위치

59-13						LW
12-0	28-8	2413	5	22.9-19.7	86%	RW
● 71-13 LG-3	DR	TK	IC	■	★	CF
● 0-0 RG-7	3.2-1.6	1.8-1.1	0.2	2-0	5	
● 0-0 HG-0						

G	A	SH	SG	PC	P%	PP	CR	SC	TK	IC	BT	DC	PR
상위13%	하위36%	상위30%	상위23%	상위49%	하위7%	상위38%	하위13%	상위25%	상위37%	하위16%	상위34%	상위19%	상위50%

20위 Antoine SEMENYO — 7.62
앙투안 세메뇨 · 2000.01.07 / 185cm / GHA

지난 시즌 경기당 3.4개의 슈팅을 만들었을 정도로 어떤 상황에서든 과감하게 슈팅을 연결하는 것이 장점이다. 좌우와 중앙을 가리지 않고, 공격 전 포지션에서 활약할 수 있는 다재다능한 공격수다. 특히 슈팅 기술과 파워를 모두 가지고 있고, 양발을 자유자재로 사용하기 때문에 수비수들이 슈팅 각도를 막기가 힘들다. 공을 잘 지키고, 연계 플레이도 장점이다. 시장 가치는 4000만 유로, 추정 연봉은 310만 유로.

슈팅-득점 / 2024-25 본머스 / 위치

85-10						LW
40-1	36-1	3210	5	27.3-21.3	78%	CF
● 125-11 LG-5	DR	TK	IC	■	★	RW
● 0-0 RG-6	3.7-1.9	2.1-1.4	0.3	9-0	5	
● 0-0 HG-1						

G	A	SH	SG	PC	P%	PP	CR	SC	TK	IC	BT	DC	PR
상위42%	하위33%	상위7%	상위21%	상위26%	하위30%	상위27%	상위3%	상위46%	상위26%	하위21%	상위40%	상위28%	하위32%

21위 Evann GUESSAND — 7.61
에반 게상 · 2001.07.01 / 185cm / FRA

공격 전 포지션을 소화할 수 있는 188cm의 장신 공격수다. 지난 시즌 리그 33경기에 출전해 12골 8도움을 기록했는데, 공격형 MF로 13회, 최전방에서 10회, 윙어로 10회 출전했다. 장신이지만 포스트플레이보다는 폭넓은 움직임을 바탕으로 한 침투가 장점이고, 성실한 전방 압박과 드리블 기술도 좋은 편이다. 과감한 전진 패스를 시도하다보니 패스 성공률은 낮다. 시장 가치는 2500만 유로, 추정 연봉은 90만 유로.

슈팅-득점 / 2024-25 OGC 니스 / 위치

57-11						LW
6-1	30-3	2575	8	16.4-12.6	77%	AM
● 63-12 LG-2	DR	TK	IC	■	★	RW
● 0-0 RG-7	3.2-1.6	1.7-1.3	0.5	2-0	5	CF
● 0-0 HG-3						

G	A	SH	SG	PC	P%	PP	CR	SC	TK	IC	BT	DC	PR
상위21%	상위29%	상위46%	상위32%	상위6%	상위25%	상위23%	하위14%	상위29%	상위22%	상위25%	상위3%	상위30%	하위5%

22위 Bruno FERNANDES — 7.60
브루누 페르난데스 · 1994.09.08 / 179cm / POR

PL 최고의 찬스 메이커. 지난 시즌 PL에서 가장 많은 경기당 2.5개의 키패스를 만들었다. 워낙 킥력이 좋기 때문에 위치와 상관없이 날카로운 슈팅을 시도할 수 있고, 램파드와 비견되는 '미들라이커'다. 공간을 보는 시야와 창의적인 패싱력을 가지고 있기 때문에 어떤 상황에서든 도전적인 전진 패스를 연결한다. 세트피스 성공률도 높은 '데드볼 스페셜리스트'다. 시장 가치는 5000만 유로, 추정 연봉은 1850만 유로.

슈팅-득점 / 2024-25 맨체스터 유나이티드 / 위치

34-3						AM
62-5	35-1	3024	10	55.7-45.7	82%	CM
● 96-8 LG-0	DR	TK	IC	■	★	CF
● 12-2 RG-8	1.8-0.9	3.8-2.3	0.6	3-2	5	LW
● 3-3 HG-0						RW

G	A	SH	SG	PC	P%	PP	CR	SC	TK	IC	BT	DC	PR
상위39%	상위18%	상위22%	상위45%	상위2%	상위49%	상위4%	상위11%	상위4%	상위14%	상위1%	상위10%	하위4%

23위 Désiré DOUÉ — 7.60
데시레 두에 · 2005.06.03 / 181cm / FRA

2024-25시즌 UCL 결승전에서 2골 1도움을 기록하며 최우수선수로 선정됐고, 올해의 팀과 영 플레이어상까지 싹쓸이한 2005년생 특급 유망주다. 탁월한 축구 센스, 탄탄한 기본기, 부드러운 볼 터치를 바탕으로 전진하는 능력이 뛰어나고, 시야가 확보되면 공격적인 패스를 연결한다. 활동량이 많기 때문에 볼을 자주 받으며 경기를 풀고, 수비 가담도 적극적이다. 시장 가치는 9000만 유로, 추정 연봉은 600만 유로.

슈팅-득점 / 2024-25 파리 생제르맹 / 위치

38-6						RW
17-0	18-13	1735	8	33.4-28.7	86%	AM
● 55-6 LG-0	DR	TK	IC	■	★	CF
● 0-0 RG-6	4.1-1.9	2.5-1.6	0.4	1-0	2	LW
● 0-0 HG-0						

G	A	SH	SG	PC	P%	PP	CR	SC	TK	IC	BT	DC	PR
상위21%	상위14%	상위7%	상위6%	상위16%	상위38%	상위5%	상위4%	상위13%	상위4%	상위4%	상위2%

24위 ISCO — 7.60
이스코 · 1992.04.21 / 176cm / ESP

베티스에서 화려하게 부활한 플레이 메이커. 지난 시즌 발 부상으로 전반기를 거의 날렸지만, 리그 22경기에 출전해 9골 8도움을 기록하며 베티스의 돌풍을 이끌었다. 화려하지는 않지만 좁은 공간에서도 뛰어난 컨트롤과 번뜩이는 센스를 바탕으로 전진하고, 이후에는 정교한 패스를 연결하는 유형이다. 수비 가담과 활동량도 좋지만, 경기력에 기복이 있는 편이다. 시장 가치는 만 600유로, 추정 연봉은 미정만 유로.

슈팅-득점 / 2024-25 레알 베티스 / 위치

22-9						AM
22-0	17-5	1552	8	49.0-42.1	86%	LW
● 44-9 LG-0	DR	TK	IC	■	★	RW
● 4-0 RG-8	2.8-1.3	1.8-0.8	0.5	5-0	4	CF
● 6-5 HG-0						

G	A	SH	SG	PC	P%	PP	CR	SC	TK	IC	BT	DC	PR
상위7%	상위8%	상위48%	상위20%	상위1%	상위18%	상위28%	하위13%	상위40%	상위20%	상위20%	상위4%	상위46%	상위1%

유럽 5대리그 공격형 미드필더 & 윙어 항목별 랭킹(90분 기준 기록, 100분율)

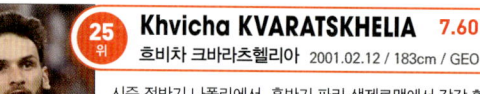

25위 Khvicha KVARATSKHELIA — 7.60
흐비차 크바라츠헬리아   2001.02.12 / 183cm / GEO

시즌 전반기 나폴리에서, 후반기 파리 생제르맹에서 각각 활약했다. 두 구단에서 모두 중요한 역할을 담당했다. 그는 전형적인 2선 공격수다. 위치를 가리지 않고 과감하게 움직이면서 드리블, 패스, 슈팅을 시도한다. 프리킥 전문 키커 중 1명이다. 공격형 미드필더에게 필요한 거의 모든 조건을 평균 이상, 혹은 꽤 우수하게 수행한다. 특별한 약점이 없는 선수다. 시장 가치는 9000만 유로, 추정 연봉은 2000만 유로.

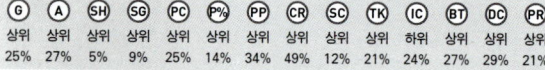

G	A	SH	SG	PC	P%	PP	CR	SC	TK	IC	BT	DC	PR
상위	상위	상위	상위	상위	상위	상위	상위	상위	하위	상위	상위	상위	상위
25%	27%	5%	9%	25%	14%	34%	49%	12%	21%	24%	27%	29%	21%

26위 DOAN Ritsu — 7.59
도안 리츠   1998.06.16 / 172cm / JPN

172cm, 70kg의 아주 큰 체구는 아니지만, 낮은 무게 중심과 좋은 바디 밸런스를 통해 저돌적으로 전진하는 것이 특징이다. 발이 아주 빠르다고 할 수는 없지만, 탄탄한 기본기와 테크닉을 바탕으로 측면을 허문 후 전방으로 킬패스를 뿌려준다. 상대 수비수의 타이밍을 뺏는 변칙 드리블을 구사하고, 기본적으로 킥력이 좋기 때문에 높은 스탯 생산력을 자랑한다. 시장 가치는 2500만 유로, 추정 연봉은 84만 유로.

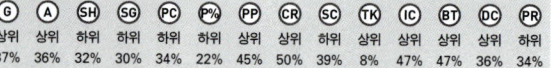

G	A	SH	SG	PC	P%	PP	CR	SC	TK	IC	BT	DC	PR
상위	상위	하위	상위	상위	하위	상위	상위	상위	상위	상위	상위	상위	하위
37%	36%	32%	16%	34%	45%	50%	39%	6%	47%	47%	36%	34%

27위 Amad DIALLO — 7.59
아마드 디알로   2002.07.11 / 173cm / CIV

지난 시즌 발목 부상으로 두 달간 결장했음에도 리그 26경기 8골 6도움을 올리며 '커리어 하이'를 달성했고, 아모림 감독의 전술에서 핵심으로 자리 잡았다. 민첩한 움직임과 순간 가속도를 활용한 드리블 돌파가 최고의 무기고, 왕성한 활동량을 바탕으로 한 공간 창출도 인상적이다. 양발 사용, 드리블 테크닉, 축구 지능, 수비 가담 등 다양한 장점을 가지고 있다. 시장 가치는 4500만 유로, 추정 연봉은 740만 유로.

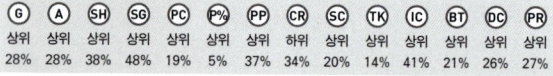

G	A	SH	SG	PC	P%	PP	CR	SC	TK	IC	BT	DC	PR
상위	상위	상위	상위	상위	하위	상위	상위	상위	상위	상위	상위	상위	상위
28%	28%	38%	48%	19%	37%	3%	5%	41%	9%	21%	26%	27%

28위 Adrien RABIOT — 7.57
아드리앙 라비오   1995.04.03 / 188cm / FRA

유스 시절까지 포함하면 9년간 몸담았던 PSG의 '라이벌'인 마르세유로 이적하며 많은 비판을 받았지만, 지난 시즌 리그 29경기에서 9골 4도움을 기록하며 마르세유의 준우승을 이끌었다. 세밀한 볼 컨트롤을 바탕으로 한 전진 드리블이 장점이고, 상대의 강한 압박을 견뎌내는 힘이 있는 미드필더다. 좌우로 연결하는 롱패스 정확도가 높고, 중거리 슈팅도 위력적이다. 시장 가치는 2500만 유로, 추정 연봉은 640만 유로.

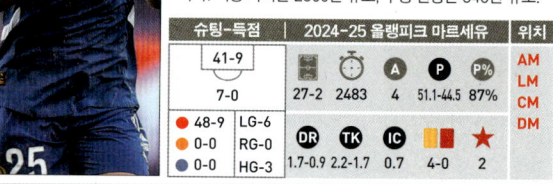
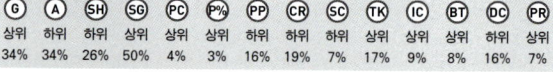

G	A	SH	SG	PC	P%	PP	CR	SC	TK	IC	BT	DC	PR
상위	상위	상위	상위	상위	상위	상위	상위	상위	상위	상위	상위	상위	하위	상위
34%	34%	26%	50%	4%	3%	16%	19%	17%	49%	8%	16%	7%

29위 Rodrygo — 7.57
호드리구   2001.01.09 / 174cm / BRA

햄스트링, 허벅지, 근육 부상으로 지난 시즌 리그 22경기 선발 출전에 그치며 6골 5도움을 기록했고, 레알에서 주전으로 거듭난 후 가장 부진했던 시즌이었다. 섬세한 컨트롤과 준수한 주력을 이용해 전진하고, 좁은 공간에서도 유려한 탈압박을 시도한다. 문전에서 상당히 침착하고, 뛰어난 슈팅 기술을 가지고 있다. 공격수임에도 90%가 넘는 패스 성공률을 자랑한다. 시장 가치는 9000만 유로, 추정 연봉은 1250만 유로.

G	A	SH	SG	PC	P%	PP	CR	SC	TK	IC	BT	DC	PR
상위	상위	상위	상위	하위	상위	상위	상위	상위	하위	상위	상위	상위	상위
29%	34%	30%	30%	8%	2%	32%	30%	21%	49%	39%	14%	20%	12%

30위 Nico PAZ — 7.57
니코 파스   2004.09.08 / 186cm / ARG

전설적인 미드필더였던 파브레가스 감독이 직접 영입한 아르헨티나의 유망주. 레알을 떠나 코모로 이적한 후 리그 35경기에 출전해 무려 6골 8도움을 기록하며 빅 클럽들의 타깃이 되고 있다. 주 포지션은 공격형 MF지만, 측면과 3선까지 소화할 수 있다. 경기당 슈팅 3.1회, 드리블 2회, 키패스 1.5회 등을 기록할 정도로 공격 능력이 우수하다. 왼발 킥이 최고의 무기. 시장 가치는 3500만 유로, 추정 연봉은 100만 유로.

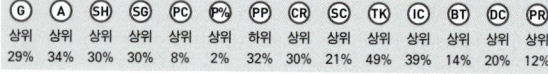
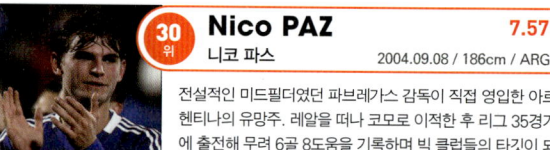
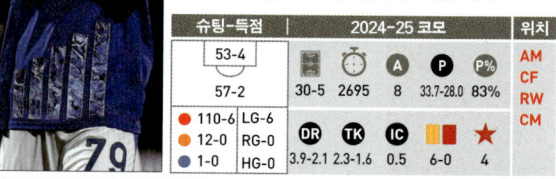

G	A	SH	SG	PC	P%	PP	CR	SC	TK	IC	BT	DC	PR
하위	상위	상위	상위	상위	상위	상위	상위	상위	상위	상위	상위	상위	상위
31%	34%	3%	12%	32%	23%	7%	15%	16%	19%	5%	26%	15%	25%

31위 Eberechi EZE — 7.56
에베레치 에제 1998.06.29 / 178cm / ENG

폭발적인 주력, 뛰어난 볼 테크닉, 민첩성, 유려한 드리블, 번뜩이는 패싱력을 바탕으로 측면을 허무는 윙어다. 순간 민첩성을 살린 드리블 돌파가 최고의 무기고, 상대의 압박을 빠르게 벗어나 창의적인 키패스를 구사하며 기회를 만든다. 워낙 킥력이 좋기 때문에 세트피스 키커를 맡기도 하고, 중앙에서 플레이 메이커 역할을 하기도 한다. 유일한 단점은 수비 가담. 시장 가치는 5500만 유로, 추정 연봉은 620만 유로.

슈팅-득점: 45-6 / 57-2 / 102-8 LG-0 / 16-0 RG-8 / 2-1 HG-0
2024-25 크리스탈 팰리스: 31-3 · 2604 · 8 · 26.8-22.0 · 82% · DR 4.0-2.1 · TK 1.8-1.2 · IC 0.3 · 1-0 · MOM 3
위치: AM / LW / RW / CF

G 상위 50% | A 상위 20% | SH 상위 8% | SG 상위 36% | PC 상위 45% | P% 상위 36% | PP 상위 49% | CR 상위 32% | SC 하위 18% | TK 상위 44% | IC 상위 39% | BT 상위 45% | DC 상위 14% | PR 하위 28%

32위 Moses SIMON — 7.54
모제스 사이먼 1995.07.12 / 168cm / NGA

지난 시즌 낭트에서 리그 32경기에 출전해 8골 10도움을 올리며 '커리어 하이'를 기록했고, 1부로 승격한 파리 FC로 이적했다. 168cm 70kg의 작은 체구지만 측면에서 엄청난 폭발력을 자랑하는 윙어다. 빠른 주력과 화려한 개인 기술로 측면을 허무는 유형이고, 역습 상황에서 공을 가지고 운반하는 것이 탁월하다. 다만 패스 성공률이 70%대로 낮은 것은 아쉽다. 시장 가치는 1200만 유로, 추정 연봉은 미정.

슈팅-득점: 34-8 / 10-0 / 44-8 LG-1 / 2-0 RG-7 / 4-4 HG-0
2024-25 FC 낭트: 31-1 · 2626 · 10 · 18.0-13.5 · 75% · DR 4.5-2.0 · TK 1.2-0.7 · IC 0.4 · 2-0 · MOM 5
위치: LW / CF / RW

G 하위 48% | A 하위 13% | SH 하위 10% | SG 하위 12% | PC 하위 7% | P% 하위 2% | PP 상위 48% | CR 상위 2% | SC 상위 45% | TK 상위 4% | IC 하위 49% | BT 하위 10% | DC 상위 16% | PR 하위 13%

33위 Christian PULIŠIĆ — 7.54
크리스찬 풀리식 1998.09.18 / 177cm / USA

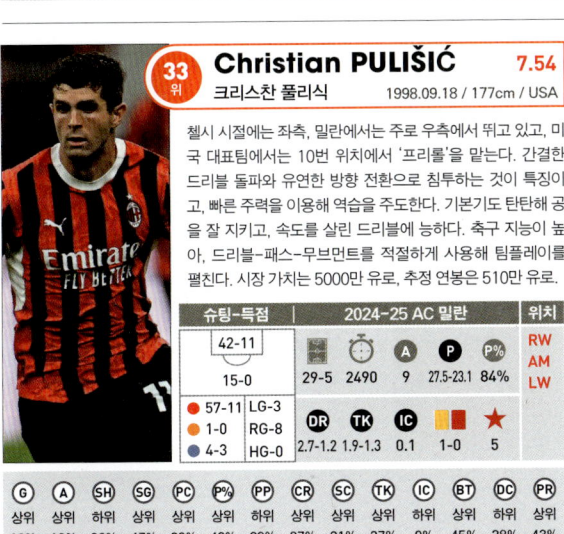

첼시 시절에는 좌측, 밀란에서는 주로 우측에서 뛰고 있고, 미국 대표팀에서는 10번 위치에서 '프리롤'을 맡는다. 간결한 드리블 돌파와 유연한 방향 전환으로 침투하는 것이 특징이고, 빠른 주력을 이용해 역습을 주도한다. 기본기도 탄탄해 공을 잘 지키고, 속도를 살린 패스에도 능하다. 축구 지능이 높아, 드리블-패스-무브먼트를 적절하게 사용해 팀플레이를 펼친다. 시장 가치는 5000만 유로, 추정 연봉은 510만 유로.

슈팅-득점: 42-11 / 15-0 / 57-11 LG-3 / 1-0 RG-8 / 4-3 HG-0
2024-25 AC 밀란: 29-5 · 2490 · 9 · 27.5-23.1 · 84% · DR 2.7-1.2 · TK 1.9-1.3 · IC 0.1 · 1-0 · MOM 5
위치: RW / AM / LW

G 상위 18% | A 상위 19% | SH 하위 36% | SG 상위 47% | PC 상위 43% | P% 상위 39% | PP 상위 27% | CR 상위 21% | SC 상위 27% | TK 하위 9% | IC 상위 45% | BT 상위 38% | DC 상위 43% | PR 상위 43%

34위 Ludovic BLAS — 7.54
뤼도빅 블라스 1997.12.31 / 180cm / FRA

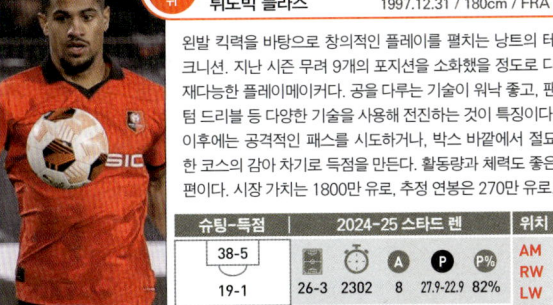

왼발 킥력을 바탕으로 창의적인 플레이를 펼치는 낭트의 테크니션. 지난 시즌 무려 9개의 포지션을 소화했을 정도로 다재다능한 플레이메이커다. 공을 다루는 기술이 워낙 좋고, 팬텀 드리블 등 다양한 기술을 사용해 전진하는 것이 특징이다. 이후에는 공격적인 패스를 시도하거나, 박스 바깥에서 절묘한 코스의 감아 차기로 득점을 만든다. 활동량과 체력도 좋은 편이다. 시장 가치는 1800만 유로, 추정 연봉은 270만 유로.

슈팅-득점: 38-5 / 19-1 / 57-6 LG-6 / 2-0 RG-0 / 0-0 HG-0
2024-25 스타드 렌: 26-3 · 2302 · 8 · 27.9-22.9 · 82% · DR 4.0-1.6 · TK 2.1-1.4 · IC 0.4 · 6-0 · MOM 2
위치: AM / RW / LW / CF / CM

G 하위 38% | A 상위 16% | SH 상위 45% | SG 상위 29% | PC 상위 46% | P% 상위 32% | PP 상위 41% | CR 하위 18% | SC 상위 30% | TK 상위 35% | IC 상위 47% | BT 상위 39% | DC 상위 47% | PR 상위 47%

35위 Jérémy DOKU — 7.54
제레미 도쿠 2002.05.27 / 173cm / BEL

단점이었던 연계 플레이를 보완하면서 한 단계 더 성장했다는 평가를 받고 있는 윙어다. 스피드에 자신 있는 워커가 자신보다 빠르다고 인정했을 정도로 폭발적인 주력과 압도적인 민첩성을 가지고 있고, 고난도 드리블 기술을 통해 수비수 1~2명은 쉽게 제친다. 양발을 잘 사용하기 때문에 좌우 측면에서 크로스와 득점을 모두 노릴 수 있고, 패싱력도 준수하다. 시장 가치는 5000만 유로, 추정 연봉은 310만 유로.

슈팅-득점: 21-2 / 8-1 / 29-3 LG- / 0-0 RG-3 / 0-0 HG-0
2024-25 맨체스터 시티: 16-13 · 1515 · 6 · 24.4-20.5 · 84% · DR 7.0-3.8 · TK 1.4-1.1 · IC 0.1 · 1-0 · MOM 3
위치: LW / RW / LM / RM

G 하위 21% | A 상위 10% | SH 하위 21% | SG 하위 26% | PC 하위 21% | P% 상위 31% | PP 상위 4% | CR 상위 35% | SC 상위 9% | TK 상위 14% | IC 상위 25% | BT 상위 1% | DC 상위 6% | PR 상위 8%

36위 Leroy SANÉ — 7.54
르로이 자네 1996.01.11 / 183cm / GER

뮌헨과 재계약을 거부하며 비교적 이른 시기에 튀르키예 무대로 향하는 측면 공격수다. 좌우 측면과 중앙을 모두 소화할 수 있다. 최고 속도는 36.3km/h로 빠른 스피드를 활용한 돌파가 장점이고, 바디 페인팅과 발재간을 섞어 상대를 속이며 전진한다. 특히 측면에서 중앙으로 침투해 과감하게 슈팅을 시도하고, 지난 시즌 분데스리가 유효 슈팅 부문 상위 2%였다. 시장 가치는 3200만 유로, 추정 연봉은 미정.

슈팅-득점: 48-10 / 19-1 / 67-11 LG- / 2-0 RG- / 0-0 HG-
2024-25 바이에른 뮌헨: 17-13 · 1634 · 5 · 29.9-24.5 · 86% · DR 3.4-1.4 · TK 1.1-0.8 · IC 0.2 · 2-0 · MOM 1
위치: LW / AM / RW / CF

G 상위 12% | A 상위 47% | SH 상위 8% | SG 상위 2% | PC 상위 10% | P% 상위 29% | PP 상위 45% | CR 상위 35% | SC 상위 43% | TK 하위 6% | IC 상위 36% | BT 상위 45% | DC 상위 27% | PR 상위 6%

유럽 5대리그 공격형 미드필더 & 윙어 항목별 랭킹(90분 기준 기록, 100분율)

37위 LEE Kangin — 7.53
이강인
2001.02.19 / 173cm / KOR

아시안 최초로 '트레블' 달성 등 역대 최고의 시즌을 보냈지만, 후반기에 주전 경쟁에서 밀렸고, 발목 부상으로 결장하는 시간도 있었다. 수비 가담과 활동량이라는 단점이 있지만, 날카로운 왼발 킥 한 방으로 경기의 흐름을 바꿀 수 있는 '테크니션'이다. 팬텀 드리블 등 다양한 드리블 기술을 통해 압박을 벗겨내고, 시야가 확보되면 창의적인 전진 패스를 연결한다. 시장 가치는 2500만 유로, 추정 연봉은 360만 유로.

슈팅-득점	2024-25 파리 생제르맹	위치
22-5 / 19-1	19-11 1669 6 38.9-35.8 92%	RW CF AM CM RM
41-6 LG-3 / 1-0 RG-2 / 0-0 HG-1	DR 1.8-1.1 TK 1.5-0.8 IC 0.1 1-0 ★2	

G	A	SH	SG	PC	P%	PP	CR	SC	TK	IC	BT	DC	PR
하위40%	상위28%	하위47%	상위50%	하위1%	하위1%	상위10%	상위15%	상위12%	상위37%	상위5%	하위3%	하위47%	하위1%

38위 Maghnes AKLIOUCHE — 7.53
마그네스 아클리우셰
2002.02.25 / 183cm / FRA

AS모나코 유스 출신으로 2021년부터 1군에서 뛰고 있으며, 2023-24시즌 아디 휘터 감독 아래 주전으로 도약했다. 지난 시즌에도 5골 10도움을 올리며 인상적인 활약을 펼치며, 빅클럽들과 연결되고 있는 공격형 MFC. 중원에서 뛰어난 컨트롤을 바탕으로 볼을 키핑하고, 센스 있는 플레이를 펼친다. 무엇보다 왕성한 활동량을 바탕으로 적극적으로 수비 가담을 한다. 시장 가치는 4500만 유로, 추정 연봉은 110만 유로.

슈팅-득점	2024-25 AS 모나코	위치
48-5 / 14-0	27-5 2408 10 35.4-30.1 85%	AM RW CM RM
62-5 LG-4 / 2-0 RG-1 / 1-1 HG-0	DR 3.2-1.6 TK 2.4-1.7 IC 0.5 2-0 ★3	

G	A	SH	SG	PC	P%	PP	CR	SC	TK	IC	BT	DC	PR
하위29%	하위14%	상위45%	상위36%	상위21%	상위21%	하위18%	상위31%	상위25%	상위16%	상위21%	상위21%	상위35%	상위25%

39위 Vincenzo GRIFO — 7.52
빈첸초 그리포
1993.04.07 / 180cm / ITA

정교한 패싱력과 날카로운 크로스로 공격 포인트를 생산하는 유형의 플레이메이커다. 지난 시즌 도움, 패스, 크로스 부문에서 상위 10% 이내에 들었을 정도로 킥력이 좋고, 세트피스 키커로도 나선다. 주로 좌측면에서 활약하며 순간적으로 중앙으로 이동해 찬스를 만들거나 직접 득점을 시도한다. 폭넓게 움직이며 전방 압박도 성실히 가담한다. 다만 드리블 능력은 부족. 시장 가치는 600만 유로, 추정 연봉은 95만 유로.

슈팅-득점	2024-25 프라이부르크	위치
34-6 / 32-2	31-3 2454 11 39.8-32.6 82%	LW LM AM
66-8 LG-1 / 10-1 RG-7 / 3-0 HG-1	DR 1.3-0.7 TK 1.5-0.9 IC 0.3 2-0 ★4	

G	A	SH	SG	PC	P%	PP	CR	SC	TK	IC	BT	DC	PR
상위47%	상위5%	상위2%	상위39%	상위34%	상위7%	상위46%	상위29%	상위9%	상위26%	상위10%	하위16%	하위20%	

40위 Mattia ZACCAGNI — 7.51
마티아 차카니
1995.06.16 / 177cm / ITA

지난 시즌을 앞두고 에이스를 상징하는 등번호 10번과 주장 완장을 모두 받았고, 리그 34경기서 8골 6도움을 올리며 자신의 가치를 증명했다. 주로 좌측면에서 활약하는데, 준수한 주력과 민첩한 방향 전환을 활용한 저돌적인 돌파가 장점이다. 지난 시즌 인터셉트 상위 2%를 기록했을 정도로 영리하게 상대의 패스를 끊어내고, 전방 압박도 적극적이다. 시장 가치는 2000만 유로, 추정 연봉은 560만 유로.

슈팅-득점	2024-25 SS 라치오	위치
32-7 / 16-1	33-1 2704 6 28.5-24.2 85%	LW LM CF
48-8 LG-1 / 2-0 RG-6 / 2-2 HG-1	DR 2.8-1.4 TK 1.6-1.1 IC 0.9 10-0 ★4	

G	A	SH	SG	PC	P%	PP	CR	SC	TK	IC	BT	DC	PR
하위48%	상위36%	상위16%	상위16%	상위42%	상위44%	상위14%	상위42%	상위41%	하위2%	상위41%	상위34%	상위40%	

41위 Rafael LEÃO — 7.51
하파엘 레앙
1999.06.10 / 188cm / POR

폭발적인 주력과 화려한 드리블 테크닉을 자랑하는 밀란의 돌격 대장. 36.5km/h의 최고 속도를 활용한 고속 드리블이 최고의 무기고, 드리블을 치면서도 템포를 죽이지 않고 전진하는 것이 특징이다. 판단력이 좋기 때문에 드리블과 패스 타이밍을 잘 구분하고, 날카로운 킥력도 갖췄다. 188cm 81kg의 신체조건을 활용한 플레이도 능하다. 다만 수비력은 약점. 시장 가치는 7000만 유로, 추정 연봉은 640만 유로.

슈팅-득점	2024-25 AC 밀란	위치
53-8 / 13-0	25-9 2332 1 22.7-17.5 77%	LW LM CF
66-8 LG-1 / 0-0 RG-6 / 0-0 HG-1	DR 3.8-1.8 TK 1.0-0.5 IC 0.2 5-0 ★5	

G	A	SH	SG	PC	P%	PP	CR	SC	TK	IC	BT	DC	PR
상위37%	상위25%	상위37%	상위18%	상위33%	상위36%	하위32%	상위27%	상위32%	하위18%	하위11%	상위34%	하위5%	상위41%

42위 Riccardo ORSOLINI — 7.51
리카르도 오르솔리니
1997.01.24 / 183cm / ITA

2017년 국내에서 열린 U-20 월드컵에서 골든 부트를 받았을 정도로 탁월한 득점력을 갖춘 우측 윙어다. 특히 지난 시즌 15골로 세리에A 득점 3위를 기록하며 득점에 더 눈을 떴다. 수비수와 일대일 상황에서 어떻게든 전진하는 움직임을 가져가고, 수비수 1~2명은 쉽게 제칠 수 있는 드리블 기술과 속도를 갖추고 있다. 양발 슈팅 능력과 부드러운 볼 터치도 장점이다. 시장 가치는 2500만 유로, 추정 연봉은 370만 유로.

슈팅-득점	2024-25 볼로냐	위치
50-14 / 25-1	23-7 1889 4 19.0-13.5 71%	RW RM CF
75-15 LG-12 / 6-0 RG-2 / 3-3 HG-1	DR 2.5-1.2 TK 0.7-0.5 IC 0.3 2-0 ★4	

G	A	SH	SG	PC	P%	PP	CR	SC	TK	IC	BT	DC	PR
상위5%	상위40%	상위10%	상위17%	하위6%	하위12%	상위44%	상위16%	상위4%	하위46%	상위43%	상위43%	하위6%	하위31%

○ 유럽 5대리그 공격형 미드필더 & 윙어 항목별 랭킹 (90분 기준 기록, 100분율)

43위 Dani OLMO — 7.51
다니 올모 1998.05.07 / 179cm / ESP

바르셀로나 입성 후 햄스트링, 종아리 등 4번 부상자 명단에 오르며 리그 25경기 출전에 그쳤지만, 나올 때마다 특유의 창의성 있는 플레이를 펼치며 10골 3도움을 올렸다. '라 마시아' 출신답게 공을 다루는 기술과 기본기가 좋고, 무엇보다 플레이 자체가 간결해 공격 템포를 죽이지 않는 것이 장점이다. 슈팅력과 함께 오프 더 볼 움직임도 좋아 찬스를 잘 잡는다. 시장 가치는 6000만 유로, 추정 연봉은 1250만 유로.

슈팅-득점	2024-25 FC 바르셀로나					위치
27-9	⏱ 13-12	A 1217	P 3	P% 24.8-20.6 83%		AM CM LW RW CF
15-1						
● 42-10 LG-4	DR 1.8-0.9	TK 1.0-0.6	IC 0.1	🟨🟥 1-0	★ 1	
● 1-0 RG-6						
● 2-2 HG-3						

G	A	SH	SG	PC	P%	PP	CR	SC	TK	IC	BT	DC	PR
상위 4%	상위 37%	상위 17%	상위 19%	상위 17%	상위 20%	상위 23%	하위 22%	상위 14%	하위 48%	하위 11%	상위 17%	상위 37%	하위 12%

44위 Dani RABA — 7.49
다니 라바 1995.10.29 / 184cm / ESP

지난 시즌 경기당 드리블 1.6회, 키패스 1.6회, 8골 6도움을 기록하며 '에이스'로 활약했지만 팀의 강등을 막지 못했고, 결국 발렌시아로 이적했다. 다부진 체격을 바탕으로 측면에서 저돌적인 돌파를 시도하고, 공을 소유하며 패스를 연결하는 것이 특징이다. 스피드가 아주 빠른 편은 아니어서 개인기 술보다는 동료를 활용한 플레이에 능하고, 왼발 킥력이 날카롭다. 시장 가치는 250만 유로, 추정 연봉은 미정.

슈팅-득점	2024-25 레가네스					위치
19-8	⏱ 24-5	A 1893	P 6	P% 18.6-13.8 74%		RW RM AM CF CM
25-0						
● 44-8 LG-6	DR 3.2-1.7	TK 2.1-1.3	IC 0.5	🟨🟥 6-0	★ 2	
● 4-0 RG-1						
● 5-4 HG-1						

G	A	SH	SG	PC	P%	PP	CR	SC	TK	IC	BT	DC	PR
상위 24%	상위 19%	상위 30%	상위 24%	하위 10%	상위 33%	상위 25%	하위 13%	상위 17%	상위 17%	상위 34%	상위 19%	하위 15%	

45위 Matías SOULÉ — 7.49
마티아스 소울레 2003.04.15 / 182cm / ARG

AS로마에서 디발라의 후계자로 평가받고 있는 공격형 미드필더다. 좌우 측면과 중앙 공격수까지 소화할 수 있고, 정교한 왼발 킥과 놀라운 축구 센스로 경기를 풀어가는 유형이다. 2선에서 창의성 있는 플레이를 펼치고, 축구 센스가 좋기 때문에 동료와 패스를 주고받으며 전진하는 것이 특징이다. 시야가 확보되면 전방으로 창의성 있는 로빙 스루패스를 연결한다. 시장 가치는 3000만 유로, 추정 연봉은 370만 유로.

슈팅-득점	2024-25 AS 로마					위치
16-2	⏱ 22-5	A 1792	P 5	P% 30.8-26.8 87%		AM RW LW CF RM
26-3						
● 42-5 LG-4	DR 3.9-1.4	TK 1.5-1.0	IC 0.3	🟨🟥 3-0	★ 4	
● 1-1 RG-1						
● 0-0 HG-0						

G	A	SH	SG	PC	P%	PP	CR	SC	TK	IC	BT	DC	PR
하위 33%	상위 42%	상위 36%	상위 45%	상위 15%	상위 18%	상위 32%	상위 24%	상위 23%	하위 38%	하위 44%	상위 13%	상위 18%	상위 15%

46위 Mikkel DAMSGAARD — 7.48
미켈 담스코 2000.07.30 / 180cm / DEN

유로 2020에서 혜성 같이 등장해 덴마크를 4강으로 이끌었고, '전설' 에릭센의 후계자로 평가받고 있는 미드필더다. 지난 시즌 PL에서 10도움을 기록했을 정도로 정교한 패싱력과 넓은 시야를 자랑하고, 공을 다루는 기술이 좋기 때문에 쉽게 뺏기지 않고 전진한다. 최고의 장점은 역시 킥력. 워낙 킥에 자신 있기 때문에 어떤 위치에서든 과감하게 슈팅을 시도한다. 시장 가치는 2800만 유로, 추정 연봉은 220만 유로.

슈팅-득점	2024-25 브렌트포드 시티					위치
23-2	⏱ 34-4	A 2930	P 10	P% 35.6-27.8 78%		AM CM LW RW
12-0						
● 35-2 LG-0	DR 2.5-1.3	TK 3.5-2.2	IC 0.1	🟨🟥 2-0	★ 2	
● 3-0 RG-2						
● 0-0 HG-0						

G	A	SH	SG	PC	P%	PP	CR	SC	TK	IC	BT	DC	PR
하위 3%	상위 16%	상위 2%	상위 1%	상위 20%	상위 25%	상위 12%	상위 23%	상위 46%	하위 3%	상위 5%	상위 18%	상위 48%	상위 37%

47위 Kenan YILDIZ — 7.48
케난 을드즈 2005.05.04 / 185cm / TUR

넥스트 델피에로. 유벤투스 유스에서 성장하며 '판타지스타'의 가능성을 보여줬고, LW, AM, RW, CF 등 공격 전 포지션에서 뛸 수 있다. 뛰어난 테크닉과 기본기를 바탕으로 전진하는 것이 특징이고, 워낙 볼 터치가 좋아 볼이 발에 붙는 드리블을 구사한다. 이런 이유로 가벼운 바디 페인트 동작만으로도 상대를 쉽게 제친다. 높은 골 결정력과 정교한 킥력도 장점이다. 시장 가치는 5000만 유로, 추정 연봉은 300만 유로.

슈팅-득점	2024-25 유벤투스					위치
46-6	⏱ 28-7	A 2413	P 4	P% 28.1-24.2 86%		LW AM RW CF
15-1						
● 61-7 LG-4	DR 3.3-1.8	TK 1.9-1.5	IC 0.1	🟨🟥 2-1	★ 5	
● 0-0 RG-2						
● 0-0 HG-0						

G	A	SH	SG	PC	P%	PP	CR	SC	TK	IC	BT	DC	PR
하위 38%	하위 36%	상위 42%	상위 26%	상위 34%	상위 28%	상위 34%	상위 27%	상위 48%	하위 10%	상위 23%	상위 31%	하위 14%	상위 30%

48위 Jacob MURPHY — 7.48
제이콥 머피 1995.02.24 / 179cm / ENG

투박한 터치와 애매한 포지셔닝 문제로 2017년 뉴캐슬 입성 후 주전 경쟁에서 어려움을 겪었지만, 지난 시즌 리그 35경기에서 8골 12도움을 올리며 기량을 만개했다. 양발을 모두 잘 사용하기 때문에 좌우 측면을 모두 소화하고, 드리블과 크로스를 정확한 타이밍에 시도한다. 빠른 발을 활용한 직선 드리블에 능하고, 활동량도 많아 측면에서 공수 양면에 기여한다. 시장 가치는 1600만 유로, 추정 연봉은 220만 유로.

슈팅-득점	2024-25 뉴캐슬 유나이티드					위치
25-8	⏱ 31-4	A 2380	P 12	P% 24.1-18.3 76%		RW LW RM RB
18-0						
● 43-8 LG-0	DR 2.0-1.0	TK 1.6-0.8	IC 0.4	🟨🟥 4-0	★ 3	
● 0-0 RG-8						
● 0-0 HG-0						

G	A	SH	SG	PC	P%	PP	CR	SC	TK	IC	BT	DC	PR
상위 44%	상위 2%	상위 21%	상위 23%	상위 42%	상위 12%	상위 41%	상위 21%	상위 27%	상위 30%	상위 36%	상위 48%	상위 32%	상위 48%

○ 유럽 5대리그 공격형 미드필더 & 윙어 항목별 랭킹(90분 기준 기록, 100분율)

49위 SON Heungmin — 7.48
손흥민 1992.07.08 / 183cm / KOR

아시아 선수 최초로 PL 득점왕에 오른 한국의 슈퍼스타지만, 지난 시즌에는 햄스트링, 발 부상으로 고생하며 리그 24경기 선발 출전에 그쳤다. 정상 컨디션이라면 빠른 주력, 순간 가속도, 드리블 기술, 순간적인 판단, 정교한 마무리 등 다양한 장점을 가진 '완성형 윙어'다. 특히 일대일 상황에서 스텝오버에 이은 벼락같은 슈팅으로 골망을 흔드는 것이 특징이다. 시장 가치는 2000만 유로, 추정 연봉은 1170만 유로.

슈팅-득점	2024-25 토트넘 핫스퍼					위치
39-7 / 18-0	24-6	2118	9	27.9-23.4	84%	LW / CF / RW
57-7 LG-3 / 1-0 RG-4 / 2-1 HG-0	DR 2.8-1.1	TK 1.3-0.6	IC 0.2	🟨	🟥 0	★ 3

G	A	SH	SG	PC	P%	PP	CR	SC	TK	IC	BT	DC	PR
상위 34%	상위 15%	상위 34%	상위 27%	상위 37%	상위 37%	상위 16%	상위 41%	상위 14%	하위 5%	하위 11%	상위 42%	상위 44%	상위 35%

50위 Kingsley COMAN — 7.46
킹슬리 코망 1996.06.13 / 181cm / FRA

최고속도 35.89km/h의 폭발적인 스피드와 드리블 돌파가 장점이다. 특히 순간 가속도가 엄청나기 때문에, 간단한 페인트 동작에 이은 속도 조절만으로도 측면을 파괴하고, 이후에는 날카로운 크로스를 연결하는 클래식한 윙어다. 슈팅 마무리가 조금 아쉽지만, 패스 정확도는 높은 편이다. 다만 잦은 부상이 문제인데, 지난 시즌도 여러 부상으로 리그 14경기 선발에 그쳤다. 시장 가치는 3000만 유로, 추정 연봉은 1700만 유로.

슈팅-득점	2024-25 바이에른 뮌헨					위치
30-3 / 14-2	14-14	1285	4	24.2-21.5	89%	LW / RW / CF
44-5 LG-0 / 0-0 RG-5 / 0-0 HG-0	DR 2.7-1.4	TK 0.9-0.6	IC 0.3	🟨	🟥 0	★ 0

G	A	SH	SG	PC	P%	PP	CR	SC	TK	IC	BT	DC	PR
상위 40%	상위 41%	상위 15%	상위 16%	상위 9%	상위 6%	상위 16%	상위 48%	상위 6%	상위 40%	상위 42%	상위 11%	상위 9%	상위 10%

51위 Morgan GIBBS-WHITE — 7.46
모건 깁스-화이트 2000.01.27 / 171cm / ENG

2022년 여름 노팅엄 입성 후 급성장한 공격형 MF다. 주로 10번 역할을 맡지만 박스-투-박스로 움직이며 찬스 메이커 역할을 하고, 적극적인 침투를 통해 득점을 노리는 '미들라이커'다. 볼을 잡으면 저돌적으로 드리블 돌파를 시도하고, 동료와 패스를 주고받으며 전진하는데도 능하다. 활동량이 많기 때문에 적극적으로 압박을 시도한다. 다만 득점력에서 기복이 있다. 시장 가치는 5000만 유로, 추정 연봉은 490만 유로.

슈팅-득점	2024-25 노팅엄 포리스트					위치
34-6 / 27-1	34-0	2825	8	35.6-28.8	81%	AM / LW / RW / CM
61-7 LG-1 / 4-0 RG-4 / 0-0 HG-2	DR 2.3-1.0	TK 1.7-1.3	IC 0.7	🟨 9-1	🟥	★ 4

G	A	SH	SG	PC	P%	PP	CR	SC	TK	IC	BT	DC	PR
하위 37%	상위 27%	상위 34%	상위 32%	상위 25%	상위 27%	상위 42%	상위 18%	상위 47%	상위 42%	상위 10%	상위 36%	상위 19%	상위 33%

52위 Iliman NDIAYE — 7.46
일만 은디아이 2000.03.06 / 180cm / SEN

유스 시절에는 미드필더를 뛰었기 때문에 기본적인 활동량과 수비력을 갖추고 있고, 프로에서는 공격적인 재능을 주목받고 있다. 속도, 민첩성, 발재간을 이용한 돌파에 능하고, 순간적인 턴 동작으로 상대의 압박을 벗겨낸다. 오프 더 볼 움직임과 전술 이해도가 높은 것도 장점이다. 에버튼에 와서는 최전방이 아닌 측면에서 빛을 발하고 있고, 연계 플레이에도 능하다. 시장 가치는 2200만 유로, 추정 연봉은 280만 유로.

슈팅-득점	2024-25 에버튼 FC					위치
28-9 / 9-0	29-4	2441	0	21.1-17.9	85%	LW / AM / RW / CF
37-9 LG-3 / 0-0 RG-6 / 2-2 HG-0	DR 4.3-2.1	TK 2.4-1.6	IC 0.6	🟨 3-0	🟥	★ 2

G	A	SH	SG	PC	P%	PP	CR	SC	TK	IC	BT	DC	PR
상위 32%	하위 1%	상위 7%	상위 21%	상위 23%	상위 17%	상위 4%	상위 18%	상위 8%	상위 11%	상위 9%	하위 14%	상위 9%	하위 7%

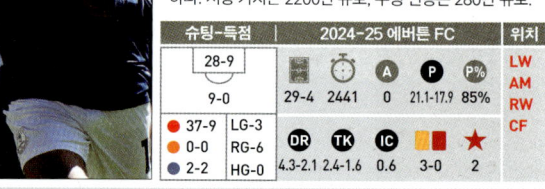

53위 Giovani Lo CELSO — 7.46
지오바니 로첼소 1996.04.09 / 177cm / ARG

다재다능한 미드필더지만, 잦은 부상이 아쉽다. 지난 시즌도 초반 6경기에서 5골을 몰아넣으며 맹활약했지만, 이후 허벅지, 종아리, 근육 등 5번이나 부상을 입으며 25경기 출전에 그쳤다. 부상만 없다면, 왕성한 활동량과 날카로운 킥력을 바탕으로 직접 찬스를 만드는 유형이다. 뛰어난 테크닉을 바탕으로 공을 키핑하고, 이후 과감하게 전진하며 패스를 연결한다. 시장 가치는 1500만 유로, 추정 연봉은 420만 유로.

슈팅-득점	2024-25 레알 베티스					위치
16-5 / 18-3	15-10	1458	3	34.5-29.3	85%	AM / RW / CM / CF
34-8 LG-3 / 4-1 RG-0 / 3-2 HG-0	DR 2.2-0.8	TK 1.7-1.4	IC 0.2	🟨 4-0	🟥	★ 3

G	A	SH	SG	PC	P%	PP	CR	SC	TK	IC	BT	DC	PR
상위 12%	상위 50%	하위 32%	상위 32%	상위 4%	상위 31%	상위 5%	상위 22%	상위 21%	상위 3%	상위 29%	상위 8%		

54위 Nico WILLIAMS — 7.45
니코 윌리암스 2002.07.12 / 181cm / ESP

야말과 함께 라리가 최고의 '드리블러'로 평가받고 있고, 경기당 최소 2번 이상 돌파를 성공시킬 정도로 위협적이다. 35.8km/h의 폭발적인 주력과 화려한 발재간을 이용해 상대를 쉽게 제치고, 가감속을 조절하는 능력이 탁월해 상대가 막기 힘들다. 돌파 후에는 컷-백과 크로스를 섞어 찬스를 만들고, 공간을 찾는 움직임이 최고다. 유일한 단점은 슈팅 마무리. 시장 가치는 7000만 유로, 추정 연봉은 미정만 유로.

슈팅-득점	2024-25 아슬레틱 빌바오					위치
40-5 / 14-0	22-7	2001	5	20.1-15.9	79%	LW / RW / LM / RM
54-5 LG-1 / 0-0 RG-3 / 0-0 HG-1	DR 6.3-2.4	TK 1.7-1.0	IC 0.2	🟨 1-0	🟥	★ 1

G	A	SH	SG	PC	P%	PP	CR	SC	TK	IC	BT	DC	PR
상위 43%	상위 38%	상위 32%	상위 40%	상위 27%	상위 16%	상위 16%	상위 11%	상위 31%	상위 36%	상위 48%	하위 2%	상위 50%	

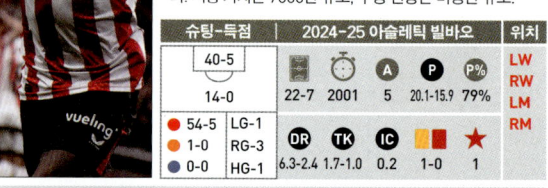

55위 Kevin De BRUYNE — 7.44
케빈 더브라위너 1991.06.28 / 181cm / BEL

정교한 패스력, 탁월한 축구 지능, 넓은 시야, 탄탄한 기본기, 날카로운 킥력, 전진 드리블 등을 모두 갖춘 2010년대 중반 세계 최고의 미드필더 중 한 명이다. 특히 낮고 빠르면서도, 정확하게 휘어지는 '택배 크로스'가 전매특허다. 무엇보다 양발 잡이라 어떤 상황에서든 강력한 슈팅을 연결할 수 있다. 다만 잦은 부상으로 인해 최근 운동 능력이 감소했다는 평가다. 시장 가치는 2000만 유로, 추정 연봉은 미정.

56위 Hamed TRAORÉ — 7.44
아메드 트라오레 2000.02.16 / 184cm

맨유의 '윙어' 아마드 디알로의 친형이다. 동생만큼 빠르지는 않지만 민첩성과 개인 기술을 이용한 드리블을 시도하고, 양발 능력과 볼 컨트롤이 좋기 때문에 높은 성공률을 자랑한다. 전방부터 강하게 압박하고, 수비 가담도 적극적이다. 다만 패스와 슈팅 마무리에서 약점을 가지고 있고, 잦은 부상도 문제다. 지난 시즌 어깨, 허벅지 등 5번이나 부상자 명단에 올랐다. 시장 가치는 2000만 유로, 추정 연봉은 미정.

57위 Alex IWOBI — 7.44
알렉스 이워비 1996.05.03 / 180cm / NGR

주 포지션은 LW이지만, RW, AM, CM, RB 등 지난 시즌 7개의 포지션을 오가며 리그 전 경기에 출전한 다기능 플레이어이다. 발재간과 주력을 이용한 드리블 돌파에 강점을 가지고 있고, 준수한 패스력을 보유하고 있어 연계 플레이도 좋은 편이다. 풀럼에 와서는 약점이던 마무리 능력이 좋아지면서, 지난 시즌 9골 6도움을 올리며 커리어 하이를 달성했다. 시장 가치는 2800만 유로, 추정 연봉은 490만 유로.

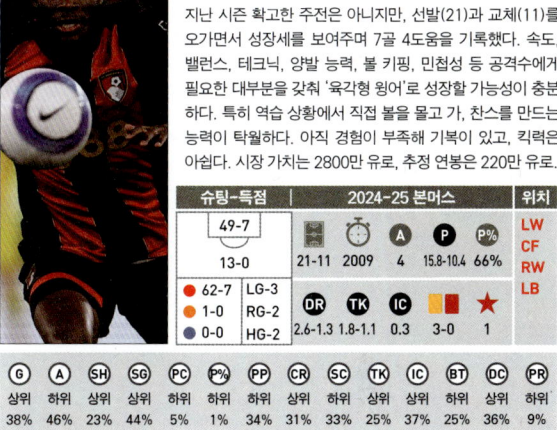

58위 Dango OUATTARA — 7.44
당고 우아타라 2002.02.11 / 177cm / BUR

지난 시즌 확고한 주전은 아니지만, 선발(21)과 교체(11)를 오가면서 성장세를 보여주며 7골 4도움을 기록했다. 속도, 밸런스, 테크닉, 양발 능력, 볼 키핑, 민첩성 등 공격수에게 필요한 대부분을 갖춰 '육각형 윙어'로 성장할 가능성이 충분하다. 특히 역습 상황에서 직접 볼을 몰고 가, 찬스를 만드는 능력이 탁월하다. 아직 경험이 부족하고 기복이 있고, 킥력은 아쉽다. 시장 가치는 2800만 유로, 추정 연봉은 220만 유로.

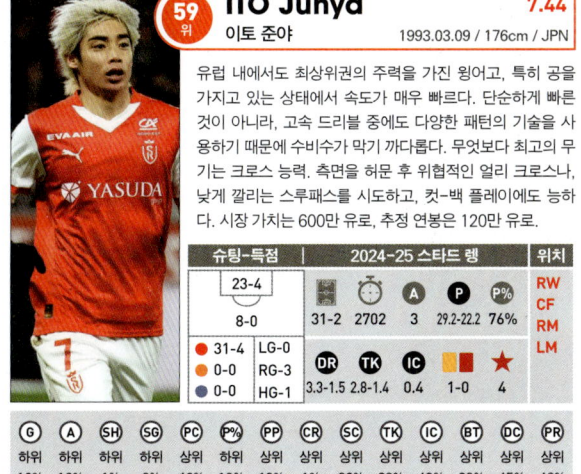

59위 ITO Junya — 7.44
이토 준야 1993.03.09 / 176cm / JPN

유럽 내에서도 최상위권의 주력을 가진 윙어고, 특히 공을 가지고 있는 상태에서 속도가 매우 빠르다. 단순하게 빠른 것이 아니라, 고속 드리블 중에도 다양한 패턴의 기술을 사용하기 때문에 수비수가 막기 까다롭다. 무엇보다 최고의 무기는 크로스 능력. 측면을 허문 후 위협적인 얼리 크로스나, 낮게 깔리는 스루패스를 시도하고, 컷-백 플레이에도 능하다. 시장 가치는 600만 유로, 추정 연봉은 120만 유로.

60위 Dodi LUKÉBAKIO — 7.42
도디 루케바키오 1997.09.24 / 187cm / BEL

2016년 본인의 혈통인 콩고민주공화국에서 A매치에 데뷔했으나, 이후 나고 자란 벨기에 대표팀을 선택해 2020년부터 뛰고 있다. 187cm의 장신이라 '제2의 루카쿠'라는 기대를 받으며 전방에서 뛰었지만, 점차 2선에서 자리 잡는다. 자신의 신체조건과 주력을 바탕으로 볼을 운반하거나 지키고, 이후에는 패스를 뿌려준다. 그러나 섬세함과 마무리 능력은 부족. 시장 가치는 2000만 유로, 추정 연봉은 300만 유로.

○ 유럽 5대리그 공격형 미드필더 & 윙어 항목별 랭킹(90분 기준 기록, 100분율)

61위 Alexis CLAUDE-MAURICE — 7.41
알렉시스 클로드-모리스 1998.06.06 / 174cm / FRA

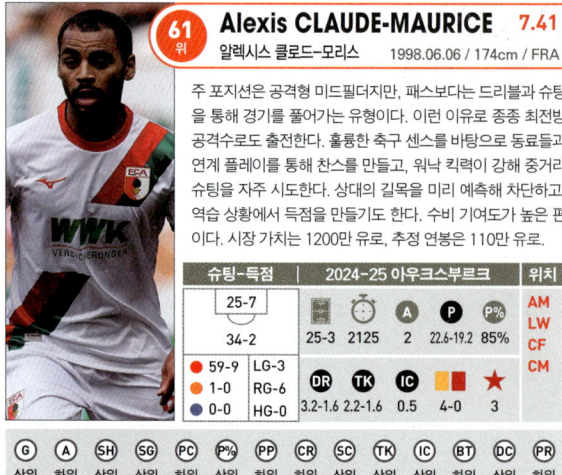

주 포지션은 공격형 미드필더지만, 패스보다는 드리블과 슈팅을 통해 경기를 풀어가는 유형이다. 이런 이유로 종종 최전방 공격수로도 출전한다. 훌륭한 축구 센스를 바탕으로 동료들과 연계 플레이를 통해 찬스를 만들고, 워낙 킥력이 강해 중거리 슈팅을 자주 시도한다. 상대의 길목을 미리 예측해 차단하고, 역습 상황에서 득점을 만들기도 한다. 수비 기여도가 높은 편이다. 시장 가치는 1200만 유로, 추정 연봉은 110만 유로.

슈팅-득점	2024-25 아우크스부르크	위치
25-7 34-2	25-3 2125 2 22.6-19.2 85%	AM LW CF CM
59-9 LG-3 1-0 RG-6 0-0 HG-0	DR TK IC ▪▪ ★ 3.2-1.6 2.2-1.6 0.5 4-0 3	

G	A	SH	SG	PC	P%	PP	CR	SC	TK	IC	BT	DC	PR
상위	하위	상위	상위	하위	상위	하위	하위	상위	상위	하위	상위	상위	하위
23%	11%	31%	37%	27%	9%	16%	9%	48%	18%	20%	23%	34%	26%

62위 Morgan ROGERS — 7.40
모건 로저스 2002.07.26 / 187cm / ENG

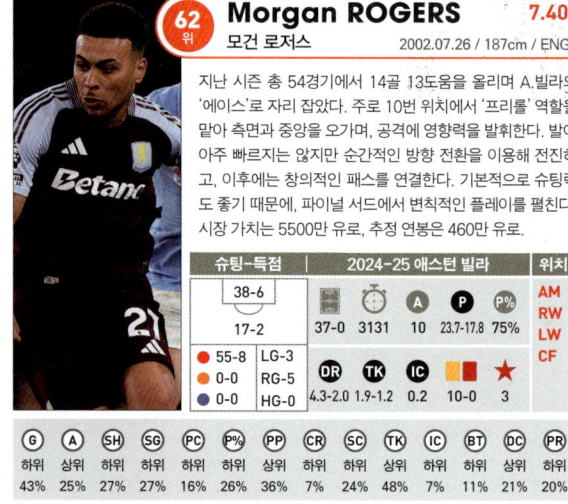

지난 시즌 총 54경기에서 14골 13도움을 올리며 A.빌라의 '에이스'로 자리 잡았다. 주로 10번 위치에서 '프리롤' 역할을 맡아 측면과 중앙을 오가며, 공격에 영향력을 발휘한다. 발이 아주 빠르지는 않지만 순간적인 방향 전환을 이용해 전진하고, 이후에는 창의적인 패스를 연결한다. 기본적으로 슈팅력도 좋기 때문에, 파이널 서드에서 변칙적인 플레이를 펼친다. 시장 가치는 5500만 유로, 추정 연봉은 460만 유로.

슈팅-득점	2024-25 애스턴 빌라	위치
38-6 17-2	37-0 3131 10 23.7-17.8 75%	AM RW LW CF
55-8 LG-3 0-0 RG-5 0-0 HG-0	DR TK IC ▪▪ ★ 4.3-2.0 1.9-1.2 0.2 10-0 3	

G	A	SH	SG	PC	P%	PP	CR	SC	TK	IC	BT	DC	PR
하위	상위	상위	상위	하위	하위	상위	하위	상위	하위	상위	하위	상위	하위
43%	25%	27%	27%	16%	26%	36%	7%	48%	7%	11%	21%	20%

63위 Jamie GITTENS — 7.40
제이미 기튼스 2004.08.08 / 175cm / ENG

맨시티 유스 출신으로 BVB에 입성해 잠재력을 폭발시켰기 때문에 '제2의 산초'로 불리는 잉글랜드 국적의 윙어고, 이번에 첼시로 이적했다. 빠른 발과 발재간을 이용한 드리블 돌파가 최고의 무기인데, 상대를 끊임없이 교란하며 전진하는 것이 특징이다. 이후에는 이타적인 플레이로 동료들에게 찬스를 제공하고, 때로는 중앙으로 침투해 직접 득점을 노린다. 단점은 판단력. 시장 가치는 5000만 유로, 추정 연봉은 미정.

슈팅-득점	2024-25 보루시아 도르트문트	위치
40-8 12-0	21-11 1786 3 15.9-13.0 82%	LW AM LM CM
52-8 LG-3 0-0 RG-4 0-0 HG-1	DR TK IC ▪▪ ★ 5.3-2.4 1.2-1.0 0.4 4-0 1	

G	A	SH	SG	PC	P%	PP	CR	SC	TK	IC	BT	DC	PR
상위	하위	상위	상위	하위	상위	하위	하위	상위	상위	상위	하위	상위	하위
20%	18%	28%	25%	21%	43%	34%	36%	42%	36%	39%	29%	1%	36%

64위 Kaoru MITOMA — 7.40
미토마 가오루 1997.05.20 / 178cm / JPN

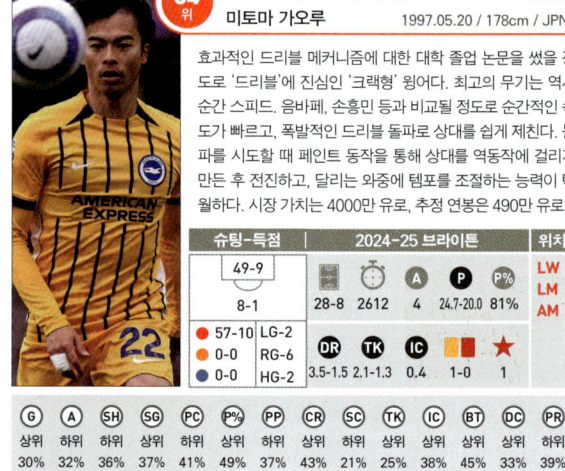

효과적인 드리블 메커니즘에 대한 대학 졸업 논문을 썼을 정도로 '드리블'에 진심인 '크랙형' 윙어다. 최고의 무기는 역시 순간 스피드. 음바페, 손흥민 등과 비교될 정도로 순간적인 속도가 빠르고, 폭발적인 드리블 돌파로 상대를 쉽게 제친다. 돌파를 시도할 때 페인트 동작을 통해 상대를 역동작에 걸리게 만든 후 전진하며, 달리는 와중에 템포를 조절하는 능력이 탁월하다. 시장 가치는 4000만 유로, 추정 연봉은 490만 유로.

슈팅-득점	2024-25 브라이턴	위치
49-9 8-1	28-8 2612 4 24.7-20.0 81%	LW LM AM
57-10 LG-2 0-0 RG-6 0-0 HG-2	DR TK IC ▪▪ ★ 3.5-1.5 2.1-1.3 0.4 1-0 1	

G	A	SH	SG	PC	P%	PP	CR	SC	TK	IC	BT	DC	PR
상위	상위	상위	상위	상위	상위	상위	하위	상위	상위	상위	상위	상위	하위
30%	32%	36%	37%	41%	49%	43%	21%	25%	38%	45%	33%	39%

65위 Paulo DYBALA — 7.40
파울로 디발라 1993.11.15 / 177cm / ARG

사기적인 왼발 킥력, 유연한 드리블 돌파, 뛰어난 플레이 메이킹 능력을 고루 갖춘 '9.5번' 유형의 공격형 미드필더다. 발목 힘이 워낙 강하기 때문에 특별한 도움닫기 없이도 감아차기로 득점을 만들고, 상대의 압박을 역이용하는 돌파와 창의적인 패싱력도 장점이다. 활동량과 연계도 OK. 문제는 부상. 지난 시즌 무릎, 햄스트링 부상으로 리그 24경기만 출전했다. 시장 가치는 800만 유로, 추정 연봉은 1300만 유로.

슈팅-득점	2024-25 AS 로마	위치
27-5 23-1	16-8 1420 3 27.6-24.0 87%	AM RW CF
50-6 LG-5 6-0 RG-1 3-3 HG-0	DR TK IC ▪▪ ★ 1.8-0.6 1.2-0.7 0.1 2-0 4	

G	A	SH	SG	PC	P%	PP	CR	SC	TK	IC	BT	DC	PR
상위	상위	상위	상위	하위	상위	상위	하위	상위	하위	하위	상위	상위	상위
29%	45%	15%	32%	19%	19%	42%	35%	12%	28%	27%	17%	17%

66위 Karim ADEYEMI — 7.40
카림 아데예미 2002.01.18 / 180cm / GER

2019년과 2021년 프리츠 발터 금메달을 받았을 정도로 잠재력을 인정받았고, 독일에서는 외모와 플레이스타일이 나브리와 비슷하다는 평가다. 지난 시즌 햄스트링 부상으로 2달간 결장했음에도 총 36경기서 12골 9도움을 기록했다. 무게 중심이 낮고, 스피드가 빠르기 때문에 폭발력이 있는 드리블 돌파를 시도한다. 준수한 왼발 킥을 활용한 크로스와 슈팅도 장점이다. 시장 가치는 4500만 유로, 추정 연봉은 500만 유로.

슈팅-득점	2024-25 보루시아 도르트문트	위치
31-7 15-0	17-8 1441 6 14.9-11.6 78%	RW AM LW CF CM
46-7 LG-4 0-0 RG-3 0-0 HG-0	DR TK IC ▪▪ ★ 3.9-1.8 1.4-0.8 0.3 4-0 1	

G	A	SH	SG	PC	P%	PP	CR	SC	TK	IC	BT	DC	PR
상위	상위	상위	하위	상위	하위	상위	상위	상위	상위	상위	상위	하위	상위
9%	17%	18%	13%	25%	25%	21%	25%	38%	14%	21%	13%	20%

67위 SAVINHO 7.40
사비뉴 2004.04.10 / 179cm / BRA

"롤 모델"인 리야드 마레즈처럼 날카로운 왼발 킥력과 수준급의 드리블을 자랑하는 브라질 윙어다. 사비뉴가 다른 브라질 윙어와 다른 점은 화려한 개인 기술을 가지고 있지만, 동료를 활용한 연계플레이와 패스에 집중한다는 것이다. 하프스페이스를 아주 잘 활용하고, 다양한 구질의 패스로 찬스를 만드는 것이 특징이고, 순간적인 키 패스를 연결하는 것이 장점이다. 시장 가치는 5000만 유로, 추정 연봉은 250만 유로.

슈팅-득점	2024-25 맨체스터 시티	위치
34-1 / 21-0	21-8 1773 8 26.3-22.9 87%	RW AM LW RM CF LM
● 55-1 LG-1 / ● 1-0 RG-0 / ● 0-0 HG-0	DR 3.8-1.9 TK 1.2-0.8 IC 0.2 🟥🟨 ★ 3	

G	A	SH	SG	PC	P%	PP	CR	SC	TK	IC	BT	DC	PR
하위	상위	상위	상위	상위	상위	상위	상위	상위	하위	하위	상위	하위	상위
4%	12%	24%	39%	25%	23%	9%	25%	12%	39%	30%	25%	6%	23%

68위 Dwight MCNEIL 7.38
드와이트 맥닐 1999.11.22 / 183cm / ENG

준수한 주력, 부드러운 터치를 이용한 드리블 돌파가 장점이고, 워낙 왼발 킥이 정교해 라이언 긱스와 비교되기도 한다. 주 포지션은 LW이지만, RW, AM, CM, CF, LB까지 다양한 포지션을 소화할 수 있는 것이 장점이다. 특유의 유연한 드리블로 측면을 허물고, 날카로운 왼발 크로스로 공격 포인트를 만드는 것이 특징이다. 드리블-패스 할 때를 정확하게 구분한다. 시장 가치는 2500만 유로, 추정 연봉은 150만 유로.

슈팅-득점	2024-25 에버튼	위치
11-1 / 14-3	15-6 1371 6 24.1-20.0 83%	AM LW RW LB
● 25-4 LG-4 / ● 0-0 RG-0 / ● 0-0 HG-0	DR 2.1-1.1 TK 1.2-0.6 IC 0.3 🟥🟨 ★ 1	

G	A	SH	SG	PC	P%	PP	CR	SC	TK	IC	BT	DC	PR
하위	상위	상위	상위	상위	상위	상위	하위	상위	상위	상위	상위	상위	하위
43%	7%	21%	29%	40%	39%	10%	5%	17%	15%	43%	49%	45%	41%

69위 Aleksandr GOLOVIN 7.38
알렉산드르 골로빈 1996.05.30 / 178cm / RUS

아르샤빈 이후 오랜만에 러시아에서 배출한 '슈퍼스타'. 2023-24시즌에는 리그앙 베스트11에 포함되며 전성기를 누렸지만, 지난 시즌엔 고질적인 발목, 서혜부 부상 문제로 19경기만 소화했다. 부상만 없다면, 왕성한 활동량과 뛰어난 축구 지능을 바탕으로 공수 모두에 기여하는 미드필더다. 풋살 선수 출신답게 정교한 컨트롤을 활용해 유연하게 압박을 벗겨낸다. 시장 가치는 2000만 유로, 추정 연봉은 390만 유로.

슈팅-득점	2024-25 AS 모나코	위치
10-2 / 14-1	13-6 1155 39 34.1-26.9 79%	LW AM CM RW LM
● 24-3 LG-1 / ● 0-0 RG-2 / ● 0-0 HG-0	DR 2.0-1.3 TK 3.1-2.0 IC 0.5 🟥🟨 ★ 1	

G	A	SH	SG	PC	P%	PP	CR	SC	TK	IC	BT	DC	PR
하위	하위	하위	상위	상위	상위	상위	상위	상위	상위	상위	상위	상위	상위
21%	4%	23%	24%	13%	44%	20%	43%	33%	4%	10%	14%	35%	24%

70위 Mohammed KUDUS 7.38
모하메드 쿠두스 2000.08.02 / 177cm / GHA

지난 시즌 경기당 2.9회의 드리블을 성공시키며 도쿠에 이어 PL 드리블 순위에서 2위를 기록한 윙어다. 빠른 주력과 드리블 기술을 가지고 있기 때문에 상대의 압박을 민첩하게 벗겨내 전진하고, 이후 창의적인 패스를 연결할 수 있다. 테크닉도 좋지만 단단한 체격을 가지고 있어 상대의 압박을 버틸 수 있고, 공간 창출 능력도 뛰어나다. 결정력은 다소 아쉽다. 시장 가치는 4500만 유로, 추정 연봉은 550만 유로.

슈팅-득점	2024-25 웨스트햄 유나이티드	위치
53-5 / 22-0	31-1 2604 3 24.2-21.8 90%	AM RW LW CF LM RM
● 75-5 LG-1 / ● 0-0 RG-2 / ● 0-0 HG-0	DR 6.4-3.0 TK 1.8-1.3 IC 0.1 🟥🟨 ★ 2-1	

G	A	SH	SG	PC	P%	PP	CR	SC	TK	IC	BT	DC	PR
하위	하위	상위	상위	상위	상위	상위	상위	상위	상위	상위	하위	상위	상위
23%	18%	28%	42%	35%	9%	21%	46%	46%	47%	4%	33%	3%	46%

71위 Dominik SZOBOSZLAI 7.36
도미니크 소보슬라이 2000.10.25 / 186cm / HUN

좌우 측면과 전방까지 소화할 수 있지만, 중앙 지향적인 플레이를 펼치는 공격형 미드필더다. 최고의 무기는 파괴력 넘치는 오른발 킥력. 대포알 같은 직선 슈팅도 잘 때리지만, 감아차기, 무회전, 아웃 프런트 등 슈팅 기술 자체가 압도적이라 어느 위치에서든 과감하게 슈팅을 시도한다. 중원을 자유롭게 움직이며 양질의 패스를 연결하고, 찬스 메이킹에도 장점이 있다. 시장 가치는 8000만 유로, 추정 연봉은 740만 유로.

슈팅-득점	2024-25 리버풀 FC	위치
37-5 / 30-1	29-7 2496 4 34.5-29.7 86%	AM LW RW CM CF
● 67-6 LG-5 / ● 4-0 RG-1 / ● 0-0 HG-0	DR 1.1-0.6 TK 1.8-1.1 IC 0.3 🟥🟨 ★ 6-0 2	

G	A	SH	SG	PC	P%	PP	CR	SC	TK	IC	BT	DC	PR
상위	상위	상위	하위	상위	상위	상위	상위	상위	상위	상위	상위	하위	상위
32%	45%	37%	39%	13%	5%	29%	16%	34%	45%	29%	25%	13%	36%

72위 Kevin SCHADE 7.36
케빈 샤데 2001.11.27 / 183cm / GER

양발을 자유자재로 사용하기 때문에 좌우 측면을 모두 소화할 수 있지만, 주로 좌측면에서 순간적으로 침투해 슈팅으로 마무리하는 플레이가 위협적이다. 최고 속도 36.3km/h의 폭발적인 주력을 자랑하기 때문에 수비 뒤 공간 침투와 측면 돌파가 장점이고, 이후에는 컷-백이나 크로스를 활용해 찬스를 만든다. 수비 가담도 OK. 다만 볼 터치와 패스 미스는 아쉽다. 시장 가치는 3000만 유로, 추정 연봉은 65만 유로.

슈팅-득점	2024-25 브렌트포드 시티	위치
51-11 / 4-0	26-12 2301 2 12.0-7.7 64%	LW RW CF AM
● 55-11 LG-3 / ● 0-0 RG-4 / ● 0-0 HG-4	DR 2.3-0.9 TK 1.3-1.0 IC 0.1 🟥🟨 ★ 3-0 3	

G	A	SH	SG	PC	P%	PP	CR	SC	TK	IC	BT	DC	PR
상위	하위	상위	상위	하위	하위	하위	상위	하위	상위	하위	상위	하위	하위
19%	9%	47%	25%	1%	1%	20%	4%	28%	8%	4%	40%	27%	2%

○ 유럽 5대리그 공격형 미드필더 & 윙어 항목별 랭킹(90분 기준 기록, 100분율)

73위 Iñaki WILLIAMS — 7.35
이냐키 윌리엄스 1994.06.15 / 186cm / GHA

스페인 바스크에서 나고 자랐기 때문에 '순혈주의' 빌바오에 입단할 수 있었다. 2016년 스페인 대표로 데뷔했지만, 2022 월드컵을 앞두고 자신의 혈통인 가나 국가대표를 선택했다. 최고 시속 35.71km/h를 자랑할 정도로 폭발적인 스피드를 보유하고 있기 때문에 라인 브레이킹과 역습에 능하다. 볼 컨트롤과 터치가 투박하지만 어떤 상황에서든 전진하는 시장 가치는 1500만 유로, 추정 연봉은 1140만 유로.

슈팅-득점	2024-25 아슬레틱 빌바오	위치
46-6	⏱ A P P%	RW
17-0	29-6 2654 8 19.7-14.0 71%	RM
● 63-6 LG-2	DR TK IC ▨ ★	CF
● 0-0 RG-4	2.8-1.0 0.9-0.6 0.3 1-0 4	LW
● 0-0 HG-0		

G	A	SH	SG	PC	P%	PP	CR	SC	TK	IC	BT	DC	PR
하위	하위	상위	상위	하위	하위	하위	상위	상위	하위	하위	상위	상위	하위
46%	34%	41%	44%	11%	4%	30%	29%	14%	9%	48%	15%	25%	29%

74위 Gabriel STREFEZZA — 7.35
가브리엘 스트레페차 1997.04.18 / 168cm / BRA

브라질 명문 코린치안스 유스 출신이고, 2016년에 SPAL에 입단하며 유럽에 진출했다. 이후 3번의 임대를 거쳐 레체에서 잠재력을 폭발시켰고, 지난 시즌엔 코모로 이적해 곧바로 주전으로 자리 잡았다. 준수한 주력, 작지만 탄탄한 체구, 화려한 발 기술을 이용한 드리블 돌파가 장점이고, 순간적으로 침투해 날카로운 슈팅과 크로스로 찬스를 만드는 '크랙형' 윙어다. 시장 가치는 600만 유로, 추정 연봉은 74만 유로.

슈팅-득점	2024-25 코모	위치
29-4	⏱ A P P%	RW
29-2	32-5 2636 4 27.8-22.8 82%	AM
● 58-6 LG-2	DR TK IC ▨ ★	LW
● 2-0 RG-4	2.2-1.0 2.5-1.5 0.4 5-0 6	CF
● 0-0 HG-0		RM

G	A	SH	SG	PC	P%	PP	CR	SC	TK	IC	BT	DC	PR
하위	하위	상위	상위	상위	상위	하위	상위	상위	상위	하위	상위	하위	상위
34%	31%	38%	41%	41%	49%	21%	26%	42%	11%	45%	40%	29%	37%

75위 Zuriko DAVITASHVILI — 7.35
주리코 다비타시빌리 2001.02.15 / 175cm / GEO

흐비차 크바라츠헬리아와 함께 조지아 대표팀의 공격을 책임지고 있는 윙어다. 좌우 측면과 중앙까지 모두 소화할 수 있는데, 수비 가담과 활동량까지 좋기 때문에 중원까지 내려와 플레이를 펼친다. 장점은 드리블 능력과 날카로운 킥이다. 세트피스 키커를 담당할 정도로 킥의 정확도가 높고, 현란한 드리블 돌파를 통해 찬스를 만드는 유형이다. 수비 가담도 OK. 시장 가치는 1000만 유로, 추정 연봉은 90만 유로.

슈팅-득점	2024-25 생테티엔	위치
39-5	⏱ A P P%	LW
31-4	32-1 2788 8 25.6-21.5 84%	RW
● 70-9 LG-2	DR TK IC ▨ ★	AM
● 5-1 RG-9	3.8-1.7 1.7-0.8 0.4 3-0 2	LM
● 2-2 HG-0		RM

G	A	SH	SG	PC	P%	PP	CR	SC	TK	IC	BT	DC	PR
상위	상위	상위	상위	상위	하위	상위	상위	상위	상위	하위	상위	하위	하위
45%	30%	41%	49%	35%	34%	46%	39%	12%	48%	27%	50%	25%	23%

76위 Serge GNABRY — 7.33
세르주 나브리 1995.07.14 / 176cm / GER

빠른 주력, 뛰어난 오프 더 볼 움직임, 양발 슈팅력을 겸비해 측면에서 탁월한 득점력을 뽐내던 특급 윙어였다. 그러나 잦은 부상과 자기 관리 실패로 경기력이 저하됐고, 지난 시즌도 무릎 부상으로 인해 리그 13경기 선발에 그쳤다. 그럼에도 나올 때마다 어떻게든 공격 포인트를 만들어내며 7골 5도움을 올렸고, 경기력과 별개로 여전한 스탯 생산력을 보여줬다. 시장 가치는 2200만 유로, 추정 연봉은 1890만 유로.

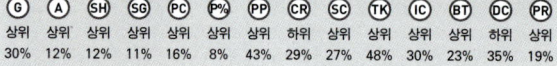

슈팅-득점	2024-25 바이에른 뮌헨	위치
37-6	⏱ A P P%	LW
12-1	13-14 1236 5 20.6-17.7 86%	RW
● 49-7 LG-3	DR TK IC ▨ ★	CF
● 0-0 RG-4	1.6-0.8 1.0-0.7 0.2 0 0	AM
● 1-0 HG-0		

G	A	SH	SG	PC	P%	PP	CR	SC	TK	IC	BT	DC	PR
상위	상위	상위	상위	상위	상위	상위	상위	상위	상위	상위	상위	상위	하위
30%	12%	12%	11%	16%	8%	43%	29%	27%	48%	30%	23%	35%	19%

77위 Paul NEBEL — 7.33
파울 네벨 2002.10.10 / 169cm / GER

3-4-2-1 포메이션을 사용하는 마인츠에서 이재성과 함께 2선에서 공격을 이끄는 공격형 미드필더다. 이재성이 훌륭한 오프 더 볼 움직임을 바탕으로 공수 모두에 기여한다면, 네벨은 훌륭한 패싱력으로 찬스를 만든다. 여기에 킥력이 좋기 때문에 박스 바깥에서 직접 슈팅을 시도하거나, 침투해 탁월한 마무리 능력을 보여준다. 볼 키핑과 크로스 능력도 좋은 편이다. 시장 가치는 2400만 유로, 추정 연봉은 27만 유로.

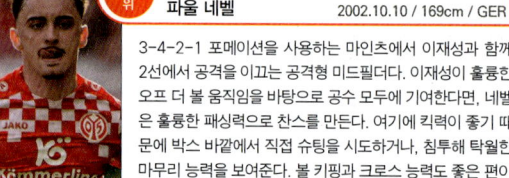

슈팅-득점	2024-25 마인츠 05	위치
27-9	⏱ A P P%	AM
17-1	26-5 2349 4 33.6-26.2 78%	RW
● 44-10 LG-5	DR TK IC ▨ ★	
● 0-0 RG-5	2.1-0.9 2.0-1.2 0.4 3-1 4	
● 0-0 HG-0		

G	A	SH	SG	PC	P%	PP	CR	SC	TK	IC	BT	DC	PR
상위	하위	하위	하위	상위	하위	상위	상위	하위	상위	상위	하위	하위	상위
34%	37%	23%	35%	33%	28%	40%	25%	32%	36%	36%	20%	17%	28%

78위 Hákon HARALDSSON — 7.33
하콘 하랄드손 2003.04.10 / 180cm / ISL

2019년 16세의 나이로 프로 데뷔하며 아이슬란드 '특급 유망주'로 평가받았고, 2003년생의 어린 나이지만 벌써 A매치 22경기서 3골을 기록한 공격형 MF다. 가장 큰 장점은 탄탄한 기본기다. 워낙 볼 터치가 좋기 때문에 공격의 템포를 살리는 플레이에 능하고, 상대의 압박을 유연하게 벗겨내며 전진한다. 이후에는 정교한 패스나 날카로운 크로스로 공격포인트를 생산한다. 시장 가치는 1800만 유로, 추정 연봉은 100만 유로.

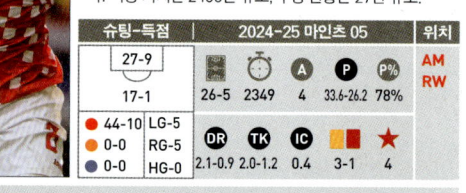

슈팅-득점	2024-25 릴 OSC	위치
22-5	⏱ A P P%	AM
13-0	21-4 1767 3 34.9-24.0 83%	LW
● 35-5 LG-2	DR TK IC ▨ ★	RW
● 2-0 RG-3	2.0-1.1 2.1-1.4 0.3 3-0 2	CM
● 0-0 HG-0		LM RM

G	A	SH	SG	PC	P%	PP	CR	SC	TK	IC	BT	DC	PR
상위	하위	하위	하위	상위	하위	상위	상위	상위	하위	상위	상위	상위	하위
43%	28%	29%	34%	16%	30%	5%	50%	45%	8%	15%	41%	19%	50%	18%

○ 유럽 5대리그 공격형 미드필더 & 윙어 항목별 랭킹 (90분 기준 기록, 100분율)

79위 Callum HUDSON-ODOI 7.33
캘럼 허드슨-오도이 2000.11.07 / 182cm / ENG

첼시에서 17세의 나이로 1군 무대에서 데뷔해 아자르의 뒤를 잇는 차세대 '크랙'으로 평가받았다. 최고의 무기는 킥력. 양발을 모두 잘 써, 공간이 없는 상황에서도 슈팅 각도를 만들어 날카로운 슈팅으로 연결한다. 슈팅 임팩트와 슈팅 기술도 상당히 좋고, 반 박자 빠른 슈팅으로 마무리하는 것이 특징이다. 다만 오프 더 볼 움직임과 수비 가담은 약점이다. 시장 가치는 2500만 유로, 추정 연봉은 490만 유로.

80위 Justin KLUIVERT 7.31
저스틴 클라이베르트 1999.05.05 / 171cm / NED

네덜란드의 전설적인 공격수 파트릭 클라이베르트의 아들. 188cm의 장신이었던 아버지와 다르게 171cm의 '단신' 윙어다. 아버지처럼 슈팅 임팩트와 힘이 좋기 때문에 측면에서 중앙으로 이동해 과감한 슈팅을 시도하고, 슈팅 기술도 좋다. 킥에 자신이 있어 본머스에서는 페널티킥 담당 키커를 맡고 있다. 속도와 기술을 이용한 변칙적인 드리블이 장점이다. 시장 가치는 3500만 유로, 추정 연봉은 490만 유로.

81위 Charles De KETELAERE 7.31
샤를 더케텔라레 2001.03.10 / 192cm / BEL

주 포지션은 공격형 MF지만, 192cm의 장신이라 최전방 공격수도 볼 수 있다. 지난 시즌에도 AM 19회, CF 16회 출전해 11골 10도움을 뽑아냈다. 킥과 속도에서는 조금 아쉬움이 있지만 폭넓은 움직임을 가져가며 경기에 영향을 미치고, 수준급의 볼 컨트롤을 바탕으로 볼을 지키며 전진한다. 공간 창출 능력과 오프 더 볼 움직임이 좋아 토마스 뮐러와 비교된다. 시장 가치는 3500만 유로, 추정 연봉은 320만 유로.

82위 Arda GÜLER 7.29
아르다 귈레르 2005.02.25 / 176cm / TUR

정교한 킥력, 간결한 드리블, 유연한 탈 압박을 무기로 삼기 때문에 '제2의 외질'이라 불리는 플레이 메이커다. 아웃프런트, 백힐 등 다양한 구질의 패스를 통해 찬스를 만들고, 순간적인 문전 침투에 이은 마무리 슈팅도 뛰어나다. 2005년생의 어린 나이임에도 원숙한 경기 운영을 보여주는데, 상황에 따라서는 3선까지 내려와 볼을 운반하고, 경기를 조율한다. 시장 가치는 4500만 유로, 추정 연봉은 520만 유로.

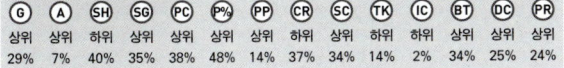

83위 Leandro TROSSARD 7.29
레안드로 트로사르 1994.12.04 / 172cm / BEL

공격 전 지역을 소화할 수 있는 선수로 지난 시즌 선발과 교체를 오가며 리그 전 경기에 출전해 8골 7도움을 올리며 아스널 공격에 큰 도움이 됐다. 정교한 볼 컨트롤을 바탕으로 상대의 압박을 벗겨내 전진하고, 이후에는 날카로운 전진 패스를 연결한다. 측면에 배치될 때는 파괴력 넘치는 드리블을 시도하고, 이후 크로스로 공격 포인트를 생산한다. 시장 가치는 2200만 유로, 추정 연봉은 550만 유로.

84위 LEE Jaesung 7.29
이재성 1992.08.10 / 180cm / KOR

전술 이해도가 높고, 다재다능해 AM, LM, RM 등 2선 전 지역에서 활약할 수 있다. 화려하지는 않지만 감각적인 터치, 유연한 움직임, 세밀한 패스 콤비 플레이를 통해 전진한다. 상대의 압박을 양발 전환 드리블로 벗겨내고, 순간적인 템포 조절로 상대를 쉽게 제친다. 워낙 기본기가 탄탄하고, 볼 터치가 좋기 때문에 연습 속도를 줄이지 않는 것도 장점. 시장 가치는 250만 유로, 추정 연봉은 550만 유로.

○ 유럽 5대리그 공격형 미드필더 & 윙어 항목별 랭킹 (90분 기준 기록, 100분율)

85위 Cody GAKPO — 7.29
코디 학포 1999.05.07 / 193cm / NED

193cm의 장신이라 최전방도 가능하지만, 주 포지션은 좌측 윙어다. 준수한 주력과 긴 보폭을 바탕으로 둔 돌파에 능하고, 무엇보다 파괴력 넘치는 슈팅이 강점이다. PSV에서는 모든 세트피스를 담당할 정도로 킥력을 인정받았고, 측면 플레이 메이킹도 장점이다. 무엇보다 지능적인 오프 더 볼 움직임을 통해 상대를 교란시키는 움직임이 돋보인다. 연계 플레이도 OK. 시장 가치는 7000만 유로, 추정 연봉은 740만 유로.

슈팅-득점	2024-25 리버풀 FC	위치
43-8 / 14-2	23-12 1939 4 15.6-13.1 84%	LW AM RW CF LM
57-10 LG-0 / 0-0 RG-7 / 0-0 HG-0	DR TK IC 1.7-0.9 1.1-0.4 0.3 5-0 0 ★	

G	A	SH	SG	PC	P%	PP	CR	SC	TK	IC	BT	DC	PR
상위	상위	상위	상위	하위	상위	상위	상위	하위	상위	상위	상위	하위	상위
11%	48%	26%	20%	23%	46%	50%	43%	40%	46%	32%	21%	44%	30%

86위 Rubén GARCÍA — 7.29
루벤 가르시아 1993.07.14 / 171cm / ESP

기복만 없다면, 세밀한 볼 컨트롤과 드리블 테크닉을 바탕으로 측면을 파괴하는 유형의 윙어다. 주 포지션은 우측 윙어지만 좌측과 중앙도 가능하고, 때로는 '8번' 역할까지 소화한다. 드리블을 통해 측면을 허물면 중앙으로 과감하게 침투해 슈팅을 마무리하는 것이 특징이고, 킥력에 자신이 있기 때문에 중거리 슈팅도 과감하게 노린다. 다만 수비 가담은 부족하다. 시장 가치는 200만 유로, 추정 연봉은 140만 유로.

슈팅-득점	2024-25 오사수나	위치
21-3 / 6-2	30-6 2435 5 29.5-23.6 80%	RW CF LW AM RM
27-5 LG-4 / 3-2 RG-1 / 0-0 HG-0	DR TK IC 1.0-0.4 2.4-1.4 0.4 5-0 0 ★	

G	A	SH	SG	PC	P%	PP	CR	SC	TK	IC	BT	DC	PR
하위	상위	하위	상위	상위	상위	상위	하위	상위	하위	상위	상위	상위	상위
27%	50%	1%	6%	29%	37%	33%	15%	36%	12%	29%	29%	29%	47%

87위 Marcus TAVERNIER — 7.27
마커스 태버니어 1999.03.22 / 178cm / ENG

친형은 2015년부터 레인저스에서 활약하며 명예의 전당에 헌액된 제임스다. 친형이 공격적인 라이트백이라면, 동생인 마커스는 2선 전 지역을 소화할 수 있는 '수비형' 윙어다. 상황에 따라서는 수비형 미드필더를 볼 수 있을 정도로 전술 이해도가 높고, 축구 지능을 바탕으로 경기를 푼다. 적극적으로 전방 압박을 수행하고, 공을 뺏은 후 과감한 슈팅을 시도한다. 시장 가치는 1800만 유로, 추정 연봉은 220만 유로.

슈팅-득점	2024-25 본머스	위치
25-3 / 32-0	20-9 1940 5 27.5-22.0 80%	LW RW AM LM RM DM
57-3 LG-3 / 4-0 RG-2 / 0-0 HG-0	DR TK IC 2.2-1.1 2.4-1.6 0.2 6-0 0 ★	

G	A	SH	SG	PC	P%	PP	CR	SC	TK	IC	BT	DC	PR
하위	상위	상위	상위	상위	상위	상위	상위	하위	상위	상위	상위	상위	상위
17%	31%	27%	46%	36%	31%	25%	16%	9%	13%	29%	30%	41%	41%

88위 Yankuba MINTEH — 7.27
얀쿠바 민테 2004.07.22 / 180cm / GAM

2024년 여름, 당시 클럽 레코드인 3300만 파운드로 브라이튼의 유니폼을 입은 윙어고, 첫 시즌부터 선발과 주전을 오가며 33경기서 6골 4도움을 기록해 자신의 가치를 증명했다. 아프리카 특유의 독특한 리듬과 폭발적인 주력을 살린 드리블 돌파가 장점이고, 변칙적인 움직임으로 상대 수비를 파괴한다. 왼발 킥력도 날카롭고, 왕성한 활동량과 수비 가담도 장점. 시장 가치는 3000만 유로, 추정 연봉은 250만 유로.

슈팅-득점	2024-25 브라이튼&HA	위치
30-6 / 4-0	20-12 1846 4 18.8-9.5 69%	RW RM LW LM RB
34-6 LG-5 / 0-0 RG-1 / 0-0 HG-0	DR TK IC 3.0-1.5 2.4-1.5 0.4 6-0 3 ★	

G	A	SH	SG	PC	P%	PP	CR	SC	TK	IC	BT	DC	PR
상위	상위	상위	상위	하위	하위	하위	상위	상위	상위	상위	상위	상위	하위
48%	48%	23%	46%	6%	2%	23%	4%	32%	18%	16%	7%		

89위 Anthony GORDON — 7.26
앤써니 고든 2001.02.24 / 183cm / ENG

빠른 주력과 개인 기술을 모두 갖추고 있는 뉴캐슬의 돌격대장이다. 순간적인 방향 전환과 속도 조절만으로도 상당히 위력적이고, 워낙 볼 터치가 좋기 때문에 쉽게 공을 뺏기지 않는다. 동료들과 공을 주고받으며 전진하는 것에 능하고, 패싱력도 갖추고 있기 때문에 찬스 메이커 역할을 한다. 슈팅도 준수하지만, 이타적인 플레이도 장점이다. 시장 가치는 6500만 유로, 추정 연봉은 920만 유로.

슈팅-득점	2024-25 뉴캐슬 유나이티드	위치
39-6 / 20-0	28-6 2447 4 24.1-19.5 81%	LW LM AM RW
59-6 LG-1 / 1-0 RG-5 / 2-1 HG-0	DR TK IC 3.0-1.2 1.7-0.9 0.2 2-0 1 ★	

G	A	SH	SG	PC	P%	PP	CR	SC	TK	IC	BT	DC	PR
하위	하위	상위	상위	상위	상위	상위	하위	상위	상위	하위	상위	하위	상위
36%	49%	43%	25%	49%	29%	25%	19%	45%	41%	15%	42%	39%	46%

90위 Dejan KULUSEVSKI — 7.26
데얀 쿨루셰프스키 2000.04.25 / 186cm / SWE

최악의 부진에 빠졌던 토트넘에서 지난 시즌 가장 기복이 없는 플레이를 보여준 선수다. 189cm, 79kg의 좋은 신체조건을 가지고 있어 드리블을 시도할 때 밀리지 않으며 전진하고, 강한 압박에도 침착하게 볼을 키핑하는 것이 장점이다. 왼발 킥력이 워낙 좋기 때문에 과감한 전진 패스를 연결할 수 있고, 측면에서 중앙으로 치고 들어가 과감하게 슈팅을 시도한다. 시장 가치는 5000만 유로, 추정 연봉은 680만 유로.

슈팅-득점	2024-25 토트넘 핫스퍼	위치
38-7 / 9-0	27-5 2392 4 24.7-20.0 81%	RW AM CF CM
47-7 LG-7 / 0-0 RG-0 / 0-0 HG-0	DR TK IC 3.7-1.5 2.4-1.5 0.4 3-0 1 ★	

G	A	SH	SG	PC	P%	PP	CR	SC	TK	IC	BT	DC	PR
상위	상위	상위	상위	상위	상위	상위	하위	하위	하위	하위	상위	상위	하위
7%	8%	8%	6%	8%	14%	24%	12%	17%	4%	32%			

○ 유럽 5대리그 공격형 미드필더 & 윙어 항목별 랭킹(90분 기준 기록, 100분율)

91위 Matteo POLITANO — 7.26
마테오 폴리타노 1993.08.03 / 171cm / ITA

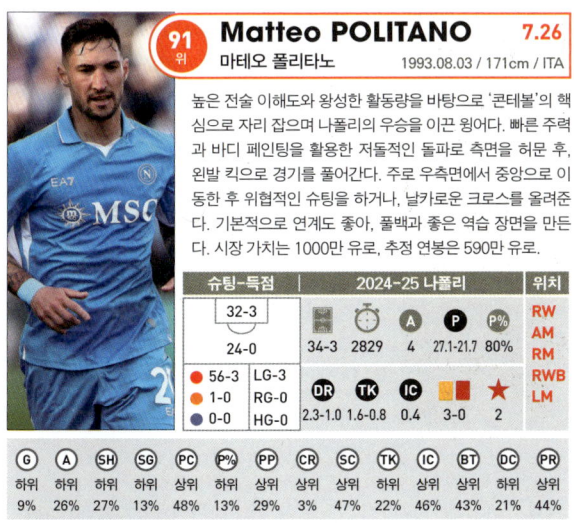

높은 전술 이해도와 왕성한 활동량을 바탕으로 '콘테볼'의 핵심으로 자리 잡으며 나폴리의 우승을 이끈 윙어다. 빠른 주력과 바디 페인팅을 활용한 저돌적인 돌파로 측면을 허문 후, 왼발 킥으로 경기를 풀어간다. 주로 우측면에서 중앙으로 이동 후 위협적인 슈팅을 하거나, 날카로운 크로스를 올려준다. 기본적으로 연계도 좋고, 풀백과 좋은 역삼 장면을 만든다. 시장 가치는 1000만 유로, 추정 연봉은 590만 유로.

슈팅-득점		2024-25 나폴리				위치
32-3		A	P	P%		RW
24-0		34-3	2829	4	27.1-21.7	80%	AM RM
● 56-3	LG-3	DR	TK	IC		★	RWB
● 1-0	RG-0						LM
● 0-0	HG-0	2.3-1.0	1.6-0.8	0.4	3-0	2	

G	A	SH	SG	PC	P%	PP	CR	SC	TK	IC	BT	DC	PR
하위	하위	하위	하위	상위	하위	상위	하위	하위	하위	상위	하위	상위	하위
9%	26%	27%	13%	48%	13%	29%	3%	47%	22%	46%	43%	21%	44%

92위 Gabriel MARTINELLI — 7.26
가브리엘 마르티넬리 2001.06.18 / 178cm / BRA

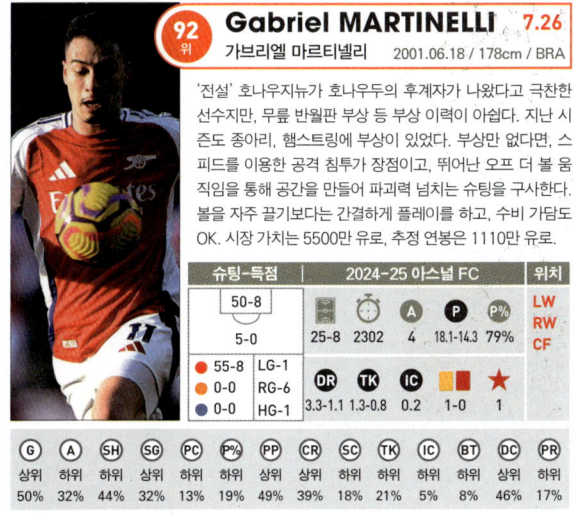

'전설' 호나우지뉴가 호나우두의 후계자가 나왔다고 극찬한 선수지만, 무릎 반월판 부상 등 부상 이력이 아쉽다. 지난 시즌도 종아리, 햄스트링에 부상이 있었다. 부상만 없다면, 스피드를 이용한 공격 침투가 장점이고, 뛰어난 오프 더 볼 움직임을 통해 공간을 만들어 파괴력 넘치는 슈팅을 구사한다. 볼을 자주 끌기보다는 간결하게 플레이를 하고, 수비 가담도 OK. 시장 가치는 5500만 유로, 추정 연봉은 1110만 유로.

슈팅-득점		2024-25 아스널 FC				위치
50-8		A	P	P%		LW
5-0		25-8	2302	4	18.1-14.3	79%	RW CF
● 55-8	LG-1	DR	TK	IC		★	
● 0-0	RG-6						
● 0-0	HG-1	3.3-1.1	1.3-0.8	0.2	1-0	1	

G	A	SH	SG	PC	P%	PP	CR	SC	TK	IC	BT	DC	PR
상위	상위	상위	상위	하위	상위	상위	하위	상위	하위	상위	하위	하위	하위
50%	32%	44%	32%	13%	19%	49%	39%	16%	21%	5%	8%	46%	17%

93위 Dan NDOYE — 7.26
단 은도이 2000.10.25 / 184cm / SUI

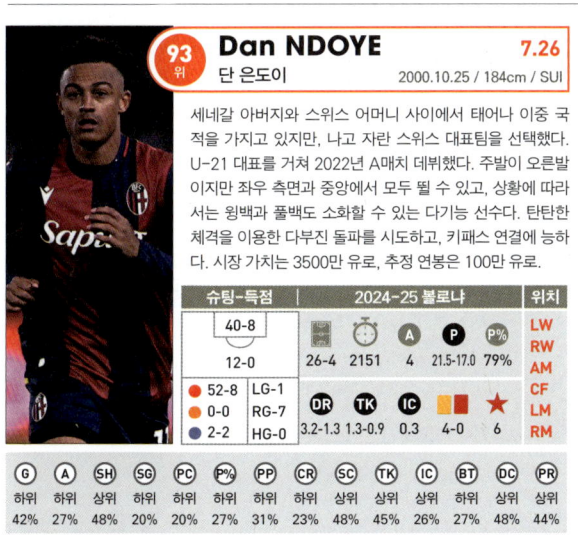

세네갈 아버지와 스위스 어머니 사이에서 태어나 이중 국적을 가지고 있지만, 나고 자란 스위스 대표팀을 선택했다. U-21 대표를 거쳐 2022년 A매치 데뷔했다. 주발이 오른발이지만 좌우 측면과 중앙에서 모두 뛸 수 있고, 상황에 따라서는 윙백과 풀백도 소화할 수 있는 다기능 선수다. 탄탄한 체격을 이용한 다부진 돌파를 시도하고, 키패스 연결에 능하다. 시장 가치는 3500만 유로, 추정 연봉은 100만 유로.

슈팅-득점		2024-25 볼로냐				위치
40-8		A	P	P%		LW
12-0		26-4	2151	4	21.5-17.0	79%	RW AM
● 52-8	LG-1	DR	TK	IC		★	CF
● 0-0	RG-7						LM
● 2-2	HG-0	3.2-1.3	1.3-0.9	0.3	4-0	6	RM

G	A	SH	SG	PC	P%	PP	CR	SC	TK	IC	BT	DC	PR
하위	하위	상위	상위	하위	상위	하위	하위	상위	상위	상위	하위	상위	하위
42%	27%	48%	20%	27%	31%	23%	48%	45%	26%	27%	48%	44%

94위 Morgan GUILAVOGUI — 7.25
모르강 길라보기 1998.03.10 / 188cm / GUI

친형인 조슈아도 생테티엔 유스 출신의 축구 선수다. 조슈아가 출생국가인 프랑스를 선택한 것과 달리 모르강은 자신의 혈통인 기니 대표팀을 선택했다. 주 포지션은 중앙 공격형 미드필더지만, 좌우 측면을 모두 소화할 수 있다. 188cm, 81kg의 큰 체격을 바탕으로 공중볼에도 능하고, 박스 침투를 즐기며 마무리하는 것이 장점이다. 거친 몸싸움도 마다하지 않는다. 시장 가치는 400만 유로, 추정 연봉은 85만 유로.

슈팅-득점		2024-25 장크트 파울리				위치
33-6		A	P	P%		RW
8-0		21-4	1817	2	18.9-14.4	67%	AM LW
● 41-6	LG-2	DR	TK	IC		★	CF
● 0-0	RG-4						
● 0-0	HG-0	2.0-0.9	1.9-1.2	0.5	6-0	2	

G	A	SH	SG	PC	P%	PP	CR	SC	TK	IC	BT	DC	PR
상위	하위	상위	상위	하위	하위	하위	상위	하위	상위	하위	상위	하위	하위
46%	15%	49%	48%	10%	8%	3%	11%	23%	19%	20%	23%	18%

95위 Álex BERENGUER — 7.25
알렉스 베렝게르 1995.07.04 / 175cm / ESP

스페인 출신답게 탄탄한 기본기와 간결한 테크닉을 겸비한 윙어지만, 드리블 보다는 정교한 패스로 찬스를 만드는 측면 플레이메이커다. 무리한 드리블 돌파보다는 동료를 활용한 2대1 패스를 주고받으며 전진하고, 시야가 확보되면 날카로운 '스루패스'를 연결한다. 강한 체력을 바탕으로 측면과 중앙을 부지런히 오가는 오프 더 볼 움직임이 최고의 장점이다. 시장 가치는 900만 유로, 추정 연봉은 130만 유로.

슈팅-득점		2024-25 아슬레틱 빌바오				위치
32-5		A	P	P%		AM
20-1		28-8	2354	7	21.2-16.3	77%	LW RW
● 52-5	LG-3	DR	TK	IC		★	CF
● 3-0	RG-2						LM
● 1-0	HG-1	2.2-1.0	1.5-1.0	0.3	5-0	2	RM

G	A	SH	SG	PC	P%	PP	CR	SC	TK	IC	BT	DC	PR
하위	상위	하위	하위	하위	하위	하위	하위	상위	하위	상위	하위	하위	하위
24%	24%	46%	37%	40%	11%	32%	45%	32%	43%	43%	35%

96위 Noni MADUEKE — 7.25
노니 마두에케 2002.03.10 / 182cm / ENG

폭발적인 주력, 탄탄한 체격, 강력한 힘, 민첩한 움직임, 파괴력 넘치는 슈팅을 두루 갖춘 득점 지향적인 측면 공격수다. 순간적인 가속도를 활용해 측면을 허문 후에는 중앙으로 접고 들어와 강력한 슈팅을 때린다. 워낙 체격 조건이 좋아 상대의 압박을 그대로 밀고 들어가는 저돌성이 있고, 어떤 상황에서든 전진한다. 다만 수비 가담, 기복 있는 경기력은 단점이다. 시장 가치는 4000만 유로, 추정 연봉은 310만 유로.

슈팅-득점		2024-25 첼시 FC				위치
66-7		A	P	P%		RW
14-0		27-5	2049	3	18.6-15.6	84%	LW CF
● 80-7	LG-4	DR	TK	IC		★	
● 0-0	RG-2						
● 0-0	HG-0	3.1-1.5	1.6-0.8	0.3	3-0	2	

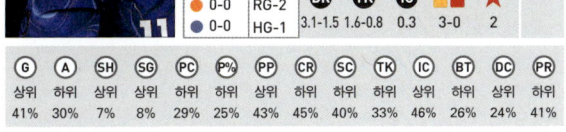

G	A	SH	SG	PC	P%	PP	CR	SC	TK	IC	BT	DC	PR
상위	하위	상위	하위	상위	하위	하위	하위	상위	하위	하위	상위	하위	하위
41%	30%	7%	8%	29%	25%	43%	33%	46%	26%	24%	41%

○ 유럽 5대리그 공격형 미드필더 & 윙어 항목별 랭킹(90분 기준 기록, 100분율)

97위 Oihan SANCET — 7.24
오이한 산세트 2000.04.25 / 188cm / ESP

주 포지션은 공격형 MF지만, 188cm의 장신이라 최전방도 소화할 수 있다. 거구지만 발이 빠르기 때문에 공격적인 침투가 가능하다. 지난 시즌 햄스트링, 발목, 허벅지 부상으로 고생했지만, 15골을 기록했을 정도로 득점력이 탁월한 미드필더다. 수비 보다는 공격에 치중하는 유형이고, 박스 안에서 공중볼과 마무리에 특화돼있다. 다만 오프 더 볼 움직임은 아쉽다. 시장 가치는 6000만 유로, 추정 연봉은 250만 유로.

슈팅-득점	2024-25 아슬레틱 빌바오					위치
34-12	19-10	1628	1	18.6-15.6	84%	AM
16-3						CF
● 50-15 LG-1	DR	TK	IC		★	CM
● 1-0 RG-11	1.8-0.9	0.8-0.4	0.3	2-0	4	
● 3-3 HG-3						

G	A	SH	SG	PC	P%	PP	CR	SC	TK	IC	BT	DC	PR
상위	하위	상위	상위	하위	상위	하위	하위	하위	하위	상위	하위	하위	상위
1%	29%	29%	39%	44%	14%	29%	13%	26%	4%	20%	31%	31%	48%

98위 Julian BRANDT — 7.23
율리안 브란트 1996.05.02 / 185cm / GER

프리츠 발터 상을 두 번이나 받았고, 로이스와 크로스의 장점을 고루 가지고 있어 독일의 차세대 '에이스'로 평가받았던 공격형 MF다. 준수한 주력, 탄탄한 기본기, 효율적인 연계 플레이를 통해 공격 침투를 시도하고, 중앙에서 정교한 패스로 경기를 조율하는 능력이 뛰어나다. 특히 측면에서 중앙으로 이동해 오른발로 감아 때리는 슈팅이 일품이다. 활동량도 OK. 시장 가치는 2500만 유로, 추정 연봉은 700만 유로.

슈팅-득점	2024-25 보루시아 도르트문트					위치
25-4	28-2	2319	10	36.9-30.6	83%	AM
20-1						CM
● 45-5 LG-0	DR	TK	IC		★	CF
● 6-1 RG-5	1.7-0.7	1.8-0.9	0.4	1-0	1	
● 0-0 HG-0						

G	A	SH	SG	PC	P%	PP	CR	SC	TK	IC	BT	DC	PR
하위	상위	하위	상위	상위	상위	상위	상위	상위	하위	상위	하위	하위	상위
18%	4%	22%	14%	20%	32%	26%	48%	36%	32%	16%	25%	11%	21%

99위 Nicolás GONZÁLEZ — 7.22
니콜라스 곤살레스 1998.04.06 / 180cm / ARG

유벤투스의 공격 첨병. 빠른 주력, 뛰어난 테크닉을 활용한 저돌적인 돌파가 장점이고, 상대의 강한 압박에서 좋은 체격과 낮은 무게 중심으로 버티면서 전진하는 것이 장점이다. 간결한 터치로 공격 템포를 살리는 플레이를 펼치고, 왼발 킥과 슈팅의 위력이 좋아 과감한 슈팅을 시도한다. 골문 앞에서 마무리 능력이 좋은데, 패스의 정확도는 다소 아쉽다. 시장 가치는 2400만 유로, 추정 연봉은 460만 유로.

슈팅-득점	2024-25 유벤투스					위치
33-2	23-3	1765	2	22.9-17.6	77%	RW
12-1						LW
● 45-3 LG-2	DR	TK	IC		★	AM
● 0-0 RG-1	2.0-0.8	1.6-0.9	0.5	3-0	0	CF
● 0-0 HG-0						RM
						LM

G	A	SH	SG	PC	P%	PP	CR	SC	TK	IC	BT	DC	PR
하위	상위	상위	상위	상위	상위	하위	하위	하위	상위	상위	상위	하위	하위
23%	25%	37%	24%	36%	19%	7%	11%	38%	49%	45%	21%	37%	

100위 Anthony ELANGA — 7.22
앤써니 엘랑가 2002-04-27 / 178cm / SWE

카메룬 국가대표 축구선수였던 조셉 엘랑가의 아들이다. 빠른 주력과 뛰어난 온 더 볼 능력을 보유하고 있어 측면에서 자신감 있는 플레이를 펼치는 윙어다. 아주 뛰어난 테크닉은 아니지만 워낙 발이 빠르기 때문에 순간적인 속도 변화만으로도 상대 수비를 쉽게 제칠 수 있고, 어린 나이에도 탄탄한 밸런스와 기본기를 자랑한다. 전술적인 움직임과 수비 가담도 좋다. 시장 가치는 4200만 유로, 추정 연봉은 150만 유로.

슈팅-득점	2024-25 노팅엄 포리스트					위치
31-5	31-7	2512	11	16.7-13.0	78%	RW
13-1						CF
● 44-6 LG-5	DR	TK	IC		★	LW
● 6-0 RG-1	2.1-0.8	0.8-0.5	0.2	1-0	1	AM
● 0-0 HG-0						

G	A	SH	SG	PC	P%	PP	CR	SC	TK	IC	BT	DC	PR
하위	상위	하위	상위	하위	상위	하위	상위	상위	하위	상위	하위	상위	하위
34%	6%	18%	48%	15%	6%	18%	6%	50%	10%	10%	21%	34%	15%

101위 Carlos VICENTE — 7.21
카를로스 비센테 1999.04.23 / 179cm / ESP

레알 무르시아에서 뛰고 있는 쌍둥이 형제인 다비드와 마찬가지로 주로 우측면에서 활약하는데, 다비드가 수비적이라면 카를로스는 공격적인 윙어다. 세트피스 키커를 담당할 정도로 킥력이 좋기 때문에, 측면에서 과감하게 얼리 크로스로 찬스를 만든다. 여기에 중앙으로 이동해 시도하는 중거리 슈팅이 상당히 위력적이다. 측면에서 짧은 패스로 경기를 풀어간다. 시장 가치는 1000만 유로, 추정 연봉은 45만 유로.

슈팅-득점	2024-25 데포르티보 알라베스					위치
25-4	35-2	3099	5	22.1-16.6	75%	RW
11-1						RM
● 36-5 LG-1	DR	TK	IC		★	AM
● 1-0 RG-4	2.8-1.0	2.3-1.3	0.4	3-0	3	RB
● 1-1 HG-2						

G	A	SH	SG	PC	P%	PP	CR	SC	TK	IC	BT	DC	PR
하위	하위	상위	하위	상위	하위	상위	상위	상위	상위	상위	하위	하위	하위
19%	35%	1%	7%	19%	30%	1%	27%	43%	45%	43%	49%	18%	10%

102위 Bryan ZARAGOZA — 7.19
브라이언 사라고사 2001.09.09 / 165cm / ESP

롤 모델인 프랑크 리베리처럼 체구는 작지만 폭발적인 주력을 이용한 측면 침투와 라인 브레이킹에 능한 윙어다. 최고 속도 36.7km/h를 기록할 만큼 엄청난 스피드를 자랑하고, 워낙 민첩성과 가속도가 좋기 때문에 속도감 넘치는 돌파가 장점이다. 왕성한 활동량과 좋은 위치 선정으로 찬스를 만들고, 간결한 마무리 능력도 무기다. 스탯 생산력도 발전하고 있다. 시장 가치는 1200만 유로, 추정 연봉은 미정만 유로.

슈팅-득점	2024-25 오사수나					위치
27-1	22-5	1848	6	16.0-11.7	73%	LW
15-0						LM
● 42-1 LG-0	DR	TK	IC		★	AM
● 0-0 RG-1	4.8-2.2	1.1-0.6	0.1	4-0	2	RW
● 0-0 HG-0						

G	A	SH	SG	PC	P%	PP	CR	SC	TK	IC	BT	DC	PR
하위	상위	하위	상위	하위	상위	하위	하위	상위	상위	하위	상위	상위	하위
1%	17%	40%	28%	5%	36%	15%	49%	6%	6%	49%	10%	5%	19%

○ 유럽 5대리그 공격형 미드필더 & 윙어 항목별 랭킹(90분 기준 기록, 100분율)

103위 Issa SOUMARÉ — 7.18
이사 수마레 2000.10.10 / 182cm / SEN

주로 좌측면에서 활약하는 공격형 미드필더인데, 신체조건과 몸싸움에 능해 최전방으로도 뛸 수 있다. 지난 시즌 리그 29경기에서 5골 4도움을 기록했는데, 패스 성공률(65.9%)은 떨어지지만 모험적인 패스로 찬스를 만드는 유형이다. 솔로 플레이보다는 동료를 활용한 플레이에 능하고, 상대의 패스를 미리 읽어 차단한다. 공중볼, 수비 가담, 박스 침투에 장점이 있다. 시장 가치는 200만 유로, 추정 연봉은 25만 유로.

슈팅-득점	2024-25 르아브르	위치
28-4 / 15-1	⏱ 21-8 / 1905 · Ⓐ 4 · Ⓟ 17.7-11.7 · Ⓟ% 66%	LW LM CF AM
● 43-5 LG-0 / ● 2-0 RG-3 / ● 0-0 HG-2	DR 1.9-0.7 · TK 2.2-1.0 · IC 0.6 · 🟨🟥 0-0 · ★ 2	

G	A	SH	SG	PC	P%	PP	CR	SC	TK	IC	BT	DC	PR
하위	상위	하위	상위	하위	하위	상위	상위	상위	상위	상위	하위	하위	하위
38%	50%	38%	44%	3%	1%	10%	27%	9%	49%	9%	11%	7%	18%

104위 Ismaïla SARR — 7.18
이스마일라 사르 1998.02.25 / 185cm / SEN

전형적인 인사이드 포워드다. 최고의 무기는 스피드. 폭발적인 주력을 가지고 있기 때문에 순간적인 가속도만으로도 상대를 쉽게 제칠 수 있고, 공을 몰고 가면서도 속도가 줄어들지 않는다. 세네갈 대표팀의 '선배' 사디오 마네와 비슷한 유형의 윙어인데, 드리블 기술은 부족하지만 몸싸움을 피하지 않으며 저돌적으로 전진한다. 다만 오른발 의존도가 너무 높다. 시장 가치는 2500만 유로, 추정 연봉은 430만 유로.

슈팅-득점	2024-25 크리스탈 팰리스	위치
53-8 / 6-0	⏱ 30-8 / 2721 · Ⓐ 6 · Ⓟ 17.9-12.5 · Ⓟ% 70%	LW RW AM CF
● 59-8 LG-0 / ● 0-0 RG-7 / ● 0-0 HG-1	DR 1.6-0.5 · TK 1.0-0.6 · IC 0.2 · 🟨🟥 4-0 · ★ 3	

G	A	SH	SG	PC	P%	PP	CR	SC	TK	IC	BT	DC	PR
하위	하위	하위	하위	상위	하위	상위	하위	하위	상위	하위	상위	하위	하위
45%	46%	35%	33%	4%	9%	48%	25%	49%	11%	19%	6%	3%	4%

105위 Eliesse Ben SEGHIR — 7.17
엘리에스 벤세기르 2005.02.16 / 178cm / MAR

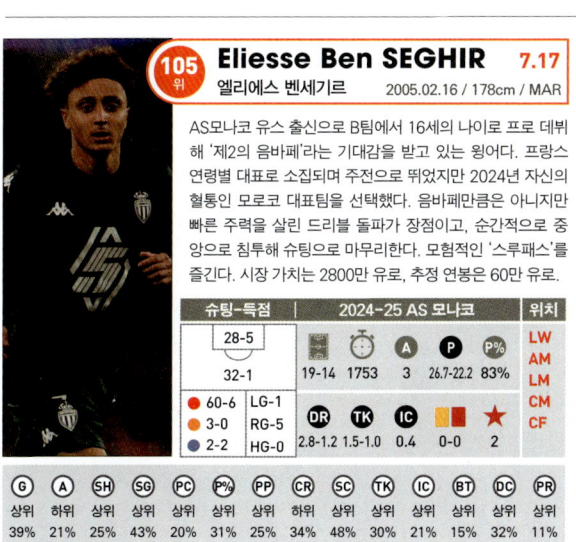

AS모나코 유스 출신으로 B팀에서 16세의 나이로 프로 데뷔해 '제2의 음바페'라는 기대감을 받고 있는 윙어다. 프랑스 연령별 대표로 소집되며 주전으로 뛰었지만 2024년 자신의 혈통인 모로코 대표팀을 선택했다. 음바페만큼은 아니지만 빠른 주력을 살린 드리블 돌파가 장점이고, 순간적으로 중앙으로 침투해 슈팅으로 마무리한다. 모험적인 '스루패스'를 즐긴다. 시장 가치는 2800만 유로, 추정 연봉은 60만 유로.

슈팅-득점	2024-25 AS 모나코	위치
28-5 / 32-1	⏱ 19-14 / 1753 · Ⓐ 3 · Ⓟ 26.7-22.2 · Ⓟ% 83%	LW AM LM CM CF
● 60-6 LG-1 / ● 3-0 RG-5 / ● 2-2 HG-0	DR 2.8-1.2 · TK 1.5-1.0 · IC 0.4 · 🟨🟥 0-0 · ★ 2	

G	A	SH	SG	PC	P%	PP	CR	SC	TK	IC	BT	DC	PR
상위	하위	상위	상위	상위	하위	상위	상위	상위	상위	상위	하위	상위	상위
39%	21%	25%	43%	20%	31%	34%	48%	30%	21%	15%	32%	5%	11%

106위 Nakamura KEITO — 7.17
나카무라 게이토 2000.07.28 / 180cm / JPN

일본 내에서는 미토마와 비교되며 대표팀에서 주전 경쟁을 펼치는 윙어다. 빠른 속도와 드리블 돌파에 장점을 가지고 있는데 미토마가 패스와 연계 플레이에 더 능하다면, 케이토는 간결한 드리블로 수비를 무력화시킨 후 직접 슈팅으로 마무리하는 유형이다. 실제로 슛 스탯 생산력이 매우 좋고, 활동량을 기반으로 한 전방 압박과 수비 가담도 성실하다. 단점은 패싱력. 시장 가치는 800만 유로, 추정 연봉은 160만 유로.

슈팅-득점	2024-25 스타드 렝	위치
59-10 / 25-1	⏱ 31-1 / 2662 · Ⓐ 3 · Ⓟ 21.9-17.1 · Ⓟ% 78%	LW LM CF
● 84-11 LG-2 / ● 1-0 RG-8 / ● 0-0 HG-1	DR 2.4-1.0 · TK 1.5-0.9 · IC 0.4 · 🟨🟥 5-0 · ★ 1	

G	A	SH	SG	PC	P%	PP	CR	SC	TK	IC	BT	DC	PR
상위	하위	상위	상위	상위	상위	상위	하위	상위	하위	상위	하위	하위	하위
25%	7%	25%	21%	16%	36%	14%	6%	13%	46%	9%	20%	6%	12%

107위 Brennan JOHNSON — 7.16
브레넌 존슨 2001.05.23 / 186cm / WAL

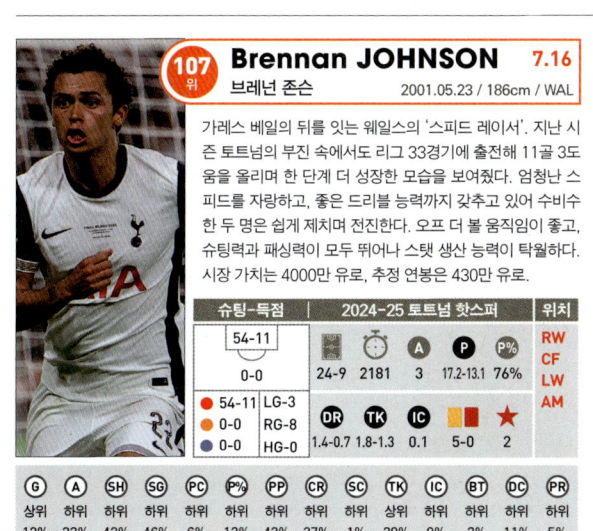

가레스 베일의 뒤를 잇는 웨일스의 '스피드 레이서'. 지난 시즌 토트넘의 부진 속에서도 리그 33경기에 출전해 11골 3도움을 올리며 더 큰 단계로 성장한 모습을 보여줬다. 엄청난 스피드를 자랑하고, 좋은 드리블 능력까지 갖추고 있어 수비수 한 두 명은 쉽게 제치며 전진한다. 오프 더 볼 움직임이 좋고, 슈팅력과 패싱력이 모두 뛰어나 스탯 생산 능력이 탁월하다. 시장 가치는 4000만 유로, 추정 연봉은 430만 유로.

슈팅-득점	2024-25 토트넘 핫스퍼	위치
54-11 / 0-0	⏱ 24-9 / 2181 · Ⓐ 3 · Ⓟ 17.2-13.1 · Ⓟ% 76%	RW CF LW AM
● 54-11 LG-3 / ● 0-0 RG-8 / ● 0-0 HG-0	DR 1.4-0.7 · TK 1.8-1.3 · IC 0.1 · 🟨🟥 5-0 · ★ 2	

G	A	SH	SG	PC	P%	PP	CR	SC	TK	IC	BT	DC	PR
상위	상위	상위	상위	상위	상위	상위	하위	상위	하위	상위	상위	하위	하위
12%	22%	43%	46%	9%	13%	43%	27%	3%	39%	12%	11%	5%	5%

108위 Malick FOFANA — 7.16
말리크 포파나 2005.03.31 / 169cm / BEL

지난 시즌 선발과 교체를 오가며 리그 29경기에 출전해 5골 4도움을 올렸고, 특히 유로파 무대에서 6골을 넣으면서 가능성을 보여준 2005년생 윙어다. 기니, 필리핀계 벨기에인으로 연령별 대표를 거쳐 2024년 A매치 데뷔해 기대를 모으고 있다. 특유의 민첩성과 탄력성을 이용한 돌파에 능하고, 짧은 패스를 주고받으며 전진한다. 볼 간수와 패싱력도 준수하다. 시장 가치는 3000만 유로, 추정 연봉은 100만 유로.

슈팅-득점	2024-25 올랭피크 리옹	위치
26-5 / 5-0	⏱ 16-13 / 1587 · Ⓐ 4 · Ⓟ 19.3-16.2 · Ⓟ% 84%	LW LM CF
● 31-5 LG-2 / ● 0-0 RG-3 / ● 0-0 HG-0	DR 2.0-0.9 · TK 1.2-0.9 · IC 0.3 · 🟨🟥 2-0 · ★ 1	

G	A	SH	SG	PC	P%	PP	CR	SC	TK	IC	BT	DC	PR
상위	상위	상위	상위	상위	상위	상위	상위	상위	상위	상위	상위	상위	상위
14%	39%	30%	27%	47%	45%	36%	37%	39%	50%	43%	41%	6%	48%

○ 유럽 5대리그 공격형 미드필더 & 윙어 항목별 랭킹(90분 기준 기록, 100분율)

| 전체 슈팅 시도-득점 | 직접프리킥 시도-득점 | PK 시도-득점 | 왼발 득점 | 오른발 득점 | 헤더 득점 | 출전횟수 선발-교체 | 출전시간(MIN) | A 도움 | P 평균 패스 시도-성공 | P% 패스 성공률 | DR 평균드리블 시도-성공 | TK 평균 태클 시도-성공 | IC 평균 인터셉트 | 페어플레이 경고-퇴장 | ★ MOM | G 득점 | A 도움 | SH 전체 슈팅 | SG 슈팅 시도 | PC 패스 성공 | P% 패스 성공률 | PP 박스 안 패스 | CR 크로스 | SC 크로스기회 창출 | TK 태클 | IC 인터셉트 | BT 볼 터치 | DC 드리블 성공 | PR 패스 받음 |

109위 Pedro NETO 7.16
페드루 네투 2000.03.09 / 174cm / POR

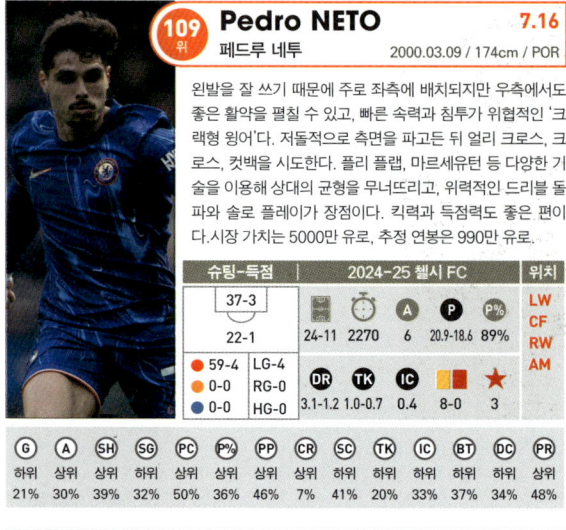

왼발을 잘 쓰기 때문에 주로 좌측에 배치되지만 우측에서도 좋은 활약을 펼칠 수 있고, 빠른 속력과 침투가 위협적인 '크랙형 윙어'다. 저돌적으로 측면을 파고든 뒤 얼리 크로스, 크로스, 컷백을 시도한다. 플립 플랩, 마르세유턴 등 다양한 기술을 이용해 상대의 균형을 무너뜨리고, 위력적인 드리블 돌파와 솔로 플레이가 장점이다. 킥력과 득점력도 좋은 편이다. 시장 가치는 5000만 유로, 추정 연봉은 990만 유로.

슈팅-득점 | 2024-25 첼시 FC | 위치
37-3 / 22-1 | 24-11 2270 6 20.9-18.6 89% | LW CF RW AM
● 59-4 LG-4 / ● 0-0 RG-0 / ● 0-0 HG-0 | DR 3.1-1.2 TK 1.0-0.7 IC 0.4 8-0 ★ 3

G	A	SH	SG	PC	P%	PP	CR	SC	TK	IC	BT	DC	PR
하위	상위	상위	하위	상위	상위	상위	하위	상위	하위	하위	하위	하위	상위
21%	30%	39%	32%	50%	36%	46%	7%	41%	20%	33%	37%	34%	48%

110위 Romain Del CASTILLO 7.16
로망 델 카스티요 1996.03.29 / 172cm / FRA

2023-24시즌 33경기에서 8골 8도움을 올리며 리그앙 도움왕을 차지했던 윙어. 그러나 지난 시즌에는 무릎 외측 인대 부상과 컨디션 난조로 리그 14경기 선발 출전에 그쳤다. 그럼에도 나올 때마다 날카로운 킥력을 바탕으로 공격 포인트를 만들어냈고, 드리블과 전진 패스 능력도 좋은 편이다. 워낙 킥에 자신이 있기 때문에 페널티킥을 전담한다. 시장 가치는 700만 유로, 추정 연봉은 110만 유로.

슈팅-득점 | 2024-25 브레스트 | 위치
17-5 / 4-1 | 14-12 1262 4 22.0-16.7 76% | RW AM CF LW
● 21-6 LG-6 / ● 0-0 RG-0 / ● 4-3 HG-0 | DR 1.7-0.8 TK 1.7-1.2 IC 0.2 4-0 ★ 1

G	A	SH	SG	PC	P%	PP	CR	SC	TK	IC	BT	DC	PR
상위	상위	하위	하위	상위	하위	상위	상위	하위	상위	하위	상위	상위	상위
31%	32%	5%	23%	26%	14%	24%	4%	19%	5%	34%	16%	49%	29%

111위 Himad ABDELLI 7.16
히마드 아브델리 1999.11.17 / 185cm / ALG

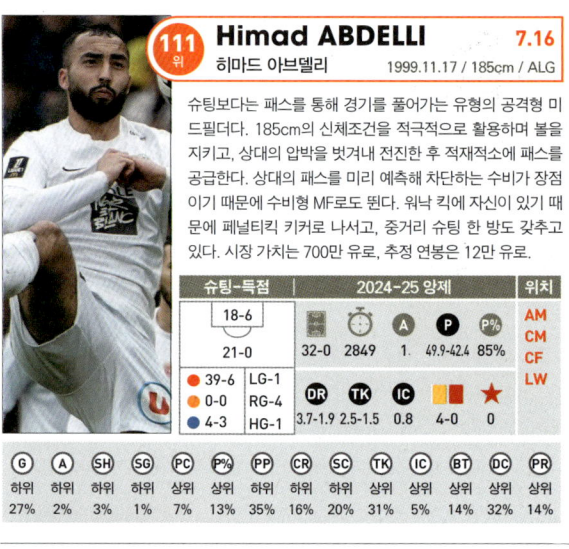

슈팅보다는 패스를 통해 경기를 풀어가는 유형의 공격형 미드필더다. 185cm의 신체조건을 적극적으로 활용하며 볼을 지키고, 상대의 압박을 벗겨내 전진한 후 적재적소에 패스를 공급한다. 상대의 패스를 미리 예측해 차단하는 수비가 장점이기 때문에 수비형 MF로도 뛴다. 워낙 킥에 자신이 있기 때문에 페널티 키커로 나서고, 중거리 슈팅 한 방도 갖추고 있다. 시장 가치는 700만 유로, 추정 연봉은 12만 유로.

슈팅-득점 | 2024-25 앙제 | 위치
18-6 / 21-0 | 32-0 2849 1. 49.9-42.4 85% | AM CM CF LW
● 39-6 LG-1 / ● 0-0 RG-4 / ● 4-0 HG-1 | DR 3.7-1.9 TK 2.5-1.5 IC 0.8 4-0 ★ 0

G	A	SH	SG	PC	P%	PP	CR	SC	TK	IC	BT	DC	PR
상위	하위	하위	하위	상위	상위	하위	하위	상위	상위	상위	상위	하위	상위
27%	2%	3%	1%	9%	13%	35%	16%	20%	31%	5%	14%	52%	14%

112위 Andrej KRAMARIĆ 7.16
안드레이 크라마리치 1991.06.19 / 177cm / CRO

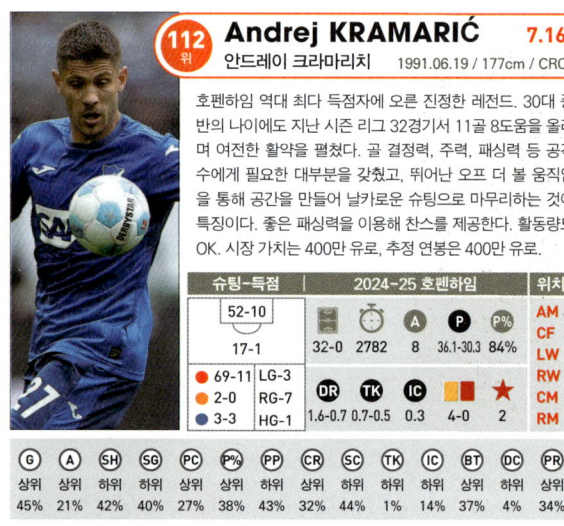

호펜하임 역대 최다 득점자에 오른 진정한 레전드. 30대 중반의 나이에도 지난 시즌 리그 32경기서 11골 8도움을 올리며 여전한 활약을 펼쳤다. 골 결정력, 주력, 패싱력 등 공격수에게 필요한 대부분을 갖췄고, 뛰어난 오프 더 볼 움직임을 통해 공간을 만들어 날카로운 슈팅으로 마무리하는 것이 특징이다. 좋은 패싱력을 이용해 찬스를 제공한다. 활동량도 OK. 시장 가치는 400만 유로, 추정 연봉은 400만 유로.

슈팅-득점 | 2024-25 호펜하임 | 위치
52-10 / 17-1 | 32-0 2782 8 36.1-30.3 84% | AM CF LW RW CM RM
● 69-11 LG-3 / ● 2-0 RG-7 / ● 3-3 HG-1 | DR 1.6-0.7 TK 0.7-0.5 IC 0.3 4-0 ★ 2

G	A	SH	SG	PC	P%	PP	CR	SC	TK	IC	BT	DC	PR
상위	상위	상위	상위	하위	상위	상위	하위	상위	상위	하위	상위	하위	상위
45%	21%	42%	40%	27%	38%	43%	32%	44%	1%	14%	35%	4%	34%

113위 Léo SCIENZA 7.16
레오 시엔차 1998.09.13 / 175cm / BRA

지난 시즌 근육, 서혜부, 허리 부상으로 고생하며 리그 13경기 선발 출전에 그쳤지만, 후반기에 인상적인 활약과 함께 승강 플레이오프 2차전에서 후반 추가시간 결승골을 넣으며 팀의 잔류에 기여했다. 브라질 특유의 발 기술을 활용한 드리블 돌파에 능하고, 준수한 킥력을 바탕으로 슈팅 기회 창출에 장점이 있다. 측면 크로스로 찬스를 만드는 클래식한 유형의 윙어다. 시장 가치는 300만 유로, 추정 연봉은 28만 유로.

슈팅-득점 | 2024-25 FC 하이덴하임 | 위치
14-2 / 24-1 | 13-12 1158 3 11.6-8.6 74% | LW AM RW
● 38-3 LG-1 / ● 4-1 RG-2 / ● 0-0 HG-0 | DR 3.2-1.5 TK 1.1-0.7 IC 0.2 1-0 ★ 2

G	A	SH	SG	PC	P%	PP	CR	SC	TK	IC	BT	DC	PR
하위	상위	상위	하위	상위	하위	상위	상위	하위	상위	상위	하위	상위	하위
37%	31%	18%	5%	18%	10%	28%	6%	2%	47%	41%	37%	4%	21%

114위 Marius BÜLTER 7.15
마리우스 뷜터 1993.03.29 / 188cm / GER

188cm, 85kg의 좋은 신체조건을 가지고 있어 주로 최전방에서 활약하지만, 상황에 따라 윙어와 윙백까지 소화할 수 있는 유틸리티 플레이어다. 발이 빠르지는 않지만, 양발을 이용한 전환 드리블에 능하다. 박스 안에서 스스로 공간을 만들어 파괴력 넘치는 슈팅을 시도하고, 공중전에도 적극 참여한다. 저돌적인 돌파도 장점이라, 역습 상황에서도 속도를 살려 공격한다. 시장 가치는 250만 유로, 추정 연봉은 210만 유로.

슈팅-득점 | 2024-25 호펜하임 | 위치
27-7 / 10-0 | 22-3 1742 2 18.5-13.5 73% | LW CF RW LM RM RB
● 37-7 LG-2 / ● 0-0 RG-5 / ● 0-0 HG-0 | DR 1.9-1.1 TK 0.9-0.6 IC 0.2 4-0 ★ 1

G	A	SH	SG	PC	P%	PP	CR	SC	TK	IC	BT	DC	PR
상위	하위	상위	상위	하위	상위	상위	상위	상위	하위	하위	하위	하위	하위
32%	14%	33%	45%	19%	29%	10%	49%	26%	12%	16%	7%	27%	23%

○ 유럽 5대리그 공격형 미드필더 & 윙어 항목별 랭킹 (90분 기준 기록, 100분율)

| ● 전체 슈팅 시도-득점 | ● 직접프리킥 시도-득점 | ● PK 시도-득점 | LG 왼발 득점 | RG 오른발 득점 | HG 헤더 득점 | 🕐 출전횟수 선발-교체 | ⏱ 출전시간 분(MIN) | A 도움 | P 평균 패스 시도-성공 | P% 패스 성공률 | DR 평균드리블 시도-성공 | TK 평균 태클 시도-성공 | IC 평균 인터셉트 | 🟨🟥 페어플레이 경고-퇴장 | ★ MOM | G 득점 | A 도움 | SH 전체 슈팅 | SG 슈팅 성공 | PC 패스 성공률 | P% 패스 성공 | PP 박스안 패스 | CR 크로스 | SC 슈팅기회 창출 | TK 태클 | IC 인터셉트 | BT 볼 터치 | DC 드리블 성공 | PR 패스 받음 |

115위 Phil FODEN — 7.15
필 포든   2000.05.28 / 171cm / ENG

과르디올라 감독도 인정한 '천재' MF. 차원이 다른 축구 지능, 엄청난 패싱력을 갖춰 폴 개스코인과 비교됐다. 빠른 주력을 이용한 역동적인 드리블 돌파가 장점이고, 어떤 상황에서든 과감하게 전진하는 것이 최고의 무기다. 워낙 드리블 기술이 좋기 때문에 상대 수비 한두 명은 쉽게 제칠 수 있고, 동료를 활용한 연계플레이도 능해 상대가 막기 쉽지 않다. 시장 가치는 1억 유로, 추정 연봉은 1390만 유로.

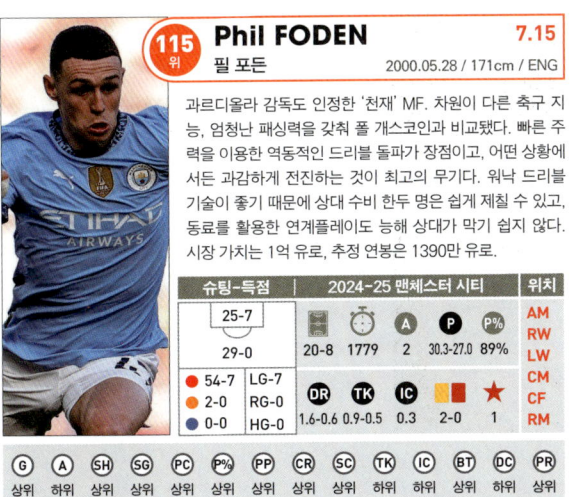

슈팅-득점		2024-25 맨체스터 시티					위치
25-7		🕐	⏱	A	P	P%	AM
29-0		20-8	1779	2	30.3-27.0	89%	RW
● 54-7	LG-7	DR	TK	IC	🟨🟥	★	LW
● 2-0	RG-0	1.6-0.6	0.9-0.5	0.3	2-0	1	CM
● 0-0	HG-0						CF
							RM

G	A	SH	SG	PC	P%	PP	CR	SC	TK	IC	BT	DC	PR
상위	하위	상위	상위	상위	상위	상위	하위	하위	하위	상위	상위	상위	상위
27%	19%	18%	28%	10%	4%	17%	24%	21%	5%	35%	16%	15%	12%

116위 Yann GBOHO — 7.15
얀 그보   2001.01.14 / 178cm / FRA

코트디부아르계 프랑스인이고, 같은 리그앙에서 뛰고 있는 '두에 형제'와 사촌 관계다. 좌우 측면도 가능하지만, 주로 공격형 MF 위치에서 창의적인 플레이를 펼친다. 몸 자체가 상당히 유연하기 때문에, 상대의 압박을 유연한 움직임과 볼 터치로 벗겨내 전진한다. 기본적으로 테크닉을 갖췄고, 박스 근처에서 시도하는 슈팅이 매우 위협적이라 스탯 생산력이 있다. 시장 가치는 800만 유로, 추정 연봉은 40만 유로.

슈팅-득점		2024-25 툴루즈					위치
38-3		🕐	⏱	A	P	P%	AM
12-2		27-4	2343	4	19.9-15.5	78%	LW
● 50-5	LG-2	DR	TK	IC	🟨🟥	★	CF
● 0-0	RG-3	3.8-1.8	1.8-1.0	0.3	2-0	3	RW
● 0-0	HG-0						

G	A	SH	SG	PC	P%	PP	CR	SC	TK	IC	BT	DC	PR
하위	하위	상위	상위	하위	상위	하위	하위	상위	상위	하위	하위	상위	하위
28%	38%	3%	29%	11%	36%	26%	10%	49%	49%	12%	7%	29%	14%

117위 Félix LEMARÉCHAL — 7.15
펠릭스 르마레샬   2003.08.07 / 180cm / FRA

탄탄한 체격과 왕성한 활동량을 바탕으로 2선을 자유롭게 오가며 정확한 패스를 연결하는 유형의 공격형 MF다. 볼을 직접 운반하는 능력이 뛰어나고, 저돌적인 드리블이 장점이다. 시야가 확보됐을 때는 전방으로 모험적인 패스를 시도하기도 한다. 수비시 상대의 패스, 드리블 길목을 미리 영리하게 차단하고, 적극적인 압박을 시도한다. 슈팅 능력도 갖췄다. 시장 가치는 1000만 유로, 추정 연봉은 90만 유로.

슈팅-득점		2024-25 스트라부르					위치
21-3		🕐	⏱	A	P	P%	AM
4-1		20-7	1784	3	24.4-20.0	82%	CF
● 25-4	LG-0	DR	TK	IC	🟨🟥	★	CM
● 0-0	RG-3	1.9-1.0	1.9-1.0	2-0	0		LW
● 0-0	HG-1						RW

G	A	SH	SG	PC	P%	PP	CR	SC	TK	IC	BT	DC	PR
하위	하위	하위	상위	상위	상위	하위	하위	하위	상위	하위	상위	상위	하위
32%	37%	7%	13%	49%	30%	4%	15%	17%	17%	11%	49%	28%	29%

118위 Robin HACK — 7.13
로빈 하크   1998.08.27 / 176cm / GER

묀헨글라트바흐 첫 해인 2023-24시즌 리그 29경기 10골 2도움을 기록하며 팀 올해의 선수상을 받으며 '에이스'로 자리 잡았다. 지난 시즌에는 다소 경기력에 기복이 있었지만, 측면에서 날카로운 크로스로 공격 포인트를 생산했다. 드리블, 패스, 연계 플레이 등 윙어에게 필요한 대부분을 갖췄고, 어려운 상황에서 종종 원더골을 만들어낸다. 다만 턴오버가 잦다. 시장 가치는 1200만 유로, 추정 연봉은 100만 유로.

슈팅-득점		2024-25 보루시아 묀헨글라트바흐					위치
33-3		🕐	⏱	A	P	P%	LW
26-1		27-6	2189	7	24.6-19.7	80%	RW
● 59-4	LG-0	DR	TK	IC	🟨🟥	★	AM
● 0-0	RG-4	2.0-0.9	1.3-0.8	0.3	4-0	2	
● 0-0	HG-0						

G	A	SH	SG	PC	P%	PP	CR	SC	TK	IC	BT	DC	PR
하위	상위	상위	상위	상위	상위	상위	상위	상위	하위	하위	상위	상위	하위
22%	18%	35%	30%	45%	47%	49%	41%	25%	19%	38%	49%	22%	42%

119위 Edu EXPÓSITO — 7.12
에두 에스포시토   1996.08.01 / 178cm / ESP

모험적인 패스를 즐기는 플레이메이커다. 그러나 2024년 2월 전방십자인대 부상으로 약 9개월간 결장하며, 지난 시즌 리그 19경기 출전에 그쳤다. 정상 컨디션이라면 넓은 시야, 뛰어난 테크닉, 정교한 킥력을 바탕으로 찬스를 만드는 유형의 미드필더고, 직접 볼을 운반하는 능력도 있다. 활동량을 기반으로 한 인터셉트와 태클 능력도 좋아, 수비형 MF도 가능. 시장 가치는 300만 유로, 추정 연봉은 120만 유로.

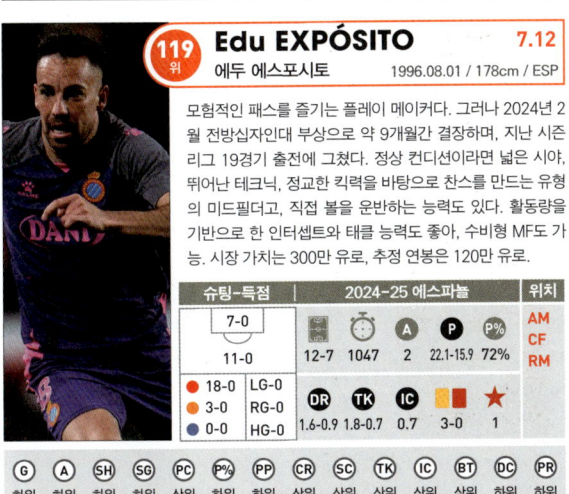

슈팅-득점		2024-25 에스파뇰					위치
7-0		🕐	⏱	A	P	P%	AM
11-0		12-7	1047	3	22.1-15.9	72%	CF
● 18-0	LG-0	DR	TK	IC	🟨🟥	★	RM
● 3-0	RG-0	1.6-0.9	1.8-0.7	0.7	3-0	1	
● 0-0	HG-0						

G	A	SH	SG	PC	P%	PP	CR	SC	TK	IC	BT	DC	PR
하위	하위	상위	상위	상위	상위	하위	하위	하위	상위	상위	상위	하위	하위
1%	44%	17%	19%	49%	8%	35%	10%	44%	9%	7%	31%	29%	36%

120위 Maximilian BEIER — 7.11
막시밀리안 바이어   2002.10.17 / 183cm / GER

지난 시즌을 앞두고 BVB 유니폼을 입으며 엄청난 기대를 모았지만, 무릎과 발목 부상으로 고생했다. 그러나 나올 때마다 좋은 임팩트를 보여주며 8골 5도움을 기록했고, 최전방과 측면을 오가며 활약했다. 뛰어난 오프 더 볼 움직임과 스피드를 살린 라인 브레이킹이 장점이고, 순간적으로 뒤 공간을 파고 들어 마무리한다. 박스 안에서 움직임과 결정력도 좋은 편이다. 시장 가치는 2500만 유로, 추정 연봉은 380만 유로.

슈팅-득점		2024-25 보루시아 도르트문트					위치
37-8		🕐	⏱	A	P	P%	LW
5-0		17-12	1592	5	13.4-9.8	73%	RW
● 42-8	LG-0	DR	TK	IC	🟨🟥	★	AM
● 0-0	RG-5	1.8-0.9	1.6-0.8	0.2	2-0	2	CF
● 0-0	HG-3						

G	A	SH	SG	PC	P%	PP	CR	SC	TK	IC	BT	DC	PR
상위	상위	상위	상위	하위	상위	하위	상위	하위	상위	상위	하위	하위	하위
26%	44%	50%	49%	6%	21%	9%	19%	44%	6%	44%	3%	25%	3%

○ 유럽 5대리그 공격형 미드필더 & 윙어 항목별 랭킹(90분 기준 기록, 100분율)

121위 Teun KOOPMEINERS — 7.11
툰 코프메이너스 1998.02.28 / 184cm / NED

원래 수비형 MF지만, 이탈리아로 넘어와서 공격 능력을 인정받아 공격형 MF로 자리 잡았다. 특히 2023-24시즌 아탈란타에서 12골 5도움을 올리며 세리에 올해의 팀에 선정됐고, 유벤투스로 이적했다. 그러나 지난 시즌엔 아킬레스건 부상으로 고생했다. 날카로운 왼발 킥, 위력적인 롱패스, 탄탄한 체격, 영리한 축구 지능, 뛰어난 찬스 메이킹 등 다양한 장점이 있다. 시장 가치는 3500만 유로, 추정 연봉은 580만 유로.

슈팅-득점	2024-25 유벤투스					위치
24-3 / 18-0	23-5	1998	3	A 29.2-25.7	P% 88%	AM CM DM CF
● 42-3 LG-2	DR 0.8-0.4	TK 1.9-1.2	IC 0.3	■	★ 0	
● 2-0 RG-1						
● 0-0 HG-0						

G	A	SH	SG	PC	P%	PP	CR	SC	TK	IC	BT	DC	PR
하위 10%	하위 10%	하위 25%	하위 7%	상위 36%	상위 33%	하위 10%	상위 18%	하위 14%	상위 21%	상위 28%	상위 41%	하위 2%	상위 45%

122위 Sebastian NANASI — 7.10
세바스티안 나나시 2002.05.16 / 178cm / SWE

부친은 플로어볼 선수였고, 헝가리 대표로 뛰었지만, 나나시는 자신이 나고 자란 스웨덴 국가대표를 선택했다. 오른발잡이지만, 활동 반경은 주로 좌측면이고, 공격형 미드필더에서 자신의 능력을 발휘한다. 탁월한 볼 간수 능력을 자랑하고, 시야가 확보되면 스루패스를 연결해 찬스를 만든다. 전형적인 윙어가 아니라 크로스 능력은 떨어지고, 수비 기여도는 아쉽다. 시장 가치는 1800만 유로, 추정 연봉은 110만 유로.

슈팅-득점	2024-25 스트라스부르					위치
26-6 / 2-0	26-5	2124	4	A 23.8-20.0	P% 84%	LW AM LM CF CM
● 28-6 LG-1	DR 1.4-0.7	TK 1.0-0.5	IC 0.2	■	★	
● 1-0 RG-5					1-0	
● 0-0 HG-0						

G	A	SH	SG	PC	P%	PP	CR	SC	TK	IC	BT	DC	PR
하위 40%	상위 43%	하위 4%	하위 18%	상위 48%	상위 30%	상위 36%	상위 46%	상위 47%	하위 16%	하위 20%	상위 23%	하위 13%	상위 22%

123위 Juan CRUZ — 7.10
후안 크루스 2000.04.25 / 177cm / ESP

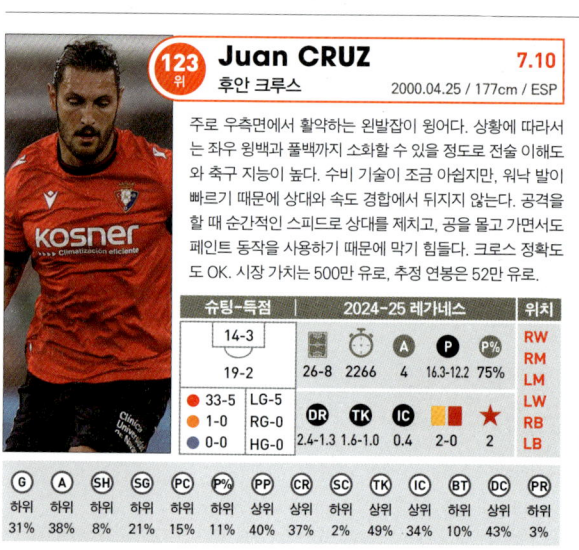

주로 우측면에서 활약하는 왼발잡이 윙어다. 상황에 따라서는 좌측 윙백과 풀백까지 소화할 수 있을 정도로 전술 이해도와 축구 지능이 높다. 수비 기술이 조금 아쉽지만, 워낙 발이 빠르기 때문에 상대와 속도 경합에서 뒤지지 않는다. 공격을 할 때 순간적인 스피드로 상대를 제치고, 공을 몰고 가면서도 페인트 동작을 사용하기 때문에 막기 힘들다. 크로스 정확도도 OK. 시장 가치는 500만 유로, 추정 연봉은 52만 유로.

슈팅-득점	2024-25 레가네스					위치
14-3 / 19-2	26-8	2266	4	A 16.3-12.2	P% 75%	RW RM LM LW RB LB
● 33-5 LG-5	DR 2.4-1.3	TK 1.6-1.0	IC 0.4	■ 2-0	★ 2	
● 1-0 RG-0						
● 0-0 HG-0						

G	A	SH	SG	PC	P%	PP	CR	SC	TK	IC	BT	DC	PR
하위 31%	상위 38%	하위 8%	상위 21%	하위 15%	하위 11%	상위 40%	하위 2%	상위 49%	상위 34%	하위 10%	상위 43%	하위 3%	

124위 Iago ASPAS — 7.10
이아고 아스파스 1987.08.01 / 176cm / ESP

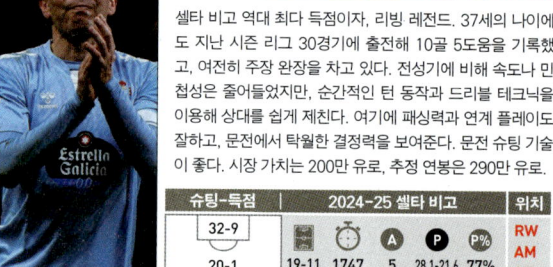

셀타 비고 역대 최다 득점자이자, 리빙 레전드. 37세의 나이에도 지난 시즌 리그 30경기에 출전해 10골 5도움을 기록했고, 여전히 주장 완장을 차고 있다. 전성기에 비해 속도나 민첩성은 줄어들었지만, 순간적인 턴 동작과 드리블 테크닉을 이용해 상대를 쉽게 제친다. 여기에 패싱력과 연계 플레이도 잘하고, 문전에서 탁월한 결정력을 보여준다. 문전 슈팅 기술이 좋다. 시장 가치는 200만 유로, 추정 연봉은 290만 유로.

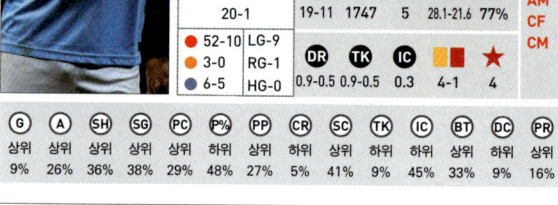

슈팅-득점	2024-25 셀타 비고					위치
32-9 / 20-1	19-11	1747	5	A 28.1-21.6	P% 77%	RW AM CF CM
● 52-10 LG-9	DR 0.9-0.5	TK 0.9-0.3	IC 0.3	■ 4-1	★ 4	
● 3-0 RG-1						
● 6-5 HG-0						

G	A	SH	SG	PC	P%	PP	CR	SC	TK	IC	BT	DC	PR
상위 9%	상위 26%	상위 36%	상위 38%	상위 29%	상위 48%	상위 27%	하위 5%	상위 41%	하위 9%	하위 45%	상위 33%	하위 9%	상위 16%

125위 Harvey BARNES — 7.10
하비 반스 1997.12.09 / 174cm / ENG

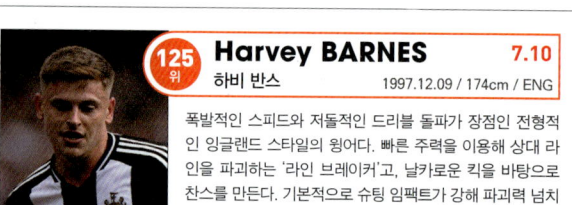

폭발적인 스피드와 저돌적인 드리블 돌파가 장점인 전형적인 잉글랜드 스타일의 윙어다. 빠른 주력을 이용해 상대 라인을 파괴하는 '라인 브레이커'고, 날카로운 킥을 바탕으로 찬스를 만든다. 기본적으로 슈팅 임팩트가 강해 파괴력 넘치는 슈팅을 시도하고, 왕성한 활동량으로 전방 압박도 성실하게 수행한다. 다만 오프 더 볼 움직임과 투박한 터치는 아쉽다. 시장 가치는 3500만 유로, 추정 연봉은 490만 유로.

슈팅-득점	2024-25 뉴캐슬 유나이티드					위치
51-8 / 12-1	17-16	1756	4	A 16.6-13.6	P% 82%	LW AM RW
● 63-9 LG-2	DR 1.9-0.8	TK 0.8-0.5	IC 0.2	■ 0-0	★ 1	
● 0-0 RG-7						
● 0-0 HG-0						

G	A	SH	SG	PC	P%	PP	CR	SC	TK	IC	BT	DC	PR
상위 16%	상위 43%	상위 11%	상위 28%	하위 32%	하위 17%	상위 36%	하위 34%	하위 14%	하위 21%	하위 21%	하위 29%	상위 48%	

126위 Mateus FERNANDES — 7.10
마테우스 페르난데스 2004.07.10 / 178cm / POR

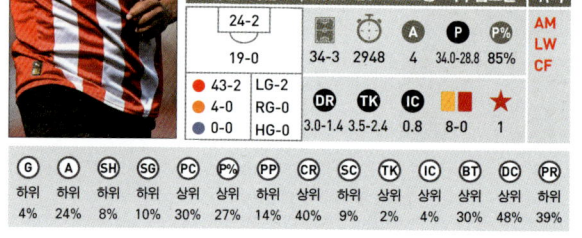

지난 시즌 소속팀 사우샘프턴은 최하위로 강등됐지만, 페르난데스만큼은 고군분투하며 가장 좋은 평가를 받았다. 2선과 3선을 자유롭게 움직이며 여러 가지 역할을 소화할 수 있는 미드필더고, 넓은 시야와 정확한 킥력을 바탕으로 경기를 조율한다. 상대의 압박을 유연한 드리블로 벗겨내 전진하고, 패스를 안정적으로 공급한다. 경합과 수비력도 뛰어난 육각형 MF다. 시장 가치는 1500만 유로, 추정 연봉은 120만 유로.

슈팅-득점	2024-25 스포르팅+사우샘프턴					위치
24-2 / 19-0	34-3	2948	4	A 34.0-28.8	P% 85%	AM LW CF
● 43-2 LG-0	DR 3.0-1.4	TK 3.5-2.4	IC 0.8	■ 8-0	★ 1	
● 4-0 RG-0						
● 0-0 HG-0						

G	A	SH	SG	PC	P%	PP	CR	SC	TK	IC	BT	DC	PR
하위 4%	하위 24%	하위 8%	하위 10%	상위 27%	상위 40%	상위 8%	하위 2%	하위 46%	상위 30%	상위 48%	하위 39%		

○ 유럽 5대리그 공격형 미드필더 & 윙어 항목별 랭킹(90분 기준 기록, 100분율)

127위 Bryan GIL — 7.10
브라이언 힐 2001.02.11 / 175cm / ESP

거친 압박과 몸싸움에 약점을 가지고 있기 때문에 PL에서는 부진한 모습을 보였지만, 기본적으로 빠른 주력, 날카로운 왼발 킥력, 뛰어난 드리블 돌파가 장점인 클래식한 윙어다. 스페인 출신답게 볼 컨트롤과 기본기가 탄탄하고, 상대가 압박하는 타이밍에 역으로 드리블을 치는 스타일이다. 킥력도 좋은 편이고, 활동량을 바탕으로 한 수비 가담도 적극적이다. 시장 가치는 1500만 유로, 추정 연봉은 미정.

슈팅-득점	2024-25 지로나	위치
20-3 / 12-0	21-4 1733 3 26.8-24.1 90%	LW RW AM LM RM CM
32-3 LG-2 / 0-0 RG-0 / 0-0 HG-1	DR 4.2-1.6 TK 2.1-1.5 IC 0.4 4-0 ★ 1	

G	A	SH	SG	PC	P%	PP	CR	SC	TK	IC	BT	DC	PR
하위 14%	25%	하위 14%	상위 30%	상위 34%	12%	39%	37%	25%	14%	27%	5%	17%	30%

128위 Rémy CABELLA — 7.08
레미 카벨라 1990.03.08 / 171cm / FRA

2022-23시즌 릴 올해의 선수로 선정됐을 정도로 뛰어난 활약을 펼쳤지만, 지난 시즌에는 주전 경쟁에서 밀리며 리그 12경기만 선발 출전했다. 결국 이번 시즌을 앞두고 올림피아코스로 이적했다. 전형적인 '10번' 유형의 테크니션이고, 정교한 패싱력을 활용한 볼 배급이 장점이다. 볼 키핑과 컨트롤이 좋기 때문에 상대의 압박에 잘 대처하고, 모험적인 패스를 연결한다. 시장 가치는 250만 유로, 추정 연봉은 미정.

슈팅-득점	2024-25 릴 OSC	위치
22-1 / 8-0	12-11 1012 2 29.9-26.0 87%	RW LW AM RM LM
30-1 LG-0 / 1-0 RG-1 / 0-0 HG-0	DR 1.8-0.9 TK 2.2-1.6 IC 0.3 1-0 ★ 3	

G	A	SH	SG	PC	P%	PP	CR	SC	TK	IC	BT	DC	PR
하위 15%	49%	31%	24%	1%	8%	22%	27%	14%	1%	19%	3%	43%	3%

129위 Alassane PLÉA — 7.07
알라산 플레아 1993.03.10 / 181cm / FRA

공격 전 포지션을 소화 가능한 전천후 공격수. 뛰어난 오프 더 볼 움직임을 통해 스스로 공간을 만들고, 이후 수비 뒤 공간을 파고들어 찬스를 만든다. 빠른 발을 이용한 역습에도 능하지만, 묀헨글라트바흐로 이적한 후에는 박스 안에서 버티며 연계하는 능력도 좋아졌다. 파이널 패스를 통한 어시스트와 날카로운 슈팅으로 득점을 모두 만들 수 있다. 시장 가치는 500만 유로, 추정 연봉은 470만 유로.

슈팅-득점	2024-25 보루시아 묀헨글라트바흐	위치
35-11 / 7-0	24-6 1916 4 24.3-18.5 76%	AM LW CF RW
42-11 LG-3 / 1-0 RG-5 / 1-1 HG-0	DR 1.5-0.7 TK 0.6-0.3 IC 0.1 3-0 ★ 2	

G	A	SH	SG	PC	P%	PP	CR	SC	TK	IC	BT	DC	PR
상위 7%	50%	34%	22%	49%	23%	37%	40%	48%	1%	2%	49%	12%	43%

130위 Francisco Conceição — 7.07
프란시스코 콘세이상 2002.12.14 / 170cm / POR

포르투갈의 '레전드' 세르지우 콘세이상의 넷째 아들이다. 부친처럼 우측 윙어로 활약하지만, 왼발을 주로 사용한다. 스피드, 개인 기술, 민첩성, 볼 터치, 가속도 등 윙어에게 필요한 대부분을 갖췄고, 순간적인 바디 페인팅으로 측면을 허문다. 돌파 후에는 중앙으로 접고 들어가 슈팅과 크로스를 시도하거나, 터치라인을 따라 왼발로 크로스를 올린다. 수비 가담은 부족하다. 시장 가치는 2800만 유로, 추정 연봉은 460만 유로.

슈팅-득점	2024-25 유벤투스	위치
29-3 / 11-0	12-14 1339 3 18.4-15.6 85%	RW AM
40-3 LG-3 / 1-0 RG-0 / 0-0 HG-0	DR 3.0-1.4 TK 1.5-0.8 IC 0.3 3-1 ★ 0	

G	A	SH	SG	PC	P%	PP	CR	SC	TK	IC	BT	DC	PR
하위 26%	50%	34%	42%	50%	44%	32%	22%	30%	1%	25%	50%	7%	38%

131위 Isi PALAZÓN — 7.06
이시 팔라손 1994.12.27 / 169cm / ESP

레알과 비야레알 유스 출신이지만, 1군에서는 자리를 잡지 못해 하부 리그에서 활약하다가 2020년 라요 바예카노로 이적한 후 잠재력을 폭발시키며 맨유, PSG 등의 러브콜을 받기도 했다. 측면과 중앙을 자유롭게 움직이며 찬스를 만들고, 좋은 킥력을 기반으로 한 플레이 메이킹이 장점이다. 폭발적이지는 않지만, 좋은 전진성을 가지고 있다. 이타적인 플레이도 장점. 시장 가치는 350만 유로, 추정 연봉은 120만 유로.

슈팅-득점	2024-25 라요 바예카노	위치
21-3 / 40-1	25-10 2169 4 25.7-21.3 83%	AM RW CF RM
61-4 LG-3 / 1-0 RG-0 / 0-0 HG-0	DR 1.9-0.8 TK 1.3-0.6 IC 0.2 5-0 ★ 1	

G	A	SH	SG	PC	P%	PP	CR	SC	TK	IC	BT	DC	PR
상위 22%	42%	29%	44%	34%	45%	13%	21%	20%	21%	26%	33%	23%	38%

132위 Alberto MOLEIRO — 7.06
알베르토 몰레이로 2003.09.30 / 172cm / ESP

지난 시즌 라스 팔마스 소속으로 라리가 35경기에서 6골 1도움을 기록했고, 이번여름 비야레알로 이적했다. 가장 큰 장점은 뛰어난 테크닉과 부드러운 볼 터치로 간결하게 플레이하고, 속도를 살리며 전진한다. 오른발 킥력이 워낙 좋기 때문에, 측면에서 한 번 접어 시도하는 얼리 크로스의 정확도가 매우 높다. 작은 체구지만, 힘과 밸런스가 좋아 거친 압박을 버틴다. 시장 가치는 2500만 유로, 추정 연봉은 미정.

슈팅-득점	2024-25 라스 팔마스	위치
41-6 / 27-0	32-3 2729 1 28.4-23.6 83%	LW LM AM CF CM
68-6 LG-2 / 0-0 RG-3 / 0-0 HG-1	DR 4.2-2.0 TK 1.5-0.7 IC 0.5 5-0 ★ 2	

G	A	SH	SG	PC	P%	PP	CR	SC	TK	IC	BT	DC	PR
하위 30%	3%	43%	47%	48%	20%	11%	41%	18%	24%	44%	20%	46%	

○ 유럽 5대리그 공격형 미드필더 & 윙어 항목별 랭킹(90분 기준 기록, 100분율)

133위 Mathias Pereira LAGE — 7.06
마티아스 페레이라 라지 1996.11.30 / 180cm / POR

LW, RW, CM, CF, LM, RM, LB 등 골키퍼와 센터백을 제외한 전 포지션을 소화할 수 있는 유틸리티 플레이어다. 주로 좌측면에서 활약하지만, 지난 시즌에도 다양한 포지션, 선발과 교체를 오가며 29경기에 출전했다. 기본적으로 킥에 자신이 있기 때문에 과감한 중거리 슈팅과 롱패스로 찬스를 만들고, 측면 크로스도 날카롭다. 모험적인 패스를 즐기는 MF다. 시장 가치는 250만 유로, 추정 연봉은 51만 유로.

슈팅-득점	2024-25 브레스트					위치
23-1 / 13-1	18-11	1574	7	13.6-9.9	73%	LW RW CM CF LM RM
36-2 LG-0 / 3-0 RG-2 / 0-0 HG-0	1.0-0.4	2.0-1.3	0.7	4-0	3	

G	A	SH	SG	PC	P%	PP	CR	SC	TK	IC	BT	DC	PR
하위	상위	상위	상위	상위	하위	상위	상위	상위	하위	하위	상위	상위	하위
17%	15%	40%	38%	15%	4%	9%	11%	18%	6%	1%	26%	9%	3%

134위 Jens ODGAARD — 7.05
옌스 오드코 1999.03.31 / 188cm / DEN

2015년 륑비에서 17세 115일의 나이로 데뷔했는데, 당시 덴마크리그 최연소 출전 기록이었다. 기대를 모으며 인테르로 이적했지만 기회를 받지 못해 사수로, 발베이크, 알크마르 등에서 뛰다가 2024년 볼로냐에서 잠재력을 폭발시켰다. 폭넓은 움직임으로 측면과 중앙을 오가며 찬스를 만들고, 파괴력 넘치는 슈팅력과 공중 장악력이 장점이다. 역습 능력도 OK. 시장 가치는 1200만 유로, 추정 연봉은 110만 유로.

슈팅-득점	2024-25 볼로냐					위치
23-4 / 26-2	24-5	1967	1	16.4-12.8	78%	LW AM RW LM
49-6 LG-4 / 1-0 RG-2 / 0-0 HG-0	1.7-0.6	1.5-0.9	0.3	1-0	1	

G	A	SH	SG	PC	P%	PP	CR	SC	TK	IC	BT	DC	PR
하위	하위	상위	상위	하위	상위	하위	하위	하위	상위	상위	하위	하위	하위
41%	11%	50%	31%	7%	44%	7%	12%	3%	46%	47%	4%	4%	9%

135위 Téji SAVANIER — 7.03
테지 사바니에 1991.12.22 / 172cm / FRA

고향 팀인 몽펠리에 유스 출신이고, 2019년 복귀한 베테랑 MF다. 2021년부터는 팀의 주장을 맡고 있고, 지난 시즌에도 31경기에 출전하며 여전한 활약상을 보여줬다. 주로 좌측면과 중앙 공격형 미드필더로 뛴다. 정교한 킥력, 간결한 터치, 안정적인 드리블로 공격을 풀어가는 유형이고, 짧은 패스를 주고받으며 전진한다. 킥력이 워낙 좋아 플레이 메이킹에 능하다. 시장 가치는 250만 유로, 추정 연봉은 130만 유로.

슈팅-득점	2024-25 몽펠리에					위치
11-2 / 36-0	27-4	2367	5	41.3-31.8	77%	AM CM LM LW
47-2 LG-0 / 13-0 RG-1 / 2-2 HG-0	2.3-0.9	1.9-1.1	0.5	4-1	0	

G	A	SH	SG	PC	P%	PP	CR	SC	TK	IC	BT	DC	PR
하위	상위	상위	상위	상위	하위	상위	상위	상위	상위	상위	하위	상위	상위
5%	48%	23%	13%	12%	15%	36%	2%	15%	37%	30%	24%	17%	17%

136위 Enzo MILLOT — 7.03
엔조 밀로 2002.07.17 / 174cm / FRA

지난 시즌 분데스리가 패스 성공률 87.3%를 기록했을 정도로 안정적인 볼 배급이 장점인 미드필더다. 워낙 기본기와 테크닉이 좋기 때문에 좌우 측면도 가능하고, 안정적인 패싱력을 바탕으로 중앙 미드필더 위치에서 경기를 조율하기도 한다. 최고의 무기는 왼발 킥력, 박스 바깥에서 시도하는 슈팅이 위력적이고, 다양한 구질의 패스와 슈팅이 인상적이다. 시장 가치는 3500만 유로, 추정 연봉은 190만 유로.

슈팅-득점	2024-25 VfB 슈투트가르트					위치
29-5 / 15-1	22-7	1853	5	37.6-32.7	87%	AM CM RW LW DM
44-6 LG-5 / 0-0 RG-0 / 1-0 HG-1	2.3-1.2	1.8-1.1	0.4	9-0	1	

G	A	SH	SG	PC	P%	PP	CR	SC	TK	IC	BT	DC	PR
상위	상위	상위	상위	하위	상위	하위	상위	상위	상위	하위	상위	상위	상위
49%	20%	49%	49%	5%	4%	41%	26%	44%	48%	16%	9%	47%	9%

137위 Jamie LEWELING — 7.03
제이미 레벨링 2001.02.26 / 185cm / GER

가나계 독일인이고 프랑스 혈통까지 가졌다. 2010년 가나 국가대표 제의를 받았지만, 자신이 나고 자란 독일 대표팀을 선택했고, 2024년 10월 A매치 데뷔하게 됐다. 좌우 측면을 모두 소화할 수 있는 윙어고, 측면에서 날카로운 궤적의 크로스를 연결해 찬스를 만드는 유형이다. 185cm 86kg의 탄탄한 체격을 바탕으로 돌파가 장점이고, 거친 압박에도 어떻게든 전진한다. 시장 가치는 2000만 유로, 추정 연봉은 180만 유로.

슈팅-득점	2024-25 VfB 슈투트가르트					위치
16-2 / 13-0	22-5	1678	2	18.7-14.4	77%	RW LW RM AM LM
29-2 LG-0 / 0-0 RG-2 / 0-0 HG-0	3.0-1.6	1.2-0.6	0.4	4-0	0	

G	A	SH	SG	PC	P%	PP	CR	SC	TK	IC	BT	DC	PR
하위	상위	상위	상위	상위	하위	상위	하위	상위	하위	하위	하위	상위	하위
23%	27%	47%	24%	25%	4%	46%	43%	19%	26%	17%	35%	24%	38%

138위 Kevin STÖGER — 7.03
케빈 스퇴거 1993.08.27 / 175cm / AUT

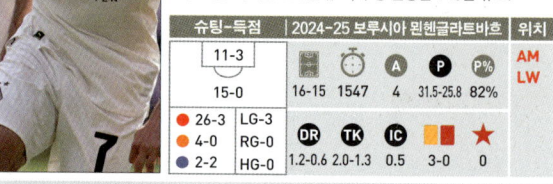

분데스리가 패스와 크로스 성공에서 상위 5% 안에 들 정도로 정교한 킥력을 자랑하는 공격형 MF다. 정교한 킥을 바탕으로 중원에서 빌드업을 주도하고, 날카로운 전진 패스를 통해 찬스를 만드는 유형이다. 드리블 기술도 뛰어나 측면 플레이가 가능하고, 크로스로 공격 포인트를 생산한다. 워낙 활동량이 많아 넓은 커버 범위를 자랑하고, 수비 가담도 적극적으로 한다. 시장 가치는 350만 유로, 추정 연봉은 140만 유로.

슈팅-득점	2024-25 보루시아 묀헨글라트바흐					위치
11-3 / 15-0	16-15	1547	8	31.5-25.8	82%	AM LW
26-3 LG-3 / 4-0 RG-0 / 2-2 HG-0	1.2-0.6	2.0-1.3	0.5	3-0	0	

G	A	SH	SG	PC	P%	PP	CR	SC	TK	IC	BT	DC	PR
하위	상위	하위	하위	하위	상위	상위	상위	하위	상위	상위	하위	상위	상위
23%	44%	11%	9%	3%	49%	11%	5%	4%	3%	3%	45%	18%	7%

유럽 5대리그 공격형 미드필더 & 윙어 항목별 랭킹(90분 기준 기록, 100분율)

139위 Fermín LÓPEZ — 7.03
페르민 로페스 2003.05.11 / 174cm / ESP

2024년에 유로 우승과 올림픽 금메달을 차지했고, 이후 소속 팀과 2029년까지 계약을 연장했는데 바이아웃 금액이 무려 5억 유로다. 개인 기술보다는 박스 침투와 타격 능력을 주목 받고 있는 MF고, 라키티치의 후계자라는 평가다. 민첩한 방향 전환과 파워풀한 드리블 돌파가 장점이고, 이후에는 파괴력 넘치는 슈팅으로 마무리한다. 다만 경기 조율과 턴 오버는 아쉽다. 시장 가치는 5000만 유로, 추정 연봉은 400만 유로.

슈팅-득점	2024-25 FC 바르셀로나					위치
23-5		A	P	P%		AM
18-1	12-16	1247	5	22.4-19.3	86%	LW / RW
● 41-6 LG-1	DR	TK	IC		★	CM
● 0-0 RG-2						
● 0-0 HG-3	2.0-1.0	1.5-0.8	0.2	4-1	1	

G	A	SH	SG	PC	P%	PP	CR	SC	TK	IC	BT	DC	PR
상위	상위	상위	상위	상위	하위	하위	상위	하위	상위	하위	상위	상위	상위
26%	5%	16%	16%	18%	12%	36%	49%	38%	38%	23%	16%	40%	18%

140위 David NERES — 7.01
다비드 네레스 1997.03.03 / 176cm / BRA

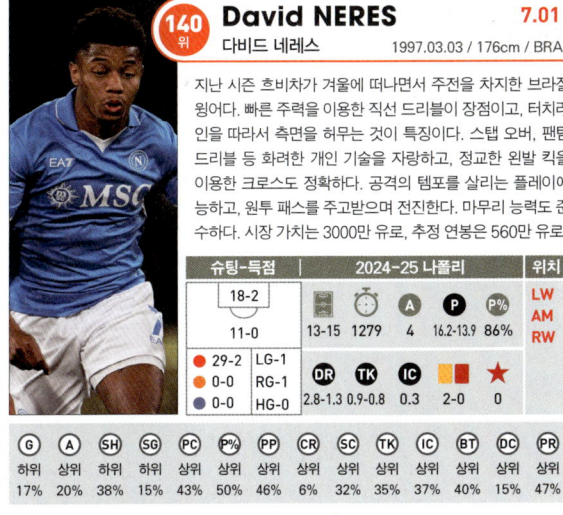

지난 시즌 흐비차가 겨울에 떠나면서 주전을 차지한 브라질 윙어다. 빠른 주력을 이용한 직선 드리블이 장점이고, 터치라인을 따라서 측면을 허무는 것이 특징이다. 스텝 오버, 팬텀 드리블 등 화려한 개인 기술을 자랑하고, 정교한 왼발 킥을 이용한 크로스도 정확하다. 공격의 템포를 살리는 플레이에 능하고, 원투 패스를 주고받으며 전진한다. 마무리 능력도 준수하다. 시장 가치는 3000만 유로, 추정 연봉은 560만 유로.

슈팅-득점	2024-25 나폴리					위치
18-2		A	P	P%		LW
11-0	13-15	1279	4	16.2-13.9	86%	AM / RW
● 29-2 LG-1	DR	TK	IC		★	
● 0-0 RG-1						
● 0-0 HG-0	2.8-1.3	0.9-0.8	0.3	2-0	0	

G	A	SH	SG	PC	P%	PP	CR	SC	TK	IC	BT	DC	PR
하위	상위	상위	하위	상위	상위	상위	하위	상위	상위	상위	상위	상위	하위
17%	20%	38%	15%	43%	50%	46%	6%	32%	35%	37%	40%	15%	47%

141위 MINAMINO Takumi — 7.01
미나미노 다쿠미 1995.01.16 / 172cm / JPN

2선 전 지역에서 활약할 수 있는 창의적인 미드필더. 준수한 주력과 유연한 방향 전환을 이용해 상대의 압박을 벗어내 전진하고, 번뜩이는 킬러 패스를 연결하는 것이 특징이다. 몸싸움에 약해 강한 압박에 고전하는 것이 단점이지만 왕성한 활동량과 투지 넘치는 플레이로 커버한다. 동료와 짧은 패스를 주고받으며 계속해서 공간을 만드는 유형이다. 시장 가치는 1500만 유로, 추정 연봉은 390만 유로.

슈팅-득점	2024-25 AS 모나코					위치
46-6		A	P	P%		AM
11-0	27-4	2246	3	23.0-16.8	73%	LW / LM
● 57-6 LG-3	DR	TK	IC		★	RW / CF
● 0-0 RG-3						
● 0-0 HG-0	1.2-0.5	1.8-1.1	0.3	4-0	1	

G	A	SH	SG	PC	P%	PP	CR	SC	TK	IC	BT	DC	PR
상위	하위	상위	상위	상위	상위	상위	하위	상위	상위	상위	상위	하위	하위
48%	27%	44%	49%	18%	17%	36%	8%	23%	49%	32%	13%	2%	18%

142위 Sandro RAMÍREZ — 7.00
산드로 라미레스 1995.07.09 / 175cm / ESP

바르셀로나 유스 출신으로 많은 기대를 받았지만, 1군에서 자리 잡지 못했다. 이후 말라가에서 잠재력을 폭발시킨 후 에버턴, 세비야, 헤타페 등 여러 클럽을 거쳤고, 공격 전 포지션을 소화할 수 있다. 민첩한 움직임, 왕성한 활동량, 준수한 주력을 바탕으로 끊임없이 수비 뒤 공간을 파고드는 '라인 브레이커'다. 이후에는 정교한 마무리로 득점을 만든다. 시장 가치는 250만 유로, 추정 연봉은 150만 유로.

슈팅-득점	2024-25 라스 팔마스					위치
23-6		A	P	P%		LW
29-3	25-6	2048	3	17.7-13.1	74%	RW / LM
● 52-9 LG-0	DR	TK	IC		★	RM / CF
● 14-2 RG-2						
● 1-1 HG-7	1.6-0.7	1.3-0.8	0.4	6-0	2	

G	A	SH	SG	PC	P%	PP	CR	SC	TK	IC	BT	DC	PR
상위	하위	상위	상위	상위	하위	하위	상위	상위	상위	상위	상위	상위	하위
22%	30%	43%	55%	14%	5%	2%	12%	12%	41%	11%	20%	5%	8%

143위 Alieu FADERA — 7.00
알류 파데라 2001.11.03 / 182cm / GAM

186cm, 80kg의 당당한 신체조건과 날카로운 오른발 킥을 활용해 측면을 지배하는 윙어. 거친 몸싸움을 마다하지 않으며, 상대의 압박에도 어떻게든 전진한다. 우측면에서 전방으로 연결하는 '스루패스'가 정확하고, 때로는 좌측면에서 한 번 접고 오른발로 감아 차기를 시도한다. 지난 시즌 리그 태클 기록에서 상위 1%를 차지했을 정도로 수비 가담도 적극적이다. 시장 가치는 450만 유로, 추정 연봉은 83만 유로.

슈팅-득점	2024-25 헨크+코모					위치
18-1		A	P	P%		LW
14-0	22-8	1830	3	19.5-15.2	78%	RW / LM
● 32-1 LG-1	DR	TK	IC		★	RM
● 0-0 RG-0						
● 0-0 HG-0	2.4-1.0	3.5-2.5	0.5	2-1	0	

G	A	SH	SG	PC	P%	PP	CR	SC	TK	IC	BT	DC	PR
하위	하위	상위	상위	상위	상위	상위	상위	상위	상위	상위	상위	상위	하위
2%	41%	16%	16%	30%	40%	30%	2%	1%	17%	상위 49%	49%	49%	21%

144위 Josué CASIMIR — 7.00
조수에 카시미르 2001.09.24 / 178cm / GLP

득점 후 '화살 세리머니'를 펼치기 때문에 '화살'이라는 별명이 붙은 측면 공격수다. 주로 우측면에서 활약하고, 라이트백까지 소화할 수 있다. 르 아브르 유스 출신으로 2020년에 1군으로 승격했고, 지난 시즌 확실하게 주전으로 도약해 4골 3도움을 기록했다. 이런 활약상에 새 시즌 오세르의 유니폼을 입었다. 스피드를 살린 돌파와 역습에 능한 윙어다. 시장 가치는 400만 유로, 추정 연봉은 미정.

슈팅-득점	2024-25 르아브르					위치
22-4		A	P	P%		RW
5-0	23-4	2007	3	17.9-13.8	77%	CF / LW
● 27-4 LG-1	DR	TK	IC		★	RM / RB
● 0-0 RG-3						
● 0-0 HG-0	1.9-0.9	1.8-1.4	0.4	5-0	1	

G	A	SH	SG	PC	P%	PP	CR	SC	TK	IC	BT	DC	PR
하위	상위	하위	하위	하위	상위	하위	상위	상위	상위	상위	상위	상위	하위
24%	49%	5%	9%	11%	12%	6%	35%	13%	21%	49%	7%	19%	3%

○ 유럽 5대리그 공격형 미드필더 & 윙어 항목별 랭킹 (90분 기준 기록, 100분율)

145위 Mario GÖTZE — 7.00
마리오 괴체 1992.06.03 / 176cm / GER

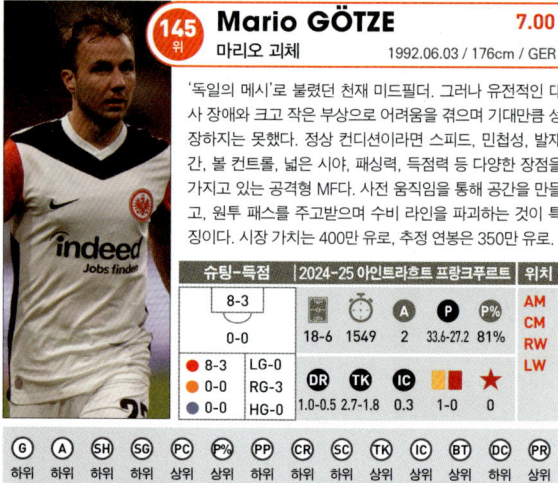

'독일의 메시'로 불렸던 천재 미드필더. 그러나 유전적인 대사 장애와 크고 작은 부상으로 어려움을 겪으며 기대만큼 성장하지는 못했다. 정상 컨디션이라면 스피드, 민첩성, 발재간, 볼 컨트롤, 넓은 시야, 패싱력, 득점력 등 다양한 장점을 가지고 있는 공격형 MF다. 사전 움직임을 통해 공간을 만들고, 원투 패스를 주고받으며 수비 라인을 파괴하는 것이 특징이다. 시장 가치는 400만 유로, 추정 연봉은 350만 유로.

슈팅-득점: 8-3 / 0-0 / 8-3 / 0-0 / 0-0
2024-25 아인트라흐트 프랑크푸르트: 18-6, 1549, 2, 33.6-27.2, 81%
LG-0, RG-3, HG-0
DR 1.0-0.5, TK 2.7-1.8, IC 0.3, 1-0, ★ 0
위치: AM / CM / RW / LW

G	A	SH	SG	PC	P%	PP	CR	SC	TK	IC	BT	DC	PR
하위	하위	하위	하위	상위	상위	하위	상위	하위	하위	하위	하위	하위	상위
34%	27%	1%	5%	14%	36%	26%	39%	35%	8%	19%	21%	2%	29%

146위 Abde EZZALZOULI — 6.99
아브데 에잘줄리 2001.12.17 / 177cm / MAR

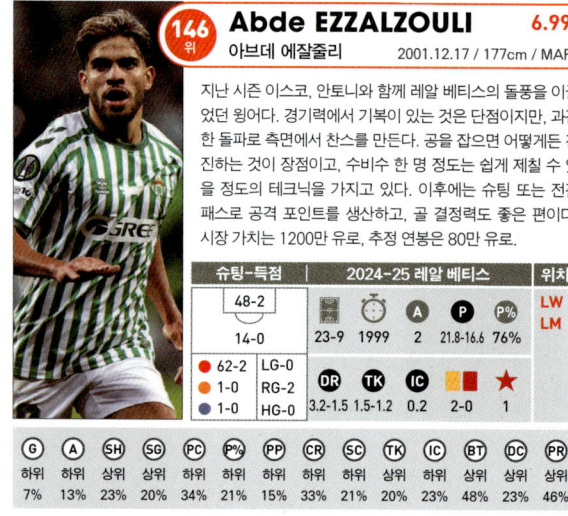

지난 시즌 이스코, 안토니와 함께 레알 베티스의 돌풍을 이끌었던 윙어. 경기력에서 기복이 있는 것은 단점이지만, 과감한 돌파로 측면에서 찬스를 만든다. 공을 잡으면 어떻게든 전진하는 것이 장점이고, 수비수 한 명 정도는 쉽게 제칠 수 있을 정도의 테크닉을 가지고 있다. 이후에는 슈팅 또는 전진 패스로 공격 포인트를 생산하고, 골 결정력도 좋은 편이다. 시장 가치는 1200만 유로, 추정 연봉은 80만 유로.

슈팅-득점: 48-2 / 14-0 / 62-2 / 1-0 / 1-0
2024-25 레알 베티스: 23-9, 1999, 2, 21.8-16.6, 76%
LG-0, RG-2, HG-0
DR 3.2-1.5, TK 1.5-1.2, IC 0.2, 2-0, ★ 1
위치: LW / LM

G	A	SH	SG	PC	P%	PP	CR	SC	TK	IC	BT	DC	PR
하위	상위	상위	상위	하위	상위	하위	상위	하위	상위	하위	상위	상위	상위
7%	13%	23%	20%	34%	21%	33%	4%	20%	23%	23%	48%	23%	46%

147위 Nikola VLAŠIĆ — 6.98
니콜라 블라시치 1997.10.04 / 179cm / CRO

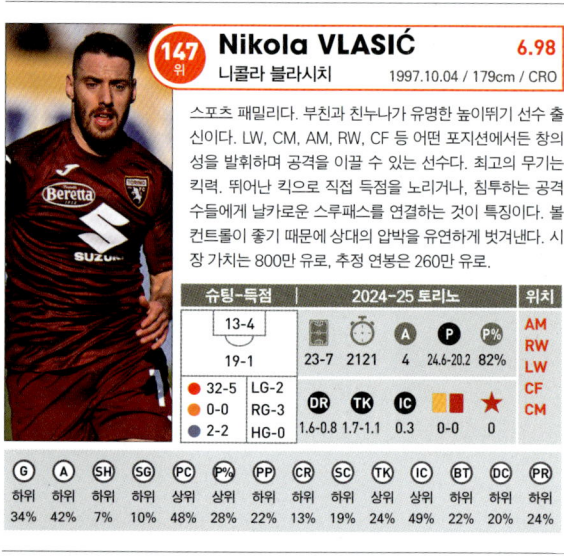

스포츠 패밀리다. 부친과 친누나가 유명한 높이뛰기 선수 출신이다. LW, CM, AM, RW, CF 등 어떤 포지션에서든 창의성을 발휘하며 공격을 이끌 수 있는 선수다. 최고의 무기는 킥력. 뛰어난 킥으로 직접 득점을 노리거나, 침투하는 공격수들에게 날카로운 스루패스를 연결하는 것이 특징이다. 볼 컨트롤이 좋기 때문에 상대의 압박을 유연하게 벗어낸다. 시장 가치는 800만 유로, 추정 연봉은 260만 유로.

슈팅-득점: 13-4 / 19-1 / 32-5 / 0-0 / 2-2
2024-25 토리노: 23-7, 2121, 4, 24.6-20.2, 82%
LG-2, RG-3, HG-0
DR 1.6-0.8, TK 1.7-1.1, IC 0, 0-0, ★ 0
위치: AM / RW / LW / CF / CM

G	A	SH	SG	PC	P%	PP	CR	SC	TK	IC	BT	DC	PR
하위	상위	하위	하위	상위	상위	상위	하위	상위	상위	상위	상위	하위	하위
34%	42%	7%	10%	48%	28%	22%	13%	19%	24%	49%	22%	20%	24%

148위 Franck HONORAT — 6.98
프랑크 오노라 1996.08.11 / 180cm / FRA

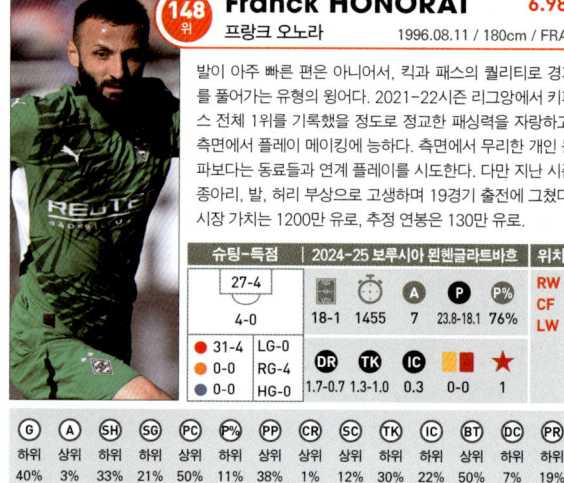

발이 아주 빠른 편은 아니어서, 킥과 패스의 퀄리티로 경기를 풀어가는 유형의 윙어다. 2021-22시즌 리그앙에서 키패스 전체 1위를 기록했을 정도로 정교한 패싱력을 자랑하고, 측면에서 플레이 메이킹에 능하다. 측면에서 무리한 개인 돌파보다는 동료들과 연계 플레이를 시도한다. 다만 지난 시즌 종아리, 발, 허리 부상으로 고생하며 19경기 출전에 그쳤다. 시장 가치는 1200만 유로, 추정 연봉은 130만 유로.

슈팅-득점: 27-4 / 4-0 / 31-4 / 0-0 / 0-0
2024-25 보루시아 묀헨글라트바흐: 18-1, 1455, 7, 23.8-18.1, 76%
LG-0, RG-4, HG-0
DR 1.7-0.7, TK 1.3-1.0, IC 0.3, 2-0, ★ 1
위치: RW / CF / LW

G	A	SH	SG	PC	P%	PP	CR	SC	TK	IC	BT	DC	PR
하위	상위	상위	상위	하위	상위	하위	상위	하위	상위	상위	상위	상위	하위
40%	3%	33%	21%	50%	11%	38%	1%	12%	30%	22%	50%	7%	19%

149위 Harry WILSON — 6.98
해리 윌슨 1997.03.22 / 173cm / WAL

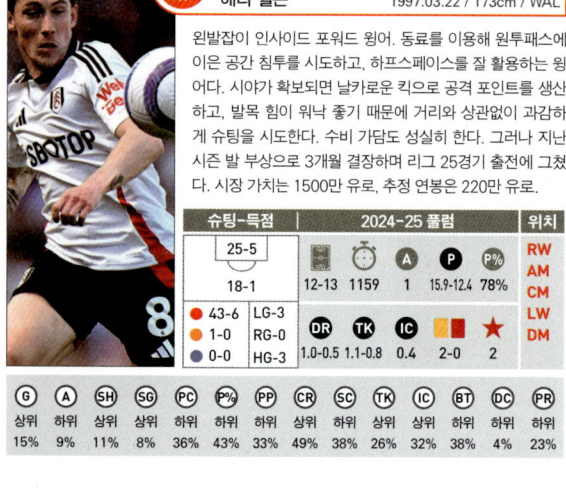

왼발잡이 인사이드 포워드 윙어. 동료를 이용해 원투패스에 이은 공간 침투를 시도하고, 하프스페이스를 잘 활용하는 윙어다. 시야가 확보되면 날카로운 킥으로 공격 포인트를 생산하고, 발목 힘이 워낙 좋기 때문에 거리와 상관없이 과감하게 슈팅을 시도한다. 수비 가담도 성실히 한다. 그러나 지난 시즌 발 부상으로 3개월 결장하며 리그 25경기 출전에 그쳤다. 시장 가치는 1500만 유로, 추정 연봉은 220만 유로.

슈팅-득점: 25-5 / 18-1 / 43-6 / 1-0 / 0-0
2024-25 풀럼: 12-13, 1159, 1, 15.9-12.4, 78%
LG-3, RG-3, HG-3
DR 1.0-0.5, TK 1.1-0.8, IC 0.4, 2-0, ★ 2
위치: RW / AM / CM / LW / DM

G	A	SH	SG	PC	P%	PP	CR	SC	TK	IC	BT	DC	PR
상위	하위	상위	하위	상위	상위	상위	상위	상위	상위	상위	상위	하위	하위
15%	9%	11%	8%	36%	43%	33%	47%	38%	26%	32%	38%	5%	23%

150위 Boulaye DIA — 6.98
불라이 디아 1996.11.16 / 180cm / SEN

측면과 최전방이 모두 가능한 공격수다. 빠른 스피드, 강철 체력, 저돌적인 드리블 돌파가 장점이고, 순간적인 침투에 이은 파괴력 넘치는 슈팅을 시도한다. 골 결정력이 떨어진다는 평가가 있었지만 지난 시즌에는 한 단계 발전한 모습을 보여줬다. 힘과 밸런스가 좋아 포스트플레이도 가능하고, 이타적인 플레이를 펼친다. 수비 가담과 전방 압박도 적극적이다. 시장 가치는 1500만 유로, 추정 연봉은 260만 유로.

슈팅-득점: 36-9 / 3-0 / 39-9 / 0-0 / 0-0
2024-25 라치오: 27-8, 2196, 3, 16.8-14.1, 84%
LG-4, RG-5, HG-0
DR 1.2-0.6, TK 0.9-0.6, IC 0.2, 2-0, ★ 2
위치: AM / RW / CF / LW

G	A	SH	SG	PC	P%	PP	CR	SC	TK	IC	BT	DC	PR
상위	하위	상위	상위	하위	하위	하위	하위	상위	상위	상위	상위	하위	하위
23%	14%	24%	42%	17%	7%	1%	5%	20%	49%	16%	6%	7%

유럽 5대리그 공격형 미드필더 & 윙어 항목별 랭킹(90분 기준 기록, 100분율)

151위 PEDRO 6.96
페드루 1987.07.28 / 169cm / ESP

라치오의 슈퍼서브. 지난 시즌 리그 30경기 중 24경기에 교체 출전했음에도 10골을 기록했을 정도로 탁월한 골 결정력을 자랑하는 스페인 윙어. 양발을 모두 잘 사용해 좌우 측면을 가리지 않고, 때로는 플레이 메이커 역할을 하기도 한다. 위치 선정, 공간 침투, 원터치 패스에 매우 강하고, 동료들과 이대일 패스를 주고받으며 전진한다. 축구 지능도 높다. 시장 가치는 100만 유로, 추정 연봉은 280만 유로.

슈팅-득점	2024-25 라치오	위치
21-10 / 18-0	6-24 1088 1 17.7-15.4 87%	AM LW RW LM
39-10 LG-4 / 0-0 RG-5 / 2-2 HG-1	DR 1.2-0.6 TK 1.0-0.6 IC 0.1 3-0 ★ 1	

G	A	SH	SG	PC	P%	PP	CR	SC	TK	IC	BT	DC	PR
상위5%	하위45%	상위29%	상위10%	상위18%	상위25%	상위23%	상위23%	상위31%	상위34%	하위5%	상위24%	하위27%	상위22%

152위 Ethan NWANERI 6.94
이선 은와네리 2007.03.21 / 176cm / ENG

15세 181일의 나이로 PL 최연소 출전 기록을 세운 아스널의 특급 신성이다. 왼발잡이지만 주로 우측면이나, 중앙 공격형 MF로 활약한다. 워낙 기본기가 탄탄하기 때문에 상대의 압박을 유연하게 풀어내고, 이후에는 양질의 패스를 공급한다. 특히 왼발 킥력이 매우 날카롭고, 측면에서 한 번 접어서 크로스를 올리거나 직접 슈팅을 시도한다. 활동량과 수비 가담도 좋다. 시장 가치는 5500만 유로, 추정 연봉은 37만 유로.

슈팅-득점	2024-25 아스널 FC	위치
14-3 / 10-1	11-15 892 2 14.3-12.7 89%	RW AM CM
24-4 LG-4 / 1-0 RG-1 / 0-0 HG-0	DR 2.4-1.4 TK 1.0-0.5 IC 0.1 1-0 ★ 1	

G	A	SH	SG	PC	P%	PP	CR	SC	TK	IC	BT	DC	PR
상위12%	상위39%	상위22%	상위16%	상위36%	상위30%	상위83%	상위10%	상위12%	상위43%	하위4%	상위35%	하위1%	상위38%

153위 Jadon SANCHO 6.94
제이든 산초 2000.03.25 / 180cm / ENG

영리한 축구 지능과 번뜩이는 센스를 가진 유니크한 스타일의 윙어. 완성도 높은 볼 터치와 유연한 방향 전환을 통해 상대를 쉽게 제친다. 축구 지능이 우수해 순간적인 판단이 매우 빠르고, 드리블을 칠 때와 패스를 연결할 때 구분을 잘 한다. 공을 잡았을 때 동료와 짧은 패스를 주고받으며 전진하고, 파이널 서드에서 다양한 패턴 플레이를 구사한다. 시장 가치는 2800만 유로, 추정 연봉은 920만 유로.

슈팅-득점	2024-25 첼시 FC	위치
19-2 / 5-1	19-12 1767 4 25.1-21.3 85%	LW AM RW
24-3 LG-0 / 0-0 RG-3 / 0-0 HG-0	DR 3.2-1.6 TK 0.6-0.4 IC 0.1 2-0 ★ 0	

G	A	SH	SG	PC	P%	PP	CR	SC	TK	IC	BT	DC	PR
하위20%	상위43%	하위5%	하위9%	상위30%	상위14%	상위43%	상위8%	하위4%	상위46%	상위16%	하위34%		

154위 Chris FÜHRICH 6.93
크리스 퓌리히 1998.01.09 / 181cm / GER

2024년 여름, 리버풀, 첼시, 토트넘, 뮌헨 등 빅 클럽들의 러브콜을 받았지만 슈투트가르트에 잔류했고, 포칼 우승에 기여했다. 빠른 주력과 바디 페인팅을 활용한 돌파가 장점이고, 공격의 템포를 죽이지 않는 플레이를 펼친다. 속도를 주 무기로 삼는 '드리블러'임에도 볼 터치와 킥력이 좋아 지공 상황에서도 찬스를 만들 수 있다. 다만 턴 오버가 잦은 것은 단점. 시장 가치는 1500만 유로, 추정 연봉은 250만 유로.

슈팅-득점	2024-25 VfB 슈투트가르트	위치
27-1 / 9-1	23-10 1990 3 27.1-23.0 85%	LW AM RW LM
36-2 LG-0 / 2-0 RG-2 / 0-0 HG-0	DR 2.6-1.3 TK 0.9-0.5 IC 0.2 1-0 ★ 2	

G	A	SH	SG	PC	P%	PP	CR	SC	TK	IC	BT	DC	PR
하위13%	상위19%	상위17%	상위26%	상위21%	상위26%	상위33%	상위43%	상위29%	하위18%	상위23%	상위31%	상위27%	

155위 Sofiane DIOP 6.93
소피안 디옵 2000.06.09 / 175cm / MAR

2024년 2월부터 9월까지 발 부상으로 결장했고, 이후 복귀했지만 컨디션 난조를 겪으며 지난 시즌 8경기만 선발 출전했다. 주로 후반에 출전했음에도 6골 4도움을 올리며 컨디션을 조금씩 회복했다. 민첩한 움직임, 간결한 턴 동작, 유연한 볼 터치로 상대를 벗겨내고, 정교한 오른발 킥을 바탕으로 찬스 메이커 역할을 한다. 박스 바깥에서 시도하는 감아 차기도 일품. 시장 가치는 1000만 유로, 추정 연봉은 100만 유로.

슈팅-득점	2024-25 니스	위치
14-6 / 8-0	8-20 1050 4 19.0-15.4 81%	LW AM RW CF CM
22-6 LG-3 / 3-0 RG-3 / 0-0 HG-0	DR 1.2-0.5 TK 1.4-0.8 IC 0.6 3-0 ★ 1	

G	A	SH	SG	PC	P%	PP	CR	SC	TK	IC	BT	DC	PR
상위26%	상위10%	상위29%	상위47%	상위21%	상위50%	상위33%	상위31%	상위29%	상위9%	상위1%	상위15%	상위17%	상위21%

156위 Farid El MELALI 6.93
파리드 엘멜랄리 1997.07.13 / 168cm / ALG

'번개'라는 별명처럼 민첩한 움직임과 빠른 주력을 이용한 드리블이 최고의 무기다. 주 포지션은 좌측 윙어지만, 양발을 잘 사용하기 때문에 우측면과 중앙에서 활약할 수 있다. 체구가 작기 때문에 거친 압박에 고전하지만, 몸싸움을 하기 전에 빠르게 움직여 상대를 제친다. 이후에는 날카로운 킥으로 찬스를 만들고, 세트피스 키커로도 나선다. 골 결정력은 아쉽다. 시장 가치는 350만 유로, 추정 연봉은 42만 유로.

슈팅-득점	2024-25 앙제	위치
20-0 / 26-2	22-10 1905 3 13.8-10.8 78%	AM LW CF RW RB
46-2 LG-0 / 7-2 RG-2 / 0-0 HG-0	DR 3.6-1.7 TK 1.6-0.8 IC 0.5 1-0 ★ 1	

G	A	SH	SG	PC	P%	PP	CR	SC	TK	IC	BT	DC	PR
하위8%	상위34%	상위49%	상위31%	상위9%	상위16%	상위28%	상위49%	상위46%	하위8%	상위12%	상위11%	하위4%	

○ 유럽 5대리그 공격형 미드필더 & 윙어 항목별 랭킹(90분 기준 기록, 100분율)

157위 Mohamed-Ali CHO — 6.93
모하메드-알리 쇼   2004.01.19 / 181cm / FRA

부친이 코트디부아르인, 모친은 모로코계 프랑스인이다. 금융계열 종사자인 부모를 따라 영국 런던으로 이사한 뒤 성장했기 때문에 에버턴 유스 팀에서 뛰었다. 이런 이유로 4개 국가 대표로 뛸 수 있다. 공격 전 지역에서 활약할 수 있는 공격수고, 탁월한 골 결정력을 자랑한다. 탄탄한 기본기와 볼 컨트롤 능력을 갖추고 있어 간결하게 움직이고, 문전에서 침착하다. 시장 가치는 1500만 유로, 추정 연봉은 90만 유로.

슈팅-득점: 27-2 / 9-1 / 36-3 LG-2 / 0-0 RG-0 / 0-0 HG-1
2024-25 니스: 21-6 / 1639 / 4 / 16.1-12.4 / 77%
DR 2.5-0.8 TK 0.8-0.4 IC 0.2 2-0
위치: AM, RW, CF, RM

G	A	SH	SG	PC	P%	PP	CR	SC	TK	IC	BT	DC	PR
하위	상위	하위	상위	하위	하위	상위	상위	상위	하위	하위	상위	상위	하위
29%	46%	31%	47%	12%	17%	24%	49%	48%	12%	14%	10%	26%	23%

158위 Dani RODRÍGUEZ — 6.93
다니 로드리게스   1988.06.06 / 178cm / ESP

2018년부터 마요르카에서 뛰고 있고, 팀을 라리가 승격으로 이끈 살아있는 레전드다. 1988년생의 베테랑 윙어지만, 지난 시즌에도 리그 37경기를 뛰며 4골 7도움을 기록했고, 여전히 팀의 '에이스'였다. 공을 다루는 능력이 좋은 플레이 메이커고, 2선에서 창의적인 패스를 뿌리는 유형이다. 전진성, 연계 플레이, 탈 압박, 드리블 돌파, 중거리 슈팅도 수준급이다. 시장 가치는 80만 유로, 추정 연봉은 84만 유로.

슈팅-득점: 20-4 / 11-0 / 21-4 LG-1 / 1-0 RG-2 / 0-0 HG-1
2024-25 마요르카: 26-11 / 2177 / 7 / 15.8-12.3 / 78%
DR 1.0-0.5 TK 1.6-1.2 IC 0.3 5-0 ★ 1
위치: AM, LW, CF, RW, LM

G	A	SH	SG	PC	P%	PP	CR	SC	TK	IC	BT	DC	PR
하위	하위	하위	상위	하위	하위	상위	하위	상위	하위	상위	상위	하위	하위
22%	18%	7%	10%	19%	15%	8%	19%	11%	9%	35%	15%	4%	8%

159위 Gustav ISAKSEN — 6.92
구스타브 이삭슨   2001.04.19 / 181cm / DEN

미트윌란 유스 출신으로 2022-23시즌 18골을 기록하며 덴마크 수페르리가 득점왕을 차지했고, 이후 밀란, 토트넘 등의 러브콜을 받았다. 결국 2023년 라치오 이적했고, 지난 시즌 후반기부터 확실하게 주전으로 도약했다. 빠른 주력을 살린 돌파에 능하고, 측면에서 연결하는 크로스가 날카롭다. 기본적으로 킥력이 좋고, 박스 바깥에서 시도하는 슈팅이 위협적이다. 시장 가치는 2000만 유로, 추정 연봉은 190만 유로.

슈팅-득점: 37-3 / 17-1 / 54-4 LG-4 / 0-0 RG-0 / 0-0 HG-0
2024-25 라치오: 29-8 / 2234 / 2 / 18.4-15.6 / 85%
DR 2.9-1.3 TK 1.0-0.5 IC 0.3 5-0
위치: RW, AM

G	A	SH	SG	PC	P%	PP	CR	SC	TK	IC	BT	DC	PR
하위	상위	상위	상위	하위	하위	상위	상위	상위	하위	상위	하위	상위	상위
29%	41%	40%	40%	38%	50%	27%	21%	37%	7%	42%	38%	41%	48%

160위 Mitchel BAKKER — 6.92
미첼 바커   2000.06.20 / 185cm / NED

아약스, PSG, 레버쿠젠을 거치면서 많은 기대를 받았던 네덜란드 윙어. 2023년 아탈란타로 이적했고, 지난 시즌에는 릴로 임대를 떠나 준수한 모습을 보였으나 허벅지, 갈비뼈 부상으로 고생했다. 좋은 신체조건을 활용한 저돌적인 돌파와 부드러운 볼 터치가 장점인 윙어고, 스피드도 상당히 빠르다. 득점보다는 패스와 크로스 정확도가 높고, 수비 가담도 적극적이다. 시장 가치는 700만 유로, 추정 연봉은 400만 유로.

슈팅-득점: 12-2 / 11-1 / 23-3 LG-2 / 5-1 RG-1 / 0-0 HG-0
2024-25 아탈란타+릴 OSC: 14-11 / 1161 / 2 / 22.0-18.2 / 83%
DR 0.8-0.4 TK 1.3-1.0 IC 0.5 3-1
위치: RW, LW, RM, LB

G	A	SH	SG	PC	P%	PP	CR	SC	TK	IC	BT	DC	PR
하위	상위	하위	상위	하위	상위	상위	상위	하위	상위	상위	하위	하위	상위
37%	43%	17%	42%	15%	41%	21%	17%	13%	6%	21%	6%	4%	30%

161위 Kamory DOUMBIA — 6.91
카모리 둠비아   2003.02.18 / 170cm / MLI

주 포지션은 공격형 미드필더지만, 수비력과 활동량이 좋아 중앙 미드필더와 좌측 윙어로도 활약할 수 있다. 지난 시즌 태클과 가로채기에서 동 포지션 상위 2% 안에 들 정도로 수비력이 좋은데, 상대의 패스 길목을 미리 읽어 차단한다. 준수한 킥력을 바탕으로 경기를 풀어가고, 폭 넓은 움직임을 통해 공수 모두에 기여하는 유형이다. 중거리 슈팅 한 방도 있다. 시장 가치는 400만 유로, 추정 연봉은 64만 유로.

슈팅-득점: 12-2 / 10-1 / 22-3 LG-0 / 1-0 RG-3 / 0-0 HG-2
2024-25 브레스트: 13-17 / 1318 / 4 / 21.3-18.6 / 86%
DR 1.2-0.6 TK 2.0-1.5 IC 0.9 1-0
위치: AM, LW, CM

G	A	SH	SG	PC	P%	PP	CR	SC	TK	IC	BT	DC	PR
하위	하위	하위	상위	상위	상위	상위	하위	하위	상위	상위	하위	하위	상위
20%	17%	19%	39%	23%	29%	36%	42%	33%	2%	1%	58%	47%	45%

162위 Chidera EJUKE — 6.89
치데라 에주케   1998.01.02 / 176cm / NGR

지난 시즌 러시아 무대를 떠나 야심차게 세비야에 입단했지만 주전 경쟁에서 어려움을 겪으며 리그 9경기 선발(16경기 교체) 출전에 그쳤다. 에주케의 특징은 볼을 오래 소유하지 않고, 간결하게 터치를 가져가며 공격 템포를 살린다는 것. 전체적인 기본기와 축구 지능이 좋고, 양발을 가리지 않는 킥의 파워와 정교함이 수준급이다. 특히 파이널 서드 공략을 잘하는 윙어다. 시장 가치는 400만 유로, 추정 연봉은 180만 유로.

슈팅-득점: 12-2 / 8-0 / 20-2 LG-0 / 1-0 RG-2 / 0-0 HG-0
2024-25 세비야: 9-16 / 960 / 1 / 16.7-14.0 / 84%
DR 3.5-2.0 TK 1.2-0.8 IC 0.2 0 ★ 2
위치: LW, AM, RW, CF

G	A	SH	SG	PC	P%	PP	CR	SC	TK	IC	BT	DC	PR
하위	하위	상위	상위	하위	상위	하위	상위	상위	상위	하위	상위	하위	상위
27%	13%	30%	43%	29%	18%	28%	31%	47%	42%	23%	1%	1%	29%

○ 유럽 5대리그 공격형 미드필더 & 윙어 항목별 랭킹(90분 기준 기록, 100분율)

163위 Jacopo FAZZINI — 6.89
야코포 파치니 2003.03.16 / 178cm / ITA

새 시즌 엠폴리를 떠나 피오렌티나의 유니폼을 입은 중앙 공격형 미드필더. 지난 시즌 엉덩이, 햄스트링, 허벅지 부상으로 고생하며 리그 20경기만 소화했지만 4골 1도움을 올리며 자신의 가치를 보여줬다. 역습 상황에서 속도를 살리는 플레이에 능하고, 모험적인 패스로 찬스를 만드는 플레이 메이커다. 박스 침투에 이은 마무리와 중거리 슈팅에 모두 능하다. 시장 가치는 1000만 유로, 추정 연봉은 미정.

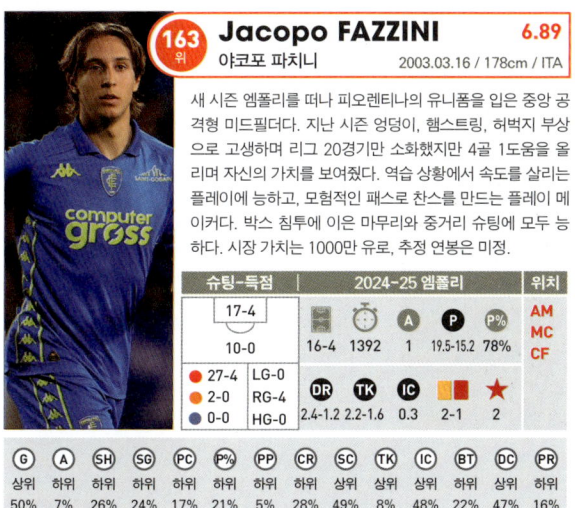

슈팅-득점	2024-25 엠폴리					위치
17-4 / 10-0	16-4	1392	1	19.5-15.2	78%	AM MC CF
● 27-4 LG-0 / ● 2-0 RG-4 / ● 0-0 HG-0	2.4-1.2	2.2-1.6	0.3	2-1	★2	

G	A	SH	SG	PC	P%	PP	CR	SC	TK	IC	BT	DC	PR
상위	하위	하위	하위	하위	하위	하위	상위	상위	상위	하위	상위	상위	하위
50%	7%	26%	24%	17%	21%	5%	28%	49%	8%	43%	48%	22%	47%	16%

164위 Matias FERNANDEZ-PARDO — 6.88
마티아스 페르난데스-파르도 2005.02.03 / 183cm / ESP

부모가 스페인 혈통을 가지고 있지만, 나고 자란 벨기에 연령별 대표로 활약하고 있다. KAA 헨트 유스 출신으로 2022년 프로 데뷔했고, 지난 시즌을 앞두고 어린 시절 6년을 뛰었던 릴로 이적했다. 햄스트링, 발목 부상으로 고생했지만, 리그 22경기에서 4골을 기록하며 가능성을 남겼다. 좌우 측면과 중앙이 모두 가능하고, 침투 능력과 슈팅 마무리에 능한 공격수다. 시장 가치는 1500만 유로, 추정 연봉은 72만 유로.

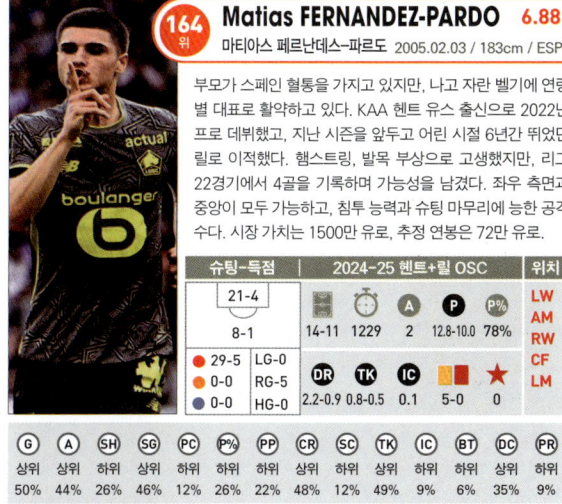

슈팅-득점	2024-25 헨트+릴 OSC					위치
21-4 / 8-1	14-11	1229	2	12.8-10.0	78%	LW AM RW CF LM
● 29-5 LG-0 / ● 0-0 RG-5 / ● 0-0 HG-0	2.2-0.9	0.8-0.5	0.1	5-0	★2	

G	A	SH	SG	PC	P%	PP	CR	SC	TK	IC	BT	DC	PR
상위	상위	상위	상위	하위	하위	상위	상위	상위	상위	상위	상위	상위	상위	하위
50%	44%	26%	46%	12%	26%	22%	48%	12%	49%	5%	9%	6%	35%	9%

165위 Álvaro GARCÍA — 6.87
알바로 가르시아 1992.10.27 / 167cm / ESP

1992년생 베테랑 윙어로 지난 시즌에도 주전으로 활약하며 리그 36경기 4골 5도움을 기록했고, 바예카노의 공격을 이끌었다. 168cm의 작은 키지만 바디 밸런스가 좋기 때문에 상대의 압박을 버티고, 수비를 할 때는 거친 압박을 즐긴다. 수비력이 워낙 좋기 때문에 윙백으로도 활약한다. 뛰어난 오프 더 볼 움직임을 바탕으로 빈 공간을 침투하고, 슈팅으로 마무리한다. 시장 가치는 200만 유로, 추정 연봉은 210만 유로.

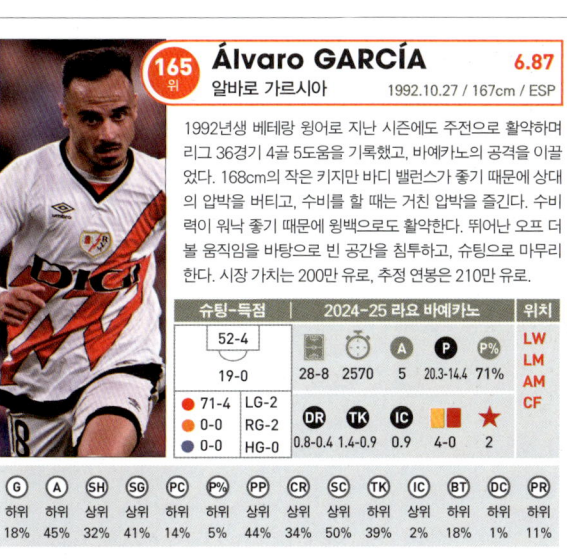

슈팅-득점	2024-25 라요 바예카노					위치
52-4 / 19-0	28-8	2570	5	20.3-14.4	71%	LW LM AM CF
● 71-4 LG-2 / ● 0-0 RG-2 / ● 0-0 HG-0	0.8-0.4	1.4-0.9	0.9	4-0	★2	

G	A	SH	SG	PC	P%	PP	CR	SC	TK	IC	BT	DC	PR
하위	하위	상위	상위	하위	상위	상위	상위	상위	상위	상위	하위	하위	상위
18%	45%	32%	41%	14%	5%	44%	34%	50%	39%	2%	18%	1%	11%

166위 Samuel CHUKWUEZE — 6.86
사뮤엘 추쿠우에제 1999.05.22 / 172cm / NGR

폭발적인 주력과 번뜩이는 드리블 센스를 가진 윙어. 아프리카 특유의 운동 능력을 활용한 드리블 돌파가 최고의 무기다. 스피드가 빠르면서도 볼 터치를 짧게 가져가며 방향을 전환하기 때문에 수비수가 막기 까다롭고, 속도 조절과 개인 기술도 뛰어나다. 주로 우측에서 뛰지만 왼발 킥이 워낙 좋기 때문에 한 번 접고 때리는 슈팅과 크로스가 매우 날카롭다. 시장 가치는 1000만 유로, 추정 연봉은 510만 유로.

슈팅-득점	2024-25 AC 밀란					위치
19-3 / 13-0	9-17	920	3	13.7-11.5	84%	RW AM
● 32-3 LG-2 / ● 0-0 RG-2 / ● 0-0 HG-1	1.8-1.0	1.2-0.7	0.1	0-0	★2	

G	A	SH	SG	PC	P%	PP	CR	SC	TK	IC	BT	DC	PR
하위	상위	상위	하위	상위	상위	상위	하위	상위	상위	상위	하위	상위
37%	35%	15%	43%	35%	48%	10%	23%	13%	25%	44%	28%	6%	29%

167위 Georginio RUTTER — 6.86
조르지니오 뤼테르 2002.04.20 / 182cm / FRA

원래는 스트라이커였지만, 리즈 이적 후 공격형 MF로 변신해 잠재력을 폭발시켰고, 지난 시즌을 앞두고 당시 클럽 레코드인 4000만 파운드에 브라이튼으로 이적했다. 뛰어난 개인 기술과 탈 압박 능력을 가지고 있기 때문에 중원까지 내려와 공을 받아 직접 운반하는 유형이고, 이후에는 양질의 스루패스를 뿌려준다. 활동량도 많아 전방 압박도 성실하게 수행한다. 시장 가치는 3200만 유로, 추정 연봉은 390만 유로.

슈팅-득점	2024-25 리즈 Utd+브라이튼&HA					위치
37-5 / 15-0	20-9	1757	4	12.6-8.6	68%	AM RW RM CF CM
● 52-5 LG-3 / ● 0-0 RG-1 / ● 0-0 HG-0	2.8-1.0	2.1-1.3	0.4	2-0	★0	

G	A	SH	SG	PC	P%	PP	CR	SC	TK	IC	BT	DC	PR
상위	상위	상위	상위	하위	하위	하위	상위	상위	상위	상위	하위	상위	하위
50%	40%	25%	29%	1%	10%	1%	16%	48%	8%	32%	43%	46%	3%

168위 Facundo BUONANOTTE — 6.86
파쿤도 부오나노테 2004.12.23 / 174cm / ARG

브라이튼에서 주전 경쟁에 밀리며 지난 시즌 레스터로 임대를 떠났고, 리그 31경기에서 5골 2도움을 올리며 커리어 하이를 달성했다. 왼발잡이 우측 윙어로 중앙으로 접고 들어와 공격에 영향력을 발휘하는 것이 특징이다. 전형적인 남미 테크니션으로 뛰어난 개인기술과 드리블 돌파가 장점이고, 창의적인 패스 능력까지 갖추고 있다. 감아 차기 슈팅도 수준급이다. 시장 가치는 2000만 유로, 추정 연봉은 130만 유로.

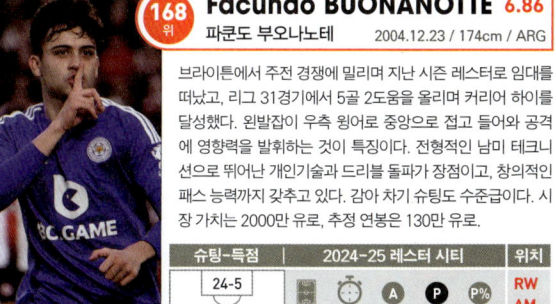

슈팅-득점	2024-25 레스터 시티					위치
24-5 / 12-0	14-17	1517	2	16.8-13.4	80%	RW AM
● 36-5 LG-3 / ● 0-0 RG-2 / ● 0-0 HG-0	2.8-1.0	3.3-1.8	0.7	8-0	★2	

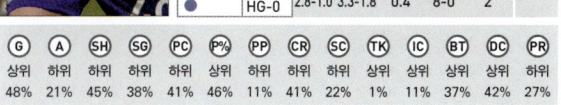

G	A	SH	SG	PC	P%	PP	CR	SC	TK	IC	BT	DC	PR
상위	상위	상위	상위	하위	상위	하위	상위	상위	상위	하위	상위	상위	상위
48%	21%	46%	38%	41%	11%	22%	8%	41%	11%	37%	45%	42%	27%

○ 유럽 5대리그 공격형 미드필더 & 윙어 항목별 랭킹(90분 기준 기록, 100분율)

	LG	RG	HG			P	P%	DR	TK	IC		★	G	A	SH	SG	PC	P%	PP	CR	SC	BT	DC	PR
전체슈팅 시도-득점	직접프리킥 시도-득점	PK 시도-득점	왼발 득점	오른발 득점	헤더 득점	출전횟수 선발-교체	출전시간 (MIN)	도움	평균패스 시도-성공	패스 성공률	평균드리블 시도-성공	평균태클 시도-성공	평균 인터셉트	페어플레이 경고-퇴장	MOM	득점	도움	전체 슈팅	패스 시도	패스 성공	박스안 패스	크로스	크로스기회 창출	태클	인터셉트	볼터치	드리블 성공	패스 받음

169위 Osame SAHRAOUI — 6.86
오사메 사흐라위 2001.06.11 / 170cm / MAR

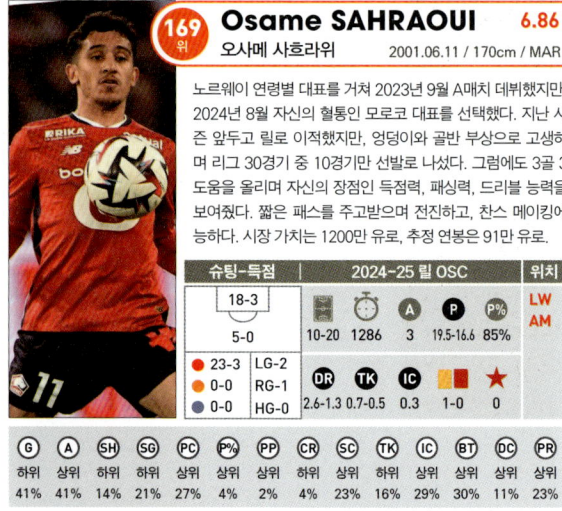

노르웨이 연령별 대표를 거쳐 2023년 9월 A매치 데뷔했지만, 2024년 8월 자신의 혈통인 모로코 대표를 선택했다. 지난 시즌 앞두고 릴로 이적했지만, 엉덩이와 골반 부상으로 고생하며 리그 30경기 중 10경기만 선발로 나섰다. 그럼에도 3골 3도움을 올리며 자신의 장점인 득점력, 패싱력, 드리블 능력을 보여줬다. 짧은 패스를 주고받으며 전진하고, 찬스 메이킹에 능하다. 시장 가치는 1200만 유로, 추정 연봉은 91만 유로.

슈팅-득점	2024-25 릴 OSC	위치
18-3 / 5-0	⏱ 10-20 1286 A 3 P 19.5-16.6 P% 85%	LW AM
● 23-3 LG-2 / ● 0-0 RG-1 / ● 0-0 HG-0	DR 2.6-1.3 TK 0.7-0.5 IC 0.3 🟨🟥 1-0 ★ 0	

G	A	SH	SG	PC	P%	PP	CR	SC	TK	IC	BT	DC	PR
하위 41%	상위 41%	하위 14%	상위 21%	하위 27%	하위 4%	하위 2%	하위 4%	상위 23%	하위 16%	하위 29%	상위 30%	상위 11%	상위 23%

170위 Tiago TOMÁS — 6.86
티아고 토마스 2002.06.16 / 180cm / POR

주 포지션의 개념이 없을 정도로 다양한 포지션을 소화한다. LW, CF, RW, AM 등 공격 전 지역에서 뛸 수 있고, 높은 전술 이해도를 자랑한다. 최고의 무기는 드리블링. 속도를 살리는 드리블에 능하고, 순간적인 방향 전환과 바디 페인팅을 통해 수비수의 중심을 무너뜨린다. 역습과 라인 브레이킹에 장점이 있고, 킥에 자신이 있어 과감한 슈팅을 시도한다. 시장 가치는 1200만 유로, 추정 연봉은 150만 유로.

슈팅-득점	2024-25 볼프스부르크	위치
27-5 / 15-1	⏱ 23-9 1895 A 1 P 14.3-10.3 P% 72%	LW CF RW
● 42-6 LG-3 / ● 0-0 RG-3 / ● 0-0 HG-0	DR 2.6-1.1 TK 1.6-0.9 IC 0.3 🟨🟥 7-0 ★ 0	AM LM RM

G	A	SH	SG	PC	P%	PP	CR	SC	TK	IC	BT	DC	PR
상위 49%	하위 4%	상위 38%	상위 34%	하위 3%	하위 13%	하위 5%	하위 10%	상위 12%	상위 24%	상위 50%	하위 8%	상위 50%	하위 13%

171위 Adama TRAORÉ — 6.86
아다마 트라오레 1996.01.25 / 178cm / ESP

스피드와 전진성 만큼은 톱클래스 윙어다. 클롭 감독이 "정말 빠르다"고 극찬했을 정도로 폭발적인 스피드를 이용한 드리블 돌파가 강점이고, 역습 상황에서 최고 속도는 무려 37km/h다. 여기에 보디빌더를 연상시키는 압도적인 신체 조건을 가지고 있고, 힘과 속도만으로도 상대 수비를 파괴할 수 있다. 다만 오프 더 볼 움직임과 골 결정력은 매우 아쉽다. 시장 가치는 900만 유로, 추정 연봉은 400만 유로.

슈팅-득점	2024-25 풀럼 FC	위치
34-2 / 5-0	⏱ 18-18 1770 A 7 P 13.5-10.9 P% 81%	RW AM LW
● 39-2 LG-0 / ● 0-0 RG-2 / ● 0-0 HG-0	DR 2.7-1.4 TK 0.9-0.6 IC 0.0 🟨🟥 3-0 ★ 1	RM LM CF

G	A	SH	SG	PC	P%	PP	CR	SC	TK	IC	BT	DC	PR
하위 9%	상위 11%	상위 50%	하위 25%	상위 21%	하위 23%	하위 22%	상위 15%	상위 32%	하위 29%	하위 1%	하위 16%	상위 12%	상위 25%

172위 Brahim DÍAZ — 6.86
브라힘 디아스 1999.08.03 / 170cm / MAR

양발을 자유자재로 사용하는 공격형 MF. 드리블, 슈팅, 패스를 할 때, 양발을 자유롭게 사용하기 때문에 상대가 타이밍을 읽기 어렵다. 여기에 민첩성, 순간 속도, 테크닉을 살린 드리블 돌파에 장점을 가지고 있고, 패스나 슈팅의 퀄리티도 좋은 적은 출전 시간에도 스탯 생산력이 높다. 작은 체구지만 활동량과 적극성을 앞세운 침투에 능하다. 다만 좁은 시야는 단점. 시장 가치는 4000만 유로, 추정 연봉은 730만 유로.

슈팅-득점	2024-25 레알 마드리드	위치
24-4 / 4-0	⏱ 16-15 1382 A 2 P 20.9-18.4 P% 88%	LW CF RW
● 28-4 LG-3 / ● 0-0 RG-1 / ● 0-0 HG-0	DR 1.6-0.9 TK 1.2-0.8 IC 0.1 🟨🟥 0-0 ★ 1	LM AM RM

G	A	SH	SG	PC	P%	PP	CR	SC	TK	IC	BT	DC	PR
상위 49%	상위 34%	상위 29%	상위 25%	상위 17%	상위 1%	상위 38%	하위 4%	상위 39%	상위 24%	상위 38%	상위 29%	상위 34%	하위 19%

173위 Benedict HOLLERBACH — 6.85
베네딕트 홀러바흐 2001.05.17 / 181cm / GER

유럽대항전에 나서는 마인츠가 야심차게 영입한 공격수다. 좌우 측면과 중앙을 모두 볼 수 있기 때문에 이지성과 좋은 시저를 예고하고 있다. 지난 시즌 9골을 터뜨렸을 정도로 득점력이 있고, 어떤 상황에서든 과감하게 슈팅을 시도한다. 측면에서 중앙으로 침투하는 움직임이 좋고, 수비 뒤 공간을 파고드는 움직임이 인상적. 그러나 오프사이드 함정에 자주 걸린다. 시장 가치는 1200만 유로, 추정 연봉은 미정만 유로.

슈팅-득점	2024-25 우니온 베를린	위치
51-6 / 19-2	⏱ 30-4 2554 A 0 P 17.4-12.7 P% 73%	AM CF LW RW
● 70-8 LG-3 / ● 0-0 RG-5 / ● 0-0 HG-0	DR 3.5-1.4 TK 2.1-1.3 IC 0.1 🟨🟥 3-0 ★ 3	

G	A	SH	SG	PC	P%	PP	CR	SC	TK	IC	BT	DC	PR
상위 36%	하위 4%	상위 27%	상위 50%	하위 3%	하위 7%	하위 13%	상위 49%	상위 16%	상위 30%	하위 9%	하위 11%	상위 47%	하위 16%

174위 Tete MORENTE — 6.85
테테 모렌테 1996.12.04 / 180cm / ESP

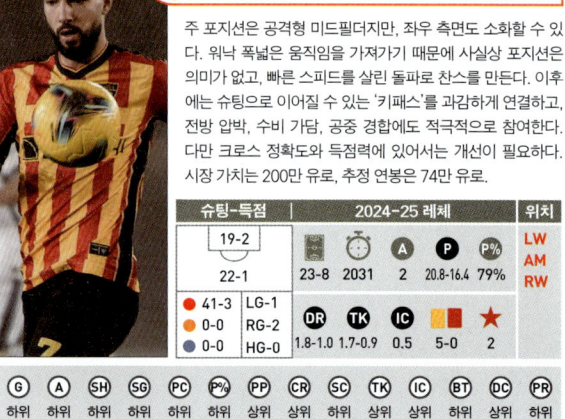

주 포지션은 공격형 미드필더지만, 좌우 측면도 소화할 수 있다. 워낙 폭넓은 움직임을 가져가기 때문에 사실상 포지션은 의미가 없고, 빠른 스피드를 살린 돌파로 찬스를 만든다. 이후에는 슈팅으로 이어질 수 있는 '키패스'를 과감하게 연결하고, 전방 압박, 수비 가담, 공중 경합에도 적극적으로 참여한다. 다만 크로스 정확도와 득점력에 있어서는 개선이 필요하다. 시장 가치는 200만 유로, 추정 연봉은 74만 유로.

슈팅-득점	2024-25 레체	위치
19-2 / 22-1	⏱ 23-8 2031 A 2 P 20.8-16.4 P% 79%	LW AM RW
● 41-3 LG-1 / ● 0-0 RG-2 / ● 0-0 HG-0	DR 1.8-1.0 TK 1.7-0.9 IC 0.5 🟨🟥 5-0 ★ 2	

G	A	SH	SG	PC	P%	PP	CR	SC	TK	IC	BT	DC	PR
하위 16%	상위 12%	상위 29%	상위 24%	상위 31%	상위 42%	상위 37%	상위 49%	상위 13%	상위 50%	상위 6%	상위 30%	상위 47%	하위 19%

○ 유럽 5대리그 공격형 미드필더 & 윙어 항목별 랭킹(90분 기준 기록, 100분율)

175위 Jean-Mattéo BAHOYA — 6.85
장-마테오 바호야 2005.05.07 / 180cm / FRA

카메룬계 프랑스인으로 이중국적을 가지고 있지만, 프랑스 연령별 대표로 활약하며 높은 기대감을 받고 있다. 지난 시즌 프랑크푸르트에서 선발과 교체를 오가며 총 33경기에 출전했고, 특히 유로파리그에서 번뜩이는 모습을 보여줬다. 상대가 강한 압박을 하더라도 버티고 전진하는 것이 특징이고, 스피드를 살린 침투를 통해 찬스를 만든다. 오른발 킥력이 좋다. 시장 가치는 1700만 유로, 추정 연봉은 70만 유로.

슈팅-득점		2024-25 아인트라흐트 프랑크푸르트					위치
7-2							LW
3-0		10-14	924	3	13.3-10.4	78%	AM
							RW
● 10-2	LG-2	DR	TK	IC		★	LM
● 0-0	RG-0						
● 0-0	HG-0	1.3-0.7	1.6-1.2	0.2	3-0	0	

G	A	SH	SG	PC	P%	PP	CR	SC	TK	IC	BT	DC	PR
하위	상위	하위	하위	상위	상위	상위	상위	상위	하위	상위	상위	상위	하위
32%	22%	3%	10%	35%	48%	28%	50%	49%	4%	40%	23%	30%	23%

176위 Florian SOTOCA — 6.83
플로리안 소토카 1990.10.25 / 187cm / FRA

늦은 나이에 전성기를 맞이한 '대기만성형' 선수다. 187cm, 79kg의 신체조건을 가진 '타깃맨' 유형의 공격수로, 우측면도 소화할 수 있다. 전방에서 득점력이 부족한 것은 단점이지만, 볼을 잘 간수한 후 동료들에게 정확한 패스를 연결하는 것은 장점이다. 득점보다는 도움에 특화된 공격수다. 전방에서 싸워주며 공간을 만들고, 공중볼을 잘 따낸다. 수비 가담도 OK. 시장 가치는 200만 유로, 추정 연봉은 60만 유로.

슈팅-득점		2024-25 랑스					위치
37-1							RW
10-0		22-9	1802	3	28.6-22.3	78%	CF
							RM
● 47-1	LG-0	DR	TK	IC		★	AM
● 0-0	RG-0						CM
● 0-0	HG-1	1.2-0.6	1.1-0.8	0.2	3-1	1	RB

G	A	SH	SG	PC	P%	PP	CR	SC	TK	IC	BT	DC	PR
하위	하위	상위	상위	상위	상위	상위	상위	상위	하위	상위	상위	하위	상위
1%	4%	37%	42%	21%	31%	46%	35%	12%	32%	16%	12%	12%	13%

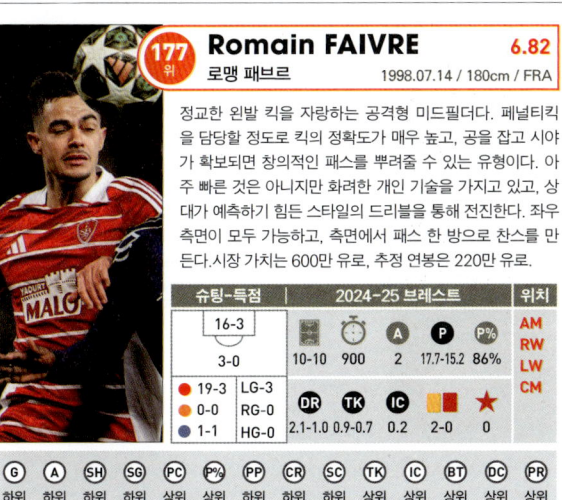

177위 Romain FAIVRE — 6.82
로맹 패브르 1998.07.14 / 180cm / FRA

정교한 왼발 킥을 자랑하는 공격형 미드필더다. 페널티킥을 담당할 정도로 킥의 정확도가 매우 높고, 공을 잡고 시야가 확보되면 창의적인 패스를 뿌려줄 수 있는 유형이다. 아주 빠른 것은 아니지만 화려한 개인 기술을 가지고 있고, 상대가 예측하기 힘든 스타일의 드리블을 통해 전진한다. 좌우 측면이 모두 가능하고, 측면에서 패스 한 방으로 찬스를 만든다. 시장 가치는 600만 유로, 추정 연봉은 220만 유로.

슈팅-득점		2024-25 브레스트					위치
16-3							AM
3-0		10-10	900	2	17.7-15.2	86%	RW
							LW
● 19-3	LG-3	DR	TK	IC		★	CM
● 0-0	RG-0						
● 1-1	HG-0	2.1-1.0	0.9-0.7	0.2	0	0	

G	A	SH	SG	PC	P%	PP	CR	SC	TK	IC	BT	DC	PR
하위	하위	하위	상위	상위	상위	상위	상위	상위	상위	상위	상위	상위	상위
37%	37%	12%	31%	39%	20%	5%	37%	38%	45%	44%	50%	17%	49%

178위 Anass ZAROURY — 6.82
아나스 자루리 2000.11.07 / 176cm / MAR

벨기에 연령별 대표로 활약하며 '제2의 아자르'라 평가받았는데, 2022년 11월, 모로코 국가대표를 선택하며 월드컵 무대를 밟았다. 빠른 주력, 드리블 테크닉, 낮은 무게 중심, 순간 가속도, 유연한 방향 전환을 활용한 저돌적인 돌파가 장점이고, 지공과 역습 상황에 모두 위협적이다. 킥력이 좋은 편인데, 특히 측면에서 시도하는 크로스 정확도가 매우 높다. 시장 가치는 800만 유로, 추정 연봉은 140만 유로.

슈팅-득점		2024-25 번리+랑스					위치
14-1							LW
21-1		16-13	1433	2	21.1-16.2	77%	AM
							RW
● 35-2	LG-0	DR	TK	IC		★	LM
● 0-0	RG-2						
● 0-0	HG-0	1.2-0.6	1.4-0.8	0.2	1-1	0	

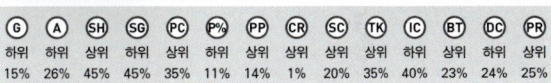

G	A	SH	SG	PC	P%	PP	CR	SC	TK	IC	BT	DC	PR
하위	상위	상위	상위	상위	하위	상위	상위	상위	상위	상위	상위	상위	상위
15%	26%	45%	45%	11%	14%	1%	20%	35%	40%	23%	24%	25%

179위 Jesús RODRIGUEZ — 6.82
헤수스 로드리게스 2005.11.21 / 185cm / ESP

레알 베티스 유스 출신으로 18세의 나이로 프로에 데뷔했고, 지난 시즌 1군에서 활약하며 가능성을 보여줬다. 이번 여름 이적 시장에서 빌라의 관심을 받았지만 코모를 선택했다. 스페인 출신답게 탄탄한 기본기와 드리블 테크닉이 뛰어나고, 다른 '테크니션'과 다르게 상당히 많이 뛰는 '하드워커'다. 상대의 압박을 벗겨낸 후 낮게 깔리는 스루패스를 연결한다. 시장 가치는 3000만 유로, 추정 연봉은 미정.

슈팅-득점		2024-25 레알 베티스					위치
15-1							LW
8-1		15-6	1120	1	14.7-11.2	76%	RW
● 23-2	LG-0	DR	TK	IC		★	
● 0-0	RG-2						
● 0-0	HG-0	4.0-1.5	1.4-0.7	0.3	0	0	

G	A	SH	SG	PC	P%	PP	CR	SC	TK	IC	BT	DC	PR
하위	하위	상위	상위	상위	상위	상위	상위	상위	상위	상위	상위	하위	하위
21%	1%	30%	15%	26%	45%	19%	22%	41%	49%	22%	57%	13%	26%

180위 Badredine BOUANANI — 6.81
바드레딘 부아나니 2004.12.08 / 177cm / ALG

지난 시즌 근육 부상과 컨디션 난조로 리그 11경기 선발(교체 15) 출전에 그쳤지만, 유로파리그 포함 5골 3도움을 기록하며 인상적인 스탯 생산력을 보여줬다. 박스 바깥에서 시도하는 슈팅이 상당히 날카롭고, 10번 위치에서 적재적소에 키패스를 공급한다. 드리블 기술도 수준급이다. 프랑스에서 나고 자랐지만, 자신의 혈통인 알제리 국가대표를 선택했다. 시장 가치는 700만 유로, 추정 연봉은 12만 유로.

슈팅-득점		2024-25 니스					위치
17-2							AM
14-1		11-15	1094	3	15.2-12.5	82%	CF
							LW
● 31-3	LG-3	DR	TK	IC		★	RW
● 1-0	RG-0						CM
● 1-1	HG-0	1.5-0.6	1.0-0.5	0.4	2-0	0	

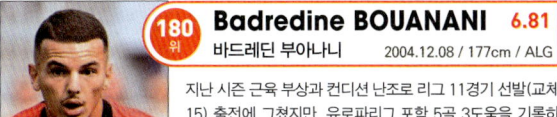

G	A	SH	SG	PC	P%	PP	CR	SC	TK	IC	BT	DC	PR
상위	상위	상위	상위	상위	상위	상위	상위	상위	상위	상위	상위	하위	상위
47%	42%	28%	19%	44%	41%	6%	37%	41%	31%	4%	48%	23%	41%

○ 유럽 5대리그 공격형 미드필더 & 윙어 항목별 랭킹(90분 기준 기록, 100분율)

181위 Mathias HONSAK — 6.81
마티아스 혼자크 1996.12.20 / 188cm / AUT

188cm, 80kg의 압도적인 체격을 가진 수비형 윙어다. 주로 좌측면에서 활약하지만, 워낙 신체조건이 좋기 때문에 최전방 공격수로 나서기도 한다. 지난 시즌에는 무릎, 근육 부상으로 약 3개월간 결장하며 리그 22경기에 그쳤다. 킥력이나 득점력이 부족하다는 평가가 있었지만, 지난 시즌엔 5골을 기록하며 개선된 모습을 보였다. 수비 집중력이 상당히 뛰어나다. 시장 가치는 200만 유로, 추정 연봉은 33만 유로.

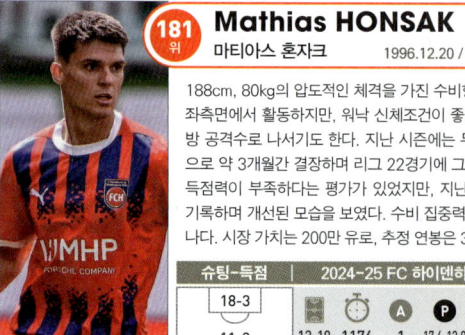

슈팅-득점	2024-25 FC 하이덴하임	위치
18-3 / 11-2	12-10 1176 1 17.6-13.0 74%	CF LW AM LM
●29-5 LG-5 / ●1-0 RG-0 / ●0-0 HG-0	DR 1.0-0.5 TK 1.3-0.7 IC 0.5 1-0 ★1	

G	A	SH	SG	PC	P%	PP	CR	SC	TK	IC	BT	DC	PR
상위	하위	상위	하위	하위	하위	하위	상위	하위	하위	상위	상위	하위	하위
25%	9%	49%	45%	35%	16%	4%	35%	27%	37%	8%	42%	4%	19%

182위 Bilal El KHANNOUSS — 6.81
빌랄 엘카누스 2004.05.10 / 180cm / MAR

2023-24시즌 벨기에 프로 리그 영 플레이어 상을 받을 정도로 '특급 유망주'로 평가받았고, 지난여름 레스터에 입단했다. PL 데뷔 시즌부터 32경기에 나서며 2골 3도움을 기록했고, 주전을 꿰찼다. 세트피스를 담당할 정도로 킥력과 패싱력이 좋아 '10번' 위치에서 플레이 메이킹을 담당하고, 주력과 발재간을 이용한 드리블 돌파도 장점이라 윙어로도 뛴다. 시장 가치는 2800만 유로, 추정 연봉은 220만 유로.

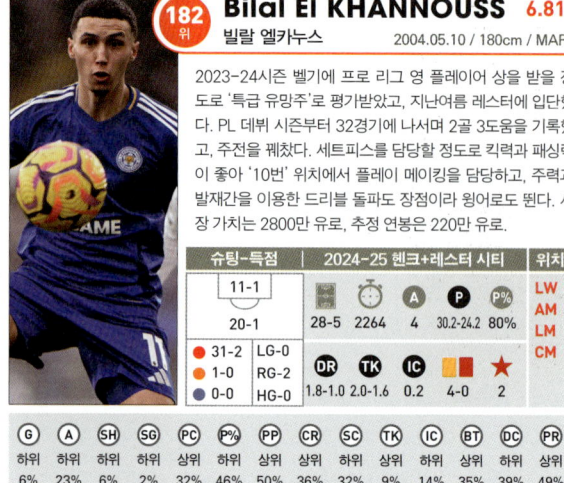

슈팅-득점	2024-25 헨크+레스터 시티	위치
11-1 / 20-1	28-5 2264 4 30.2-24.2 80%	LW AM LM CM
●31-2 LG-0 / ●1-0 RG-2 / ●0-0 HG-0	DR 1.8-1.0 TK 2.0-1.6 IC 0.2 4-0 ★2	

G	A	SH	SG	PC	P%	PP	CR	SC	TK	IC	BT	DC	PR
하위	하위	하위	하위	상위	상위	상위	상위	상위	하위	하위	상위	하위	상위
6%	23%	6%	2%	32%	46%	50%	36%	32%	9%	14%	35%	39%	49%

183위 Benjamín DOMÍNGUEZ — 6.81
벤하민 도밍게스 2003.09.19 / 172cm / ARG

오른발잡이지만, 주로 좌측면에서 활약하는 아르헨티나 윙어다. 간결한 컨트롤과 볼터치를 바탕으로 상대의 압박을 벗겨내 전진하고, 뛰어난 드리블 테크닉으로 상대를 쉽게 제친다. 순간적인 방향 전환과 속도 조절이 뛰어나 수비수들에게 까다로운 존재다. 특히 좌측면에서 중앙으로 이동해 과감한 슈팅을 시도하는 것이 특징이다. 다만 수비 가담은 부족하다. 시장 가치는 1500만 유로, 추정 연봉은 74만 유로.

슈팅-득점	2024-25 볼로냐	위치
14-3 / 16-0	16-8 1290 2 13.8-11.2 81%	LW LM RW
●30-3 LG-0 / ●0-0 RG-3 / ●0-0 HG-0	DR 3.0-1.3 TK 1.4-0.9 IC 0.2 0-0 ★1	

G	A	SH	SG	PC	P%	PP	CR	SC	TK	IC	BT	DC	PR
하위	하위	상위	상위	하위	하위	하위	상위	하위	하위	하위	상위	상위	하위
34%	33%	50%	16%	14%	38%	4%	18%	42%	49%	17%	10%	26%	22%

184위 André ALMEIDA — 6.79
안드레 알메이다 2000-05-30 / 176cm / POR

중원 전 지역을 소화할 수 있는 미드필더로, 주로 10번 위치에서 자신의 창의성을 발휘하는 유형이다. 왕성한 활동량, 탄탄한 기본기, 준수한 수비력, 정교한 패싱력, 유연한 볼 터치 등 중앙 MF에 필요한 모든 것을 갖췄다는 평가다. 다양한 구질의 패스를 구사하고, 특히 인사이드로 감아 전방으로 연결하는 패스가 예리하다. 그러나 득점력이 부족한 것은 아쉽다. 시장 가치는 1000만 유로, 추정 연봉은 60만 유로.

슈팅-득점	2024-25 발렌시아	위치
6-0 / 12-0	24-10 1987 4 25.4-22.6 89%	AM CF LW RW
●18-0 LG-0 / ●2-0 RG-3 / ●0-0 HG-0	DR 1.7-0.7 TK 2.1-1.4 IC 0.2 2-0 ★0	

G	A	SH	SG	PC	P%	PP	CR	SC	TK	IC	BT	DC	PR
하위	상위	하위	하위	상위	하위	상위	상위	상위	하위	상위	상위	하위	상위
1%	47%	1%	1%	21%	4%	28%	49%	35%	6%	35%	33%	19%	38%

185위 Jorge de FRUTOS — 6.79
호르헤 프루토스 1997.02.20 / 173cm / ESP

2018년 레알에 입단할 정도로 기대를 모았지만 1군에서는 자리를 잡지 못했고, 바예카노와 레반테에서 잠재력을 터뜨렸다. 기본적으로 탄탄한 기본기를 바탕으로 볼을 소유하고, 정교한 테크닉으로 볼을 운반하는 것을 선호한다. 본인을 중심으로 공격을 전개할 때, 가장 좋은 모습을 보인다. 패스, 슈팅, 축구 지능을 두루 갖췄지만, 전술에 따라 기복이 심하다. 시장 가치는 400만 유로, 추정 연봉은 80만 유로.

슈팅-득점	2024-25 라요 바예카노	위치
39-6 / 13-0	30-6 2512 4 15.9-11.8 74%	RW RM AM LW
●52-6 LG-1 / ●0-0 RG-4 / ●0-0 HG-1	DR 2.9-0.9 TK 1.9-1.0 IC 0.5 3-1 ★2	

G	A	SH	SG	PC	P%	PP	CR	SC	TK	IC	BT	DC	PR
하위	하위	하위	하위	하위	하위	하위	상위	상위	상위	상위	하위	하위	하위
35%	18%	30%	29%	4%	11%	4%	21%	50%	4%	46%	7%	26%	3%

186위 Ernest NUAMAH — 6.78
에르네스트 누아마 2003.11.01 / 178cm / GHA

리옹에서 좋은 활약을 바탕으로 2024년 여름 풀럼 이적이 근접했지만, 메디컬 도중 잠정됐다. 자신이 원하지 않았던 강제 이적이었다고 밝히면서 리옹 구단주가 풀럼에 사과를 하기도 했다. 빠른 주력과 뛰어난 운동 능력을 가진 윙어고, 측면에서 폭발적인 돌파가 장점이다. 화려한 바디 페인팅으로 상대를 속이는 것이 특징이다. 그러나 마무리 능력은 개선이 필요하다. 시장 가치는 1500만 유로, 추정 연봉은 270만 유로.

슈팅-득점	2024-25 올랭피크 리옹	위치
18-2 / 10-1	13-10 1056 1 17.6-15.0 84%	LW RW LM RM
●28-3 LG-3 / ●0-0 RG-0 / ●0-0 HG-0	DR 1.9-1.0 TK 1.6-0.9 IC 0.3 2-0 ★2	

G	A	SH	SG	PC	P%	PP	CR	SC	TK	IC	BT	DC	PR
상위	하위	상위	하위	상위	상위	상위	상위	상위	하위	상위	상위	상위	상위
32%	20%	26%	6%	39%	25%	30%	43%	46%	16%	28%	38%	22%	39%

○ 유럽 5대리그 공격형 미드필더 & 윙어 항목별 랭킹 (90분 기준 기록, 100분율)

187위 Lucas BELTRÁN — 6.78
루카스 벨트란 2001.03.29 / 174cm / ARG

작은 체구에 비해 뛰어난 바디 밸런스와 폭넓은 움직임을 가져가는 공격수로 아르헨티나에서는 아구에로와 비교되곤 한다. 스피드, 민첩성, 드리블 기술을 이용한 저돌적인 돌파가 장점이고, 밀집 지역에서 탈 압박 능력이 좋다. 왕성한 활동량을 이용해 중원까지 내려와 경기를 풀어가고, 순간적인 침투로 찬스를 만든다. 다만 골 결정력은 약점으로 평가받고 있다. 시장 가치는 1800만 유로, 추정 연봉은 230만 유로.

슈팅-득점		2024-25 피오렌티나					위치
23-5		⏱	A	P	P%		AM
6-0		21-12	1960	4	17.2-13.6	79%	CF
● 29-5	LG-1	DR	TK	IC	🟨	★	LW
● 0-0	RG-2						
● 3-2	HG-2	1.0-0.6	1.4-0.8	0.2	6-0	0	

G	A	SH	SG	PC	P%	PP	CR	SC	TK	IC	BT	DC	PR
하위	상위	하위	하위	하위	상위	하위	하위	하위	상위	하위	하위	하위	하위
37%	50%	4%	1%	19%	41%	13%	1%	18%	50%	12%	7%	4%	13%

188위 Zakaria ABOUKHLAL — 6.76
자카리아 아부클랄 2000.02.18 / 179cm / MAR

네덜란드 연령별 대표를 두루 거쳤지만 성인대표팀은 자신의 혈통인 모로코를 선택했고, 2022 카타르 월드컵에도 출전했다. 어린 시절에는 탄탄한 신체조건, 양발 슈팅력, 뛰어난 돌파 능력을 가진 공격수로 평가받았다. 특히 측면을 허문 후 시도하는 컷-백이 상당히 날카롭고, 때로는 중앙으로 이동해 강력한 슈팅을 시도한다. 다만 골 결정력은 아쉽다. 시장 가치는 1200만 유로, 추정 연봉은 30만 유로.

슈팅-득점		2024-25 툴루즈					위치
52-7		⏱	A	P	P%		AM
12-0		22-4	1910	2	11.9-8.2	69%	RW
● 69-7	LG-5	DR	TK	IC	🟨	★	CF
● 0-0	RG-1						LW
● 2-1	HG-1	2.0-0.7	1.6-0.8	0.5	4-0	1	

G	A	SH	SG	PC	P%	PP	CR	SC	TK	IC	BT	DC	PR
상위	하위	상위	하위	하위	하위	하위	상위	하위	상위	상위	하위	하위	하위
33%	14%	19%	14%	1%	4%	9%	21%	1%	29%	17%	1%	7%	2%

189위 Emile Smith ROWE — 6.75
에밀 스미스 로우 2000.07.28 / 182cm / ENG

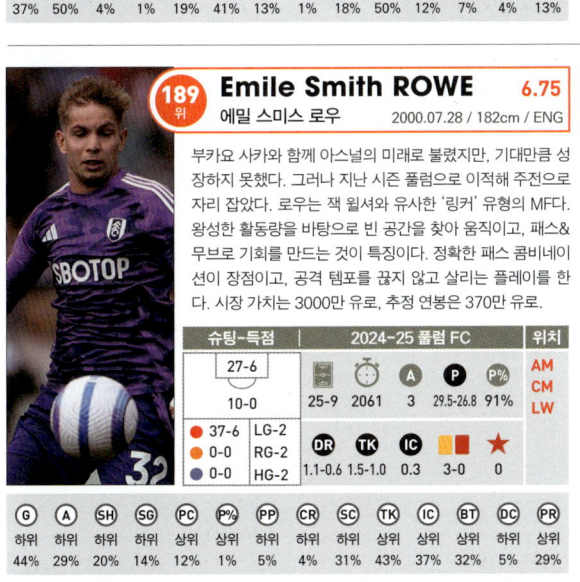

부카요 사카와 함께 아스날의 미래로 불렸지만, 기대만큼 성장하지 못했다. 그러나 지난 시즌 풀럼으로 이적해 주전으로 자리 잡았다. 로우는 잭 윌셔와 유사한 '링커' 유형의 MF다. 왕성한 활동량을 바탕으로 빈 공간을 찾아 움직이고, 패스&무브로 기회를 만드는 것이 특징이다. 정확한 패스 콤비네이션이 장점이며, 공격 템포를 끊기도 살리는 플레이를 한다. 시장 가치는 3000만 유로, 추정 연봉은 370만 유로.

슈팅-득점		2024-25 풀럼 FC					위치
27-6		⏱	A	P	P%		AM
10-0		25-9	2061	3	29.5-26.8	91%	CM
● 37-6	LG-2	DR	TK	IC	🟨	★	LW
● 0-0	RG-2						
● 0-0	HG-2	1.1-0.6	1.5-1.0	0.3	3-0	0	

G	A	SH	SG	PC	P%	PP	CR	SC	TK	IC	BT	DC	PR
하위	하위	하위	하위	하위	상위	상위	하위	하위	상위	상위	하위	하위	상위
44%	29%	20%	14%	12%	1%	4%	31%	43%	37%	32%	5%	29%	29%

190위 Juanlu SÁNCHEZ — 6.73
후안루 산체스 2003.08.15 / 183cm / ESP

주로 우측면과 중앙에서 활약하는 미드필더인데, 세비야에서는 라이트백으로도 중용 받고 있다. 원래 공격형 MF였기 때문에 기본적으로 패스력을 갖추고 있는데, 무엇보다 오른발 킥은 리그 최고 수준으로 평가받는다. 세트피스를 담당할 정도로 날카로우면서도 강력한 킥을 구사하며, 중거리 슈팅에도 강하다. 드리블 보다는 킥을 바탕으로 경기를 풀어간다. 시장 가치는 1200만 유로, 추정 연봉은 130만 유로.

슈팅-득점		2024-25 세비야					위치
13-4		⏱	A	P	P%		AM
0-0		18-14	1725	4	19.1-16.2	85%	CM
● 13-4	LG-1	DR	TK	IC	🟨	★	RW
● 0-0	RG-3						RB
● 0-0	HG-0	0.9-0.4	2.4-1.7	0.5	4-1	2	

G	A	SH	SG	PC	P%	PP	CR	SC	TK	IC	BT	DC	PR
하위	상위	하위	하위	상위	상위	상위	하위	상위	상위	상위	상위	상위	상위
34%	40%	1%	4%	42%	19%	9%	28%	3%	3%	4%	50%	3%	21%

191위 Jérémie BOGA — 6.71
제레미 보가 1997.01.03 / 172cm / CIV

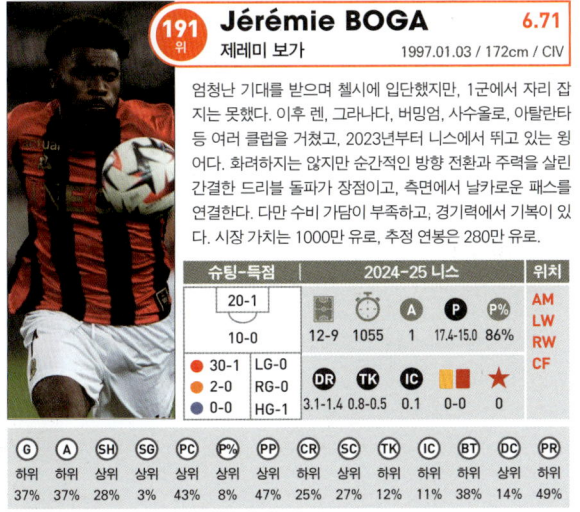

엄청난 기대를 받으며 첼시에 입단했지만, 1군에서 자리 잡지는 못했다. 이후 렌, 그라나다, 버밍엄, 사수올로, 아탈란타 등 여러 클럽을 거쳤고, 2023년부터 니스에서 뛰고 있는 윙어다. 화려하지는 않지만 순간적인 방향 전환과 주력을 살린 간결한 드리블 돌파가 장점이고, 측면에서 날카로운 패스를 연결한다. 다만 수비 가담이 부족하고, 경기력에서 기복이 있다. 시장 가치는 1000만 유로, 추정 연봉은 280만 유로.

슈팅-득점		2024-25 니스					위치
20-1		⏱	A	P	P%		AM
10-0		12-9	1055	1	17.4-15.0	86%	LW
● 30-1	LG-1	DR	TK	IC	🟨	★	RW
● 2-0	RG-0						CF
● 0-0	HG-1	3.1-1.4	0.8-0.5	0.1	0-0	0	

G	A	SH	SG	PC	P%	PP	CR	SC	TK	IC	BT	DC	PR
하위	하위	상위	상위	하위	상위	상위	상위	상위	하위	상위	상위	하위	상위
37%	37%	28%	3%	43%	8%	47%	25%	27%	11%	38%	14%	60%	49%

192위 Yáser ASPRILLA — 6.71
야세르 아스프리야 2003.11.19 / 185cm / COL

186cm, 75kg의 신체조건과 높은 전술 이해도를 바탕으로 다양한 포지션을 소화하는 다기능 MF다. 기본적으로는 볼을 잘 다루면서도 발이 빠르기 때문에 측면 플레이도 능하다. 공을 잡았을 때 어떻게든 전진 패스를 연결하고, 날카로운 왼발 킥으로 찬스를 만든다. 거친 압박을 견디며 우직하게 전진하는 것도 강점이지만, 수비 가담과 스탯 생산력은 다소 아쉽다. 시장 가치는 1500만 유로, 추정 연봉은 100만 유로.

슈팅-득점		2024-25 지로나					위치
17-1		⏱	A	P	P%		LW
21-2		15-12	1403	2	20.4-16.5	81%	AM
● 38-3	LG-3	DR	TK	IC	🟨	★	RW
● 2-0	RG-0						CF
● 0-0	HG-0	2.5-1.2	1.5-0.9	0.3	2-0	1	LM
							RM

G	A	SH	SG	PC	P%	PP	CR	SC	TK	IC	BT	DC	PR
하위	상위	상위	상위	상위	상위	상위	하위	상위	상위	상위	상위	상위	상위
21%	4%	46%	29%	42%	14%	37%	45%	48%	35%	20%	6%	36%

유럽 5대리그 포지션별 랭킹 ②

센터포워드 & 폴스9

"구관이 명관."
센터포워드 포지션의 판도를 한마디로 정의하면 이렇다. 최근 몇 년간 늘 봐왔던 익숙한 얼굴들이 '9번 포지션'의 상위권을 모두 점령했다. 물론, 그게 당연할 수도 있다. 팀에서 가장 많은 골을 넣어야 하는 최전방 공격수의 특성상 이미 검증된 선수를 선호할 수밖에 없는 게 현실이다. 2024-25시즌 최고의 CF는 레알 마드리드 유니폼을 입은 킬리안 음바페였다. 그는 지난 시즌 라리가 31골, 챔피언스리그 7골, 코파델레이 2골 등 클럽에서만 총 42골을 폭발시켰다. 프랑스 대표로 A매치 4골도 추가했다. 음바페에 이어 해리 케인(바이에른 뮌헨), 엘링 홀란(맨체스터 시티), 로베르트 레반도프스키(FC 바르셀로나), 알렉산데르 이삭(뉴캐슬 유나이티드), 세르후 기라시(보루시아 도르트문트) 등이 테이블 상단에 위치했다. 10위권에 처음 이름을 올린 CF는 우고 에키티케(프랑크푸르트)와 마테오 레테기(아탈란타) 등이다.

○ 유럽 5대리그 센터포워드 항목별 랭킹 (90분 기준 기록, 100분율)

| 전체 슈팅 시도-득점 | 직접프리킥 시도-득점 | PK 시도-득점 | LG 왼발 득점 | RG 오른발 득점 | HG 헤더 득점 | 출전횟수 선발-교체 | 출전시간 (MIN) | A 도움 | P 평균 패스 시도-성공 | P% 패스 성공률 | DR 평균드리블 시도-성공 | TK 평균 태클 시도-성공 | IC 평균 인터셉트 | 페어플레이 경고-퇴장 | ★ MOM | G 득점 | xG 득점 기대값 | A 도움 | xA 도움 기대값 | SH 슈팅 시도 | SG 유효 슈팅 | PC 패스 성공 | P% 패스 성공률 | SC 슈팅기회 창출 | BT 볼터치 | DC 드리블 성공 | TK 태클 | IC 인터셉트 | A% 공중전 승률 |

01위 Kylian MBAPPÉ — 8.05
킬리안 음바페 　 1998.12.20 / 178cm / FRA

2024-25시즌 유러피언 골든슈 수상자. 동시에 라리가 득점왕도 차지했다. 우려했던 바와 달리 이적한 첫 시즌부터 맹공을 퍼부었다. 리그에서 25.9의 xG값을 넘어 31골을 넣었다. 그 결과 라리가 데뷔 시즌에 리그 30골을 돌파한 첫 번째 레알 마드리드의 선수가 되었다. 반면에 리그와 챔피언스리그에서 무관으로 남았다. 이번 시즌 칼을 제대로 갈았다. 시장 가치는 1억 8000만 유로, 추정 연봉은 7167만 유로.

슈팅-득점	2024-25 레알 마드리드					위치
116-26			A	P	P%	CF
45-5	34-0	2917	3	32.5-27.6	85%	LW
161-31 LG-4	DR	TK	IC		★	
3-1 RG-27						
9-7 HG-0	5.4-2.5	0.4-0.2	3-1		9	

G	xG	A	xA	SH	SG	PC	P%	SC	BT	DC	TK	IC	A%
상위	상위	하위	상위	상위	상위	상위	하위	상위	상위	상위	상위	하위	상위
7%	6%	33%	11%	1%	1%	2%	4%	3%	3%	1%	17%	9%	47%

02위 Harry KANE — 7.88
해리 케인 　 1993.07.28 / 188cm / ENG

드디어 트로피를 들었다. 바이에른으로 이적한 두 번째 시즌이 되어서야 염원을 푼 것이다. 최전방에서 승부를 결정짓는 골게터 역할뿐만 아니라, 동료와 2선에서 주고받는 연계 플레이가 좋다. 지난 시즌에는 14개의 어시스트도 기록했다. PK 상황에서 전담 키커로 나선다. 잉글랜드 대표팀의 주장. 역사상 최다 골 기록의 보유자. 그가 넣는 골은 하나하나 역사가 된다. 시장 가치는 7500만 유로, 추정 연봉은 2500만 유로.

슈팅-득점	2024-25 바이에른 뮌헨					위치
88-23			A	P	P%	CF
26-3	28-3	2391	8	20.0-16.2	81%	
114-26 LG-4	DR	TK	IC		★	
6-0 RG-17						
9-9 HG-5	1.8-0.8	0.5-0.4	0.1	5-0	9	

G	xG	A	xA	SH	SG	PC	P%	SC	BT	DC	TK	IC	A%
상위	상위	상위	상위	상위	상위	상위	상위	상위	상위	상위	상위	하위	상위
1%	5%	11%	15%	6%	5%	14%	9%	12%	24%	31%	36%	30%	16%

03위 Erling HAALAND — 7.77
엘링 홀란 　 2000.07.21 / 195cm / NOR

리그 30라운드부터 발목 부상으로 6경기 연속으로 결장했다. 팀의 부진도 겹쳐 선수 커리어 중 가장 부진한 시즌이었다. 자연스럽게 득점왕 경쟁에서 밀렸다. 반전의 발판을 마련해야 한다. 과거 아버지 알프잉에도 시티에 뛰었고 부자가 한 팀에서 뛴 대표적인 사례가 되었다. 2025년 2월 노르웨이 출신의 여자 축구 선수 요한센과의 사이에서 첫 아이를 출산했다. 시장 가치는 1억 8000만 유로, 추정 연봉은 5391만 유로.

슈팅-득점	2024-25 맨체스터 시티					위치
98-19			A	P	P%	CF
10-3	31-0	2742	3	12.1-8.2	68%	
108-22 LG-16	DR	TK	IC		★	
1-0 RG-2						
4-3 HG-4	1.3-0.5	0.5-0.4	0.2	2-0	6	

G	xG	A	xA	SH	SG	PC	P%	SC	BT	DC	TK	IC	A%
상위	상위	하위	하위	상위	상위	하위	하위	상위	상위	상위	상위	상위	상위
9%	4%	27%	33%	1%	2%	38%	50%	1%	30%	28%	43%	6%	8%

04위 Robert LEWANDOWSKI — 7.75
로베르트 레반도프스키 　 1988.08.21 / 185cm / POL

지난 시즌 리그 기준으로 115개의 슈팅을 시도했다. 그중에서 48개의 유효 슈팅을 기록했다. 27.11의 xG값에 맞게 27골을 넣었다. 30대 중후반의 나이를 생각하면 놀라운 득점 행진이다. 리그 우승을 한 시즌 만에 되찾아 왔다. 그는 폴란드 국대의 최다 출장자이자 최다 득점자. '리빙 레전드'인 그는 2025년 6월 감독과의 불화로 인해 잠정 은퇴를 선언했다. 시장 가치는 1200만 유로, 추정 연봉은 3333만 유로.

슈팅-득점	2024-25 FC 바르셀로나					위치
95-26			A	P	P%	CF
20-1	32-2	2682	2	15.2-11.4	75%	
115-27 LG-7	DR	TK	IC		★	
5-0 RG-16						
4-3 HG-4	1.0-0.5	0.5-0.3	0.1	1-0	4	

G	xG	A	xA	SH	SG	PC	P%	SC	BT	DC	TK	IC	A%
상위	상위	하위	하위	상위	상위	상위	상위	상위	상위	상위	상위	상위	상위
3%	1%	13%	43%	12%	9%	41%	35%	24%	37%	48%	22%	27%	32%

05위 Hugo EKITIKÉ — 7.73
우고 에키티케 　 2002.06.20 / 190cm / FRA

카메룬 국적의 아버지로 인해 프랑스의 시민권도 가지고 있다. 랭스의 아카데미 팀에서 성장해 1군 무대까지 진출했다. PSG로 이적하며 주목받았지만, 적응에 애를 먹었다. 2024년 프랑크푸르트로 임대를 온 후 완전 이적에 성공했다. 지난 시즌 모든 대회를 통틀어 22골을 넣었다. 어시스트도 12개를 기록했다. 단숨에 2025-26시즌 이적 시장의 블루칩으로 부상했다. 시장 가치는 7500만 유로, 추정 연봉은 200만 유로.

슈팅-득점	2024-25 아인트라흐트 프랑크푸르트					위치
88-15			A	P	P%	CF
29-0	31-2	2582	8	18.9-14.4	76%	AM
117-15 LG-3	DR	TK	IC		★	
1-0 RG-10						
3-1 HG-2	3.7-1.7	0.8-0.6	0.2	1-0	4	

G	xG	A	xA	SH	SG	PC	P%	SC	BT	DC	TK	IC	A%
상위	상위	상위	상위	상위	상위	상위	상위	상위	상위	상위	상위	상위	상위
29%	12%	10%	5%	7%	8%	21%	23%	6%	15%	4%	49%	14%	21%

06위 Alexander ISAK — 7.69
알렉산데르 이삭 　 1999.09.21 / 192cm / SWE

EPL에서 3년 연속 두 자릿수 득점에 성공했다. 지난 시즌은 리그 22번째 골을 넣으며 선수 생활을 통틀어 가장 많은 골을 기록했다. PK 전담 키커로 나서 100%의 성공률을 보였다. 거한이지만 빠른 발과 탄력 넘치는 운동 신경을 가졌다. 문전 앞에서의 결정력은 타의 추종을 불허한다. 70년 만에 컵 대회의 우승을 차지했고, 그 순간 많은 이들에게 감동을 주었다. 시장 가치는 1억 2000만 유로, 추정 연봉은 739만 유로.

슈팅-득점	2024-25 뉴캐슬 유나이티드					위치
84-20			A	P	P%	CF
15-3	34-0	2774	6	19.5-15.0	77%	
99-23 LG-2	DR	TK	IC		★	
3-0 RG-17						
4-4 HG-4	2.7-1.3	0.6-0.4	0.1	1-0	5	

G	xG	A	xA	SH	SG	PC	P%	SC	BT	DC	TK	IC	A%
상위	상위	상위	상위	상위	상위	상위	상위	상위	상위	상위	상위	하위	하위
11%	11%	23%	29%	15%	23%	16%	24%	23%	16%	31%	8%	28%	22%	21%

○ 유럽 5대리그 센터포워드 항목별 랭킹(90분 기준 기록, 100분율)

07위 Serhou GUIRASSY — 7.63
세르후 기라시 1996.03.12 / 187cm / GUI

도르트문트의 해결사. 오른발을 주로 쓰지만, 왼발 사용도 우수한 편. 2024-25시즌 총 50경기에서 47개의 공격 포인트를 기록했다. 상대편 박스 내에서의 터치는 172번을 기록했다. 획득한 파울도 많아 세트피스 상황을 다수 만들어냈다. 프랑스와 기니의 이중 국적자. 과거 프랑스 20세 이하의 대표팀에서 뛰었다. 현재 성인 대표팀은 기니 소속으로 뛰고 있다. 시장 가치는 4500만 유로, 추정 연봉은 943만 유로.

슈팅-득점	2024-25 보루시아 도르트문트					위치
83-20	29-1	2601	2	21.1-15.4	73%	CF
7-1						
● 90-21 LG-3	DR	TK	IC	■■	★	
● 1-0 RG-12	1.2-0.4	0.3-0.2	0.1	4-0	6	
● 4-3 HG-3						

G	xG	A	xA	SH	SG	PC	P%	SC	BT	DC	TK	IC	A%
상위	상위	상위	상위	상위	상위	하위	상위	하위	하위	하위	하위	상위	상위
8%	3%	14%	23%	24%	17%	30%	21%	38%	35%	24%	7%	21%	12%

08위 Mateo RETEGUI — 7.61
마테오 레테기 1999.04.29 / 186cm / ITA

2024-25시즌 세리에A 득점왕. 이탈리아 국가 대표팀의 주전 스트라이커. 지난 시즌 아탈란타로 이적했고, 이적한 첫 시즌 만에 만족스러운 결과를 만들었다. 팀의 PK 전담 키커로 나와 80%의 성공률을 기록했다. 아르헨티나 태생으로 U-20 대표팀에서 뛴 이력도 있다. 리그 17라운드 엠폴리와의 경기에서 햄스트링 부상으로 교체되었고 리그 2경기 연속 결장했다. 시장 가치는 4500만 유로, 추정 연봉은 282만 유로.

슈팅-득점	2024-25 아탈란타					위치
96-24	32-4	2405	8	15.5-12.1	78%	CF
8-1						
● 104-25 LG-10	DR	TK	IC	■■	★	
● 2-0 RG-10	0.9-0.4	0.8-0.4	0.2	2-0	4	
● 5-4 HG-5						

G	xG	A	xA	SH	SG	PC	P%	SC	BT	DC	TK	IC	A%
상위	상위	상위	상위	상위	상위	상위	상위	상위	상위	상위	상위	상위	상위
6%	7%	15%	20%	9%	23%	22%	17%	34%	44%	44%	39%	44%	44%

09위 Tim KLEINDIENST — 7.53
팀 클라인딘스트 1995.08.31 / 194cm / GER

2m에 육박한 장신이지만, 스피드와 테크닉을 두루 갖췄다. 볼을 다루는 기술이 좋고 골문 앞에서의 결정력이 뛰어나다. 13.51의 xG값을 넘어 리그 16호 골을 만들어냈다. 2024-25시즌에 이적한 선수 중 단연 으뜸이다. 독일 U-20 대표팀 출신이지만 10년 만에 국가 대표팀에 부름을 받기도 했다. 에네르기 코트부스의 아카데미 출신으로 프로 데뷔는 2013년이었다. 시장 가치는 1700만 유로, 추정 연봉은 245만 유로.

슈팅-득점	2024-25 보루시아 묀헨글라트바흐					위치
66-16	31-0	2744	7	23.4-14.5	62%	CF
9-0						
● 75-16 LG-5	DR	TK	IC	■■	★	
● 0-0 RG-4	1.2-0.5	1.8-1.0	0.4	3-1	6	
● 2-1 HG-6						

G	xG	A	xA	SH	SG	PC	P%	SC	BT	DC	TK	IC	A%
상위	상위	상위	상위	상위	상위	하위	상위	하위	상위	상위	상위	상위	상위
26%	42%	17%	10%	49%	28%	39%	10%	45%	13%	37%	19%	7%	8%

10위 Marcus THURAM — 7.49
마르퀴 튀랑 1997.08.06 / 192cm / FRA

프랑스 전설 릴리앙 튀랑의 아들이자 유벤투스 소속 케프렌 튀랑의 친형. 형제의 우애가 두터운 것으로도 유명하다. 자국 2부 리그부터 시작하여 차근차근 성장했고, 2023년 이탈리아 명문 인테르에 입단했다. 2024-25시즌 챔피언스리그 결승에서 아쉽게 고배를 마셨다. 프랑스의 연령별 대표팀에 모두 포함된 엘리트. 음바페와 함께 국가 대표팀 주전 스트라이커로 뛴다. 시장 가치는 7500만 유로, 추정 연봉은 833만 유로.

슈팅-득점	2024-25 인테르 밀란					위치
60-14	27-5	2299	4	17.3-13.0	75%	CF
5-0						LW
● 65-14 LG-0	DR	TK	IC	■■	★	
● 0-0 RG-11	1.8-0.9	0.9-0.6	0.1	1-0	5	
● 0-0 HG-3						

G	xG	A	xA	SH	SG	PC	P%	SC	BT	DC	TK	IC	A%
상위	하위	상위	상위	상위	상위	상위	상위	하위	상위	상위	상위	상위	하위	상위
27%	47%	39%	22%	45%	44%	28%	7%	33%	20%	40%	44%	15%		

11위 Moise KEAN — 7.49
모이세 켄 2000.02.28 / 183cm / ITA

드디어 잠재력이 폭발했다. 세리에A의 19호 골을 넣으며 득점 랭킹 2위로 시즌을 마무리했다. 12라운드 베로나전에선 해트트릭도 작렬했다. 전체 105번의 슛 시도 중에서 51번의 유효 슈팅을 기록했다. 양발을 이용한 방향 전환이 좋고 골문 앞에서의 위치 선정이 뛰어나다. 과거 유벤투스 소속으로 데뷔하여 세리에A 2000년대생 최초의 득점자이기도 하다. 시장 가치는 5000만 유로, 추정 연봉은 320만 유로.

슈팅-득점	2024-25 피오렌티나					위치
83-18	31-1	2712	3	9.7-7.0	72%	CF
22-1						
● 105-19 LG-3	DR	TK	IC	■■	★	
● 0-0 RG-13	3.2-1.4	0.3-0.2	0.2	6-0	3	
● 2-1 HG-3						

G	xG	A	xA	SH	SG	PC	P%	SC	BT	DC	TK	IC	A%
상위	상위	하위	상위	상위	상위	하위	상위	하위	상위	상위	상위	하위	하위
18%	13%	39%	16%	14%	6%	44%	33%	6%	8%	6%	49%	17%	

12위 Ayoze PÉREZ — 7.47
아요세 페레스 1993.07.29 / 178cm / ESP

공격에 관여된 모든 포지션을 무리 없이 소화해낸다. 반 박자 빠른 슈팅과 공간을 이용한 창의적인 패스는 가장 큰 무기. 비야레알로 입단한 후 결정력이 높아졌다. 특히 지난 시즌은 리그에서 19번째 골을 넣으며 커리어 최다 골을 경신했다. 근육과 종아리 부상이 찾아왔어도 팀 내에서 가장 많은 골을 넣었다. 세비야와의 마지막 경기에선 햄스트링 부상으로 결장했다. 시장 가치는 1000만 유로, 추정 연봉은 208만 유로.

슈팅-득점	2024-25 비야레알					위치
61-18	22-8	1978	2	13.1-10.2	78%	CF
14-1						
● 75-19 LG-4	DR	TK	IC	■■	★	
● 0-0 RG-11	2.6-1.2	1.5-0.9	0.3	4-0	4	
● 0-0 HG-4						

G	xG	A	xA	SH	SG	PC	P%	SC	BT	DC	TK	IC	A%
상위	상위	상위	상위	상위	상위	상위	상위	상위	상위	상위	상위	상위	하위
6%	18%	34%	15%	20%	19%	11%	23%	5%	2%	16%	7%	11%	12%

유럽 5대리그 센터포워드 항목별 랭킹(90분 기준 기록, 100분율)

13위 Julián ALVAREZ — 7.47
홀리안 알바레스 2000.01.31 / 170cm / ARG

자신에게 맞는 옷을 입은 느낌. 불과 한 시즌 만에 아틀레티코가 가장 사랑하는 남자가 되었다. 클럽 역사상 최대 이적료를 지출한 보람마저 얻었다. 유연한 바디 페인팅으로 상대를 제치고, 정교한 볼 터치 능력을 바탕으로 공격 포인트를 양산한다. 특히 챔스 조별 예선 10경기에서 7골을 넣으며, 저평가 받던 분위기를 단숨에 반전시켰다. 좋은 흐름을 국대에서도 이어갔다. 시장 가치는 1억 유로, 추정 연봉은 832만 유로.

슈팅-득점	2024-25 아틀레티코 마드리드	위치
49-16 / 25-1	30-7 2521 4 23.9-18.9 79%	CF / LW / AM
74-17 LG-4 / 5-1 RG-12 / 4-4 HG-1	1.8-0.9 1.3-0.6 0.1 5-0 5	

G	xG	A	xA	SH	SG	PC	P%	SC	BT	DC	TK	IC	A%
상위 15%	상위 40%	상위 44%	상위 13%	상위 42%	상위 19%	상위 5%	상위 26%	상위 5%	상위 12%	상위 17%	상위 47%	하위 3%	

14위 Yoane WISSA — 7.47
요안 위자 1996.09.03 / 176cm / COD

시즌 초반 발목 부상으로 3경기 연속 결장했다. 그 외 모든 경기를 소화하며 리그 35경기에서 19골을 달성했다. 11라운드 본머스 전에선 멀티골을 넣었다. 18.59의 xG값을 넘었고, 90번의 슈팅 중 43번의 유효 슈팅을 기록했다. 프랑스와 콩고의 이중 국적자. 2020년 콩고 국가 대표팀에서 부름을 받아 주축 공격수로 뛰고 있다. 첫 A매치 골은 모로코 전에서 나왔다. 시장 가치는 3200만 유로, 추정 연봉은 154만 유로.

슈팅-득점	2024-25 브렌포드 시티	위치
77-19 / 13-0	34-1 2930 4 16.0-12.8 80%	CF / AM
90-19 LG-5 / 0-0 RG-10 / 0-0 HG-4	1.5-0.5 1.0-0.5 0.2 5-0 5	

G	xG	A	xA	SH	SG	PC	P%	SC	BT	DC	TK	IC	A%
상위 22%	상위 19%	상위 47%	상위 29%	상위 30%	상위 21%	상위 48%	상위 14%	상위 33%	상위 42%	상위 39%	상위 36%		

15위 Lautaro MARTÍNEZ — 7.47
라우타로 마르티네스 1997.08.22 / 174cm / ARG

인테르의 주장. 2024-25시즌이 끝난 후 구단 역사상 6번째로 많은 골을 넣은 선수가 되었다. 하지만 팀은 챔피언스리그 결승에서 패했고, 리그 우승은 나폴리에 내줬다. 아쉬움이 많이 남았던 시간. 그로 인해 이번 시즌 성공에 대한 동기 부여는 확실하다. 같은 국적의 아내와 1남 1녀의 자녀를 두고 있다. 스포츠 브랜드 나이키의 메인모델로도 각종 광고에 등장한다. 시장 가치는 9500만 유로, 추정 연봉은 2037만 유로.

슈팅-득점	2024-25 인테르 밀란	위치
84-11 / 18-1	31-0 2579 3 19.7-15.2 77%	CF
102-12 LG-5 / 0-0 RG-5 / 0-0 HG-3	1.5-0.5 1.4-1.0 0.3 1-0 4	

G	xG	A	xA	SH	SG	PC	P%	SC	BT	DC	TK	IC	A%
상위 22%	상위 30%	하위 28%	상위 28%	상위 17%	상위 11%	상위 28%	상위 23%	상위 21%	상위 39%	상위 15%	상위 6%	상위 24%	

16위 Ante BUDIMIR — 7.45
안테 부디미르 1991.07.22 / 190cm / CRO

라리가에서 20골을 돌파했다. 커리어를 통틀어 가장 많은 골을 넣었던 시즌이었다. 장신이지만 왼발 테크닉이 뛰어나다. 오사수나의 PK 전담 키커로서, 8번의 상황에서 모두 골망을 흔들었다. 특히 기회가 생기면 PA 외곽에서 왼발 슈팅을 시도한다. 좋은 경기 감각을 국가 대표팀에서도 보여주고 있다. 2025년 3월 프랑스와의 네이션스 리그 경기에선 선제골도 기록했다. 시장 가치는 500만 유로, 추정 연봉은 135만 유로.

슈팅-득점	2024-25 오사수나	위치
91-21 / 8-0	34-4 2966 4 11.2-6.4 57%	CF
99-21 LG-13 / 0-0 RG-0 / 8-8 HG-7	1.2-0.4 0.8-0.5 0.1 4-0 5	

G	xG	A	xA	SH	SG	PC	P%	SC	BT	DC	TK	IC	A%
상위 16%	상위 23%	상위 48%	상위 9%	상위 31%	상위 49%	상위 1%	상위 2%	상위 11%	상위 10%	상위 15%	상위 49%	상위 12%	상위 20%

17위 Patrik SCHICK — 7.44
파트리크 쉬크 1996.01.24 / 191cm / CZE

레버쿠젠의 선봉장. 리그 21득점을 기록하며 리그 득점 랭킹 2위에 올랐다. 31경기에서 선발로 출전한 경기는 단 19경기. 교체로 나와 순도 높은 골을 터트리며 팀의 승점 획득에 일조했다. 191m의 큰 체격에 파워가 좋고, 박스 안에서 여러 패턴으로 슛을 기록한다. 포스트 플레이를 통해 동료에게 찬스를 제공하나, 좁은 공간에서의 연계 플레이는 다소 취약한 편이다. 시장 가치는 2700만 유로, 추정 연봉은 750만 유로.

슈팅-득점	2024-25 바이에르 레버쿠젠	위치
62-19 / 7-2	19-12 1687 0 11.8-9.2 78%	CF / AM
69-21 LG-11 / 0-0 RG-3 / 1-1 HG-6	0.8-0.3 0.3-0.2 0.1 4-0 6	

G	xG	A	xA	SH	SG	PC	P%	SC	BT	DC	TK	IC	A%
상위 2%	상위 15%	하위 4%	하위 13%	상위 9%	상위 37%	상위 11%	상위 32%	상위 44%	상위 46%	상위 33%	상위 36%	상위 30%	

18위 Alexander SØRLOTH — 7.44
알렉산데르 설롯 1995.12.05 / 196cm / NOR

2024-25시즌 35R 소시에다드 전에서 4골을 성공시켰다. 주로 오른발을 사용하지만, 이날만큼은 왼발로 3골을 넣었다. 마지막 라운드에서도 해트트릭을 넣었고, 시즌 20호골로 마무리했다. 리그에선 근육 부상으로 1경기만 결장했고 컨디션 조절에도 만족할만한 시즌이었다. 노르웨이 국가 대표팀에서도 좋은 흐름을 이어가며 월드컵 예선의 무패 행진에 크게 일조했다. 시장 가치는 2500만 유로, 추정 연봉은 624만 유로.

슈팅-득점	2024-25 아틀레티코 마드리드	위치
72-20 / 15-20	1563 2 9.8-6.5 66%	CF / RW
79-20 LG-13 / 0-0 RG-4 / 1-1 HG-3	1.1-0.4 0.4-0.3 0.0 4-0 3	

G	xG	A	xA	SH	SG	PC	P%	SC	BT	DC	TK	IC	A%
상위 1%	상위 4%	상위 38%	상위 31%	상위 3%	상위 44%	상위 22%	상위 67%	상위 45%	상위 28%	상위 39%	상위 33%	상위 2%	

19위 Jarrod BOWEN — 7.44
재러드 보웬 1996.12.20 / 175cm / ENG

웨스트햄의 주장. 2020년 5년 계약을 맺었으다. 5년이 흐른 지금까지 알토란과 같은 활약을 보여주고 있다. 지난 시즌은 발 부상으로 4경기 연속 결장했다. 부상에서 돌아온 이후 15경기에서 8골과 5개의 어시스트를 기록했다. 팀의 사기를 높이기 위해 교통사고를 당한 팀 동료 안토니오를 골 세레모니를 통해 위로했다. 올해 6월 결혼식을 올렸고, 슬하에 쌍둥이 딸이 있다. 시장 가치는 4000만 유로, 추정 연봉은 780만 유로.

슈팅-득점	2024-25 웨스트햄 유나이티드					위치
62-12 / 25-1	34-0	2980	8	20.6-16.3	79%	CF / RW / AM
● 87-13 LG-11 / ○ 1-0 RG-0 / ● 1-1 HG-3	DR 3.7-1.4	TK 1.8-1.2	IC 0.5	🟨🟥 1-0	★ 5	

G	xG	A	xA	SH	SG	PC	P%	SC	BT	DC	TK	IC	A%
하위	상위	상위	상위	상위	상위	상위	상위	상위	상위	상위	상위	상위	하위
47%	12%	16%	9%	38%	35%	19%	42%	8%	23%	11%	7%	3%	2%

20위 Jonathan BURKARDT — 7.43
요나탄 부르카르트 2000.07.11 / 181cm / GER

지난 시즌 멀티골을 터트린 경기만 4경기. 득점 랭킹 4위에 오르며 시즌을 마쳤다. 팀의 유망주에서 주전 공격수로 완전히 거듭났다. 첫 경기부터 주장 완장을 찼고, 시즌 35라운드부턴 3경기 연속골도 성공시켰다. 2025년 2100만 유로로 프랑크푸르트와 서명했다. 다름슈타트에서 출생했고, 마인츠에서 프로에 데뷔했다. 2024년 성인 국가 대표팀에 부름을 받았다. 시장 가치는 3500만 유로, 추정 연봉은 189만 유로.

슈팅-득점	2024-25 마인츠 05					위치
63-16 / 9-2	28-1	2126	2	17.1-12.8	75%	CF
● 72-18 LG-4 / ○ 0-0 RG-9 / ● 2-2 HG-3	DR 1.4-0.7	TK 0.8-0.5	IC 0	🟨🟥 0-0	★ 4	

G	xG	A	xA	SH	SG	PC	P%	SC	BT	DC	TK	IC	A%
상위	상위	상위	상위	상위	상위	상위	상위	상위	상위	상위	상위	상위	하위
10%	16%	31%	37%	23%	27%	32%	39%	42%	29%	43%	47%	8%	1%

21위 Chris WOOD — 7.41
크리스 우드 1991.12.07 / 191cm / NZL

노팅엄의 고공 행진을 이끈 베테랑. 골문 앞에서의 존재감이 대단했다. 30대 중반의 나이지만, 커리어를 통틀어 가장 많은 골을 넣은 시즌이었다. 13.35의 xG값을 초월한 행보였다. 68개의 슈팅 시도 중에서 35번의 유효 슈팅을 기록했다. 지난 시즌 리그에서 딱 한 번의 크로스만 시도한 것으로 알려져서 화제가 되었다. 골반 부상으로 2경기 연속 결장하기도 했다. 시장 가치는 1000만 유로, 추정 연봉은 554만 유로.

슈팅-득점	2024-25 노팅엄 포리스트					위치
56-19 / 12-1	35-1	2978	3	13.5-8.8	65%	CF
● 68-20 LG-3 / ○ 0-0 RG-9 / ● 3-3 HG-8	DR 0.4-0.1	TK 0.4-0.2	IC 0.1	🟨🟥 1-0	★ 2	

G	xG	A	xA	SH	SG	PC	P%	SC	BT	DC	TK	IC	A%
상위	상위	하위	상위	상위	상위	하위	하위	하위	상위	하위	하위	상위	상위
20%	49%	34%	28%	21%	50%	11%	19%	10%	8%	1%	4%	49%	49%

22위 Ludovic AJORQUE — 7.41
뤼도빅 아조르케 1994.02.25 / 197cm / FRA

196m의 압도적인 신체 조건에 탁월한 득점력까지 보유하고 있다. 큰 키임에도 볼 테크닉이 뛰어나고 유연한 드리블 돌파와 연계 플레이도 좋은 편이다. 왼발을 주로 사용하며 공중전에서 강점을 보인다. 2024-25시즌 2번의 PK 획득을 기록했다. 마다가스카르 동쪽에 자리 잡은 레위니옹 출신. 2018년 마다가스카르 성인 국가 대표팀에서 데뷔를 요청받았지만, 거절했다. 시장 가치는 400만 유로, 추정 연봉은 216만 유로.

슈팅-득점	2024-25 브레스트					위치
49-12 / 5-1	29-2	2505	2	21.4-15.0	70%	CF
● 54-13 LG-7 / ○ 0-0 RG-1 / ● 1-0 HG-5	DR 0.6-0.3	TK 1.5-0.7	IC 5-0	🟨🟥	★ 3	

G	xG	A	xA	SH	SG	PC	P%	SC	BT	DC	TK	IC	A%
하위	상위	상위	상위	상위	상위	상위	상위	상위	상위	상위	상위	상위	상위
43%	28%	47%	26%	17%	32%	27%	45%	35%	38%	17%	31%	49%	11%

23위 Gaëtan LABORDE — 7.39
가에탄 라보르드 1994.05.03 / 181cm / FRA

보르도의 아카데미 출신. 2011년 프로 무대에 데뷔했다. 레드 스타의 임대 시절만 제외하면 선수 생활 내내 리그앙에서 보냈다. 2022년 니스와 4년 계약을 맺었다. 지난 시즌 초반 골절 부상으로 2달 가까이 결장했다. 중반을 지나 12월의 끝 무렵, 4경기에서 5골을 넣으며 반전에 성공했다. 2011년에는 프랑스의 U-17 대표팀 소속으로 FIFA U-17 월드컵에 출전했었다. 시장 가치는 600만 유로, 추정 연봉은 385만 유로.

슈팅-득점	2024-25 니스					위치
61-9 / 13-2	20-8	1840	4	16.8-12.3	73%	CF / LW
● 74-11 LG-10 / ○ 0-0 RG-1 / ● 4-4 HG-0	DR 1.4-0.7	TK 1.1-0.7	IC 0.2	🟨🟥 1-0	★ 3	

G	xG	A	xA	SH	SG	PC	P%	SC	BT	DC	TK	IC	A%
상위	상위	상위	상위	하위	상위	상위	상위	상위	상위	상위	상위	상위	상위
39%	36%	18%	19%	19%	40%	22%	50%	19%	26%	27%	37%	7%	11%

24위 Valentín CASTELLANOS — 7.38
발렌틴 카스테야노스 1998.10.03 / 178cm / ARG

임모빌레의 이적은 절호의 기회였다. 단숨에 주전 공격수로 올라섰고, 페드로와 함께 팀 내에서 최다 득점자가 되었다. 전방 압박을 적극적으로 하는 편. 거친 파울도 잦아 경고 누적으로 인한 결장과 퇴장까지 당했다. 25라운드 나폴리 전에서 내전근 부상으로 인해 경기력이 감퇴하기도 했다. 올림픽 대표팀을 거쳤고, 2024년 아르헨티나 국가 대표팀에서 데뷔했다. 시장 가치는 2500만 유로, 추정 연봉은 231만 유로.

슈팅-득점	2024-25 라치오					위치
77-10 / 31-0	28-1	2396	3	17.7-12.4	70%	CF
● 108-10 LG-1 / ○ 3-0 RG-9 / ● 3-2 HG-0	DR 1.4-0.7	TK 0.8-0.5	IC 8-1	🟨🟥	★ 4	

G	xG	A	xA	SH	SG	PC	P%	SC	BT	DC	TK	IC	A%
하위	상위	상위	상위	상위	상위	상위	상위	상위	상위	상위	상위	상위	상위
49%	38%	37%	44%	6%	24%	44%	28%	25%	46%	48%	45%	46%	14%

25위 Mohammed AMOURA — 7.38
모하메드 아모우라 2000.05.09 / 170cm / ALG

알제리의 지젤 고향. 세티프를 시작으로 루카노와 위니오를 거쳤다. 두 클럽 모두에서 트로피를 들었고, 지난 시즌 볼프스부르크와 임대 계약을 맺었다. 입단 첫해에 두 자릿수 득점에 성공했다. 170cm의 단신이지만 왕성한 활동량과 적극적인 수비 가담이 돋보인다. 역습 상황에서 빠른 발을 이용한 직선 드리블 구사가 특기. 2021년 알제리 국대에 부름을 받았다. 시장 가치는 3200만 유로, 추정 연봉은 47만 유로.

슈팅-득점		2024-25 볼프스부르크					위치
56-10							CF
19-0		29-2	2485	9	22.9-16.7	73%	LW
● 75-10	LG-1	DR	TK	IC	■■	★	
● 0-0	RG-8						
● 2-2	HG-1	2.9-1.2	1.7-0.9	0.3	6-0	3	

G	xG	A	xA	SH	SG	PC	P%	SC	BT	DC	TK	IC	A%
하위	하위	상위	상위	상위	상위	상위	하위	상위	상위	상위	상위	상위	하위
41%	27%	2%	28%	36%	43%	12%	48%	19%	10%	9%	14%	19%	14%

26위 Florian THAUVIN — 7.37
플로리앙 토뱅 1993.01.26 / 179cm / FRA

우디네세 최고의 스타. 지난 시즌부터 팀의 주장까지 역임했다. 39번의 기회 창출과 78.5%의 패스 성공률을 기록했다. 수비 상황에서는 적극적인 가로채기를 시도한 편. 하지만 단 하나의 경고 카드도 받지 않았다. 29라운드부터 발 부상으로 일찌감치 시즌 아웃이 되었다. 그가 이탈한 이후 팀은 1승 밖에 거두지 못했다. 곱상하고 잘생긴 외모로도 화제를 불러 모았다. 시장 가치는 500만 유로, 추정 연봉은 231만 유로.

슈팅-득점		2024-25 우디네세					위치
33-7							CF
21-1		24-1	1971	3	25.4-20.1	79%	RW
● 54-8	LG-7	DR	TK	IC	■■	★	
● 3-0	RG-0						
● 3-1	HG-1	3.6-1.7	1.5-0.9	0.3	0-0	4	

G	xG	A	xA	SH	SG	PC	P%	SC	BT	DC	TK	IC	A%
하위	상위	하위	상위	상위	상위	상위	하위	상위	상위	상위	상위	상위	하위
42%	45%	42%	15%	44%	37%	5%	30%	3%	4%	23%	22%	23%

27위 Alexandre LACAZETTE — 7.36
알렉산드르 라카제트 1991.05.28 / 175cm / FRA

PK 전담 키커. 6번 시도 중 한 번만 실패했다. 59번의 슈팅 시도 중에서 유효 슈팅의 시도 수는 37번. 다양한 슈팅 기술을 지녔고, 2선으로 빠져 시도하는 킬 패스가 뛰어나다. 리옹의 살아있는 레전드. 이번 시즌 리옹을 떠나게 되었으며, 클럽 역사상 두 번째로 많은 득점자다. 프랑스 연령별 대표팀에서 모두 뛴 엘리트지만, 성인 대표팀에서의 행보는 다소 아쉬웠다. 시장 가치는 600만 유로, 추정 연봉은 600만 유로.

슈팅-득점		2024-25 올랭피크 리옹					위치
52-15							CF
7-0		24-6	2061	2	17.6-13.0	74%	
● 59-15	LG-5	DR	TK	IC	■■	★	
● 1-0	RG-10						
● 6-5	HG-0	1.0-0.5	0.8-0.4	5-0	2		

G	xG	A	xA	SH	SG	PC	P%	SC	BT	DC	TK	IC	A%
상위	상위	하위	상위	상위	상위	상위	상위	상위	상위	상위	상위	상위	하위
14%	9%	43%	19%	40%	4%	17%	35%	18%	28%	50%	38%	15%	11%

28위 Ollie WATKINS — 7.34
올리 왓킨스 1995.12.30 / 180cm / ENG

단 한 번의 부상도 없었다. 시즌 전 경기에 출장했지만, 아쉬움이 많았던 시즌이었다. 팀에서 최다 득점자로 시즌을 마쳤지만, 더 많은 골을 기록할 수도 있었다. 자메이카와 잉글랜드의 이중 국적자. 모친은 프로 가수 출신이다. 2021년 산 마리노와의 월드컵 예선전에서 데뷔했고 그 경기에서 데뷔골까지 넣었다. 투헬호의 출범 이후 성인 국가 대표팀과의 인연은 없다. 시장 가치는 4000만 유로, 추정 연봉은 801만 유로.

슈팅-득점		2024-25 애스턴 빌라					위치
81-16							CF
3-0		31-7	2612	8	10.9-8.1	74%	
● 84-16	LG-4	DR	TK	IC	■■	★	
● 0-0	RG-8						
● 2-2	HG-4	1.0-0.3	0.5-0.3	0.2	2-0	3	

G	xG	A	xA	SH	SG	PC	P%	SC	BT	DC	TK	IC	A%
상위	상위	상위	상위	상위	상위	상위	상위	상위	상위	상위	상위	상위	상위
40%	28%	3%	22%	35%	28%	22%	39%	48%	13%	19%	12%	26%	43%

29위 Kai HAVERTZ — 7.34
카이 하베르츠 1999.06.11 / 193cm / GER

2024-25시즌 24라운드 맨체스터 시티 전에서 1골과 1도움을 기록했다. 분위기가 좋았지만, 그 뒤로 심각한 햄스트링 부상을 당했다. 시즌 아웃 판정을 받았지만, 다행히 37라운드에 복귀했다. 2024년 9월 독일 국가 대표팀의 주장단으로 선출되었다. 독일 명문 레버쿠젠의 아카데미 출신. 과거 프로 무대 데뷔 당시, 분데스리가 역사상 최연소 기록을 경신했다. 시장 가치는 6500만 유로, 추정 연봉은 2033만 유로.

슈팅-득점		2024-25 아스널 FC					위치
47-8							CF
6-1		21-2	1875	3	21.8-17.4	80%	AM
● 53-9	LG-5	DR	TK	IC	■■	★	RW
● 0-0	RG-2						LW
● 0-0	HG-1	1.8-0.5	1.2-0.7	0.3	5-0	1	

G	xG	A	xA	SH	SG	PC	P%	SC	BT	DC	TK	IC	A%
상위	상위	상위	상위	상위	상위	상위	상위	상위	상위	하위	상위	상위	상위
35%	41%	35%	39%	20%	8%	6%	44%	12%	42%	33%	35%	6%	38%

30위 Danny WELBECK — 7.33
대니 웰벡 1990.11.26 / 185cm / ENG

맨체스터 유나이티드 아카데미 졸업생. 퍼거슨 감독의 총애를 받으면서 프로에 데뷔했다. 2020년 브라이튼과 FA 계약을 맺었다. 어린 시절부터 롤 모델이던 앙리와 플레이 스타일이 비슷하다. 나이가 차면서 측면보다는 중앙 집중형 공격수로 자리를 잡고 있다. 지난 시즌 리그에서 두 자릿수 골을 넣었고, 브라이튼 역사상 EPL에서 가장 많은 골을 넣은 스트라이커가 되었다. 시장 가치는 500만 유로, 추정 연봉은 369만 유로.

슈팅-득점		2024-25 브라이튼&HA					위치
43-9							CF
17-1		24-6	2123	4	16.2-13.9	86%	
● 60-10	LG-2	DR	TK	IC	■■	★	
● 9-1	RG-6						
● 1-1	HG-2	1.2-0.5	1.3-0.9	0.2	5-0	3	

G	xG	A	xA	SH	SG	PC	P%	SC	BT	DC	TK	IC	A%
상위	상위	상위	상위	상위	상위	상위	상위	상위	상위	상위	상위	상위	하위
46%	50%	30%	12%	44%	49%	18%	1%	40%	47%	45%	11%	48%	28%

유럽 5대리그 센터포워드 항목별 랭킹 (90분 기준 기록, 100분율)

31위 Marvin DUCKSCH — 7.33
마빈 둑슈 1994.03.07 / 188cm / GER

브레멘의 7번. 2024-25시즌도 브레멘의 공격에 있어서 가장 큰 부분을 담당했다. 16개의 공격 포인트를 얻었다. 10.11 xG값보다는 적게 득점하여 아쉬움을 남겼다. 공중볼 제공권에서 엄청난 위력을 발휘하는 편. 워낙 파워가 좋아 문전에서 확실한 포스트 플레이를 펼친다. 상황에 따라서는 측면으로 빠지면서 크로스를 시도한다. 지난 시즌 총 44번의 크로스를 기록했다. 시장 가치는 600만 유로, 추정 연봉은 226만 유로.

슈팅-득점	2024-25 베르더 브레멘						위치
52-6	⏱	A	P	P%			CF
20-2	30-2	2439	8	22.8-16.2	71%		
● 72-8 LG-0	DR	TK	IC	🟨🟥	★		
● 8-1 RG-7	0.6-0.2	0.7-0.3	0.3	3-0	4		
● 2-1 HG-1							

G	xG	A	xA	SH	SG	PC	P%	SC	BT	DC	TK	IC	A%
하위	하위	상위	상위	상위	상위	상위	하위	하위	상위	상위	하위	상위	하위
28%	46%	7%	2%	38%	43%	6%	11%	4%	9%	7%	23%	27%	41%

32위 Jonathan DAVID — 7.33
조너선 데이비드 2000.01.14 / 178cm / CAN

릴에서 PK를 전담할 정도로 침착하다. 2024-25시즌을 끝으로 팀과의 오랜 여정을 마쳤다. 5년 내내 리그 두 자릿수 골을 넣었고, 클럽 역사상 세 번째로 많은 골을 넣은 선수가 되었다. 문전 앞에서의 순간 움직임이 빠르고 영리하다. 골 냄새를 잘 맡고 다양한 형태의 슈팅 자세를 보여준다. 많은 스카우터들이 노렸지만, 이번 시즌에 유벤투스와 FA 계약을 맺었다. 시장 가치는 4500만 유로, 추정 연봉은 195만 유로.

슈팅-득점	2024-25 릴 OSC						위치
64-16	⏱	A	P	P%			CF
9-0	28-4	2558	5	21.1-17.5	83%		AM
● 73-16 LG-4	DR	TK	IC	🟨🟥	★		
● 0-0 RG-11	1.4-0.7	1.1-0.8	0.2	4-0	5		
● 7-6 HG-1							

G	xG	A	xA	SH	SG	PC	P%	SC	BT	DC	TK	IC	A%
상위	상위	상위	상위	상위	상위	상위	상위	상위	상위	상위	상위	상위	하위
19%	43%	28%	44%	40%	41%	9%	2%	30%	25%	34%	36%	39%	5%

33위 Emanuel EMEGHA — 7.33
에마뉘엘 에메가 2003.02.03 / 195cm / NED

네덜란드가 기대하고 있는 '슈퍼' 기대주. 양발을 잘 쓰며 측면에서 중앙으로 침투해 골대 빈 곳을 정확히 노린다. 2m에 가까운 장신임에도 민첩하다. 간결한 볼 터치와 빠른 주력은 역습 상황에서 가장 큰 장점이다. 토고와 나이지리아의 혈통을 갖고 있다. 지난 시즌은 중반 무릎 부상으로 5경기 연속 결장하기도 했다. 자국 명문 스파르타 로테르담의 아카데미 출신이다. 시장 가치는 2500만 유로, 추정 연봉은 75만 유로.

슈팅-득점	2024-25 스트라스부르						위치
58-13	⏱	A	P	P%			CF
3-1	27-0	2308	3	12.3-10.0	81%		AM
● 61-14 LG-8	DR	TK	IC	🟨🟥	★		
● 0-0 RG-4	1.1-0.4	0.4-0.2	0.1	6-0	2		
● 0-0 HG-2							

G	xG	A	xA	SH	SG	PC	P%	SC	BT	DC	TK	IC	A%
상위	상위	상위	하위	하위	상위	하위	하위	하위	하위	하위	하위	하위	상위
23%	10%	50%	39%	48%	13%	19%	5%	7%	4%	10%	9%	7%	48%

34위 Romelu LUKAKU — 7.31
로멜루 루카쿠 1993.05.13 / 191cm / BEL

나폴리의 스쿠데토 정복에 일조했다. 리그 36경기에 출전하여 10-10 공격 포인트를 넘었다. 지난 시즌 데뷔전에서 데뷔골을 성공시켰고, 리그 마지막 라운드에서도 추가 골을 넣었다. 이번 시즌은 유럽 대항전에 복귀해 많은 기대감을 주고 있다. 대표팀 역사상 최다골 사나이. 그가 넣는 골은 모두 다 역사로 귀결된다. 다만 팀과의 마찰이 끊이지 않은 점은 흠이다. 시장 가치는 2200만 유로, 추정 연봉은 1025만 유로.

슈팅-득점	2024-25 나폴리						위치
56-14	⏱	A	P	P%			CF
8-0	35-1	2871	10	13.9-9.9	71%		
● 64-16 LG-12	DR	TK	IC	🟨🟥	★		
● 1-0 RG-1	0.7-0.6	0.2-0.1	0.0	4-0	1		
● 4-3 HG-1							

G	xG	A	xA	SH	SG	PC	P%	SC	BT	DC	TK	IC	A%
상위	상위	상위	상위	하위	상위	하위	상위	상위	하위	하위	하위	하위	상위
44%	50%	5%	39%	17%	10%	24%	33%	6%	5%	1%	5%	5%	45%

35위 Arnaud KALIMUENDO — 7.30
아르노 칼리무엔도 2002.01.20 / 178cm / FRA

콩고와 프랑스의 이중 국적을 가졌다. 프랑스 국가대표팀의 차세대 공격수 중 하나로 기대에 부응하는 성장세를 주고 있다. 발이 상당히 빠르고 완급 조절만으로도 상대 선수의 타이밍을 뺏는다. 자국에서 개최되었던 파리 올림픽, 주전 공격수로 참여했고, 은메달을 목에다가 걸었다. 2024-25시즌 13 라운드 생테티엔 전에서 프로 무대의 첫 해트트릭을 달성했다. 시장 가치는 2200만 유로, 추정 연봉은 150만 유로.

슈팅-득점	2024-25 스타드 렌						위치
63-17	⏱	A	P	P%			CF
13-0	31-2	2592	3	17.8-14.4	81%		LW
● 76-17 LG-4	DR	TK	IC	🟨🟥	★		AM
● 1-0 RG-11	1.9-0.7	0.8-0.6	0.1	2-0	3		
● 8-5 HG-2							

G	xG	A	xA	SH	SG	PC	P%	SC	BT	DC	TK	IC	A%
상위	상위	하위	상위	상위	상위	상위	하위	하위	상위	상위	하위	하위	하위
21%	27%	44%	22%	47%	40%	26%	7%	25%	40%	38%	45%	31%	10%

36위 Alexander BERNHARDSSON — 7.30
알렉산데르 베른하르드손 1998.09.08 / 185cm / SWE

홀슈타인 킬의 해결사. 2년 전 클럽의 1부 리그 승격을 도왔다. 지난 시즌은 여러모로 아쉬운 점이 많았다. 종아리와 무릎 부상으로 인해 리그 경기를 반만 소화했다. 부상 복귀 후 10개의 공격 포인트를 기록했지만, 팀은 다시 2부 리그로 강등되었다. 2025년 6월 오랜만에 스웨덴 국가대표팀에도 복귀했다. 알제리와의 친선전에서는 어시스트까지 기록했었다. 시장 가치는 300만 유로, 추정 연봉은 48만 유로.

슈팅-득점	2024-25 홀슈타인 킬						위치
16-5	⏱	A	P	P%			CF
11-2	15-4	1271	4	14.7-9.4	64%		RW
● 27-7 LG-5	DR	TK	IC	🟨🟥	★		AM
● 0-0 RG-0	2.9-1.3	2.1-1.5	0.3	3-0	2		
● 0-0 HG-2							

G	xG	A	xA	SH	SG	PC	P%	SC	BT	DC	TK	IC	A%
상위	하위	상위	하위	상위	상위	상위	상위	상위	상위	상위	상위	하위	하위
32%	21%	40%	33%	19%	45%	47%	6%	27%	17%	4%	1%	13%	31%

유럽 5대리그 센터포워드 항목별 랭킹(90분 기준 기록, 100분율)

37위 Benjamin SESKO — 7.29
벤야민 셰시코 2003.05.31 / 195cm / SLO

좁은 공간에서도 세밀한 볼 터치로 슈팅 찬스를 만든다. 양발 사용에 능숙하며 골문 앞에서의 침착함이 돋보인다. 2선에서 직접 볼 배급을 담당하기도 하며 빠른 전환 패스도 종종 시도한다. 박스 밖에서의 슛 비중도 높은 편. 지난 시즌은 3골이나 기록했다. 13라운드부터는 5경기 연속골도 넣었지만, 퇴장을 받아 한 풀 꺾이기도 했다. 2029년까지 재계약에 성공했다. 시장 가치는 7000만 유로, 추정 연봉은 566만 유로.

슈팅-득점		2024-25 RB 라이프치히					위치
43-10		⏱	A	P	P%		CF
25-3		30-3 2399	5	18.4-12.5	68%		AM
68-10	LG-1	DR	TK	IC	🟨	★	
0-0	RG-9				🟥		
2-2	HG-3	2.3-1.2	0.5-0.2	0.2	0-1	5	

G	xG	A	xA	SH	SG	PC	P%	SC	BT	DC	TK	IC	A%
상위	상위	상위	하위	상위	상위	하위	상위	하위	하위	하위	상위	하위	상위
25%	47%	33%	18%	41%	29%	41%	33%	30%	30%	11%	16%	40%	4%

38위 Adam HLOŽEK — 7.27
아담 흘로젝 2002.07.25 / 188cm / CZE

자신의 발전과 더 많은 기회를 얻기 위해 호펜하임으로 이적했다. 시즌 내내 주전 공격수로 뛰었고, 11개의 공격 포인트를 기록했다. 시즌 초반엔 극심한 골 가뭄에서 벗어나지 못했고, 설상가상으로 2월에는 발목 수술로 2달 가까이 결장했다. 체코의 엘리트 코스를 밟으면서, 2020년 국가 대표팀에 데뷔했다. 대표팀 내에선 주로 측면 공격수로 선발 출장하는 편이다. 시장 가치는 1800만 유로, 추정 연봉은 283만 유로.

슈팅-득점		2024-25 TSG 호펜하임					위치
39-7		⏱	A	P	P%		CF
20-1		22-5 1876	3	17.9-12.7	71%		AM
59-8	LG-2	DR	TK	IC	🟨	★	LW
1-0	RG-6				🟥		RW
0-0	HG-0	2.4-1.2	1.1-0.8	0.1	2-0	4	

G	xG	A	xA	SH	SG	PC	P%	SC	BT	DC	TK	IC	A%
상위	하위	상위	상위	하위	상위	상위	상위	하위	상위	하위	상위	하위	상위
49%	26%	35%	37%	22%	37%	25%	25%	17%	6%	10%	35%	21%	

39위 João PEDRO — 7.27
조앙 페드루 2001.09.26 / 182cm / BRA

8.90의 xG값을 훌쩍 넘겼다. 47번의 슈팅 시도 중 10골을 만들어냈고, 골 결정력에 있어서 합격점을 받았다. 특히 30번의 기회 창출이나 상대편 박스 안에서의 터치가 많았다. PK 획득도 3번이나 기록했다. 차분한 멘탈리티가 돋보였다. PK 전담 키커로 나와서 100%의 성공률을 자랑했다. 2025년 첼시와 5년 계약에 동의했다. 등번호는 에이스 파머의 20번을 이어받았다. 시장 가치는 4500만 유로, 추정 연봉은 00만 유로.

슈팅-득점		2024-25 브라이튼&HA					위치
37-10		⏱	A	P	P%		CF
10-0		23-4 1955	6	23.1-17.3	75%		AM
47-10	LG-1	DR	TK	IC	🟨	★	LW
0-0	RG-8				🟥		
5-5	HG-1	3.2-1.1	0.9-0.6	0.3	4-1	5	

G	xG	A	xA	SH	SG	PC	P%	SC	BT	DC	TK	IC	A%
상위	상위	상위	상위	하위	상위	상위	상위	상위	하위	상위	하위	상위	상위
41%	50%	12%	8%	19%	14%	5%	37%	10%	4%	10%	36%	5%	23%

40위 Jean-Philippe MATETA — 7.26
장-필립 마테타 1997.06.28 / 192cm / FRA

콩고계 프랑스 선수. 2024년 파리 올림픽에서 와일드카드로 참가해 은메달을 목에 걸었다. 2024-25시즌은 행복한 시즌이었다. 창단 120년 만에 처음으로 FA컵 대회 정상에 올랐다. 리그에서는 머리 부상으로 1경기만 결장했다. 14라운드 입스위치 전에는 93분에 극적인 골을 넣었고, 구단에게 귀중한 승점으로 이어졌다. 스포츠 브랜드 아디다스의 모델로도 활약한다. 시장 가치는 3000만 유로, 추정 연봉은 308만 유로.

슈팅-득점		2024-25 크리스탈 팰리스					위치
53-12		⏱	A	P	P%		CF
17-2		33-4 2659	2	11.5-7.8	68%		
70-4	LG-6	DR	TK	IC	🟨	★	
0-0	RG-8				🟥		
2-2	HG-0	1.2-0.6	08-0.5	0.1	2-0	3	

G	xG	A	xA	SH	SG	PC	P%	SC	BT	DC	TK	IC	A%
상위	상위	하위	상위	상위	하위	상위	상위	상위	상위	상위	상위	상위	하위
36%	39%	24%	47%	43%	46%	13%	23%	47%	17%	44%	50%	14%	36%

41위 Nicolas JACKSON — 7.25
니콜라스 잭슨 2001.06.20 / 186cm / SEN

드록바를 꿈꾸며 영입한 공격수. 2년차에 접어들었지만, 현재까지의 성적표는 만족스럽지 못하다. 12.34의 xG값을 넘기지 못했고 슈팅 시도도 부족했다. 특히 챔피언스리그 진출이 걸린 36라운드에서 퇴장당했고, 팀의 멘탈리티에 부정적인 모습을 몇 차례 보였다. 시즌 중반엔 햄스트링 부상으로 5경기 연속 결장했다. 2024년 10월 프리미어리그 이달의 골을 수상했다. 시장 가치는 5000만 유로, 추정 연봉은 616만 유로.

슈팅-득점		2024-25 첼시 FC					위치
68-9		⏱	A	P	P%		CF
8-1		28-2 2241	5	13.0-10.0	77%		
76-10	LG-1	DR	TK	IC	🟨	★	
0-0	RG-8				🟥		
0-0	HG-1	2.0-0.7	1.0-0.7	0.1	7-1	2	

G	xG	A	xA	SH	SG	PC	P%	SC	BT	DC	TK	IC	A%
하위	상위	상위	상위	상위	상위	상위	하위	상위	상위	상위	상위	상위	상위
48%	29%	21%	16%	22%	12%	33%	18%	22%	30%	39%	25%	26%	33%

42위 Fábio SILVA — 7.25
파비우 실바 2002.07.19 / 185cm / POR

페널티 박스 안에서 상대보다 유리한 위치를 찾아내 골망을 흔드는 공격수. 뛰어난 균형 감각으로 슈팅을 마무리하며 양발 사용에 능숙한 편. 과감한 드리블로 상대에게 파울을 자주 얻어낸다. 지난 시즌 획득한 파울만 해도 43번이었다. 라스 팔마스로 임대를 떠난 후 라리가에서 두 자릿수 골을 기록했다. 특히 15라운드 바르셀로나 원정에서의 결승골은 대단했다. 시장 가치는 2000만 유로, 추정 연봉은 00만 유로.

슈팅-득점		2024-25 라스 팔마스					위치
44-9		⏱	A	P	P%		CF
5-1		22-5 1877	3	18.3-12.6	69%		AM
49-10	LG-2	DR	TK	IC	🟨	★	LW
0-0	RG-7				🟥		
3-2	HG-1	2.3-1.0	0.9-0.5	0.2	7-0	2	

G	xG	A	xA	SH	SG	PC	P%	SC	BT	DC	TK	IC	A%
상위	상위	상위	상위	상위	상위	하위	상위	상위	하위	상위	상위	상위	상위
34%	45%	38%	44%	35%	48%	31%	42%	27%	21%	43%	42%	22%	

○ 유럽 5대리그 센터포워드 항목별 랭킹(90분 기준 기록, 100분율)

43위 Dominic SOLANKE 7.25
도미닉 솔란케   1997.09.14 / 187cm / ENG

토트넘 역사상 최다 이적료를 기록하며 입단했다. 모든 대회를 통틀어 24개의 공격 포인트를 올렸다. 부상이 잦은 편이었다. 시즌 초반엔 발목 부상, 중반에는 무릎 부상으로 한 달 가까이 결장했다. 일본 애니메이션의 골 세레모니를 즐겨한다. 매번 다른 가면으로 화제를 불러 모은다. 2025년 6월 여자친구와 결혼식을 올렸다. 나이지리아의 시민권도 가지고 있다. 시장 가치는 4000만 유로, 추정 연봉은 554만 유로.

슈팅-득점	2024-25 토트넘 핫스퍼	위치
56-9 / 4-0	25-2 2205 3 13.4-9.5 71%	CF
60-9 LG-2 / 0-0 RG-5 / 1-1 HG-2	DR 1.9-0.7 TK 1.1-0.7 IC 0.0 0-0 ★ 1	

G	xG	A	xA	SH	SG	PC	P%	SC	BT	DC	TK	IC	A%
상위 48%	상위 36%	상위 20%	상위 33%	상위 39%	상위 44%	하위 17%	하위 45%	하위 21%	하위 28%	상위 29%	상위 20%	상위 40%	

44위 Nick WOLTEMADE 7.23
닉 볼테마데   2002.02.14 / 198cm / GER

독일 명문 브레멘의 아카데미 출신. 지난 시즌 슈투트가르트와 4년 계약을 맺었다. 시즌 초반엔 교체 멤버로 출전했으나 13라운드에서 멀티 골을 터트렸다. 그 경기를 기점으로 출전 시간을 늘려갔다. 독일이 애지중지하게 키우고 있는 스트라이커. 연령별 대표팀에서 꾸준히 부름을 받았다. 유로 U-21 대회에서 득점왕을 차지했고, 나겔스만의 선택으로 국대 데뷔도 완료했다. 시장 가치는 3000만 유로, 추정 연봉은 47만 유로.

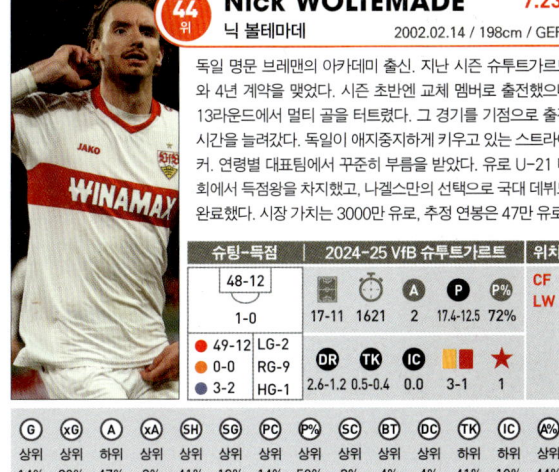

슈팅-득점	2024-25 VfB 슈투트가르트	위치
48-12 / 1-0	17-11 1621 2 17.4-12.5 72%	CF / LW
49-12 LG-2 / 0-0 RG-9 / 3-2 HG-1	DR 2.6-1.2 TK 0.5-0.4 IC 0.0 3-1 ★ 1	

G	xG	A	xA	SH	SG	PC	P%	SC	BT	DC	TK	IC	A%
상위 14%	상위 20%	상위 47%	하위 3%	상위 41%	상위 19%	상위 14%	상위 50%	상위 2%	하위 4%	상위 41%	상위 10%	상위 44%	

45위 Dušan VLAHOVIĆ 7.23
두산 블라호비치   2000.01.28 / 190cm / SRB

세르비아 출신 CF. 최전방과 2선을 자유롭게 넘나든다. 주 특기는 왼발 킥. 지난 시즌 세리에A에서 10골을 전부 왼발로만 넣었다. 강력하고 정확한 왼발로 중거리 슈팅이나 직접 프리킥을 구사한다. PK 전문 키커로 지난 시즌 4차례를 모두 성공시켰다. 큰 키를 활용한 공중전도 OK. 그러나 4~5년 전 피오렌티나 전성기 시절에 비해 득점력이 다소 낮아져 아쉽다. 시장 가치는 3500만 유로, 추정 연봉은 2222만 유로.

슈팅-득점	2024-25 유벤투스	위치
61-9 / 16-1	21-8 1786 4 12.2-8.8 72%	CF / AM
77-10 LG-10 / 7-0 RG-0 / 4-4 HG-0	DR 1.0-0.4 TK 0.3-0.1 IC 0.0 3-0 ★ 3	

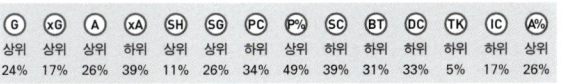

G	xG	A	xA	SH	SG	PC	P%	SC	BT	DC	TK	IC	A%
상위 24%	상위 17%	상위 26%	하위 39%	상위 11%	상위 26%	하위 34%	상위 49%	상위 39%	하위 31%	상위 33%	하위 5%	상위 17%	상위 26%

46위 Gonçalo RAMOS 7.22
곤살루 하모스   2001.06.20 / 185cm / POR

한풀 꺾인 기세다. 파리로 이적할 당시의 이적료는 6500만 유로. 현재의 가치는 감소했다. 기량의 회복이 가장 큰 이유다. 지난 시즌 초반 발목 부상으로 3개월 결장했다. 다행스러운 사실은 팀 성적은 고공 행진이라는 점. 시즌 33라운드 몽펠리에 전에서는 해트트릭을 기록하기도 했다. 55개의 전체 슈팅 중에서 32개의 유효 슈팅을 시도했다. 반전의 기회는 찾아온다. 시장 가치는 4000만 유로, 추정 연봉은 550만 유로.

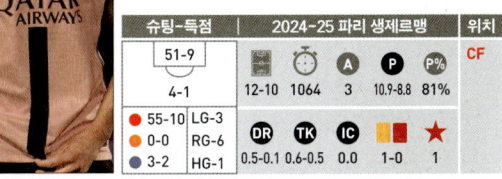

슈팅-득점	2024-25 파리 생제르맹	위치
51-9 / 4-1	12-10 1064 3 10.9-8.8 81%	CF
55-10 LG-3 / 0-0 RG-6 / 3-2 HG-1	DR 0.5-0.1 TK 0.6-0.5 IC 0.0 1-0 ★ 1	

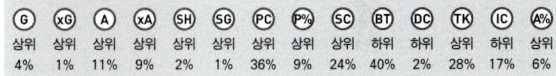

G	xG	A	xA	SH	SG	PC	P%	SC	BT	DC	TK	IC	A%
상위 4%	상위 1%	상위 11%	상위 2%	상위 1%	상위 36%	상위 9%	상위 40%	상위 2%	상위 28%	상위 17%	상위 6%		

47위 Thierno BARRY 7.21
티에르노 배리   2002.10.21 / 195cm / FRA

2024-25시즌 비야레알에서 가장 빛났던 선수. 리그에서 15개의 공격 포인트를 기록했다. 13라운드 레가네스와의 경기에서는 선수 생활 최초로 해트트릭을 달성했다. 기니와 프랑스의 이중 국적자. 리옹 출생으로 스위스 바젤에서 기량을 인정받았다. 2025년 유로 U-21 대회에서 주전 공격수로 활약했다. 평소 사복 차림일 땐 화려한 패션을 좋아하는 것으로 알려졌다. 시장 가치는 2000만 유로, 추정 연봉은 92만 유로.

슈팅-득점	2024-25 비야레알	위치
64-11 / 8-0	25-10 2325 4 9.7-6.0 62%	CF
72-11 LG-5 / 0-0 RG-6 / 1-1 HG-3	DR 1.4-0.5 TK 0.5-0.3 IC 0.0 4-0 ★ 4	

G	xG	A	xA	SH	SG	PC	P%	SC	BT	DC	TK	IC	A%
상위 45%	상위 34%	상위 34%	상위 45%	상위 33%	상위 45%	하위 44%	상위 28%	상위 52%	하위 11%	상위 41%	상위 30%	하위 5%	상위 1%

48위 Victor BONIFACE 7.21
빅터 보니페이스   2000.12.23 / 189cm / NGA

괴물과도 같은 피지컬을 자랑한다. 강력한 포스트 플레이를 강점으로 삼지만, 측면에서도 제법 준수한 무브먼트를 보여준다. 상대 수비 선수의 공간을 뚫고 들어가 낮게 깔아 시도하는 슈팅은 전매 특허. 다만 다소 투박한 볼 터치로 공격 기회를 쉽게 잃는 경우가 있다. 지난 시즌은 햄스트링과 질병으로 인해 리그 19경기만 출전했다. 선수 본인에겐 아쉬운 시즌이었다. 시장 가치는 4000만 유로, 추정 연봉은 200만 유로.

슈팅-득점	2024-25 바이에르 레버쿠젠	위치
43-8 / 8-0	12-7 1011 1 12.4-8.9 72%	CF / AM
51-8 LG-5 / 0-0 RG-2 / 1-0 HG-1	DR 1.8-0.9 TK 0.4-0.3 IC 0.0 2-0 ★ 2	

G	xG	A	xA	SH	SG	PC	P%	SC	BT	DC	TK	IC	A%
상위 15%	상위 8%	상위 26%	상위 28%	상위 1%	상위 7%	상위 43%	상위 44%	상위 27%	상위 5%	상위 36%	상위 6%	상위 9%	

○ 유럽 5대리그 센터포워드 항목별 랭킹 (90분 기준 기록, 100분율)

49위 Deniz UNDAV — 7.19
데니즈 운다프 1996.07.19 / 179cm / GER

하벨체에서 프로에 데뷔했다. EPL의 브라이튼에서 도전했지만 고배를 마셨다. 2023년 슈투트가르트로 임대를 떠나 재기에 성공했다. 지난 시즌 팀 내 유망주인 볼테마데와 좋은 호흡을 보였다. 시즌 5라운드까지 4골을 넣으며 '굿 스타트' 였지만, 근육 부상으로 6경기에 결장했다. 조부로 인해 터키에서 독일로 이주했다. 2024년 독일 국가 대표팀으로 데뷔했다. 시장 가치는 2000만 유로, 추정 연봉은 452만 유로.

슈팅-득점		2024-25 VfB 슈투트가르트				위치
61-7		20-7	1729	3	20.8-15.6 75%	CF
14-2						LW
75-9 LG-2						
0-0 RG-6		0.9-0.5	1.0-0.4	0.1	4-0 1	
0-0 HG-1						

G	xG	A	xA	SH	SG	PC	P%	SC	BT	DC	TK	IC	A%
상위 47%	상위 21%	상위 31%	상위 8%	상위 6%	상위 9%	상위 41%	상위 14%	상위 9%	하위 38%	하위 35%	하위 38%	하위 47%

50위 Antoine GRIEZMANN — 7.17
앙투안 그리즈만 1991.03.21 / 176cm / FRA

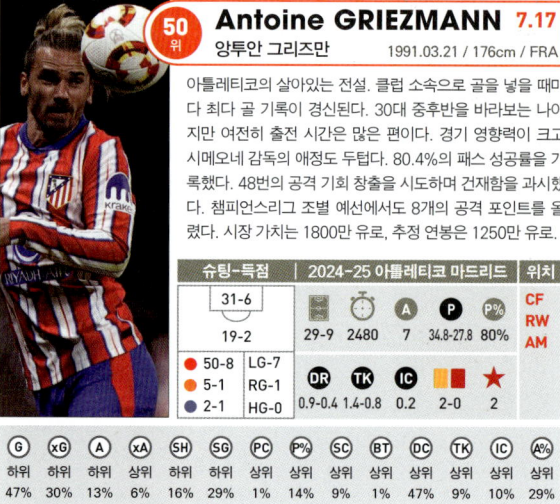

아틀레티코의 살아있는 전설. 클럽 소속으로 골을 넣을 때마다 최다 골 기록이 경신된다. 30대 후반을 바라보는 나이지만 여전히 출전 시간은 많은 편이다. 경기 영향력이 크고 시메오네 감독의 애정도 두텁다. 80.4%의 패스 성공률을 기록했다. 48번의 공격 기회 창출을 시도하며 건재함을 과시했다. 챔피언스리그 조별 예선에서도 8개의 공격 포인트를 올렸다. 시장 가치는 1800만 유로, 추정 연봉은 1250만 유로.

슈팅-득점		2024-25 아틀레티코 마드리드				위치
31-6		29-9	2480	7	34.8-27.8 80%	CF
19-2						RW
50-8 LG-7						AM
5-1 RG-1		0.9-0.4	1.4-0.8	0.2	2-0 2	
2-1 HG-0						

G	xG	A	xA	SH	SG	PC	P%	SC	BT	DC	TK	IC	A%
상위 47%	상위 30%	상위 13%	상위 6%	상위 16%	상위 29%	상위 14%	상위 9%	상위 1%	상위 47%	상위 9%	상위 10%	상위 29%

51위 Raúl JIMÉNEZ — 7.17
라울 히메네스 1991.05.05 / 190cm / MEX

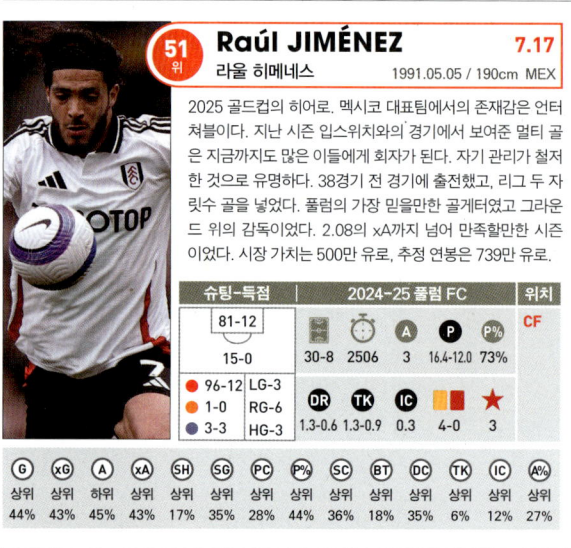

2025 골드컵의 히어로. 멕시코 대표팀에서의 존재감은 언터쳐블이다. 지난 시즌 입스위치와의 경기에서 보여준 멀티 골은 지금까지도 많은 이들에게 회자가 된다. 자기 관리가 철저한 것으로 유명하다. 38경기 전 경기에 출전했고, 리그 두 자릿수 골을 넣었다. 풀럼의 가장 믿을만한 골게터였고 그라운드 위의 감독이었다. 2.08의 xA까지 넘어 만족할만한 시즌이었다. 시장 가치는 500만 유로, 추정 연봉은 739만 유로.

슈팅-득점		2024-25 풀럼 FC				위치
81-12		30-8	2506	3	16.4-12.0 73%	CF
15-0						
96-12 LG-3						
1-0 RG-6		1.3-0.6	1.3-0.9	0.3	4-0 3	
3-3 HG-3						

G	xG	A	xA	SH	SG	PC	P%	SC	BT	DC	TK	IC	A%
상위 44%	상위 43%	하위 45%	상위 43%	상위 17%	상위 35%	상위 44%	상위 36%	상위 15%	상위 35%	하위 6%	하위 12%	상위 27%

52위 Lucas HÖLER — 7.17
루카스 휠러 1994.07.10 / 184cm / GER

독일 아킴 출신. 올덴부르크에서 프로 데뷔했다. 독일 청소년 대표팀은 물론, 국가 대표팀에서 단 한 번도 콜업이 되지 않았다. 프라이부르크에선 다르다. 여덟 시즌째 뛰고 있고, 팀에서의 영향력이 상당하다. 팀에 대한 충성도가 높아 서포터즈에게 가장 사랑받는 선수 중 하나. 지난 시즌도 경미한 부상을 제외하곤 꾸준히 경기에 출전했다. 9개의 공격 포인트를 기록했다. 시장 가치는 300만 유로, 추정 연봉은 52만 유로.

슈팅-득점		2024-25 프라이부르크				위치
34-6		21-10	1870	4	18.7-12.5 67%	CF
1-0						AM
35-6 LG-2						
0-0 RG-3		1.2-0.6	1.7-1.2	0.2	3-0	
1-0 HG-1						

G	xG	A	xA	SH	SG	PC	P%	SC	BT	DC	TK	IC	A%
하위 24%	상위 44%	상위 27%	상위 31%	상위 7%	상위 31%	상위 27%	상위 31%	상위 8%	상위 24%	상위 1%	상위 17%	하위 6%

53위 Nikola KRSTOVIĆ — 7.17
니콜라 크르스토비치 2000.04.05 / 185cm / MNE

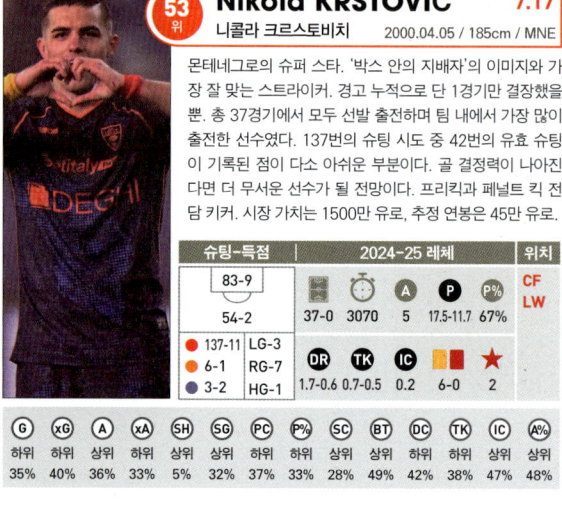

몬테네그로의 슈퍼 스타. '박스 안의 지배자'의 이미지와 가장 잘 맞는 스트라이커. 경고 누적으로 단 1경기만 결장했을 뿐. 총 37경기에서 모두 선발 출전하며 팀 내에서 가장 많이 출전한 선수였다. 137번의 슈팅 시도 중 42번의 유효 슈팅이 기록된 점이 다소 아쉬운 부분이다. 골 결정력이 나아진다면 더 무서운 선수가 될 전망이다. 프리킥과 페널트 킥 전담 키커. 시장 가치는 1500만 유로, 추정 연봉은 45만 유로.

슈팅-득점		2024-25 레체				위치
83-9		37-0	3070	5	17.5-11.7 67%	CF
54-2						LW
137-11 LG-3						
6-1 RG-7		1.7-0.6	0.7-0.5	0.2	6-0 2	
3-2 HG-1						

G	xG	A	xA	SH	SG	PC	P%	SC	BT	DC	TK	IC	A%
하위 35%	상위 40%	상위 36%	상위 33%	상위 5%	상위 32%	상위 37%	상위 33%	상위 49%	하위 42%	하위 38%	하위 57%	상위 48%

54위 Philipp HOFMANN — 7.15
필립 호프만 1993.03.30. / 195cm / GER

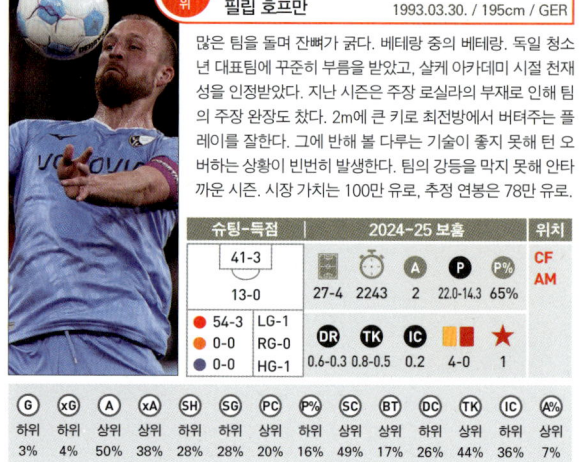

많은 팀을 돌며 잔뼈가 굵다. 베테랑 중의 베테랑. 독일 청소년 대표팀에 꾸준히 부름을 받았고, 샬케 아카데미 시절 천재성을 인정받았다. 지난 시즌은 주장 로실라의 부재로 인해 팀의 주장 완장도 찼다. 2m에 큰 키로 최전방에서 버텨주는 플레이를 잘한다. 그에 반해 볼 다루는 기술이 좋지 못해 턴 오버하는 상황이 빈번히 발생한다. 팀의 강등을 막지 못해 안타까운 시즌. 시장 가치는 100만 유로, 추정 연봉은 78만 유로.

슈팅-득점		2024-25 보훔				위치
41-3		27-4	2243	2	22.0-14.3 65%	CF
13-0						AM
54-3 LG-1						
0-0 RG-2		0.6-0.3	0.8-0.5	0.2	4-0 1	
0-0 HG-1						

G	xG	A	xA	SH	SG	PC	P%	SC	BT	DC	TK	IC	A%
하위 3%	하위 4%	상위 50%	상위 38%	상위 28%	상위 28%	하위 20%	하위 16%	상위 49%	상위 17%	상위 26%	상위 44%	상위 36%	하위 7%

○ 유럽 5대리그 센터포워드 항목별 랭킹(90분 기준 기록, 100분율)

55위 Lucas STASSIN — 7.15
루카스 스타신 2004.11.29 / 171cm / BEL

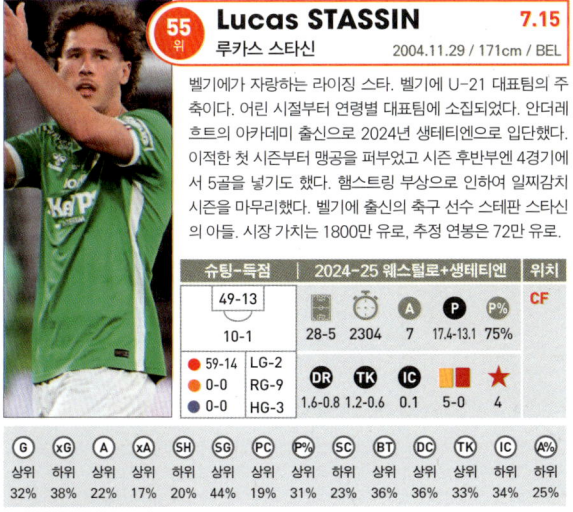

벨기에가 자랑하는 라이징 스타. 벨기에 U-21 대표팀의 주축이다. 어린 시절부터 연령별 대표팀에 소집되었다. 안더레흐트의 아카데미 출신으로 2024년 생테티엔으로 입단했다. 이적한 첫 시즌부터 맹공을 퍼부었고 시즌 후반부에 4경기에서 5골을 넣기도 했다. 햄스트링 부상으로 인하여 일찌감치 시즌을 마무리했다. 벨기에 출신의 축구 선수 스테판 스타신의 아들. 시장 가치는 1800만 유로, 추정 연봉은 72만 유로.

슈팅-득점	2024-25 웨스트를로+생테티엔	위치
49-13 / 10-1	28-5 / 2304 / 7 / 17.4-13.1 / 75%	CF
59-14 LG-2 / 0-0 RG-9 / 0-0 HG-3	1.6-0.8 / 1.2-0.6 / 0.1 / 5-0 / 4	

G	xG	A	xA	SH	SG	PC	P%	SC	BT	DC	TK	IC	A%
상위	하위	상위	하위	상위	상위	하위	하위	상위	하위	상위	상위	하위	상위
32%	38%	22%	17%	20%	44%	19%	31%	23%	36%	5%	33%	54%	25%

56위 Jonas WIND — 7.13
요나스 빈 1999.02.07 / 190cm / DEN

주 활동 위치는 박스 안쪽이지만 가끔 PA 외곽이나 측면에서도 강력한 슈팅을 시도한다. 특히 오른발의 대포알 슛은 가장 큰 무기. 수비 커버 시에도 높은 제공권이 유용하지만, 공격 상황에서 러닝 점프는 둔탁한 편. 49.8%의 공중볼 경합 성공률을 보였다. 13라운드 마인츠 전에선 오른발과 헤더로 멀티 골을 넣었다. 덴마크 국대로서 6월 A매치에는 소집되지 않았다. 시장 가치는 1200만 유로, 추정 연봉은 204만 유로.

슈팅-득점	2024-25 볼프스부르크	위치
36-9 / 4-0	21-10 / 1972 / 3 / 19.4-14.0 / 72%	CF AM
40-9 LG-1 / 0-0 RG-5 / 2-1 HG-3	0.7-0.5 / 0.5-0.3 / 0.2 / 2-0 / 2	

G	xG	A	xA	SH	SG	PC	P%	SC	BT	DC	TK	IC	A%
상위	하위	상위	하위	상위	하위	상위	상위	상위	하위	상위	하위	상위	상위
50%	12%	43%	12%	11%	6%	11%	50%	17%	16%	10%	31%	33%	22%

57위 EVANILSON — 7.13
에바닐손 1999.10.06 / 183cm / BRA

'본머스 몬스터'. 저돌적인 돌파와 골문 앞에서의 열정은 그가 가진 에티튜드. 공격에 관여되는 모든 포지션 (ST,LW,RW)에서 제 몫을 해낸다. 플루미넨세의 유소년 팀 출신. 2020년 포르투에 입성했다. 브라질 U-23 대표팀 소속으로 방한하여 한국과의 경기에 출전하기도 했었다. 시즌 중반 발 골절 부상이 아니었다면 득점 행진은 지속됐을 것이다. 시장 가치는 3500만 유로, 추정 연봉은 523만 유로.

슈팅-득점	2024-25 본머스	위치
65-10 / 8-0	28-3 / 2337 / 1 / 11.3-8.1 / 72%	CF
73-10 LG-2 / 0-0 RG-6 / 1-0 HG-1	0.7-0.2 / 0.6-0.1 / 0.1 / 1-1 / 2	

G	xG	A	xA	SH	SG	PC	P%	SC	BT	DC	TK	IC	A%
하위	상위	하위	상위	상위	상위	하위	상위	상위	하위	상위	상위	하위	하위
46%	33%	11%	26%	25%	10%	43%	37%	3%	1%	48%	6%	4%	45%

58위 Lassine SINAYOKO — 7.12
라신 시나요코 1999.12.08 / 186cm / MLI

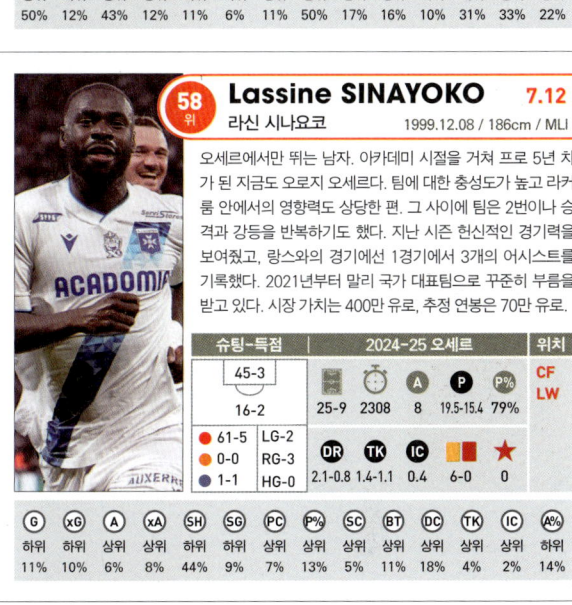

오세르에서만 뛰는 남자. 아카데미 시절을 거쳐 프로 5년 차가 된 지금도 오로지 오세르. 팀에 대한 충성도가 높고 라커룸 안에서의 영향력도 상당한 편. 그 사이에 팀은 2번이나 승격과 강등을 반복하기도 했다. 지난 시즌 헌신적인 경기력을 보여줬고, 랑스와의 경기에선 1경기에서 3개의 어시스트를 기록했다. 2021년부터 말리 국가 대표팀으로 꾸준히 부름을 받고 있다. 시장 가치는 400만 유로, 추정 연봉은 70만 유로.

슈팅-득점	2024-25 오세르	위치
45-3 / 16-2	25-9 / 2308 / 8 / 19.5-15.4 / 79%	CF LW
61-5 LG-2 / 0-0 RG-3 / 1-1 HG-0	2.1-0.8 / 1.4-1.1 / 0.4 / 6-0 / 0	

G	xG	A	xA	SH	SG	PC	P%	SC	BT	DC	TK	IC	A%
하위	하위	상위	상위	상위	하위	상위	상위	상위	상위	상위	상위	상위	하위
11%	10%	6%	44%	9%	7%	13%	5%	11%	18%	4%	2%	1%	14%

59위 Nicolas PÉPÉ — 7.11
니콜라스 페페 1995.05.29 / 183cm / CIV

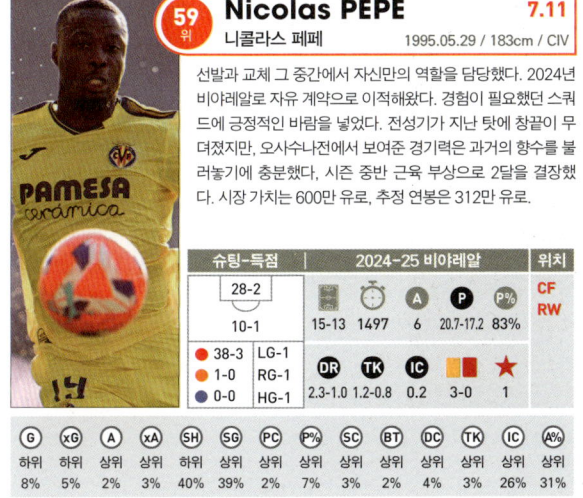

선발과 교체 그 중간에서 자신만의 역할을 담당했다. 2024년 비야레알로 자유 계약으로 이적해왔다. 경험이 필요했던 스쿼드에 긍정적인 바람을 넣었다. 전성기가 지난 탓에 창끝이 무뎌졌지만, 오사수나전에서 보여준 경기력은 과거의 향수를 불러놓기에 충분했다. 시즌 중반 근육 부상으로 2달을 결장했다. 시장 가치는 600만 유로, 추정 연봉은 312만 유로.

슈팅-득점	2024-25 비야레알	위치
28-2 / 10-1	15-13 / 1497 / 6 / 20.7-17.2 / 83%	CF RW
38-3 LG-1 / 1-0 RG-1 / 0-0 HG-1	2.3-0.7 / 1.2-0.8 / 0.2 / 3-0 / 1	

G	xG	A	xA	SH	SG	PC	P%	SC	BT	DC	TK	IC	A%
하위	하위	상위	상위	하위	상위	하위	하위	하위	하위	상위	하위	상위	상위
8%	5%	2%	3%	40%	39%	2%	7%	3%	2%	4%	3%	26%	31%

60위 Jørgen STRAND LARSEN — 7.09
요르겐 스트란 라센 2000.02.06 / 193cm / NOR

EPL 2년 차로 접어들면서 안정적인 경기력이 느껴졌다. 팀에서 받는 공격 지원도 많아졌고, 동료들과의 신뢰 관계도 두터워졌다. '클래식'한 타겟맨 성향이 짙지만, 좁은 공간에서 볼 다루는 기술이 뛰어나다. 특히 큰 키와 높은 점프력에서 나오는 헤딩 슛은 리그 내에서도 손꼽힌다. 노르웨이 연령별 대표팀을 모두 거친 엘리트. 2020년부터 성인 대표팀에도 소집되었다. 시장 가치는 3000만 유로, 추정 연봉은 92만 유로.

슈팅-득점	2024-25 울버햄튼	위치
52-12 / 2-2	30-5 / 2603 / 4 / 12.9-8.4 / 65%	CF
54-14 LG-3 / 0-0 RG-8 / 0-0 HG-3	0.7-0.3 / 0.9-0.3 / 0.1 / 4-0 / 2	

G	xG	A	xA	SH	SG	PC	P%	SC	BT	DC	TK	IC	A%
상위	하위	상위	상위	하위	하위	하위	하위	상위	하위	하위	하위	하위	상위
33%	42%	41%	50%	15%	30%	21%	14%	47%	17%	11%	20%	48%	44%

유럽 5대리그 센터포워드 항목별 랭킹 (90분 기준 기록, 100분율)

61위 Joshua KING — 7.09
조슈아 킹 1992.01.15 / 180cm / NOR

맨체스터 유나이티드 아카데미 졸업생. 여러 클럽을 거친 대표적인 '저니맨'. 2024년 FA로 툴루즈와 계약을 맺었다. 종아리 부상으로 뛰지 못한 경기를 제외하면, 28경기 중 21경기에서 선발 출전했다. 9개의 공격 포인트를 기록하며 팀 내 공격을 주도했다. 볼 다루는 기술이 좋고 상대편 박스 안에서의 드리블 시도가 많다. 지난 시즌에는 1번의 PK 획득에도 성공했다. 시장 가치는 180만 유로, 추정 연봉은 220만 유로.

슈팅-득점 39-6 / 11-0
LG 50-6 / RG 0-0 / HG 0-0
2024-25 툴루즈: 21-7 / 1683 / 3 / 12.5-9.0 / 72%
DR 2.3-1.3 / TK 0.6-0.4 / IC 0.2 / 2-0 / ★ 2
위치: CF LW AM

G	xG	A	xA	SH	SG	PC	P%	SC	BT	DC	TK	IC	A%
하위	하위	상위	상위	상위	상위	하위	상위	하위	상위	상위	상위	상위	하위
35%	39%	32%	47%	36%	36%	47%	49%	22%	47%	4%	49%	20%	47%

62위 Loïs OPENDA — 7.08
로이스 오펜다 2000.02.16 / 177cm / BEL

기대에 부응하지 못했다. 2023-24시즌 보여준 센세이션한 공격력이 발휘되지 않았다. 팀의 전체적인 하락세와 맞물려 경기 감각이 떨어졌다. 경고 누적으로 제외된 1경기를 뺀 나머지 모든 경기에 출전했다. 시즌 전반기와 후반기의 기복이 대비되어 비판의 중심이 되기도 했다. 저돌적인 공간 돌파와 순간적인 가속이 장점. 지난 시즌 PK 획득을 4번이나 만들어냈다. 시장 가치는 5000만 유로, 추정 연봉은 566만 유로.

슈팅-득점 56-7 / 22-2
LG 78-9 / RG 2-0 / HG 1-0
2024-25 RB 라이프치히: 28-5 / 2465 / 3 / 16.7-11.2 / 67%
DR 2.1-0.8 / TK 0.6-0.3 / IC 0.2 / 3-1 / ★ 1
위치: CF AM

G	xG	A	xA	SH	SG	PC	P%	SC	BT	DC	TK	IC	A%
하위	상위	하위	상위	상위	상위	상위	상위	상위	상위	상위	상위	하위	상위
22%	33%	22%	36%	32%	38%	39%	39%	44%	33%	19%	44%	39%	39%

63위 Marvin PIERINGER — 7.08
마빈 피어링거 1999.10.04 / 191cm / GER

압도적인 신체 조건과 운동 능력을 가졌다. 이를 바탕으로 높은 수준의 포스트 플레이, 공중볼 제공권 장악에 힘쓴다. 동료들이 돋보이게 만드는 이타적인 플레이가 보이나 수비 가담 능력은 느린 편이다. 다만 최전방에서 강한 압박으로 얻는 리커버리는 63번을 기록했다. 인대 부상으로 2경기 연속 결장했다. 팀의 유럽 대항전 진출은 선수에겐 기쁜 순간이었다. 시장 가치는 550만 유로, 추정 연봉은 78만 유로.

슈팅-득점 48-7 / 12-0
LG 60-7 / RG 1-0 / HG 3-3
2024-25 FC 하이덴하임: 26-5 / 2224 / 3 / 17.5-11.7 / 67%
DR 1.1-0.5 / TK 1.0-0.7 / IC 0.3 / 7-0 / ★ 1
위치: CF AM

G	xG	A	xA	SH	SG	PC	P%	SC	BT	DC	TK	IC	A%
하위	상위	상위	상위	상위	상위	상위	상위	상위	상위	상위	상위	상위	하위
20%	43%	32%	21%	44%	15%	46%	28%	21%	22%	46%	22%	50%	36%

64위 Ferrán TORRES — 7.08
페란 토레스 2000.02.29 / 184cm / ESP

FC바르셀로나 소속으로 2번째 리그 우승이었다. 27번의 출전 중에서 선발로 나온 경기는 단 12번. 확실한 주전이 아니었지만, 자신의 역할에 전력을 다했다. 시즌 중반 햄스트링 부상과 충수염으로 시즌을 빨리 마쳤다. 팀의 고공 행진에 힘입어 스페인 대표팀에서도 자신만의 영향력을 뽐냈다. 스위스와의 네이션스 리그 경기에선 1골과 1도움을 기록하기도 했다. 시장 가치는 4000만 유로, 추정 연봉은 1300만 유로.

슈팅-득점 35-8 / 13-2
LG 48-10 / RG 2-0 / HG 0-0
2024-25 FC 바르셀로나: 12-15 / 1104 / 6 / 12.4-9.7 / 78%
DR 0.8-0.4 / TK 0.5-0.3 / IC 0.1 / 1-1 / ★ 0
위치: CF LW RW

G	xG	A	xA	SH	SG	PC	P%	SC	BT	DC	TK	IC	A%
상위	상위	상위	상위	상위	상위	상위	상위	상위	상위	상위	상위	상위	하위
10%	13%	8%	9%	12%	20%	17%	29%	37%	28%	27%

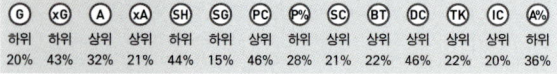

65위 Matthis ABLINE — 7.08
마티스 알빈 2003.03.28 / 176cm / FRA

프랑스의 미래를 책임질 공격 자원. 청소년 대표팀에서 월반하며 U-21 대표팀 소속으로 2025 유로 U-21에서 맹활약했다. 수비수와 균열을 만드는 전진 드리블이 특기. 균형 감각이 뛰어나 고난도 슈팅을 구사한다. 지난 시즌 낭트의 주전 공격수로서 34경기에 출전했고, 9골을 성공시켰다. 프로에서의 적응을 완료했고, 많은 빅 리그 클럽들의 관심을 받기에 충분했다. 시장 가치는 1800만 유로, 추정 연봉은 91만 유로.

슈팅-득점 61-8 / 13-1
LG 74-9 / RG 0-0 / HG 1-1
2024-25 FC 낭트: 33-1 / 2789 / 2 / 14.9-10.3 / 69%
DR 2.5-1.1 / TK 0.5-0.2 / IC 0.1 / 3-0 / ★ 1
위치: CF LW RW

G	xG	A	xA	SH	SG	PC	P%	SC	BT	DC	TK	IC	A%
하위	하위	하위	상위	상위	상위	상위	상위	상위	상위	하위	상위	상위	상위
25%	16%	22%	42%	40%	34%	28%	24%	37%	34%	15%	24%	28%	34%

66위 Vedat MURIQI — 7.06
베다트 무리치 1994.04.24 / 194cm / KOS

라리가의 대표적인 베테랑 스트라이커. 코소보 대표팀의 주장으로도 활약한다. 상대 수비수와의 몸싸움에서 영리하게 승리하는 법을 안다. 간결한 무브먼트로 손쉽게 볼을 따내고 공중볼 제공권 장악에서도 강점을 보인다. 지난 시즌은 종아리 골절과 햄스트링 등 잦은 부상으로 자신의 경기 감각을 끌어올리기에 어려운 점이 많았다. 2번의 다이렉트 퇴장도 있었다. 시장 가치는 500만 유로, 추정 연봉은 458만 유로.

슈팅-득점 52-7 / 3-0
LG 55-7 / RG 0-0 / HG 3-2
2024-25 마요르카: 24-5 / 2068 / 2 / 16.5-10.2 / 62%
DR 1.0-0.4 / TK 0.4-0.2 / IC 0.2 / 1-2 / ★ 2
위치: CF

G	xG	A	xA	SH	SG	PC	P%	SC	BT	DC	TK	IC	A%
하위	상위	하위	상위	상위	상위	하위	상위	상위	하위	하위	하위	상위	상위
32%	46%	32%	42%	38%	17%	38%	40%	42%	50%	42%	25%	14%	4%

○ 유럽 5대리그 센터포워드 항목별 랭킹(90분 기준 기록, 100분율)

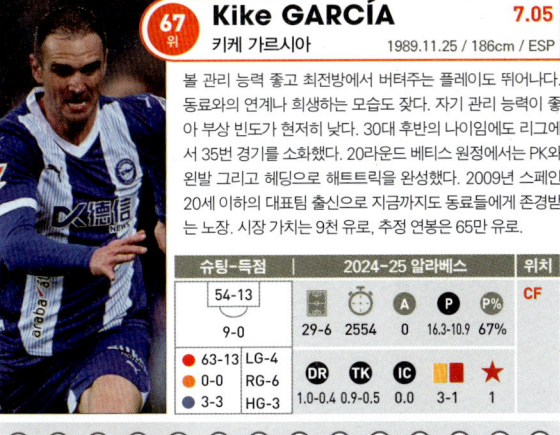

67위 Kike GARCÍA — 7.05
키케 가르시아 1989.11.25 / 186cm / ESP

볼 관리 능력 좋고 최전방에서 버터주는 플레이도 뛰어나다. 동료와의 연계나 희생하는 모습도 잦다. 자기 관리 능력이 좋아 부상 빈도가 현저히 낮다. 30대 후반의 나이에도 리그에서 35번 경기를 소화했다. 20라운드 베티스 원정에서는 PK와 왼발 그리고 헤딩으로 해트트릭을 완성했다. 2009년 스페인 20세 이하의 대표팀 출신으로 지금까지도 동료들에게 존경받는 노장. 시장 가치는 9천 유로, 추정 연봉은 65만 유로.

슈팅-득점 54-13 / 9-0 / 63-13 LG-4 / 0-0 RG-6 / 3-3 HG-3
2024-25 알라베스 29-6 / 2554 / 0 / 16.3-10.9 / 67%
DR 1.0-0.4 / TK 0.9-0.5 / IC 3-1 위치: CF

G	xG	A	xA	SH	SG	PC	P%	SC	BT	DC	TK	IC	A%
상위 41%	하위 36%	하위 4%	하위 2%	상위 27%	상위 36%	하위 50%	하위 25%	하위 11%	상위 45%	상위 36%	상위 43%	하위 6%	상위 13%

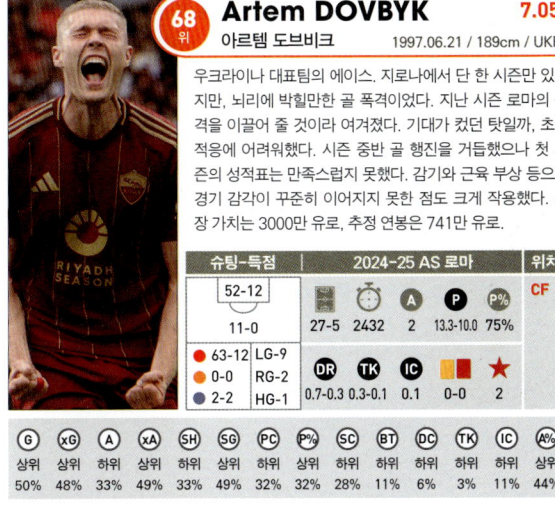

68위 Artem DOVBYK — 7.05
아르템 도브비크 1997.06.21 / 189cm / UKR

우크라이나 대표팀의 에이스. 지로나에서 단 한 시즌만 있었지만, 뇌리에 박힐만한 골 폭풍이었다. 지난 시즌 로마의 공격을 이끌어 줄 것이라 여겨졌다. 기대가 컸던 탓일까, 초반 적응에 어려워했다. 시즌 중반 골 행진을 거듭했으나 첫 시즌의 성적표는 만족스럽지 못했다. 감기와 근육 부상 등으로 경기 감각이 꾸준히 이어지지 못한 점도 크게 작용했다. 시장 가치는 3000만 유로, 추정 연봉은 741만 유로.

슈팅-득점 52-12 / 11-0 / 63-12 LG-9 / 0-0 RG-2 / 2-2 HG-1
2024-25 AS 로마 27-5 / 2432 / 2 / 13.3-10.0 / 75%
DR 0.7-0.3 / TK 0.3-0.1 / IC 0-0 위치: CF

G	xG	A	xA	SH	SG	PC	P%	SC	BT	DC	TK	IC	A%
상위 50%	상위 48%	상위 33%	상위 49%	상위 33%	상위 49%	하위 32%	하위 28%	하위 11%	하위 6%	하위 3%	하위 11%	상위 44%	

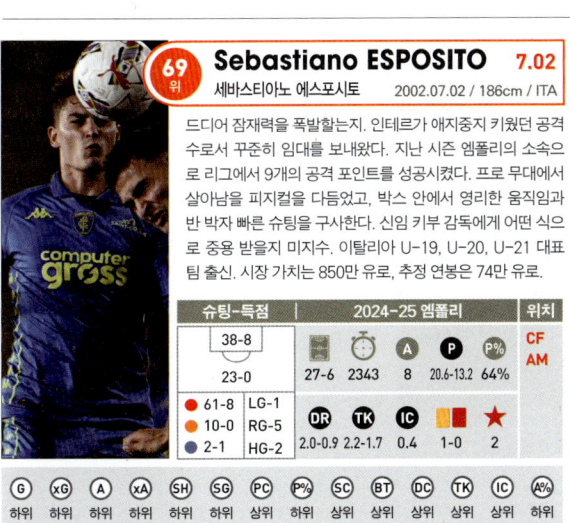

69위 Sebastiano ESPOSITO — 7.02
세바스티아노 에스포시토 2002.07.02 / 186cm / ITA

드디어 잠재력을 폭발할는지. 인테르가 애지중지 키웠던 공격수로서 꾸준히 임대를 보내왔다. 지난 시즌 엠폴리의 소속으로 리그에서 9개의 공격 포인트를 성공시켰다. 프로 무대에서 살아남기 위해 피지컬을 다듬었고, 박스 안에서 영리한 움직임과 반 박자 빠른 슈팅을 구사한다. 신임 키부 감독에게 어떤 식으로 중용 받을지 미지수. 이탈리아 U-19, U-20, U-21 대표팀 출신. 시장 가치는 850만 유로, 추정 연봉은 74만 유로.

슈팅-득점 38-8 / 23-0 / 61-8 LG-1 / 10-0 RG-5 / 2-1 HG-2
2024-25 엠폴리 27-6 / 2343 / 8 / 20.6-13.2 / 64%
DR 2.0-0.9 / TK 2.2-1.7 / IC 0.4 / 1-0 / 2 위치: CF, AM

G	xG	A	xA	SH	SG	PC	P%	SC	BT	DC	TK	IC	A%
하위 33%	하위 5%	하위 4%	하위 30%	하위 39%	하위 15%	상위 22%	하위 7%	하위 14%	하위 5%	하위 16%	하위 1%	하위 4%	하위 20%

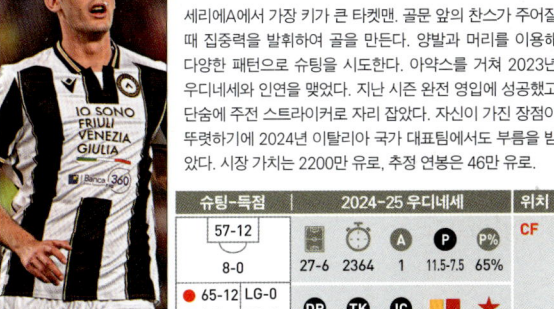

70위 Lorenzo LUCCA — 7.02
로렌초 루카 2000.09.10 / 201cm / ITA

세리에A에서 가장 키가 큰 타겟맨. 골문 앞의 찬스가 주어질 때 집중력을 발휘하여 골을 만든다. 양발과 머리를 이용해 다양한 패턴으로 슈팅을 시도한다. 아약스를 거쳐 2023년 우디네세와 인연을 맺었다. 지난 시즌 완전 영입에 성공했고 단숨에 주전 스트라이커로 자리 잡았다. 자신이 가진 장점이 뚜렷하기에 2024년 이탈리아 국가 대표팀에서도 부름을 받았다. 시장 가치는 2200만 유로, 추정 연봉은 46만 유로.

슈팅-득점 57-12 / 8-0 / 65-12 LG-0 / 0-0 RG-7 / 1-1 HG-5
2024-25 우디네세 27-6 / 2364 / 1 / 11.5-7.5 / 65%
DR 0.8-0.4 / TK 0.5-0.3 / IC 0.2 / 10-0 / 1 위치: CF

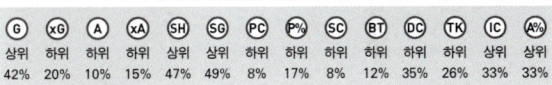

G	xG	A	xA	SH	SG	PC	P%	SC	BT	DC	TK	IC	A%
상위 42%	상위 20%	상위 10%	상위 15%	상위 47%	상위 49%	상위 8%	상위 17%	하위 12%	상위 35%	상위 26%	상위 33%	상위 33%	

71위 Ermedin DEMIROVIC — 7.01
에르메딘 데미로비치 1998.03.25 / 185cm / BIH

주로 교체로 출전했지만, 조커로서 최선을 다했다. 선발로 출전한 보훔전에서 해트트릭을 작렬하며 자신의 존재감을 보여주기도 했다. 터프한 몸싸움과 파괴력이 상당한 오른발 슈팅은 트레이드 마크. 14.20의 xG 값은 넘었고, 66번의 슈팅 중에서 30개의 유효 슈팅을 기록했다. 보스니아 헤르체고비나 국가 대표팀의 주축 멤버. 라커룸에서 주장 역할까지 해낸다. 시장 가치는 2200만 유로, 추정 연봉은 283만 유로.

슈팅-득점 62-15 / 4-0 / 66-15 LG-3 / 0-0 RG-8 / 2-0 HG-4
2024-25 VfB 슈투트가르트 20-14 / 1857 / 1 / 10.7-7.7 / 72%
DR 0.7-0.1 / TK 0.6-0.4 / IC 0.1 / 2-0 / 2 위치: CF

G	xG	A	xA	SH	SG	PC	P%	SC	BT	DC	TK	IC	A%
상위 17%	상위 11%	상위 11%	하위 37%	상위 18%	상위 36%	상위 35%	상위 43%	상위 41%	상위 32%	상위 33%	상위 41%	상위 43%	상위 46%

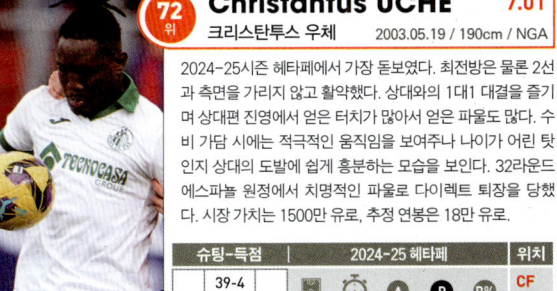

72위 Christantus UCHE — 7.01
크리스탄투스 우체 2003.05.19 / 190cm / NGA

2024-25시즌 헤타페에서 가장 돋보였다. 최전방은 물론 2선과 측면을 가리지 않고 활약했다. 상대와의 1대1 대결을 즐기며 상대편 진영에서 얻은 터치가 많아서 얻은 파울도 많다. 수비 가담 시에는 적극적인 움직임을 보여주나 나이가 어린 탓인지 상대의 도발에 쉽게 흥분하는 모습을 보인다. 32라운드 에스파뇰 원정에서 치명적인 파울로 다이렉트 퇴장을 당했다. 시장 가치는 1500만 유로, 추정 연봉은 18만 유로.

슈팅-득점 39-4 / 11-0 / 50-4 LG-0 / 0-0 RG-3 / 0-0 HG-1
2024-25 헤타페 30-3 / 2506 / 6 / 17.2-11.7 / 68%
DR 2.8-1.1 / TK 1.4-1.1 / IC 0.3 / 6-2 / 2 위치: CF, AM, CM

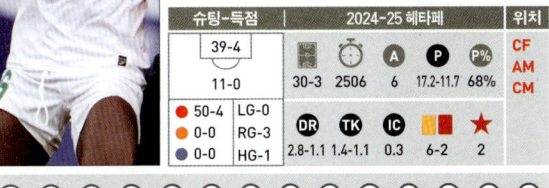

G	xG	A	xA	SH	SG	PC	P%	SC	BT	DC	TK	IC	A%
하위 5%	하위 1%	상위 9%	하위 14%	하위 60%	상위 26%	상위 20%	상위 22%	상위 5%	상위 11%	상위 14%	상위 50%		

○ 유럽 5대리그 센터포워드 항목별 랭킹(90분 기준 기록, 100분율)

73위 Roberto FERNÁNDEZ — 7.01
로베르토 페르난데스 2002.07.03 / 186cm / ESP

등번호 2번을 단 최전방 공격수. 2025년의 겨울 이적 시장을 통해 에스파뇰에 입단했다. 19경기에서 6골을 넣었고 임대의 합격점을 받았다. 이번 시즌 시작 전 구단은 완전 영입을 결정했다. 스페인 U-21 대표팀 소속으로 활약 중이며 말라가의 아카데미 출신으로 일찌감치 뛰어난 유망주로 알려졌다. 신체 능력이 뛰어나고 제공권 싸움에서 유리한데, 볼 관리 능력도 좋은 편. 시장 가치는 600만 유로, 추정 연봉은 42만 유로.

슈팅-득점		2024-25 브라가+에스파뇰					위치
33-8				A	P	P%	CF
4-0		23-11	2011	0	10.7-7.8	73%	
● 37-8	LG-1	DR	TK	IC	▨	★	
● 0-0	RG-6						
● 0-0	HG-3	1.1-0.5	0.4-0.2	0.1	2-0	0	

G	xG	A	xA	SH	SG	PC	P%	SC	BT	DC	TK	IC	A%
하위	하위	하위	하위	상위	하위	상위	하위	상위	하위	하위	상위	하위	하위
28%	11%	14%	13%	10%	16%	29%	47%	29%	23%	27%	11%	33%	38%

74위 Giacomo RASPADORI — 7.00
자코모 라스파도리 2000.02.18 / 172cm / ITA

이탈리아 대표팀 공격수. 연령별 대표팀에 빠지지 않고 소집되던 엘리트 출신. 지난 시즌엔 나폴리 소속으로 2번째 스쿠데토를 얻었다. 주로 교체와 로테이션 멤버로 출전했고 시즌 후반부엔 득점포를 가동했다. 측면에서 시도하는 크로스 비중이 높았고, 드리블 성공률도 75%로 기록되었다. 출전 시간이 적었던 것이 흠. 스포츠 브랜드 아디다스의 홍보 모델로도 활약했다. 시장 가치는 2500만 유로, 추정 연봉은 556만 유로.

슈팅-득점		2024-25 나폴리					위치
30-5				A	P	P%	CF
12-1		11-5	1095	1	13.2-10.0	76%	AM
● 42-6	LG-4	DR	TK	IC	▨	★	LW
● 2-1	RG-2						
● 0-0	HG-0	0.5-0.3	0.8-0.7	0.1	1-0	1	

G	xG	A	xA	SH	SG	PC	P%	SC	BT	DC	TK	IC	A%
상위	상위	상위	상위	상위	상위	상위	상위	상위	상위	하위	상위	상위	하위
12%	27%	10%	46%	10%	19%	25%	11%	32%	34%	6%	35%	13%	39%

75위 Steven SKRZYBSKI — 7.00
스티븐 스크집스키 1992.11.18 / 174cm / GER

우니온 베를린 유스 출신. 선수 생활 내내 독일 2부 리그에서 뛰었다. 2021년 홀슈타인 킬에 입단한 이후 지금까지 활약하고 있다. 팀에 대한 충성도가 높고 2024년 1부 리그 승격까지 주도적으로 이끌었다. 지난 시즌은 인대쪽과 햄스트링 등 잦은 부상으로 많은 기회를 받지 못했다. 20라운드 바이에른 뮌헨 원정 경기에서 90분에 2골을 뽑아낸 경기가 기억에 남는다. 시장 가치는 100만 유로, 추정 연봉은 75만 유로.

슈팅-득점		2024-25 홀슈타인 킬					위치
19-5				A	P	P%	CF
14-1		15-9	1328	3	17.1-12.5	73%	AM
● 33-6	LG-1	DR	TK	IC	▨	★	CM
● 0-0	RG-5						
● 1-1	HG-0	0.9-0.5	1.5-0.8	0.0	0-0	0	

G	xG	A	xA	SH	SG	PC	P%	SC	BT	DC	TK	IC	A%
하위	하위	상위	상위	상위	상위	상위	하위	상위	상위	상위	상위	상위	하위
48%	8%	20%	10%	31%	31%	5%	44%	5%	2%	3%	1%	4%	4%

76위 BETO — 7.00
베투 1998.01.31 / 194cm / POR

위기를 기회로 삼았다. 칼버트-르윈의 햄스트링 부상으로 출장 시간을 늘렸다. 시즌 초반 교체 멤버로 출전했으나 후반부엔 자신의 역량을 펼쳤다. 레스터전을 시작으로 4경기에서 5골을 넣었다. 상대 문전에만 머물지 않고 적극적으로 측면과 2선으로 내려와 볼을 받아준다. 볼에 대한 집념이 강해 거친 몸싸움도 마다하지 않는 편. 에투를 존경해 이름도 비슷하게 지었다. 시장 가치는 2200만 유로, 추정 연봉은 308만 유로.

슈팅-득점		2024-25 에버튼					위치
43-7				A	P	P%	CF
6-1		15-15	1531	0	9.0-5.3	59%	
● 49-8	LG-1	DR	TK	IC	▨	★	
● 0-0	RG-5						
● 0-0	HG-2	1.3-0.6	0.6-0.5	0.1	2-0	2	

G	xG	A	xA	SH	SG	PC	P%	SC	BT	DC	TK	IC	A%
상위	상위	하위	상위	상위	상위	하위	상위	상위	상위	상위	상위	상위	상위
37%	37%	4%	22%	26%	14%	7%	4%	9%	46%	17%	32%	42%	24%

77위 Breel EMBOLO — 6.99
브렐 엠볼로 1997.02.14 / 187cm / SUI

카메룬계 스위스 국가 대표팀 공격수. 2025년 3월 북아일랜드전에선 주장 완장도 찼다. 모나코에서 활약한 3번째 시즌. 공격 포인트가 현저히 낮아졌다. 유망주 비에레스와 일레니카와의 주전 경쟁에서 점차 밀리는 추세. 하지만 무게감이 필요한 경기엔 주로 선발로 나선다. 볼터치 횟수가 많은 편은 아니지만 박스 안에서의 터치를 통해 PK를 2번이나 획득했다. 시장 가치는 1200만 유로, 추정 연봉은 345만 유로.

슈팅-득점		2024-25 AS 모나코					위치
48-6				A	P	P%	CF
3-0		19-10	1845	4	14.5-10.3	71%	AM
● 51-6	LG-0	DR	TK	IC	▨	★	
● 0-0	RG-5						
● 0-0	HG-1	1.5-0.4	1.1-0.8	0.1	5-0	1	

G	xG	A	xA	SH	SG	PC	P%	SC	BT	DC	TK	IC	A%
하위	상위	상위	상위	상위	상위	상위	상위	상위	상위	상위	하위	하위	상위
17%	32%	16%	49%	45%	42%	29%	33%	42%	30%	16%	49%	7%	33%

78위 Andrea PINAMONTI — 6.96
안드레아 피나몬티 1999.05.19 / 188cm / ITA

이탈리아 연령별 대표팀에서 한 번도 빠지지 않고 소집되었다. '아주리의 미래'로 불리던 스트라이커. 프로 무대에선 자리를 잡지 못했다. 지난 시즌 제노아의 소속으로 리그 두 자릿수 골을 넣었다. 경기 출전 시간과 감각이 꾸준했다. 양발을 고루 사용하며 헤딩 슛에 일가견이 있다. 7.86의 xG 값을 훌쩍 웃돌았고 유효 슈팅의 비율도 높았다. 국대 재소집은 아직이다. 시장 가치는 1500만 유로, 추정 연봉은 440만 유로.

슈팅-득점		2024-25 제노아					위치
61-9				A	P	P%	CF
18-1		33-3	2860	1	18.0-11.5	64%	
● 79-10	LG-1	DR	TK	IC	▨	★	
● 2-0	RG-6						
● 1-0	HG-3	0.6-0.3	0.4-0.3	0.0	4-0	6	

G	xG	A	xA	SH	SG	PC	P%	SC	BT	DC	TK	IC	A%
하위	상위	상위	상위	상위	상위	상위	상위	하위	상위	상위	하위	하위	상위
34%	9%	4%	10%	46%	49%	15%	38%	48%	21%	17%	4%	4%	47%

○ 유럽 5대리그 센터포워드 항목별 랭킹(90분 기준 기록, 100분율)

79위 MACHINO Shuto — 6.94
마치노 슈토   1999.09.30 / 185cm / JPN

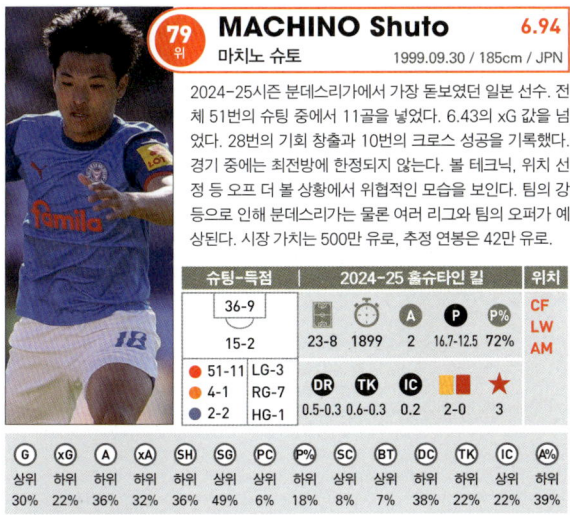

2024-25시즌 분데스리가에서 가장 돋보였던 일본 선수. 전체 51번의 슈팅 중에서 11골을 넣었다. 6.43의 xG 값을 넘었다. 28번의 기회 창출과 10번의 크로스 성공을 기록했다. 경기 중에는 최전방에 한정되지 않는다. 볼 테크닉, 위치 선정 등 오프 더 볼 상황에서 위협적인 모습을 보인다. 팀의 강등으로 인해 분데스리가는 물론 여러 리그와 팀의 오퍼가 예상된다. 시장 가치는 500만 유로, 추정 연봉은 42만 유로.

슈팅-득점	2024-25 홀슈타인 킬	위치
36-9 / 15-2	⏱ 23-8 1899 A 2 P 16.7-12.5 P% 72%	CF / LW / AM
● 51-11 LG-3 / ● 4-1 RG-7 / ● 2-2 HG-1	DR 0.5-0.3 TK 0.6-0.3 IC 0.2 🟨🟥 2-0 ★ 3	

G	xG	A	xA	SH	SG	PC	P%	SC	BT	DC	TK	IC	A%
상위	하위	하위	상위	하위	상위	상위	하위	하위	상위	상위	상위	상위	하위
30%	22%	36%	32%	36%	49%	6%	18%	8%	7%	38%	22%	22%	39%

80위 Joel POHJANPALO — 6.94
요엘 포얀팔로   1994.09.13 / 186cm / FIN

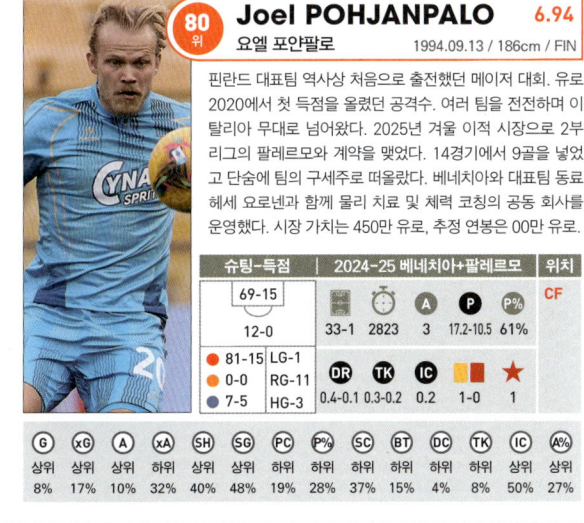

핀란드 대표팀 역사상 처음으로 출전했던 메이저 대회. 유로 2020에서 첫 득점을 올렸던 공격수. 여러 팀을 전전하며 이탈리아 무대로 넘어왔다. 2025년 겨울 이적 시장으로 2부 리그의 팔레르모와 계약을 맺었다. 14경기에서 9골을 넣었고 단숨에 팀의 구세주로 떠올랐다. 베네치아와 대표팀 동료 헤세 요로넨과 함께 물리 치료 및 체력 코칭의 공동 회사를 운영한다. 시장 가치는 450만 유로, 추정 연봉은 00만 유로.

슈팅-득점	2024-25 베네치아+팔레르모	위치
69-15 / 12-0	⏱ 33-1 2823 A 3 P 17.2-10.5 P% 61%	CF
● 81-15 LG-1 / ● 0-0 RG-11 / ● 7-5 HG-3	DR 0.4-0.1 TK 0.3-0.2 IC 0.2 🟨🟥 1-0 ★ 1	

G	xG	A	xA	SH	SG	PC	P%	SC	BT	DC	TK	IC	A%
상위	하위	하위	하위	상위	상위	하위	하위	상위	상위	하위	하위	상위	상위
8%	17%	10%	32%	40%	48%	19%	28%	37%	15%	4%	8%	50%	27%

81위 Liam DELAP — 6.93
리암 델랍   2003.02.08 / 186cm / ENG

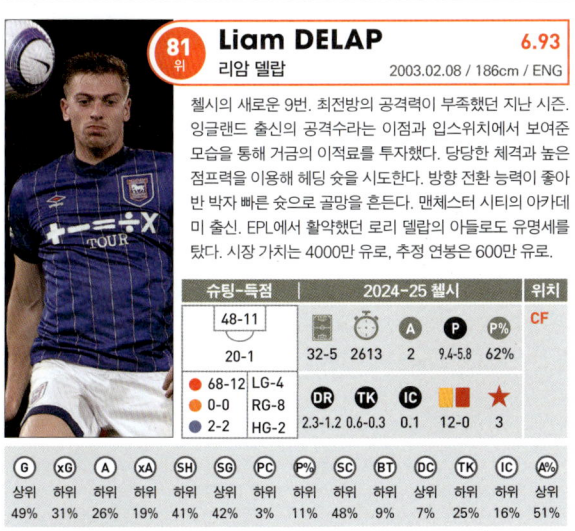

첼시의 새로운 9번. 최전방의 공격력이 부족했던 지난 시즌. 잉글랜드 출신의 공격수라는 이점과 입스위치에서 보여준 모습을 통해 거금의 이적료를 투자했다. 당당한 체격과 높은 점프력을 이용해 헤딩 슛을 시도한다. 방향 전환 능력이 좋아 박자 빠른 슛으로 골망을 흔든다. 맨체스터 시티의 아카데미 출신. EPL에서 활약했던 로리 델랍의 아들로도 유명세를 탔다. 시장 가치는 4000만 유로, 추정 연봉은 600만 유로.

슈팅-득점	2024-25 첼시	위치
48-11 / 20-1	⏱ 32-5 2613 A 2 P 9.4-5.8 P% 62%	CF
● 68-12 LG-4 / ● 0-0 RG-8 / ● 2-2 HG-2	DR 2.3-1.2 TK 0.6-0.3 IC 0.1 🟨🟥 12-0 ★ 3	

G	xG	A	xA	SH	SG	PC	P%	SC	BT	DC	TK	IC	A%
상위	하위	하위	하위	상위	상위	하위	상위	하위	하위	상위	하위	하위	상위
49%	31%	26%	19%	41%	42%	3%	11%	48%	9%	7%	25%	16%	51%

82위 Ange-Yoan BONNY — 6.91
앙제-요안 보니   2003.10.25 / 189cm / FRA

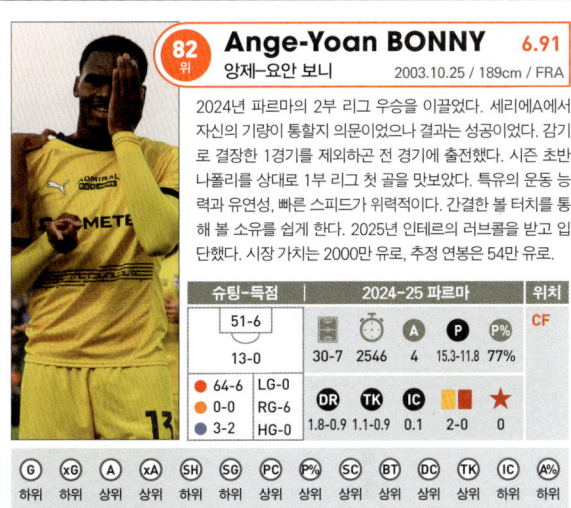

2024년 파르마의 2부 리그 우승을 이끌었다. 세리에A에서 자신의 기량이 통할지 의문이었으나 결과는 성공이었다. 감기로 결장한 1경기를 제외하고 전 경기에 출전했다. 시즌 초반 나폴리를 상대로 1부 리그 첫 골을 맛보았다. 특유의 운동 능력과 유연성, 빠른 스피드가 위력적이다. 간결한 볼 터치를 통해 볼 소유를 쉽게 한다. 2025년 인테르의 러브콜을 받고 입단했다. 시장 가치는 2000만 유로, 추정 연봉은 54만 유로.

슈팅-득점	2024-25 파르마	위치
51-6 / 13-0	⏱ 30-7 2546 A 4 P 15.3-11.8 P% 77%	CF
● 64-6 LG-0 / ● 0-0 RG-6 / ● 3-2 HG-0	DR 1.8-0.9 TK 1.1-0.9 IC 0.1 🟨🟥 2-0 ★ 0	

G	xG	A	xA	SH	SG	PC	P%	SC	BT	DC	TK	IC	A%
하위	상위	상위	상위	하위	상위	상위	상위	상위	상위	상위	상위	상위	하위
11%	34%	40%	50%	31%	14%	38%	25%	34%	43%	13%	10%	22%	6%

83위 Albert GUDMUNDSSON — 6.91
알베르트 구드문손   1997.06.15 / 177cm / ISL

피오렌티나와의 조합은 생각 이상으로 잘 맞았다. 시즌 초반엔 종아리와 햄스트링 부상으로 많은 경기에 출전하지 못했다. 후반부엔 본격적으로 자신의 기량을 펼쳤다. 29라운드 유벤투스와의 매치업에서 최고의 경기력을 보였고 오른발 골까지 기록했다. 2025년 팀과 완전 이적에 동의했다. 프리킥도 직접 전담했고, 페널티 박스 밖에서 2번의 골까지 넣었다. 시장 가치는 1800만 유로, 추정 연봉은 282만 유로.

슈팅-득점	2024-25 피오렌티나	위치
15-4 / 12-2	⏱ 16-8 1280 A 1 P 19.4-16.9 P% 87%	CF / AM
● 27-11 LG-1 / ● 2-0 RG-5 / ● 2-2 HG-0	DR 1.1-0.6 TK 0.8-0.4 IC 0.3 🟨🟥 2-0 ★ 1	

G	xG	A	xA	SH	SG	PC	P%	SC	BT	DC	TK	IC	A%
상위	하위	상위	상위	하위	상위	상위	상위	하위	상위	상위	상위	하위	하위
47%	27%	26%	39%	13%	44%	2%	18%	47%	19%	47%	5%	7%	7%

84위 Santiago CASTRO — 6.91
산티아고 카스트로   2004.09.18 / 180cm / ARG

아르헨티나의 슈퍼 키드. 다부진 체격에서 나오는 탄탄한 몸싸움과 빠르고 과감한 드리블이 인상적이다. 주전 지르크지의 이적으로 인해 9번 셔츠를 입었고, 경기 출전 시간도 늘었다. 부상 하나 없이 시즌을 보냈고, 13개의 공격 포인트를 기록했다. 아르헨티나 U-23 대표팀에 소집되었고, 성인 대표팀으로의 데뷔도 멀지 않았다. 자국 명문 벨레즈 사스필드 출신. 시장 가치는 3500만 유로, 추정 연봉은 93만 유로.

슈팅-득점	2024-25 볼로냐	위치
49-6 / 14-2	⏱ 27-9 2303 A 4 P 12.6-9.8 P% 78%	CF
● 63-8 LG-2 / ● 0-0 RG-5 / ● 1-0 HG-1	DR 1.2-0.6 TK 0.8-0.5 IC 0.1 🟨🟥 8-0 ★ 1	

G	xG	A	xA	SH	SG	PC	P%	SC	BT	DC	TK	IC	A%
하위	하위	상위	상위	하위	상위	상위	상위	상위	상위	상위	상위	상위	하위
18%	14%	44%	46%	42%	21%	43%	7%	44%	50%	41%	30%	30%	26%

○ 유럽 5대리그 센터포워드 항목별 랭킹(90분 기준 기록, 100분율)

85위 Diogo JOTA 6.91
디오구 조타   1996.12.04 / 178cm / POR

2025년 7월 3일, 전 세계에 충격적인 뉴스가 전해졌다. 리버풀 FC와 포르투갈 대표팀 주축 공격수였던 디오구 조타가 교통사고로 사망했다는 소식이었다. 조타의 가족과 팬들은 오열했고, 동료들은 망연자실했다. 그는 유럽 정상급 공격수였다. 위대한 선수였고, 훌륭한 인간으로 많은 사람의 존경을 받았다. 리버풀 구단은 그의 등 번호 20번을 영구결번했다. 그리고 홈구장인 앤필드 외곽에 그를 영원히 기리기로 했다. R.I.P.

슈팅-득점	2024-25 리버풀 FC	위치
48-6 / 3-0	14-12 / 1195 / 4 / 11.7-8.3 / 71%	CF LW AM
51-6 LG-1 / 0-0 RG-4 / 0-0 HG-1	DR 1.3-0.4 / TK 1.0-1.0 / IC 0.3 / 2-0 / ★1	

G	xG	A	xA	SH	SG	PC	P%	SC	BT	DC	TK	IC	A%
하위	상위	상위	상위	상위	상위	상위	하위	상위	상위	하위	상위	하위	하위
44%	22%	28%	41%	11%	38%	35%	42%	26%	20%	42%	18%	3%	29%

86위 Georges MIKAUTADZE 6.89
조르지 미카우타제   2000.10.31 / 176cm / GEO

'조지아 특급' 공격수. 유로2024의 득점왕. 메츠의 유소년 팀을 거쳐 프로에 데뷔했다. 2024-25시즌 프랑스 명문 리옹으로 입단했다. 34경기에 출전해 17개의 공격 포인트를 기록했다. PK 전담 키커로 3골을 넣었다. 어린 시절 프랑스로 이주해서 이중 국적을 취득했다. 최전방 공격수로 출전하지만 프리롤에 가까운 반경을 가진다. 오프 더 볼에서 공간을 잘 활용한다. 시장 가치는 2200만 유로, 추정 연봉은 327만 유로.

슈팅-득점	2024-25 올랭피크 리옹	위치
50-11 / 6-0	13-21 / 1433 / 6 / 12.0-9.5 / 79%	CF LW RW
56-11 LG-0 / 0-0 RG-9 / 4-3 HG-2	DR 1.7-0.6 / TK 0.4-0.2 / IC 0.1 / 2-0 / ★2	

G	xG	A	xA	SH	SG	PC	P%	SC	BT	DC	TK	IC	A%
상위	상위	상위	하위	상위	상위	상위	상위	상위	상위	상위	상위	상위	하위
17%	17%	6%	16%	16%	13%	17%	13%	11%	18%	49%	7%		

87위 Hugo DURO 6.89
우고 두로   1999.11.10 / 177cm / ESP

2024-25시즌 개막전 상대는 바르셀로나. 골을 기록하며 시즌 전망을 밝게 예상했다. 경미한 부상을 제외하고 리그 31경기에 11골을 기록했다. 화려하진 않지만 간결한 터치와 상대 수비의 균형을 무너뜨리며 전진한다. 정확한 킥감을 갖고 있어 스루 패스 시도도 많은 편. 팀에 대한 충성도가 높아 서포터즈의 깊은 애정을 받고 있다. 스페인 U-21 대표팀 출신. 시장 가치는 1400만 유로, 추정 연봉은 417만 유로.

슈팅-득점	2024-25 발렌시아	위치
47-11 / 2-0	25-6 / 2173 / 2 / 13.6-9.5 / 70%	CF
49-11 LG-6 / 1-0 RG-2 / 1-1 HG-3	DR 0.7-0.3 / TK 0.7-0.4 / IC 0.3 / 5-0 / ★2	

G	xG	A	xA	SH	SG	PC	P%	SC	BT	DC	TK	IC	A%
상위	상위	하위	하위	상위	상위	상위	상위	상위	상위	상위	상위	하위	하위
43%	49%	29%	11%	22%	14%	33%	50%	5%	21%	13%	49%	6%	34%

88위 Álvaro RODRÍGUEZ 6.87
알바로 로드리게스   2004.07.14 / 192cm / URU

레알 마드리드의 카스티야 출신. 우루과이 국가 대표팀 출신 코키토의 아들. 2024-25시즌 1군 경험을 쌓기 위해 헤타페로의 임대를 선택했다. 시즌 초반 발목 부상으로 2달을 뛰지 못했다. 부상 복귀 후 팀의 '슈퍼 서브' 역할을 담당했다. 16라운드 에스파뇰 전에는 헤딩으로 결승골을 넣기도 했다. 큰 키와 높은 점프력이 강점. 105번의 공중볼 제공권 싸움을 이겨냈다. 시장 가치는 250만 유로, 추정 연봉은 52만 유로.

슈팅-득점	2024-25 헤타페	위치
19-2 / 6-0	7-15 / 848 / 0 / 10.4-5.0 / 48%	CF
25-2 LG-1 / 0-0 RG-0 / 0-0 HG-1	DR 1.5-0.7 / TK 0.7-0.5 / IC 0.1 / 6-0 / ★1	

G	xG	A	xA	SH	SG	PC	P%	SC	BT	DC	TK	IC	A%
하위	하위	상위	상위	상위	상위	하위	상위	상위	상위	상위	상위	상위	상위
11%	1%	4%	2%	36%	37%	30%	23%	4%	14%	22%	8%		

89위 Jamie VARDY 6.87
제이미 바디   1987.01.11 / 179cm / ENG

레스터의 동화 같은 우승에 공헌했던 전설. 지난 시즌을 끝으로 '잠시만 안녕'을 택했다. 13시즌째 뛰었다. 클럽 역사상 최다 골의 선수이자 역대 세 번째로 많이 출장했다. 주장으로서 매 경기 헌신했고 리그에서 9골을 넣었다. 팀은 안타깝게 강등당했지만, 그를 위한 마지막 홈 경기는 감동 그 자체였다. 그 경기에서도 선제골을 넣었고, 관중들은 기립 박수를 보냈다. 시장 가치는 100만 유로, 추정 연봉은 00만 유로.

슈팅-득점	2024-25 레스터 시티	위치
52-9 / 6-0	35-0 / 2840 / 4 / 10.9-7.5 / 69%	CF
58-9 LG-2 / 1-0 RG-6 / 2-1 HG-1	DR 0.7-0.3 / TK 0.8-0.5 / IC 0.1 / 5-0 / ★1	

G	xG	A	xA	SH	SG	PC	P%	SC	BT	DC	TK	IC	A%
하위	하위	상위	상위	상위	상위	하위	하위	상위	하위	상위	하위	상위	하위
22%	41%	46%	41%	18%	24%	9%	31%	17%	30%	22%	49%	37%	29%

90위 Ché ADAMS 6.86
체 아담스   1996.07.13 / 175cm / SCO

잉글랜드 레스터 주의 출신. 잉글랜드 U-20 대표팀 출신으로 2021년 스코틀랜드 국가 대표팀에 소집됐다. 2024년 영국을 떠나 토리노로 해외 이적을 결정했다. 첫 시즌에 36경기에 출전했고 12개의 공격 포인트를 기록했다. 가장 성공적인 영입 사례가 되었다. 상황 판단이 빠른 편. 시야가 넓고 움직임이 빨라 득점 찬스를 잘 만들어낸다. 로빙 패스의 성공률도 높았다. 시장 가치는 1500만 유로, 추정 연봉은 333만 유로.

슈팅-득점	2024-25 토리노	위치
50-7 / 14-0	30-6 / 2660 / 8 / 15.1-11.3 / 75%	CF
64-11 LG-1 / 0-0 RG-8 / 1-0 HG-0	DR 1.0-0.4 / TK 0.6-0.4 / IC 0.1 / 3-0 / ★2	

G	xG	A	xA	SH	SG	PC	P%	SC	BT	DC	TK	IC	A%
하위	하위	상위	상위	상위	상위	하위	상위	상위	상위	상위	상위	상위	하위
31%	24%	21%	28%	5%	12%	49%	32%	2%	29%	13%	33%		

91위 VÍTINHA — 6.85
비티냐 2000.03.15 / 178cm / POR

2024년 겨울 이적 시장을 통해 제노아로 합류했고, 지난 시즌 완전 이적에 성공했다. 본격적으로 '풀 시즌'을 보낼 것이라 기대감이 컸지만, 근육과 인대 부상으로 25경기에만 출전했다. 포르투갈 U-18 대표팀 출신으로 2023년 유로 U-21에 참가했었다. 키가 크진 않지만 공간 침투 능력과 골문 앞에서의 마무리 능력이 좋다. 수비 가담 횟수는 적은 편이다. 시장 가치는 800만 유로, 추정 연봉은 330만 유로.

슈팅-득점	2024-25 제노아					위치
18-2			A	P	P%	CF
15-0	16-9	1335	3	10.9-7.0	64%	LW
● 23-2 LG-0	DR	TK	IC		★	AM
● 1-0 RG-2	2.7-1.0	1.8-0.9	0.5	2-0		
● 0-0 HG-0						

G	xG	A	xA	SH	SG	PC	P%	SC	BT	DC	TK	IC	A%
하위	하위	하위	하위	하위	상위	상위	하위	상위	상위	하위	상위	하위	상위
3%	1%	14%	8%	36%	2%	39%	23%	11%	6%	3%	1%	13%	

92위 Rodrigo MUNIZ — 6.85
호드리구 무니즈 2001.05.04 / 178cm / BRA

어린 시절부터 롤 모델은 즐라탄. 최전방에서 골망을 흔드는 모습과 당당한 골 세리머니를 보면 잠시나마 생각나게끔 한다. 박스 안에서의 슈팅 개수가 월등히 많다. 5.81의 xG 값을 넘어 리그 8호 골을 넣었다. 특히 터트린 골들은 경기 내내 순도 높았던 골이라 의미가 더 깊었다. 시즌 후반부 3경기 연속골을 넣고 있었지만, 아킬레스건 부상으로 시즌을 빨리 마쳤다. 시장 가치는 2000만 유로, 추정 연봉은 46만 유로.

슈팅-득점	2024-25 풀럼 FC					위치
37-7			A	P	P%	CF
2-1	8-23	952	1	4.5-3.0	66%	
● 39-8 LG-1	DR	TK	IC		★	
● 0-0 RG-7	0.6-0.3	0.3-0.3	0.1	1-0		
● 0-0 HG-0						

G	xG	A	xA	SH	SG	PC	P%	SC	BT	DC	TK	IC	A%
상위	상위	상위	상위	상위	상위	상위	하위	상위	상위	상위	하위	상위	상위
13%	25%	37%	19%	9%	4%	6%	39%	37%	47%	22%	3%	17%	

93위 Javi PUADO — 6.84
하비 푸아도 1998.05.25 / 177cm / ESP

'오직' 에스파뇰만 원하는 남자. 유소년 팀을 거쳐 프로 데뷔도 에스파뇰이었다. 7시즌 동안 2번의 승격을 함께했다. 스트라이커로 뛰었지만, 공격 포지션을 가리지 않는 멀티 플레이어다. 수비 가담도 적극적이다. 77%의 태클 성공률과 105번의 리커버리 데이터는 팀에 대한 헌신도가 어느 정도인지 알 수 있는 부분이다. 다만 반칙 횟수가 많고 경기당 경고 카드가 잦은 편. 시장 가치는 1000만 유로, 추정 연봉은 38만 유로.

슈팅-득점	2024-25 에스파뇰					위치
42-11			A	P	P%	CF
29-1	35-0	2989	4	18.3-14.6	80%	LW
● 71-12 LG-2	DR	TK	IC		★	AM
● 0-0 RG-8	1.7-0.6	1.0-0.6	0.1	7-0	1	
● 5-5 HG-0						

G	xG	A	xA	SH	SG	PC	P%	SC	BT	DC	TK	IC	A%
하위	하위	상위	상위	상위	상위	상위	하위	상위	상위	상위	상위	상위	하위
41%	38%	48%	36%	23%	4%	36%	13%	22%	50%	48%	45%	35%	2%

94위 Roberto PICCOLI — 6.84
로베르토 피콜리 2001.01.27 / 187cm / ITA

아탈란타 아카데미의 성공적인 산물. 이탈리아 연령별 대표팀에 모두 포함되었던 천재. 프로에서 자리를 잡기 위해 임대를 전전했는데 칼리아리에서 인정받기 시작했다. 지난 시즌 경고 누적으로 결장한 1경기를 뺀 리그 37경기에 전부 선발 출장했다. 리그 두 자릿수 골도 넣어 선수 생활 중 가장 만족할만한 시즌이었다. 목표는 이탈리아 성인 국가 대표팀 콜업이다. 시장 가치는 1200만 유로, 추정 연봉은 56만 유로.

슈팅-득점	2024-25 칼리아리					위치
86-10			A	P	P%	CF
12-0	37-3	3143	1	13.8-9.4	68%	
● 98-10 LG-0	DR	TK	IC		★	
● 1-0 RG-4	1.7-0.5	0.6-0.4	0.1	6-0	0	
● 1-1 HG-5						

G	xG	A	xA	SH	SG	PC	P%	SC	BT	DC	TK	IC	A%
하위	상위	하위	상위	상위	상위	상위	하위	상위	상위	상위	상위	하위	상위
23%	50%	6%	1%	29%	30%	12%	31%	20%	22%	28%	24%	19%	47%

95위 Phillip TIETZ — 6.82
필립 티츠 1997.07.09 / 190cm / GER

독일 브라운슈바이크 출신. 선수 생활 내내 독일의 하부 리그에서 뛰었다. 다름슈타트에서의 활약으로 인해 2023년 아우크스부르크로 입단했다. 큰 키를 이용해 제공권을 장악하고, 상대를 등진 플레이에 뛰어나다. 지난 시즌은 리그 전 경기에 출전했다. 선발 출전은 19번이었으나 리그에서 7번째 골을 넣었다. 2016년 독일 20세 이하의 대표팀에서 뛰기도 했다. 시장 가치는 500만 유로, 추정 연봉은 75만 유로.

슈팅-득점	2024-25 아우크스부르크					위치
41-7			A	P	P%	CF
11-0	19-15	1687	2	14.5-9.0	62%	
● 52-7 LG-3	DR	TK	IC		★	
● 3-0 RG-4	0.9-0.4	0.4-0.3	0.1	4-0	1	
● 1-1 HG-0						

G	xG	A	xA	SH	SG	PC	P%	SC	BT	DC	TK	IC	A%
하위	하위	상위	상위	상위	상위	상위	하위	상위	상위	상위	상위	상위	상위
44%	32%	17%	44%	34%	39%	35%	43%	28%	40%	29%	46%	34%	27%

96위 Oliver MCBURNIE — 6.81
올리버 맥버니 1996.06.04 / 188cm / SCO

색다른 결정이었다. 2024-25시즌 라스 팔마스와 계약을 맺었다. 커리어 최초로 해외 진출이었다. 결과는 좋았다. 34경기에 출전하여 6개의 도움을 기록했다. 리그 30라운드 소시에다드 전 이후 2경기 연속골도 넣었다. 팀의 강등을 막기 위해 고군분투했지만, 결과는 그렇지 못했다. 잉글랜드의 리즈 출신으로 스코틀랜드의 국가 대표팀에서도 활약한 적이 있다. 시장 가치는 250만 유로, 추정 연봉은 00만 유로.

슈팅-득점	2024-25 라스 팔마스					위치
32-3			A	P	P%	CF
20-14	20-14	1839	6	12.1-8.0	66%	
● 32-3 LG-1	DR	TK	IC		★	
● 0-0 RG-1	1.0-0.5	0.6-0.4	0.2	3-0	0	
● 0-0 HG-1						

G	xG	A	xA	SH	SG	PC	P%	SC	BT	DC	TK	IC	A%
하위	하위	상위	상위	상위	상위	상위	상위	상위	상위	상위	상위	상위	상위
6%	7%	9%	33%	6%	8%	49%	50%	49%	32%	5%	37%	28%	26%

유럽 5대리그 센터포워드 항목별 랭킹 (90분 기준 기록, 100분율)

97위 Patrick CUTRONE — 6.80
패트릭 쿠트로네 1998.01.03 / 183cm / ITA

코모의 주장. 빅 클럽에서 얻었던 경험을 토대로 라커룸에서 리더십을 발휘한다. 탄탄한 체구에서 나오는 피지컬 플레이에 뛰어나다. 화려한 테크닉은 아니지만, 순간적인 움직임으로 상대의 압박에서 벗어난다. 그러나 상대적으로 느린 발은 성장에 발목을 잡았었다. 과거 이탈리아와 밀란의 미래를 책임질 '1등급' 유망주로 불리기도 했다. 잘생긴 외모로도 화제가 되었다. 시장 가치는 600만 유로, 추정 연봉은 64만 유로.

슈팅-득점		2024-25 코모				위치
57-6			A	P	P%	CF
13-1		23-10	2056	4	13.5-10.1	75%
● 70-7	LG-1	DR	TK	IC		★
● 0-0	RG-5	0.8-0.4	0.7-0.5	0.2	1-0	2
● 1-0	HG-1					

G	xG	A	xA	SH	SG	PC	P%	SC	BT	DC	TK	IC	A%
하위	하위	상위	하위	상위	상위	상위	하위	상위	상위	상위	상위	상위	하위
33%	26%	29%	38%	22%	31%	47%	45%	49%	45%	27%	39%	46%	9%

98위 Mostafa MOHAMED — 6.80
모스타파 모하메드 1997.11.28 / 185cm / EGY

2024-25시즌 리그에서 5골을 넣었다. 주로 서브 자원으로 출전했다. 많은 시간을 보장받지 못했지만, 시즌 후반부엔 간간이 득점을 올렸다. 20라운드 랭스와의 경기에서 역전골을 넣고 영웅이 되었다. 이집트 국가 대표팀에서도 꾸준히 소집되며 예선 무패에 일조했다. 활동량이 많지는 않지만, 골문 앞에서 위력적인 움직임이 특기다. 경기 감각의 기복이 심한 편이다. 시장 가치는 500만 유로, 추정 연봉은 177만 유로.

슈팅-득점		2024-25 FC 낭트				위치
36-5			A	P	P%	CF
7-0		11-19	1247	0	8.1-5.4	67%
● 43-5	LG-0	DR	TK	IC		★
● 2-0	RG-3	1.0-0.5	0.9-0.6	0.3	3-0	0
● 0-0	HG-2					

G	xG	A	xA	SH	SG	PC	P%	SC	BT	DC	TK	IC	A%
하위	하위	하위	하위	상위	상위	상위	하위	상위	상위	상위	하위	하위	상위
41%	48%	4%	2%	21%	29%	28%	22%	6%	36%	25%	3%	1%	9%

99위 Phil HARRES — 6.79
필 하레스 2002.05.25 / 193cm / GER

장대한 체격을 바탕으로 파워 넘치는 공격력을 자랑한다. 박스 안에서의 몸싸움과 신체 밸런스가 뛰어난 편. 타점이 높은 공중전은 세트피스 상황에서 공수에 도움이 된다. 2024년 홀슈타인 킬에 합류했다. 시즌 초반엔 2군에서 뛰었지만, 중후반부엔 1군에서 기회를 잡았다. 15라운드부터 2경기 연속 멀티 골을 기록하며 화제가 되었다. 독일 데텐른 주 출신이다. 시장 가치는 400만 유로, 추정 연봉은 20만 유로.

슈팅-득점		2024-25 홀슈타인 킬				위치
33-6			A	P	P%	CF
4-2		17-9	1500	3	9.7-5.6	58%
● 37-8	LG-0	DR	TK	IC		★
● 0-0	RG-6	0.9-0.2	0.5-0.4	0.2	3-0	2
● 0-0	HG-2					

G	xG	A	xA	SH	SG	PC	P%	SC	BT	DC	TK	IC	A%
상위	상위	하위	하위	상위	상위	하위	하위	상위	상위	상위	상위	상위	상위
39%	37%	17%	27%	30%	45%	6%	3%	41%	33%	4%	49%	29%	37%

100위 Nathan TELLA — 6.77
네이선 텔라 1999.07.05 / 173cm / NGA

잉글랜드 태생. 명문 사우스햄튼 아카데미 출신이다. 2020년 1군에 콜업되었다. 번리를 거쳐 레버쿠젠과 계약을 맺었다. 계약 기간은 5년. 주로 측면을 선호하지만, 상황에 따라서는 최전방과 2선에서도 뛴다. 민첩한 움직임과 볼을 잘 다루고 순간적인 가속력이 뛰어나다. 나이지리아 국가 대표팀의 러브콜로 데뷔까지 했다. 자메이카전에서 A매치 첫 도움을 기록했다. 시장 가치는 1500만 유로, 추정 연봉은 180만 유로.

슈팅-득점		2024-25 바이에르 레버쿠젠				위치
21-1			A	P	P%	CF
7-1		17-10	1364	4	11.7-9.5	81%	AM
● 28-2	LG-0	DR	TK	IC		★	LB
● 0-0	RG-2	1.8-0.8	0.9-0.6	0.1	1-0	0
● 0-0	HG-2					

G	xG	A	xA	SH	SG	PC	P%	SC	BT	DC	TK	IC	A%
하위	하위	상위	상위	상위	상위	상위	상위	상위	상위	상위	상위	상위	하위
7%	6%	18%	47%	27%	14%	20%	16%	38%	22%	19%	13%	22%	11%

101위 Amine GOUIRI — 6.75
아민 구이리 2000.02.16 / 180cm / FRA

프랑스가 주목했던 '과거형' 초신성. 축구 지능이 뛰어나 볼을 다루는 기술이 또래보다 월등했다. 공간에 대한 이해도와 동료를 이용하는 이타적인 플레이로 장래를 촉망받았다. 지난 시즌 도중에 렌을 떠나 마르세유의 셔츠를 입었다. 선택의 결정은 탁월했다. 후반기에 10골을 넣으며 가장 뜨거운 관심을 받았다. 알제리계 프랑스 국적자. 2023년 알제리 국대에 소집되었다. 시장 가치는 3000만 유로, 추정 연봉은 455만 유로.

슈팅-득점		2024-25 스타드 렌+올랭피크 마르세유				위치
60-10			A	P	P%	CF
22-3		23-10	2088	5	19.1-16.2	85%	AM
● 82-13	LG-0	DR	TK	IC		★
● 1-0	RG-12	1.7-0.8	0.6-0.4	0.1	2-0	4
● 0-0	HG-1					

G	xG	A	xA	SH	SG	PC	P%	SC	BT	DC	TK	IC	A%
상위	상위	상위	상위	상위	상위	상위	상위	상위	상위	하위	하위	하위	하위
23%	27%	18%	16%	11%	4%	5%	40%	6%	20%	19%	47%	27%	12%

102위 Borja IGLESIAS — 6.73
보르하 이글레시아스 1993.01.17 / 187cm / ESP

셀타 비고와의 두 번째 인연. 프로 초창기에 많은 기회를 받지 못했었다. 베티스에서 리그 수준급 골게터로 성장했고 레버쿠젠을 거쳐 셀타 비고로 돌아왔다. 특출난 자기 관리로 베테랑의 면모를 보여줬다. 단 한 번의 잔 부상도 없이 전 경기에 출전했다. 바르셀로나 원정 경기에서는 해트트릭을 달성하며 세상의 시선을 받기도 했다. 9.39의 xG값을 넘어섰다. 시장 가치는 300만 유로, 추정 연봉은 160만 유로.

슈팅-득점		2024-25 셀타 비고				위치
44-11			A	P	P%	CF
2-0		24-13	1967	3	12.6-9.2	73%
● 46-11	LG-3	DR	TK	IC		★
● 0-0	RG-7	0.9-0.3	0.6-0.3	0.2	2-0	1
● 0-0	HG-1					

G	xG	A	xA	SH	SG	PC	P%	SC	BT	DC	TK	IC	A%
상위	상위	상위	상위	하위	상위	상위	하위	상위	상위	하위	상위	하위	하위
28%	44%	42%	27%	26%	34%	22%	47%	43%	32%	21%	25%

○ 유럽 5대리그 센터포워드 항목별 랭킹 (90분 기준 기록, 100분율)

103위 Thomas MÜLLER 6.73
토마스 뮐러 1989.09.13 / 185cm / GER

분데스리가 최강 바이에른 뮌헨에서 가장 많이 뛴 선수가 되었다. 25년이라는 긴 시간 동안 하나의 셔츠만 입었다. 전설 중의 전설로 불린다. 동료와 스텝 그리고 구단 서포터즈 모두에게 존경받는 선수. 독일 국가 대표팀 소속으로는 역대 3번째로 많이 출전했다. 뮌헨과의 마지막 시즌에도 최선을 다했고 49경기에서 16개의 공격 포인트를 기록했다. 살아있는 레전드다. 시장 가치는 600만 유로, 추정 연봉은 00만 유로.

슈팅-득점: 23-1, 7-0
2024-25 바이에른 뮌헨: 12-18, 1218, 4, 19.4-15.1, 78%
30-1 / LG-1 / 0-0 / RG-0 / 0-0 / HG-0
DR 0.6-0.3, TK 0.7-0.3, IC 3-0, 노랑-빨강 0, ★ 0
위치: CF, AM, CM

G 하위 37% / xG 상위 27% / A 상위 20% / xA 상위 34% / SH 상위 33% / SG 상위 34% / PC 상위 29% / P% 상위 38% / SC 하위 12% / BT 상위 27% / DC 하위 3% / TK 하위 18% / IC 하위 17% / A% 상위 42%

104위 Gorka GURUZETA 6.73
고르카 구루세타 1996.09.12 / 188cm / ESP

축구 부자로도 유명하다. 아버지 사비에르는 소시에다드에서 뛰기도 했다. 빌바오의 주전 공격수인 그는 완벽한 능력을 갖추진 못했다. 하지만 최전방에서 가장 많이 싸워주며 전방 압박을 시도한다. 6.60의 xG값을 넘겼고, 74%의 패스 성공률도 기록했다. 19라운드 레알 마드리드 전에서는 역전골을 터트렸다. 시장 가치는 900만 유로, 추정 연봉은 208만 유로.

슈팅-득점: 51-6, 8-1
2024-25 아슬레틱 빌바오: 21-15, 1845, 2, 11.1-8.2, 74%
59-7 / LG-1 / 0-0 / RG-4 / 0-0 / HG-2
DR 0.6-0.3, TK 1.1-0.4, IC 2-0, 노랑-빨강 1, ★ 1
위치: CF, AM

G 하위 21% / xG 상위 25% / A 상위 39% / xA 상위 47% / SH 상위 28% / SG 상위 41% / PC 상위 43% / P% 하위 16% / SC 상위 48% / BT 상위 39% / DC 상위 35% / TK 하위 5% / IC / A% 하위 31%

105위 Dominic CALVERT-LEWIN 6.73
도미닉 캘버트-르윈 1997.03.16 / 187cm / ENG

에버튼과의 오랜 동행을 마쳤다. 2025년을 끝으로 구디슨 파크와 이별을 고했다. 지난 시즌 초반 2경기 연속골을 넣었지만, 득점포는 더 이상 터지지 않았다. 더군다나 햄스트링 부상으로 인해 후반부엔 출전하지 못했다. 한때 잉글랜드 국가 대표팀의 주전 공격수였지만 기량의 저하는 인정할 부분이다. 박스 안팎의 슈팅 비율에서 큰 차이를 보이고 볼 터치도 투박하다. 시장 가치는 1600만 유로.

슈팅-득점: 48-3, 2-0
2024-25 에버튼 FC: 19-7, 1614, 1, 10.9-7.0, 64%
50-3 / LG-0 / 0-0 / RG-2 / 0-0 / HG-1
DR 1.0-0.4, TK 0.5-0.3, IC 0.3, 노랑-빨강 2-0, ★ 1
위치: CF

G 하위 8% / xG 상위 45% / A 하위 16% / xA 하위 3% / SH 상위 27% / SG 상위 37% / PC 하위 16% / P% 하위 13% / SC 상위 39% / BT 상위 49% / DC 상위 35% / TK 하위 8% / IC / A% 하위 18%

106위 Eldor SHOMURODOV 6.72
엘도르 쇼무로도프 1995.06.29 / 190cm / UZB

우즈벡 특급 스트라이커. 대표팀 주장으로도 유명하다. 소속팀 로마에선 백업 공격수로 대기한다. 지난 시즌 초반 많은 기회를 잡지 못했다. 후반부 중용을 받기 시작하더니 유벤투스와 인테르 전에 공격 포인트를 기록했었다. 큰 체구에서 나오는 제공권 싸움이 좋다. 위치 선정이 좋아 세트피스 상황에서 공수의 옵션이 된다. 문전 앞에서의 골 결정력은 다소 아쉽다. 시장 가치는 500만 유로, 추정 연봉은 192만 유로.

슈팅-득점: 25-4, 4-0
2024-25 AS 로마: 11-16, 1095, 4, 10.4-8.0, 77%
29-4 / LG-1 / 0-0 / RG-1 / 0-0 / HG-2
DR 1.0-0.3, TK 0.6-0.5, IC 1-0, 노랑-빨강 0, ★ 0
위치: CF, AM

G 하위 45% / xG 상위 39% / A 하위 3% / xA 상위 36% / SH 상위 34% / SG 상위 36% / PC 하위 18% / P% 상위 31% / SC 상위 26% / BT 하위 14% / DC 상위 48% / TK 하위 17% / IC 상위 42% / A% 상위 45%

107위 Myron BOADU 6.71
마이론 보아두 2001.01.14 / 183cm / NED

네덜란드 명문 알크마르의 아카데미 출신. 2021년 모나코로 이적했으나 지난 시즌은 보훔에서 임대 생활을 보냈다. 많은 기대감을 안고 합류했지만, 골반과 햄스트링 부상으로 많은 경기에서 자주 보진 못했다. 하지만 라이프치히에게 해트트릭을 작렬했고, 시즌 마지막 경기에선 멀티 골을 기록했다. 가나계 네덜란드 출신. 청소년 대표팀을 모두 거친 엘리트 출신이다. 시장 가치는 700만 유로, 추정 연봉은 141만 유로.

슈팅-득점: 25-9, 3-0
2024-25 보훔: 11-8, 1045, 1, 10.3-7.3, 71%
28-9 / LG-3 / 0-0 / RG-5 / 1-1 / HG-1
DR 1.1-0.6, TK 0.3-0.1, IC 0.1, 노랑-빨강 2-0, ★ 3
위치: CF

G 상위 8% / xG 상위 10% / A 상위 31% / xA 하위 40% / SH 상위 44% / SG 상위 31% / PC 상위 32% / P% 상위 27% / SC 상위 14% / BT 상위 22% / DC 하위 5% / TK 상위 19% / IC / A% 상위 23%

108위 Sergio CAMELLO 6.71
세르히오 카메요 2001.02.10 / 177cm / ESP

ST, LW, SS와 같이 공격에 관여된 모든 포지션을 소화한다. 활동 반경이 넓고 볼 관리 능력이 뛰어나 좁은 공간에서 찬스 메이킹이 뛰어나다. 스페인 청소년 대표팀을 두루 거친 천재다. 아틀레티코 유소년 팀 선수 중 가장 주목받았던 재능이다. 지난 시즌 꾸준히 기회를 받았지만, 후반부에는 발 부상으로 시즌 아웃에 가까웠다. 2013년 유로 U-21 대표팀에서 참가했다. 시장 가치는 300만 유로, 추정 연봉은 65만 유로.

슈팅-득점: 23-3, 9-0
2024-25 라요 바예카노: 14-9, 1140, 2, 11.1-9.0, 81%
32-3 / LG-2 / 0-0 / RG-1 / 0-0 / HG-0
DR 1.0-0.6, TK 0.5-0.4, IC 0.2, 노랑-빨강 2-0, ★ 0
위치: CF

G 하위 14% / xG 상위 31% / A 상위 32% / xA 상위 23% / SH 상위 42% / SG 상위 29% / PC 상위 8% / P% 상위 15% / SC 상위 46% / BT 상위 19% / DC 상위 39% / TK 하위 22% / IC / A% 하위 14%

미드필더

2년 연속 스페인 대표 출신 미드필더가 해당 포지션 최고의 자리에 올랐다. 2023-24시즌엔 로드리(맨체스터 시티)였고, 지난 시즌엔 페드리(FC 바르셀로나)가 압도적인 기량을 뽐냈다. 그는 소속팀에서 라민 야말, 로베르트 레반도프스키와 환상의 콤비를 이루며 팀의 화려한 공격 축구를 이끌었다. 동료 수비수로부터 볼을 넘겨 받으면 정확한 장-단 패스를 전방으로 뿌렸다. '그라운드 야전사령관'으로서 이제 기량이 만개했다는 평을 받았다. 미드필더 1위를 놓고 요슈아 키미히(바이에른 뮌헨)가 치열하게 경쟁했다. 그런데 기존의 이 두 선수를 제외하고, 미드필더 상위권에는 안드레이 산토스(스트라스부르), 가에탄 페렝(오세르), 스콧 맥토미니(나폴리), 알렉스 바에나(비야레알), 딜란 바크와(스트라스부르), 톰 비쇼프(호펜하임) 등 새 얼굴들이 이름을 올려 눈길을 끌었다.

유럽 5대리그 미드필더 항목별 랭킹 (90분 기준 기록, 100분율)

01위 PEDRI 페드리 — 7.58
2002.11.25 / 174cm / ESP

유려한 볼 컨트롤을 선보이는 MF. 높은 축구 지능과 넓은 시야를 통해 볼을 배급한다. 통패스, 태클 성공률 면에서도 세계 최고 실력을 자랑한다. 좁은 공간에서도 탈압박을 잘 하고, 볼리커버리도 상위 1%에 들었다. 사비 에르난데스가 자신을 닮은 선수로 꼽았고 이니에스타의 후계자로 불릴 만큼 중원 장악력이 대단하다. 득점력은 평범한 수준. 시장 가치는 1억 4000만 유로, 추정 연봉은 1600만 유로.

슈팅-득점 / 2024-25 FC 바르셀로나 / 위치
11-3, 14-1 / 35-2, 2897, 5, 72.5-64.5, 89% / CM, DM, AM

- 25-4 LG-2
- 0-0 RG-2
- 0-0 HG-2

DR 1.7-1.2 / TK 3.0-1.7 / IC 0.7 / 5

G	A	SH	SG	PC	P%	LC	L%	SC	BT	DC	TK	IC	BR
상위 42%	상위 18%	상위 26%	상위 49%	상위 3%	상위 23%	상위 3%	상위 19%	상위 3%	상위 47%	상위 40%	상위 32%	하위	상위 1%

02위 Joshua KIMMICH 요슈아 키미히 — 7.53
1995.02.08 / 177cm / GER

최상위권 어시스트 능력을 갖췄다. 2024-2025시즌 93%에 달하는 엄청난 패스 성공률을 기록했다. 많은 볼 터치 상황에서도 집중력을 놓치지 않는 스타일이다. 길게 뿌려주는 킥은 팀의 공격 방향 전환에 도움을 준다. 투지 넘치는 플레이를 선보이며 엄청난 활동량을 자랑한다. 중앙부터 측면까지 다양한 포지션을 소화 가능하다는 다재다능함도 특징. 시장 가치는 4500만 유로, 추정 연봉은 2000만 유로.

슈팅-득점 / 2024-25 바이에른 뮌헨 / 위치
8-2, 26-1 / 32-1, 2847, 6, 104.0-96.7, 93% / CM, DM, RB, CB

- 34-3 LG-0
- 4-0 RG-3
- 0-0 HG-0

DR 0.8-0.5 / TK 2.0-1.4 / IC 0.7 / 4-0 / 2

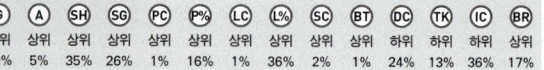

G	A	SH	SG	PC	P%	LC	L%	SC	BT	DC	TK	IC	BR
상위 50%	상위 5%	상위 35%	상위 26%	상위 1%	상위 16%	상위 1%	상위 36%	상위 2%	상위 1%	상위 24%	상위 13%	상위 36%	상위 17%

03위 Andrey SANTOS 안드레이 산토스 — 7.46
2004.05.03 / 180cm / BRA

미드필더 중 최상급 공격 본능을 자랑한다. 신체 모든 부위를 활용해 지난 시즌 두 자릿수 공격 포인트를 올렸다. 특히 헤더 능력이 좋은 편이다. 수비 지능도 높아 기회를 엿보다 적극적으로 태클을 시도한다. 공수 밸런스가 잘 잡힌 유형. 2023년 첼시 입단 후 임대로 경험을 쌓았고 2025년 여름부터 본격 합류해 클럽 월드컵을 치렀다. 시장 가치는 3500만 유로, 추정 연봉은 92만 유로.

슈팅-득점 / 2024-25 스트라스부르 / 위치
26-8, 20-2 / 32-0, 2857, 3, 49.1-43.7, 89% / CM, DM

- 46-10 LG-3
- 0-0 RG-4
- 0-0 HG-5

DR 1.2-0.6 / TK 4.7-3.5 / IC 1.0 / 8-0 / 3

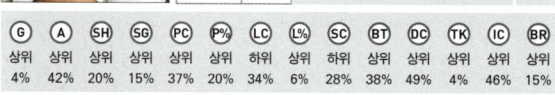

G	A	SH	SG	PC	P%	LC	L%	SC	BT	DC	TK	IC	BR
상위 4%	상위 42%	상위 20%	상위 15%	상위 37%	상위 20%	상위 34%	상위 6%	상위 28%	상위 38%	상위 49%	상위 2%	상위 46%	상위 15%

04위 Gaëtan PERRIN 가에탄 페랭 — 7.43
1996.06.07 / 169cm / FRA

2024-2025시즌 무려 10골 11도움을 올리며 정상급 선수로 우뚝 섰다. 팀의 전담 프리키커로 두 골을 만들었고, 양발을 두루 사용해 득점했다. 코너킥 상황에서도 팀 공격에 힘을 보탠다. 공격적 성향이 강해 결정적인 상황을 만들고는 한다. 볼 터치가 적고 패스 성공률은 낮은 편이나 키 패스 같은 개인 기술로 단점을 커버하고 있다. 시장 가치는 800만 유로, 추정 연봉은 48만 유로.

슈팅-득점 / 2024-25 AJ 오세르 / 위치
32-6, 27-4 / 31-3, 2707, 11, 25.1-19.8, 79% / RM, RW, AM

- 59-10 LG-5
- 5-2 RG-5
- 0-0 HG-0

DR 3.6-1.7 / TK 2.3-1.5 / IC 2-0 / 7

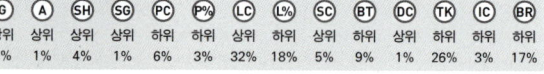

G	A	SH	SG	PC	P%	LC	L%	SC	BT	DC	TK	IC	BR
상위 3%	상위 1%	상위 4%	상위 1%	상위 3%	상위 32%	상위 18%	상위 5%	상위 9%	상위 1%	상위 26%	상위 3%	상위 17%	하위

05위 Scott McTOMINAY 스콧 맥토미니 — 7.42
1996.12.08 / 193cm / SCO

탄탄한 피지컬을 바탕으로 공격에 앞장선다. 수비가 강한 이탈리아에서 11골을 올렸을 정도로 결정력이 굉장히 뛰어나다. 오른발 득점 비중이 높다. 두 자릿수 골 기록은 상대 수비의 타이밍을 빼앗는 침투 능력 덕분이었다. 볼 터치와 태클 등에선 하위권에 자리한다. 직접 볼을 운반하기보단 상대를 강하게 압박하고 몸싸움을 거는 플레이를 펼친다. 시장 가치는 5000만 유로, 추정 연봉은 556만 유로.

슈팅-득점 / 2024-25 나폴리 / 위치
55-11, 21-1 / 33-1, 2941, 4, 26.6-22.6, 85% / CM, AM, DM, LW

- 76-12 LG-1
- 2-0 RG-8
- 0-0 HG-3

DR 2.6-1.2 / TK 1.8-1.3 / IC 0.7 / 3-0 / 5

G	A	SH	SG	PC	P%	LC	L%	SC	BT	DC	TK	IC	BR
상위 2%	상위 30%	상위 1%	상위 2%	상위 5%	상위 48%	상위 16%	상위 45%	상위 2%	상위 10%	상위 54%	상위 1%	상위 28%	상위 25%

06위 Álex BAENA 알렉스 바에나 — 7.40
2001.07.20 / 175cm / ESP

2선에서 주로 뛰며 양발을 잘 활용해 폭넓은 플레이가 가능하다. 지난 시즌 프리킥을 전담했을 만큼 킥 능력도 좋다. 경기 흐름을 읽는 눈이 좋아 기회를 잘 만든다. 라리가 최다 기회 창출을 기록했다. 동료를 향해 찔러주는 날카로운 패스는 바에나의 최대 장점. 키가 크지 않고 공중볼 경합엔 소극적이다. 가장 취약한 요소로는 태클이 꼽힌다. 시장 가치는 5500만 유로, 추정 연봉은 200만 유로.

슈팅-득점 / 2024-25 비야레알 / 위치
35-7, 35-0 / 30-2, 2608, 9, 32.7-24.2, 74% / LM, LW, AM

- 70-7 LG-3
- 8-0 RG-4
- 1-0 HG-0

DR 1.9-0.8 / TK 1.8-0.9 / IC 0.7 / 9-0 / 3

G	A	SH	SG	PC	P%	LC	L%	SC	BT	DC	TK	IC	BR
상위 7%	상위 2%	상위 4%	상위 10%	상위 16%	상위 1%	상위 14%	상위 13%	상위 1%	상위 33%	상위 37%	상위 3%	상위 31%	상위 49%

○ 유럽 5대리그 미드필더 항목별 랭킹 (90분 기준 기록, 100분율)

07위 Nadiem AMIRI — 7.36
나딤 아미리 1996.10.27 / 180cm / GER

지난 시즌 세트피스 가담이 유독 활발했다. 주발은 오른발로, 오른발로만 골을 만들었다. 페널티킥 성공률도 매우 높았다. 도전적으로 볼을 빼앗는 장면을 자주 연출한다. 어느 포지션에서든 공수 양면에 기여하는 헌신적 플레이가 특징. 풍부한 기술과 경험, 리더십으로 팀에 보탬이 되는 선수다. 그 결과 마인츠의 심장이라는 별명을 얻었다. 시장 가치는 2000만 유로, 추정 연봉은 170만 유로.

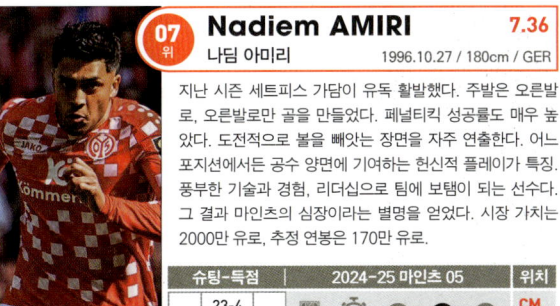

슈팅-득점	2024-25 마인츠 05					위치
23-4 / 39-3	30-0	2485	5	53.0-44.0	83%	CM / RM / RW
● 62-7 LG-0	DR	TK	IC	🟨🟥	★	
● 10-2 RG-7	2.2-1.1	2.5-1.6	0.6	7-2	5	
● 2-2 HG-0						

G	A	SH	SG	PC	P%	LC	L%	SC	BT	DC	TK	IC	BR
상위 6%	상위 14%	상위 3%	상위 1%	상위 25%	상위 16%	하위 %	상위 15%	하위 5%	상위 11%	상위 10%	상위 39%	상위 14%	하위 2%

08위 Dilane BAKWA — 7.36
딜란 바크와 2002.08.26 / 180cm / FRA

중거리슛을 즐겨 시도하며 유효율 비중이 높다. 왼발잡이 키커로 팀의 프리킥을 담당했다. 미드필더 중 최고 수준의 드리블 돌파 성공률을 자랑한다. 경기당 평균 4회 이상 드리블을 통해 기회를 만들었다. 능숙한 드리블과 발기술은 창의적 플레이를 선보일 수 있었던 비결이다. 측면에서 올리는 크로스도 장점이다. 다만 수비 기여도는 낮은 편. 시장 가치는 1억 4000만 유로, 추정 연봉은 1178만 유로.

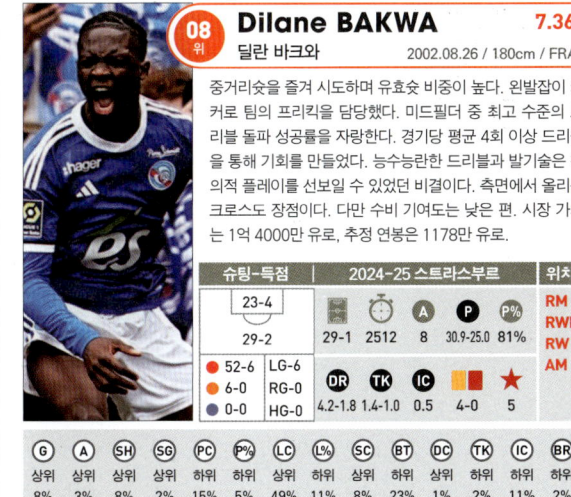

슈팅-득점	2024-25 스트라스부르					위치
23-4 / 29-2	29-1	2512	8	30.9-25.0	81%	RM / RWB / RW / AM
● 52-6 LG-6	DR	TK	IC	🟨🟥	★	
● 6-0 RG-0	4.2-1.8	1.4-1.0	0.5	4-0	5	
● 0-0 HG-0						

G	A	SH	SG	PC	P%	LC	L%	SC	BT	DC	TK	IC	BR
상위 8%	상위 3%	상위 8%	상위 2%	상위 15%	하위 5%	상위 49%	상위 11%	상위 8%	상위 23%	상위 1%	상위 20%	상위 11%	하위 2%

09위 Federico VALVERDE — 7.35
페데리코 발베르데 1998.07.22 / 182cm / URU

준족과 활동량을 두루 갖춰 현대 축구에 걸맞은 대표 미드필더로 손꼽힌다. 강력한 중거리슛을 장착해 골문 근처보단 먼 지점에서 때리는 슛의 비중이 훨씬 높다. 세트피스를 전담해 득점도 성공했다. 롱패스와 숏패스에 두루 능해 공수 연결고리 역을 톡톡히 해낸다. 인터셉트는 유럽 정상급. 결정적 상황에서 박스로 직접 침투하는 모습도 종종 나온다. 시장 가치는 2500만 유로, 추정 연봉은 70만 유로.

슈팅-득점	2024-25 레알 마드리드					위치
11-1 / 46-5	34-2	3034	4	60.1-54.7	91%	CM / DM / RB / RM
● 57-6 LG-0	DR	TK	IC	🟨🟥	★	
● 5-1 RG-6	0.8-0.4	1.8-1.4	1.5	4-0	4	
● 0-0 HG-0						

G	A	SH	SG	PC	P%	LC	L%	SC	BT	DC	TK	IC	BR
상위 8%	상위 20%	상위 18%	상위 17%	상위 12%	상위 9%	상위 13%	상위 34%	상위 15%	하위 31%	상위 21%	상위 5%	하위 39%	

10위 Hakan ÇALHANOGLU — 7.33
하칸 찰하놀루 1994.02.08 / 178cm / TUR

프리킥, 중거리슛 등 특유의 강력한 킥을 활용한 공격 상황에 강하다. 대부분의 항목에서 최상위권을 기록할 만큼 다재다능한 스타일이다. 지난 시즌 대부분의 경기를 수비적인 포지션에서 뛰었다. 수비 상황에서 모험을 감수하는 유형은 아니다. 정확한 패스로 경기 흐름을 조율하며 수비와 미드필드 가운데 영역에서 빌드업에 가담한다. 시장 가치는 3000만 유로, 추정 연봉은 1204만 유로.

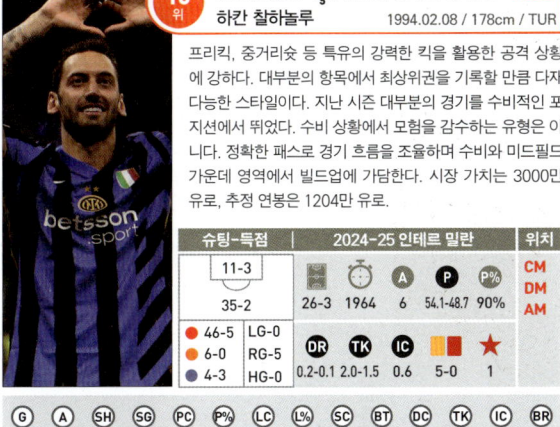

슈팅-득점	2024-25 인테르 밀란					위치
11-3 / 35-2	26-3	1964	6	54.1-48.7	90%	CM / DM / AM
● 46-5 LG-0	DR	TK	IC	🟨🟥	★	
● 6-0 RG-5	0.2-0.1	2.0-1.5	0.6	5-0	1	
● 4-3 HG-0						

G	A	SH	SG	PC	P%	LC	L%	SC	BT	DC	TK	IC	BR
상위 5%	상위 4%	상위 6%	상위 20%	상위 9%	상위 40%	상위 3%	상위 44%	상위 6%	상위 8%	상위 6%	상위 25%	하위 26%	상위 35%

11위 Tom BISCHOF — 7.33
톰 비쇼프 2005.06.28 / 176cm / GER

높은 축구 지능과 전술 이해도를 뽐낸다. 왼발을 잘 쓰며 롱패스를 자주 시도해 기회를 만든다. 슈팅 횟수와 성공률도 우수한 편. 수비 가담 측면에선 태클 능력이 좋고 볼 탈취에도 능숙하다. 또한 영리한 오프 더 볼 움직임과 볼 소유로 콤파니 감독의 인정을 받았다. 일대일 경합은 다소 아쉽지만 다양한 전술에 잘 녹아드는 유형이다. 시장 가치는 3000만 유로, 추정 연봉은 14만 유로.

슈팅-득점	2024-25 호펜하임					위치
18-1 / 33-4	30-1	2567	2	44.2-37.1	84%	CM / DM / AM / RM
● 51-5 LG-5	DR	TK	IC	🟨🟥	★	
● 5-1 RG-5	2.1-1.0	4.4-3.2	1.0	5-0	3	
● 0-0 HG-0						

G	A	SH	SG	PC	P%	LC	L%	SC	BT	DC	TK	IC	BR
상위 17%	상위 45%	상위 7%	상위 7%	상위 39%	상위 23%	하위 15%	상위 34%	상위 3%	상위 20%	상위 9%	상위 7%	상위 45%	상위 18%

12위 João NEVES — 7.33
조앙 네베스 2004.09.27 / 174cm / POR

지난 시즌 이적료 약 6000만 유로를 기록하며 파리 생제르맹으로 향했다. 클럽에선 챔피언스리그 우승에 앞장섰고, 포르투갈 대표팀에선 네이션스리그 우승을 경험했다. 볼 소유와 압박에 강해 중원에 균형감과 안정감을 선사한다. 홀딩 미드필더로 투지와 활동량이 돋보이는 유형. 공격 시도는 많지 않지만 기회를 창출하고 도움을 제공하는 능력은 정상급이다. 시장 가치는 8000만 유로, 추정 연봉은 909만 유로.

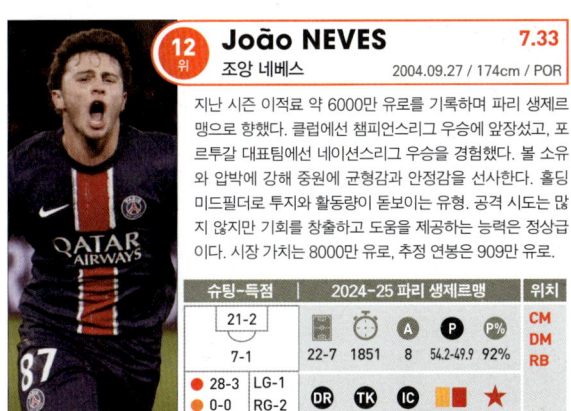

슈팅-득점	2024-25 파리 생제르맹					위치
21-2 / 7-1	22-7	1851	8	54.2-49.9	92%	CM / DM / RB
● 28-3 LG-1	DR	TK	IC	🟨🟥	★	
● 0-0 RG-2	1.0-0.6	2.8-2.2	0.8	1-0	4	
● 0-0 HG-0						

G	A	SH	SG	PC	P%	LC	L%	SC	BT	DC	TK	IC	BR
상위 33%	상위 5%	상위 26%	상위 22%	상위 7%	상위 4%	상위 21%	상위 6%	상위 23%	상위 7%	상위 27%	상위 4%	하위 47%	상위 20%

○ 유럽 5대리그 미드필더 항목별 랭킹(90분 기준 기록, 100분율)

13위 Benjamin ANDRÉ — 7.32
벤자맹 앙드레 1990.08.03 / 180cm / FRA

언성 히어로. 돋보이진 않지만 본연의 업무에 충실한 플레이를 펼친다. 수비 라인을 보호하고 볼을 빼앗아 전달한다. 그라운드 전 범위를 커버하는 엄청난 활동량을 보인다. 지상에서의 볼 경합, 특히 태클과 리커버리에 뛰어나다. 강한 태클은 장점이지만, 거친 플레이가 자주 나와 경고를 12장이나 받았다. 베테랑으로서 리더십도 두드러지는 특징 중 하나. 시장 가치는 500만 유로, 추정 연봉은 216만 유로.

슈팅-득점	2024-25 릴 OSC					위치
12-0						CM
4-0	30-0	2693	3	62.9-52.8	84%	DM
● 16-0 LG-0	DR	TK	IC		★	
● 0-0 RG-0	0.7-0.3	4.8-3.4	1.6	12-0	3	
● 0-0 HG-0						

G	A	SH	SG	PC	P%	LC	L%	SC	BT	DC	TK	IC	BR
하위	상위	하위	상위	상위	하위	상위	상위	상위	하위	상위	상위	상위	상위
12%	49%	17%	23%	19%	43%	25%	40%	18%	14%	25%	12%	12%	8%

14위 Alexis Mac ALLISTER — 7.31
알렉시스 매칼리스터 1998.12.24 / 176cm / ARG

마에스트로. 우수한 플레이메이킹 능력으로 팀 전체 경기 운영을 조율한다. 좁은 공간에서도 볼 컨트롤에 흔들림이 없다. 지난 시즌 50%를 상회하는 태클 성공률을 기록했다. 여기에 골과 도움을 고루 기록해 직접적인 기여도 했다. 득점 과정에선 양발과 머리를 모두 활용했다. 감독들이 호평하는 지능을 바탕으로 영리하고도 강력한 수비 플레이를 선보인다. 시장 가치는 1억 유로, 추정 연봉은 1109만 유로.

슈팅-득점	2024-25 리버풀 FC					위치
22-3						DM
16-2	30-5	2608	5	40.8-35.5	87%	CM LM
● 38-5 LG-1	DR	TK	IC		★	AM
● 1-0 RG-2	1.3-0.6	4.1-2.7	0.7	6-0	1	
● 0-0 HG-0						

G	A	SH	SG	PC	P%	LC	L%	SC	BT	DC	TK	IC	BR
상위	상위	상위	상위	상위	상위	상위	상위	상위	상위	상위	상위	상위	상위
11%	21%	32%	22%	41%	48%	48%	27%	46%	35%	46%	8%	37%	49%

15위 Declan RICE — 7.31
데클런 라이스 1999.01.14 / 188cm / ENG

1억 유로의 사나이로 불리는 잉글랜드 국가대표 자원. 수비에 적극 가담하면서도 아스널에서 공격 재능을 향상시켰다. 강력한 중거리슛을 갖췄고, 직접 볼을 몰고 올라가는 모습도 종종 나온다. 미드필드에서 세밀한 컨트롤로 볼을 배급한다. 전진 패스로 어시스트를 기록하기도 했다. 창의적인 유형은 아니나 빼어난 리더십과 존재감으로 팀 전체를 지휘한다. 시장 가치는 1억 2000만 유로, 추정 연봉은 1478만 유로.

슈팅-득점	2024-25 아스널 FC					위치
27-3						CM
21-1	33-2	2833	7	42.2-38.0	90%	DM
● 48-4 LG-0	DR	TK	IC		★	
● 2-0 RG-4	0.8-0.4	2.2-1.7	0.7	5-1	3	
● 0-0 HG-0						

G	A	SH	SG	PC	P%	LC	L%	SC	BT	DC	TK	IC	BR
상위	상위	상위	상위	상위	상위	상위	하위	상위	하위	하위	하위	하위	하위
14%	8%	17%	18%	42%	50%	38%	12%	19%	44%	39%	30%	48%	41%

16위 Youri TIELEMANS — 7.31
유리 틸레만스 1997.05.07 / 176cm / BEL

박스 투 박스 유형이지만 지난 시즌 공격적 역할을 자주 수행했다. 특히 라인 브레이킹을 통한 어시스트로 동료와 시너지를 냈다. 중요한 순간마다 번뜩이는 모습으로 네 차례 MOM에 등극했다. 또 세트피스 찬스에서의 적극적인 경합으로 헤더 득점을 기록하기도 했다. 넓은 시야로 경기 전체를 조율한다. 정확한 볼 운반과 킥력은 최대 장점으로 꼽힌다. 시장 가치는 3800만 유로, 추정 연봉은 924만 유로.

슈팅-득점	2024-25 애스턴 빌라					위치
21-3						DM
20-0	35-1	3033	7	53.6-46.1	86%	CM AM
● 41-3 LG-1	DR	TK	IC		★	
● 0-0 RG-0	1.7-0.9	3.3-2.3	0.6	4-0	4	
● 1-0 HG-2						

G	A	SH	SG	PC	P%	LC	L%	SC	BT	DC	TK	IC	BR
상위	상위	상위	상위	상위	상위	상위	하위	상위	상위	상위	상위	상위	하위
33%	7%	33%	25%	25%	42%	24%	14%	20%	31%	34%	29%	19%

17위 Corentin TOLISSO — 7.31
코랑텡 톨리소 1994.08.03 / 181cm / FRA

공중 장악에 특화된 유형. 양발을 두루 잘 사용하며, 박스 안에서 마무리 능력이 뛰어나다. 헤더로 네 골을 넣었다. 강한 피지컬로 몸싸움을 피하지 않는 편. 세밀한 볼 터치로 빌드업의 출발점이 된다. 또한 정확한 패스로 동료에게 많은 기회를 제공한다. 지난 시즌엔 마무리 능력이 상당히 두드러졌다. 태클이나 인터셉트는 무난한 수준이다. 시장 가치는 1200만 유로, 추정 연봉은 545만 유로.

슈팅-득점	2024-25 올랭피크 리옹					위치
35-6						CM
16-1	27-5	2334	4	48.4-41.6	86%	DM AM
● 51-7 LG-0	DR	TK	IC		★	LW
● 0-0 RG-3	0.7-0.3	2.8-1.8	0.7	4-0	0	
● 0-0 HG-4						

G	A	SH	SG	PC	P%	LC	L%	SC	BT	DC	TK	IC	BR
상위	상위	상위	상위	상위	상위	상위	상위	상위	상위	상위	상위	하위	상위
6%	16%	3%	2%	15%	43%	10%	24%	18%	25%	49%	49%	46%	41%

18위 Pierre-Emile HØJBJERG — 7.31
피에르-에밀 호이비어 1995.08.05 / 185cm / DEN

정확도 높은 패스로 경기를 풀어가는 스타일이다. 패스 성공률과 볼 터치 능력에선 따라올 선수가 없을 정도다. 롱패스 성공률은 무난한 편이다. 그가 길게 때려주는 롱볼로 위협적인 역습의 기점이 되곤 한다. 상대 동선을 예측해 시도하는 인터셉트, 볼 탈취도 장점이다. 투지를 불태우는 스타일로 지난 시즌에도 경고가 제법 많았다. 시장 가치는 2000만 유로, 추정 연봉은 618만 유로.

슈팅-득점	2024-25 올랭피크 마르세유					위치
16-1						CM
17-1	30-0	2666	4	95.1-88.4	93%	DM CB
● 33-2 LG-0	DR	TK	IC		★	
● 7-1 RG-2	0.8-0.2	3.3-2.2	1.4	5-0	1	
● 0-0 HG-0						

G	A	SH	SG	PC	P%	LC	L%	SC	BT	DC	TK	IC	BR
상위	상위	상위	상위	상위	상위	상위	상위	상위	상위	하위	하위	상위	상위
49%	23%	40%	50%	1%	32%	33%	16%	1%	14%	44%	15%	21%

○ 유럽 5대리그 미드필더 항목별 랭킹(90분 기준 기록, 100분율)

19위 VITINHA — 7.30
비티냐   2000.02.13 / 172cm / POR

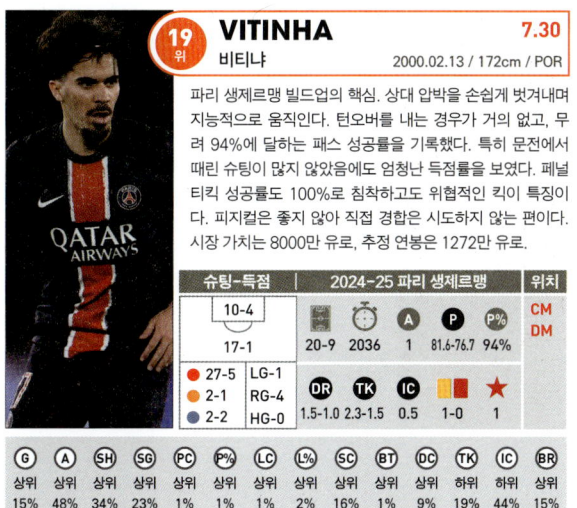

파리 생제르맹 빌드업의 핵심. 상대 압박을 손쉽게 벗어내며 지능적으로 움직인다. 턴오버를 내는 경우가 거의 없고, 무려 94%에 달하는 패스 성공률을 기록했다. 특히 문전에서 때린 슈팅이 많지 않았음에도 엄청난 득점률을 보였다. 페널티킥 성공률도 100%로 침착하고도 위협적인 킥이 특징이다. 피지컬은 좋지 않아 직접 경합은 시도하지 않는 편이다. 시장 가치는 8000만 유로, 추정 연봉은 1272만 유로.

슈팅-득점	2024-25 파리 생제르맹	위치
10-4 / 17-1	20-9 / 2036 / 1 / 81.6-76.7 / 94%	CM / DM
27-5 LG-1 / 2-1 RG-4 / 2-2 HG-0	DR 1.5-1.0 / TK 2.3-1.5 / IC 0.5 / 1-0 / ★ 1	

G	A	SH	SG	PC	P%	LC	L%	SC	BT	DC	TK	IC	BR
상위15%	상위48%	상위34%	상위23%	상위1%	상위1%	상위1%	상위2%	상위16%	상위1%	상위9%	하위19%	하위44%	상위15%

20위 Moisés CAICEDO — 7.29
모이세스 카이세도   2001.11.02 / 178cm / ECU

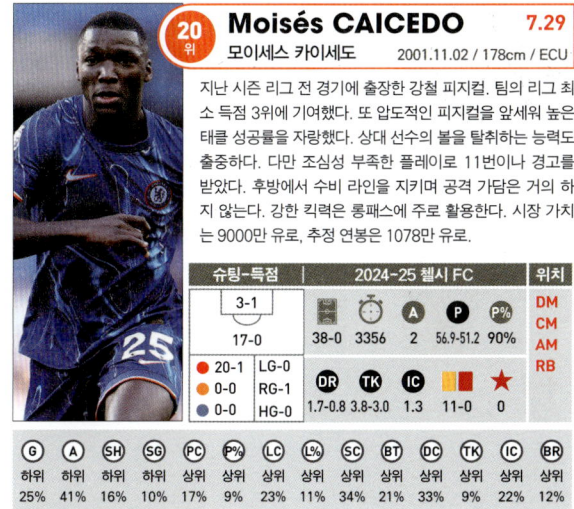

지난 시즌 리그 전 경기에 출장한 강철 피지컬. 팀의 리그 최소 득점 3위에 기여했다. 또 압도적인 피지컬을 앞세워 높은 태클 성공률을 자랑했다. 상대 선수의 볼을 탈취하는 능력도 출중하다. 다만 조심성 부족한 플레이로 11번이나 경고를 받았다. 후방에서 수비 라인을 지키며 공격 가담은 거의 하지 않는다. 강한 킥력은 롱패스에 주로 활용한다. 시장 가치는 9000만 유로, 추정 연봉은 1078만 유로.

슈팅-득점	2024-25 첼시 FC	위치
3-1 / 17-0	38-0 / 3356 / 2 / 56.9-51.2 / 90%	DM / CM / AM / RB
20-1 LG-0 / 0-0 RG-1 / 0-0 HG-0	DR 1.7-0.8 / TK 3.8-3.0 / IC 1.3 / 11-0 / ★ 0	

G	A	SH	SG	PC	P%	LC	L%	SC	BT	DC	TK	IC	BR
상위25%	상위41%	상위16%	상위10%	상위17%	상위9%	상위23%	상위11%	상위21%	상위33%	상위9%	상위22%	상위22%	상위12%

21위 Denis ZAKARIA — 7.29
데니스 자카리아   1996.11.20 / 191cm / SUI

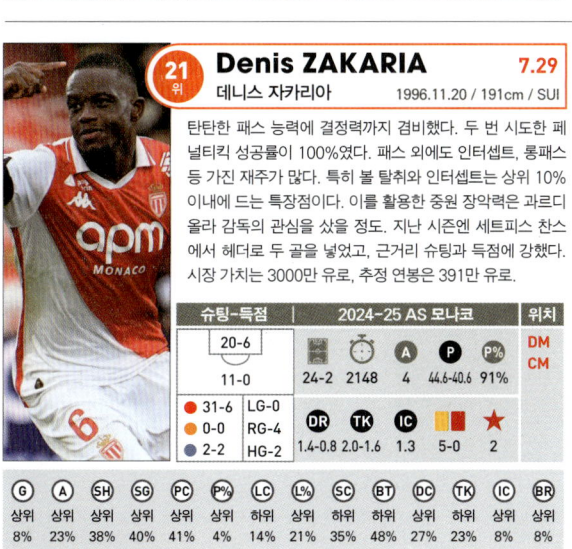

탄탄한 패스 능력에 결정력까지 겸비했다. 두 번 시도한 페널티킥 성공률이 100%였다. 패스 외에도 인터셉트, 롱패스 등 가진 재주가 많다. 특히 볼 탈취와 인터셉트는 상위 10% 이내에 드는 특장점이다. 이를 활용한 중원 장악력은 과르디올라 감독의 관심을 샀을 정도. 지난 시즌엔 세트피스 찬스에서 헤더로 두 골을 넣었고, 근거리 슈팅과 득점에 강했다. 시장 가치는 3000만 유로, 추정 연봉은 391만 유로.

슈팅-득점	2024-25 AS 모나코	위치
20-6 / 11-0	24-2 / 2148 / 4 / 44.6-40.6 / 91%	DM / CM
31-6 LG-0 / 0-0 RG-4 / 2-2 HG-2	DR 1.4-0.8 / TK 2.0-1.6 / IC 1.3 / 5-0 / ★ 2	

G	A	SH	SG	PC	P%	LC	L%	SC	BT	DC	TK	IC	BR
상위8%	상위23%	상위38%	상위40%	상위41%	상위4%	상위14%	하위21%	상위35%	상위48%	상위27%	상위23%	상위8%	상위8%

22위 Hicham BOUDAOUI — 7.29
히샴 부다위   1999.09.23 / 175cm / ALG

니스의 엔진이라는 별명을 얻었다. 애칭답게 어마어마한 활동량을 자랑하며 중원을 누빈다. 슈팅 횟수는 적지만 허를 찌르는 유효타 비중이 매우 높다. 볼 탈취도 상위 10% 내에 드는 수준이다. 수비 진영에서 볼을 빼앗은 뒤 곧장 드리블 돌파로 볼을 전방으로 운반하는 능력도 갖췄다. 아프리카 네이션스컵 우승 타이틀을 보유하고 있고, 개인 타이틀도 여럿 있다. 시장 가치는 1500만 유로, 추정 연봉은 60만 유로.

슈팅-득점	2024-25 니스	위치
22-2 / 17-0	27-2 / 2439 / 3 / 38.5-32.3 / 84%	CM / DM
39-2 LG-2 / 0-0 RG-0 / 0-0 HG-0	DR 2.2-1.0 / TK 3.4-2.6 / IC 0.8 / 9-0 / ★ 0	

G	A	SH	SG	PC	P%	LC	L%	SC	BT	DC	TK	IC	BR
하위49%	상위40%	상위16%	상위8%	상위31%	상위40%	상위31%	상위50%	상위38%	상위35%	상위9%	상위20%	상위48%	상위6%

23위 Jens STAGE — 7.29
옌스 스타게   1996.11.08 / 187cm / DEN

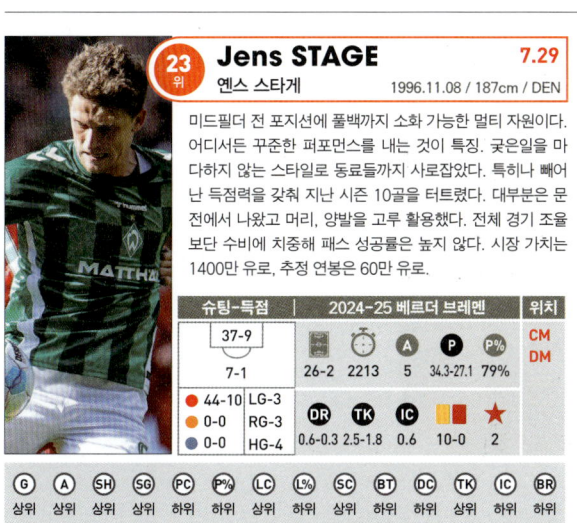

미드필더 전 포지션에 풀백까지 소화 가능한 멀티 자원이다. 어디서든 꾸준한 퍼포먼스를 내는 것이 특징. 궂은일을 마다하지 않는 스타일로 동료들까지 사로잡았다. 특히나 빼어난 득점력을 갖춰 지난 시즌 10골을 터뜨렸다. 대부분은 문전에서 나왔고 머리, 양발을 고루 활용했다. 전체 경기 조율보단 수비에 치중해 패스 성공률은 높지 않다. 시장 가치는 1400만 유로, 추정 연봉은 60만 유로.

슈팅-득점	2024-25 베르더 브레멘	위치
37-9 / 7-1	26-2 / 2213 / 5 / 34.3-27.1 / 79%	CM / DM
44-10 LG-3 / 0-0 RG-3 / 0-0 HG-4	DR 0.6-0.3 / TK 2.5-1.8 / IC 0.6 / 10-0 / ★ 2	

G	A	SH	SG	PC	P%	LC	L%	SC	BT	DC	TK	IC	BR
상위1%	상위9%	상위9%	상위19%	하위16%	하위49%	상위25%	상위26%	상위21%	상위4%	상위44%	상위28%	하위28%	상위38%

24위 Marten de ROON — 7.29
마르턴 더론   1991.03.29 / 186cm / NED

전사처럼 싸우는 스타일의 선수다. 탄탄한 피지컬을 바탕으로 수비에 가담한다. 전방으로 뿌리는 롱볼에도 능해 센터백까지 소화 가능하다. 안정적으로 공수를 조율하며 공격은 거의 하지 않는다. 세트피스 상황에는 적극 가담하는 편이다. 이때 시도한 슈팅이 득점으로 연결되는 경우가 많았다. 라커룸의 리더로 불리며 베테랑의 리더십을 발휘 중이다. 시장 가치는 500만 유로, 추정 연봉은 185만 유로.

슈팅-득점	2024-25 아탈란타	위치
5-2 / 9-2	34-2 / 3059 / 0 / 61.5-53.5 / 87%	CM / DM / CB
14-4 LG-1 / 0-0 RG-3 / 0-0 HG-0	DR 0.4-0.2 / TK 3.2-2.1 / IC 1.4 / 5-0 / ★ 0	

G	A	SH	SG	PC	P%	LC	L%	SC	BT	DC	TK	IC	BR
상위41%	상위32%	상위8%	상위19%	상위12%	상위32%	상위13%	상위35%	상위44%	상위15%	상위44%	상위47%	상위44%	하위20% / 17%

○ 유럽 5대리그 미드필더 항목별 랭킹(90분 기준 기록, 100분율)

25위 Lamine CAMARA — 7.28
라민 카마라 2004.01.01 / 173cm / SEN

터프한 수비를 자랑하는 박스-투-박스 미드필더. 지난 시즌 소속팀 AS 모나코의 중원을 장악하며 팀의 상승세를 견인했다. 강력한 태클, 민첩한 인터셉트, 저돌적인 블로킹으로 상대의 공격을 봉쇄했다. 최강의 무기는 강렬하고 정확한 오른발 킥. 박스 외곽에서 중거리 슈팅과 직접 프리킥을 자주 시도한다. 세네갈 U-20대표를 거쳐 국가대표로 활약 중이다. 시장 가치는 2200만 유로, 추정 연봉은 92만 유로.

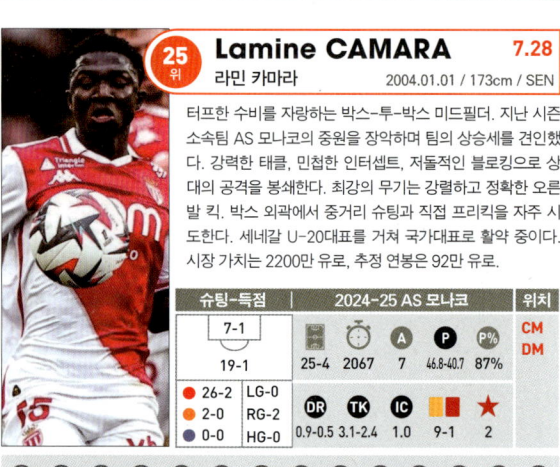

슈팅-득점		2024-25 AS 모나코					위치
7-1		⏱	A	P	P%		CM
19-1		25-4 2067	7	46.8-40.5	87%		DM
🔴 26-2	LG-0	DR	TK	IC	🟧🟥	★	
🟠 2-0	RG-2	0.9-0.5	3.1-2.4	1.0	9-1	2	
🔵 0-0	HG-0						

G	A	SH	SG	PC	P%	LC	L%	SC	BT	DC	TK	IC	BR
상위	상위	상위	상위	상위	하위	하위	하위	상위	상위	상위	상위	상위	상위
49%	6%	42%	44%	18%	38%	6%	41%	18%	13%	40%	16%	11%	5%

26위 Elliot ANDERSON — 7.27
엘리엇 앤더슨 2002.11.06 / 179cm / SCO

섬세한 축구 IQ와 다이나믹한 움직임을 겸비했다. 수비형 미드필더, 박스-투-박스 미드필더, 윙어, 공격형 미드필더 등 2선과 3선의 여러 포지션을 넘나든다. 특기는 드리블. 오픈코트에서의 직선 드리블과 상대 수비를 피하고 들어가는 방향 전환 드리블 모두 우수하다. 인터셉트와 태클 등 종합적인 수비력이 좋고, 파이널 서드 지역으로의 스루 패스가 장점이다. 시장 가치는 3200만 유로, 추정 연봉은 246만 유로.

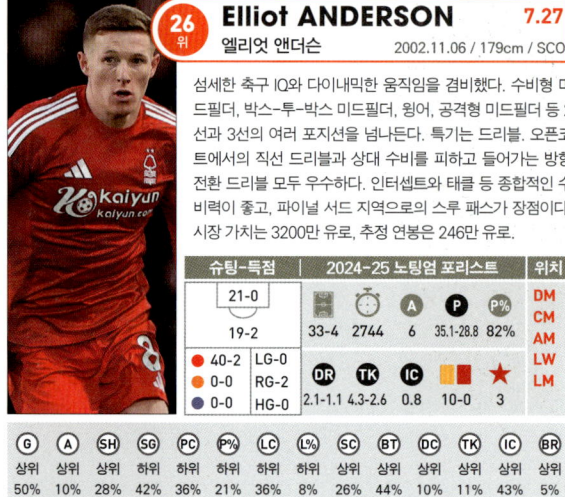

슈팅-득점		2024-25 노팅엄 포리스트					위치
21-0		⏱	A	P	P%		DM
19-2		33-4 2744	6	35.1-28.8	82%		CM
🔴 40-2	LG-2	DR	TK	IC	🟧🟥	★	AM
🟠 0-0	RG-0	2.1-1.1	4.3-2.6	0.8	10-0	3	LW
🔵 0-0	HG-0						LM

G	A	SH	SG	PC	P%	LC	L%	SC	BT	DC	TK	IC	BR
상위	상위	상위	상위	상위	하위	상위	하위	상위	상위	상위	상위	상위	상위
50%	10%	28%	42%	36%	21%	8%	26%	44%	11%	43%	5%		

27위 Tijjani REIJNDERS — 7.27
티나지 레인더스 1998.07.29 / 178cm / NED

네덜란드 아버지와 인도네시아 어머니 사이에 태어난 이중 국적자. 네덜란드 국가대표를 선택했다. 지난 시즌 AC 밀란 소속으로 세리에A 37경기에 출전한 팀플레이의 핵심이었다. 지능적인 수비로 상대의 패스 길을 민첩하게 차단한다. 빌드-업 상황에서 볼을 효율적으로 운반한다. 정확한 킬패스로 상대 수비 라인을 무너뜨리고 결정적인 기회를 동료에게 만들어준다. 시장 가치는 1억 4000만 유로, 추정 연봉은 1178만 유로.

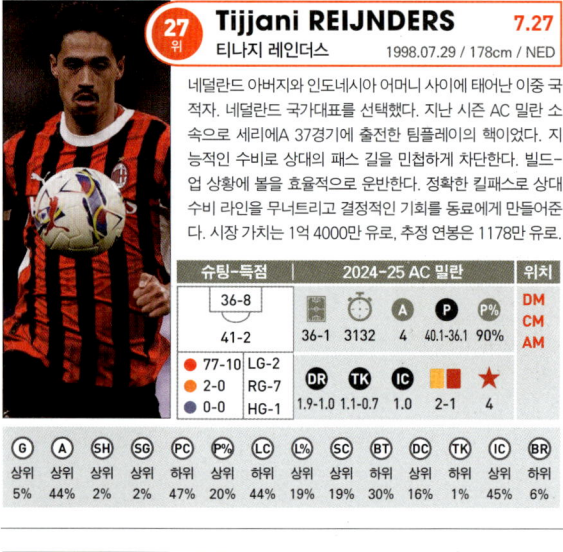

슈팅-득점		2024-25 AC 밀란					위치
36-8		⏱	A	P	P%		DM
41-2		36-1 3132	4	40.1-36.1	90%		CM
🔴 77-10	LG-2	DR	TK	IC	🟧🟥	★	AM
🟠 2-0	RG-7	1.9-1.0	1.1-0.7	1.0	2-1	4	
🔵 0-0	HG-1						

G	A	SH	SG	PC	P%	LC	L%	SC	BT	DC	TK	IC	BR
상위	상위	상위	상위	상위	하위	상위	하위	상위	상위	상위	상위	상위	하위
5%	44%	2%	2%	47%	20%	8%	19%	19%	30%	16%	45%	6%	

28위 Frank ANGUISSA — 7.27
프랑크 앙기사 1995.11.16 / 184cm / CMR

허리 싸움에 결정적 역할을 하며 수비적인 능력이 우수하다. 지치지 않고 뛰는 헌신적 플레이로 2022-2023시즌 나폴리의 우승에 기여했다. 지난 시즌엔 결정력도 높았다. 찬스 자체는 많지 않았으나 페널티 박스 안 왼발 슈팅과 헤더가 위협적이었다. 볼 소유와 운반이 좋다. 상대 압박을 잘 견뎌내고 모난 곳 없이 안정적인 경기력이 특징. 드리블도 수준급이다. 시장 가치는 2700만 유로, 추정 연봉은 384만 유로.

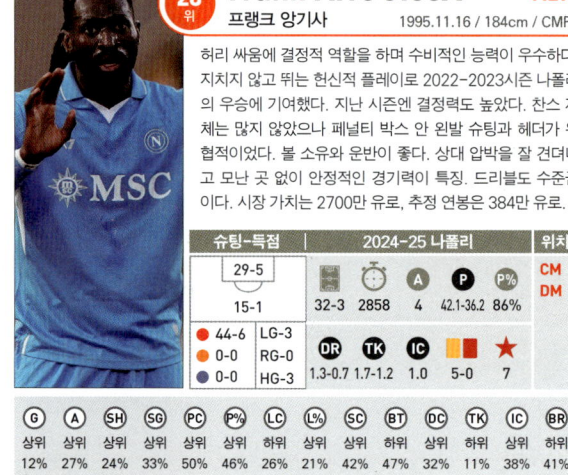

슈팅-득점		2024-25 나폴리					위치
29-5		⏱	A	P	P%		CM
15-1		32-3 2858	4	42.1-36.2	86%		DM
🔴 44-6	LG-3	DR	TK	IC	🟧🟥	★	
🟠 0-0	RG-0	1.3-0.7	1.7-1.2	1.0	5-0	7	
🔵 0-0	HG-3						

G	A	SH	SG	PC	P%	LC	L%	SC	BT	DC	TK	IC	BR
상위	상위	상위	상위	상위	상위	상위	상위	상위	상위	상위	상위	상위	하위
12%	27%	24%	33%	50%	46%	26%	21%	47%	32%	11%	38%	41%	

29위 James MADDISON — 7.27
제임스 매디슨 1996.11.23 / 175cm / ENG

공격수 못지 않은 킥 능력으로 팀 공격에 활로를 제공한다. 지난 시즌 토트넘 홋스퍼의 플레이 메이커로 기능했다. 득점 창출 능력이 매우 뛰어나 9골 7도움을 올렸다. 짧은 패스 위주로 경기를 풀어가며 프리킥을 전담했다. 선발 출전한 경기 수가 적었던 건 시즌 중반과 후반에 당한 종아리와 무릎 부상 때문이었다. 수비 가담은 다소 아쉽다. 시장 가치는 4200만 유로, 추정 연봉은 1047만 유로.

슈팅-득점		2024-25 토트넘 핫스퍼					위치
24-7		⏱	A	P	P%		CM
15-2		21-10 1818	7	37.0-32.2	87%		AM
🔴 39-9	LG-3	DR	TK	IC	🟧🟥	★	
🟠 6-1	RG-6	2.5-1.2	1.6-1.0	0.4	6-0	2	
🔵 0-0	HG-0						

G	A	SH	SG	PC	P%	LC	L%	SC	BT	DC	TK	IC	BR
상위	상위	상위	상위	상위	상위	상위	하위	상위	하위	상위	하위	상위	상위
1%	1%	8%	5%	25%	34%	36%	4%	17%	2%	7%	23%	10%	

30위 Nicolò BARELLA — 7.27
니콜로 바렐라 1997.02.07 / 175cm / ITA

제라드, 캉테와 비견되는 팔방미인형 선수. 이탈리아 대표팀에서도 핵심으로 활약 중이다. 활발한 움직임으로 중원을 장악한다. 직접 골문을 향해 침투하거나 경합에도 적극적이며 공격적인 성향도 갖췄다. 중거리슛을 즐겨 시도하며 볼 탈취, 드리블 능력도 뒤처지지 않는다. 양발을 두루 잘 사용한다는 특징도 있다. 침착하게 경기를 운영하는 감심장. 시장 가치는 7500만 유로, 추정 연봉은 1297만 유로.

슈팅-득점		2024-25 인테르 밀란					위치
11-1		⏱	A	P	P%		CM
32-2		28-5 2467	6	52.0-44.2	85%		AM
🔴 43-3	LG-1	DR	TK	IC	🟧🟥	★	
🟠 1-0	RG-2	1.8-0.8	2.5-1.5	0.4	4-0	3	
🔵 0-0	HG-0						

G	A	SH	SG	PC	P%	LC	L%	SC	BT	DC	TK	IC	BR
상위	상위	상위	상위	상위	상위	상위	상위	상위	상위	상위	하위	하위	상위
46%	9%	23%	47%	26%	34%	13%	49%	8%	20%	17%	3%	7%	17%

○ 유럽 5대리그 미드필더 항목별 랭킹(90분 기준 기록, 100분율)

범례	설명
● 전체 슈팅 시도-득점	● 직접프리킥 시도-득점	● PK 시도-득점	LG 왼발 득점	RG 오른발 득점	HG 헤더 득점	⏱ 출전횟수 선발-교체	출전시간 분(MIN)	A 도움	P 평균 패스 시도-성공	P% 패스 성공률	DR 평균드리블 시도-성공	TK 평균 태클 시도-성공	IC 평균 인터셉트	🟨🟥 경고-퇴장	★ 페어플레이 MOM	G 득점	A 도움	SH 슈팅 시도	SG 유효 슈팅	PC 패스 성공	P% 패스 성공률	LC 롱볼 성공	L% 롱볼 성공률	SC 슈팅기회 창출	BT 볼터치	DC 드리블 성공	TK 태클	IC 인터셉트	BR 리커버리

31위 · Bruno GUIMARÃES — 7.25
브루누 기마랑이스   1997.11.16 / 182cm / BRA

지난 시즌 뉴캐슬에서 수비적인 역할을 맡았지만 공격력도 출중했다. 도움 능력에선 상위권에 올랐고 슈팅 기회 창출도 상위 10%였다. 압박 상황에서도 정확하게 볼을 전달한다. 적극적 탈압박과 투지 넘치는 플레이 때문에 경고를 많이 받는 편. 빌드업에도 적극 개입하는데, 숏 패스와 롱볼이 모두 날카롭다. 주장을 맡을 정도로 리더십을 받을 만하다. 시장 가치는 8000만 유로, 추정 연봉은 1232만 유로.

슈팅-득점	2024-25 뉴캐슬 유나이티드	위치
26-4 / 19-1	⏱ 38-0 · 3286 · A 6 · P 46.2-38.8 · P% 84%	CM / DM
● 45-5 LG-0	DR 2.1-1.0 · TK 3.2-2.3 · IC 0.8 · 🟨🟥 7-0 · ★ 0	
● 0-0 RG-3		
● 0-0 HG-2		

G	A	SH	SG	PC	P%	LC	L%	SC	BT	DC	TK	IC	BR
상위 25%	상위 17%	상위 33%	상위 36%	상위 49%	상위 40%	상위 47%	하위 37%	상위 10%	상위 42%	상위 23%	상위 35%	하위 34%	상위 41%

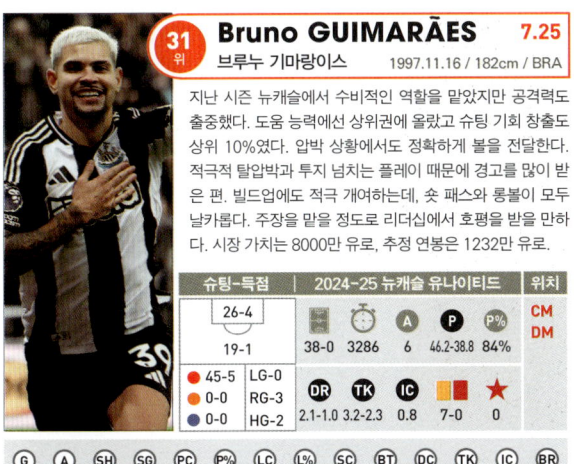

32위 · Romano SCHMID — 7.25
로마노 슈미트   2000.01.27 / 168cm / AUT

테크니션 유형의 미드필더다. 경기당 3회 이상 드리블을 시도할 만큼 개인기가 좋다. 공간을 직접 노리고 돌파해 들어가는 플레이를 펼친다. 슈팅 기회 창출, 드리블 성공률, 슈팅 횟수 모두 상위권에 랭크했다. 상대를 쉽게 제쳐내고 정확한 패스로 주변 동료들에게 찬스를 제공한다. 체력은 우월하나 키가 작아 공중볼과 피지컬 싸움에선 불리한 상황이 자주 벌어진다. 시장 가치는 1700만 유로, 추정 연봉은 36만 유로.

슈팅-득점	2024-25 베르더 브레멘	위치
32-3 / 16-2	⏱ 32-0 · 2846 · A 4 · P 46.3-36.6 · P% 79%	CM / RW / AM / LM
● 48-5 LG-0	DR 3.0-1.5 · TK 2.2-1.3 · IC 0.3 · 🟨🟥 4-0 · ★ 3	
● 2-1 RG-5		
● 1-1 HG-0		

G	A	SH	SG	PC	P%	LC	L%	SC	BT	DC	TK	IC	BR
상위 20%	상위 27%	상위 17%	상위 27%	상위 48%	하위 8%	상위 37%	상위 23%	상위 2%	상위 35%	상위 5%	상위 13%	하위 1%	상위 37%

33위 · Mateo KOVAČIĆ — 7.25
마테오 코바치치   1994.05.06 / 177cm / CRO

온 더 볼, 오프 더 볼 상황에 두루 능하다. 킥력이 약해 박스 바깥에선 슈팅을 아끼는 편이나 성공률은 제법 높다. 경기 내내 경합에서 잘 버텨내며 탈압박을 통해 볼을 자주 소유한다. 매우 정확한 패스로 찬스를 제공한다. 순간 스피드도 빨라 직접 공격에 나서기도 한다. 태클로 볼을 끊어내는 수비도 준수하다. 수비를 벗겨내는 플레이는 전매특허 기술. 시장 가치는 2000만 유로, 추정 연봉은 924만 유로.

슈팅-득점	2024-25 맨체스터 시티	위치
36-4 / 9-2	⏱ 25-6 · 2205 · A 2 · P 60.4-56.2 · P% 93%	DM / CM
● 45-6 LG-0	DR 1.3-0.7 · TK 3.3-2.2 · IC 0.8 · 🟨🟥 5-1 · ★ 2	
● 0-0 RG-6		
● 0-0 HG-0		

G	A	SH	SG	PC	P%	LC	L%	SC	BT	DC	TK	IC	BR
상위 7%	상위 50%	상위 10%	상위 16%	상위 5%	상위 2%	상위 43%	상위 36%	상위 25%	상위 5%	상위 25%	상위 22%	상위 43%	하위 30%

34위 · Enzo FERNÁNDEZ — 7.24
엔소 페르난데스   2001.01.17 / 178cm / ARG

경기를 바꿀 수 있는 에이스 기질이 다분한 승부사. 대표팀 선배 메시의 찬사를 받을 만큼 기여도가 높다. 지난 시즌 6골 7도움을 올려 팀에 큰 보탬이 됐다. 어느 포지션에 서든 제 몫을 해내는 축구 센스와 지능을 겸비했다. 그만큼 전술 이해도가 높다. 넓은 시야, 순간 판단 능력이 좋아 질 좋은 패스를 뿌려준다. 직접 상대 수비와 충돌하는 유형은 아니다. 시장 가치는 7500만 유로, 추정 연봉은 1109만 유로.

슈팅-득점	2024-25 첼시 FC	위치
30-6 / 23-0	⏱ 32-4 · 2948 · A 7 · P 49.3-41.4 · P% 84%	DM / CM / AM
● 53-6 LG-2	DR 1.5-0.7 · TK 3.3-1.8 · IC 0.4 · 🟨🟥 8-0 · ★ 1	
● 2-0 RG-2		
● 0-0 HG-2		

G	A	SH	SG	PC	P%	LC	L%	SC	BT	DC	TK	IC	BR
상위 15%	상위 7%	상위 15%	상위 9%	상위 33%	상위 26%	상위 14%	상위 32%	상위 4%	상위 27%	상위 31%	상위 47%	상위 3%	하위 42%

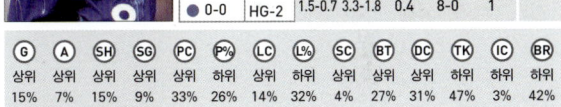

35위 · Christian NØRGAARD — 7.24
크리스티안 노코   1994.03.10 / 187cm / DEN

주장을 맡아 브렌트포드의 잔류에 결정적 역할을 했다. 고른 능력치를 보유하고 있고 특히 볼 리커버리에 최적화돼 있다. 세트피스 상황에선 직접 공격에 가담해 세 차례 헤더 득점을 기록했다. 태클도 준수하게 수행한다. 강인한 체력이 강점이며 볼 소유와 수비 라인 커버에도 능하다. 적극적인 몸싸움을 벌이기에 카드를 받는 상황이 잦은 편이다. 시장 가치는 1100만 유로, 추정 연봉은 246만 유로.

슈팅-득점	2024-25 브렌트포드 시티	위치
27-5 / 12-0	⏱ 34-0 · 2831 · A 4 · P 40.1-34.0 · P% 83%	DM / CM
● 39-5 LG-0	DR 0.4-0.2 · TK 3.3-2.3 · IC 1.4 · 🟨🟥 8-1 · ★ 1	
● 0-0 RG-2		
● 0-0 HG-3		

G	A	SH	SG	PC	P%	LC	L%	SC	BT	DC	TK	IC	BR
상위 19%	상위 25%	상위 32%	상위 18%	상위 41%	상위 36%	상위 38%	상위 2%	상위 46%	상위 12%	하위 26%	상위 10%	상위 12%	

36위 · Anton STACH — 7.24
안톤 스타크   1998.11.15 / 193cm / GER

큰 키와 우월한 피지컬을 앞세워 중원 싸움에 우위를 점하는 스타일이다. 센터백까지 맡아볼 수 있는 멀티 자원으로 빌드업의 기점 역할을 해낸다. 지난 시즌엔 공수 여러 측면에서 고른 활약을 보여 육각형 미드필더의 면모를 자랑했다. 인터셉트 능력은 최상위권이었다. 다만 조심성이 부족한 플레이로 많은 카드를 수집한 점은 아쉬웠다. 시장 가치는 1400만 유로, 추정 연봉은 190만 유로.

슈팅-득점	2024-25 호펜하임	위치
15-1 / 20-0	⏱ 29-1 · 2590 · A 2 · P 50.5-41.9 · P% 83%	DM / CM / CB
● 35-1 LG-1	DR 1.3-0.6 · TK 2.7-2.2 · IC 1.5 · 🟨🟥 8-0 · ★ 0	
● 0-0 RG-0		
● 0-0 HG-0		

G	A	SH	SG	PC	P%	LC	L%	SC	BT	DC	TK	IC	BR
하위 45%	상위 43%	상위 22%	상위 23%	상위 35%	상위 45%	상위 34%	상위 40%	상위 49%	상위 25%	상위 44%	상위 43%	상위 7%	상위 20%

유럽 5대리그 미드필더 항목별 랭킹 (90분 기준 기록, 100분율)

37위 Eduardo CAMAVINGA — 7.23
에두아르도 카마빙가 2002.11.10 / 182cm / FRA

3선에서 주로 뛰며 프랑스 대표팀에선 캉테의 후계자로 불린다. 탈압박 능력이 빼어나고 매우 높은 패스 성공률로 경기를 조율한다. 짧은 패스로 경기를 풀어가는 건 물론 롱볼 배급도 평균 이상. 공격 가담은 거의 없었다. 지난 시즌 출전이 적었던 건 무릎과 햄스트링 부상 때문이었다. 새 시즌엔 다시 주전 입지를 두고 경쟁해야 하는 처지다. 시장 가치는 6000만 유로, 추정 연봉은 1250만 유로.

슈팅-득점 / 2024-25 레알 마드리드 / 위치: CM, DM, LB

				A	P	P%
6-0		11-8	1098	2	40.2-35.8	89%
2-1						

		DR	TK	IC		★
8-1	LG-1	1.6-0.8	2.9-2.2	0.9	2-0	1
0-0	RG-0					
0-0	HG-0					

G	A	SH	SG	PC	P%	LC	L%	SC	BT	DC	TK	IC	BR
하위	상위	하위	상위	상위	상위	상위	상위	상위	상위	상위	상위	상위	상위
44%	34%	19%	17%	14%	8%	19%	20%	38%	13%	16%	2%	12%	7%

38위 Ryan GRAVENBERCH — 7.23
라이언 흐라븐버흐 2002.05.16 / 190cm / NED

유럽이 주목하는 젊은 재능. 유려한 볼 터치와 부드러운 기술을 선보여 포그바와 비교된다. 공수 양면에서 좋은 퍼포먼스를 낸다. 지난 시즌에 리버풀에서 확실한 주전으로 뛰었다. 득점은 없지만 동료를 돕는 능력이 탁월하다. 긴 다리를 활용한 볼 탈취에 능하고 위협적인 중거리포로 놀라움을 선사하기도 한다. 파울 수위를 조절하는 경험치는 보완해야 한다. 시장 가치는 7500만 유로, 추정 연봉은 924만 유로.

슈팅-득점 / 2024-25 리버풀 FC / 위치: DM, CM

				A	P	P%
5-0		37-0	3169	4	51.2-46.1	90%
15-0						

		DR	TK	IC		★
20-0	LG-0	2.2-1.1	2.5-1.9	1.6	6-1	1
0-0	RG-0					
0-0	HG-0					

G	A	SH	SG	PC	P%	LC	L%	SC	BT	DC	TK	IC	BR
하위	상위	하위	상위	상위	상위	상위	상위	상위	상위	상위	상위	상위	상위
12%	43%	14%	18%	30%	11%	17%	48%	31%	32%	19%	48%	4%	32%

39위 Angelo STILLER — 7.23
앙겔로 슈틸러 2001.04.04 / 183cm / GER

공간을 지배하는 유형으로 왼발의 패스 마스터로 불린다. 지난 시즌 왼발 중거리슛으로 한 골을 터트렸다. 간결한 볼 터치로 볼을 소유하는 동시에 전방으로 길게 때려 넣는 롱패스로 공격 기회를 만든다. 상대 공격 진영에서의 패스가 정확해 많은 도움을 올렸다. 경기를 조율하는 눈과 전술을 흡수하는 두뇌를 겸비했다. 팀의 색깔을 만드는 선수라고 할 수 있다. 시장 가치는 4500만 유로, 추정 연봉은 452만 유로.

슈팅-득점 / 2024-25 VfB 슈투트가르트 / 위치: DM, CM, CB

				A	P	P%
10-0		31-1	2743	8	75.7-68.1	90%
11-1						

		DR	TK	IC		★
21-1	LG-1	0.9-0.6	2.0-1.5	0.8	6-0	3
1-0	RG-0					
0-0	HG-0					

G	A	SH	SG	PC	P%	LC	L%	SC	BT	DC	TK	IC	BR
하위	상위	하위	상위	상위	상위	상위	상위	상위	상위	상위	상위	상위	하위
42%	8%	31%	38%	4%	27%	14%	39%	4%	48%	23%	40%	4%	44%

40위 Neil El AYNAOUI — 7.22
닐 엘아이나우이 2001.07.02 / 185cm / FRA

유럽 다수 명문 클럽의 관심을 한몸에 받고 있다. 지난 시즌 초 부상이 있었지만 금세 회복했다. 패스 성공률이 높고, 짧은 패스와 긴 패스를 자유자재로 구사한다. 득점력은 최상위권. 특히 전체 슈팅 절반 이상을 골로 만드는 엄청난 결정력을 자랑했다. 공격적 자질뿐만 아니라 수비도 안정적으로 가담하는 편. 인터셉트를 자주 시도한다. 네 차례나 MOM에 올랐다. 시장 가치는 1500만 유로, 추정 연봉은 15만 유로.

슈팅-득점 / 2024-25 랑스 / 위치: CM, DM

				A	P	P%
13-8		17-7	1587	1	37.5-33.0	88%
6-0						

		DR	TK	IC		★
19-8	LG-0	0.9-0.6	2.5-1.6	1.3	4-0	4
1-0	RG-6					
3-3	HG-2					

G	A	SH	SG	PC	P%	LC	L%	SC	BT	DC	TK	IC	BR
상위	상위	상위	상위	상위	상위	상위	상위	상위	상위	상위	상위	상위	상위
1%	42%	46%	29%	33%	46%	47%	32%	41%	26%	17%	41%	6%	45%

41위 Ryan CHRISTIE — 7.21
라이언 크리스티 1995.02.22 / 178cm / SCO

왼발을 기술적으로 활용하는 멀티 플레이어. 지난 시즌 두 골을 모두 왼발로 넣었다. 패스와 드리블 능력이 평균 이상. 스코티시 특유의 많은 활동량과 에너지로 그라운드를 누빈다. 엄청난 압박으로 상대를 괴롭히는 플레이를 펼친다. 직접 볼을 몰고 측면으로 올라가는 상황도 종종 나온다. 지난 시즌 막판인 4월 사타구니 부상으로 일찍 시즌을 마친 바 있다. 시장 가치는 1000만 유로, 추정 연봉은 431만 유로.

슈팅-득점 / 2024-25 본머스 / 위치: DM, CM, LW, RW, AM

				A	P	P%
15-1		27-2	2131	3	34.5-28.3	82%
18-1						

		DR	TK	IC		★
33-2	LG-2	1.7-0.8	3.1-1.9	1.0	9-0	3
0-0	RG-0					
0-0	HG-0					

G	A	SH	SG	PC	P%	LC	L%	SC	BT	DC	TK	IC	BR
상위	상위	상위	상위	상위	하위	상위	상위	상위	하위	상위	상위	상위	상위
45%	26%	24%	15%	34%	38%	11%	47%	49%	18%	5%	34%	26%	1%

42위 JOELINTON — 7.21
조엘링톤 1996.08.14 / 186cm / BRA

한때 최전방에서 공격수로 뛰었으나 2021년부터 미드필더로 뛰고 있다. 지난 시즌도 중원의 엔진으로 활약했다. 유사시 풀백까지 소화할 수 있는 유틸리티 자원. 단단한 피지컬의 소유자이며 중원에서의 몸싸움에서 쉽게 밀리지 않는다. 공격수 출신답게 문전에서 득점을 여러 번 터트렸다. 파괴력 넘치게 밀고 올라가는 드리블로 상대 수비를 무너뜨리는 편. 시장 가치는 3500만 유로, 추정 연봉은 924만 유로.

슈팅-득점 / 2024-25 뉴캐슬 유나이티드 / 위치: CM, LW, AM, RW

				A	P	P%
35-4		29-4	2405	3	34.8-29.2	84%
10-0						

		DR	TK	IC		★
45-4	LG-4	1.6-0.5	2.6-2.0	0.8	10-0	3
0-0	RG-1					
0-0	HG-0					

G	A	SH	SG	PC	P%	LC	L%	SC	BT	DC	TK	IC	BR
상위	상위	상위	상위	상위	하위	상위	상위	상위	상위	상위	상위	상위	상위
23%	34%	17%	13%	23%	42%	5%	40%	47%	23%	49%	45%	40%	28%

유럽 5대리그 미드필더 항목별 랭킹(90분 기준 기록, 100분율)

LG	전체 슈팅 시도-득점
	직접프리킥 시도-득점
PK	PK 시도-득점
	왼발 득점
RG	오른발 득점
HG	헤더 득점
⏱	출전횟수 선발-교체
MIN	출전시간(MIN)
A	도움 시도-성공
P	평균 패스 시도-성공
P%	패스 성공률
DR	평균드리블 시도-성공
TK	평균 태클 시도-성공
IC	평균 인터셉트
🟨🟥	페어플레이 경고-퇴장
★	MOM
G	득점
A	도움
SH	슈팅 시도
SG	유효 슈팅
PC	패스 성공
P%	패스 성공률
LC	롱볼 성공
L%	롱볼 성공률
SC	슈팅기회 창출
BT	볼 터치
DC	드리블 성공
TK	태클
IC	인터셉트
BR	리커버리

43위 Thomas PARTEY — 7.20
토마스 파티 · 1993.06.13 / 185cm / GHA

타고난 신체 조건과 기술을 200% 활용하는 스타일. 팀 전체 경기력을 업그레이드 해주는 선수. 중앙부터 측면까지 넓은 영역을 커버한다. 중거리슛 비중이 높은 편으로 박스 바깥에서 세 차례 득점을 올렸다. 또 대부분의 지표에서 평균 이상을 기록하며 큰 단점이 없음을 입증했다. 다만 경기 외적으로 구설수가 많아 앞으로의 선수 커리어는 지켜봐야 한다. 시장 가치는 1400만 유로, 추정 연봉은 1232만 유로.

슈팅-득점	2024-25 아스널 FC	위치
9-1 / 17-3	⏱ 31-4 · MIN 2799 · A 2 · P 52.5-46.5 · P% 89%	CM / RB / DM
26-4 LG-0 / 0-0 RG-4 / 0-0 HG-0	DR 1.0-0.7 · TK 3.4-2.5 · IC 1.0 · 🟨🟥 4-0 · ★ 1	

G	A	SH	SG	PC	P%	LC	L%	SC	BT	DC	TK	IC	BR
상위	하위	하위	상위	상위	상위	하위	상위	하위	상위	상위	상위	상위	하위
38%	36%	31%	46%	17%	27%	45%	47%	40%	22%	40%	27%	36%	26%

44위 Granit XHAKA — 7.20
그라니트 자카 · 1992.09.27 / 186cm / SUI

성실함과 리더십이 무기. 지치지 않는 강인한 체력으로 헌신적인 플레이를 선보인다. 침체기를 극복하고 독일 무대에서 재기에 성공했다. 여러 포지션을 소화할 수 있고 강한 킥력으로 공격 포인트 생산에도 기여한다. 특히 패스, 롱패스, 인터셉트는 최정상급. 지난 시즌엔 특유의 시야와 패싱을 활용해 많은 도움을 올리며 우월한 찬스 메이킹을 자랑했다. 시장 가치는 1200만 유로, 추정 연봉은 415만 유로.

슈팅-득점	2024-25 바이에르 레버쿠젠	위치
3-0 / 18-2	⏱ 33-0 · MIN 2892 · A 7 · P 83.4-75.9 · P% 91%	CM / DM
21-2 LG-2 / 1-0 RG-0 / 0-0 HG-0	DR 0.5-0.2 · TK 2.0-1.5 · IC 0.4 · 🟨🟥 3-0 · ★ 1	

G	A	SH	SG	PC	P%	LC	L%	SC	BT	DC	TK	IC	BR
하위	상위	하위	상위	상위	상위	상위	상위	상위	상위	상위	상위	상위	상위
38%	16%	31%	25%	3%	7%	6%	8%	11%	3%	9%	26%	5%	21%

45위 ÉDERSON — 7.20
에데르송 · 1999.07.07 / 183cm / BRA

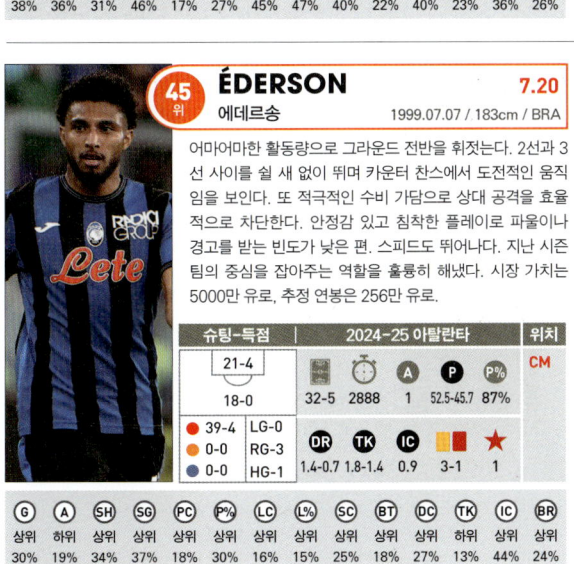

어마어마한 활동량으로 그라운드 전반을 휘젓는다. 2선과 3선 사이를 쉴 새 없이 뛰며 카운터 찬스에서 도전적인 움직임을 보인다. 또 적극적인 수비 가담으로 상대 공격을 효율적으로 차단한다. 안정감 있고 침착한 플레이로 파울이나 경고를 받는 빈도가 낮은 편. 스피드도 뛰어나다. 지난 시즌 팀의 중심을 잡아주는 역할을 훌륭히 해냈다. 시장 가치는 5000만 유로, 추정 연봉은 256만 유로.

슈팅-득점	2024-25 아탈란타	위치
21-4 / 18-0	⏱ 32-5 · MIN 2888 · A 1 · P 52.5-45.7 · P% 87%	CM
39-4 LG-0 / 0-0 RG-3 / 0-0 HG-1	DR 1.4-0.7 · TK 1.8-1.4 · IC 0.9 · 🟨🟥 3-1 · ★ 1	

G	A	SH	SG	PC	P%	LC	L%	SC	BT	DC	TK	IC	BR
상위	하위	상위	상위	상위	상위	상위	상위	상위	상위	상위	하위	상위	상위
30%	19%	34%	37%	18%	30%	16%	15%	25%	27%	13%	44%	30%	24%

46위 Mahdi CAMARA — 7.20
마흐디 카마라 · 1998.06.30 / 178cm / FRA

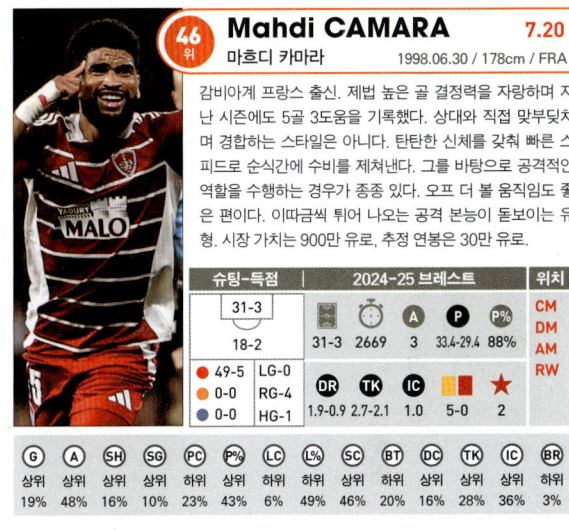

감비아계 프랑스 출신. 제법 높은 골 결정력을 자랑하며 지난 시즌에도 5골 3도움을 기록했다. 상대와 직접 맞부딪치며 경합하는 스타일은 아니다. 탄탄한 신체를 갖춰 빠른 스피드로 순식간에 볼을 제쳐낸다. 그를 바탕으로 공격적인 역할을 수행하는 경우가 종종 있다. 오프 더 볼 움직임도 좋은 편이다. 이따금씩 튀어 나오는 공격 본능이 돋보이는 유형. 시장 가치는 900만 유로, 추정 연봉은 30만 유로.

슈팅-득점	2024-25 브레스트	위치
31-3 / 18-2	⏱ 31-3 · MIN 2669 · A 3 · P 33.4-29.4 · P% 88%	CM / DM / AM / RW
49-5 LG-0 / 0-0 RG-4 / 0-0 HG-1	DR 1.9-0.9 · TK 2.7-2.1 · IC 1.0 · 🟨🟥 5-0 · ★ 2	

G	A	SH	SG	PC	P%	LC	L%	SC	BT	DC	TK	IC	BR
상위	상위	상위	상위	상위	상위	상위	상위	상위	상위	상위	상위	상위	하위
19%	48%	16%	10%	23%	43%	6%	4%	46%	20%	16%	28%	36%	3%

47위 SANO Kaishu — 7.20
사노 가이슈 · 2000.12.30 / 176cm / JPN

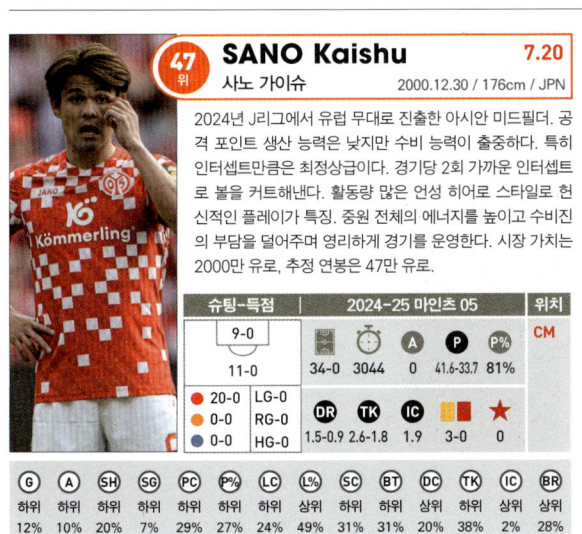

2024년 J리그에서 유럽 무대로 진출한 아시안 미드필더. 공격 포인트 생산 능력은 낮지만 수비 능력이 출중하다. 특히 인터셉트만큼은 최정상급이다. 경기당 2회 가까운 인터셉트로 볼을 커트해낸다. 활동량 많은 언성 히어로 스타일로 헌신적인 플레이가 특징. 중원 전체의 에너지를 높이고 수비진의 부담을 덜어주며 영리하게 경기를 운영한다. 시장 가치는 2000만 유로, 추정 연봉은 47만 유로.

슈팅-득점	2024-25 마인츠 05	위치
9-0 / 11-0	⏱ 34-0 · MIN 3044 · A 0 · P 41.6-33.7 · P% 81%	CM
20-0 LG-1 / 0-0 RG-0 / 0-0 HG-0	DR 1.5-0.9 · TK 2.6-1.8 · IC 1.9 · 🟨🟥 3-0 · ★ 1	

G	A	SH	SG	PC	P%	LC	L%	SC	BT	DC	TK	IC	BR
하위	하위	하위	하위	상위	상위	하위	하위	하위	상위	상위	상위	상위	상위
12%	10%	20%	7%	29%	27%	24%	49%	31%	47%	20%	38%	2%	28%

48위 Cristian CÁSSERES — 7.19
크리스티안 카세레스 · 2000.01.20 / 176cm / VEN

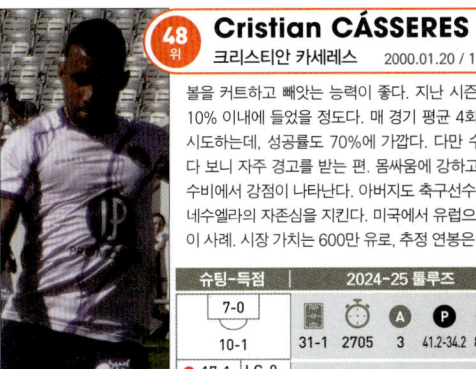

볼을 커트하고 빼앗는 능력이 좋다. 지난 시즌 태클은 상위 10% 이내에 들었을 정도다. 매 경기 평균 4회 이상 태클을 시도하는데, 성공률도 70%에 가깝다. 다만 수비에 치중하다 보니 자주 경고를 받는 편. 몸싸움에 강하고 특히 맨투맨 수비에서 강점이 나타난다. 아버지도 축구선수 출신으로, 베네수엘라의 자존심을 지킨다. 미국에서 유럽으로 옮겨 간 특이 사례. 시장 가치는 600만 유로, 추정 연봉은 45만 유로.

슈팅-득점	2024-25 툴루즈	위치
7-0 / 10-1	⏱ 31-1 · MIN 2705 · A 3 · P 41.2-34.2 · P% 83%	CM / DM / AM
17-1 LG-1 / 2-0 RG-1 / 0-0 HG-0	DR 1.2-0.7 · TK 4.3-3.0 · IC 1.3 · 🟨🟥 11-0 · ★ 2	

G	A	SH	SG	PC	P%	LC	L%	SC	BT	DC	TK	IC	BR
하위	상위	하위	상위	상위	하위	상위	상위	상위	상위	상위	상위	상위	상위
28%	39%	19%	29%	41%	9%	14%	36%	47%	35%	6%	19%	16%	23%

유럽 5대리그 미드필더 항목별 랭킹(90분 기준 기록, 100분율)

49위 Bernardo SILVA — 7.18
베르나르두 실바 1994.08.10 / 173cm / POR

2025년 여름 맨체스터 시티의 주장으로 임명됐다. 체구가 작아 몸싸움엔 다소 고전하지만 여유 있게 볼을 컨트롤한다. 예측이 어려운 움직임과 드리블을 선보여 마법사라는 별명을 얻었다. 특히 전방으로 찔러주는 킬러 패스로 득점으로 이어지는 경우가 많다. 많은 근거리 슈팅으로 4골을 기록했다. 육각형 미드필더에 가까운 창의적인 선수다. 시장 가치는 3800만 유로, 추정 연봉은 1848만 유로.

슈팅-득점	2024-25 맨체스터 시티				위치
30-4	⏱ 29-4	A 2668	P 4	P% 50.9-45.3 89%	CM DM RW
2-0					
● 32-4	LG-3	DR 1.8-0.8	TK 2.6-1.7	IC 0.7	🟧🟥 7-0 ★ 2	AM LW
● 0-0	RG-1				
● 0-0	HG-2				

G	A	SH	SG	PC	P%	LC	L%	SC	BT	DC	TK	IC	BR
상위	상위	상위	상위	상위	상위	상위	하위	상위	상위	상위	하위	하위	하위
35%	36%	46%	42%	21%	31%	34%	45%	18%	27%	25%	35%	23%	2%

50위 Martin ØDEGAARD — 7.18
마르틴 외데고르 1998.12.17 / 178cm / NOR

어릴 적 천재 소리를 듣고 자랐다. 왕년의 천재답게 경기를 읽는 눈이 뛰어나며 영리한 움직임이 특징이다. 넓은 시야로 경기를 조율하고 적재적소에 패스를 전달해 공격의 혈을 뚫는다. 직접 볼을 빼앗는 것보다는 오프 더 볼 상황에서 큰 존재감을 드러낸다. 창의적인 패스로 공격을 이끈다. 리더십도 갖춰 소속팀과 대표팀 주장을 달았다. 시장 가치는 8500만 유로, 추정 연봉은 1848만 유로.

슈팅-득점	2024-25 아스널 FC				위치
25-2	⏱ 26-4	A 2332	P 8	P% 46.2-40.2 87%	CM RM AM RW
24-1					
● 49-3	LG-3	DR 2.0-0.8	TK 1.3-0.6	IC 0.2	🟧 4-0 ★ 1	
● 3-0	RG-0				
● 1-1	HG-0				

G	A	SH	SG	PC	P%	LC	L%	SC	BT	DC	TK	IC	BR
상위	하위	상위	상위	상위	상위	상위	상위	상위	상위	상위	하위	하위	하위
16%	5%	12%	11%	34%	42%	47%	29%	3%	37%	19%	1%	1%	7%

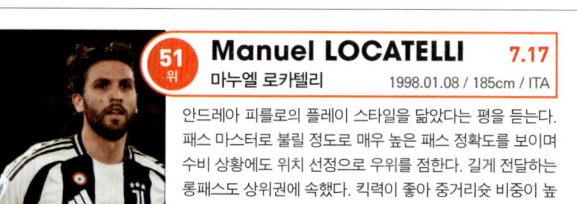

51위 Manuel LOCATELLI — 7.17
마누엘 로카텔리 1998.01.08 / 185cm / ITA

안드레아 피를로의 플레이 스타일을 닮았다는 평을 듣는다. 패스 마스터로 불릴 정도로 매우 높은 패스 정확도를 보이며 수비 상황에도 위치 선정으로 우위를 점한다. 길게 전달하는 롱패스도 상위권에 속했다. 킥력이 좋아 중거리슛 비중이 높다. 유벤투스에선 이전 팀보다 더 수비적인 역할을 부여받았다. 수비 가담 시 경고를 자주 받아 주의가 필요하다. 시장 가치는 3000만 유로, 추정 연봉은 611만 유로.

슈팅-득점	2024-25 유벤투스				위치
6-1	⏱ 34-2	A 2833	P 2	P% 66.3-59.0 89%	DM CM
19-1					
● 25-2	LG-0	DR 0.6-0.2	TK 2.7-2.0	IC 0.6	🟧🟥 9-0 ★ 1	
● 0-0	RG-1				
● 1-1	HG-0				

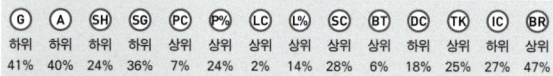

G	A	SH	SG	PC	P%	LC	L%	SC	BT	DC	TK	IC	BR
하위	하위	하위	하위	상위	상위	상위	상위	상위	상위	하위	상위	상위	상위
41%	40%	24%	36%	7%	24%	14%	28%	5%	18%	25%	27%	3%	47%

52위 Johnny CARDOSO — 7.17
조니 카르도소 2001.09.20 / 186cm / USA

미리 움직임을 예측해 상대 공격을 효율적으로 차단해낸다. 슈팅 대비 득점 성공률이 매우 높은 편으로, 특히 공중볼 경합에서 수 차례 우위를 점했다. 안정적으로 볼을 빼앗는 능력이 최상위 수준이다. 많은 활동량을 보이며 투지 넘치는 태클을 시도도 많았다. 고른 능력치를 갖고 있고 전술 이해도가 높아 이적 후 빠르게 감독의 신임을 얻었다. 시장 가치는 2500만 유로, 추정 연봉은 312만 유로.

슈팅-득점	2024-25 레알 베티스				위치
14-3	⏱ 24-4	A 2143	P 1	P% 39.5-34.0 86%	DM CM
5-0					
● 19-3	LG-0	DR 1.5-0.9	TK 3.1-2.0	IC 1.7	🟧 5-0 ★ 0	
● 0-0	RG-1				
● 0-0	HG-2				

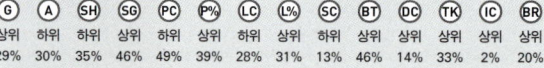

G	A	SH	SG	PC	P%	LC	L%	SC	BT	DC	TK	IC	BR
상위	하위	상위	상위	상위	상위	하위	상위	상위	하위	상위	상위	상위	상위
29%	30%	35%	46%	49%	39%	28%	31%	13%	46%	14%	33%	2%	20%

53위 Adrien THOMASSON — 7.16
아드리앙 토마손 1993.12.10 / 175cm / FRA

최전방과 측면 공격수로도 뛴 적이 있을 만큼 공격적 재능을 갖췄다. 근거리에서 슈팅을 시도해 득점을 기록했다. 공격 진영에 자주 머물러 득점에 직간접적으로 개입한다. 어시스트 능력은 손에 꼽힐 정도다. 수비 센스도 좋아 태클을 깔끔하게 성공시킨다. 공수 연결고리이자 엔진으로 활약하는 유형이다. 꾸준함과 성실함에서 높은 평가를 받는다. 시장 가치는 500만 유로, 추정 연봉은 108만 유로.

슈팅-득점	2024-25 랑스				위치
31-2	⏱ 31-2	A 2626	P 7	P% 46.7-39.2 84%	CM DM AM RW
10-1					
● 41-3	LG-0	DR 1.9-0.4	TK 4.0-2.7	IC 0.6	🟧🟥 6-0 ★ 2	
● 0-0	RG-2				
● 0-0	HG-1				

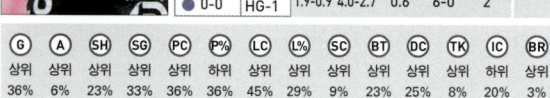

G	A	SH	SG	PC	P%	LC	L%	SC	BT	DC	TK	IC	BR
상위	상위	상위	상위	상위	상위	하위	상위	상위	하위	상위	상위	상위	상위
36%	6%	23%	33%	36%	45%	29%	23%	9%	5%	8%	20%	5%	3%

54위 Maximilian ARNOLD — 7.16
막시밀리안 아놀트 1994.05.27 / 184cm / GER

지난 시즌 볼프스부르크의 주장으로 뛰었다. 원클럽맨으로서 오랜 기간 리더 역할을 해내며 그라운드 위 동료들을 아우른다. 프리킥 전담 키커이며, 세트피스 찬스에서 매우 날카롭다. 왼발을 특히 잘 사용하는 스페셜리스트. 공격 시에는 측면으로 방향을 빠르게 전환하는 패스가 일품이다. 롱패스 시도는 최상위 수준. 시장 가치는 500만 유로, 추정 연봉은 550만 유로.

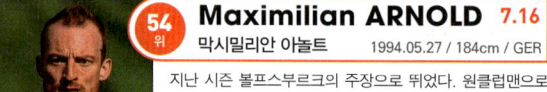

슈팅-득점	2024-25 볼프스부르크				위치
3-1	⏱ 27-1	A 2359	P 5	P% 42.9-36.0 84%	CM DM
24-2					
● 27-3	LG-3	DR 0.2-0.0	TK 1.9-1.2	IC 1.0	🟧🟥 7-1 ★ 1	
● 9-1	RG-0				
● 0-0	HG-0				

G	A	SH	SG	PC	P%	LC	L%	SC	BT	DC	TK	IC	BR
상위	상위	상위	상위	상위	하위	상위	상위	하위	상위	상위	상위	상위	상위
32%	13%	45%	20%	49%	20%	14%	22%	9%	27%	9%	46%	17%	17%

○ 유럽 5대리그 미드필더 항목별 랭킹(90분 기준 기록, 100분율)

		LG	RG	HG			P	P%	DR	TK	IC		★	G	A	SH	SG	PC	P%	LC	L%	SC	BT	DC	TK	IC	BR
전체 슈팅 시도-득점	직접프리킥 시도-득점	PK 시도-득점	왼발 득점	오른발 득점	헤더 득점	출전횟수 선발-교체	출전시간 (MIN)	도움	평균 패스 시도-성공	패스 성공률	평균드리블 시도-성공	평균 태클 시도-성공	평균 인터셉트	페어플레이 경고-퇴장	MOM	득점	도움	슈팅 시도	유효 슈팅	패스 성공	롱볼 성공률	롱볼 성공	슈팅기회 창출	볼 터치	드리블 성공	태클	인터셉트	리커버리

55위 — Aurélien TCHOUAMÉNI — 7.16
오렐리앙 추아메니   2000.01.27 / 187cm / FRA

센터백과 수비형 미드필더를 동시에 소화 가능한 멀티 자원. 90%를 크게 웃도는 패스 성공률을 자랑한다. 팀의 볼 배급에 없어서는 안 되는 선수다. 강한 피지컬로 지상과 공중에서의 경합이 뛰어나다. 적극적으로 볼을 가로채 연결하고 롱패스 정확도도 높은 편이다. 공격 포인트 생산 능력은 부족하지만 수비 라인 커버만큼은 최고다. 동료 부담을 덜어주는 유형. 시장 가치는 7500만 유로, 추정 연봉은 1250만 유로.

슈팅-득점 | 2024-25 레알 마드리드 | 위치
12-0 / 7-0 | 31-1 / 2691 / 0 / 62.8-58.4 / 93% | CM / DM / CB
● 19-0 LG-0
● 0-0   RG-0
● 0-0   HG-0
DR 0.5-0.3 TK 2.1-1.5 IC 1.4 5-0 ★ 0

G	A	SH	SG	PC	P%	LC	L%	SC	BT	DC	TK	IC	BR
하위	하위	하위	하위	상위	상위	상위	하위	하위	하위	하위	상위	하위	하위
12%	10%	24%	23%	9%	2%	21%	12%	6%	12%	25%	38%	11%	38%

56위 — Carlos BALEBA — 7.16
카를로스 발레바   2004.01.03 / 179cm / CMR

폭발적이고 저돌적인 움직임으로 볼을 운반한다. 좀처럼 볼을 빼앗기지 않으며, 리커버리와 인터셉트 능력이 모두 출중하다. 태클 성공률도 준수한 편으로, 수비 기여도가 높다. 특유의 전투력 덕에 팀 공격이 수월하게 진행됐다. 주로 패스를 연결하는 데에 집중해 공격 가담은 많지 않다. 그럼에도 예측하기 어려운 강력한 중거리포로 골망을 흔들었다. 시장 가치는 4000만 유로, 추정 연봉은 770만 유로.

슈팅-득점 | 2024-25 브라이튼 H&A | 위치
6-1 / 38-2 | 31-3 / 2674 / 1 / 38.3-33.7 / 88% | DM / CM / CB
● 44-3 LG-2
● 1-0   RG-1
● 0-0   HG-0
DR 1.7-1.0 TK 3.3-2.3 IC 1.4 6-1 ★ 1

G	A	SH	SG	PC	P%	LC	L%	SC	BT	DC	TK	IC	BR
상위	하위	상위	상위	상위	상위	상위	상위	상위	하위	상위	상위	상위	상위
36%	23%	18%	35%	46%	26%	48%	50%	45%	12%	21%	10%	6%

57위 — Tomáš SOUČEK — 7.16
토마시 수첵   1995.02.27 / 192cm / CZE

마라톤 선수와 비교될 만큼 강인한 체력을 자랑한다. 190cm가 넘는 큰 키의 소유자. 공중 장악과 헤더 슈팅 능력도 빼어나 세 차례나 머리로 골을 만들었다. 골문 가까운 곳에서 높은 득점력이 특징. 공격수처럼 빈 공간을 찾아 들어가는 움직임이 좋다. 결정적 찬스를 자주 만들어낸 결과 세 차례 MOM에 선정되기도 했다. 섬세한 발기술은 다소 부족한 편. 시장 가치는 1800만 유로, 추정 연봉은 554만 유로.

슈팅-득점 | 2024-25 웨스트햄 유나이티드 | 위치
52-9 / 3-0 | 30-5 / 2573 / 1 / 27.2-20.4 / 75% | CM / DM / AM
● 55-9 LG-4
● 0-0   RG-2
● 0-0   HG-3
DR 0.3-0.2 TK 1.8-1.3 IC 0.6 8-0 ★ 3

G	A	SH	SG	PC	P%	LC	L%	SC	BT	DC	TK	IC	BR
상위	하위	상위	상위	하위	하위	상위	상위	하위	하위	하위	하위	상위	하위
4%	25%	5%	4%	8%	7%	29%	35%	15%	11%	11%	24%	25%	1%

58위 — Douglas AUGUSTO — 7.15
더글라스 아우구스투   1997.01.13 / 173cm / BRA

왼발 능력이 좋은 선수. 공수 양면에서 고른 퍼포먼스를 보여준다. 강력한 왼발 중거리슛으로 상대 골문을 위협하며 득점을 여러 번 만들어냈다. 유효 슛 비중과 롱패스 성공률 모두 상위권에 속했다. 때로는 과한 투지 때문에 카드를 받기도 하지만 몸싸움에서 쉽게 밀리지 않는 것은 장점이다. 단단한 수비를 펼쳐 철벽이라는 평가를 받는다. 시장 가치는 600만 유로, 추정 연봉은 90만 유로.

슈팅-득점 | 2024-25 낭트 | 위치
22-3 / 14-1 | 28-0 / 2317 / 2 / 41.9-36.5 / 87% | CM / DM
● 36-4 LG-3
● 0-0   RG-1
● 0-0   HG-0
DR 0.7-0.4 TK 3.1-2.5 IC 1.1 8-0 ★ 0

G	A	SH	SG	PC	P%	LC	L%	SC	BT	DC	TK	IC	BR
상위	상위	상위	상위	상위	상위	상위	상위	상위	상위	상위	상위	상위	상위
21%	48%	24%	13%	50%	34%	50%	16%	9%	47%	39%	21%	28%	24%

59위 — Rocco REITZ — 7.14
로코 라이츠   2002.05.29 / 176cm / GER

수비와 공격 능력을 겸비한 양발잡이. 미드필드 전역을 누빌 수 있는 지능을 갖춰 팀과 감독에게 다양한 옵션을 제공한다. 상위 1%의 인터셉트를 기록했다. 순식간에 볼을 빼앗아 공격으로 연결하는 자질이 최상급이다. 드리블을 자주 시도하지는 않지만 상대 수비를 허무는 라인 브레이킹에 능하다. 다이내믹한 움직임이 장점으로 꼽힌다. 성장 가능성이 높다. 시장 가치는 1500만 유로, 추정 연봉은 72만 유로.

슈팅-득점 | 2024-25 보루시아 묀헨글라트바흐 | 위치
14-2 / 9-0 | 21-6 / 1842 / 3 / 31.5-25.2 / 80% | DM / CM
● 23-2 LG-2
● 0-0   RG-2
● 0-0   HG-2
DR 1.3-0.6 TK 2.6-1.9 IC 2.0 1-0 ★ 1

G	A	SH	SG	PC	P%	LC	L%	SC	BT	DC	TK	IC	BR
상위	상위	상위	상위	상위	상위	상위	상위	상위	상위	상위	상위	하위	상위
37%	37%	39%	38%	27%	19%	39%	41%	49%	25%	28%	1%	35%

60위 — Fabián RUIZ — 7.14
파비안 루이스   1996.04.03 / 189cm / ESP

플레이 메이커 유형으로 창의적인 플레이를 펼친다. 공수 밸런스를 유지하는 핵심 선수. 지난 시즌 90%가 넘는 패스 성공률을 기록하며 원활한 볼 배급을 도왔다. 정확하지만 상대가 예측하기 어려운 루트로 들어가는 패스로 공격에 활로를 열어준다. 공격 상황에 꼭 필요한 패스가 주무기. 수비 기여가 많지 않지만 볼 리커버리 능력은 상위권에 속한다. 시장 가치는 4000만 유로, 추정 연봉은 909만 유로.

슈팅-득점 | 2024-25 파리 생제르맹 | 위치
23-3 / 20-1 | 21-9 / 1923 / 8 / 52.9-48.1 / 91% | CM / DM / LM
● 43-4 LG-3
● 0-0   RG-1
● 0-0   HG-0
DR 0.7-0.5 TK 2.1-1.2 IC 0.5 2-0 ★ 2

G	A	SH	SG	PC	P%	LC	L%	SC	BT	DC	TK	IC	BR
상위	상위	상위	상위	상위	상위	상위	상위	상위	상위	상위	상위	상위	상위
23%	4%	11%	14%	10%	13%	25%	10%	41%	22%	39%	14%

○ 유럽 5대리그 미드필더 항목별 랭킹(90분 기준 기록, 100분율)

LG	RG	HG			P	P%	DR	TK	IC	★	G	A	SH	SG	LC									
전체 시도-득점	직접프리킥 시도-득점	PK 시도-득점	왼발 득점	오른발 득점	헤더 득점	출전횟수 선발-교체	출전시간 (MIN)	도움	평균 패스 시도-성공	평균 패스 성공률	평균드리블 시도-성공	평균 태클 시도-성공	인터셉트	페어플레이 경고-퇴장	MOM	득점	도움	슈팅 시도	유효 슈팅	패스 성공률	롱패스 성공률	롱볼 성공률	슈팅기회 창출	볼 터치	드리블 성공	태클	인터셉트	리커버리

61위 Wilfred NDIDI — 7.13
윌프레드 은디디 1996.12.16 / 183cm / NGA

레스터 시티의 레전드 중 하나. 팀의 승격과 강등을 모두 경험한 베테랑으로서 팀을 이끈다. 탄탄한 피지컬을 바탕으로 투지와 에너지를 뿜어낸다. 정확한 태클로 볼을 끊어내 공격 기회를 차단한다. 프리미어리그 최고의 탈취 능력자로 꼽히기도 했다. 수비 라인을 확실하게 보호하고 왕성한 활동량으로 넓은 범위를 커버하는 스타일이다. 시장 가치는 1500만 유로, 추정 연봉은 462만 유로.

슈팅-득점	2024-25 레스터 시티	위치
20-0 / 2-0	28-0 2337 5 36.2-29.7 82%	DM CM AM
● 22-0 LG-0 / ● 0-0 RG-0 / ● 0-0 HG-0	DR 1.2-0.5 TK 4.1-3.0 IC 1.1 🟨🟥 8-0 ★ 1	

G	A	SH	SG	PC	P%	LC	L%	SC	BT	DC	TK	IC	BR
하위 12%	상위 12%	하위 39%	상위 43%	하위 24%	하위 27%	하위 19%	하위 5%	상위 32%	상위 49%	상위 4%	상위 33%	상위 48%	

62위 CASEMIRO — 7.12
카세미루 1992.02.23 / 185cm / BRA

월드 클래스 수비형 미드필더. 볼 탈취, 수비 위치 선정 등에서 매우 뛰어난 능력을 자랑한다. 빅클럽에서 쌓은 경험이 큰 자산이다. 태클 성공률이 매우 높은데, 과감한 플레이에도 주저함이 없다. 상대보다 빠른 타이밍으로 움직이며 수비를 커버한다. 안정적인 패싱력과 적극적 슛 시도도 강점이다. 단, 출전 시간 대비 경고가 많은 편이었다. 시장 가치는 1000만 유로, 추정 연봉은 2772만 유로.

슈팅-득점	2024-25 맨체스터 유나이티드	위치
16-1 / 16-0	18-6 1499 0 40.3-32.2 80%	CM DM
● 32-1 LG-0 / ● 0-0 RG-0 / ● 0-0 HG-1	DR 0.3-0.1 TK 4.7-3.5 IC 5-0 🟨🟥 2	

G	A	SH	SG	PC	P%	LC	L%	SC	BT	DC	TK	IC	BR
상위 34%	상위 50%	상위 7%	상위 8%	상위 29%	상위 29%	상위 23%	상위 49%	상위 19%	상위 13%	상위 26%	상위 1%	상위 44%	상위 18%

63위 Idrissa GUEYE — 7.12
이드리사 게이 1989.09.26 / 174cm / SEN

뛰어난 볼 탈취 능력으로 주목받기 시작했다. 거친 몸싸움이 빈번한 잉글랜드 무대에서도 밀리지 않았다. 다만 카드 수집은 잦다. 태클 머신으로 불릴 만한 태클 능력은 최상위 수준으로 매우 돋보인다. 롱패스 성공률과 중거리슛 비중도 높다. 득점은 나오지 않았지만 강한 킥력을 엿볼 수 있는 대목. 안정적으로 공수를 연결하며 팀 수비에 보탬이 되는 자원이다. 시장 가치는 150만 유로, 추정 연봉은 739만 유로.

슈팅-득점	2024-25 에버튼	위치
4-0 / 23-0	35-2 3070 3 37.0-32.2 87%	DM CM
● 27-0 LG-0 / ● 0-0 RG-0 / ● 0-0 HG-0	DR 1.1-0.6 TK 4.7-3.6 IC 1.3 🟨🟥 9-0 ★ 1	

G	A	SH	SG	PC	P%	LC	L%	SC	BT	DC	TK	IC	BR
하위 12%	하위 45%	하위 34%	하위 25%	상위 37%	하위 34%	상위 18%	하위 27%	하위 28%	하위 44%	하위 1%	상위 16%	상위 24%	

64위 Lucas TORRÓ — 7.12
루카스 토로 1994.07.19 / 190cm / ESP

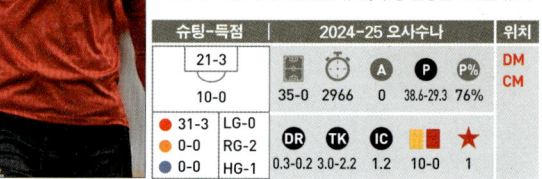

3선에서 뛰며 수비 라인을 수호하는 데 특화했다. 수비수들과 함께 안정적으로 빌드업에 가담하고 볼을 지킨다. 수비 조직력을 높이고 공격의 1차 저지선 역할을 묵묵히 수행하는 스타일이다. 지난 시즌 문전에서 높은 결정력을 자랑하며 3골을 터뜨렸다. 직접 공격에 가담하는 상황은 적다. 미드필더로서 패스 성공률이나 슈팅 기회 창출, 몸싸움은 아쉬운 편이다. 시장 가치는 300만 유로, 추정 연봉은 104만 유로.

슈팅-득점	2024-25 오사수나	위치
21-3 / 10-0	35-0 2966 0 38.6-29.3 76%	DM CM
● 31-3 LG-0 / ● 0-0 RG-2 / ● 0-0 HG-1	DR 0.3-0.2 TK 3.0-2.2 IC 1.2 🟨🟥 10-0 ★ 1	

G	A	SH	SG	PC	P%	LC	L%	SC	BT	DC	TK	IC	BR
상위 41%	하위 10%	상위 48%	상위 39%	하위 19%	상위 10%	상위 49%	상위 21%	하위 4%	상위 26%	하위 8%	상위 38%	상위 18%	상위 38%

65위 Luka MODRIĆ — 7.12
루카 모드리치 1985.09.09 / 172cm / CRO

월드 클래스다. 중앙 미드필더로는 드물게 발롱도르 수상 이력을 지녔다. 레알 마드리드의 핵심으로 활약했고 새 시즌부턴 AC 밀란에 뛴다. 부드럽게 볼을 터치하며 탈압박에 매우 능하다. 볼 키핑, 드리블 등 공수 여러 측면에서 안정감을 자랑한다. 나이가 들어 출전 시간이 줄었지만 어시스트 6개를 올릴 만큼 파괴력은 컸다. 특별한 단점을 찾기 어렵다. 시장 가치는 400만 유로, 추정 연봉은 1042만 유로.

슈팅-득점	2024-25 레알 마드리드	위치
4-1 / 18-1	17-18 1820 6 53.0-48.2 91%	CM DM AM
● 22-2 LG-1 / ● 1-0 RG-1 / ● 0-0 HG-0	DR 0.7-0.4 TK 1.4-0.9 IC 0.8 🟨🟥 7-0 ★ 1	

G	A	SH	SG	PC	P%	LC	L%	SC	BT	DC	TK	IC	BR
상위 47%	상위 1%	하위 46%	하위 46%	상위 2%	상위 22%	상위 8%	상위 42%	상위 2%	상위 37%	상위 18%	하위 18%	하위 24%	상위 46%

66위 Aleksandar PAVLOVIĆ — 7.12
알렉산다르 파블로비치 2004.05.03 / 188cm / GER

빠른 성장 속도를 보이며 바이에른 뮌헨의 중원을 이끌었다. 특히 정확한 패스 공급과 볼 터치는 타의 추종을 불허한다. 후방 빌드업에 없어선 안 될 선수다. 사비 알론소와 비교되기도 한다. 후방에선 침착하게 볼을 소유하며 상대를 압박한다. 공중볼이나 세트피스 상황에서의 몸싸움에서 수비력도 준수하다. 인터셉트나 태클은 보완해야 할 요소다. 시장 가치는 5500만 유로, 추정 연봉은 180만 유로.

슈팅-득점	2024-25 바이에른 뮌헨	위치
3-0 / 6-1	18-3 1457 0 72.8-68.4 94%	DM CM
● 9-1 LG-0 / ● 0-0 RG-1 / ● 0-0 HG-0	DR 0.2-0.2 TK 2.3-1.8 IC 0.2 🟨🟥 2-0 ★ 1	

G	A	SH	SG	PC	P%	LC	L%	SC	BT	DC	TK	IC	BR
하위 41%	하위 10%	상위 37%	하위 1%	상위 12%	상위 10%	상위 41%	상위 1%	하위 19%	상위 37%	하위 5%	하위 42%		

○ 유럽 5대리그 미드필더 항목별 랭킹(90분 기준 기록, 100분율)

	LG	RG	HG		P	P%	DR	TK	IC		★	G	A	SH	SG	PC	P%	LC	L%	SC	BT	DC	TK	IC	BR
전체 슈팅 시도-득점	직접프리킥 시도-득점	PK 시도-득점	왼발 득점	오른발 득점	헤더 득점	출전횟수 선발-교체	출전시간 분(MIN)	도움	평균 패스 시도-성공	패스 성공률	평균드리블 시도-성공	평균 태클 시도-성공	평균 인터셉트	페어플레이 경고-퇴장	MOM	득점	도움	슈팅 시도	유효 슈팅	패스 성공	패스 성공률	롱볼 성공률	공중볼 성공률	슈팅기회 창출	볼 터치	드리블 성공	태클	인터셉트	리커버리

67위 Aimar OROZ — 7.11
아이마르 오로스 2001.11.27 / 177cm / ESP

왼발의 마법사로 불린다. 지난 시즌엔 오른발로 더 많은 골을 기록했다. 기술적인 유형으로 드리블 능력이 매우 뛰어나고, 프리킥 찬스에서도 키커로 나서 득점을 만들어낸다. 지난 시즌 네 차례 도움을 올리기도 했다. 이처럼 동료와의 연계에서 장점을 보였다. 넓은 시야를 갖고 창의적인 패스를 전달한다. 수비 라인을 꿰뚫는 패스는 그가 가진 무기 중 하나다. 시장 가치는 1500만 유로, 추정 연봉은 95만 유로.

슈팅-득점	2024-25 오사수나					위치
21-4	⏱	A	P	P%		CM
27-1	35-2	2983	4	29.2-24.5	84%	DM / AM / CF
● 48-5 LG-1	DR	TK	IC	🟨	★	
● 3-0 RG-4	2.7-1.3	1.8-0.9	0.5	8-0	3	
● 1-1 HG-0						

G	A	SH	SG	PC	P%	LC	L%	SC	BT	DC	TK	IC	BR
상위	상위	상위	상위	하위	하위	상위	하위	상위	하위	하위	하위	하위	상위
22%	30%	22%	20%	13%	37%	23%	16%	30%	7%	4%	3%	17%	49%

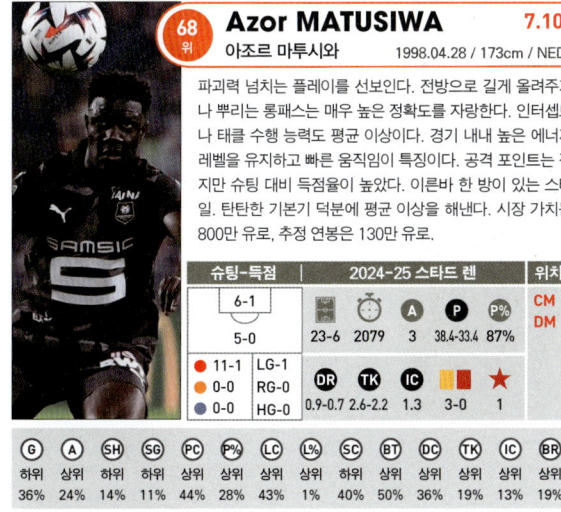

68위 Azor MATUSIWA — 7.10
아조르 마투시와 1998.04.28 / 173cm / NED

파괴력 넘치는 플레이를 선보인다. 전방으로 길게 올려주거나 뿌리는 롱패스는 매우 높은 정확도를 자랑한다. 인터셉트나 태클 수행 능력도 평균 이상이다. 경기 내내 높은 에너지 레벨을 유지하고 빠른 움직임이 특징이다. 공격 포인트는 적지만 슈팅 대비 득점율이 높았다. 이른바 한 방이 있는 스타일. 탄탄한 기본기 덕분에 평균 이상을 해낸다. 시장 가치는 800만 유로, 추정 연봉은 130만 유로.

슈팅-득점	2024-25 스타드 렌					위치
6-1	⏱	A	P	P%		CM
5-0	23-6	2079	3	38.4-33.4	87%	DM
● 11-1 LG-1	DR	TK	IC	🟨	★	
● 0-0 RG-0	0.9-0.7	2.6-2.2	1.3	3-0	1	
● 0-0 HG-0						

G	A	SH	SG	PC	P%	LC	L%	SC	BT	DC	TK	IC	BR
하위	상위	하위	상위	상위	상위	상위	상위	상위	하위	상위	상위	하위	하위
36%	24%	14%	11%	44%	28%	43%	9%	40%	52%	36%	13%	40%	19%

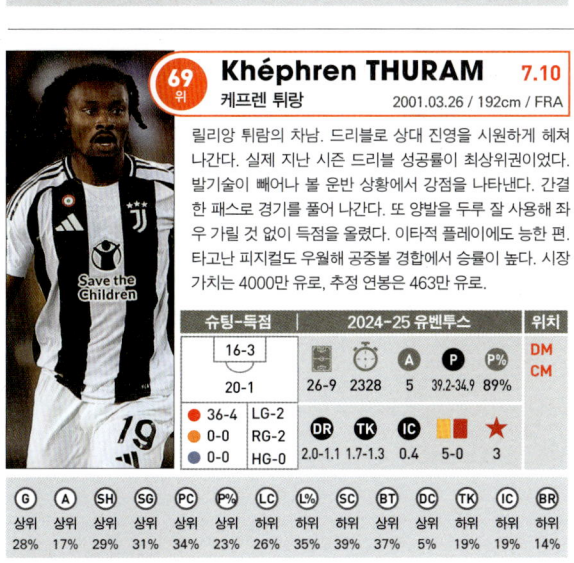

69위 Khéphren THURAM — 7.10
케프렌 튀랑 2001.03.26 / 192cm / FRA

릴리앙 튀람의 차남. 드리블로 상대 진영을 시원하게 헤쳐 나간다. 실제 지난 시즌 드리블 성공률이 최상위권이었다. 발기술이 빼어나 볼 운반 상황에서 강점을 나타낸다. 간결한 패스로 경기를 풀어 나간다. 또 양발을 두루 잘 사용해 좌우 가릴 것 없이 득점을 올렸다. 이타적 플레이에도 능한 편. 타고난 피지컬로 우월해 공중볼 경합에서 승률이 높다. 시장 가치는 4000만 유로, 추정 연봉은 463만 유로.

슈팅-득점	2024-25 유벤투스					위치
16-3	⏱	A	P	P%		DM
20-1	26-9	2328	3	39.2-34.9	89%	CM
● 36-4 LG-2	DR	TK	IC	🟨	★	
● 0-0 RG-2	2.0-1.1	1.7-1.3	0.4	5-0	3	
● 0-0 HG-0						

G	A	SH	SG	PC	P%	LC	L%	SC	BT	DC	TK	IC	BR
상위	하위	상위	상위	상위	상위	상위	하위	하위	하위	상위	하위	하위	하위
28%	17%	29%	31%	34%	23%	26%	35%	39%	37%	5%	19%	19%	14%

70위 Sandro TONALI — 7.09
산드로 토날리 2000.05.08 / 181cm / ITA

피를로와 가투소의 장점을 적절히 섞어놓은 듯한 플레이를 선보인다. 투지 넘치는 움직임에 지능까지 갖췄다. 지난 시즌 초 도박으로 인한 징계를 마치고 복귀했다. 경기력에 대한 우려를 딛고 공수 양면에서 자연스러운 운영을 전체 흐름을 조율한다. 볼 리커버리에서 상위권에 자리잡았다. 활동량이 많고 공격 상황에서도 드리블과 슈팅을 아끼지 않는 편. 시장 가치는 6000만 유로, 추정 연봉은 955만 유로.

슈팅-득점	2024-25 뉴캐슬 유나이티드					위치
16-3	⏱	A	P	P%		CM
20-1	28-8	2632	2	40.6-34.9	86%	DM
● 35-4 LG-1	DR	TK	IC	🟨	★	
● 3-0 RG-3	1.0-0.6	2.1-1.4	0.9	5-0	2	
● 0-0 HG-0						

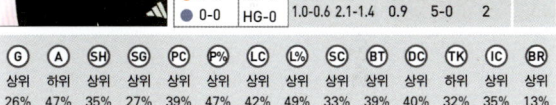

G	A	SH	SG	PC	P%	LC	L%	SC	BT	DC	TK	IC	BR
상위	하위	상위	상위	상위	상위	상위	상위	상위	상위	상위	상위	상위	상위
26%	47%	35%	27%	39%	47%	42%	49%	33%	39%	40%	32%	35%	13%

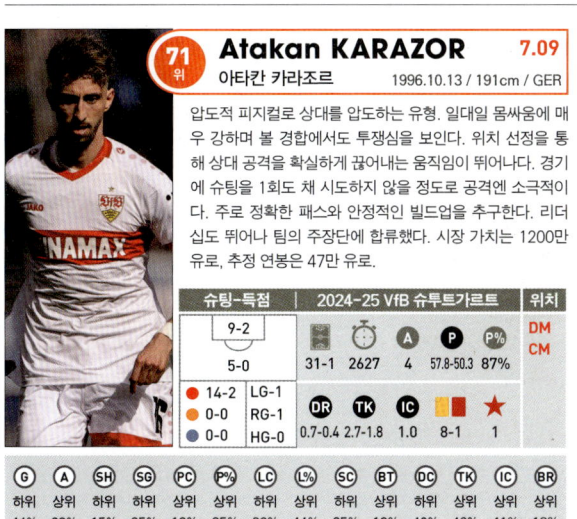

71위 Atakan KARAZOR — 7.09
아타칸 카라조르 1996.10.13 / 191cm / GER

압도적 피지컬로 상대를 압도하는 유형. 일대일 몸싸움에 매우 강하며 볼 경합에서도 우세를 보인다. 위치 선정을 통해 상대 공격을 확실하게 끊어내는 움직임이 뛰어나다. 경기에 슈팅을 1회도 채 시도하지 않을 정도로 공격엔 소극적이다. 주로 정확한 패스와 안정적인 빌드업을 추구한다. 리더십도 뛰어나 팀의 주장단에 합류했다. 시장 가치는 1200만 유로, 추정 연봉은 47만 유로.

슈팅-득점	2024-25 VfB 슈투트가르트					위치
9-2	⏱	A	P	P%		DM
5-0	31-1	2627	4	57.8-50.3	87%	CM
● 14-2 LG-1	DR	TK	IC	🟨	★	
● 0-0 RG-1	0.7-0.4	2.7-1.8	1.0	8-1	1	
● 0-0 HG-0						

G	A	SH	SG	PC	P%	LC	L%	SC	BT	DC	TK	IC	BR
하위	상위	상위	상위	상위	상위	상위	상위	하위	상위	상위	상위	상위	상위
44%	33%	15%	35%	12%	25%	36%	4%	40%	40%	46%	41%	6%	12%

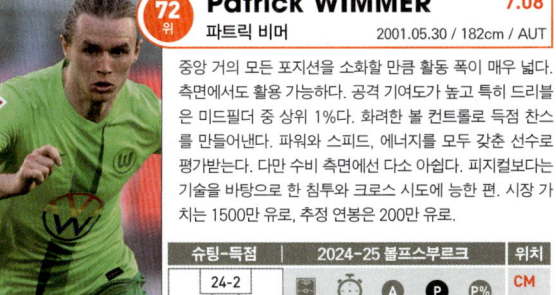

72위 Patrick WIMMER — 7.08
파트릭 비머 2001.05.30 / 182cm / AUT

중앙 거의 모든 포지션을 소화할 만큼 활동 폭이 매우 넓다. 측면에도 활용 가능하다. 공격 기여도가 높고 특히 드리블은 미드필더 중 상위 1%다. 화려한 볼 컨트롤로 득점 찬스를 만들어낸다. 파워와 스피드, 에너지를 모두 갖춘 선수로 평가받는다. 다만 수비 측면에선 다소 아쉽다. 피지컬보다는 기술을 바탕으로 한 침투와 크로스 시도에 능한 편. 시장 가치는 1500만 유로, 추정 연봉은 200만 유로.

슈팅-득점	2024-25 볼프스부르크					위치
24-2	⏱	A	P	P%		CM
17-1	22-7	1782	4	20.6-14.0	68%	CF / LM
● 41-3 LG-0	DR	TK	IC	🟨	★	RM / DM
● 0-0 RG-2	2.5-1.4	2.6-1.6	1.1	5-1	2	
● 0-0 HG-0						

G	A	SH	SG	PC	P%	LC	L%	SC	BT	DC	TK	IC	BR
상위	상위	상위	상위	상위	하위	상위	상위	상위	상위	상위	상위	상위	하위
22%	10%	3%	15%	2%	34%	2%	11%	5%	1%	31%	8%	2%	39%

유럽 5대리그 미드필더 항목별 랭킹(90분 기준 기록, 100분율)

73위 Leandro PAREDES — 7.08
레안드로 파레데스 1994.06.29 / 180cm / ARG

과거 공격형 미드필더로 뛰다 포지션을 바꿔 좀 더 아래에서 뛰게 됐다. 지난 시즌 출전이 적었는데, 크리스탄테와의 주전 경쟁에서 다소 밀리는 모양새였다. 중거리슛이 강해 박스 바깥 슈팅 비중이 매우 높다. 또 롱패스 성공률과 볼 터치에서도 최상위에 랭크됐다. 방향 전환 패스나 스루패스 등도 자유자재로 구사한다. 수비 능력은 무난한 편. 시장 가치는 500만 유로, 추정 연봉은 385만 유로.

슈팅-득점	2024-25 AS 로마	위치
5-2 / 21-1	⏱15-7 1373 A 1 P 53.8-49.5 P% 92%	CM DM
● 26-3 / ● 5-1 / ● 2-2 LG-0 RG-3 HG-0	DR 0.1-0.1 TK 1.9-1.0 IC 0.9 4-0 ★ 0	

G	A	SH	SG	PC	P%	LC	L%	SC	BT	DC	TK	IC	BR
상위	하위	상위	상위	상위	상위	상위	하위	상위	상위	하위	상위	상위	상위
13%	35%	26%	24%	3%	16%	1%	27%	24%	4%	41%	33%	25%	27%

74위 Yangel HERRERA — 7.08
양헬 에레라 1998.01.07 / 184cm / VEN

중원의 엔진. 매우 넓은 영역을 커버한다. 피지컬 우위를 앞세워 볼 경합에 뛰어든다. 특히 골문 근처 공중볼 경합에 강하며, 시즌 전체 골을 모두 헤더로만 기록했다. 슈팅 횟수에서도 상위권에 속했다. 드리블도 나쁘지 않아 직접 공격을 시도하기도 한다. 다만 불필요한 경고가 많은 편으로 몸싸움이나 태클 상황에서 신중함이 요구된다. 시장 가치는 1500만 유로, 추정 연봉은 110만 유로.

슈팅-득점	2024-25 지로나	위치
27-4 / 12-0	⏱27-2 2266 A 3 P 35.5-29.8 P% 84%	CM DM AM
● 39-4 / ● 0-0 / ● 0-0 LG-0 RG-0 HG-4	DR 1.7-0.8 TK 3.3-2.3 IC 1.1 10-1 ★ 4	

G	A	SH	SG	PC	P%	LC	L%	SC	BT	DC	TK	IC	BR
상위	상위	상위	하위	상위	상위	상위	상위	상위	상위	상위	상위	상위	하위
25%	37%	14%	12%	33%	41%	40%	40%	34%	28%	25%	24%

75위 Jackson IRVINE — 7.08
잭슨 어바인 1993.03.07 / 187cm / AUS

왕성한 활동량과 강인한 피지컬을 자랑한다. 국제 무대 경험도 풍부해 팀 멘탈리티에 도움이 된다. 준수한 인터셉트 능력을 갖췄고 공중볼 경합에 강하다. 수비 라인 보호라는 임무에 충실한 스타일. 태클 등도 오프 더 볼 움직임이 많아 지난 시즌 기준 볼 터치 자체가 적고 패스 성공률도 낮았다. 동료와의 연계 능력이 뛰어나 6개의 어시스트를 올렸다. 시장 가치는 200만 유로, 추정 연봉은 66만 유로.

슈팅-득점	2024-25 장크트 파울리	위치
38-0 / 3-0	⏱29-0 2610 A 6 P 32.6-23.5 P% 72%	CM DM
● 41-0 / ● 0-0 / ● 0-0 LG-0 RG-0 HG-0	DR 0.8-0.3 TK 2.6-1.9 IC 1.2 2-0 ★ 1	

G	A	SH	SG	PC	P%	LC	L%	SC	BT	DC	TK	IC	BR
하위	상위	상위	상위	하위	하위	상위	하위	상위	하위	상위	상위	하위	상위
12%	9%	23%	26%	4%	11%	50%	4%	20%	49%	29%	22%

76위 Pierre LEES-MELOU — 7.08
피에르 레스-멜루 1993.05.25 / 185cm / FRA

프랑스 5부 리그에서 시작해 최상위 리그까지 오른 대기만성형 선수. 미드필드의 건축가라는 별명을 얻을 만큼 빼어난 전술 이해도가 강점이다. 후방 플레이 메이커 역할을 맡아 90%에 가까운 패스 성공률과 수준급 롱패스 시도 및 성공률을 기록했다. 볼 리커버리엔 최정상급. 지난 시즌은 발목과 복근을 다쳐 결장이 많았으나 시즌 막판엔 정상 폼을 되찾았다. 시장 가치는 600만 유로, 추정 연봉은 218만 유로.

슈팅-득점	2024-25 브레스트	위치
8-2 / 14-0	⏱17-3 1530 A 2 P 51.3-44.6 P% 87%	CM DM
● 22-2 / ● 0-0 / ● 0-0 LG-0 RG-2 HG-0	DR 1.1-0.6 TK 3.9-2.4 IC 0.6 7-0 ★ 2	

G	A	SH	SG	PC	P%	LC	L%	SC	BT	DC	TK	IC	BR
상위	상위	상위	상위	상위	하위	상위	상위	상위	상위	상위	하위	상위	하위
24%	41%	16%	14%	20%	46%	3%	16%	21%	17%	24%	15%	44%	1%

77위 Sergio GÓMEZ — 7.08
세르히오 고메스 2000.09.04 / 173cm / ESP

엄청난 공격적 재능을 뽐낸다. 바르셀로나 유스 출신으로 유럽 여러 무대를 경험했다. 2024-2025시즌엔 주로 좌우 측면에 자리해 2선 전 포지션을 소화했다. 정교한 왼발 킥으로 프리킥을 전담해 1골을 터트렸다. 측면에서 올리는 크로스 정확도와 패스 성공률도 높였다. 키가 크지 않지만 빠른 발과 개인기로 상대 수비를 무너뜨리는 스타일이다. 시장 가치는 2000만 유로, 추정 연봉은 230만 유로.

슈팅-득점	2024-25 레알 소시에다드	위치
6-1 / 12-1	⏱31-6 2746 A 5 P 31.2-26.5 P% 85%	LM CM RM LW
● 18-2 / ● 5-1 / ● 0-0 LG-1 RG-1 HG-0	DR 1.5-0.7 TK 2.6-1.4 IC 0.5 4-0 ★ 2	

G	A	SH	SG	PC	P%	LC	L%	SC	BT	DC	TK	IC	BR
상위	상위	상위	상위	하위	상위	하위	상위	하위	상위	상위	상위	상위	상위
42%	19%	23%	39%	40%	11%	37%	8%	18%	48%	45%	18%	36%

78위 Leon GORETZKA — 7.08
레온 고레츠카 1995.02.06 / 189cm / GER

강인한 피지컬을 앞세워 중원을 압도한다. 승부욕이 강해 볼 경합에서 좀처럼 밀리지 않는 투지를 보여준다. 득점 능력도 좋아 전 영역에서 골을 터트린다. 특히 세트피스 찬스에서 높이 뛰어올라 득점하거나 공중볼 경합에 우위를 점하는 데 강하다. 슈팅과 패스, 볼 터치 능력은 최정상급이다. 공수 양면에 에너지를 불어넣으며 팀에 기여한다. 시장 가치는 2200만 유로, 추정 연봉은 1700만 유로.

슈팅-득점	2024-25 바이에른 뮌헨	위치
14-2 / 18-2	⏱13-13 1318 A 1 P 46.2-42.0 P% 91%	DM CM
● 32-4 / ● 0-0 / ● 0-0 LG-1 RG-2 HG-1	DR 0.3-0.3 TK 1.2-0.8 IC 0.8 2-0 ★ 0	

G	A	SH	SG	PC	P%	LC	L%	SC	BT	DC	TK	IC	BR
상위	상위	상위	상위	상위	상위	상위	상위	상위	상위	상위	상위	상위	상위
9%	46%	4%	6%	9%	41%	43%	7%	22%	32%	24%	50%

○ 유럽 5대리그 미드필더 항목별 랭킹(90분 기준 기록, 100분율)

79위 Mikel MERINO — 7.08
미켈 메리노 1996.06.22 / 189cm / ESP

다재다능함이 특징으로 전술 이해도와 멀티 포지션 소화 능력이 매우 뛰어나다. 문전에서 높은 집중력을 발휘해 지난 시즌 7골을 폭발했다. 특히 헤더로 많은 골을 넣었다. 슈팅 시도와 성공률 양면에서 상위권에 속했다. 수비에도 적극 가담하는 스타일이다. 적극적으로 볼을 끊어내고 탈압박 후 볼을 연결하는 능력이 뛰어나다. 볼 터치는 다소 아쉬운 편. 시장 가치는 3500만 유로, 추정 연봉은 801만 유로.

슈팅-득점	2024-25 아스널 FC					위치
34-7 4-0	17-11	1582	2	20.0-16.0	80%	CM CF DM AM
38-7 LG-2 0-0 RG-1 0-0 HG-4	0.8-0.3	2.2-1.6	0.5	2-1	3	

G	A	SH	SG	PC	P%	LC	L%	SC	BT	DC	TK	IC	BR
상위 3%	상위 14%	상위 8%	상위 3%	하위 8%	하위 19%	하위 3%	하위 30%	상위 43%	상위 8%	상위 48%	상위 26%	상위 32%	하위 27%

80위 Nicolò ROVELLA — 7.06
니콜로 로벨라 2001.12.04 / 179cm / ITA

그라운드 곳곳에 볼을 배급하는 후방의 지휘자. 레지스타 스타일로 짧은 패스는 물론 롱패스에도 재능을 보인다. 상대 패스 길을 차단하고 지능적으로 수비를 펼친다. 인터셉트는 최상위권이며, 태클 시도와 성공률도 높은 편이다. 수비 가담에 적극적인 만큼 지난 시즌 경고가 잦았다. 경기 조율과 볼 차단, 탈압박으로 팀 수비에 많은 보탬이 된다. 시장 가치는 3000만 유로, 추정 연봉은 370만 유로.

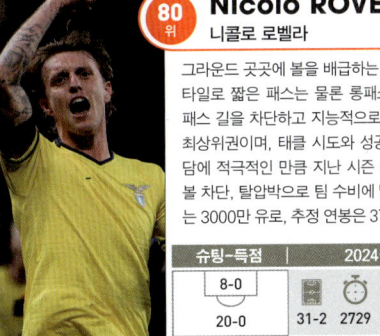

슈팅-득점	2024-25 라치오					위치
8-0 20-0	31-2	2729	3	61.5-56.0	91%	DM CM
28-0 LG-0 2-0 RG-0 0-0 HG-0	0.8-0.3	3.8-2.6	1.4	13-0	1	

G	A	SH	SG	PC	P%	LC	L%	SC	BT	DC	TK	IC	BR
하위 12%	상위 36%	상위 42%	상위 45%	상위 8%	하위 11%	상위 7%	상위 27%	상위 39%	상위 6%	상위 43%	상위 17%	상위 9%	상위 24%

81위 Bryan CRISTANTE — 7.05
브라이언 크리스탄테 1995.03.03 / 186cm / ITA

이탈리아에서 어릴 적부터 주목받던 기대주. 지난 시즌 로마의 벽으로 자리했다. 팀이 필요한 순간마다 골을 터뜨려 두 차례 MOM에 선정됐다. 큰 단점을 찾아보기 어려운 육각형 미드필더다. 안정적으로 패스를 전달하고 강력한 슈팅력도 겸비했다. 유사시 센터백으로도 활용 가능한 멀티 자원. 수비 상황으로 전환 시 빠르게 자리로 복귀해 압박에 가담한다. 시장 가치는 700만 유로, 추정 연봉은 649만 유로.

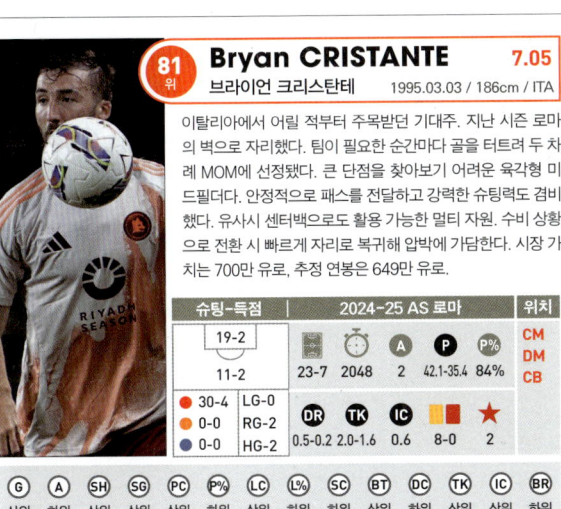

슈팅-득점	2024-25 AS 로마					위치
19-2 11-2	23-7	2048	2	42.1-35.4	84%	CM DM CB
30-4 LG-0 0-0 RG-2 0-0 HG-2	0.5-0.2	2.0-1.6	0.6	8-0	2	

G	A	SH	SG	PC	P%	LC	L%	SC	BT	DC	TK	IC	BR
상위 24%	하위 49%	상위 34%	상위 41%	상위 32%	상위 40%	상위 26%	상위 45%	하위 38%	상위 30%	하위 15%	상위 47%	상위 62%	하위 37%

82위 Luis MILLA — 7.05
루이스 밀라 1994.10.07 / 175cm / ESP

유명 축구선수였던 아버지를 뒀다. 하부 리그에서 시작해 25세에 라리가에 데뷔했다. 볼 키핑 능력이 좋아 경기 전체 템포를 조율하는 모습을 선보인다. 지난 시즌 슈팅 기회 창출은 최상위권에 속했다. 팀의 프리키커로 나설 때마다 강한 슈팅력을 보여줬다. 직접 포인트를 생산하지 않지만 영리하게 상대 파울을 유도해 간접적으로 도움을 주는 편이다. 시장 가치는 350만 유로, 추정 연봉은 78만 유로.

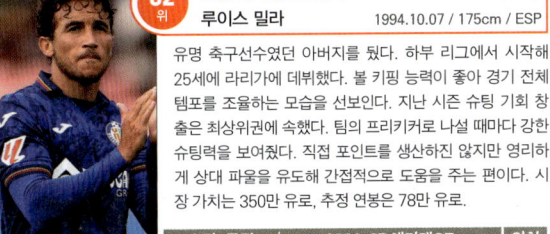

슈팅-득점	2024-25 헤타페CF					위치
6-1 26-0	32-1	2878	4	40.1-32.5	81%	CM DM AM
32-1 LG-0 4-0 RG-1 1-1 HG-0	1.2-0.6	3.0-1.8	0.7	6-0	2	

G	A	SH	SG	PC	P%	LC	L%	SC	BT	DC	TK	IC	BR
하위 26%	상위 28%	상위 50%	상위 40%	상위 33%	하위 6%	상위 15%	상위 0%	상위 42%	상위 42%	상위 43%	상위 29%	하위 38%	

83위 Lewis COOK — 7.05
루이스 쿡 1997.02.03 / 175cm / ENG

볼 탈취, 전방으로 향하는 위협적인 패스로 공수 양면에 기여한다. 준수한 인터셉트 및 태클 능력을 갖춰 자주 상대 볼을 빼앗는다. 이 과정에서 경고를 자주 받는 편. 전투적인 움직임은 팀에 많은 에너지를 불어넣는다. 헤더 경합에 적극적으로 임해 지난 시즌 헤더 골도 만들었다. 강한 중거리슛으로 상대 골문을 위협하는 장면도 연출했다. 시장 가치는 1500만 유로, 추정 연봉은 369만 유로.

슈팅-득점	2024-25 본머스					위치
3-1 11-0	32-4	2978	3	38.3-31.4	82%	DM CM AM RB
14-1 LG-1 1-0 RG-0 0-0 HG-0	0.7-0.5	3.0-2.2	1.1	8-1	0	

G	A	SH	SG	PC	P%	LC	L%	SC	BT	DC	TK	IC	BR
하위 26%	상위 44%	하위 9%	하위 21%	상위 40%	하위 16%	상위 46%	하위 7%	상위 32%	상위 45%	상위 28%	상위 29%	상위 30%	상위 26%

84위 Santi COMESAÑA — 7.04
산티 코메사냐 1996.10.05 / 188cm / ESP

양발을 고루 활용하며 집중력 높게 경기를 운영한다. 매우 고른 능력치가 특징. 골문 가까운 곳에서 자주 슈팅을 시도하고, 네 차례 득점을 만들었다. 공중볼 경합도 수준급. 지난 시즌 많은 태클 시도를 성공적으로 완수했다. 그만큼 수비에 기여도가 높은 편. 때때로 상대 수비의 허를 찌르는 스루 패스로 공격 기회를 만들어낸다. 시장 가치는 800만 유로, 추정 연봉은 156만 유로.

슈팅-득점	2024-25 비야레알					위치
32-4 7-0	30-5	2565	2	38.4-33.0	86%	CM DM LM
39-4 LG-3 0-0 RG-0 0-0 HG-1	1.0-0.5	3.4-2.4	0.5	8-0	3	

G	A	SH	SG	PC	P%	LC	L%	SC	BT	DC	TK	IC	BR
상위 25%	상위 26%	상위 49%	상위 48%	상위 49%	상위 45%	상위 45%	상위 31%	상위 42%	상위 45%	상위 45%	상위 13%	하위 21%	상위 27%

85위 Martín ZUBIMENDI 7.04
마르틴 수비멘디 1999.02.02 / 181cm / ESP

빼어난 축구 지능으로 호평을 받는다. 대부분의 지표에서 평균 이상을 해냈다. 위험한 상황에서도 대담한 패스로 빌드업을 주도하는 스타일. 경기를 보는 눈이 뛰어나며 정확한 패스와 위치 선정을 통해 공격의 기점을 마련한다. 또 중원에서 경합 우위를 점해 역습 기점 역할도 해낸다. 수비 예측 능력도 좋아 상대 압박을 쉽게 벗어낸다. 시장 가치는 6000만 유로, 추정 연봉은 300만 유로.

슈팅-득점: 18-2 / 6-0 / 24-2 LG-1 / 0-0 RG-0 / 0-0 HG-0
2024-25 레알 소시에다드: 33-3 2962 1 48.9-41.1 84%
0.8-0.5 2.5-2.0 1.2 6-0
위치: DM CM

G 하위 40% / A 하위 20% / SH 하위 29% / SG 상위 35% / PC 상위 35% / P% 상위 49% / LC 상위 40% / L% 하위 42% / SC 하위 9% / BT 상위 31% / DC 상위 47% / TK 상위 45% / IC 상위 23% / BR 하위 23%

86위 KUBO Takefusa 7.04
구보 다케후사 2001.06.04 / 173cm / JPN

일본의 메시로 불린 작은 거인. 특유의 공격 재능과 더불어 수비 가담에도 몸을 아끼지 않는 헌신적 플레이를 선보인다. 지난 시즌엔 다섯 차례 정교한 왼발 킥으로 골문을 갈랐다. 민첩한 드리블로 볼을 운반하며 수비수를 따돌린다. 동료 움직임을 예측해 돌파하는 오프 더 볼 움직임이 빼어나다. 좌, 우, 중앙까지 여러 위치에서 뛸 수 있다는 점도 장점 중 하나. 시장 가치는 3000만 유로, 추정 연봉은 250만 유로.

슈팅-득점: 35-5 / 8-0 / 43-5 LG-5 / 0-0 RG-0 / 0-0 HG-0
2024-25 레알 소시에다드: 27-9 2382 0 23.9-18.4 77%
4.4-2.2 1.5-0.9 0.5 5-0 2
위치: RM RW CM AM

G 상위 9% / A 하위 43% / SH 상위 5% / SG 상위 5% / PC 하위 12% / P% 상위 19% / LC 상위 15% / L% 상위 4% / SC 상위 27% / BT 하위 1% / DC 상위 16% / TK 상위 15% / IC 하위 31%

87위 Mikel JAUREGIZAR 7.07
미켈 하우레기사르 2003.11.13 / 177cm / ESP

공간을 읽는 눈이 탁월한 선수. 볼을 끌며 상대를 아래로 끌어들이는 영리한 움직임을 펼치는 데 능하다. 태클 성공률은 최상위권으로, 경기 평균 4회 가까운 태클을 시도한다. 가끔 위험한 파울로 경고를 받기도 했다. 경기 내내 많은 활동량을 보이며 안정적으로 볼을 뿌려댄다. 신장은 작은 편이나 지능인 플레이로 단점을 상쇄한다. 중거리 슈팅도 수준급. 시장 가치는 3000만 유로, 추정 연봉은 730만 유로.

슈팅-득점: 5-1 / 16-1 / 21-2 LG-1 / 0-0 RG-1 / 0-0 HG-0
2024-25 아슬레틱 빌바오: 25-9 2245 1 31.8-26.4 83%
1.2-0.6 3.7-2.5 0.9 4-1 2
위치: DM CM

G 상위 43% / A 하위 20% / SH 상위 42% / SG 상위 49% / PC 상위 38% / P% 상위 31% / LC 상위 22% / L% 상위 32% / BT 상위 41% / DC 상위 41% / TK 상위 5% / IC 상위 47% / BR 상위 29%

88위 Pierre EKWAH 7.03
피에르 에크와 2002.01.15 / 189cm / FRA

강한 피지컬과 기술을 갖췄다. 중원에서 터프한 몸싸움으로 볼을 지켜내는 유형이다. 적절하게 볼을 빼내는 인터셉트가 특징으로, 깔끔하게 볼을 터치하는 압박에서 벗어난다. 스피드는 아쉽지만 여러 측면에서 큰 단점이 나타나지 않는다. 중장거리 슛을 자주 시도할 만큼 킥력이 강하다. 왼발 중거리 슈팅으로 한 차례 골망을 흔들기도 했다. 시장 가치는 700만 유로, 추정 연봉은 20만 유로.

슈팅-득점: 4-0 / 21-1 / 25-1 LG-1 / 0-0 RG-0 / 0-0 HG-0
2024-25 선덜랜드+생테티엔: 29-0 2579 0 56.0-49.3 88%
1.2-0.7 2.8-2.0 1.6 3-0 1
위치: CM DM CB

G 하위 30% / A 하위 10% / SH 상위 41% / SG 상위 30% / PC 하위 22% / P% 상위 20% / LC 상위 27% / L% 상위 43% / SC 하위 12% / BT 상위 24% / DC 상위 43% / TK 상위 45% / IC 하위 7% / BR 상위 29%

89위 Pascal GROSS 7.02
파스칼 그로스 1991.06.15 / 181cm / GER

그라운드 전역을 누비는 멀티 플레이어. 전술적 유연성 덕에 다양한 포지션을 소화할 수 있다. 지난 시즌 10도움을 올렸는데, 공격 진영에서의 파이널 패스가 매우 뛰어났다. 볼 터치, 롱패스 시도에서도 상위권에 랭크됐다. 세트피스 찬스에선 직접 키커로 나서기도 하며 정교한 킥 능력을 선보인다. 베테랑으로서 팀의 중심을 잡고 정확한 패스가 특징이다. 시장 가치는 500만 유로, 추정 연봉은 416만 유로.

슈팅-득점: 17-0 / 10-0 / 27-0 LG-0 / 1-0 RG-0 / 0-0 HG-0
2024-25 보루시아 도르트문트: 28-2 2339 10 58.3-50.1 86%
0.3-0.1 2.7-1.5 0.3 5-1 0
위치: DM CM AM RB

G 하위 26% / A 상위 2% / SH 상위 48% / SG 상위 48% / PC 상위 9% / P% 상위 31% / LC 상위 8% / L% 상위 14% / SC 하위 19% / BT 상위 7% / DC 하위 30% / TK 하위 10% / IC 하위 14%

90위 Abdoulaye TOURÉ 7.02
압둘라이 투레 1994.03.03 / 188cm / FRA

수비 라인 위에서 저돌적으로 뛰며 공수를 연결한다. 지난 시즌엔 엄청난 공격력으로 오른발로만 10골을 뽑아냈다. 특히 근거리에서 슈팅 성공률이 높았는데, 페널티킥을 전담해 8골을 넣었다. 강력한 피지컬과 활발한 움직임을 보이는 박스 투 박스 미드필더 유형. 볼 리커버리와 롱패스도 수준급이다. 수비 가담 측면에서는 다소 아쉽다는 평가가 나온다. 시장 가치는 300만 유로, 추정 연봉은 120만 유로.

슈팅-득점: 21-9 / 26-1 / 47-10 LG-10 / 0-0 RG-10 / 9-8 HG-0
2024-25 르아브르: 26-0 2331 1 37.2-30.9 83%
1.3-0.7 3.0-2.1 1.3 5-0 2
위치: CM DM

G 상위 1% / A 상위 28% / SH 상위 19% / SG 상위 43% / PC 하위 37% / P% 하위 10% / LC 하위 35% / L% 상위 28% / SC 상위 42% / BT 상위 31% / DC 상위 62% / TK 상위 11%

○ 유럽 5대리그 미드필더 항목별 랭킹(90분 기준 기록, 100분율)

91위 Henrikh MKHITARYAN 7.02
헨릭 미키타리안 1989.01.21 / 177cm / ARM

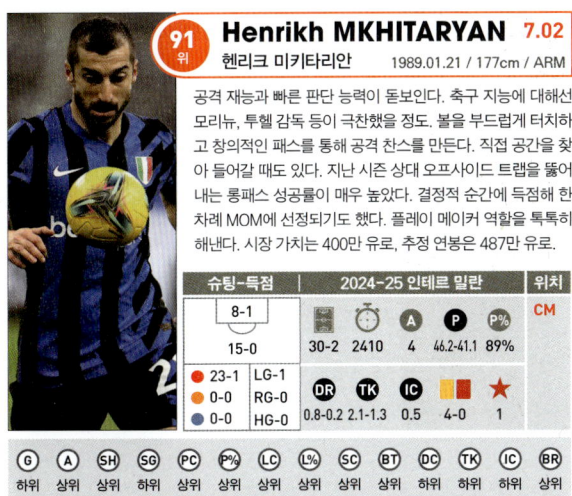

공격 재능과 빠른 판단 능력이 돋보인다. 축구 지능에 대해선 모리뉴, 투헬 감독 등이 극찬했을 정도. 볼을 부드럽게 터치하고 창의적인 패스를 통해 공격 찬스를 만든다. 직접 공간을 찾아 들어갈 때도 있다. 지난 시즌 상대 오프사이드 트랩을 뚫어내는 롱패스 성공률이 매우 높았다. 결정적 순간에 득점해 한 차례 MOM에 선정되기도 했다. 플레이 메이커 역할을 톡톡히 해낸다. 시장 가치는 400만 유로, 추정 연봉은 487만 유로.

슈팅-득점		2024-25 인테르 밀란					위치
8-1		⏱		A	P	P%	CM
15-0		30-2	2410	4	46.2-41.1	89%	
23-1	LG-1	DR	TK	IC	🟨	★	
0-0	RG-0	0.8-0.2	2.1-1.3	0.5	4-0	1	
0-0	HG-0						

G	A	SH	SG	PC	P%	LC	L%	SC	BT	DC	TK	IC	BR
하위	상위	상위	상위	하위	상위	상위	하위	상위	상위	상위	상위	상위	하위
25%	35%	49%	24%	28%	25%	40%	6%	13%	34%	34%	47%	21%	46%

92위 Felix NMECHA 7.01
펠릭스 은메차 2000.10.10 / 190cm / GER

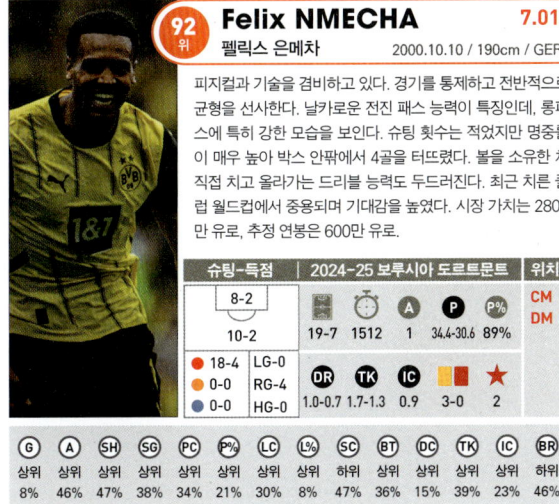

피지컬과 기술을 겸비하고 있다. 경기를 통제하고 전반적으로 균형을 선사한다. 날카로운 전진 패스 능력이 특징인데, 롱패스에 특히 강한 모습을 보인다. 슈팅 횟수는 적었지만 명중률이 매우 높아 박스 안팎에서 4골을 터뜨렸다. 볼을 소유한 채 직접 치고 올라가는 드리블 능력도 두드러진다. 최근 치른 클럽 월드컵에서 중용되며 기대감을 높였다. 시장 가치는 2800만 유로, 추정 연봉은 600만 유로.

슈팅-득점		2024-25 보루시아 도르트문트					위치
8-2		⏱		A	P	P%	CM
10-2		19-7	1512	1	34.4-30.6	89%	DM
18-4	LG-0	DR	TK	IC	🟨	★	
0-0	RG-4	1.0-0.7	1.7-1.3	0.9	3-0	2	
0-0	HG-0						

G	A	SH	SG	PC	P%	LC	L%	SC	BT	DC	TK	IC	BR
상위	상위	상위	상위	상위	상위	상위	하위	상위	상위	상위	상위	상위	하위
8%	46%	47%	38%	34%	21%	30%	6%	47%	36%	15%	39%	23%	46%

93위 Rolando MANDRAGORA 7.01
롤란도 만드라고라 1997.06.29 / 183cm / ITA

칸나바로 형제의 축구 아카데미에서 축구를 시작했다. 이곳에서 수비적 움직임에 영향을 받았다. 상당한 활동량을 자랑한다. 또한 헌신적이고 희생적인 수비 플레이를 보이는 스타일. 강력한 왼발로 지난 시즌 네 차례 골망을 흔들었다. 중거리 슈팅도 곧잘 시도한다. 매서운 킥력을 갖춰 프리킥 전담 키커로도 나섰다. 팀 균형을 잡아주는 중요한 역할을 맡고 있다. 시장 가치는 1200만 유로, 추정 연봉은 296만 유로.

슈팅-득점		2024-25 피오렌티나					위치
11-3		⏱		A	P	P%	CM
27-1		22-7	1937	3	30.5-24.4	80%	DM
38-4	LG-4	DR	TK	IC	🟨	★	
6-0	RG-0	0.5-0.4	1.4-0.8	7-0	3		
1-1	HG-0						

G	A	SH	SG	PC	P%	LC	L%	SC	BT	DC	TK	IC	BR
상위	상위	상위	하위	하위	상위	하위	하위	하위	하위	상위	상위	하위	하위
10%	20%	10%	5%	31%	18%	27%	20%	31%	33%	23%	5%	37%	1%

94위 Vincent SIERRO 7.01
빈센트 시에로 1995.10.08 / 185cm / SUI

빌드업의 기점으로 활약하며 경기장 안팎에서 중심을 잡는 리더로 평가받는다. 다양한 클럽을 거친 덕분에 많은 경험을 쌓은 결과 두 시즌 연속 주장을 맡았다. 성실함을 바탕으로 부지런히 그라운드를 누비고, 공격에도 적극 가담하는 스타일이다. 지난 시즌엔 득점력 향상으로 주목받았다. 양발을 잘 쓰고 골문 가까운 지점에서 때린 슛이 유효타가 많았다. 시장 가치는 400만 유로, 추정 연봉은 36만 유로.

슈팅-득점		2024-25 툴루즈					위치
15-4		⏱		A	P	P%	CM
17-1		27-2	2410	1	44.9-36.4	81%	DM
32-5	LG-2	DR	TK	IC	🟨	★	
2-0	RG-3	1.0-0.4	2.5-1.5	0.6	4-0	0	
2-2	HG-0						

G	A	SH	SG	PC	P%	LC	L%	SC	BT	DC	TK	IC	BR
상위	하위	상위	상위	상위	하위	상위	상위	상위	상위	상위	상위	상위	하위
14%	27%	14%	40%	50%	22%	45%	8%	43%	41%	36%	27%	16%	39%

95위 Samú COSTA 7.01
사무 코스타 2000.11.27 / 183cm / POR

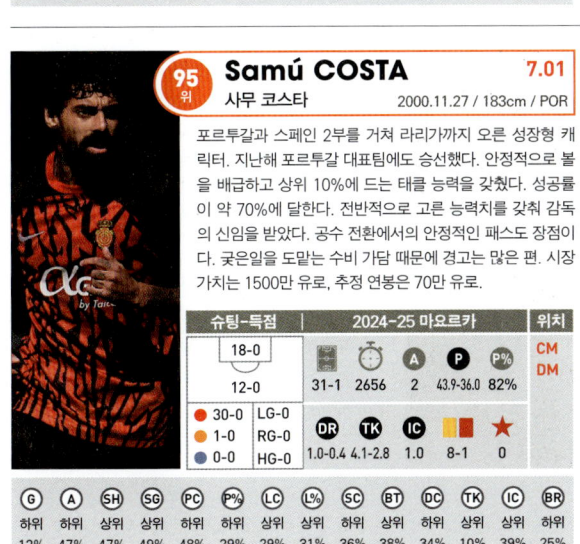

포르투갈과 스페인 2부를 거쳐 라리가까지 오른 성장형 캐릭터. 지난해 포르투갈 대표팀에도 승선했다. 안정적으로 볼을 배급하고 상위 10%에 드는 태클 능력을 갖췄다. 성공률이 약 70%에 달한다. 전반적으로 고른 능력치를 갖춰 감독의 신임을 받았다. 공수 전환에서의 안정적인 패스도 장점이다. 궂은일을 도맡는 수비 가담 때문에 경고는 많은 편. 시장 가치는 1500만 유로, 추정 연봉은 70만 유로.

슈팅-득점		2024-25 마요르카					위치
18-0		⏱		A	P	P%	CM
12-0		31-1	2656	2	43.9-36.0	82%	DM
30-0	LG-0	DR	TK	IC	🟨	★	
1-0	RG-0	1.0-0.4	4.1-2.8	1.0	8-1	0	
0-0	HG-0						

G	A	SH	SG	PC	P%	LC	L%	SC	BT	DC	TK	IC	BR
하위	상위	상위	상위	상위	상위	상위	상위	상위	상위	상위	상위	하위	상위
12%	47%	47%	49%	48%	29%	31%	36%	38%	34%	29%	38%	25%	25%

96위 Pablo BARRIOS 7.01
파블로 바리오스 2003.06.15 / 181cm / ESP

지난 5월 아틀레티코와 2030년까지 장기 계약을 맺은 핵심 자원. 어린 나이에도 자주 출전 기회를 부여받으며 성장했다. 코케와 니게스의 후계자로 불린다. 정확한 패스와 인터셉트로 공수에 두루 가담하며, 중거리슛에도 강하다. 압박을 당하는 상황에도 침착하게 볼을 소유한다. 상대를 툭 벗겨내는 드리블 능력도 수준급이다. 피지컬 싸움은 다소 약한 편. 시장 가치는 5500만 유로, 추정 연봉은 625만 유로.

슈팅-득점		2024-25 아틀레티코 마드리드					위치
8-0		⏱		A	P	P%	CM
21-1		28-3	2338	4	48.0-41.8	87%	LM
29-1	LG-1	DR	TK	IC	🟨	★	RM
0-0	RG-0	1.5-0.9	2.2-1.5	1.2	4-1	0	
0-0	HG-0						

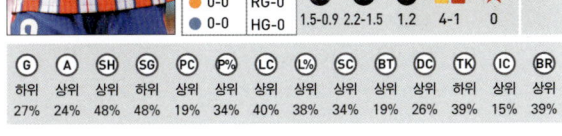

G	A	SH	SG	PC	P%	LC	L%	SC	BT	DC	TK	IC	BR
하위	상위	상위	상위	하위	상위	상위	상위	상위	상위	상위	하위	상위	상위
27%	24%	48%	48%	19%	34%	40%	38%	34%	28%	26%	39%	15%	39%

○ 유럽 5대리그 미드필더 항목별 랭킹(90분 기준 기록, 100분율)

전체 슈팅 시도-득점	직접프리킥 시도-득점	PK 시도-득점	왼발 득점
오른발 득점	헤더 득점	출전횟수 선발-교체	출전시간 분(MIN)
도움	평균 패스 시도-성공	패스 성공률	평균드리블 시도-성공
평균 태클 시도-성공	평균 인터셉트	페어플레이 경고-퇴장	MOM
득점	도움	슈팅 시도	유효 슈팅
패스 성공률	롱볼 성공률	롱볼 성공률	슈팅기회 창출
볼 터치 성공	드리블 성공률	태클	인터셉트	리커버리

97위 Ibrahima SISSOKO — 7.01
이브라히마 시소코 1997.10.27 / 193cm / FRA

탄탄한 피지컬로 상대를 압도한다. 활동량이 많고 수비 가담에 적극적인 스타일로, 지난 시즌 자주 경고를 받았다. 공중 볼 경합에 강해 헤더 골을 한 차례 기록했다. 눈에 띄는 화려한 플레이는 없지만 헌신적인 모습으로 두 차례 MOM에 올랐다. 또한 태클 시도 대비 성공률이 높았다. 짧은 패스를 주로 시도하며 롱패스 성공률은 낮은 편이다. 시장 가치는 600만 유로, 추정 연봉은 150만 유로.

슈팅-득점	2024-25 보훔	위치
10-1 / 11-0	30-2 / 2625 / 1 / 33.3-25.3 / 76%	CM / DM
21-1 LG-0 / 0-0 RG-0 / 0-0 HG-0	DR 1.9-1.0 / TK 2.8-2.2 / IC 1.0 / 9-1 / ★ 2	

G	A	SH	SG	PC	P%	LC	L%	SC	BT	DC	TK	IC	BR
상위 47%	하위 24%	하위 40%	상위 48%	하위 12%	하위 9%	상위 28%	하위 19%	상위 50%	하위 20%	하위 13%	상위 36%	상위 29%	상위 36%

98위 Warren ZAÏRE-EMERY — 7.01
워렌 자이르-에메리 2006-03-08 / 178cm / FRA

파리 생제르맹이 공들여 육성한 멀티 자원. 팀의 최연소 득점 기록자다. 천재로 불리며 프로 무대에 데뷔하며 잠재력을 폭발했다. 전술적 지능은 물론, 침착하고 안정된 플레이로 호평을 받는다. 정확한 패스로 공수를 연결하는 것이 가장 큰 장점이다. 롱패스 성공률과 볼 리커버리도 좋은 편이다. 결정적 패스로 동료들에게 찬스를 제공한다. 시장 가치는 5500만 유로, 추정 연봉은 1140만 유로.

슈팅-득점	2024-25 파리 생제르맹	위치
7-1 / 10-0	23-6 / 2053 / 2 / 55.8-51.9 / 93%	CM / RB / AM / RM / DM
17-1 LG-0 / 0-0 RG-1 / 0-0 HG-0	DR 1.3-0.7 / TK 2.5-1.8 / IC 0.8 / 3-0 / ★ 1	

G	A	SH	SG	PC	P%	LC	L%	SC	BT	DC	TK	IC	BR
상위 48%	상위 47%	하위 39%	상위 49%	하위 8%	하위 3%	상위 35%	하위 17%	상위 33%	하위 9%	상위 26%	상위 43%	상위 41%	상위 15%

99위 Marc CASADÓ — 6.99
마르크 카사도 2003.09.14 / 172cm / ESP

최상위권 패스 성공률과 볼 터치 기술을 보유했다. 라 마시아 출신답게 탄탄한 기본기가 특징이다. 특히 짧은 패스에 특화됐다. 전술 이해도가 빼어나 감독 교체에도 빠르게 적응했다. 중원에서 날렵한 태클 시도로 공격을 차단하고, 정확한 패스를 통해 볼을 돌린다. 턴 동작도 물 흐르듯 부드럽다. 젊은 선수이지만 훌륭한 리더십으로 후방을 지휘한다. 시장 가치는 3000만 유로, 추정 연봉은 520만 유로.

슈팅-득점	2024-25 FC 바르셀로나	위치
4-1 / 10-0	20-3 / 1618 / 3 / 58.9-53.0 / 90%	DM / CM
14-1 LG-1 / 0-0 RG-0 / 0-0 HG-0	DR 0.4-0.2 / TK 2.8-1.9 / IC 1.0 / 2-1 / ★ 0	

G	A	SH	SG	PC	P%	LC	L%	SC	BT	DC	TK	IC	BR
하위 34%	상위 10%	하위 32%	상위 10%	상위 6%	상위 4%	상위 39%	상위 37%	상위 37%	상위 6%	상위 14%	상위 9%	상위 47%	하위 44%

100위 Matúš BERO — 6.99
마투시 베로 1995.09.06 / 181cm / SVK

여러 리그를 돌아다니며 만능 미드필더로 활약했다. 측면과 중앙을 오가며 여러 포지션을 소화할 수 있다. 중원에서 투지가 돋보이는 플레이를 선보인다. 결정력이 좋은 편으로, 5골을 기록했다. 특히 왼발을 잘 사용한다. 패스 성공률은 낮지만 태클 시도, 몸싸움 등 수비적인 측면이 두드러졌다. 세 경기에 한 번 꼴로 경고를 받은 건 아쉬운 지점이다. 시장 가치는 300만 유로, 추정 연봉은 70만 유로.

슈팅-득점	2024-25 보훔	위치
22-5 / 9-0	29-1 / 2526 / 1 / 36.1-26.7 / 74%	CM / DM / RM / LM
31-5 LG-4 / 1-0 RG-1 / 1-0 HG-0	DR 1.7-0.7 / TK 3.3-2.3 / IC 0.5 / 10-0 / ★ 1	

G	A	SH	SG	PC	P%	LC	L%	SC	BT	DC	TK	IC	BR
상위 16%	상위 48%	상위 41%	상위 25%	하위 19%	하위 3%	상위 36%	하위 7%	상위 5%	상위 43%	상위 41%	상위 35%	상위 16%	상위 23%

101위 Eric GARCÍA — 6.99
에릭 가르시아 2001.01.09 / 182cm / ESP

바르셀로나 유스에서 피케의 후계자로 불리던 기대주였다. 미드필더와 풀백, 센터백까지 다양한 포지션을 소화할 수 있다. 빌드업 시 안정적인 패스로 볼을 배급하며, 특히 지난 시즌 롱패스 성공률이 높았다. 발 기술이 좋은 선수로 평가받으며 적극적으로 소통을 시도한다. 직접 몸싸움에 가담하기보다는 영리하게 볼을 빼내고 소유하는 것이 특징이다. 시장 가치는 1800만 유로, 추정 연봉은 600만 유로.

슈팅-득점	2024-25 FC 바르셀로나	위치
13-2 / 1-0	14-15 / 1556 / 1 / 44.8-41.2 / 92%	DM / CM / RB / CB
14-2 LG-0 / 0-0 RG-0 / 0-0 HG-2	DR 0.4-0.2 / TK 1.7-1.4 / IC 0.5 / 4-0 / ★ 0	

G	A	SH	SG	PC	P%	LC	L%	SC	BT	DC	TK	IC	BR
상위 10%	상위 20%	하위 42%	상위 14%	상위 5%	상위 3%	상위 8%	상위 34%	하위 8%	상위 5%	하위 2%	상위 47%	상위 46%	하위 1%

102위 Giuliano SIMEONE — 6.99
줄리아노 시메오네 2002.12.18 / 174cm / ARG

시메오네 감독의 셋째 아들로 잘 알려졌다. 아버지의 팀에서 뛰며 공격적인 역할을 수행하고 있다. 지난 시즌 상위권의 공격 포인트 생산 능력을 기록했다. 터치라인에서 상대와의 경합 시 엄청난 스피드로 볼을 따낸다. 공격 상황엔 빠른 드리블 돌파로 공격에 가담했다. 저돌성, 투지와 끈기, 압박 능력이 장점으로 꼽힌다. 피지컬과 킥력은 아직 부족한 편이다. 시장 가치는 3500만 유로, 추정 연봉은 500만 유로.

슈팅-득점	2024-25 아틀레티코 마드리드	위치
20-2 / 2-0	26-7 / 1943 / 6 / 21.9-17.3 / 79%	RM / RW / LM / LW
22-2 LG-1 / 0-0 RG-1 / 0-0 HG-0	DR 2.2-1.0 / TK 1.3-0.8 / IC 0.4 / 4-0 / ★ 0	

G	A	SH	SG	PC	P%	LC	L%	SC	BT	DC	TK	IC	BR
상위 34%	상위 3%	상위 42%	상위 29%	하위 14%	하위 13%	상위 6%	상위 40%	상위 16%	상위 8%	상위 27%	하위 27%	하위 2%	

○ 유럽 5대리그 미드필더 항목별 랭킹 (90분 기준 기록, 100분율)

103위 Sergi DARDER — 6.98
세르지 다르데르 1993.12.22 / 180cm / ESP

공격 포인트 생산 능력이 좋다. 지난 시즌을 비롯해 매 시즌 팀에 보탬이 되는 골과 도움을 만들어냈다. 팀의 위기 상황에 특히 강해 네 경기에서 MOM에 오르기도 했다. 정확도 높은 롱패스와 중거리슛을 잘 시도한다. 개인 기술도 빼어나 볼을 끌지 않고 드리블로 돌파하는 장면을 자주 볼 수 있다. 넓은 시야로 경기를 읽는 눈은 가장 큰 장점이다. 시장 가치는 400만 유로, 추정 연봉은 230만 유로.

슈팅-득점: 11-2 / 25-0
2024-25 마요르카: 34-4 | 2764 | 6 | 29.6-24.0 | 81%
36-2 LG-0 / 1-0 RG-2 / 0-0 HG-0
DR 2.0-1.0 | TK 1.8-1.1 | IC 0.4 | 4-0 | ★ 4
위치: CM, LM, LW, DM, AM

G	A	SH	SG	PC	P%	LC	L%	SC	BT	DC	TK	IC	BR
상위	상위	상위	상위	하위	하위	상위	하위	상위	상위	상위	상위	하위	하위
50%	11%	35%	45%	23%	10%	24%	21%	23%	13%	10%	9%	—	13%

104위 Jan SCHÖPPNER — 6.98
얀 쇠프너 1999.06.12 / 190cm / GER

팀의 잔류에 결정적 기여를 했다. 팀의 기동으로 통하며 공격 포인트 생산 능력도 좋았다. 과감한 인터셉트로 상대 공격을 끊어내는 데 강하다. 볼 소유권을 가져오는 데 기여한다. 이 때문에 수비 가담 시 자주 경고가 나오는 편. 하드 워커 스타일로 많은 활동량을 자랑하며 공중볼 경합 능력도 장점이다. 높은 신장을 활용해 헤더로 득점도 기록했다. 시장 가치는 400만 유로, 추정 연봉은 48만 유로.

슈팅-득점: 26-3 / 15-1
2024-25 FC 하이덴하임: 32-1 | 2690 | 3 | 30.7-23.0 | 75%
41-4 LG-0 / 0-0 RG-3 / 0-0 HG-1
DR 1.0-0.4 | TK 2.8-1.7 | IC 1.3 | 8-0 | ★ 2
위치: CM, DM

G	A	SH	SG	PC	P%	LC	L%	SC	BT	DC	TK	IC	BR
상위	상위	상위	상위	하위	하위	상위	하위	상위	상위	하위	상위	상위	하위
27%	39%	25%	23%	10%	9%	32%	34%	18%	39%	41%	14%	—	24%

105위 Valentin RONGIER — 6.98
발랑탱 롱지에 1994.12.07 / 172cm / FRA

매우 다양한 포지션을 소화할 수 있는 유틸리티 플레이어. 풀백, 윙백으로도 뛸 수 있다. 중원의 살림꾼 스타일이다. 수비 능력이 빼어난 만큼 태클과 인터셉트에 유독 강하고 인터셉트는 최상급이다. 패스 성공률도 높은데 안정적으로 곳곳에 볼을 뿌리며 빌드업에 기여한다. 슈팅 시도 자체는 적었지만 슈팅 대비 성공률이 상당히 높은 편이다. 시장 가치는 900만 유로, 추정 연봉은 396만 유로.

슈팅-득점: 5-2 / 9-1
2024-25 올랭피크 마르세유: 17-8 | 1564 | 1 | 55.2-50.2 | 91%
14-3 LG-0 / 0-0 RG-3 / 0-0 HG-0
DR 0.6-0.4 | TK 2.6-2.0 | IC 1.3 | 5-0 | ★ —
위치: CM, DM, CB, RB

G	A	SH	SG	PC	P%	LC	L%	SC	BT	DC	TK	IC	BR
상위	하위	상위	상위	상위	하위	상위	상위	상위	상위	상위	상위	상위	상위
17%	42%	35%	28%	4%	6%	19%	41%	41%	4%	45%	16%	3%	50%

106위 Kévin DANOIS — 6.98
케빈 다누아 2004.06.28 / 183cm / FRA

지지난 시즌 팀의 승격에 기여하며 핵심 선수로 자리했다. 지난 시즌엔 두 차례 부상을 겪으며 출장 경기가 적었다. 그럼에도 태클, 드리블, 볼 리커버리 지표에선 최상위에 올랐다. 적극적으로 볼을 빼앗는다. 상대와 직접 맞부딪히며 수비를 펼치기에 출전 경기 대비 경고가 많았다. 공격적 포지션도 소화 가능한 만큼 팀 공격 기여도도 높은 편이다. 시장 가치는 800만 유로, 추정 연봉은 14만 유로.

슈팅-득점: 12-0 / 5-0
2024-25 오세르: 16-6 | 1459 | 4 | 31.8-26.4 | 83%
17-0 LG-0 / 0-0 RG-0 / 0-0 HG-0
DR 1.9-1.0 | TK 3.4-2.2 | IC 0.9 | 1-0 | ★ 2
위치: CM, DM

G	A	SH	SG	PC	P%	LC	L%	SC	BT	DC	TK	IC	BR
하위	하위	상위	상위	하위	하위	상위	상위	상위	상위	상위	하위	상위	상위
12%	10%	44%	31%	36%	34%	46%	50%	17%	40%	7%	12%	31%	9%

107위 Yeremy PINO — 6.97
예레미 피노 2002.10.20 / 172cm / ESP

역동적인 플레이를 선보인다. 에너지 레벨이 높고 공격 찬스를 만드는 데 특화됐다. 공격 포인트를 많이 만들었는데, 득점 대부분은 골문 근거리에서 나왔다. 볼 컨트롤을 잘 하는데 일대일 상황에 강하다. 공격적인 선수답게 드리블 성공률과 태클 성공률이 매우 좋았다. 동료와의 시너지를 최대로 끌어올리는 유형으로 어시스트를 7개나 기록했다. 시장 가치는 3000만 유로, 추정 연봉은 135만 유로.

슈팅-득점: 27-3 / 2-1
2024-25 비야레알: 25-9 | 1948 | 7 | 19.1-14.9 | 78%
29-4 LG-0 / 0-0 RG-4 / 0-0 HG-0
DR 1.7-0.8 | TK 2.7-1.8 | IC 0.2 | 11-0 | ★ 1
위치: RM, LM, RW, LW

G	A	SH	SG	PC	P%	LC	L%	SC	BT	DC	TK	IC	BR
상위	상위	상위	상위	하위	상위	상위	상위	상위	상위	상위	하위	하위	상위
15%	1%	27%	35%	6%	7%	7%	46%	22%	13%	11%	18%	2%	23%

108위 Ansgar KNAUFF — 6.97
안스가 크나우프 2002.01.10 / 180cm / GER

2, 3선의 모든 포지션에서 뛸 수 있는 다재다능함을 갖췄다. 근거리 슈팅에 강하며 도움 능력도 빼어난 편. 슈팅 성공률도 매우 높다. 민첩한 드리블 돌파로 상대 수비를 벗어나는 플레이를 펼친다. 오프 더 볼 움직임도 수준급. 폭발적 스피드로 상대 배후 공간을 침투하고, 공수 전환 상황에서 공격 가담에 적극적이다. 패스 정확도와 수비 가담은 다소 아쉽다. 시장 가치는 1500만 유로, 추정 연봉은 54만 유로.

슈팅-득점: 23-4 / 7-0
2024-25 아인트라흐트 프랑크푸르트: 18-12 | 1604 | 5 | 16.4-11.3 | 69%
30-4 LG-0 / 0-0 RG-4 / 0-0 HG-0
DR 1.9-0.9 | TK 1.8-1.4 | IC 0.4 | 3-0 | ★ 2
위치: RM, CM, LM, RW, LW, AM

G	A	SH	SG	PC	P%	LC	L%	SC	BT	DC	TK	IC	BR
상위	상위	상위	상위	하위	하위	상위	상위	상위	상위	상위	상위	상위	하위
7%	3%	11%	9%	2%	1%	20%	8%	11%	40%	18%	16%	—	16%

유럽 5대리그 미드필더 항목별 랭킹(90분 기준 기록, 100분율)

109위 Samuel LINO — 6.96
사무엘 리누 1999.12.23 / 177cm / BRA

준족으로 공격부터 수비까지 좌우와 중앙을 가리지 않고 뛴다. 또한 양발을 두루 활용한다. 공격 시 스프린트로 우위를 점하며, 드리블 돌파도 수준급이다. 슈팅 시도와 유효슈팅은 상위 1%에 속할 만큼 공격에 재능을 보인다. 지난 시즌엔 3골 4도움을 올려 팀에 기여했다. 측면 공간을 활용하는 위협적인 움직임이 특징. 수비 가담에는 다소 소극적이다. 시장 가치는 2200만 유로, 추정 연봉은 125만 유로.

슈팅-득점	2024-25 아틀레티코 마드리드					위치
33-2	⏱	A	P	P%		LM
12-1	21-10 1570	4	24.5-20.1	82%		CM
● 45-3 LG-1	DR	TK	IC	🟨🟥	★	LB
● 0-0 RG-2						RM
● 0-0 HG-0	1.9-0.9	2.0-1.1	0.3	3-0	1	LW / RW

G	A	SH	SG	PC	P%	LC	L%	SC	BT	DC	TK	IC	BR
상위	상위	상위	상위	하위	상위	하위	상위	상위	상위	하위	상위	하위	상위
26%	2%	1%	1%	46%	6%	37%	44%	26%	43%	6%	39%	4%	48%

110위 Amadou ONANA — 6.96
아마두 오나나 2001.08.16 / 195cm / BEL

아프리카계로 벨기에 국가대표팀에서 뛴다. 프리미어리그에서 뛰기 걸맞은 탄탄한 피지컬과 활동량, 공중볼 장악 능력까지 갖췄다. 제공권에선 리그 최고 수준이다. 온몸으로 득점할 수 있어 공격적 활용도도 높다. 태클, 롱패스에서도 상위권에 랭크됐다. 직접 볼을 잡고 전진하는 움직임도 종종 선보인다. 패스와 파울은 개선해야 할 부분이다. 시장 가치는 5000만 유로, 추정 연봉은 862만 유로.

슈팅-득점	2024-25 애스턴 빌라					위치
11-2	⏱	A	P	P%		CM
6-1	20-6 1626	0	30.7-27.0	88%		DM
● 17-3 LG-1	DR	TK	IC	🟨🟥	★	
● 0-0 RG-1						
● 0-0 HG-0	0.9-0.6	2.7-2.2	1.0	4-0	1	

G	A	SH	SG	PC	P%	LC	L%	SC	BT	DC	TK	IC	BR
하위	하위	상위	상위	하위	상위	하위	상위	하위	상위	상위	상위	상위	하위
12%	10%	48%	32%	44%	25%	13%	19%	32%	34%	15%	40%	24%	15%

111위 Antonio NUSA — 6.95
안토니오 누사 2005.04.17 / 180cm / NOR

팀에서 다양한 임무를 수행한다. 노련한 개인기와 폭발적인 드리블 덕분에 노르웨이의 네이마르라는 별명이 붙었을 정도다. 실제로 지난 시즌 드리블 돌파 성공률이 최상위였다. 볼을 자유자재로 다루는 능력이 있어 상대하기 까다로운 플레이를 펼친다. 양발을 자유롭게 활용하기에 좌우 측면에서도 뛸 수 있다. 문전 마무리 능력도 준수한 편이다. 시장 가치는 2800만 유로, 추정 연봉은 150만 유로.

슈팅-득점	2024-25 클럽 브루허+RB 라이프치히					위치
17-2	⏱	A	P	P%		LM / RM
13-1	18-10 1720	4	20.0-15.6	78%		CM
● 30-3 LG-0	DR	TK	IC	🟨🟥	★	LW
● 0-0 RG-3						RW
● 0-0 HG-0	3.3-1.5	1.8-1.1	0.5	0-0	0	AM

G	A	SH	SG	PC	P%	LC	L%	SC	BT	DC	TK	IC	BR
상위	상위	상위	상위	하위	하위	하위	상위	상위	상위	상위	하위	하위	하위
27%	24%	22%	23%	4%	5%	2%	1%	25%	12%	1%	31%	4%	21%

112위 Maximilian EGGESTEIN — 6.95
막시밀리안 에게슈타인 1996.12.08 / 181cm / GER

거의 모든 경기에 출장하는 꾸준함을 보였다. 많은 경기를 소화하면서도 큰 기복 없는 플레이로 호평을 받았다. 팀의 살림꾼 역할을 맡고 있다. 공격 포인트 생산은 적었지만 적극적인 수비 가담으로 중원 장악력을 높였다. 숏패스와 롱패스 시도 모두 준수한 편으로 빌드업 시 다양한 옵션을 제공한다. 경기 흐름을 잘 읽고 위치 선정도 뛰어난 공수의 연결고리. 시장 가치는 1000만 유로, 추정 연봉은 96만 유로.

슈팅-득점	2024-25 프라이부르크					위치
20-1	⏱	A	P	P%		DM
16-1	33-0 2855	0	43.7-36.7	84%		CM
● 36-2 LG-0	DR	TK	IC	🟨🟥	★	
● 0-0 RG-2						
● 0-0 HG-0	0.7-0.3	2.3-1.7	1.2	4-0	1	

G	A	SH	SG	PC	P%	LC	L%	SC	BT	DC	TK	IC	BR
상위	하위	상위	상위	상위	상위	상위	하위	상위	상위	상위	하위	상위	상위
50%	10%	38%	41%	45%	49%	7%	38%	38%	24%	37%	30%	49%	49%

113위 Morten FRENDRUP — 6.95
모어텐 프렌드룹 2001.04.07 / 178cm / DEN

세리에 A 최정상급 태클 능력을 자랑했다. 뛰어난 볼 위너로서 인터셉트, 리커버리, 볼 탈취에서 준수한 능력치를 기록했다. 과감한 중거리슛으로 상대를 위협할 때도 있다. 어느 포지션에서도 뛸 수 있는 다재다능함을 갖췄고 파괴적인 플레이를 펼친다는 평가다. 포지셔닝도 우수해 어려운 볼도 손쉽게 따내고는 한다. 수비 시엔 높은 집중력을 발휘한다. 시장 가치는 2000만 유로, 추정 연봉은 103만 유로.

슈팅-득점	2024-25 제노아					위치
12-2	⏱	A	P	P%		CM
18-0	35-0 2107	0	35.2-30.3	86%		DM
● 30-2 LG-1	DR	TK	IC	🟨🟥	★	
● 0-0 RG-1						
● 0-0 HG-0	0.7-0.3	4.2-3.0	1.3	5-0	3	

G	A	SH	SG	PC	P%	LC	L%	SC	BT	DC	TK	IC	BR
하위	하위	상위	상위	상위	상위	상위	상위	하위	상위	하위	상위	상위	상위
45%	10%	41%	48%	18%	40%	4%	46%	14%	16%	18%	14%	19%	36%

114위 Ilkay GÜNDOGAN — 6.94
일카이 귄도안 1990.10.24 / 180cm / GER

과르디올라의 두뇌로 불리는 영리한 선수. 지난 시즌에도 맨체스터 시티의 중원을 든든히 지켰다. 복잡한 전술도 금세 이해하는 지능으로 영리한 플레이를 펼친다. 포지셔닝, 침투 능력, 패스, 볼 터치 등 기술적인 측면에서 장점이 많다. 탈압박 후 이어지는 전진 패스도 상당히 정확하다. 직접 공격에 가담하지는 않지만 이타적 플레이를 통해 도움을 만들어낸다. 시장 가치는 500만 유로, 추정 연봉은 1417만 유로.

슈팅-득점	2024-25 맨체스터 시티					위치
14-1	⏱	A	P	P%		DM
13-0	25-8 2229	6	49.8-45.8	92%		CM
● 27-1 LG-0	DR	TK	IC	🟨🟥	★	AM
● 2-0 RG-1						
● 0-0 HG-1	1.2-0.6	1.2-0.8	0.4	1-0	1	

G	A	SH	SG	PC	P%	LC	L%	SC	BT	DC	TK	IC	BR
상위	상위	상위	상위	상위	상위	상위	상위	상위	상위	하위	하위	하위	하위
38%	12%	25%	30%	7%	7%	상위 46%	12%	9%	43%	2%	9%	31%	

○ 유럽 5대리그 미드필더 항목별 랭킹 (90분 기준 기록, 100분율)

115위 Lucas da CUNHA — 6.94
루카스 다쿠냐 2001.06.09 / 174cm / FRA

포르투갈계 프랑스인으로, 프랑스 연령별 대표팀을 거쳤다. 흐름을 바꾸고 경기 판도를 뒤집을 수 있는 능력이 특징이다. 특유의 창의적인 패스와 오프 더 볼 무브먼트로 중원을 장악한다. 탈압박과 창조적 플레이 메이킹은 팀 공격에 필수 요소다. 넓은 시야 덕분에 빈 공간을 빠르게 찾고 정확한 패스를 건네 동료들에게 슈팅 찬스를 제공한다. 시장 가치는 1000만 유로, 추정 연봉은 77만 유로.

슈팅-득점		2024-25 코모				위치
11-1		30-6	2625	2	44.1-38.3 88%	DM
26-2						CM
● 37-3	LG-2	DR	TK	IC	★	AM
● 3-0	RG-1					LM
● 0-0	HG-0	0.9-0.4	1.8-1.3	0.5	4-0 0	RM

G	A	SH	SG	PC	P%	LC	L%	SC	BT	DC	TK	IC	BR
상위	하위	상위	상위	상위	상위	하위	상위	하위	상위	상위	하위	상위	상위
36%	48%	31%	17%	26%	46%	24%	33%	9%	29%	30%	19%	15%	34%

116위 Tyler ADAMS — 6.94
타일러 애덤스 1999.02.14 / 175cm / USA

주로 중앙에서 뛰지만 필요시 측면 수비나 윙어로 나설 때도 있다. 에너지 넘치는 플레이를 선보인다. 본연의 수비 역할에 집중하며 침착함이 특징이다. 태클 능력으로는 최상위권에 속하고 인터셉트도 뛰어나다. 몸싸움이 많은 만큼 경고가 잦은 편이다. 균형을 잡아주는 경기 운영을 통해 안정감을 만드는 선수. 젊은 나이임에도 리더십이 상당하다는 평가를 받는다. 시장 가치는 1800만 유로, 추정 연봉은 369만 유로.

슈팅-득점		2024-25 본머스				위치
5-0		21-7	1966	3	37.6-32.0 85%	DM
4-0						CM
● 9-0	LG-0	DR	TK	IC	★	
● 0-0	RG-0					
● 0-0	HG-0	0.6-0.1	4.2-3.1	1.2	7-0 0	

G	A	SH	SG	PC	P%	LC	L%	SC	BT	DC	TK	IC	BR
하위	상위	하위	상위	상위	상위	상위	상위	상위	상위	상위	하위	상위	하위
12%	22%	8%	12%	48%	48%	15%	36%	43%	41%	8%	2%	14%	39%

117위 Pape GUEYE — 6.94
파프 게이 1999.01.24 / 189cm / SEN

위압적인 피지컬을 앞세워 미드필드를 장악한다. 공중볼 장악력이 좋고 몸싸움에도 적극적이다. 많은 슈팅을 시도해 직접 공격에 나서기도 하며 지난 시즌 왼발로만 4골을 터뜨렸다. 또한 강력한 킥력을 바탕으로 높은 롱패스 성공률을 기록했다. 최전방부터 후방까지 그라운드 중앙의 거의 전 포지션에서 뛸 수 있다는 장점도 존재한다. 시장 가치는 1500만 유로, 추정 연봉은 188만 유로.

슈팅-득점		2024-25 비야레알				위치
31-1		26-8	2232	0	32.4-26.6 82%	CM
24-3						CF
● 55-4	LG-4	DR	TK	IC	★	DM
● 0-0	RG-0					AM
● 0-0	HG-0	1.0-0.3	2.0-1.6	0.8	4-2 2	

G	A	SH	SG	PC	P%	LC	L%	SC	BT	DC	TK	IC	BR
상위	하위	상위	상위	상위	상위	하위	하위	하위	상위	상위	상위	상위	상위
19%	10%	2%	4%	40%	25%	0%	38%	36%	49%	35%	42%	39%	45%

118위 Enzo BARRENECHEA — 6.94
엔소 바레네체아 2001.05.22 / 186cm / ARG

전형적인 6번 역할을 수행한다. 클래식한 플레이 메이커로 통하며 안정적으로 볼을 배급한다. 넓은 시야로 길게 패스를 전달해 공격의 기점이 되기도 한다. 볼 키핑 능력이 좋아 쉽게 공을 내주지 않는다. 위협적인 왼발 킥으로 코너킥과 세트피스에 참여하며, 왼발로 득점을 기록하기도 했다. 정확하게 전방으로 뿌려주는 로빙 패스도 날카로움을 자랑한다. 시장 가치는 1000만 유로, 추정 연봉은 125만 유로.

슈팅-득점		2024-25 발렌시아				위치
8-1		26-4	2207	2	44.8-39.0 87%	DM
8-0						CM
● 16-1	LG-1	DR	TK	IC	★	
● 0-0	RG-0					
● 0-0	HG-0	1.0-0.4	2.4-1.9	0.8	6-0 2	

G	A	SH	SG	PC	P%	LC	L%	SC	BT	DC	TK	IC	BR
하위	상위	상위	상위	상위	상위	상위	상위	상위	상위	상위	상위	상위	하위
35%	47%	23%	21%	29%	34%	2%	28%	29%	30%	37%	32%	35%	43%

119위 Luis RIOJA — 6.92
루이스 리오하 1993.10.16 / 175cm / ESP

폭발적인 순간 스피드를 활용해 공격에 나선다. 상대 수비를 순식간에 제치고 배후 공간을 파고드는 움직임을 보인다. 공격이 강한 측면 미드필더로 다양한 포지션에서 뛰며 공격 포인트를 생산한다. 지난 시즌 높은 드리블 성공률을 기록했다. 측면에서 올리는 왼발 크로스도 정확도가 높다. 수비 가담은 적지만 측면에 파괴력을 더해주는 선수다. 시장 가치는 200만 유로, 추정 연봉은 104만 유로.

슈팅-득점		2024-25 발렌시아				위치
19-4		33-3	2846	4	26.2-20.2 77%	LM
11-1						RM
● 30-5	LG-5	DR	TK	IC	★	LW
● 1-0	RG-3					RW
● 2-2	HG-0	2.5-1.3	1.7-0.9	0.6	6-0 3	LB / RB

G	A	SH	SG	PC	P%	LC	L%	SC	BT	DC	TK	IC	BR
상위	상위	상위	상위	하위	하위	하위	상위	하위	상위	하위	상위	하위	하위
20%	42%	43%	34%	9%	1%	27%	35%	17%	7%	4%	24%	5%	

120위 Stanislav LOBOTKA — 6.91
스타니슬라프 로보트카 1994.11.25 / 168cm / SVK

나폴리의 핵심 미드필더로 뛰며 리그 2회 우승을 이끌었다. 탈압박과 정교한 패스 플레이로 빌드업에 가담했다. 패싱력도 상당하다. 특히 롱패스 시도와 성공률은 최상위에 속한다. 중원에서 볼 소유에 강하고 작은 키에도 불구하고 좀처럼 몸싸움에서도 밀리지 않는다. 침착하게 볼을 지키는 기술과 왕성한 활동량까지 갖춰 중원의 심장으로 통한다. 시장 가치는 2500만 유로, 추정 연봉은 423만 유로.

슈팅-득점		2024-25 나폴리				위치
3-0		31-5	2650	0	55.1-50.1 91%	CM
4-0						DM
● 7-0	LG-0	DR	TK	IC	★	
● 0-0	RG-0					
● 0-0	HG-0	0.3-0.3	1.8-1.5	0.7	3-0 0	

G	A	SH	SG	PC	P%	LC	L%	SC	BT	DC	TK	IC	BR
하위	하위	하위	하위	상위	상위	상위	하위	상위	상위	하위	하위	하위	상위
12%	24%	2%	1%	14%	4%	15%	3%	31%	28%	16%	23%	26%	25%

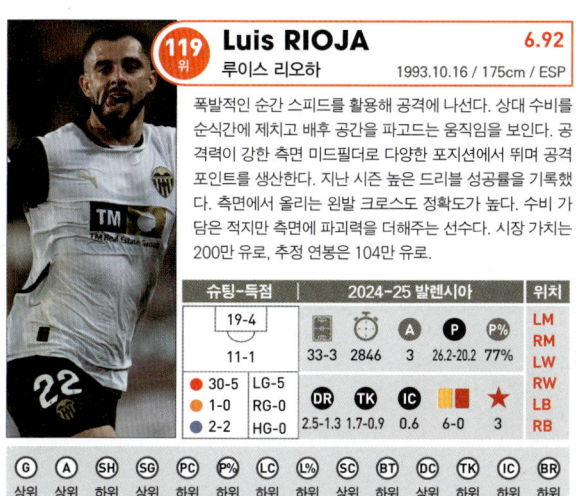
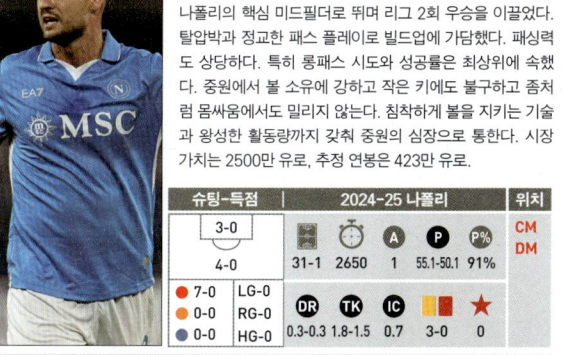

○ 유럽 5대리그 미드필더 항목별 랭킹(90분 기준 기록, 100분율)

121위 Exequiel PALACIOS — 6.91
에세키엘 팔라시오스 1998.10.05 / 176cm / ARG

아르헨티나의 월드컵 우승, 레버쿠젠의 무패 우승을 이끈 주역이다. 넓은 시야를 바탕으로 여유롭게 경기를 운영한다. 안정적인 볼 배급과 적극적 수비 가담으로 팀 전술의 핵심으로 자리했다. 뛰어난 축구 지능을 자랑하며, 패스와 볼 터치, 볼 리커버리 기술로 공수에 두루 기여한다. 전방 압박을 통해 상대 공격의 1차 저지선 역할을 해낸다. 시장 가치는 4000만 유로, 추정 연봉은 500만 유로.

슈팅-득점	2024-25 바이에르 레버쿠젠	위치
7-1 / 6-0	⏱ 11-13 / 1149 · A 6 · P 42.2-38.0 · P% 90%	CM / DM / AM
DR 13-1 LG-0 / 0-0 RG-1 / 0-0 HG-0	TK 1.3-0.9 · IC 0.5 · ▮▮ 2-0 · ★ 2	

G	A	SH	SG	PC	P%	LC	L%	SC	BT	DC	TK	IC	BR
하위	상위	상위	상위	상위	상위	하위	상위	상위	상위	상위	상위	상위	상위
38%	3%	38%	13%	5%	6%	41%	4%	14%	5%	48%	36%	24%	7%

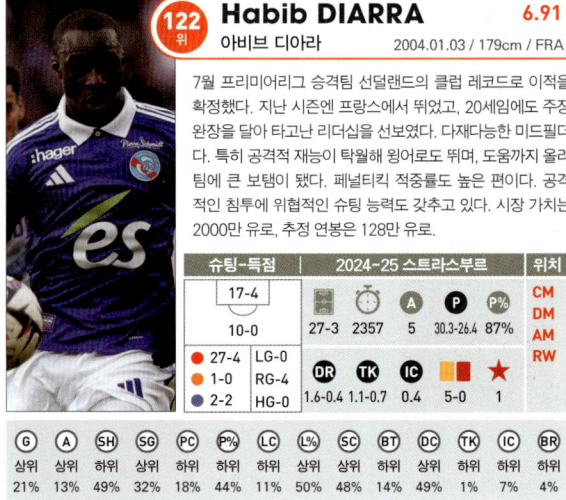

122위 Habib DIARRA — 6.91
아비브 디아라 2004.01.03 / 179cm / FRA

7월 프리미어리그 승격팀 선덜랜드의 클럽 레코드로 이적을 확정했다. 지난 시즌엔 프랑스에서 뛰었고, 20세임에도 주장 완장을 달아 타고난 리더십을 선보였다. 다재다능한 미드필더다. 특히 공격적 재능이 탁월해 윙어로도 뛰며, 도움까지 올려 팀에 큰 보탬이 됐다. 페널티킥 적중률도 높은 편이다. 공격적인 침투에 위협적인 슈팅 능력도 갖추고 있다. 시장 가치는 2000만 유로, 추정 연봉은 128만 유로.

슈팅-득점	2024-25 스트라스부르	위치
17-4 / 10-0	⏱ 27-3 / 2357 · A 5 · P 30.3-26.4 · P% 87%	CM / DM / AM / RW
DR 27-4 LG-0 / 1-0 RG-4 / 2-2 HG-0	TK 1.6-0.4 · IC 1.1-0.7 · ▮▮ 0.4 5-0 · ★ 1	

G	A	SH	SG	PC	P%	LC	L%	SC	BT	DC	TK	IC	BR
상위	상위	상위	상위	상위	상위	상위	상위	상위	상위	상위	상위	상위	하위
21%	13%	49%	32%	5%	18%	44%	11%	50%	14%	49%	1%	7%	4%

123위 Raúl MORO — 6.91
라울 모로 2002.12.05 / 169cm / ESP

임대로 경험을 쌓은 뒤 복귀해 기대 이상의 활약을 펼쳤다. 4골 5도움을 올려 공격에 큰 보탬이 됐다. 그중에서도 드리블 기술은 웬만한 공격수들 못지않았다. 측면에서 주로 뛰며, 좌우를 가리지 않는다. 스피드와 드리블로 상대 빈 공간을 파고드는 움직임이 특징. 돌파로 이어지는 크로스도 위협적이다. 수비 가담과 패스는 개선해야 할 부분이다. 시장 가치는 750만 유로, 추정 연봉은 104만 유로.

슈팅-득점	2024-25 레알 바야돌리드	위치
28-3 / 18-1	⏱ 26-7 / 2349 · A 5 · P 18.8-13.7 · P% 73%	LM / LW / RM / RW
DR 46-4 LG-0 / 0-0 RG-3 / 0-0 HG-1	TK 4.2-1.8 · IC 1.2-0.7 · ▮▮ 0.3 · ★ 3	

G	A	SH	SG	PC	P%	LC	L%	SC	BT	DC	TK	IC	BR
상위	상위	상위	상위	하위	하위	상위	상위	하위	하위	상위	하위	하위	하위
21%	12%	11%	9%	1%	30%	22%	11%	2%	1%	2%	1%	1%	1%

124위 James GARNER — 6.91
제임스 가너 2001.03.13 / 186cm / ENG

지난 시즌 초반 허리 부상을 당했다가 1월 초 복귀했다. 많은 경기를 소화하지는 못했지만 팀의 잔류에 기여했다. 영리한 플레이를 펼치며 세트피스 키커로도 활약했다. 수비 시에는 투지가 넘친다. 직접 경합을 벌이기보다는 위치 선정을 통해 소유권을 되찾아온다. 정확한 포지셔닝으로 공격 포인트를 올린다. 출전 시간 대비 경고를 자주 받은 것은 아쉬운 지점이다. 시장 가치는 1800만 유로, 추정 연봉은 181만 유로.

슈팅-득점	2024-25 에버튼	위치
6-0 / 6-0	⏱ 17-4 / 1595 · A 1 · P 33.5-27.5 · P% 82%	DM / RB
DR 12-0 LG-0 / 1-0 RG-0 / 0-0 HG-0	TK 0.9-0.3 · IC 3.0-2.2 · ▮▮ 1.1 5-0 · ★ 0	

G	A	SH	SG	PC	P%	LC	L%	SC	BT	DC	TK	IC	BR
하위	상위	상위	상위	상위	상위	상위	상위	상위	상위	하위	상위	상위	상위
12%	42%	25%	50%	29%	13%	46%	12%	37%	28%	23%	23%	23%	16%

125위 Saúl ÑÍGUEZ — 6.91
사울 니게스 1994.11.21 / 184cm / ESP

아틀레티코 마드리드의 핵심이나 지난 시즌엔 세비야로 임대됐다. 전술적 유연성을 갖췄다. 좌우 측면 공격과 수비까지 여러 포지션에 활용할 수 있는 멀티 플레이어. 종종 감각적인 킥으로 골을 터트린다. 지난 시즌엔 최상위권 도움 능력을 뽐냈다. 슈팅 횟수도 매우 많았고, 인터셉트나 태클 등 수비 가담에도 적극적이었다. 공중볼 경합에도 우위를 점한다. 시장 가치는 300만 유로, 추정 연봉은 1200만 유로.

슈팅-득점	2024-25 세비야	위치
26-1 / 16-0	⏱ 17-7 / 1556 · A 6 · P 26.8-21.4 · P% 80%	CM / DM / AM / CB / LB
DR 42-1 LG-0 / 2-0 RG-1 / 0-0 HG-0	TK 1.2-0.5 · IC 2.8-2.0 · ▮▮ 0.9 8-1 · ★ 2	

G	A	SH	SG	PC	P%	LC	L%	SC	BT	DC	TK	IC	BR
하위	상위	상위	상위	상위	상위	상위	상위	상위	상위	상위	상위	상위	상위
45%	1%	1%	14%	17%	21%	17%	10%	25%	28%	40%	20%	26%	49%

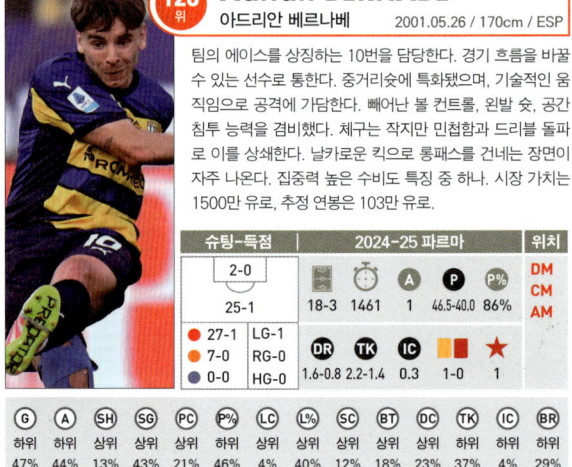

126위 Adrián BERNABÉ — 6.91
아드리안 베르나베 2001.05.26 / 170cm / ESP

팀의 에이스를 상징하는 10번을 담당한다. 경기 흐름을 바꿀 수 있는 선수로 통한다. 중거리슛에 특화됐으며, 기술적인 움직임으로 공격에 가담한다. 빼어난 볼 컨트롤, 왼발 슛, 공간 침투 능력을 겸비했다. 체구는 작지만 민첩함과 드리블 돌파로 이를 상쇄한다. 날카로운 킥으로 롱패스를 건네는 장면이 자주 나온다. 집중력 높은 수비도 특징 중 하나다. 시장 가치는 1500만 유로, 추정 연봉은 103만 유로.

슈팅-득점	2024-25 파르마	위치
2-0 / 25-1	⏱ 18-3 / 1461 · A 0 · P 46.5-40.0 · P% 86%	DM / CM / AM
DR 27-1 LG-1 / 7-0 RG-0 / 0-0 HG-0	TK 1.6-0.8 · IC 2.2-1.4 · ▮▮ 0.3 1-0 · ★ 1	

G	A	SH	SG	PC	P%	LC	L%	SC	BT	DC	TK	IC	BR
상위	상위	상위	상위	상위	상위	상위	상위	상위	상위	상위	상위	하위	하위
47%	44%	13%	43%	21%	46%	40%	12%	18%	23%	37%	4%	4%	29%

유럽 5대리그 미드필더 항목별 랭킹(90분 기준 기록, 100분율)

		LG	RG	HG		A	P	P%	DR	TK	IC		★	G	A	SH	SG	PC	P%	LC	L%	SC	BT	DC	TK	IC	BR
전체 슈팅 시도-득점	직접프리킥 시도-득점	왼발 득점	오른발 득점	헤더 득점	출전횟수 선발-교체	출전시간(MIN)	도움	평균 패스 시도-성공	패스 성공률	평균 드리블 시도-성공	평균 태클	평균 인터셉트	페어플레이 경고-퇴장	MOM	득점	도움	슈팅 시도	유효 슈팅	패스 성공	패스 성공률	롱볼 성공	롱볼 성공률	슈팅기회 창출	볼 터치	드리블 성공	태클	인터셉트	리커버리

127위 Rodrigo DE PAUL — 6.90
로드리고 데폴 1994.05.24 / 178cm / ARG

아르헨티나 황금 세대의 중심으로, 헌신적이고 투지 넘치는 플레이를 펼친다. 공격 재능도 뛰어나 강력한 중거리슛을 시도해 득점을 기록했다. 간결한 패스로 볼을 연결하며 스루 패스도 날카롭다. 공수 전환에선 공격수에게 직접 연결되는 패스를 넣어준다. 리더십도 강점으로 꼽힌다. 수비 상황에서 터프한 동작 때문에 경고를 자주 받는 편이다. 시장 가치는 2500만 유로, 추정 연봉은 667만 유로.

슈팅-득점	2024-25 아틀레티코 마드리드					위치
5-1 / 14-2	23-11	2114	5	49.5-41.6	84%	CM RM
● 19-3 LG-0	DR	TK	IC		★	
● 0-0 RG-3	1.0-0.4	1.5-1.0	0.2	7-0	1	
● 0-0 HG-0						

G	A	SH	SG	PC	P%	LC	L%	SC	BT	DC	TK	IC	BR
상위 39%	상위 13%	하위 34%	하위 28%	상위 8%	상위 32%	상위 6%	상위 42%	상위 10%	상위 8%	상위 46%	상위 27%	상위 6%	상위 31%

128위 Haris BELKEBLA — 6.89
하리스 벨케블라 1994.01.28 / 177cm / ALG

프랑스 리그에 익숙한 선수로 빌드업에 크게 기여한다. 높은 패스 성공률에서 확인할 수 있듯 안정적인 볼 배급을 중시하는 스타일. 인터셉트와 태클 지표에서도 상위권에 오를 만큼 수비에 적극적이며 정확도도 높다. 수비 라인을 보호하는 역할에 집중하며 짧은 패스를 주로 시도한다. 공격 찬스는 거의 없지만 가끔씩 위협적인 중거리슛을 선보인다. 시장 가치는 200만 유로, 추정 연봉은 82만 유로.

슈팅-득점	2024-25 앙제					위치
1-0 / 2-0	21-1	1795	1	37.5-33.0	88%	DM CM
● 3-0 LG-0	DR	TK	IC		★	
● 0-0 RG-0	1.0-0.4	3.5-2.6	1.6	1-0	1	
● 0-0 HG-0						

G	A	SH	SG	PC	P%	LC	L%	SC	BT	DC	TK	IC	BR
하위 12%	상위 38%	하위 1%	하위 1%	상위 39%	상위 24%	상위 32%	상위 12%	하위 30%	상위 37%	상위 17%	상위 4%	상위 31%	

129위 Senne LYNEN — 6.89
센 리넨 1999.02.19 / 185cm / BEL

최상위급 인터셉트를 자랑한다. 볼을 탈취한 후엔 매끄럽게 공격으로 연결하는 능력이 돋보인다. 태클을 즐기며 성공률도 준수한 편이다. 후방에서 경기를 조율하며 몸싸움에 허리 싸움에 적극 관여한다. 탄탄한 피지컬을 앞세워 일대일 경합에서 볼을 빼앗기는 일이 거의 없다. 중거리슛도 종종 시도한다. 수비 상황에서의 파울이나 경고는 많은 편이다. 시장 가치는 900만 유로, 추정 연봉은 110만 유로.

슈팅-득점	2024-25 베르더 브레멘					위치
8-0 / 16-0	32-0	2747	1	41.4-34.4	83%	CM DM
● 24-0 LG-0	DR	TK	IC		★	
● 0-0 RG-0	0.9-0.4	3.2-2.3	2.0	9-0	0	
● 0-0 HG-0						

G	A	SH	SG	PC	P%	LC	L%	SC	BT	DC	TK	IC	BR
하위 12%	하위 22%	하위 34%	하위 14%	상위 37%	상위 49%	상위 25%	상위 30%	하위 2%	상위 28%	상위 31%	하위 1%	상위 9%	

130위 Dani PAREJO — 6.89
다니 파레호 1989.04.16 / 182cm / ESP

매서운 킥력을 보유했다. 지난 시즌 양발로 모두 득점했고, 페널티킥으로도 득점했다. 너른 시야를 통해 공격 템포를 자유자재로 조절한다. 상대 압박을 쉽게 벗어나 볼을 소유하고 패스 성공률도 준수하다. 태클 시도는 많지 않지만 성공률이 50%를 넘을 정도로 침착한 플레이가 특징이다. 체력적 부담 때문에 과거보다 선발이나 풀타임 출장은 줄었다. 시장 가치는 150만 유로, 추정 연봉은 312만 유로.

슈팅-득점	2024-25 비야레알					위치
8-3 / 6-0	26-10	2281	3	41.8-37.2	89%	CM DM
● 14-3 LG-1	DR	TK	IC		★	
● 0-0 RG-2	0.3-0.2	2.1-1.4	0.7	8-0	2	
● 2-1 HG-0						

G	A	SH	SG	PC	P%	LC	L%	SC	BT	DC	TK	IC	BR
상위 31%	상위 31%	상위 14%	상위 9%	상위 15%	상위 25%	상위 10%	상위 24%	상위 23%	상위 21%	상위 50%	상위 49%	상위 27%	

131위 Yacine ADLI — 6.87
야신 아들리 2000.07.29 / 186cm / FRA

임대생 신분이었지만 지난 시즌 두 자릿수 공격 포인트를 올리며 활약했다. 주어진 시간 내에서 능력의 최대치를 발휘했다. 근거리 슈팅의 정확도가 유독 높았다. 롱패스 시도도 상당히 많았는데 정확도는 평균 수준이었다. 동료에게 슈팅 기회를 만들어주는 이타적 플레이가 두드러진다. 볼을 잘 다뤄 일대일 상황에 강하고, 드리블 시도도 종종 나온다. 시장 가치는 1100만 유로, 추정 연봉은 103만 유로.

슈팅-득점	2024-25 피오렌티나					위치
4-3 / 10-1	15-11	1235	6	31.4-27.0	86%	DM CM
● 14-4 LG-0	DR	TK	IC		★	
● 2-0 RG-4	1.3-0.6	2.1-1.2	0.2	1-1	2	
● 0-0 HG-0						

G	A	SH	SG	PC	P%	LC	L%	SC	BT	DC	TK	IC	BR
상위 5%	상위 1%	상위 46%	상위 36%	상위 18%	상위 29%	상위 2%	상위 41%	상위 11%	상위 13%	상위 26%	상위 32%	상위 4%	상위 28%

132위 Manu KONÉ — 6.87
마누 코네 2001.05.17 / 185cm / FRA

이적 후 첫 시즌을 성공적으로 보냈다. 박스 투 박스 유형으로 많은 활동량이 특징. 패스 성공률에선 최상위에 속하며, 롱패스에서도 상위 1% 성공률을 자랑했다. 드리블 돌파에도 과감한 모습이었다. 이를 통해 두 차례 골을 생산해냈다. 기본적인 볼 소유 능력이 빼어나며 간결한 패스로 공격의 기점으로 활약했다. 경고 횟수는 6회로 많은 편이었다. 시장 가치는 4000만 유로, 추정 연봉은 519만 유로.

슈팅-득점	2024-25 AS 로마					위치
20-1 / 14-1	31-3	2580	1	37.6-34.2	91%	CM DM
● 34-1 LG-0	DR	TK	IC		★	
● 0-0 RG-2	2.1-1.0	1.8-1.2	0.7	6-0	0	
● 0-0 HG-0						

G	A	SH	SG	PC	P%	LC	L%	SC	BT	DC	TK	IC	BR
하위 42%	상위 47%	상위 44%	상위 39%	상위 45%	상위 5%	상위 1%	상위 47%	상위 41%	상위 11%	상위 14%	상위 45%	상위 49%	

유럽 5대리그 미드필더 항목별 랭킹 (90분 기준 기록, 100분율)

133위 Íñigo Ruíz DE GALARRETA — 6.87
이니고 루이스 데 갈라레타 1993.08.06 / 175cm / ESP

빌바오의 유스 출신으로 2023년 여름 복귀했다. 출전한 경기에서 팀 승률이 매우 높은 편이다. 탁월한 수비 능력으로 상대 볼을 정확하게 되찾아오는 데 능하다. 볼 리커버리는 최정상급. 태클이나 인터셉트도 준수해 이어지는 공격 상황에 큰 보탬이 됐다. 수비 가담 외에도 넓은 시야와 탈압박이 강점이다. 수비 라인 보호 임무에 집중하는 스타일이다. 시장 가치는 300만 유로, 추정 연봉은 146만 유로.

슈팅-득점 / 2024-25 아슬레틱 빌바오 / 위치

2-0		A	P	P%		DM
9-0	18-8 1490	4	31.2-26.2	84%		CM
11-0 LG-0	DR	TK	IC		★	
0-0 RG-0						
0-0 HG-0	0.9-0.6	1.8-1.4	0.6	5-0	0	

G	A	SH	SG	PC	P%	LC	L%	SC	BT	DC	TK	IC	BR
하위	상위	하위	상위	하위	상위	하위	상위	상위	상위	상위	상위	상위	상위
12%	19%	29%	3%	42%	37%	20%	43%	27%	45%	26%	48%	48%	3%

134위 Hugo LARSSON — 6.87
우고 라르손 2004.06.27 / 187cm / SWE

굴리트의 현역 시절을 연상케 한다는 평가를 받는다. 다양한 포지션을 소화하며 두드러지는 단점을 찾기 어렵다. 침착한 볼 컨트롤과 운반 능력, 드리블 시도로 팀 공격에 기여도가 높다. 안정적인 수비로 파울이나 경고를 받는 일이 적었다. 또한 근거리 슈팅 횟수 대비 득점 성공률이 매우 높았다. 키에 비해 부족한 공중볼 경합은 개선이 필요하다. 시장 가치는 4000만 유로, 추정 연봉은 189만 유로.

슈팅-득점 / 2024-25 아인트라흐트 프랑크푸르트 / 위치

12-3		A	P	P%		CM
9-0	28-5 2406	1	37.6-32.7	87%		DM
21-3 LG-0	DR	TK	IC		★	AM
0-0 RG-3						
0-0 HG-0	0.6-0.4	2.2-1.5	0.9	2-0	0	

G	A	SH	SG	PC	P%	LC	L%	SC	BT	DC	TK	IC	BR
상위	상위	상위	상위	상위	상위	상위	상위	상위	상위	상위	상위	상위	하위
18%	20%	38%	21%	39%	27%	35%	42%	50%	47%	26%	49%	27%	47%

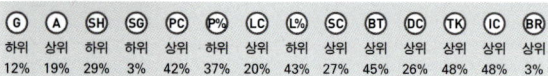

135위 Mauro ARAMBARRI — 6.87
마우로 아람바리 1995.09.30 / 175cm / URU

지난 시즌 팀의 주 득점원으로 맹활약했다. 골문 가까운 지점에서 9골을 넣었고, 페널티킥 키커로 100% 성공률을 기록했다. 오른발 득점 비율이 높았지만 헤더와 왼발로도 각각 2골을 터뜨렸다. 활동량이 많은 하드 워커 유형. 강한 피지컬을 앞세워 야수 같은 플레이를 펼친다는 반응이 나온다. 패스 정확도와 잦은 경고는 아쉬운 지점이다. 시장 가치는 1200만 유로, 추정 연봉은 252만 유로.

슈팅-득점 / 2024-25 헤타페 / 위치

39-9		A	P	P%		CM
17-1	31-4 2665	0	22.4-16.8	75%		DM
56-10 LG-2	DR	TK	IC		★	AM
1-1 RG-6						
3-3 HG-0	1.0-0.5	2.1-1.4	0.4	10-0	1	

G	A	SH	SG	PC	P%	LC	L%	SC	BT	DC	TK	IC	BR
상위	하위	상위	상위	하위	상위	상위	하위	상위	상위	상위	하위	하위	상위
2%	10%	10%	13%	0%	5%	40%	13%	30%	5%	47%	25%	8%	37%

136위 Jean-Eudes AHOLOU — 6.87
장-외드 아올루 1994.03.20 / 186cm / CIV

다양한 클럽을 거쳐 지난 시즌엔 단기 계약으로 앙제 유니폼을 입었다. 공격 가담이 많지 않았지만 양발을 두루 활용해 득점을 기록했다. 중요한 순간에 클러치 능력을 발휘하며 두 차례 MOM에 등극하기도 했다. 빼어난 수비 능력으로 인터셉트와 태클에 강점을 보였다. 주로 짧은 패스를 통해 경기를 풀어가는 스타일이다. 공중볼 경합에서도 우위를 점한다. 시장 가치는 200만 유로, 추정 연봉은 90만 유로.

슈팅-득점 / 2024-25 앙제 / 위치

17-1		A	P	P%		DM
10-1	26-0 1978	0	29.1-24.7	85%		CM
27-2 LG-1	DR	TK	IC		★	
0-0 RG-1						
0-0 HG-0	1.1-0.5	3.3-2.3	1.2	7-0	2	

G	A	SH	SG	PC	P%	LC	L%	SC	BT	DC	TK	IC	BR
상위	하위	상위	상위	상위	상위	상위	하위	상위	상위	상위	상위	상위	하위
40%	10%	32%	40%	16%	48%	6%	14%	15%	49%	24%	12%	8%	35%

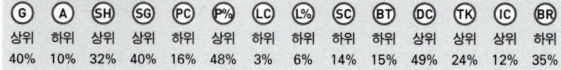

137위 Mattéo GUENDOUZI — 6.85
마테오 귀엥두지 1999.04.14 / 185cm / FRA

강한 승부욕을 발휘하는 그라운드의 투사. 거친 수비로 인해 경고가 잦은 편이다. 왕성한 활동량을 앞세워 적극적으로 수비에 가담하며, 높은 패스 성공률을 자랑한다. 발기술이 좋아 드리블 돌파로 직접 공격에 나서기도 한다. 간결한 패스도 잘하지만 롱패스를 통한 공격과 슈팅 기회 창출 능력도 수준급. 중거리슛으로 상대 골문을 위협할 때도 있다. 시장 가치는 3200만 유로, 추정 연봉은 167만 유로.

슈팅-득점 / 2024-25 라치오 / 위치

12-1		A	P	P%		DM
15-0	37-0 3275	3	57.4-52.5	91%		CM
27-1 LG-0	DR	TK	IC		★	
0-0 RG-1						
0-0 HG-0	0.7-0.4	1.7-1.0	0.9	8-0	1	

G	A	SH	SG	PC	P%	LC	L%	SC	BT	DC	TK	IC	BR
하위	상위	하위	상위	상위	상위	상위	상위	상위	상위	하위	상위	하위	하위
24%	35%	28%	35%	15%	35%	3%	6%	41%	35%	26%	7%	46%	42%

138위 Óscar MINGUEZA — 6.84
오스카르 밍게사 1999.05.13 / 184cm / ESP

수비 전 포지션과 미드필더를 두루 소화하는 멀티 플레이어. 공격 포인트 생산 능력도 좋아 지난 시즌 4골 6도움을 올렸다. 정확한 킥을 앞세워 중거리슛을 시도했고, 팀의 프리킥 전담 키커로 활약했다. 깔끔한 볼 터치 등 발기술도 상당해 직접 드리블 돌파로 찬스를 만들기도 한다. 측면에서 공격 기여도가 높고 그라운드 넓은 영역을 커버할 수 있다. 시장 가치는 2000만 유로, 추정 연봉은 115만 유로.

슈팅-득점 / 2024-25 셀타 비고 / 위치

11-3		A	P	P%		LM
22-1	31-3 2740	6	52.1-42.2	81%		CM
33-4 LG-1	DR	TK	IC		★	RM
8-1 RG-3						LB
0-0 HG-0	1.9-0.8	2.4-1.2	0.6	6-1	0	RB

G	A	SH	SG	PC	P%	LC	L%	SC	BT	DC	TK	IC	BR
상위	하위	상위	상위	상위	상위	상위	하위	상위	상위	상위	하위	하위	하위
27%	10%	41%	39%	13%	16%	9%	14%	20%	8%	25%	8%	27%	32%

유럽 5대리그 미드필더 항목별 랭킹(90분 기준 기록, 100분율)

139위 Rodrigo BENTANCUR — 6.84
로드리고 벤탄쿠르 1997.06.25 / 187cm / URU

긴 다리를 쭉 뻗어 볼을 빼내는 특기를 지녔다. 월드 클래스급 인터셉트와 볼 리커버리를 자랑한다. 지난 시즌에도 프리미어리그 정상급 수비 능력을 선보였다. 가볍게 볼을 터치하며 상대 수비를 벗겨내는 움직임과 많은 활동량도 장점으로 꼽힌다. 전방으로 길게 뻗어가는 롱패스 성공률도 높았다. 출전 경기에 비해 경고는 많은 편이나 퇴장은 피했다. 시장 가치는 3000만 유로, 추정 연봉은 462만 유로.

슈팅-득점	2024-25 토트넘 핫스퍼	위치
13-2		CM
9-0	21-5 1654 0 41.3-36.3 88%	DM
22-2 LG-0		AM
0-0 RG-0	0.7-0.3 2.3-1.5 1.5 9-0	
0-0 HG-0		

G	A	SH	SG	PC	P%	LC	L%	SC	BT	DC	TK	IC	BR
상위	하위	상위	하위	상위	하위	상위	하위	상위	상위	상위	상위	하위	상위
48%	10%	49%	44%	23%	20%	40%	8%	45%	19%	38%	30%	1%	2%

140위 Dani CEBALLOS — 6.84
다니 세바요스 1996.08.07 / 179cm / ESP

화려한 발기술을 선보인다. 지난 시즌엔 발목과 근육 부상을 당해 출전 횟수가 적었다. 95%에 달하는 패스 성공률은 그의 볼 터치 능력을 입증한다. 볼 리커버리 역시 돋보였다. 유려한 드리블을 통해 압박에서 벗어나 공격의 활로를 제공하는 스타일이다. 또한 특유의 창의적인 패스로 동료들을 돕는다. 수비 측면에선 태클 성공률이 매우 높은 편이다. 시장 가치는 1000만 유로, 추정 연봉은 1042만 유로.

슈팅-득점	2024-25 레알 마드리드	위치
2-0		CM
5-0	15-8 1219 0 57.9-55.0 95%	DM
7-0 LG-0		
0-0 RG-0	0.7-0.3 2.7-1.8 0.6 4-0	
0-0 HG-0		

G	A	SH	SG	PC	P%	LC	L%	SC	BT	DC	TK	IC	BR
하위	상위	하위	하위	하위	하위	상위	하위	상위	상위	상위	상위	상위	상위
12%	41%	15%	17%	2%	1%	10%	7%	2%	42%	7%	42%	6%	

141위 Remo FREULER — 6.83
레모 프로일러 1992.04.15 / 180cm / SUI

지난 시즌 총 49경기에 나서며 주전으로 맹활약했다. 공수 양면에서 고른 능력치를 보인다. 경기 조율에 강하며 영리하게 위치를 선정한다. 정확한 패스로 공격을 전개하고 빌드업의 기점 역할을 해낸다. 상대를 압박해 공격 시도를 차단하는 데도 능하다. 종종 주장 완장을 맡아 리더십을 뽐냈다. 다양한 포지션을 소화할 수 있는 것도 장점이다. 시장 가치는 500만 유로, 추정 연봉은 185만 유로.

슈팅-득점	2024-25 볼로냐	위치
7-1		DM
10-0	37-0 3214 2 51.0-45.4 89%	CM
17-1 LG-0		
0-0 RG-1	0.4-0.1 3.4-2.1 1.0 6-0	
0-0 HG-0		

G	A	SH	SG	PC	P%	LC	L%	SC	BT	DC	TK	IC	BR
하위	하위	하위	상위	상위	상위	상위	상위	상위	상위	상위	상위	상위	하위
24%	36%	11%	13%	31%	26%	41%	39%	41%	39%	5%	35%	41%	15%

142위 Aleix GARCÍA — 6.82
알렉스 가르시아 1997.06.28 / 173cm / ESP

팀의 패스 마스터. 과르디올라 감독의 지도를 받은 적 있어 패스와 압박에 강하다. 동료들에게 공격 찬스는 물론 신뢰를 주는 정확한 패스를 자랑한다. 키 패스와 볼 터치 능력은 최상급. 세트피스를 전담했다. 중거리 득점도 가능해 공격적인 임무를 수행하기도 한다. 공중볼이나 태클에는 약한 편이다. 지난 시즌엔 안드리히와 시즌 내내 주전 경쟁을 벌였다. 시장 가치는 2000만 유로, 추정 연봉은 472만 유로.

슈팅-득점	2024-25 바이에르 레버쿠젠	위치
5-1		CM
10-2	17-11 1451 4 46.0-41.9 91%	DM
15-3 LG-0		AM
2-0 RG-3	0.2-0.1 0.8-0.5 0.4 3-0 1	LW
0-0 HG-0		

G	A	SH	SG	PC	P%	LC	L%	SC	BT	DC	TK	IC	BR
상위	상위	상위	상위	상위	상위	상위	상위	상위	상위	상위	상위	하위	하위
10%	10%	40%	30%	5%	26%	32%	15%	5%	10%	2%	24%	22%	

143위 Amadou KONÉ — 6.82
아마두 코네 2005.05.14 / 185cm / CIV

젊은 선수로 유럽 무대를 경험한 뒤 2025년 여름 사우디아라비아로 이적을 결정했다. 지난 시즌엔 안정적인 수비로 주목받았다. 출전 시간은 적었지만 빼어난 태클 능력을 선보였고, 인터셉트도 수준급이었다. 공중볼 경합과 활동량 등 피지컬을 바탕으로 한 능력도 좋다. 패스 정확도는 조금 더 보완해야 하지만 침착한 플레이가 돋보였다. 시장 가치는 400만 유로, 추정 연봉은 14만 유로.

슈팅-득점	2024-25 스타드 렝	위치
2-0		CM
12-0	17-7 1300 0 25.1-21.6 86%	DM
14-0 LG-0		
0-0 RG-0	1.0-0.6 2.7-2.1 0.8 3-1	
0-0 HG-0		

G	A	SH	SG	PC	P%	LC	L%	SC	BT	DC	TK	IC	BR
하위	하위	상위	상위	상위	상위	상위	상위	상위	상위	상위	상위	상위	상위
12%	10%	49%	47%	36%	36%	48%	18%	37%	35%	15%	4%	21%	31%

유럽 5대리그 포지션별 랭킹 ④

풀백 & 윙백

2024-25시즌 측면 수비수는 프랑스 리그1의 라이벌끼리 치열하게 경쟁했다. PSG의 아시라프 하키미는 단연 압도적인 퍼포먼스를 선보여 5대리그 최고의 풀백으로 자리매김했다. 그리고 니스의 베테랑 풀백 조나탄 클로스도 하키미 못지 않은 활약으로 높은 평가를 받았다. 두 선수는 부상 이슈 때문에 리그-1 일정에 몇 차례 빠져 아쉬움을 남겼지만, 출전 경기에서의 활약만큼은 정말 돋보였다. 이 두 선수를 제외하고 나머지 상위권에는 다니엘 무뇨스(크리스탈 팰리스), 막시밀리안 미텔슈테트(VfB 슈투트가르트), 아론 완-비사카(웨스트햄 유나이티드), 앤토니 로빈슨(풀럼 FC), 트렌트 알렉산더-아놀드(리버풀 FC), 알렉스 그리말도(바이에르 레버쿠젠), 요시코 그바르디올(맨체스터 시티) 등 프리미어리그와 분데스리가 풀백들이 자리했다. 이들은 터치라인 수비는 물론이고, 빌드-업, 찬스메이킹, 어시스트, 득점까지 다양한 역할을 수행했다.

○ 유럽 5대리그 풀백 & 윙백 항목별 랭킹(90분 기준 기록, 100분율)

01위 Achraf HAKIMI — 7.51
아시라프 하키미 · 1998.11.04 / 181cm / MAR

PSG 트레블 달성의 1등 공신. 2020년대 월드클래스 풀백으로 항상 꼽히는 선수. 엄청난 주력을 바탕으로 측면을 흔든다. 날카로운 크로스, 정확도가 높은 로빙 패스를 장착했다. 특히 프리킥 상황에서 직접 해결하기도 한다. 레알 마드리드 카스티야 출신에서 기본기가 탄탄하다. 리더쉽이 좋아 PSG와 모로코 국대에서 주장을 역임했다. 시장 가치는 8000만 유로, 추정 연봉은 1865만 유로.

슈팅-득점	2024-25 파리 생제르맹				위치
18-4		A	P	P%	RB
14-0	24-1 2068	6	76.4-69.5	91%	RWB
32-4 LG-0	DR	TK	IC	★	RM
5-0 RG-4					
0-0 HG-3	2.2-1.1	3.0-1.9	1.2	4-0	3

G	A	SH	SG	PC	P%	SC	BT	DC	TK	IC	CL	BR
상위	상위	상위	상위	상위	상위	상위	상위	상위	상위	상위	상위	상위
3%	3%	2%	1%	1%	5%	1%	10%	43%	26%	3%	41%	2%

02위 Jonathan CLAUSS — 7.42
조나탄 클로스 · 1992.09.25 / 178cm / FRA

많은 클럽을 전전하며 얻은 경험치가 상당하다. 선수 생활의 초창기엔 주로 하부 리그에서 뛰었다. 2020년 랑스로 입단하며 본격적으로 기량이 만개했다. 지난 시즌은 니스와 계약을 맺었다. 공수의 밸런스가 좋고 일대일 수비에 강점을 보인다. 패스의 정확도가 높고 크로스의 질이 좋아 리그앙 '최고의 어시스터'로 불린다. 프랑스 국가 대표팀의 풀백이기도 하다. 시장 가치는 500만 유로, 추정 연봉은 328만 유로.

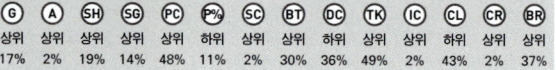

슈팅-득점	2024-25 니스				위치
18-3		A	P	P%	RWB
8-0	27-1 2312	8	36.9-28.8	78%	RB
26-3 LG-0	DR	TK	IC	★	LB
5-0 RG-3					
0-0 HG-0	1.1-0.5	2.9-1.7	1.8	7-0	3

G	A	SH	SG	PC	P%	SC	BT	DC	TK	IC	CL	BR
상위	상위	상위	상위	하위	상위	상위	상위	상위	상위	하위	상위	상위
17%	2%	19%	14%	48%	11%	2%	30%	36%	49%	2%	43%	2%	37%

03위 Daniel MUÑOZ — 7.40
다니엘 무뇨스 · 1996.05.26 / 180cm / COL

2024-25시즌 남미 최고의 풀백. 콜롬비아 대표팀의 언터쳐블 디펜더. 공격적인 성향이 강하다. 터프한 몸싸움과 대인 마킹이 뛰어나다. 낮고 빠른 크로스를 주무기로 삼고, 동료와의 2대1 패스를 통해 압박에서 벗어난다. 지난 시즌 리그에서 받았던 경고는 10장. 거친 플레이가 잦은 편이다. FA컵 결승전에서 에제의 골에 도움을 기록했다. 팀의 역사적인 우승에 함께했다. 시장 가치는 2500만 유로, 추정 연봉은 369만 유로.

슈팅-득점	2024-25 크리스탈 팰리스				위치
34-4		A	P	P%	RWB
3-0	37-0 3233	5	30.9-23.2	75%	RB
37-4 LG-0	DR	TK	IC	★	RM
0-0 RG-3					
0-0 HG-1	1.5-0.7	4.5-3.3	1.2	10-0	2

G	A	SH	SG	PC	P%	SC	BT	DC	TK	IC	CL	BR
상위	상위	상위	상위	하위	상위	상위	상위	상위	상위	상위	상위	상위
14%	28%	17%	9%	30%	17%	9%	30%	46%	1%	19%	53%	34%	21%

04위 Maximilian MITTELSTÄDT — 7.31
막시밀리안 미텔슈테트 · 1997.03.18 / 180cm / GER

왼쪽 측면에서 올려주는 크로스가 일품. 다양한 구질의 킥을 구사하며 상대를 제치고 올려주는 러닝 패스는 슈투트가르트 공격 전술의 중요한 옵션이다. 헤르타 베를린 아카데미 출신으로 8시즌 동안 활약했다. 2023년 슈투트가르트로 입단했고 비슷한 시기에 독일 국가 대표팀의 소집도 이어졌다. 2024년부터 대표팀 부동의 LB로 활약하고 있다. 유로 2024도 참가했다. 시장 가치는 2000만 유로, 추정 연봉은 189만 유로.

슈팅-득점	2024-25 VfB 슈투트가르트				위치
5-1		A	P	P%	LB
16-0	28-3 2476	7	53.1-46.2	87%	LWB
21-1 LG-1	DR	TK	IC	★	CB
0-0 RG-0					LW
0-0 HG-0	1.2-0.7	3.2-2.5	1.5	5-0	3

G	A	SH	SG	PC	P%	SC	BT	DC	TK	IC	CL	BR
하위	상위	하위	상위	상위	상위	상위	상위	상위	상위	상위	상위	상위
40%	5%	41%	49%	4%	27%	8%	32%	6%	12%	23%	6%	29%

05위 Aaron WAN-BISSAKA — 7.29
아론 완-비사카 · 1997.11.26 / 183cm / COD

결과적으로 보았을 때 맨유와의 이별은 서로에게 현명한 결정이었다. 2024-25시즌 웨스트햄으로 입단했고 리그 36경기에 출전해서 35경기에 선발 출전했다. 70%가 넘는 태클 성공률을 기록했고 이는 리그 내에서도 최고다. 볼 터치 횟수도 많았고, 12라운드 뉴캐슬 전부터 2경기 연속골까지 터트렸다. 특히 2.78의 xA값을 넘어 5개의 도움을 기록하며 재기에 성공했다. 시장 가치는 2400만 유로, 추정 연봉은 554만 유로.

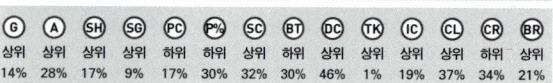

슈팅-득점	2024-25 웨스트햄 유나이티드				위치
13-2		A	P	P%	RB
3-0	35-1 3155	5	41.6-34.5	83%	RWB
16-2 LG-0	DR	TK	IC	★	LB
0-0 RG-2					LWB
0-0 HG-0	3.4-1.8	2.2-1.9	1.8	1-0	4

G	A	SH	SG	PC	P%	SC	BT	DC	TK	IC	CL	BR
상위	상위	하위	하위	상위	상위	상위	상위	상위	상위	상위	상위	상위
38%	27%	35%	40%	41%	36%	23%	39%	3%	50%	2%	17%	36%	16%

06위 Antonee ROBINSON — 7.28
앤토니 로빈슨 · 1997.08.08 / 183cm / USA

미국 국대의 주전 풀백. 잉글랜드 태생이지만 미국의 시민권도 가졌다. 에버튼의 아카데미 출신으로 볼튼과 위건을 거쳐 2020년 풀럼과 인연을 맺었다. 매 시즌 뛰어난 활약을 보여줬고, 2023년 재계약에도 성공했다. 공격적인 성향이 짙으나, 수비에 대한 헌신도 역시 좋다. 팀 플레이에 뛰어나고 끈끈한 대인 방어가 장점이다. 상황에 따라서는 측면 미드필더도 가능하다. 시장 가치는 3500만 유로, 추정 연봉은 308만 유로.

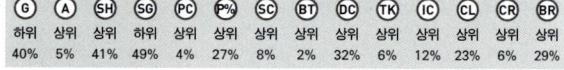

슈팅-득점	2024-25 풀럼 FC				위치
4-0		A	P	P%	LB
12-0	35-1 3167	10	45.2-36.6	81%	LWB
16-0 LG-0	DR	TK	IC	★	LM
0-0 RG-0					
0-0 HG-0	2.3-1.1	4.0-2.6	1.7	8-0	4

G	A	SH	SG	PC	P%	SC	BT	DC	TK	IC	CL	BR
하위	상위	상위	하위	하위	상위	상위	상위	상위	상위	상위	상위	상위
20%	3%	34%	14%	37%	6%	3%	20%	15%	12%	5%	43%	10%	14%	32%

유럽 5대리그 풀백 & 윙백 항목별 랭킹 (90분 기준 기록, 100분율)

07위 Trent ALEXANDER-ARNOLD — 7.27
트렌트 알렉산더-아놀드 1998.10.07 / 175cm / ENG

2025년 여름 이적 시장에서 가장 핫했던 남자. 정들었던 리버풀을 떠나면서 많은 이슈를 불러 모았다. '원클럽맨'으로 남을 것으로 예상됐던 선수가 이별을 고했다. 서포터즈의 분노는 상상 이상이었다. 레알 마드리드로의 이적은 선수 개인에겐 또 한 번의 도전이었다. 전설 마르셀루의 12번을 받았다. 그의 활약은 이번 시즌 라리가를 즐기는 또 다른 흥미 요소다. 시장 가치는 7500만 유로, 추정 연봉은 00만 유로.

슈팅-득점	2024-25 리버풀 FC	위치
13-2 / 32-1	28-5 / 2378 / 6 / 49.1-38.3 / 78%	RB / RWB / DM / LB
45-3 LG-1 / 3-0 RG-2 / 0-0 HG-0	DR 1.1-0.5 / TK 1.0-0.5 / IC 0.9 / 5-0 / ★1	

G	A	SH	SG	PC	P%	SC	BT	DC	TK	IC	CL	CR	BR
상위	상위	상위	상위	상위	상위	하위	상위	상위	상위	하위	상위	하위	상위
19%	14%	3%	17%	15%	20%	4%	4%	42%	14%	23%	18%	12%	17%

08위 Álex GRIMALDO — 7.27
알렉스 그리말도 1995.09.20 / 171cm / ESP

자타공인 분데스리가 최고의 윙백. 스페인 대표팀의 멤버. 킥이 워낙 정교해서 세트피스 상황에서 직접 해결하는 경우가 잦다. 측면 돌파를 이용한 러닝 크로스는 매우 위협적이다. 지난 시즌 경고 누적으로 인해 1경기 결장했다. 리그 32경기에 출전해 10개의 공격 포인트를 기록했다. 윙백임에도 불구하고 44번의 슈팅을 시도했고, 14번의 유효 슈팅을 기록했다. 시장 가치는 3000만 유로, 추정 연봉은 900만 유로.

슈팅-득점	2024-25 바이에르 레버쿠젠	위치
16-1 / 28-1	31-1 / 2647 / 7 / 54.3-46.7 / 86%	LB / LWB / LM / LW
44-2 LG-2 / 8-1 RG-0 / 0-0 HG-0	DR 1.6-0.7 / TK 1.6-1.0 / IC 4-1 / ★3	

G	A	SH	SG	PC	P%	SC	BT	DC	TK	IC	CL	CR	BR
상위	상위	상위	상위	상위	상위	상위	상위	상위	하위	하위	하위	상위	상위
16%	16%	1%	2%	8%	35%	1%	31%	4%	7%	8%	3%	22%	

09위 Joško GVARDIOL — 7.26
요시코 그바르디올 2002.01.23 / 185cm / CRO

수비수가 갖춰야 할 모든 능력을 보여준다. 빠른 주력과 정확도가 높은 크로스, 탄탄한 체구에서 나오는 파워풀한 몸싸움 그리고 종종 터지는 득점력까지. 현대축구에서 요구하는 풀백의 기준을 보여준다. 크로아티아의 연령별 대표팀에 모두 포함된 엘리트. 2021년부터 성인 대표팀에 차출되었다. 20대 초중반임에도 불구하고 2번의 유로와 1번의 월드컵에 출전했다. 시장 가치는 7500만 유로, 추정 연봉은 1232만 유로.

슈팅-득점	2024-25 맨체스터 시티	위치
34-4 / 6-1	36-1 / 3280 / 0 / 68.8-62.6 / 91%	LB / CB
40-5 LG-1 / 0-0 RG-2 / 0-0 HG-2	DR 1.3-0.4 / TK 2.1-1.6 / IC 1.2 / 2-0 / ★2	

G	A	SH	SG	PC	P%	SC	BT	DC	TK	IC	CL	CR	BR
상위	하위	상위	상위	상위	하위	상위	상위	상위	상위	상위	상위	하위	상위
14%	13%	20%	21%	2%	47%	3%	42%	27%	24%	31%	3%	46%	

10위 Alexis SAELEMAEKERS — 7.26
알렉시 살레마키어스 1999.06.27 / 180cm / BEL

여러 포지션을 소화하는 멀티 플레이어. 선수 생활 초기에는 측면 윙 포워드와 2선 공격수로 시작했다. 시간이 흐르며 측면 수비수로서 가능성을 보여준다. 벨기에 명문 안더레흐트의 아카데미 출신. 지난 시즌 AC밀란 소속으로 AS로마로 임대를 다녀왔다. 크리스마스 전후로 4골과 2도움을 기록하기도 했다. 벨기에 국가 대표팀의 멤버로서 꾸준히 소집되고 있다. 시장 가치는 7500만 유로, 추정 연봉은 128만 유로.

슈팅-득점	2024-25 AC 밀란+AS 로마	위치
20-5 / 5-2	18-5 / 1487 / 3 / 31.9-27.4 / 86%	RB / RWB / LB / LWB / AM
25-7 LG-4 / 0-0 RG-0 / 0-0 HG-1	DR 2.4-1.1 / TK 2.3-1.6 / IC 0.4 / 5-0 / ★2	

G	A	SH	SG	PC	P%	SC	BT	DC	TK	IC	CL	CR	BR
상위	상위	상위	상위	상위	상위	상위	상위	상위	하위	하위	하위	상위	상위
1%	15%	6%	1%	37%	34%	1%	37%	7%	39%	19%	11%	26%	17%

11위 Alphonso DAVIES — 7.26
알폰소 데이비스 2000.11.02 / 183cm / CAN

2025년 2월 바이에른과 재계약에 서명했다. 하지만 한 달 후의 A매치 이후 십자인대 부상으로 시즌 아웃 판정을 받았다. 2019년 뮌헨으로 합류한 이후 14건의 큰 부상을 겪었다. 이러한 배경으로 지난 시즌의 부상은 더 안타까웠다. 2017년 골드컵 최연소 득점자였던 유망주가 어느덧 대표팀 주장이 되었다. 캐나다 국가 대표팀의 멋진 행보를 가장 앞서 이끌고 있다. 시장 가치는 5000만 유로, 추정 연봉은 2000만 유로.

슈팅-득점	2024-25 바이에른 뮌헨	위치
9-1 / 8-0	17-2 / 1562 / 4 / 60.2-54.8 / 91%	LB / LM / LW
17-1 LG-0 / 0-0 RG-1 / 0-0 HG-1	DR 3.5-1.7 / TK 2.1-1.6 / IC 0.7 / 0-0 / ★0	

G	A	SH	SG	PC	P%	SC	BT	DC	TK	IC	CL	CR	BR
상위	하위	상위	상위	상위	상위	상위	상위	하위	상위	상위	하위	하위	하위
10%	45%	17%	30%	5%	49%	2%	45%	35%	10%	4%	14%	2%	

12위 Diego MOREIRA — 7.25
디에고 모레이라 2004.08.06 / 179cm / POR

벨기에 리에쥬 태생. 포르투갈 시민권을 갖고 있다. 두 국가의 청소년 대표팀에 모두 소집된 이력이 있다. 측면 미드필더와 윙백 그리고 상황에 따라서는 2선 공격수 역할까지도 본다. 좌우를 가리지 않고 뛰며 공격적인 오버 래핑이 주특기. 포르투갈 명문 벤피카 유소년 팀 출신. 첼시를 떠나 스트라스부르로 이적했다. 지난 시즌 리그앙에서 가장 돋보였던 유망주. 시장 가치는 1800만 유로, 추정 연봉은 72만 유로.

슈팅-득점	2024-25 스트라스부르	위치
19-2 / 6-0	29-3 / 2580 / 7 / 34.4-28.2 / 82%	LB / LWB / LM / RWB / AM
25-2 LG-2 / 1-0 RG-0 / 0-0 HG-0	DR 3.8-1.9 / TK 2.3-1.5 / IC 1.0 / 4-1 / ★4	

G	A	SH	SG	PC	P%	SC	BT	DC	TK	IC	CL	CR	BR
상위	상위	상위	상위	상위	하위	상위	하위	상위	상위	상위	상위	상위	상위
28%	6%	25%	22%	9%	42%	33%	42%	7%	23%	20%	35%	37%	19%

유럽 5대리그 풀백 & 윙백 항목별 랭킹(90분 기준 기록, 100분율)

13위 Luis HENRIQUE — 7.24
루이스 엔리케 2001.12.14 / 181cm / BRA

2025년 6월 인테르와 5년 계약에 서명했다. 마르세유에서 보낸 4시즌 동안 보여준 모습은 굉장히 역동적이었다. 드리블을 즐겨하며 상대 수비수와의 대결을 피하지 않는다. 지난 시즌 개막전부터 멀티골을 뽑았다. 큰 부상 없이 리그에서 치뤘다. 특히 3라운드 툴루즈전에선 한 경기에 도움만 3개를 기록했다. 팀이 빠른 윙어를 필요로 했고, 그에 걸맞는 선수로 여겨진다. 시장 가치는 2500만 유로, 추정 연봉은 128만 유로.

슈팅-득점		2024-25 올랭피크 마르세유					위치
22-6		⏱29-4	A 2623	P 7	P% 38.6-32.4	84%	RWB
8-1							RM
● 30-7	LG-2	DR	TK	IC	🟨	⭐	LW
● 0-0	RG-4						AM
● 0-0	HG-1	2.9-1.6	0.6-0.5	0.4	0	3	

G	A	SH	SG	PC	P%	SC	BT	DC	TK	IC	CL	CR	BR
상위	상위	상위	상위	상위	상위	하위	하위	상위	하위	하위	상위	상위	하위
2%	7%	17%	6%	50%	37%	4%	32%	1%	3%	2%	36%	49%	

14위 Nathaniel BROWN — 7.24
나타니엘 브라운 2003.06.16 / 176cm / GER

미국과 독일의 이중 국적자. 유로 2005 U-21 대회에서 독일 대표팀의 주전 레프트 백으로 참가했다. 순간 가속도가 상당하다. 볼을 다루는 기술이 좋고 킥의 세기가 정교한 편. 지난 시즌 리그에서 85.8%의 패스 성공률을 보였다. 9라운드 보훔전에서 골을 넣었는데, 그와 동시에 주전 레프트 백으로 올라섰다. 분데스리가에서의 첫 시즌. 10개의 공격 포인트를 기록했다. 시장 가치는 2200만 유로, 추정 연봉은 125만 유로.

슈팅-득점		2024-25 아인트라흐트 프랑크푸르트					위치
11-3		⏱22-4	A 1954	P 6	P% 26.3-22.6	86%	LWB
2-0							LB
● 13-3	LG-2	DR	TK	IC	🟨	⭐	LM
● 0-0	RG-1						LW
● 0-0	HG-0	1.3-0.5	3.2-2.7	0.6	2-0	1	

G	A	SH	SG	PC	P%	SC	BT	DC	TK	IC	CL	CR	BR
상위	상위	하위	상위	상위	상위	상위	하위	상위	상위	상위	상위	상위	하위
10%	7%	48%	40%	21%	45%	20%	19%	48%	3%	17%	34%	23%	34%

15위 Rasmus KRISTENSEN — 7.24
라스무스 크리스텐슨 1997.07.11 / 187cm / DEN

측면 풀백이 주요 포지션이나 전술적인 상황에 따라 센터백도 소화한다. 풀백임에도 키가 크며 공중전에서 강점을 보인다. 지난 시즌 공중볼 싸움에서 44번 이겼다. 시즌의 마지막 3경기에서 내리 연속골을 터트리며 팀원들에게 많은 축하를 받았다. 덴마크 국가 대표팀의 주전 수비수로서도 영향력이 높다. 시즌 초반 햄스트링 부상으로 3경기에 결장했다. 시장 가치는 1400만 유로, 추정 연봉은 302만 유로.

슈팅-득점		2024-25 아인트라흐트 프랑크푸르트					위치
22-4		⏱28-2	A 2516	P 3	P% 45.2-35.7	79%	RB
2-1							RWB
● 24-5	LG-2	DR	TK	IC	🟨	⭐	CB
● 0-0	RG-4						RM
● 0-0	HG-1	1.6-0.7	2.9-2.0	0.8	4-0	2	

G	A	SH	SG	PC	P%	SC	BT	DC	TK	IC	CL	CR	BR
상위	상위	상위	상위	상위	상위	상위	상위	하위	상위	하위	상위	상위	상위
5%	39%	24%	16%	26%	50%	43%	18%	36%	44%	20%	35%	39%	

16위 Nuno MENDES — 7.24
누누 멘데스 2002.06.19 / 180cm / POR

2024-25시즌 챔피언스리그 결승전의 위너. PSG의 주전 레프트 백으로서 '미친' 활약을 보였다. 동료와의 2대1 패스를 통해 상대의 압박 체계를 무너뜨린다. 비어있는 공간을 향해 달리는 주력은 PSG의 가장 매서운 창이다. 포르투갈 국가 대표팀의 소속으로도 네이션스 리그에서 우승을 차지했다. 결승전에서 상대의 라민 야말을 봉쇄하며 경기 M.O.M을 수상했다. 시장 가치는 7000만 유로, 추정 연봉은 1000만 유로.

슈팅-득점		2024-25 파리 생제르맹					위치
8-1		⏱19-5	A 1676	P 3	P% 54.4-48.4	89%	LB
13-0							CB
● 21-1	LG-1	DR	TK	IC	🟨	⭐	LWB
● 0-0	RG-0						
● 0-0	HG-0	2.3-1.4	1.8-1.2	0.9	3-0	1	

G	A	SH	SG	PC	P%	SC	BT	DC	TK	IC	CL	CR	BR
상위	상위	상위	상위	상위	상위	상위	상위	상위	상위	상위	하위	상위	상위
7%	37%	16%	10%	9%	17%	0%	5%	36%	25%	38%	46%	7%	

17위 Nuno TAVARES — 7.23
누누 타바레스 2000.01.26 / 183cm / POR

좌우를 가리지 않는 풀백. 공격적인 성향이 강해 측면 윙어로도 출전한다. 양발을 잘 쓰며 박스 밖에서의 슛 시도가 많다. 지난 시즌 리그에서 21번의 슈팅을 기록했다. 2024년 라치오로 임대를 왔다가 완전 이적에 성공했다. 햄스트링과 근육 부상, 경고 누적 등으로 23경기에만 출전했다. 시즌 10번째 경기까지 8개의 도움을 기록했다. 부상 복귀 후 경기 감각 회복이 더디다. 시장 가치는 2500만 유로, 추정 연봉은 370만 유로.

슈팅-득점		2024-25 라치오					위치
7-0		⏱22-1	A 1701	P 8	P% 33.8-28.4	84%	LB
21-0							
● 28-0	LG-0	DR	TK	IC	🟨	⭐	
● 0-0	RG-0						
● 0-0	HG-0	4.5-2.2	2.2-1.3	0.9	2-1	3	

G	A	SH	SG	PC	P%	SC	BT	DC	TK	IC	CL	CR	BR
하위	상위	상위	상위	상위	하위	상위	상위	상위	하위	상위	상위	상위	상위
20%	1%	5%	33%	33%	49%	7%	21%	4%	30%	27%	27%	4%	6%

18위 Theo HERNÁNDEZ — 7.23
테오 에르난데스 1997.10.06 / 184cm / FRA

AC밀란에서 여섯 시즌 동안 활약했다. 구단의 주장도 역임했고 리그 최고의 풀백으로 맹위를 떨쳤다. '측면의 지배자'라는 닉네임에 걸맞게 빠른 돌파가 위력적이다. 측면 돌파 후 크로스나 컷백으로 연결하는 공격 루트는 그가 가장 좋아하는 전술이다. 친형제 루카스와 함께 프랑스 국가 대표팀의 일원으로도 뛴다. 과거 세리에A의 3번 연속 올해의 팀에 선정되었다. 시장 가치는 3500만 유로, 추정 연봉은 2041만 유로.

슈팅-득점		2024-25 AC 밀란					위치
20-4		⏱30-3	A 2699	P 3	P% 40.7-35.8	88%	LB
24-0							LWB
● 44-4	LG-4	DR	TK	IC	🟨	⭐	
● 3-0	RG-0						
● 1-0	HG-0	1.7-0.8	1.7-1.2	0.5	4-1	2	

G	A	SH	SG	PC	P%	SC	BT	DC	TK	IC	CL	CR	BR
상위	하위	상위	상위	상위	상위	상위	상위	상위	하위	하위	상위	상위	상위
17%	46%	4%	8%	29%	20%	5%	42%	36%	10%	17%	30%	31%	38%

19위 Pedro PORRO — 7.22
페드로 포로 1999.09.13 / 173cm / ESP

팀의 분위기 메이커. 인품이 좋고 동료들과의 관계가 좋아 라커룸에서 인기가 많다. 토트넘으로 이적한 후 꾸준히 주전으로 출전하고 있다. 경기 감각을 잘 유지하고 있고, 이 흐름은 스페인 국가 대표팀으로도 이어졌다. 2024년 11월 12라운드에서 전 소속팀이던 맨체스터 시티를 상대로 골을 넣기도 했다. 주장 손흥민과 함께 세트피스 상황에서 전담 키커로 나선다. 시장 가치는 3800만 유로, 추정 연봉은 523만 유로.

슈팅-득점	2024-25 토트넘 핫스퍼					위치
11-2 / 28-0	28-5	2609	6	43.8-33.3	76%	RB / RWB
39-2 / 4-0 / 0-0	LG-0 / RG-1 / HG-1	DR 1.1-0.5	TK 3.1-2.1	IC 1.2	🟨🟥 5-0	★ 2

G	A	SH	SG	PC	P%	SC	BT	DC	TK	IC	CL	CR	BR
상위 18%	상위 13%	상위 7%	상위 10%	상위 25%	상위 18%	하위 3%	상위 8%	상위 44%	상위 43%	상위 17%	상위 24%	상위 5%	상위 10%

20위 Rayan Aït-NOURI — 7.22
라얀 아이-누리 2001.06.06 / 180cm / ALG

프랑스 몽트뢰유 출신으로 알제리의 시민권도 가졌다. 앙제에서 축구를 시작했고, 2020년 울버햄튼으로 이적했다. 입단 첫해부터 출전 기회를 많이 받았다. 차차 성장하며 어느덧 EPL의 정상급 풀백으로 자리를 잡았다. 공수의 밸런스가 알맞다. 지나친 오버 래핑은 자제하며 거친 플레이도 피하는 편이다. 2025년 6월 9일 맨체스터 시티와의 5년 계약에 서명했다. 시장 가치는 3500만 유로, 추정 연봉은 366만 유로.

슈팅-득점	2024-25 울버햄튼					위치
31-4 / 5-0	37-0	3129	7	37.1-32.3	87%	LWB / LB / LM / CB
36-4 / 0-0 / 0-0	LG-3 / RG-1 / HG-0	DR 3.6-1.8	TK 3.1-2.4	IC 0.8	🟨🟥 5-1	★ 2

G	A	SH	SG	PC	P%	SC	BT	DC	TK	IC	CL	CR	BR
상위 11%	상위 17%	상위 15%	상위 20%	상위 42%	상위 19%	상위 24%	상위 48%	상위 3%	상위 31%	상위 23%	상위 48%	상위 44%	

21위 Robin GOSENS — 7.21
로빈 고젠스 1994.07.05 / 183cm / GER

3백 전술에 최적화된 윙백. 공격적인 성향이 짙고 좋은 피지컬과 수준급의 운동 능력을 갖췄다. 직선적인 돌파가 장점으로 동료와 주고받는 패스를 통해 탈압박을 시도한다. 현대 축구와는 거리가 느껴지는 '클래식한' 면모도 있다. 피오렌티나로 완전 영입이 되었는데, 지난 시즌 1.82의 xG값을 넘어 5골을 넣었다. 좋은 경기력이 바탕이 되어 구단과의 관계가 좋아졌다. 시장 가치는 800만 유로, 추정 연봉은 370만 유로.

슈팅-득점	2024-25 우니온 베를린+피오렌티나					위치
18-5 / 6-0	30-3	2619	5	33.2-26.1	78%	LB / LWB / LM
24-5 / 0-0 / 0-0	LG-3 / RG-0 / HG-2	DR 0.3-0.1	TK 2.2-1.7	IC 0.7	🟨🟥 7-0	★ 5

G	A	SH	SG	PC	P%	SC	BT	DC	TK	IC	CL	CR	BR
상위 4%	상위 19%	상위 29%	상위 23%	상위 34%	상위 32%	상위 19%	상위 35%	상위 4%	상위 46%	상위 21%	상위 27%	상위 38%	상위 2%

22위 Anthony CACI — 7.21
앙토니 카시 1997.07.01 / 184cm / FRA

스트라스부르가 사랑했던 선수이자 마인츠가 아끼는 선수. 팀에 대한 충성도가 높다. 팀 플레이를 중시하며 동료와의 호흡을 통한 전진 플레이를 잘한다. 이재성과 함께 뛰는 시간이 많아 우리에게도 익숙하다. 프랑스 U-21 대표팀에서 뛴 이력이 있고, 2021년 도쿄 올림픽 멤버로도 참가했다. 지난 시즌은 부상 하나 없이 시즌을 마쳤다. 팀 내 최다 도움을 기록했다. 시장 가치는 1200만 유로, 추정 연봉은 168만 유로.

슈팅-득점	2024-25 마인츠 05					위치
21-1 / 11-0	33-0	2706	7	38.1-28.6	75%	RWB / RB / RM / CB
32-1 / 1-0 / 0-0	LG-1 / RG-0 / HG-0	DR 1.9-0.9	TK 2.3-1.8	IC 0.8	🟨🟥 6-0	★ 2

G	A	SH	SG	PC	P%	SC	BT	DC	TK	IC	CL	CR	BR
하위 46%	상위 8%	상위 12%	상위 9%	상위 49%	상위 11%	상위 10%	상위 33%	상위 20%	상위 50%	상위 48%	상위 10%	상위 19%	상위 36%

23위 Lewis HALL — 7.21
루이스 홀 2004.09.08 / 179cm / ENG

잉글랜드 수비의 미래. 연령별 대표팀에서 단 한 번도 소집되지 않은 적이 없었다. 오랜 시간 첼시의 아카데미에서 활약했다. 프로에 데뷔 후 2023년 뉴캐슬로 합류했다. 피지컬이 다부지다. 축구 IQ가 높아서 공간을 이용한 침투 오프 사이드 트랩에 능숙하다. 지난 시즌은 후반부에 발목 수술이 필요했다. 2월 말에 시즌을 끝냈고, 유로 U-21 챔피언 쉽에도 불참했다. 시장 가치는 3200만 유로, 추정 연봉은 43만 유로.

슈팅-득점	2024-25 뉴캐슬 유나이티드					위치
7-0 / 4-0	24-3	2193	4	49.1-41.7	85%	LB
11-0 / 0-0 / 0-0	LG-0 / RG-0 / HG-0	DR 0.8-0.4	TK 3.4-2.1	IC 0.7	🟨🟥 3-0	★ 2

G	A	SH	SG	PC	P%	SC	BT	DC	TK	IC	CL	CR	BR
하위 20%	상위 21%	상위 33%	상위 11%	상위 13%	상위 33%	상위 25%	상위 13%	상위 38%	상위 27%	상위 30%	상위 32%	상위 18%	상위 18%

24위 Raphaël GUERREIRO — 7.19
하파엘 게헤이루 1993.12.22 / 170cm / POR

산전수전을 다 겪었다. 분데스리가의 거함, 도르트문트와 바이에른에서 모두 뛴 윙백이다. 좌우를 가리지 않는 멀티 플레이어. 전술의 이해도가 뛰어나 측면 수비수 뿐만 아니라, 공격형 미드필더까지 겸한다. 지난 시즌은 로테이션 시스템으로 인해 리그 23경기에만 출전했다. 90%의 패스 성공률을 기록했고, 27번의 찬스 메이킹을 만들었다. 베테랑의 관록이 보인다. 시장 가치는 800만 유로, 추정 연봉은 800만 유로.

슈팅-득점	2024-25 바이에른 뮌헨					위치
14-4 / 7-0	19-4	1583	5	53.4-48.1	90%	LB / RB / AM
21-4 / 0-0 / 0-0	LG-2 / RG-1 / HG-1	DR 0.9-0.4	TK 1.0-0.8	IC 0.4	🟨🟥 2-0	★ 1

G	A	SH	SG	PC	P%	SC	BT	DC	TK	IC	CL	CR	BR
상위 3%	상위 20%	상위 11%	상위 3%	상위 2%	상위 4%	상위 3%	상위 50%	상위 3%	하위 1%	상위 20%	상위 20%	상위 10%	상위 14%

유럽 5대리그 풀백 & 윙백 항목별 랭킹 (90분 기준 기록, 100분율)

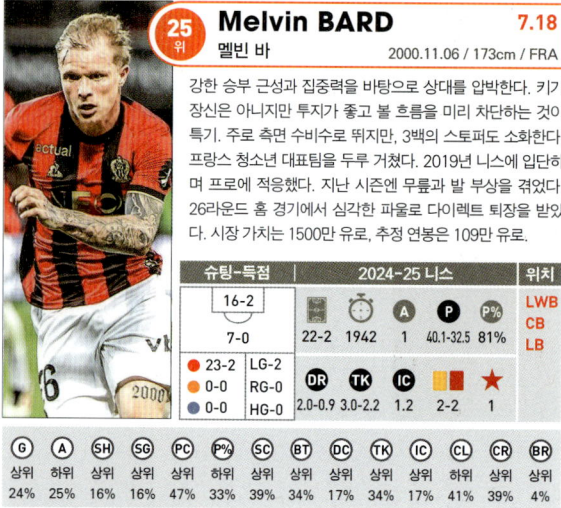

25위 Melvin BARD — 7.18
멜빈 바 2000.11.06 / 173cm / FRA

강한 승부 근성과 집중력을 바탕으로 상대를 압박한다. 키가 장신은 아니지만 투지가 좋고 볼 흐름을 미리 차단하는 것이 특기. 주로 측면 수비수로 뛰지만, 3백의 스토퍼도 소화한다. 프랑스 청소년 대표팀을 두루 거쳤다. 2019년 니스에 입단하며 프로에 적응했다. 지난 시즌엔 무릎과 발 부상을 겪었다. 26라운드 홈 경기에서 심각한 파울로 다이렉트 퇴장을 받았다. 시장 가치는 1500만 유로, 추정 연봉은 109만 유로.

슈팅-득점	2024-25 니스	위치
16-2 / 7-0	22-2 / 1942 / 1 / 40.1-32.5 / 81%	LWB / CB / LB
23-2 LG-2 / 0-0 RG-0 / 0-0 HG-0	2.0-0.9 / 3.0-2.2 / 1.2 / 2-2 / 1	

G	A	SH	SG	PC	P%	SC	BT	DC	TK	IC	CL	CR	BR
상위 24%	하위 25%	상위 16%	상위 16%	상위 47%	하위 33%	상위 39%	상위 34%	상위 17%	상위 34%	상위 17%	상위 41%	상위 39%	상위 4%

26위 VANDERSON — 7.18
반데르송 2001.06.21 / 173cm / BRA

이적 시장이 열릴 때마다 영입 루머가 끊이지 않는 풀백. 볼을 다루는 기술이 좋고, 기본기가 탄탄하다. 특히 다양한 패턴의 태클을 구사한다. 지난 시즌 리그에서는 48개의 태클을 성공시켰다. 브라질 특유의 흥도 경기력에 작용한다. 브라질 국가 대표팀 멤버로서 안첼로티의 첫 출범 명단에도 소집되었다. 몇 시즌 동안 공격 포인트가 부실한 점은 보완할 부분이다. 시장 가치는 2000만 유로, 추정 연봉은 300만 유로.

슈팅-득점	2024-25 AS 모나코	위치
16-1 / 5-0	23-6 / 2077 / 3 / 39.3-31.4 / 80%	RB / LB / RWB
21-1 LG-1 / 0-0 RG-0 / 0-0 HG-0	1.6-0.8 / 3.4-2.7 / 1.2 / 4-1 / 2	

G	A	SH	SG	PC	P%	SC	BT	DC	TK	IC	CL	CR	BR
하위 44%	상위 23%	상위 30%	상위 30%	상위 37%	상위 27%	상위 16%	상위 16%	상위 5%	상위 4%	상위 50%	상위 43%	상위 1%	

27위 Federico DIMARCO — 7.18
페데리코 디마르코 1997.11.10 / 175cm / ITA

열정이 넘치는 파이팅. 강인한 멘털리티로 무장했다. 측면에서 팀 동료와 함께 세부 전술로 공격을 풀어간다. 투박하지만 간결한 볼 터치로 상대의 뒷공간을 허문다. 세리에A와 이탈리아를 대표하는 공격적 윙백. 국가 대표팀에서도 꾸준히 부름을 받고 있다. 형제가 모두 축구 선수인 것으로 알려져 있다. 친동생 크리스티안 역시 이탈리아 청소년 대표팀 출신이다. 시장 가치는 5000만 유로, 추정 연봉은 871만 유로.

슈팅-득점	2024-25 인테르 밀란	위치
31-3 / 25-1	28-5 / 2163 / 7 / 30.5-25.6 / 84%	LWB / LB / LM
56-4 LG-3 / 8-1 RG-1 / 0-0 HG-0	0.3-0.1 / 1.0-0.8 / 0.4 / 3-0 / 2	

G	A	SH	SG	PC	P%	SC	BT	DC	TK	IC	CL	CR	BR
상위 8%	상위 5%	상위 1%	상위 1%	상위 47%	하위 38%	상위 1%	상위 49%	상위 6%	상위 23%	상위 9%	상위 3%	상위 1%	하위 23%

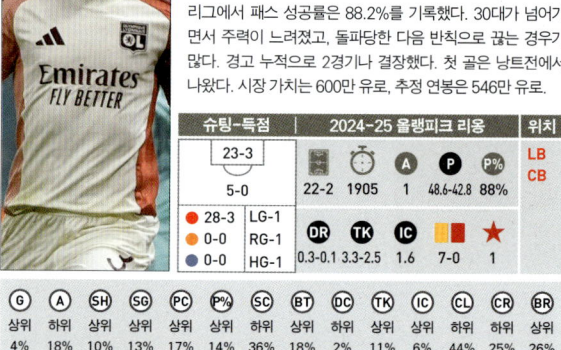

28위 Nicolás TAGLIAFICO — 7.18
니콜라스 탈리아피코 1992.08.31 / 172cm / ARG

2018년 아약스 입단을 통해 유럽에 첫 발을 디뎠다. 네덜란드에서 3번의 리그 우승을 차지했고, 2022년 리옹과 3년 계약을 맺었다. 양발을 잘 쓰며 패스의 정확도가 높다. 지난 시즌 리그에서 패스 성공률은 88.2%를 기록했다. 30대가 넘어가면서 주력이 느려졌고, 돌파당한 다음 반칙으로 끊는 경우가 많다. 경고 누적으로 2경기나 결장했다. 첫 골은 낭트전에서 나왔다. 시장 가치는 600만 유로, 추정 연봉은 546만 유로.

슈팅-득점	2024-25 올랭피크 리옹	위치
23-3 / 5-0	22-2 / 1905 / 1 / 48.6-42.8 / 88%	LB / CB
28-3 LG-1 / 0-0 RG-0 / 0-0 HG-0	0.3-0.1 / 3.3-2.5 / 1.6 / 7-0 / 1	

G	A	SH	SG	PC	P%	SC	BT	DC	TK	IC	CL	CR	BR
상위 4%	하위 18%	상위 10%	상위 13%	상위 17%	상위 14%	상위 36%	상위 18%	상위 2%	상위 11%	상위 6%	상위 44%	상위 25%	상위 26%

29위 Marcos LLORENTE — 7.17
마르코스 요렌테 1995.01.30 / 183cm / ESP

RW, CM, RB 등 여러 포지션을 소화하는 멀티 플레이어. 시메오네 감독의 총애를 받고 있다. 경기를 읽는 감각이 좋아서 순간적인 골이나 커팅을 해낸다. 넓은 활동 반경과 지구력이 높아 아틀레티코 동료들에게는 '언성 히어로'로 불린다. 2024-25시즌은 개막전부터 2경기 연속골을 성공시켰다. 하지만 햄스트링 부상으로 5경기 연속 결장하기도 했다. 시장 가치는 2500만 유로, 추정 연봉은 833만 유로.

슈팅-득점	2024-25 아틀레티코 마드리드	위치
9-1 / 7-1	28-5 / 2516 / 4 / 40.2-35.4 / 88%	RB / RWB / CM / RM
16-2 LG-0 / 0-0 RG-2 / 0-0 HG-0	0.9-0.5 / 2.8-2.2 / 0.8 / 0-1 / 2	

G	A	SH	SG	PC	P%	SC	BT	DC	TK	IC	CL	CR	BR
상위 13%	상위 12%	상위 37%	상위 27%	상위 25%	상위 46%	상위 35%	상위 40%	상위 23%	하위 45%	상위 17%	상위 40%	상위 19%	

30위 Sergi CARDONA — 7.17
세르지 카르도나 1999.07.08 / 185cm / ESP

구단 레전드 카프데빌라가 떠오르게 한다. 성실하고 승부 근성이 강하다. 박스 안에서의 위치 선정이 좋아 상대 공격수의 공간 활용을 쉽게 저지해낸다. 몸을 사리지 않는 태클도 인상적이다. 큰 키를 가져 공중볼 제공권 싸움에서도 우위를 점한다. 60.6%에 달하는 기록이었다. 하지만 상대적으로 반칙이 많고 경고도 자주 받는다. 총 11장으로 팀 내에서 가장 많이 받았다. 시장 가치는 1000만 유로, 추정 연봉은 156만 유로.

슈팅-득점	2024-25 비야레알	위치
16-1 / 4-0	34-1 / 2955 / 1 / 32.3-25.8 / 80%	LB / LM
20-1 LG-1 / 0-0 RG-0 / 0-0 HG-0	0.9-0.3 / 3.0-2.1 / 1.1 / 11-0 / 3	

G	A	SH	SG	PC	P%	SC	BT	DC	TK	IC	CL	CR	BR
하위 43%	상위 15%	상위 49%	상위 29%	상위 40%	상위 31%	상위 40%	상위 21%	상위 12%	상위 15%	상위 34%	상위 50%		

유럽 5대리그 풀백 & 윙백 항목별 랭킹 (90분 기준 기록, 100분율)

31위 Andrei RATIU — 7.16
안드레이 라티우 1998.06.20 / 183cm / ROM

루마니아 대표팀의 리더. 키프로스 전에선 상대적으로 어린 나이임에도 주장 완장을 찼다. 2021년 도쿄 올림픽에도 참가한 이력이 있다. 주력이 빠르고 순간적인 가속이 위력적이다. 사이드 라인을 타고 드리블하며 상황에 따라선 중앙으로 들어와 직접 해결하는 케이스도 있다. 비야레알 아카데미 출신. 2024-25시즌 라리가의 올해의 팀에 노미네이트 되었다. 시장 가치는 1200만 유로, 추정 연봉은 50만 유로.

2024-25 라요 바예카노 / 위치: RB, RM, RW
슈팅-득점: 19-0 / 12-2
34-1 / 3067 / 3 / 39.6-33.3 / 84%
LG-0 / RG-2 / HG-0 — 31-2 / 0-0 / 0-0
DR 4.2-2.2 / TK 2.8-2.0 / IC 0.8 / 경고-퇴장 5-0 / MOM 3

G 상위 37% / A 상위 48% / SH 상위 22% / SG 상위 40% / PC 상위 41% / P% 상위 34% / SC 상위 22% / BT 하위 38% / DC 하위 1% / TK 상위 45% / IC 상위 34% / CL 상위 22% / CR 상위 39% / BR 상위 16%

32위 Guéla DOUÉ — 7.16
겔라 두에 2002.10.17 / 187cm / FRA

PSG의 데지레 두에와 친형제. 프랑스와 코트디부아르의 이중 국적자. 2024년 코트디부아르의 국가 대표팀에 러브콜을 받았다. 렌의 유소년 팀을 거쳐 프로에 데뷔했다. 2024-25시즌을 앞두고 스트라스부르로 이적했다. 측면 풀백과 3백의 스토퍼로 출전하며 상황에 따라서는 중앙 미드필더도 겸한다. 지난 시즌 86.8%의 패스 성공률과 58번의 제공권 싸움에서 승리했다. 시장 가치는 1800만 유로, 추정 연봉은 90만 유로.

2024-25 스트라스부르 / 위치: RB, RWB, CB
슈팅-득점: 14-1 / 4-0
30-2 / 2717 / 2 / 54.4-47.3 / 87%
LG-0 / RG-1 / HG-0 — 18-1 / 0-0 / 0-0
DR 1.3-0.8 / TK 2.6-2.0 / IC 1.1 / 경고-퇴장 7-0 / MOM 1

G 하위 45% / A 하위 42% / SH 상위 50% / SG 상위 42% / PC 상위 10% / P% 상위 25% / SC 하위 18% / BT 상위 23% / DC 하위 42% / TK 상위 28% / IC 하위 1% / CL 상위 17% / CR 상위 9%

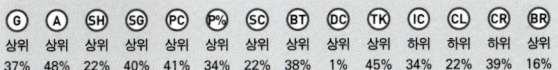

33위 Caio HENRIQUE — 7.15
카이우 엔리케 1997.07.31 / 178cm / BRA

모나코가 자랑하는 두 명의 브라질리언 풀백 중 한 명. 반데르송과 함께 여섯 시즌째 활약하고 있다. 브라질 청소년 대표팀 출신. 2010년 브라질 U-23 대표팀 소속일 때는 대한민국과 경기를 펼친 적도 있다. 수비 라인의 일정함을 중시하며 상대의 역습 시 위치 선정이 좋아 클리어링을 잘한다. 로빙 패스와 낮고 빠른 크로스 등 패스를 구사하는 테크닉이 뛰어나다. 시장 가치는 300만 유로, 추정 연봉은 45만 유로.

2024-25 AS 모나코 / 위치: LB, LM
슈팅-득점: 1-0 / 3-0
21-6 / 1933 / 6 / 39.7-31.0 / 78%
LG-0 / RG-0 / HG-0 — 4-0 / 2-0 / 0-0
DR 0.7-0.5 / TK 2.1-1.4 / IC 0.8 / 경고-퇴장 3-0 / MOM 1

G 하위 20% / A 하위 13% / SH 하위 5% / SG 하위 18% / PC 상위 26% / P% 상위 24% / SC 상위 16% / BT 상위 17% / DC 상위 47% / TK 상위 34% / IC 상위 29% / CL 상위 36% / CR 하위 10% / BR 상위 20%

34위 Nahuel TENAGLIA — 7.15
나우엘 테나글리아 1996.02.21 / 180cm / ARG

이탈리아와 아르헨티나의 이중 국적자. 리더쉽이 훌륭한 라이트 백. 늘 하위권이라 이기는 경기보다 지는 경기가 많은 팀에 있지만 경기장 위에서 가장 크게 콜-플레이를 한다. 균형 감각이 좋아 공중볼 제공권 싸움에서 위치를 잘 잡는다. 지난 시즌에는 경고 누적으로 2경기에서 결장했다. 33라운드 레알 소시에다드 전에선 주장 완장을 찼고 결승골까지 기록했다. 시장 가치는 300만 유로, 추정 연봉은 45만 유로.

2024-25 데포르티보 알라베스 / 위치: RB, CB
슈팅-득점: 19-2 / 8-0
33-1 / 2924 / 1 / 28.9-21.4 / 74%
LG-0 / RG-1 / HG-1 — 27-2 / 0-0 / 0-0
DR 1.0-0.5 / TK 3.9-2.8 / IC 1.5 / 경고-퇴장 11-0 / MOM 3

G 상위 34% / A 하위 16% / SH 상위 29% / SG 상위 29% / PC 상위 17% / P% 하위 14% / SC 상위 23% / BT 상위 32% / DC 상위 49% / TK 하위 8% / IC 상위 12% / CL 상위 10% / CR 상위 49% / BR 하위 29%

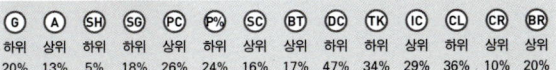
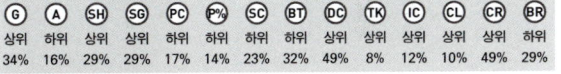

35위 David RAUM — 7.15
다비트 라움 1998.04.22 / 180cm / GER

부상에서 빠져나오기 어려웠다. 시즌 초반 발목 부상을 입어 2달을 결장했다. 점차 경기 감각을 끌어 올리는 도중 시즌 후반 햄스트링 부상까지 겹쳤다. 부상의 여파로 인해 7개의 공격 포인트만 기록했다. 이탈리아전에서 국가 대표팀에 복귀를 했다. 정교한 킥을 구사하며 프리킥 전담 키커로도 나선다. 90분 내내 뛸 수 있는 지구력은 최고의 장점 중 하나. 시장 가치는 2000만 유로, 추정 연봉은 1887만 유로.

2024-25 RB 라이프치히 / 위치: LB, LWB, LM
슈팅-득점: 6-0 / 3-1
22-1 / 1790 / 5 / 38.2-30.2 / 79%
LG-1 / RG-1 / HG-0 — 9-1 / 3-1 / 0-0
DR 1.2-0.6 / TK 2.3-1.7 / IC 0.4 / 경고-퇴장 5-0 / MOM 1

G 상위 46% / A 하위 4% / SH 하위 31% / SG 상위 50% / PC 상위 40% / P% 하위 6% / SC 상위 24% / BT 상위 49% / DC 상위 49% / TK 하위 7% / IC 상위 35% / CL 하위 1% / CR 상위 30%

36위 Jules KOUNDÉ — 7.14
쥘 쿤데 1998.11.12 / 180cm / FRA

바르셀로나와 프랑스 대표팀의 주전 라이트 백. 평소 패셔니스타로도 유명하다. 탄탄한 체구에서 나오는 점프력이 훌륭하다. 공수의 밸런스가 적절하다. 상대 진영으로의 역습 상황에서 승부를 결정짓는 중거리 슛까지 겸비했다. 2025년 5월 햄스트링 부상으로 남들보다 일찍 시즌을 종료했다. 혹사라는 이미지가 씌어 한편으로 절대적으로 휴식이 필요했다. 시장 가치는 6500만 유로, 추정 연봉은 1355만 유로.

2024-25 FC 바르셀로나 / 위치: RB
슈팅-득점: 14-2 / 4-0
29-3 / 2606 / 3 / 56.3-50.1 / 89%
LG-1 / RG-1 / HG-0 — 18-2 / 0-0 / 0-0
DR 1.6-0.7 / TK 2.7-2.0 / IC 0.6 / 경고-퇴장 4-0 / MOM 3

G 상위 42% / A 상위 25% / SH 상위 44% / SG 상위 44% / PC 상위 3% / P% 상위 10% / SC 상위 41% / BT 상위 4% / DC 상위 41% / TK 하위 21% / IC 상위 42% / CL 상위 34% / CR 하위 6% / BR 하위 37%

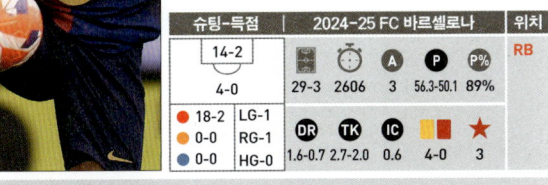

37위 DODÔ — 7.13
도도 1998.11.17 / 166cm / BRA

독을 품은 시즌이었다. 2023년 십자인대 부상을 당해 시즌 통째로 뛰질 못했다. 복귀한 지난 시즌은 그리웠던 순간이었다. 충수염으로 2경기만 결장했고, 그 외 나머지 모든 경기에서 선발 출전했다. 자국 전설 카푸와 같이 엄청난 주력을 바탕으로 측면을 지배한다. 찬스 메이킹 횟수는 36번이었고, 상대편 박스 안에서의 터치도 상당했다. 제공권 경합에선 부족하다. 시장 가치는 2400만 유로, 추정 연봉은 192만 유로.

슈팅-득점 / 2024-25 피오렌티나 / 위치

슈팅	득점
18-0	
9-0	
27-0	LG-0
0-0	RG-0
0-0	HG-0

출전: 35-0 3119분 A 5 P 38.4-31.5 P% 82%
DR 3.2-1.9 TK 1.9-1.3 IC 1.0 옐로 8-0 레드 1
위치: RB / RWB / RM

G	A	SH	SG	PC	P%	SC	BT	DC	TK	IC	CL	CR	BR
하위	상위	상위	상위	상위	상위	상위	상위	하위	상위	하위	하위	상위	하위
20%	25%	32%	44%	49%	45%	39%	48%	6%	11%	40%	13%	22%	8%

38위 Neco WILLIAMS — 7.13
네코 윌리엄스 2001.04.13 / 183cm / WAL

리버풀 아카데미 출신. 2019년 프로에 데뷔했고, 풀럼을 거쳐 노팅엄으로 이적했다. 양발을 잘 쓴다. 좌우를 가리지 않고 출전하며 윙 포워드도 소화한다. 현대 축구가 요구하는 '멀티 플레이어'. 볼 관리 능력이 좋고 박스 밖에서 시도하는 슈팅이 예리한 편. 지난 시즌 노팅엄의 고공 행진을 이끌었다. 웨일즈 연령별 대표팀을 거쳐 2020년 성인 국가 대표팀에 차출되었다. 시장 가치는 2000만 유로, 추정 연봉은 308만 유로.

슈팅-득점 / 2024-25 노팅엄 포레스트 / 위치

슈팅	득점
18-1	
19-0	
37-1	LG-0
1-0	RG-1
0-0	HG-0

출전: 28-7 2592분 A 3 P 24.4-19.8 P% 81%
DR 1.3-0.6 TK 3.5-2.6 IC 0.9 옐로 7-0 레드 1
위치: LB / RB / LWB / RWB

G	A	SH	SG	PC	P%	SC	BT	DC	TK	IC	CL	CR	BR
하위	상위	하위	상위	하위	상위	상위	상위	하위	상위	하위	상위	상위	하위
49%	41%	8%	30%	12%	29%	37%	43%	6%	36%	2%	7%	33%	40%

39위 Gabriel SUAZO — 7.11
가브리엘 수아소 1997.08.09 / 178cm / CHI

칠레 명문 콜로-콜로에서 여덟 시즌 동안 활약했다. 유럽 진출의 교두보로 툴루즈를 선택했다. 칠레 U-20, U-23 대표팀 출신. 2017년 성인 대표팀에 소집된 이후 주전 레프트 백으로 뛰고 있다. 지난 시즌 66%의 태클 성공률을 기록했다. 36번의 인터셉트, 125번의 리커버리는 의미가 있는 데이터다. 상대의 거친 플레이를 피하진 않았지만, 단 한 장의 경고도 받지 않았다. 시장 가치는 400만 유로, 추정 연봉은 00만 유로.

슈팅-득점 / 2024-25 툴루즈 / 위치

슈팅	득점
5-0	
2-0	
7-0	LG-0
2-0	RG-0
0-0	HG-0

출전: 23-7 2161분 A 6 P 33.4-27.7 P% 83%
DR 1.4-0.9 TK 3.3-2.0 IC 1.3 옐로 0 레드 1
위치: LB / LWB / CB

G	A	SH	SG	PC	P%	SC	BT	DC	TK	IC	CL	CR	BR
하위	상위	상위	상위	상위	상위	하위	상위	상위	상위	상위	상위	상위	상위
20%	6%	16%	48%	45%	47%	6%	50%	17%	24%	11%	12%	37%	12%

40위 Denzel DUMFRIES — 7.11
덴젤 둠프리스 1996.04.18 / 188cm / NED

오렌지 군단의 '몬스터'. 측면에서 엄청난 공격을 선보인다. 상대의 뒷 공간을 파고들어 컷백이나 낮은 크로스로 골 기회를 만든다. 상황에 따라서는 선수 본인이 직접 슈팅한다. 지난 시즌 5.30의 xG값을 넘어 7골을 성공시켰다. 36개의 슈팅 시도 중에서 19번의 유효 슈팅을 기록했으니 얼마나 정교한지 알 수 있는 대목이다. 국대에서도 맡은 역할도 비슷하다. 시장 가치는 3500만 유로, 추정 연봉은 577만 유로.

슈팅-득점 / 2024-25 인테르 밀란 / 위치

슈팅	득점
35-7	
1-0	
36-7	LG-1
0-0	RG-3
1-0	HG-3

출전: 20-9 1952분 A 2 P 21.6-16.6 P% 77%
DR 1.5-0.5 TK 1.4-1.0 IC 0.3 옐로 4-0 레드 1
위치: RWB / RB / RM

G	A	SH	SG	PC	P%	SC	BT	DC	TK	IC	CL	CR	BR
상위	상위	상위	상위	상위	상위	상위	상위	상위	하위	상위	상위	상위	하위
1%	22%	3%	1%	9%	9%	34%	9%	4%	20%	4%	7%	45%	32%

41위 Pablo MAFFEO — 7.11
파블로 마페오 1997.07.12 / 172cm / ESP

플레이 스타일을 놓고 보면, 라리가와 궁합이 맞다. 맨체스터 시티와 슈투트가르트에서 고배를 마셨다. 하지만 자국 무대는 선수 개인의 멘탈리티에 좋은 영향을 주었다. 카탈루냐 출신으로 스페인 청소년 대표팀에 빠짐없이 차출되었다. 부친의 영향으로 인해 아르헨티나 시민권도 가지고 있다. 친동생 빅토르 역시 축구 선수 출신이다. 빠른 주력과 드리블 기술이 좋은 편. 시장 가치는 500만 유로, 추정 연봉은 98만 유로.

슈팅-득점 / 2024-25 마요르카 / 위치

슈팅	득점
4-0	
3-0	
7-0	LG-0
0-0	RG-0
0-0	HG-0

출전: 28-2 2376분 A 2 P 23.9-18.2 P% 76%
DR 2.9-1.4 TK 2.4-2.0 IC 0.8 옐로 7-0 레드 2
위치: RB / RM / RW

G	A	SH	SG	PC	P%	SC	BT	DC	TK	IC	CL	CR	BR
하위	상위	상위	상위	상위	상위	상위	상위	상위	상위	상위	상위	상위	상위
20%	47%	11%	9%	7%	35%	18%	7%	33%	49%	7%	30%	48%	

42위 Aron DØNNUM — 7.11
아론 되눔 1998.04.20 / 179cm / NOR

노르웨이 국가 대표팀 윙백. 3백 전술 시 좌우를 가리지 않고 출전 가능. 드리블 기술이 좋고 좁은 공간에서의 관리 능력도 뛰어나다. 지난 시즌 47번의 드리블 성공을 기록했다. 공격 지역에서의 점유율이나 반칙 획득도 팀 내에서 상위권. 스탕다르 리에주의 주장 출신으로 북유럽 리그에서 선수 생활을 시작했다. 2023년 툴루즈와 계약을 맺었다. 이듬해 주전으로 올라섰다. 시장 가치는 500만 유로, 추정 연봉은 98만 유로.

슈팅-득점 / 2024-25 툴루즈 / 위치

슈팅	득점
18-1	
13-0	
31-2	LG-2
0-0	RG-0
0-0	HG-0

출전: 31-1 2698분 A 1 P 30.1-23.2 P% 77%
DR 3.3-1.6 TK 2.5-1.8 IC 0.9 옐로 6-0 레드 3
위치: RWB / LWB / RB / LB / AM

G	A	SH	SG	PC	P%	SC	BT	DC	TK	IC	CL	CR	BR
상위	상위	상위	상위	상위	상위	상위	상위	상위	상위	상위	상위	상위	상위
71%	42%	16%	49%	12%	16%	12%	17%	42%	50%	4%	26%	4%	

43위 Gideon MENSAH — 7.11
기디온 멘사 1998.07.18 / 178cm / GHA

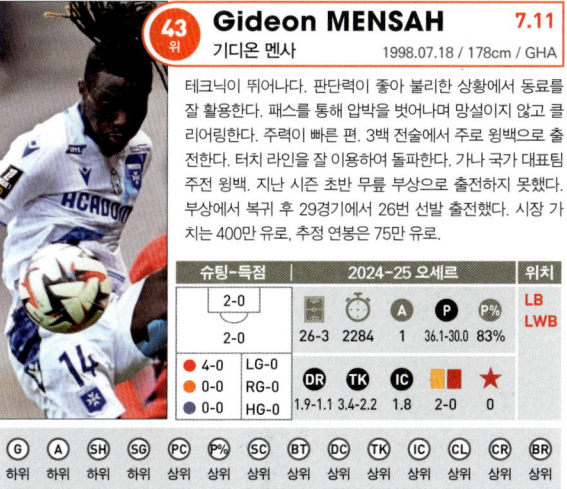

테크닉이 뛰어나다. 판단력이 좋아 불리한 상황에서 동료를 잘 활용한다. 패스를 통해 압박을 벗어나며 망설이지 않고 클리어링한다. 주력이 빠른 편. 3백 전술에서 주로 윙백으로 출전한다. 터치 라인을 잘 이용하여 돌파한다. 가나 국가 대표팀 주전 윙백. 지난 시즌 초반 무릎 부상으로 출전하지 못했다. 부상에서 복귀 후 29경기에서 26번 선발 출전했다. 시장 가치는 400만 유로, 추정 연봉은 75만 유로.

슈팅-득점 | 2024-25 오세르 | 위치
- 2-0 / 2-0
- 26-3 2284 1 36.1-30.0 83%
- 4-0 LG-0
- 0-0 RG-0
- 0-0 HG-0
- DR 1.9-1.1 TK 3.4-2.2 IC 1.8 2-0 ★ 0
- 위치: LB, LWB

G	A	SH	SG	PC	P%	SC	BT	DC	TK	IC	CL	CR	BR
하위	하위	하위	하위	상위	상위	상위	상위	상위	상위	하위	상위	상위	상위
20%	24%	3%	10%	43%	45%	50%	40%	11%	12%	1%	25%	41%	1%

44위 Giovanni DI LORENZO — 7.11
지오바니 디로렌초 1993.08.04 / 183cm / ITA

나폴리의 캡틴. 세리에A에서 리더십을 논한다면 다섯 손가락 안에 꼽힌다. 이탈리아 국가 대표팀에서도 완장을 찬다. 키가 큰 편은 아니지만, 영리한 위치 선정으로 볼을 지켜낸다. 측면 수비는 물론 3백의 오른쪽 스토퍼도 소화한다. 지난 시즌 팀의 리그 우승을 이끌었고, 위기의 순간마다 베테랑의 면모를 보였다. 리그 37경기에서 3골과 3개의 어시스트를 기록했다. 시장 가치는 1200만 유로, 추정 연봉은 649만 유로.

슈팅-득점 | 2024-25 나폴리 | 위치
- 16-2 / 5-1
- 37-0 3330 2 50.1-42.6 85%
- 21-3 LG-2
- 0-0 RG-1
- 0-0 HG-0
- DR 0.8-0.2 TK 2.4-1.8 IC 0.8 6-0 ★ 1
- 위치: RB, CB, RWB, RM

G	A	SH	SG	PC	P%	SC	BT	DC	TK	IC	CL	CR	BR
상위	상위	상위	상위	상위	상위	상위	상위	하위	상위	상위	상위	하위	하위
23%	34%	49%	47%	20%	24%	상위	26%	3%	36%	38%	29%	21%	3%

45위 Pervis ESTUPIÑÁN — 7.11
페르비스 에스투피냔 1998.01.21 / 175cm / ECU

남미를 대표하는 윙백. 타고난 주력과 공격적인 성향은 그가 가진 트레이드 마크. 투지 넘치는 플레이, 상대에 대한 강력한 압박은 EPL 내에서도 상위권이다. 미드필더와의 2대1 패스를 통해 측면에서 중앙으로 돌진하고 직접 슈팅까지 시도한다. 지난 시즌은 2023년보다 부상이 적었다. 컨디션 조절에 힘쓴 모습이다. 꾸준한 출전으로 경기 감각을 높은 궤도로 유지했다. 시장 가치는 3000만 유로, 추정 연봉은 308만 유로.

슈팅-득점 | 2024-25 브라이튼&HA | 위치
- 8-0 / 20-1
- 26-4 2403 1 43.9-38.6 88%
- 28-1 LG-1
- 3-1 RG-0
- 0-0 HG-0
- DR 1.1-0.6 TK 2.7-2.2 IC 1.2 5-0 ★ 1
- 위치: LB, LWB

G	A	SH	SG	PC	P%	SC	BT	DC	TK	IC	CL	CR	BR
상위	하위	상위	상위	상위	상위	상위	상위	상위	상위	상위	하위	상위	상위
50%	22%	15%	13%	22%	26%	43%	19%	37%	22%	14%	34%	19%	7%

46위 Mitchell WEISER — 7.10
미첼 바이저 1994.04.21 / 177cm / GER

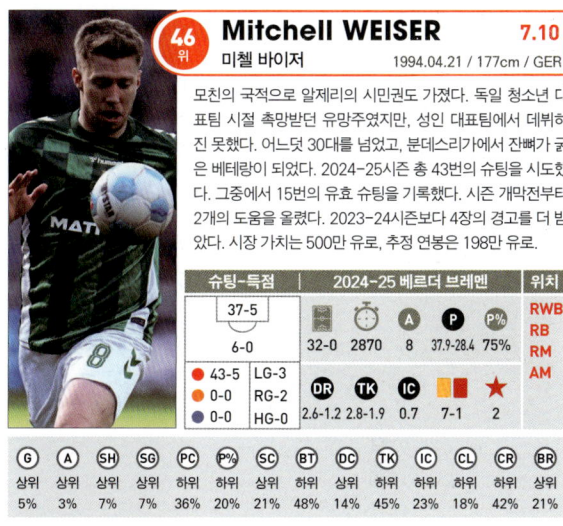

모친의 국적으로 알제리의 시민권도 가졌다. 독일 청소년 대표팀 시절 촉망받던 유망주였지만, 성인 대표팀에서 데뷔하진 못했다. 어느덧 30대를 넘었고, 분데스리가에서 잔뼈가 굵은 베테랑이 되었다. 2024-25시즌 총 43번의 슈팅을 시도했다. 그중에서 15번의 유효 슈팅을 기록했다. 시즌 개막전부터 2개의 도움을 올렸다. 2023-24시즌보다 4장의 경고를 더 받았다. 시장 가치는 500만 유로, 추정 연봉은 198만 유로.

슈팅-득점 | 2024-25 베르더 브레멘 | 위치
- 37-5 / 6-0
- 32-0 2870 8 37.9-28.4 75%
- 43-5 LG-3
- 0-0 RG-2
- 0-0 HG-0
- DR 2.6-1.2 TK 2.8-1.9 IC 0.7 7-1 ★ 2
- 위치: RWB, RB, RM, AM

G	A	SH	SG	PC	P%	SC	BT	DC	TK	IC	CL	CR	BR
상위	상위	상위	상위	하위	상위	상위	하위	상위	상위	하위	상위	하위	상위
5%	3%	5%	7%	36%	20%	21%	48%	14%	45%	23%	18%	42%	21%

47위 Dimitris GIANNOULIS — 7.10
디미트리스 야눌리스 1995.10.17 / 175cm / GRE

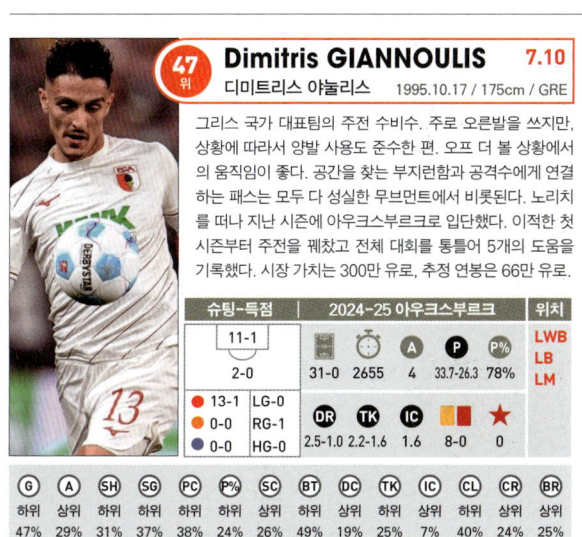

그리스 국가 대표팀의 주전 수비수. 주로 오른발을 쓰지만, 상황에 따라서 양발 사용도 준수한 편. 오프 더 볼 상황에서의 움직임이 좋다. 공간을 찾는 부지런함과 공격수에게 연결하는 패스는 모두 다 성실한 무브먼트에서 비롯된다. 노리치를 떠나 지난 시즌에 아우크스부르크로 입단했다. 이적한 첫 시즌부터 주전을 꿰찼고 전체 대회를 통틀어 5개의 도움을 기록했다. 시장 가치는 300만 유로, 추정 연봉은 66만 유로.

슈팅-득점 | 2024-25 아우크스부르크 | 위치
- 11-1 / 2-0
- 31-0 2655 4 33.7-26.3 78%
- 13-1 LG-0
- 0-0 RG-1
- 0-0 HG-0
- DR 2.5-1.0 TK 2.2-1.6 IC 1.6 8-0 ★ 0
- 위치: LWB, LB, LM

G	A	SH	SG	PC	P%	SC	BT	DC	TK	IC	CL	CR	BR
하위	상위	하위	상위	상위	상위	상위	상위	상위	상위	상위	상위	상위	상위
47%	29%	31%	37%	38%	24%	26%	49%	19%	26%	5%	24%	7%	25%

48위 Javi GALÁN — 7.09
하비 갈란 1994.11.19 / 170cm / ESP

커리어 내내 하부 리그에서 뛰었다. 2018년 우에스카에서 1부 리그에 발을 디뎠고, 셀타 비고와 소시에다드에서 활약했다. 지난 시즌 초반엔 교체 출전이 많아 경기 출전 시간이 적었다. 9라운드를 넘어 풀타임 활약하는 경우가 늘었다. 안정적인 경기 운영과 공수의 밸런스가 알맞은 모습이 좋았다. 레알 마드리드와의 챔피언스리그 16강 1차전에선 도움까지 기록했다. 시장 가치는 400만 유로, 추정 연봉은 325만 유로.

슈팅-득점 | 2024-25 아틀레티코 마드리드 | 위치
- 2-0 / 7-0
- 21-4 1795 3 32.4-27.5 85%
- 9-0 LG-0
- 0-0 RG-0
- 0-0 HG-0
- DR 3.1-1.2 TK 3.0-2.0 IC 0.6 8-0 ★ 2
- 위치: LB, LM

G	A	SH	SG	PC	P%	SC	BT	DC	TK	IC	CL	CR	BR
하위	상위	상위	하위	상위	상위	상위	상위	하위	상위	하위	상위	상위	하위
20%	22%	32%	4%	37%	37%	37%	45%	23%	19%	39%	32%	39%	27%

○ 유럽 5대리그 풀백 & 윙백 항목별 랭킹 (90분 기준 기록, 100분율)

49위 Ramy BENSEBAINI 7.08
라미 벤세바이니 1995.04.16 / 187cm / ALG

전체적으로 경기 감각이 내려오는 중. 시즌 중반부터 주전으로 출전했지만, 스스로의 발전이 필요한 시점이다. 2024-25 시즌은 3백의 왼쪽 스토퍼로도 출전하며 출전 시간을 늘렸다. 장신이라 공중볼 경합에 장점이 있다. 지난 시즌은 121번의 볼을 땄냈다. 하지만 상대 공격수의 대인 마크에 집중하다가 뒷공간을 내줘 실점의 빌미를 제공하기도 한다. 시장 가치는 700만 유로, 추정 연봉은 450만 유로.

슈팅-득점	2024-25 보루시아 도르트문트	위치
17-1 / 3-0	23-8 / 2026 / 6 / 42.1-36.6 / 87%	LB CB LM DM
● 20-1 LG-0 / 0-0 RG-0 / 0-0 HG-0	DR 0.6-0.2 / TK 2.2-1.6 / IC 1.2 / 6-0 / ★ 2	

G	A	SH	SG	PC	P%	SC	BT	DC	TK	IC	CL	CR	BR
상위	상위	상위	상위	상위	상위	상위	하위	상위	하위	상위	상위	하위	상위
18%	12%	21%	43%	11%	14%	46%	10%	25%	27%	7%	11%	19%	25%

50위 Aarón MARTÍN 7.07
아론 마르틴 1997.04.22 / 180cm / ESP

카탈루냐 출신의 디펜더. 에스파뇰의 아카데미를 거쳐 1군에 데뷔했다. 스페인 연령별 대표팀에 꾸준히 차출되던 엘리트. 분데스리가의 마인츠와 인연을 맺었다. 5시즌 활약 후 자국으로 돌아왔다. 2023년 이탈리아의 제노아에 입단했다. 줄곧 팀의 주전 레프트 백으로 출전하고 있다. 측면 미드필더도 종종 소화한다. 지난 시즌엔 단 한 번의 부상도 없이 리그 36경기에 출전. 시장 가치는 650만 유로, 추정 연봉은 128만 유로.

슈팅-득점	2024-25 제노아	위치
5-0 / 11-0	35-1 / 3089 / 8 / 32.5-26.3 / 81%	LB LWB LM LW
● 16-0 LG-0 / 0-0 RG-0 / 0-0 HG-0	DR 0.9-0.4 / TK 2.6-2.1 / IC 0.5 / ▮▮ / ★ 1	

G	A	SH	SG	PC	P%	SC	BT	DC	TK	IC	CL	CR	BR
하위	상위	상위	상위	상위	상위	상위	상위	상위	상위	하위	상위	하위	상위
20%	9%	36%	33%	32%	16%	18%	34%	24%	46%	10%	21%	2%	40%

51위 Vitalii MYKOLENKO 7.06
비탈리 미콜렌코 1999.05.29 / 180cm / UKR

유독 힘든 시기가 많았다. 모국의 전쟁으로 인해 선수 생활에 오로지 집중할 수 없었다. 지난 시즌은 다시 경기 감각을 끌어올리는데 포커스를 맞췄다. 가벼운 부상을 제외하고 리그 35경기에 출전했다. 전 경기 선발 출전이었고, 3084분을 소화했다. 공격 포인트가 아쉽긴 하지만 '괜찮은' 시즌이었다. 44번의 인터셉트를 기록했고, 29번의 좋은 크로스를 성공시켰다. 시장 가치는 650만 유로, 추정 연봉은 128만 유로.

슈팅-득점	2024-25 에버튼 FC	위치
8-0 / 6-1	35-0 / 3084 / 1 / 27.7-21.9 / 79%	LB LWB
● 14-1 LG-1 / 0-0 RG-0 / 0-0 HG-0	DR 0.7-0.3 / TK 2.6-1.8 / IC 1.4 / 4-0 / ★ 1	

G	A	SH	SG	PC	P%	SC	BT	DC	TK	IC	CL	CR	BR
상위	하위	하위	상위	상위	상위	상위	상위	상위	상위	상위	상위	상위	하위
50%	37%	27%	8%	11%	23%	9%	8%	50%	17%	4%	43%	3%	

52위 Ali ABDI 7.06
알리 아브디 1993.12.20 / 183cm / TUN

튀니지 리그와 프랑스 하부 리그부터 올라온 '대기만성형' 수비수. 균형 감각이 좋고 왼쪽 측면을 파고든 후 시도하는 크로스가 뛰어나다. 낮게 깔아주는 컷백 패스나 안으로 좁혀 들어오는 돌파도 즐겨하는 편. 튀니지 U-23 대표팀을 거쳐 2021년 성인 국가 대표팀에 데뷔했다. 지금까지 꾸준한 활약을 보이고 있고, 주전 수비수로서 좋은 모습을 보여주고 있다. 시장 가치는 300만 유로, 추정 연봉은 72만 유로.

슈팅-득점	2024-25 니스	위치
21-4 / 8-1	17-8 / 1398 / 2 / 20.8-16.4 / 79%	LB LWB
● 29-5 LG-4 / 1-0 RG-0 / 0-0 HG-0	DR 1.3-0.6 / TK 2.4-1.8 / IC 0.7 / 2-0 / ★	

G	A	SH	SG	PC	P%	SC	BT	DC	TK	IC	CL	CR	BR
상위	상위	상위	하위	상위	상위	상위	상위	상위	상위	상위	상위	상위	상위
1%	36%	2%	2%	22%	21%	15%	37%	10%	16%	32%	33%	34%	

53위 José GAYÀ 7.06
호세 가야 1995.05.25 / 172cm / ESP

발렌시아의 '원클럽맨'. 아카데미를 거쳐 프로 생활 내내 한 팀에서 뛰고 있다. 동료와 스텝 그리고 서포터즈에게 깊은 존경을 받고 있다. 2024-25시즌은 근육 부상으로 10라운드부터 뛰기 시작했다. 시간이 흐르며 수비에 더 중점을 두고 있다. 경기장 위에선 '작은 감독'과 같다. 다만 공격 포인트가 줄어들고 있어 감독과 구단 내부에서 플랜B를 고려하고 있다. 시장 가치는 900만 유로, 추정 연봉은 583만 유로.

슈팅-득점	2024-25 발렌시아	위치
7-0 / 5-0	22-1 / 1811 / 4 / 32.6-26.7 / 82%	LB LWB
● 12-0 LG-0 / 0-0 RG-0 / 0-0 HG-0	DR 0.8-0.3 / TK 3.3-2.5 / IC 1.2 / 7-0 / ★	

G	A	SH	SG	PC	P%	SC	BT	DC	TK	IC	CL	CR	BR
하위	상위	상위	상위	상위	상위	상위	상위	상위	상위	상위	상위	상위	상위
20%	32%	50%	41%	45%	44%	44%	8%	42%	18%	35%	23%	24%	

54위 Diogo DALOT 7.04
디오구 달롯 1999.03.18 / 183cm / POR

팀에 대한 충성도가 높다. 과거의 영광을 찾기 위해 클럽의 모든 사람이 노력하지만, 쉽지 않다. 맨체스터 유나이티드의 현 주소다. 하지만 그는 언론을 통해 희망적인 인터뷰를 종종 한다. 좌우 측면을 가리지 않고 뛴다. 공격적인 성향이 강하고 박스 밖에서 시도하는 중거리 슛도 주무기다. 시즌 후반부엔 부상으로 이탈했다. 포르투갈 국대에서도 존재감을 넓히고 있다. 시장 가치는 3000만 유로, 추정 연봉은 616만 유로.

슈팅-득점	2024-25 맨체스터 유나이티드	위치
17-0 / 8-0	31-2 / 2814 / 3 / 41.8-35.1 / 84%	RWB LWB RB LB
● 25-0 LG-0 / 0-0 RG-0 / 0-0 HG-0	DR 1.6-0.8 / TK 2.6-2.1 / IC 1.2 / 5-0 / ★ 0	

G	A	SH	SG	PC	P%	SC	BT	DC	TK	IC	CL	CR	BR
상위	상위	상위	상위	상위	상위	상위	상위	상위	하위	상위	하위	상위	상위
28%	44%	26%	38%	45%	35%	20%	39%	25%	47%	30%	26%	30%	8%

○ 유럽 5대리그 풀백 &윙백 항목별 랭킹 (90분 기준 기록, 100분율)

55위 Kenny TETE — 7.04

케니 테테
1995.10.09 / 180cm / NED

아약스 아카데미 졸업생. 프로 데뷔하자마자 촉망받는 유망주로 화제가 되었다. 리옹을 거쳐 2020년부터 잉글랜드의 풀럼에서 뛴다. 여섯 시즌 동안 활약하면서 팀의 1부 리그 승격을 함께했다. 상대 선수의 허점이 보이면 빠르게 돌진하여 인터셉트를 시도한다. 드리블과 기본기, 볼 간수 능력이 좋다. 모친의 국적으로 인해 네덜란드와 모잠비크의 이중 국적을 가졌다. 시장 가치는 1300만 유로, 추정 연봉은 308만 유로.

슈팅-득점 / 2024-25 풀럼 FC / 위치

18-0						RB
6-0	21-1	1779	2	34.9-29.0	83%	CB
24-0 LG-0						
0-0 RG-0	DR	TK	IC		★	
0-0 HG-0	1.0-0.5	3.2-2.5	1.5	5-0	1	

G	A	SH	SG	PC	P%	SC	BT	TK	IC	CL	CR	BR
하위	상위	상위	하위	상위	상위	상위	하위	상위	상위	하위	상위	하위
20%	42%	10%	29%	48%	39%	39%	48%	9%	21%	29%	36%	

56위 Jurriën TIMBER — 7.03

위리엔 팀베르
2001.06.17 / 179cm / NED

수비 전 지역을 커버한다. 축구 IQ가 뛰어나고 전술적인 이해도가 높다. 여러 포지션을 소화하는 멀티 플레이어로서 아르테타의 신뢰를 한 몸에 받고 있다. 2023년 십자인대 부상으로 시즌을 통째로 날렸다. 지난 시즌의 컨디션 관리는 더욱 중요했다. 다행히 가벼운 부상이 있었고, 리그에서 주전 라이트백으로 뛰었다. 네덜란드 대표팀에서도 출전 시간을 늘려가는 추세. 시장 가치는 5500만 유로, 추정 연봉은 739만 유로.

슈팅-득점 / 2024-25 아스널 FC / 위치

11-1						RB
3-0	27-3	2423	3	39.4-34.7	88%	CB
14-1 LG-0						LB
0-0 RG-0	DR	TK	IC		★	
0-0 HG-1	1.9-0.9	2.2-1.9	0.8	7-0	1	

G	A	SH	SG	PC	P%	SC	BT	TK	IC	CL	CR	BR
상위	상위	상위	상위	상위	상위	하위	상위	하위	상위	상위	하위	하위
40%	38%	43%	38%	38%	16%	47%	13%	35%	46%	15%	10%	37%

57위 ANGELIÑO — 7.03

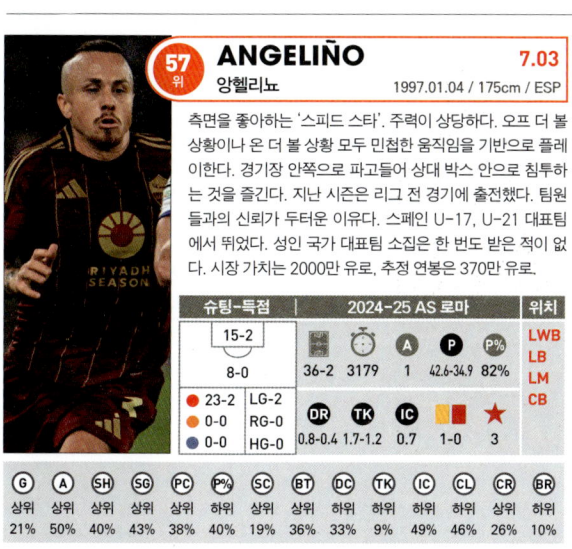

앙헬리뇨
1997.01.04 / 175cm / ESP

측면을 좋아하는 '스피드 스타'. 주력이 상당하다. 오프 더 볼 상황이나 온 더 볼 상황 모두 민첩한 움직임을 기반으로 플레이한다. 경기장 안쪽으로 파고들어 상대 박스 안으로 침투하는 것을 즐긴다. 지난 시즌은 리그 전 경기에 출전했다. 팀원들과의 신뢰가 두터운 이유다. 스페인 U-17, U-21 대표팀에서 뛰었다. 성인 국가 대표팀 소집은 한 번도 받은 적이 없다. 시장 가치는 2000만 유로, 추정 연봉은 370만 유로.

슈팅-득점 / 2024-25 AS 로마 / 위치

15-2						LWB
8-0	36-2	3179	1	42.6-34.9	82%	LB
23-2 LG-2						LM
0-0 RG-0	DR	TK	IC		★	CB
0-0 HG-0	0.8-0.4	1.7-1.2	0.7	1-0	3	

G	A	SH	SG	PC	P%	SC	BT	DC	TK	IC	CL	CR	BR
상위	상위	상위	상위	상위	하위	상위	상위	상위	하위	상위	상위	상위	하위
21%	50%	40%	43%	28%	40%	19%	36%	33%	9%	49%	46%	26%	10%

58위 Juan MIRANDA — 7.03

후안 미란다
2000.01.19 / 185cm / ESP

과거 바르셀로나의 라 마시아가 애지중지했던 유망주. 스페인 청소년 대표팀과 꾸준히 '개근'하며 유망받는 장래성을 보여주었었다. 샬케와 베티스에서 뛰었고, 2024년 볼로냐와의 계약에 서명했다. UEFA 챔피언스리그까지 병행해야 했기 때문에 선수와 구단 모두에게 필요한 영입이었다. 지난 시즌 리그에서 22번의 슈팅을 시도했고, 5번의 유효 슈팅을 기록했다. 시장 가치는 1500만 유로, 추정 연봉은 296만 유로.

슈팅-득점 / 2024-25 볼로냐 / 위치

5-0						LB
17-0	25-6	2277	4	46.6-38.2	82%	
22-0 LG-0						
6-0 RG-0	DR	TK	IC		★	
0-0 HG-0	0.7-0.3	1.5-1.0	0.6	4-1	1	

G	A	SH	SG	PC	P%	SC	BT	DC	TK	IC	CL	CR	BR
하위	상위	상위	상위	상위	상위	상위	상위	하위	상위	상위	상위	하위	하위
20%	15%	32%	50%	14%	24%	5%	6%	16%	20%	48%	1%	32%	

59위 Julian RYERSON — 7.03

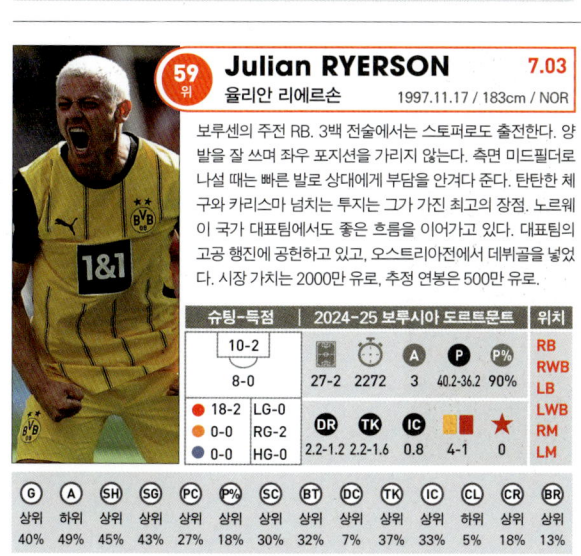

율리안 리에르손
1997.11.17 / 183cm / NOR

보루센의 주전 RB. 3백 전술에서는 스토퍼로도 출전한다. 양발을 잘 쓰며 좌우 포지션을 가리지 않는다. 측면 미드필더로 나설 때는 빠른 발로 상대에게 부담을 안겨준다. 탄탄한 체구와 카리스마 넘치는 투지는 그가 가진 최고의 장점. 노르웨이 국가 대표팀에서도 좋은 흐름을 이어가고 있다. 대표팀의 고공 행진에 공헌하고 있고, 오스트리아전에서 데뷔골을 넣었다. 시장 가치는 2000만 유로, 추정 연봉은 500만 유로.

슈팅-득점 / 2024-25 보루시아 도르트문트 / 위치

10-2						RB
8-0	27-2	2272	3	40.2-36.2	90%	RWB
18-0 LG-0						LB
0-0 RG-2	DR	TK	IC		★	LWB
0-0 HG-0	2.2-1.2	2.2-1.6	0.8	4-1	0	RM / LM

G	A	SH	SG	PC	P%	SC	BT	DC	TK	IC	CL	CR	BR
상위	하위	상위	상위	상위	하위	상위	하위	상위	상위	상위	상위	하위	상위
40%	49%	45%	43%	27%	18%	30%	32%	7%	37%	33%	5%	18%	13%

60위 Raoul BELLANOVA — 7.01

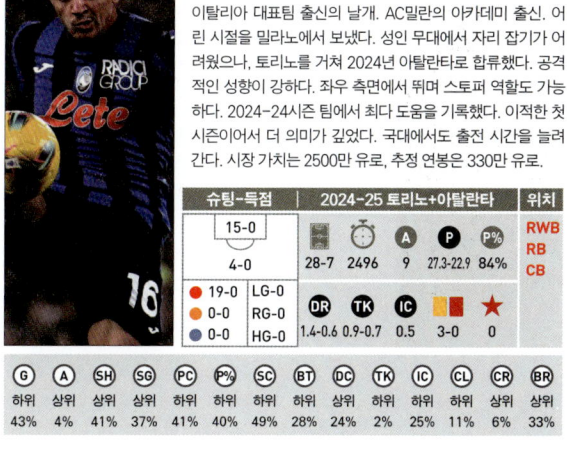

라울 벨라노바
2000.05.17 / 188cm / ITA

이탈리아 대표팀 출신의 날개. AC밀란의 아카데미 출신. 어린 시절을 밀라노에서 보냈다. 성인 무대에서 자리 잡기가 어려웠으나, 토리노를 거쳐 2024년 아탈란타로 합류했다. 공격적인 성향이 강하다. 좌우 측면에서 뛰며 스토퍼 역할도 가능하다. 2024-24시즌 팀에서 최다 도움을 기록했다. 이적한 첫 시즌이어서 더 의미가 깊었다. 국대에서도 출전 시간을 늘려간다. 시장 가치는 2500만 유로, 추정 연봉은 330만 유로.

슈팅-득점 / 2024-25 토리노+아탈란타 / 위치

15-0						RWB
4-0	28-7	2496	9	27.3-22.9	84%	RB
19-0 LG-0						CB
0-0 RG-0	DR	TK	IC		★	
0-0 HG-0	1.4-0.6	0.9-0.7	0.5	3-0	0	

G	A	SH	SG	PC	P%	SC	BT	DC	TK	IC	CL	CR	BR
하위	상위	상위	상위	하위	상위	상위	상위	하위	하위	하위	하위	하위	상위
43%	4%	43%	37%	41%	49%	28%	24%	2%	25%	11%	6%	33%	

유럽 5대리그 풀백 & 윙백 항목별 랭킹 (90분 기준 기록, 100분율)

61위 Mathías OLIVERA — 7.01
마티아스 올리베라 1997.10.13 / 185cm / URU

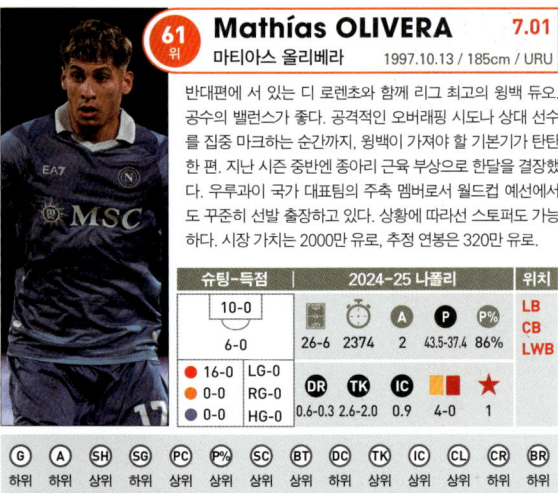

반대편에 서 있는 디 로렌초와 함께 리그 최고의 윙백 듀오. 공수의 밸런스가 좋다. 공격적인 오버래핑 시도나 상대 선수를 집중 마크하는 순간까지, 윙백이 가져야 할 기본기가 탄탄한 편. 지난 시즌 중반엔 종아리 근육 부상으로 한달을 결장했다. 우루과이 국가 대표팀의 주축 멤버로서 월드컵 예선에서도 꾸준히 선발 출장하고 있다. 상황에 따라선 스토퍼도 가능하다. 시장 가치는 2000만 유로, 추정 연봉은 320만 유로.

슈팅-득점		2024-25 나폴리					위치
10-0		⏱	🅐	🅟	🅟%		LB
6-0		26-6 2374	2	43.5-37.4	86%		CB
🔴 16-0	LG-0	DR	TK	IC	🟨	★	LWB
🟠 0-0	RG-0	0.6-0.3	2.6-2.0	0.9	4-0	1	
🔵 0-0	HG-0						

G	A	SH	SG	PC	P%	SC	BT	DC	TK	IC	CL	CR	BR
하위	상위	상위	하위	상위	상위	상위	상위	하위	상위	상위	상위	하위	상위
20%	46%	49%	19%	18%	16%	24%	20%	7%	28%	37%	47%	5%	24%

62위 Omar El HILALI — 7.00
오마르 엘힐랄리 2003.09.12 / 183cm / MAR

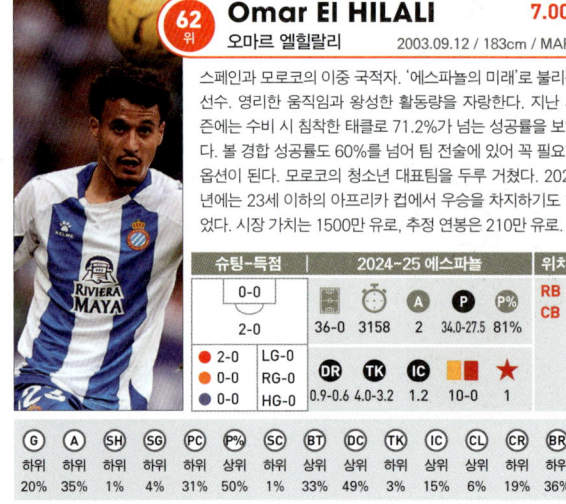

스페인과 모로코의 이중 국적자. '에스파뇰의 미래'로 불리는 선수. 영리한 움직임과 왕성한 활동량을 자랑한다. 지난 시즌에는 수비 시 침착한 태클로 71.2%가 넘는 성공률을 보였다. 볼 경합 성공률도 60%를 넘어 팀 전술에 있어 꼭 필요한 옵션이 된다. 모로코의 청소년 대표팀을 두루 거쳤다. 2023년에는 23세 이하의 아프리카 컵에서 우승을 차지하기도 했었다. 시장 가치는 1500만 유로, 추정 연봉은 210만 유로.

슈팅-득점		2024-25 에스파뇰					위치
0-0		⏱	🅐	🅟	🅟%		RB
2-0		36-0 3158	2	34.0-27.5	81%		CB
🔴 2-0	LG-0	DR	TK	IC	🟨	★	
🟠 0-0	RG-0	0.9-0.6	4.0-3.2	1.2	10-0	1	
🔵 0-0	HG-0						

G	A	SH	SG	PC	P%	SC	BT	DC	TK	IC	CL	CR	BR
하위	하위	하위	하위	상위	상위	하위	상위	하위	상위	상위	하위	하위	상위
20%	35%	1%	4%	31%	50%	8%	33%	49%	3%	15%	6%	19%	36%

63위 Adrien TRUFFERT — 7.00
아드리앙 트뤼페르 2001.11.20 / 176cm / FRA

리버풀로 이적한 케르케즈의 대체자. 잠재력이 풍부하다. LB, RB, CB 그리고 중앙 미드필더도 가능하다. 다양한 포지션을 소화하는 멀티 플레이어. 전술 이해도가 높고 20대 초반의 선수이기에 성장 속도가 나날이 빨라지고 있다. 특히 리더십이 뛰어나 주장 역할까지도 역임했다. 2025년 EPL 본머스와 계약을 맺었다. 지난 파리 올림픽에서는 주전 레프트 백으로 참가했다. 시장 가치는 1500만 유로, 추정 연봉은 247만 유로.

슈팅-득점		2024-25 스타드 렌					위치
13-2		⏱	🅐	🅟	🅟%		LWB
10-0		31-2 2755	2	37.2-31.6	85%		LB
🔴 23-2	LG-2	DR	TK	IC	🟨	★	CB
🟠 0-0	RG-0	1.3-0.6	2.3-1.8	0.8	3-0	1	CM
🔵 0-0	HG-0						

G	A	SH	SG	PC	P%	SC	BT	DC	TK	IC	CL	CR	BR
상위	하위	상위	하위	상위	상위	상위	상위	상위	상위	하위	하위	상위	상위
30%	40%	36%	15%	45%	50%	28%	46%	50%	43%	17%	56%	29%	29%

64위 Felix AGU — 7.00
펠릭스 아구 1999.09.27 / 180cm / GER

독일 오스나브뤼크 태생. 나이지리아의 국적도 가지고 있다. 청소년 대표팀은 독일 소속으로 뛰었지만, 2025년 나이지리아 국가 대표팀에서 데뷔했다. 지난 시즌 중반 인대 부상으로 3개월을 결장해서 경기 감각을 잃어져서 염려스러웠다. 3월 이후 복귀했고, 빠르게 경기력을 되찾았다. 브레멘의 1부 리그 승격을 함께하며 구단의 지지, 서포터즈에겐 사랑을 받고 있다. 시장 가치는 800만 유로, 추정 연봉은 115만 유로.

슈팅-득점		2024-25 베르더 브레멘					위치
8-2		⏱	🅐	🅟	🅟%		LWB
1-1		21-1 1763	0	28.6-23.2	81%		RWB
🔴 9-3	LG-0	DR	TK	IC	🟨	★	
🟠 0-0	RG-3	1.5-0.5	1.9-1.4	1.1	1-0	1	
🔵 0-0	HG-0						

G	A	SH	SG	PC	P%	SC	BT	DC	TK	IC	CL	CR	BR
상위	하위	상위	상위	상위	상위	하위	상위	상위	하위	상위	상위	상위	하위
6%	7%	35%	39%	25%	46%	22%	40%	23%	5%	35%	45%	48%	21%

65위 Noussair MAZRAOUI — 7.00
누사이르 마즈라위 1997.11.14 / 183cm / MAR

2024년 이적 시장을 통해 영입된 선수 중 가장 좋은 활약을 보였다. 마치 오랫동안 팀에 있었던 것처럼 적응을 빨리했다. 수비 전 지역은 물론, 상황에 따라서는 공격형 미드필더로도 출전했다. '축구 도사'의 이미지를 씌우고 있는 중. 86.1%의 패스 성공률을 기록했다. 149번의 리커버리와 34번의 인터셉트는 팀 내에서도 상위권. 이적한 첫 시즌 만에 만들어낸 기록이다. 시장 가치는 2500만 유로, 추정 연봉은 831만 유로.

슈팅-득점		2024-25 맨체스터 유나이티드					위치
6-0		⏱	🅐	🅟	🅟%		RB
7-0		34-3 2850	1	42.9-36.9	86%		RWB
🔴 13-0	LG-0	DR	TK	IC	🟨	★	CB
🟠 0-0	RG-0	1.3-0.7	4.1-3.1	0.9	3-0	1	LWB
🔵 0-0	HG-0						LB

G	A	SH	SG	PC	P%	SC	BT	DC	TK	IC	CL	CR	BR
하위	상위	상위	상위	상위	하위	상위	상위	하위	상위	상위	하위	하위	상위
20%	28%	23%	32%	19%	9%	37%	22%	4%	34%	31%	4%	27%	27%

66위 Milos KERKEZ — 7.00
밀로시 케르케즈 2003.11.07 / 180cm / HUN

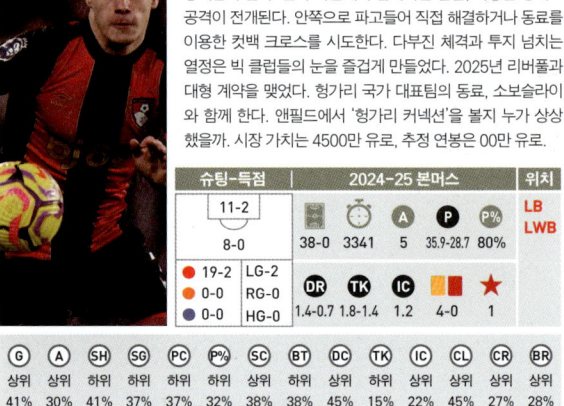

상대는 두렵다. 왼쪽 측면에서 돌파하는 순간, 다양한 형태로 공격이 전개된다. 안쪽으로 파고들어 직접 해결하거나 동료를 이용한 컷백 크로스를 시도한다. 다부진 체격과 투지 넘치는 열정은 빅 클럽들의 눈을 즐겁게 만들었다. 2025년 리버풀과 대형 계약을 맺었다. 헝가리 국가 대표팀의 동료, 소보슬라이와 함께 한다. 앤필드에 '헝가리 커넥션'을 볼지 누가 상상했을까. 시장 가치는 4500만 유로, 추정 연봉은 00만 유로.

슈팅-득점		2024-25 본머스					위치
11-2		⏱	🅐	🅟	🅟%		LB
8-0		38-0 3341	5	35.9-28.7	80%		LWB
🔴 19-2	LG-2	DR	TK	IC	🟨	★	
🟠 0-0	RG-0	1.4-0.7	1.8-1.4	1.2	4-0	1	
🔵 0-0	HG-0						

G	A	SH	SG	PC	P%	SC	BT	DC	TK	IC	CL	CR	BR
상위	상위	상위	상위	상위	상위	상위	상위	상위	상위	하위	상위	상위	상위
41%	30%	41%	37%	37%	32%	38%	38%	45%	15%	22%	45%	27%	28%

유럽 5대리그 풀백 & 윙백 항목별 랭킹 (90분 기준 기록, 100분율)

67위 Andoni GOROSABEL — 7.00
안도니 고로사벨 1996.08.04 / 174cm / ESP

레알 소시에다드를 사랑하지만, 지금은 빌바오와 함께 한다. 지난 시즌 아틀레틱 클루브로 합류했다. 첫 시즌의 성적표는 만족스럽진 못했다. 주로 교체 자원으로 출전했고, 2개의 도움을 기록했다. 하지만 라리가에서 경험이 많고 안정적인 경기 운영이 장점이기에 이번 시즌이 더 기대된다. 2019년 소시에다드 소속으로 코파 델 레이 트로피를 들어 올리기도 했다. 시장 가치는 500만 유로, 추정 연봉은 156만 유로.

슈팅-득점	2024-25 아슬레틱 빌바오					위치
1-0	⏱	A	P	P%		RB
1-0	17-3	1489	2	33.3-28.0	84%	RWB
● 2-0 LG-0	DR	TK	IC	🟥🟨	★	
● 0-0 RG-0	0.7-0.4	3.1-2.3	0.9	5-0	0	
● 0-0 HG-0						

G	A	SH	SG	PC	P%	SC	BT	DC	TK	IC	CL	CR	BR
하위	상위	하위	하위	상위	상위	상위	상위	하위	상위	상위	상위	상위	하위
20%	45%	13%	25%	28%	27%	46%	26%	45%	5%	37%	16%	49%	28%

68위 Valentin ROSIER — 6.98
발랑텡 로지에 1996.08.19 / 175cm / FRA

프랑스 21세 이하의 대표팀 출신. 과들루프의 시민권도 가지고 있다. 유럽의 여러 국가를 돌며 선수 생활을 보냈다. 다양한 경험을 통해 선수 개인의 멘탈리티가 뛰어나다. 피지컬이 단단하고 위치 선정을 잘해 공중볼 제공권 장악을 잘한다. 특히 일대일 대인 마크에 뛰어나 73.6%의 태클 성공률을 기록했다. 몸을 사리지 않는 태클도 인상적이다. 다만 거친 파울이 잦다. 시장 가치는 300만 유로, 추정 연봉은 178만 유로.

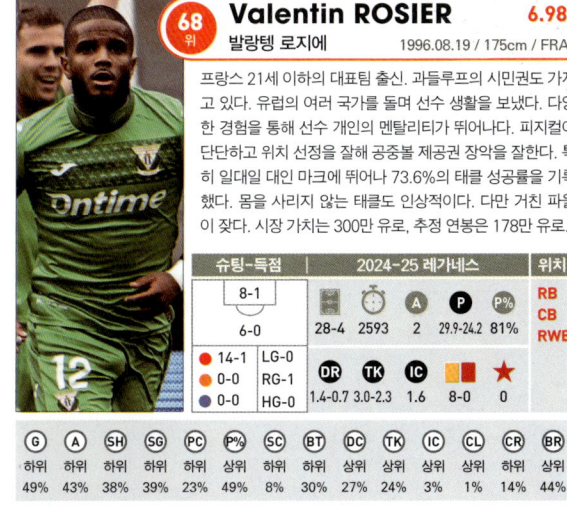

슈팅-득점	2024-25 레가네스					위치
8-1	⏱	A	P	P%		RB
6-0	28-4	2593	2	29.2-24.2	81%	CB
● 14-1 LG-0	DR	TK	IC	🟥🟨	★	RWB
● 0-0 RG-1	1.4-0.7	3.0-2.3	1.6	8-0	0	
● 0-0 HG-0						

G	A	SH	SG	PC	P%	SC	BT	DC	TK	IC	CL	CR	BR
하위	상위	상위	하위	상위	상위	하위	상위	하위	상위	상위	하위	하위	상위
49%	43%	38%	39%	23%	49%	8%	30%	27%	24%	3%	1%	14%	44%

69위 Lucas DIGNE — 6.97
뤼카 디뉴 1993.07.20 / 178cm / FRA

전성기에서 내려오고 있다. 최고점의 기량과 비교하면 아쉬운 점이 많아졌다. 빠른 돌파에 이은 러닝 크로스, 낮고 빠른 컷백 등 다양한 형태의 킥이 불안하다. 하지만 경험이 쌓인 베테랑이 되었다. 수비 시 라인을 컨트롤할 때 영리한 판단이 늘었다. 동료들을 진정시키는 모습도 종종 보인다. 리그 3라운드를 시작으로 4라운드까지 2경기 연속 어시스트를 기록했다. 시장 가치는 1000만 유로, 추정 연봉은 739만 유로.

슈팅-득점	2024-25 애스턴 빌라					위치
3-0	⏱	A	P	P%		LB
10-0	28-4	2362	4	30.4-25.2	83%	LWB
● 13-0 LG-0	DR	TK	IC	🟥🟨	★	
● 5-0 RG-0	0.6-0.3	2.7-2.0	0.8	4-0	1	
● 0-0 HG-0						

G	A	SH	SG	PC	P%	SC	BT	DC	TK	IC	CL	CR	BR
하위	상위	상위	상위	상위	상위	상위	상위	하위	상위	상위	하위	하위	상위
20%	37%	38%	42%	39%	32%	32%	37%	23%	47%	30%	13%	49%

70위 Kenny LALA — 6.97
케니 랄라 1991.10.03 / 178cm / FRA

프랑스 무대에서 잔뼈가 굵은 풀백. 파리FC 유소년 팀을 거쳐 프로에 데뷔했다. 발랑시엔과 랑스, 스트라스부르에서 뛰었다. 2022년 브레스트로 입단한 이후 줄곧 주축 멤버로 활약했다. 지난 시즌 툴루즈와의 27라운드 경기에서는 주장으로 나서기도 했다. 활동량은 줄어들었지만, 책임감 있는 볼 컷팅은 여전하다. 후방 빌드업과 같이 전술적인 부분에서는 취약한 편. 시장 가치는 650만 유로, 추정 연봉은 72만 유로.

슈팅-득점	2024-25 브레스트					위치
4-3	⏱	A	P	P%		RB
8-0	29-1	2686	3	47.6-39.0	82%	RM
● 12-3 LG-0	DR	TK	IC	🟥🟨	★	
● 2-0 RG-3	0.8-0.5	2.8-2.2	0.8	5-0	0	
● 3-3 HG-0						

G	A	SH	SG	PC	P%	SC	BT	DC	TK	IC	CL	CR	BR
상위	하위	상위	상위	상위	상위	하위	하위	상위	상위	상위	상위	하위	하위
24%	33%	5%	46%	31%	30%	17%	27%	47%	44%	43%	38%	23%	11%

71위 Ola AINA — 6.96
올라 아이나 1996.10.08 / 184cm / NGA

나이지리아계 잉글랜드의 풀백. 신체 조건만 놓고 보면 이렇게 완벽할 수가 없다. 상대와의 일대일 대인 마크에 강하고, 공격 가담 후 빠르게 수비 위치로 내려온다. 숏 패스의 세기가 강해 실수가 종종 발생하지만, 넓은 활동 반경을 바탕으로 커버를 한다. 지난 시즌 노팅엄의 놀라운 행보에 공헌한 1등 공신이다. 주전 라이트 백으로서 궂은일도 마다하지 않았다. 시장 가치는 2200만 유로, 추정 연봉은 246만 유로.

슈팅-득점	2024-25 노팅엄 포리스트					위치
3-1	⏱	A	P	P%		RB
8-1	35-0	3003	1	29.5-23.6	80%	LB
● 11-2 LG-1	DR	TK	IC	🟥🟨	★	RWB
● 0-0 RG-1	2.1-1.0	2.5-1.7	0.9	5-0	3	
● 0-0 HG-0						

G	A	SH	SG	PC	P%	SC	BT	DC	TK	IC	CL	CR	BR
상위	하위	상위	상위	하위	상위	상위	상위	상위	하위	상위	하위	상위	하위
35%	15%	18%	15%	13%	9%	49%	49%	5%	44%	19%	24%	5%

72위 Tyrick MITCHELL — 6.96
타이릭 미첼 1999.09.01 / 175cm / ENG

크리스탈 팰리스 아카데미의 산물. 유소년 팀에서부터 차근차근 성장했다. 2020년 1군 스쿼드에 합류한 이후 지금까지 팀의 주축 멤버로 활약한다. 지난 시즌 단 한 번의 부상 없이 리그 37경기에 출전했다. 상황에 따라서는 측면 윙어도 가능하다. 정교한 드리블과 오버래핑에 이은 크로스는 팀 공격 전술의 옵션. 골을 기록하진 못했다는 딱 하나의 아쉬움이 있다. 시장 가치는 2500만 유로, 추정 연봉은 246만 유로.

슈팅-득점	2024-25 크리스탈 팰리스					위치
12-0	⏱	A	P	P%		LWB
0-0	37-0	3102	5	27.7-20.5	74%	LB
● 12-0 LG-0	DR	TK	IC	🟥🟨	★	LM
● 0-0 RG-0	1.0-0.5	3.1-2.5	0.5	2-0	1	
● 0-0 HG-0						

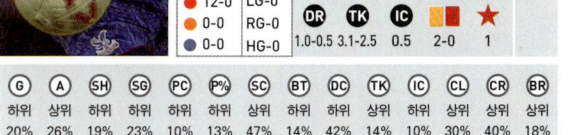

G	A	SH	SG	PC	P%	SC	BT	DC	TK	IC	CL	CR	BR
하위	상위	하위	하위	상위	상위	하위	상위	하위	상위	하위	상위	상위	상위
20%	26%	9%	23%	10%	47%	14%	42%	6%	11%	30%	40%	5%	18%

73위 Fran GARCÍA — 6.96
프란 가르시아
1999.08.14 / 169cm / ESP

측면을 줄기차게 허문다. 90분 휘슬이 울릴 때까지 쉽게 지치지 않는 스태미너로 무장했다. 레알 마드리드의 아카데미 출신으로 2023년 6월 돌아왔다. 측면 풀백의 수요, 젊은 팀을 만들겠다는 목적과 부합했다. 지난 시즌은 주전과 벤치를 오고 갔다. 클럽 월드컵 도르트문트와의 8강전에서 골을 기록했다. 뛰어난 공격력과 비교해보면, 공간에 대한 수비는 여전히 의문. 시장 가치는 1800만 유로, 추정 연봉은 521만 유로.

슈팅-득점 | 2024-25 레알 마드리드 | 위치
- 9-0
- 5-0
- 14-0 LG-0
- 0-0 RG-0
- 0-0 HG-0
- 24-7 / 2174 / 2 / 42.2-37.6 / 89%
- 0.7-0.4 / 2.4-1.6 / 0.9 / – / 0
- LB / LWB

G	A	SH	SG	PC	P%	SC	BT	DC	TK	IC	CL	CR	BR
하위	하위	하위	상위	상위	상위	상위	상위	상위	하위	상위	상위	상위	상위
20%	45%	42%	31%	11%	11%	37%	15%	26%	39%	16%	48%	44%	36%

74위 Thomas MEUNIER — 6.95
토마 뫼니에
1991.09.12 / 190cm / BEL

산전수전을 다 겪은 베테랑. 프로에서 뛴 경기가 480경기를 넘었다. 성실한 자기 관리로도 유명하다. 지난 시즌 리그앙으로 돌아왔다. 측면 미드필더와 풀백, 스토퍼로서 전체 대회를 통틀어 46경기에 출전했다. 챔피언스리그 16강전은 전 소속팀인 도르트문트와 다시 만났었다. 풀백임에도 큰 키를 가졌고 제공권에 장점을 보인다. 벨기에 대표팀에서의 소집도 변함없다. 시장 가치는 200만 유로, 추정 연봉은 454만 유로.

슈팅-득점 | 2024-25 릴 OSC | 위치
- 21-2
- 7-0
- 28-2 LG-0
- 0-0 RG-2
- 0-0 HG-0
- 21-9 / 1926 / 0 / 34.8-41.9 / 83%
- 0.9-0.5 / 2.4-1.9 / 1.1 / 5-0 / 2
- RB / RWB / CB

G	A	SH	SG	PC	P%	SC	BT	DC	TK	IC	CL	CR	BR
상위	하위	상위	상위	상위	상위	상위	상위	상위	상위	상위	상위	상위	상위
27%	20%	9%	4%	12%	42%	32%	7%	48%	27%	5%	29%	47%	28%

75위 Lukas KÜBLER — 6.95
루카스 퀴블러
1992.08.30 / 182cm / GER

시즌 중반 경고 누적과 질병으로 한 달간 결장했다. 그 외 나머지 경기에서는 출전했다. 뛰어난 운동 신경과 기동력을 자랑한다. 30대가 넘으면서 순간적인 가속은 줄어들었지만, 빠른 판단으로 상황을 대처한다. 리그 첫 경기 개막전, 오른발과 헤딩으로 멀티 골을 넣었다. 동료들에게 축하를 많이 받았다. 그 축하는 14라운드에서도 멀티 골을 넣으며 멈추질 않았다. 시장 가치는 150만 유로, 추정 연봉은 39만 유로.

슈팅-득점 | 2024-25 프라이부르크 | 위치
- 11-4
- 7-1
- 18-5 LG-1
- 0-0 RG-2
- 0-0 HG-0
- 22-6 / 1849 / 1 / 30.0-23.6 / 79%
- 0.3-0.0 / 2.2-1.4 / 1.9 / 5-0 / 3
- RB

G	A	SH	SG	PC	P%	SC	BT	DC	TK	IC	CL	CR	BR
하위	하위	상위	하위	상위	상위	하위	상위	상위	상위	상위	상위	하위	하위
2%	31%	25%	5%	47%	39%	10%	49%	47%	39%	39%	16%	25%	26%

76위 Ridle BAKU — 6.95
리들레 바쿠
1998.04.08 / 176cm / GER

수년간 분데스리가의 측면을 사수했던 풀백. 공격적인 성향이 강하다. 빠르고 정확한 왼발 크로스가 일품. 양발을 모두 잘 사용한다. 2024-25시즌 라이프치히로 팀을 옮겼다. 29라운드에서 전 소속팀 볼프스부르크와 만났다. 2개의 도움을 기록하며 흥미로운 상황을 연출했다. 상대편 박스 안에서의 터치 횟수는 68번. 공격 포인트 양산으로 이어지진 않았다. 시장 가치는 900만 유로, 추정 연봉은 227만 유로.

슈팅-득점 | 2024-25 볼프스부르크+RB 라이프치히 | 위치
- 20-3
- 15-1
- 35-4 LG-3
- 0-0 RG-1
- 0-0 HG-0
- 29-5 / 2455 / 4 / 28.3-22.1 / 78%
- 1.4-0.7 / 2.2-1.5 / 0.7 / 3-0 / 1
- RWB / RB / RM / CM / AM

G	A	SH	SG	PC	P%	SC	BT	DC	TK	IC	CL	CR	BR
상위	상위	상위	상위	상위	상위	상위	상위	하위	상위	상위	상위	상위	상위
7%	25%	8%	8%	18%	24%	37%	18%	20%	35%	44%	25%	47%	45%

77위 Diego RICO — 6.93
디에고 리코
1993.02.23 / 183cm / ESP

레알 사라고사의 아카데미 출신. 프로 데뷔 후 세 시즌 이상 한 팀에 머문 적은 없었다. 2023년 헤타페로 합류했고, 좋은 결정이었다. 지난 시즌도 주전 레프트 백으로 출전했다. 특별한 부상 없이 시즌을 보냈지만, 31라운드 라스 팔마스 전에서 다이렉트 퇴장 판정을 받았다. 주력이 빠르고 민첩하여 공간을 이용한 돌파가 좋다. 과거에 비해 잔 실수가 많아졌다. 시장 가치는 120만 유로, 추정 연봉은 124만 유로.

슈팅-득점 | 2024-25 헤타페 | 위치
- 1-0
- 15-0
- 16-0 LG-0
- 1-0 RG-0
- 0-0 HG-0
- 32-1 / 2820 / 3 / 30.7-21.2 / 69%
- 0.4-0.2 / 3.5-2.5 / 1.1 / 9-1 / 0
- LB

G	A	SH	SG	PC	P%	SC	BT	DC	TK	IC	CL	CR	BR
하위	상위	상위	상위	상위	하위	상위	상위	상위	상위	상위	상위	상위	상위
20%	43%	40%	28%	26%	4%	30%	31%	6%	17%	33%	25%	16%	43%

78위 Carlos AUGUSTO — 6.93
카를로스 아우구스토
1999.01.07 / 184cm / BRA

수비 지역의 모든 곳에서 뛴다. 3-4-3 포메이션에선 왼쪽 스토퍼로 출전한다. 지난 시즌은 햄스트링 부상을 비롯해 잔부상이 많았다. 서브 멤버로 출장했고, 출전 시간은 1680분 밖에 되지 않았다. 발이 빠르고 신체 밸런스가 훌륭하다. 볼을 가진 상태에서 개인기가 뛰어나 일대일 대결을 피하지 않는다. 패스의 정교함이 떨어지고, 뒷공간을 쉽게 내주는 것이 약점. 시장 가치는 2600만 유로, 추정 연봉은 282만 유로.

슈팅-득점 | 2024-25 인테르 밀란 | 위치
- 23-3
- 1-0
- 24-3 LG-1
- 0-0 RG-0
- 0-0 HG-2
- 15-14 / 1683 / 2 / 38.6-34.7 / 90%
- 0.4-0.2 / 1.2-1.0 / 0.3 / 1-0 / 1
- LWB / LM / CB

G	A	SH	SG	PC	P%	SC	BT	DC	TK	IC	CL	CR	BR
상위	상위	상위	상위	상위	상위	상위	상위	하위	상위	상위	하위	상위	하위
13%	23%	12%	12%	21%	7%	35%	29%	40%	17%	8%	44%	11%	35%

유럽 5대리그 풀백 & 윙백 항목별 랭킹(90분 기준 기록, 100분율)

79위 Alejandro BALDE — 6.92
알레한드로 발데 2003.10.18 / 175cm / ESP

바르셀로나와 스페인 대표팀의 자랑거리. 라 마시아의 유망주 중에서도 손꼽히는 재능. 간결한 볼 터치와 움직임만으로 상대를 제친다. 박스 안까지 파고드는 돌파가 장점. 측면에서 시도하는 크로스도 정교한 편. 지난 시즌 햄스트링 부상을 당했고, 3경기에 결장했다. 2022년 스페인 U-21 대표팀에서 뛰었고, 같은 해 카타르 월드컵도 참가했다. 개막전에선 선발로 나왔다. 시장 가치는 6000만 유로, 추정 연봉은 209만 유로.

슈팅-득점	2024-25 FC 바르셀로나	위치
7-0 / 5-0	⏱26-6 2292 A 4 P 39.2-35.7 P% 91%	LB
12-0 LG-0 / 0-0 RG-0 / 0-0 HG-0	DR 3.3-1.6 TK 0.9-0.6 IC 0.3 🟨🟥 2-0 ★ 0	

G	A	SH	SG	PC	P%	SC	BT	DC	TK	IC	CL	CR	BR
하위	상위	하위	하위	상위	상위	상위	상위	상위	하위	하위	하위	상위	상위
20%	19%	26%	23%	6%	24%	31%	2%	1%	1%	3%	42%	30%

80위 Lorenz ASSIGNON — 6.91
로렌즈 아시뇽 2000.06.22 / 179cm / FRA

풀백과 윙 포워드 모두 다 소화한다. 볼을 다루는 기술이 좋고 빈 공간으로 길게 차놓고 스프린트로 돌파한다. 팀 단위의 압박 전술 때 투지 넘치는 플레이로 경고를 자주 받기도 한다. 스타드 렌의 유소년 팀 출신. 지난 시즌 32경기에 출전하여 5개의 공격 포인트를 기록했다. 2025년 분데스리가의 슈투트가르트와 4년 계약에 서명했다. 토고와 프랑스의 이중 국적자다. 시장 가치는 900만 유로, 추정 연봉은 128만 유로.

슈팅-득점	2024-25 스타드 렌	위치
16-3 / 6-0	⏱27-5 2363 A 4 P 32.0-25.9 P% 81%	RWB / RB / RM
22-3 LG-1 / 0-0 RG-1 / 0-0 HG-1	DR 2.4-1.0 TK 2.2-1.5 IC 0.9 🟨🟥 9-0 ★ 2	

G	A	SH	SG	PC	P%	SC	BT	DC	TK	IC	CL	CR	BR
상위	상위	상위	상위	상위	상위	상위	상위	상위	상위	상위	상위	상위	상위
13%	24%	27%	45%	46%	45%	24%	44%	17%	48%	46%	50%	43%

81위 Jake O'BRIEN — 6.91
제이크 오브라이언 2001.05.15 / 197cm / IRL

북아일랜드 국가 대표팀 수비수. 연령별 21세 이하의 대표팀 출신이다. 2024년 에버튼으로 합류했다. 시즌 초반엔 벤치에서 대기했으나 22라운드를 기준으로 주전 RB로 돌아섰다. EPL 최장신 풀백. 2m에 육박한 키와 평균 이상의 태클 능력을 지녔다. 공중볼 경합 성공한 횟수가 42번. 브랜트포드와의 어웨이 경기에서 에버튼 입단 후 첫 골을 터뜨렸다. 시장 가치는 1800만 유로, 추정 연봉은 215만 유로.

슈팅-득점	2024-25 에버튼 FC	위치
5-2 / 1-0	⏱17-3 1569 A 0 P 30.5-24.7 P% 81%	RB / CB
6-2 LG-0 / 0-0 RG-0 / 0-0 HG-2	DR 0.5-0.2 TK 1.7-1.3 IC 0.2 🟨🟥 5-0 ★ 1	

G	A	SH	SG	PC	P%	SC	BT	DC	TK	IC	CL	CR	BR
상위	하위	상위	상위	상위	상위	하위	하위	하위	상위	상위	상위	하위	하위
13%	7%	19%	49%	22%	47%	3%	17%	10%	20%	5%	9%	12%

82위 Djed SPENCE — 6.91
제드 스펜스 2000.08.09 / 185cm / ENG

잉글랜드 런던 태생. 풀럼의 유소년 팀 출신. 부모의 국적으로 인해 자메이카의 국적도 가졌다. 2024년은 토트넘으로 입단한 이후 가장 많은 기회를 받았다. 크리스마스 전후로 출전 시간이 확연히 달라졌다. 오프 더 볼에서 움직임이 유연하다. 역습 상황에서 스피드를 활용한 측면 돌파에 능하다. 간혹 볼 터치가 긴 경우가 있고, 상대의 태클에 쉽게 흥분한다. 시장 가치는 2000만 유로, 추정 연봉은 246만 유로.

슈팅-득점	2024-25 토트넘 핫스퍼	위치
4-1 / 6-0	⏱19-6 1791 A 2 P 39.3-34.2 P% 87%	LB / LWB / RB
10-1 LG-0 / 0-0 RG-1 / 0-0 HG-0	DR 3.0-1.5 TK 2.3-1.9 IC 0.8 🟨🟥 2-1 ★ 1	

G	A	SH	SG	PC	P%	SC	BT	DC	TK	IC	CL	CR	BR
상위	상위	상위	상위	상위	상위	하위	상위	상위	상위	상위	상위	하위	하위
44%	46%	34%	38%	22%	17%	24%	17%	3%	30%	39%	9%	12%	6%

83위 Davide ZAPPACOSTA — 6.90
다비데 차파코스타 1992.06.11 / 182cm / ITA

자타공인 수준급 윙백. 왼쪽이 주 포지션이지만 상황에 따라서는 오른쪽도 가능하다. 폭발적인 스피드와 과감한 오버래핑이 특기. 안쪽으로 파고드는 돌파와 측면에서 시도하는 크로스는 알고도 막기 어렵다. 2021년 아탈란타로 다시 돌아왔다. 지난 시즌은 종아리 부상으로 30경기에 출전. 박스 안에서 20번, 밖에서 19번의 슈팅을 시도했다. 그중에서 유효 슈팅은 12번. 시장 가치는 500만 유로, 추정 연봉은 167만 유로.

슈팅-득점	2024-25 아탈란타	위치
19-1 / 20-3	⏱26-4 2079 A 2 P 30.0-25.5 P% 86%	LWB / LM / RWB / RM
39-4 LG-0 / 0-0 RG-4 / 0-0 HG-0	DR 1.4-0.4 TK 1.5-0.9 IC 0.4 🟨🟥 3-0 ★ 1	

G	A	SH	SG	PC	P%	SC	BT	DC	TK	IC	CL	CR	BR
상위	상위	상위	상위	상위	상위	하위	상위	상위	상위	하위	하위	상위	상위
8%	11%	1%	6%	31%	28%	15%	35%	43%	7%	17%	50%	48%

84위 Miguel GUTIÉRREZ — 6.90
미겔 구티에레스 2001.07.27 / 180cm / ESP

파리 올림픽의 금메달리스트. 레알 마드리드 카스티야 출신으로 스페인 U-21 대표팀에서 활약했다. 넓은 시야를 가졌고, 측면에서 경기를 조율하기도 한다. 빠른 스피드와 공간을 활용한 돌파는 역습 상황에서 유용하다. 챔피언스리그 조별예선에서 1골을 기록했다. 리그에선 5개의 도움을 기록했다. 바야돌리드와의 홈 경기에선 1경기에 2개의 도움을 기록했다. 시장 가치는 2000만 유로, 추정 연봉은 124만 유로.

슈팅-득점	2024-25 지로나	위치
12-1 / 16-0	⏱29-5 2465 A 5 P 39.8-35.0 P% 88%	LB / LWB / LM / DM / CM
28-1 LG-1 / 3-0 RG-0 / 0-0 HG-0	DR 1.9-1.1 TK 2.0-1.3 IC 0.7 🟨🟥 4-0 ★ 3	

G	A	SH	SG	PC	P%	SC	BT	DC	TK	IC	CL	CR	BR
상위	상위	상위	상위	상위	상위	상위	상위	하위	상위	하위	상위	상위	상위
35%	24%	14%	11%	34%	29%	42%	12%	16%	15%	50%	12%	13%

○ 유럽 5대리그 풀백 & 윙백 항목별 랭킹 (90분 기준 기록, 100분율)

			LG	RG	HG			A	P	P%	DR	TK	IC			G	SH	PC	SC	BT	DC	IC	CL	CR	BR
전체 슈팅 시도-득점	직접프리킥 시도-득점	PK 시도-득점	왼발 득점	오른발 득점	헤더 득점	출전횟수 선발-교체	출전시간(M/분)	도움	평균 패스 시도-성공	패스 성공률	평균 드리블 시도-성공	평균 태클	평균 인터셉트	페어플레이 경고-퇴장	MOM	득점	유효 슈팅	패스 성공률	패스 기회 창출	볼터치	드리블 성공	태클	인터셉트	클리어링	크로스	리커버리

85위 Florent HANIN   6.90
플로랑 아넹   1990.02.04 / 177cm / FRA

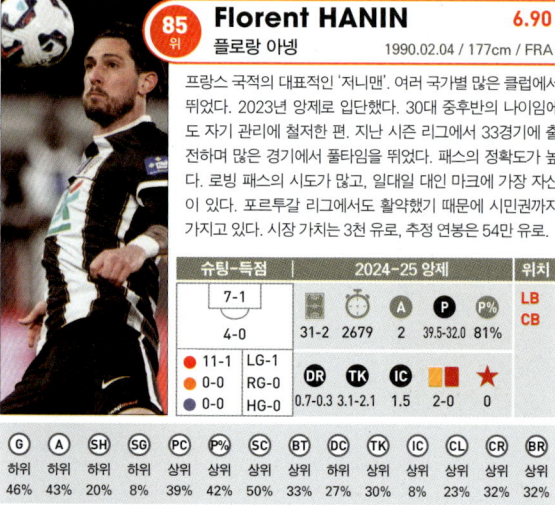

프랑스 국적의 대표적인 '저니맨'. 여러 국가별 많은 클럽에서 뛰었다. 2023년 앙제로 입단했다. 30대 중후반의 나이임에도 자기 관리에 철저한 편. 지난 시즌 리그에서 33경기에 출전하며 많은 경기에서 풀타임을 뛰었다. 패스의 정확도가 높다. 로빙 패스의 시도가 많고, 일대일 대인 마크에 가장 자신이 있다. 포르투갈 리그에서도 활약했기 때문에 시민권까지 가지고 있다. 시장 가치는 3천 유로, 추정 연봉은 54만 유로.

슈팅-득점	2024-25 앙제				위치
7-1 / 4-0	31-2	2679	2	A 39.5-32.0	P% 81%	LB CB
● 11-1 LG-1 ● 0-0 RG-0 ● 0-0 HG-0	DR 0.7-0.3	TK 3.1-2.1	IC 1.5	▮▮	★ 0	

G	A	SH	SG	PC	P%	SC	BT	DC	TK	IC	CL	CR	BR
하위 46%	하위 43%	하위 20%	상위 8%	상위 39%	상위 42%	상위 50%	상위 33%	상위 27%	상위 30%	하위 23%	상위 32%	상위 32%	

86위 Christopher TRIMMEL   6.88
크리스토퍼 트리멜   1987.02.24 / 189cm / AUT

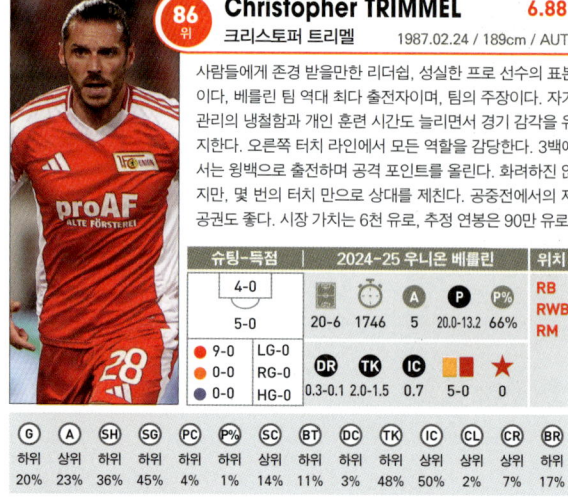

사람들에게 존경 받을만한 리더십, 성실한 프로 선수의 표본이다. 베를린 팀 역대 최다 출전자이며, 팀의 주장이다. 자기 관리의 냉철함과 개인 훈련 시간도 늘리면서 경기 감각을 유지한다. 오른쪽 터치 라인에서 모든 역할을 감당한다. 3백에서는 윙백으로 출전하며 공격 포인트를 올린다. 화려하진 않지만, 몇 번의 터치 만으로 상대를 제친다. 공중전에서의 제공권도 좋다. 시장 가치는 6천 유로, 추정 연봉은 90만 유로.

슈팅-득점	2024-25 우니온 베를린				위치
4-0 / 5-0	20-6	1746	5	A 20.0-13.2	P% 66%	RB RWB RM
● 9-0 LG-0 ● 0-0 RG-0 ● 0-0 HG-0	DR 0.3-0.1	TK 2.0-1.5	IC 0.7	▮▮	★ 0	

G	A	SH	SG	PC	P%	SC	BT	DC	TK	IC	CL	CR	BR
하위 20%	상위 23%	상위 36%	상위 45%	하위 4%	상위 1%	상위 14%	상위 11%	하위 3%	상위 48%	상위 50%	하위 2%	상위 7%	하위 17%

87위 Ainsley MAITLAND-NILES   6.88
에인즐리 메이틀런-나일즈   1997.8.29 / 177cm / ENG

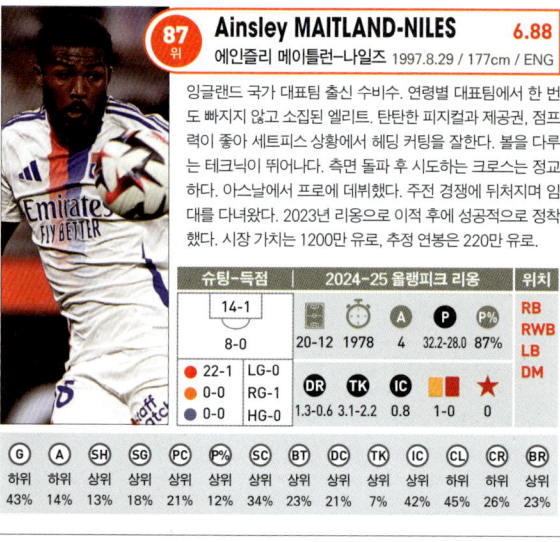

잉글랜드 국가 대표팀 출신 수비수. 연령별 대표팀에서 한 번도 빠지지 않고 소집된 엘리트. 탄탄한 피지컬과 제공권, 점프력이 좋아 세트피스 상황에서 헤딩 커팅을 잘한다. 볼을 다루는 테크닉이 뛰어나다. 측면 돌파 후 시도하는 크로스는 정교하다. 아스날에서 프로에 데뷔했다. 주전 경쟁에 뒤처지며 임대를 다녀왔다. 2023년 리옹으로 이적 후에 성공적으로 정착했다. 시장 가치는 1200만 유로, 추정 연봉은 220만 유로.

슈팅-득점	2024-25 올랭피크 리옹				위치
14-1 / 8-0	20-12	1978	4	A 32.2-28.0	P% 87%	RB RWB LB DM
● 22-1 LG-0 ● 0-0 RG-0 ● 0-0 HG-0	DR 1.3-0.6	TK 3.1-2.2	IC 0.8	▮▮	★ 1	

G	A	SH	SG	PC	P%	SC	BT	DC	TK	IC	CL	CR	BR
하위 43%	하위 14%	상위 13%	상위 18%	상위 21%	상위 12%	상위 34%	상위 23%	상위 7%	상위 42%	상위 45%	하위 26%	상위 23%	

88위 Matheus NUNES   6.87
마테우스 누네스   1998.08.27 / 183cm / POR

선호하는 포지션은 중앙 미드필더. 지난 시즌은 과르디올라의 전술과 팀의 사정으로 인해 측면 수비수로 출전했다. 이번 시즌 출전한 43경기에서 4골과 11개의 도움을 기록했다. 전술 이해도가 높고 정확한 패스로 득점 기회를 만든다. 3.32의 xA값을 넘었고 88%의 패스 성공률을 보였다. 포르투갈 국대 출신으로 대표팀 경기에서는 중앙 미드필더로 출전한다. 시장 가치는 3500만 유로, 추정 연봉은 801만 유로.

슈팅-득점	2024-25 맨체스터 시티				위치
6-1 / 3-0	19-7	1673	6	A 41.5-36.9	P% 89%	RB LWB RWB LM LB AM
● 9-1 LG-0 ● 0-0 RG-1 ● 0-0 HG-0	DR 1.7-0.8	TK 2.1-1.3	IC 0.7	▮▮ 4-0	★ 1	

G	A	SH	SG	PC	P%	SC	BT	DC	TK	IC	CL	CR	BR
상위 23%	상위 1%	상위 44%	상위 29%	상위 7%	상위 8%	상위 11%	상위 9%	상위 41%	상위 46%	상위 14%	상위 44%	상위 50%	

89위 Frédéric GUILBERT   6.87
프레데릭 길베어   1994.12.14 / 178cm / FRA

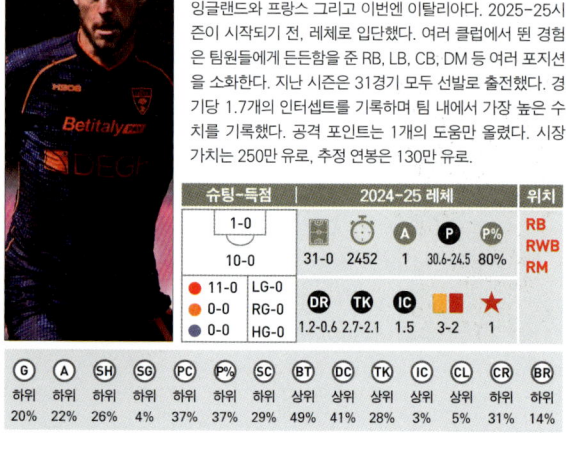

잉글랜드와 프랑스 그리고 이번엔 이탈리아다. 2025-25시즌이 시작되기 전, 레체로 입단했다. 여러 클럽에서 뛴 경험은 팀원들에게 든든함을 준 RB, LB, CB, DM 등 여러 포지션을 소화한다. 지난 시즌은 31경기 모두 선발로 출전했다. 경기당 1.7개의 인터셉트를 기록하며 팀 내에서 가장 높은 수치를 기록했다. 공격 포인트는 1개의 도움만 올렸다. 시장 가치는 250만 유로, 추정 연봉은 130만 유로.

슈팅-득점	2024-25 레체				위치
1-0 / 10-0	31-0	2452	3	A 30.6-24.5	P% 80%	RB RWB RM
● 11-0 LG-0 ● 0-0 RG-0 ● 0-0 HG-0	DR 1.2-0.6	TK 2.7-2.1	IC 1.5	▮▮ 3-2	★ 1	

G	A	SH	SG	PC	P%	SC	BT	DC	TK	IC	CL	CR	BR
하위 20%	하위 22%	하위 26%	상위 4%	상위 37%	상위 37%	하위 29%	상위 41%	상위 28%	상위 5%	상위 31%	하위 14%		

90위 Tommaso AUGELLO   6.87
토마소 아우젤로   1994.08.30 / 180cm / ITA

2024-25시즌 팀 내 최다 도움을 기록했다. 4.78의 xA값을 넘어 7개의 어시스트를 달성했다. 49번의 크로스를 시도했고 39번의 기회 창출에 성공했다. 큰 키는 아니지만 운동 신경과 점프력이 좋다. 공중볼 경합 성공률은 68.9%로 집계되었다. 주로 이탈리아에서만 활약했고, 지난 시즌을 끝으로 칼리아리와의 동행은 여기까지. 2025년 팔레르모와 3년 계약에 서명했다. 시장 가치는 180만 유로, 추정 연봉은 93만 유로.

슈팅-득점	2024-25 칼리아리				위치
2-0 / 6-0	30-8	2716	7	A 30.8-24.0	P% 78%	LWB LB LM LW
● 8-0 LG-0 ● 0-0 RG-0 ● 0-0 HG-0	DR 1.1-0.6	TK 1.6-1.3	IC 0.4	▮▮ 3-0	★ 4	

G	A	SH	SG	PC	P%	SC	BT	DC	TK	IC	CL	CR	BR
하위 20%	상위 10%	하위 10%	상위 47%	하위 13%	상위 30%	상위 43%	상위 28%	상위 28%	상위 9%	하위 15%	하위 3%	상위 30%	

○ 유럽 5대리그 풀백 & 윙백 항목별 랭킹 (90분 기준 기록, 100분율)

91위 Jon ARAMBURU — 6.87
혼 아람부루 / 2002.07.23 / 176cm / VEN

소시에다드의 유소년 팀 소속이었으나, FIFA 규정으로 인해 베네수엘라로 돌아갔다. 2023년 다시 계약을 맺었다. 당당한 체구를 지녔다. 스피드, 지구력 등 운동 능력이 뛰어나다. 공격적인 재능보다도 수비 전술 시 더 안정감을 준다. 이적한 첫 시즌은 팀 적응 기간이었고, 지난 시즌부터 주전 풀백으로 자리 잡았다. 2023년 베네수엘라 국가 대표팀에 소집되어 데뷔했다. 시장 가치는 1500만 유로, 추정 연봉은 45만 유로.

슈팅-득점 / 2024-25 레알 소시에다드 / 위치
- 6-1 / 5-0
- 28-7 / 2463 / 1 / 34.4-27.9 / 81%
- RB / LB
- 11-1 / LG-1
- 0-0 / RG-0
- 0-0 / HG-0
- DR 1.0-0.3 / TK 3.9-3.0 / IC 1.0 / 8-0 / ★ 1

G	A	SH	SG	PC	P%	SC	BT	DC	TK	IC	CL	CR	BR
하위	하위	하위	하위	상위	상위	하위	상위	하위	상위	상위	하위	하위	상위
42%	16%	37%	33%	37%	48%	11%	24%	11%	1%	28%	15%	18%	23%

92위 Kieran TRIPPIER — 6.86
키어런 트리피어 / 1990.09.19 / 178cm / ENG

정교한 킥이 일품의 풀백. 다양한 형태의 크로스를 시도한다. 로빙 패스의 정교함은 리그 내에서도 손꼽힌다. 어느덧 30대 중반의 나이가 되면서 체력은 많이 감소했다. 지난 시즌 리그에서는 25경기에만 출전. 햄스트링 부상도 찾아왔고, 경기 감각도 떨어지는 추세. 하지만 번뜩이는 킥력은 여전히 위력적이다. 국가 대표팀의 A매치 출장 기록은 50경기가 넘었다. 시장 가치는 400만 유로, 추정 연봉은 739만 유로.

슈팅-득점 / 2024-25 뉴캐슬 유나이티드 / 위치
- 1-0 / 3-0
- 14-11 / 1310 / 3 / 41.6-35.4 / 85%
- RB / LB / RWB
- 4-0 / LG-0
- 2-0 / RG-0
- 0-0 / HG-0
- DR 0.3-0.2 / TK 2.1-1.5 / IC 0.5 / 1-0 / ★ 1

G	A	SH	SG	PC	P%	SC	BT	DC	TK	IC	CL	CR	BR
하위	상위	하위	상위	하위	상위	하위	상위	하위	상위	상위	상위	하위	상위
20%	16%	12%	4%	1%	30%	3%	1%	16%	37%	21%	8%	24%

93위 Matty CASH — 6.86
매티 캐시 / 1997.08.07 / 185cm / POL

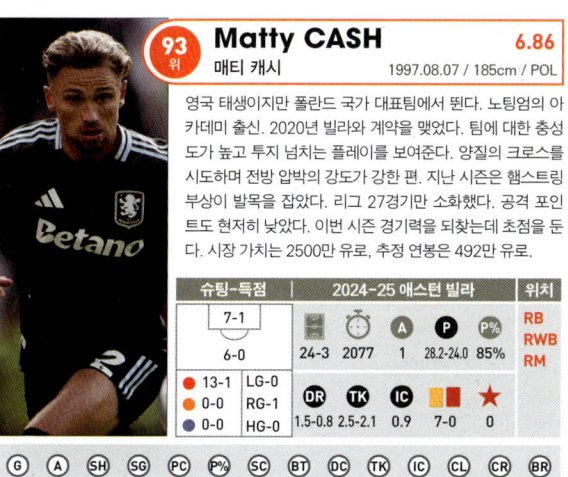

영국 태생이지만 폴란드 국가 대표팀에서 뛴다. 노팅엄의 아카데미 출신. 2020년 빌라와 계약을 맺었다. 팀에 대한 충성도가 높고 투지 넘치는 플레이를 보여준다. 양질의 크로스를 시도하며 전방 압박의 강도가 강한 편. 지난 시즌은 햄스트링 부상으로 발목을 잡았다. 리그 27경기만 소화했다. 공격 포인트도 현저히 낮았다. 이번 시즌 경기력을 되찾는데 초점을 둔다. 시장 가치는 2500만 유로, 추정 연봉은 492만 유로.

슈팅-득점 / 2024-25 애스턴 빌라 / 위치
- 7-1 / 6-0
- 24-3 / 2077 / 1 / 28.2-24.0 / 85%
- RB / RWB / RM
- 13-1 / LG-0
- 0-0 / RG-1
- 0-0 / HG-0
- DR 1.5-0.8 / TK 2.5-2.1 / IC 0.9 / 7-0 / ★ 0

G	A	SH	SG	PC	P%	SC	BT	DC	TK	IC	CL	CR	BR
상위	하위	상위	상위	하위	하위	하위	하위	상위	상위	상위	상위	상위	하위
50%	19%	33%	17%	18%	46%	9%	14%	26%	25%	46%	49%	21%	31%

94위 Antonino GALLO — 6.86
안토니노 갈로 / 2000.01.05 / 183cm / ITA

리그 31경기에 출장했고, 모두 다 선발이었다. 감독의 총애를 받고 있다. 1부 리그 승격을 함께했던 점은 구단의 서포터즈들 역시 좋아하는 부분이다. 3시즌 연속 리그에서 30경기 이상 출전했다. 왼쪽 풀백으로 34번의 크로스를 시도했다. 좌우를 가리지 않고 소화한다. 시즌 중반 햄스트링 부상으로 5경기 이탈했다. 2022년 레체의 전설 지아콤마찌의 딸과 아이를 가졌다. 시장 가치는 430만 유로, 추정 연봉은 96만 유로.

슈팅-득점 / 2024-25 레체 / 위치
- 2-0 / 7-0
- 31-0 / 2616 / 2 / 28.6-20.0 / 70%
- LB / LWB
- 9-0 / LG-0
- 2-0 / RG-0
- 0-0 / HG-0
- DR 1.0-0.5 / TK 3.0-2.1 / IC 0.6 / 3-1 / ★ 0

G	A	SH	SG	PC	P%	SC	BT	DC	TK	IC	CL	CR	BR
하위	상위	하위	상위	하위	상위	하위	상위	상위	상위	상위	상위	상위	상위
20%	43%	16%	30%	10%	3%	29%	26%	37%	37%	23%	3%	25%	49%

95위 José Ángel CARMONA — 6.86
호세 앙헬 카르모나 / 2002.01.29 / 184cm / ESP

세비야의 아카데미 출신. 드디어 1군에서 주전으로 올라섰다. 다부진 체격과 폭발적인 스피드, 테크닉 좋은 드리블을 바탕으로 인상적인 활약을 보였다. 박스 밖에서 시도하는 슛은 꽤 위협적이다. 아직 경험이 부족하지만, 뛰어난 신체 능력으로 단점을 장점으로 바꾸는 중이다. 경기당 인터셉트는 2.1개였고 팀 내에서 가장 많은 수치이다. 반칙이 많아 경고가 잦은 편이다. 시장 가치는 1200만 유로, 추정 연봉은 125만 유로.

슈팅-득점 / 2024-25 세비야 / 위치
- 5-0 / 14-0
- 35-0 / 2954 / 0 / 41.2-33.8 / 82%
- RB / LB / CB
- 19-0 / LG-0
- 0-0 / RG-0
- 0-0 / HG-0
- DR 1.3-0.4 / TK 3.4-2.4 / IC 1.9 / 11-0 / ★ 0

G	A	SH	SG	PC	P%	SC	BT	DC	TK	IC	CL	CR	BR
상위	상위	상위	하위	상위	상위	상위	상위	상위	상위	상위	상위	하위	상위
20%	7%	50%	34%	35%	40%	28%	30%	47%	20%	47%	11%	15%

96위 Andrea CAMBIASO — 6.86
안드레아 캄비아소 / 2000.02.20 / 182cm / ITA

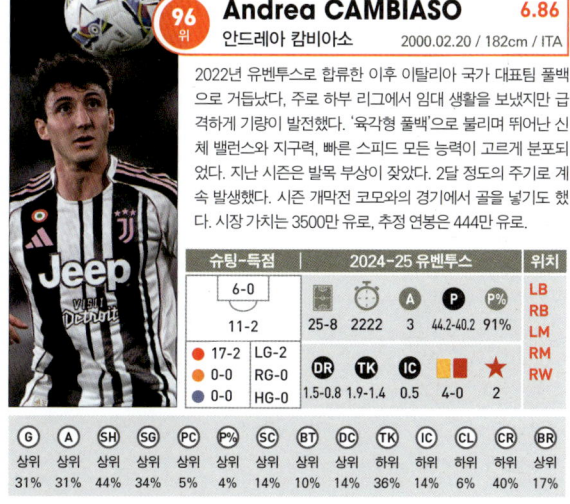

2022년 유벤투스로 합류한 이후 이탈리아 국가 대표팀 풀백으로 거듭났다. 주로 하부 리그에서 임대 생활을 보냈지만 급격하게 기량이 발전했다. '육각형 풀백'으로 불리며 뛰어난 신체 밸런스와 지구력, 빠른 스피드 모든 능력이 고르게 분포되었다. 지난 시즌은 발목 부상이 잦았다. 2달 정도의 주기로 계속 발생했다. 시즌 개막전 코모와의 경기에서 골을 넣기도 했다. 시장 가치는 3500만 유로, 추정 연봉은 444만 유로.

슈팅-득점 / 2024-25 유벤투스 / 위치
- 6-0 / 11-2
- 25-8 / 2222 / 4 / 44.2-40.2 / 91%
- LB / RB / LM / RM / RW
- 17-2 / LG-2
- 0-0 / RG-0
- 0-0 / HG-0
- DR 1.5-0.8 / TK 1.9-1.4 / IC 0.5 / 4-0 / ★ 2

G	A	SH	SG	PC	P%	SC	BT	DC	TK	IC	CL	CR	BR
상위	상위	상위	상위	상위	상위	상위	상위	상위	상위	하위	하위	하위	상위
31%	31%	44%	34%	2%	14%	10%	14%	36%	14%	6%	40%	6%	17%

○ 유럽 5대리그 풀백 & 윙백 항목별 랭킹(90분 기준 기록, 100분율)

97위 Keane LEWIS-POTTER 6.86
킨 루이스-포터 2001.02.22 / 170cm / ENG

'치타'와도 같은 스피드. 브렌트포드의 측면을 담당한다. 관중이 보기에 화려하진 않지만, 기본기 탄탄한 드리블 실력이 좋다. 공격적인 성향이 짙어 수비 뒷 공간에 대한 커버가 부족하다. 2024-24시즌 리그 전 경기에 출장했다. 전체 대회를 통틀어 43경기에 6개의 공격 포인트를 기록했다. 잉글랜드의 국가 대표팀에서 주목하는 재능. 2022년 U-21 팀에서 뛰었다. 시장 가치는 2300만 유로, 추정 연봉은 308만 유로.

슈팅-득점	2024-25 브렌포드 시티	위치
14-1		LB
14-0	36-2 3103 3 27.4-22.2 81%	LWB
28-1 LG-1		LM
1-0 RG-0	2.7-1.2 1.8-1.3 0.6 7-0 1	LW
0-0 HG-0		

G	A	SH	SG	PC	P%	SC	BT	DC	TK	IC	CL	CR	BR
하위	상위	상위	상위	하위	하위	상위	하위	하위	상위	상위	상위	상위	상위
40%	50%	30%	8%	10%	39%	48%	5%	9%	17%	17%	25%	39%	41%

98위 Carlos ROMERO 6.85
카를로스 로메로

비야레알의 아카데미 출신. 프로로 데뷔했지만, 출전 시간에 대한 갈증이 늘 존재했다. 지난 시즌 에스파뇰로 임대를 떠났다. 결과적으로 봤을 때, 구단과 선수 모두에게 '윈윈' 계약이었다. 리그 34경기에 출전하며 3골과 1개의 도움을 기록했다. 무엇보다도 프로 무대에서의 경험을 잘 쌓았다. 공격과 수비의 밸런스를 갖추었다. 제공권을 위한 수비의 위치 선정이 좋다. 시장 가치는 500만 유로, 추정 연봉은 45만 유로.

슈팅-득점	2024-25 에스파뇰	위치
13-2		LB
16-0	28-6 2557 1 22.4-17.0 76%	LM
29-2 LG-2		LW
1-0 RG-0	1.5-0.7 3.3-2.2 0.8 7-0 1	
0-0 HG-0		

G	A	SH	SG	PC	P%	SC	BT	DC	TK	IC	CL	CR	BR
하위	하위	상위	상위	하위	하위	상위	하위	상위	하위	상위	하위	상위	상위
28%	20%	18%	38%	5%	9%	41%	7%	31%	18%	38%	16%	37%	35%

99위 Jeremie FRIMPONG 6.84
제레미 프림퐁 2000.12.10 / 171cm / NED

알렉산더-아놀드의 대체자. 2025년 5000만 유로의 이적료를 발생시키며 리버풀로 이적했다. '네덜란드 커넥션'의 한축을 담당할 예정. 엄청난 가속력을 바탕으로 측면에서 휘젓는 플레이가 좋다. 낮게 시도하는 크로스, 타이밍이 절묘한 컷백, 공간을 이용한 스루 패스는 최고의 장점. 2024-25시즌 모든 대회를 통틀어 48경기에 출전했다. 5골과 12개의 어시스트를 기록했다. 시장 가치는 5000만 유로, 추정 연봉은 600만 유로.

슈팅-득점	2024-25 바이에르 레버쿠젠	위치
30-5		RWB
4-0	25-8 2328 5 22.4-18.8 84%	RB
34-5 LG-1		RM
0-0 RG-4	2.4-0.9 1.4-1.0 0.3 4-0 1	RW
0-0 HG-0		AM

G	A	SH	SG	PC	P%	SC	BT	DC	TK	IC	CL	CR	BR
상위	상위	상위	하위	상위	하위	하위	하위	상위	하위	하위	하위	상위	하위
7%	10%	6%	3%	8%	33%	23%	4%	22%	7%	3%	1%	20%	10%

100위 Nélson SEMEDO 6.84
넬송 세메두 1993.11.16 / 177cm / POR

포르투갈 국가 대표팀의 풀백. 상황에 따라서는 윙어로도 출전한다. 하체가 길어 보폭이 넓다. 빠른 주력과 유연한 움직임으로 돌파한다. 지난 시즌 34경기에 출전했고, 선발 경기는 32경기였다. 팀의 경기력이 좋지 못해서 많은 비판을 받았다. 벤피카를 거쳐 바르셀로나에서 활약했다. 2025년을 끝으로 울버햄튼과 계약이 끝났다. 주장으로 임명된 지 6개월밖에 되지 않았다. 시장 가치는 900만 유로, 추정 연봉은 480만 유로.

슈팅-득점	2024-25 울버햄튼	위치
6-0		RWB
12-0	32-2 2896 4 32.4-26.6 82%	RB
18-0 LG-0		CB
0-0 RG-0	2.1-1.0 2.6-1.9 0.7 8-0 1	
0-0 HG-0		

G	A	SH	SG	PC	P%	SC	BT	DC	TK	IC	CL	CR	BR
하위	상위	상위	상위	하위	상위	하위	상위	하위	상위	하위	상위	하위	상위
20%	35%	47%	36%	28%	39%	44%	21%	17%	46%	27%	26%	30%	37%

101위 Marc CUCURELLA 6.84
마르크 쿠쿠레야 1998.07.22 / 174cm / ESP

특이한 헤어 스타일로 유명하다. 바르셀로나의 아카데미 시절부터 유지하고 있다. 공수의 밸런스가 좋은 풀백. 빠른 발을 이용한 오버래핑이 장점이다. 개인기가 좋아 직접 박스 안쪽까지 파고들어 해결도 한다. 왕성한 활동량과 최종 수비 라인까지 달려와 커버하는 모습은 팀 동료에게 강한 자극이 된다. 연령별 대표팀을 두루 거친 엘리트. 국가 대표팀의 주축 멤버. 시장 가치는 3500만 유로, 추정 연봉은 1078만 유로.

슈팅-득점	2024-25 첼시 FC	위치
17-4		LB
7-1	33-3 2991 1 45.3-40.3 89%	
24-5 LG-2		
0-0 RG-1	0.5-0.2 2.7-1.9 0.8 8-1 3	
0-0 HG-2		

G	A	SH	SG	PC	P%	SC	BT	DC	TK	IC	CL	CR	BR
상위	하위	상위	상위	하위	상위	상위	상위	상위	상위	하위	상위	하위	상위
6%	15%	40%	14%	19%	6%	21%	17%	49%	41%	44%	5%	44%	44%

102위 Juan IGLESIAS 6.83
후안 이글레시아스 1998.07.03 / 187cm / ESP

RB, LB, RW까지 여러 포지션을 소화한다. 투박하지만 저돌적인 돌파를 즐겨한다. 점프력이 좋아 제공권 획득에서 우위를 점한다. 지난 시즌엔 47번의 태클 성공을 기록했다. 2020년부터 6시즌째 헤타페에서 뛰고 있다. 팀의 주장단으로 동료들에게 모범이 되는 유형. 단 하나의 부상도 없이 시즌 전체를 소화했다. 공격 포인트가 1도움밖에 되지 않아 아쉬운 부분이다. 시장 가치는 350만 유로, 추정 연봉은 18만 유로.

슈팅-득점	2024-25 헤타페	위치
7-0		RB
14-0	32-5 2892 1 21.0-12.8 61%	LB
21-0 LG-0		RM
0-0 RG-0	0.9-0.4 2.4-2.2 1.4 4-0 1	
0-0 HG-0		

G	A	SH	SG	PC	P%	SC	BT	DC	TK	IC	CL	CR	BR
하위	하위	하위	하위	상위	하위	하위	하위	상위	상위	상위	하위	상위	하위
20%	17%	43%	26%	1%	49%	12%	32%	22%	9%	5%	48%	18%	

103위 Luca PELLEGRINI — 6.83
루카 펠레그리니 1999.03.07 / 178cm / ITA

부상으로 허덕였다. 리그에서는 22경기밖에 출전하지 못했다. 다행스러웠던 점은 부상 복귀 후에 출전 시간이 더 많아졌다는 사실이다. 정교한 킥을 자랑하는 풀백. 상황에 따라서는 전진하는 윙백이다. 동료와 2대1 패스를 통해 압박을 허문다. 로마의 유소년 팀 출신. 유벤투스에서 적응에 실패했고, 그 후 라치오로 합류했다. 3번째 시즌이지만 여전히 임대 신분이다. 시장 가치는 300만 유로, 추정 연봉은 241만 유로.

슈팅-득점	2024-25 라치오					위치
5-0			A	P	P%	LB
8-0	10-12	1060	4	24.0-19.4	81%	
● 13-0	LG-0	DR	TK	IC	★	
● 1-0	RG-0	1.2-0.5	1.7-1.0	0.9	5-0	
● 0-0	HG-0				0	

G	A	SH	SG	PC	P%	SC	BT	DC	TK	IC	CL	CR	BR
하위	상위	상위	상위	상위	상위	상위	상위	상위	상위	상위	상위	상위	하위
20%	9%	14%	19%	35%	33%	11%	23%	18%	47%	8%	48%	5%	48%

104위 Tino LIVRAMENTO — 6.82
티노 리브라멘토 2002.11.12 / 182cm / ENG

잉글랜드의 차세대 라이트 백. 연령별 대표팀에 모두 포함된 천재. 어린 나이임에도 공수의 밸런스가 뛰어나다. 역습 상황에서는 누구보다 빠르게, 수비 상황에서는 가장 안정적인 자리 배치에 힘쓴다. 2023년 뉴캐슬로 입단했다. 지난 시즌에는 트리피어와의 주전 경쟁에서 한발 앞섰다. 2025 유로 U-21 챔피언십에서 우승을 차지했다. 오랫동안 첼시의 유소년 팀 소속. 시장 가치는 1800만 유로, 추정 연봉은 521만 유로.

슈팅-득점	2024-25 뉴캐슬 유나이티드					위치
3-0			A	P	P%	RB
3-0	32-5	2842	1	36.8-32.0	87%	LB
● 6-0	LG-0	DR	TK	IC	★	RM
● 0-0	RG-0	1.5-0.7	2.2-1.5	0.6	1-0	
● 0-0	HG-0				0	

G	A	SH	SG	PC	P%	SC	BT	DC	TK	IC	CL	CR	BR
하위	상위	상위	상위	상위	상위	상위	상위	상위	상위	상위	상위	상위	상위
20%	17%	6%	16%	34%	16%	4%	47%	29%	33%	28%	20%	20%	3%

105위 Matteo RUGGERI — 6.81
마테오 루제리 2002.07.11 / 187cm / ITA

전술 이해도가 높고, 기본기가 탄탄하다. 좁은 공간에서 여유가 있는 볼 처리 능력은 이탈리아 출신 다운 면모를 느낄 수 있다. 아탈란타의 아카데미가 만든 재능. 프로에 데뷔하자마자 임대를 포함해 많은 출전 시간을 받았다. 이탈리아의 청소년 대표팀을 두루 거쳤고, 2025년 아틀레티코와의 계약이 성사되었다. 같은 해 21세 이하의 유럽 선수권에서도 주전으로 활약했다. 시장 가치는 1600만 유로.

슈팅-득점	2024-25 아탈란타					위치
2-0			A	P	P%	LWB
1-0	19-11	1750	3	37.1-32.3	87%	LM
● 3-0	LG-0	DR	TK	IC	★	CB
● 0-0	RG-0	0.4-0.2	1.7-1.3	0.8	2-0	
● 0-0	HG-0				1	

G	A	SH	SG	PC	P%	SC	BT	DC	TK	IC	CL	CR	BR
하위	상위	상위	상위	상위	상위	상위	상위	상위	상위	상위	상위	상위	상위
20%	30%	10%	23%	9%	21%	38%	12%	14%	44%	31%	41%	21%	1%

106위 Kiko FEMENÍA — 6.81
키코 페메니아 1991.02.02 / 176cm / ESP

과거 바르셀로나 B팀과 레알마드리드 B팀 모두에서 뛰어 화제가 되었다. 왓포드, 비야레알에서 보여준 경기력을 보면 키코는 '노란색' 팀과 찰떡궁합이다. 발이 빠르진 않지만, 순간적인 판단으로 상황을 모면한다. 지난 시즌 90%의 패스 성공률을 보여주었다. 스탠딩과 슬라이드, 발을 쭉 뻗는 등 여러 태클을 구사한다. 시즌 내내 부상을 겪었다. 리그 28경기에 출전했다. 시장 가치는 9천 유로, 추정 연봉은 100만 유로.

슈팅-득점	2024-25 비야레알					위치
1-0			A	P	P%	RB
2-0	27-1	2232	1	44.9-40.4	90%	
● 3-0	LG-0	DR	TK	IC	★	
● 0-0	RG-0	0.9-0.6	2.6-1.8	1.4	7-0	
● 0-0	HG-0				0	

G	A	SH	SG	PC	P%	SC	BT	DC	TK	IC	CL	CR	BR
하위	상위	상위	상위	상위	상위	상위	상위	상위	상위	상위	상위	상위	상위
20%	25%	2%	4%	12%	3%	35%	25%	39%	6%	37%	27%	46%

107위 Lucas VÁZQUEZ — 6.81
루카스 바스케스 1991.07.01 / 173cm / ESP

4번의 리그 우승과 5번의 챔피언스리그 우승. 확실한 '위너'였다. 선수 생활 초기엔 측면 윙어로 출전했지만, 시간이 지나면서 풀백으로 변모했다. 간결한 볼 터치와 빠른 순간 판단 그리고 강한 지구력을 자랑한다. 박스 밖에서 시도하는 중거리 슛은 상대를 놀라게 했다. 2025년을 끝으로 레알 마드리드와의 여정은 종료되었다. 모든 대회를 통틀어 402경기를 뛰었다. 시장 가치는 300만 유로, 추정 연봉은 521만 유로.

슈팅-득점	2024-25 레알 마드리드					위치
9-1			A	P	P%	RB
6-0	25-7	2193	5	44.0-39.6	90%	RWB
● 15-1	LG-1	DR	TK	IC	★	
● 1-0	RG-0	1.1-0.6	2.5-1.8	4-0	0	
● 0-0	HG-0					

G	A	SH	SG	PC	P%	SC	BT	DC	TK	IC	CL	CR	BR
상위	상위	상위	상위	상위	상위	상위	상위	상위	상위	하위	상위	상위	하위
30%	17%	36%	33%	8%	10%	12%	35%	31%	40%	46%	26%	19%	

108위 Phillipp MWENE — 6.81
필립 음웨네 1994.01.29 / 170cm / AUT

분데스리가에서 많은 경험을 가진 수비수. 슈투트가르트의 유소년 팀 출신. 2023년 마인츠로 재합류했다. 아인트호벤에서의 도전은 결과적으로 실패했다. 3백의 왼쪽 윙백으로 출전, 한국의 이재성과 좋은 호흡을 보여주고 있다. 지난 시즌 팀의 약진을 이끌었고 리그에서 6개의 공격 포인트를 기록했다. 오스트리아 국가 대표팀에서도 주전으로 뛴다. 여러 포지션을 소화한다. 시장 가치는 180만 유로, 추정 연봉은 90만 유로.

슈팅-득점	2024-25 마인츠 05					위치
16-1			A	P	P%	LWB
5-0	32-0	2620	4	30.1-23.2	77%	LB
● 21-1	LG-1	DR	TK	IC	★	LM
● 0-0	RG-0	1.5-0.7	2.4-1.6	0.8	7-0	RB
● 0-0	HG-0				0	

G	A	SH	SG	PC	P%	SC	BT	DC	TK	IC	CL	CR	BR
상위	상위	상위	상위	상위	상위	상위	상위	상위	상위	하위	상위	상위	하위
49%	28%	39%	39%	22%	26%	42%	22%	34%	35%	37%	15%	43%	38%

109위 Juan CUADRADO — 6.81
후안 쿠아드라도 1988.05.26 / 179cm / COL

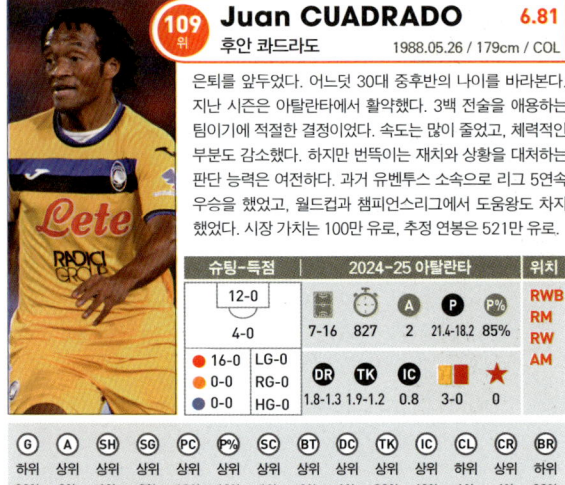

은퇴를 앞두었다. 어느덧 30대 중후반의 나이를 바라본다. 지난 시즌은 아탈란타에서 활약했다. 3백 전술을 애용하는 팀이기에 적절한 결정이었다. 속도는 많이 줄었고, 체력적인 부분도 감소했다. 하지만 번뜩이는 재치와 상황을 대처하는 판단 능력은 여전하다. 과거 유벤투스 소속으로 리그 5연속 우승을 했었고, 월드컵과 챔피언스리그에서 도움왕도 차지했었다. 시장 가치는 100만 유로, 추정 연봉은 521만 유로.

슈팅-득점	2024-25 아탈란타					위치
12-0	⏱	Ⓐ	Ⓟ	P%		RWB
4-0	7-16	827	2	21.4-18.2	85%	RM
🔴 16-0	LG-0	DR	TK	IC	🟨🟥 ★	RW
🟠 0-0	RG-0	1.8-1.3	1.9-1.2	0.8	3-0	AM
🔵 0-0	HG-0					

G	A	SH	SG	PC	P%	SC	BT	DC	TK	IC	CL	CR	BR
하위	상위	상위	상위	상위	상위	상위	하위	상위	상위	상위	하위	상위	하위
20%	8%	1%	2%	18%	46%	1%	8%	1%	39%	42%	1%	4%	33%

110위 Ignace VAN DER BREMPT — 6.81
이냐스 반더브렘트 2002.04.01 / 187cm / BEL

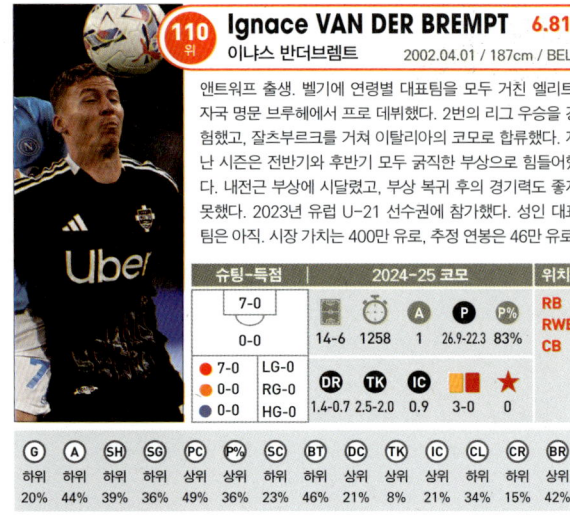

앤트워프 출생. 벨기에 연령별 대표팀을 모두 거친 엘리트. 자국 명문 브루헤에서 프로 데뷔했다. 2번의 리그 우승을 경험했고, 잘츠부르크를 거쳐 이탈리아의 코모로 합류했다. 지난 시즌은 전반기와 후반기 모두 굵직한 부상으로 힘들어했다. 내전근 부상에 시달렸고, 부상 복귀 후의 경기력도 좋지 못했다. 2023년 유럽 U-21 선수권에 참가했다. 성인 대표팀은 아직. 시장 가치는 400만 유로, 추정 연봉은 46만 유로.

슈팅-득점	2024-25 코모					위치
7-0	⏱	Ⓐ	Ⓟ	P%		RB
0-0	14-6	1258	1	26.9-22.3	83%	RWB
🔴 7-0	LG-0	DR	TK	IC	🟨🟥 ★	CB
🟠 0-0	RG-0	1.4-0.7	2.5-2.0	0.9	3-0	
🔵 0-0	HG-0					

G	A	SH	SG	PC	P%	SC	BT	DC	TK	IC	CL	CR	BR
하위	하위	하위	하위	상위	상위	상위	상위	하위	상위	상위	상위	상위	하위
20%	44%	39%	36%	49%	36%	23%	46%	21%	8%	21%	34%	15%	42%

111위 Joël VELTMAN — 6.81
조엘 벨트만 1992.01.15 / 184cm / NED

소속 팀에 대한 충성도가 높은 풀백. 아약스 아카데미 출신으로 프로 데뷔 후 9번의 시즌을 보내면서 3번의 리그 우승을 차지했다. 2020년 EPL 브라이튼으로의 이적을 결정했다. 화려하진 않지만, 탄탄한 기본기를 보여준다. 다양한 구질의 크로스를 박스 안으로 보낸다. 지난 시즌도 32번의 로빙 패스에 성공했다. 오른쪽 풀백뿐만 아니라, 수비 전 지역에서 활약한다. 시장 가치는 400만 유로, 추정 연봉은 308만 유로.

슈팅-득점	2024-25 브라이튼&HA					위치
2-0	⏱	Ⓐ	Ⓟ	P%		RB
4-0	19-2	1699	0	37.2-30.5	82%	CB
🔴 6-0	LG-0	DR	TK	IC	🟨🟥 ★	
🟠 0-0	RG-0	0.8-0.3	3.0-2.0	0.9	5-0	
🔵 0-0	HG-0					

G	A	SH	SG	PC	P%	SC	BT	DC	TK	IC	CL	CR	BR
하위	하위	상위	상위	상위	상위	하위	상위	상위	상위	상위	상위	하위	하위
20%	7%	17%	14%	50%	42%	8%	49%	9%	33%	43%	17%	12%	30%

112위 Leonardo SPINAZZOLA — 6.79
레오나르도 스피나촐라 1993.03.25 / 186cm / ITA

세리에A의 대표적인 윙백. 빠른 주력과 순간적인 가속이 장점. 측면을 허문 뒤 시도하는 크로스가 일품이다. 유벤투스 소속으로 임대를 전전하다가 2019년 AS로마로 이적했다. 지난 시즌은 나폴리 소속으로 활약했다. 팀의 리그 우승에 일조했다. 시즌 초반은 교체 멤버로 있었지만, 중후반부터 출전 시간을 늘려갔다. 이탈리아 국가 대표팀 소속으로 24경기에 뛰었다. 시장 가치는 350만 유로, 추정 연봉은 333만 유로.

슈팅-득점	2024-25 나폴리					위치
9-1	⏱	Ⓐ	Ⓟ	P%		LB
3-0	17-10	1521	1	26.2-22.0	84%	LWB
🔴 12-1	LG-0	DR	TK	IC	🟨🟥 ★	LW
🟠 0-0	RG-1	2.5-1.2	2.0-0.6	0.3	1-0	
🔵 0-0	HG-0					

G	A	SH	SG	PC	P%	SC	BT	DC	TK	IC	CL	CR	BR
상위	하위	상위	상위	상위	상위	상위	상위	상위	상위	하위	상위	상위	하위
35%	38%	40%	31%	41%	49%	17%	46%	3%	9%	18%	27%	33%	33%

113위 Riccardo CALAFIORI — 6.79
리카르도 칼라피오리 2002.05.19 / 188cm / ITA

현재 이탈리아 대표팀에서 가장 인기가 많은 남자. 모델과 같은 외모로도 화제가 되었다. 지난 시즌 5라운드 맨체스터 시티의 어웨이 경기에서 리그 첫 골을 넣었다. 팀 적응에 좋은 흐름이었지만, 부상이 끊이질 않았다. 시즌 절반 가까이 무릎 부상으로 출전하지 못했다. 수비 전 지역을 커버하는 멀티 플레이어. 때로 세트피스 상황에서 위협적인 헤딩슛도 시도한다. 시장 가치는 3500만 유로, 추정 연봉은 739만 유로.

슈팅-득점	2024-25 아스널 FC					위치
7-1	⏱	Ⓐ	Ⓟ	P%		LB
3-1	11-8	986	1	25.2-22.2	88%	CB
🔴 10-1	LG-2	DR	TK	IC	🟨🟥 ★	
🟠 0-0	RG-0	0.7-0.5	2.0-1.4	0.5	4-0	
🔵 0-0	HG-0					

G	A	SH	SG	PC	P%	SC	BT	DC	TK	IC	CL	CR	BR
상위	상위	상위	상위	상위	상위	하위	상위	상위	상위	상위	하위	하위	하위
3%	33%	18%	3%	43%	14%	34%	10%	39%	20%	34%	36%	5%	25%

114위 Emil HOLM — 6.78
에밀 홀름 2000.05.13 / 191cm / SWE

강인한 피지컬을 바탕으로 높은 점프력과 지구력을 갖추었다. 거친 플레이에 밀리지 않는다. 지난 시즌 59.6%의 공중볼 제공권 경합을 기록했다. 측면에서 곧바로 연결해주는 로빙 패스가 가장 큰 장점. 러닝 크로스와 낮고 빠른 컷백은 팀의 공격 전술에 크게 도움이 된다. 스웨덴 국대에 꾸준히 소집되고 있다. 결과적으로는 2024-25시즌 볼로냐의 이적은 좋았다. 시장 가치는 800만 유로, 추정 연봉은 103만 유로.

슈팅-득점	2024-25 볼로냐					위치
9-0	⏱	Ⓐ	Ⓟ	P%		RB
3-0	12-9	1134	1	26.8-21.2	79%	LB
🔴 10-1	LG-0	DR	TK	IC	🟨🟥 ★	
🟠 0-0	RG-1	1.2-0.6	2.1-1.6	0.5	3-0	1
🔵 0-0	HG-0					

G	A	SH	SG	PC	P%	SC	BT	DC	TK	IC	CL	CR	BR
상위	하위	상위	상위	상위	상위	상위	상위	상위	상위	상위	상위	상위	하위
30%	41%	43%	42%	40%	28%	47%	29%	32%	45%	49%	45%	39%	39%

115위 Léo PÉTROT — 6.78
레오 페르토 1997.04.15 / 188cm / FRA

생테티엔의 품으로 다시 돌아왔다. 유소년 팀에서 1군 스쿼드에 등록되었지만, 기회를 잡지 못했다. 여러 클럽에서 경험을 쌓았고 2022년 리턴했다. 지난 시즌 팀의 주전 풀백으로 활약했다. 큰 부상 없이 리그에서 31경기 출전했다. 스피드가 빠른 편은 아니다. 뒷 공간에 대한 커버가 느리지만 정확히 높은 크로스와 일대일 대인 마크는 좋다. RB와 CB도 소화한다. 시장 가치는 9천 유로, 추정 연봉은 00만 유로.

슈팅-득점		2024-25 생테티엔				위치
7-0		29-2	2637	3	37.7-30.5 81%	LB
0-0						CB
7-0 LG-0		DR 0.5-0.2	TK 2.7-2.1	IC 1.4	4-0 ★ 0	RB
0-0 RG-0						
0-0 HG-0						

G	A	SH	SG	PC	P%	SC	BT	DC	TK	IC	CL	CR	BR
하위	상위	하위	상위	하위	상위	하위	상위	하위	상위	하위	하위	상위	상위
20%	41%	8%	31%	49%	41%	16%	47%	12%	38%	11%	14%	22%	47%

116위 Weston MCKENNIE — 6.78
웨스턴 맥케니 1998.08.28 / 183cm / USA

지치지 않는 에너자이저. 경기장 전체를 자신의 활동 반경으로 삼는다. 측면 풀백으로 뛸 때가 가장 돋보인다. 거침없는 돌파와 안쪽으로 파고드는 움직임이 좋다. 특히 상대와의 거친 몸싸움도 마다하지 않는 열정이 대단하다. 샬케 출신으로 유벤투스와의 인연은 어느덧 200경기 출장에 육박한다. 지난 시즌 벤피카와의 챔피언스리그에서는 주장 완장을 찼었다. 시장 가치는 2200만 유로, 추정 연봉은 359만 유로.

슈팅-득점		2024-25 유벤투스				위치
19-2		27-5	2318	4	31.5-26.8 85%	LB
3-0						RB
22-2 LG-0		DR 1.1-0.6	TK 1.3-1.0	IC 0.4	3-0 ★ 0	LWB
0-0 RG-0						RWB
0-0 HG-1						CM
						AM

G	A	SH	SG	PC	P%	SC	BT	DC	TK	IC	CL	CR	BR
상위	상위	상위	상위	상위	상위	상위	상위	상위	상위	하위	상위	하위	상위
5%	34%	27%	10%	32%	26%	27%	48%	29%	12%	6%	4%	4%	50%

117위 Manolis SALIAKAS — 6.78
마놀리스 살리아카스 1996.09.12 / 177cm / GRE

그리스 국대 출신. 연령별 대표팀에 꾸준히 소집되며 엘리트 코스를 밟아왔다. 지난 시즌은 햄스트링으로 3경기 결장한 것을 제외하면 전 경기에 출전했다. 3백의 스토퍼보다는 윙백으로 줄곧 출전했다. 2골과 2도움을 기록했다. 26번의 찬스 메이킹에 성공했다. 저돌적인 돌파와 빠른 발, 크로스의 날카로움이 주요 장점. 하지만 수비 시에 팀 압박에 대한 참여도가 부족하다. 시장 가치는 300만 유로, 추정 연봉은 84만 유로.

슈팅-득점		2024-25 장크트 파울리				위치
12-1		26-4	2324	2	32.9-25.0 76%	RWB
17-1						RB
29-4 LG-0		DR 0.3-0.1	TK 2.3-1.5	IC 0.7	4-0 ★ 0	RM
0-0 RG-2						
0-0 HG-0						

G	A	SH	SG	PC	P%	SC	BT	DC	TK	IC	CL	CR	BR
상위	하위	상위	상위	상위	하위	상위	상위	하위	상위	상위	상위	상위	하위
45%	28%	40%	43%	41%	3%	47%	43%	1%	35%	31%	13%	16%	1%

118위 Konrad LAIMER — 6.78
콘라트 라이머 1997.05.27 / 180cm / AUT

수비 진영의 줄부상으로 출전 기회를 더 받았다. 수비 전 지역을 커버하며 중앙 미드필더로서도 경쟁력이 있다. 감독이 좋아하는 전형적인 '팀 플레이어'. 동료와 주고받는 패스가 좋다. 만들어가는 플레이와 직접 해결하는 순간을 잘 파악한다. 순간적인 가속으로 돌파 후 시도하는 컷백 크로스는 꽤 위협적. 오스트리아 대표팀에서도 영향력이 상당하다. 시장 가치는 2500만 유로, 추정 연봉은 900만 유로.

슈팅-득점		2024-25 바이에른 뮌헨				위치
10-2		19-10	1698	2	38.0-33.8 89%	RB
8-0						LB
18-2 LG-1		DR 1.0-0.6	TK 2.6-1.7	IC 0.3	8-0 ★ 0	DM
0-0 RG-1						RM
0-0 HG-0						LM

G	A	SH	SG	PC	P%	SC	BT	DC	TK	IC	CL	CR	BR
상위	상위	상위	상위	상위	상위	상위	상위	상위	상위	상위	상위	하위	상위
15%	39%	35%	26%	10%	7%	14%	21%	25%	13%	6%	10%	3%	31%

119위 Adrià PEDROSA — 6.77
아드리아 페드로사 1998.05.13 / 176cm / ESP

에스파뇰이 애지중지했던 재능. 1군 스쿼드에 등록되면서 다섯 시즌을 함께 했다. 2022년 세비야로 옮겨왔고, 지난 시즌 주전 레프트 백으로 출전했다. 중반 햄스트링 부상도 입었지만, 경기력을 유지했다. 엄청난 스피드로 측면을 부순다. 돌파 후 시도하는 러닝 크로스는 트레이드 마크. 볼을 잘 다루고 민첩성이 좋은 편. 스페인 U-21 대표팀에서 뛴 이력이 있다. 시장 가치는 700만 유로, 추정 연봉은 110만 유로.

슈팅-득점		2024-25 세비야				위치
7-0		27-4	2305	1	28.7-22.7 79%	LB
17-1						LWB
24-1 LG-1		DR 1.3-0.6	TK 2.5-1.8	IC 0.5	7-0 ★ 1	LM
0-0 RG-0						
0-0 HG-0						

G	A	SH	SG	PC	P%	SC	BT	DC	TK	IC	CL	CR	BR
상위	상위	상위	상위	상위	상위	상위	상위	상위	상위	상위	상위	상위	상위
48%	24%	21%	23%	30%	21%	41%	42%	40%	39%	49%	25%	28%	44%

120위 Arnau MARTÍNEZ — 6.77
아르나우 마르티네스 2003.04.25 / 182cm / ESP

지로나의 주장. '원클럽맨'의 향수가 짙다. 탄탄한 기본기와 수비에 중점을 둔 풀백. 리더십이 좋고 라커룸 밖에서도 동료들에게 힘이 된다. 리그와 챔피언스리그를 병행하며 총 39경기에 출전했다. 6개의 공격 포인트를 기록했다. 모두 다 시즌 초반에 나온 것이라 후반부의 경기력엔 아쉬운 부분이 많았다. 스페인 청소년 대표팀 출신으로 카탈루냐 대표팀도 참가했다. 시장 가치는 1000만 유로, 추정 연봉은 521만 유로.

슈팅-득점		2024-25 지로나				위치
14-2		30-2	2628	2	49.4-43.5 88%	RB
5-0						RWB
19-2 LG-0		DR 1.2-0.6	TK 2.6-1.6	IC 1.0	3-0 ★ 0	RM
0-0 RG-0						
0-0 HG-2						

G	A	SH	SG	PC	P%	SC	BT	DC	TK	IC	CL	CR	BR
상위	하위	상위	상위	상위	상위	상위	상위	상위	상위	상위	상위	상위	상위
36%	37%	43%	31%	20%	22%	41%	40%	37%	32%	44%	30%	30%	49%

○ 유럽 5대리그 풀백 & 윙백 항목별 랭킹 (90분 기준 기록, 100분율)

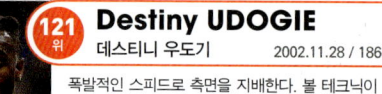

121위 Destiny UDOGIE — 6.77
데스티니 우도기 2002.11.28 / 186cm / ITA

폭발적인 스피드로 측면을 지배한다. 볼 테크닉이 뛰어나다. 공격적인 성향과 상황에 따라서는 전진 배치도 가능하다. 가속이 붙으면 상대가 막기엔 쉽지 않다. 다만 20대 초반의 어린 나이라 경기를 쉽게 흥분한다. 2023년부터 계속 당했던 햄스트링 부상에서 이번에도 자유롭지 못했다. 공격 포인트도 1도움밖에 되지 않았다. 더 높은 단계로의 성장통이 찾아왔다. 시장 가치는 4000만 유로, 추정 연봉은 461만 유로.

슈팅-득점	2024-25 토트넘 핫스퍼				위치
5-0 / 0-0	24-1	1933	1	39.4-33.5	85%	LB LWB
● 5-0 LG-0					
● 0-0 RG-0 DR TK IC ★					
● 0-0 HG-0 1.3-0.6 3.6-3.0 0.9 2-0 0					

G	A	SH	SG	PC	P%	SC	BT	DC	TK	IC	CL	CR	BR
하위 20%	하위 17%	하위 11%	하위 17%	상위 33%	하위 13%	상위 34%	상위 37%	상위 32%	하위 12%	상위 30%	상위 16%	하위 6%	하위 3%

122위 Timothy CASTAGNE — 6.77
티모시 카스타뉴 1995.12.05 / 185cm / BEL

3백 전술에 최적화된 윙백. 아탈란타 시절부터 측면에서의 포지션 이해도가 높다. 공수의 밸런스가 알맞고, 동료 미드필더를 활용해 더 나은 상황을 만든다. 2대1 패스나 후방 빌드업에도 관여한다. 최근에는 수비에 중점을 두니 공격 포인트가 낮아졌다. 상대적으로 경기를 읽는 시야는 넓어졌다. 대표팀에서도 영향력이 상당하며 이스라엘과의 경기선 주장도 역임했다. 시장 가치는 1300만 유로, 추정 연봉은 400만 유로.

슈팅-득점	2024-25 풀럼 FC				위치
7-0 / 1-0	17-7	1643	1	33.0-27.4	83%	RB LB RM
● 8-0 LG-0					
● 0-0 RG-0 DR TK IC ★					
● 0-0 HG-0 0.5-0.2 2.7-1.9 0.9 1-0 1					

G	A	SH	SG	PC	P%	SC	BT	DC	TK	IC	CL	CR	BR
하위 20%	상위 34%	상위 30%	상위 47%	상위 39%	상위 33%	상위 40%	상위 42%	하위 14%	하위 22%	상위 23%	하위 3%	상위 32%	하위 14%

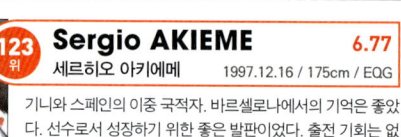

123위 Sergio AKIEME — 6.77
세르히오 아키에메 1997.12.16 / 175cm / EQG

기니와 스페인의 이중 국적자. 바르셀로나에서의 기억은 좋았다. 선수로 성장하기 위한 좋은 발판이다. 출전 기회는 없었지만 프로 무대의 현실을 확실히 파악했다. 2023년 알메리아를 거쳐 랭스로 이적했다. 지난 시즌 리그에서 30경기에 출전했으나, 강등을 막진 못했다. 공격적인 성향이 강해 박스 안팎을 가리지 않고 슈팅을 시도한다. 리그에서 2골을 기록했다. 시장 가치는 700만 유로, 추정 연봉은 90만 유로.

슈팅-득점	2024-25 스타드 랭스				위치
15-2 / 11-0	29-1	2526	3	29.8-25.6	86%	LB CB
● 26-2 LG-2					
● 1-0 RG-0 DR TK IC ★					
● 0-0 HG-0 1.0-0.5 1.6-1.1 0.6 5-0 1					

G	A	SH	SG	PC	P%	SC	BT	DC	TK	IC	CL	CR	BR
상위 27%	상위 40%	상위 22%	상위 27%	하위 23%	하위 29%	하위 12%	하위 15%	상위 8%	상위 16%	상위 18%	상위 35%	상위 43%	상위 43%

124위 Enrico DELPRATO — 6.77
엔리코 델프라토 1999.11.10 / 183cm / ITA

파르마의 캡틴. 강한 리더십을 지녔다. 수비의 전 지역에서 활약한다. 전술적인 선택으로 보면 측면 미드필더까지 소화한다. 공중전의 제공권 싸움을 잘하고 페널티 박스 안쪽에서 골까지 터트린다. 2.06의 xG값을 넘는 득점과 더불어 85%의 패스 성공률까지 기록했다. 이탈리아의 청소년 대표팀 출신으로 탄탄한 기본기까지 갖췄다. 다만 경고성 짙은 파울이 많다. 시장 가치는 650만 유로, 추정 연봉은 521만 유로.

슈팅-득점	2024-25 파르마				위치
12-4 / 0-0	32-2	2946	0	40.1-34.5	86%	RB CB RWB RM
● 12-4 LG-0					
● 0-0 RG-2 DR TK IC ★					
● 0-0 HG-1 0.1-0.1 1.3-1.1 0.7 8-0 0					

G	A	SH	SG	PC	P%	SC	BT	DC	TK	IC	CL	CR	BR
상위 10%	하위 7%	하위 40%	상위 44%	상위 48%	상위 21%	상위 3%	상위 29%	하위 2%	상위 13%	상위 7%	하위 1%	하위 3%	하위 33%

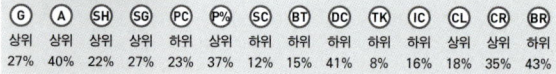
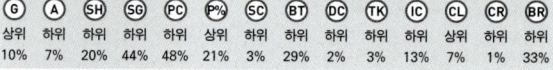

125위 Yuri BERCHICHE — 6.76
유리 베르치체 1990.02.10 / 181cm / ESP

스페인 바스크 지방 출신이지만 토트넘 유소년 팀을 거쳤다. 프로에 데뷔하진 못했고, 여러 클럽을 돌면서 나날이 발전되었다. 볼을 잘 다루며 쉽게 빼앗기지 않는다. 공격적인 면모와 수비에 대한 책임감이 적절히 공존한다. 돌파 후 시도하는 크로스는 정교한 편. 2018년 빌바오로 합류한 후 지금까지 뛰고 있다. 240경기를 뛰며 팀에 대한 충성도는 증명이 끝났다. 시장 가치는 140만 유로, 추정 연봉은 428만 유로.

슈팅-득점	2024-25 아슬레틱 빌바오				위치
2-0 / 14-0	22-8	2041	2	38.1-32.4	85%	LB CB
● 16-0 LG-0					
● 0-0 RG-0 DR TK IC ★					
● 0-0 HG-0 0.5-0.2 1.6-1.1 0.9 5-0 0					

G	A	SH	SG	PC	P%	SC	BT	DC	TK	IC	CL	CR	BR
하위 41%	상위 48%	상위 24%	상위 19%	상위 16%	상위 22%	상위 36%	상위 16%	하위 11%	상위 19%	하위 7%	상위 32%	상위 33%	상위 5%

126위 Hassane KAMARA — 6.75
하산 카마라 1994.03.05 / 168cm / CIV

코트디부아르계 프랑스 국적의 수비수. 2021년부터 코트디부아르의 소속으로 A매치에 출전했다. 좌우를 가리지 않고 자신의 기량을 보여준다. 발이 빠르고, 터치 라인을 잘 이용한다. 왼쪽 측면 미드필더로도 출전한다. 히트맵은 주로 왼쪽에 집중적으로 분포한다. 여러 클럽을 돈된 '저니맨'. 2023년 이탈리아의 우디네세로 합류하며 팀 적응에 안정감이 더해졌다. 시장 가치는 350만 유로, 추정 연봉은 115만 유로.

슈팅-득점	2024-25 우디네세				위치
9-0 / 8-1	25-5	2010	4	25.1-20.6	82%	LB LWB
● 17-1 LG-1					
● 0-0 RG-0 DR TK IC ★					
● 0-0 HG-0 1.5-0.6 1.6-1.2 0.9 6-1 3					

G	A	SH	SG	PC	P%	SC	BT	DC	TK	IC	CL	CR	BR
상위 45%	하위 18%	상위 35%	상위 37%	상위 30%	상위 48%	상위 28%	하위 27%	상위 25%	상위 26%	상위 24%	상위 15%	상위 45%	

유럽 5대리그 풀백 & 윙백 항목별 랭킹 (90분 기준 기록, 100분율)

127위 Zeki ÇELİK — 6.75
제키 첼리크 1997.02.17 / 180cm / TUR

터키 국가 대표팀의 보물과도 같은 존재. 축구에 대한 성실함과 공수의 완벽한 조화가 일품이다. 3-4-3 포메이션 전술을 운영할 때, 오른쪽 스토퍼로도 출전한다. 위치를 잘 잡고 클리어링과 태클 기술이 뛰어나다. 리그앙의 릴을 거쳐 AS로마로 합류했다. 지난 시즌은 햄스트링 부상만 제외하면 큰 무리 없이 경기에 출전했다. 모든 대회를 통틀어 43경기에서 활약했다. 시장 가치는 00만 유로, 추정 연봉은 256만 유로.

슈팅-득점 | 2024-25 AS 로마 | 위치
11-0	27-4	2266	2	37.4-31.8	85%	RWB
2-0						RB
● 13-0	LG-0					CB
● 0-0	RG-0	DR	TK	IC	★	RM
● 0-0	HG-0	0.5-0.3	2.6-2.0	0.5	5-0	2

G	A	SH	SG	PC	P%	SC	BT	DC	TK	IC	CL	CR	BR
하위	상위	하위	상위	상위	상위	하위	상위	하위	상위	하위	상위	하위	하위
41%	47%	32%	43%	23%	30%	32%	25%	21%	16%	36%	38%	28%	16%

128위 Óscar DE MARCOS — 6.74
오스카 데 마르코스 1989.04.14 / 182cm / ESP

감동적인 순간이었다. 클럽 역사상 역대 2번째로 많이 출장한 레전드. 데 마르코스의 은퇴는 여러 의미를 내포했다. 하나의 클럽에서만 뛰기 어려운 현대 축구에서 '낭만'이 존재함을 알려주었다. 트로피를 많이 들지는 못했다. 하지만 팀이 필요로 하면 어느 포지션에서도 제 몫을 했다. 풀백과 측면 미드필더 그리고 공격형 미드필더로도 활약했다. '팀 플레이'의 표본이 되었다. 시장 가치는 00만 유로, 추정 연봉은 00만 유로.

슈팅-득점 | 2024-25 아슬레틱 빌바오 | 위치
4-0	17-9	1563	4	29.4-23.2	79%	RB
4-0						
● 8-0	LG-0					
● 0-0	RG-0	DR	TK	IC	★	
● 0-0	HG-0	0.8-0.3	1.7-1.1	0.7	5-0	2

G	A	SH	SG	PC	P%	SC	BT	DC	TK	IC	CL	CR	BR
하위	상위	하위	하위	상위	상위	하위	상위	하위	상위	하위	상위	상위	하위
20%	11%	22%	19%	24%	40%	21%	27%	19%	22%	26%	30%	12%	

129위 Timothy WEAH — 6.74
티모시 웨아 2000.02.22 / 183cm / USA

발롱도르 수상자 조지 웨아의 아들. 지금은 미국 국가 대표팀의 주축 멤버로도 유명해졌다. 엄청난 주력을 바탕으로 측면을 지배한다. 드리블 기술이 뛰어나고 공간을 향해 쳐놓고 들어가는 돌파가 장점이다. 그러나 뒷 공간에 대한 수비가 불안하며 거친 파울도 잦다. 지난 시즌은 발목과 햄스트링으로 6경기에 결장했다. 파리 생제르맹의 아카데미 출신이다. 시장 가치는 1700만 유로, 추정 연봉은 256만 유로.

슈팅-득점 | 2024-25 유벤투스 | 위치
9-5	18-12	1638	2	22.5-19.8	88%	RB
12-0						RM
● 24-5	LG-3					LB
● 0-0	RG-2	DR	TK	IC	★	RW
● 0-0	HG-0	1.2-0.6	1.7-1.3	0.5	4-0	1	CF
						LW

G	A	SH	SG	PC	P%	SC	BT	DC	TK	IC	CL	CR	BR
상위	상위	상위	상위	하위	상위	상위	하위	하위	상위	하위	하위	상위	하위
1%	35%	13%	5%	37%	23%	40%	20%	35%	44%	33%	7%	40%	23%

130위 Antoine HAINAUT — 6.72
앙투안 애노 2002.02.18 / 187cm / FRA

포지션 이해도가 뛰어난 풀백. 공수의 밸런스와 볼 관리하는 능력이 좋다. 간수하는 모습까지 좋아 여러 포지션에서 자신의 역량을 보여준다. 2022년부터 파르마에서 뛰고 있다. 지난 시즌 마지막 라운드에서 골을 기록했다. 역전으로 가기 위한 귀중한 골이었다. 62.2%의 볼 경합 성공률을 기록했다. 역습 상황에선 롱 패스 한 번으로 연결하는 것을 선호한다. 시장 가치는 100만 유로, 추정 연봉은 26만 유로.

슈팅-득점 | 2024-25 파르마 | 위치
3-2	10-15	1200	0	16.2-12.5	77%	RB
3-0						RWB
● 6-2	LG-0					CM
● 0-0	RG-1	DR	TK	IC	★	AM
● 0-0	HG-1	1.1-0.6	1.2-1.0	0.7	3-0	0

G	A	SH	SG	PC	P%	SC	BT	DC	TK	IC	CL	CR	BR
상위	하위	상위	상위	하위	상위	하위	상위	상위	상위	상위	하위	상위	상위
7%	7%	33%	35%	9%	26%	16%	11%	20%	47%	28%	4%	29%	38%

131위 Ryan MANNING — 6.72
라이언 매닝 1996.06.14 / 173cm / IRL

북아일랜드 국가 대표팀 풀백. 청소년 대표팀 시절부터 뛰어난 잠재력을 보였다. 꾸준히 차출되며 성장했고, EPL 사우스햄튼으로의 이적이 진행되었다. 다부진 체격을 바탕으로 태클 기술이 좋다. 위기 상황에는 몸을 날려 공격 기회를 빼앗는다. 왼쪽 측면 미드필더로도 출장한다. 지난 시즌은 부상과 컨디션 난조로 많은 경기에 출전하지 못했다. 1도움만 기록했다. 시장 가치는 300만 유로, 추정 연봉은 924만 유로.

슈팅-득점 | 2024-25 사우스햄튼 | 위치
4-0	18-6	1470	1	25.8-21.7	84%	LB
4-0						LWB
● 8-0	LG-0					LM
● 1-0	RG-0	DR	TK	IC	★	
● 0-0	HG-0	1.5-0.4	1.7-1.2	0.7	2-0	0

G	A	SH	SG	PC	P%	SC	BT	DC	TK	IC	CL	CR	BR
하위	하위	상위	하위	상위	상위	하위	상위	상위	상위	상위	상위	하위	상위
20%	38%	15%	44%	39%	12%	38%	41%	40%	38%	22%	13%	49%	

132위 Georgios KYRIAKOPOULOS — 6.72
예오리오스 키리아코풀로스 1996.02.05 / 178cm / GRE

그리스로 돌아왔다. 명문 파나티나이코스와 4년 계약에 서명했다. 그리스 연령별 대표팀 출신. 선수 생활은 주로 이탈리아의 세리에A에서 대부분 보냈다. 지난 시즌 몬차의 주전 레프트 백이었다. 경미한 근육 부상을 제외하고 리그 34경기에 출전했다. 큰 키와 공중볼 제공권에서 우월함은 측면 수비수로서 장점이다. 세트피스 상황 수비 상황에서는 클리어링도 잘한다. 시장 가치는 250만 유로, 추정 연봉은 521만 유로.

슈팅-득점 | 2024-25 몬차 | 위치
11-2	32-1	2762	3	29.1-23.6	81%	LWB
16-0						LB
● 27-2	LG-2					
● 4-0	RG-0	DR	TK	IC	★	
● 0-0	HG-0	1.2-0.6	2.1-1.7	0.7	5-0	1

G	A	SH	SG	PC	P%	SC	BT	DC	TK	IC	CL	CR	BR
상위	상위	상위	상위	상위	상위	상위	상위	하위	상위	하위	상위	상위	상위
32%	34%	27%	22%	25%	21%	48%	13%	28%	37%	10%	11%		

유럽 5대리그 풀백 & 윙백 항목별 랭킹 (90분 기준 기록, 100분율)

133위 Massadio HAÏDARA — 6.72
마사디오 하이다라 · 1992.12.02 / 179cm / MLI

거친 파울을 즐겨한다. 지난 시즌 2번의 퇴장 판정을 받았었다. 스탠딩 태클, 슬라이딩 태클 등 몸을 사리지 않는다. 특히 신체 조건이 좋아 공중볼 경합이나 일대일 대인 마크에서 강점을 보인다. 프랑스와 말리의 이중 국적자. 프랑스 청소년 대표팀 당시 뛰어난 잠재력을 인정받았다. 성인 국가 대표팀은 말리 소속으로 뛰었다. 세네갈과의 친선전에서 데뷔하였다. 시장 가치는 150만 유로, 추정 연봉은 91만 유로.

슈팅-득점	2024-25 브레스트	위치
5-0 / 5-0	⏱20-2 1682 Ⓐ0 Ⓟ30.9-25.0 P%81%	LB / LM
●10-0 LG-0 / ●0-0 RG-0 / ●0-0 HG-0	DR 1.3-0.7 TK 2.0-1.2 IC 1.2 🟨1-2 ⭐0	

G	A	SH	SG	PC	P%	SC	BT	DC	TK	IC	CL	CR	BR
하위 20%	하위 7%	하위 37%	하위 10%	상위 38%	상위 49%	하위 36%	상위 38%	상위 35%	하위 10%	하위 10%	상위 8%	상위 49%	하위 12%

134위 Deiver MACHADO — 6.72
데이베르 마차도 · 1993.09.02 / 180cm / COL

콜롬비아 대표팀에서도 중용을 받았다. 보폭이 긴 다리로 빠른 돌파를 시도한다. 공간을 향한 질주와 신체 능력이 뛰어나고 높은 점프력을 자랑한다. 하지만 거친 파울과 상대 선수와의 심한 언쟁이 잦다. 지난 시즌도 2번의 퇴장이 있었다. 2016년 브라질 올림픽에 콜롬비아 대표팀으로 참가했다. 2021년부터 랑스에 입단했다. 어느덧 5번째 시즌을 준비 중이다. 시장 가치는 300만 유로, 추정 연봉은 54만 유로.

슈팅-득점	2024-25 랑스	위치
11-1 / 12-0	⏱20-7 1806 Ⓐ4 Ⓟ26.9-23.4 P%87%	LB / LWB / LM
●23-1 LG-0 / ●1-0 RG-0 / ●0-0 HG-0	DR 1.7-0.9 TK 1.8-1.3 IC 0.6 🟨5-2 ⭐1	

G	A	SH	SG	PC	P%	SC	BT	DC	TK	IC	CL	CR	BR
상위 42%	상위 17%	상위 11%	상위 28%	상위 43%	상위 24%	상위 37%	상위 30%	상위 11%	상위 38%	상위 36%	상위 13%	상위 45%	상위 33%

135위 Joakim MÆHLE — 6.72
요아킴 멜레 · 1997.05.20 / 185cm / DEN

덴마크의 측면을 지키는 풀백. 좌우를 가리지 않고 활약할 수 있으며 왼발의 크로스는 꽤 정교하다. 라인 컨트롤, 수비 진영의 정돈 등 콜-플레이를 많이 한다. 아탈란타를 거쳐 분데스리가의 볼프스부르크로 합류했다. 2024-25시즌 초반엔 인대 부상으로 출전하지 못했다. 7라운드부터 본격적으로 출장했다. 묀헨글라트바흐와의 홈 경기에선 1골과 1도움을 기록했다. 시장 가치는 1400만 유로, 추정 연봉은 190만 유로.

슈팅-득점	2024-25 볼프스부르크	위치
10-2 / 8-1	⏱25-3 2190 Ⓐ4 Ⓟ35.6-29.2 P%82%	LB / LWB / LM / RM
●18-3 LG-0 / ●0-0 RG-2 / ●0-0 HG-1	DR 2.1-0.7 TK 2.3-1.3 IC 0.8 🟨6-0 ⭐0	

G	A	SH	SG	PC	P%	SC	BT	DC	TK	IC	CL	CR	BR
상위 9%	상위 21%	상위 37%	상위 21%	상위 48%	상위 28%	하위 31%	하위 46%	상위 30%	상위 14%	상위 40%	상위 50%	하위 9%	상위 14%

136위 Ki-Jana HOEVER — 6.72
키-야나 후베르 · 2002.01.18 / 183cm / NED

한때 리버풀과 네덜란드 대표팀이 주목했던 신성. 프로 무대에서의 성장은 정체되었다. 울버햄튼으로 팀을 옮긴 뒤 임대로 경험을 쌓고 있다. 지난 시즌은 오세르에서 뛰었다. 시즌 경고 누적으로 퇴장당한 경기를 제외하면 꾸준히 출전했다. 볼 테크닉이 좋아 드리블에 장점을 보인다. 전방으로 찔러주는 크로스, 낮고 빠른 컷백은 훈련을 통해 강해지고 있다. 시장 가치는 500만 유로, 추정 연봉은 150만 유로.

슈팅-득점	2024-25 오세르	위치
5-1 / 5-0	⏱26-4 2142 Ⓐ2 Ⓟ27.7-20.2 P%73%	RB / RWB / LB
●10-1 LG-0 / ●0-0 RG-1 / ●0-0 HG-0	DR 1.2-0.4 TK 2.5-1.7 IC 0.7 🟨2-1 ⭐0	

G	A	SH	SG	PC	P%	SC	BT	DC	TK	IC	CL	CR	BR
상위 47%	상위 49%	상위 29%	상위 37%	상위 21%	하위 7%	상위 48%	하위 35%	상위 42%	상위 45%	상위 40%	상위 36%	상위 41%	하위 41%

137위 Tom ROTHE — 6.71
톰 로테 · 2004.10.29 / 193cm / GER

2m 장신의 풀백. 피지컬이 장대하지만 발기술이 좋다. 유연한 움직임과 볼 간수 능력이 좋다. 도르트문트 아카데미 출신으로 임대를 선택하지 않고 이적을 결정했다. 독일 연령별 대표팀에도 꾸준히 소집되었다. 아직 20대 초반의 나이라서 플레이가 거칠다. 경기 중 멘탈리티 관리에 신경 써야한다. 16라운드엔 다이렉트 퇴장까지 당해 2경기 연속 결장했다. 시장 가치는 1000만 유로, 추정 연봉은 95만 유로.

슈팅-득점	2024-25 우니온 베를린	위치
21-3 / 1-0	⏱19-7 1673 Ⓐ3 Ⓟ22.0-15.4 P%70%	LWB / LB / CB
●22-3 LG-1 / ●0-0 RG-0 / ●0-0 HG-2	DR 0.8-0.3 TK 2.6-1.7 IC 0.7 🟨4-1 ⭐2	

G	A	SH	SG	PC	P%	SC	BT	DC	TK	IC	CL	CR	BR
상위 5%	상위 21%	상위 9%	상위 6%	하위 13%	하위 45%	상위 37%	하위 14%	상위 27%	상위 43%	상위 33%	상위 43%	하위 63%	상위 45%

138위 Álex MUÑOZ — 6.71
알렉스 무뇨스 · 1994.07.30 / 187cm / ESP

어느덧 30대에 접어들었다. 커리어 내내 스페인에서 뛰었다. 경험적인 측면으로 놓고 본다면 어린 선수들에게 도움이 된다. 왼쪽 풀백은 물론 센터백까지 겸한다. 큰 체구에서 나오는 맨 마킹이 장점. 위치 선정이 좋고 코너킥 상황에서 위협적인 옵션이 된다. 지난 시즌 리그에서 3골을 넣었고 양발과 헤더로 성공시켰다. 2025-26시즌 알메리아로 이적하게 되었다. 시장 가치는 100만 유로, 추정 연봉은 62만 유로.

슈팅-득점	2024-25 라스 팔마스	위치
7-3 / 2-0	⏱18-3 1421 Ⓐ0 Ⓟ30.0-24.6 P%82%	LB / CB
●9-3 LG-1 / ●0-0 RG-1 / ●0-0 HG-1	DR 0.5-0.2 TK 2.7-1.9 IC 0.8 🟨3-0 ⭐2	

G	A	SH	SG	PC	P%	SC	BT	DC	TK	IC	CL	CR	BR
상위 4%	하위 7%	상위 49%	상위 16%	상위 46%	상위 49%	상위 24%	상위 42%	상위 6%	하위 11%	상위 14%	상위 21%	하위 21%	하위 1%

유럽 5대리그 풀백 & 윙백 항목별 랭킹(90분 기준 기록, 100분율)

139위 Johan MOJICA — 6.71
호안 모히카 1992.08.21 / 185cm / COL

콜롬비아 대표팀의 주전 레프트 백. 왕성한 활동량과 저돌적인 돌파가 인상적이다. 90분 내내 지치지 않는 지구력, 볼을 다루는 테크닉이 뛰어나다. 지난 시즌 14라운드에서는 1골과 1도움을 기록하며 경기 최고의 선수 중 하나로 선정되었다. 많은 클럽을 전전했지만, 마요르카에선 안정감을 느낀다. 2015년 국가 대표팀에서 데뷔한 이후 꾸준히 차출되고 있다. 시장 가치는 200만 유로, 추정 연봉은 104만 유로.

슈팅-득점: 6-1 / 11-0
2024-25 마요르카: 30-6 / 2753 / A 2 / P 32.9-25.7 / P% 78%
17-1 LG-1 / 4-0 RG-0 / 0-0 HG-0
DR 2.5-1.1 / TK 1.6-1.0 / IC 0.8 / 5-0 / ★ 1
위치: LB

G	A	SH	SG	PC	P%	SC	BT	DC	TK	IC	CL	CR	BR
하위	하위	상위	하위	상위	하위	상위	상위	하위	상위	하위	상위	하위	상위
44%	40%	48%	28%	50%	22%	22%	41%	16%	6%	41%	6%	17%	3%

140위 Pep CHAVARRÍA — 6.71
펩 차바리아 1998.04.10 / 174cm / ESP

스페인 피게레스 태생. 지역 축구팀에서 성장했다. 주로 하부리그에서 선수 생활을 했으나, 2022년 라리가의 바예카노와 계약을 맺었다. 줄곧 주전 왼쪽 풀백으로 뛰고 있다. 컨디션이 좋은 날엔 볼을 잘 지켜내고, 공격적인 능력도 빛이 난다. 지난 시즌은 균형 감각이 좋아 78.3%의 태클 성공률을 기록했다. 114번의 리커버리와 30번의 인터셉트도 훌륭했다. 시장 가치는 500만 유로, 추정 연봉은 35만 유로.

슈팅-득점: 6-0 / 5-0
2024-25 라요 바예카노: 28-6 / 2584 / A 1 / P 35.6-29.2 / P% 82%
11-0 LG-0 / 0-0 RG-0 / 0-0 HG-0
DR 0.9-0.4 / TK 1.9-1.4 / IC 0.9 / 3-0 / ★ 0
위치: LB / LM / LW

G	A	SH	SG	PC	P%	SC	BT	DC	TK	IC	CL	CR	BR
하위	하위	하위	하위	상위	상위	하위	상위	하위	하위	하위	상위	상위	하위
20%	19%	23%	30%	37%	46%	45%	34%	26%	38%	11%	47%	47%	47%

141위 Viti ROZADA — 6.70
비티 로사다 1997.09.16 / 180cm / ESP

오비에도의 아카데미 출신. 프로를 거쳐 오랜 시간을 팀에 헌신했다. 무려 12시즌을 함께했다. 2024-25시즌이 시작되기 전 라스 팔마스의 오퍼를 받고 이적을 선택했다. 1부 리그에서 처음 맞이하는 선수 생활. 무릎 부상으로 2달 결장한 것만 제외하면 좋았다. 7라운드 만에 공격 포인트를 기록했다. 하지만 팀의 강등을 막진 못했고, 다시 2부 리그로 돌아왔다. 시장 가치는 200만 유로, 추정 연봉은 521만 유로.

슈팅-득점: 1-0 / 2-0
2024-25 라스 팔마스: 23-6 / 1982 / A 2 / P 24.1-20.2 / P% 84%
3-0 LG-0 / 0-0 RG-0 / 0-0 HG-0
DR 0.7-0.3 / TK 2.9-2.4 / IC 0.9 / 5-0 / ★ 0
위치: RB / RM

G	A	SH	SG	PC	P%	SC	BT	DC	TK	IC	CL	CR	BR
하위	상위	하위	하위	상위	하위	하위	하위	하위	상위	하위	상위	하위	하위
20%	45%	3%	24%	29%	37%	12%	23%	32%	2%	21%	49%	32%	42%

142위 James JUSTIN — 6.70
제임스 저스틴 1998.02.23 / 183cm / ENG

잉글랜드 국대 출신의 풀백. 연령별 대표팀에도 소집되었다. 루턴 출신으로 2019년 레스터로 합류했다. 팀 특성에 맞게 여러 포지션을 소화했다. 측면 풀백은 물론 전진된 미드필더도 가능하다. 공수의 밸런스가 좋다. 오버래핑을 시도하는 타이밍이나 자리를 지키는 수비에 뛰어나다. 하지만 크로스의 정교함이 떨어지고 볼 터치 실수가 잦은 편이다. 시장 가치는 1300만 유로, 추정 연봉은 521만 유로.

슈팅-득점: 19-2 / 6-0
2024-25 레스터 시티: 34-2 / 2921 / A 2 / P 34.2-26.7 / P% 78%
25-2 LG-0 / 2-0 RG-1 / 0-0 HG-1
DR 0.8-0.4 / TK 2.4-1.7 / IC 1.3 / 6-0 / ★ 0
위치: RB / LB / RWB

G	A	SH	SG	PC	P%	SC	BT	DC	TK	IC	CL	CR	BR
상위	하위	상위	상위	상위	상위	하위	상위	하위	상위	하위	하위	하위	하위
33%	39%	34%	48%	41%	46%	46%	16%	38%	13%	4%	23%	6%

143위 Sergio CARREIRA — 6.70
세르히오 카레이라 2000.10.13 / 170cm / ESP

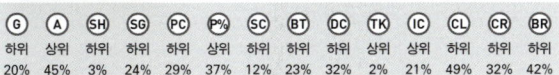

셀타 비고의 '스피드 스타'. 민첩한 움직임과 순간적인 가속도가 장점. 현란한 테크닉과 온 더 볼 상황에서의 드리블이 좋다. 다만 체구가 왜소하여 거친 플레이에 당황하는 경우도 많다. 지난 시즌 크리스마스 전후로 출장 시간이 확연히 차이난다. 후반부 주전으로 나서며 4개의 도움을 기록했다. 스페인의 U-19, U-21 대표팀에서도 주전 RB로 출전했었다. 시장 가치는 400만 유로, 추정 연봉은 60만 유로.

슈팅-득점: 12-0 / 1-0
2024-25 셀타 비고: 19-4 / 1658 / A 4 / P 30.6-24.2 / P% 79%
13-0 LG-0 / 0-0 RG-0 / 0-0 HG-0
DR 1.3-0.4 / TK 1.7-1.2 / IC 0.7 / 1-0 / ★ 0
위치: RWB / LWB / RB / LM

G	A	SH	SG	PC	P%	SC	BT	DC	TK	IC	CL	CR	BR
하위	상위	상위	하위	상위	하위	상위	하위	상위	하위	상위	하위	상위	하위
12%	7%	27%	29%	41%	13%	37%	49%	34%	18%	49%	24%	22%	6%

유럽 5대리그 포지션별 랭킹 ⑤

센터백

"노장은 죽지 않았다. 또한, 사라지지도 않았다."
리버풀 수비의 핵 버질 반데이크가 다시 한번 본인의 존재 가치를 입증했다. 그는 지난 시즌 리버풀의 뒷문을 단단히 걸어 잠그며 소속팀이 5년 만에 프리미어리그 정상에 복귀하는데 큰 몫을 해냈다. 공격수 모하메드 살라와 함께 가장 중요한 선수였다. 사실, 세부 지표나 상세 기록에서는 크게 돋보이지 않았다. 그러나 리더십, 결정적인 순간의 선방, 존재감 등 수치로 드러나지 않는 많은 부분에서 역할을 다했다. 195cm의 거대한 체격에 냉철한 판단력으로 동료들을 든든히 뒷받침했다. 반데이크에 이어 제임스 타코우스키(에버튼 FC), 다요 우파메카노(바이에른 뮌헨), 모리츠 엔츠(마인츠 05), 윌리 오르반(RB 라이프치히), 김민재(바이에른 뮌헨), 아미르 라흐마니(나폴리) 등이 비교적 좋은 퍼포먼스를 선보인 것으로 평가됐다. 김민재는 피로 누적과 부상으로 한동안 부진했다. 그러나 정상 컨디션으로 출전한 경기에서는 바이에른 센터백 중 상대적으로 좋은 모습을 보였다.

○ 유럽 5대리그 센터백 항목별 랭킹(90분 기준 기록, 100분율)

●	전체 슈팅 시도-득점
●	직접프리킥 시도-득점
●	PK 시도-득점
LG	왼발 득점
RG	오른발 득점
HG	헤더 득점
⏱	출전횟수 선발-교체
⏱	출전시간(MIN)
A	도움
P	평균 패스 시도-성공
P%	패스 성공률
DR	평균드리블 시도-성공
TK	평균 태클 시도-성공
IC	평균 인터셉트
▬▬	페어플레이 경고-퇴장
★	MOM
OP	공격 포인트
SH	슈팅 시도
SG	유효 슈팅
PC	패스 성공
P%	패스 성공률
LC	롱볼 성공
BT	볼 터치
DC	드리블 성공
DT	드리블 시도
BL	블로킹
IC	인터셉트
CL	클리어링
A%	공중전 승률

01위 · Virgil VAN DIJK — 7.48
버질 반데이크 · 1991.07.08 / 195cm / NED

UEFA 올해의 선수, PL 올해의 선수, 발롱도르 2위에 빛나는 현 세계 최고의 센터백이다. 신체조건, 주력, 수비 리딩, 테크닉, 집중력, 침착성, 축구 지능, 시야, 패싱력 등 수비수로서 현대 축구에 필요한 모든 것을 갖췄다. 최고 속도 34.5km/h의 엄청난 스피드를 자랑하고, 상대의 드리블을 효과적으로 제어한다. 공중전, 맨 마킹, 태클도 최고 수준. 시장 가치는 2300만 유로, 추정 연봉은 2160만 유로.

슈팅-득점	2024-25 리버풀 FC	위치
23-3 / 4-0	⏱ 37-0 / ⏱ 3330 / A 1 / P 78.8-72.5 / P% 92%	CB
● 27-3 LG-0 / ● 1-0 RG-0 / ● 0-0 HG-3	DR 0.1-0.1 / TK 1.3-1.0 / IC 1.6 / ▬▬ 5-0 / ★ 2	

OP	SH	SG	PC	P%	LC	BT	DC	DT	BL	IC	CL	A%
상위 24%	상위 23%	상위 18%	상위 7%	상위 12%	상위 10%	상위 7%	하위 22%	하위 10%	상위 41%	상위 22%	상위 43%	상위 6%

02위 · James TARKOWSKI — 7.42
제임스 타코우스키 · 1992.11.19 / 185cm / ENG

수비에 특화된 파이터형 센터백이다. 아주 큰 키는 아니지만 높은 점프력과 훌륭한 위치 선정을 통해 공중전에 강하고, 지난 시즌 경기당 3.1개의 공중볼을 따냈다. 깔끔한 태클과 거친 압박을 통해 상대의 볼을 차단하고, 영리하게 미리 움직여 패스 길목을 읽는다. 끈질긴 맨 마킹도 장점이고, 평균 6개 이상의 클리어링을 기록할 정도로 문전 집중력도 좋다. 시장 가치는 900만 유로, 추정 연봉은 620만 유로.

슈팅-득점	2024-25 에버튼 FC	위치
15-1 / 0-0	⏱ 33-0 / ⏱ 2924 / A 1 / P 38.8-31.8 / P% 82%	CB
● 15-1 LG-0 / ● 0-0 RG-1 / ● 0-0 HG-0	DR 0.2-0.2 / TK 2.5-2.0 / IC 1.2 / ▬▬ 6-0 / ★ 2	

OP	SH	SG	PC	P%	LC	BT	DC	DT	BL	IC	CL	A%
상위 48%	상위 49%	상위 44%	상위 7%	하위 10%	상위 21%	상위 7%	상위 46%	상위 16%	상위 38%	상위 6%	상위 29%	상위 12%	상위 2%

03위 · Dayot UPAMECANO — 7.37
다요 우파메카노 · 1998.10.27 / 186cm / FRA

엄청난 운동 능력을 자랑하는 월드클래스 센터백이다. 다만 잦은 부상이 문제. 지난 시즌도 발목, 엉덩이, 무릎 부상으로 리그 20경기 출전에 그쳤다. 최고 속도는 35.67km/h. 폭발적인 주력, 괴물 같은 체격, 엄청난 운동 능력을 통해 상대 공격수를 제압하고, 빠른 발을 이용해 후방을 커버하는 것이 특징이다. 공중전, 몸싸움, 패싱력도 최고 수준. 시장 가치는 5000만 유로, 추정 연봉은 1000만 유로.

슈팅-득점	2024-25 바이에른 뮌헨	위치
11-2 / 2-0	⏱ 20-0 / ⏱ 1763 / A 0 / P 95.7-90.0 / P% 94%	CB
● 13-2 LG-0 / ● 0-0 RG-1 / ● 0-0 HG-0	DR 0.3-0.2 / TK 2.5-1.8 / IC 1.7 / ▬▬ 6-0 / ★ 1	

OP	SH	SG	PC	P%	LC	BT	DC	DT	BL	IC	CL	A%
상위 45%	상위 25%	상위 14%	상위 1%	상위 5%	상위 2%	상위 31%	상위 22%	상위 28%	상위 29%	하위 12%	하위 2%	상위 44%

04위 · Moritz JENZ — 7.34
모리츠 옌츠 · 1999.04.30 / 190cm / GER

볼프스부르크에서 주전 경쟁에 밀리며 지난 시즌 마인츠로 임대를 떠났다. 허벅지, 엉덩이 등 부상으로 빠진 기간을 제외하면 마인츠 수비의 핵심으로 활약했다. 190cm 86kg의 압도적인 신체조건을 활용해 상대를 압도하는 센터백이다. 경기당 6.6개의 클리어링, 3.9개의 공중볼을 따냈고, 가로채기 능력도 출중하다. 수비 집중력이 상당히 좋아 잔 실수가 없다. 시장 가치는 500만 유로, 추정 연봉은 140만 유로.

슈팅-득점	2024-25 마인츠 05	위치
10-0 / 0-0	⏱ 18-1 / ⏱ 1602 / A 4 / P 44.5-37.4 / P% 84%	CB
● 10-0 LG-0 / ● 0-0 RG-1 / ● 0-0 HG-0	DR 0.3-0.1 / TK 2.2-1.9 / IC 1.7 / ▬▬ 4-0 / ★ 1	

OP	SH	SG	PC	P%	LC	BT	DC	DT	BL	IC	CL	A%
하위 11%	상위 39%	상위 15%	상위 22%	상위 25%	상위 3%	상위 31%	상위 32%	상위 10%	상위 41%	상위 7%	상위 5%	상위 32%

05위 · Willi ORBÁN — 7.34
윌리 오르반 · 1992.11.03 / 186cm / HUN

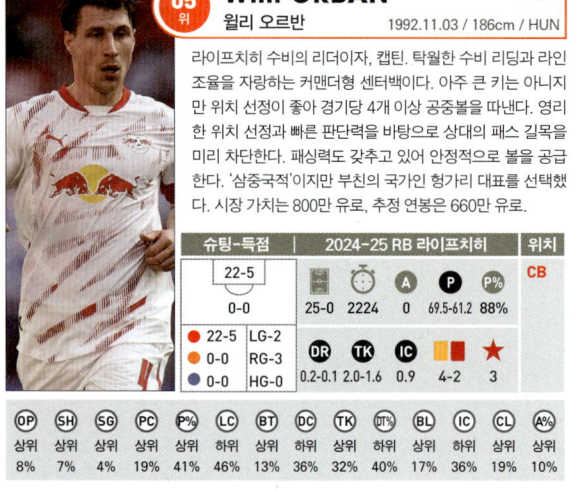

라이프치히 수비의 리더이자, 캡틴. 탁월한 수비 리딩과 라인 조율을 자랑하는 커맨더형 센터백이다. 아주 큰 키는 아니지만 위치 선정이 좋아 경기당 4개 이상 공중볼을 따낸다. 영리한 위치 선정과 빠른 판단력을 바탕으로 상대의 패스 길목을 미리 차단한다. 패싱력도 갖추고 있어 안정적으로 볼을 공급한다. '삼중국적'이지만 부친의 국가인 헝가리 대표를 선택했다. 시장 가치는 800만 유로, 추정 연봉은 660만 유로.

슈팅-득점	2024-25 RB 라이프치히	위치
22-5 / 0-0	⏱ 25-0 / ⏱ 2224 / A 0 / P 69.5-61.2 / P% 88%	CB
● 22-5 LG-2 / ● 0-0 RG-3 / ● 0-0 HG-3	DR 0.2-0.1 / TK 2.0-1.6 / IC 0.9 / ▬▬ 4-2 / ★ 3	

OP	SH	SG	PC	P%	LC	BT	DC	DT	BL	IC	CL	A%
상위 8%	상위 7%	상위 4%	상위 19%	상위 41%	상위 46%	상위 13%	상위 36%	상위 32%	상위 40%	상위 17%	상위 36%	상위 19%	상위 10%

06위 · KIM Minjae — 7.31
김민재 · 1996.11.15 / 190cm / KOR

대한민국의 괴물 센터백. 최고의 무기는 태클과 가로채기다. 상대의 패스 길목을 미리 예측해 움직이고, 이후에는 강한 압박과 깔끔한 태클로 저지한다. 190cm, 88kg의 거구임에도 폭발적인 스피드를 자랑하기 때문에 일대일 싸움에서 밀리지 않고, 공을 끊어내면 가속도를 살려 전진 드리블을 시도한다. 또한, 수비 리딩도 개선되며 '완성형 센터백'으로 진화했다. 시장 가치는 4000만 유로, 추정 연봉은 1200만 유로.

슈팅-득점	2024-25 바이에른 뮌헨	위치
7-2 / 0-0	⏱ 27-0 / ⏱ 2289 / A 1 / P 93.3-86.8 / P% 93%	CB
● 7-2 LG-0 / ● 0-0 RG-0 / ● 0-0 HG-1	DR 0.2-0.1 / TK 1.8-1.4 / IC 2.0 / ▬▬ 2-0 / ★ 1	

OP	SH	SG	PC	P%	LC	BT	DC	DT	BL	IC	CL	A%
상위 32%	하위 17%	상위 35%	상위 1%	상위 7%	상위 44%	상위 9%	상위 40%	상위 45%	상위 8%	상위 15%	상위 12%	상위 19%	상위 30%

유럽 5대리그 센터백 항목별 랭킹(90분 기준 기록, 100분율)

| | 전체 슈팅 시도-득점 | 직접프리킥 시도-득점 | PK 시도-득점 | 왼발 득점 | 오른발 득점 | 헤더 득점 | 출전횟수 선발-교체 | 출전시간 분(MIN) | 도움 | 평균 패스 시도-성공 | 패스 성공률 | 평균 드리블 시도-성공 | 평균 태클 성공 | 평균 인터셉트 | 경고-퇴장 | MOM | 공격 포인트 | 슈팅 시도 | 유효 슈팅 | 패스 성공 | 패스 성공률 | 볼 터치 | 드리블 성공 | 태클 성공 | 드리블러 태클성공률 | 블로킹 | 인터셉트 | 클리어링 | 공중전 승률 |

07위 Amir RRAHMANI — 7.30
아미르 라흐마니   1994.02.24 / 192cm / KOS

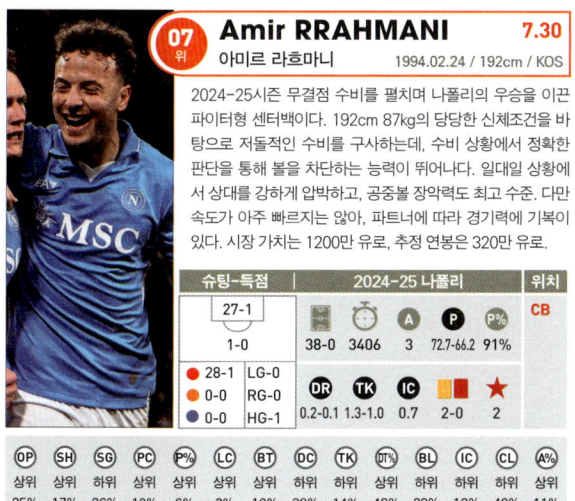

2024-25시즌 무결점 수비를 펼치며 나폴리의 우승을 이끈 파이터형 센터백이다. 192cm 87kg의 당당한 신체조건을 바탕으로 저돌적인 수비를 구사하는데, 수비 상황에서 정확한 판단을 통해 볼을 차단하는 능력이 뛰어나다. 일대일 상황에서 상대를 강하게 압박하고, 공중볼 장악력도 최고 수준. 다만 속도가 아주 빠르지는 않아, 파트너에 따라 경기력에 기복이 있다. 시장 가치는 1200만 유로, 추정 연봉은 320만 유로.

슈팅-득점		2024-25 나폴리					위치
27-1							CB
1-0		38-0	3406	3	72.7-66.2	91%	
28-1 LG-0		DR	TK	IC		★	
0-0 RG-0		0.2-0.1	1.3-1.0	0.7	2-0	2	
0-0 HG-1							

OP	SH	SG	PC	P%	LC	BT	DC	TK	DT%	BL	IC	CL	A%
상위	상위	하위	상위	상위	상위	상위	하위	상위	하위	상위	하위	상위	상위
25%	17%	26%	10%	6%	3%	10%	29%	14%	49%	39%	13%	49%	11%

08위 JUBAL — 7.29
주발   1993.08.29 / 190cm / BRA

브라질 특유의 공격 본능이 있는 센터백이다. 지난 시즌 리그 30경기에 선발 출전해 6골을 터뜨렸는데, 힘과 높이를 이용한 공중 장중력이 장점이다. 상대의 슈팅 길목을 미리 예측해 '슛 블록'을 시도하고, 수비 집중력을 바탕으로 한 클리어링에도 능하다. 기본적으로 패싱력이 좋은 편이고, 높은 정확도의 롱패스로 공격의 시발점이 된다. 패스 성공률도 높다. 시장 가치는 250만 유로, 추정 연봉은 미정.

슈팅-득점		2024-25 오세르					위치
25-6							CB
5-0		30-0	2643	0	35.2-30.6	87%	
30-6 LG-0		DR	TK	IC		★	
2-0 RG-3		0.1-0.1	2.4-2.0	0.9	7-0	2	
4-3 HG-3							

OP	SH	SG	PC	P%	LC	BT	DC	TK	DT%	BL	IC	CL	A%
하위	상위	상위	하위	상위	상위	하위	상위	상위	상위	하위	상위	하위	상위
2%	7%	13%	5%	48%	33%	26%	13%	27%	4%	24%	7%	12%	

09위 Alessandro BUONGIORNO — 7.29
알레산드로 부온조르노   1999.06.06 / 190cm / ITA

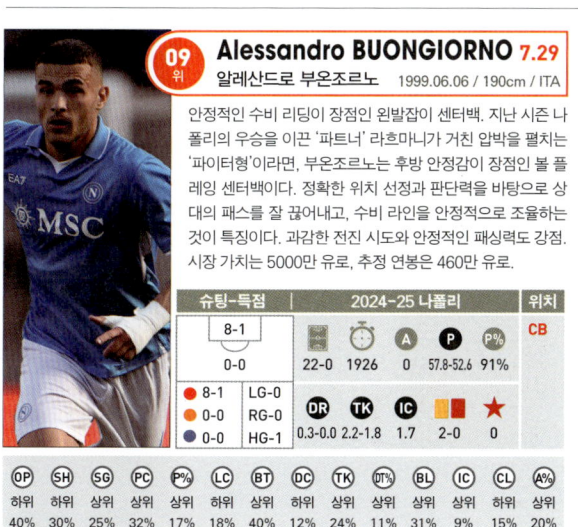

안정적인 수비 리딩이 장점인 왼발잡이 센터백. 지난 시즌 나폴리의 우승을 이끈 '파트너' 라흐마니가 거친 압박을 펼치는 '파이터형'이라면, 부온조르노는 후방 안정감이 장점인 볼 플레잉 센터백이다. 정확한 위치 선정과 판단력을 바탕으로 상대의 패스를 잘 끊어내며, 수비 라인을 안정적으로 조율하는 것이 특징이다. 과감한 전진 시도와 안정적인 패싱력도 강점. 시장 가치는 5000만 유로, 추정 연봉은 460만 유로.

슈팅-득점		2024-25 나폴리					위치
8-1							CB
0-0		22-0	1926	0	57.8-52.6	91%	
8-1 LG-0		DR	TK	IC		★	
0-0 RG-0		0.3-0.0	2.2-1.8	1.7	2-0	2	
0-0 HG-1							

OP	SH	SG	PC	P%	LC	BT	DC	TK	DT%	BL	IC	CL	A%
하위	하위	상위	상위	상위	상위	상위	상위	상위	상위	상위	상위	상위	하위
40%	30%	25%	32%	17%	18%	40%	12%	24%	1%	31%	9%	15%	20%

10위 Diogo LEITE — 7.29
디오구 레이테   1999.01.23 / 188cm / POR

지난 시즌 블록과 인터셉트 기록에서 상위 1%를 기록했을 정도로 예측력과 판단력이 뛰어난 센터백이다. 공수 양면에서 전진을 상당히 즐겨하는 편인데, 상대의 패스 길목을 미리 예측해 움직여 차단한다. 이후에는 과감하게 볼을 운반하거나, 모험적인 롱패스로 찬스를 만든다. 큰 신장을 이용한 제공권도 장점이다. 다만 너무 공격적이라 불안한 수비가 단점이다. 시장 가치는 1700만 유로, 추정 연봉은 34만 유로.

슈팅-득점		2024-25 우니온 베를린					위치
14-1							CB
3-0		29-1	2548	1	43.4-34.3	79%	LB
17-1 LG-0		DR	TK	IC		★	
0-0 RG-0		0.5-0.3	2.7-2.1	1.9	3-0	0	
0-0 HG-1							

OP	SH	SG	PC	P%	LC	BT	DC	TK	DT%	BL	IC	CL	A%
상위	상위	상위	상위	상위	상위	상위	상위	상위	상위	상위	상위	상위	하위
24%	27%	7%	19%	0%	33%	42%	19%	8%	44%	1%	9%	24%	31%

11위 Yeray ÁLVAREZ — 7.28
예라이 알바레스   1995.01.24 / 182cm / ESP

햄스트링, 종아리, 허벅지 등 5번이나 부상자 명단에 오르며 어려움을 겪었고, 지난 시즌 리그 21경기 출전에 그쳤다. 최근 잦은 부상에 시달리고 있지만, 정상 컨디션이라면 뛰어난 축구 지능을 바탕으로 한 예측 수비가 일품인 센터백이다. 일대일 상황에서 상대 공격수의 의도를 미리 파악해 태클을 시도하고, 수비 스킬이 뛰어나다. 여기에 발 기술과 조율도 좋다. 시장 가치는 700만 유로, 추정 연봉은 240만 유로.

슈팅-득점		2024-25 아슬레틱 빌바오					위치
7-1							CB
2-0		20-1	1781	0	55.9-47.0	84%	
9-1 LG-0		DR	TK	IC		★	
0-0 RG-1		0.4-0.3	1.5-1.2	1.6	4-0	3	
0-0 HG-1							

OP	SH	SG	PC	P%	LC	BT	DC	TK	DT%	BL	IC	CL	A%
상위	상위	하위	상위	하위	상위	상위	상위	상위	상위	하위	상위	상위	하위
37%	41%	39%	47%	25%	33%	30%	27%	28%	11%	1%	9%	8%	36%

12위 MURILLO — 7.28
무리루   2002.07.04 / 180cm / BRA

노팅엄 돌풍의 주역. 지난 시즌 리그 36경기에 선발 출전해 2골까지 기록하며 노팅엄의 유럽대항전을 이끈 센터백이다. 아주 큰 키는 아니지만 워낙 근육질의 체격과 엄청난 힘을 이용한 압박과 경합이 장점이고, 저돌적인 수비를 보여준다. 힘과 스피드를 이용한 볼 운반도 장점이고, 과감하게 올라가 전방으로 스루패스를 연결하기도 한다. 다만 제공권은 약점. 시장 가치는 5500만 유로, 추정 연봉은 210만 유로.

슈팅-득점		2024-25 노팅엄 포리스트					위치
13-2							CB
12-0		36-0	3191	0	39.3-31.4	80%	
25-2 LG-1		DR	TK	IC		★	
3-0 RG-0		1.0-0.8	2.0-1.5	1.0	6-0	4	
0-0 HG-1							

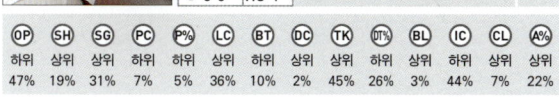

OP	SH	SG	PC	P%	LC	BT	DC	TK	DT%	BL	IC	CL	A%
하위	상위	상위	상위	상위	상위	상위	상위	상위	상위	상위	상위	상위	하위
47%	19%	31%	7%	20%	2%	45%	5%	20%	3%	3%	44%	7%	22%

13위 Dani VIVIAN — 7.28
다니 비비안 · 1999.07.05 / 183cm / ESP

이니고 마르티네스의 후계자다. 최고의 무기는 일대일 수비. 빠른 주력, 민첩성, 위치 선정을 바탕으로 상대 공격수와 속도 경합에서 밀리지 않고, 볼 리커버리와 슛 블록에 장점이 있다. 수비 라인을 올리는 빌바오의 특성상, 커버 범위가 넓은 비비안의 장점이 확실히 드러난다. 수비 기술, 패싱력, 발밑도 상당히 좋은 편이라 안정적으로 빌드업을 주도한다. 시장 가치는 4000만 유로, 추정 연봉은 310만 유로.

슈팅-득점 | 2024-25 아슬레틱 빌바오 | 위치

15-4 / 3-0	출전	시간	A	P	P%	CB
	28-4	2605	0	54.5-47.4	87%	

	LG-0	DR	TK	IC	🟨🟥	★
🔴 18-4	RG-4	0.6-0.4	1.6-1.3	1.4	3-0	3
🟠 0-0	HG-0					
⚫ 0-0						

OP	SH	SG	PC	P%	LC	BT	DC	DT%	BL	IC	CL	A%
상위	상위	상위	상위	하위	상위	상위	상위	상위	상위	상위	상위	하위
25%	36%	37%	31%	48%	7%	20%	30%	13%	13%	10%	43%	29%

14위 Patrick MAINKA — 7.26
파트릭 마인카 · 1994.11.06 / 194cm / GER

하이덴하임의 주장. 2018년부터 하이덴하임에서 뛰고 있고, 2023년 12월에 2027년까지 계약을 연장한 '리빙 레전드'다. 지난 시즌도 큰 부상 없이 총 40경기에 출전해 후방을 든든하게 책임졌다. 194cm 86kg의 압도적인 신체조건을 활용한 압박 수비와 제공권에 강점을 가지고 있고, 상대를 거칠게 압박해 볼을 가로챈다. 문전에서 몸을 날리는 수비도 인상적이다. 시장 가치는 300만 유로, 추정 연봉은 75만 유로.

슈팅-득점 | 2024-25 FC 하이덴하임 | 위치

20-1 / 5-0	출전	시간	A	P	P%	CB
	34-0	3060	0	48.6-41.8	86%	

🔴 25-1	LG-0	DR	TK	IC	🟨🟥	★
🟠 0-0	RG-1	0.3-0.2	2.4-1.8	2.0	4-0	2
⚫ 0-0	HG-0					

OP	SH	SG	PC	P%	LC	BT	DC	DT%	BL	IC	CL	A%
상위	상위	상위	상위	상위	상위	상위	상위	상위	상위	상위	상위	상위
50%	18%	14%	27%	31%	43%	35%	50%	31%	46%	7%	2%	18%	33%

15위 Robin KOCH — 7.26
로빈 코흐 · 1996.07.17 / 192cm / GER

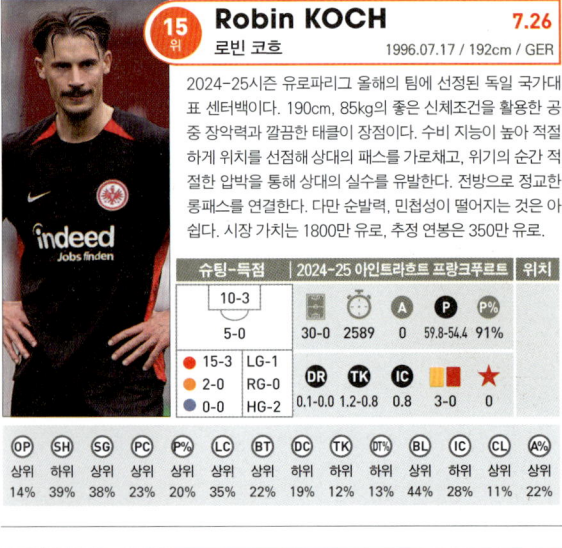

2024-25시즌 유로파리그 올해의 팀에 선정된 독일 국가대표 센터백이다. 190cm, 85kg의 좋은 신체조건을 활용한 공중 장악력과 깔끔한 태클이 장점이다. 수비 지능이 높아 적절하게 위치를 선정해 상대의 패스를 가로채고, 위기의 순간 적절한 압박을 통해 상대의 실수를 유발한다. 전방으로 정교한 롱패스를 연결한다. 다만 순발력, 민첩성이 떨어지는 것은 아쉽다. 시장 가치는 1800만 유로, 추정 연봉은 350만 유로.

슈팅-득점 | 2024-25 아인트라흐트 프랑크푸르트 | 위치

10-3 / 5-0	출전	시간	A	P	P%	
	30-0	2589	0	59.8-54.4	91%	

🔴 15-3	LG-1	DR	TK	IC	🟨🟥	★
🟠 2-0	RG-0	0.1-0.0	1.2-0.8	0.8	3-0	0
⚫ 0-0	HG-2					

OP	SH	SG	PC	P%	LC	BT	DC	DT%	BL	IC	CL	A%
상위	하위	상위	상위	상위	상위	상위	상위	상위	상위	상위	상위	상위
14%	39%	38%	23%	20%	35%	22%	19%	12%	13%	44%	28%	11%	22%

16위 Alessandro BASTONI — 7.26
알레산드로 바스토니 · 1999.04.13 / 190cm / ITA

두 시즌 연속 세리에A 최우수 수비로 선정된 왼발잡이 센터백. 정교한 왼발 킥을 바탕으로 한 패스와 슈팅이 장점이고, 안정적인 후방 빌드업과 우수한 전진성을 모두 보유한 현대적인 수비수다. 아주 빠르지는 않지만 영리한 판단력과 예측력으로 미리 볼을 끊어내고, 좌측 스토퍼로 나올 때는 날카로운 왼발 크로스로 찬스를 만들어낸다. 태클과 리커버리도 OK. 시장 가치는 8000만 유로, 추정 연봉은 1020만 유로.

슈팅-득점 | 2024-25 인테르 밀란 | 위치

10-1 / 3-0	출전	시간	A	P	P%	CB / LB
	31-2	2422	5	61.4-55.9	91%	

🔴 13-1	LG-0	DR	TK	IC	🟨🟥	★
🟠 0-0	RG-0	0.6-0.5	1.7-1.4	0.7	4-1	0
⚫ 0-0	HG-1					

OP	SH	SG	PC	P%	LC	BT	DC	DT%	BL	IC	CL	A%
상위	하위	상위	상위	상위	상위	상위	상위	상위	상위	상위	상위	상위
5%	49%	25%	7%	47%	4%	6%	18%	23%	44%	48%	20%	1%	40%

17위 Waldemar ANTON — 7.26
발데마르 안톤 · 1996.07.20 / 189cm / GER

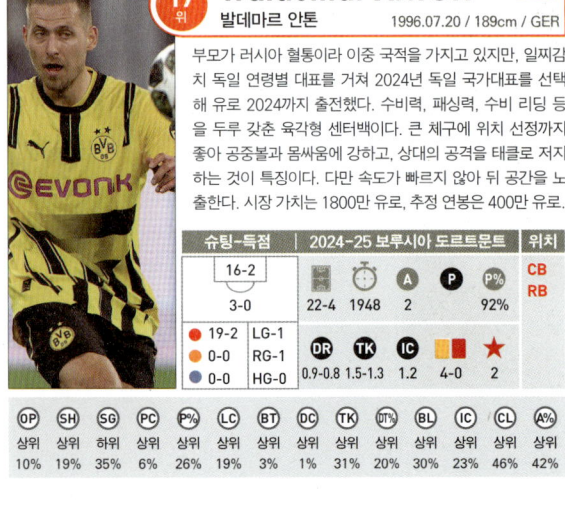

부모가 러시아 혈통이라 이중 국적을 가지고 있지만, 일찌감치 독일 연령별 대표를 거쳐 2024년 독일 국가대표를 선택해 유로 2024까지 출전했다. 수비력, 패싱력, 수비 리딩 등을 두루 갖춘 육각형 센터백이다. 큰 체구에 위치 선정까지 좋아 공중볼과 몸싸움에 강하고, 상대의 공격을 태클로 저지하는 것이 특징이다. 다만 속도가 빠르지 않아 뒤 공간을 노출한다. 시장 가치는 1800만 유로, 추정 연봉은 400만 유로.

슈팅-득점 | 2024-25 보루시아 도르트문트 | 위치

16-2 / 3-0	출전	시간	A	P	P%	CB / RB
	22-4	1948	2		92%	

🔴 19-2	LG-0	DR	TK	IC	🟨🟥	★
🟠 0-0	RG-1	0.9-0.8	1.5-1.3	1.2	4-0	2
⚫ 0-0	HG-0					

OP	SH	SG	PC	P%	LC	BT	DC	DT%	BL	IC	CL	A%
상위	상위	상위	상위	상위	상위	상위	상위	상위	상위	상위	상위	상위
10%	19%	35%	6%	26%	19%	1%	31%	20%	30%	25%	23%	46%	42%

18위 Thilo KEHRER — 7.26
틸로 케러 · 1996.09.21 / 186cm / GER

양발을 모두 잘 사용하고, 높은 전술 이해도를 가지고 있어 센터백과 좌우 풀백을 모두 소화한다. 빠른 발을 이용한 일대일 방어가 탁월하고, 저돌적인 압박과 태클로 상대 공격수를 저지한다. 몸싸움에 약점이 있지만 적극적으로 공중전에 가담하고, 투지 넘치는 플레이를 펼친다. 수비 커버 범위도 넓어, 상황에 따라서는 수비형 MF도 가능하다. 단 안정감은 떨어진다. 시장 가치는 2000만 유로, 추정 연봉은 350만 유로.

슈팅-득점 | 2024-25 AS 모나코 | 위치

12-4 / 3-0	출전	시간	A	P	P%	CB
	27-1	2385	0	66.7-60.0	90%	

🔴 15-4	LG-1	DR	TK	IC	🟨🟥	★
🟠 0-0	RG-0	0.1-0.0	2.0-1.4	1.3	1-0	1
⚫ 0-0	HG-3					

OP	SH	SG	PC	P%	LC	BT	DC	DT%	BL	IC	CL	A%
상위	상위	상위	상위	상위	상위	상위	하위	상위	상위	하위	상위	하위	상위
6%	42%	4%	23%	27%	29%	24%	14%	37%	23%	15%	34%	48%

19위 Juan FOYTH — 7.26
후안 포이스 1998.01.12 / 187cm / ARG

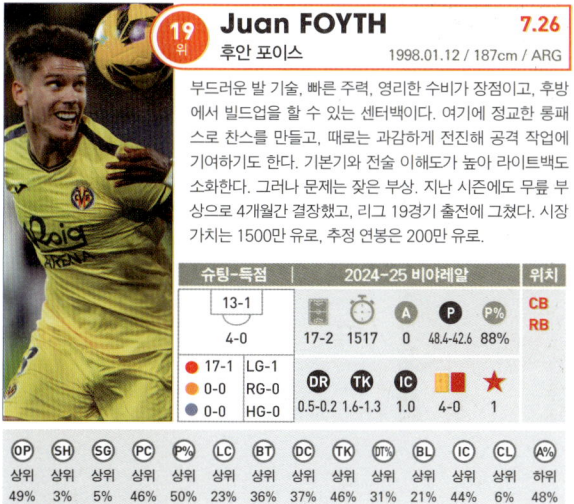

부드러운 발 기술, 빠른 주력, 영리한 수비가 장점이고, 후방에서 빌드업을 할 수 있는 센터백이다. 여기에 정교한 롱패스로 찬스를 만들고, 때로는 과감하게 전진해 공격 작업에 기여하기도 한다. 기본기와 전술 이해도가 높아 라이트백도 소화한다. 그러나 문제는 잦은 부상. 지난 시즌에도 무릎 부상으로 4개월간 결장했고, 리그 19경기 출전에 그쳤다. 시장가치는 1500만 유로, 추정 연봉은 200만 유로.

슈팅-득점	2024-25 비야레알					위치
13-1			A	P	P%	CB
4-0	17-2	1517		48.4-42.6	88%	RB
17-1 LG-1	DR	TK	IC		★	
0-0 RG-0	0.5-0.2	1.6-1.3	1.0	4-0	1	
0-0 HG-0						

OP	SH	SG	PC	P%	LC	BT	DC	TK	DT%	BL	IC	CL	A%
상위	상위	상위	상위	상위	상위	상위	상위	상위	상위	상위	상위	하위	상위
49%	3%	5%	46%	50%	23%	36%	37%	46%	31%	21%	44%	6%	48%

20위 Denis VAVRO — 7.25
데니스 바브로 1996.04.10 / 189cm / SVK

189cm 81kg의 당당한 신체조건과 뛰어난 태클 기술을 바탕으로 후방을 안정적으로 지키는 센터백. 일대일 상황에서 강한 압박을 펼치는 동시에 좋은 타이밍에 발을 뻗어 공만 걷어내는 훌륭한 수비 기술을 가지고 있다. 워낙 높이와 힘이 좋기 때문에 세트피스에서 공수 모두에 기여한다. 다만 속도와 민첩성이 떨어져 역습 상황에서 뒤 공간을 노출한다. 시장 가치는 700만 유로, 추정 연봉은 미정만 유로.

슈팅-득점	2024-25 볼프스부르크					위치
12-2			A	P	P%	CB
13-0	27-2	2462		50.6-44.5	88%	
25-2 LG-0	DR	TK	IC		★	
3-0 RG-0	0.2-0.1	1.1-0.7	1.3	4-0	2	
0-0 HG-2						

OP	SH	SG	PC	P%	LC	BT	DC	TK	DT%	BL	IC	CL	A%
상위	상위	상위	상위	상위	하위	상위	상위	상위	하위	상위	상위	하위	상위
39%	6%	18%	48%	49%	1%	40%	31%	4%	2%	10%	22%	1%	8%

21위 Marc BARTRA — 7.25
마르크 바르트라 1991.01.15 / 184cm / ESP

바르셀로나 출신으로 스페인 국가대표로도 활약했던 베테랑 센터백. 지난 시즌 허리, 근육 부상으로 인해 리그 25경기 출전에 그쳤지만, 2골 1도움을 기록하며 세트피스에서 위력적인 모습을 보였다. 아주 큰 체구는 아니지만 빠른 발과 부드러운 발 기술을 활용한 수비 커버와 빌드업에 장점을 가지고 있다. 위치 선정을 활용한 제공권도 준수하고, 패싱력도 OK. 시장 가치는 100만 유로, 추정 연봉은 210만 유로.

슈팅-득점	2024-25 레알 베티스					위치
12-2			A	P	P%	CB
6-0	23-2	2101	1	46.0-37.7	82%	
18-2 LG-0	DR	TK	IC		★	
1-0 RG-0	0.6-0.3	1.8-1.3	1.3	2-0	0	
0-0 HG-0						

OP	SH	SG	PC	P%	LC	BT	DC	TK	DT%	BL	IC	CL	A%
상위	상위	상위	하위	상위	상위	상위	하위	상위	상위	상위	상위	상위	하위
14%	14%	19%	23%	11%	19%	41%	24%	47%	9%	19%	14%	27%	

22위 Kialonda GASPAR — 7.25
키알론다 가스파르 1997.09.27 / 193cm / ANG

압도적인 힘과 높이를 바탕으로 공격수를 강하게 압박하는 앙골라 국가대표 센터백이다. 2020년부터 앙골라 대표로 활약하며 A매치 30경기 이상 출전했다. 지난 시즌 레체로 이적해 리그 24경기에 출전하며 준수한 모습을 보였지만, 내측 측부 인대 파열 부상으로 2달간 결장한 것이 아쉽다. 문전에서 높은 집중력과 몸을 사리지 않는 플레이로 상대의 슈팅을 막아낸다. 시장 가치는 350만 유로, 추정 연봉은 59만 유로.

슈팅-득점	2024-25 레체					위치
14-0			A	P	P%	CB
2-0	24-0	2143	1	38.2-33.2	87%	
16-0 LG-0	DR	TK	IC		★	
0-0 RG-0	0.4-0.3	1.7-1.5	1.2	3-0	3	
0-0 HG-0						

OP	SH	SG	PC	P%	LC	BT	DC	TK	DT%	BL	IC	CL	A%
하위	상위	상위	상위	상위	상위	상위	상위	상위	상위	상위	상위	상위	상위
36%	23%	9%	44%	20%	7%	21%	49%	6%	23%	28%	20%		

23위 Nico ELVEDI — 7.25
니코 엘베디 1996.09.30 / 189cm / SUI

2025년부터 묀헨글라트바흐의 후방을 책임지고 있는 리빙 레전드로, 스위스 국가대표로 57경기에 출전했다. 189cm 81kg의 거구지만 최고속도 34.95km/h를 기록할 만큼 발이 빠르기 때문에 풀백도 가능하다. 본인의 신체조건과 빠른 발을 활용한 일대일 수비가 장점이고, 상당히 역동적인 수비를 펼친다. 수비 리딩은 아쉽지만, 안정적인 빌드업에 기여한다. 시장 가치는 800만 유로, 추정 연봉은 350만 유로.

슈팅-득점	2024-25 보루시아 묀헨글라트바흐					위치
12-1			A	P	P%	CB
0-0	25-0	2138	1	61.1-56.2	92%	
12-1 LG-1	DR	TK	IC		★	
0-0 RG-0	0.0-0.0	1.9-1.6	1.2	1-0	1	
0-0 HG-0						

OP	SH	SG	PC	P%	LC	BT	DC	TK	DT%	BL	IC	CL	A%
상위	상위	하위	상위	상위	하위	상위	상위	상위	상위	상위	상위	상위	하위
34%	46%	46%	21%	11%	19%	19%	3%	37%	15%	22%	25%	28%	7%	15%

24위 Dean HUIJSEN — 7.25
딘 하이선 2005.04.14 / 195cm / ESP

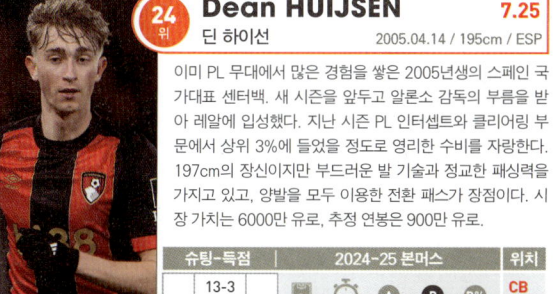

이미 PL 무대에서 많은 경험을 쌓은 2005년생의 스페인 국가대표 센터백. 새 시즌을 앞두고 알론소 감독의 부름을 받아 레알에 입성했다. 지난 시즌 PL 인터셉트와 클리어링 부문에서 상위 3%에 들었을 정도로 영리한 수비를 자랑한다. 197cm의 장신이지만 부드러운 발 기술과 정교한 패싱력을 가지고 있고, 양발을 모두 이용한 전환 패스가 장점이다. 시장 가치는 6000만 유로, 추정 연봉은 900만 유로.

슈팅-득점	2024-25 본머스					위치
13-3			A	P	P%	CB
5-0	26-6	2422	2	50.4-42.3	84%	
18-3 LG-0	DR	TK	IC		★	
0-0 RG-0	0.2-0.1	1.5-1.1	1.6	10-0	2	
0-0 HG-3						

OP	SH	SG	PC	P%	LC	BT	DC	TK	DT%	BL	IC	CL	A%
상위	상위	상위	상위	상위	상위	상위	상위	상위	상위	상위	상위	상위	상위
4%	24%	37%	34%	20%	7%	18%	39%	24%	3%	3%	48%			

유럽 5대리그 센터백 항목별 랭킹(90분 기준 기록, 100분율)

25위 Nathan COLLINS 7.25
네이션 콜린스 2001.04.30 / 193cm / IRL

아일랜드 축구 역사상 가장 비싼 몸값을 자랑하는 대형 센터백. 193cm, 81kg의 압도적인 신체조건에 위치 선정도 좋아서 헤더 경합에 장점이 있다. 워낙 예측 능력이 좋아 일대일 싸움에 능하고, 드리블 돌파를 쉽게 허용하지 않는다. 수비 집중력도 상당히 좋고, 결정적인 상황에서 몸을 날려 상대의 슈팅을 블록 한다. 스피드와 민첩성이 떨어지는 것은 아니다. 시장 가치는 2800만 유로, 추정 연봉은 180만 유로.

슈팅-득점	2024-25 브렌트포드	위치
15-2 / 2-0	38-0 3420 3 52.0-44.7 86%	CB DM
17-2 LG-1 / 0-0 RG-0 / 0-0 HG-1	0.3-0.2 1.4-1.1 0.9 5-0 1	

OP	SH	SG	PC	P%	LC	BT	DC	TK	DT%	BL	IC	CL	A%
상위 13%	하위 45%	상위 38%	하위 40%	하위 38%	하위 43%	상위 49%	하위 47%	상위 17%	하위 36%	상위 3%	상위 30%	상위 21%	상위 38%

26위 Nikola MILENKOVIC 7.25
니콜라 밀렌코비치 1997.10.12 / 195cm / SRB

세르비아에서 '제2의 비디치'라 불리며 엄청난 기대를 받았다. 195cm 90kg의 압도적인 체구를 바탕으로 제공권과 몸싸움에 능한 파이터형 센터백이다. 기본적으로 속도까지 갖추고 있어 라이트백도 볼 수 있다. 상대 공격수에게 오는 볼을 미리 예측해 긴 다리를 집어넣어 차단하고, 결정적인 순간에 정확한 슬라이딩 태클로 공만 걷어낸다. 리더십과 패싱력도 좋다. 시장 가치는 3500만 유로, 추정 연봉은 630만 유로.

슈팅-득점	2024-25 노팅엄 포리스트	위치
27-5 / 2-0	37-0 3330 2 27.8-23.1 83%	CB
29-5 LG-0 / 0-0 RG-0 / 0-0 HG-2	0.0-0.0 1.6-1.4 0.7 4-0 2	

OP	SH	SG	PC	P%	LC	BT	DC	TK	DT%	BL	IC	CL	A%
상위 3%	상위 13%	상위 18%	상위 1%	상위 14%	상위 14%	상위 1%	상위 7%	상위 4%	상위 8%	상위 14%	상위 6%	상위 25%	상위 5%

27위 MARQUINHOS 7.24
마르키뇨스 1994.05.14 / 183cm / BRA

PSG의 '4관왕'을 이끈 캡틴. 현대 센터백의 덕목인 주력, 맨마킹, 태클, 빌드업 능력, 수비 판단, 리더십까지 모두 갖춘 현 세계 최고의 센터백 중 한 명이다. 지난 시즌 95.1%의 패스성공률을 기록했을 정도로 정교한 패싱력과 발 밑 기술까지 갖췄다. 민첩하고 빨라 상대의 길목을 차단하는데 탁월한 능력을 보이고, 공만 걷어내는 태클이 인상적. 축구 지능도 높다. 시장 가치는 3500만 유로, 추정 연봉은 1340만 유로.

슈팅-득점	2024-25 파리 생제르맹	위치
7-2 / 1-0	19-3 1725 0 82.5-78.4 95%	CB
8-2 LG-0 / 0-0 RG-0 / 0-0 HG-0	0.2-0.1 1.7-1.4 0.6 3-0 0	

OP	SH	SG	PC	P%	LC	BT	DC	TK	DT%	BL	IC	CL	A%
하위 47%	상위 48%	상위 30%	상위 3%	상위 1%	상위 2%	상위 2%	상위 49%	상위 33%	상위 11%	상위 2%	상위 3%	상위 44%	상위 14%

28위 Federico BASCHIROTTO 7.24
페데리코 바스키로토 1996.09.20 / 184cm / ITA

레체의 캡틴. 강인한 멘탈리티의 소유자. 어느 공격수와 부딪혀도 밀리지 않는 몸싸움 능력을 지녔다. 역습 상황에서 발 빠른 대처와 클리어링에 뛰어나다. 리그 31라운드에서 2경기 연속골도 기록했다. 152번의 볼 경합 성공과 64.8%의 제공권 경합 승률은 리그에서도 상위권이다. 2023년 이탈리아 국가 대표팀 명단에 소집되었으나 경기에는 출전하지 못했다. 시장 가치는 360만 유로, 추정 연봉은 110만 유로.

슈팅-득점	2024-25 레체	위치
22-2 / 0-0	38-0 3420 0 42.5-37.0 87%	CB
22-2 LG-0 / 0-0 RG-0 / 0-0 HG-2	0.1-0.1 1.3-1.1 0.5 6-0 1	

OP	SH	SG	PC	P%	LC	BT	DC	TK	DT%	BL	IC	CL	A%
하위 44%	상위 37%	상위 19%	상위 14%	상위 41%	상위 24%	상위 28%	상위 6%	상위 6%	상위 49%	상위 6%	상위 15%	상위 26%	

29위 Dominik KOHR 7.23
도미니크 코어 1994.01.31 / 183cm / GER

부친인 하랄트 코어도 카이저슬라우테른에서 공격수로 뛰었다. 전형적인 수비에 특화된 센터백이면서, 수비력과 활동량이 워낙 좋기 때문에 수비형 미드필더로도 활약할 수 있다. 상대의 패스를 미리 예측해 차단하고, 동시에 거친 태클로 공격수를 제압하는 유형이다. 큰 키는 아니지만 공중볼과 몸싸움도 마다하지 않는 투지 넘치는 선수다. 다만 카드 수집은 단점. 시장 가치는 350만 유로, 추정 연봉은 190만 유로.

슈팅-득점	2024-25 마인츠 05	위치
6-2 / 7-0	28-0 2306 0 46.8-38.4 82%	CB DM
13-2 LG-0 / 0-0 RG-2 / 0-0 HG-0	0.3-0.2 2.9-2.2 1.5 11-1 1	

OP	SH	SG	PC	P%	LC	BT	DC	TK	DT%	BL	IC	CL	A%
상위 36%	상위 45%	상위 23%	하위 33%	하위 10%	상위 23%	하위 46%	상위 4%	상위 46%	상위 14%	상위 9%	상위 44%	상위 5%	하위 21%

30위 Berat DJIMSITI 7.23
베라트 짐시티 1993.02.19 / 190cm / ALB

2023-24시즌 아탈란타를 유로파리그 우승으로 이끌며 올해의 팀에 선정된 베테랑 센터백이다. 190cm 93kg의 큰 체구를 활용한 공중볼 장악력이 뛰어나고, 긴 다리를 이용한 태클 등 수비 기술이 매우 좋다. 워낙 수비가 안정적이기 때문에 3백과 4백 시스템에서 모두 적합하고, 잔 실수가 거의 없다. 위치 선정과 수비 집중력이 뛰어나고, 발 기술과 패싱력도 OK. 시장 가치는 600만 유로, 추정 연봉은 150만 유로.

슈팅-득점	2024-25 아탈란타	위치
20-1 / 0-0	32-2 2647 2 49.1-43.2 88%	CB
20-1 LG-0 / 0-0 RG-0 / 0-0 HG-1	0.1-0.0 2.0-1.7 1.3 6-0 1	

OP	SH	SG	PC	P%	LC	BT	DC	TK	DT%	BL	IC	CL	A%
상위 23%	상위 29%	상위 35%	상위 40%	상위 40%	상위 41%	상위 39%	상위 38%	상위 45%	상위 29%	상위 44%	상위 50%		

유럽 5대리그 센터백 항목별 랭킹(90분 기준 기록, 100분율)

31위 Ardian ISMAJLI — 7.23
아드리안 이스마일리 1996.09.30 / 185cm / ALB

코소보 U-21 대표팀 주장을 맡았고, 2018년 A매치 데뷔까지 했지만 같은 해 9월 알바니아로 국적을 변경했다. 이후 알바니아 대표팀의 핵심 수비수로 활약하며 A매치 45경기를 소화했다. 수비 집중력, 공중전, 가로채기, 태클이 뛰어난 센터백이고, 빠른 예측력을 바탕으로 한 클리어링이 강점이다. 정확한 롱패스를 통해 공격 찬스를 만드는 것이 특징이다. 시장 가치는 600만 유로.

슈팅-득점	2024-25 엠폴리				위치
5-0 / 0-0	29-0	2510	0	34.5-30.0 87%	CB
5-0 LG-0 / 0-0 RG-0 / 0-0 HG-0	DR 0.0-0.0	TK 1.3-1.1	IC 1.8	3-0 2	★

OP	SH	SG	PC	P%	LC	BT	DC	TK	DT%	BL	IC	CL	A%
하위 11%	하위 8%	하위 3%	하위 5%	상위 49%	상위 31%	하위 6%	하위 3%	상위 19%	하위 4%	상위 45%	하위 2%	하위 1%	상위 50%

32위 Iñigo MARTÍNEZ — 7.22
이니고 마르티네스 1991.05.17 / 182cm / ESP

뛰어난 발재간과 패스력을 갖춘 라리가 톱클래스 볼 플레잉 센터백. 그러나 지난 시즌 햄스트링, 무릎, 엉덩이 근육 등 5번이나 부상자 명단에 오르며 고생했다. 부드러운 발밑을 이용해 안정적으로 빌드업하고, 높은 정확도의 숏패스와 롱패스를 자랑한다. 넓은 시야, 킥력, 리더십, 수비 조율, 판단력, 가로채기 등 현대 센터백에게 필요한 모든 것을 갖췄다. 시장 가치는 500만 유로, 추정 연봉은 910만 유로.

슈팅-득점	2024-25 FC 바르셀로나				위치
11-0 / 2-0	28-0	2493	4	86.8-79.0 91%	CB
13-0 LG-0 / 0-0 RG-0 / 0-0 HG-0	DR 0.1-0.1	TK 1.2-1.0	IC 0.7	5-0 1	★

OP	SH	SG	PC	P%	LC	BT	DC	TK	DT%	BL	IC	CL	A%
하위 4%	상위 44%	상위 34%	하위 4%	상위 16%	하위 6%	상위 4%	하위 20%	하위 9%	상위 40%	하위 11%	상위 4%	상위 24%	상위 50%

33위 Omar ALDERETE — 7.22
오마르 알데레테 1996.12.16 / 188cm / PAR

파라과이 국가대표 수비수. 188cm 77kg의 당당한 신체조건을 활용해 상당히 저돌적인 수비를 보여주는 파이터형 센터백이다. 거친 몸싸움을 마다하지 않으며 거칠게 압박하고, 투지 넘치는 슬라이딩 태클로 상대의 공격을 저지한다. 왼발 킥력이 좋기 때문에 롱패스로 찬스를 만들지만, 전체적인 패스 성공률은 60%대로 떨어지는 편. 다혈질적인 성격도 아쉽다. 시장 가치는 800만 유로, 추정 연봉은 120만 유로.

슈팅-득점	2024-25 헤타페				위치
20-1 / 18-0	34-0	2978	0	32.4-21.4 66%	CB / DM / CM
38-1 LG-0 / 7-0 RG-0 / 0-0 HG-1	DR 0.8-0.5	TK 1.7-1.4	IC 1.0	8-0 2	★

OP	SH	SG	PC	P%	LC	BT	DC	TK	DT%	BL	IC	CL	A%
하위 26%	상위 1%	상위 5%	하위 1%	상위 28%	상위 4%	하위 7%	상위 35%	상위 40%	하위 41%	상위 33%	하위 4%	상위 23%	

34위 Nayef AGUERD — 7.22
나예프 아게르드 1996.03.30 / 190cm / MAR

지난 시즌 레알 소시에다드로 임대를 떠나 리그 21경기에 출전해 준수한 모습을 보여줬지만, 햄스트링, 허리, 허벅지, 무릎, 아킬레스건 등 다양한 부상으로 고생했다. 큰 키에 위치선정까지 좋아 공중볼을 잘 따내고, 부드러운 발 기술을 바탕으로 한 후방 빌드업도 안정적이다. 발이 아주 빠르지는 않지만, 미리 예측해 상대의 드리블 코스를 읽어내 차단한다. 시장 가치는 1800만 유로, 추정 연봉은 300만 유로.

슈팅-득점	2024-25 레알 소시에다드				위치
13-0 / 2-0	21-0	1765	0	65.3-57.5 88%	CB
15-0 LG-0 / 0-0 RG-0 / 0-0 HG-0	DR 0.6-0.3	TK 1.7-1.4	IC 0.6	5-0 0	★

OP	SH	SG	PC	P%	LC	BT	DC	TK	DT%	BL	IC	CL	A%
하위 11%	상위 16%	상위 31%	상위 22%	상위 48%	하위 7%	상위 18%	상위 28%	상위 49%	하위 48%	상위 43%	상위 17%	상위 45%	상위 31%

35위 Youssouf NDAYISHIMIYE — 7.21
유수프 은다이시미 1998.10.27 / 183cm / BDI

주 포지션은 센터백이지만, 수비형 미드필더로 뛸 만큼의 활동량을 갖추고 있다. 강철 체력을 바탕으로 넓은 수비 커버 범위를 자랑하고, 좋은 신체조건을 활용해 상대를 강하게 압박한다. 볼 간수와 전진 능력도 우수해, 볼을 끊어냈을 때는 과감하게 전진하거나 패스를 연결한다. 다만 지난 시즌에는 햄스트링, 종아리, 무릎 부상으로 컨디션이 저하됐다. 시장 가치는 1200만 유로, 추정 연봉은 94만 유로.

슈팅-득점	2024-25 니스				위치
8-3 / 3-0	22-1	1934	0	56.6-50.9 90%	CB / DM
11-3 LG-0 / 0-0 RG-0 / 0-0 HG-3	DR 0.3-0.3	TK 2.2-1.7	IC 0.9	5-0 0	★

OP	SH	SG	PC	P%	LC	BT	DC	TK	DT%	BL	IC	CL	A%
상위 18%	상위 38%	상위 21%	하위 35%	하위 9%	상위 23%	상위 27%	상위 24%	상위 13%	하위 20%	상위 48%	상위 30%	상위 46%	

36위 Eric DIER — 7.21
에릭 다이어 1994.01.15 / 188cm / ENG

CB, DM, CM, RB 등 다양한 포지션을 소화할 수 있는 유틸리티 플레이어고, 최근에는 센터백으로 확실하게 자리 잡았다. 미드필더 출신답게 정교한 패스력을 갖추고 있고, 킥 자체가 파괴력이 있기 때문에 과감한 중거리 슈팅을 시도한다. 뛰어난 수비 커버와 전술적인 움직임이 장점이다. 다만 스피드가 느리고, 수비 집중력이 떨어져 종종 실수를 범한다. 시장 가치는 800만 유로.

슈팅-득점	2024-25 바이에른 뮌헨				위치
9-2 / 0-0	16-5	1461	1	66.8-62.8 94%	CB
9-2 LG-0 / 0-0 RG-0 / 0-0 HG-2	DR 0.1-0.1	TK 1.2-0.9	IC 1.1	1-0 0	★

OP	SH	SG	PC	P%	LC	BT	DC	TK	DT%	BL	IC	CL	A%
상위 2%	상위 30%	상위 4%	상위 4%	상위 18%	상위 3%	하위 26%	상위 42%	상위 41%	상위 38%	하위 49%	상위 45%	하위 43%	하위 39%

37위 Gabriel MAGALHÃES 7.21
가브리엘 마갈량이스 1997.12.19 / 190cm / BRA

현대 축구에서 귀한 왼발잡이 센터백이다. 브라질 출신답게 탄탄한 기본기와 준수한 스피드를 갖추고 있다. 왼발을 이용한 빌드업, 뛰어난 태클 능력, 공중전, 주력이 강점이고, 지난 시즌 센터백에서 3골을 넣었다. 수비를 할 때 도전하기보다는 적당한 거리를 두고 효율적으로 기다리는 방식을 택하기 때문에 드리블 돌파를 잘 당하지 않는다. 패싱력도 최고 수준. 시장 가치는 7500만 유로, 추정 연봉은 910만 유로.

슈팅-득점 | 2024-25 아스널 FC | 위치
20-3 / 2-0 | 28-0 2366 1 58.1-52.9 91% | CB
22-3 LG-0 / 0-0 RG-0 / 0-0 HG-3 | 0.2-0.1 1.0-0.9 1 4-0 ★

OP	SH	SG	PC	P%	LC	BT	DC	TK	DT%	BL	IC	CL	A%
상위	상위	상위	상위	상위	하위	상위	하위	상위	상위	상위	하위	상위	상위
10%	6%	30%	25%	21%	16%	31%	44%	6%	18%	25%	7%	18%	28%

38위 Charlie CRESSWELL 7.20
찰리 크레스웰 2002.08.17 / 187cm / ENG

잉글랜드 U-21 대표로 활약하며 2025년 UEFA U-21 챔피언십 우승에 크게 기여했다. 지난 시즌에는 툴루즈로 이적해 리그 31경기에 3골 1도움을 올리며 준수한 활약을 펼쳤다. 다부진 체격과 운동능력을 바탕으로 한 일대일 수비가 장점이고, 투지 넘치는 플레이를 펼친다. 전진성과 패싱력이 좋기 때문에 자신 있게 빌드업한다. 다만 위치 선정은 아쉽다. 시장 가치는 1000만 유로, 추정 연봉은 72만 유로.

슈팅-득점 | 2024-25 툴루즈 | 위치
32-3 / 0-0 | 29-2 2593 1 49.6-41.2 83% | CB
32-3 LG-0 / 0-0 RG-1 / 0-0 HG-2 | 0.4-0.1 1.7-1.1 1 5-0 ★

OP	SH	SG	PC	P%	LC	BT	DC	TK	DT%	BL	IC	CL	A%
상위	상위	상위	상위	하위	상위	상위	상위	상위	상위	상위	상위	상위	상위
12%	2%	1%	39%	46%	24%	48%	28%	27%	34%	21%	39%	11%	13%

39위 Piero HINCAPIÉ 7.20
피에로 인카피에 2002.01.09 / 184cm / ECU

2002년생의 젊은 나이지만, 에콰도르 대표로 A매치 46경기를 소화한 센터백이다. 2023-24시즌 분데스리가 무패 우승의 주역이다. 최고 속도 35.84km/h에 달하는 속도와 뛰어난 예측력을 바탕으로 한 전진 수비가 장점이고, 판단까지 좋아 일대일 수비에 강하다. 태클, 인터셉트, 리커버리, 슛 블록, 커버 범위 등 다양한 장점이 있고, 패싱력도 좋은 편이다. 시장 가치는 5000만 유로, 추정 연봉은 380만 유로.

슈팅-득점 | 2024-25 바이에르 레버쿠젠 | 위치
17-2 / 5-0 | 28-4 2670 3 62.4-55.5 89% | CB / LB / LM
22-2 LG-1 / 0-0 RG-0 / 0-0 HG-1 | 0.6-0.3 2.0-1.5 1.1 8-0 2

OP	SH	SG	PC	P%	LC	BT	DC	TK	DT%	BL	IC	CL	A%
상위	상위	하위	상위	상위	상위	상위	상위	상위	상위	상위	하위	상위	상위
13%	7%	49%	17%	40%	36%	14%	49%	23%	32%	26%	50%	19%	38%

40위 Chrislain MATSIMA 7.20
크리슬란 마치마 2002.05.15 / 193cm / FRA

콩고 공화국계 프랑스인이고, 프랑스 연령별 대표를 모두 거치며 핵심 수비수로 활약했다. 지난 시즌을 앞두고 아우크스부르크로 임대를 떠났고, 리그 30경기에 출전해 1골 1도움을 올리며 주전으로 자리 잡았다. 박스 안에서 집중력을 발휘하며 상대의 슈팅을 막아내고, 경기 당 5개 이상의 클리어링을 기록했다. 빌드업 시 짧은 패스를 주고받으며 전진한다. 시장 가치는 2200만 유로, 추정 연봉은 110만 유로.

슈팅-득점 | 2024-25 아우크스부르크 | 위치
12-1 / 2-0 | 28-2 2551 1 44.0-37.8 87% | CB
14-1 LG-0 / 0-0 RG-1 / 0-0 HG-0 | 0.4-0.2 1.3-1.0 1.7 4-0 3 ★

OP	SH	SG	PC	P%	LC	BT	DC	TK	DT%	BL	IC	CL	A%
상위	상위	상위	상위	상위	하위	상위	상위	상위	상위	상위	상위	상위	상위
41%	47%	24%	23%	40%	7%	24%	35%	20%	46%	14%	3%	23%	8%

41위 William SALIBA 7.20
윌리암 살리바 2001.03.24 / 192cm / FRA

2024년 FIFA 더 베스트 11에 포함된 아스널 수비의 핵심이자, PL 최정상 센터백이다. 192cm 92kg의 거구임에도, 최고 속도 34.5km/h의 빠른 주력을 보유하고 있기 때문에 일대일 싸움과 수비 뒤 공간 커버가 탁월하다. 몸싸움도 잘하지만, 침착하게 상황을 판단해 태클을 시도하고, 끝까지 공을 보며 길목을 차단한다. 높은 수비 지능을 바탕으로 가로채기도 OK. 시장 가치는 8000만 유로, 추정 연봉은 1150만 유로.

슈팅-득점 | 2024-25 아스널 FC | 위치
6-2 / 0-0 | 35-0 3042 0 72.6-69.0 95% | CB
6-2 LG-1 / 0-0 RG-0 / 0-0 HG-0 | 0.6-0.4 2.1-1.8 0.6 2-1 2 ★

OP	SH	SG	PC	P%	LC	BT	DC	TK	DT%	BL	IC	CL	A%
하위	하위	상위	상위	상위	상위	상위	상위	상위	상위	상위	하위	상위	상위
39%	7%	16%	10%	2%	31%	15%	23%	28%	22%	5%	77%	22%	39%

42위 Maxence LACROIX 7.19
마상스 라크로 2000.04.06 / 190cm / FRA

제2의 바란으로 불리는 프랑스 센터백이다. 지난 시즌 팰리스의 유니폼을 입으며 곧바로 주전을 차지했고, FA컵 우승의 주역이기도 하다. 큰 키에도 빠른 주력과 민첩성을 보유하고 있어 공격적인 수비를 펼칠 수 있고, 공격수와 일대일 싸움에서 뒤지지 않는다. 상당히 높은 위치부터 압박을 하고, 가로채기에 능하다. 빌드업도 준수한 편이고, 롱패스 정확도가 높다. 시장 가치는 2500만 유로, 추정 연봉은 300만 유로.

슈팅-득점 | 2024-25 크리스탈 팰리스 | 위치
26-1 / 4-0 | 35-0 3119 1 42.1-34.5 82% | CB
30-1 LG-0 / 0-0 RG-0 / 0-0 HG-1 | 0.4-0.2 2.4-1.9 1.5 5-0 2 ★

OP	SH	SG	PC	P%	LC	BT	DC	TK	DT%	BL	IC	CL	A%
하위	상위	상위	상위	상위	하위	상위	상위	상위	상위	상위	상위	상위	하위
48%	7%	44%	10%	2%	47%	6%	38%	17%	33%	14%	11%	19%	28%

○ 유럽 5대리그 센터백 항목별 랭킹 (90분 기준 기록, 100분율)

43위 Willian PACHO — 7.19

윌리안 파초 2001.10.16 / 188cm / ECU

지난 시즌 팀 내 최다 출전 시간인 4103분을 뛰며 PSG의 '4관왕'을 이끈 센터백이다. 아직 경험이 부족하지만, '베테랑' 마르퀴뉴스와 엄청난 시너지를 냈다. 빠른 주력, 왼발 킥력, 상황 판단, 예측력, 높이, 점프력, 체력 등 모든 것을 갖춘 육각형 센터백이다. 특히 상대의 패스 길목을 미리 차단하는 예측력은 최고 수준이다. 왼발을 이용한 빌드업도 좋은 편이다. 시장 가치는 6500만 유로, 추정 연봉은 450만 유로.

슈팅-득점	2024-25 파리 생제르맹					위치
4-0 / 0-0	23-5	2131	1	69.7-66.2	95%	CB
4-0 LG-0						
0-0 RG-0	DR 0.3-0.2	TK 1.3-2.0	IC 1.4	2-0	★	
0-0 HG-0						

OP	SH	SG	PC	P%	LC	BT	DC	TK	DT%	BL	IC	CL	A%
하위	하위	하위	상위	상위	하위	상위	하위	상위	상위	하위	상위	하위	하위
22%	3%	6%	7%	2%	40%	8%	36%	14%	33%	38%	16%	30%	27%

44위 Diego COPPOLA — 7.19

디에고 코폴라 2003.12.28 / 192cm / ITA

이탈리아인 부친과 네덜란드인 모친 사이에서 태어나 이중 국적을 가지고 있지만, 2025년부터 이탈리아 국가대표로 활약하고 있다. 지난 시즌 베로나에서 34경기에 출전해 2골을 기록하며 잔류에 기여했고, 이번여름 브라이튼으로 이적했다. 193cm의 큰 신장을 이용한 제공권과 예측력과 긴 다리를 활용한 가로채기가 최고의 무기다. 문전 집중력도 좋은 편이다. 시장 가치는 1000만 유로.

슈팅-득점	2024-25 베로나					위치
10-2 / 0-0	33-1	2927	0	33.6-27.2	81%	CB
10-2 LG-0						
0-0 RG-0	DR 0.1-0.0	TK 2.3-1.9	IC 2.1	10-0	★ 4	
0-0 HG-2						

OP	SH	SG	PC	P%	LC	BT	DC	TK	DT%	BL	IC	CL	A%
상위	하위	상위	하위	상위	하위	상위	하위	상위	상위	상위	상위	하위	상위
48%	20%	44%	3%	10%	9%	4%	14%	27%	36%	1%	20%	29%	

45위 Wilfried SINGO — 7.19

윌프리드 싱고 2000.12.25 / 190cm / CIV

커리어 초기에는 라이트백으로 나왔지만, 190cm의 장신이기 때문에 이제는 센터백으로 자리 잡았다. 큰 체구와 압도적인 운동 능력을 이용한 수비가 장점이고, 공중전과 몸싸움에서 우위를 점한다. 워낙 발이 빠른데다가, 순간 속도도 빨라서 일대일 싸움에서 밀리지 않는다. 3백 시스템에서 우측 스토퍼로 출전해 공수 양면에 기여한다. 수비 커버 범위도 넓다. 시장 가치는 2500만 유로, 추정 연봉은 180만 유로.

슈팅-득점	2024-25 AS 모나코					위치
15-1 / 2-0	23-4	2093	2	52.0-45.2	87%	CB / RB
17-1 LG-0						
0-0 RG-0	DR 0.5-0.2	TK 1.7-1.4	IC 1.6	4-0	★ 1	
0-0 HG-0						

OP	SH	SG	PC	P%	LC	BT	DC	TK	DT%	BL	IC	CL	A%
상위	상위	상위	상위	하위	하위	상위	하위	상위	상위	하위	하위	상위	상위
1%	18%	12%	36%	31%	48%	27%	31%	30%	10%	4%	36%	33%	

46위 Diego LLORENTE — 7.19

디에고 요렌테 1993.08.16 / 186cm / ESP

스페인 출신답게 볼을 잘 다루고, 패싱력까지 좋은 볼 플레잉 센터백이다. 빌드업 상황에서 안정적이고 압박에 막혀도 침착하게 공을 소유하고 패스까지 해낸다. 센터백 치고 아주 큰 키는 아니지만 정확한 위치 선정과 높은 점프력을 바탕으로 공중볼을 잘 따내고, 상대의 패스 길목을 미리 차단하는 영리한 수비를 펼친다. 여기에 경험이 쌓이면서 경기 조율도 능숙하다. 시장 가치는 600만 유로, 추정 연봉은 310만 유로.

슈팅-득점	2024-25 레알 베티스					위치
10-2 / 1-0	29-1	2522	0	52.6-45.8	87%	CB
11-2 LG-0						
0-0 RG-1	DR 0.3-0.2	TK 1.6-1.2	IC 1.4	4-0	★ 1	
0-0 HG-0						

OP	SH	SG	PC	P%	LC	BT	DC	TK	DT%	BL	IC	CL	A%
상위	하위	상위	상위	상위	상위	상위	하위	상위	상위	상위	하위	하위	상위
40%	35%	45%	46%	47%	3%	43%	41%	33%	45%	26%	13%	31%	36%

47위 Antonio RAÍLLO — 7.18

안토니오 라이요 1991.10.08 / 187cm / ESP

2016년부터 마요르카의 후방을 책임지고 있는 수비의 리더이자, 현 주장. 준수한 체격, 안정적인 수비력, 뛰어난 발 기술, 리더십을 두루 갖춘 센터백이다. 큰 키에 위치 선정까지 좋아 공중볼을 잘 따내며, 발이 느리지만 미리 위치를 선점해 공을 따낸다. 공을 잘 소유하고, 안정적으로 패스를 공급해주는 스타일이다. 다만 저돌적인 스타일이라 카드를 자주 수집한다. 시장 가치는 180만 유로, 추정 연봉은 88만 유로.

슈팅-득점	2024-25 마요르카					위치
33-2 / 2-0	36	3209	0	49.2-43.8	89%	CB
35-2 LG-0						
0-0 RG-0	DR 0.1-0.1	TK 1.0-0.9	IC 0.8	7-1	★ 2	
0-0 HG-1						

OP	SH	SG	PC	P%	LC	BT	DC	TK	DT%	BL	IC	CL	A%
하위	상위	상위	상위	상위	상위	상위	하위	상위	상위	하위	상위	하위	상위
46%	3%	16%	36%	33%	45%	36%	15%	7%	27%	28%	20%	16%	46%

48위 Johan VÁSQUEZ — 7.18

호안 바스케스 1998.10.22 / 184cm / MEX

유벤투스가 러브콜을 보낼 정도로 세리에A 무대에서 좋은 수비력을 보여주고 있는 멕시코 국가대표 센터백이다. 현대 축구에서 꼭 필요한 왼발잡이 센터백이라 전술적으로 중요한 역할을 하고 있다. 높은 수비 집중력을 바탕으로 박스 안에서 결정적인 슛 블록과 클리어링을 해내고, 투지 넘치는 플레이를 펼친다. 제공권과 태클 능력도 우수하고, 빌드업도 OK. 시장 가치는 1400만 유로, 추정 연봉은 100만 유로.

슈팅-득점	2024-25 제노아					위치
28-3 / 8-0	34-2	3042	0	48.6-41.3	85%	CB
36-3 LG-0						
1-0 RG-1	DR 0.2-0.1	TK 2.2-1.7	IC 1.3	9-0	★ 2	
0-0 HG-2						

OP	SH	SG	PC	P%	LC	BT	DC	TK	DT%	BL	IC	CL	A%
상위	상위	상위	상위	상위	하위	상위	상위	상위	상위	상위	하위	상위	하위
32%	2%	13%	37%	2%	36%	45%	34%	28%	11%	15%	40%	33%	

유럽 5대리그 센터백 항목별 랭킹(90분 기준 기록, 100분율)

빨강	전체 슈팅 시도-득점
파랑	직접프리킥 시도-득점
노랑	PK 시도-득점
HG	헤더 득점
LG	왼발 득점
RG	오른발 득점
시계	출전횟수 선발-교체
MIN	출전시간(분)
A	도움
P	평균 패스 시도-성공
P%	패스 성공률
DR	평균 드리블 시도-성공
TK	평균 태클 시도-성공
IC	평균 인터셉트
카드	경고/퇴장
★	MOM
OP	공격포인트
SH	슈팅 시도
SG	유효 슈팅
PC	패스 성공
P%	패스 성공률
LC	롱패스 성공
BT	볼 터치
DC	드리블
TK	태클
DT%	드리블러 태클성공률
BL	블록
IC	인터셉트
CL	클리어링
A%	공중전 승률

49위 Alejandro CATENA — 7.18
알레한드로 카테나 1994.10.28 / 194cm / ESP

2019-20시즌 라요 바예카노 올해의 선수로 선정됐고, 스페인 무대에서 잔뼈가 굵은 베테랑이다. 194cm 82kg의 압도적인 체격을 기반으로 한 강한 압박과 뛰어난 일대일 마킹이 장점인 파이터형 센터백이다. 민첩성이 조금 떨어지긴 하지만 라이트백을 볼 수 있을 정도로 빠른 스피드를 보유하고 있고, 준수한 운동 능력으로 깔끔한 태클과 클리어링을 시도한다. 시장 가치는 300만 유로, 추정 연봉은 100만 유로.

슈팅-득점 | 2024-25 오사수나 | 위치
- 19-1 / 1-0
- ●20-1 LG-0
- ●0-0 RG-0
- ●0-0 HG-1
- 35-0 / 3077 / A 3 / P 43.3-36.4 / P% 84%
- DR 0.3-0.2 / TK 1.8-1.3 / IC 1.1 / 11-0 / ★ 3
- CB

OP	SH	SG	PC	P%	LC	BT	DC	TK	DT%	BL	IC	CL	A%
상위 20%	상위 34%	상위 44%	하위 15%	하위 23%	상위 20%	하위 14%	상위 38%	상위 41%	상위 37%	상위 46%	상위 45%	상위 13%	상위 25%

50위 Marco FRIEDL — 7.17
마르코 프리들 1998.03.16 / 187cm / AUT

한 때 뮌헨의 미래로 불렸던 수비수지만 1군에서는 자리를 잡지 못해 2018년 브레멘으로 이적했다. 이후 빠른 성장세를 보였고, 현재는 브레멘의 캡틴이다. 왼발을 주로 사용하며 센터백과 레프트백을 겸한다. 수비 이해도가 뛰어나며 대인 마킹에 장점을 보인다. 자리를 지키며 상대 공격수와의 일대일에서 스탠딩 태클을 선보인다. 다만 상대적으로 발이 느리다. 시장 가치는 1200만 유로, 추정 연봉은 140만 유로.

슈팅-득점 | 2024-25 베르더 브레멘 | 위치
- 3-0 / 1-0
- ●4-0 LG-0
- ●0-0 RG-0
- ●0-0 HG-0
- 25-1 / 2165 / A 0 / P 56.3-50.7 / P% 90%
- DR 0.3-0.2 / TK 3.5-2.4 / IC 1.3 / 8-2 / ★ 2
- CB

OP	SH	SG	PC	P%	LC	BT	DC	TK	DT%	BL	IC	CL	A%
하위 11%	하위 6%	상위 45%	하위 30%	상위 22%	하위 5%	상위 27%	상위 33%	상위 21%	하위 13%	상위 19%	상위 33%	하위 16%	

51위 Florian LEJEUNE — 7.17
플로리안 레준 1991.05.20 / 189cm / FRA

지능적인 센터백. 빠른 판단력과 민첩성을 바탕으로 상대의 공격을 미리 끊어내고, 이후에는 정교한 롱패스로 공격의 시발점이 된다. 준수한 신체조건에 위치 선정까지 좋아 공중전에 강하고, 끈질긴 맨 마킹으로 상대 공격수를 제압한다. 특히 세트피스에서 헤더와 발리 슈팅으로 득점을 잘 만드는 것이 특징이다. 다만 심각한 무릎 부상이후 속도와 민첩성이 떨어졌다. 시장 가치는 250만 유로, 추정 연봉은 130만 유로.

슈팅-득점 | 2024-25 라요 바예카노 | 위치
- 24-1 / 34-1
- ●58-2 LG-0
- ●20-1 RG-1
- ●0-0 HG-2
- 37-0 / 3326 / A 3 / P 55.5-46.6 / P% 84%
- DR 0.2-0.1 / TK 1.8-1.2 / IC 1.2 / 8-0 / ★ 2
- CB

OP	SH	SG	PC	P%	LC	BT	DC	TK	DT%	BL	IC	CL	A%
상위 12%	상위 1%	상위 1%	하위 20%	상위 23%	상위 6%	하위 48%	상위 29%	상위 10%	상위 15%	상위 2%	상위 7%	상위 46%	상위 49%

52위 Jonathan TAH — 7.16
요나탄 타 1996.02.11 / 195cm / GER

독일 내에서 제롬 보아텡의 후계자로 불린 국가대표 센터백이다. 새 시즌 레버쿠젠을 떠나 뮌헨의 유니폼을 입었다. 194cm, 95kg라는 압도적인 신체조건을 자랑해 공중전에서 최강의 위용을 뽐내고, 상대 공격수와 경합에서 밀리는 법이 없다. 엄청난 체구지만 빠른 발과 안정적인 후방 빌드업을 자랑한다. 상대를 빠르게 쫓아가 터프하게 끊어내는 것이 특징이다. 시장 가치는 만 3000유로, 추정 연봉은 1200만 유로.

슈팅-득점 | 2024-25 바이에르 레버쿠젠 | 위치
- 19-3 / 5-0
- ●24-3 LG-0
- ●0-0 RG-0
- ●0-0 HG-2
- 33-0 / 2970 / A 0 / P 69.8-64.9 / P% 93%
- DR 0.2-01 / TK 0.8-0.6 / IC 1.1 / 3-0 / ★ 0
- CB

OP	SH	SG	PC	P%	LC	BT	DC	TK	DT%	BL	IC	CL	A%
상위 42%	상위 22%	상위 25%	상위 12%	상위 7%	상위 31%	상위 24%	하위 1%	하위 10%	하위 4%	상위 50%	상위 40%	하위 1%	

53위 Yerry MINA — 7.16
예리 미나 1994.09.23 / 195cm / COL

195cm, 94kg의 압도적인 신체조건을 가지고 있어 최강의 공중 장악력을 자랑하는 괴물 센터백이다. 그러나 잦은 부상과 느린 스피드로 인해 기대만큼 성장하지는 못했다. 그럼에도 세트피스 등 여전히 장점이 많다. 강한 압박, 거친 몸싸움, 날카로운 태클로 상대 공격수를 제압하고, 수비 집중력이 뛰어나 결정적인 순간 정확한 블로킹을 시도한다. 시장 가치는 300만 유로, 추정 연봉은 190만 유로.

슈팅-득점 | 2024-25 칼리아리 | 위치
- 25-1 / 1-0
- ●26-1 LG-0
- ●0-0 RG-0
- ●0-0 HG-1
- 31-0 / 2577 / A 0 / P 44.8-38.5 / P% 86%
- DR 0.3-0.1 / TK 2.5-2.1 / IC 1.2 / 4-1 / ★ 1
- CB

OP	SH	SG	PC	P%	LC	BT	DC	TK	DT%	BL	IC	CL	A%
하위 30%	상위 16%	상위 8%	하위 27%	상위 38%	하위 24%	하위 36%	상위 28%	상위 6%	상위 9%	상위 2%	상위 57%	상위 24%	상위 27%

54위 Dan BURN — 7.15
댄 번 1992.05.09 / 198cm / ENG

2022년 자신의 고향 팀인 뉴캐슬로 이적해 포텐셜을 터뜨린 '대기만성형' 센터백이고, 2025년에는 잉글랜드 대표로 A매치 데뷔했다. 2m가 넘는 거구로 공중전에 강하고, 압도적인 체격을 이용해 상대를 질식시키는 일대일 수비를 펼친다. 발이 느린 편이지만, 미리 위치를 잡아 가로채기를 시도하고, 깔끔한 태클로 저지한다. 축구 센스와 전술 이해도는 최고 수준. 시장 가치는 600만 유로, 추정 연봉은 420만 유로.

슈팅-득점 | 2024-25 뉴캐슬 유나이티드 | 위치
- 23-1 / 0-0
- ●23-1 LG-0
- ●0-0 RG-0
- ●0-0 HG-1
- 37-0 / 3330 / A 1 / P 53.6-47.7 / P% 89%
- DR 0.1-0.1 / TK 1.5-1.1 / IC 0.7 / 11-0 / ★ 0
- CB

OP	SH	SG	PC	P%	LC	BT	DC	TK	DT%	BL	IC	CL	A%
하위 45%	상위 29%	상위 24%	상위 49%	상위 36%	상위 20%	상위 48%	상위 21%	하위 17%	하위 14%	상위 18%	하위 14%	상위 34%	상위 24%

○ 유럽 5대리그 센터백 항목별 랭킹(90분 기준 기록, 100분율)

●	●	●	LG	RG	HG	⏱	⏱	A	P	P%	DR	TK	IC	🟨🟥	★	OP	SH	SG	PC	LC	BT	DC	TK	DT%	BL	IC	CL	A%
전체 슈팅 시도-득점	직접프리킥 시도-득점	PK 시도-득점	왼발 득점	오른발 득점	헤더 득점	출전횟수 선발-교체	출전시간 분(MIN)	도움	평균 패스 시도-성공	패스 성공률	평균드리블 시도-성공	평균 태클 시도-성공	평균 인터셉트	페어플레이 경고-퇴장	MOM	공격 포인트	슈팅 시도	유효 슈팅	패스 성공	롱볼 성공	볼터치	드리블	드리블러 태클성공률	블로킹	인터셉트	클리어링	공중전 승률

55위 Arthur THEATE — 7.16
아르튀르 테아테   2000.05.25 / 185cm / BEL

지난 시즌 프랑크푸르트로 임대를 떠나 총 42경기에 출전해 인상적인 활약을 펼치며 완전 이적에 성공했다. 공수 양면에서 상당히 공격적인 스타일의 '파이터형' 센터백이다. 수비 수치만 과감하게 올라가 슈팅을 하거나, 전진 패스를 연결한다. 수비 시에는 적극적인 압박과 거친 맨 마킹을 시도한다. 준수한 스피드를 갖추고 있어 레프트백도 소화할 수 있다. 시장 가치는 2400만 유로, 추정 연봉은 320만 유로.

슈팅-득점	2024-25 아인트라흐트 프랑크푸르트	위치
19-0 / 17-0	⏱ 31-0 / 2709 A 0 P 56.5-47.5 P% 84%	CB / LB
● 36-0 LG-0	DR 0.4-0.3 TK 1.9-1.2 IC 1.3 🟨🟥 3-1 ★ 2	
● 1-0 RG-0		
● 0-0 HG-0		

OP	SH	SG	PC	P%	LC	BT	DC	TK	DT%	BL	IC	CL	A%
하위 11%	상위 1%	상위 9%	상위 35%	하위 19%	상위 32%	상위 23%	상위 33%	상위 46%	하위 9%	상위 37%	상위 23%	상위 28%	하위 45%

56위 Bernardo — 7.14
베르나르두   1995.05.14 / 186cm / BRA

부친도 브라질 국가대표로 활약했던 축구 선수 출신이다. 지난 시즌 무릎 부상으로 4개월간 결장했지만, 보훔에서 나올 때마다 인상적인 활약을 펼쳤다. 결국 새 시즌 앞두고 호펜하임으로 이적했다. 센터백, 레프트백, 수비형 미드필더를 볼 수 있는 유틸리티 플레이어이고, 태클과 가로채기 능력이 뛰어난 수비수다. 측면에서 왼발 킥으로 찬스를 만드는 것이 특징. 시장 가치는 550만 유로.

슈팅-득점	2024-25 보훔	위치
7-0 / 0-0	⏱ 19-2 / 1736 A 0 P 46.4-34.8 P% 75%	CB
● 7-0 LG-0	DR 0.2-0.1 TK 2.6-2.1 IC 1.1 🟨🟥 5-0 ★ 1	
● 0-0 RG-0		
● 0-0 HG-0		

OP	SH	SG	PC	P%	LC	BT	DC	TK	DT%	BL	IC	CL	A%
하위 11%	상위 37%	상위 33%	하위 14%	상위 13%	상위 38%	상위 45%	하위 6%	상위 18%	하위 4%	상위 26%	상위 37%	상위 17%	

57위 Alexsandro RIBEIRO — 7.14
알레산드루 히베이루   1999.08.09 / 189cm / BRA

탁월한 후방 빌드업 능력을 자랑하는 센터백. 지난 시즌 리그에서 91.4%의 패스 성공률을 기록했을 정도로 패싱력이 장점이고, 넓은 시야와 킥력을 바탕으로 한 롱패스의 정확도가 높다. 상대의 움직임을 미리 예측해 차단하며, 계속해서 전진 압박을 시도하는 스타일이다. 다만 발이 빠른 편은 아니어서 수비 커버는 아쉽고, 큰 키에도 공중전에 아주 강하지는 않다. 시장 가치는 2000만 유로, 추정 연봉은 91만 유로.

슈팅-득점	2024-25 릴 OSC	위치
21-1 / 0-0	⏱ 30-0 / 2700 A 1 P 80.1-72.9 P% 91%	CB
● 21-1 LG-0	DR 0.3-0.2 TK 1.4-1.1 IC 0.9 🟨🟥 10-0 ★ 2	
● 0-0 RG-0		
● 0-0 HG-1		

OP	SH	SG	PC	P%	LC	BT	DC	TK	DT%	BL	IC	CL	A%
상위 38%	상위 22%	상위 33%	상위 8%	상위 22%	하위 11%	상위 8%	상위 24%	하위 18%	상위 37%	하위 18%	상위 31%	상위 48%	상위 10%

58위 Jeffrey GOUWELEEUW — 7.14
제프리 하우웰레우   1991.07.10 / 188cm / NED

2016년부터 아우크스부르크에서 뛰고 있는 수비의 핵심이자, 현 캡틴. 전체적으로 수비에 특화돼 있는 클래식한 센터백이다. 기본적으로 수비 집중력이 좋기 때문에, 잔 실수 없이 안정적인 수비력을 보여준다. 큰 키를 활용한 공중볼과 몸싸움에 강점이 있고, 특별한 부족한 부분이 없다. 다만 빌드업에 아주 능한 센터백은 아니라, 롱패스에 지나치게 의존하는 경향은 단점이다. 시장 가치는 150만 유로, 추정 연봉은 120만 유로.

슈팅-득점	2024-25 아우크스부르크	위치
10-1 / 8-0	⏱ 33-0 / 2945 A 4 P 50.5-42.4 P% 84%	CB
● 18-1 LG-0	DR 0.4-0.2 TK 1.9-1.5 IC 1.1 🟨🟥 9-0 ★ 1	
● 0-0 RG-0		
● 1-0 HG-1		

OP	SH	SG	PC	P%	LC	BT	DC	TK	DT%	BL	IC	CL	A%
상위 8%	상위 43%	상위 43%	상위 30%	상위 16%	상위 14%	상위 37%	상위 41%	상위 43%	상위 37%	상위 28%	상위 50%	상위 26%	상위 32%

59위 Francesco ACERBI — 7.13
프란체스코 아체르비   1988.02.10 / 192cm / ITA

풍부한 경험을 자랑하는 센터백. 유로 2020 우승에 공헌하며 이탈리아 공화국 공로장 5등급을 수여받기도 했다. 192cm 88kg의 압도적인 체격을 이용해 끈적끈적한 수비를 펼치고, 때로는 거친 몸싸움과 신경전을 마다하지 않는다. 경기를 읽는 능력이 뛰어나고, 상대가 슈팅을 할 때 각도를 미리 좁혀 블록을 시도한다. 한 마디로 노련한 수비로 상대를 제압한다. 시장 가치는 300만 유로, 추정 연봉은 280만 유로.

슈팅-득점	2024-25 인테르 밀란	위치
5-0 / 0-0	⏱ 20-3 / 1710 A 1 P 55.6-51.7 P% 93%	CB
● 5-0 LG-0	DR 0.2-0.1 TK 1.3-1.0 IC 1.1 🟨🟥 0-0 ★ 1	
● 0-0 RG-0		
● 0-0 HG-0		

OP	SH	SG	PC	P%	LC	BT	DC	TK	DT%	BL	IC	CL	A%
상위 23%	하위 28%	상위 36%	상위 31%	상위 12%	상위 41%	상위 38%	하위 30%	상위 17%	상위 34%	상위 49%	상위 19%	상위 50%	상위 21%

60위 Oumar SOLET — 7.13
우마르 솔레   2000.02.07 / 192cm / FRA

중앙아프리카공화국 혈통을 가진 프랑스인이라 프랑스 연령별 대표를 거쳤지만, 성인 대표팀은 중앙아프리카를 선택할 수 있다. 192cm의 거구지만, 주력과 민첩성을 가지고 있어 자신의 속도를 이용한 맨 마킹에 강하다. 특히 탄력적인 움직임을 통해 수비 공간을 커버하고, 공중전에서도 강점이 있다. 빌드업을 할 때 잔 실수가 있긴 하지만, 기본적인 패싱력은 있다. 시장 가치는 1800만 유로, 추정 연봉은 130만 유로.

슈팅-득점	2024-25 우디네세	위치
6-0 / 6-1	⏱ 19-0 / 1674 A 2 P 58.0-51.6 P% 89%	CB
● 12-1 LG-0	DR 1.7-1.4 TK 2.1-1.6 IC 1.0 🟨🟥 1-1 ★ 2	
● 1-0 RG-0		
● 0-0 HG-1		

OP	SH	SG	PC	P%	LC	BT	DC	TK	DT%	BL	IC	CL	A%
상위 7%	상위 25%	상위 2%	상위 35%	상위 35%	상위 1%	상위 32%	상위 1%	상위 28%	상위 27%	하위 13%	상위 32%	상위 34%	하위 14%

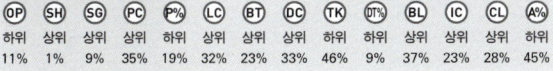
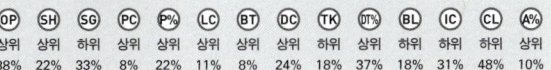

○ 유럽 5대리그 센터백 항목별 랭킹 (90분 기준 기록, 100분율)

61위 Stefan DE VRIJ — 7.13
스테판 더브레이 1992.02.05 / 190cm / NED

세리에 최우수 수비수 1회, 세리에 올해의 팀 2회 수상에 빛나는 네덜란드 국가대표 센터백이다. 3백의 중앙에서 수비 라인을 진두지휘하고, 상대방의 움직임을 미리 예측해 볼을 따내는 영리한 수비수다. 잔 실수가 거의 없어 안정적인 수비를 펼치고, 빠른 판단력으로 뒤 공간을 커버한다. 부드러운 발밑, 넓은 시야, 전진 패스 능력까지 갖추고 있어 빌드업도 잘한다. 시장 가치는 500만 유로, 추정 연봉은 700만 유로.

슈팅-득점 / **2024-25 인테르 밀란** / **위치: CB**

슈팅	득점	출전	분	도움	패스	P%
13-3	0-0	18-8	1723	0	54.2-50.5	93%

	LG	RG	HG	DR	TK	IC	카드	MOM
13-3	1	1	0	0.3-0.1	0.8-0.7	0.9	2-0	1
0-0 / 0-0								

OP	SH	SG	PC	P%	LC	BT	TK	DT%	BL	IC	CL	A%
상위	상위	하위	상위	상위	상이	하위	하위	상위	하위	상위	상위	상위
21%	36%	40%	8%	6%	49%	9%	33%	5%	6%	38%	39%	43%	30%

62위 Clément LENGLET — 7.12
클레망 랑글레 1995.06.17 / 186cm / FRA

세비야와 바르셀로나에서 뛰던 시절부터 부드러운 빌드업 전개 능력으로 명성이 높았던 볼 플레잉 센터백이다. 왼발을 워낙 잘 쓰기 때문에 안정적으로 패스를 공급하고, 정확도 높은 롱패스로 찬스를 만들기도 한다. 하지만 기본적인 수비력은 조금 아쉽고, 느린 발과 둔한 움직임으로 맨 마킹에 약점을 가지고 있다. 손을 자주 쓰기 때문에 카드 수집도 많다. 시장 가치는 750만 유로.

슈팅-득점 / **2024-25 아틀레티코 마드리드** / **위치: CB**

슈팅	득점	출전	분	도움	패스	P%
9-2	1-0	23-0	1976	1	58.8-51.5	88%

	LG	RG	HG	DR	TK	IC	카드	MOM
10-2	2	0	0	0.1-0.1	1.3-1.2	1.0	9-0	2
1-0 / 0-0								

OP	SH	SG	PC	P%	LC	BT	TK	DT%	BL	IC	CL	A%
상위	하위	상위	상위	상위	상위	상위	하위	상위	상위	상위	상위	하위
26%	39%	47%	34%	38%	6%	40%	22%	16%	27%	34%	38%	20%

63위 Lisandro MARTÍNEZ — 7.12
리산드로 마르티네스 1998.01.18 / 175cm / ARG

부상만 없다면 PL 톱클래스 센터백이지만, 지난 2025년 2월에도 심각한 무릎 부상으로 시즌 아웃됐다. 정상 컨디션이라면, 수비력과 패스력을 모두 갖춘 만능 센터백이다. 준수한 주력과 기술을 가지고 있기 때문에 상대의 강한 압박을 유연하게 벗겨내 전진한다. 수비 집중력이 워낙 좋기 때문에 일대일 싸움에서 상당히 강하고, 투지 넘치는 플레이도 장점이다. 시장 가치는 4000만 유로, 추정 연봉은 720만 유로.

슈팅-득점 / **2024-25 맨체스터 유나이티드** / **위치: CB, LB**

슈팅	득점	출전	분	도움	패스	P%
13-1	4-1	20-0	1754	1	66.0-59.4	90%

	LG	RG	HG	DR	TK	IC	카드	MOM
17-2	2	0	0	0.4-0.3	2.8-2.0	1.6	7-0	1
0-0 / 0-0								

OP	SH	SG	PC	P%	LC	BT	TK	DT%	BL	IC	CL	A%
상위	상위	상위	상위	하위	상위	상위	상위	상위	하위	상위	상위	상위
7%	3%	10%	11%	23%	29%	11%	14%	26%	30%	1%	4%	6%	47%

64위 Strahinja PAVLOVIC — 7.11
스트라히냐 파블로비치 2001.05.24 / 194cm / SRB

2001년생이지만, 벌써 A매치 46경기를 소화한 센터백이다. 세르비아에서는 압도적인 체격과 파워풀한 수비를 펼쳐 비디치의 후계자라는 평가가 있지만, 스타일을 보면 AC밀란 '레전드' 스탐과 비슷하다. 거구지만 빠른 주력과 민첩성을 가지고 있어 역습 저지에 능하고, 수비 스킬과 발 기술도 좋다. 거친 플레이 때문에 카드 수집이 잦고, 잔 실수는 보완해야 한다. 시장 가치는 1800만 유로, 추정 연봉은 310만 유로.

슈팅-득점 / **2024-25 AC 밀란** / **위치: CB**

슈팅	득점	출전	분	도움	패스	P%
11-2	6-0	21-3	1865	1	56.4-50.2	89%

	LG	RG	HG	DR	TK	IC	카드	MOM
17-2	0	0	1	0.5-0.2	3.0-2.2	0.7	3-1	1
1-0 / 0-0								

OP	SH	SG	PC	P%	LC	BT	TK	DT%	BL	IC	CL	A%
상위	상위	상위	상위	상위	상위	상위	상위	상위	하위	하위	하위	상위
22%	13%	3%	2%	40%	32%	18%	49%	3%	34%	29%	30%	27%	11%

65위 Nico SCHLOTTERBECK — 7.11
니코 슐로터벡 1999.12.01 / 191cm / GER

분데스리가 올해의 팀에 3번이나 선정된 독일 국가대표 센터백이다. 그러나 지난 시즌 발목, 무릎 부상으로 고생하며 리그 23경기 출전에 그쳤다. 191cm의 장신이지만 주력이 빠르고, 태클 능력이 좋아 도전적인 수비를 펼친다. 일대일 상황에서 과감하게 발을 뻗어 공을 차단하고, 거친 몸싸움을 시도한다. 왼발 킥력이 좋아 빌드업을 주도하고, 크로스도 OK. 시장 가치는 4000만 유로, 추정 연봉은 470만 유로.

슈팅-득점 / **2024-25 보루시아 도르트문트** / **위치: CB, LB**

슈팅	득점	출전	분	도움	패스	P%
10-0	7-0	23-0	1984	4	88.0-79.2	90%

	LG	RG	HG	DR	TK	IC	카드	MOM
17-0	0	0	0	1.0-0.6	2.4-1.7	1.0	5-2	1
0-0 / 0-0								

OP	SH	SG	PC	P%	LC	BT	TK	DT%	BL	IC	CL	A%
상위	상위	상위	상위	상위	상위	상위	상위	상위	상위	상위	하위	상위
9%	14%	10%	2%	28%	1%	4%	18%	50%	5%	43%	14%	23%

66위 Abdul MUMIN — 7.11
압둘 무민 1998.06.06 / 188cm / GHA

2025년 3월 무릎 부상으로 시즌 아웃됐는데, 이전까지 라요 바예카노의 후방을 책임지며 리그 24경기에서 2골 1도움까지 기록했다. 수비 집중력이 상당히 좋은 센터백인데, 박스 안에서 공을 끝까지 보며 블록을 시도한다. 상당히 역동적인 클리어링을 시도하고, 몸을 사리지 않는 플레이를 한다. 빌드업 시 짧은 패스보다는 롱패스를 선호하기 때문에 정확도는 낮다. 시장 가치는 500만 유로, 추정 연봉은 35만 유로.

슈팅-득점 / **2024-25 라요 바예카노** / **위치: CB**

슈팅	득점	출전	분	도움	패스	P%
8-2	2-0	24-0	2020	1	44.6-37.5	84%

	LG	RG	HG	DR	TK	IC	카드	MOM
10-2	1	0	1	0.4-0.2	2.0-1.5	1.0	6-1	1
0-0 / 0-0								

OP	SH	SG	PC	P%	LC	BT	TK	DT%	BL	IC	CL	A%
상위	하위	상위	상위	하위	상위	상위	상위	상위	상위	상위	상위	하위
12%	45%	50%	22%	18%	45%	22%	39%	35%	45%	8%	45%	27%	33%

유럽 5대리그 센터백 항목별 랭킹 (90분 기준 기록, 100분율)

67위 Jorge SÁENZ — 7.11
호르헤 사엔스   1996.11.17 / 188cm / ESP

스페인 U-19, U-21 대표를 거치면서 많은 기대를 받았고, 레가네스를 라리가 승격으로 이끌었다. 지난 시즌 근육 부상으로 고생하면서도 리그 23경기에 출전해 좋은 수비력을 보여줬지만, 팀의 강등을 막지 못했다. 최고의 무기는 정확하면서도 저돌적인 태클. 결정적인 순간 슬라이딩 태클로 상대를 저지하고, 투지 넘치는 플레이를 펼친다. 제공권도 수준급. 시장 가치는 150만 유로, 추정 연봉은 40만 유로.

슈팅-득점		2024-25 레가네스				위치
8-1		19-4	1693	0	38.7-32.5	84%	CB
0-0						
● 8-1	LG-0	DR	TK	IC		★
● 0-0	RG-1	0.3-0.2	2.0-1.6	1.1	4-1	3
● 0-0	HG-0					

OP	SH	SG	PC	P%	LC	BT	DC	TK	DT%	BL	IC	CL	A%
하위	하위	상위	하위	하위	상위	하위	상위	상위	하위	상위	상위	상위	하위
44%	40%	36%	22%	22%	49%	36%	42%	16%	13%	33%	24%	1%	17%

68위 Marc GUÉHI — 7.11
마크 게히   2000.07.13 / 182cm / ENG

잉글랜드 연령별 대표를 모두 거쳤고, 2017년 U-17 월드컵 우승의 주역이다. 2022년 3월 A매치에 데뷔했고, 유로 2024 준우승에 기여했다. 기술, 패싱력, 주력, 예측력 등 현대 축구에 필요한 모든 것을 갖춘 센터백이다. 센터백 치고 작은 키지만 힘이 좋고, 몸싸움에 능해 미리 자리를 선점한다. 예측력도 뛰어나 상대의 패스 길목을 차단하고, 압박 수비를 펼친다. 시장 가치는 4500만 유로, 추정 연봉은 300만 유로.

슈팅-득점		2024-25 크리스탈 팰리스				위치
13-3		34-0	3060	2	51.5-43.3	84%	CB DM
2-0						
● 15-3	LG-2	DR	TK	IC		★
● 0-0	RG-1	0.4-0.4	2.3-1.8	0.8	7-1	2
● 0-0	HG-0					

OP	SH	SG	PC	P%	LC	BT	DC	TK	DT%	BL	IC	CL	A%
상위	상위	상위	상위	상위	상위	상위	상위	상위	상위	상위	상위	상위	하위
9%	43%	20%	32%	9%	37%	35%	20%	27%	44%	18%	22%	50%	25%

69위 Leonardo BALERDI — 7.10
레오나르도 발레르디   1999.01.26 / 187cm / ARG

마르세유의 캡틴이자, 최후방의 보루. 적극적으로 전진하기보다는 후방에서 영리한 위치 선정과 판단력을 바탕으로 상대의 패스를 차단하고, 정확한 태클로 공격을 저지한다. 최고의 무기는 패싱력. 짧은 패스를 주고받으며 후방 빌드업을 주도하고, 상당히 안정감이 있다. 상황에 따라서는 날카로운 전진 패스도 연결한다. 수비 집중력 부족은 개선이 필요하다. 시장 가치는 2000만 유로, 추정 연봉은 420만 유로.

슈팅-득점		2024-25 올랭피크 마르세유				위치
11-0		27-0	2276	0	93.1-87.5	94%	CB
4-0						
● 15-0	LG-0	DR	TK	IC		★
● 0-0	RG-0	1.3-0.9	2.8-2.1	1.3	7-1	0
● 0-0	HG-0					

OP	SH	SG	PC	P%	LC	BT	DC	TK	DT%	BL	IC	CL	A%
하위	상위	상위	하위	하위	상위	하위	하위	하위	상위	상위	상위	상위	상위
11%	33%	12%	1%	2%	27%	2%	11%	19%	20%	5%	6%	28%	

70위 Santiago MOURIÑO — 7.10
산티아고 무리뇨   2002.02.13 / 186cm / URU

지난 시즌 알라베스로 이적해 근육 부상으로 한 달간 결장했지만, 리그 25경기에 나서 준수한 활약을 펼쳤다. 이에 아틀레티코가 '바이백 옵션'을 검토할 정도로 많은 주목을 받은 센터백이다. 패싱력이 아주 좋은 편은 아니지만, 상대의 공을 끊었을 때 모험적인 전진 패스를 자주 시도한다. 문전에서 집중력이 상당히 높고, 상대의 슈팅 궤적을 미리 예측해 차단한다. 시장 가치는 300만 유로, 추정 연봉은 32만 유로.

슈팅-득점		2024-25 데포르티보 알라베스				위치
9-0		20-5	1847	1	26.6-21.0	79%	CB RB
4-0						
● 13-0	LG-0	DR	TK	IC		★
● 0-0	RG-0	0.4-0.2	2.4-1.7	1.2	7-0	0
● 0-0	HG-0					

OP	SH	SG	PC	P%	LC	BT	DC	TK	DT%	BL	IC	CL	A%
하위	상위	상위	하위	상위	하위	상위	상위	상위	상위	상위	상위	상위	하위
42%	27%	44%	2%	3%	8%	2%	47%	14%	39%	20%	23%	41%	

71위 Jeff CHABOT — 7.10
제프 샤보   1998.02.12 / 195cm / GER

프랑스계 독일인이라 이중국적을 가지고 있지만, 자신이 나고 자란 독일 연령별 대표를 두루 거쳤다. 195cm 95kg의 체격을 활용한 거친 수비를 즐기고, 상대가 드리블을 할 때 날카로운 태클로 저지한다. 상대 슈팅 예측과 머리 위의 예측 수비도 장점이다. 엄청난 거구지만 왼발 킥력과 패싱력을 갖췄고, 지난 시즌 90%의 높은 패스 성공률을 자랑했다. 속도는 약점. 시장 가치는 1200만 유로, 추정 연봉은 110만 유로.

슈팅-득점		2024-25 VfB 슈투트가르트				위치
17-3		27-4	2274	1	62.7-56.4	90%	CB
2-0						
● 19-3	LG-1	DR	TK	IC		★
● 0-0	RG-0	0.2-0.1	1.7-1.2	1.2	9-1	0
● 0-0	HG-1					

OP	SH	SG	PC	P%	LC	BT	DC	TK	DT%	BL	IC	CL	A%
상위	상위	상위	상위	상위	상위	상위	상위	상위	상위	상위	상위	상위	상위
16%	9%	45%	10%	27%	27%	7%	24%	48%	46%	15%	39%	26%	

72위 TUTA — 7.10
투타   1999.07.04 / 185cm / BRA

주 포지션은 센터백이지만, 수비형 MF와 풀백까지 볼 수 있다. 지난 시즌에도 세 포지션을 오가며 총 43경기에 출전해 프랑크푸르트의 UCL 진출을 이끌었다. 좋은 신체조건에 발까지 빠르고 일대일 싸움에 강하고, 민첩한 움직임을 가져가며 넓은 수비 커버 범위를 자랑한다. 이런 이유로 3백에서 스토퍼로 나왔을 때 더 좋은 모습을 보인다. 발 기술과 빌드업도 OK. 시장 가치는 1500만 유로, 추정 연봉은 150만 유로.

슈팅-득점		2024-25 아인트라흐트 프랑크푸르트				위치
10-2		26-4	2277	1	47.8-42.1	88%	CB DM CM
3-0						
● 13-2	LG-0	DR	TK	IC		★
● 0-0	RG-2	0.6-0.4	1.9-1.5	1.3	8-0	1
● 0-0	HG-0					

OP	SH	SG	PC	P%	LC	BT	DC	TK	DT%	BL	IC	CL	A%
상위	상위	상위	상위	상위	상위	상위	상위	상위	상위	상위	상위	상위	하위
34%	45%	22%	33%	41%	39%	26%	14%	18%	32%	19%	7%	47%	24%

○ 유럽 5대리그 센터백 항목별 랭킹 (90분 기준 기록, 100분율)

73위 Guillermo MARIPÁN — 7.10
기예르모 마리판 · 1994.05.06 / 190cm / CHI

칠레 국가대표로 A매치 56경기를 소화한 베테랑 센터백이다. 193cm의 큰 키를 이용한 공중볼 처리가 장점이고, 세트피스에서 위력적인 한방이 있다. 저돌적인 수비보다는 침착하고 안정적인 수비를 펼치는 스타일이고, 좋은 타이밍에 상대의 공을 끊어내는 영리한 수비수다. 발이 느리기 때문에 일대일 수비보다는 공간을 커버하는 '스위퍼형' 센터백이다. 시장 가치는 400만 유로, 추정 연봉은 310만 유로.

슈팅-득점	2024-25 토리노	위치
11-1 / 1-0	27-1 2341 1 47.1-41.0 87%	CB
12-1 LG-0 / 0-0 RG-0 / 0-0 HG-1	DR 0.3-0.1 TK 1.9-1.4 IC 1.5 4-1 ★ 0	

OP	SH	SG	PC	P%	LC	BT	DC	TK	DT%	BL	IC	CL	A%
상위	하위	상위	하위	하위	상위	하위	하위	상위	상위	하위	하위	상위	상위
37%	48%	23%	38%	42%	29%	36%	19%	42%	46%	27%	10%	34%	49%

74위 Marc KEMPF — 7.10
마크 켐프 · 1995.01.28 / 186cm / GER

프랑크푸르트, 프라이부르크, 슈투트가르트, 헤르타를 거쳐 2024년 코모로 이적하며 처음으로 해외 무대에 진출했다. 지난 시즌 87.8%의 패스 성공률과 2.5개의 롱패스를 성공시켰을 정도로 패싱력에 장점이 있는 센터백이고, 탁월한 수비 조율 능력을 가지고 있다. 왼발을 잘 사용하고, 정교한 킥력을 바탕으로 빌드업을 주도한다. 민첩성과 속도도 갖췄다. 시장 가치는 300만 유로, 추정 연봉은 110만 유로.

슈팅-득점	2024-25 코모	위치
19-0 / 1-0	30-1 2619 0 54.5-48.0 88%	CB / LB / DM
20-0 LG-0 / 0-0 RG-0 / 0-0 HG-0	DR 0.2-0.1 TK 1.3-1.0 IC 1.1 4-1 ★ 1	

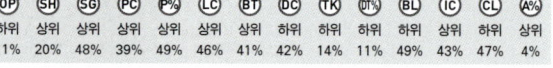

OP	SH	SG	PC	P%	LC	BT	DC	TK	DT%	BL	IC	CL	A%
하위	하위	상위	상위	상위	상위	상위	하위	상위	하위	상위	상위	상위	상위
11%	20%	48%	39%	46%	40%	41%	14%	11%	49%	43%	47%	4%	

75위 Joachim ANDERSEN — 7.09
요아킴 앤더슨 · 1996.05.31 / 192cm / DEN

192cm의 큰 키를 활용한 제공권과 전방으로 한 번에 연결하는 롱패스 능력이 장점인 센터백이다. 발이 느리기 때문에 속도가 빠른 센터백과 좋은 시너지 효과를 낸다. 상대를 강하게 압박하고, 때로는 거친 몸싸움도 마다하지 않는다. 패싱력도 준수하기 때문에 빌드업을 할 때 과감하게 전진 패스를 시도하는 것이 특징이다. 수비 리딩도 좋은 편이다. 시장 가치는 2700만 유로, 추정 연봉은 540만 유로.

슈팅-득점	2024-25 크리스탈 팰리스+풀럼 FC	위치
15-0 / 5-0	30-0 2663 0 68.5-56.8 83%	CB
20-0 LG-0 / 0-0 RG-0 / 0-0 HG-0	DR 0.2-0.1 TK 1.3-0.9 IC 1.1 7-1 ★ 1	

OP	SH	SG	PC	P%	LC	BT	DC	TK	DT%	BL	IC	CL	A%
하위	상위	상위	상위	하위	상위	상위	하위	상위	상위	상위	하위	상위	상위
11%	22%	32%	9%	14%	13%	41%	9%	38%	46%	41%	12%	29%	

76위 ITAKURA Ko — 7.09
이타쿠라 고 · 1997.01.27 / 188cm / JPN

제2의 요시다 마야라고 불리는 일본 국가대표 센터백이고, 소속팀에서도 수비의 핵심이다. 유럽 선수들에게 밀리지 않는 신체조건을 가지고 있어 강력한 압박 수비를 펼치고, 일대일 수비에 강하다. 지난 시즌 3골을 기록했을 정도로 공격 본능도 있고, 세트피스에서 강하다. 훌륭한 볼 컨트롤과 패싱력을 바탕으로 빌드업도 좋다. 간혹 패스 미스를 범하는 것은 아쉽다. 시장 가치는 1200만 유로, 추정 연봉은 190만 유로.

슈팅-득점	2024-25 보루시아 묀헨글라트바흐	위치
19-3 / 2-0	31-1 2790 0 57.8-52.0 90%	CB
21-3 LG-0 / 0-0 RG-2 / 0-0 HG-1	DR 0.7-0.4 TK 1.7-1.3 IC 0.9 5-0 ★ 0	

OP	SH	SG	PC	P%	LC	BT	DC	TK	DT%	BL	IC	CL	A%
상위	상위	상위	상위	상위	상위	하위	상위	하위	하위	상위	하위	상위	상위
30%	21%	15%	37%	30%	38%	15%	30%	39%	38%	31%	30%	28%	

77위 Fabian SCHÄR — 7.09
파비안 셰어 · 1991.12.20 / 186cm / SUI

186cm의 큰 키에 점프력과 위치 선정까지 좋아 공중전에 상당히 강하고, 세트피스에서 엄청난 위력을 보여 '골 넣는 수비수'로 유명하다. 지난 시즌에도 총 6골을 넣었다. 발 기술과 패싱력도 갖춰 후방 빌드업을 주도하고, 정확한 롱 패스로 찬스를 만든다. 수비 리딩도 좋고, 라인을 높여 전진 수비로 상대 공격의 예봉을 차단한다. 투지 넘치는 수비도 장점이다. 시장 가치는 700만 유로, 추정 연봉은 360만 유로.

슈팅-득점	2024-25 뉴캐슬 유나이티드	위치
20-3 / 20-1	33-1 2938 0 56.7-48.2 85%	CB
40-4 LG-1 / 5-0 RG-1 / 0-0 HG-2	DR 0.4-0.2 TK 1.8-1.2 IC 1.4 9-1 ★ 0	

OP	SH	SG	PC	P%	LC	BT	DC	TK	DT%	BL	IC	CL	A%
상위	상위	상위	상위	하위	상위	상위	상위	하위	상위	상위	상위	상위	하위
17%	1%	3%	43%	22%	15%	33%	35%	21%	1%	44%	21%	35%	6%

78위 Jarrad BRANTHWAITE — 7.08
재러드 브랜스웨이트 · 2002.06.27 / 195cm / ENG

지난 두 시즌 연속 에버튼 올해의 영플레이어로 선정된 차세대 센터백. 어린 나이부터 신체조건이 완성됐다는 평가를 받았고, 안정적인 수비력과 빌드업 능력을 인정받은 볼 플레잉 센터백이다. 정확하게 위치를 잡아 상대의 공격을 차단하고, 패스의 길을 아주 잘 읽는다. 여기에 준수한 주력과 발 기술까지 갖춰 일대일 싸움에 강하고, 양발을 모두 잘 쓴다. 시장 가치는 5000만 유로, 추정 연봉은 720만 유로.

슈팅-득점	2024-25 에버튼 FC	위치
10-0 / 0-0	28-2 2510 1 39.6-32.9 83%	CB
10-0 LG-0 / 0-0 RG-0 / 0-0 HG-0	DR 0.2-0.1 TK 1.5-1.2 IC 0.9 4-0 ★ 0	

OP	SH	SG	PC	P%	LC	BT	DC	TK	DT%	BL	IC	CL	A%
하위	하위	하위	상위	하위	하위	상위	하위	하위	상위	하위	하위	상위	상위
31%	27%	35%	10%	13%	9%	40%	11%	30%	34%	23%	36%	39%	8%	49%

유럽 5대리그 센터백 항목별 랭킹 (90분 기준 기록, 100분율)

79위 Illia ZABARNYI — 7.08
일리야 자바르니 2002.09.01 / 189cm / UKR

2002년생의 젊은 나이에 벌써 A매치 48경기를 소화한 우크라이나 센터백이다. 2023-24시즌부터 주전으로 도약해 인상적인 활약을 펼치며 본머스 팬들이 선정한 올해의 선수상을 받았다. 힘과 높이를 활용해 공중볼을 잘 따내고, 일대일 상황에서 거칠게 압박한다. 상당히 전진하는 수비를 펼치는데, 태클, 리커버리, 가로채기에 장점을 가지고 있다. 시장 가치는 4200만 유로, 추정 연봉은 300만 유로.

슈팅-득점		2024-25 본머스					위치
11-0		35-1	3113	1	46.9-38.9	83%	CB
1-0							
● 12-0 LG-0		DR	TK	IC	🟨🟥	★	
● 0-0 RG-0		0.3-0.2	2.0-1.5	1.0	4-1	2	
● 0-0 HG-0							

OP	SH	SG	PC	P%	LC	BT	DC	TK	DT%	BL	IC	CL	A%
하위	하위	하위	하위	하위	상위	하위	상위	상위	상위	하위	상위	상위	상위
24%	24%	7%	24%	13%	18%	26%	50%	44%	35%	15%	36%	35%	34%

80위 Brendan CHARDONNET — 7.08
브렌당 샤르도네 1994.12.22 / 181cm / FRA

브레스트 유스 출신으로 2014년 1군에서 데뷔했고, 이후 1번의 임대를 제외하면 브레스트에서만 뛰고 있는 '원 클럽 맨'이다. 2020-21시즌부터 주전으로 도약했고, 2022-23시즌에는 주장단에 포함됐다. 아주 큰 키는 아니지만, 적극적인 몸싸움과 위치 선정을 바탕으로 공중볼을 잘 따내고, 터프한 맨 마킹이 무기다. 다만 발이 매우 느려 역습 상황에 취약하다. 시장 가치는 600만 유로, 추정 연봉은 130만 유로.

슈팅-득점		2024-25 브레스트					위치
13-1		27-0	2417	0	44.9-36.8	82%	CB
1-0							
● 14-1 LG-0		DR	TK	IC	🟨🟥	★	
● 0-0 RG-0		0.0-0.0	2.3-1.8	1.2	6-0	0	
● 0-0 HG-1							

OP	SH	SG	PC	P%	LC	BT	DC	TK	DT%	BL	IC	CL	A%
하위	상위	하위	하위	하위	상위	하위	상위	상위	상위	하위	상위	상위	상위
23%	46%	20%	12%	11%	22%	16%	3%	22%	24%	18%	47%	17%	41%

81위 Jonathan GRADIT — 7.08
조나탕 그라디 1992.11.24 / 180cm / FRA

지난 시즌 발목, 발, 눈 부상으로 고생하며 리그 25경기 출전에 그치며 다소 아쉬움을 남겼다. 센터백 치고는 키가 크지는 않지만 위치 선정이 좋고, 몸을 사리지 않는 플레이로 만회한다. 과감하게 경합을 하기 때문에 상대가 쉽게 뚫기 힘들고, 높은 집중력을 바탕으로 상대의 슈팅을 잘 막아낸다. 다만 거친 태클로 인해 위험 지역에서 파울을 자주 내주는 것은 아쉽다. 시장 가치는 400만 유로, 추정 연봉은 140만 유로.

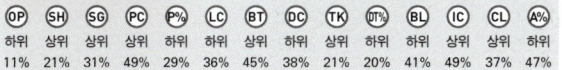

슈팅-득점		2024-25 랑스					위치
10-0		24-1	2116	0	52.6-45.2	86%	CB
6-0							
● 16-0 LG-0		DR	TK	IC	🟨🟥	★	
● 0-0 RG-0		0.4-0.1	2.4-1.8	1.0	4-0	1	
● 0-0 HG-0							

OP	SH	SG	PC	P%	LC	BT	DC	TK	DT%	BL	IC	CL	A%
하위	상위	상위	상위	하위	상위	하위	상위	하위	하위	하위	하위	상위	하위
11%	21%	31%	49%	29%	36%	45%	38%	21%	20%	41%	49%	37%	47%

82위 Leandro CABRERA — 7.07
레안드로 카브레라 1991.06.17 / 190cm / URU

에스파뇰의 라리가 승격을 이끈 캡틴. 190cm의 장신이지만 발이 빠른 센터백이라 레프트백도 소화할 수 있고, 넓은 커버 범위를 자랑한다. 지난 시즌 리그 33경기에 출전해 4골 2도움을 기록했을 정도로 공격 포인트를 생산한다. 날카로운 왼발 킥으로 공격 포인트를 생산한다. 수비 집중력, 위치 선정, 제공권도 장점. 그러나 경기력에 기복이 있는 것은 아쉽다. 시장 가치는 100만 유로, 추정 연봉은 100만 유로.

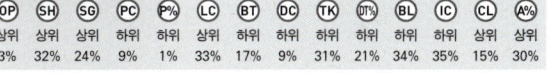

슈팅-득점		2024-25 에스파뇰					위치
17-4		32-1	2871	2	42.3-32.6	77%	CB
2-0							LB
● 19-4 LG-1		DR	TK	IC	🟨🟥	★	
● 0-0 RG-0		0.1-0.0	1.6-1.2	0.9	4-1	2	
● 0-0 HG-3							

OP	SH	SG	PC	P%	LC	BT	DC	TK	DT%	BL	IC	CL	A%
상위	상위	상위	상위	상위	상위	상위	하위	상위	상위	상위	상위	상위	상위
3%	32%	24%	9%	1%	33%	17%	31%	6%	34%	35%	15%	30%	30%

83위 Sam BEUKEMA — 7.07
샘 부케마 1998.11.17 / 188cm / NED

2023년 여름 세리에A 무대로 향했는데, 첫 시즌부터 주전으로 활약하며 볼로냐의 돌풍을 이끌었다. 지난 시즌에도 총 47경기에 출전해 인상적인 수비력을 보여줬고, 코파 이탈리아 우승의 주역이 됐다. 이후 나폴리 등 빅 클럽들과 강하게 연결되고 있다. 수비수지만 킥력과 패싱력이 좋아 상대의 볼을 끊어냈을 때 과감하게 올라가 전진 패스를 연결한다. 슈팅도 OK. 시장 가치는 2800만 유로, 추정 연봉은 90만 유로.

슈팅-득점		2024-25 볼로냐					위치
14-0		33-2	3011	1	59.8-52.0	87%	CB
1-0							
● 15-0 LG-0		DR	TK	IC	🟨🟥	★	
● 0-0 RG-0		0.1-0.0	2.1-1.5	0.9	1-0	0	
● 0-0 HG-0							

OP	SH	SG	PC	P%	LC	BT	DC	TK	DT%	BL	IC	CL	A%
하위	상위	상위	하위	하위	상위	상위	상위	하위	하위	하위	하위	하위	하위
42%	49%	49%	32%	44%	15%	30%	7%	45%	7%	33%	28%	11%	33%

84위 Ivan ORDETS — 7.07
이반 오르데츠 1992.07.08 / 194cm / UKR

디나모 모스크바에서 활약하다가 전쟁으로 인해 팀을 떠난 뒤, 보훔으로 이적한 우크라이나 국가대표 센터백이다. 그러나 2025년에만 허리, 엉덩이, 허벅지 등 5번이나 부상자 명단에 올랐고, 리그 22경기 출전에 그쳤다. 194cm 91kg의 압도적인 신체조건을 이용한 공중전이 장점이고, 슛 블록과 가로채기에도 일가견이 있다. 다만 패싱력과 발 기술은 아쉽다. 시장 가치는 100만 유로.

슈팅-득점		2024-25 보훔					위치
10-0		21-1	1818	0	40.7-33.0	81%	CB
0-0							
● 10-0 LG-0		DR	TK	IC	🟨🟥	★	
● 0-0 RG-0		0.0-0.0	0.9-0.8	1.8	6-0	1	
● 0-0 HG-0							

OP	SH	SG	PC	P%	LC	BT	DC	TK	DT%	BL	IC	CL	A%
하위	상위	하위	하위	하위	하위	하위	하위	상위	상위	상위	하위	하위	상위
11%	42%	8%	9%	8%	29%	13%	9%	32%	3%	9%	3%	9%	16%

85위 Abdoulaye NDIAYE — 7.07
압둘라이 은디아이 / 2002.04.10 / 185cm / SEN

지난 시즌 트루아에서 브레스트로 임대를 떠나 22경기에 출전해 1골을 기록하며 준수한 모습을 보였다. 빌드업 보다는 순수하게 수비력에 특화된 센터백이다. 상대의 드리블 코스를 미리 읽어 태클을 시도하고, 상대 공격수의 슈팅 각도를 미리 차단하는 것이 장점이다. 다만 패싱력이 좋은 편은 아니라, 롱패스 위주로 경기를 풀어 가는데, 정확도는 꽤 높다. 시장 가치는 400만 유로.

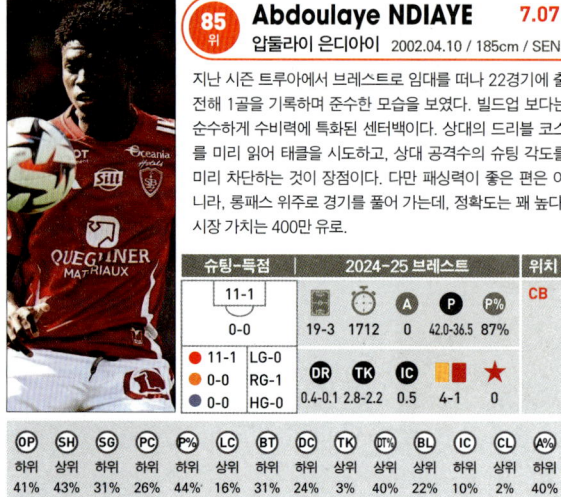

슈팅-득점		2024-25 브레스트					위치
11-1				A	P	P%	CB
0-0		19-3	1712	0	42.0-36.5	87%	
● 11-1 LG-0		DR	TK	IC		★	
● 0-0 RG-1		0.4-0.1	2.8-2.2	0.5	4-1	0	
● 0-0 HG-0							

OP	SH	SG	PC	P%	LC	BT	DC	TK	DT%	BL	IC	CL	A%
하위	상위	하위	하위	상위	하위	상위	상위	상위	하위	상위	하위	상위	하위
41%	43%	31%	26%	44%	31%	24%	3%	40%	16%	7%	10%	2%	40%

86위 Matteo GABBIA — 7.05
마테오 가비아 / 1999.10.21 / 185cm / ITA

AC밀란 유스 출신으로 해당 세대에서 거의 유일하게 1군으로 자리 잡았다. 특히 두 번의 임대를 통해 경험을 쌓았고, 2023-24시즌부터 주전으로 도약했다. 본래 미드필더였기 때문에 볼을 다루는 기술, 활동량, 패싱력이 장점이고, 후방에서 뿌려주는 패스가 매우 정교하다. 경험을 쌓으면서 위치 선정과 태클 타이밍이 매우 좋아졌고, 축구 지능도 높다. 시장 가치는 1400만 유로, 추정 연봉은 330만 유로.

슈팅-득점		2024-25 AC 밀란					위치
13-2				A	P	P%	CB
1-0		24-2	2155	0	54.9-50.5	92%	
● 14-2 LG-0		DR	TK	IC		★	
● 0-0 RG-0		0-0.0	0.9-0.8	0.6	4-0	0	
● 0-0 HG-2							

OP	SH	SG	PC	P%	LC	BT	DC	TK	DT%	BL	IC	CL	A%
상위	하위	상위	하위	상위	상위	상위	하위	상위	하위	하위	상위	하위	상위
41%	31%	45%	24%	12%	14%	35%	6%	23%	16%	4%	16%	39%	49%

87위 Carl STARFELT — 7.05
칼 스타펠트 / 1995.06.01 / 187cm / SWE

2022-23시즌 PFA 스코틀랜드 올해의 팀에 선정된 센터백이고, 셀틱에서 활약을 인정받아 셀타 비고의 유니폼을 입었다. 후방 빌드업 전개에 있어서 탁월한 능력을 가지고 있고, 좋은 위치 선정과 활동량을 바탕으로 스스로 공간을 만들며 빌드업을 주도한다. 상대의 패스 길목을 미리 예측해 차단하고, 헤더로 공을 걷어낸다. 다만 순수 수비력은 조금 아쉽다. 시장 가치는 600만 유로, 추정 연봉은 110만 유로.

슈팅-득점		2024-25 셀타 비고					위치
4-1				A	P	P%	CB
1-0		26-2	2273	0	58.6-55.1	94%	
● 5-1 LG-0		DR	TK	IC		★	
● 0-0 RG-0		0.0-0.0	1.8-1.4	1.1	5-0	0	
● 0-0 HG-1							

OP	SH	SG	PC	P%	LC	BT	DC	TK	DT%	BL	IC	CL	A%
하위	하위	하위	상위	상위	하위	상위	상위	상위	하위	상위	상위	하위	하위
33%	9%	12%	17%	3%	24%	23%	10%	40%	41%	31%	50%	7%	26%

88위 Loïc BADÉ — 7.04
로익 바데 / 2000.04.11 / 191cm / FRA

프랑스인 부친과 코트디부아르인 모친 사이에서 태어났고, 프랑스 연령별 대표를 거쳐 2024년 A매치에 데뷔했다. 같은 해 프랑스 올림픽 은메달, 국가공로훈장 기사 등 겹경사가 터졌다. 엄청난 신체조건을 이용한 공중전과 태클이 장점이고, 순간적인 움직임으로 공만 따내는 가로채기가 최고의 무기다. 다만 민첩성이 떨어지기 때문에 속도 경쟁에서는 아쉽다. 시장 가치는 2500만 유로, 추정 연봉은 420만 유로.

슈팅-득점		2024-25 세비야					위치
10-0				A	P	P%	CB
3-1		31-1	2688	1	56.5-48.6	86%	
● 13-1 LG-0		DR	TK	IC		★	
● 0-0 RG-1		0.7-0.5	1.7-1.5	1.0	7-1	0	
● 0-0 HG-0							

OP	SH	SG	PC	P%	LC	BT	DC	TK	DT%	BL	IC	CL	A%
상위	하위	상위	상위	상위	상위	상위	하위	상위	하위	하위	상위	하위	상위
44%	42%	50%	36%	34%	18%	31%	6%	14%	5%	15%	39%	32%	14%

89위 Cédric KIPRÉ — 7.04
세드릭 키프레 / 1996.12.09 / 193cm / FRA

프로필에는 193cm 90kg으로 나와 있지만, 실제로는 더 압도적인 체격을 자랑한다. 힘과 높이를 이용한 거친 압박을 즐겨하고, 몸싸움도 마다하지 않으며 투지 넘치는 플레이를 펼친다. 여기에 박스 안에서 몸을 날리는 슛 블록을 시도하고, 역동적인 가로채기와 클리어링에 능하다. 다만 거친 플레이 때문에 카드를 자주 받고, 지난 시즌에도 2번의 레드카드를 받았다. 시장 가치는 300만 유로.

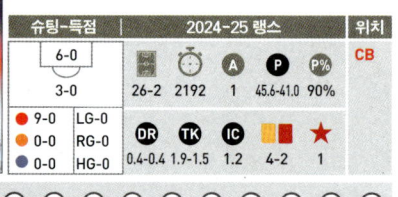
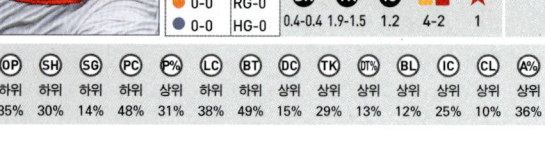

슈팅-득점		2024-25 랭스					위치
6-0				A	P	P%	CB
3-0		26-2	2192	1	45.6-41.0	90%	
● 9-0 LG-0		DR	TK	IC		★	
● 0-0 RG-0		0.4-0.4	1.9-1.5	1.2	4-2	1	
● 0-0 HG-0							

OP	SH	SG	PC	P%	LC	BT	DC	TK	DT%	BL	IC	CL	A%
하위	하위	하위	상위	상위	상위	상위	상위	상위	하위	하위	상위	상위	상위
35%	30%	14%	48%	31%	38%	35%	49%	19%	13%	12%	25%	10%	36%

90위 Luca RANIERI — 7.04
루카 라니에리 / 1999.04.23 / 187cm / ITA

피오렌티나 유스 출신이고, 3번의 임대를 통해 경험을 쌓으며 성장했다. 이후 피오렌티나로 복귀해 주전으로 도약했고, 지난 시즌부터 주장 완장까지 찼다. 태클 실력만 보면 이탈리아에서도 최고 수준이라는 평가가 있고, 결정적인 순간 정확한 태클로 팀을 위기에서 구해낸다. 레프트백을 볼 수 있을 정도로 속도와 민첩성이 있고, 왼발 킥이 정교하다. 시장 가치는 1200만 유로, 추정 연봉은 220만 유로.

슈팅-득점		2024-25 피오렌티나					위치
8-1				A	P	P%	CB
3-0		35-1	3077	3	49.3-42.4	86%	
● 11-1 LG-1		DR	TK	IC		★	
● 0-0 RG-0		0.5-0.3	1.3-1.2	0.8	7-0	1	
● 0-0 HG-0							

OP	SH	SG	PC	P%	LC	BT	DC	TK	DT%	BL	IC	CL	A%
상위	하위	상위	상위	하위	상위	상위	하위	상위	하위	하위	상위	하위	하위
18%	23%	40%	44%	31%	25%	44%	29%	32%	9%	4%	29%	23%	46%	8%

유럽 5대리그 센터백 항목별 랭킹 (90분 기준 기록, 100분율)

91위 Gautier LLORIS — 7.03
고티에 요리스 · 1995.07.18 / 191cm / FRA

프랑스 축구의 '레전드' 골키퍼 위고 요리스의 친동생이다. 형과 마찬가지로 왼발을 사용하지만, 포지션은 센터백으로 다르다. 191cm의 큰 키를 활용한 공중전이 장점이고, 날카로운 왼발 킥으로 공격 포인트를 만든다. 지난 시즌에도 리그 31경기에 나서 2골 1도움을 기록했다. 수비 집중력, 슛 블록, 짧은 패스, 클리어링 등 수비수에게 필요한 능력 대부분을 갖췄다. 시장 가치는 300만 유로, 추정 연봉은 54만 유로.

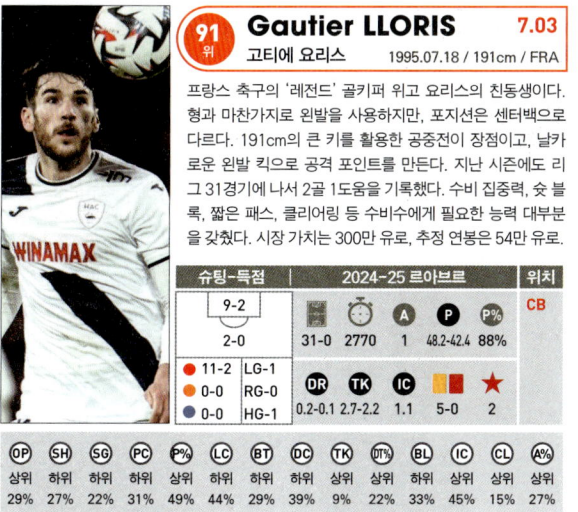

슈팅-득점	2024-25 르아브르				위치
9-2					CB
2-0	31-0	2770	1	48.2-42.4	88%
● 11-2 LG-1	DR	TK	IC		★
● 0-0 RG-0	0.2-0.1	2.7-2.2	1.1	5-0	2
● 0-0 HG-0					

OP	SH	SG	PC	P%	LC	BT	DC	TK	DT%	BL	IC	CL	A%
상위	하위	하위	하위	상위	상위	상위	하위	하위	하위	상위	상위	상위	상위
29%	27%	22%	31%	49%	44%	29%	39%	9%	22%	33%	45%	15%	27%

92위 Clinton MATA — 7.03
클린턴 마타 · 1992.11.07 / 180cm / ANG

벨기에 태생이지만, 자신의 혈통인 앙골라 대표팀을 선택해 2014년 A매치 데뷔했다. 벨기에 무대에서 꾸준히 활약하다가, 2023년 리옹의 유니폼을 입었다. 지난 시즌 4개의 도움을 기록했을 정도로 정교한 킥력과 패싱력을 자랑한다. 특히 상대의 볼을 끊었을 때, 전방으로 시야가 확보되면 과감한 전진 패스를 시도한다. 레프트백을 볼 수 있을 정도로 속도도 있다. 시장 가치는 350만 유로, 추정 연봉은 110만 유로.

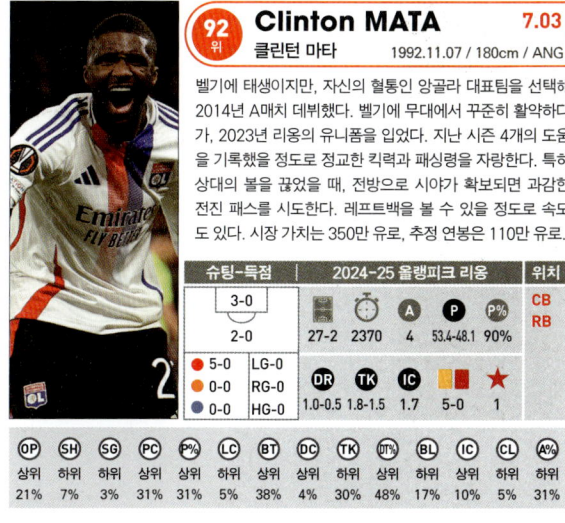

슈팅-득점	2024-25 올랭피크 리옹				위치
3-0					CB
2-0	27-2	2370	4	53.4-48.1	90% RB
● 5-0 LG-0	DR	TK	IC		★
● 0-0 RG-0	1.0-0.5	1.8-1.5	1.7	5-0	1
● 0-0 HG-0					

OP	SH	SG	PC	P%	LC	BT	DC	TK	DT%	BL	IC	CL	A%
상위	하위	하위	상위	상위	하위	상위	하위	상위	상위	하위	상위	하위	하위
21%	7%	3%	31%	31%	5%	38%	4%	30%	48%	17%	10%	5%	31%

93위 Lucas BERALDO — 7.03
루카스 베랄두 · 2003.11.24 / 186cm / BRA

2024년 3월 A매치에 데뷔한 브라질의 차세대 센터백. 2024년 1월 PSG의 유니폼을 입으며 기대를 받았지만, 아직까지 확실하게 주전으로 도약하지는 못했다. 어린 나이에도 볼을 다루는 기술이 좋아 후방에서 안정적으로 탈압박하며 빌드업을 주도하고, 볼 배급을 잘한다. 기본적으로 속도를 갖췄지만, 아직 경험이 부족하다 보니 실수가 많고, 판단력이 아쉽다. 시장 가치는 2500만 유로, 추정 연봉은 330만 유로.

슈팅-득점	2024-25 파리 생제르맹				위치
9-1					CB
3-0	22-3	2011	0	83.8-79.6	95% LB
● 12-1 LG-1	DR	TK	IC		★
● 0-0 RG-0	0.0-0.0	2.1-1.5	0.8	6-0	1
● 0-0 HG-0					

OP	SH	SG	PC	P%	LC	BT	DC	TK	DT%	BL	IC	CL	A%
하위	상위	상위	하위	상위	하위	하위	하위	하위	하위	하위	하위	하위	상위
35%	34%	19%	1%	15%	0%	11%	33%	44%	4%	38%	4%	20%

94위 Kike SALAS — 7.02
키케 살라스 · 2002.04.23 / 188cm / ESP

세비야 유스 시절부터 스페인의 유망주로 주목받았고, 2023년 테네리페로 임대를 가면서 경험을 쌓았다. 이후 세비야로 복귀해 지난 시즌 확실한 주전으로 도약했지만, 지난 2025년 1월 승부조작 혐의로 경찰에 구금되며 충격을 줬다. 축구 지능과 전술 이해도가 좋아 센터백과 레프트백을 모두 볼 수 있고, 기본적으로 패싱력을 갖췄다. 다만 민첩성은 아쉽다. 시장 가치는 800만 유로, 추정 연봉은 130만 유로.

슈팅-득점	2024-25 세비야				위치
20-3					CB
3-0	25-6	2237	2	43.0-34.4	80% LB
● 23-3 LG-2	DR	TK	IC		★
● 0-0 RG-0	0.2-0.1	2.1-1.5	1.0	6-0	1
● 0-0 HG-1					

OP	SH	SG	PC	P%	LC	BT	DC	TK	DT%	BL	IC	CL	A%
상위	상위	상위	하위	상위	하위	상위	상위	하위	상위	하위	상위	상위	하위
2%	4%	12%	38%	5%	43%	43%	35%	20%	26%	28%	27%	23%	9%

95위 Raúl ASENCIO — 7.01
라울 아센시오 · 2003.02.13 / 184cm / ESP

레알이 기대하는 차세대 센터백으로, 지난 시즌 총 45경기에 출전하며 1군에서 당당히 자리 잡았다. 최고 속도가 35.84km/h로 굉장히 빠른 발을 가지고 있어 수비 커버와 일대일 수비에 능하다. 기본적인 킥력과 발 기술을 갖추고 있어 전진 능력과 빌드업도 장점이고, 통패스 정확도도 높다. 수비 조율도 OK. 시장 가치는 4000만 유로, 추정 연봉은 630만 유로.

슈팅-득점	2024-25 레알 마드리드				위치
1-0					CB
2-0	18-5	1674	3	42.8-40.2	94% RB
● 3-0 LG-0	DR	TK	IC		★
● 0-0 RG-0	0.4-0.3	1.1-1.0	0.7	3-0	1
● 0-0 HG-0					

OP	SH	SG	PC	P%	LC	BT	DC	TK	DT%	BL	IC	CL	A%
상위	하위	하위	상위	상위	상위	상위	상위	상위	상위	하위	상위	상위	하위
38%	6%	12%	48%	6%	14%	26%	31%	24%	31%	47%	3%	12%	24%

96위 Ethan PINNOCK — 7.01
이선 피녹 · 1993.05.29 / 194cm / JAM

7부 리그에서 뛰었던 선수가 기량을 만개해 1부 리그 입성과 함께 국가대표 선발의 꿈까지 이룬 인생역전의 주인공이다. 194cm, 81kg의 압도적인 체격을 활용해 강한 압박을 시도하고, 공중을 장악하는 파이팅형 센터백이다. 일대일 상황에서 거친 몸싸움도 마다하지 않고, 적극적인 압박 수비를 펼치는 것이 특징이다. 주력이 빠르기 때문에 빠른 커버 능력을 자랑한다. 시장 가치는 700만 유로, 추정 연봉은 180만 유로.

슈팅-득점	2024-25 브렌트포드 시티				위치
9-2					CB
2-0	21-1	1914	0	46.7-41.1	88%
● 10-2 LG-0	DR	TK	IC		★
● 0-0 RG-0	0.4-0.1	2.1-1.6	1.0	2-0	0
● 0-0 HG-2					

OP	SH	SG	PC	P%	LC	BT	DC	TK	DT%	BL	IC	CL	A%
상위	상위	하위	상위	상위	상위	상위	상위	상위	상위	상위	상위	상위	하위
30%	50%	7%	33%	48%	33%	44%	35%	11%	34%	44%	10%	48%

○ 유럽 5대리그 센터백 항목별 랭킹 (90분 기준 기록, 100분율)

97위 Marcos ALONSO — 7.01
마르코스 알론소 1990.12.28 / 188cm / ESP

주 포지션은 레프트백 또는 윙백. 하지만 전성기에 비해 민첩성이 떨어지고, 큰 체구를 가지고 있기에 센터백으로 자리 잡았다. 지난 시즌도 센터백으로 26회, 측면에서 3회 출전했다. 전술적인 활용도가 높고, 상대의 공격을 미리 차단하는 영리한 수비를 펼친다. 워낙 왼발킥이 정교해 위치와 상관없이 과감하게 패스를 시도하고, 동료를 활용한 플레이에 능하다. 시장 가치는 150만 유로, 추정 연봉은 310만 유로.

슈팅-득점	2024-25 셀타 비고	위치
19-3 / 15-0	29-2 2656 0 73.9-67.2 91%	CB / LB / LM
DR 34-3 LG-3 / 7-0 RG-0 / 3-3 HG-0	TK IC ★ / 0.8-0.5 1.7-1.1 1.1 9-2 2	

OP	SH	SG	PC	P%	LC	BT	DC	DT%	TK	BL	IC	CL	A%
상위	상위	상위	상위	상위	상위	하위	하위	하위	상위	하위	상위	상위	상위
27%	2%	3%	6%	30%	12%	5%	7%	25%	18%	7%	40%	36%	39%

98위 Marash KUMBULLA — 7.01
마라시 쿰불라 2000.02.08 / 191cm / ALB

이탈리아에서 태어났지만, 자신의 혈통인 알바니아 대표를 선택해 2019년 A매치에 데뷔했다. 어린 나이지만 이미 신체 조건이 완성됐기에 몸싸움과 제공권에 능하고, 상당히 전진성이 강하다. 아직 경험이 부족하지만, 경기를 읽는 시야와 축구 지능이 뛰어나 상대의 공격 흐름을 잘 끊어낸다. 태클, 블로킹, 인터셉트 등 기본적인 수비력도 준수하다. 빌드업은 약점. 시장 가치는 750만 유로, 추정 연봉은 330만 유로.

슈팅-득점	2024-25 에스파뇰	위치
15-3 / 1-0	34-1 2976 0 39.6-33.7 85%	CB
DR 16-3 LG-1 / 0-0 RG-0 / 0-0 HG-1	TK IC ★ / 0.2-0.1 1.9-1.5 1.0 10-0 1	

OP	SH	SG	PC	P%	LC	BT	DC	DT%	TK	BL	IC	CL	A%
상위	상위	상위	상위	상위	상위	상위	하위	상위	상위	상위	상위	상위	상위
31%	48%	40%	12%	27%	41%	15%	35%	41%	24%	26%	45%	8%	43%

99위 Toti GOMES — 7.00
토티 고메스 1999.01.16 / 187cm / POR

엄청난 운동 능력과 속도를 가지고 있기에 센터백과 레프트백을 모두 볼 수 있다. 주력, 순간 가속도, 민첩성을 활용한 일대일 수비에 능하고, 발 빠른 공격수와 경쟁에서도 뒤지지 않는다. 체력과 활동량도 좋아 넓은 커버 범위를 자랑하고, 적극적인 경합을 통해 상대의 볼을 빼앗는다. 전진 드리블과 패싱력도 OK. 그러나 상황 판단이 부족해 종종 실수를 범한다. 시장 가치는 2800만 유로, 추정 연봉은 150만 유로.

슈팅-득점	2024-25 울버햄튼	위치
6-0 / 1-0	30-1 2616 1 53.7-46.7 87%	CB / LB
DR 7-0 LG-0 / 0-0 RG-0 / 0-0 HG-0	TK IC ★ / 1.0-0.6 2.3-2.0 0.8 7-0 0	

OP	SH	SG	PC	P%	LC	BT	DC	DT%	TK	BL	IC	CL	A%
하위	하위	하위	상위	상위	상위	상위	상위	하위	하위	하위	상위	상위	상위
29%	14%	23%	43%	38%	21%	9%	3%	12%	3%	21%	27%	36%	20%

100위 Pablo MARÍ — 7.00
파블로 마리 1993.08.31 / 193cm / ESP

어린 시절부터 준수한 신체조건, 수비 조율, 왼발 킥력, 거친 압박, 제공권, 좋은 밸런스 등 센터백에게 필요한 대부분을 갖췄다는 평가를 받았다. 전술 이해도가 높아 상황에 따라 거친 압박을 무기로 하는 파이터형이 되기도 하고, 때로는 수비진을 진두지휘하는 유형으로 변신하기도 한다. 좋은 발 기술과 킥력을 활용한 롱패스가 상당히 정교하다. 약점은 스피드. 시장 가치는 350만 유로, 추정 연봉은 200만 유로.

슈팅-득점	2024-25 몬차+피오렌티나	위치
4-0 / 3-0	31-1 2728 0 53.7-48.7 91%	CB
DR 7-0 LG-0 / 0-0 RG-0 / 0-0 HG-0	TK IC ★ / 0.2-0.2 1.7-1.3 1.9 4-1 1	

OP	SH	SG	PC	P%	LC	BT	DC	DT%	TK	BL	IC	CL	A%
하위	하위	하위	상위	상위	상위	상위	상위	상위	상위	상위	상위	상위	상위
11%	14%	9%	39%	22%	33%	4%	46%	38%	5%	29%	1%	22%	15%

101위 Sead KOLASINAC — 7.00
세아드 콜라시나치 1993.06.20 / 183cm / BIH

독일계 보스니아-헤르체고비나의 수비수. 독일 청소년 대표팀에서 뛰었지만, 성인 대표팀은 보스니아-헤르체고비나로 선택했다. 2023년 세리에A로의 도전을 결정했다. 지난 시즌은 좋지 못했다. 시즌 내내 근육과 햄스트링으로 애를 먹었다. 후반부엔 십자인대 부상으로 예상보다 빨리 시즌을 마쳤다. 강력한 운동 신경과 뛰어난 피지컬로 상대를 압도한다. 풀백도 소화한다. 시장 가치는 700만 유로, 추정 연봉은 256만 유로.

슈팅-득점	2024-25 아탈란타	위치
8-0 / 2-0	23-0 1910 2 54.2-47.7 88%	CB / LB
DR 10-0 LG-0 / 0-0 RG-0 / 0-0 HG-0	TK IC ★ / 0.7-0.5 2.4-1.8 1.1 7-0 0	

OP	SH	SG	PC	P%	LC	BT	DC	DT%	TK	BL	IC	CL	A%
상위	상위	상위	상위	상위	상위	하위	상위	상위	상위	하위	상위	상위	상위
10%	41%	45%	37%	48%	1%	46%	26%	20%	15%	3%	41%	1%	48%

102위 Castello LUKEBA — 7.00
카스테요 루케바 2002.12.17 / 184cm / FRA

리옹 아카데미의 산물. 2024년 파리 올림픽의 은메달리스트. CB와 LB도 겸한다. 왼발을 주로 사용하지만, 상황에 따라서는 몸을 아끼지 않는다. 탁월한 운동 신경을 바탕으로 수준이 높은 태클을 구사한다. 공중볼 제공권 경합도 68%로 기록되었다. 크리스마스 전후로 햄스트링쪽 문제를 앓았다. 팀의 하락세와 맞물려 경기 감각이 정체되었다. 이를 가는 시즌이 될 것이다. 시장 가치는 4000만 유로, 추정 연봉은 500만 유로.

슈팅-득점	2024-25 RB 라이프치히	위치
2-0 / 2-0	18-5 1577 0 50.6-44.0 87%	CB / LB / LM
DR 4-0 LG-0 / 0-0 RG-0 / 0-0 HG-0	TK IC ★ / 1.4-0.9 1.7-1.3 0.7 2-0 1	

OP	SH	SG	PC	P%	LC	BT	DC	DT%	TK	BL	IC	CL	A%
하위	하위	하위	상위	상위	상위	상위	상위	상위	상위	상위	상위	상위	상위
11%	13%	17%	17%	34%	19%	11%	34%	17%	27%	17%	7%	38%	15%

유럽 5대리그 센터백 항목별 랭킹 (90분 기준 기록, 100분율)

103위 Joseph OKUMU — 7.00
조셉 오쿠무 1997.05.26 / 193cm / KEN

팀의 강등을 막지 못했다. 내전근과 어깨쪽 부상 그리고 경고 누적으로 인한 출전 금지까지. 많은 경기에서 나서지 못했다. 케냐 국가 대표팀에서도 마찬가지였다. 대표팀의 주장으로서도 아쉬운 시간이었다. 큰 키를 이용한 제공권, 거친 태클도 망설이지 않는다. 후방 빌드업을 위한 첫 단추. 발이 느려서 뒷 공간 커버가 제대로 되진 않는다. 이번 시즌은 2부에서 만날 예정. 시장 가치는 700만 유로, 추정 연봉은 164만 유로.

슈팅-득점	2024-25 스타드 랭				위치
10-1					CB
2-0	20-2	1701	0	48.0-39.4	82%	RB
12-1 LG-0					
0-0 RG-0	DR	TK	IC		★
0-0 HG-1	0.9-0.7	1.8-1.4	1	4-1	1

OP	SH	SG	PC	P%	LC	BT	DC	TK	DT%	BL	IC	CL	A%
하위	상위	하위	상위	하위	하위	상위	하위	상위	상위	상위	하위	하위	상위
44%	26%	35%	45%	11%	2%	30%	3%	38%	41%	10%	25%	4%	34%

104위 Levi COLWILL — 7.00
레비 콜윌 2003.02.26 / 187cm / ENG

블루스의 미래. 구단이 집중적으로 키우고 있는 센터백. 순간 스피드와 저돌적인 승부 근성을 지녔다. 볼 테크닉이 좋고 측면으로 열어주는 로빙 패스도 '굿'. 경기 기복이 심해 멘탈리티가 흔들려 순간 실수도 잦은 편. 잉글랜드의 U-16 대표팀부터 꾸준히 차출되었다. 2023년 성인 대표팀에서도 콜업되었다. 상황에 따라서 왼쪽 스토퍼나 측면 풀백도 가능하다. 시장 가치는 5500만 유로, 추정 연봉은 616만 유로.

슈팅-득점	2024-25 첼시 FC				위치
16-2					CB
1-0	35-0	3150	1	73.8-66.4	90%	LB
17-2 LG-0					
0-0 RG-1	DR	TK	IC		★
0-0 HG-1	0.3-0.2	1.6-1.3	0.9	9-0	1

OP	SH	SG	PC	P%	LC	BT	DC	TK	DT%	BL	IC	CL	A%
상위	상위	상위	상위	상위	상위	상위	하위	상위	상위	하위	상위	하위	상위
34%	48%	38%	11%	28%	49%	10%	49%	40%	31%	36%	12%	48%

105위 Saúl COCO — 7.00
사울 코코 1999.02.09 / 187cm / EQG

스페인 란사로테 출신. 적도기니의 국가 대표 축구 선수였던 아버지로 인해 성인 국가 대표팀은 적도기니로 선택했다. 탄탄한 기본기와 장대한 피지컬을 지녔다. 점프력, 태클 성공률 모두가 좋다. 발이 빠른 센터백. 상대의 역습 공격 상황에서 빠른 주력으로 막는다. 2024년 토리노와 계약을 맺었다. 이적한 첫 시즌부터 팀의 주전이 되었다. 3라운드에서 골을 터뜨렸다. 시장 가치는 1000만 유로, 추정 연봉은 167만 유로.

슈팅-득점	2024-25 토리노				위치
12-2					CB
8-0	32-0	2847	0	47.1-41.9	89%	
20-2 LG-0					
3-0 RG-1	DR	TK	IC		★
0-0 HG-0	0.3-0.2	1.9-1.5	1.2	10-0	2

OP	SH	SG	PC	P%	LC	BT	DC	TK	DT%	BL	IC	CL	A%
상위	상위	상위	상위	상위	상위	하위	상위	하위	상위	상위	하위	상위	하위
47%	28%	37%	30%	25%	25%	40%	49%	46%	20%	34%	45%	16%

106위 Robin LE NORMAND — 7.00
로빈 르노르망 1996.11.11 / 187cm / ESP

스페인 국가 대표팀의 주전 센터백. 라리가의 정상급 CB. 소시에다드에서 여섯 시즌을 보냈다. 줄곧 주전으로 출전했고, 기량 발전에 큰 도움이 되었다. 지난 시즌 아틀레티코에 합류했다. 계약 기간은 5년이었다. '제공권의 고수'. 높은 점프력과 파워가 넘친다. 경험이 쌓이면서 경기를 읽는 시야까지 넓어졌다. 시즌 중반 머리 부상을 당했고, 2달을 경기장에서 떠났다. 시장 가치는 4000만 유로, 추정 연봉은 625만 유로.

슈팅-득점	2024-25 아틀레티코 마드리드				위치
11-1					CB
0-0	24-3	2150	0	47.5-43.2	91%	
11-1 LG-0					
0-0 RG-0	DR	TK	IC		★
0-0 HG-1	0.1-0.1	1.3-1.0	0.4	8-0	2

OP	SH	SG	PC	P%	LC	BT	DC	TK	DT%	BL	IC	CL	A%
하위	상위	상위	상위	하위	상위	하위	상위	상위	상위	상위	상위	상위	상위
32%	49%	38%	48%	22%	8%	38%	19%	20%	20%	15%	1%	45%	48%

107위 Federico GATTI — 7.00
페데리코 가티 1998.06.24 / 190cm / ITA

유벤투스의 '믿을맨'. 팀의 주장단으로서 라커룸에서 리더십을 발휘한다. 주장 다닐루가 없으면 완장은 그의 몫이다. 후방에서 팀을 조율하며 콜플레이를 잘한다. 짧은 패스는 정교한 편이나 로빙 패스의 정확도는 낮다. 선수 생활 초창기에는 하부 리그에서 뛰었다. 2022년 유벤투스로 입단할 당시, 교체 자원이었다. 차근차근 존재감을 드러내며 팀의 주축 멤버로 성장했다. 시장 가치는 2400만 유로, 추정 연봉은 259만 유로.

슈팅-득점	2024-25 유벤투스				위치
19-1					CB
6-0	26-4	2196	0	48.6-46.2	95%	
25-1 LG-0					
0-0 RG-1	DR	TK	IC		★
0-0 HG-0	0.4-0.2	1.3-0.9	0.6	2-0	1

OP	SH	SG	PC	P%	LC	BT	DC	TK	DT%	BL	IC	CL	A%
상위	상위	상위	상위	하위	하위	하위	하위	상위	하위	하위	상위	하위	하위
49%	9%	5%	24%	1%	12%	37%	14%	16%	34%	44%	13%	43%

108위 César TÁRREGA — 6.99
세사르 타레가 2002.02.26 / 194cm / ESP

발렌시아 유소년 팀에서 축구를 배웠다. 1군 스쿼드로 합류하며 첫 번째 꿈을 이뤘고, 지난 시즌 주전 센터백으로 자리를 잡았다. 가톨릭 대학에서는 체육을 전공하기도 했었다. 몸싸움과 위치 선정이 좋다. 공중전 제공권 승률은 58%가 넘었다. 발밑이 좋아 후방 빌드업에서 존재감을 뽐내고 있다. 2025년 유럽 21세 이하의 선수권에서도 주전으로 참가했다. 시장 가치는 1000만 유로, 추정 연봉은 20만 유로.

슈팅-득점	2024-25 발렌시아				위치
20-2					CB
0-0	34-0	3027	0	49.3-41.9	85%	
20-2 LG-0					
0-0 RG-0	DR	TK	IC		★
0-0 HG-1	0.4-0.3	1.8-1.5	0.6	7-0	2

OP	SH	SG	PC	P%	LC	BT	DC	TK	DT%	BL	IC	CL	A%
상위	상위	상위	상위	하위	상위	상위	상위	상위	상위	상위	상위	상위	하위
49%	33%	28%	29%	26%	41%	33%	22%	36%	49%	9%	12%	43%

○ 유럽 5대리그 센터백 항목별 랭킹 (90분 기준 기록, 100분율)

109위 Bafodé DIAKITÉ — 6.99
바포데 디아키테
2001.01.06 / 185cm / FRA

프랑스가 주목하고 있는 신예. 가진 재능만 놓고 보면 또래 선수 중 최고로 평가받는다. CB, RB, LB와 같이 수비의 모든 포지션을 소화한다. 큰 키는 아니지만 점프력이 좋아 세트피스 상황에서 중요한 공격 옵션이다. 지난 시즌 리그에서 헤딩으로만 2골을 넣었다. 제공권 경합 승률도 72%로 나타났다. 파리 올림픽에 참가해 메달을 목에 걸었다. 기니의 시민권을 가졌다. 시장 가치는 2800만 유로, 추정 연봉은 156만 유로.

슈팅-득점	2024-25 릴 OSC					위치
16-4	31-0	2767	0	72.0-67.0	93%	CB
0-0						
16-4 LG-1	DR	TK	IC		★	
0-0 RG-1	0.3-0.2	1.4-1.1	0.8	6-1	2	
0-0 HG-1						

OP	SH	SG	PC	P%	LC	BT	DC	TK	DT%	BL	IC	CL	A%
상위	하위	상위	상위	상위	상위	상위	상위	하위	상위	하위	하위	하위	상위
16%	36%	29%	13%	8%	34%	21%	34%	25%	18%	33%	13%	6%

110위 Tosin ADARABIOYO — 6.99
토신 아다라비오요
1997.09.24 / 196cm / ENG

EPL에서 가장 키가 큰 축에 속한다. 엄청난 신체 조건을 내세워 상대 공격수를 심리적으로 압박한다. 체격이 크지만, 발 기술도 좋다. 좁은 공간에서의 탈압박도 어려워하지 않는다. 나이지리아계 잉글랜드 선수. 청소년 대표팀 시절 촉망받던 유망주였다. 맨시티 아카데미 출신으로 잠재력이 '터진' 시기는 풀럼 시절이다. 2024년 첼시로 합류해 리그 22경기를 소화했다. 시장 가치는 2000만 유로, 추정 연봉은 739만 유로.

슈팅-득점	2024-25 첼시 FC					위치
12-1	15-7	1405	1	53.8-49.5	91%	CB
1-0						
13-1 LG-0	DR	TK	IC		★	
0-0 RG-0	0.3-0.2	1.0-0.8	0.5	4-0	0	
0-0 HG-0						

OP	SH	SG	PC	P%	LC	BT	DC	TK	DT%	BL	IC	CL	A%
상위	상위	하위	상위	하위	상위	상위	상위	하위	상위	하위	상위	상위	하위
15%	10%	46%	9%	15%	44%	32%	9%	12%	2%	12%	40%	49%

111위 Pau CUBARSÍ — 6.99
파우 쿠바르시
2007.01.22 / 184cm / ESP

2025년 7월 기준, 전 세계에서 가장 비싼 센터백. 18살의 나이임에도 명문 바르셀로나의 주전. 볼 다루는 기술이 탁월하며 후방에서 빌드업을 시작할 때 가장 빛난다. 발이 빠르고 뒷공간의 수비도 수월하다. 경험이 부족한 부분은 많은 경기를 하면서 더 나아질 것. 대표팀에서도 상황은 같다. 단숨에 세계 최고의 CB가 되었고, 이제부터 항상 스스로와의 싸움이다. 시장 가치는 8000만 유로, 추정 연봉은 400만 유로.

슈팅-득점	2024-25 FC 바르셀로나					위치
8-0	29-6	2621	3	73.6-69.2	94%	CB
0-0						
8-0 LG-0	DR	TK	IC		★	
0-0 RG-0	0.3-0.2	1.3-1.0	0.6	3-0	0	
0-0 HG-0						

OP	SH	SG	PC	P%	LC	BT	DC	TK	DT%	BL	IC	CL	A%
상위	하위	상위	상위	상위	상위	상위	하위	하위	상위	하위	하위	하위	하위
27%	18%	6%	2%	4%	8%	45%	13%	21%	10%	5%	38%

112위 Duje ĆALETA-CAR — 6.98
두예 찰레타-차르
1996.09.17 / 192cm / CRO

크로아티아 국대 부동의 주전. 터프한 수비로 유명하다. 강인한 피지컬과 뛰어난 신체 능력을 보유했다. 제공권이 좋고 타점이 높아 공중볼을 쉽게 따낸다. 최후방에서 라인을 컨트롤하며 상대의 역습을 잘 막아낸다. 지난 시즌은 많은 출전시간을 보장받지 못했다. 리옹의 침체된 분위기를 바꿀 필요가 있었다. 5라운드 마르세유 전에서 리그 첫 골을 뽑아냈다. 시장 가치는 700만 유로, 추정 연봉은 236만 유로.

슈팅-득점	2024-25 올랭피크 리옹					위치
10-1	17-2	1585	0	51.6-47.0	91%	CB
1-0						
11-1 LG-0	DR	TK	IC		★	
0-0 RG-0	0.1-0.1	1.5-1.1	0.9	9-0	0	
0-0 HG-1						

OP	SH	SG	PC	P%	LC	BT	DC	TK	DT%	BL	IC	CL	A%
하위	상위	상위	상위	상위	하위	상위	하위	상위	하위	상위	하위	하위	상위
34%	24%	13%	45%	17%	37%	45%	10%	45%	48%	6%	36%	27%	1%

113위 Maximilian KILMAN — 6.98
막시밀리안 킬만
1997.05.23 / 194cm / ENG

높이와 힘, 판단력을 고루 갖췄다. 끈질긴 대인 마크가 트레이드 마크. 민첩한 태클로 상대를 저지하는 것을 잘한다. 힘과 탄력을 이용한 공중전에서 강하다. 발은 느린 편이라 역습 상황에서 빠른 커버가 쉽지 않다. 우크라이나계 잉글랜드 런던 출신. 울버햄튼에서 여섯 시즌을 활약했다. 2024년 웨스트햄과 7년 계약을 맺었고 첫 시즌부터 리그 전 경기에 출장했다. 시장 가치는 2500만 유로, 추정 연봉은 603만 유로.

슈팅-득점	2024-25 웨스트햄 유나이티드					위치
13-0	38-0	3349	1	51.3-44.6	87%	CB
0-0						
13-0 LG-0	DR	TK	IC		★	
0-0 RG-0	0.6-0.4	1.1-1.0	0.4	5-0	1	
0-0 HG-0						

OP	SH	SG	PC	P%	LC	BT	DC	TK	DT%	BL	IC	CL	A%
하위	상위	하위	하위	상위	상위	상위	상위	하위	상위	상위	상위	상위	하위
23%	25%	19%	41%	49%	50%	42%	13%	1%	20%	4%	24%	7%	19%

114위 Matthias GINTER — 6.97
마티아스 긴터
1994.01.19 / 191cm / GER

한때 독일을 대표했던 대형 유망주. 독일 청소년 대표팀에 꾸준히 소집되었고 '프리츠 발터 상'을 2년 연속으로 수상했었다. 2022년 자신의 출발점인 프라이부르크로 돌아왔다. 지난 시즌엔 부상 없이 시즌을 마무리했다. 수비 진영을 컨트롤하며 리더십을 보였다. 64.5%의 볼 경합 성공률을 기록했다. 순간적인 가속은 줄어들었지만, 효율적인 커팅 능력이 더 발전했다. 시장 가치는 700만 유로, 추정 연봉은 755만 유로.

슈팅-득점	2024-25 프라이부르크					위치
22-2	28-4	2560	0	46.7-39.2	84%	CB
2-0						
24-2 LG-1	DR	TK	IC		★	
0-0 RG-1	0.2-0.1	1.3-0.9	0.6	5-0	0	
0-0 HG-1						

OP	SH	SG	PC	P%	LC	BT	DC	TK	DT%	BL	IC	CL	A%
상위	상위	상위	상위	상위	상위	상위	상위	상위	하위	상위	하위	상위	상위
25%	8%	46%	37%	16%	45%	43%	43%	18%	50%	10%	39%	6%	44%

유럽 5대리그 센터백 항목별 랭킹(90분 기준 기록, 100분율)

115위 Isak HIEN — 6.97
이삭 히엔 1999.01.13 / 191cm / SWE

스웨덴 국가 대표팀의 주장단. 가나의 시민권도 가지고 있다. 신체 조건이 좋고 강인한 운동 능력을 갖췄다. 도전적인 수비 방향과 강력한 슬라이딩 태클이 '시그니처'. 높은 점프력으로 68번의 제공권 경합에서 승리했다. 지난 시즌 아탈란타로 입단했다. 첫 시즌부터 주전. 챔피언스리그에서 8경기를 소화했다. 리그에선 거친 플레이가 잦아 경고 누적으로 2경기에 결장했다. 시장 가치는 3000만 유로, 추정 연봉은 167만 유로.

슈팅-득점 | 2024-25 아탈란타 | 위치
- 8-0 / 0-0
- 27-3, 2329, 0, 42.4-38.2, 90%
- 8-0 LG-0 / 0-0 RG-0 / 0-0 HG-0
- DR 0.4-0.2 / TK 2.3-1.4 / IC 1.1 / 10-0 / ★
- CB

OP	SH	SG	PC	P%	LC	BT	DC	TK	DT%	BL	IC	CL	A%
하위	하위	하위	하위	상위	상위	하위	상위	하위	상위	하위	하위	하위	하위
25%	33%	20%	39%	22%	50%	24%	43%	30%	21%	32%	32%	9%	37%

116위 Mario GILA — 6.97
마리오 힐라 2000.08.29 / 185cm / ESP

'라치오의 벽'이라고 불린다. 드리블과 힘, 스피드까지 3박자를 고루 갖췄다. 침착한 판단으로 후방 빌드업을 주도하며 탁월한 수비 리딩을 자랑한다. 레알 마드리드 아카데미 출신. 1군에도 뛰었지만, 자리 잡기 어려웠다. 스페인 청소년 대표팀에서도 활약. 2022년 라치오로 입단한 뒤, 본격적으로 주전에 올라섰다. 지난 시즌은 초반 3라운드까지 햄스트링으로 결장했다. 시장 가치는 3000만 유로, 추정 연봉은 128만 유로.

슈팅-득점 | 2024-25 라치오 | 위치
- 10-1 / 5-0
- 31-1, 2743, 0, 63.4-58.3, 92%
- 15-1 LG-0 / 0-0 RG-0 / 0-0 HG-1
- DR 0.6-0.2 / TK 2.4-1.8 / IC 0.8 / 8-0 / ★ 1
- CB / DM

OP	SH	SG	PC	P%	LC	BT	DC	TK	DT%	BL	IC	CL	A%
하위	상위	상위	하위	하위	하위	상위	하위	상위	상위	하위	하위	상위	하위
45%	43%	48%	15%	14%	5%	20%	48%	22%	40%	6%	48%	22%	15%

117위 Evan NDICKA — 6.96
에반 은디카 1999.08.20 / 192cm / CIV

프랑스 청소년 대표팀에 '개근한' 엘리트 출신. 뛰어난 잠재력을 보이며 장래에 촉망받던 센터백. 오세르에서 프로 데뷔를 이뤘다. 분데스리가의 프랑크푸르트에서 다섯 시즌을 뛰었고, 2022년 유로파 리그 우승에 공헌했다. AS로마에 입단한 뒤에도 강력한 태클, 좋은 위치 선정은 여전하다. 지난 시즌에는 리그 전 경기에서 풀 타임 출전하며 존재감을 뽐냈다. 시장 가치는 3000만 유로, 추정 연봉은 513만 유로.

슈팅-득점 | 2024-25 AS 로마 | 위치
- 18-0 / 0-0
- 38-0, 3420, 1, 65.7-60.4, 92%
- 18-0 LG-0 / 0-0 RG-0 / 0-0 HG-0
- DR 0.1-0.0 / TK 1.0-0.8 / IC 0.9 / 2-0 / ★ 0
- CB

OP	SH	SG	PC	P%	LC	BT	DC	TK	DT%	BL	IC	CL	A%
하위	상위	상위	상위	상위	상위	하위	상위	하위	상위	하위	하위	하위	하위
33%	38%	26%	18%	11%	41%	25%	3%	9%	18%	35%	25%	25%	41%

118위 Clément AKPA — 6.96
클레망 아크파 2001.11.24 / 181cm / CIV

코트디부아르와 프랑스의 이중 국적자. 2025년 코트디부아르의 성인 대표팀에 소집되었다. 부룬디전에서 A매치에 데뷔했다. 오세르의 소속으로 임대 다녀온 뒤 지난 시즌부터 주전급 센터백으로 경기에 출전했다. 주로 왼발을 사용하며 상황에 따라서는 왼쪽 스토퍼도 소화한다. 높은 점프력으로 제공권 장악에 장점을 보인다. 지난 시즌 64.5%의 볼 경합 승률을 기록했다. 시장 가치는 500만 유로, 추정 연봉은 64만 유로.

슈팅-득점 | 2024-25 오세르 | 위치
- 4-0 / 2-0
- 29-2, 2495, 1, 37.1-31.2, 84%
- 6-0 LG-0 / 0-0 RG-0 / 0-0 HG-0
- DR 0.8-0.4 / TK 2.3-1.8 / IC 1.5 / 7-0 / ★ 0
- CB / LB / DM

OP	SH	SG	PC	P%	LC	BT	DC	TK	DT%	BL	IC	CL	A%
하위	하위	하위	하위	상위	상위	상위	상위	상위	상위	상위	상위	상위	상위
31%	12%	12%	15%	38%	13%	25%	15%	38%	34%	14%	41%	41%	31%

119위 Eric SMITH — 6.95
에릭 스미스 19997.01.08 / 192cm / SWE

아버지 안데스 스미스도 축구 선수였기에 스웨덴의 축구 부자로 알려져 있다. 스웨덴의 U-17, U-19 청소년 대표팀 출신. 2020년 당시 2부 리그에 있었던 장크트 파울리로 이적했다. 팀의 1부 리그 승격을 위해 노력했고 그 결실은 이루어졌다. 지난 시즌 분데스리가에서 32경기에 출전했다. 제공권이 장점. 볼을 잘 다루어 수비형 미드필더로도 활약한다. 시장 가치는 500만 유로, 추정 연봉은 96만 유로.

슈팅-득점 | 2024-25 장크트 파울리 | 위치
- 4-0 / 20-1
- 32-0, 2829, 1, 48.9-41.1, 84%
- 24-1 LG-0 / 11-0 RG-1 / 0-0 HG-0
- DR 0.2-0.1 / TK 2.0-1.4 / IC 1.2 / 7-0 / ★ 0
- CB / DM

OP	SH	SG	PC	P%	LC	BT	DC	TK	DT%	BL	IC	CL	A%
상위	상위	상위	상위	하위	상위	하위	상위	상위	상위	상위	하위	하위	하위
46%	15%	7%	32%	9%	17%	32%	25%	47%	20%	49%	37%	12%	7%

120위 Jan Paul VAN HECKE — 6.95
얀 폴 반헤케 2000.06.08 / 189cm / NED

네덜란드 대표팀의 센터백. 독일과의 UEFA 네이션스 리그에서 A매치에 데뷔했다. 브레다를 거쳐서 2020년 EPL의 브라이튼으로 입단했다. 두 번의 임대를 거쳐 팀의 주전으로 자리 잡았다. 지난 시즌 사타구니와 머리 부상으로 3경기에 결장했다. 상대 공격수에게 쉽게 공간을 내주지 않고, 효율적인 태클로 방어한다. 승부 근성이 좋아 거친 몸싸움에서 밀리지 않는다. 시장 가치는 3200만 유로, 추정 연봉은 301만 유로.

슈팅-득점 | 2024-25 브라이튼&HA | 위치
- 13-1 / 4-0
- 33-1, 2961, 0, 66.3-59.0, 89%
- 17-1 LG-0 / 0-0 RG-0 / 0-0 HG-1
- DR 0.3-0.1 / TK 1.9-1.3 / IC 0.7 / 6-1 / ★ 1
- CB

OP	SH	SG	PC	P%	LC	BT	DC	TK	DT%	BL	IC	CL	A%
상위	상위	상위	상위	하위	상위	하위	상위	상위	하위	상위	상위	상위	상위
48%	44%	40%	16%	37%	8%	46%	17%	46%	15%	39%	15%	36%	41%

○ 유럽 5대리그 센터백 항목별 랭킹(90분 기준 기록, 100분율)

121위 Amir MURILLO — 6.95
아미르 무리요 1996.02.11 / 184cm / PAN

3백 전술이 가동될 때, 오른쪽 스토퍼도 가능하다. 볼 간수 능력이 좋고 전방으로 찔러주는 로빙 패스가 정교한 편. 민첩한 움직임을 바탕으로 상대를 막아낸다. 안더레흐트를 거쳐 2023년 마르세유로 합류했다. 지난 시즌부터 주전 수비수로 자리를 잡았다. 2016년부터 파나마의 국가 대표팀으로 활약하고 있다. FIFA 센추리 클럽 가입도 가능성이 높은 상황이다. 시장 가치는 1000만 유로, 추정 연봉은 273만 유로다.

슈팅-득점	2024-25 올랭피크 마르세유	위치
5-1 / 8-0	27-3 2437 3 56.4-50.8 90%	CB / RB / LB
● 15-1 / ● 2-0 / ● 0-0	LG-0 / RG-1 / HG-0 0.9-0.5 2.1-1.6 0.6 3-0 0	★

OP	SH	SG	PC	P%	LC	BT	DC	TK	DT%	BL	IC	CL	A%
상위 9%	상위 49%	상위 43%	상위 15%	상위 46%	하위 1%	상위 17%	상위 9%	상위 25%	상위 29%	하위 7%	하위 9%	하위 2%	상위 7%

122위 Gianluca MANCINI — 6.95
잔루카 만치니 1996.04.17 / 190cm / ITA

펠레그리니가 없으면, 주장은 그의 몫이다. 팀에 대한 충성도가 높다. 동료와의 관계가 좋고 최후방에서 거친 일을 피하지 않는다. 지난 시즌은 부상이 없었다. 경고 누적으로 1경기만 결장했을 뿐이다. 37라운드 밀란과의 경기에서 헤딩 선제골을 넣었다. 당당한 신체 조건과 강한 투쟁심을 바탕으로 경기에 나선다. 이탈리아 대표팀으로부터의 소집은 2025년 이후엔 없다. 시장 가치는 1500만 유로, 추정 연봉은 741만 유로다.

슈팅-득점	2024-25 AS 로마	위치
20-2 / 2-0	36-1 3146 0 51.7-45.0 87%	CB
● 22-2 / ● 0-0 / ● 0-0	LG-0 / RG-0 / HG-2 2.0-2.0 1.5-1.1 0.9 8-0 0	★

OP	SH	SG	PC	P%	LC	BT	DC	TK	DT%	BL	IC	CL	A%
상위 31%	하위 18%	하위 15%	상위 48%	상위 47%	상위 49%	상위 40%	하위 12%	하위 29%	상위 41%	하위 3%	상위 43%	상위 9%	상위 11%

123위 Jan BEDNAREK — 6.93
얀 베드나렉 1996.04.12 / 189cm / POL

9시즌째 사우스햄튼에서 뛰고 있다. 2023년 팀이 강등되었을 때도 남았다. 다음 해 프리미어리그로 재승격할 때 가장 크게 환호를 받은 선수. 지난 시즌 66.1%의 공중볼 경합을 기록했다. 56번의 인터셉트는 팀에게 큰 도움이 되었다. 상대의 전진 길목을 예측하여 태클을 시도한다. 2017년 폴란드 대표팀에서 데뷔했고, 2025년 3월 몰타전에서 주장 완장까지 찼다. 시장 가치는 900만 유로, 추정 연봉은 422만 유로

슈팅-득점	2024-25 사우스햄튼	위치
4-2 / 1-0	30-0 2535 0 55.9-52.0 93%	CB
● 5-2 / ● 0-0 / ● 0-0	LG-1 / RG-0 / HG-0 0.1-0.1 1.7-1.2 1.9 7-0 2	★

OP	SH	SG	PC	P%	LC	BT	DC	TK	DT%	BL	IC	CL	A%
상위 41%	하위 7%	하위 24%	상위 29%	상위 8%	상위 40%	상위 28%	상위 29%	상위 33%	하위 7%	하위 16%	하위 2%	하위 9%	상위 25%

124위 Mattia VITI — 6.93
마티아 비티 2002.01.24 / 190cm / ITA

2022년 니스로 이적했다. 이탈리아의 기대주로 불렸던 그는 연령별 대표팀에서 한 번도 제외된 적이 없다. 지난 시즌 엠폴리에서 임대 선수 생활을 보냈다. 프로에서의 경험을 쌓기 위한 선택이었으나, 근육통 부상으로 7경기 결장했다. 상대를 강하게 압박하며 정신을 쏙 빼놓는다. 빠른 판단으로 상대의 역습을 저지하나 스피드가 느려 뒷공간의 수비에 허점을 보인다. 시장 가치는 550만 유로, 추정 연봉은 65만 유로다.

슈팅-득점	2024-25 엠폴리	위치
7-1 / 4-0	30-0 2577 0 38.9-31.1 80%	CB
● 11-1 / ● 0-0 / ● 0-0	LG-0 / RG-0 / HG-1 0.4-0.2 2.8-2.2 1.7 3-0 1	★

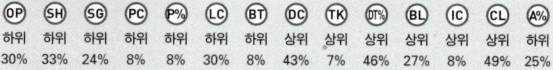

OP	SH	SG	PC	P%	LC	BT	DC	TK	DT%	BL	IC	CL	A%
하위 30%	하위 33%	하위 24%	하위 8%	하위 8%	상위 30%	상위 43%	상위 7%	상위 46%	상위 27%	하위 8%	상위 49%	하위 25%	

125위 Konstantinos KOULIERAKIS — 6.91
콘스탄티노스 쿨리에라키스 2003.11.28 / 188cm / GRE

그리스가 자랑하는 센터백. 대표팀의 미래로 불린다. 명문 PAOK의 아카데미 출신으로 성장세를 이어가 프로까지 데뷔했다. 지난 시즌 볼프스부르크와 계약을 맺었다. 첫 시즌부터 주전으로 뛰었고 3라운드 레버쿠젠과의 어웨이에서 도움도 기록했다. 발이 빠르고 힘도 좋다. 빌드업 시 많이 관여하며 포지션 이해도가 높은 편. 후방에서 넘겨주는 크로스의 질도 좋다. 시장 가치는 2500만 유로, 추정 연봉은 75만 유로.

슈팅-득점	2024-25 볼프스부르크	위치
15-0 / 7-0	28-2 2470 2 50.6-42.5 84%	CB / LB
● 22-0 / ● 0-0 / ● 0-0	LG-0 / RG-0 / HG-0 0.4-0.2 1.8-1.3 1.2 4-0 2	★

OP	SH	SG	PC	P%	LC	BT	DC	TK	DT%	BL	IC	CL	A%
상위 39%	상위 12%	상위 36%	상위 47%	상위 18%	상위 42%	상위 32%	상위 48%	상위 41%	상위 34%	상위 13%	상위 33%	상위 49%	

126위 Martin VALJENT — 6.90
마르틴 발리엔트 1995.12.11 / 187cm / SVK

슬로바키아 국대 출신의 수비수. 2018년 마요르카로 임대를 온 후 완전 이적에 성공했다. 팀이 2번이나 1부 리그로 승격하는 것을 도왔다. 구단과 서포터즈에게 깊은 '신뢰'를 받고 있다. 지난 시즌 특별한 부상 없이 31경기에 출전했다. 리그 36라운드 레알 마드리드와의 경기에서 왼발로 득점을 기록했다. 센터백뿐만 아니라 3백의 스토퍼도 소화할 수 있다. 시장 가치는 600만 유로, 추정 연봉은 250만 유로다.

슈팅-득점	2024-25 마요르카	위치
11-3 / 1-0	31-1 2765 0 42.8-37.2 87%	CB
● 12-3 / ● 0-0 / ● 0-0	LG-1 / RG-1 / HG-1 0.3-0.2 1.3-1.1 0.6 4-0 0	★

OP	SH	SG	PC	P%	LC	BT	DC	TK	DT%	BL	IC	CL	A%
상위 29%	하위 34%	하위 20%	상위 19%	하위 29%	상위 46%	상위 16%	상위 41%	하위 10%	상위 31%	상위 50%	상위 14%	상위 14%	상위 28%

○ 유럽 5대리그 센터백 항목별 랭킹(90분 기준 기록, 100분율)

127위 Koni DE WINTER — 6.90
코니 더빈테르 2002.06.12 / 188cm / BEL

2024-25시즌 초반 2달간 출전하지 못했다. 10월 햄스트링 부상을 당했고, 크리스마스 전에 복귀했다. 경기력을 되찾는 것이 목표였고, 성공적으로 주전에 복귀했다. 센터백을 포함하여 오른쪽 측면 수비수도 소화한다. 191cm의 압도적인 신체 조건을 바탕으로 강력한 대인 마크를 시도한다. 벨기에 대표팀의 차세대 주자로서 A매치 데뷔는 2024년 아일랜드전이었다. 시장 가치는 2200만 유로, 추정 연봉은 74만 유로.

슈팅-득점		2024-25 제노아				위치
13-3		⏱	A	P	P%	CB
0-0		23-2 2133	0	49.3-42.9	87%	RB
● 13-3	LG-0	DR	TK	IC	🟨🟥	★
● 0-0	RG-0	0.7-0.3	1.6-1.3	1.0	6-0	1
● 0-0	HG-3					

OP	SH	SG	PC	P%	LC	BT	DC	TK	DT%	BL	IC	CL	A%
상위	상위	하위	하위	하위	하위	상위	하위	하위	상위	하위	상위	상위	하위
15%	40%	6%	46%	45%	28%	47%	33%	45%	38%	1%	49%	44%	14%

128위 Geoffrey KONDOGBIA — 6.90
제프리 콘도그비아 1993.02.15 / 188cm / CTA

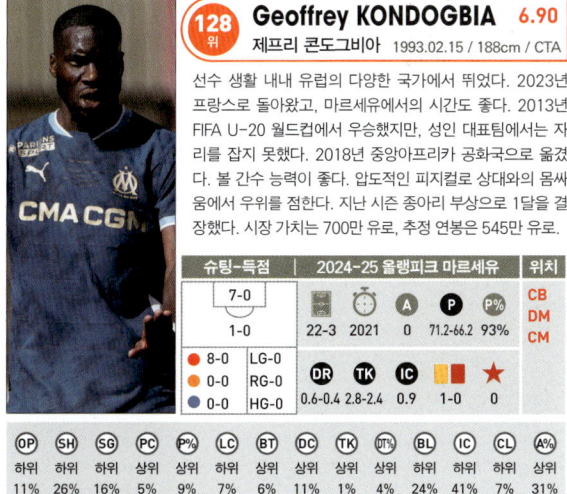

선수 생활 내내 유럽의 다양한 국가에서 뛰었다. 2023년 프랑스로 돌아왔고, 마르세유에서의 시간도 좋다. 2013년 FIFA U-20 월드컵에서 우승했지만, 성인 대표팀에서는 자리를 잡지 못했다. 2018년 중앙아프리카 공화국으로 옮겼다. 볼 간수 능력이 좋다. 압도적인 피지컬로 상대와의 몸싸움에서 우위를 점한다. 지난 시즌 종아리 부상으로 1달을 결장했다. 시장 가치는 700만 유로, 추정 연봉은 545만 유로.

슈팅-득점		2024-25 올랭피크 마르세유				위치
7-0		⏱	A	P	P%	CB
1-0		22-3 2021	0	71.2-66.2	93%	DM
● 8-0	LG-0	DR	TK	IC	🟨🟥	★ CM
● 0-0	RG-0	0.6-0.4	2.8-2.4	0.9	1-0	0
● 0-0	HG-0					

OP	SH	SG	PC	P%	LC	BT	DC	TK	DT%	BL	IC	CL	A%
하위	하위	하위	하위	상위	상위	하위	상위	하위	상위	상위	하위	상위	하위
11%	26%	16%	5%	9%	6%	11%	1%	4%	24%	41%	7%	43%	31%

129위 Niklas STARK — 6.89
니클라스 스타크 1995.04.14 / 190cm / GER

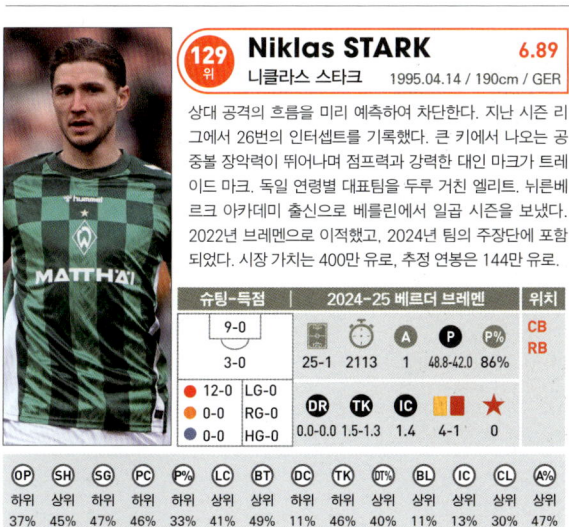

상대 공격의 흐름을 미리 예측하여 차단한다. 지난 시즌 리그에서 26번의 인터셉트를 기록했다. 큰 키에서 나오는 공중볼 장악력이 뛰어나며 점프력과 강력한 대인 마크가 트레이드 마크. 독일 연령별 대표팀을 두루 거친 엘리트. 뉘른베르크 아카데미 출신으로 베를린에서 일곱 시즌을 보냈다. 2022년 브레멘으로 이적했고, 2024년 팀의 주장단에 포함되었다. 시장 가치는 400만 유로, 추정 연봉은 144만 유로.

슈팅-득점		2024-25 베르더 브레멘				위치
9-0		⏱	A	P	P%	CB
3-0		25-1 2113	1	48.8-42.0	86%	RB
● 12-0	LG-0	DR	TK	IC	🟨🟥	★
● 0-0	RG-0	0.0-0.0	1.5-1.3	1.4	4-1	0
● 0-0	HG-0					

OP	SH	SG	PC	P%	LC	BT	DC	TK	DT%	BL	IC	CL	A%
하위	상위	하위	상위	하위	상위	상위	하위	상위	상위	하위	상위	상위	상위
37%	45%	47%	46%	33%	41%	49%	11%	40%	11%	13%	30%	47%	

130위 Jaka BIJOL — 6.89
야카 비욜 1999.02.05 / 190cm / SVN

슬로베니아 대표팀의 캡틴. 경기장 위에서 강력한 리더십을 보여준다. 센터백이지만 과거 공격수로 뛰었을 만큼 골문 앞에서 위협적이다. 코너킥, 프리킥 상황에서는 타점 높은 헤딩을 보여준다. 지난 시즌 후반 우디네세의 후방을 지켰고, 주장 완장도 찼다. 2025년 6월 리즈로 이적했다. 2025-26시즌 프리미어리그의 이적생 중 가장 기대가 되는 선수. 시장 가치는 1800만 유로, 추정 연봉은 144만 유로.

슈팅-득점		2024-25 우디네세				위치
17-1		⏱	A	P	P%	CB
2-0		34-0 2965	0	50.0-42.0	84%	
● 19-1	LG-0	DR	TK	IC	🟨🟥	★
● 0-0	RG-1	0.1-0.1	1.8-1.3	1.1	11-1	3
● 0-0	HG-0					

OP	SH	SG	PC	P%	LC	BT	DC	TK	DT%	BL	IC	CL	A%
하위	상위	하위	상위	하위	상위	하위	상위	하위	상위	하위	상위	상위	상위
26%	37%	26%	33%	21%	10%	39%	15%	36%	8%	42%	41%	29%	17%

131위 Alessio ROMAGNOLI — 6.88
알레시오 로마뇰리 1995.01.12 / 185cm / ITA

시즌 8라운드 유벤투스와의 경기에서 다이렉트 퇴장을 당해 비난을 받았다. 경기력 부진까지 겹쳤으나 그리 오래 걸리진 않았다. 유럽 대항전에서 '베테랑의 품격'을 보여주면서 팀의 주축 센터백으로 출전했다. 리그에서는 64.2%의 볼 경합 성공률과 96번의 리커버리를 기록했다. AS로마에서 프로에 데뷔했고, AC밀란과 이탈리아 국가 대표팀에서 전성기를 보냈다. 시장 가치는 700만 유로, 추정 연봉은 630만 유로.

슈팅-득점		2024-25 라치오				위치
20-2		⏱	A	P	P%	CB
0-0		31-1 2675	0	54.9-50.5	92%	
● 20-2	LG-1	DR	TK	IC	🟨🟥	★
● 0-0	RG-0	0.1-0.0	1.7-1.5	0.8	4-2	0
● 0-0	HG-1					

OP	SH	SG	PC	P%	LC	BT	DC	TK	DT%	BL	IC	CL	A%
상위	상위	상위	상위	하위	상위	상위	하위	상위	하위	상위	하위	상위	상위
8%	17%	8%	34%	12%	22%	45%	7%	39%	16%	48%	42%	32%	41%

132위 Djibril SIDIBÉ — 6.88
지브릴 시디베 1992.07.29 / 182cm / FRA

2018년 러시아 월드컵 우승 멤버. 프랑스 국대 출신으로 산전수전을 다 겪은 풀백. 툴루즈와 계약을 맺으면서 리그앙으로 돌아왔다. 3백 전술 시에는 오른쪽 스토퍼로 출전했고, 풀백과 측면 미드필더도 소화한다. 정교한 발 기술과 영리한 수비가 장점. 순간적인 가속으로 측면을 허물며 낮고 빠른 크로스는 여전하다. 하지만 풀타임을 뛰기엔 체력이 부족하다. 시장 가치는 100만 유로, 추정 연봉은 146만 유로.

슈팅-득점		2024-25 툴루즈				위치
4-0		⏱	A	P	P%	CB
1-0		24-4 2106	3	39.5-32.0	81%	RB
● 5-0	LG-0	DR	TK	IC	🟨🟥	★ RM
● 1-0	RG-0	0.7-0.4	3.0-2.3	0.7	1-0	0
● 0-0	HG-0					

OP	SH	SG	PC	P%	LC	BT	DC	TK	DT%	BL	IC	CL	A%
상위	하위	하위	상위	하위	하위	상위	상위	상위	하위	상위	상위	하위	상위
14%	12%	15%	34%	7%	30%	38%	10%	41%	49%	1%	25%	4%	37%

○ 유럽 5대리그 센터백 항목별 랭킹 (90분 기준 기록, 100분율)

133위 Matthijs DE LIGT — 6.87
마테이스 더리흐트　1999.08.12 / 187cm / NED

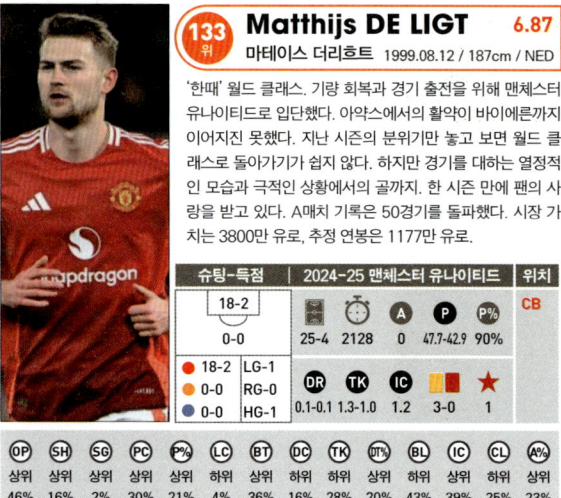

'한때' 월드 클래스. 기량 회복과 경기 출전을 위해 맨체스터 유나이티드로 입단했다. 아약스에서의 활약이 바이에른까지 이어지진 못했다. 지난 시즌의 분위기만 놓고 보면 월드 클래스로 돌아가기가 쉽지 않다. 하지만 경기를 대하는 열정적인 모습과 극적인 상황에서의 골까지. 한 시즌 만에 팬의 사랑을 받고 있다. A매치 기록은 50경기를 돌파했다. 시장 가치는 3800만 유로, 추정 연봉은 1177만 유로.

슈팅-득점	2024-25 맨체스터 유나이티드				위치
18-2					CB
0-0	25-4	2128	0	47.7-42.5 90%	
● 18-2 LG-1					
● 0-0 RG-0	DR	TK	IC		
● 0-0 HG-1	0.1-0.1	1.3-1.0	1.2	3-0 ★	

OP	SH	SG	PC	P%	LC	BT	DC	TK	DT%	BL	IC	CL	A%
상위	상위	하위	상위	상위	하위	상위	하위	상위	하위	상위	상위	상위	상위
46%	16%	2%	30%	21%	4%	36%	16%	28%	20%	43%	39%	25%	23%

134위 Dara O'SHEA — 6.87
다라 오셰이　1999.03.04 / 189cm / IRL

상대에게 동료가 뚫리면 곧바로 커버링을 시도한다. 저돌적인 태클도 구사하며 장신을 이용한 공중볼 제공권에서 강점을 보인다. 지난 시즌 190번의 제공권 승리를 기록했다. 리더십도 갖추고 있다. 입단한 첫 시즌부터 주장 역할까지 겸했다. 2020년 아일랜드 올해의 영플레이어 상을 수상했다. 성인 대표팀으로 올라온 후 주전 멤버로 활약하는 중이다. 시장 가치는 1400만 유로, 추정 연봉은 211만 유로.

슈팅-득점	2024-25 번리+입스위치 타운				위치
23-1					CB
3-0	37-0	3303	2	43.4-34.3 79%	RB
● 26-1 LG-1					
● 0-0 RG-0	DR	TK	IC		
● 0-0 HG-1	0.1-0.0	1.7-1.4	1.0	6-0 ★	

OP	SH	SG	PC	P%	LC	BT	DC	TK	DT%	BL	IC	CL	A%
상위	상위	상위	상위	하위	상위	상위	하위	상위	상위	하위	상위	상위	하위
49%	27%	20%	11%	3%	44%	22%	8%	48%	49%	8%	37%	13%	41%

135위 Sepp VAN DEN BERG — 6.87
세프 반덴베르그　2001.12.20 / 189cm / NED

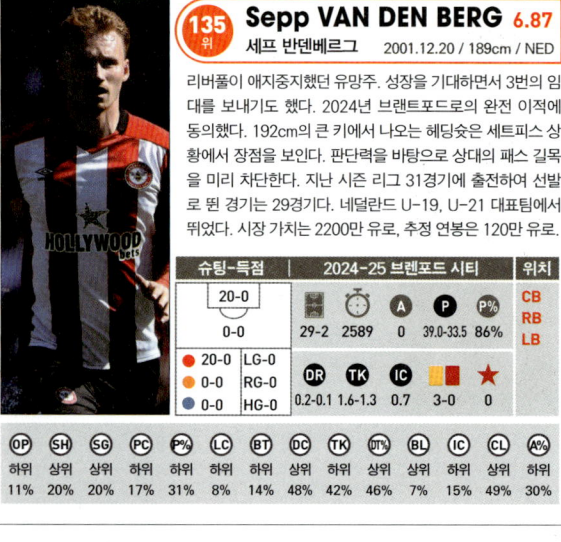

리버풀이 애지중지했던 유망주. 성장을 기대하면서 3번의 임대를 보내기도 했다. 2024년 브랜트포드로의 완전 이적에 동의했다. 192cm의 큰 키에서 나오는 헤딩슛은 세트피스 상황에서 장점을 보인다. 판단력을 바탕으로 상대의 패스 길목을 미리 차단한다. 지난 시즌 리그 31경기에 출전하여 선발로 뛴 경기는 29경기다. 네덜란드 U-19, U-21 대표팀으로 뛰었다. 시장 가치는 2200만 유로, 추정 연봉은 120만 유로.

슈팅-득점	2024-25 브렌트포드 시티				위치
20-0					CB
0-0	29-2	2589	0	39.0-33.5 86%	RB
● 20-0 LG-0					LB
● 0-0 RG-0	DR	TK	IC		
● 0-0 HG-0	0.2-0.1	1.6-1.1	0.7	3-0 ★	

OP	SH	SG	PC	P%	LC	BT	DC	TK	DT%	BL	IC	CL	A%
하위	상위	상위	상위	상위	하위	상위	상위	상위	상위	하위	상위	상위	상위
11%	20%	20%	17%	31%	8%	14%	48%	42%	46%	7%	15%	49%	30%

136위 José María GIMÉNEZ — 6.87
호세 마리아 히메네스　1995.01.20 / 186cm / URU

우루과이 대표팀에서 센추리 클럽을 앞두고 있다. 꾸준함의 대명사. 무려 13시즌 째 아틀레티코에서 뛰고 있다. 몇 시즌 더 활약한다면 클럽 역사에도 남을만한 출장 기록을 가진다. 지난 시즌도 주축 멤버로 활약했고, 챔피언스리그의 첫 경기에서 골을 넣었다. 다부진 체격과 빠른 주력, 높은 타점의 점프력까지. 센터백으로 갖춰야 할 3박자를 고루 갖췄다. 시장 가치는 2000만 유로, 추정 연봉은 625만 유로.

슈팅-득점	2024-25 아틀레티코 마드리드				위치
5-0					CB
0-0	21-7	1997	1	50.1-46.1 92%	
● 5-0 LG-0					
● 0-0 RG-0	DR	TK	IC		
● 0-0 HG-0	0.1-0.1	1.3-0.9	0.5	2 ★	

OP	SH	SG	PC	P%	LC	BT	DC	TK	DT%	BL	IC	CL	A%
상위	하위	상위	상위	상위	상위	하위	상위	상위	상위	상위	상위	상위	하위
45%	27%	32%	29%	14%	9%	34%	17%	39%	28%	37%	45%	38%	16%

137위 Moussa NIAKHATÉ — 6.86
무사 니아카테　1996.03.08 / 190cm / SEN

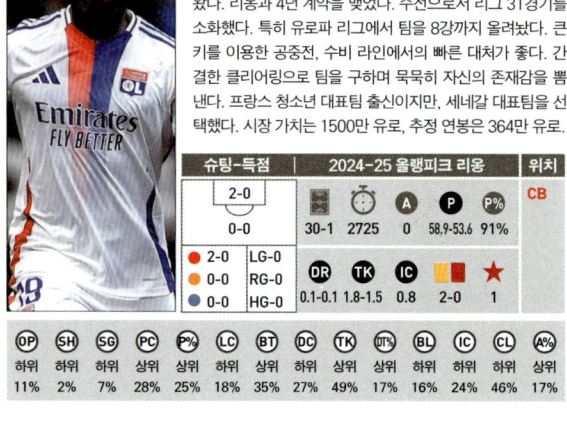

유럽의 많은 리그에서 활약했다. 2024년 리그앙으로 돌아왔다. 리옹과 4년 계약을 맺었다. 주전으로 리그 31경기를 소화했다. 특히 유로파 리그에서 팀을 8강까지 올려놨다. 큰 키를 이용한 공중전, 수비 라인에서의 빠른 대처가 좋다. 간결한 클리어링으로 팀을 구하며 묵묵히 자신의 존재감을 뽐낸다. 프랑스 청소년 대표팀 출신이지만, 세네갈 대표팀을 선택했다. 시장 가치는 1500만 유로, 추정 연봉은 364만 유로.

슈팅-득점	2024-25 올랭피크 리옹				위치
2-0					CB
0-0	30-1	2725	0	58.9-53.6 91%	
● 2-0 LG-0					
● 0-0 RG-0	DR	TK	IC		
● 0-0 HG-0	0.1-0.1	1.8-1.5	0.8	2-0 ★	

OP	SH	SG	PC	P%	LC	BT	DC	TK	DT%	BL	IC	CL	A%
하위	하위	하위	상위	상위	상위	상위	상위	상위	상위	상위	상위	상위	하위
11%	2%	7%	28%	25%	18%	35%	37%	17%	16%	24%	46%	17%	6%

138위 Enzo BOYOMO — 6.86
엔조 보요모　2001.10.07 / 180cm / CMR

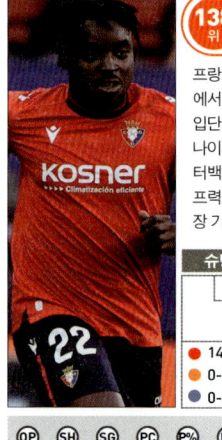

프랑스 툴루즈 태생. 어린 시절 잉글랜드의 블랙번 아카데미에서 뛰기도 했다. 바야돌리드를 거쳐 2024년 오사수나로 입단했다. 첫 시즌부터 주전으로 자리 잡았다. 20대 초반의 나이지만 수비 시 노련한 판단력이 돋보인다. 184cm로 센터백 치고는 큰 키가 아니다. 엄청난 탄력을 바탕으로 한 점프력을 갖췄다. 지난 시즌 4라운드에 첫 골을 뽑아냈다. 시장 가치는 2000만 유로, 추정 연봉은 364만 유로.

슈팅-득점	2024-25 레알 바야돌리드+오사수나				위치
13-2					CB
1-0	36-1	3258	0	42.4-37.2 88%	
● 14-2 LG-0					
● 0-0 RG-2	DR	TK	IC		
● 0-0 HG-0	0.5-0.3	2.2-2.0	1.2	5-0 ★	

OP	SH	SG	PC	P%	LC	BT	DC	TK	DT%	BL	IC	CL	A%
상위	상위	상위	상위	상위	상위	상위	상위	상위	상위	하위	상위	상위	하위
49%	34%	27%	18%	45%	34%	20%	28%	13%	6%	29%	30%	28%	6%

139위 Adam MASINA — 6.86
아담 마시나 1994.01.02 / 189cm / MAR

3-4-3의 포메이션으로 운영할 때, 왼쪽 스토퍼로 출전한다. 왼발을 잘 사용하며 발 기술이 좋다. 무브먼트만으로도 상대의 압박에서 벗어난다. 제공권에서 장점을 보인다. 위치를 먼저 선점해 효율적인 수비를 펼친다. 이탈리아 볼로냐 출신. 우디네세를 거쳐 2024년 토리노로 합류했다. 이탈리아 U-21 출신이지만, 국가 대표팀은 모로코를 선택했다. 시장 가치는 150만 유로, 추정 연봉은 128만 유로.

슈팅-득점	2024-25 토리노					위치
5-1 / 3-0	20-8	1920	2	44.1-37.5	85%	CB
● 8-1 LG-0	DR 0.4-0.2	TK 1.9-1.3	IC 1.1	5-0	★ 1	
● 0-0 RG-0						
● 0-0 HG-0						

OP	SH	SG	PC	P%	LC	BT	DC	TK	DT%	BL	IC	CL	A%
상위 11%	하위 31%	하위 31%	상위 44%	하위 25%	상위 27%	상위 37%	상위 27%	상위 41%	하위 20%	상위 40%	하위 28%	상위 41%	하위 3%

140위 Daniele GHILARDI — 6.86
다니엘레 길라르디 2003.01.06 / 189cm / ITA

이탈리아의 연령별 대표팀을 두루 거쳤다. 2023년 FIFA U-20 월드컵에서는 준우승을 기록. 베로나가 애지중지하는 센터백. 2번의 임대 후 지난 시즌부터 주전으로 출전한다. 시즌 초반은 교체 지원으로 있었으나, 그 뒤부터 출전 시간을 늘려갔다. 공중볼 경합 성공률 60%를 기록했다. 승부 근성이 강하고 볼을 향한 태클이 좋다. 하지만 경고가 잦다. 시장 가치는 500만 유로, 추정 연봉은 46만 유로.

슈팅-득점	2024-25 베로나					위치
11-0 / 1-0	21-3	2031	0	32.0-25.9	81%	CB
● 12-0 LG-0	DR 0.4-0.2	TK 2.5-1.8	IC 1.3	7-1	★ 1	
● 0-0 RG-0						
● 0-0 HG-0						

OP	SH	SG	PC	P%	LC	BT	DC	TK	DT%	BL	IC	CL	A%
하위 11%	상위 41%	상위 28%	하위 2%	상위 4%	하위 23%	상위 17%	상위 35%	상위 43%	상위 17%	상위 25%	상위 48%	하위 14%	

141위 Chris RICHARDS — 6.85
크리스 리차즈 2000.03.28 / 188cm / USA

바이에른의 아카데미를 거쳐 2022년 크리스탈 팰리스로 이적했다. 미국 청소년 대표팀 소속으로 북중미 U-20 챔피언쉽도 참가했었다. 신체 조건이 월등하다. 몸을 사리지 않는 태클이 트레이드 마크. 지난 시즌 리그에서 68.6%의 태클 성공률을 기록했다. 역사적인 FA컵 결승전에서 풀타임 활약했다. 부친은 고향 미국에서 대학 농구 선수로 활약했다. 시장 가치는 1400만 유로, 추정 연봉은 332만 유로.

슈팅-득점	2024-25 크리스탈 팰리스					위치
11-1 / 1-0	22-2	1925	0	35.1-28.4	81%	CB
● 12-1 LG-0	DR 0.3-0.0	TK 2.7-2.0	IC 0.8	2-1	★ 0	
● 0-0 RG-0						
● 0-0 HG-0						

OP	SH	SG	PC	P%	LC	BT	DC	TK	DT%	BL	IC	CL	A%
하위 40%	상위 39%	하위 8%	하위 6%	하위 7%	상위 10%	하위 12%	상위 9%	상위 24%	하위 5%	하위 27%	상위 25%	하위 25%	

142위 Danilho DOEKHI — 6.85
다닐로 두키 1998.06.30 / 190cm / NED

수리남계 네덜란드의 CB. 네덜란드 연령별 대표팀에서 성장했다. 매년 소집되었고 꾸준히 경기에도 출전했다. 비테세에서 활약 후 2022년 분데스리가로 합류했다. 베를린으로 입단한 후 3시즌을 주전으로 활약했다. 힘과 속도, 높이를 겸비했다. 상대 공격수와의 일대일 상황에서 밀리지 않고, 끝까지 막아낸다. 상황에 따라서는 클리어링과 태클을 피하지 않는다. 시장 가치는 1300만 유로, 추정 연봉은 60만 유로.

슈팅-득점	2024-25 우니온 베를린					위치
29-1 / 0-0	34-0	3060	0	35.6-28.1	79%	CB
● 29-1 LG-0	DR 0.1-0.1	TK 1.4-1.1	IC 1.3	4-0	★ 1	
● 0-0 RG-0						
● 0-0 HG-1						

OP	SH	SG	PC	P%	LC	BT	DC	TK	DT%	BL	IC	CL	A%
상위 50%	상위 4%	상위 50%	하위 3%	상위 3%	하위 7%	하위 22%	상위 19%	하위 17%	상위 25%	상위 27%	상위 44%	하위 33%	

143위 Rúben DIAS — 6.85
후벵 디아스 1997.05.14 / 187cm / POR

당대 세계 최고의 CB. 수비수가 갖춰야 할 모든 능력을 가졌다. 후방 빌드업에서도 안정적인 운영을 한다. 직접 중앙으로 치고 들어가 볼 운반을 담당한다. 때로는 박스 밖에서 과감한 슈팅도 시도한다. 지난 시즌은 종아리와 골반쪽 부상으로 27경기에만 출전했다. 경기 감각이 떨어졌고, 평소 안 나오던 실수까지 나왔다. 네이션스 리그 우승도 차지했다. 시장 가치는 6500만 유로, 추정 연봉은 1086만 유로.

슈팅-득점	2024-25 맨체스터 시티					위치
10-0 / 11-0	25-2	2269	0	85.5-80.4	94%	CB
● 21-0 LG-0	DR 0.1-0.1	TK 0.9-0.6	IC 1.7	4-0	★ 0	
● 0-0 RG-0						
● 0-0 HG-0						

OP	SH	SG	PC	P%	LC	BT	DC	TK	DT%	BL	IC	CL	A%
하위 11%	상위 20%	하위 14%	상위 2%	상위 5%	상위 31%	상위 2%	하위 17%	하위 9%	상위 36%	하위 14%	하위 26%	상위 3%	하위 30%

유럽 5대리그 포지션별 랭킹 ⑥

골키퍼

골키퍼는 웬만큼 큰 실수를 하지 않는 한 절대 바뀌지 않는다. 그래서 각 팀 주전 골키퍼들은 풀타임 선발로 한시즌 거의 전 경기에 출전한다. 2024-25시즌 유럽 5대리그 골키퍼 중 최고의 퍼포먼스를 선보인 선수는 프랑스 리그1 스트라스부르의 조르제 페트로비치다. 세이브, 선방 비율, 볼 터치, 패스 등 여러 항목에서 최상위권을 마크했다. 2위는 브렌트포드와 네덜란드 대표팀에서 선방을 펼친 마크 플레켄이다. 그 역시 골키퍼 기술 평가 중 여러 항목에서 상위권 혹은 최상위권을 마크했다. 이어 벤자맹 르콩트(몽펠리에), 도노반 레온(오세르), 바니아 밀렌코비치-사비치(토리노), 마르친 부카(니스), 예브한 디우프(스타드 렝), 마르코 카르네세키(아탈란타) 등이 10위 안에 포진했다. 이들은 축구 매니아라면 다 아는 선수들이다. 그러나 우리가 흔히 알던 '빅네임'은 아니다. 그 이유는 빅클럽의 유명 골키퍼의 경우 평점 시스템에서 상대적으로 불이익을 받는다. 수비 기회 자체가 매우 적기 때문이다. 스카우팅리포트에서는 향후 이런 점에 대해 보완을 해서 새로운 평점 시스템을 만들 것이다.

○ 유럽 5대리그 골키퍼 항목별 랭킹(90분 기준 기록, 100분율)

T	상대유효슛 시도-실점
RC	상대유효효슛 시도-선방
D	상대 PK 시도-방어
⏱	GK 던지기 방어 성공
⏱	컷아웃 골킥 비거리 평균(m)
⏱	출전횟수 시도-교체
⏱	출전시간 분(MIN)
S%	GK 선방률
CS	GK 클린시트
SP	세이브 밀리치내기 시도-성공
P%	평균 패스 시도-성공
LB	평균 롱볼 시도-성공
★	페어플레이 경고-퇴장
MOM	MOM
GA	최소 실점
SV	GK 선방수
S%	GK 선방률
CS	GK 클린시트
C%	클린시트 비율
BT	볼터치
KA	골킥 시도
KD	골킥 평균 비거리
LC	롱볼 성공
L%	롱볼 성공률
PA	패스 시도
R%	크로스 차단율
RO	런아웃 시도
DA	활동 범위

01위 Đorđe PETROVIĆ — 7.33
조르제 페트로비치 1999.10.08 / 194cm / SRB

페널티킥 선방 능력이 빼어나며, 장거리 슈팅 방어가 강점이다. 동물적 반사 신경이 특징. 196cm의 큰 신장을 활용한 공중볼 처리 능력도 갖췄으며, 섬세한 발 기술을 앞세운 빌드업 플레이를 선보인다. 패스 시도 대비 패스 성공률 지표로는 세계 최강급이다. 세르비아 출신으로, 2023년 잉글랜드 진출 후엔 수비진과의 연계 능력도 향상되고 있다. 시장 가치는 2000만 유로, 추정 연봉은 154만 유로.

세이브-실점: 86-36 / 25-2
- 149-38 T-127
- 149-111 RC-16
- 8-1 D-42

2024-25 스트라스부르: 31-0 / 2790 / 74% / 10 / 25
P 45.8-36.2 / P% 79% / LB 14.3-5.3 / 2-0 / ★4

레벨: 클럽팀 선발 / 대표팀 선발

GA	SV	S%	CS	C%	BT	KA	KD	LC	L%	PA	R%	RO	DA
상위	상위	상위	상위	상위	상위	하위	하위	하위	상위	상위	상위	상위	상위
32%	14%	2%	24%	24%	1%	12%	43%	37%	32%	1%	18%	18%	25%

02위 Mark FLEKKEN — 7.27
마크 플레켄 1993.06.13 / 195cm / NED

네덜란드 국가대표. 2025년부터는 브렌트포드를 떠나 독일서 뛰었다. 팀 전체를 진두지휘하는 리더 유형이다. 경기 내내 큰 목소리로 수비수들을 지휘한다. 리그 상위권에 해당하는 롱패스와 볼 배급 능력을 자랑한다. 크로스 방어 능력과 함께 점프력도 좋아 세트피스 상황에서도 안정감이 있다. 어느 방향으로든 공이 날아들든 그의 손 앞에서는 힘을 잃는다. 시장 가치는 1000만 유로, 추정 연봉은 184만 유로.

세이브-실점: 104-50 / 46-5
- 208-55 T-122
- 208-153 RC-15
- 1-0 D-50

2024-25 브렌트포드 시티: 37-0 / 3276 / 74% / 7 / 27
P 42.9-30.9 / P% 72% / LB 20.7-9.1 / 1-0 / ★2

레벨: 클럽팀 선발 / 대표팀 선발

GA	SV	S%	CS	C%	BT	KA	KD	LC	L%	PA	R%	RO	DA
하위	상위	상위	상위	상위	상위	상위	상위	상위	상위	상위	상위	상위	하위
29%	1%	35%	8%	25%	4%	39%	8%	6%	30%	4%	22%	38%	12%

03위 Benjamin LECOMTE — 7.25
벤자맹 르콩트 1991.04.26 / 186cm / FRA

지난 시즌 몽펠리에의 주전으로 리그앙 30경기에 출전했다. 팀 성적 부진으로 클린시트는 단 1회에 그쳤다. 장거리, 단거리 가리지 않고 볼 배급이 가능하다. 캐칭보다는 몸을 내던지는 다이내믹한 선방이 특징이다. 아틀레티코 마드리드와 에스파뇰에서 보낸 2년을 제외하면 프랑스에서 주로 활동했다. 베테랑 골키퍼 특유의 안정감과 수비 지휘력이 강점이다. 시장 가치는 150만 유로, 추정 연봉은 182만 유로.

세이브-실점: 71-57 / 37-11
- 176-68 T-115
- 176-108 RC-9
- 7-1 D-39

2024-25 몽펠리에HSC: 30-0 / 2700 / 62% / — / 1
P 30.3-19.4 / P% 64% / LB 19.1-8.2 / 0-0 / ★1

레벨: 클럽팀 선발

GA	SV	S%	CS	C%	BT	KA	KD	LC	L%	PA	R%	RO	DA
하위	상위	상위	하위	상위	상위	상위	상위	상위	상위	상위	상위	상위	상위
2%	13%	14%	1%	9%	1%	27%	5%	17%	17%	39%	23%	32%	43%

04위 Donovan LÉON — 7.20
도노반 레온 1992.11.03 / 187cm / FRA

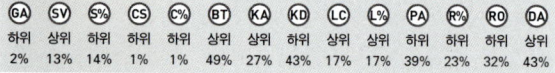

장신은 아니지만 타고난 피지컬을 십분 활용한다. 몸싸움과 점프력이 뛰어나고, 롱볼 정확도가 특히 높다. 리그 상위 5위 내에 드는 세이브 능력도 갖췄다. 수비 배후 공간을 장악하며 골문을 지키는 스타일. 세밀한 단거리 패스 성공률은 다소 떨어져 보완이 필요하다. 프랑스 기아나 출신이며 5년간 팀의 승격과 강등을 여러 차례 함께 경험했다. 시장 가치는 100만 유로, 추정 연봉은 45만 유로.

세이브-실점: 87-45 / 32-3
- 167-48 T-173
- 167-119 RC-29
- 6-1 D-51

2024-25 오세르: 32-0 / 2880 / 72% / 9 / 28
P 30.4-15.8 / P% 52% / LB 22.3-7.8 / 4-0 / ★2

레벨: 클럽팀 선발

GA	SV	S%	CS	C%	BT	KA	KD	LC	L%	PA	R%	RO	DA
하위	상위	상위	상위	상위	상위	상위	상위	상위	상위	상위	상위	상위	상위
30%	10%	28%	41%	43%	35%	4%	35%	45%	32%	36%	34%		

05위 Vanja MILINKOVIC-SAVIC — 7.17
바니야 밀린코비치-사비치 1997.02.20 / 202cm / SRB

직전 시즌 세리에 A 전 경기를 선발로 출전했다. 특유의 안정적인 퍼포먼스가 특징이다. 높은 위치로 날아드는 슈팅이나 크로스도 척척 막아낸다. 경기당 실점은 1골 초반대. 2m 넘는 큰 키가 돋보이는 세르비아인다. 2021년 세르비아 대표팀서 A매치 데뷔전을 치렀고, 2022년 월드컵에 나섰다. 2025년 5월 맨체스터 유나이티드의 관심을 받기도 했다. 시장 가치는 1600만 유로, 추정 연봉은 130만 유로.

세이브-실점: 89-35 / 44-7
- 176-42 T-191
- 176-133 RC-19
- 7-4 D-47

2024-25 토리노: 37-0 / 3330 / 76% / 10 / 27
P 38.6-24.7 / P% 64% / LB 21.4-7.5 / 3-0 / ★5

레벨: 클럽팀 선발

GA	SV	S%	CS	C%	BT	KA	KD	LC	L%	PA	R%	RO	DA
상위	상위	상위	상위	상위	상위	상위	상위	하위	하위	상위	상위	하위	하위
25%	15%	7%	46%	47%	4%	13%	21%	18%	28%	5%	43%	33%	46%

06위 Marcin BUŁKA — 7.15
마르친 부카 1999.10.04 / 199cm / POL

최상위권 수준의 패싱력을 바탕으로 수비라인을 강하게 컨트롤 한다. 섬세한 발밑을 자랑하는 동시에 양손을 자유자재로 사용하는 편이다. 박스 안쪽에서 빠른 움직임을 보이거나, 펀칭으로 볼을 멀리, 정확히 쳐낸다. 전체적인 공중 볼 처리 능력은 리그 상위권에 속한다. 빅매치에 강한 스타일로 유명하며, 단단한 멘탈리티가 특징이다. 시장 가치는 2000만 유로, 추정 연봉은 36만 유로.

세이브-실점: 79-35 / 42-6
- 162-41 T-173
- 162-121 RC-10
- 3-1 D-29

2024-25 니스: 34-0 / 3060 / 75% / 8 / 29
P 27.6-21.5 / P% 78% / LB 10.0-4.5 / 0-0 / ★2

레벨: 클럽팀 선발 / 대표팀 선발/ 백업

GA	SV	S%	CS	C%	BT	KA	KD	LC	L%	PA	R%	RO	DA
하위	상위	상위	상위	상위	상위	하위	상위	상위	상위	상위	상위	상위	상위
46%	12%	30%	28%	37%	6%	43%	10%	38%	16%	32%	50%		

유럽 5대리그 골키퍼 항목별 랭킹 (90분 기준 기록, 100분율)

07위 Yehvann DIOUF — 7.15
예브한 디우프
1999.11.16 / 188cm / FRA

경기당 세이브가 약 4회에 달한다. 이는 다른 골키퍼와 비교해 많은 편이다. 경고를 거의 받지 않는 침착한 플레이로 신임을 얻고 있다. 골 기대값 대비 실제 실점이 -15를 넘었다. 이는 리그 전체 골키퍼 중 최상위 퍼포먼스다. 숏패스는 정확하나, 장거리 패스는 정확도가 낮다. 프랑스 연령별 대표 출신으로, 2025년 세네갈 성인 국가대표를 택한 뒤 데뷔전을 치렀다. 시장 가치는 1200만 유로, 추정 연봉은 60만 유로.

세이브-실점: 91-42 / 41-5
2024-25 스타드 렝: 34-0, 3060, 74%, 7, 21
179-47 / T-153
179-132 / RC-17
5-1 / D-41
P 30.9-20.4 P% 66% LB 15.9-5.9 1-0 ★1
레벨: 클럽팀 선발

GA 하위 44% | SV 상위 6% | S% 상위 12% | CS 하위 29% | C% 하위 29% | BT 상위 39% | KA 상위 24% | KD 상위 46% | LC 상위 44% | L% 하위 30% | PA 상위 44% | R% 상위 37% | RO 상위 34% | DA 상위 34%

08위 Péter GULÁCSI — 7.12
페테르 굴라치
1990.05.06 / 193cm / HUN

2024-2025시즌 클린 시트가 리그 최고 수준이었고, 패스 성공률도 87%에 가까웠다. 슈퍼 세이브보단 매번 공격마다 적절한 수비를 펼친다. 10년 넘게 헝가리 국가대표로 활약 중이며, RB 라이프치히의 넘버원이다. 리버풀 유스 출신으로 어린 시절부터 잠재력이 높았다. 34세라는 적지 않은 나이는 아쉽다. 페널티킥 선방 능력은 보완해야 할 부분이다. 시장 가치는 200만 유로, 추정 연봉은 560만 유로.

세이브-실점: 78-33 / 20-6
2024-25 RB 라이프치히: 30-0, 2633, 72%, 14, 25
137-39 / T-140
137-98 / RC-12
3-1 / D-31
P 26.0-20.3 P% 79% LB 8.6-3.8 0-0 ★2
레벨: 클럽팀 선발 / 대표팀 선발

GA 하위 32% | SV 상위 18% | S% 상위 48% | CS 하위 8% | C% 하위 8% | BT 하위 33% | KA 상위 16% | KD 상위 6% | LC 상위 8% | L% 상위 44% | PA 상위 22% | R% 상위 44% | RO 상위 39% | DA 하위 46%

09위 Marco CARNESECCHI — 7.12
마르코 카르네세키
2000.07.01 / 191cm / ITA

2000년생 젊은 선수로 다수 하부 리그 임대를 통해 경험을 쌓은 뒤 세리에 A 무대를 밟았다. 이탈리아 연령별 대표팀을 두루 거쳤다. 3경기에 한 번 꼴로 클린시트를 작성할 만큼 수비에 없어선 안 될 존재다. 큰 무대에서도 준수한 안정감을 보이며, 팀의 역습에 최적화한 정확한 장거리 패스와 빌드업이 강점이다. 미리 위치를 잡고 수비를 펼치는 스타일이다. 시장 가치는 2500만 유로, 추정 연봉은 19만 유로.

세이브-실점: 61-30 / 36-4
2024-25 아탈란타: 34-0, 3060, 70%, 13, 24
131-34 / T-177
131-97 / RC-20
2-0 / D-44
P 26.9-18.8 P% 70% LB 12.9-4.9 1-0 ★4
레벨: 클럽팀 선발

GA 상위 10% | SV 하위 32% | S% 상위 33% | CS 상위 6% | C% 하위 7% | BT 상위 19% | KA 상위 38% | KD 하위 28% | LC 하위 35% | L% 상위 36% | PA 상위 19% | R% 상위 14% | RO 상위 25% | DA 상위 28%

10위 Yahia FOFANA — 7.10
야히아 포파나
2000.08.21 / 194cm / CIV

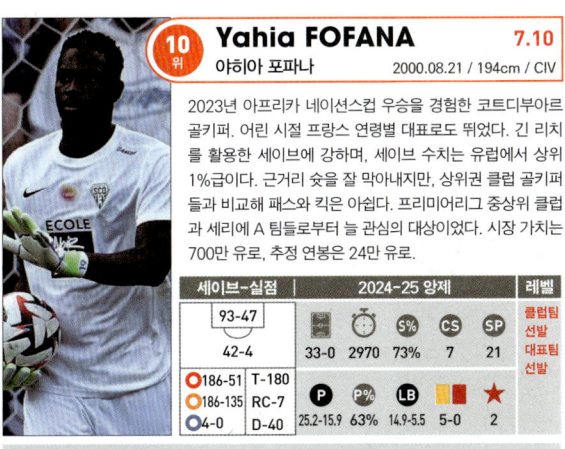

2023년 아프리카 네이션스컵 우승을 경험한 코트디부아르 골키퍼. 어린 시절 프랑스 연령별 대표로도 뛰었다. 긴 리치를 활용한 세이브에 강하며, 세이브 수치는 유럽에서 상위 1%급이다. 근거리 슛을 잘 막아내지만, 상위권 클럽 골키퍼들과 비교해 세리에 A 팀들로부터 늘 관심의 대상이었다. 프리미어리그 중상위 클럽과 세리에 A 팀들로부터 늘 관심의 대상이었다. 시장 가치는 700만 유로, 추정 연봉은 24만 유로.

세이브-실점: 93-47 / 42-4
2024-25 앙제: 33-0, 2970, 73%, 7, 21
186-51 / T-180
186-135 / RC-7
4-0 / D-40
P 25.2-15.9 P% 63% LB 14.9-5.5 5-0 ★2
레벨: 클럽팀 선발 / 대표팀 선발

GA 하위 25% | SV 상위 1% | S% 상위 24% | CS 상위 32% | C% 상위 31% | BT 상위 17% | KA 상위 37% | KD 상위 50% | LC 상위 50% | L% 상위 10% | PA 상위 6% | R% 상위 10% | RO 상위 10% | DA 하위 4%

11위 Robin ZENTNER — 7.10
로빈 첸트너
1994.10.28 / 194cm / GER

2024년 12월 마인츠와의 계약을 2028년까지 연장, 사실상 종신 계약을 맺었다. 안정적으로 골문 앞을 지키는 유형이다. 뚜렷한 단점을 찾기 어려운 선수로, 빠른 반사 신경을 뽐낸다. 또 수비수들과의 원활한 커뮤니케이션으로 라인을 조정한다. 골문 근처를 든든히 지키는 편이나, 필요할 때면 골문을 비우고 나가는 적극적 성향도 존재한다. 시장 가치는 400만 유로, 추정 연봉은 180만 유로.

세이브-실점: 68-36 / 33-5
2024-25 마인츠 05: 32-0, 2880, 71%, 9, 36
142-41 / T-132
142-101 / RC-29
5-1 / D-47
P 32.2-19.0 P% 59% LB 20.0-6.6 3-0 ★1
레벨: 클럽팀 선발

GA 상위 43% | SV 상위 29% | S% 상위 26% | CS 상위 41% | C% 상위 43% | BT 상위 29% | KA 상위 44% | KD 하위 15% | LC 상위 26% | L% 상위 46% | PA 상위 16% | R% 상위 19% | RO 상위 10% | DA 상위 48%

12위 Finn DAHMEN — 7.08
핀 다멘
1998.03.27 / 186cm / GER

23세인 4년 전 뒤늦은 1군 데뷔전을 치렀다. 433분 연속 무실점으로 아우크스부르크 역대 최장 무실점 기록을 세웠다. 최상위권 세이브 능력을 자랑한다. 특히나 중거리 선방 능력이 탁월하고, 슈퍼세이브도 종종 선보인다. 페널티 박스에선 거의 실점이 없다. 짧은 패스를 통해 빌드업에 가담한다. 다만 크지 않은 신장 탓에 공중볼에 취약한 편이다. 시장 가치는 900만 유로, 추정 연봉은 123만 유로.

세이브-실점: 44-18 / 21-1
2024-25 아우크스부르크: 19-0, 1710, 77%, 9, 10
84-19 / T-51
84-65 / RC-8
2-0 / D-48
P 37.2-25.3 P% 68% LB 20.7-8.5 0-0 ★
레벨: 클럽팀 선발/백업

GA 상위 10% | SV 상위 16% | S% 상위 3% | CS 상위 3% | C% 상위 17% | BT 상위 30% | KA 상위 13% | KD 상위 7% | LC 상위 3% | L% 상위 3% | PA 상위 21% | R% 상위 3% | RO 상위 27% | DA 상위 31%

○ 유럽 5대리그 골키퍼 항목별 랭킹 (90분 기준 기록, 100분율)

13위 Mile SVILAR — 7.08
밀르 스빌라르 1999.08.27 / 189cm / SRB

좁은 공간 반응이 재빠른 스타일. 벨기에 무대에서 데뷔해 포르투갈을 거쳐 이탈리아에 정착했다. 이적 후 금세 '로마의 벽'으로 자리했다. 2024-2025시즌 리그 최다인 16회 클린시트를 기록했을 만큼 안정감이 특징이다. 특유의 위치 선정 능력 덕에 실수가 적다. 챔피언스리그 등 큰 경기 경험이 풍부해 향후 성장 가능성이 매우 높다. 시장 가치는 2500만 유로, 추정 연봉은 128만 유로.

세이브-실점	2024-25 AS로마					레벨
67-32 50-3	38-0	3420	77%	16	32	클럽팀 선발
○152-35 T-170	P	P%	LB		★	
○152-117 RC-11	33.8-25.7	76%	12.7-4.7	1-0	4	
○4-0 D-41						

GA	SV	S%	CS	C%	BT	KA	KD	LC	L%	PA	R%	RO	DA
상위	상위	상위	상위	상위	상위	상위	상위	하위	하위	상위	상위	상위	상위
8%	47%	6%	11%	14%	29%	43%	46%	31%	29%	25%	39%	35%	36%

14위 Jordan PICKFORD — 7.08
조던 픽포드 1994.03.07 / 185cm / ENG

2024-2025시즌 전 경기 출장을 기록했고, 키 패스 성공률이 높다. 1대1 상황에서 영리한 대응을 보인다. 특히 페널티킥 상황에서 심리전에 능하고, 자신감 넘치는 수비 리딩과 플레이로 팀을 진두지휘한다. 신장이 작은 편은 단점으로 꼽히지만, 리그 정상급 반응 속도로 불리함을 상쇄한다. 단단한 멘탈도 강점 중 하나다. 잉글랜드 국가대표 골키퍼로 주목받는다. 시장 가치는 1800만 유로, 추정 연봉은 650만 유로.

세이브-실점	2024-25 에버튼 FC					레벨
79-39 40-5	38-0	3420	73%	12	30	클럽팀 선발 대표팀 선발
○163-44 T-161	P	P%	LB		★	
○163-119 RC-34	37.5-23.6	63%	6.6-3.8	7-0	4	
○2-2 D-44						

GA	SV	S%	CS	C%	BT	KA	KD	LC	L%	PA	R%	RO	DA
상위	상위	상위	상위	상위	상위	상위	상위	하위	상위	상위	상위	상위	상위
27%	31%	33%	25%	7%	36%	29%	4%	33%	13%	42%	19%	25%	

15위 Frederik RØNNOW — 7.08
프레데릭 뢰노 1992.08.04 / 188cm / DEN

덴마크 국가대표 출신 골키퍼로, 집중력 높은 플레이를 펼친다. 두드러지는 장단점이 없이 무난하게 경기를 운영한다. 안정감 있는 세이브를 자주 선보인다. 지난 시즌 페널티킥 방어율이 80%에 달했다. 반면 빌드업으로 풀어가는 전술엔 약한 편. 패스 성공률도 평균 수준이라 보완이 필요하다. 시즌 도중 팔꿈치 부상으로 1개월가량 쉬었지만 이내 복귀했다. 시장 가치는 300만 유로, 추정 연봉은 120만 유로.

세이브-실점	2024-25 우니온 베를린					레벨
51-33 22-3	28-0	2520	67%	8	12	클럽팀 선발 대표팀 백업
○110-36 T-135	P	P%	LB		★	
○110-74 RC-20	27.7-17.7	64%	16.1-6.1	2-0	4	
○5-4 D-49						

GA	SV	S%	CS	C%	BT	KA	KD	LC	L%	PA	R%	RO	DA
상위	하위	하위	상위	상위	상위	상위	상위	상위	상위	상위	상위	상위	하위
48%	27%	35%	37%	39%	29%	40%	14%	46%	26%	20%	32%	6%	42%

16위 Lucas PERRI — 7.06
루카스 페리 1997.12.10 / 197cm / BRA

근거리 선방에 유독 강하다. 좁은 각도, 5m 이내 슈팅에 빠르게 대응한다. 리그 1에서 최다 세이브와 최고 세이브 성공률을 기록했다. 장신 골키퍼로 전형적으로 골문 주변을 사수하는 스타일이다. 수비진과 패스를 주고받으며 경기를 풀어나간다. 갑작스럽게 튀어오르는 볼도 곧잘 잡아내 실점 위기를 모면한다. 빌드업 능력은 개선해야 할 요소다. 시장 가치는 1000만 유로, 추정 연봉은 90만 유로.

세이브-실점	2024-25 올랭피크 리옹					레벨
68-40 48-4	33-0	2970	73%	10	25	클럽팀 선발
○160-44 T-183	P	P%	LB		★	
○160-116 RC-10	25.9-19.2	74%	10.6-3.8	1-0	2	
○3-0 D-34						

GA	SV	S%	CS	C%	BT	KA	KD	LC	L%	PA	R%	RO	DA
상위	상위	상위	상위	상위	상위	상위	하위	상위	상위	상위	상위	하위	하위
46%	17%	22%	30%	32%	28%	35%	19%	62%	24%	37%	36%	22%	27%

17위 Nicola LEALI — 7.06
니콜라 레알리 1993.02.17 / 195cm / ITA

이탈리아의 저니맨. 2010년 브레시아를 시작으로 거의 매년 이적해 유럽 전역 11개 팀을 거쳤다. 2023년부터 제노아에서 활약했다. 골문 주변에 머무르는 안정 지향형 골키퍼로, 좀처럼 페널티 에어리어를 비우고 나가는 일이 없다. 크로스나 세트피스 상황에서 강점을 보여준다. 롱볼 위주로 경기를 풀어가기에 볼을 다루는 기술은 평균 수준이다. 시장 가치는 150만 유로, 추정 연봉은 46만 유로.

세이브-실점	2024-25 제노아 CFC					레벨
51-26 32-5	29-0	2610	74%	16	27	클럽팀 선발
○117-31 T-112	P	P%	LB		★	
○117-86 RC-9	28.5-19.4	68%	14.9-6.1	1-0	1	
○4-1 D-37						

GA	SV	S%	CS	C%	BT	KA	KD	LC	L%	PA	R%	RO	DA
상위	하위	상위	상위	상위	상위	상위	상위	상위	상위	상위	상위	하위	하위
17%	48%	21%	19%	19%	4%	11%	38%	30%	23%	5%	32%	7%	10%

18위 Alisson BECKER — 7.05
알리송 베커 1992.10.02 / 193cm / BRA

2018년부터 리버풀 골문을 지키고 있다. 지난 시즌엔 어마어마한 세이브 능력으로 팀의 리그 우승을 이끌었다. 카드를 거의 받지 않을 정도로 침착하고 강인한 멘탈이 특징이다. 패스 정확도도 평균 80%를 상회해 까다로운 전술도 곧잘 소화해낸다. 골키보다는 빌드업으로 직접 공격의 출발점이 된다. 단점이 적어 가히 육각형 골키퍼로 불릴 만하다. 시장 가치는 2000만 유로, 추정 연봉은 780만 유로.

세이브-실점	2024-25 리버풀 FC					레벨
47-25 26-4	28-0	2509	73%	9	9	클럽팀 선발 대표팀 선발
○107-29 T-128	P	P%	LB		★	
○107-78 RC-25	30.0-24.1	81%	8.6-3.1	0-0	0	
○1-0 D-30						

GA	SV	S%	CS	C%	BT	KA	KD	LC	L%	PA	R%	RO	DA
상위	상위	상위	상위	상위	상위	하위	상위	상위	상위	상위	상위	상위	상위
5%	50%	17%	20%	17%	45%	4%	15%	18%	49%	27%	18%	15%	20%

○ 유럽 5대리그 골키퍼 항목별 랭킹(90분 기준 기록, 100분율)

19위 David DE GEA — 7.04
다비드 데헤아 1990.11.07 / 182cm / ESP

맨체스터 유나이티드의 상징으로 자리한 선수다. 세계 최고 자리까지 올랐고, 지난 시즌엔 피오렌티나에서 베테랑으로 활약했다. 20대 시절보다 완성된 모습을 보여준다는 평을 듣는다. 말 그대로 동물적 반사신경이 특장점이다. 이 때문에 페널티킥 선방도 자주 선보이는 편. 패스 성공률이 높지만 최근엔 골문을 지키면서 근거리 선방에 힘을 쏟는다. 시장 가치는 500만 유로, 추정 연봉은 407만 유로.

세이브-실점		2024-25 피오렌티나					레벨
56-34							클럽팀 선발
42-4		35-0	3150	72%	11	20	
136-38	T-128	P	P%	LB		★	
136-98	RC-11						
3-2	D-43	28.6-20.0	70%	16.3-7.8	1-0	2	

GA	SV	S%	CS	C%	BT	KA	KD	LC	L%	PA	R%	RO	DA
상위	하위	상위	상위	상위	하위	상위	하위	상위	하위	상위	하위	하위	상위
19%	42%	36%	26%	31%	20%	44%	14%	4%	5%	21%	3%	23%	38%

20위 Nick POPE — 7.04
닉 포프 1992.04.19 / 191cm / ENG

스위퍼형 골키퍼. 높은 위치에 수비 라인을 형성하는 팀 전술에 꼭 맞는 스타일이다. 적극적으로 골문 밖 움직임을 선보이고, 유연한 몸놀림으로 선방을 기록한다. 간혹 실수가 나오기는 하나 상위권 클럽 골키퍼로 손색없다는 평이다. 잉글랜드 차세대 골키퍼로 주목받는 선수. 지난 시즌 뉴캐슬 유나이티드 소속으로 팀의 유럽 무대 진출에 일조했다. 시장 가치는 800만 유로, 추정 연봉은 312만 유로.

세이브-실점		2024-25 뉴캐슬 유나이티드					레벨
56-32							클럽팀 선발
31-3		28-0	2520	72%	8	19	대표팀 백업
123-35	T-192	P	P%	LB		★	
123-88	RC-31						
2-1	D-40	21.4-13.9	65%	10.4-2.9	2-0	1	

GA	SV	S%	CS	C%	BT	KA	KD	LC	L%	PA	R%	RO	DA
상위	상위	상위	상위	상위	하위	상위	상위	상위	하위	상위	하위	상위	하위
36%	32%	45%	37%	39%	9%	22%	50%	9%	11%	9%	6%	4%	15%

21위 Thibaut COURTOIS — 7.04
티보 쿠르투아 1992.05.11 / 200cm / BEL

긴 팔다리를 활용한 선방이 돋보이는 월드 클래스 수문장. 7년 넘게 레알 마드리드 주전 골키퍼로 활약 중이다. 벨기에 국가대표로는 A매치를 100경기 넘게 소화했다. 뛰어난 발 기술, 높은 패스 정확도를 보인다. 다만 팀 특성상 골문을 비운 채 수비하는 상황은 많지 않다. 거의 두 경기에 한 번은 클린시트를 작성한다. 최근 부상이 잦아진 점은 다소 아쉽다. 시장 가치는 2000만 유로, 추정 연봉은 1500만 유로.

세이브-실점		2024-25 레알 마드리드					레벨
48-28							클럽팀 선발
28-1		30-0	2700	73%	11	19	대표팀 선발/백업
106-29	T-173	P		LB		★	
106-77	RC-6						
3-0	D-36	28.5-22.8	80%	8.2-2.8	1-0	1	

GA	SV	S%	CS	C%	BT	KA	KD	LC	L%	PA	R%	RO	DA
상위	상위	하위	상위	상위	하위	하위	상위	상위	하위	상위	상위	하위	하위
23%	38%	13%	37%	39%	43%	32%	20%	5%	5%	49%	36%	2%	2%

22위 Matz SELS — 7.04
마츠 셀스 1992.02.26 / 188cm / BEL

리그 전 경기를 소화하며 리그 최다 13회 클린시트를 기록해 성공적 시즌을 보냈다. 평균 이상의 유효 슈팅 방어 능력을 선보인다. 강력한 펀칭으로 상대 슈팅이나 긴 크로스를 차단한다. 캐칭 시에도 쉽게 균형을 잃지 않는 것이 강점. 감독이 칭찬할 만한 리더십도 갖췄다. 단, 패싱력과 볼터치 기술은 좋지 않아 활용이 제한적이다. 시장 가치는 700만 유로, 추정 연봉은 182만 유로.

세이브-실점		2024-25 노팅엄 포리스트					레벨
91-40							클럽팀 선발
28-6		38-0	3420	72%	13	35	대표팀 선발/백업
166-46	T-83	P		LB		★	
166-120	RC-8						
3-0	D-49	23.7-11.6	49%	19.2-6.9	4-0	1	

GA	SV	S%	CS	C%	BT	KA	KD	LC	L%	PA	R%	RO	DA
상위	상위	상위	상위	상위	하위	상위	상위	상위	상위	상위	상위	상위	하위
30%	27%	26%	20%	20%	1%	17%	10%	13%	47%	1%	3%	1%	1%

23위 Noah ATUBOLU — 7.04
노아 아투볼루 2002.05.25 / 190cm / GER

스위퍼형 골키퍼. 패스를 과감하게 시도하고, 두려움이 없다. 크로스 차단도 잘 한다. 잠재력이 큰 선수다. 독일과 나이지리아 이중국적자다. 독일 연령별 대표팀을 두루 거쳐 프로 데뷔했다. 지난 시즌엔 어깨 부상에도 불구하고 분데스리가 576분 연속 무실점을 기록하며 활약했다. 시즌 도중 페널티킥을 허용한 적이 없을 정도로 높은 집중력을 자랑한다. 시장 가치는 1800만 유로, 추정 연봉은 17만 유로.

세이브-실점		2024-25 SC 프라이부르크					레벨
57-32							클럽팀 선발
26-5		26-0	2308	70%	10	20	
122-37	T-110	P	P%	LB		★	
122-85	RC-10						
2-2	D-47	39.3-28.3	72%	18.3-7.7	2-0	1	

GA	SV	S%	CS	C%	BT	KA	KD	LC	L%	PA	R%	RO	DA
하위	상위	하위	상위	상위	상위	상위	상위	하위	상위	상위	상위	상위	하위
35%	25%	46%	9%	4%	40%	20%	15%	23%	5%	12%	5%	48%	27%

24위 Nikola VASILJ — 7.03
니콜라 바실리 1995.12.02 / 193cm / BIH

독일 유스 시스템에서 성장, 연령별 대표를 경험했다. 지난 시즌 팀의 시즌 MVP에 선정될 만큼 높은 기여도를 보였다. 유럽 정상급 패싱력, 근거리 세이브, 페널티킥 선방 능력을 두루 갖췄다. 크로스 대응력도 수준급. 수비 배후 공간 수비에 자신감이 넘치지만, 종종 위험한 펀칭을 시도하는 것이 단점이다. 흔히 보기 힘든 보스니아헤르체고비나 출신 골키퍼. 시장 가치는 350만 유로, 추정 연봉은 100만 유로.

세이브-실점		2024-25 장크트 파울리					레벨
70-36							클럽팀 선발
27-3		33-0	2970	71%	9	22	대표팀 선발
136-39	T-107	P	P%	LB		★	
136-97	RC-10						
5-4	D-35	39.2-28.2	72%	17.3-6.4	0-1	3	

GA	SV	S%	CS	C%	BT	KA	KD	LC	L%	PA	R%	RO	DA
상위	하위	상위	상위	상위	상위	상위	상위	상위	상위	상위	상위	상위	하위
28%	46%	43%	44%	43%	6%	26%	37%	41%	6%	45%	24%	6%	31%

○ 유럽 5대리그 골키퍼 항목별 랭킹(90분 기준 기록, 100분율)

T	한아웃
RC	골킥 비거리 평균
D	골킥 방어 성공
(시계)	출전횟수-교체 분(MIN)
S%	GK 선방률
CS	클린시트
SP	GK 선방률 밀리채내기
P	세이브 시도-성공
P%	평균 패스 시도-성공
LB	평균 롱볼 시도-성공
(카드)	페어플레이 경고-퇴장
★	MOM
GA	최소 실점
SV	GK 선방
S%	GK 선방률
CS	GK 클린시트
C%	클린시트 비율
BT	볼터치
KA	골킥 시도
KD	골킥 평균 거리
LC	롱볼 성공률
L%	롱볼 성공률
PA	패스 시도
R%	크로스 차단율
RO	런아웃 시도
DA	활동 범위

25위 · Yann SOMMER — 7.03
얀 조머 · 1988.12.17 / 183cm / SUI

바이에른 뮌헨에서 마누엘 노이어의 공백을 메웠던 즉시 전력감. 스위스 출신으로, FIFA 월드컵, UEFA 유로 등 국제 무대 경험도 다수 보유하고 있다. 인테르 밀란 이적 후에도 특유의 슈퍼세이브 능력을 뽐내며 슈퍼 골키퍼의 면모를 발산 중이다. 단신이나 패스 성공률이 매우 높은 편이고, 빌드업 가담 능력도 좋아 수비 라인에 안정감을 선사한다. 시장 가치는 400만 유로, 추정 연봉은 321만 유로.

세이브-실점: 53-29 / 32-3
2024-25 인테르 밀란: 33-0 / 2970 / 73% / 13 / 18
117-32 T-136
117-85 RC-10
4-1 D-325
36.1-31.4 87% 9.2-4.7 0-0 1
레벨: 클럽팀 선발 / 대표팀 선발

GA	SV	S%	CS	C%	BT	KA	KD	L%	PA	R%	RO	DA
상위	상위	상위	상위	상위	상위	하위	하위	상위	하위	하위	하위	하위
13%	49%	14%	5%	5%	8%	21%	3%	27%	14%	8%	18%	7%	10%

26위 · Augusto BATALLA — 7.03
아우구스토 바타야 · 1996.04.30 / 186cm / ARG

모든 항목에서 고른 수치를 기록하는 스타일이다. 4경기에 1회 빈도로 클린시트를 기록했다. 높이 뜨는 볼보다는 낮게 날아드는 공에 강하다. 몸싸움을 피하지 않아 경고를 자주 수집하는 편이다. 리그 상위권 수준의 세이브를 기록하며, 발밑도 준수해 믿고 쓸 수 있다. 결정적 선방도 종종 선보인다. 리버 플레이트 유스 출신이란 이력을 보유했다. 시장 가치는 600만 유로, 추정 연봉은 78만 유로.

세이브-실점: 64-31 / 31-8
2024-25 라요 바예카노: 32-0 / 2880 / 71% / 8 / 22
135-39 T-129
135-96 RC-13
8-2 D-47
33.0-20.8 63.1% 18.1-6.5 6-0 2
레벨: 클럽팀 선발

GA	SV	S%	CS	C%	BT	KA	KD	L%	PA	R%	RO	DA
상위	상위	상위	상위	상위	상위	상위	상위	상위	상위	상위	상위	상위	상위
31%	45%	18%	48%	48%	35%	40%	21%	22%	38%	44%	25%	41%	41%

27위 · Sergio HERRERA — 7.03
세르히오 에레라 · 1993.06.05 / 192cm / ESP

적극적으로 필드에 나가 빌드업에 가담하는 성향이 강하다. 거의 모든 경기를 소화했고, 눈부신 선방으로 2025년 1월 이달의 세이브를 기록했다. 좁은 각도로 들어오는 슈팅을 곧잘 막아내 하이라이트 장면이 많다. 강팀을 상대로도 좋은 퍼포먼스를 낸다. 스페인 스타일도 엿볼 수 있다. 길게 뿌려주는 롱볼 능력이 우수해 팀의 역습에 도움을 준다. 시장 가치는 300만 유로, 추정 연봉은 95만 유로.

세이브-실점: 86-44 / 45-8
2024-25 오사수나: 37-0 / 3330 / 72% / 8 / 25
184-52 T-139
184-132 RC-48
7-0 D-46
29.9-20.0 67% 18.5-8.5 5-0 2
레벨: 클럽팀 선발

GA	SV	S%	CS	C%	BT	KA	KD	L%	PA	R%	RO	DA
하위	상위	상위	상위	상위	상위	상위	상위	하위	상위	상위	상위	상위
42%	14%	17%	34%	33%	41%	10%	23%	4%	25%	48%	3%	3%

28위 · David RAYA — 7.03
다비드 라야 · 1995.09.15 / 183cm / ESP

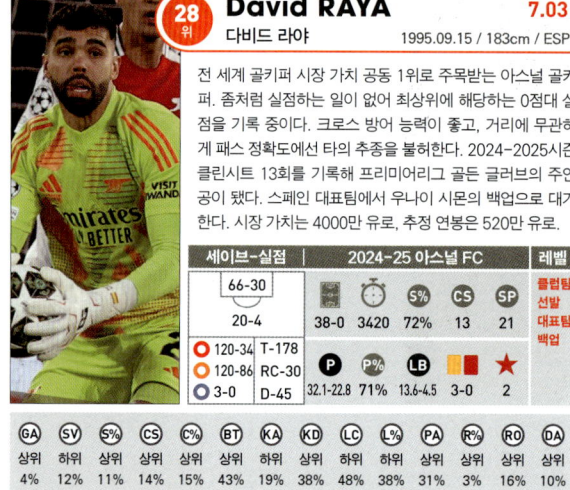

전 세계 골키퍼 시장 가치 공동 1위로 주목받는 아스널 골키퍼. 좀처럼 실점하는 일이 없어 최상위에 해당하는 0점대 실점을 기록 중이다. 크로스 방어 능력이 좋고, 거리에 무관하게 패스 정확도에선 타의 추종을 불허한다. 2024-2025시즌 클린시트 13회를 기록해 프리미어리그 골든 글러브의 주인공이 됐다. 스페인 대표팀에서 우나이 시몬의 백업으로 대기한다. 시장 가치는 4000만 유로, 추정 연봉은 520만 유로.

세이브-실점: 66-30 / 20-4
2024-25 아스널 FC: 38-0 / 3420 / 72% / 13 / 21
120-34 T-178
120-86 RC-30
3-0 D-45
32.1-22.8 71% 13.6-4.5 3-0 2
레벨: 클럽팀 선발 / 대표팀 백업

GA	SV	S%	CS	C%	BT	KA	KD	L%	PA	R%	RO	DA
상위	하위	상위	상위	상위	상위	상위	상위	상위	상위	상위	상위	상위	상위
4%	12%	11%	14%	15%	43%	9%	38%	9%	38%	31%	3%	16%	10%

29위 · Wladimiro FALCONE — 7.02
블라디미로 팔코네 · 1995.04.12 / 195cm / ITA

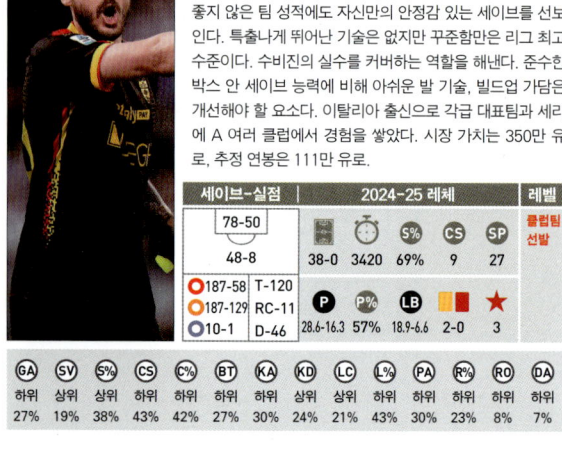

좋지 않은 팀 성적에도 자신만의 안정감 있는 세이브를 선보인다. 특출나게 뛰어난 기술은 없지만 꾸준함만은 리그 최고 수준이다. 수비진의 실수를 커버하는 역할을 해낸다. 준수한 박스 안 세이브 능력에 비해 아쉬운 발 기술, 빌드업 가담도 개선해야 할 요소다. 이탈리아 출신으로 각급 대표팀과 세리에 A 여러 클럽에서 경험을 쌓았다. 시장 가치는 350만 유로, 추정 연봉은 111만 유로.

세이브-실점: 78-50 / 48-8
2024-25 레체: 38-0 / 3420 / 69% / 9 / 27
187-58 T-120
187-129 RC-11
10-1 D-46
28.6-16.3 57% 18.9-6.6 2-0 3
레벨: 클럽팀 선발

GA	SV	S%	CS	C%	BT	KA	KD	L%	PA	R%	RO	DA
하위	상위	상위	상위	상위	상위	상위	상위	상위	상위	상위	하위	하위
27%	19%	38%	43%	42%	30%	24%	21%	40%	43%	23%	8%	7%

30위 · Lucas CHEVALIER — 7.02
뤼카 셰발리에 · 2001.11.06 / 189cm / FRA

마이크 메냥의 백업으로 뛰다 2부 임대 경험을 쌓은 후 복귀해 주전으로 레벨-업했다. 성실한 훈련 태도, 동료들과의 소통 노력을 보여 높은 평가를 받는다. 준수한 세이브 능력으로 팀 성적에 비해 많은 클린시트를 적립하며, 골문 주변을 사수하는 스타일. 차세대 프랑스 국가대표가 될 재목이다. 연령별 대표팀을 거치며 프랑스 내에서 주목받던 유망주 출신. 시장 가치는 3000만 유로, 추정 연봉은 114만 유로.

세이브-실점: 62-35 / 29-1
2024-25 릴 OSC: 34-0 / 3060 / 73% / 11 / 21
132-36 T-144
132-96 RC-7
4-0 D-32
27.5-21.2 77% 10.7-4.6 0-0 1
레벨: 클럽팀 선발 / 대표팀 백업

GA	SV	S%	CS	C%	BT	KA	KD	L%	PA	R%	RO	DA
상위	하위	상위	상위	상위	상위	상위	상위	상위	상위	상위	상위	하위	하위
22%	43%	19%	45%	46%	25%	10%	31%	30%	45%	44%	32%	12%	34%

○ 유럽 5대리그 골키퍼 항목별 랭킹(90분 기준 기록, 100분율)

31위 Gerónimo RULLI — 7.02
헤로니모 루이 1992.05.20 / 189cm / AGR

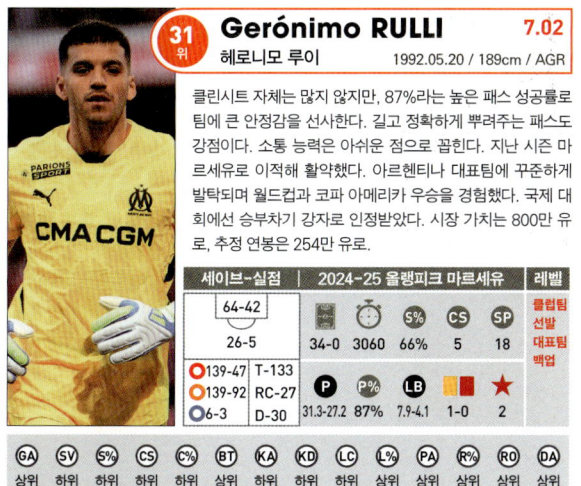

클린시트 자체는 많지 않지만, 87%라는 높은 패스 성공률로 팀에 큰 안정감을 선사한다. 길고 정확하게 뿌려주는 패스도 강점이다. 소통 능력은 아쉬운 점으로 꼽힌다. 지난 시즌 마르세유로 이적해 활약했다. 아르헨티나 대표팀에 꾸준하게 발탁되며 월드컵과 코파 아메리카 우승을 경험했다. 국제 대회에선 승부차기 강자로 인정받았다. 시장 가치는 800만 유로, 추정 연봉은 254만 유로.

세이브-실점	2024-25 올랭피크 마르세유					레벨
64-42			S%	CS	SP	클럽팀 선발
26-5	34-0	3060	66%	5	18	대표팀 백업
●139-47	T-133					
●139-92	RC-27	P	P%	LB		★
●6-3	D-30	31.3-27.2	87%	7.9-4.1	1-0	2

GA	SV	S%	CS	C%	BT	KA	KD	LC	L%	PA	R%	RO	DA
상위	하위	하위	하위	하위	상위	상위	하위	상위	상위	하위	상위	상위	상위
50%	29%	33%	14%	14%	46%	5%	9%	13%	2%	32%	11%	13%	5%

32위 Emiliano MARTÍNEZ — 7.01
에밀리아노 마르티네스 1992.09.02 / 195cm / ARG

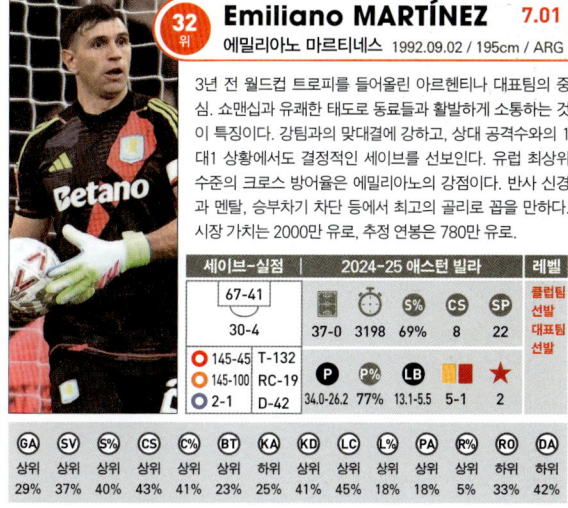

3년 전 월드컵 트로피를 들어올린 아르헨티나 대표팀의 중심. 쇼맨십과 유쾌한 태도로 동료들과 활발하게 소통하는 것이 특징이다. 강팀과의 맞대결에 강하고, 상대 공격수와의 1대1 상황에서도 결정적인 세이브를 선보인다. 유럽 최상위 수준의 크로스 방어율은 에밀리아노의 강점이다. 반사 신경과 멘탈, 승부차기 차단 등에서 최고의 골리로 꼽을 만하다. 시장 가치는 2000만 유로, 추정 연봉은 780만 유로.

세이브-실점	2024-25 애스턴 빌라					레벨
67-41			S%	CS	SP	클럽팀 선발
30-4	37-0	3198	69%	8	22	대표팀 선발
●145-45	T-132					
●145-100	RC-19	P	P%	LB		★
●2-1	D-42	34.0-26.2	77%	13.1-5.5	5-1	2

GA	SV	S%	CS	C%	BT	KA	KD	LC	L%	PA	R%	RO	DA
상위	상위	상위	상위	상위	상위	상위	상위	상위	상위	상위	상위	하위	하위
29%	37%	40%	43%	41%	23%	25%	41%	45%	18%	18%	5%	33%	42%

33위 Marko DMITROVIC — 7.01
마르코 드미트로비치 1992.01.24 / 194cm / SRB

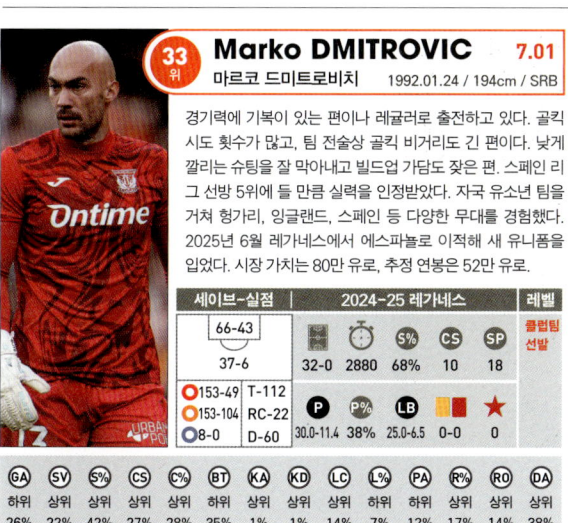

경기력에 기복이 있는 편이나 레귤러로 출전하고 있다. 골킥 시도 횟수가 많고, 팀 전술상 골킥 비거리도 긴 편이다. 낮게 깔리는 슈팅을 잘 막아내고 빌드업 가담도 잦은 편. 스페인 리그 선방 5위에 들 만큼 실력을 인정받았다. 자국 유소년 팀을 거쳐 헝가리, 잉글랜드, 스페인 등 다양한 무대를 경험했다. 2025년 6월 레가네스로 이적해 새 유니폼을 입었다. 시장 가치는 80만 유로, 추정 연봉은 52만 유로.

세이브-실점	2024-25 레가네스					레벨
66-43			S%	CS	SP	클럽팀 선발
37-6	32-0	2880	68%	10	18	
●153-49	T-112					
●153-104	RC-22	P	P%	LB		★
●8-0	D-60	30.0-11.4	38%	25.0-6.5	0-0	0

GA	SV	S%	CS	C%	BT	KA	KD	LC	L%	PA	R%	RO	DA
하위	상위	상위	상위	상위	상위	하위	하위	하위	하위	상위	상위	하위	상위
26%	22%	42%	27%	28%	35%	1%	14%	7%	12%	17%	5%	7%	38%

34위 Kamil GRABARA — 7.01
카밀 그라바라 1999.01.08 / 195cm / POL

큰 키를 활용해 공중볼을 잘 처리한다. 결정적인 선방을 선보이기보다는 근거리 방어에 강해 일대일 슈팅을 잘 차단한다. 예측력이 우수하고, 킥 방향을 잘 읽는다. 페널티킥 선방도 종종 해낸다. 단, 볼 클리어링 측면에서는 아쉽단 평가가 나온다. 불안정한 멘탈리티도 큰 단점이다. 감정을 숨기지 못하거나 팬들과 충돌하는 이슈가 발생해 문제를 일으켰다. 시장 가치는 1400만 유로, 추정 연봉은 150만 유로.

세이브-실점	2024-25 볼프스부르크					레벨
62-43			S%	CS	SP	클럽팀 선발
27-6	29-0	2586	65%	5	27	
●141-49	T-114					
●141-92	RC-6	P	P%	LB		★
●3-1	D-47	35.6-23.5	66%	19.7-7.7	2-0	2

GA	SV	S%	CS	C%	BT	KA	KD	LC	L%	PA	R%	RO	DA
하위	상위	하위	하위	하위	상위	상위	상위	하위	상위	상위	상위	상위	하위
14%	35%	19%	20%	20%	19%	17%	12%	43%	20%	20%	8%	14%	22%

35위 Kepa ARRIZABALAGA — 7.01
케파 아리사발라가 1994.10.03 / 189cm / ESP

'구원자'라는 애칭을 가진 선수답게 큰 경기마다 인상적 활약을 펼치는 강심장이다. 강팀을 두루 거쳤고, 2025년 여름 첼시에서 이적해 아스널에서 활동하게 됐다. 첼시에선 초반 두 시즌 이후 주전에서 밀렸지만 지난 시즌 본머스에서 재기에 성공했다. 강하고 빠른 슈팅을 순발력 있게 막아낸다. 스페인 출신 골키퍼답게 패싱력도 수준급이다. 시장 가치는 1000만 유로, 추정 연봉은 390만 유로.

세이브-실점	2024-25 본머스					레벨
62-37			S%	CS	SP	클럽팀 선발
33-2	31-0	2790	71%	8	15	
●136-39	T-126					
●136-97	RC-19	P	P%	LB		★
●4-0	D-35	29.3-20.5	70%	14.0-5.6	3-0	1

GA	SV	S%	CS	C%	BT	KA	KD	LC	L%	PA	R%	RO	DA
상위	상위	상위	상위	하위	상위	하위	상위	하위	상위	상위	상위	하위	하위
37%	34%	26%	50%	49%	29%	32%	24%	47%	46%	31%	43%	12%	15%

36위 Dominik GREIF — 7.01
도미니크 그레이프 1997.04.06 / 197cm / SVK

'빅맨', '거인'이라는 별칭처럼 긴 팔다리를 활용한 골문 방어에 강하다. 특히 롱볼 처리와 공중볼에 강한 모습을 보인다. 부상이 잦은 편이었으나, 주전 경쟁에서 이겨내고 입지를 굳혔다. 강인한 멘탈리티를 몸소 입증한 셈이다. 위험한 상황에서도 카드를 거의 받지 않는 침착함이 특징이다. 다소 둔탁한 발밑 기술은 좀 더 보완해야 한다. 시장 가치는 600만 유로, 추정 연봉은 30만 유로.

세이브-실점	2024-25 마요르카					레벨
58-28			S%	CS	SP	클럽팀 선발
25-6	31-0	2790	71%	7	22	
●119-34	T-126					
●119-85	RC-6	P	P%	LB		★
●2-0	D-44	29.3-19.6	67%	16.9-7.1	1-0	1

GA	SV	S%	CS	C%	BT	KA	KD	LC	L%	PA	R%	RO	DA
상위	하위	상위	상위	상위	하위	상위	상위	상위	하위	상위	상위	상위	하위
20%	38%	38%	38%	32%	34%	16%	14%	34%	5%	15%	33%		33%

○ 유럽 5대리그 골키퍼 항목별 랭킹(90분 기준 기록, 100분율)

37위 Mike MAIGNAN — 7.01
마이크 매냥 1995.07.03 / 191cm / FRA

최상위권 골키퍼를 많이 배출한 세리에 A에서 맹활약했다. 특유의 빌드업 능력으로 수비 라인 전체를 지배한다. 85%에 달하는 높은 패스 성공률로 공격 전술의 핵심 역할을 한다. 고양이과 동물처럼 전광석화 같은 반응 속도를 선보인다. 리더십까지 갖춰 골문 안팎에서 영향력이 큰 골키퍼. 경쟁을 이겨내고 프랑스 국가대표 주전자리를 차지했다. 시장 가치는 2500만 유로로, 추정 연봉은 359만 유로.

세이브-실점	2024-25 AC 밀란					레벨
62-33 / 36-8	37-0	3295	71%	12	24	클럽팀 선발 / 대표팀 선발
○ 140-41 T-174						
○ 140-99 RC-22	P	P%	LB		★	
○ 2-1 D-34	37.3-31.7	85%	10.8-5.4	2-0	1	

GA	SV	S%	CS	C%	BT	KA	KD	LC	L%	PA	R%	RO	DA
상위	상위	상위	상위	상위	상위	상위	하위	하위	상위	상위	상위	상위	상위
26%	46%	40%	36%	10%	43%	30%	23%	28%	12%	48%	9%	4%	

38위 Jan OBLAK — 7.00
얀 오블락 1993.01.07 / 188cm / SVN

수비 최강 아틀레티코 마드리드의 전성기를 함께 구가한 핵심 베테랑이다. 직전 시즌 거의 전 경기 출장해 클린시트를 15회나 기록하는 기염을 토했다. 0점대 실점을 기록하는 몇 안 되는 수문장이기도 하다. 엄청난 라인 컨트롤 능력으로 팀의 수비벽을 자유자재로 조정한다. 발재간이 빼어난 편은 아니라 볼 터치가 거의 없는 편. 시장 가치는 2000만 유로, 추정 연봉은 2083만 유로.

세이브-실점	2024-25 아틀레티코 마드리드					레벨
56-25 / 30-5	36-0	3240	74%	15	16	클럽팀 선발 / 대표팀 선발
○ 116-30 T-183						
○ 116-86 RC-14	P	P%	LB		★	
○ 5-0 D-33	21.3-16.2	76%	8.9-3.9	0-0	1	

GA	SV	S%	CS	C%	BT	KA	KD	LC	L%	PA	R%	RO	DA
상위	하위	상위	상위	상위	상위	상위	상위	상위	상위	상위	상위	하위	하위
6%	30%	4%	15%	16%	1%	15%	25%	17%	20%	1%	33%	16%	31%

39위 Michele DI GREGORIO — 7.00
미켈레 디그레고리오 1997.07.27 / 187cm / ITA

꼼꼼한 수비 지시로 유벤투스 골문을 사수한다. 다양한 거리에서 날아드는 슈팅을 자유자재로 막아낸다. 지난 시즌 클린시트도 14회로 많은 편. 상대를 코앞에 두고도 침착하고 안정된 플레이를 선보여 카드를 받지 않는다. 리그에서 빌드업 기여도로는 세 손가락에 꼽힐 만큼 현대적 유형의 골키퍼. 공중 장악 능력은 앞으로 개선해야 할 지점이다. 시장 가치는 1800만 유로, 추정 연봉은 370만 유로.

세이브-실점	2024-25 유벤투스					레벨
42-30 / 29-2	33-0	2970	69%	14	7	클럽팀 선발
○ 104-32 T-126						
○ 104-72 RC-10	P	P%	LB		★	
○ 5-0 D-40	26.2-19.4	74%	11.9-5.1	0-0	1	

GA	SV	S%	CS	C%	BT	KA	KD	LC	L%	PA	R%	RO	DA
상위	하위	상위	상위	상위	상위	상위	상위	상위	상위	상위	상위	상위	하위
7%	13%	28%	7%	6%	3%	28%	43%	38%	35%	27%	45%	27%	31%

40위 Alex MERET — 7.00
알렉스 메렛 1997.03.22 / 190cm / ITA

지난 시즌 나폴리의 2년 만에 세리에 A 우승을 이끌었다. 커리어 전반을 봐도 세 경기에 한번 꼴로 클린시트를 기록했다. 무실점 측면에서 세계 정상급으로 평가할 수 있다. 필드 플레이어 못잖은 패스 기술로 공격에 적극 가담한다. 안정적으로 후방 빌드업에 가담해 수비진의 부담을 덜어주고 있다. 큰 실수를 범하지 않아 믿음직하다. 시장 가치는 1800만 유로, 추정 연봉은 370만 유로.

세이브-실점	2024-25 나폴리					레벨
38-17 / 23-8	34-0	3006	71%	16	17	클럽팀 선발 / 대표팀 백업
○ 86-25 T-117						
○ 86-61 RC-20	P	P%	LB		★	
○ 4-2 D-32	32.4-27.5	85%	9.4-4.7	0-0	0	

GA	SV	S%	CS	C%	BT	KA	KD	LC	L%	PA	R%	RO	DA
상위	상위	상위	상위	상위	상위	상위	상위	상위	상위	상위	상위	상위	상위
1%	2%	46%	2%	2%	42%	14%	10%	10%	42%	42%	24%	14%	

41위 Kevin TRAPP — 7.00
케빈 트랍 1990.07.08 / 189cm / GER

카리스마를 갖춘 주장. 프랑크푸르트의 후방 라인을 책임진다. 오랜 기간 팀에서 쌓은 많은 경험은 트랍의 최고 강점으로 꼽힌다. 높은 페널티킥 선방 능력을 선보였고, 지난 시즌 여러번의 위기에서 슈퍼세이브를 연발했다. 전반적으로 모든 능력치가 고른 유형이나, 공중볼 처리 과정에서 실수가 나오기도 한다. 유로파리그 우승 등 팀의 주요 역사를 함께했다. 시장 가치는 250만 유로, 추정 연봉은 350만 유로.

세이브-실점	2024-25 아인트라흐트 프랑크푸르트					레벨
58-31 / 26-3	26-0	2296	71%	5	13	클럽팀 선발
○ 118-32 T-123						
○ 118-34 RC-10	P	LB			★	
○ 2-2 D-34	31.4-22.0	70%	14.1-4.5	0-0	0	

GA	SV	S%	CS	C%	BT	KA	KD	LC	L%	PA	R%	RO	DA
상위	상위	하위	상위	상위	상위	상위	하위	상위	상위	상위	상위	상위	하위
39%	43%	47%	43%	43%	45%	48%	23%	29%	15%	45%	42%	49%	44%

42위 Unai SIMÓN — 6.99
우나이 시몬 1997.06.11 / 190cm / ESP

지난 시즌 초 손목 부상으로 약 3개월간 실전에 나서지 못했다. 악조건에도 겨울부터 출전을 시작했다. 절반 가까운 10경기 무실점을 기록해 건재함을 자랑했다. 중거리로 뿌려주는 볼 배급이 특징으로, 강한 킥력과 근거리 선방 능력을 두루 갖췄다. 빌바오 유스를 거쳐 프로에 정착했다. 스페인 국가대표로 유로 2020에 출전해 강인한 멘탈을 선보였다. 시장 가치는 2800만 유로, 추정 연봉은 428만 유로.

세이브-실점	2024-25 아슬레틱 빌바오					레벨
35-13 / 13-1	21-0	1890	77%	10	9	클럽팀 선발 / 대표팀 선발
○ 62-14 T-91						
○ 62-48 RC-17	P	P%	LB		★	
○ 2-1 D-53	26.5-17.5	66%	15.0-6.0	0-0	0	

GA	SV	S%	CS	C%	BT	KA	KD	LC	L%	PA	R%	RO	DA
상위	하위	상위	상위	상위	상위	상위	상위	상위	상위	상위	상위	상위	상위
1%	9%	1%	1%	14%	4%	40%	37%	18%	22%	25%	28%	21%	

43위 Guglielmo VICARIO — 6.99
굴리에모 비카리오 1996.10.07 / 194cm / ITA

롱볼보다 짧은 패스로 공격을 풀어가는 스타일이다. 패스 성공률이 86%에 육박할 정도로 세밀한 발 기술을 지녔다. 공중볼을 잘 차단한다. 2024년 11월 맨시티전 발목 골절 부상을 당해 3개월가량 쉰 뒤 복귀했다. 복귀 후엔 유로파리그 우승에 기여했다. 안정감 있는 플레이, 빼어난 반사 신경이 장점이다. 약점인 공중볼은 보완해야 한다. 이탈리아 출신 골키퍼 계보를 이어갈 재능이다. 시장 가치는 3200만 유로, 추정 연봉은 390만 유로.

세이브-실점	2024-25 토트넘 홋스퍼					레벨
52-34	24-0	2160	65%	4	21	클럽팀 선발
15-3						대표팀 백업
○ 105-37 T-120	P	P%	LB		★	
○ 105-68 RC-12	31.3-26.9	86%	6.2-2.4	1-0	1	
○ 1-0 D-21						

GA	SV	S%	CS	C%	BT	KA	KD	LC	L%	PA	R%	RO	DA
상위	상위	하위	하위	하위	하위	상위	하위	하위	상위	상위	상위	상위	하위
41%	50%	43%	46%	45%	49%	13%	2%	1%	25%	38%	9%	44%	39%

44위 SUZUKI Zion — 6.99
스즈키 자이온 2002.08.21 / 190cm / JPN

2023년 아시안컵에서 인상적 활약을 펼쳤다. 유럽에서 뛰는 흔치 않은 아시안 골키퍼로, 여러 구단의 관심을 받는다. 가나와 일본 혼혈로 잘 알려진 일본 국가대표. 유연하고 탄탄한 피지컬을 앞세워 다이내믹한 선방을 뽐낸다. 공중볼, 크로스 방어 능력은 월드 클래스급. 다만 잔실수가 많이 나오는 편이라 안정감이 떨어질 때가 있다. 시장 가치는 3200만 유로, 추정 연봉은 390만 유로.

세이브-실점	2024-25 파르마					레벨
75-47	37-0	3315	65%	7	22	클럽팀 선발
24-6						대표팀 선발
○ 153-53 T-184	P	P%	LB		★	
○ 153-100 RC-19	35.9-22.6	63%	19.7-6.7	1-0	1	
○ 5-0 D-48						

GA	SV	S%	CS	C%	BT	KA	KD	LC	L%	PA	R%	RO	DA
하위	하위	하위	하위	상위	상위	상위	상위	상위	상위	상위	상위	상위	하위
36%	39%	29%	24%	11%	37%	14%	23%	20%	17%	7%	48%	20%	20%

45위 Oliver BAUMANN — 6.99
올리버 바우만 1990.06.02 / 187cm / GER

베테랑으로 주장을 맡을 만큼 높은 리더십이 최고 장점이다. 커리어 내내 분데스리가 페널티킥 선방이 15회를 상회한다. 그만큼 수비할 때 높은 집중력을 보인다. 30대 중반의 나이에도 대표팀의 부름을 받은 비결 중 하나. 세트피스 상황에서 판단 미스가 나올 때가 종종 있다. 그럼에도 팬들 사이에선 저평가됐다는 칭찬이 쏟아진다. 시장 가치는 300만 유로, 추정 연봉은 350만 유로.

세이브-실점	2024-25 호펜하임					레벨
62-49	28-0	2520	63%	4	19	클럽팀 선발
25-4						대표팀 백업/선발
○ 145-53 T-121	P	P%	LB		★	
○ 145-92 RC-11	33.6-22.2	66%	18.2-6.9		2	
○ 5-3 D-47						

GA	SV	S%	CS	C%	BT	KA	KD	LC	L%	PA	R%	RO	DA
하위	상위	하위	하위	하위	상위	상위	상위	상위	하위	상위	하위	상위	상위
12%	44%	10%	18%	18%	30%	29%	34%	22%	49%	29%	15%	46%	38%

46위 Gianluigi DONNARUMMA — 6.97
잔루이지 돈나룸마 1999.02.25 / 196cm / ITA

어린 시절 AC 밀란에서 데뷔한 뒤 단숨에 세계 정상급 선수로 성장했다. 명장 카를로 안첼로티 감독이 "이탈리아 대표 선수 중 유일한 월드 클래스"라고 극찬했을 정도다. 2021년부터 프랑스 무대에서 뛴다. 좀처럼 팀에 위험한 상황을 만들지 않는 안정감이 특징이다. 장단 패스도 매우 정확한 편이다. 넓은 범위를 커버한다는 장점도 존재한다. 시장 가치는 4000만 유로, 추정 연봉은 1273만 유로.

세이브-실점	2024-25 파리 생제르맹					레벨
32-19	24-0	2092	67%	4	15	클럽팀 선발
17-6						대표팀 선발
○ 76-25 T-90	P	P%	LB		★	
○ 76-51 RC-7	22.6-19.2	85%	5.6-2.5	2-0	0	
○ 1-0 D-26						

GA	SV	S%	CS	C%	BT	KA	KD	LC	L%	PA	R%	RO	DA
상위	하위	상위	상위	상위	하위	상위	상위	상위	상위	상위	상위	상위	하위
12%	11%	39%	49%	50%	5%	29%	7%	6%	43%	11%	39%	29%	27%

47위 Jean BUTEZ — 6.97
장 부테즈 1995.06.08 / 188cm / FRA

벨기에서 뛰던 시절 팀의 국내 대회 트레블을 견인했다. 코모 감독은 그의 꾸준함과 리더십에 찬사를 보냈다. 이처럼 리더로서 존재감을 확실하게 보여준다. 경기 내내 많은 패스를 시도한다. 골문을 비우고 매우 적극적으로 필드에 나서 빌드업에 가담하는 유형이다. 라인을 읽는 눈과 볼 처리 능력을 인정받고 있다. 공중볼 처리는 약점으로 꼽힌다. 시장 가치는 350만 유로, 추정 연봉은 93만 유로.

세이브-실점	2024-25 코모					레벨
28-19	18-1	1663	71%	5	8	클럽팀 선발/백업
20-1						
○ 77-28 T-92	P	P%	LB		★	
○ 77-49 RC-17	34.5-26.0	75%	14.3-6.0	0-0		
○ 2-0 D-39						

GA	SV	S%	CS	C%	BT	KA	KD	LC	L%	PA	R%	RO	DA
상위	하위	상위	상위	상위	상위	상위	상위	상위	상위	상위	상위	상위	상위
18%	33%	31%	47%	45%	14%	43%	41%	26%	7%	4%	2%	6%	7%

48위 Aaron RAMSDALE — 6.96
애런 램스데일 1998.05.14 / 190cm / ENG

열정적 캐릭터의 소유자. 몇 년 전까지만 아스널에서 인상적인 활약을 펼쳤다. 세이브 능력은 상위 2%에 해당하나, 팀 성적 탓에 클린시트를 많이 기록하진 못했다. 먼 거리로 때려 넣는 골킥에 강하다. 골문에서 크게 몸을 펼쳐 상대를 위축시키는 플레이가 특징이다. 위기 차단에도 강한 편이나 공중볼 처리에는 약점이 드러나기도 한다. 시장 가치는 1600만 유로, 추정 연봉은 624만 유로.

세이브-실점	2024-25 사우샘프턴					레벨
80-56	30-0	2700	65%	3	26	클럽팀 선발
42-10						
○ 191-66 T-129	P	P%	LB		★	
○ 191-125 RC-9	35.8-21.5	60%	22.1-7.5	2-0	3	
○ 7-2 D-51						

GA	SV	S%	CS	C%	BT	KA	KD	LC	L%	PA	R%	RO	DA
하위	상위	하위	상위	상위	상위	상위	상위	상위	상위	상위	상위	상위	하위
3%	2%	35%	9%	8%	30%	6%	11%	32%	19%	37%	14%	15%	14%

○ 유럽 5대리그 골키퍼 항목별 랭킹(90분 기준 기록, 100분율)

49위 Gautier LARSONNEUR 6.95
고티에 라소너 1997.02.23 / 181cm / FRA

181cm로 단신이라는 점이 특징. 생테티엔의 주전 골키퍼이자 팀을 대표하는 선수로 활약중이다. 2023년 훈련 중 어깨 부상으로 수술을 받고 돌아왔다. 경기당 선방이 많지만, 실점도 많다는 특징이 있다. 골문 가까이에서 순발력을 내세워 수비하는 장면이 잦다. 패스 정확도, 롱패스, 세이브 시도 기록은 최하위권이다. 1대1 상황에서의 침착함도 부족한 편. 시장 가치는 300만 유로, 추정 연봉은 47만 유로.

세이브-실점		2024-25 생테티엔				레벨
92-69						클럽팀 선발
42-8	34-0	3060	64%	5	21	
212-77	T-145	P	P%	LB		★
212-135	RC-20					
15-2	D-37	31.3-19.1	61%	16.7-5.0	5-0	

GA	SV	S%	CS	C%	BT	KA	KD	LC	L%	PA	R%	RO	DA
하위	상위	하위	상위	하위	상위	상위	하위	하위	하위	하위	상위	상위	상위
1%	4%	43%	11%	11%	34%	30%	36%	9%	48%	18%	49%	48%	0

50위 Stefano TURATI 6.94
스테파노 투라티 2001.09.05 / 188cm / ITA

2019년 사수올로에 입단했지만 거의 출전을 하지 못했다. 이후 레지나, 프로시노네, 몬차로 임대돼 경험을 축적했다. 그리고, 지난 시즌 꽃을 피웠다. 후방 라인을 사수하는 스타일로 빠른 반응으로 상대 기회를 차단한다. 몇 차례 결정적 선방을 선보였다. 어린 나이임에도 프로페셔널한 태도가 돋보인다. 다만 세트피스, 크로스 상황의 제공권은 보완해야 할 부분. 시장 가치는 650만 유로, 추정 연봉은 85만 유로.

세이브-실점		2024-25 몬차				레벨
69-44						클럽팀 선발
26-8	30-0	2677	65%	2	33	
147-52	T-126	P	P%	LB		★
147-95	RC-12					
4-2	D-43	31.5-21.4	68%	16.8-6.9	1-0	2

GA	SV	S%	CS	C%	BT	KA	KD	LC	L%	PA	R%	RO	DA
하위	상위	상위	하위	상위	상위	상위	상위	상위	상위	상위	상위	하위	하위
14%	21%	22%	5%	36%	23%	40%	19%	16%	33%	29%	31%	39%	

51위 Bernd LENO 6.94

베른트 레노 1992.03.04 / 189cm / GER

지난 시즌 리그 최고 수준 1대1 방어를 선보였다. 클린시트는 많지 않지만, 결정적 순간 번뜩이는 세이브를 펼친다. 높은 패스 성공률도 장점 중 하나다. 유럽의 다양한 리그를 경험한 덕분에 세이브, 패스, 골킥 등 전 영역에서 무난한 수치를 기록 중이다. 크로스 상황에도 자신감이 넘친다. 다만 경고가 많은 편으로 신중함을 채울 필요가 있다. 시장 가치는 1000만 유로, 추정 연봉은 676만 유로.

세이브-실점		2024-25 풀럼 FC				레벨
83-40						클럽팀 선발
24-14	38-0	3420	67%	5	21	
164-54	T-167	P	P%	LB		★
164-110	RC-15					
4-1	D-38	32.4-25.9	80%	11.0-4.5	5-0	3

GA	SV	S%	CS	C%	BT	KA	KD	LC	L%	PA	R%	RO	DA
하위	하위	하위	하위	하위	상위	상위	하위	상위	상위	상위	상위	상위	하위
37%	43%	37%	12%	12%	41%	27%	41%	34%	23%	29%	15%	30%	39%

52위 EDERSON 6.94

에데르송 1993.08.17 / 188cm / BRA

과르디올라 감독의 신임을 받는 브라질리언. 대표팀에서도 알리송과 주전을 다툰다. 빌드업 위주로 경기를 풀어가는 팀 특성상 빌드업 플레이에 최적화됐다. 골문 앞을 지키는 경우는 거의 없다. 적극적으로 플레이메이킹에 가담해 가끔 어시스트를 올리기도 한다. 골문 바깥 공간에서 영향력이 매우 크다. 과감한 움직임 때문에 간혹 실수가 나올 때도 있다. 시장 가치는 2000만 유로, 추정 연봉은 520만 유로.

세이브-실점		2024-25 맨체스터 시티				레벨
42-24						클럽팀 선발 대표팀 백업
11-2	26-0	2321	68%	1	6	
80-26	T-108	P	P%	LB		★
80-54	RC-21					
2-0	D-29	31.4-27.0	86%	9.3-5.4	4-0	10

GA	SV	S%	CS	C%	BT	KA	KD	LC	L%	PA	R%	RO	DA
하위	하위	상위	상위	상위	상위	상위	하위	상위	하위	상위	상위	상위	상위
48%	17%	25%	23%	22%	44%	6%	13%	6%	37%	48%	7%	8%	

53위 David SORIA 6.94
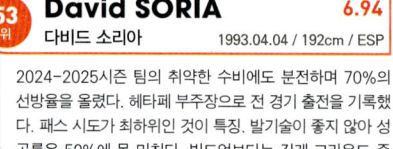
다비드 소리아 1993.04.04 / 192cm / ESP

2024-2025시즌 팀의 취약한 수비에도 분전하며 70%의 선방율을 올렸다. 헤타페 부주장으로 전 경기 출전을 기록했다. 패스 시도가 최하위인 것이 특징. 발킥술이 좋지 않아 성공률은 50%에 못 미친다. 빌드업보다는 길게 그라운드 중앙으로 때려 넣는 공격 상황이 잦다. 어린 시절 레알 마드리드, 아틀레티코 마드리드 유스를 거쳤다. 시장 가치는 300만 유로, 추정 연봉은 151만 유로.

세이브-실점		2024-25 헤타페				레벨
55-33						클럽팀 선발
32-6	38-0	3420	70%	9	24	
129-39	T-68	P	P%	LB		★
129-90	RC-19					
9-1	D-56	25.5-12.0	47%	22.4-8.5	2-0	1

GA	SV	S%	CS	C%	BT	KA	KD	LC	L%	PA	R%	RO	DA
상위	하위	하위	상위	하위	하위	상위	하위	상위	상위	상위	상위	상위	상위
14%	14%	16%	43%	42%	3%	4%	36%	2%	27%	45%	4%	31%	

54위 Jasper CILLESSEN 6.93
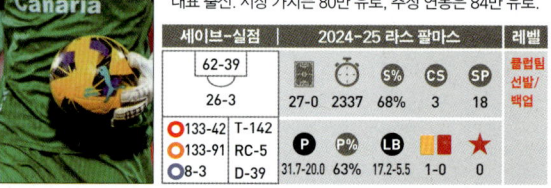
야스페르 실러선 1989.04.22 / 185cm / NED

36세라는 적잖은 나이 때문에 다른 골키퍼와 경기를 나눠 소화했다. 그럼에도 안정적인 수비를 펼쳤고 페널티킥 선방쇼도 선보여 호평 받았다. 어려운 코스로 날아드는 공을 잘 막아내는 스타일이다. 크지 않은 키로 인해 크로스 방어는 취약한 편이다. 바르셀로나와 발렌시아에서 뛰다 2024년 라스팔마스로 이적해 계약 기간 1년을 마무리했다. 네덜란드 국가대표 출신. 시장 가치는 80만 유로, 추정 연봉은 84만 유로.

세이브-실점		2024-25 라스 팔마스				레벨
62-39						클럽팀 선발/백업
26-3	27-0	2337	68%	3	18	
133-42	T-142	P	P%	LB		★
133-91	RC-5					
8-3	D-39	31.7-20.0	63%	17.2-5.5	1-0	0

GA	SV	S%	CS	C%	BT	KA	KD	LC	L%	PA	R%	RO	DA
하위	상위	하위	하위	하위	상위	상위	상위	상위	상위	하위	상위	하위	상위
19%	20%	49%	10%	10%	21%	40%	46%	43%	18%	43%	6%	21%	38%

유럽 5대리그 골키퍼 항목별 랭킹(90분 기준 기록, 100분율)

55위 Manuel NEUER — 6.93
마누엘 노이어 1986.03.27 / 193cm / GER

현대 골키퍼의 교과서로 불리는 리빙 레전드. 최후방에서 시작하는 혁신적 빌드업 플레이의 정석이다. 주장을 맡아 빼어난 리더십을 보였다. 38세인 지난 시즌에도 바이에른 뮌헨 1번을 지켰다. 지난 시즌 갈비뼈 골절, 근육 파열로 10경기 이상 결장했다. 그러나 여전히 팀의 주전으로 활약할 것으로 보인다. 패스 성공률과 볼 배급 능력은 여전하다. 시장 가치는 400만 유로, 추정 연봉은 1200만 유로.

세이브-실점	2024-25 바이에른 뮌헨	레벨
21-13 / 9-2	22-0 1980 68%(S%) 13(CS) 6(SP)	클럽팀 선발/백업
●47-15 ○47-32 ◎2-0	T-81 RC-11 D-34 38.1-32.4(P) 85%(P%) 12.5-7.1(LB) 0-0 ★0	

GA	SV	S%	CS	C%	BT	KA	KD	LC	L%	PA	R%	RO	DA
상위 3%	하위 1%	하위 11%	상위 1%	상위 12%	상위 3%	하위 14%	하위 48%	상위 1%	하위 48%	하위 7%	상위 5%	상위 1%	상위 1%

56위 Dean HENDERSON — 6.93
딘 헨더슨 1997.03.12 / 188cm / ENG

페널티킥 방어 능력으로 이름을 떨친다. 모자를 쓰고 경기에 나서는 독특한 모습으로 화제를 모았다. 맨체스터 유나이티드에선 데 헤아와 경쟁했다. 지난 시즌 전 경기에 출전하며 팀의 FA컵 우승과 유럽 무대 진출에 힘썼다. 많은 선방을 기록했고 빌드업 능력도 나쁘지 않았다. 강한 어깨를 활용해 멀리 신속하게 공을 던질 수 있다. 롱패스 비율은 낮은 편. 시장 가치는 2000만 유로, 추정 연봉은 520만 유로.

세이브-실점	2024-25 크리스탈 팰리스	레벨
75-46 / 27-5	38-0 3420 67%(S%) 11(CS) 24(SP)	클럽팀 선발 대표팀 백업
●155-51 ○155-104 ◎2-1	T-115 RC-23 D-41 29.5-16.8(P) 57%(P%) 17.4-4.7(LB) 3-0 ★1	

GA	SV	S%	CS	C%	BT	KA	KD	LC	L%	PA	R%	RO	DA
상위 50%	상위 37%	하위 27%	상위 35%	상위 36%	상위 23%	하위 14%	상위 47%	상위 43%	하위 6%	상위 16%	상위 32%	상위 49%	상위 43%

57위 Álex REMIRO — 6.92
알렉스 레미로 1995.03.24 / 192cm / ESP

세 경기마다 한 번 꼴로 클린시트를 작성했다. 팀 내 골키퍼 중에서는 가장 성과가 좋았다. 수비 라인을 조율하며 경기를 펼친다. 70% 이상의 꽤 높은 패스 성공률을 기록했다. 화려한 슈퍼세이브보단 사전에 계산된 위치 선정으로 안정감을 선사하는 유형이다. 높은 위치에서 플레이하는 경우도 종종 있다. 다만, 롱패스 정확도는 30%대로 낮은 편이다. 시장 가치는 1800만 유로, 추정 연봉은 280만 유로.

세이브-실점	2024-25 레알 소시에다드	레벨
56-40 / 31-3	36-0 3240 67%(S%) 13(CS) 17(SP)	클럽팀 선발 대표팀 백업
●131-43 ○131-88 ◎6-1	T-111 RC-14 D-44 32.5-23.4(P) 72%(P%) 15.5-6.5(LB) 0-0 ★1	

GA	SV	S%	CS	C%	BT	KA	KD	LC	L%	PA	R%	RO	DA
상위 44%	하위 20%	상위 50%	상위 21%	상위 22%	상위 48%	상위 28%	상위 26%	상위 36%	상위 39%	상위 47%	상위 59%	상위 43%	상위 43%

58위 Marco BIZOT — 6.90
마르코 비조 1991.03.10 / 193cm / NED

네덜란드에서 활동할 당시 80% 가까운 경기를 무실점으로 마친 기록이 있다. 지난 시즌엔 프랑스 리그에서 클린시트 10회를 기록했다. 팀 전술 특성상 길게 볼을 배급하는 상황이 많다. 킥을 갈고 닦은 덕분에 롱패스 시도와 성공률이 최상위 수준이다. 골문을 비우고 나가 선방을 펼치지만, 상대의 강한 압박 시엔 실수가 나오기도 한다. 시장 가치는 300만 유로, 추정 연봉은 91만 유로.

세이브-실점	2024-25 브레스트	레벨
59-48 / 16-6	32-0 2880 59%(S%) 10(CS) 10(SP)	클럽팀 선발
●131-54 ○131-77 ◎10-1	T-134 RC-29 D-45 31.1-20.2(P) 65%(P%) 18.6-8.0(LB) 4-0 ★0	

GA	SV	S%	CS	C%	BT	KA	KD	LC	L%	PA	R%	RO	DA
하위 16%	상위 28%	상위 27%	상위 33%	상위 35%	상위 42%	상위 31%	상위 25%	상위 5%	상위 9%	상위 36%	상위 25%	상위 14%	상위 15%

59위 Gregor KOBEL — 6.89
그레고르 코벨 1997.12.06 / 195cm / SUI

보루시아 도르트문트 넘버 원. 2021년부터 주전으로 자리매김했다. 분데스리가에선 노이어 이후 최고라는 찬사를 받는다. 스위스 대표팀에선 안 조머에 이은 2인자다. 순발력을 바탕으로 1대1 위기 상황을 잘 넘긴다. 패스 성공률도 준수한 편. 커리어 전체로 보면 25%의 페널티킥 방어 성공률을 기록하고 있다. 단, 상대가 강한 압박을 걸 경우 안정감이 떨어지기도. 시장 가치는 4000만 유로, 추정 연봉은 900만 유로.

세이브-실점	2024-25 보루시아 도르트문트	레벨
56-41 / 27-6	32-0 2880 64%(S%) 7(CS) 11(SP)	클럽팀 선발 대표팀 백업/선발
●132-47 ○132-85 ◎4-0	T-126 RC-19 D-41 35.0-27.3(P) 78%(P%) 12.8-5.0(LB) 1-0 ★1	

GA	SV	S%	CS	C%	BT	KA	KD	LC	L%	PA	R%	RO	DA
하위 33%	상위 40%	상위 27%	상위 49%	상위 50%	상위 31%	하위 14%	상위 28%	상위 41%	상위 22%	상위 43%	상위 20%	상위 20%	하위 18%

60위 Paulo GAZZANIGA — 6.89
파울로 가사니가 1992.01.02 / 195cm / ARG

스페인 리그 특성상 높은 패스 성공률을 보인다. 빌바오전 3연속 페널티킥 선방으로 화제를 모았다. 짧게 패스를 보내 팀 빌드업에 참여하는 스타일이다. 유럽 여러 리그를 경험했고, 지로나의 유럽 무대 진출에도 기여했다. 긴 패스가 다소 약하지만, 전반적으로 고른 능력치를 보인다. 두드러진 단점은 찾기 어렵다. 아르헨티나 출신으로 지로나가 믿고 내보내는 선수다. 시장 가치는 250만 유로, 추정 연봉은 124만 유로.

세이브-실점	2024-25 지로나	레벨
63-40 / 30-11	36-0 3196 65%(S%) 8(CS) 25(SP)	클럽팀 선발
●144-51 ○144-93 ◎5-3	T-137 RC-14 D-36 29.7-23.2(P) 78%(P%) 10.5-3.9(LB) 4-0 ★1	

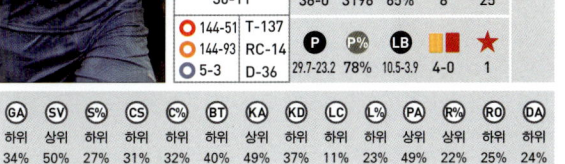

GA	SV	S%	CS	C%	BT	KA	KD	LC	L%	PA	R%	RO	DA
하위 34%	상위 50%	상위 27%	상위 31%	상위 32%	상위 40%	상위 37%	상위 11%	상위 33%	상위 49%	상위 22%	상위 25%	상위 25%	하위 24%

○ 유럽 5대 리그 골키퍼 항목별 랭킹(90분 기준 기록, 100분율)

61위 Giorgi MAMARDASHVILI — 6.88
조르지 마마르다시빌리 2000.09.29 / 197cm / GEO

발렌시아에서 뛰다 2025년 여름 리버풀 이적을 확정했다. 엄청난 슈퍼세이브 능력과 위치 선정을 갖췄다. 큰 신장을 활용한 공중볼 경합에도 강하다. 그 덕분에 세트피스 찬스에서도 기회를 잘 내주지 않는다. 발렌시아에선 라리가 69경기 연속 선발을 할 정도로 자기 관리 능력이 출중하다. 팀이 어려운 상황에도 잔류를 이끈 바 있다. 조지아 현역 국가대표. 시장 가치는 3000만 유로, 추정 연봉은 150만 유로.

세이브-실점	2024-25 발렌시아					레벨
51-40						클럽팀 선발 / 대표팀 선발
40-8	34-0	3060	66%	8	35	
○141-48 T-134	P	P%	LB		★	
○141-93 RC-20						
○7-2 D-45	27.7-17.7	64%	14.7-5.0	2-0	3	

GA	SV	S%	CS	C%	BT	KA	KD	LC	L%	PA	R%	RO	DA
하위	하위	하위	하위	하위	상위	상위	상위	상위	하위	상위	하위	상위	상위
39%	34%	40%	40%	40%	21%	25%	26%	50%	26%	33%	45%	43%

62위 André ONANA — 6.87
앙드레 오나나 1996.04.02 / 190cm / CMR

2024-2025시즌 기대치를 뛰어넘은 거의 유일한 골키퍼였다. 인터 밀란 시절부터 뛰어난 세이브 능력을 자랑했다. 지난 시즌 팀 성적이 좋지 않아 고전했으나, 원래는 빌드업과 역습에 도움을 주는 스타일이다. 롱-볼 공격 전개가 불안하고, 경기력에 기복이 있는 편이다. 그러나 감독과 동료들의 절대적 신임 속에 대체 불가능한 자원으로 활약했다. 시장 가치는 2500만 유로, 추정 연봉은 1040만 유로.

세이브-실점	2024-25 맨체스터 유나이티드					레벨
57-39						클럽팀 선발 / 대표팀 선발/백업
32-5	34-0	3060	67%	9	22	
○134-44 T-136	P	P%	LB		★	
○134-90 RC-10						
○4-1 D-43	34.3-24.0	70%	14.5-4.5	0-0		

GA	SV	S%	CS	C%	BT	KA	KD	LC	L%	PA	R%	RO	DA
상위	하위	상위	하위	하위	상위	하위	상위	하위	상위	하위	상위	하위	하위
47%	26%	49%	39%	39%	40%	21%	35%	33%	15%	50%	37%	19%	25%

63위 Mads HERMANSEN — 6.87

매츠 허만슨 2000.07.11 / 187cm / DEN

레스터 시티에서 2년 사이에 승격과 강등을 모두 경험했다. 지난 시즌엔 사타구니 부상으로 2개월 가까이 결장해 총 27경기 출전에 그쳤다. 2024-2025시즌 리그에서 약 80실점을 기록한 팀 성적 탓에 클린시트는 1회에 불과하다. 그럼에도 세이브 수치로는 상위권에 올랐다. 롱볼 배급, 안정성과 판단 능력에선 아직 부족하다는 평가가 나온다. 시장 가치는 1500만 유로, 추정 연봉은 52만 유로.

세이브-실점	2024-25 레스터 시티					레벨
74-52						클럽팀 선발 / 대표팀 백업
26-6	27-0	2386	64%	1	18	
○161-58 T-133	P	P%	LB		★	
○161-103 RC-14						
○4-1 D-47	35.2-19.7	56%	20.4-5.5	1-0	1	

GA	SV	S%	CS	C%	BT	KA	KD	LC	L%	PA	R%	RO	DA
하위	상위	상위	하위	하위	상위	상위	상위	상위	하위	상위	상위	하위	하위
6%	8%	15%	2%	14%	49%	20%	49%	2%	15%	45%	41%	35%

64위 Vicente GUAITA — 6.87
비센테 과이타 1987.01.10 / 190cm / ESP

2024-2025시즌 유럽 5대 리그에서 높은 기대 실점 대비 가장 낮은 실점을 기록했다. 38세로 노장이지만 거의 모든 경기에 나서 활약했다. 최근 두 시즌 간 셀타 비고 최후방을 책임졌다. 가장 활약이 좋았던 두 경기에선 MOM에 올랐다. 중거리 슈팅에 강한 타입이다. 2025년 여름 무적 신분이 됐다. 은퇴와 발렌시아 복귀의 기로에 서 있다. 시장 가치는 70만 유로, 추정 연봉은 240만 유로.

세이브-실점	2024-25 셀타 비고					레벨
53-44						클럽팀 선발
26-4	34-0	3060	63%	6	20	
○129-48 T-195	P	P%	LB		★	
○129-81 RC-20						
○3-0 D-32	22.9-17.9	78%	8.1-3.0	0-0		

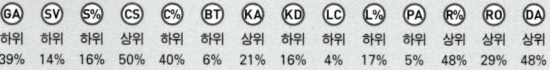

GA	SV	S%	CS	C%	BT	KA	KD	LC	L%	PA	R%	RO	DA
하위	하위	상위	상위	하위	상위	하위	상위	하위	상위	하위	상위	상위	상위
39%	14%	16%	50%	6%	21%	16%	17%	5%	48%	29%	48%

65위 Michael ZETTERER — 6.85
미하엘 체터러 1995.07.12 / 187cm / GER

지난 시즌 클린시트 10회를 포함해 안정적인 실력을 선보였다. 10년의 기다림 끝에 드디어 선발로 자리잡았다. 꾸준함과 멘탈리티를 증명해냈다. 패스 성공률이 높았고, 볼 터치와 패스 시도에서 상위권 기록을 냈다. 공중볼에 강해 펀칭을 자주 시도한다. 높이 날아드는 크로스엔 간혹 실수가 발생하는 편이다. 맨체스터 시티 등 여러 클럽의 관심을 얻고 있다. 시장 가치는 70만 유로, 추정 연봉은 240만 유로.

세이브-실점	2024-25 베르더 브레멘					레벨
69-47						클럽팀 선발
33-10	34-0	3060	65%	10	20	
○161-57 T-188	P	P%	LB		★	
○161-104 RC-10						
○3-0 D-37	32.8-24.9	76%	14.1-6.2	2-0	3	

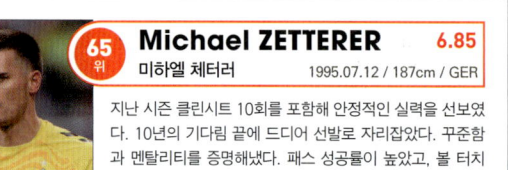

GA	SV	S%	CS	C%	BT	KA	KD	LC	L%	PA	R%	RO	DA
하위	상위	상위	상위	하위	상위	하위	상위	상위	상위	상위	상위	하위	상위
15%	39%	21%	32%	5%	24%	7%	21%	39%	46%	14%	27%	44%	43%

66위 Maduka OKOYE — 6.84
마두카 오코예 1999.08.28 / 197cm / NGA

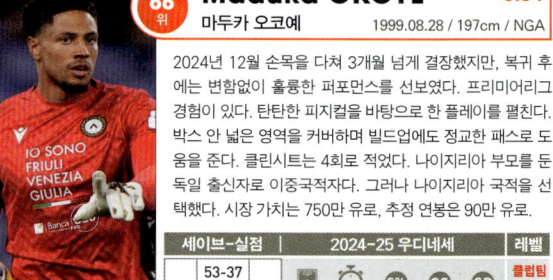

2024년 12월 손목을 다쳐 3개월 넘게 결장했지만, 복귀 후에는 변함없이 훌륭한 퍼포먼스를 선보였다. 프리미어리그 경험이 있다. 탄탄한 피지컬을 바탕으로 한 플레이를 펼친다. 박스 안 넓은 영역을 커버하며 빌드업에도 정교한 패스로 도움을 준다. 클린시트는 4회로 적었다. 나이지리아 부모를 둔 독일 출신자로 이중국적자다. 그러나 나이지리아 국적을 선택했다. 시장 가치는 750만 유로, 추정 연봉은 90만 유로.

세이브-실점	2024-25 우디네세					레벨
53-37						클럽팀 선발 / 대표팀 백업/선발
20-3	25-0	2250	65%	4	12	
○113-40 T-80	P	P%	LB		★	
○113-73 RC-10						
○5-0 D-43	31.4-23.9	76%	13.7-5.9	1-0	0	

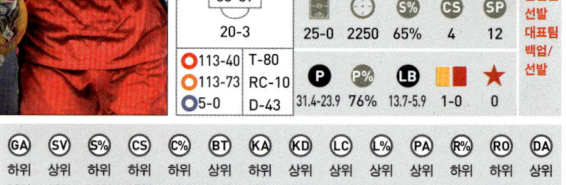

GA	SV	S%	CS	C%	BT	KA	KD	LC	L%	PA	R%	RO	DA
하위	상위	상위	상위	하위	상위	하위	상위	상위	하위	상위	하위	상위	상위
22%	43%	32%	15%	50%	38%	6%	43%	14%	35%	45%

유럽 5대리그 골키퍼 항목별 랭킹(90분 기준 기록, 100분율)

67위 Diego CONDE — 6.84
디에고 콘데 1998.10.28 / 188cm / ESP

발렌시아에서 뛴 지난 시즌, 리그 최초로 한 시즌에 이달의 세이브를 2회 수상했다. 그러나 무릎 부상을 겪었고 팀 부진으로 클린시트는 2회에 불과했다. 하지만 여러차례 슈퍼세이브로 팀을 구했다. 빠른 반응을 통한 선방이 강점. 풍부한 경험도 장점이다. 아틀레티코 마드리드를 시작으로 여러 클럽을 거쳤다. 2부 리그 경험도 있다. 중거리 패스는 보완해야 한다. 시장 가치는 750만 유로, 추정 연봉은 84만 유로.

세이브-실점	2024-25 비야레알					레벨
42-24						클럽팀
20-9	22-0	1963	66%	2	18	선발/백업
96-33	T-111	P	P%	LB	🟨🟥	★
96-63	RC-7					
4-0	D-33	24.2-18.6	78%	9.1-4.0	2-0	1

GA	SV	S%	CS	C%	BT	KA	KD	LC	L%	PA	R%	RO	DA
하위	상위	하위	하위	하위	상위	하위	상위	하위	하위	상위	하위	하위	하위
29%	49%	38%	7%	7%	12%	49%	17%	14%	29%	15%	49%	18%	16%

68위 Antonio SIVERA — 6.83
안토니오 시베라 1996.08.11 / 184cm / ESP

데포르티보 알라베스에서 주전 경쟁을 벌이며 지난 시즌 많은 출전 기회를 얻었다. 4경기에 한 번씩 클린시트를 작성했다. 패스 성공률은 51%로 다소 낮은 편. 그러나 롱패스 성공률에선 유럽 상위 1%에 들 만큼 정확한 킥력을 갖췄다. 콜플레이를 많이 하기보다는 묵묵히 자기 역할에 치중하는 스타일이다. 스페인 연령별 대표팀서 다수 우승 경험이 있다. 시장 가치는 600만 유로, 추정 연봉은 88만 유로.

세이브-실점	2024-25 데포르티보 알라베스					레벨
49-35						클럽팀
26-4	32-0	2812	66%	8	15	선발
115-39	T-70	P	P%	LB	🟨🟥	★
115-76	RC-19					
9-0	D-55	28.4-14.5	51%	23.4-9.6	6-1	0

GA	SV	S%	CS	C%	BT	KA	KD	LC	L%	PA	R%	RO	DA
상위	하위	상위	하위	하위	상위	하위	상위	상위	상위	하위	상위	상위	하위
35%	21%	37%	49%	49%	16%	12%	2%	1%	13%	13%	39%	37%	27%

69위 Philipp KÖHN — 6.82
필립 퀸 1998.04.02 / 190cm / SUI

잘츠부르크를 거쳐 지난 시즌 모나코에서 활약했다. 라도스와프 마예키츠와 주전 다툼에서 근소하게 앞섰지만, 계속해서 경쟁을 펼쳐야 한다. 안정적으로 볼을 배급하며 선방 능력도 준수하다. 발 기술은 다소 아쉽지만 쉽게 골을 내주지 않는 1대1 수비가 강점으로 꼽힌다. 독일 태생이나 스위스 국적 어머니 덕분에 스위스 대표팀서 뛴다. 시장 가치는 500만 유로, 추정 연봉은 110만 유로.

세이브-실점	2024-25 AS 모나코					레벨
24-16						클럽팀
20-3	19-0	1710	71%	8	11	선발/백업
65-19	T-70	P	P%	LB	🟨🟥	★
65-46	RC-4					
1-0	D-35	25.3-18.2	72%	11.5-4.6	1-0	0

GA	SV	S%	CS	C%	BT	KA	KD	LC	L%	PA	R%	RO	DA
상위	하위	하위	상위	상위	상위	하위	하위	하위	하위	하위	상위	상위	상위
14%	10%	42%	10%	12%	4%	43%	24%	7%	29%	5%	33%	50%	29%

70위 Alphonse AREOLA — 6.82
알퐁스 아레올라 1993.02.27 / 195cm / FRA

다수의 우승 경험으로 큰 경기에 강한 스타일이다. 프랑스 출신 장신 골키퍼로 파리 생제르맹에서 성장했고, 프랑스 국가대표로 2018년 월드컵 우승을 경험했다. 스페인 무대를 거쳐 잉글랜드에서 뛰고 있다. 특유의 긴 리치를 활용해 높은 볼에 강점을 나타낸다. 점프 시에도 쉽게 균형을 잃지 않는 안정감이 있다. 위치를 잘 잡기에 공중볼을 잘 처리한다. 시장 가치는 900만 유로, 추정 연봉은 624만 유로.

세이브-실점	2024-25 웨스트햄 유나이티드					레벨
50-37						클럽팀
27-4	25-1	2260	67%	4	15	선발/백업/대표팀 백업
123-41	T-119	P	P%	LB	🟨🟥	★
123-82	RC-10					
0-0	D-39	33.6-22.2	66%	17.0-6.3	1-0	0

GA	SV	S%	CS	C%	BT	KA	KD	LC	L%	PA	R%	RO	DA
하위	상위	하위	상위	상위	상위	상위	상위	상위	상위	상위	상위	상위	상위
18%	33%	14%	28%	29%	20%	8%	45%	27%	49%	40%	9%	40%	27%

71위 Lukáš HRÁDECKY — 6.82
루카시 흐라데츠키 1989.11.24 / 192cm / FIN

사비 알론소 감독의 레버쿠젠에서 근거리 선방과 신중한 수비를 선보였다. 특히 롱-볼과 역습에 직접 가담하는 킥으로 공격 작업을 돕는다. 기본기가 좋아 패스 성공률도 준수한 편. 클럽과 대표팀 주장단을 맡아 동료들을 이끌고 베테랑답게 평정심이 빼어나다. 우직한 스타일이다. 슬로바키아 출신의 베테랑. 국적은 핀란드를 택해 A매치 100경기 이상 소화했다. 시장 가치는 200만 유로, 추정 연봉은 260만 유로.

세이브-실점	2024-25 바이에르 레버쿠젠					레벨
52-32						클럽팀
31-6	29-0	2610	69%	6	8	선발/대표팀 선발
123-38	T-110	P	P%	LB	🟨🟥	★
123-85	RC-9					
4-0	D-37	27.7-20.2	73%	12.7-5.6	1-0	1

GA	SV	S%	CS	C%	BT	KA	KD	LC	L%	PA	R%	RO	DA
상위	상위	상위	상위	상위	하위	상위	상위	상위	하위	상위	상위	상위	상위
49%	41%	47%	46%	45%	18%	33%	35%	49%	19%	32%	5%	26%	9%

72위 José SÁ — 6.82
조제 사 1993.01.17 / 192cm / POR

슈팅 차단 측면에서 최고 수준의 선수다. 뛰어난 반사 신경을 자랑해 슈퍼세이브를 자주 만들어낸다. 몸을 던지는 다이빙으로 어려운 슈팅을 잘 막아내고, 예상 밖의 상황에서도 민첩하게 침착하게 잘 대처한다. 상대 공격수와 각도를 잘 좁힌다. 팀의 리더 역할도 잘 수행하며 매 경기 높은 집중력을 보인다. 과거 유럽 여러 리그를 거쳐 현재는 울버햄프턴 주전으로 뛴다. 시장 가치는 700만 유로, 추정 연봉은 208만 유로.

세이브-실점	2024-25 울버햄튼					레벨
49-42						클럽팀
22-6	29-0	2610	60%	7	14	선발/대표팀 백업
119-48	T-121	P	P%	LB	🟨🟥	★
119-71	RC-23					
7-2	D-38	27.5-16.2	59%	14.8-4.0	2-0	0

GA	SV	S%	CS	C%	BT	KA	KD	LC	L%	PA	R%	RO	DA
하위	하위	상위	상위	상위	상위	상위	상위	하위	상위	상위	상위	상위	상위
17%	18%	12%	49%	48%	20%	48%	39%	4%	29%	5%	49%	21%	22%

○ 유럽 5대리그 골키퍼 항목별 랭킹 (90분 기준 기록, 100분율)

73위 Alexander NÜBEL — 6.82
알렉산더 뉘벨   1996.09.30 / 193cm / GER

노이어의 후계자로 꼽히는 독일의 촉망받는 기대주. 큰 키에도 불구하고 상당히 유연한 세이브를 선보인다. 여러 클럽 임대 경험을 통해 점차 안정감을 키워가는 중이다. 실력이 붙으면서 과거보다 모험적인 플레이를 펼치는 편이다. 공중볼에 강하며 빌드업도 준수하게 수행한다. 간혹 직접 볼을 몰고 공격에 나서기도 한다. 적극적 수비 리딩도 대표적 특징. 시장 가치는 1200만 유로, 추정 연봉은 208만 유로.

세이브-실점	2024-25 VfB 슈투트가르트					레벨
66-44			S%	CS	SP	클럽팀 선발
18-9	34-0	3060	62%	7	10	대표팀 백업/선발
○138-53	T-137	P	P%	LB	🟨🟥	★
○138-85	RC-20					
○3-1	D-36	34.5-25.9	75%	14.8-6.2	0-0	0

GA	SV	S%	CS	C%	BT	KA	KD	LC	L%	PA	R%	RO	DA
하위	하위	하위	하위	하위	상위	하위	상위	상위	상위	하위	상위	상위	상위
21%	15%	3%	27%	27%	26%	11%	28%	46%	26%	14%	37%	22%	10%

74위 Bart VERBRUGGEN — 6.82
바르트 베르브뤼헌   2002.08.18 / 193cm / NED

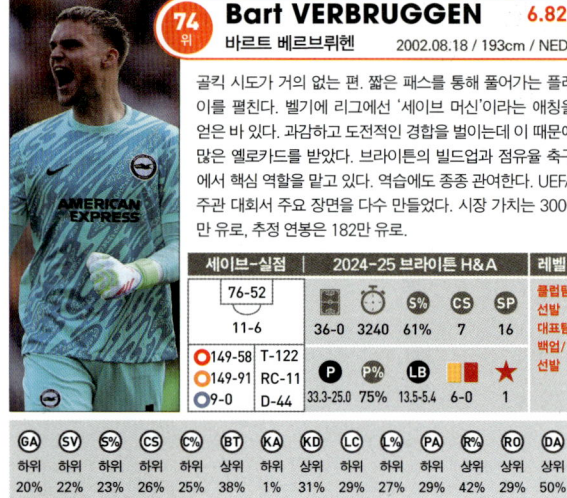

골킥 시도가 거의 없는 편. 짧은 패스를 통해 풀어가는 플레이를 펼친다. 벨기에 리그에선 '세이브 머신'이라는 애칭을 얻은 바 있다. 과감하고 도전적인 경합을 벌이는데 이 때문에 많은 옐로카드를 받았다. 브라이튼의 빌드업과 점유율 축구에서 핵심 역할을 맡고 있다. 역습에도 종종 관여한다. UEFA 주관 대회서 주요 장면을 다수 만들었다. 시장 가치는 3000만 유로, 추정 연봉은 182만 유로.

세이브-실점	2024-25 브라이튼 H&A					레벨
76-52			S%	CS	SP	클럽팀 선발
11-6	36-0	3240	61%	7	16	대표팀 백업/선발
○149-58	T-122	P	P%	LB	🟨🟥	★
○149-91	RC-11					
○9-0	D-44	33.3-25.0	75%	13.5-5.4	6-0	1

GA	SV	S%	CS	C%	BT	KA	KD	LC	L%	PA	R%	RO	DA
하위	상위	하위	하위	하위	상위	하위	상위	상위	하위	하위	상위	상위	상위
20%	22%	23%	26%	26%	38%	1%	31%	29%	27%	29%	42%	29%	50%

75위 Łukasz SKORUPSKI — 6.80
우카시 스코룹스키   1991.05.05 / 187cm / POL

80%에 근접한 높은 패스 성공률에서 알 수 있듯 세밀한 발밑 기술을 보유하고 있다. 무리하게 외곽으로 나가기보다는 골에어리에서 수비를 하는 스타일이다. 적잖은 나이에도 순간 반응 속도가 빠르고 공중볼 저지 능력이 수준급이다. 적극적으로 동료들과 소통하며 경기를 풀어나간다. 세이브 능력치는 아쉬운 편. 폴란드 국가대표로 유로 2024에서 활약했다. 시장 가치는 250만 유로, 추정 연봉은 167만 유로.

세이브-실점	2024-25 볼로냐					레벨
38-27			S%	CS	SP	클럽팀 선발
13-6	27-0	2365	62%	8	6	대표팀 선발
○86-33	T-113	P	P%	LB	🟨🟥	★
○86-53	RC-11					
○2-1	D-41	36.8-28.0	76%	14.6-6.0		

GA	SV	S%	CS	C%	BT	KA	KD	LC	L%	PA	R%	RO	DA
상위	하위	하위	상위	상위	하위	상위	상위	상위	상위	상위	하위	상위	하위
33%	8%	18%	29%	29%	15%	14%	48%	45%	43%	10%	14%	43%	31%

76위 Filip STANKOVIC — 6.80
필립 스탄코비치   2002.02.25 / 187cm / SRB

대대로 축구 가족에서 성장했다. 세르비아에서 아버지와 삼촌 역시 유명 축구선수였다. 2024-205시즌엔 베네치아서 임대로 뛰며 경험을 쌓았다. 한창 주전 경쟁을 벌이던 중 슬개골 인대 파열 부상을 당해 주춤했으나 빠르게 복귀했다. 볼터치 능력이 좋고 빌드업 능력이 우수하다는 평가를 받는다. 패스 성공률과 크로스 방어도 출중한 편이다. 이적 시장 가치는 600만 유로, 추정 연봉은 56만 유로.

세이브-실점	2024-25 베네치아					레벨
35-21			S%	CS	SP	클럽팀 선발/ 백업
26-2	16-0	1368	73%	0	20	
○85-23	T-51	P	P%	LB	🟨🟥	★
○85-62	RC-6					
○5-1	D-29	28.9-20.2	70%	13.2-4.9	1-0	1

GA	SV	S%	CS	C%	BT	KA	KD	LC	L%	PA	R%	RO	DA
하위	상위	상위	상위	상위	상위	하위	상위	상위	상위	상위	상위	상위	하위
28%	3%	8%	1%	1%	47%	36%	11%	24%	16%	50%	21%	29%	5%

77위 Moritz NICOLAS — 6.78
모리츠 니콜라스   1997.10.21 / 193cm / GER

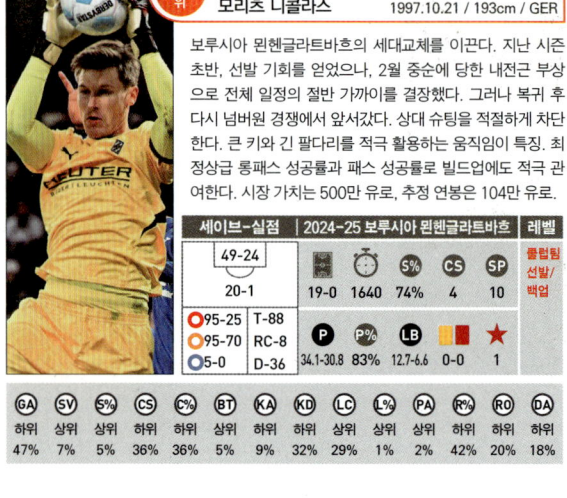

보루시아 묀헨글라트바흐의 세대교체를 이끈다. 지난 시즌 초반, 선발 기회를 얻었으나, 2월 중순에 당한 내전근 부상으로 전체 일정의 절반 가까이를 결장했다. 그러나 복귀 후 다시 넘버원 경쟁에서 앞서나갔다. 상대 슈팅을 적절하게 차단한다. 큰 키와 긴 팔다리를 적극 활용하는 움직임이 특징. 최정상급 롱패스 성공률과 패스 성공률로 빌드업에도 적극 관여한다. 시장 가치는 500만 유로, 추정 연봉은 104만 유로.

세이브-실점	2024-25 보루시아 묀헨글라트바흐					레벨
49-24			S%	CS	SP	클럽팀 선발/ 백업
20-1	19-0	1640	74%	4	10	
○95-25	T-88	P	P%	LB	🟨🟥	★
○95-70	RC-8					
○5-0	D-36	34.1-30.8	83%	12.7-6.6	0-0	1

GA	SV	S%	CS	C%	BT	KA	KD	LC	L%	PA	R%	RO	DA
하위	상위	상위	상위	상위	하위	상위	상위	상위	상위	하위	상위	상위	상위
47%	7%	5%	36%	36%	5%	32%	44%	29%	1%	4%	20%	7%	18%

78위 Devis VÁSQUEZ — 6.78
데비스 바스케스   1998.05.12 / 195cm / COL

골문 주위를 장악하는 스타일. 여기에 침착한 성격과 정확한 움직임까지 겸비했다. 남미에서 활동하다 AC 밀란으로 이적, 엠폴리로 임대됐다. 잉글랜드 임대 시절엔 특유의 순발력으로 주목받았다. 이탈리아 무대 초반에는 위기 상황 대응에 약하다는 평가를 받았지만, 점차 극복해냈다. 웬만한 공중볼은 대부분 잡아내는 편. 빌드업은 더 개선해야 할 요소다. 시장 가치는 200만 유로, 추정 연봉은 31만 유로.

세이브-실점	2024-25 엠폴리					레벨
59-39			S%	CS	SP	클럽팀 선발
21-6	32-0	2880	65%	6	15	
○128-45	T-104	P	P%	LB	🟨🟥	★
○128-83	RC-13					
○3-1	D-47	31.1-17.7	57%	19.4-6.2	2-0	2

GA	SV	S%	CS	C%	BT	KA	KD	LC	L%	PA	R%	RO	DA
하위	상위	하위	하위	하위	상위	상위	상위	하위	상위	상위	상위	상위	하위
41%	25%	17%	22%	22%	43%	31%	16%	35%	13%	35%	29%	6%	6%

79위 Karl HEIN — 칼 하인 — 6.77
2002.04.13 / 193cm / EST

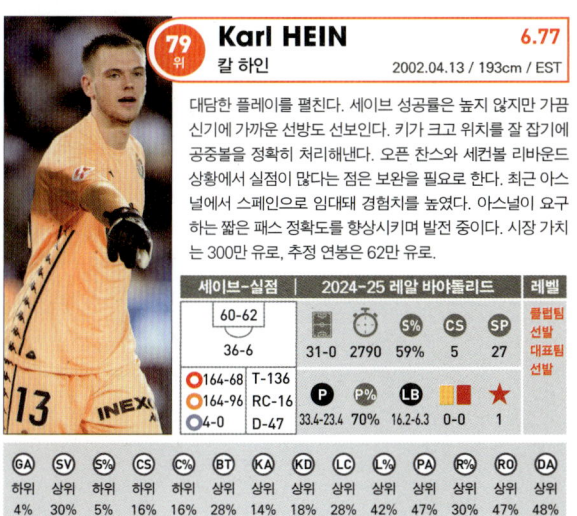

대담한 플레이를 펼친다. 세이브 성공률은 높지 않지만 가끔 신기에 가까운 선방도 선보인다. 키가 크고 위치를 잘 잡기에 공중볼을 정확히 처리해낸다. 오픈 찬스와 세컨볼 리바운드 상황에서 실점이 많다는 점은 보완이 필요로 한다. 최근 아스날에서 스페인으로 임대때 경험치를 높였다. 아스날이 요구하는 짧은 패스 정확도를 향상시키며 발전 중이다. 시장 가치는 300만 유로, 추정 연봉은 62만 유로.

세이브-실점		2024-25 레알 바야돌리드					레벨
60-62		⏱	S%	CS	SP		클럽팀 선발
36-6		31-0	2790	59%	5	27	대표팀 선발
164-68	T-136	P	P%	LB			
164-96	RC-16	33.4-23.4	70%	16.2-4.5	0-0	1	
4-0	D-47						

GA	SV	S%	CS	C%	BT	KA	KD	LC	L%	PA	R%	RO	DA
하위	상위	하위	하위	하위	상위	상위	상위	상위	상위	상위	상위	상위	상위
4%	30%	5%	16%	16%	28%	14%	28%	18%	42%	47%	30%	47%	48%

80위 Ørjan NYLAND — 외르얀 닐란 — 6.74
1990.09.10 / 192cm / NOR

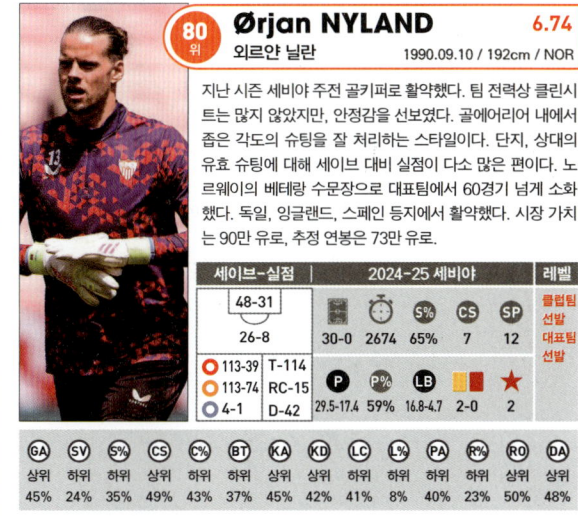

지난 시즌 세비야 주전 골키퍼로 활약했다. 팀 전력상 클린시트는 많지 않았지만, 안정감을 선보였다. 골에어리어 내에서 좁은 각도의 슈팅을 잘 처리하는 스타일이다. 단지, 상대의 유효 슈팅에 대해 세이브 대비 실점이 다소 많은 편이다. 노르웨이의 베테랑 수문장으로 대표팀에서 60경기 넘게 소화했다. 독일, 잉글랜드, 스페인 등지에서 활약했다. 시장 가치는 90만 유로, 추정 연봉은 73만 유로.

세이브-실점		2024-25 세비야					레벨
48-31		⏱	S%	CS	SP		클럽팀 선발
26-8		30-0	2674	65%	7	12	대표팀 선발
113-39	T-114	P	P%	LB			
113-74	RC-15	29.5-17.4	59%	16.8-4.7	2-0	2	
4-1	D-42						

GA	SV	S%	CS	C%	BT	KA	KD	LC	L%	PA	R%	RO	DA
상위	하위	상위	하위	상위	하위	상위	하위	하위	상위	상위	하위	상위	상위
45%	24%	35%	49%	43%	37%	63%	42%	8%	40%	23%	50%	48%	

81위 ADRIÁN — 아드리안 — 6.73
1987.01.03 / 190cm / ESP

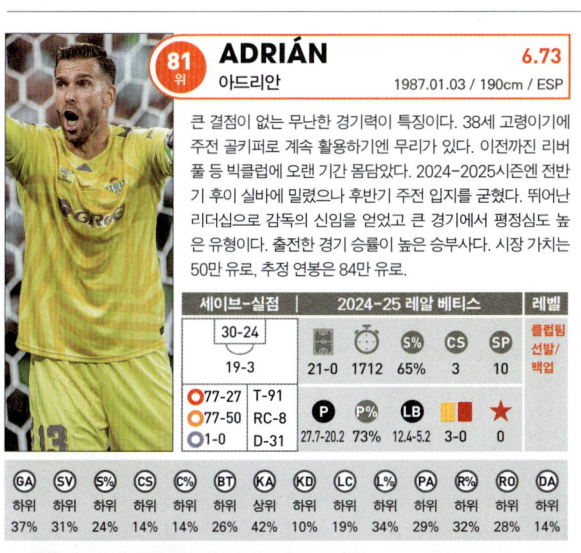

큰 결점이 없는 무난한 경기력이 특징이다. 38세 고령이기에 주전 골키퍼로 계속 활용하기엔 무리가 있다. 이전까진 리버풀 등 빅클럽에 오랜 기간 몸담았다. 2024-2025시즌엔 전반기 후이 실바에 밀렸으나 후반기 주전 입지를 굳혔다. 뛰어난 리더십으로 감독의 신임을 얻었고 큰 경기에서 평정심도 높은 유형이다. 출전한 경기 승률이 높은 승부사다. 시장 가치는 50만 유로, 추정 연봉은 84만 유로.

세이브-실점		2024-25 레알 베티스					레벨
30-24		⏱	S%	CS	SP		클럽팀 선발/
19-3		21-0	1712	65%	3	10	백업
77-27	T-91	P	P%	LB			
77-50	RC-8	27.7-20.2	73%	12.4-5.2	3-0	★	
1-0	D-31						

GA	SV	S%	CS	C%	BT	KA	KD	LC	L%	PA	R%	RO	DA
하위	하위	하위	하위	상위	하위	하위	하위	하위	하위	하위	하위	하위	하위
37%	31%	24%	14%	14%	26%	42%	10%	19%	34%	29%	32%	28%	14%

82위 Guillaume RESTES — 기욤 레스트 — 6.71
2005.03.11 / 188cm / FRA

높은 잠재력을 갖고 있는 젊은 수문장이다. 청소년 팀, 올림픽팀 등 각 연령 별 대표팀에서 국제무대에 자주 출전했다. 10대 후반부터 툴루즈에서 주전으로 뛰고 있다. 유연한 움직임으로 안정감 있는 수비를 선보인다. 경기 내내 팀원들과 적극적으로 소통하는 의지를 보인다. 아직까지 크로스 처리, 세트 피스 대처 능력은 살짝 부족한 편이다. 보완이 필요하다. 시장 가치는 2000만 유로, 추정 연봉은 64만 유로.

세이브-실점		2024-25 툴루즈					레벨
34-29		⏱	S%	CS	SP		클럽팀 선발
25-7		29-0	2545	62%	8	10	
95-36	T-83	P	P%	LB			
95-59	RC-12	25.2-17.4	69%	11.2-3.7	2-0	★	
2-1	D-39						

GA	SV	S%	CS	C%	BT	KA	KD	LC	L%	PA	R%	RO	DA
상위	하위	하위	상위	하위	상위	상위	상위	하위	하위	하위	하위	상위	상위
42%	6%	5%	39%	31%	7%	34%	49%	16%	11%	14%	1%	37%	12%

TEAM'S RANKING & SCOUTING REPORT

지난 시즌 유럽 5대 리그는 "컴백 시즌(Comeback Season)"이라는 한마디로 정의할 수 있다. 리버풀 FC, FC 바르셀로나, 바이에른 뮌헨, 나폴리 등 각국 명문 팀들이 정상에 복귀했기 때문이다. 리버풀은 2019-20시즌 우승 이후 5년 만에 챔피언으로 돌아왔고, 다른 3팀은 2022-23시즌 이후 2년 만에 1위를 탈환했다. 리버풀과 바이에른은 아스널과 레버쿠젠을 넉넉한 차이로 각각 따돌리며 정상에 복귀했다. 바르셀로나는 레알 마드리드와 치열하게 경쟁하다 막판 우승을 결정지었다. 그러나 나폴리는 인테르 밀란에 종이 한 장 차이(승점 1점차)로 간신히 타이틀을 되찾을 수 있었다. 지난 시즌과 변화가 없는 리그는 프랑스리그 뿐이다. PSG는 지난 10년간 무려 8번 우승했다. 그리고, 구단 역사상 처음 유럽 챔피언스리그 트로피를 들어올렸다.

ENGLISH PREMIERLEAGUE
SPANISH LA LIGA
GERMAN BUNDESLIGA
ITALIAN SERIE-A
FRENCH LIGUE

명 가 부 활

名家復活

EPL의 명문 리버풀이 돌아왔다. 리버풀은 프리미어리그 2024-25시즌, 뛰어난 퍼포먼스를 선보이며 승점 84점을 기록, 2위 아스널(74점)을 비교적 넉넉하게 따돌리고 2019-20시즌 이후 5년만에 정상에 올랐다. 지난 시즌 리버풀의 퍼포먼스는 유럽 5 대리그 96개팀중 단연 첫손가락에 꼽힐만 했다. 잘 짜여진 수비 조직과 화려한 콤비네이션 공격으로 상대를 압도했다. 2위 아스널과 3위 맨시티(승점 71점) 역시 시즌 마지막날까지 최선을 다했지만 리버풀의 상승세를 따라잡기에는 역부족이었다. 주목할 팀은 4위 첼시. 이 팀은 리그에서 별다른 두각을 나타내지 못했으나 7월에 폐막한 FIFA 클럽월드컵 결승전에서 예상을 뒤엎고 PSG를 3-0으로 완파하면서 우승했다. 프리미어리그 2025-26시즌도 이들 '빅4'가 우승 경쟁을 펼칠 가능성이 크다. 도박사들의 배당률에서도 확실히 나타난다. 리버풀 공격수 디오구 조타의 갑작스러운 사망 소식에 전세계 축구팬들은 애도하고 있다. 훌륭한 선수, 훌륭한 인간이었던 고인의 명복을 빈다.

2025-26시즌 EPL 우승 배당률

예상	팀	벳365	윌리엄힐	레드브룩스	스카이벳
1	Liverpool	2배	2배	2.2배	1.88배
2	Arsenal	2.25배	2.25배	2.25배	2.25배
3	Manchester City	3배	2.75배	2.75배	2.75배
4	Chelsea	8배	8배	7.5배	7배
5	Newcastle	28배	28배	33배	18배
6	Manchester United	40배	28배	33배	22배
7	Tottenham	50배	50배	50배	40배
8	Aston Villa	66배	66배	66배	50배
9	Brighton	150배	200배	250배	125배
10	Nottingham Forest	200배	200배	200배	175배
11	Bournemouth	350배	250배	250배	300배
12	Everton	500배	500배	250배	500배
13	West Ham	500배	500배	500배	500배
14	Crystal Palace	750배	500배	500배	500배
15	Fulham	750배	750배	500배	500배
16	Brentford	1000배	750배	500배	1000배
17	Leeds	1000배	500배	750배	1000배
18	Wolverhampton	1000배	1000배	500배	1000배
19	Burnley	1500배	1500배	1000배	1000배
20	Sunderland	2000배	2000배	1000배	1000배

배당률은 2025년 7월 14일 기준. 강팀일수록 배당률은 낮아짐

2024-25시즌 EPL 순위

순위	팀	경기	승	무	패	득점	실점	득실	승점
1	Liverpool ★●	38	25	9	4	86	41	+45	84
2	Arsenal ●	38	20	14	4	69	34	+35	74
3	Manchester City ●	38	21	8	9	72	44	+28	71
4	Chelsea ●	38	20	9	9	64	43	+21	69
5	Newcastle ●	38	20	6	12	68	47	+21	66
6	Aston Villa ●	38	19	9	10	58	51	+7	66
7	Nottingham Forest	38	19	8	11	58	46	+12	65
8	Brighton	38	16	13	9	66	59	+7	61
9	Bournemouth	38	15	11	12	58	46	+12	56
10	Brentford	38	16	8	14	66	57	+9	56
11	Fulham	38	15	9	14	54	54	0	54
12	Crystal Palace	38	13	14	11	51	51	0	53
13	Everton	38	11	15	12	42	44	-2	48
14	West Ham	38	11	10	17	46	62	-16	43
15	Manchester United	38	11	9	18	44	54	-10	42
16	Wolverhampton	38	12	6	20	54	69	-15	42
17	Tottenham	38	11	5	22	64	65	-1	38
18	Leicester ▼	38	6	7	25	33	80	-47	25
19	Ipswich ▼	38	4	10	24	36	82	-46	22
20	Southampton ▼	38	2	6	30	26	86	-60	12

★우승 ●챔피언스리그 출전 ●유로파리그 출전 ▼강등

2025-26 PREMIER LEAGUE MATCH SCHEDULE

*시간은 잉글랜드 현지 시간. 대한민국은 잉글랜드보다 9시간 빠름

DAY 1

2025.08.15	Liverpool	vs	Bournemouth
2025.08.16	Aston Villa	vs	Newcastle
2025.08.16	Sunderland	vs	West Ham
2025.08.16	Tottenham	vs	Burnley
2025.08.16	Brighton & Hove Albion	vs	Fulham
2025.08.16	Wolverhampton	vs	Manchester City
2025.08.17	Nottingham Forest	vs	Brentford
2025.08.17	Chelsea	vs	Crystal Palace
2025.08.17	Manchester United	vs	Arsenal
2025.08.18	Leeds United	vs	Everton

DAY 2

2025.08.22	West Ham	vs	Chelsea
2025.08.23	Manchester City	vs	Tottenham
2025.08.23	Brentford	vs	Aston Villa
2025.08.23	Burnley	vs	Sunderland
2025.08.23	Bournemouth	vs	Wolverhampton
2025.08.23	Arsenal	vs	Leeds United
2025.08.24	Crystal Palace	vs	Nottingham Forest
2025.08.24	Everton	vs	Brighton & Hove Albion
2025.08.24	Fulham	vs	Manchester United
2025.08.25	Newcastle	vs	Liverpool

DAY 3

2025.08.29	Aston Villa	vs	Crystal Palace
2025.08.30	Chelsea	vs	Fulham
2025.08.30	Tottenham	vs	Bournemouth
2025.08.30	Wolverhampton	vs	Everton
2025.08.30	Sunderland	vs	Brentford
2025.08.30	Manchester United	vs	Burnley
2025.08.30	Leeds United	vs	Newcastle
2025.08.31	Brighton & Hove Albion	vs	Manchester City
2025.08.31	Nottingham Forest	vs	West Ham
2025.08.31	Liverpool	vs	Arsenal

DAY 4

2025.09.13	Fulham	vs	Leeds United
2025.09.13	Manchester City	vs	Manchester United
2025.09.13	Newcastle	vs	Wolverhampton
2025.09.13	West Ham	vs	Tottenham
2025.09.13	Everton	vs	Aston Villa
2025.09.13	Crystal Palace	vs	Sunderland
2025.09.13	Arsenal	vs	Nottingham Forest
2025.09.13	Brentford	vs	Chelsea
2025.09.13	Burnley	vs	Liverpool
2025.09.13	Bournemouth	vs	Brighton & Hove Albion

DAY 5

2025.09.20	Manchester United	vs	Chelsea
2025.09.20	Sunderland	vs	Aston Villa
2025.09.20	West Ham	vs	Crystal Palace
2025.09.20	Wolverhampton	vs	Leeds United
2025.09.20	Liverpool	vs	Everton
2025.09.20	Fulham	vs	Brentford
2025.09.20	Arsenal	vs	Manchester City
2025.09.20	Brighton & Hove Albion	vs	Tottenham
2025.09.20	Burnley	vs	Nottingham Forest
2025.09.20	Bournemouth	vs	Newcastle

DAY 6

2025.09.27	Manchester City	vs	Burnley
2025.09.27	Newcastle	vs	Arsenal
2025.09.27	Nottingham Forest	vs	Sunderland
2025.09.27	Tottenham	vs	Wolverhampton
2025.09.27	Leeds United	vs	Bournemouth
2025.09.27	Everton	vs	West Ham
2025.09.27	Brentford	vs	Manchester United
2025.09.27	Chelsea	vs	Brighton & Hove Albion
2025.09.27	Crystal Palace	vs	Liverpool
2025.09.27	Aston Villa	vs	Fulham

DAY 7

2025.10.04	Leeds United	vs	Tottenham
2025.10.04	Manchester United	vs	Sunderland
2025.10.04	Newcastle	vs	Nottingham Forest
2025.10.04	Wolverhampton	vs	Brighton & Hove Albion
2025.10.04	Everton	vs	Crystal Palace
2025.10.04	Chelsea	vs	Liverpool
2025.10.04	Arsenal	vs	West Ham
2025.10.04	Aston Villa	vs	Burnley
2025.10.04	Brentford	vs	Manchester City
2025.10.04	Bournemouth	vs	Fulham

DAY 8

2025.10.18	Nottingham Forest	vs	Chelsea
2025.10.18	Sunderland	vs	Wolverhampton
2025.10.18	Tottenham	vs	Aston Villa
2025.10.18	West Ham	vs	Brentford
2025.10.18	Manchester City	vs	Everton
2025.10.18	Liverpool	vs	Manchester United
2025.10.18	Burnley	vs	Leeds United
2025.10.18	Crystal Palace	vs	Bournemouth
2025.10.18	Fulham	vs	Arsenal
2025.10.18	Brighton & Hove Albion	vs	Newcastle

DAY 9

2025.10.25	Leeds United	vs	West Ham
2025.10.25	Manchester United	vs	Brighton & Hove Albion
2025.10.25	Newcastle	vs	Fulham
2025.10.25	Wolverhampton	vs	Burnley
2025.10.25	Everton	vs	Tottenham
2025.10.25	Chelsea	vs	Sunderland
2025.10.25	Arsenal	vs	Crystal Palace
2025.10.25	Aston Villa	vs	Manchester City
2025.10.25	Brentford	vs	Liverpool
2025.10.25	Bournemouth	vs	Nottingham Forest

DAY 10

2025.11.01	Nottingham Forest	vs	Manchester United
2025.11.01	Sunderland	vs	Everton
2025.11.01	Tottenham	vs	Chelsea
2025.11.01	West Ham	vs	Newcastle
2025.11.01	Manchester City	vs	Bournemouth
2025.11.01	Liverpool	vs	Aston Villa
2025.11.01	Burnley	vs	Arsenal
2025.11.01	Crystal Palace	vs	Brentford
2025.11.01	Fulham	vs	Wolverhampton
2025.11.01	Brighton & Hove Albion	vs	Leeds United

DAY 11

2025.11.08	Nottingham Forest	vs	Leeds United
2025.11.08	Sunderland	vs	Arsenal
2025.11.08	Tottenham	vs	Manchester United
2025.11.08	West Ham	vs	Burnley
2025.11.08	Manchester City	vs	Liverpool
2025.11.08	Everton	vs	Fulham
2025.11.08	Brentford	vs	Newcastle
2025.11.08	Chelsea	vs	Wolverhampton
2025.11.08	Crystal Palace	vs	Brighton & Hove Albion
2025.11.08	Aston Villa	vs	Bournemouth

DAY 12

2025.11.22	Liverpool	vs	Nottingham Forest
2025.11.22	Manchester United	vs	Everton
2025.11.22	Newcastle	vs	Manchester City
2025.11.22	Wolverhampton	vs	Crystal Palace
2025.11.22	Leeds United	vs	Aston Villa
2025.11.22	Fulham	vs	Sunderland
2025.11.22	Arsenal	vs	Tottenham
2025.11.22	Brighton & Hove Albion	vs	Brentford
2025.11.22	Burnley	vs	Chelsea
2025.11.22	Bournemouth	vs	West Ham

DAY 13

2025.11.29	Manchester City	vs	Leeds United
2025.11.29	Nottingham Forest	vs	Brighton & Hove Albion
2025.11.29	Sunderland	vs	Bournemouth
2025.11.29	Tottenham	vs	Fulham
2025.11.29	Everton	vs	Newcastle
2025.11.29	Crystal Palace	vs	Manchester United
2025.11.29	Aston Villa	vs	Wolverhampton
2025.11.29	Brentford	vs	Burnley
2025.11.29	Chelsea	vs	Arsenal
2025.11.29	West Ham	vs	Liverpool

DAY 14

2025.12.03	Manchester United	vs	West Ham
2025.12.03	Newcastle	vs	Tottenham
2025.12.03	Bournemouth	vs	Everton
2025.12.03	Wolverhampton	vs	Nottingham Forest
2025.12.03	Burnley	vs	Crystal Palace
2025.12.03	Fulham	vs	Manchester City
2025.12.03	Arsenal	vs	Brentford
2025.12.03	Brighton & Hove Albion	vs	Aston Villa
2025.12.03	Liverpool	vs	Sunderland
2025.12.03	Leeds United	vs	Chelsea

DAY 15

2025.12.06	Manchester City	vs	Sunderland
2025.12.06	Newcastle	vs	Burnley
2025.12.06	Tottenham	vs	Brentford
2025.12.06	Wolverhampton	vs	Manchester United
2025.12.06	Leeds United	vs	Liverpool
2025.12.06	Fulham	vs	Crystal Palace
2025.12.06	Aston Villa	vs	Arsenal
2025.12.06	Brighton & Hove Albion	vs	West Ham
2025.12.06	Everton	vs	Nottingham Forest
2025.12.06	Bournemouth	vs	Chelsea

DAY 16

2025.12.13	Manchester United	vs	Bournemouth
2025.12.13	Nottingham Forest	vs	Tottenham
2025.12.13	Sunderland	vs	Newcastle
2025.12.13	West Ham	vs	Aston Villa
2025.12.13	Liverpool	vs	Brighton & Hove Albion
2025.12.13	Crystal Palace	vs	Manchester City
2025.12.13	Brentford	vs	Leeds United
2025.12.13	Burnley	vs	Fulham
2025.12.13	Chelsea	vs	Everton
2025.12.13	Arsenal	vs	Wolverhampton

DAY 17

2025.12.20	Manchester City	vs	West Ham
2025.12.20	Newcastle	vs	Chelsea
2025.12.20	Tottenham	vs	Liverpool
2025.12.20	Wolverhampton	vs	Brentford
2025.12.20	Leeds United	vs	Crystal Palace
2025.12.20	Fulham	vs	Nottingham Forest
2025.12.20	Aston Villa	vs	Manchester United
2025.12.20	Brighton & Hove Albion	vs	Sunderland
2025.12.20	Everton	vs	Arsenal
2025.12.20	Bournemouth	vs	Burnley

DAY 18

2025.12.27	Chelsea	vs	Aston Villa
2025.12.27	Crystal Palace	vs	Tottenham
2025.12.27	Liverpool	vs	Wolverhampton
2025.12.27	Manchester United	vs	Newcastle
2025.12.27	Burnley	vs	Everton
2025.12.27	Brentford	vs	Bournemouth
2025.12.27	Sunderland	vs	Leeds United
2025.12.27	West Ham	vs	Fulham
2025.12.27	Arsenal	vs	Brighton & Hove Albion
2025.12.27	Nottingham Forest	vs	Manchester City

DAY 19

2025.12.30	Manchester United	vs	Wolverhampton
2025.12.30	Nottingham Forest	vs	Everton
2025.12.30	Sunderland	vs	Manchester City
2025.12.30	West Ham	vs	Brighton & Hove Albion
2025.12.30	Liverpool	vs	Leeds United
2025.12.30	Crystal Palace	vs	Fulham
2025.12.30	Brentford	vs	Tottenham
2025.12.30	Burnley	vs	Newcastle
2025.12.30	Chelsea	vs	Bournemouth
2025.12.30	Arsenal	vs	Aston Villa

DAY 20

2026.01.03	Manchester City	vs	Chelsea
2026.01.03	Newcastle	vs	Crystal Palace
2026.01.03	Tottenham	vs	Sunderland
2026.01.03	Wolverhampton	vs	West Ham
2026.01.03	Leeds United	vs	Manchester United
2026.01.03	Fulham	vs	Liverpool
2026.01.03	Aston Villa	vs	Nottingham Forest
2026.01.03	Brighton & Hove Albion	vs	Burnley
2026.01.03	Everton	vs	Brentford
2026.01.03	Bournemouth	vs	Arsenal

DAY 21

2026.01.07	Fulham	vs	Chelsea
2026.01.07	Manchester City	vs	Brighton & Hove Albion
2026.01.07	Newcastle	vs	Leeds United
2026.01.07	West Ham	vs	Nottingham Forest
2026.01.07	Everton	vs	Wolverhampton
2026.01.07	Crystal Palace	vs	Aston Villa
2026.01.07	Arsenal	vs	Liverpool
2026.01.07	Brentford	vs	Sunderland
2026.01.07	Burnley	vs	Manchester United
2026.01.07	Bournemouth	vs	Tottenham

DAY 22

2026.01.17	Nottingham Forest	vs	Arsenal
2026.01.17	Sunderland	vs	Crystal Palace
2026.01.17	Tottenham	vs	West Ham
2026.01.17	Wolverhampton	vs	Newcastle
2026.01.17	Manchester United	vs	Manchester City
2026.01.17	Liverpool	vs	Burnley
2026.01.17	Brighton & Hove Albion	vs	Bournemouth
2026.01.17	Chelsea	vs	Brentford
2026.01.17	Leeds United	vs	Fulham
2026.01.17	Aston Villa	vs	Everton

DAY 23

2026.01.24	Fulham	vs	Brighton & Hove Albion
2026.01.24	Manchester City	vs	Wolverhampton
2026.01.24	Newcastle	vs	Aston Villa
2026.01.24	West Ham	vs	Sunderland
2026.01.24	Everton	vs	Leeds United
2026.01.24	Crystal Palace	vs	Chelsea
2026.01.24	Arsenal	vs	Manchester United
2026.01.24	Brentford	vs	Nottingham Forest
2026.01.24	Burnley	vs	Tottenham
2026.01.24	Bournemouth	vs	Liverpool

DAY 24

2026.01.31	Nottingham Forest	vs	Crystal Palace
2026.01.31	Sunderland	vs	Burnley
2026.01.31	Tottenham	vs	Manchester City
2026.01.31	Wolverhampton	vs	Bournemouth
2026.01.31	Manchester United	vs	Fulham
2026.01.31	Liverpool	vs	Newcastle
2026.01.31	Brighton & Hove Albion	vs	Everton
2026.01.31	Chelsea	vs	West Ham
2026.01.31	Leeds United	vs	Arsenal
2026.01.31	Aston Villa	vs	Brentford

DAY 25

2026.02.07	Liverpool	vs	Manchester City
2026.02.07	Manchester United	vs	Tottenham
2026.02.07	Newcastle	vs	Brentford
2026.02.07	Wolverhampton	vs	Chelsea
2026.02.07	Leeds United	vs	Nottingham Forest
2026.02.07	Fulham	vs	Everton
2026.02.07	Arsenal	vs	Sunderland
2026.02.07	Brighton & Hove Albion	vs	Crystal Palace
2026.02.07	Burnley	vs	West Ham
2026.02.07	Bournemouth	vs	Aston Villa

DAY 26

2026.02.11	Nottingham Forest	vs	Wolverhampton
2026.02.11	Sunderland	vs	Liverpool
2026.02.11	Tottenham	vs	Newcastle
2026.02.11	West Ham	vs	Manchester United
2026.02.11	Manchester City	vs	Fulham
2026.02.11	Everton	vs	Bournemouth
2026.02.11	Brentford	vs	Arsenal
2026.02.11	Chelsea	vs	Leeds United
2026.02.11	Crystal Palace	vs	Burnley
2026.02.11	Aston Villa	vs	Brighton & Hove Albion

DAY 27

2026.02.21	Nottingham Forest	vs	Liverpool
2026.02.21	Sunderland	vs	Fulham
2026.02.21	Tottenham	vs	Arsenal
2026.02.21	West Ham	vs	Bournemouth
2026.02.21	Manchester City	vs	Newcastle
2026.02.21	Everton	vs	Manchester United
2026.02.21	Brentford	vs	Brighton & Hove Albion
2026.02.21	Chelsea	vs	Burnley
2026.02.21	Crystal Palace	vs	Wolverhampton
2026.02.21	Aston Villa	vs	Leeds United

DAY 28

2026.02.28	Liverpool	vs	West Ham
2026.02.28	Manchester United	vs	Crystal Palace
2026.02.28	Newcastle	vs	Everton
2026.02.28	Wolverhampton	vs	Aston Villa
2026.02.28	Leeds United	vs	Manchester City
2026.02.28	Fulham	vs	Tottenham
2026.02.28	Arsenal	vs	Chelsea
2026.02.28	Brighton & Hove Albion	vs	Nottingham Forest
2026.02.28	Burnley	vs	Brentford
2026.02.28	Bournemouth	vs	Sunderland

DAY 29

2026.03.04	Manchester City	vs	Nottingham Forest
2026.03.04	Newcastle	vs	Manchester United
2026.03.04	Tottenham	vs	Crystal Palace
2026.03.04	Wolverhampton	vs	Liverpool
2026.03.04	Leeds United	vs	Sunderland
2026.03.04	Fulham	vs	West Ham
2026.03.04	Aston Villa	vs	Chelsea
2026.03.04	Brighton & Hove Albion	vs	Arsenal
2026.03.04	Everton	vs	Burnley
2026.03.04	Bournemouth	vs	Brentford

DAY 30

2026.03.14	Manchester United	vs	Aston Villa
2026.03.14	Nottingham Forest	vs	Fulham
2026.03.14	Sunderland	vs	Brighton & Hove Albion
2026.03.14	West Ham	vs	Manchester City
2026.03.14	Liverpool	vs	Tottenham
2026.03.14	Crystal Palace	vs	Leeds United
2026.03.14	Brentford	vs	Wolverhampton
2026.03.14	Burnley	vs	Bournemouth
2026.03.14	Chelsea	vs	Newcastle
2026.03.14	Arsenal	vs	Everton

DAY 31

2026.03.21	Manchester City	vs	Crystal Palace
2026.03.21	Newcastle	vs	Sunderland
2026.03.21	Tottenham	vs	Nottingham Forest
2026.03.21	Wolverhampton	vs	Arsenal
2026.03.21	Leeds United	vs	Brentford
2026.03.21	Fulham	vs	Burnley
2026.03.21	Aston Villa	vs	West Ham
2026.03.21	Brighton & Hove Albion	vs	Liverpool
2026.03.21	Everton	vs	Chelsea
2026.03.21	Bournemouth	vs	Manchester United

DAY 32

2026.04.11	Manchester United	vs	Leeds United
2026.04.11	Nottingham Forest	vs	Aston Villa
2026.04.11	Sunderland	vs	Tottenham
2026.04.11	West Ham	vs	Wolverhampton
2026.04.11	Liverpool	vs	Fulham
2026.04.11	Crystal Palace	vs	Newcastle
2026.04.11	Brentford	vs	Everton
2026.04.11	Burnley	vs	Brighton & Hove Albion
2026.04.11	Chelsea	vs	Manchester City
2026.04.11	Arsenal	vs	Bournemouth

DAY 33

2026.04.18	Manchester City	vs	Arsenal
2026.04.18	Newcastle	vs	Bournemouth
2026.04.18	Nottingham Forest	vs	Burnley
2026.04.18	Tottenham	vs	Brighton & Hove Albion
2026.04.18	Leeds United	vs	Wolverhampton
2026.04.18	Everton	vs	Liverpool
2026.04.18	Brentford	vs	Fulham
2026.04.18	Chelsea	vs	Manchester United
2026.04.18	Crystal Palace	vs	West Ham
2026.04.18	Aston Villa	vs	Sunderland

DAY 34

2026.04.25	Manchester United	vs	Brentford
2026.04.25	Sunderland	vs	Nottingham Forest
2026.04.25	West Ham	vs	Everton
2026.04.25	Wolverhampton	vs	Tottenham
2026.04.25	Liverpool	vs	Crystal Palace
2026.04.25	Fulham	vs	Aston Villa
2026.04.25	Arsenal	vs	Newcastle
2026.04.25	Brighton & Hove Albion	vs	Chelsea
2026.04.25	Burnley	vs	Manchester City
2026.04.25	Bournemouth	vs	Leeds United

DAY 35

2026.05.02	Leeds United	vs	Burnley
2026.05.02	Manchester United	vs	Liverpool
2026.05.02	Newcastle	vs	Brighton & Hove Albion
2026.05.02	Wolverhampton	vs	Sunderland
2026.05.02	Everton	vs	Manchester City
2026.05.02	Chelsea	vs	Nottingham Forest
2026.05.02	Arsenal	vs	Fulham
2026.05.02	Aston Villa	vs	Tottenham
2026.05.02	Brentford	vs	West Ham
2026.05.02	Bournemouth	vs	Crystal Palace

DAY 36

2026.05.09	Nottingham Forest	vs	Newcastle
2026.05.09	Sunderland	vs	Manchester United
2026.05.09	Tottenham	vs	Leeds United
2026.05.09	West Ham	vs	Arsenal
2026.05.09	Manchester City	vs	Brentford
2026.05.09	Liverpool	vs	Chelsea
2026.05.09	Burnley	vs	Aston Villa
2026.05.09	Crystal Palace	vs	Everton
2026.05.09	Fulham	vs	Bournemouth
2026.05.09	Brighton & Hove Albion	vs	Wolverhampton

DAY 37

2026.05.17	Leeds United	vs	Brighton & Hove Albion
2026.05.17	Manchester United	vs	Nottingham Forest
2026.05.17	Newcastle	vs	West Ham
2026.05.17	Wolverhampton	vs	Fulham
2026.05.17	Everton	vs	Sunderland
2026.05.17	Chelsea	vs	Tottenham
2026.05.17	Arsenal	vs	Burnley
2026.05.17	Aston Villa	vs	Liverpool
2026.05.17	Brentford	vs	Crystal Palace
2026.05.17	Bournemouth	vs	Manchester City

DAY 38

2026.05.24	Nottingham Forest	vs	Bournemouth
2026.05.24	Sunderland	vs	Chelsea
2026.05.24	Tottenham	vs	Everton
2026.05.24	West Ham	vs	Leeds United
2026.05.24	Manchester City	vs	Aston Villa
2026.05.24	Liverpool	vs	Brentford
2026.05.24	Burnley	vs	Wolverhampton
2026.05.24	Crystal Palace	vs	Arsenal
2026.05.24	Fulham	vs	Newcastle
2026.05.24	Brighton & Hove Albion	vs	Manchester United

LIVERPOOL FC

20	8	6	3	1	0
ENGLISH PREMIER LEAGUE	ENGLISH FA CUP	UEFA CHAMPIONS LEAGUE	UEFA EUROPA LEAGUE	FIFA CLUB WORLD CUP	UEFA-CONMEBOL INTERCONTINENTAL

Founded 구단 창립 1892년
Owner 펜웨이 스포츠그룹
CEO 톰 베르너 1950.04.12
Manager 아르네 슬롯 1978.09.17
25-26 Odds 벳365 : 1.88배 윌리엄힐 : 1.88배

Nationality 외국 선수 23명 / 잉글랜드 선수 7명
Age 30명 평균 25.62세
Height 30명 평균 183cm
Market Value 30명 평균 3719만 유로
Game Points 24-25 : 84점 / 통산 : 7223점

Win 24-25 : 25승 / 통산 : 2084승
Draw 24-25 : 9무 / 통산 : 1080무
Loss 24-25 : 4패 / 통산 : 1198패
Goals For 24-25 : 86득점 / 통산 : 7362득점
Goals Against 24-25 : 41실점 / 통산 : 5232실점

More Minutes 모하메드 살라 3380분
Top Scorer 모하메드 살라 29골
More Assists 모하메드 살라 18도움
More Subs 다르윈 누녜스 22회 교체 IN
More Cards 다르윈 누녜스 Y8+R0

2024-25 SEASON RESULT

상대팀	홈	원정
Arsenal	2-2	2-2
Manchester City	2-0	2-0
Chelsea	2-1	1-3
Newcastle Utd	2-0	3-3
Aston Villa	2-0	2-2
Nottm Forest	0-1	1-1
Brighton	2-1	2-3
Bournemouth	3-0	2-0
Brentford	2-0	2-0
Fulham	2-2	2-3
Crystal Palace	1-1	1-0
Everton	1-0	2-2
West Ham Utd	2-1	5-0
Manchester Utd	2-2	3-0
Wolverhampton	2-1	2-1
Tottenham	5-1	6-3
Leicester City	3-1	1-0
Ipswich Town	4-1	2-0
Southampton	3-1	3-2

PLAY STYLE

OFFENSIVE STYLE
짧은 패스 콤비네이션 위주
포제션 풋볼 중시
상대 진영에서 볼 컨트롤
스루패스와 중앙 돌파

DEFENSIVE STYLE
도전적인 수비
카운터 프레싱
오프사이드 트랩 활성화

ANFIELD

구장 오픈 / 증개축 1884년, 증개축 13회
구장 소유 펜웨이 스포츠그룹
수용 인원 5만 3394명
피치 규모 101m X 68m
잔디 종류 하이브리드 잔디

STRENGTHS & WEAKNESSES

OFFENSE		DEFENSE	
직접 프리킥	C	세트피스 수비	B
문전 처리	A	상대 볼 뺏기	B
측면 돌파	C	공중전 능력	D
스루볼 침투	B	역습 방어	C
개인기 침투	A	지공 방어	D
카운터 어택	A	스루패스 방어	D
기회 만들기	A	리드 지키기	C
세트피스	C	실수 조심	C
OS 피하기	C	측면 방어력	C
중거리 슈팅	B	파울 주의	C
볼 점유율	A	중거리슈팅 수비	C

매우 강함 A / 강한 편 B / 보통 수준 C / 약한 편 D / 매우 약함 E

RANKING OF LAST 10 YEARS

15-16	16-17	17-18	18-19	19-20	20-21	21-22	22-23	23-24	24-25
8위 60점	4위 76점	4위 75점	2위 97점	1위 99점	3위 69점	2위 92점	5위 67점	3위 82점	1위 84점

위치	선수	국적	생년월일	키	몸무게	출전	선발 11	교체 IN	출전(분)	득점	도움	경고	퇴장	MOM
GK	Alisson Becker	BRA	1992-10-02	193	91	28	28	0	2509	0	0	0	0	0
	Caoimhin Kelleher	IRL	1998-11-23	188	74	10	10	0	900	0	0	0	0	0
	Vítězslav Jaroš	CZE	2001-07-23	190	88	1	0	1	11	0	0	0	0	0
DF	Virgil van Dijk	NED	1991-07-08	195	92	37	37	0	3330	3	1	5	0	2
	Ibrahima Konaté	FRA	1999-05-25	194	95	31	30	1	2567	1	2	5	0	0
	Kostas Tsimikas	GRE	1996-05-12	179	77	18	9	9	835	0	1	2	0	1
	Joe Gomez	ENG	1997-05-23	188	80	9	6	3	519	0	0	1	0	0
	Jarell Quansah	ENG	2003-01-29	190	84	13	4	9	489	0	0	2	0	0
DF MF	Trent Alexander-Arnold	ENG	1998-10-07	175	67	33	28	5	2378	3	6	5	0	1
	Andrew Robertson	SCO	1994-03-11	178	64	33	29	4	2493	0	1	3	1	0
	Conor Bradley	NIR	2003-07-09	180	64	19	7	12	750	0	2	4	0	0
MF	Ryan Gravenberch	NED	2002-05-16	190	83	37	37	0	3169	0	4	6	1	1
	Curtis Jones	ENG	2001-01-30	185	78	33	19	14	1715	3	3	1	1	1
	Wataru Endo	JPN	1993-02-09	178	76	20	1	19	261	0	0	0	0	0
MF FW	Alexis Mac Allister	ARG	1998-12-24	176	69	35	30	5	2608	5	5	6	0	1
	Dominik Szoboszlai	HUN	2000-10-25	186	74	36	29	7	2496	6	6	6	0	2
	Luis Díaz	COL	1997-01-13	178	65	36	28	8	2413	13	5	2	0	5
	Cody Gakpo	NED	1999-05-07	193	76	35	23	12	1939	10	4	5	0	2
	Diogo Jota	POR	1996-12-04	178	68	26	14	12	1195	6	3	2	0	1
	Harvey Elliott	ENG	2003-04-04	170	64	18	2	16	360	1	2	1	0	0
FW	Mohamed Salah	EGY	1992-06-15	175	71	38	38	0	3380	29	18	1	0	10
	Darwin Núñez	URU	1999-06-24	187	81	30	8	22	1123	5	2	8	0	0
	Federico Chiesa	ITA	1997-10-25	175	70	6	1	5	104	0	0	0	0	0

PREMIER LEAGUE 2024-25 SEASON

LIVERPOOL FC vs. OPPONENTS PER GAME STATS

리버풀 vs 상대팀	득점	슈팅	유효슈팅	코너킥	오프사이드	패스시도	패스성공	패스성공률	태클	공중전승리	인터셉트	파울	경고	퇴장
	2.26 / 1.08	17.1 / 10.2	5.9 / 3.7	6.6 / 3.7	1.6 / 2.5	555 / 404	479 / 319	86% / 79%	16.9 / 17.4	10.8 / 9.9	7.9 / 8.4	11.3 / 9.8	1.76 / 2.21	0.079 / 0.053

2024-25 SEASON SQUAD LIST & GAMES PLAYED

*괄호 안의 숫자는 선발 출전 횟수, 교체 출전은 포함시키지 않음

LW	CF	RW
I.디아스(1), C.학포(1)	D.조타(14), L.디아스(14) D.누녜스(8), F.키에사(1) C.존스(1), D.소보슬러이(1)	M.살라(2)

LAM	CAM	RAM
C.학포(22), L.디아스(12) C.존스(1)	D.소보슬러이(25), C.존스(8) H.엘리엇(2), M.살라(1) L.디아스(1)	M.살라(35)

LM	CM	RM
N/A	R.흐라븐버흐(35), C.존스(2) D.소보슬러이	N/A

LWB	DM	RWB
N/A	R.흐라븐버흐(3), A.맥칼리스터(30) C.존스(5), D.소보슬러이(1) 엔도 W.(1)	N/A

LB	CB	RB
A.로버슨(29), K.치미카스(9)		T.알렉산더-아놀드(28), C.브래들리(7) C.존스(2), J.콴사(1)

	GK	
	알리송(28), C.켈레허(10)	

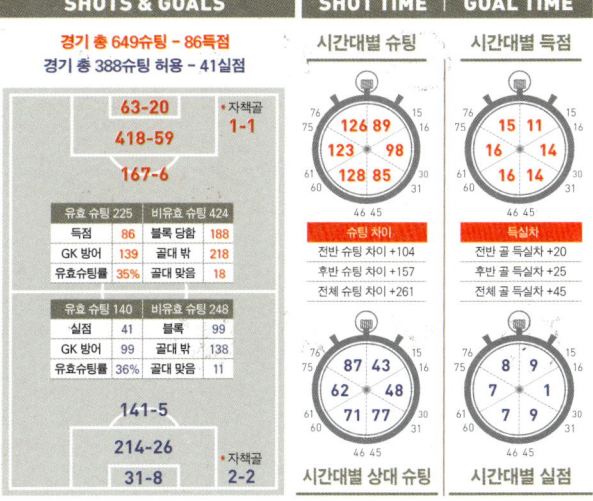

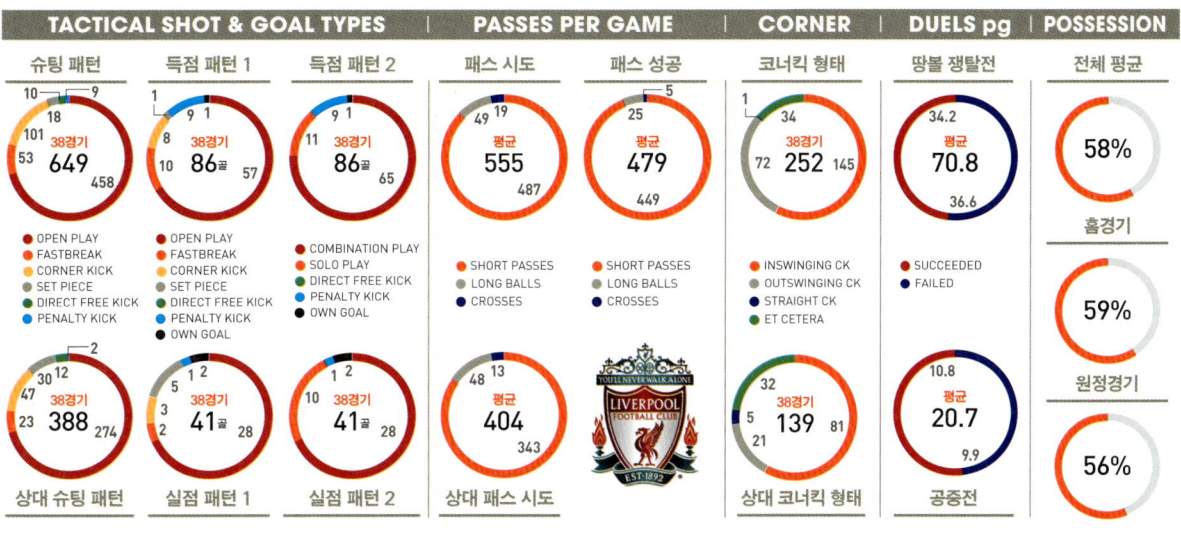

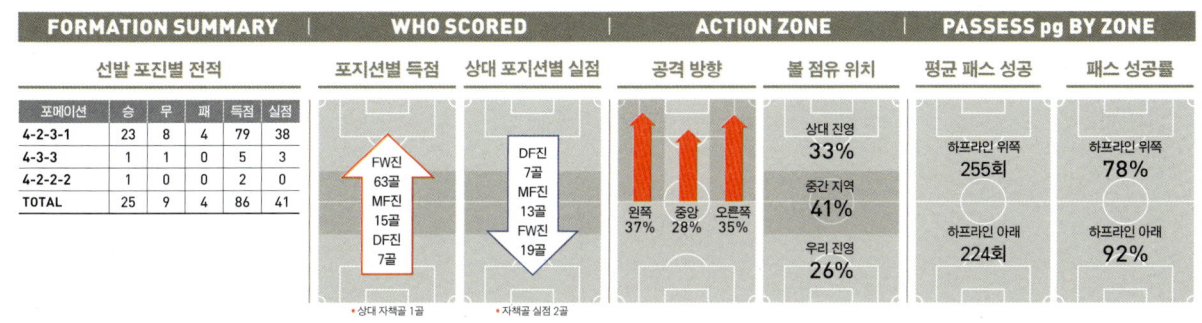

ARSENAL FC

	13	14	0	0	0	0
	ENGLISH PREMIER LEAGUE	ENGLISH FA CUP	UEFA CHAMPIONS LEAGUE	UEFA EUROPA LEAGUE	FIFA CLUB WORLD CUP	UEFA-CONMEBOL INTERCONTINENTAL

Founded 구단 창립 1886년

Owner 크뢴케 스포츠 & 엔터테인먼트

CEO 스탠 크뢴케 조시 크뢴케

Manager 미켈 아르테타 1982.03.26

25-26 Odds 벳365 : 2.25배 윌리엄힐 : 2.25배

Nationality 24명
- 외국 선수 18명
- 잉글랜드 선수 6명

Age 24명 평균 25.7세

Height 24명 평균 183cm

Market Value 24명 평균 4688만 유로

Game Points 24-25 : 74점 통산 : 7148점

Win 24-25 : 20승 통산 : 2014승

Draw 24-25 : 14무 통산 : 1106무

Loss 24-25 : 4패 통산 : 1242패

Goals For 24-25 : 69득점 통산 : 7285득점

Goals Against 24-25 : 34실점 통산 : 5431실점

More Minutes 다비드 라야 3420분

Top Scorer 카이 하베르츠 9골

More Assists 부카요 사카 10도움

More Subs 이선 은와네리 15회 교체 IN

More Cards 위리엔 팀버르 Y7+R0

2024-25 SEASON RESULT

상대팀	홈	원정
Liverpool	2-2	2-2
Manchester City	5-1	2-2
Chelsea	1-0	1-1
Newcastle Utd	1 0	0-1
Aston Villa	2-2	2-0
Nottm Forest	3-0	0-0
Brighton	1-1	1-1
Bournemouth	1-2	0-2
Brentford	1-1	3-1
Fulham	2-1	1-1
Crystal Palace	2-2	5-1
Everton	0-0	1-1
West Ham Utd	0-1	5-2
Manchester Utd	2-0	1-1
Wolverhampton	2-0	1-0
Tottenham	2-1	1-0
Leicester City	4-2	2-0
Ipswich Town	1-0	4-0
Southampton	3-1	2-1

PLAY STYLE

OFFENSIVE STYLE
상대 진영에서 볼을 컨트롤
오른 측면 돌파 활성화
짧은 패스 콤비네이션 위주
스루볼 중앙 침투 위력
포제션 풋볼 지향

DEFENSIVE STYLE
카운터 프레싱
미드 블록 구축
공격→수비 트랜지션 빠름

EMIRATES STADIUM

구장 오픈 2006년
구장 소유 KSE
수용 인원 6만704명
피치 규모 105m X 68m
잔디 종류 하이브리드 잔디

STRENGTHS & WEAKNESSES

OFFENSE		DEFENSE	
직접 프리킥	C	세트피스 수비	B
문전 처리	B	상대 볼 뺏기	C
측면 돌파	A	공중전 능력	C
스루볼 침투	B	압박 방어	C
개인기 침투	C	지공 방어	C
카운터 어택	C	스루패스 방어	C
기회 만들기	C	리드 지키기	D
세트피스	B	실수 조심	C
OS 피하기	D	측면 방어력	C
중거리 슈팅	C	파울 주의	B
볼 점유율	A	중거리슈팅 수비	C

매우 강함 A 강한 편 B 보통 수준 C 약한 편 D 매우 약함 E

RANKING OF LAST 10 YEARS

15-16	16-17	17-18	18-19	19-20	20-21	21-22	22-23	23-24	24-25
2	5	6	5	8	8	5	2	2	2
71점	72점	63점	70점	56점	61점	69점	84점	89점	74점

위치	선수	국적	생년월일	키	몸무게	출전	선발 11	교체 IN	출전(분)	득점	도움	경고	퇴장	MOM
GK	David Raya	ESP	1995-09-15	183	80	38	38	0	3420	0	0	3	0	2
DF	William Saliba	FRA	2001-03-24	192	92	35	35	0	3042	2	0	2	1	2
DF	Jurrien Timber	NED	2001-06-17	179	79	30	27	3	2423	1	3	7	0	1
DF	Gabriel Magalhães	BRA	1997-12-19	190	78	28	28	0	2366	3	1	4	0	0
DF	Riccardo Calafiori	ITA	2002-05-19	188	86	19	11	8	986	2	1	4	0	0
DF	Takehiro Tomiyasu	JPN	1998-11-05	187	84	1	0	1	6	0	0	0	0	0
DF/MF	Declan Rice	ENG	1999-01-14	188	84	35	33	2	2833	4	7	5	1	3
DF/MF	Thomas Partey	GHA	1993-06-13	185	77	35	31	4	2799	4	2	4	0	1
DF/MF	Bukayo Saka	ENG	2001-09-05	178	72	25	20	5	1737	6	10	3	0	6
DF/MF	Ben White	ENG	1997-11-08	186	76	17	13	4	1198	0	2	2	0	0
DF/MF	Jakub Kiwior	POL	2000-02-15	189	75	17	10	7	1117	1	0	1	0	1
DF/MF	Oleksandr Zinchenko	UKR	1996-12-15	175	64	15	5	10	522	0	1	1	0	0
DF/MF	Kieran Tierney	SCO	1997-06-05	178	70	13	2	11	253	1	0	0	0	1
MF	Martin Ødegaard	NOR	1998-12-17	178	68	30	26	4	2332	3	8	4	0	1
MF	Myles Lewis-Skelly	ENG	2006-09-26	178	72	23	15	8	1372	1	0	3	2	0
MF	Ethan Nwaneri	ENG	2007-03-21	176	70	26	11	15	892	4	2	1	0	1
MF	Jorginho	ITA	1991-12-21	180	65	15	9	6	704	0	0	5	0	0
MF	Reiss Nelson	ENG	1999-12-10	175	71	1	0	1	2	0	0	0	0	0
MF/FW	Gabriel Martinelli	BRA	2001-06-18	178	75	33	25	8	2302	8	4	1	0	1
MF/FW	Mikel Merino	ESP	1996-06-22	189	83	28	17	11	1582	7	2	2	1	3
MF/FW	Gabriel Jesus	BRA	1997-04-03	175	73	17	6	11	604	3	0	4	0	1
MF/FW	Raheem Sterling	ENG	1994-12-08	172	69	17	7	10	497	0	2	1	0	0
FW	Leandro Trossard	BEL	1994-12-04	172	61	38	28	10	2560	8	7	2	1	3
FW	Kai Havertz	GER	1999-06-11	193	83	23	21	2	1875	9	3	5	0	1
FW	Nathan Butler-Oyedeji	ENG	2003-01-04	177	74	1	0	1	6	0	0	0	0	0

PREMIER LEAGUE 2024-25 SEASON

ARSENAL FC vs. OPPONENTS PER GAME STATS

아스날 vs 상대팀	득점	슈팅	유효슈팅	코너킥	오프사이드	패스시도	패스성공	패스성공률	태클	공중전승리	인터셉트	파울	경고	퇴장
	1.82 / 0.89	14.4 / 9.5	4.8 / 3.2	6.6 / 3.1	2.1 / 1.0	516 / 387	449 / 310	87% / 80%	15.7 / 18.4	12.7 / 12.5	5.9 / 6.9	10.6 / 10.9	1.84 / 2.18	0.158 / 0.053

2024-25 SEASON SQUAD LIST & GAMES PLAYED

* 괄호 안의 숫자는 선발 출전 횟수, 교체 출전은 포함시키지 않음

LW: L.트로사르(14), G.마르티넬리(14), R.스털링(2)
CF: K.하베르츠(19), L.트로사르(13), G.제주스(6), M.메리노(6)
RW: B.사카(14), E.은와네리(9), G.마르티넬리(5), R.스털링(2)
LAM: G.마르티넬리(1), L.트로사르(1)
CAM: E.은와네리(1), M.메리노(1)
RAM: R.스털링(2)
LM: G.마르티넬리(6), R.스털링(1)
CM: D.라이스(31), M.외데고르(26), T.파티(22), M.메리노(10), 조르지뉴(9), K.하베르츠(2), O.진첸코(1), E.은와네리(1)
RM: B.사카(6)
LWB: N/A
DM: D.라이스(2), T.파티(2)
RWB: N/A
LB: M.루이스-스켈리(15), R.칼라피오리(11), J.팀버(7), O.진첸코(4), K.티어니(1)
CB: W.살리바(35), G.마갈량이스(28), J.키비오르(10), J.팀버(1), B.화이트(1), K.티어니(1)
RB: J.팀버(19), B.화이트(12), T.파티(7)
GK: D.라야(38)

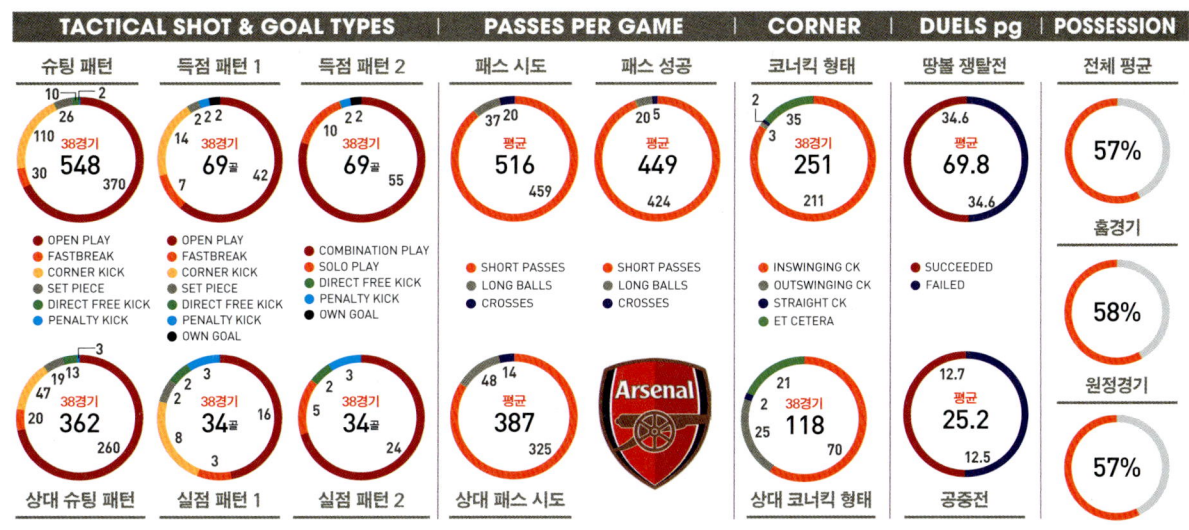

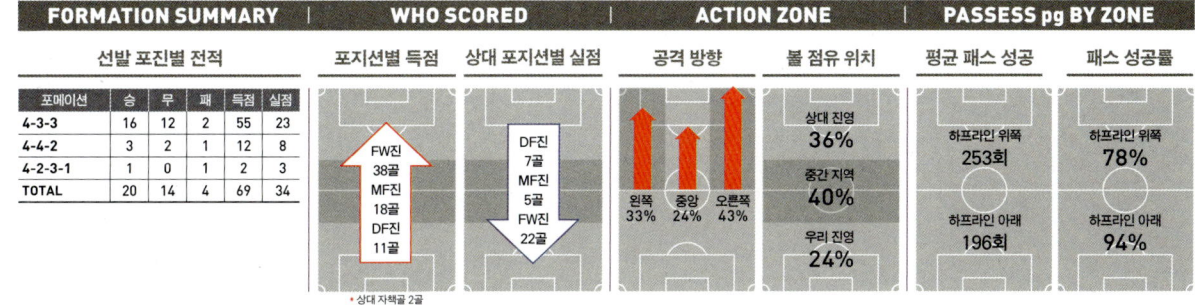

FORMATION SUMMARY — 선발 포진별 전적

포메이션	승	무	패	득점	실점
4-3-3	16	12	2	55	23
4-4-2	3	2	1	12	8
4-2-3-1	1	0	1	2	3
TOTAL	20	14	4	69	34

MANCHESTER CITY FC

 10   7   1   0   1   0

ENGLISH PREMIER LEAGUE | ENGLISH FA CUP | UEFA CHAMPIONS LEAGUE | UEFA EUROPA LEAGUE | FIFA CLUB WORLD CUP | UEFA-CONMEBOL INTERCONTINENTAL

 Founded 구단 창립 1880년
 Owner 시티 풋볼 그룹
 CEO 칼둔 알무바라크 1975.12.01
 Manager 펩 과르디올라 1971.01.18
 **25-26 Odds** 벳365 : 2.5배 윌리엄힐 : 2.25배

 Nationality 외국 선수 23명 / 잉글랜드 선수 7명
 Age 30명 평균 26.3세
 Height 30명 평균 182cm
 Market Value 30명 평균 3928만 유로
 Game Points 24-25 : 71점 / 통산 : 5740점

 Win 24-25 : 21승 / 통산 1611승
 Draw 24-25 : 8무 / 통산 907무
 Loss 24-25 : 9패 / 통산 1330패
Goals For 24-25 : 72득점 / 통산 6237득점
Goals Against 24-25 : 44실점 / 통산 5421실점

More Minutes 요시코 그바르디올 3280분
Top Scorer 엘링 홀란 22골
More Assists 사비우 8도움
More Subs 제레미 도쿠+1명 13회 교체 IN
More Cards 베르나르두 실바 Y7+R0

RANKING OF LAST 10 YEARS

15-16	16-17	17-18	18-19	19-20	20-21	21-22	22-23	23-24	24-25
4	3	1	1	2	1	1	1	1	3
66점	78점	100점	98점	81점	86점	93점	89점	91점	71점

2024-25 SEASON RESULT

상대팀	홈	원정
Liverpool	0-2	0-2
Arsenal	2-2	1-5
Chelsea	3-1	2-0
Newcastle Utd	4-0	1-1
Aston Villa	2-1	1-2
Nottm Forest	3-0	0-1
Brighton	2-2	1-2
Bournemouth	3-1	1-2
Brentford	2-1	2-2
Fulham	3-2	2-0
Crystal Palace	5-2	2-2
Everton	1-1	2-0
West Ham Utd	4-1	3-1
Manchester Utd	1-2	0-0
Wolverhampton	1-0	2-1
Tottenham	0-4	1-0
Leicester City	2-0	2-0
Ipswich Town	4-1	6-0
Southampton	1-0	0-0

PLAY STYLE

OFFENSIVE STYLE
포제션 풋볼 지향
짧은 패스 콤비네이션 위주
상대 진영에서 볼을 컨트롤
중앙 돌파 활성화
과감한 중거리 슈팅 시도

DEFENSIVE STYLE
선발 일레븐 로테이션
오프사이드트랩 자주 활용
블록 수비 위주, 하프코트 프레싱

ETIHAD STADIUM

구장 오픈 / 증개축: 2002년, 증개축 2회
구장 소유: 맨체스터 시
수용 인원: 5만 3400명
피치 규모: 105m X 68m
잔디 종류: 하이브리드 잔디

STRENGTHS & WEAKNESSES

OFFENSE		DEFENSE	
직접 프리킥	B	세트피스 수비	A
문전 처리	B	상대 볼 뺏기	B
측면 돌파	B	공중전 능력	E
스루볼 침투	B	역습 방어	C
개인기 침투	A	지공 방어	D
카운터 어택	C	스루패스 방어	C
기회 만들기	A	리드 지키기	C
세트피스	C	실수 조심	C
OS 피하기	C	측면 방어력	C
중거리 슈팅	A	파울 주의	C
볼 점유율	A	중거리슈팅 수비	C

매우 강함 A / 강한 편 B / 보통 수준 C / 약한 편 D / 매우 약함 E

위치	선수	국적	생년월일	키	몸무게	출전	선발 11	교체 IN	출전(분)	득점	도움	경고	퇴장	MOM
GK	Ederson	BRA	1993-08-17	188	86	26	26	0	2321	0	4	4	0	1
	Stefan Ortega	GER	1992-01-06	185	88	13	12	1	1099	0	0	1	0	0
DF	Joško Gvardiol	CRO	2002-01-23	185	80	37	36	1	3280	5	0	2	0	2
	Rúben Dias	POR	1997-05-14	187	76	27	25	2	2269	0	0	4	0	0
	Abdukodir Khusanov	UZB	2004-02-29	186	84	6	6	0	504	0	0	1	0	0
	Jahmai Simpson-Pusey	ENG	2005-11-04	187	79	2	1	1	95	0	0	0	0	0
	Vitor Reis	BRA	2006-01-12	186	67	1	0	1	1	0	0	0	0	0
DF/MF	Manuel Akanji	SUI	1995-07-19	186	91	26	23	3	2015	0	0	3	0	0
	Rico Lewis	ENG	2004-11-21	169	64	28	21	7	1893	1	2	3	1	0
	Matheus Nunes	POR	1998-08-27	183	78	26	19	7	1673	1	6	4	0	1
	Kyle Walker	ENG	1990-05-28	183	80	15	9	6	967	0	0	3	0	0
	Nathan Aké	NED	1995-02-18	180	75	10	8	2	683	0	0	0	0	0
	John Stones	ENG	1994-05-28	188	80	11	6	5	547	2	0	1	0	0
MF	İlkay Gündoğan	GER	1990-10-24	180	80	33	25	8	2229	1	6	1	0	1
	Mateo Kovačić	CRO	1994-05-06	177	78	31	25	6	2205	6	2	5	1	2
	Nico González	ESP	2002-01-03	188	88	11	9	2	763	1	0	3	0	0
	Nico O'Reilly	ENG	2005-03-21	188	77	12	9	3	527	2	0	0	0	1
	James McAtee	ENG	2002-10-18	180	72	15	3	12	343	3	0	1	0	0
	Rodri	ESP	1996-06-22	190	82	3	1	2	73	0	0	0	0	0
	Oscar Bobb	NOR	2003-07-12	174	70	3	0	3	14	0	0	0	0	0
MF/FW	Bernardo Silva	POR	1994-08-10	173	65	33	29	4	2668	4	4	7	0	0
	Phil Foden	ENG	2000-05-28	171	63	28	20	8	1779	7	2	2	0	0
	Kevin De Bruyne	BEL	1991-06-28	181	68	28	19	9	1707	4	7	2	0	2
	Omar Marmoush	EGY	1999-02-07	183	81	16	14	2	1183	7	0	0	0	0
	Jack Grealish	ENG	1995-09-10	180	77	20	7	13	716	1	1	3	0	0
	Claudio Echeverri	ARG	2006-01-02	171	62	1	0	1	5	0	0	0	0	0
FW	Erling Håland	NOR	2000-07-21	194	88	31	31	0	2742	22	3	2	0	6
	Sávio	BRA	2004-04-10	179	66	29	21	8	1773	1	8	3	0	3
	Jérémy Doku	BEL	2002-05-27	173	66	29	16	13	1515	3	6	1	0	3
	Divin Mubama	ENG	2004-10-25	182	70	1	0	1	27	0	0	0	0	0

PREMIER LEAGUE 2024-25 SEASON

MANCHESTER CITY FC vs. OPPONENTS PER GAME STATS

맨체스터 시티	vs	상대팀
1.89	득점	1.16
16.0	슈팅	9.4
5.6	유효슈팅	3.4
6.7	코너킥	3.2
1.2	오프사이드	2.2
627	패스시도	392
564	패스성공	321
90%	패스성공률	82%
13.1	태클	18.3
8.2	공중전승리	8.9
6.0	인터셉트	8.2
7.6	파울	10.2
1.55	경고	2.32
0.053	퇴장	0.053

2024-25 SEASON SQUAD LIST & GAMES PLAYED

*괄호 안의 숫자는 선발 출전 횟수, 교체 출전은 포함시키지 않음

LW: O.마무시(1), J.도쿠(1), 사비뉴(1)
CF: E.홀란(31), K.더브라위너(3), O.마무시(3), P.포든(2)
RW: P.포든(2), 사비뉴(1)

LAM: J.도쿠(8), J.그릴리시(4), 사비뉴(4), O.마무시(3), M.누네스(2), P.포든(1)
CAM: K.더브라위너(12), I.귄도안(4), O.마무시(3), P.포든(3), B.실바(3), J.그릴리시(1)
RAM: 사비뉴(7), B.실바(5), P.포든(3), J.매커티(2), O.마무시(2), J.도쿠(2), R.루이스(1)

LM: J.도쿠(5), M.누네스(3), 사비뉴(2), O.마무시(1), J.그릴리시(1)
CM: B.실바(12), I.귄도안(9), P.포든(6), K.더브라위너(4), O.마무시(1), M.코바치치(1), 로드리(1), R.루이스(1)
RM: 사비뉴(6), P.포든(5), B.실바(2), J.매커티(1)

LWB: N/A
DM: M.코바치치(24), I.귄도안(12), N.곤살레스(9), B.실바(7), R.루이스(4), J.그릴리시(1)
RWB: N/A

LB: J.그바르디올(24), N.오레일리(6), R.루이스(3), N.아케(1), M.누네스(1)
CB: R.디아스(25), M.아칸지(22), J.그바르디올(22), N.아케(7), R.쿠사노프(2), J.스톤스(6), J.심슨-퓨지(1)
RB: M.누네스(13), R.루이스(12), K.워커(9), M.아칸지(1)

GK: 이데르송(26), S.오르테가(12)

SHOTS & GOALS

38경기 총 609슈팅 - 72득점
38경기 상대 총 356슈팅 - 44실점

54-12
333-45
221-14 *자책골 1-1

유효 슈팅 213		비유효 슈팅 396	
득점	72	블록 담함	179
GK 방어	141	골대 밖	201
유효슈팅률	35%	골대 맞음	16

유효 슈팅 130		비유효 슈팅 226	
실점	44	블록	91
GK 방어	86	골대 밖	122
유효슈팅률	37%	골대 맞음	13

86-5
233-28
35-9 *자책골 2-2

SHOT TIME | GOAL TIME

시간대별 슈팅: 111 / 92 / 91 / 88 / 105 / 122
시간대별 득점: 16 / 14 / 6 / 13 / 9 / 14

슈팅 차이
전반 슈팅 차이 +140
후반 슈팅 차이 +113
전체 슈팅 차이 +253

득실차
전반 골 득실차 +19
후반 골 득실차 +9
전체 골 득실차 +28

시간대별 상대 슈팅: 75 / 54 / 52 / 53 / 67 / 55
시간대별 실점: 12 / 12 / 5 / 7 / 5 / 3

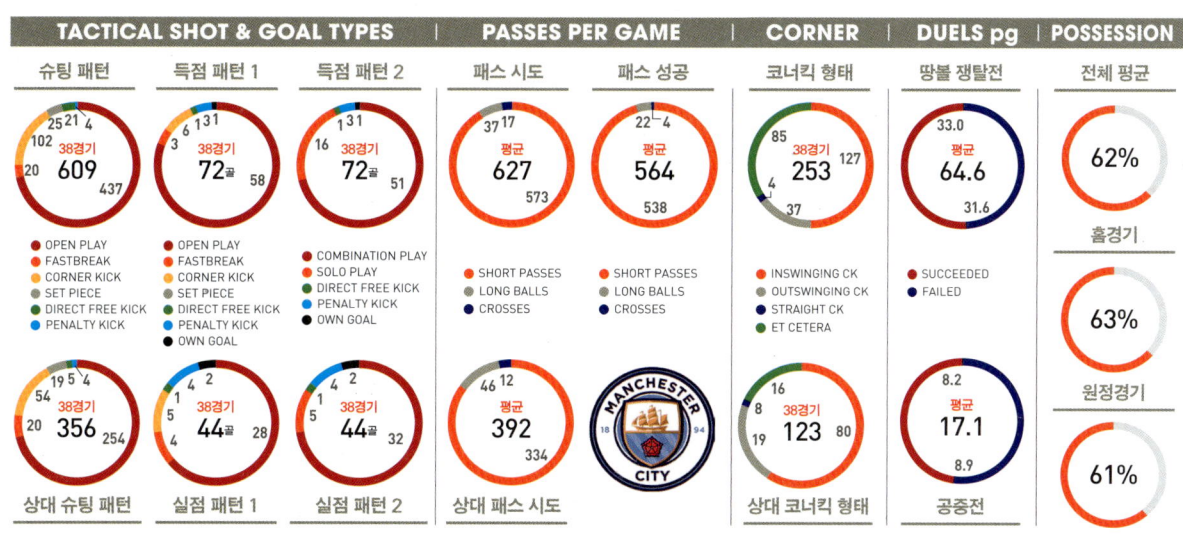

TACTICAL SHOT & GOAL TYPES | PASSES PER GAME | CORNER | DUELS pg | POSSESSION

슈팅 패턴 38경기 609 (25/21/4/102/20/437)
득점 패턴 1 38경기 72골 (3/1/31/58)
득점 패턴 2 38경기 72골 (16/1/3/1/51)
패스 시도 평균 627 (37/17/573)
패스 성공 평균 564 (22/4/538)
코너킥 형태 38경기 253 (85/127/4/37)
땅볼 쟁탈전 평균 64.6 (33.0/31.6)
전체 평균 62%
홈경기 63%
원정경기 61%

- OPEN PLAY / FASTBREAK / CORNER KICK / SET PIECE / DIRECT FREE KICK / PENALTY KICK
- OPEN PLAY / FASTBREAK / CORNER KICK / SET PIECE / DIRECT FREE KICK / PENALTY KICK / OWN GOAL
- COMBINATION PLAY / SOLO PLAY / DIRECT FREE KICK / PENALTY KICK / OWN GOAL
- SHORT PASSES / LONG BALLS / CROSSES
- SHORT PASSES / LONG BALLS / CROSSES
- INSWINGING CK / OUTSWINGING CK / STRAIGHT CK / ET CETERA
- SUCCEEDED / FAILED

상대 슈팅 패턴 38경기 356 (19/5/4/54/20/254)
실점 패턴 1 38경기 44골 (1/2/5/3/4/28)
실점 패턴 2 38경기 44골 (4/2/4/1/32)
상대 패스 시도 평균 392 (46/12/334)
상대 코너킥 형태 38경기 123 (16/80/8/19)
공중전 평균 17.1 (8.2/8.9)

FORMATION SUMMARY

포메이션	승	무	패	득점	실점
4-2-3-1	11	5	3	40	20
4-1-4-1	6	1	5	18	15
4-3-3	1	1	1	5	7
3-2-4-1	3	0	0	9	2
4-3-1-2	0	1	0	0	0
TOTAL	21	8	9	72	44

WHO SCORED
포지션별 득점: FW진 41골 / MF진 22골 / DF진 8골
*상대 자책골 1골

상대 포지션별 실점: DF진 8골 / MF진 13골 / FW진 21골
*자책골 실점 2골

ACTION ZONE
공격 방향: 왼쪽 37% / 중앙 30% / 오른쪽 33%
볼 점유 위치: 상대 진영 38% / 중간 지역 40% / 우리 진영 22%

PASSESS pg BY ZONE
평균 패스 성공: 하프라인 위쪽 339회 / 하프라인 아래 225회
패스 성공률: 하프라인 위쪽 85% / 하프라인 아래 94%

CHELSEA FC

Trophy	6	8	2	2	1	0
	ENGLISH PREMIER LEAGUE	ENGLISH FA CUP	UEFA CHAMPIONS LEAGUE	UEFA EUROPA LEAGUE	FIFA CLUB WORLD CUP	UEFA-CONMEBOL INTERCONTINENTAL

Club Info

- **Founded** 구단 창립: 1905년
- **Owner** 블루 Co
- **CEO** 토드 보엘리 1973.09.20
- **Manager** 엔조 마레스카 1980.02.10
- **25-26 Odds** 벳365: 12배, 윌리엄힐: 14배
- **Nationality**: 외국 선수 23명 / 잉글랜드 선수 11명 (34명)
- **Age** 34명 평균 22.9세
- **Height** 34명 평균 184cm
- **Market Value** 34명 평균 2803만 유로
- **Game Points** 24-25: 69점 / 통산: 5417점
- **Win** 24-25: 20승 / 통산: 1495승
- **Draw** 24-25: 9무 / 통산: 932무
- **Loss** 24-25: 9패 / 통산: 1199패
- **Goals For** 24-25: 64득점 / 통산: 5591득점
- **Goals Against** 24-25: 43실점 / 통산: 5062실점
- **More Minutes** 모이세스 카이세도 3356분
- **Top Scorer** 콜 파머 15골
- **More Assists** 콜 파머 8도움
- **More Subs** 크리스토퍼 은쿤쿠 18회 교체 IN
- **More Cards** 모이세스 카이세도 Y11+R0

2024-25 SEASON RESULT

상대팀	홈	원정
Liverpool	3-1	1-2
Arsenal	1-1	0-1
Manchester City	0-2	1-3
Newcastle Utd	2-1	0-2
Aston Villa	3-0	1-2
Nottm Forest	1-1	1-0
Brighton	4-2	0-3
Bournemouth	2-2	1-0
Brentford	2-1	0-0
Fulham	1-2	2-1
Crystal Palace	1-1	1-1
Everton	1-0	0-0
West Ham Utd	2-1	3-0
Manchester Utd	1-0	1-1
Wolverhampton	3-1	6-2
Tottenham	1-0	4-3
Leicester City	1-0	2-1
Ipswich Town	2-2	0-2
Southampton	4-0	5-1

PLAY STYLE

OFFENSIVE STYLE
- 중앙 돌파 활성화
- 포제션 풋볼 지향
- 중거리 슈팅 자주 시도
- 짧은 패스 콤비네이션 위주

DEFENSIVE STYLE
- 공격적인 수비
- 오프사이드트랩 자주 활용
- 선발 일레븐 로테이션
- 카운터 프레싱, 미드블럭 포지션

STAMFORD BRIDGE

- 구장 오픈 / 증개축: 1877년, 증개축 4회
- 구장 소유: 첼시 피치 오너스
- 수용 인원: 4만 341명
- 피치 규모: 103m X 68m
- 잔디 종류: 하이브리드 잔디

STRENGTHS & WEAKNESSES

OFFENSE		DEFENSE	
직접 프리킥	A	세트피스 수비	B
문전 처리	C	상대 볼 뺏기	C
측면 돌파	C	공중전 능력	D
스루볼 침투	C	역습 방어	C
개인기 침투	A	지공 방어	D
카운터 어택	B	스루패스 방어	C
기회 만들기	B	리드 지키기	C
세트피스	C	실수 조심	D
OS 피하기	C	측면 방어력	C
중거리 슈팅	A	파울 주의	C
볼 점유율	A	중거리슈팅 수비	C

매우 강함 A / 강한 편 B / 보통 수준 C / 약한 편 D / 매우 약함 E

RANKING OF LAST 10 YEARS

15-16	16-17	17-18	18-19	19-20	20-21	21-22	22-23	23-24	24-25
10 (50점)	1 (93점)	5 (70점)	3 (72점)	4 (66점)	4 (67점)	3 (74점)	12 (44점)	6 (63점)	4 (69점)

Squad

위치	선수	국적	생년월일	키	몸무게	출전	선발 11	교체 IN	출전(분)	득점	도움	경고	퇴장	MOM
GK	Robert Sánchez	ESP	1997-11-18	197	90	32	32	0	2880	0	0	5	0	3
GK	Filip Jörgensen	DEN	2002-04-16	190	85	6	6	0	540	0	0	0	0	0
DF	Levi Colwill	ENG	2003-02-26	187	83	35	35	0	3150	2	1	9	0	1
DF	Tosin Adarabioyo	ENG	1997-09-24	196	80	22	15	7	1405	1	0	4	0	0
DF	Wesley Fofana	FRA	2000-12-17	190	84	14	14	0	1176	0	0	7	0	0
DF	Axel Disasi	FRA	1998-03-11	190	83	6	4	2	365	1	0	1	0	0
DF	Benoît Badiashile	FRA	2001-03-06	194	75	5	3	2	334	0	0	0	0	0
DF	Renato Veiga	POR	2003-07-29	190	88	7	1	6	177	0	0	2	0	0
DF	Josh-Kofi Acheampong	ENG	2006-05-05	184	75	4	2	2	169	0	0	1	0	0
MF	Moisés Caicedo	ECU	2001-11-02	178	73	38	38	0	3356	1	2	11	0	0
MF	Marc Cucurella	ESP	1998-07-22	172	66	36	33	3	2991	5	1	8	1	3
MF	Malo Gusto	FRA	2003-05-19	179	67	32	19	13	1860	0	1	4	0	0
MF	Reece James	ENG	1999-12-08	182	82	19	12	7	1064	1	1	1	0	1
MF	Trevoh Chalobah	ENG	1999-07-05	190	75	13	11	2	911	0	1	2	0	1
DF/MF	Enzo Fernández	ARG	2001-01-17	178	76	36	32	4	2948	6	7	8	0	1
DF/MF	Romeo Lavia	BEL	2004-01-06	181	76	16	11	5	803	0	1	4	0	0
DF/MF	Kiernan Dewsbury-Hall	ENG	1998-09-06	178	80	13	2	11	259	0	1	1	0	0
DF/MF	Mykhaylo Mudryk	UKR	2001-01-05	175	61	7	1	6	146	0	0	0	0	0
DF/MF	Mathis Amougou	FRA	2006-01-18	177	65	1	0	1	7	0	0	0	0	0
MF/FW	Cole Palmer	ENG	2002-05-06	189	76	37	36	1	3199	15	8	7	0	6
MF/FW	Pedro Neto	POR	2000-03-09	172	62	35	24	11	2270	4	6	8	0	3
MF/FW	Noni Madueke	ENG	2002-03-10	182	75	32	27	5	2049	7	3	3	0	2
MF/FW	Jadon Sancho	ENG	2000-03-25	180	76	31	19	12	1767	3	4	2	0	0
MF/FW	Christopher Nkunku	FRA	1997-11-14	178	68	27	9	18	912	3	2	2	0	1
FW	Nicolas Jackson	SEN	2001-06-20	186	78	30	28	2	2241	10	5	7	1	2
FW	João Félix	POR	1999-11-10	181	70	12	3	9	364	1	1	2	0	0
FW	Tyrique George	ENG	2006-02-04	181	75	8	1	7	178	1	1	1	0	0
FW	Marc Guiu	ESP	2006-01-04	187	82	3	0	3	71	0	0	0	0	0
FW	Shim Mheuka	ENG	2007-10-20	182	75	1	0	1	1	0	0	0	0	0

PREMIER LEAGUE 2024-25 SEASON

CHELSEA FC vs. OPPONENTS PER GAME STATS

첼시		상대팀				
1.68	득점	1.13	15.7	슈팅	10.5	
5.6	유효슈팅	4.1	6.2	코너킥	3.7	
1.7	오프사이드	2.3	545	패스시도	411	
473	패스성공	329	87%	패스성공률	80%	
15.5	태클	16.7	10.8	공중전승리	10.6	
7.2	인터셉트	7.5	11.5	파울	12.0	
2.66	경고	2.58	0.053	퇴장	0.053	

2024-25 SEASON SQUAD LIST & GAMES PLAYED

*괄호 안의 숫자는 선발 출전 횟수, 교체 출전은 포함시키지 않음

LW	CF	RW
N/A	N.잭슨(28), P.네투(5), C.은쿤쿠(4), T.조지(1)	N/A
LAM	**CAM**	**RAM**
J.산초(16), P.네투(9), C.은쿤쿠(5), M.마두에케(4), J.펠릭스(3), M.무드리크(1)	C.파머(34), E.페르난데스(3), K.듀스버리-홀(1)	M.마두에케(23), P.네투(10), J.산초(3), C.파머(2)
LM	**CM**	**RM**
N/A	N/A	M./A
LWB	**DM**	**RWB**
N/A	M.카이세도(32), E.페르난데스(29), R.라비아(11), R.제임스(2), R.베이야(1), K.듀스버리-홀(1)	N/A
LB	**CB**	**RB**
M.쿠쿠레야(33), R.제임스(3), M.구스토(2)	L.콜윌(35), T.아다라비오요(15), W.포파나(10), T.샬로바(10), B.바디아쉴(9), J.아체암퐁(2), A.디사시(1)	M.구스토(17), R.제임스(7), M.카이세도(6), W.포파나(4), A.디사시(3), T.샬로바(1)
	GK	
	R.산체스(32), F.얀선(6)	

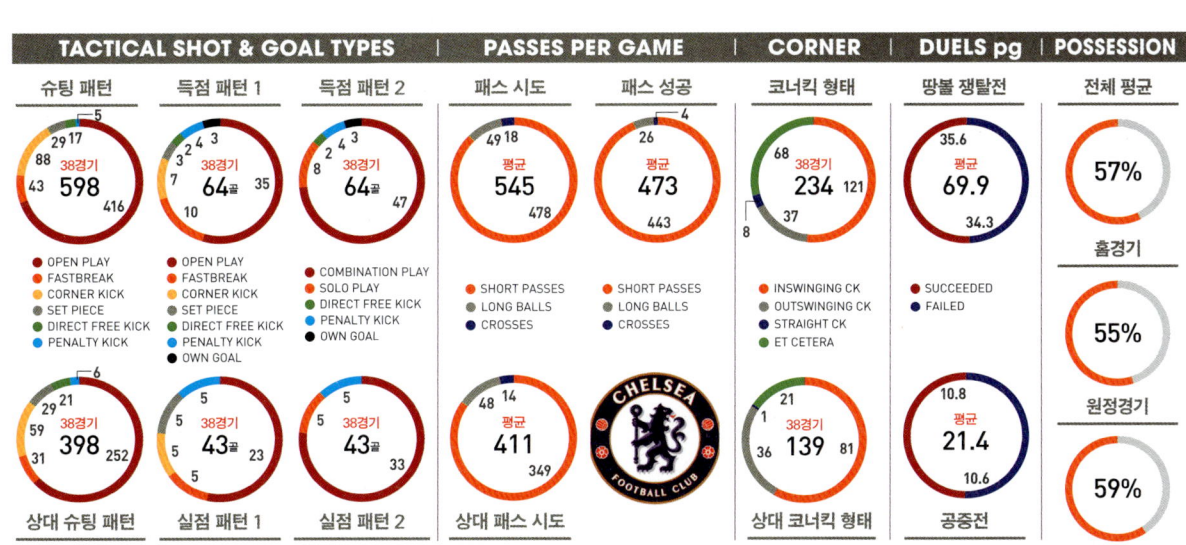

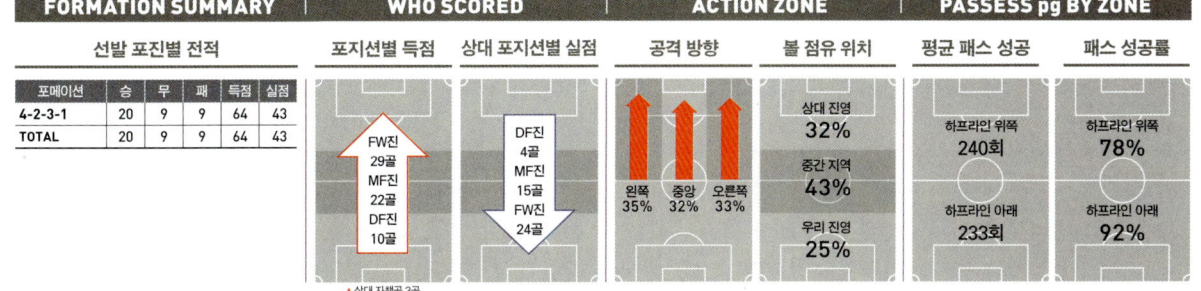

NEWCASTLE UNITED FC

Founded 구단 창립 1881년	**Owner** 공공투자기금 RB 스포츠미디어	**CEO** 야시르 알루마얀 1970.02.18	**Manager** 에디 하우 1977.11.29	**25-26 Odds** 벳365 : 25배 윌리엄힐 : 20배	
Nationality ●외국 선수 15명 ●잉글랜드 선수 15명	**Age** 30명 평균 27.4세	**Height** 30명 평균 185cm	**Market Value** 30명 평균 2283만 유로	**Game Points** 24-25 : 71점 통산 : 5186점	
Win 24-25 : 21승 통산 : 1430승	**Draw** 24-25 : 8무 통산 : 896무	**Loss** 24-25 : 9패 통산 : 1366패	**Goals For** 24-25 : 72득점 통산 : 5553득점	**Goals Against** 24-25 : 44실점 통산 : 5333실점	
More Minutes 댄 번 3330분	**Top Scorer** 알렉산데르 이삭 23골	**More Assists** 제이콥 머피 12도움	**More Subs** 조 윌락 21회 교체 IN	**More Cards** 댄 번 Y11+R0	

Trophies

4	6	0	0	0	0
ENGLISH PREMIER LEAGUE	ENGLISH FA CUP	UEFA CHAMPIONS LEAGUE	UEFA EUROPA LEAGUE	FIFA CLUB WORLD CUP	UEFA-CONMEBOL INTERCONTINENTAL

2024-25 SEASON RESULT

상대팀	홈	원정
Liverpool	3-3	0-2
Arsenal	1-0	0-1
Manchester City	1-1	0-4
Chelsea	2-0	1-2
Aston Villa	3-0	1-4
Nottm Forest	4-3	3-1
Brighton	0-1	1-1
Bournemouth	1-4	1-1
Brentford	2-1	2-4
Fulham	1-2	1-3
Crystal Palace	0-5	1-1
Everton	0-1	0-0
West Ham Utd	0-2	1-0
Manchester Utd	4-1	2-0
Wolverhampton	3-0	2-1
Tottenham	2-1	2-1
Leicester City	4-0	3-0
Ipswich Town	3-0	4-0
Southampton	1-0	3-1

ST JAMES' PARK
구장 오픈 / 증개축: 1892년, 2002년
구장 소유: 뉴캐슬 시
수용 인원: 5만 2305명
피치 규모: 105m X 68m
잔디 종류: 하이브리드 잔디

STRENGTHS & WEAKNESSES

OFFENSE		DEFENSE	
직접 프리킥	C	세트피스 수비	B
문전 처리	B	상대 볼 뺏기	C
측면 돌파	B	공중전 능력	C
스루볼 침투	B	역습 방어	C
개인기 침투	C	지공 방어	C
카운터 어택	C	스루패스 방어	C
기회 만들기	B	리드 지키기	B
세트피스	C	실수 조심	C
OS 피하기	D	측면 방어력	C
중거리 슈팅	C	파울 주의	C
볼 점유율	B	중거리슈팅 수비	E

매우 강함 A / 강한 편 B / 보통 수준 C / 약한 편 D / 매우 약함 E

PLAY STYLE

OFFENSIVE STYLE
스루볼 침투 자주 활용
오른 측면 돌파 활성화
다이렉트 플레이 선호

DEFENSIVE STYLE
고정적인 선발 일레븐
블록 수비 중시
하프코트 프레싱

RANKING OF LAST 10 YEARS

15-16	16-17	17-18	18-19	19-20	20-21	21-22	22-23	23-24	24-25
18 (37점)	1 (94점)	10 (44점)	13 (45점)	13 (44점)	12 (45점)	11 (49점)	4 (71점)	7 (60점)	5 (71점)

Squad

위치	선수	국적	생년월일	키	몸무게	출전	선발 11	교체 IN	출전(분)	득점	도움	경고	퇴장	MOM
GK	Nick Pope	ENG	1992-04-19	191	76	28	28	0	2520	0	0	2	0	1
GK	Martin Dúbravka	SVK	1989-01-15	190	83	10	10	0	900	0	0	0	0	0
DF	Fabian Schär	SUI	1991-12-20	186	84	34	33	1	2938	4	0	9	1	0
DF	Tino Livramento	ENG	2002-11-12	182	65	37	32	5	2842	0	1	1	0	0
DF	Sven Botman	NED	2000-01-12	193	81	8	6	2	416	0	0	1	0	0
DF	Lloyd Kelly	ENG	1998-10-06	178	70	10	4	6	302	0	1	2	0	0
DF/MF	Dan Burn	ENG	1992-05-09	198	87	37	37	0	3330	1	1	11	0	1
DF/MF	Jacob Murphy	ENG	1995-02-24	179	74	35	31	4	2380	8	12	4	0	3
DF/MF	Lewis Hall	ENG	2004-09-08	179	73	27	24	3	2193	0	4	3	0	2
DF/MF	Kieran Trippier	ENG	1990-09-19	178	71	25	14	11	1310	0	3	1	0	1
DF/MF	Emil Krafth	SWE	1994-08-02	184	83	12	2	10	335	0	2	0	0	0
DF/MF	Matt Targett	ENG	1995-09-18	183	70	2	0	2	20	0	0	0	0	0
MF	Bruno Guimarães	BRA	1997-11-16	182	74	38	38	0	3286	5	6	7	0	0
MF	Sandro Tonali	ITA	2000-05-08	181	79	36	28	8	2632	4	2	5	0	2
MF	Harvey Barnes	ENG	1997-12-09	174	66	33	17	16	1756	9	4	0	0	0
MF	Joe Willock	ENG	1999-08-20	179	71	32	11	21	1077	0	2	4	0	0
MF	Sean Longstaff	ENG	1997-10-30	180	65	25	8	17	788	0	0	2	0	0
MF	Lewis Miley	ENG	2006-05-01	185	72	14	1	13	304	1	0	0	0	0
MF/FW	Alexander Isak	SWE	1999-09-21	192	77	34	34	0	2774	23	6	1	0	5
MF/FW	Anthony Gordon	ENG	2001-06-24	183	72	34	28	6	2447	6	5	2	0	1
MF/FW	Joelinton	BRA	1996-08-14	186	81	29	29	0	2405	4	3	10	0	3
MF/FW	Miguel Almirón	PAR	1994-02-10	174	70	9	1	8	151	0	0	0	0	0
FW	Callum Wilson	ENG	1992-02-27	180	66	18	2	16	358	0	0	1	0	0
FW	William Osula	DEN	2003-08-04	180	81	14	0	14	124	1	0	0	0	0

PREMIER LEAGUE 2024-25 SEASON

NEWCASTLE UNITED FC vs. OPPONENTS PER GAME STATS

뉴캐슬 유나이티드 vs 상대팀	득점	슈팅	유효슈팅	코너킥	오프사이드	패스시도	패스성공	패스성공률	태클	공중전승리	인터셉트	파울	경고	퇴장
	1.79 / 1.24	13.8 / 12.5	4.5 / 4.3	5.7 / 5.3	1.9 / 1.1	479 / 453	400 / 364	84% / 80%	15.9 / 19.4	13.2 / 12.6	7.1 / 7.9	10.4 / 12.2	1.79 / 2.55	0.026 / 0.079

2024-25 SEASON SQUAD LIST & GAMES PLAYED

*괄호 안의 숫자는 선발 출전 횟수, 교체 출전은 포함시키지 않음

LW	CF	RW
A.고든(18), H.반스(14), 조엘린톤(3)	A.이삭(34), A.고든(2), C.윌슨(1)	J.머피(27), A.고든(5), 조엘린톤(1), M.알미론(1), H.반스(1)

LAM	CAM	RAM
J.윌록(1)	A.고든(3), H.반스(2)	J.머피(1)

LM	CM	RM
N/A	B.기마라이스(37), S.토날리(27), 조엘린톤(25), J.윌록(10), S.롱스태프(8), L.마일리(1)	N/A

LWB	DM	RWB
T.리브라멘토(3)	S.토날리(1), B.기마라이스(1)	J.머피(3)

LB	CB	RB
L.홀(24), T.리브라멘토(8), L.켈리(3)	D.번(37), F.세아르(33), S.보트만(6), E.크라프트(2), L.켈리(1)	T.리브라멘토(21), K.트리피어(14)

GK
N.포프(28), M.두브라브카(10)

SHOTS & GOALS

38경기 총 525슈팅 - 68득점
38경기 상대 총 475슈팅 - 47실점

62-21
311-38
150-7
*자책골 2-2

유효슈팅 170	비유효슈팅 355
득점 68	블록 당함 159
GK 방어 102	골대 밖 183
유효슈팅률 32%	골대 맞음 13

유효슈팅 163	비유효슈팅 312
실점 47	블록 152
GK 방어 116	골대 밖 147
유효슈팅률 34%	골대 맞음 13

148-5
284-32
41-8
*자책골 2-2

SHOT TIME | GOAL TIME

시간대별 슈팅: 87, 71, 81, 92, 98, 96
시간대별 득점: 9, 10, 8, 9, 18, 14

슈팅 차이
전반 슈팅 차이 +76
후반 슈팅 차이 -26
전체 슈팅 차이 +50

득실차
전반 골 득실차 +10
후반 골 득실차 +11
전체 골 득실차 +21

시간대별 상대 슈팅: 109, 58, 79, 63, 104, 62
시간대별 실점: 9, 9, 8, 7, 7, 7

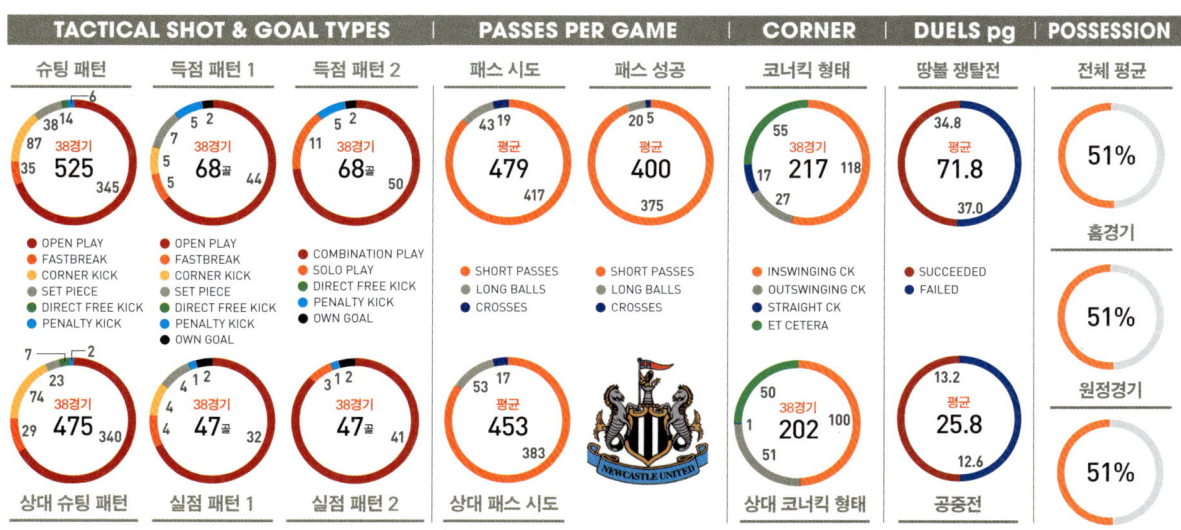

TACTICAL SHOT & GOAL TYPES | PASSES PER GAME | CORNER | DUELS pg | POSSESSION

슈팅 패턴 38경기 525 — OPEN PLAY, FASTBREAK, CORNER KICK, SET PIECE, DIRECT FREE KICK, PENALTY KICK

득점 패턴 1 38경기 68골 — OPEN PLAY, FASTBREAK, CORNER KICK, SET PIECE, DIRECT FREE KICK, PENALTY KICK

득점 패턴 2 38경기 68골 — COMBINATION PLAY, SOLO PLAY, DIRECT FREE KICK, PENALTY KICK, OWN GOAL

패스 시도 평균 479
패스 성공 평균 400
코너킥 형태 38경기 217 — INSWINGING CK, OUTSWINGING CK, STRAIGHT CK, ET CETERA
땅볼 쟁탈전 평균 71.8 — SUCCEEDED, FAILED
전체 평균 51%

상대 슈팅 패턴 38경기 475
실점 패턴 1 38경기 47골
실점 패턴 2 38경기 47골
상대 패스 시도 평균 453
상대 코너킥 형태 38경기 202
공중전 평균 25.8

홈경기 51%
원정경기 51%

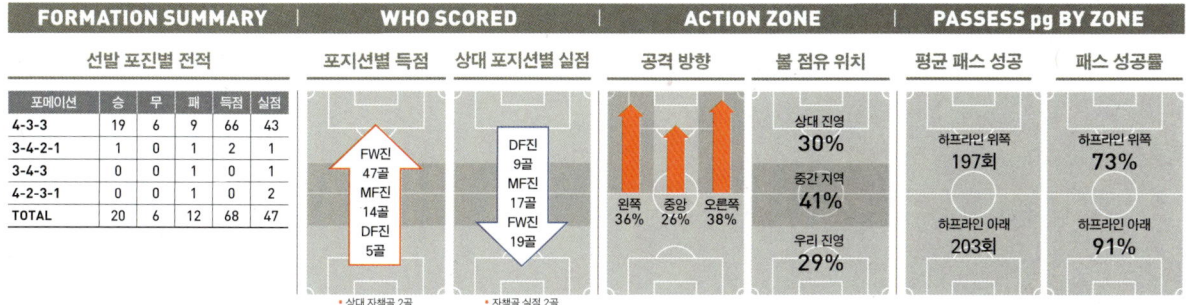

FORMATION SUMMARY | WHO SCORED | ACTION ZONE | PASSESS pg BY ZONE

선발 포진별 전적

포메이션	승	무	패	득점	실점
4-3-3	19	6	9	66	43
3-4-2-1	1	0	1	2	1
3-4-3	0	0	1	0	1
4-2-3-1	0	0	1	0	2
TOTAL	20	6	12	68	47

포지션별 득점
FW진 47골
MF진 14골
DF진 5골
*상대 자책골 2골

상대 포지션별 실점
DF진 9골
MF진 17골
FW진 19골
*자책골 실점 2골

공격 방향
왼쪽 36%, 중앙 26%, 오른쪽 38%

볼 점유 위치
상대 진영 30%
중간 지역 41%
우리 진영 29%

평균 패스 성공
하프라인 위쪽 197회
하프라인 아래 203회

패스 성공률
하프라인 위쪽 73%
하프라인 아래 91%

ASTON VILLA FC

Founded	**Owner**	**CEO**	**Manager**	**25-26 Odds**
구단 창립	V-스포츠	나세프 사위리스	우나이 에메리	벳365 : 66배
1874년		1961.01.19	1971.11.03	윌리엄힐 : 66배

🏆 7	🏆 7	🏆 1	🏆 0	🏆 0	🏆 0
ENGLISH PREMIER LEAGUE	ENGLISH FA CUP	UEFA CHAMPIONS LEAGUE	UEFA EUROPA LEAGUE	FIFA CLUB WORLD CUP	UEFA-CONMEBOL INTERCONTINENTAL

Nationality	**Age**	**Height**	**Market Value**	**Game Points**
29명	29명 평균	29명 평균	29명 평균	24-25 : 66점
●외국 선수 22명	26.3세	185cm	1954만 유로	통산 : 6227점
●잉글랜드 선수 7명				

2024-25 SEASON RESULT

상대팀	홈	원정
Liverpool	2-2	0-2
Arsenal	0-2	2-2
Manchester City	2-1	1-2
Chelsea	2-1	0-3
Newcastle Utd	4-1	0-3
Nottm Forest	2-1	1-2
Brighton	2-2	3-0
Bournemouth	1-1	1-0
Brentford	3-1	1-0
Fulham	1-0	3-1
Crystal Palace	2-2	1-4
Everton	3-2	1-0
West Ham Utd	1-1	2-1
Manchester Utd	0-0	0-2
Wolverhampton	3-1	0-2
Tottenham	2-0	1-4
Leicester City	2-1	2-1
Ipswich Town	1-1	2-2
Southampton	1-0	3-0

VILLA PARK

구장 오픈 / 증개축
1897년, 증개축 10회
구장 소유
아스톤 빌라 FC
수용 인원
4만 2682명
피치 규모
105m X 68m
잔디 종류
하이브리드 잔디

Win	**Draw**	**Loss**	**Goals For**	**Goals Against**
24-25 : 19승	24-25 : 9무	24-25 : 10패	24-25 : 58득점	24-25 : 51실점
통산 : 1738승	통산 : 1013무	통산 : 1247패	통산 : 6941득점	통산 : 6402실점

More Minutes	**Top Scorer**	**More Assists**	**More Subs**	**More Cards**
에밀리아노 마르티네스	올리 왓킨스	모건 로저스	이안 마트센	모건 로저스
3198분	16골	10도움	19회 교체 IN	Y10+R0

STRENGTHS & WEAKNESSES

OFFENSE		DEFENSE	
직접 프리킥	C	세트피스 수비	B
문전 처리	C	상대 볼 뺏기	B
측면 돌파	C	공중전 능력	E
스루볼 침투	C	역습 방어	C
개인기 침투	C	지공 방어	C
카운터 어택	C	스루패스 방어	C
기회 만들기	C	리드 지키기	B
세트피스	B	실수 조심	D
OS 피하기	C	측면 방어력	C
중거리 슈팅	C	파울 주의	C
볼 점유율	C	중거리슈팅 수비	C

PLAY STYLE

OFFENSIVE STYLE
스루볼 침투 활성화
중앙 돌파 중시
짧은 패스 콤비네이션 위주

DEFENSIVE STYLE
선발 일레븐 로테이션
블록 수비 중시, 하프코트 프레싱
오프사이드트랩 활용

매우 강함 A 강한 편 B 보통 수준 C 약한 편 D 매우 약함 E

RANKING OF LAST 10 YEARS

● 2부 리그

15-16	16-17	17-18	18-19	19-20	20-21	21-22	22-23	23-24	24-25
20	13	4	5	17	11	14	7	4	6
17점	62점	83점	76점	35점	55점	45점	61점	68점	66점

위치	선수	국적	생년월일	키	몸무게	출전	선발 11	교체 IN	출전(분)	득점	도움	경고	퇴장	MOM
GK	Emiliano Martínez	ARG	1992-09-02	195	88	37	37	0	3198	0	0	5	1	2
	Robin Olsen	SWE	1990-01-08	198	89	4	1	3	222	0	0	0	0	0
DF	Ezri Konsa	ENG	1997-10-23	183	73	34	33	1	2937	2	0	1	0	1
	Pau Torres	ESP	1997-01-16	191	80	24	23	1	2020	0	0	2	0	0
	Tyrone Mings	ENG	1993-03-13	196	77	14	12	2	1121	0	0	1	0	0
	Diego Carlos	BRA	1993-03-15	186	79	10	8	2	829	0	0	1	0	0
	Axel Disasi	FRA	1998-03-11	190	83	7	5	2	488	0	0	0	0	0
	Lamare Bogarde	NED	1204-01-05	183	76	8	5	3	476	0	0	2	0	0
	Andrés García	ESP	2003-02-07	185	77	7	5	2	320	0	0	0	0	0
	Kosta Nedeljkovic	SRB	2005-12-16	184	72	5	0	5	121	0	0	0	0	0
DF MF	Lucas Digne	FRA	1993-07-20	178	74	32	28	4	2362	0	4	4	0	1
	Matty Cash	POL	1997-08-07	185	79	27	24	3	2077	1	1	7	0	0
	Boubacar Kamara	FRA	1999-11-23	184	68	26	20	6	1726	1	0	2	0	2
	Ian Maatsen	NED	2002-03-10	178	57	29	10	19	1129	1	2	2	0	1
MF	Youri Tielemans	BEL	1997-05-07	176	72	36	35	1	3033	3	7	4	0	4
	John McGinn	SCO	1994-10-18	178	68	34	27	7	2232	1	4	7	0	0
	Jacob Ramsey	ENG	2001-05-28	180	75	29	19	10	1634	1	3	2	1	0
	Amadou Onana	BEL	2001-08-16	195	76	26	20	6	1626	3	0	4	0	1
	Ross Barkley	ENG	1993-12-05	189	76	20	3	17	570	3	1	3	0	1
	Jaden Philogene	ENG	2002-02-08	181	66	11	2	9	326	1	0	2	0	0
MF FW	Morgan Rogers	ENG	2002-07-26	187	80	37	37	0	3131	8	10	10	0	3
	Leon Bailey	JAM	1997-08-09	178	77	24	14	10	1144	1	2	2	0	1
	Marco Asensio	ESP	1996-01-21	182	76	13	9	4	749	3	1	2	0	1
	Marcus Rashford	ENG	1997-10-31	180	70	10	4	6	443	2	2	0	0	1
	Donyell Malen	NED	1999-01-09	176	68	14	2	12	298	3	0	0	0	0
	Emiliano Buendía	ARG	1996-12-25	172	72	12	0	12	89	0	0	1	0	0
FW	Ollie Watkins	ENG	1995-12-30	180	75	38	31	7	2612	16	8	2	0	3
	Jhon Durán	COL	2003-12-13	185	73	20	4	16	627	7	0	3	1	0
	Kadan Young	ENG	2006-01-19	0	0	1	0	1	0	0	0	1	0	0

PREMIER LEAGUE 2024-25 SEASON

ASTON VILLA vs. OPPONENTS PER GAME STATS

애스턴 빌라		상대팀		애스턴 빌라		상대팀
1.53	득점	1.34		12.8	슈팅	12.2
4.4	유효슈팅	4.1		7.3	코너	5.9
1.4	오프사이드	2.4		456	패스시도 PA	444
389	패스성공 PC	372		85%	패스성공률 P%	84%
16.8	태클 TK	18.0		10.2	공중전승리 AD	11.4
6.3	인터셉트 IT	9.1		10.7	파울	13.4
2.00	경고	2.74		0.105	퇴장	0.053

2024-25 SEASON SQUAD LIST & GAMES PLAYED

*괄호 안의 숫자는 선발 출전 횟수, 교체 출전은 포함시키지 않음

LW: J.램지(1)
CF: O.왓킨스(31), J.두란(4), M.래시포드(3), M.로저스(2)
RW: M.로저스(1)

LAM: J.램지(17), J.맥긴(8), M.로저스(7), J.필리진(1), M.래시포드(1)
CAM: M.로저스(15), M.아센시오(9), Y.틸레만스(6), J.맥긴(5)
RAM: M.로저스(12), L.베일리(12), J.맥긴(6), D.말런(2), M.캐시(1), J.필리진(1)

LM: J.맥긴(2), J.램지(1)
CM: Y.틸레만스(4), A.오나나(3), J.맥긴(1)
RM: L.베일리(2), J.맥긴(1)

LWB: L.디뉴(1)
DM: Y.틸레만스(25), B.카마라(18), A.오나나(17), J.맥긴(1), R.바클리(1), L.보가르드(1)
RWB: A.가르시아(1)

LB: L.디뉴(27), I.마트센(10)
CB: E.콘사(27), P.토레스(23), T.밍스(12), D.카를로스(8), A.디사시(4), B.카마라(2), L.보가르드(1)
RB: M.캐시(23), E.콘사(6), A.가르시아(4), L.보가르드(3), A.디사시(1)

GK: E.마르티네스(37), R.올센(1)

SHOTS & GOALS

38경기 총 486슈팅 - 58득점
38경기 상대 총 462슈팅 - 51실점

		자책골
59-14		
279-35		2-2
146-7		

유효슈팅 167		비유효슈팅 319	
득점	58	블록 당함	139
GK 방어	109	골대 밖	167
유효슈팅률	34%	골대 맞음	13

유효슈팅 155		비유효슈팅 307	
실점	51	블록	110
GK 방어	104	골대 밖	189
유효슈팅률	34%	골대 맞음	8

		자책골
155-5		
267-31		0-0
40-15		

SHOT TIME | GOAL TIME

시간대별 슈팅: 106 77 / 73 55 / 97 78
슈팅 차이: 전반 슈팅 차이 +23, 후반 슈팅 차이 +1, 전체 슈팅 차이 +24

시간대별 득점: 9 9 / 15 5 / 13 7
득실차: 전반 골 득실차 +1, 후반 골 득실차 +6, 전체 골 득실차 +7

시간대별 상대 슈팅: 109 59 / 77 57 / 89 71
시간대별 실점: 15 10 / 8 6 / 8 4

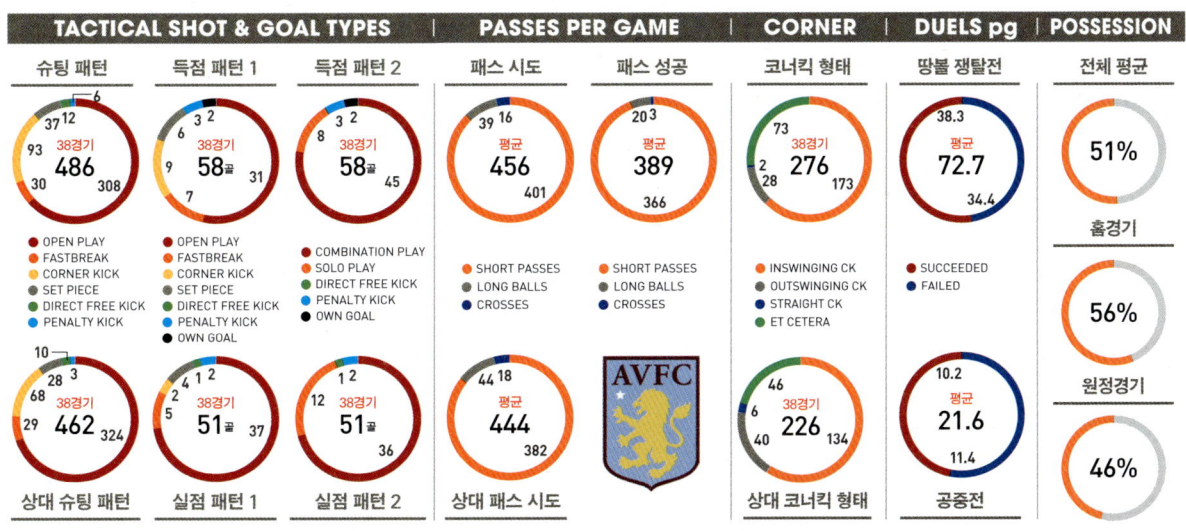

TACTICAL SHOT & GOAL TYPES | PASSES PER GAME | CORNER | DUELS pg | POSSESSION

슈팅 패턴 (38경기 486): 12, 6, 37, 93, 308, 30
득점 패턴 1 (38골 58): OPEN PLAY, FASTBREAK, CORNER KICK, SET PIECE, DIRECT FREE KICK, PENALTY KICK — 31, 7
득점 패턴 2 (38골 58): COMBINATION PLAY, SOLO PLAY, DIRECT FREE KICK, PENALTY KICK, OWN GOAL — 3, 8, 45

패스 시도 평균 456 / 401
패스 성공 평균 389 / 366
— SHORT PASSES, LONG BALLS, CROSSES

코너킥 형태 38경기 276: 73, 2, 28, 173 — INSWINGING CK, OUTSWINGING CK, STRAIGHT CK, ET CETERA

땅볼 쟁탈전 평균 72.7 / 34.4 — SUCCEEDED / FAILED
전체 평균 51%

상대 슈팅 패턴 (38경기 462): 10, 3, 28, 68, 324, 29
실점 패턴 1 (51골): 5, 37, 2
실점 패턴 2 (51골): 1, 2, 12, 36

상대 패스 시도 평균 444 / 382
상대 코너킥 형태 38경기 226: 46, 6, 40, 134
공중전 평균 21.6 / 11.4 — 10.2

홈경기 56%
원정경기 46%

FORMATION SUMMARY | WHO SCORED | ACTION ZONE | PASSES pg BY ZONE

선발 포진별 전적

포메이션	승	무	패	득점	실점
4-2-3-1	18	8	8	54	43
4-4-2	1	0	2	3	
3-4-3	0	0	1	4	
4-4-1-1	0	1	0	1	1
TOTAL	19	9	10	58	51

포지션별 득점: FW진 32골, MF진 20골, DF진 4골
상대 포지션별 실점: DF진 5골, MF진 14골, FW진 32골
*상대 자책골 2골

공격 방향: 왼쪽 36%, 중앙 31%, 오른쪽 33%
볼 점유 위치: 상대 진영 28%, 중간 지역 42%, 우리 진영 30%

평균 패스 성공: 하프라인 위쪽 190회, 하프라인 아래 199회
패스 성공률: 하프라인 위쪽 76%, 하프라인 아래 91%

NOTTINGHAM FOREST FC

ENGLISH PREMIER LEAGUE 1	**ENGLISH FA CUP** 2	**UEFA CHAMPIONS LEAGUE** 2	**UEFA EUROPA LEAGUE** 0	**FIFA CLUB WORLD CUP** 0	**UEFA-CONMEBOL INTERCONTINENTAL** 0

Founded 구단 창립 1865년
Owner 에반젤로스 마리나키스 1967.07.30
CEO 니콜라스 랜덜
Manager 누누 산투 1974.01.25
25-26 Odds 벳365 : 200배 윌리엄힐 : 200배

Nationality 28명 · 외국 선수 21명 · 잉글랜드 선수 7명
Age 28명 평균 26.5세
Height 28명 평균 186cm
Market Value 28명 평균 1582만 유로
Game Points 24-25 : 65점 통산 : 3084점

Win 24-25 : 19승 통산 : 837승
Draw 24-25 : 8무 통산 : 577무
Loss 24-25 : 11패 통산 : 878패
Goals For 24-25 : 58득점 통산 : 3214득점
Goals Against 24-25 : 46실점 통산 : 3352실점

More Minutes 맷츠 셀스 3420분
Top Scorer 크리스 우드 20골
More Assists 앤써니 엘랑가 11도움
More Subs 조타 실바 26회 교체 IN
More Cards 라이언 예이츠+1명 Y10+R0

2024-25 SEASON RESULT

상대팀	홈	원정
Liverpool	1-1	0-1
Arsenal	0-0	0-3
Manchester City	1-0	0-3
Chelsea	0-1	1-1
Newcastle Utd	1-3	3-4
Aston Villa	2-1	1-2
Brighton	7-0	2-2
Bournemouth	1-1	0-5
Brentford	0-2	0-2
Fulham	0-1	1-2
Crystal Palace	1-0	1-1
Everton	0-1	2-0
West Ham Utd	3-0	2-1
Manchester Utd	1-0	3-2
Wolverhampton	1-1	3-0
Tottenham	1-0	2-1
Leicester City	2-2	3-1
Ipswich Town	1-0	4-2
Southampton	3-2	1-0

CITY GROUND

구장 오픈 / 증개축: 1898년, 증개축 5회
구장 소유: 노팅엄 포리스트
수용 인원: 3만 445명
피치 규모: 105m X 71m
잔디 종류: 천연 잔디

PLAY STYLE

OFFENSIVE STYLE
왼 측면 돌파 활성화
공격시 좌우폭 넓게 사용
점유율 대비 슈팅 횟수 많은 편
전체 슈팅 대비 중거리 슈팅 많음
롱볼 다이렉트 플레이 위주
패스 대비 크로스 횟수 많은 편
스루볼 침투 종종

DEFENSIVE STYLE
블록 수비 기본
하프코트 프레싱 위주
고정적인 선발 일레븐

STRENGTHS & WEAKNESSES

OFFENSE		DEFENSE	
직접 프리킥	C	세트피스 수비	C
문전 처리	C	상대 볼 뺏기	C
측면 돌파	C	공중전 능력	B
스루볼 침투	C	역습 방어	C
개인기 침투	C	지공 방어	D
카운터 어택	B	스루패스 방어	C
기회 만들기	C	리드 지키기	C
세트피스	B	실수 조심	C
OS 피하기	E	측면 방어력	C
중거리 슈팅	B	파울 주의	C
볼 점유율	D	중거리슈팅 수비	C

매우 강함 **A** 강한 편 **B** 보통 수준 **C** 약한 편 **D** 매우 약함 **E**

RANKING OF LAST 10 YEARS

● 2부 리그

15-16	16-17	17-18	18-19	19-20	20-21	21-22	22-23	23-24	24-25
16	21	17	9	7	17	4	16	17	7
55점	51점	53점	66점	70점	52점	80점	38점	32점	65점

위치	선수	국적	생년월일	키	몸무게	출전	선발 11	교체 IN	출전(분)	득점	도움	경고	퇴장	MOM
GK	Matz Sels	BEL	1992-02-26	188	75	38	38	0	3420	0	0	4	0	1
DF	Nikola Milenković	SRB	1997-10-12	195	90	37	37	0	3330	5	2	4	0	2
DF	Murillo	BRA	2002-07-04	180	75	36	36	0	3191	2	0	6	0	4
DF	Morato	BRA	2001-06-30	192	88	26	6	20	895	0	0	5	0	0
DF	Willy Boly	CIV	1991-02-03	195	92	6	1	5	147	0	0	1	0	0
DF/MF	Ola Aina	NGA	1996-10-08	184	82	35	35	0	3003	2	1	5	0	3
DF/MF	Neco Williams	WAL	2001-04-13	183	72	35	28	7	2592	1	3	7	0	1
DF/MF	Álex Moreno	ESP	1993-08-06	179	68	15	11	4	960	0	1	2	0	0
DF/MF	Harry Toffolo	ENG	1995-08-19	183	71	4	1	3	135	0	0	1	0	0
MF	Elliot Anderson	SCO	2002-11-06	179	69	37	33	4	2744	2	6	10	0	3
MF	Nicolás Domínguez	ARG	1998-06-28	179	73	34	23	11	1971	0	1	9	0	0
MF	Ryan Yates	ENG	1997-11-21	190	87	35	18	17	1909	2	1	10	0	0
MF	Ibrahim Sangaré	CIV	1997-12-02	191	77	13	7	6	591	0	1	3	0	0
MF	James Ward-Prowse	ENG	1994-11-01	173	66	9	5	4	399	0	1	0	0	1
MF	Danilo	BRA	2001-04-29	176	69	8	5	3	275	0	0	0	0	0
MF/FW	Morgan Gibbs-White	ENG	2000-01-27	171	66	34	34	0	2825	7	8	9	1	4
MF/FW	Anthony Elanga	SWE	2002-04-27	178	70	38	31	7	2512	6	11	1	0	1
MF/FW	Callum Hudson-Odoi	ENG	2000-11-07	182	76	31	25	6	2205	5	2	2	0	1
MF/FW	Jota Silva	POR	1999-08-01	179	77	31	5	26	842	3	1	5	0	0
FW	Chris Wood	NZL	1991-12-07	191	81	36	35	1	2978	20	3	1	0	2
FW	Taiwo Awoniyi	NGA	1997-08-12	183	84	26	3	23	402	1	0	0	0	0
FW	Ramón Sosa	PAR	1999-08-31	179	75	19	1	18	284	1	0	1	0	0
FW	Eric da Silva Moreira	GER	2006-05-03	184	82	2	0	2	28	0	0	0	0	0
FW	Rodrigo Ribeiro	POR	2005-04-28	13		4	1	6	0	2	0	12	0	0
FW	Detlef Esapa Osong	ENG	2004-09-21	0										

PREMIER LEAGUE 2024-25 SEASON

NOTTINGHAM FOREST vs. OPPONENTS PER GAME STATS

노팅엄 포리스트 vs 상대팀

노팅엄		상대팀
1.53	득점	1.21
12.2	슈팅	14.0
4.4	유효슈팅	4.3
4.2	코너킥	6.3
2.4	오프사이드	0.9
361	패스시도 PA	524
284	패스성공 PC	431
79%	패스성공률 P%	82%
18.3	태클 TK	14.7
15.2	공중전승리 AD	14.8
8.5	인터셉트 IT	7.0
10.6	파울	11.4
2.37	경고	2.74
0.053	퇴장	0.053

2024-25 SEASON SQUAD LIST & GAMES PLAYED

*괄호 안의 숫자는 선발 출전 횟수, 교체 출전은 포함시키지 않음

LW
N/A

CF
C.우드(35), A.엘랑가(6)
T.아위니(3), C.허드슨-오도이(7)

RW
N/A

LAM
C.허드슨-오도이(21), A.엘랑가(3)
E.앤더슨(2), R.소사(1)
N.도밍게스(1), 다닐루(1)
J.실바(1)

CAM
M.깁스-화이트(31), E.앤더슨(3)
R.예이츠(1), A.엘랑가(1)
C.허드슨-오도이(1)

RAM
A.엘랑가(21), J.실바(1)
N.도밍게스(3), C.허드슨-오도이(2)

LM
N.윌리엄스(1), N.도밍게스(1)

CM
E.앤더슨(6), M.깁스-화이트(3)
I.상가레(2), N.도밍게스(2)
다닐루(2), R.예이츠(2)
J.워드-프라우스(1)

RM
N.도밍게스(1), E.앤더슨(1)

LWB
N.윌리엄스(3)

DM
E.앤더슨(21), N.도밍게스(15)
R.예이츠(15), I.상가레(5)
J.워드-프라우스(4), 다닐루(2)

RWB
O.아이나(3)

LB
N.윌리엄스(19), M.모레노(11)
O.아이나(3), H.토폴로(2)

CB
N.밀렌코비치(37), 무리요(36)
모라투(6), W.볼리(1)

RB
O.아이나(29), N.윌리엄스(5)

GK
M.셀스(38)

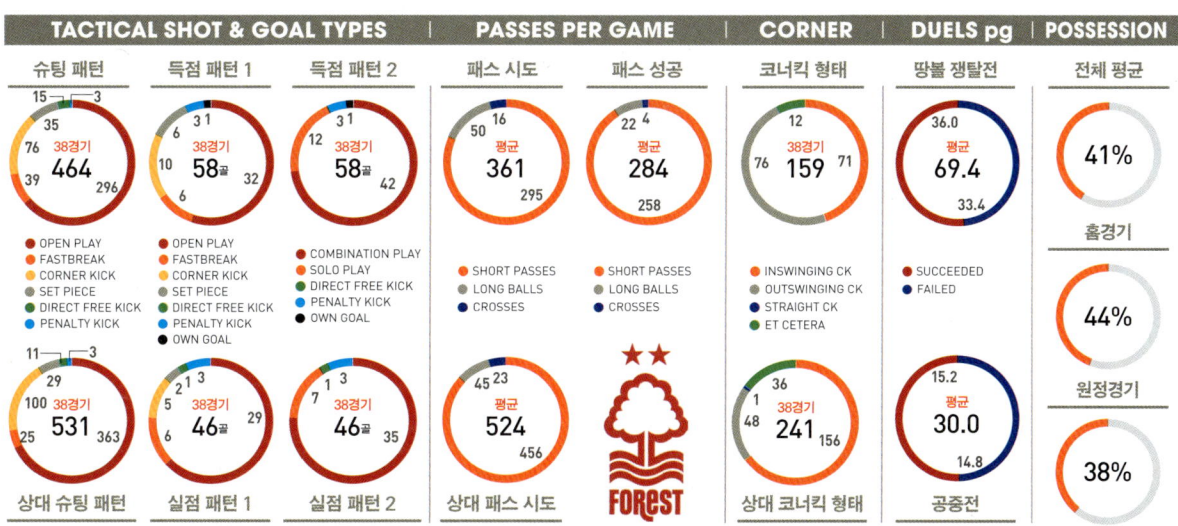

BRIGHTON & HOVE ALBION FC

Founded 구단 창립 1901년	**Owner** 토니 블룸 1970.03.20	**CEO** 토니 블룸 1970.03.20	**Manager** 피비안 휘르첼러 1993.02.26	**25-26 Odds** 벳365 : 150배 윌리엄힐 : 250배	
Nationality 41명 외국 선수 32명 · 잉글랜드 선수 9명	**Age** 41명 평균 24.9세	**Height** 41명 평균 183cm	**Market Value** 41명 평균 1623만 유로	**Game Points** 24-25 : 61점 통산 : 569점	
Win 24-25 : 16승 통산 : 141승	**Draw** 24-25 : 13무 통산 : 146무	**Loss** 24-25 : 9패 통산 : 185패	**Goals For** 24-25 : 66득점 통산 : 565득점	**Goals Against** 24-25 : 59실점 통산 : 676실점	
More Minutes 바르트 베르브루헌 3240분	**Top Scorer** 대니 웰벡+2명 10골	**More Assists** 조앙 페드루 6도움	**More Subs** 시몽 아딩그라 17회 교체 IN	**More Cards** 카를로스 발레바+1명 Y6+R1	

2024-25 SEASON RESULT

상대팀	홈	원정
Liverpool	3-2	1-2
Arsenal	1-1	1-1
Manchester City	2-1	2-2
Chelsea	3-0	2-4
Newcastle Utd	1-1	1-0
Aston Villa	0-3	2-2
Nottm Forest	2-2	0-7
Bournemouth	2-1	2-1
Brentford	0-0	2-4
Fulham	2-1	1-3
Crystal Palace	1-3	1-2
Everton	0-1	3-0
West Ham Utd	3-2	1-1
Manchester Utd	2-1	3-1
Wolverhampton	2-2	2-0
Tottenham	3-2	4-1
Leicester City	2-2	2-2
Ipswich Town	0-0	2-0
Southampton	1-1	4-0

PLAY STYLE

OFFENSIVE STYLE
중앙돌파 활성화
중거리 슈팅 비중 높음
스루볼 침투 많음

DEFENSIVE STYLE
블록 수비 중시
하프코트 프레싱
오프사이드 트랩 활성화

타이틀

ENGLISH PREMIER LEAGUE	ENGLISH FA CUP	UEFA CHAMPIONS LEAGUE	UEFA EUROPA LEAGUE	FIFA CLUB WORLD CUP	UEFA-CONMEBOL INTERCONTINENTAL
0	0	0	0	0	0

FALMER STADIUM

구장 오픈 2011년
구장 소유 브라이튼&호브 시
수용 인원 3만 1800명
피치 규모 105m X 68m
잔디 종류 천연 잔디

STRENGTHS & WEAKNESSES

OFFENSE		DEFENSE	
직접 프리킥	A	세트피스 수비	B
문전 처리	B	상대 볼 뺏기	A
측면 돌파	C	공중전 능력	B
스루볼 침투	B	역습 방어	E
개인기 침투	A	지공 방어	C
카운터 어택	C	스루패스 방어	C
기회 만들기	C	리드 지키기	C
세트피스	C	실수 조심	D
OS 피하기	C	측면 방어력	C
중거리 슈팅	C	파울 주의	C
볼 점유율	C	중거리슈팅 수비	C

매우 강함 A   강한 편 B   보통 수준 C   약한 편 D   매우 약함 E

RANKING OF LAST 10 YEARS

15-16	16-17	17-18	18-19	19-20	20-21	21-22	22-23	23-24	24-25
3	2	15	17	15	16	9	6	11	8
89점	93점	40점	36점	41점	41점	51점	62점	48점	61점

● 2부 리그

위치	선수	국적	생년월일	키	몸무게	출전	선발 11	교체 IN	출전(분)	득점	도움	경고	퇴장	MOM
GK	Bart Verbruggen	NED	2002-08-18	193	66	36	36	0	3240	0	1	6	0	1
	Jason Steele	ENG	1990-08-18	188	79	2	2	0	180	0	0	0	0	0
DF	Jan Paul van Hecke	NED	2000-06-08	189	79	34	33	1	2961	1	0	6	1	1
	Lewis Dunk	ENG	1991-11-21	192	88	25	23	2	2083	0	0	5	0	0
	Adam Webster	ENG	1995-01-04	191	75	14	11	3	888	0	0	1	0	0
	Eiran Cashin	IRL	2001-11-09	180	86	2	0	2	19	0	0	0	0	0
DF MF	Pervis Estupiñán	ECU	1998-01-21	175	73	30	26	4	2403	1	1	5	0	1
	Jack Hinshelwood	ENG	2005-04-11	181	76	26	22	4	1849	5	2	5	0	2
	Joël Veltman	NED	1992-01-15	184	75	21	19	2	1699	0	1	3	0	0
	Mats Wieffer	NED	1999-11-16	188	78	25	10	15	1008	1	4	6	0	2
	Igor Julio	BRA	1998-02-07	185	85	13	10	3	960	0	0	4	0	0
	Tariq Lamptey	GHA	2000-09-30	163	55	15	10	5	861	2	2	0	0	0
	Ferdi Kadıoğlu	TUR	1999-10-07	174	68	6	5	1	389	1	0	1	0	0
	James Milner	ENG	1986-01-04	175	70	4	3	1	173	0	0	1	0	0
MF	Carlos Baleba	CMR	2004-01-03	179	73	34	31	3	2674	3	1	6	1	1
	Kaoru Mitoma	JPN	1997-05-20	178	73	36	28	8	2612	10	4	1	0	1
	Yasin Ayari	SWE	2003-10-06	172	69	34	22	12	1971	2	1	4	0	0
	Matt O'Riley	DEN	2000-11-21	187	77	21	11	10	939	2	2	1	0	0
	Brajan Gruda	GER	2004-05-31	178	70	21	8	13	683	1	4	0	0	0
	Diego Gómez	PAR	2003-03-27	183	77	16	4	12	511	1	0	0	0	0
	Julio Enciso	PAR	2004-01-23	173	64	12	2	10	288	0	0	0	0	0
	Solly March	ENG	1994-07-26	180	88	8	1	7	162	0	0	2	0	0
	Billy Gilmour	SCO	2001-06-11	170	60	2	1	1	98	0	0	0	0	0
	Jakub Moder	POL	1999-04-07	188	78	4	0	4	9	0	0	0	0	0
	Jeremy Sarmiento	ECU	2002-06-16	178	72	1	0	1	8	0	0	0	0	0
	Danny Welbeck	ENG	1990-11-26	185	73	30	24	6	2123	10	4	5	0	3
MF FW	João Pedro	BRA	2001-09-26	182	70	27	23	4	1955	10	6	4	1	4
	Georginio Rutter	FRA	2002-04-20	182	83	28	19	9	1667	5	3	2	0	0
	Simon Adingra	CIV	2002-01-01	175	68	29	12	17	1091	2	2	0	0	0
	Yankuba Minteh	GAM	2004-07-22	180	65	32	20	12	1846	6	4	6	0	0
FW	Evan Ferguson	IRL	2004-10-19	183	78	13	2	11	236	1	0	0	0	0
	Harry Howell	ENG	2008-09-29	0	0	1	0	1	6	0	0	0	0	0
	Mark O'Mahony	IRL	2005-01-14	62	3	1	2	1	10	0	0	1	0	0

PREMIER LEAGUE 2024-25 SEASON

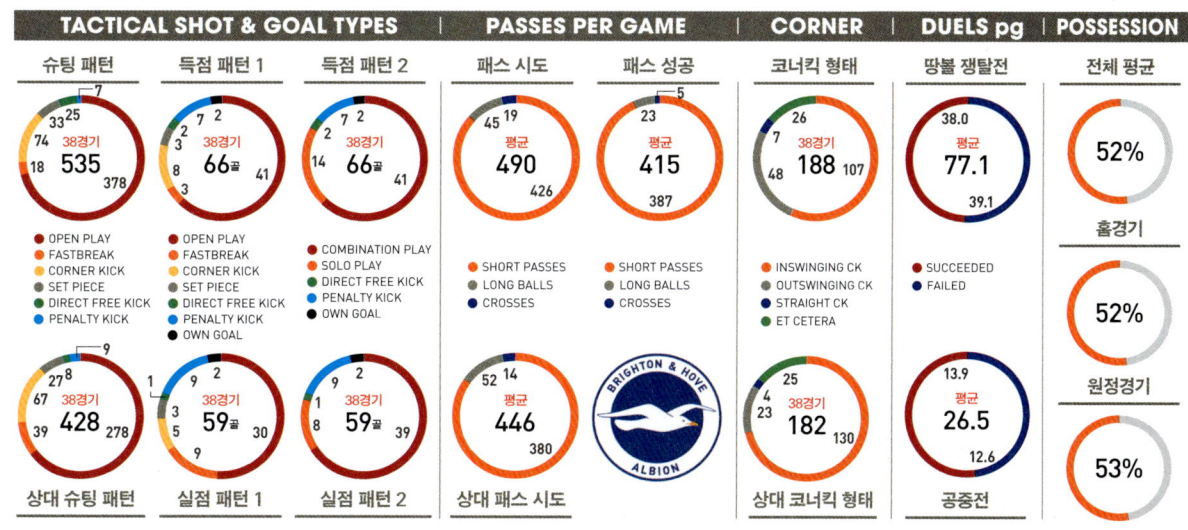

AFC BOURNEMOUTH

 Founded 구단 창립 1899년
 Owner 블랙나잇 Ltd. 풋볼&엔터테인먼트
 CEO 빌 폴리 1944.12.29
 Manager 안도니 이라올라 1982.06.22
 25-26 Odds 벳365 : 350배 윌리엄힐 : 250배

0	0	0	0	0	0
ENGLISH PREMIER LEAGUE	ENGLISH FA CUP	UEFA CHAMPIONS LEAGUE	UEFA EUROPA LEAGUE	FIFA CLUB WORLD CUP	UEFA-CONMEBOL INTERCONTINENTAL

 Nationality 32명
●외국 선수 21명
●잉글랜드 선수 11명

 Age 32명 평균 25.0세

Height 32명 평균 182cm

 Market Value 32명 평균 1398만 유로

 Game Points 24-25 : 56점 통산 : 354점

Win 24-25 : 15승 통산 : 95승

Draw 24-25 : 11무 통산 : 69무

Loss 24-25 : 12패 통산 : 140패

 **Goals For** 24-25 : 58득점 통산 : 390득점

 Goals Against 24-25 : 46실점 통산 : 514실점

More Minutes 밀로시 케르케즈 3341분

Top Scorer 저스틴 클라위버르트 12골

More Assists 저스틴 클라위버르트 6도움

More Subs 데이빗 브룩스 20회 교체 IN

More Cards 딘 하이선 Y10+R0

2024-25 SEASON RESULT

상대팀	홈	원정
Liverpool	0-2	0-3
Arsenal	2-0	2-1
Manchester City	2-1	1-3
Chelsea	0-1	2-2
Newcastle Utd	1-1	4-1
Aston Villa	0-1	1-1
Nottm Forest	5-0	1-1
Brighton	1-2	1-2
Brentford	1-2	2-3
Fulham	1-0	2-2
Crystal Palace	0-0	0-0
Everton	1-0	3-2
West Ham Utd	1-1	2-2
Manchester Utd	1-1	3-0
Wolverhampton	0-1	4-2
Tottenham	1-0	2-2
Leicester City	2-0	0-1
Ipswich Town	1-2	2-1
Southampton	3-1	3-1

PLAY STYLE

OFFENSIVE STYLE
전체 패스 대비 크로스 횟수 많은 편
왼 측면 돌파 활성화
전체 슈팅 대비 중거리 슈팅 많은 편
롱볼 다이렉트 플레이 중시
상대 진영에서 볼 컨트롤

DEFENSIVE STYLE
매우 도전적인 수비
카운터 프레싱 중시
블록 수비 위치 높은 편

VITALITY STADIUM

구장 오픈 / 증개축
1910년, 증개축 3회
구장 소유
스트럭테이든
수용 인원
1만 1364명
피치 규모
105м X 68m
잔디 종류
천연 잔디

STRENGTHS & WEAKNESSES

OFFENSE		DEFENSE	
직접 프리킥	B	세트피스 수비	D
문전 처리	C	상대 볼 뺏기	C
측면 돌파	C	공중전 능력	C
스루볼 침투	C	역습 방어	C
개인기 침투	C	지공 방어	C
카운터 어택	C	스루패스 방어	D
기회 만들기	B	리드 지키기	C
세트피스	C	실수 조심	C
OS 피하기	C	측면 방어력	C
중거리 슈팅	B	파울 주의	C
볼 점유율	D	중거리슈팅 수비	C

매우 강함 A 강한 편 B 보통 수준 C 약한 편 D 매우 약함 E

RANKING OF LAST 10 YEARS

● 2부 리그

15-16	16-17	17-18	18-19	19-20	20-21	21-22	22-23	23-24	24-25
16 / 42점	9 / 46점	12 / 44점	14 / 45점	18 / 34점	6 / 77점	2 / 88점	15 / 39점	12 / 48점	9 / 56점

위치	선수	국적	생년월일	키	몸무게	출전	선발 11	교체 IN	출전(분)	득점	도움	경고	퇴장	MOM
GK	Kepa Arrizabalaga	ESP	1994-10-03	189	84	31	31	0	2790	0	0	3	0	1
	Mark Travers	IRL	1999-05-18	191	82	5	5	0	450	0	0	0	0	1
	Neto	BRA	1989-07-19	190	84	2	2	0	180	0	0	0	0	0
DF	Illya Zabarnyi	UKR	2002-09-01	189	80	36	35	1	3113	0	1	4	1	2
	Dean Huijsen	NED	2005-04-14	195	87	32	26	6	2422	3	2	10	0	2
	Marcos Senesi	ARG	1997-05-10	185	80	17	13	4	1109	0	0	5	0	1
	James Hill	ENG	2002-01-10	184	73	10	6	4	448	0	1	1	0	0
	Max Aarons	ENG	2000-01-04	178	69	3	1	2	86	0	0	0	0	0
	Julio Soler	ARG	2005-02-16	170	63	3	0	3	9	0	0	0	0	0
DF MF	Milos Kerkez	HUN	2003-11-07	180	71	38	38	0	3341	2	5	4	0	1
	Lewis Cook	ENG	1997-02-03	175	71	36	32	4	2978	1	3	8	1	0
	Tyler Adams	USA	1999-02-14	173	72	28	21	7	1966	0	3	7	0	1
	Adam Smith	ENG	1991-04-29	180	78	25	19	6	1599	0	0	7	0	0
	Julián Araujo	MEX	2001-08-13	175	70	12	7	5	499	0	0	2	0	0
MF	Marcus Tavernier	ENG	1999-03-22	178	70	29	20	9	1940	3	5	6	0	0
	David Brooks	WAL	1997-07-08	173	62	29	9	20	952	2	1	0	0	0
	Alex Scott	ENG	2003-08-21	178	68	20	8	12	753	0	0	3	0	0
	Ben Winterburn	ENG	2004-09-04	185	75	4	0	4	22	0	0	0	0	0
MF FW	Antoine Semenyo	GHA	2000-01-07	185	79	37	36	1	3210	11	5	9	0	5
	Justin Kluivert	NED	1999-05-05	171	67	34	29	5	2360	12	6	8	0	2
	Ryan Christie	SCO	1995-02-22	178	70	29	27	2	2131	2	3	9	0	0
	Dango Ouattara	BFA	2002-02-11	177	71	32	21	11	2009	7	4	3	0	1
	Luis Sinisterra	COL	1999-06-17	172	60	12	1	11	230	1	1	0	0	0
	Philip Billing	DEN	1996-06-11	193	83	10	1	9	178	0	0	1	0	0
FW	Evanilson	BRA	1999-10-06	183	80	31	28	3	2337	10	1	1	1	2
	Enes Ünal	TUR	1997-05-10	187	78	17	2	15	332	2	1	2	0	0
	Daniel Jebbison	ENG	2003-07-11	190	69	16	0	16	105	1	0	1	0	0
	Remy Rees-Dottin	ENG	2006-03-06	174	76	1	0	1	1	0	0	0	0	0
	Zain Silcott Duberry	ENG	2005-07-09	183	73	1	0	1	1	0	0	0	0	0

PREMIER LEAGUE 2024-25 SEASON

AFC BOURNEMOUTH vs. OPPONENTS PER GAME STATS

본머스 vs 상대팀

득점	슈팅	유효슈팅	코너킥	오프사이드	패스시도 (PA)	패스성공 (PC)	패스성공률 (P%)	태클 (TK)	공중전승리 (AD)	인터셉트 (IT)	파울	경고	퇴장
1.53 / 1.21	15.3 / 12.8	5.3 / 4.5	6.0 / 4.8	1.8 / 1.1	426 / 454	340 / 354	80% / 78%	18.2 / 17.1	15.3 / 16.1	9.2 / 7.3	13.8 / 10.8	2.55 / 2.47	0.079 / 0.132

2024-25 SEASON SQUAD LIST & GAMES PLAYED

괄호 안의 숫자는 선발 출전 횟수, 교체 출전은 포함시키지 않음

LW: N/A
CF: 에바니우손(28), D.우아타라(7), E.위날(2), A.세메뇨(1)
RW: N/A

LAM: A.세메뇨(17), D.우아타라(10), M.태버니어(9), J.클라위베르트(1), L.시니스테라(1)
CAM: J.클라위베르트(28), M.태버니어(3), A.스캇(3), R.크리스티(2), P.빌링(1), L.쿡(1)
RAM: A.세메뇨(18), D.브룩스(9), M.태버니어(7), D.우아타라(4)

LM: N/A
CM: N/A
RM: N/A

LWB: N/A
DM: R.크리스티(25), L.쿡(24), T.애덤스(21), A.스캇(5), M.태버니어(1)
RWB: N/A

LB: M.케르케즈(38)
CB: I.자바르니(35), D.하이센(26), M.세네시(13), J.힐(2)
RB: A.스미스(19), L.쿡(7), J.아라우호(7), J.힐(4), M.아라노스(1)

GK: 케파(31), M.트레이버스(5), 네투(2)

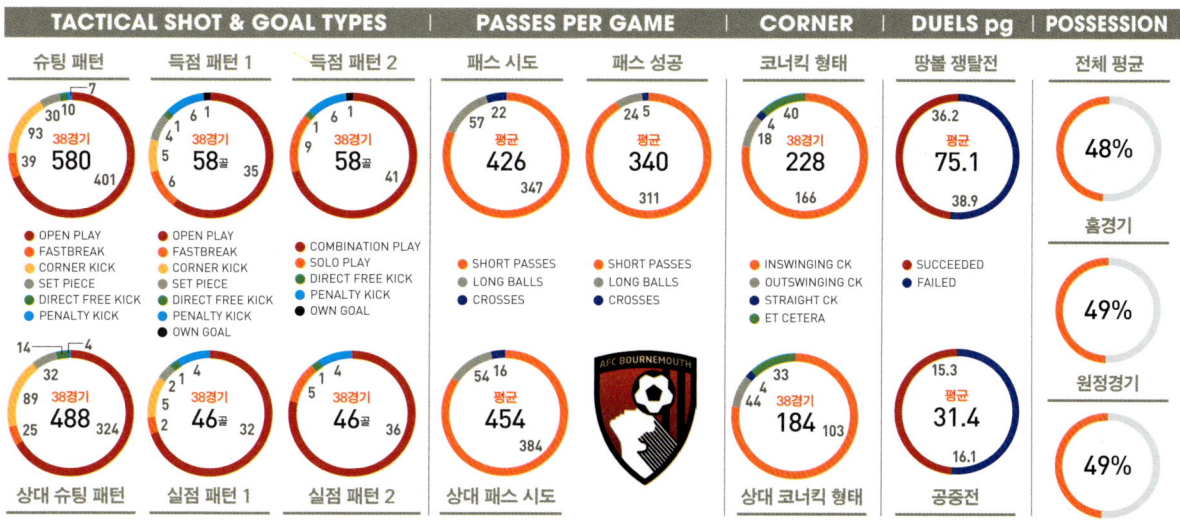

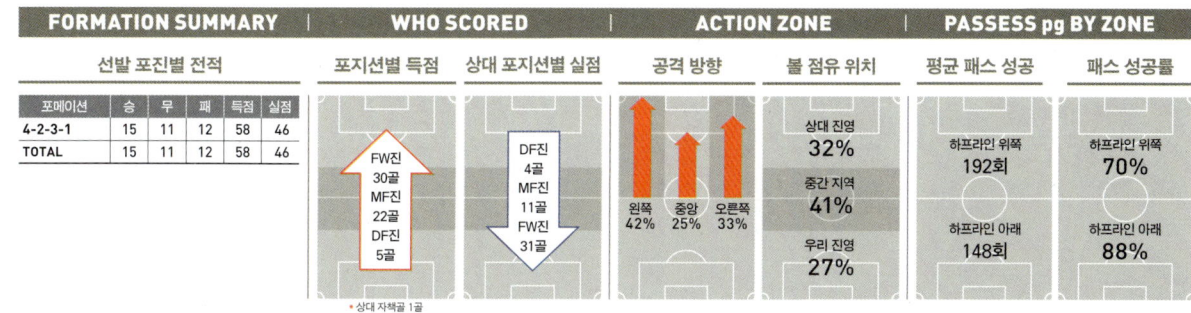

BRENTFORD FC

Club Info

Founded 구단 창립 1889년	**Owner** 매튜 벤쌈	**CEO** 클리프 크라운
Manager 키스 앤드류스 1980.09.13	**25-26 Odds** 벳365: 1000배 윌리엄힐: 750배	
Nationality 외국 선수 25명 / 잉글랜드 선수 9명	**Age** 34명 평균 23.8세	**Height** 34명 평균 183cm
Market Value 34명 평균 1294만 유로	**Game Points** 24-25: 56점 / 통산: 474점	
Win 24-25: 16승 / 통산: 130승	**Draw** 24-25: 8무 / 통산: 84무	**Loss** 24-25: 14패 / 통산: 148패
Goals For 24-25: 66득점 / 통산: 558득점	**Goals Against** 24-25: 57실점 / 통산: 583실점	
More Minutes 브라이언 음뵈모 3417분	**Top Scorer** 브라이언 음뵈모 20골	**More Assists** 미켈 댐스고 10도움
More Subs 파비우 카르발류+2명 16회 교체 IN	**More Cards** 크리스티안 노코 Y8+R1	

Trophies

ENGLISH PREMIER LEAGUE	ENGLISH FA CUP	UEFA CHAMPIONS LEAGUE	UEFA EUROPA LEAGUE	FIFA CLUB WORLD CUP	UEFA-CONMEBOL INTERCONTINENTAL
0	0	0	0	0	0

2024-25 SEASON RESULT

상대팀	홈	원정
Liverpool	0-2	0-2
Arsenal	1-3	1-1
Manchester City	2-2	1-2
Chelsea	0-0	1-2
Newcastle Utd	4-2	1-2
Aston Villa	0-1	1-3
Nottm Forest	0-2	2-0
Brighton	4-2	0-0
Bournemouth	3-2	2-1
Fulham	2-3	1-2
Crystal Palace	2-1	2-1
Everton	1-1	0-0
West Ham Utd	1-1	1-0
Manchester Utd	4-3	1-2
Wolverhampton	5-3	1-1
Tottenham	0-2	1-3
Leicester City	4-1	4-0
Ipswich Town	4-3	1-0
Southampton	3-1	5-0

GTECH COMMUNITY STADIUM

구장 오픈: 2020년
구장 소유: 브렌포드 시
수용 인원: 1만 7250명
피치 규모: 105m X 68m
잔디 종류: 하이브리드 잔디

STRENGTHS & WEAKNESSES

OFFENSE		DEFENSE	
직접 프리킥	C	세트피스 수비	C
문전 처리	B	상대 볼 뺏기	B
측면 돌파	C	공중전 능력	A
스루볼 침투	A	역습 방어	D
개인기 침투	C	지공 방어	E
카운터 어택	C	스루패스 방어	C
기회 만들기	C	리드 지키기	D
세트피스	C	실수 조심	C
OS 피하기	C	측면 방어력	E
중거리 슈팅	C	파울 주의	C
볼 점유율	D	중거리슈팅 수비	C

매우 강함 A / 강한 편 B / 보통 수준 C / 약한 편 D / 매우 약함 E

PLAY STYLE

OFFENSIVE STYLE
오른 측면 돌파 활성화
롱볼 게임 위주
다이렉트 플레이 중시
스루볼 침투 자주 활용

DEFENSIVE STYLE
블록 수비 중시
하프코트 프레싱
자기 진영에서 볼 컨트롤
고정적인 선발 일레븐

RANKING OF LAST 10 YEARS

15-16	16-17	17-18	18-19	19-20	20-21	21-22	22-23	23-24	24-25
9	10	11	3	3	13	9	16	10	
65점	64점	69점	64점	81점	87점	46점	59점	39점	56점

(2부 리그: 15-16 ~ 20-21)

Squad

위치	선수	국적	생년월일	키	몸무게	출전	선발 11	교체 IN	출전(분)	득점	도움	경고	퇴장	MOM
GK	Mark Flekken	NED	1993-06-13	195	87	37	37	0	3276	0	2	1	0	2
GK	Hákon Rafn Valdimarsson	ISL	2001-10-13	188	89	2	1	1	144	0	0	0	0	0
DF	Nathan Collins	IRL	2001-04-30	193	83	38	38	0	3420	2	3	5	0	1
DF	Ethan Pinnock	JAM	1993-05-29	187	79	22	21	1	1914	2	0	2	0	0
DF	Michael Kayode	ITA	2004-07-10	179	74	12	6	6	528	0	1	2	0	1
DF	Ben Mee	ENG	1989-09-23	180	74	7	2	5	181	0	0	0	0	0
DF	Kim Ji-Soo	KOR	2004-12-24	192	83	3	0	3	29	0	0	0	0	0
DF/MF	Christian Nørgaard	DEN	1994-03-10	187	73	34	34	0	2831	5	4	8	1	1
DF/MF	Sepp van den Berg	NED	2001-12-20	189	74	31	29	2	2589	0	0	3	0	0
DF/MF	Vitaly Janelt	GER	1998-05-10	184	79	32	27	5	2267	1	3	3	0	0
DF/MF	Kristoffer Ajer	NOR	1998-04-17	198	92	24	17	7	1443	0	0	5	0	0
DF/MF	Mads Roerslev	DEN	1999-06-24	184	77	19	11	8	1097	0	2	2	0	0
DF/MF	Rico Henry	ENG	1997-07-08	170	67	5	0	5	94	0	0	0	0	0
DF/MF	Jayden Meghoma	ENG	2006-06-28	175	80	1	0	1	4	0	0	0	0	0
MF	Mikkel Damsgaard	DEN	2000-07-03	180	66	38	34	4	2930	2	10	2	0	3
MF	Yehor Yarmolyuk	UKR	2004-03-01	180	72	31	15	16	1446	0	0	6	0	0
MF	Mathias Jensen	DEN	1996-01-01	180	72	24	8	16	857	0	2	2	0	0
MF	Paris Maghoma	ENG	2001-05-08	181	69	8	0	8	113	0	0	0	0	0
MF	Yunus Emre Konak	TUR	2006-01-10	181	76	10	0	10	37	0	0	0	0	0
MF	Frank Onyeka	NGA	1998-01-01	183	70	2	0	2	23	0	0	0	0	0
MF	Ryan Trevitt	ENG	2003-03-12	170	65	1	0	1	3	0	0	0	0	0
MF/FW	Bryan Mbeumo	CMR	1999-08-07	173	64	38	38	0	3417	20	7	3	0	6
MF/FW	Keane Lewis-Potter	ENG	2001-02-22	170	67	38	36	2	3103	1	2	7	0	1
MF/FW	Kevin Schade	GER	2001-11-27	183	74	38	26	12	2301	11	2	3	0	3
MF/FW	Fabio Carvalho	POR	2002-08-30	170	62	19	3	16	447	2	1	1	0	0
FW	Yoane Wissa	COD	1996-09-03	176	74	35	34	1	2930	19	4	5	0	1
FW	Igor Thiago	BRA	2001-06-26	191	85	8	1	7	168	0	0	0	0	0
FW	Gustavo Nunes	BRA	2005-11-20	173	69	3	0	3	11	0	0	0	0	0

PREMIER LEAGUE 2024-25 SEASON

BRENTFORD FC vs. OPPONENTS PER GAME STATS

브렌포드 vs 상대팀	득점	슈팅	유효슈팅	코너킥	오프사이드	패스시도	패스성공	태클	공중전승리	인터셉트	파울	경고	퇴장
	1.74 / 1.50	11.7 / 17.1	4.8 / 5.5	4.6 / 6.4	1.7 / 1.5	433 / 477	349 / 384						
	81% / 80%	16.7 / 15.6	16.6 / 15.2	7.5 / 7.6	8.4 / 9.3	1.63 / 2.16	0.026 / 0.079						

2024-25 SEASON SQUAD LIST & GAMES PLAYED

*괄호 안의 숫자는 선발 출전 횟수, 교체 출전은 포함시키지 않음

LW: K.샤데(5), M.댐스코(3)
CF: Y.위사(33), B.음뵈모(6), K.샤데(3), F.카르발류(2), I.티아고(1)
RW: B.음뵈모(8)

LAM: K.샤데(17), K.루이스-포터(4), Y.야르몰류크(1)
CAM: M.댐스코(21), B.음뵈모(1), Y.야르몰류크(1), Y.위사(1), F.카르발류(1)
RAM: B.음뵈모(21), M.댐스코(1)

LM: K.루이스-포터(2), M.댐스코(1)
CM: C.노코(13), V.야넬트(12), M.댐스코(8), M.옌슨(6), Y.야르몰류크(1)
RM: B.음뵈모(1), M.옌슨(1), K.샤데(1)

LWB: K.루이스-포터(2)
DM: C.노코(21), V.야넬트(14), Y.야르몰류크(8), M.옌슨(1)
RWB: B.음뵈모(1), M.로어슬레프(1)

LB: K.루이스-포터(28), K.에어(5), S.반덴베르크(2), V.야넬트(1)
CB: N.쿨린스(38), E.피녹(21), S.반덴베르크(19), B.미(2)
RB: K.에어(12), M.로어슬레프(10), S.반덴베르크(8), M.카요데(6)

GK: M.클레컨(37), H.발디마르손(1)

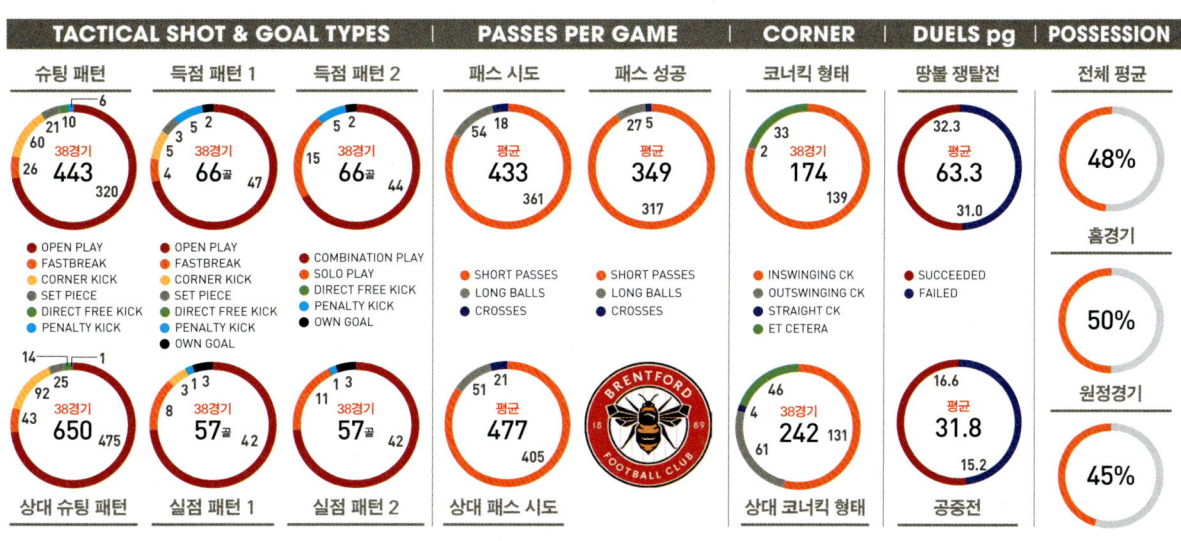

포메이션	승	무	패	득점	실점
4-2-3-1	11	4	7	40	30
4-3-3	4	2	2	16	11
4-4-2	0	1	2	1	4
5-3-2	0	0	2	2	5
4-3-1-2	0	0	1	1	3
3-4-2-1	1	0	0	4	2
3-5-2	0	0	1	1	2
TOTAL	16	8	14	66	57

FULHAM FC

Club Info

- **Founded** 구단 창립: 1879년
- **Owner** 샤히드 칸: 1950.07.28
- **CEO** 샤히드 칸: 1950.07.28
- **Manager** 마르쿠 실바: 1977.07.12
- **25-26 Odds** 벳365 : 750배 / 윌리엄힐 : 750배
- **Nationality**: 외국 선수 19명, 잉글랜드 선수 4명
- **Age** 23명 평균: 27.4세
- **Height** 23명 평균: 184cm
- **Market Value** 23명 평균: 1437만 유로
- **Game Points** 24-25: 54점 / 통산: 1359점
- **Win** 24-25: 15승 / 통산: 353승
- **Draw** 24-25: 9무 / 통산: 300무
- **Loss** 24-25: 14패 / 통산: 535패
- **Goals For** 24-25: 54득점 / 통산: 1519득점
- **Goals Against** 24-25: 54실점 / 통산: 1927실점
- **More Minutes** 베른트 레노: 3420분
- **Top Scorer** 라울 히메네스: 12골
- **More Assists** 앤토니 로빈슨: 10도움
- **More Subs** 호드리구 무니스: 23회 교체 IN
- **More Cards** 사샤 루키치: Y12+R0

Trophies

ENGLISH PREMIER LEAGUE	ENGLISH FA CUP	UEFA CHAMPIONS LEAGUE	UEFA EUROPA LEAGUE	FIFA CLUB WORLD CUP	UEFA-CONMEBOL INTERCONTINENTAL
0	0	0	0	0	0

2024-25 SEASON RESULT

상대팀	홈	원정
Liverpool	3-2	2-2
Arsenal	1-1	1-2
Manchester City	0-2	2-3
Chelsea	1-2	2-1
Newcastle Utd	3-1	2-1
Aston Villa	1-3	0-1
Nottm Forest	2-1	1-0
Brighton	3-1	1-2
Bournemouth	2-2	0-1
Brentford	2-1	3-2
Crystal Palace	0-2	2-0
Everton	1-3	1-1
West Ham Utd	1-1	2-3
Manchester Utd	0-1	0-1
Wolverhampton	1-4	2-1
Tottenham	2-0	1-1
Leicester City	2-1	2-0
Ipswich Town	2-2	1-1
Southampton	0-0	2-1

CRAVEN COTTAGE

- 구장 오픈 / 증개축: 1896년, 증개축 2회
- 구장 소유: 풀럼 FC
- 수용 인원: 2만 2384명
- 피치 규모: 105M x 68m
- 잔디 종류: 인조 잔디

PLAY STYLE

OFFENSIVE STYLE
- 좌우폭 넓게 활용
- 윈 측면 돌파 활성화
- 전체 패스 대비 크로스 많은 편

DEFENSIVE STYLE
- 고정적인 선발 일레븐
- 오프사이드 트랩 자주 시도

STRENGTHS & WEAKNESSES

OFFENSE		DEFENSE	
직접 프리킥	C	세트피스 수비	C
문전 처리	C	상대 볼 뺏기	C
측면 돌파	A	공중전 능력	C
스루볼 침투	C	역습 방어	C
개인기 침투	C	지공 방어	D
카운터 어택	B	스루패스 방어	C
기회 만들기	C	리드 지키기	D
세트피스	C	실수 조심	C
OS 피하기	C	측면 방어력	C
중거리 슈팅	C	파울 주의	D
볼 점유율	B	중거리슈팅 수비	E

매우 강함 A, 강한 편 B, 보통 수준 C, 약한 편 D, 매우 약함 E

RANKING OF LAST 10 YEARS

시즌	15-16	16-17	17-18	18-19	19-20	20-21	21-22	22-23	23-24	24-25
순위	20	6	3	19	18	4	1	10	13	11
승점	51점	80점	88점	26점	28점	81점	90점	52점	47점	54점

● 2부 리그

선수 명단

위치	선수	국적	생년월일	키	몸무게	출전	선발 11	교체 IN	출전(분)	득점	도움	경고	퇴장	MOM
GK	Bernd Leno	GER	1992-03-04	189	82	38	38	0	3420	0	1	5	0	3
DF	Calvin Bassey	NGA	1999-12-31	185	76	35	34	1	3074	1	0	7	0	0
DF	Joachim Andersen	DEN	1996-05-31	192	86	29	29	0	2573	0	0	6	1	1
DF	Issa Diop	FRA	1997-01-09	194	92	21	15	6	1336	0	0	2	0	0
DF	Jorge Cuenca	ESP	1999-11-17	190	75	8	4	4	350	0	0	0	0	0
DF/MF	Antonee Robinson	USA	1997-08-08	183	70	36	35	1	3167	0	10	8	0	4
DF/MF	Alex Iwobi	NGA	1996-05-03	180	75	38	35	3	2999	9	6	1	0	6
DF/MF	Kenny Tete	NED	1995-10-09	180	71	22	21	1	1779	0	2	5	0	1
DF/MF	Timothy Castagne	BEL	1995-12-05	185	80	24	17	7	1643	0	1	1	0	0
DF/MF	Ryan Sessegnon	ENG	2000-05-18	178	70	16	7	9	580	4	2	1	0	1
DF/MF	Harrison Reed	ENG	1995-01-27	181	72	12	0	12	94	0	0	2	0	0
MF	Saša Luki	SRB	1996-08-13	183	76	30	28	2	2358	0	2	12	0	1
MF	Sander Berge	NOR	1998-02-18	195	96	31	26	5	2231	0	0	6	0	0
MF	Emile Smith Rowe	ENG	2000-07-28	182	79	34	25	9	2061	6	3	3	0	0
MF	Andreas Pereira	BRA	1996-01-01	178	71	33	25	8	2025	2	4	8	0	0
MF	Harry Wilson	WAL	1997-03-22	173	63	25	12	13	1159	6	1	2	0	2
MF	Tom Cairney	SCO	1991-01-20	185	84	25	3	22	615	2	0	3	1	0
MF	Joshua King	ENG	2007-01-03	187	74	8	1	7	126	0	0	0	0	0
MF/FW	Adama Traoré	ESP	1996-01-25	178	86	36	18	18	1770	2	7	3	0	1
MF/FW	Willian	BRA	1988-08-09	175	77	10	2	8	253	0	0	0	0	0
MF/FW	Martial Godo	ENG	2003-03-14	169	61	2	0	2	21	0	0	0	0	0
MF/FW	Jay Stansfield	ENG	2002-11-24	0	0	1	0	1	1	0	0	0	0	0
FW	Raúl Jiménez	MEX	1991-05-05	190	76	38	30	8	2506	12	3	4	0	3
FW	Rodrigo Muniz	BRA	2001-05-04	178	67	31	8	23	952	8	1	1	0	1
FW	Reiss Nelson	ENG	1999-12-10	175	71	11	5	6	486	1	1	1	0	0
FW	Carlos Vinícius	BRA	1995-03-25	190	86	3	0	3	13	0	0	0	0	0

PREMIER LEAGUE 2024-25 SEASON

FULHAM FC vs. OPPONENTS PER GAME STATS

풀럼 vs 상대팀

풀럼		상대팀
1.42	득점	1.42
13.7	슈팅	11.4
4.5	유효슈팅	4.2
5.3	코너킥	4.5
1.1	오프사이드	2.2
503	패스시도	459
425	패스성공	373
85%	패스성공률	81%
17.9	태클	14.1
14.3	공중전승리	14.2
7.9	인터셉트	8.8
11.4	파울	9.8
2.11	경고	1.76
0.053	퇴장	0.079

2024-25 SEASON SQUAD LIST & GAMES PLAYED

괄호 안의 숫자는 선발 출전 횟수, 교체 출전은 포함시키지 않음

LW: A.이워비(2), 윌리안(1)
CF: R.히메네스(30), R.무니스(8)
RW: H.윌슨(2), A.트라오레(1)

LAM: A.이워비(20), R.넬슨(5), A.트라오레(2), 윌리안(1), H.윌슨(1)
CAM: E.S.로우(24), A.페레이라(6), A.트라오레(2), J.킹(1), H.윌슨(1), A.이워비(1)
RAM: A.트라오레(11), A.이워비(7), H.윌슨(7), R.세세뇽(4)

LM: A.로빈슨(2), A.트라오레(1)
CM: S.루키치(7), A.페레이라(5), S.베르게(5), A.이워비(3), E.S.로우(1), T.케어니(1)
RM: H.윌슨(1), A.트라오레(1), A.페레이라(1)

LWB: A.로빈슨(3), R.세세뇽(1)
DM: S.베르게(21), S.루키치(21), A.페레이라(13), T.케어니(2), A.이워비(1)
RWB: T.카스타뉴(4)

LB: A.로빈슨(30), R.세세뇽(2), C.베이시(2)
CB: C.베이시(32), J.앤더슨(29), I.디오프(15), J.쿠엔카(4), K.테테(1)
RB: K.테테(20), T.카스타뉴(13), A.이워비(1)

GK: B.레노(38)

SHOTS & GOALS

38경기 총 522슈팅 - 54득점
38경기 상대 총 434슈팅 - 54실점

49-11
319-37
153-5
자책골 1-1

	유효슈팅 172	비유효슈팅 350
득점	54	블록 당함 155
GK 방어	118	골대 밖 189
유효슈팅률	33%	골대 맞음 6

	유효슈팅 160	비유효슈팅 274
실점	54	블록 119
GK 방어	106	골대 밖 148
유효슈팅률	37%	골대 맞음 7

127-14
267-27
38-11
자책골 2-2

SHOT TIME | GOAL TIME
시간대별 슈팅: 104, 72, 80, 78, 91, 97
시간대별 득점: 16, 8, 10, 8, 7, 5

슈팅 차이: 전반 슈팅 차이 +56 / 후반 슈팅 차이 +32 / 전체 슈팅 차이 +88
득점차: 전반 골 득실차 -3 / 후반 골 득실차 +3 / 전체 골 득실차 0

시간대별 상대 슈팅: 87, 61, 66, 57, 90, 73
시간대별 실점: 12, 7, 6, 6, 9, 11

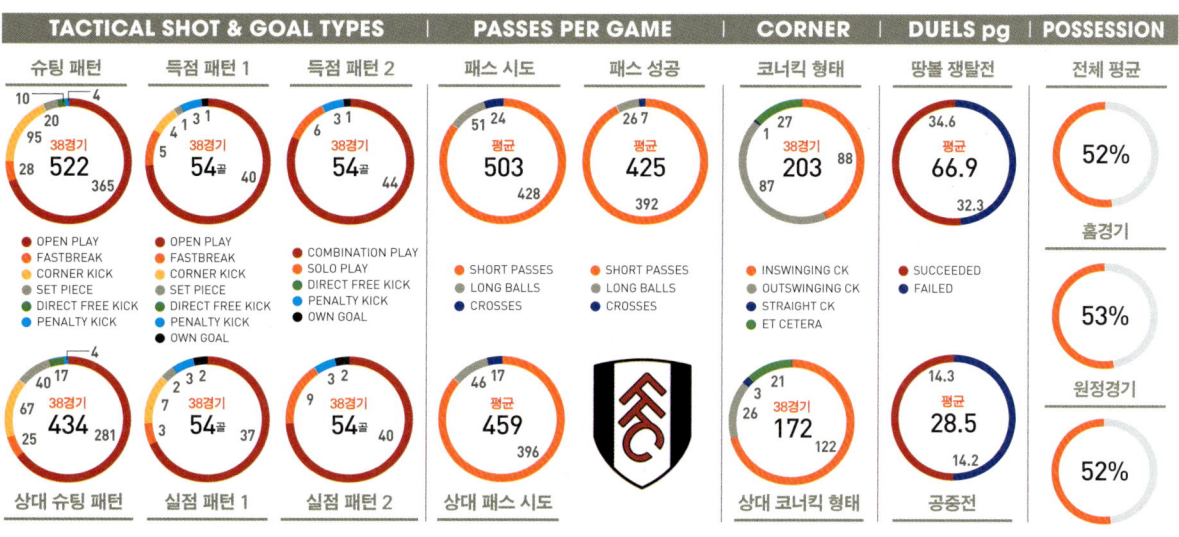

TACTICAL SHOT & GOAL TYPES | PASSES PER GAME | CORNER | DUELS pg | POSSESSION

슈팅 패턴 (38경기 522): OPEN PLAY 365, FASTBREAK 20, CORNER KICK 28, SET PIECE 95, DIRECT FREE KICK 10, PENALTY KICK 4

득점 패턴 1 (38경기 54골): OPEN PLAY 40, FASTBREAK 3, CORNER KICK 1, SET PIECE 5, DIRECT FREE KICK 4, PENALTY KICK 1

득점 패턴 2 (38경기 54골): COMBINATION PLAY 44, SOLO PLAY 6, DIRECT FREE KICK 3, PENALTY KICK 1, OWN GOAL

패스 시도 평균 503 (428)
패스 성공 평균 425 (392)
SHORT PASSES 26, LONG BALLS 51, CROSSES 24 / SHORT PASSES, LONG BALLS 7, CROSSES

코너킥 형태 38경기 203: INSWINGING CK 88, OUTSWINGING CK 27, STRAIGHT CK 1, ET CETERA 87

땅볼 쟁탈전 평균 66.9 / 32.3: SUCCEEDED 34.6, FAILED

전체 평균 52%
홈경기 53%
원정경기 52%

상대 슈팅 패턴 (38경기 434): 281, 40, 25, 67, 17, 4

실점 패턴 1 (38경기 54골): 37, 2, 3, 7, 2, 3

실점 패턴 2 (38경기 54골): 40, 9, 3, 2

상대 패스 시도 평균 459 (396): 46, 17, 17

상대 코너킥 형태 38경기 172 / 122: 3, 26, 1

공중전 평균 28.5 / 14.2: 14.3

FORMATION SUMMARY

포메이션	승	무	패	득점	실점
4-2-3-1	12	6	11	39	39
3-4-2-1	1	0	2	4	5
4-3-3	1	1	0	3	2
4-5-1	1	1	0	4	3
5-4-1	0	0	1	2	3
3-4-3	0	1	0	2	2
TOTAL	15	9	14	54	54

WHO SCORED

포지션별 득점: FW진 29골, MF진 19골, DF진 5골
상대 자책골 1골

상대 포지션별 실점: DF진 8골, MF진 17골, FW진 27골
자책골 실점 2골

ACTION ZONE

공격 방향: 왼쪽 41%, 중앙 25%, 오른쪽 34%

볼 점유 위치: 상대 진영 29%, 중간 지역 42%, 우리 진영 29%

PASSESS pg BY ZONE

평균 패스 성공: 하프라인 위쪽 214회, 하프라인 아래 211회
패스 성공률: 하프라인 위쪽 75%, 하프라인 아래 90%

CRYSTAL PALACE FC

Founded 구단 창립 1905년	**Owner** J.해리스, S.패리시 D.블리처, J.텍스터	**CEO** 스티브 패리시 1965.07.18
Manager 올리버 글라스너 1974.08.28	**25-26 Odds** 벳365 : 750배 윌리엄힐 : 500배	
Nationality 외국 선수 15명 / 잉글랜드 선수 15명	**Age** 30명 평균 26.0세	**Height** 30명 평균 184cm
Market Value 30명 평균 1538만 유로	**Game Points** 24-25 : 53점 / 통산 : 1118점	
Win 24-25 : 13승 / 통산 : 282승	**Draw** 24-25 : 14무 / 통산 : 272무	**Loss** 24-25 : 11패 / 통산 : 432패
Goals For 24-25 : 51득점 / 통산 : 1081득점	**Goals Against** 24-25 : 51실점 / 통산 : 1433실점	
More Minutes 딘 헨더슨 3420분	**Top Scorer** 장-필립 마테타 14골	**More Assists** 에베레치 에제 8도움
More Subs 에디 은케티아 20회 교체 IN	**More Cards** 윌 휴즈 Y11+R0	

Trophies

- ENGLISH PREMIER LEAGUE: 0
- ENGLISH FA CUP: 0
- UEFA CHAMPIONS LEAGUE: 0
- UEFA EUROPA LEAGUE: 0
- FIFA CLUB WORLD CUP: 0
- UEFA-CONMEBOL INTERCONTINENTAL: 0

2024-25 SEASON RESULT

상대팀	홈	원정
Liverpool	0-1	1-1
Arsenal	1-5	2-2
Manchester City	2-2	2-5
Chelsea	1-1	1-1
Newcastle Utd	1-1	0-5
Aston Villa	4-1	2-2
Nottm Forest	1-1	0-1
Brighton	2-1	3-1
Bournemouth	0-0	0-0
Brentford	1-2	1-2
Fulham	0-2	2-0
Everton	1-2	1-2
West Ham Utd	0-2	2-0
Manchester Utd	0-0	2-0
Wolverhampton	4-2	2-2
Tottenham	1-0	2-0
Leicester City	2-2	2-0
Ipswich Town	1-0	1-0
Southampton	2-1	1-1

PLAY STYLE

OFFENSIVE STYLE
중앙 돌파 중시
전체 슈팅 대비 중거리 슈팅 많은 편
롱볼 다이렉트 플레이
스루볼 침투 활성화

DEFENSIVE STYLE
고정적인 선발 일레븐
자기 진영에서 볼을 컨트롤

SELHURST PARK

구장 오픈: 1924년, 증개축 6회
구장 소유: 크리스털 팰리스 FC
수용 인원: 2만 5486명
피치 규모: 101m X 68m
잔디 종류: 하이브리드 잔디

STRENGTHS & WEAKNESSES

OFFENSE		DEFENSE	
직접 프리킥	C	세트피스 수비	C
문전 처리	D	상대 볼 뺏기	B
측면 돌파	C	공중전 능력	D
스루볼 침투	C	역습 방어	C
개인기 침투	C	지공 방어	C
카운터 어택	B	스루패스 방어	C
기회 만들기	A	리드 지키기	C
세트피스	A	실수 조심	C
OS 피하기	D	측면 방어력	C
중거리 슈팅	C	파울 주의	C
볼 점유율	E	중거리슈팅 수비	D

매우 강함 A / 강한 편 B / 보통 수준 C / 약한 편 D / 매우 약함 E

RANKING OF LAST 10 YEARS

시즌	15-16	16-17	17-18	18-19	19-20	20-21	21-22	22-23	23-24	24-25
순위	15	14	11	12	14	14	12	11	10	12
승점	42	41	44	49	50	44	48	45	49	53

선수 명단

위치	선수	국적	생년월일	키	몸무게	출전	선발 11	교체 IN	출전(분)	득점	도움	경고	퇴장	MOM
GK	Dean Henderson	ENG	1997-03-12	188	85	38	38	0	3420	0	0	3	0	1
DF	Marc Guéhi	ENG	2000-07-13	182	80	34	34	0	3060	3	2	7	1	2
DF	Maxence Lacroix	FRA	2000-04-06	190	88	35	35	0	3119	1	1	5	0	2
DF	Caleb Kporha	ENG	2006-07-15	170	67	2	0	2	11	0	0	0	0	0
DF	Chadi Riad	MAR	2003-06-17	186	78	1	1	0	90	0	0	0	0	0
DF	Joachim Andersen	DEN	1996-05-31	192	86	1	1	0	90	0	0	1	0	0
DF/MF	Daniel Muñoz	COL	1996-05-26	180	73	37	37	0	3233	4	5	10	0	2
DF/MF	Tyrick Mitchell	ENG	1999-09-01	175	68	37	37	0	3102	0	5	2	0	0
DF/MF	Jefferson Lerma	COL	1994-10-25	179	70	33	26	7	2278	0	1	9	0	0
DF/MF	Chris Richards	USA	2000-03-28	188	87	24	22	2	1925	1	0	2	1	0
DF/MF	Trevoh Chalobah	ENG	1999-07-05	190	75	12	12	0	1063	3	0	1	0	0
DF/MF	Nathaniel Clyne	ENG	1991-04-05	175	67	13	5	8	481	0	0	1	0	0
DF/MF	Ben Chilwell	ENG	1996-12-21	178	77	8	1	7	255	1	0	1	0	0
DF/MF	Jeffrey Schlupp	GHA	1992-12-23	178	72	12	0	12	95	0	0	0	0	0
DF/MF	Joel Ward	ENG	1989-10-29	188	83	2	1	1	72	0	0	1	0	0
MF	Eberechi Eze	ENG	1998-06-29	178	73	34	31	3	2604	8	8	1	0	3
MF	Will Hughes	ENG	1995-04-17	185	74	33	24	9	2122	0	1	11	0	0
MF	Adam Wharton	ENG	2004-02-06	182	77	20	16	4	1327	0	2	2	0	0
MF	Justin Devenny	NIR	2003-10-11	178	74	23	4	19	498	1	1	1	0	0
MF	Cheick Doucouré	MLI	2000-01-08	180	73	13	4	9	447	0	0	1	0	0
MF	Romain Esse	ENG	2005-05-13	175	67	7	1	6	136	1	1	0	0	0
MF	Matheus França	BRA	2004-04-01	178	67	4	0	4	52	0	0	0	0	0
MF	Asher Agbinone	ENG	2005-09-28	177	69	2	0	2	4	0	0	0	0	0
MF/FW	Ismaila Sarr	SEN	1998-02-25	185	76	38	30	8	2721	8	6	4	0	3
MF/FW	Daichi Kamada	JPN	1996-08-05	184	76	34	15	19	1556	0	0	4	1	0
MF/FW	Eddie Nketiah	ENG	1999-05-30	175	72	29	9	20	1029	3	1	4	1	1
MF/FW	Jordan Ayew	GHA	1991-09-11	182	80	1	0	1	20	0	0	0	0	0
FW	Jean-Philippe Mateta	FRA	1997-06-28	192	88	37	33	4	2659	14	2	2	0	0
FW	Odsonne Édouard	FRA	1998-01-16	187	83	2	1	1	116	0	0	0	0	0

PREMIER LEAGUE 2024-25 SEASON

CRYSTAL PALACE vs. OPPONENTS PER GAME STATS

크리스탈 팰리스 vs 상대팀

크리스탈 팰리스		상대팀	항목
1.34	⚽	1.34	득점
13.6	👟	12.8	슈팅
4.8	🎯	4.0	유효슈팅
4.5	🚩	5.6	코너킥
1.9	🏳	1.2	오프사이드
398	PA	539	패스시도
308	PC	440	패스성공
77%	P%	82%	패스성공률
20.2	TK	15.3	태클
13.7	AD	16.9	공중전승리
8.8	IT	9.0	인터셉트
11.0		11.0	파울
2.11	🟨	2.21	경고
0.105	🟥	0.105	퇴장

2024-25 SEASON SQUAD LIST & GAMES PLAYED

* 괄호 안의 숫자는 선발 출전 횟수, 교체 출전은 포함시키지 않음

LW — E.에제(2)
CF — J.마테타(33), E.은케티아(5), E.에제(1)
RW — E.은케티아(1), I.사르(1)

LAM — N/A
CAM — I.사르(29), E.에제(28), 가마다 D.(5), E.은케티아(3), J.데베니(3), O.에두아르(1), R.에세(1)
RAM — N/A

LM — T.미첼(1)
CM — W.휴즈(24), J.레르마(20), A.와튼(16), 가마다 D.(10), C.두쿠레(4), J.데베니(1), M.게히(1)
RM — D.무뇨스(1)

LWB — T.미첼(36), B.칠웰(1)
DM — J.레르마(1)
RWB — D.무뇨스(36), N.클라인(1)

LB — N/A
CB — M.라크루아(35), M.게히(33), C.리처즈(22), T.샬로바(12), J.레르마(5), N.클라인(4), C.리아드(1), J.앤더슨(1), J.워드(1)
RB — N/A

GK — D.헨더슨(38)

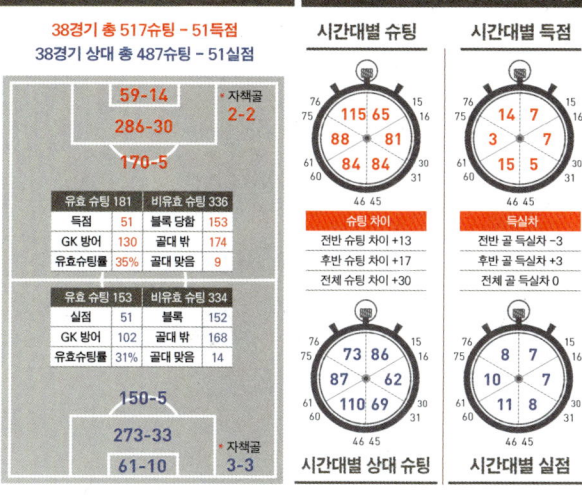

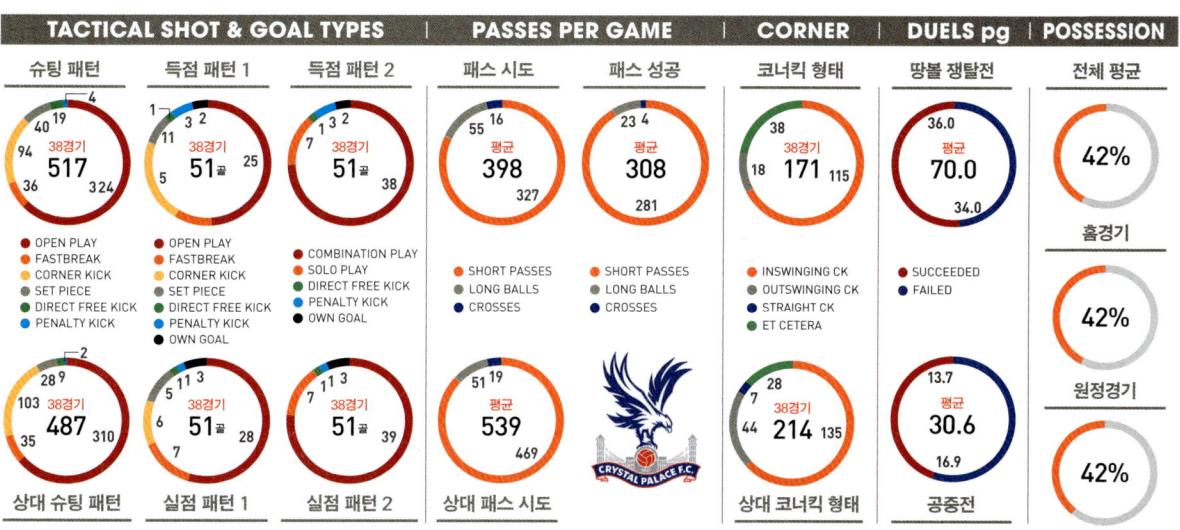

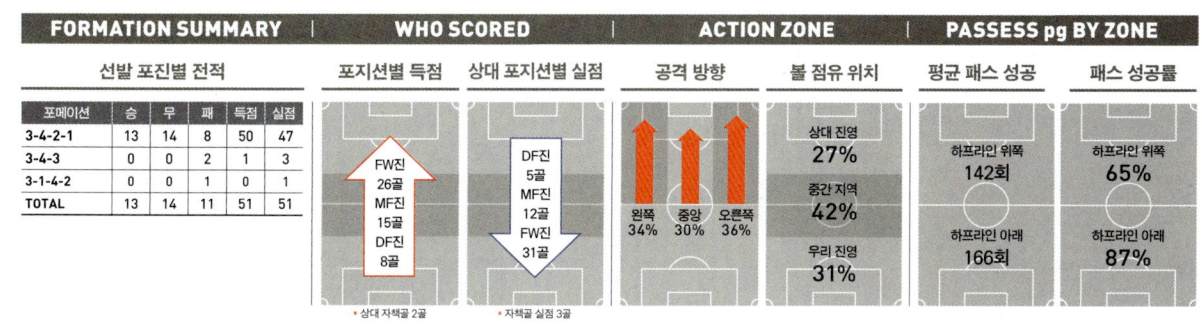

EVERTON FC

Founded 구단 창립 1878년	**Owner** 프리드킨 그룹	**CEO** 댄 프리드킨	**Manager** 데이빗 모예스 1963.04.25	**25-26 Odds** 벳365 : 500배 윌리엄힐 : 500배

Nationality ●외국 선수 10명 ●잉글랜드 선수 10명	**Age** 20명 평균 26.3세	**Height** 20명 평균 186cm	**Market Value** 20명 평균 1496만 유로	**Game Points** 24-25 : 48점 통산 : 6917점

Win 24-25 : 11승 통산 : 1910승	**Draw** 24-25 : 15무 통산 : 1195무	**Loss** 24-25 : 12패 통산 : 1641패	**Goals For** 24-25 : 42득점 통산 : 7277득점	**Goals Against** 24-25 : 44실점 통산 : 6578실점

More Minutes 조던 픽포드 3420분	**Top Scorer** 일리만 은디아예 9골	**More Assists** 드와이트 맥닐 6도움	**More Subs** 베투 15회 교체 IN	**More Cards** 이드리사 게이 Y9+R0

RANKING OF LAST 10 YEARS

15-16	16-17	17-18	18-19	19-20	20-21	21-22	22-23	23-24	24-25
11 47점	7 61점	8 49점	8 54점	12 49점	10 59점	16 39점	17 36점	15 40점	13 48점

 9 ENGLISH PREMIER LEAGUE
 5 ENGLISH FA CUP
 0 UEFA CHAMPIONS LEAGUE
 0 UEFA EUROPA LEAGUE
 0 FIFA CLUB WORLD CUP
 0 UEFA-CONMEBOL INTERCONTINENTAL

2024-25 SEASON RESULT

상대팀	홈	원정
Liverpool	2-2	0-1
Arsenal	1-1	0-0
Manchester City	0-2	1-1
Chelsea	0-0	0-1
Newcastle Utd	0-0	1-0
Aston Villa	0-1	2-3
Nottm Forest	0-2	1-0
Brighton	0-3	1-0
Bournemouth	2-3	0-1
Brentford	0-0	1-1
Fulham	1-1	3-1
Crystal Palace	2-1	2-1
West Ham Utd	1-1	0-0
Manchester Utd	2-2	0-4
Wolverhampton	4-0	1-1
Tottenham	3-2	0-4
Leicester City	4-0	1-1
Ipswich Town	2-2	2-0
Southampton	2-0	0-1

GOODISON PARK

구장 오픈 / 증개축: 1892년, 증개축 10회
구장 소유: 에버튼 FC
수용 인원: 3만 9414명
피치 규모: 105m X 68m
잔디 종류: 하이브리드 잔디

STRENGTHS & WEAKNESSES

OFFENSE		DEFENSE	
직접 프리킥	B	세트피스 수비	C
문전 처리	D	상대 볼 뺏기	B
측면 돌파	C	공중전 능력	A
스루볼 침투	C	역습 방어	C
개인기 침투	C	지공 방어	D
카운터 어택	C	스루패스 방어	C
기회 만들기	C	리드 지키기	D
세트피스	C	실수 조심	C
OS 피하기	D	측면 방어력	C
중거리 슈팅	C	파울 주의	C
볼 점유율	E	중거리슈팅 수비	C

매우 강함 A, 강한 편 B, 보통 수준 C, 약한 편 D, 매우 약함 E

PLAY STYLE

OFFENSIVE STYLE
롱볼 다이렉트 플레이 중시
철저한 선수비-후역습
전체 패스 대비 크로스 비율 높은 편
오른 측면 돌파 활성화
좌우폭 넓게 활용
전체 슈팅 대비 중거리 슈팅 많은 편

DEFENSIVE STYLE
고정적인 선발 일레븐
블록 수비 중시
하프코트 프레싱
수비 라인 뒤쪽에 포진

위치	선수	국적	생년월일	키	몸무게	출전	선발 11	교체 IN	출전(분)	득점	도움	경고	퇴장	MOM
GK	Jordan Pickford	ENG	1994-03-27	185	82	38	38	0	3420	0	1	7	0	4
DF	James Tarkowski	ENG	1992-11-19	185	81	33	33	0	2924	1	1	6	0	2
DF	Jarrad Branthwaite	ENG	2002-06-27	195	87	30	28	2	2510	0	1	4	0	0
DF	Jake O'Brien	IRL	2001-05-15	197	92	20	17	3	1569	2	0	5	0	1
DF	Michael Keane	ENG	1993-01-11	191	82	14	11	3	1046	3	0	5	0	1
DF	Roman Dixon	ENG	2004-12-26	175	65	1	1	0	90	0	0	0	0	0
DF/MF	Vitaliy Mykolenko	UKR	1999-05-29	180	71	35	35	0	3084	1	2	4	0	1
DF/MF	Ashley Young	ENG	1985-07-09	175	65	32	19	13	1872	1	3	7	1	1
DF/MF	Nathan Patterson	SCO	2001-10-16	189	83	10	3	7	345	0	1	1	0	0
DF/MF	Séamus Coleman	IRL	1988-10-11	177	67	5	3	2	216	0	0	1	0	0
DF/MF	Mason Holgate	ENG	1996-10-22	184	63	1	0	1	5	0	0	0	0	0
MF	Idrissa Gueye	SEN	1989-09-26	174	66	37	35	2	3070	0	3	9	0	1
MF	Abdoulaye Doucouré	MLI	1993-01-01	184	75	33	31	2	2577	3	2	3	1	0
MF	James Garner	ENG	2001-03-13	186	78	21	17	4	1595	0	1	5	0	0
MF	Dwight McNeil	ENG	1999-11-22	183	68	21	15	6	1371	4	6	1	0	0
MF	Orel Mangala	BEL	1998-03-18	178	80	19	14	5	1256	1	0	2	0	0
MF	Tim Iroegbunam	ENG	2003-06-30	183	70	18	5	13	565	1	0	4	0	0
MF	Harrison Armstrong	ENG	2007-01-19	185	70	3	0	3	47	0	1	0	0	0
MF	Iliman Ndiaye	SEN	2000-03-06	180	70	33	29	4	2441	9	0	3	0	2
MF/FW	Jack Harrison	ENG	1996-11-20	175	70	34	24	10	2085	1	0	0	0	1
MF/FW	Dominic Calvert-Lewin	ENG	1997-03-16	187	71	26	19	7	1614	3	1	2	0	1
MF/FW	Jesper Lindstrøm	DEN	2000-02-29	182	66	25	15	10	1242	1	0	2	0	0
MF/FW	Carlos Alcaraz	ARG	2002-11-30	176	68	15	7	8	763	2	3	4	0	0
FW	Beto	POR	1998-01-31	194	88	30	15	15	1531	8	0	2	0	2
FW	Armando Broja	ALB	2001-09-10	191	83	10	4	6	331	0	0	1	0	0
FW	Youssef Chermiti	POR	2004-05-24	192	84	4	0	4	42	0	0	1	0	0

PREMIER LEAGUE 2024-25 SEASON

EVERTON FC vs. OPPONENTS PER GAME STATS

에버튼 vs 상대팀	득점	슈팅	유효슈팅	코너킥	오프사이드	패스시도	패스성공	패스성공률	태클	공중전승리	인터셉트	파울	경고	퇴장
	1.11 / 1.16	10.7 / 12.6	3.8 / 4.3	4.1 / 6.0	2.1 / 1.3	375 / 551	296 / 457							
	79% / 83%	19.3 / 18.3		16.5 / 15.1		9.1 / 6.2	11.3 / 10.4		2.16 / 1.21		0.053 / 0.053			

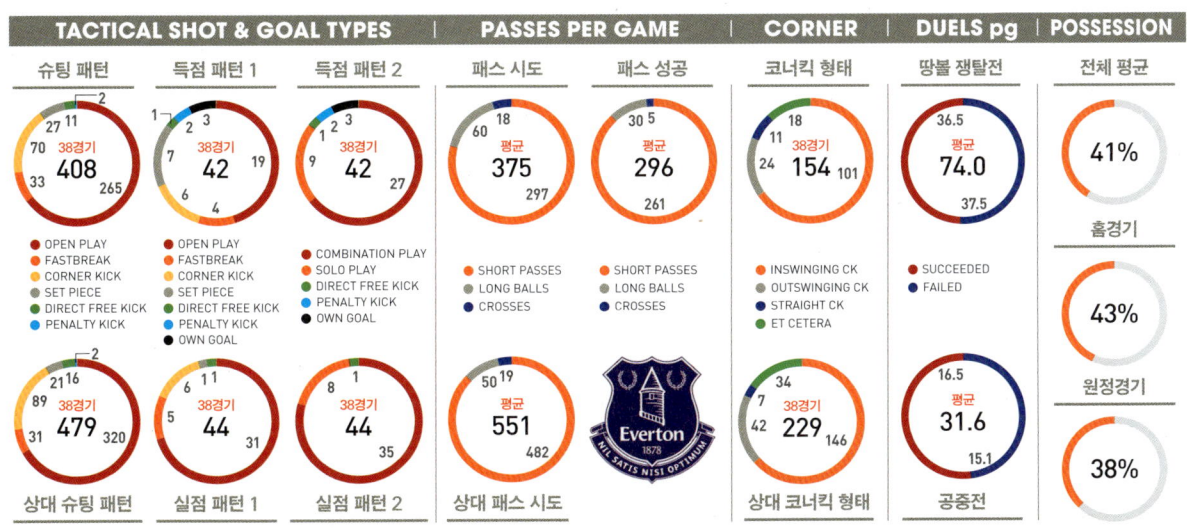

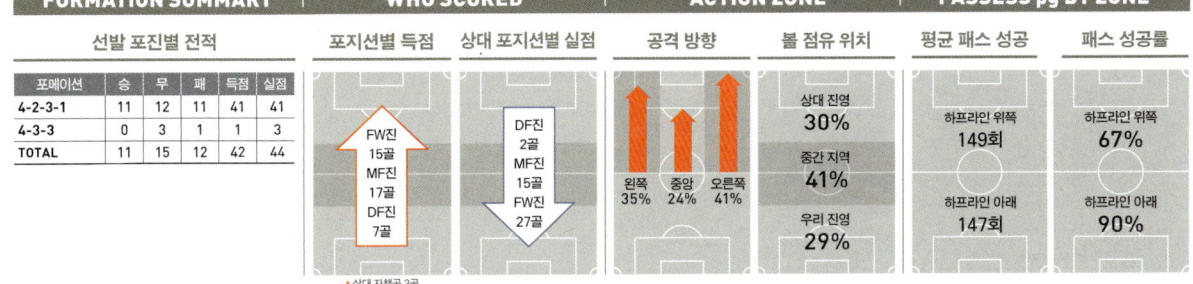

WEST HAM UNITED FC

0	3	0	0	0	 0
ENGLISH PREMIER LEAGUE	ENGLISH FA CUP	UEFA CHAMPIONS LEAGUE	UEFA EUROPA LEAGUE	FIFA CLUB WORLD CUP	UEFA-CONMEBOL INTERCONTINENTAL

 Founded 구단 창립 1895년

 **Owner** D.설리번, V.골드 D.크레친스키

CEO 데이빗 설리번 바네사 골드

 **Manager** 그레이엄 포터 1975.05.20

25-26 Odds 벳365 : 500배 윌리엄힐 : 500배

 Nationality 22명
● 외국 선수 16명
● 잉글랜드 선수 6명

 Age 22명 평균 27.4세

 Height 22명 평균 186cm

 Market Value 22명 평균 1481만 유로

Game Points 24-25 : 43점 통산 : 3428점

 Win 24-25 : 11승 통산 : 920승

 Draw 24-25 : 10무 통산 : 668무

 **Loss** 24-25 : 17패 통산 : 1112패

 Goals For 24-25 : 46득점 통산 : 3810득점

Goals Against 24-25 : 62실점 통산 : 4234실점

 More Minutes 분

 Top Scorer 골

 More Assists 도움

 More Subs 회 교체 IN

 More Cards Y+R

2024-25 SEASON RESULT

상대팀	홈	원정
Liverpool	0-5	1-2
Arsenal	2-5	1-0
Manchester City	1-3	1-4
Chelsea	0-3	1-2
Newcastle Utd	0-1	2-0
Aston Villa	1-2	1-1
Nottm Forest	1-2	0-3
Brighton	1-1	2-3
Bournemouth	2-2	1-1
Brentford	0-1	1-1
Fulham	3-2	1-1
Crystal Palace	0-2	2-0
Everton	0-0	1-1
Manchester Utd	2-1	2-0
Wolverhampton	2-1	0-1
Tottenham	1-1	1-4
Leicester City	2-0	1-3
Ipswich Town	4-1	3-1
Southampton	1-1	1-0

PLAY STYLE

OFFENSIVE STYLE
오른 측면 돌파 활성화
선수비-후역습 위주
다이렉트 플레이 중시

DEFENSIVE STYLE
자기 진영에서 볼 컨트롤
블록 수비 위주
하프코트 프레싱

LONDON STADIUM

구장 오픈 / 중개축
2012년, 2016년
구장 소유
E20Stadium, LLP
수용 인원
6만 2500명
피치 규모
105m X 68m
잔디 종류
하이브리드 잔디

STRENGTHS & WEAKNESSES

OFFENSE		DEFENSE	
직접 프리킥	C	세트피스 수비	D
문전 처리	D	상대 볼 뺏기	B
측면 돌파	C	공중전 능력	B
스루볼 침투	C	역습 방어	D
개인기 침투	C	지공 방어	D
카운터 어택	B	스루패스 방어	D
기회 만들기	C	리드 지키기	B
세트피스	C	실수 조심	C
OS 피하기	D	측면 방어력	C
중거리 슈팅	C	파울 주의	D
볼 점유율	C	중거리슈팅 수비	D

매우 강함 **A** 강한 편 **B** 보통 수준 **C** 약한 편 **D** 매우 약함 **E**

RANKING OF LAST 10 YEARS

15-16	16-17	17-18	18-19	19-20	20-21	21-22	22-23	23-24	24-25
7	11	13	10	16	6	7	14	9	14
62점	45점	42점	52점	39점	65점	56점	40점	52점	43점

위치	선수	국적	생년월일	키	몸무게	출전	선발 11	교체 IN	출전(분)	득점	도움	경고	퇴장	MOM
GK	Alphonse Areola	FRA	1993-02-27	195	94	26	25	1	2260	0	0	0	0	0
	Łukasz Fabiański	POL	1985-04-18	190	83	14	13	1	1161	0	0	2	0	0
DF	Maximilian Kilman	ENG	1997-05-23	194	89	38	38	0	3349	0	1	5	0	1
	Konstantinos Mavropanos	GRE	1997-12-11	194	94	33	21	12	2039	0	0	4	1	0
	Jean-Clair Todibo	FRA	1999-12-30	192	88	27	20	7	1833	0	0	3	0	0
	Oliver Scarles	ENG	2005-12-12	182	75	15	7	8	665	0	0	1	0	0
	Kaelan Casey	ENG	2004-10-28	185	70	1	0	1	1	0	0	0	0	0
DF MF	Aaron Wan-Bissaka	ENG	1997-11-26	183	72	36	35	1	3155	2	5	1	0	4
	Emerson Palmieri	ITA	1994-08-03	176	63	31	26	5	2128	2	1	5	0	0
	Edson Álvarez	MEX	1997-10-24	187	73	28	20	5	1785	0	1	7	1	0
	Vladimír Coufal	CZE	1992-08-22	174	76	22	11	11	1063	0	0	5	0	0
	Aaron Cresswell	ENG	1989-12-15	170	66	18	10	8	824	1	0	3	0	1
MF	Tomáš Souček	CZE	1995-02-27	192	86	35	30	5	2573	9	1	8	0	3
	Carlos Soler	ESP	1997-01-02	180	76	31	14	17	1407	1	1	6	0	0
	Guido Rodríguez	ARG	1994-04-12	185	80	23	16	7	1158	0	1	6	0	0
	James Ward-Prowse	ENG	1994-11-01	173	66	15	12	3	1043	1	2	2	0	0
	Crysencio Summerville	NED	2001-10-30	174	64	19	7	12	784	1	1	2	0	0
	Andy Irving	SCO	2000-05-13	190	66	10	1	9	162	0	2	0	0	0
	Lewis Orford	ENG	2006-02-18	189	73	2	0	2	47	0	0	0	0	0
MF FW	Jarrod Bowen	ENG	1996-12-20	175	70	34	34	0	2980	13	8	1	0	5
	Mohammed Kudus	GHA	2000-08-02	177	70	32	31	1	2604	5	3	2	1	0
	Lucas Paquetá	BRA	1997-08-27	180	72	33	27	6	2385	4	0	10	0	0
	Michail Antonio	JAM	1990-03-28	180	82	14	11	3	845	1	1	0	0	0
	Danny Ings	ENG	1992-05-16	178	73	15	1	14	274	1	2	0	0	0
FW	Niclas Füllkrug	GER	1993-02-09	189	83	18	6	12	788	3	2	0	0	0
	Evan Ferguson	IRL	2004-10-19	183	78	8	1	7	152	0	0	0	0	0
	Luis Guilherme	BRA	2006-02-09	178	74	12	1	11	141	0	0	0	0	0

PREMIER LEAGUE 2024-25 SEASON

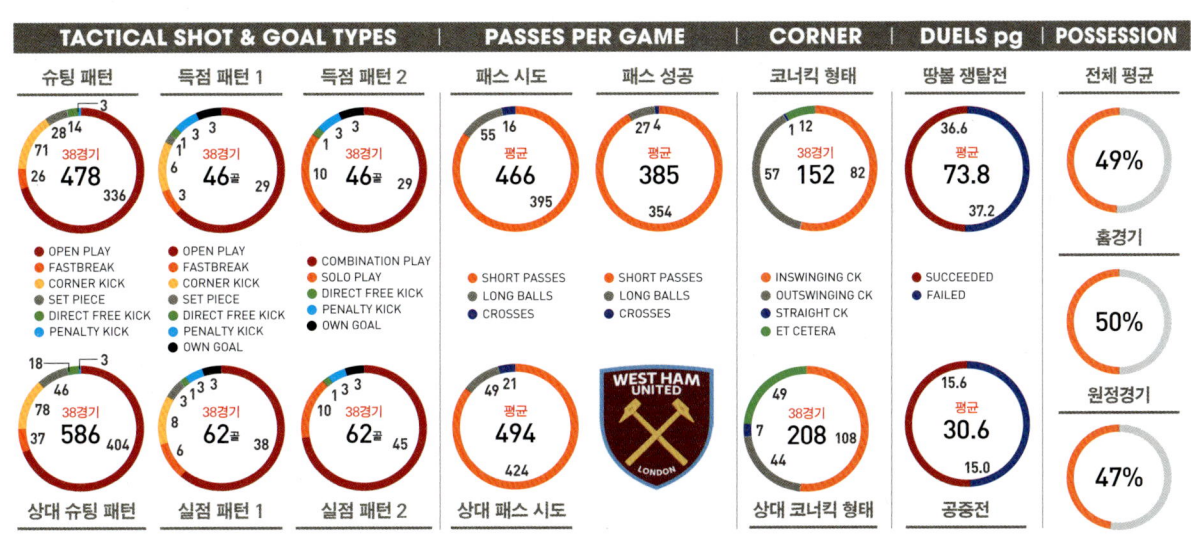

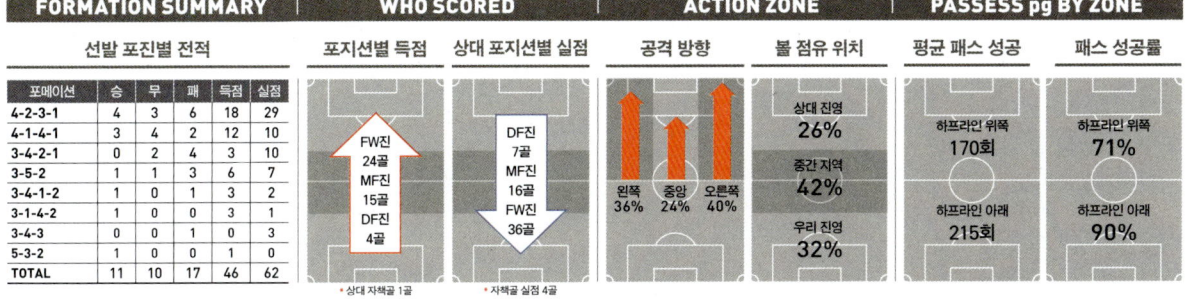

MANCHESTER UNITED FC

20	13	3	1	1	1
ENGLISH PREMIER LEAGUE	ENGLISH FA CUP	UEFA CHAMPIONS LEAGUE	UEFA EUROPA LEAGUE	FIFA CLUB WORLD CUP	UEFA-CONMEBOL INTERCONTINENTAL

Founded 구단 창립 1878년
Owner 맨우 FC PLC 이네오스 그룹
CEO 조엘 글레이저 아브람 글레이저
Manager 루벤 아모림 1985.01.27
25-26 Odds 벳365 : 25배 윌리엄힐 : 25배

Nationality 37명
- 외국 선수 11명
- 잉글랜드 선수 16명

Age 37명 평균 24.2세
Height 37명 평균 184cm
Market Value 37명 평균 2479만 유로
Game Points 24-25 : 42점 통산 : 6733점

Win 24-25 : 11승 통산 : 1917승
Draw 24-25 : 9무 통산 : 982무
Loss 24-25 : 18패 통산 : 1107패
Goals For 24-25 : 44득점 통산 : 6867득점
Goals Against 24-25 : 54실점 통산 : 5096실점

More Minutes 안드레 오나나 3060분
Top Scorer 아마드 디알로+1명 8골
More Assists 브루누 페르난데스 10도움
More Subs 요슈아 지르크제 18회 교체 IN
More Cards 마누엘 우가르테 Y11+R0

2024-25 SEASON RESULT

상대팀	홈	원정
Liverpool	0-3	2-2
Arsenal	1-1	0-2
Manchester City	0-0	2-1
Chelsea	1-1	0-1
Newcastle Utd	0-2	1-4
Aston Villa	2-0	0-0
Nottm Forest	2-3	0-1
Brighton	1-3	1-2
Bournemouth	0-3	1-1
Brentford	2-1	3-4
Fulham	1-0	1-0
Crystal Palace	0-2	0-0
Everton	4-0	2-2
West Ham Utd	0-2	1-2
Wolverhampton	0-1	0-2
Tottenham	0-3	0-1
Leicester City	3-0	3-0
Ipswich Town	3-2	1-1
Southampton	3-1	3-0

PLAY STYLE

OFFENSIVE STYLE
왼 측면 돌파 활성화
포제션 풋볼 지향
중거리 슈팅 자주 시도
스루볼 침투 적극 시도

DEFENSIVE STYLE
자기 진영에서 볼을 컨트롤
선발 일레븐 로테이션

OLD TRAFFORD

구장 오픈 / 증개축 1910년, 증개축 7회
구장 소유 맨체스터 유나이티드
수용 인원 7만 4310명
피치 규모 105m X 68m
잔디 종류 하이브리드 잔디

STRENGTHS & WEAKNESSES

OFFENSE		DEFENSE	
직접 프리킥	A	세트피스 수비	C
문전 처리	D	상대 볼 뺏기	A
측면 돌파	C	공중전 능력	C
스루볼 침투	B	역습 방어	C
개인기 침투	C	지공 방어	C
카운터 어택	C	스루패스 방어	C
기회 만들기	B	리드 지키기	A
세트피스	C	실수 조심	C
OS 피하기	C	측면 방어력	C
중거리 슈팅	C	파울 주의	D
볼 점유율	B	중거리슈팅 수비	C

매우 강함 A   강한 편 B   보통 수준 C   약한 편 D   매우 약함 E

RANKING OF LAST 10 YEARS

15-16	16-17	17-18	18-19	19-20	20-21	21-22	22-23	23-24	24-25
5위 66점	6위 69점	2위 81점	6위 66점	3위 66점	2위 74점	6위 58점	3위 75점	8위 60점	15위 42점

위치	선수	국적	생년월일	키	몸무게	출전	선발 11	교체 IN	출전(분)	득점	도움	경고	퇴장	MOM
GK	André Onana	CMR	1996-04-02	190	93	34	34	0	3060	0	0	0	0	0
	Altay Bayındır	TUR	1998-04-14	198	88	4	4	0	360	0	0	0	0	0
DF	Matthijs de Ligt	NED	1999-08-12	187	89	29	25	4	2128	2	0	3	0	1
	Harry Maguire	ENG	1993-03-05	194	90	27	19	8	1758	1	0	7	0	0
	Leny Yoro	FRA	2005-11-13	190	83	21	12	9	1165	0	0	5	0	0
	Victor Lindelöf	SWE	1994-07-17	187	80	16	6	10	696	0	0	1	0	0
	Harry Amass	ENG	2007-05-16	181	71	5	4	1	346	0	0	0	0	0
	Jonny Evans	NIR	1988-01-02	188	77	7	3	4	314	0	0	1	0	0
	Ayden Heaven	ENG	2006-09-22	189	77	4	2	2	171	0	0	1	0	0
	Tyler Fredricson	ENG	2005-02-23	184	70	2	2	0	166	0	0	0	0	0
DF MF	Noussair Mazraoui	MAR	1997-11-14	183	63	37	34	3	2850	0	1	3	0	1
	Diogo Dalot	POR	1999-03-18	183	78	33	31	2	2814	0	3	5	0	0
	Lisandro Martínez	ARG	1998-01-18	175	72	20	20	0	1754	2	1	7	0	1
	Casemiro	BRA	1992-02-23	185	84	24	18	6	1499	1	0	5	0	2
	Patrick Dorgu	DEN	2004-10-26	185	68	12	10	2	844	0	0	3	1	0
	Luke Shaw	ENG	1995-07-12	178	80	7	4	3	349	0	0	1	0	0
	Tyrell Malacia	NED	1999-08-17	170	67	3	2	1	101	0	0	0	0	0
	Scott McTominay	SCO	1996-12-08	193	88	2	0	2	17	0	0	0	0	0
MF	Amad Diallo	CIV	2002-07-11	173	72	26	20	6	1903	8	6	5	0	3
	Manuel Ugarte	URU	2001-04-11	182	77	29	22	7	1790	1	2	11	0	0
	Kobbie Mainoo	ENG	2005-04-19	175	72	25	19	6	1657	0	0	5	0	1
	Mason Mount	ENG	1999-01-10	181	76	17	8	9	623	2	1	0	0	0
	Toby Collyer	ENG	2004-01-03	180	73	6	0	6	175	0	0	0	0	0
	Antony	BRA	2000-02-24	174	63	8	0	8	135	0	0	0	0	0
MF FW	Bruno Fernandes	POR	1994-09-08	179	66	36	35	1	3024	8	10	3	2	5
	Joshua Zirkzee	NED	2001-05-22	193	84	32	14	18	1395	3	1	2	0	0
	Christian Eriksen	DEN	1992-02-14	182	76	23	11	12	1059	1	2	4	0	0
	Marcus Rashford	ENG	1997-10-31	180	70	15	12	3	983	4	1	2	0	0
FW	Alejandro Garnacho	ARG	2004-07-01	180	73	36	23	13	2196	6	2	3	0	1
	Rasmus Højlund	DEN	2003-02-04	191	86	32	23	9	2013	4	0	2	0	0
	Chido Obi-Martin	DEN	2007-12-29	188	68	7	1	6	161	0	0	1	0	0

PREMIER LEAGUE 2024-25 SEASON

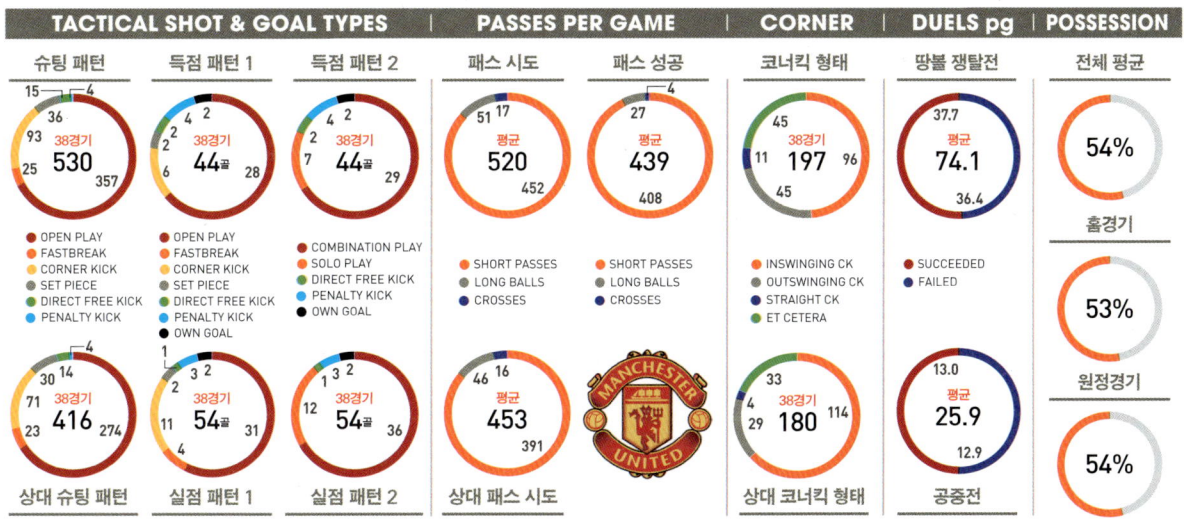

WOLVERHAMPTON WANDERERS FC

🏆 3	🏆 4	🏆 0	🏆 0	🏆 0	🏆 0
ENGLISH PREMIER LEAGUE	ENGLISH FA CUP	UEFA CHAMPIONS LEAGUE	UEFA EUROPA LEAGUE	FIFA CLUB WORLD CUP	UEFA-CONMEBOL INTERCONTINENTAL

Founded 구단 창립 1877년
Owner 포순 인터내셔널
CEO 제프 시
Manager 비토르 페레이라 1968.07.26
25-26 Odds 벳365 : 1000배 윌리엄힐 : 1000배

Nationality 29명
- 외국 선수 27명
- 잉글랜드 선수 2명

Age 29명 평균 25.6세
Height 29명 평균 185cm
Market Value 29명 평균 1077만 유로
Game Points 24-25 : 42점 통산 : 3716점

Win 24-25 : 12승 통산 : 1037승
Draw 24-25 : 6무 통산 : 605무
Loss 24-25 : 20패 통산 : 1046패
Goals For 24-25 : 54득점 통산 : 4338득점
Goals Against 24-25 : 69실점 통산 : 4325실점

More Minutes 라얀 아이누리 3129분
Top Scorer 마테우스 쿠냐 15골
More Assists 라얀 아이누리 +1명 도움
More Subs 토미 도일 21회 교체 IN
More Cards 조앙 고메스 Y9+R1

2024-25 SEASON RESULT

상대팀	홈	원정
Liverpool	1-2	1-2
Arsenal	0-1	0-2
Manchester City	1-2	0-1
Chelsea	2-6	1-3
Newcastle Utd	1-2	0-3
Aston Villa	2-0	1-3
Nottm Forest	0-3	1-1
Brighton	0-2	2-2
Bournemouth	2-4	1-0
Brentford	1-1	3-5
Fulham	1-2	4-1
Crystal Palace	2-2	2-4
Everton	1-1	0-4
West Ham Utd	1-0	1-2
Manchester Utd	2-0	1-0
Tottenham	4-2	2-2
Leicester City	3-0	3-0
Ipswich Town	1-2	2-1
Southampton	2-0	2-1

PLAY STYLE

OFFENSIVE STYLE
좌우폭 넓게 활용함
전체 슈팅 대비 중거리 슈팅 많은 편
선수비-후역습, 다이렉트 플레이 선호

DEFENSIVE STYLE
오프사이드 트랩 활성화
고정적인 선발 일레븐
자기 진영에서 볼을 컨트롤
블록 수비 중시, 하프코트 프레싱

Molineux Stadium

구장 오픈 / 증개축
1889년, 증개축 6회
구장 소유
울버햄튼 시
수용 인원
3만 2050명
피치 규모
105m X 68m
잔디 종류
하이브리드 잔디

STRENGTHS & WEAKNESSES

OFFENSE		DEFENSE	
직접 프리킥	C	세트피스 수비	D
문전 처리	C	상대 볼 뺏기	A
측면 돌파	C	공중전 능력	D
스루볼 침투	C	역습 방어	C
개인기 침투	C	지공 방어	D
카운터 어택	C	스루패스 방어	C
기회 만들기	B	리드 지키기	B
세트피스	C	실수 조심	C
OS 피하기	C	측면 방어력	C
중거리 슈팅	B	파울 주의	E
볼 점유율	D	중거리슈팅 수비	C

매우 강함 A 강한 편 B 보통 수준 C 약한 편 D 매우 약함 E

RANKING OF LAST 10 YEARS

● 2부 리그

	15-16	16-17	17-18	18-19	19-20	20-21	21-22	22-23	23-24	24-25
순위	14	15	1	7	7	13	10	13	14	16
점수	58점	58점	99점	57점	59점	45점	51점	41점	46점	42점

위치	선수	국적	생년월일	키	몸무게	출전	선발 11	교체 IN	출전(분)	득점	도움	경고	퇴장	MOM
GK	José Sá	POR	1993-01-17	192	84	29	29	0	2610	0	0	2	0	0
	Sam Johnstone	ENG	1993-03-25	193	85	7	7	0	630	0	0	0	0	0
	Daniel Bentley	ENG	1993-07-13	188	73	2	2	0	180	0	0	0	0	0
DF	Toti Gomes	POR	1999-01-16	187	72	31	30	1	2616	0	1	7	0	0
	Santiago Bueno	URU	1998-11-09	190	76	29	18	11	1683	0	0	2	0	1
	Craig Dawson	ENG	2000-05-06	188	82	15	10	5	969	0	0	2	0	0
	Yerson Mosquera	COL	2001-05-02	187	76	5	5	0	442	0	0	2	0	0
	Pedro Lima	BRA	2006-07-01	174	68	3	1	2	70	0	0	0	0	0
	Nasser Djiga	BFA	2002-11-15	187	80	5	1	4	66	0	0	0	0	0
	Alfie Pond	ENG	2004-02-17	191	86	1	0	1	0	0	0	0	0	0
DF MF	Rayan Aït-Nouri	ALG	2001-06-06	180	70	37	37	0	3129	4	7	5	1	2
	Nélson Semedo	POR	1993-11-16	177	69	34	32	2	2896	0	4	8	0	0
	Matt Doherty	IRL	1992-01-16	185	80	30	25	5	2115	2	1	6	0	0
	Emmanuel Agbadou	CIV	1997-06-17	192	80	16	16	0	1411	1	0	3	0	1
	Mario Lemina	GAB	1993-09-01	184	85	17	15	2	1365	1	3	4	0	2
	Marshall Munetsi	ZIM	1996-06-22	188	83	14	12	2	1079	2	1	0	0	0
MF	João Gomes	BRA	2001-02-12	176	74	36	35	1	2990	3	1	9	1	1
	André	BRA	2001-07-16	176	77	33	31	2	2488	0	7	0	0	0
	Jean-Ricner Bellegarde	FRA	1998-06-27	170	70	35	20	15	1685	2	7	3	0	1
	Tommy Doyle	ENG	2001-10-17	172	73	24	3	21	477	0	1	1	0	0
	Chiquinho	POR	2000-02-05	179	73	1	0	1	6	0	0	0	0	0
	Boubacar Traoré	MLI	2001-08-20	183	67	2	1	1	1	0	0	0	0	0
	Mateus Mané	ENG	2007-09-16	0	0	1	0	1	1	0	0	0	0	0
MF FW	Matheus Cunha	BRA	1999-05-27	183	76	33	29	4	2604	15	6	4	0	9
	Gonçalo Guedes	POR	1996-11-29	179	68	29	10	19	989	2	4	1	0	0
	Pablo Sarabia	ESP	1992-05-11	174	70	24	8	16	809	3	2	3	0	1
	Hwang Hee-Chan	KOR	1996-01-26	177	77	21	5	16	652	2	0	0	0	0
	Daniel Podence	POR	1995-10-21	165	58	2	0	2	47	0	0	0	0	0
FW	Jörgen Strand Larsen	NOR	2000-02-06	193	79	35	30	5	2603	14	4	4	0	2
	Rodrigo Gomes	POR	2003-07-07	175	67	25	7	18	799	2	2	1	0	0
	Carlos Forbs	POR	2004-03-19	169	62	10	1	9	234	0	0	2	0	0

PREMIER LEAGUE 2024-25 SEASON

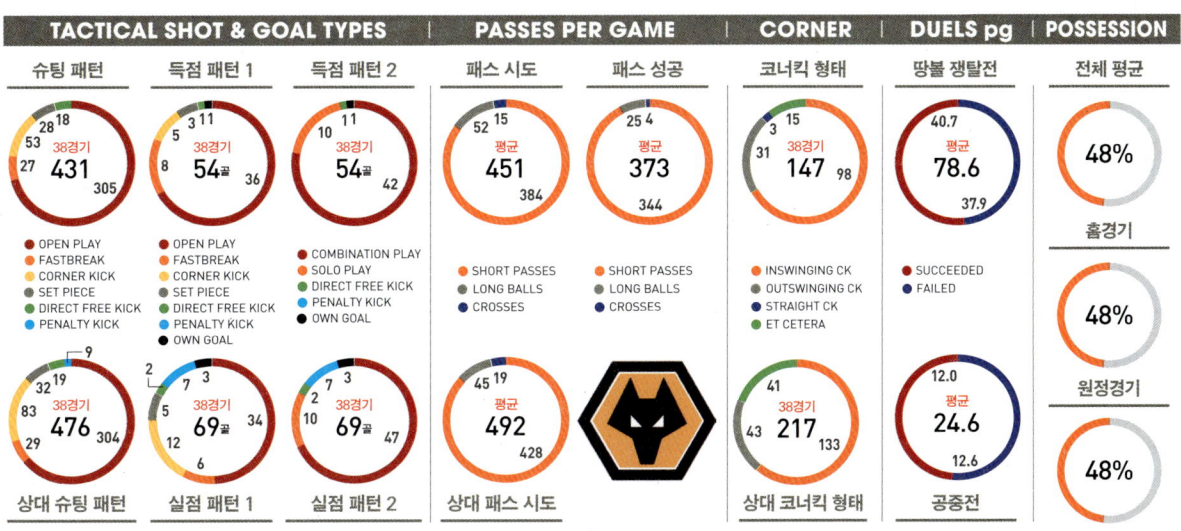

TOTTENHAM HOTSPUR FC

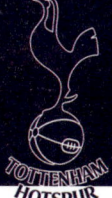

🏆 2	🏆 8	🏆 0	🏆 3	🏆 0	🏆 0
ENGLISH PREMIER LEAGUE	ENGLISH FA CUP	UEFA CHAMPIONS LEAGUE	UEFA EUROPA LEAGUE	FIFA CLUB WORLD CUP	UEFA-CONMEBOL INTERCONTINENTAL

Founded 구단 창립 1882년
Owner ENIC 인터내셔널
CEO 다니엘 레비 1962.02.08
Manager 토마스 프랭크 1973.10.09
25-26 Odds 벳365 : 50배 / 윌리엄힐 : 50배

Nationality 외국 선수 25명 / 잉글랜드 선수 9명
Age 34명 평균 24.3세
Height 34명 평균 185cm
Market Value 34명 평균 2500만 유로
Game Points 24-25 : 38점 / 통산 : 5406점

Win 24-25 : 11승 / 통산 : 1515승
Draw 24-25 : 5무 / 통산 : 861무
Loss 24-25 : 22패 / 통산 : 1246패
Goals For 24-25 : 64득점 / 통산 : 5765득점
Goals Against 24-25 : 65실점 / 통산 : 5068실점

More Minutes 페드로 포로 2609분
Top Scorer 브레넌 존슨 11골
More Assists 손흥민 9도움
More Subs 루카스 베리발 16회 교체 IN
More Cards 로드리고 벤탄쿠르 Y9+R0

2024-25 SEASON RESULT

상대팀	홈	원정
Liverpool	3-6	1-5
Arsenal	0-1	1-2
Manchester City	0-1	4-0
Chelsea	3-4	0-1
Newcastle Utd	1-2	1-2
Aston Villa	4-1	0-2
Nottm Forest	1-2	0-1
Brighton	1-4	2-3
Bournemouth	2-2	0-1
Brentford	3-1	2-0
Fulham	1-1	0-2
Crystal Palace	0-2	0-1
Everton	4-0	2-3
West Ham Utd	4-1	1-1
Manchester Utd	1-0	3-0
Wolverhampton	2-2	2-4
Leicester City	1-2	1-1
Ipswich Town	1-2	4-1
Southampton	3-1	5-0

PLAY STYLE

OFFENSIVE STYLE
포제션 풋볼 지향
좌우폭 넓게 활용
짧은 패스 콤비네이션 위주
오른 측면 돌파 활성화

DEFENSIVE STYLE
선발 일레븐 로테이션
블록 수비 지향, 하프코트 프레싱
오프사이드 트랩 자주 시도

TOTTENHAM HOTSPUR STADIUM

구장 오픈 2019년
구장 소유 토트넘 핫스퍼 FC
수용 인원 6만 2850명
피치 규모 105m X 68m
잔디 종류 하이브리드 잔디

STRENGTHS & WEAKNESSES

OFFENSE		DEFENSE	
직접 프리킥	C	세트피스 수비	D
문전 처리	B	상대 볼 뺏기	D
측면 돌파	C	공중전 능력	D
스루볼 침투	B	역습 방어	D
개인기 침투	C	지공 방어	E
카운터 어택	B	스루패스 방어	E
기회 만들기	B	리드 지키기	E
세트피스	C	실수 조심	D
OS 피하기	C	측면 방어력	C
중거리 슈팅	B	파울 주의	D
볼 점유율	B	중거리슈팅 수비	D

매우 강함 A / 강한 편 B / 보통 수준 C / 약한 편 D / 매우 약함 E

RANKING OF LAST 10 YEARS

15-16	16-17	17-18	18-19	19-20	20-21	21-22	22-23	23-24	24-25
3위 70점	2위 86점	3위 77점	4위 71점	6위 59점	7위 62점	4위 71점	8위 60점	5위 66점	17위 38점

위치	선수	국적	생년월일	키	몸무게	출전	선발 11	교체 IN	출전(분)	득점	도움	경고	퇴장	MOM
GK	Guglielmo Vicario	ITA	1996-10-07	194	83	24	24	0	2160	0	0	1	0	1
	Fraser Forster	ENG	1988-03-17	201	93	7	7	0	630	0	0	0	0	0
	Antonín Kinský	CZE	2003-03-13	190	83	6	6	0	540	0	0	0	0	0
	Brandon Austin	USA	1999-01-08	188	82	1	1	0	90	0	0	0	0	0
DF	Cristian Romero	ARG	1998-04-27	185	78	18	18	0	1421	1	0	3	0	0
	Radu Drăguşin	ROU	2002-02-03	191	85	16	14	2	1254	0	0	1	0	0
	Micky van de Ven	NED	2001-04-19	193	81	13	12	1	1019	0	2	4	0	0
	Kevin Danso	AUT	1998-09-19	190	85	10	9	1	843	0	0	0	0	0
	Alfie Dorrington	ENG	2005-04-20	180	75	1	0	1	13	0	0	0	0	0
DF MF	Pedro Porro	ESP	1999-09-13	173	69	33	28	5	2609	2	6	5	0	2
	Destiny Udogie	ITA	2002-11-28	186	73	25	24	1	1933	0	1	2	0	0
	Djed Spence	ENG	2000-08-09	185	71	25	19	6	1791	1	2	2	1	1
	Archie Gray	ENG	2006-03-12	187	70	28	19	9	1746	0	0	1	0	0
	Ben Davies	WAL	1993-04-24	181	77	17	14	3	1330	0	0	5	0	0
	Sergio Reguilón	ESP	1996-12-16	178	68	4	1	3	195	0	0	2	0	0
MF	Pape Sarr	SEN	2002-09-14	185	70	36	22	14	1917	3	2	6	0	1
	James Maddison	ENG	1996-11-23	175	73	31	21	10	1818	9	7	3	0	0
	Rodrigo Bentancur	URU	1997-06-25	187	72	26	21	5	1654	2	0	9	0	0
	Yves Bissouma	MLI	1996-08-30	182	80	28	16	12	1408	2	0	7	0	0
	Lucas Bergvall	SWE	2006-02-02	187	74	27	11	16	1206	0	1	3	0	0
	Will Lankshear	ENG	2005-09-04	188	80	3	0	3	10	0	0	0	0	0
MF FW	Dejan Kulusevski	SWE	2000-04-25	186	80	32	27	5	2392	7	4	3	0	1
	Brennan Johnson	WAL	2001-05-23	186	73	33	24	9	2181	11	3	5	0	2
	Son Heung-Min	KOR	1992-07-08	183	78	30	24	6	2118	7	9	1	0	0
	Mathys Tel	FRA	2005-04-27	183	77	13	11	2	913	2	1	2	0	0
	Wilson Odobert	FRA	2004-11-28	182	76	16	9	7	849	1	0	0	0	0
	Timo Werner	GER	1996-03-06	180	75	18	4	14	508	0	3	0	0	0
	Richarlison	BRA	1997-05-10	184	83	15	4	11	502	4	1	0	0	0
FW	Dominic Solanke	ENG	1997-09-14	187	80	27	25	2	2205	9	3	0	0	0
	Mikey Moore	ENG	2007-08-11	180	75	10	3	7	362	0	1	0	0	0
	Dane Scarlett	ENG	2004-03-24	180	76	3	0	3	31	0	1	0	0	0

PREMIER LEAGUE 2024-25 SEASON

TOTTENHAM HOTSPUR vs. OPPONENTS PER GAME STATS

토트넘 vs 상대팀	득점	슈팅	유효슈팅	코너킥	오프사이드	패스시도	패스성공	패스성공률	태클	공중경합승리	인터셉트	파울	경고	퇴장
	1.68 / 1.71	13.1 / 13.8	4.8 / 4.8	6.4 / 5.4	1.7 / 2.3	506 / 420	PA	430 / 333	PC					
	85% / 79%	17.4 / 22.4	11.3 / 11.7	8.5 / 10.3	11.7 / 13.0	1.89 / 2.24		0.026 / 0.079						

2024-25 SEASON SQUAD LIST & GAMES PLAYED

괄호 안의 숫자는 선발 출전 횟수, 교체 출전은 포함하지 않음

LW: 손흥민(14), M.텔(7), T.베르너(1), W.오도베르(3), B.존슨(1), M.무어(1)
CF: D.솔랑케(25), 히샬리송(4), M.텔(4), 손흥민(3), D.클루셉프스키(2)
RW: B.존슨(20), D.클루셉프스키(5), W.오도베르(4)

LAM: 손흥민(7), T.베르너(1)
CAM: D.클루셉프스키(5), J.매디슨(4), W.오도베르(3)
RAM: B.존슨(3), D.클루셉프스키(2), M.무어(2), W.오도베르(1)

LM: N/A
CM: R.벤탄쿠르(18), J.매디슨(17), P.사르(16), D.클루셉프스키(13), Y.비수마(9), L.베리발(9), A.그레이(4)
RM: N/A

LWB: D.스펜스(1)
DM: P.사르(6), Y.비수마(4), R.벤탄쿠르(18), L.베리발(2), A.그레이(1)
RWB: P.포로(1)

LB: D.우도기(24), D.스펜스(11), A.그레이(1), S.레길론(1)
CB: C.로메로(18), R.드라구신(14), B.데이비스(14), M.반더벤(12), A.그레이(10), K.단소(9)
RB: P.포로(27), D.스펜스(7), A.그레이(3)

GK: G.비카리오(24), F.포스터(7), A.킨스키(6), B.오스틴(1)

SHOTS & GOALS

38경기 총 499슈팅 - 64득점
38경기 상대 총 526슈팅 - 65실점

	48-17	
	309-40	*자책골 3-3
	139-4	

	유효 슈팅 184	비유효 슈팅 315
득점	64	블록 당함 143
GK 방어	120	골대 밖 163
유효슈팅률	37%	골대 맞음 9

	유효 슈팅 184	비유효 슈팅 342
실점	65	블록 166
GK 방어	119	골대 밖 164
유효슈팅률	35%	골대 맞음 12

150-6	
316-37	*자책골 4-4
56-18	

SHOT TIME | GOAL TIME

시간대별 슈팅 / 시간대별 득점

96 89 / 17 15
73 78 / 6 11
92 71 / 11 5

슈팅 차이 / **득실차**
전반 슈팅 차이 -8 / 전반 골 득실차 -2
후반 슈팅 차이 -19 / 후반 골 득실차 +1
전체 슈팅 차이 -27 / 전체 골 득실차 -1

시간대별 상대 슈팅: 90 85 / 85 78 / 105 83
시간대별 실점: 10 9 / 10 10 / 12 14

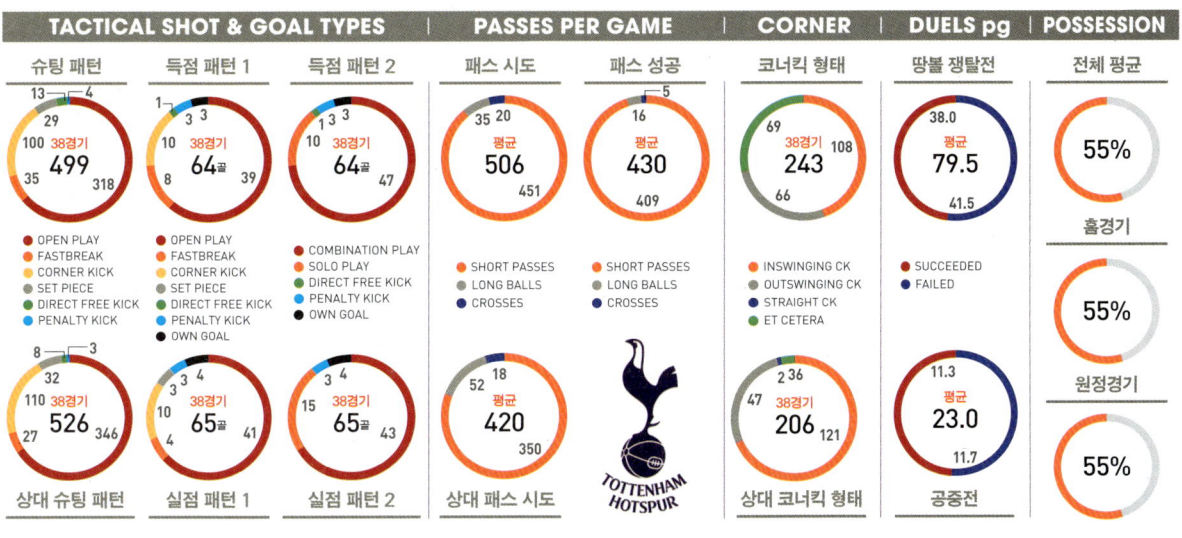

TACTICAL SHOT & GOAL TYPES | PASSES PER GAME | CORNER | DUELS pg | POSSESSION

슈팅 패턴 (38경기 499): 13/4/29/100/35/318
- OPEN PLAY, FASTBREAK, CORNER KICK, SET PIECE, DIRECT FREE KICK, PENALTY KICK

득점 패턴 1 (38경기 64골): 1/3/10/8/3/39
- OPEN PLAY, FASTBREAK, CORNER KICK, SET PIECE, DIRECT FREE KICK, PENALTY KICK

득점 패턴 2 (38경기 64골): 3/10/4/47
- COMBINATION PLAY, SOLO PLAY, DIRECT FREE KICK, PENALTY KICK, OWN GOAL

패스 시도 평균 506 / 451 — SHORT PASSES, LONG BALLS, CROSSES (35/20)

패스 성공 평균 430 / 409 — SHORT PASSES, LONG BALLS, CROSSES (16/5)

코너킥 형태 38경기 243 / 108 / 69 / 66 — INSWINGING CK, OUTSWINGING CK, STRAIGHT CK, ET CETERA

땅볼 쟁탈전 평균 79.5 / 41.5 / 38.0 — SUCCEEDED, FAILED

전체 평균 55%

상대 슈팅 패턴 (38경기 526): 8/3/32/110/27/346

실점 패턴 1 (38경기 65골): 3/4/10/4/3/41

실점 패턴 2 (38경기 65골): 15/3/4/43

상대 패스 시도 평균 420 / 350 (52/18)

상대 코너킥 형태 38경기 206 / 121 / 47 / 36 / 2

공중전 평균 23.0 / 11.7 / 11.3

홈경기 55%
원정경기 55%

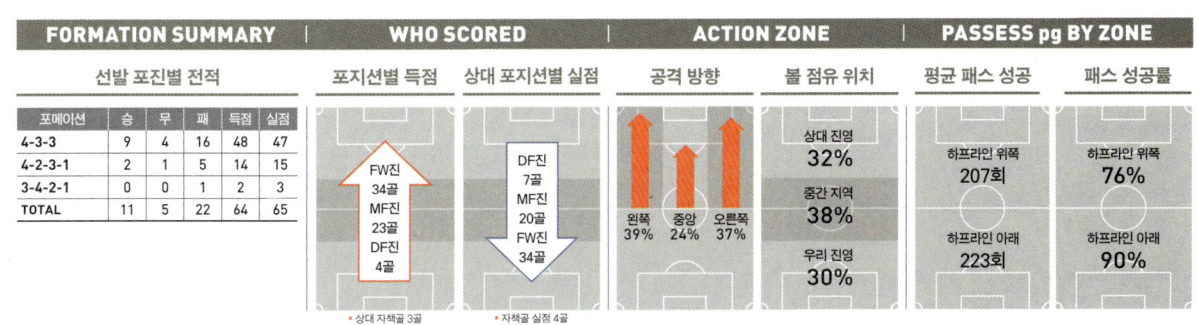

FORMATION SUMMARY

선발 포지션별 전적

포메이션	승	무	패	득점	실점
4-3-3	9	4	16	48	47
4-2-3-1	2	1	5	14	15
3-4-2-1	0	0	1	2	3
TOTAL	11	5	22	64	65

WHO SCORED

포지션별 득점: FW진 34골, MF진 23골, DF진 4골 *상대 자책골 3골

상대 포지션별 실점: DF진 7골, MF진 20골, FW진 34골 *자책골 실점 4골

ACTION ZONE

공격 방향: 왼쪽 39%, 중앙 24%, 오른쪽 37%

볼 점유 위치: 상대 진영 32%, 중간 지역 38%, 우리 진영 30%

PASSES pg BY ZONE

평균 패스 성공: 하프라인 위쪽 207회 / 하프라인 아래 223회

패스 성공률: 하프라인 위쪽 76% / 하프라인 아래 90%

LEEDS UNITED FC

Founded 구단 창립 1919년	**Owner** 49ers 엔터프라이즈	**CEO** 파라그 마라티
Manager 다니엘 파르케 1976.10.30	**25-26 Odds** 벳365 : 1000배 윌리엄힐 : 500배	

Nationality 외국 선수 19명 잉글랜드 선수 8명	**Age** 27명 평균 26.1세	**Height** 27명 평균 183cm
Market Value 27명 평균 869만 유로	**Game Points** 24-25(2부) : 100점 통산 : 3189점	

Win 24-25(2부) : 29승 통산 : 880승	**Draw** 24-25(2부) : 13무 통산 : 549무	**Loss** 24-25(2부) : 4패 통산 : 745패
Goals For 24-25(2부) : 95득점 통산 : 3231득점	**Goals Against** 24-25(2부) : 30실점 통산 : 2995실점	

More Minutes 조 로돈 4136분	**Top Scorer** 조엘 피로에 19골	**More Assists** 마노르 솔로몬 12도움
More Subs 마테오 조셉 28회 교체 IN	**More Cards** 베이든 보글 Y12+R0	

2024-25 SEASON RESULT

상대팀	홈	원정
Burnley	0-1	0-0
Sheffield Utd	2-0	3-1
Sunderland	2-1	2-2
Coventry City	3-0	2-0
Bristol City	4-0	0-0
Blackburn	1-1	0-1
Millwall	2-0	0-1
West Brom	1-1	0-0
Middlesbrough	3-1	1-0
Swansea City	2-2	4-3
Sheffield Wed	3-0	2-0
Norwich City	2-0	1-1
Watford	2-1	4-0
QP Rangers	2-0	2-2
Portsmouth	3-3	0-1
Oxford Utd	4-0	1-0
Stoke City	6-0	2-0
Derby County	2-0	1-0
Preston	2-1	1-1
Hull City	2-0	3-3
Luton Town	3-0	1-1
Plymouth	3-0	2-1
Cardiff City	7-0	2-0

ELLAND ROAD

구장 오픈 1897년 / 증개축 6회
구장 소유 리즈 Ut. FC Ltd.
수용 인원 3만 7645명
피치 규모 105m X 65m
잔디 종류 하이브리드 잔디

PLAY STYLE

OFFENSIVE STYLE
짧은 패스 콤비네이션 위주
스루볼 침투 활성화
상대 진영에서 볼 컨트롤
포제션 풋볼 지향
중앙 돌파 자주 시도
왼 측면 돌파 활성화

DEFENSIVE STYLE
고정적인 선발 일레븐
블록 수비 지향, 하프코트 프레싱

RANKING OF LAST 10 YEARS

● 2부 리그

15-16	16-17	17-18	18-19	19-20	20-21	21-22	22-23	23-24	24-25
13	7	13	3	1	9	17	19	3	1
59점	75점	60점	83점	93점	59점	38점	31점	90점	100점

선수 명단

위치	선수	국적	생년월일	키	몸무게	출전	선발 11	교체 IN	출전(분)	득점	도움	경고	퇴장	MOM
GK	Illan Meslier	FRA	2000-03-02	197	74	39	39	0	3510	0	0	0	0	0
	Karl Darlow	WAL	1990-10-08	190	88	7	7	0	630	0	0	1	0	0
DF	Max Wöber	AUT	1998-02-04	188	86	8	2	6	332	1	0	1	0	0
	Isaac Schmidt	SUI	1999-12-07	172	68	12	0	12	71	0	0	0	0	0
	James Debayo	ENG	2005-07-11	189	71	1	0	1	1	0	0	0	0	0
DF/MF	Joe Rodon	WAL	1997-10-22	193	88	46	46	0	4136	1	0	5	0	2
	Jayden Bogle	ENG	2000-07-27	178	69	44	44	0	3836	6	4	12	0	1
	Pascal Struijk	NED	1999-08-11	190	79	35	31	4	2821	5	0	3	0	2
	Júnior Firpo	DOM	1996-08-22	184	78	32	30	2	2622	4	10	7	0	3
	Daniel James	WAL	1997-10-11	171	63	36	30	6	2620	12	9	4	0	3
	Ethan Ampadu	WAL	2000-09-14	182	78	29	26	3	2286	0	0	7	0	1
	Sam Byram	ENG	1993-09-16	180	72	36	16	20	1407	1	1	4	0	1
	Josuha Guilavogui	FRA	1990-09-19	188	77	16	0	16	58	0	0	0	0	0
MF	Ao Tanaka	JPN	1998-06-10	180	75	43	37	6	3318	5	2	8	0	4
	Joe Rothwell	ENG	1995-01-11	185	77	36	24	12	2255	0	4	2	0	0
	Ilia Gruev	BUL	2000-05-06	185	72	23	20	3	1703	0	3	0	0	1
	Sam Chambers	SCO	2007-08-18	176	68	1	0	1	16	0	0	0	0	0
	Charlie Crew	WAL	2006-06-15	185	70	1	0	1	4	0	0	0	0	0
MF/FW	Brenden Aaronson	USA	2000-10-22	177	68	46	43	3	3573	9	2	1	0	1
	Joël Piroe	NED	1999-08-02	181	74	46	36	10	3093	19	7	2	0	3
	Manor Solomon	ISR	1999-07-24	170	66	39	30	9	2607	10	12	3	0	6
	Largie Ramazani	BEL	2001-02-27	167	55	29	7	22	783	6	2	2	0	0
	Patrick Bamford	ENG	1993-09-05	185	71	17	0	17	235	0	0	0	0	0
	Georginio Rutter	FRA	2002-04-20	182	83	1	1	0	90	0	1	0	0	0
	Joe Gelhardt	ENG	2002-05-04	175	65	2	0	2	9	0	0	0	0	0
FW	Wilfried Gnonto	ITA	2003-11-05	172	65	43	26	17	2284	9	6	5	0	4
	Mateo Joseph	ESP	2003-10-19	185	74	39	11	28	1271	3	3	0	0	0
	Harry Gray	ENG	2008-10-08	0	0	1	0	1	4	0	0	0	0	0

ENGLISH LC(2부리그) 2024-25 SEASON

LEEDS UNITED FC vs. OPPONENTS PER GAME STATS

리즈 Utd.	vs 상대팀	득점	슈팅	유효슈팅	코너	오프사이드	패스시도	패스성공	패스성공률	태클	공중전승리	인터셉트	파울	경고	퇴장
2.07	0.65		17.3 / 6.6	5.4 / 2.1	7.1 / 3.0	2.3 / 1.4	544 / 376		469 / 281						
86% / 75%			14.9 / 17.6	14.8 / 15.2	7.5 / 9.4	10.3 / 12.3	1.52 / 1.85		0.000 / 0.065						

2024-25 SEASON SQUAD LIST & GAMES PLAYED

* 괄호 안의 숫자는 선발 출전 횟수, 교체 출전은 포함시키지 않음

LW	CF	RW
N/A	J.피루(35), M.조셉(11)	N/A
LAM	**CAM**	**RAM**
M.솔로몬(30), W.논토(9) L.라마자니(7)	B.애런슨(43), G.루터(1) S.논토(1), J.피루(1)	D.제임스(30), W.논토(16)
LM	**CM**	**RM**
N/A	N/A	N/A
LWB	**DM**	**RWB**
N/A	다나카 A.(37), J.로스웰(24) I.그루에프(20), E.앰파두(11)	N/A
LB	**CB**	**RB**
J.피르포(30), S.바이럼(14) M.뵈버(2)	J.로든(46), P.스트라우크(31) E.앰파두(15)	J.보글(44), S.바이럼(2)
	GK	
	I.멜리에(39), K.달로(7)	

SHOTS & GOALS

46경기 총 759슈팅 - 95득점
46경기 총 304슈팅 허용 - 30실점

Inside The Box 519-82
Outside The Box 236-9
자책골 4-4

	유효 슈팅 249	비유효 슈팅 510
득점	95	블록 당함 239
GK 방어	154	골대 밖 255
유효슈팅률	33%	골대 맞음 16

신체별득점
왼발 33
오른발 49
헤더 9

공격 형태별 슈팅-득점
OP/FB/SP 741-92
직접 프리킥 14-0
페널티킥 4-3

* OP : 지공 / FB : 속공 / SP : 세트플레이

GOAL TIME | WHO SCORED

시간대별 득점
25 / 18
14 / 15
13 / 10

독식차
전반 골 득실차 +24
후반 골 득실차 +41
전체 골 득실차 +65

시간대별 실점
7 / 7
2 / 2
5 / 7

포지션별 득점
FW진 59골
MF진 13골
DF진 19골

상대 자책골 4골

상대 포지션별 실점
DF진 8골
MF진 2골
FW진 16골

* 자책골 실점 4골

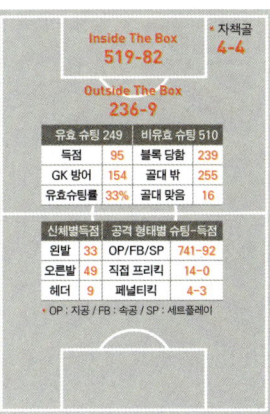

PASSES PER GAME | CORNER | DUELS pg

패스 시도
평균 544
30 / 21 / 493
● SHORT PASSES ● LONG BALLS ● CROSSES

패스 성공
평균 469
15 / 5 / 449
● SHORT PASSES ● LONG BALLS ● CROSSES

코너킥 형태
46경기 327
46 / 165 / 1 / 115
● INSWINGING CK ● OUTSWINGING CK ● STRAIGHT CK ● ET CETERA

땅볼 쟁탈전
평균 68.1
34.2 / 33.9
● SUCCEEDED ● FAILED

상대 코너킥 형태
46경기 136
17 / 86 / 1 / 32

공중전
평균 30.0
14.8 / 15.2

PASSESS pg BY ZONE | FORMATION SUMMARY

평균 패스 성공
하프라인 위쪽 236회
하프라인 아래 233회

패스 성공률
하프라인 위쪽 77%
하프라인 아래 93%

선발 포지별 전적

포메이션	승	무	패	득점	실점
4-2-3-1	29	13	4	95	30
TOTAL	29	13	4	95	30

BURNLEY FC

 Founded 구단 창립
1882년

 **Owner** ALK 캐피탈 LLC

CEO 알란 페이스
1968.08.11

Manager 스캇 파커
1980.10.13

25-26 Odds 벳365 : 1500배
윌리엄힐 : 1500배

	2		1		0		0		0		0
ENGLISH PREMIER LEAGUE		ENGLISH FA CUP		UEFA CHAMPIONS LEAGUE		UEFA EUROPA LEAGUE		FIFA CLUB WORLD CUP		UEFA-CONMEBOL INTERCONTINENTAL	

 **Nationality**
• 외국 선수 28명
• 잉글랜드 선수 11명

 Age 39명 평균
25.5세

Height 39명 평균
184cm

Market Value 39명 평균
595만 유로

 Game Points
24-25(2부) : 100점
통산 : 3148점

 Win
24-25(2부) : 28승
통산 : 872승

 Draw
24-25(2부) : 16무
통산 : 532무

 Loss
24-25(2부) : 2패
통산 : 920패

 Goals For
24-25(2부) : 69득점
통산 : 3504득점

 Goals Against
24-25(2부) : 16실점
통산 : 3690실점

More Minutes 막심 에스테브
4057분

Top Scorer 조시 브라운힐
18골

More Assists 제이든 앤써니
7도움

More Subs 제레미 사르미엔토
24회 교체 IN

More Cards 조시 컬런
Y11+R0

2024-25 SEASON RESULT

상대팀	홈	원정
Leeds Utd	0-0	1-0
Sheffield Utd	2-1	2-0
Sunderland	0-0	0-1
Coventry City	2-0	2-1
Bristol City	1-0	1-0
Blackburn	1-1	1-0
Millwall	3-1	0-1
West Brom	1-1	0-0
Middlesbrough	1-1	0-0
Swansea City	1-0	2-0
Sheffield Wed	4-0	2-0
Norwich City	2-1	2-1
Watford	2-1	2-1
QP Rangers	0-0	5-0
Portsmouth	2-1	0-0
Oxford Utd	1-0	0-0
Stoke City	0-0	2-0
Derby County	0-0	0-0
Preston	0-0	0-0
Hull City	2-0	1-1
Luton Town	4-0	4-1
Plymouth	1-0	5-0
Cardiff City	5-0	2-1

TURF MOOR

구장 오픈 1883년
구장 소유 번리 FC
수용 인원 2만 1944명
피치 규모 105k X 65m
잔디 종류 하이브리드 잔디

PLAY STYLE

OFFENSIVE STYLE
짧은 패스 콤비네이션 중시
포제션 풋볼 지향
측면 돌파 활성화

DEFENSIVE STYLE
고정적인 선발 일레븐
오프사이드 트랩 자주 활용
블록 수비 지향, 하프코트 프레싱

RANKING OF LAST 10 YEARS

시즌	15-16	16-17	17-18	18-19	19-20	20-21	21-22	22-23	23-24	24-25
순위	1	16	7	15	10	17	18	1	19	2
승점	93점	40점	54점	40점	54점	39점	35점	101점	24점	100점

● 2부 리그

위치	선수	국적	생년월일	키	몸무게	출전	선발 11	교체 IN	출전(분)	득점	도움	경고	퇴장	MOM
GK	James Trafford	ENG	2002-10-10	197	83	45	45	0	4050	0	0	8	0	2
	Václav Hladký	CZE	1990-11-14	192	80	1	1	0	90	0	0	0	0	0
DF	Maxime Estève	FRA	2002-05-26	193	87	46	46	0	4057	1	0	3	0	3
	Lucas Pires	BRA	2001-03-24	175	71	34	32	2	2800	0	2	7	0	1
	Bashir Humphreys	ENG	2003-03-15	187	79	25	20	5	1776	1	2	1	1	1
	Joe Worrall	ENG	1997-01-10	193	64	9	3	6	282	0	1	1	0	0
	Dara O'Shea	IRL	1999-03-04	189	75	2	2	0	180	1	0	0	0	0
	John Egan	IRL	1992-10-20	185	75	7	1	6	162	0	0	0	0	0
	Oliver Sonne	PER	2000-11-10	184	72	2	0	2	23	0	0	0	0	0
	Shurandy Sambo	CUW	2001-08-19	174	65	1	0	1	18	0	0	0	0	0
DF MF	Connor Roberts	WAL	1995-09-23	175	72	41	40	1	3638	2	3	4	0	1
	CJ Egan-Riley	ENG	2003-01-02	183	70	41	40	1	3602	1	1	7	1	2
	Vitinho	BRA	1999-07-23	175	72	3	3	0	236	1	1	0	0	1
MF	Josh Cullen	IRL	1996-04-07	175	70	44	43	1	3810	2	3	11	0	0
	Josh Brownhill	ENG	1995-12-19	180	69	42	39	3	3483	18	6	5	0	7
	Hannibal Mejbri	TUN	2003-01-21	177	74	37	23	14	1933	1	4	8	1	1
	Luca Koleosho	ITA	2004-09-15	175	68	28	20	8	1683	2	0	4	0	1
	Jeremy Sarmiento	ECU	2002-06-16	178	72	35	11	24	1157	4	0	4	0	1
	Han-Noah Massengo	FRA	2001-07-07	178	70	8	1	7	93	0	1	1	0	0
	Jonjo Shelvey	ENG	1992-02-27	184	80	2	0	2	11	0	0	0	0	0
	Aaron Ramsey	ENG	2003-01-21	181	0	1	0	1	6	0	0	0	0	0
MF FW	Josh Laurent	ENG	1995-05-06	188	70	42	25	17	2442	2	2	4	0	0
	Zian Flemming	NED	1998-08-01	185	84	35	28	7	2439	12	4	3	0	3
	Lyle Foster	RSA	2000-09-03	185	70	28	17	11	1595	2	5	4	0	1
	Marcus Edwards	ENG	1998-12-03	168	65	14	12	2	946	1	1	1	0	0
	Jay Rodriguez	ENG	1989-07-29	185	84	20	8	12	742	2	0	1	0	0
	Ashley Barnes	AUT	1989-10-31	186	77	14	2	12	128	1	1	1	0	0
	Wilson Odobert	FRA	2004-11-28	182	76	1	1	0	90	1	0	0	0	0
	Manuel Benson	BEL	1997-03-28	178	68	3	0	3	43	1	0	1	0	0
	Zeki Amdouni	SUI	2000-12-04	185	79	2	0	2	33	1	0	0	0	0
	Nathan Redmond	ENG	1994-03-06	173	69	2	0	2	13	0	1	0	0	0
FW	Jaidon Anthony	ENG	1999-12-01	183	0	43	42	1	3675	8	7	3	0	5
	Andréas Hountondji	BEN	2002-07-11	190	64	9	2	7	206	0	0	1	0	0
	Enock Agyei	BEL	2005-01-13	172	0	3	0	3	55	0	0	0	0	0
	Wout Weghorst	NED	1992-08-07	197	84	2	0	2	24	0	0	0	0	0

ENGLISH LC(2부리그) 2024-25 SEASON

BURNLEY FC vs. OPPONENTS PER GAME STATS

번리 vs 상대팀

항목	번리	상대팀
득점	1.50	0.35
슈팅	12.2	9.3
유효슈팅	4.0	2.3
코너	5.3	3.8
오프사이드	1.4	2.9
패스시도	494	414
패스성공	415	318
패스성공%	84%	77%
태클	15.2	17.4
공중전승리	12.8	15.0
인터셉트	7.3	8.5
파울	11.5	11.9
경고	1.83	2.20
퇴장	0.065	0.109

2024-25 SEASON SQUAD LIST & GAMES PLAYED

* 괄호 안의 숫자는 선발 출전 횟수, 교체 출전은 포함시키지 않음

LW
J.사르미엔토(1), J.앤써니(1)

CF
Z.플레밍(28), L.포스터(10)
J.로드리게스(8), A.반스(1)
A.온톤지(1), J.브라운힐(1)

RW
M.에드워즈(1), J.앤써니(1)

LAM
J.앤써니(17), L.포스터(6)
L.콜리오소(5), H.메지브리(3)
J.사르미엔토(3)

CAM
H.메지브리(18), J.브라운힐(11)
J.사르미엔토(7), J.로랑(2)
W.오도베르(1), L.콜리오소(1)

RAM
J.앤써니(15), L.콜리오소(11)
M.에드워즈(7), 비티뉴(1)

LM
J.앤써니(6), L.콜리오소(1)
L.포스터(1), A.온톤지(1)

CM
J.컬렌(9), J.로랑(7)
J.브라운힐(7), H.메지브리(2)
H.마센고(1)

RM
M.에드워즈(4), 비티뉴(2)
L.콜리오소(2), J.앤써니(1)

LWB
L.피레스(1)

DM
J.컬렌(34), J.브라운힐(20)
J.로랑(16)

RWB
J.앤써니(1)

LB
L.피레스(31), B.험브리스(14)

CB
M.에스테브(46), C.이건-라일리(39)
J.워럴(3), D.오세이(2)
J.이건(1), B.험브리스(1)
C.로버츠(1)

RB
C.로버츠(39), B.험프리스(5)
C.이건-라일리(1)

GK
J.트래포드(45), V.흘라키(1)

SHOTS & GOALS
46경기 총 561슈팅 - 69득점
46경기 총 430슈팅 허용 - 16실점

Inside The Box 358-52
Outside The Box 200-14
자책골 3-3

	유효슈팅 184	비유효슈팅 377
득점	69	블록 당함 156
GK 방어	115	골대 밖 209
유효슈팅률	33%	골대 맞음 12

신체별득점		공격 형태별 슈팅-득점	
왼발	11	OP/FB/SP	537-63
오른발	45	직접 프리킥	20-2
헤더	10	페널티킥	4-4

* OP : 지공 / FB : 속공 / SP : 세트플레이

GOAL TIME | WHO SCORED

시간대별 득점 / 포지션별 득점

FW진 23골
MF진 36골
DF진 7골

* 상대 자책골 3골

상대 포지션별 실점

DF진 4골
MF진 3골
FW진 9골

시간대별 실점

실점차
전반 골 득실차 +27
후반 골 득실차 +26
전체 골 득실차 +53

PASSES PER GAME | CORNER | DUELS pg

패스 시도 평균 494 (39/18/437)
패스 성공 평균 415 (18/4/393)

- SHORT PASSES
- LONG BALLS
- CROSSES

코너킥 형태 46경기 242 (82/91/2/67)

- INSWINGING CK
- OUTSWINGING CK
- STRAIGHT CK
- ET CETERA

땅볼 쟁탈전 평균 67.9 (33.6/34.3)
- SUCCEEDED
- FAILED

상대 코너킥 형태 46경기 174 (29/83/62)

공중전 평균 27.8 (12.8/15.0)

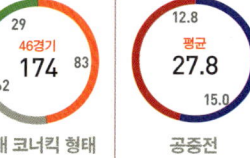

PASSESS pg BY ZONE | FORMATION SUMMARY

평균 패스 성공
하프라인 위쪽 188회
하프라인 아래 227회

패스 성공률
하프라인 위쪽 72%
하프라인 아래 92%

선발 포지션별 전적

포메이션	승	무	패	득점	실점
4-2-3-1	22	11	1	53	13
4-4-1-1	3	1	0	5	1
4-4-2	1	1	1	5	1
4-3-3	1	1	0	4	0
4-1-4-1	1	1	0	2	1
3-4-2-1	0	1	0	0	0
TOTAL	28	16	2	69	16

SUNDERLAND AFC

6	2	0	0	0	0
ENGLISH PREMIER LEAGUE	ENGLISH FA CUP	UEFA CHAMPIONS LEAGUE	UEFA EUROPA LEAGUE	FIFA CLUB WORLD CUP	UEFA-CONMEBOL INTERCONTINENTAL

Founded 구단 창립 1879년
Owner 키릴 루이 드레푸스 후안 사르토리
CEO 키릴 루이 드레푸스 1997.12.18
Manager 레지 르브리 1975.12.06
25-26 Odds 벳365 : 2000배 윌리엄힐 : 2000배

Nationality 외국 선수 24명 / 잉글랜드 선수 11명
Age 35명 평균 24.2세
Height 35명 평균 182cm
Market Value 35명 평균 637만 유로
Game Points 24-25(2부) : 76점 / 통산 : 4560점

Win 24-25(2부) : 21승 / 통산 : 1260승
Draw 24-25(2부) : 13무 / 통산 : 780무
Loss 24-25(2부) : 12패 / 통산 : 1300패
Goals For 24-25(2부) : 58득점 / 통산 : 5143득점
Goals Against 24-25(2부) : 44실점 / 통산 : 5121실점

More Minutes 댄 닐 4165분
Top Scorer 윌슨 이시도르 13골
More Assists 패트릭 로버츠 8도움
More Subs 엘리에세르 마옌다 15회 교체 IN
More Cards 조비 벨링엄 +1명 Y11+R1

2024-25 SEASON RESULT

상대팀	홈	원정
Leeds Utd	2-2	1-2
Burnley	1-0	0-0
Sheffield Utd	2-1	0-1
Coventry City	2-2	0-3
Bristol City	1-1	1-2
Blackburn	0-1	2-2
Millwall	1-0	1-1
West Brom	0-0	1-0
Middlesbrough	1-0	3-2
Swansea City	0-1	3-2
Sheffield Wed	4-0	2-1
Norwich City	2-1	0-0
Watford	2-2	1-2
QP Rangers	0-1	0-0
Portsmouth	1-0	3-1
Oxford Utd	2-0	0-2
Stoke City	2-1	0-1
Derby County	2-0	1-0
Preston	1-1	0-0
Hull City	0-1	1-0
Luton Town	2-0	2-1
Plymouth	2-2	2-3
Cardiff City	2-1	2-0

STADIUM OF LIGHT

구장 오픈 1997년 / 증축 2000년
구장 소유 선덜랜드 시
수용 인원 4만 9000명
피치 규모 105m X 68m
잔디 종류 천연잔디

PLAY STYLE

OFFENSIVE STYLE
롱볼 다이렉트 플레이
왼 측면 돌파 활성화
점유율 대비 슈팅 수 많은 편

DEFENSIVE STYLE
고정적인 선발 일레븐
공격적인 수비 구사
자신의 진영에서 볼 컨트롤

RANKING OF LAST 10 YEARS

시즌	15-16	16-17	17-18	18-19	19-20	20-21	21-22	22-23	23-24	24-25
순위	17	20	24	5	8	4	5	6	16	4
승점	39점	24점	24점	85점	59점	77점	84점	69점	56점	76점

위치	선수	국적	생년월일	키	몸무게	출전	선발 11	교체 IN	출전(분)	득점	도움	경고	퇴장	MOM
GK	Anthony Patterson	ENG	2000-05-10	189	77	45	45	0	4080	0	0	3	0	1
	Simon Moore	ENG	1990-05-19	191	83	4	4	0	360	0	0	1	0	0
DF	Chris Mepham	WAL	1997-11-05	193	88	40	37	3	3363	1	0	9	1	1
	Dennis Cirkin	ENG	2002-04-06	182	78	39	33	6	3042	3	2	9	0	1
	Daniel Ballard	NIR	1999-09-22	187	85	23	15	8	1424	3	1	4	0	3
	Aji Alese	ENG	2001-01-17	192	80	12	8	4	701	0	0	2	0	0
	Leo Hjelde	NOR	2003-08-26	190	75	17	5	12	409	0	1	3	0	0
	Joe Anderson	ENG	2001-02-06	188	81	2	1	1	98	0	0	1	0	0
	Jenson Seelt	NED	2003-05-23	192	84	1	0	1	21	0	0	0	0	0
DF MF	Luke O'Nien	ENG	1994-11-21	174	74	48	47	1	4153	3	1	9	0	0
	Trai Hume	NIR	2002-03-18	180	75	47	46	1	4110	3	6	11	1	4
	Alan Browne	IRL	1995-04-15	179	74	23	13	10	1210	1	0	1	0	0
MF	Dan Neil	ENG	2001-12-13	185	62	47	47	0	4165	2	3	3	1	1
	Romaine Mundle	ENG	2003-04-24	180	61	24	18	6	1540	5	2	2	0	3
	Enzo Le Fée	FRA	2000-02-03	170	63	18	14	4	1300	1	3	3	0	2
	Milan Aleksi	SRB	2005-08-30	179	70	8	3	5	288	0	1	0	0	0
	Salis Abdul Samed	GHA	2000-03-26	179	69	10	3	7	279	0	0	1	0	0
	Jack Clarke	ENG	2000-11-23	181	74	2	2	0	180	1	1	0	0	1
	Harrison Jones	ENG	2004-12-25	178	68	4	2	2	132	0	0	1	0	0
	Ian Poveda	COL	2000-02-09	167	64	6	0	6	81	0	0	2	0	0
MF FW	Jobe Bellingham	ENG	2005-09-23	188	73	43	42	1	3807	4	3	11	1	3
	Patrick Roberts	ENG	1997-02-05	167	58	48	40	8	3508	2	8	9	0	2
	Wilson Isidor	FRA	2000-08-27	186	79	46	36	10	3299	13	2	10	0	1
	Chris Rigg	ENG	2007-06-18	177	65	45	37	8	3180	4	1	9	0	0
	Adil Aouchiche	FRA	2002-07-15	181	72	8	3	5	293	0	1	0	0	0
	Aaron Connolly	IRL	2000-01-28	175	73	10	2	8	241	1	0	0	0	0
FW	Eliezer Mayenda	ESP	2005-05-08	180	75	40	25	15	2452	10	5	2	0	4
	Tom Watson	ENG	2006-04-08	168	63	21	11	10	908	3	0	3	0	1
	Nazariy Rusyn	UKR	1998-10-25	177	68	8	0	8	66	0	0	1	0	0

ENGLISH LC(2부리그) 2024-25 SEASON

SUNDERLAND AFC vs. OPPONENTS PER GAME STATS

선덜랜드	vs 상대팀		득점	슈팅	유효슈팅	코너킥	오프사이드	패스시도	패스성공	패스성공률	태클	공중전승리	인터셉트	파울	경고	퇴장
1.26	0.96		●	●	●	●	●	PA 411	PC 474		336		373			
82%	P% 79%		TK 16.7	19.5	AD 14.2	15.0	7.7	IT 6.7	10.7	0.0	2.20	2.33	0.087	0.065		

(1.26 0.96 | 12.9 11.9 | 4.1 3.0 | 5.4 4.3 | 1.7 0.0 | 411 474 | 336 373)
(82% 79% | 16.7 19.5 | 14.2 15.0 | 7.7 6.7 | 10.7 0.0 | 2.20 2.33 | 0.087 0.065)

2024-25 SEASON SQUAD LIST & GAMES PLAYED

* 괄호 안의 숫자는 선발 출전 횟수, 교체 출전은 포함시키지 않음

LW
R.먼들(8)

CF
W.이시도르(33), E.마옌다(14)
C.리그(5), A.코널리(1)
A.브라운(1)

RW
P.로버츠(6), C.리그(1)
A.브라운(1)

LAM
E.L.페(8), T.왓슨(7)
R.먼들(4), E.마옌다(1)
A.아우시슈(3), J.클락(2)
M.알렉시치(1), W.이시도르(1)

CAM
C.리그(19), J.벨링엄(3)
E.마옌다(2), H.존스(2)
A.코널리(1), M.알렉시치(1)
A.브라운(1)

RAM
P.로버츠(24), E.마옌다(3)
T.왓슨(2)

LM
R.먼들(5), E.L.페(2)
T.왓슨(2)

CM
D.닐(16), J.벨링엄(14)
C.리그(8), A.브라운(3)
P.로버츠(1)

RM
P.로버츠(7), C.리그(1)
M.알렉시치(1)

LWB
N/A

DM
D.닐(28), J.벨링엄(22)
A.브라운(2), S.A.사메드(3)
C.리그(2), E.L.페(1)

RWB
N/A

LB
D.서킨(30), A.알리(5)
L.헬데(5), T.홈(4)
J.앤더슨(1), L.오닌(1)

CB
L.오닌(40), C.메팜(37)
D.발라드(12), A.알리(3)

RB
T.홈(39), A.브라운(4)
L.오닌(3)

GK
A.패터슨(42), S.무어(4)

SHOTS & GOALS

46경기 총 592슈팅 - 58득점
46경기 총 547슈팅 허용 - 44실점

Inside The Box 409-45
Outside The Box 180-10
자책골 3-3

	유효 슈팅 189	비유효 슈팅 403
득점	58	블록 당함 190
GK 방어	131	골대 밖 202
유효슈팅률	32%	골대 맞음 11

신체별득점		공격 형태별 슈팅-득점	
왼발	13	OP/FB/SP	569-56
오른발	35	직접 프리킥	18-1
헤더	7	페널티킥	5-1

* OP : 지공 / FB : 속공 / SP : 세트플레이

GOAL TIME | WHO SCORED

시간대별 득점

득실차
전반 골 득실차 +12
후반 골 득실차 +2
전체 골 득실차 +14

시간대별 실점

포지션별 득점

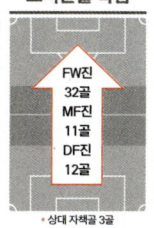
FW진 32골
MF진 11골
DF진 12골

* 상대 자책골 3골

상대 포지션별 실점

DF진 9골
MF진 10골
FW진 21골

* 자책골 실점 4골

PASSES PER GAME | CORNER | DUELS pg

패스 시도 평균 411 (38 / 18 / 355)
SHORT PASSES / LONG BALLS / CROSSES

패스 성공 평균 336 (18 / 4 / 314)
SHORT PASSES / LONG BALLS / CROSSES

코너킥 형태 46경기 250 (61 / 1 / 39 / 149)
INSWINGING CK / OUTSWINGING CK / STRAIGHT CK / ET CETERA

땅볼 쟁탈전 평균 75.3 (37.8 / 37.5)
SUCCEEDED / FAILED

상대 코너킥 형태 46경기 197 (53 / 2 / 62 / 80)

공중전 평균 29.2 (14.2 / 15.0)

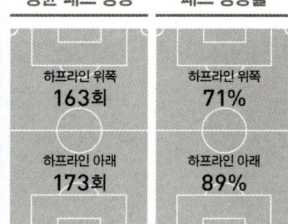

PASSESS pg BY ZONE | FORMATION SUMMARY

평균 패스 성공
하프라인 위쪽 163회
하프라인 아래 173회

패스 성공률
하프라인 위쪽 71%
하프라인 아래 89%

선발 포지션별 전적

포메이션	승	무	패	득점	실점
4-2-3-1	12	8	9	35	28
4-4-2	3	4	1	5	6
4-3-3	5	1	2	14	9
4-1-4-1	1	0	0	3	1
TOTAL	21	13	12	57	44

LALIGA

용 호 상 박

龍虎相搏

우승 횟수 5대4. 최근 10년간 FC 바르셀로나와 레알 마드리드의 라리가 우승 횟수다. 남은 1번은 아틀레티코 마드리드였다. 그만큼 바르셀로나와 레알 마드리드의 '엘 클라시코'는 지구촌 축구팬을 들썩이게 만드는 세계 최고의 축구 이벤트다. 2022-23시즌 바르셀로나가 우승했고, 2023-24시즌 레알 마드리드가 정상에 올랐으나 지난 시즌 다시 바르셀로나가 트로피를 가져갔다. 승점 4점차였다. 올 시즌 라리가에서도 두 팀의 '용호상박(龍虎相搏)'은 더욱 뜨겁게 전개될 것이다. 라민 야말, 로베르트 레반도프스키, 하피냐, 페드리의 바르셀로나. 킬리안 음바페, 비니시우스 주니오르, 주드 벨링엄, 안토니오 뤼디거의 레알 마드리드. 두 팀의 올 시즌 우승 배당률은 그야말로 팽팽하다(도표 참조). 리그 일정 마지막날까지 승점을 쥐어짜는 일이 벌어질 가능성이 크다. 가끔 이 두팀을 괴롭혔던 아틀레티코 마드리드가 어느정도 선전을 펼치느냐가 관건이다.

2025-26시즌 LA LIGA 우승 배당률

예상	팀	벳365	윌리엄힐	래드브로스	스카이벳
1	Real Madrid	0.7배	0.67배	0.8배	0.73배
2	FC Barcelona	1.2배	1.2배	1.2배	1.25배
3	Atletico Madrid	8배	8배	8배	8.5배
4	Athletic Bilbao	50배	66배	66배	66배
5	Villarreal	50배	66배	66배	66배
6	Real Betis	66배	80배	100배	100배
7	Real Sociedad	100배	125배	100배	150배
8	Valencia	250배	250배	250배	300배
9	Celta Vigo	250배	250배	250배	300배
10	Sevilla	250배	250배	250배	300배
11	Girona	250배	250배	250배	300배
12	Getafe	500배	500배	250배	1000배
13	Osasuna	500배	500배	500배	1000배
14	Alaves	500배	500배	500배	1000배
15	Real Mallorca	500배	500배	500배	1000배
16	Espanyol	500배	500배	500배	1000배
17	Rayo Vallecano	1000배	750배	1000배	1000배
18	Elche	1000배	1000배	1000배	1000배
19	Levante	1000배	1000배	1000배	1000배
20	Real Oviedo	1000배	1000배	1000배	1000배

배당률은 2025년 7월 14일 기준. 강팀일수록 배당률은 낮음

2024-25시즌 LA LIGA 순위

순위	팀	경기	승	무	패	득점	실점	득실	승점
1	FC Barcelona ★●	38	28	4	6	102	39	+63	88
2	Real Madrid ●	38	26	6	6	78	38	+40	84
3	Atletico Madrid ●	38	22	10	6	68	30	+38	76
4	Athletic Bilbao ●	38	19	13	6	54	29	+25	70
5	Villarreal ●	38	20	10	8	71	51	+20	70
6	Real Betis ●	38	16	12	10	57	50	+7	60
7	Celta Vigo	38	16	7	15	59	57	+2	55
8	Rayo Vallecano	38	13	13	12	41	45	−4	52
9	Osasuna	38	12	16	10	48	52	−4	52
10	Real Mallorca	38	13	9	16	35	44	−9	48
11	Real Sociedad	38	13	7	18	35	46	−11	46
12	Valencia	38	11	13	14	44	54	−10	46
13	Getafe	38	11	9	18	34	39	−5	42
14	Espanyol	38	11	9	18	40	51	−11	42
15	Deportivo Alaves	38	10	12	16	38	48	−10	42
16	Girona	38	11	8	19	44	60	−16	41
17	Sevilla	38	10	11	17	42	55	−13	41
18	Leganes ▼	38	9	13	16	39	56	−17	40
19	Las Palmas ▼	38	8	8	22	40	61	−21	32
20	Real Valladolid ▼	38	4	4	30	26	90	−64	16

★ 우승　● 챔피언스리그 출전　● 유로파리그 출전　▼ 강등

2025-26 LA LIGA MATCH SCHEDULE

*시간은 스페인 현지 시간. 대한민국은 스페인보다 8시간 빠름

DAY 1

2025.08.16	Alavés	vs	Levante
2025.08.16	Mallorca	vs	Barcelona
2025.08.16	Valencia	vs	Real Sociedad
2025.08.17	Girona	vs	Rayo Vallecano
2025.08.17	Villarreal	vs	Real Oviedo
2025.08.17	Celta de Vigo	vs	Getafe
2025.08.17	Athletic Bilbao	vs	Sevilla
2025.08.17	Espanyol	vs	Atlético de Madrid
2025.08.18	Elche	vs	Real Betis
2025.08.19	Real Madrid	vs	Osasuna

DAY 2

2025.08.24	Mallorca	vs	Celta de Vigo
2025.08.24	Real Sociedad	vs	Espanyol
2025.08.24	Sevilla	vs	Getafe
2025.08.24	Villarreal	vs	Girona
2025.08.24	Levante	vs	Barcelona
2025.08.24	Real Betis	vs	Alavés
2025.08.24	Atlético de Madrid	vs	Elche
2025.08.24	Osasuna	vs	Valencia
2025.08.24	Real Oviedo	vs	Real Madrid
2025.08.24	Athletic Bilbao	vs	Rayo Vallecano

DAY 3

2025.08.31	Real Betis	vs	Athletic Bilbao
2025.08.31	Rayo Vallecano	vs	Barcelona
2025.08.31	Valencia	vs	Getafe
2025.08.31	Real Madrid	vs	Mallorca
2025.08.31	Real Oviedo	vs	Real Sociedad
2025.08.31	Girona	vs	Sevilla
2025.08.31	Celta de Vigo	vs	Villarreal
2025.08.31	Elche	vs	Levante
2025.08.31	Espanyol	vs	Osasuna
2025.08.31	Alavés	vs	Atlético de Madrid

DAY 4

2025.09.14	Athletic Bilbao	vs	Alavés
2025.09.14	Levante	vs	Real Betis
2025.09.14	Sevilla	vs	Elche
2025.09.14	Real Sociedad	vs	Real Madrid
2025.09.14	Osasuna	vs	Rayo Vallecano
2025.09.14	Getafe	vs	Real Oviedo
2025.09.14	Barcelona	vs	Valencia
2025.09.14	Celta de Vigo	vs	Girona
2025.09.14	Espanyol	vs	Mallorca
2025.09.14	Atlético de Madrid	vs	Villarreal

DAY 5

2025.09.21	Mallorca	vs	Atlético de Madrid
2025.09.21	Rayo Vallecano	vs	Celta de Vigo
2025.09.21	Real Madrid	vs	Espanyol
2025.09.21	Villarreal	vs	Osasuna
2025.09.21	Valencia	vs	Athletic Bilbao
2025.09.21	Girona	vs	Levante
2025.09.21	Barcelona	vs	Getafe
2025.09.21	Real Betis	vs	Real Sociedad
2025.09.21	Elche	vs	Real Oviedo
2025.09.21	Alavés	vs	Sevilla

DAY 6

2025.09.24	Real Oviedo	vs	Barcelona
2025.09.24	Celta de Vigo	vs	Real Betis
2025.09.24	Osasuna	vs	Elche
2025.09.24	Real Sociedad	vs	Mallorca
2025.09.24	Getafe	vs	Alavés
2025.09.24	Sevilla	vs	Villarreal
2025.09.24	Atlético de Madrid	vs	Rayo Vallecano
2025.09.24	Espanyol	vs	Valencia
2025.09.24	Levante	vs	Real Madrid
2025.09.24	Athletic Bilbao	vs	Girona

DAY 7

2025.09.28	Villarreal	vs	Athletic Bilbao
2025.09.28	Elche	vs	Celta de Vigo
2025.09.28	Girona	vs	Espanyol
2025.09.28	Valencia	vs	Real Oviedo
2025.09.28	Mallorca	vs	Alavés
2025.09.28	Rayo Vallecano	vs	Sevilla
2025.09.28	Barcelona	vs	Real Sociedad
2025.09.28	Real Betis	vs	Osasuna
2025.09.28	Getafe	vs	Levante
2025.09.28	Atlético de Madrid	vs	Real Madrid

DAY 8

2025.10.05	Espanyol	vs	Real Betis
2025.10.05	Osasuna	vs	Getafe
2025.10.05	Real Oviedo	vs	Levante
2025.10.05	Real Sociedad	vs	Rayo Vallecano
2025.10.05	Sevilla	vs	Barcelona
2025.10.05	Celta de Vigo	vs	Atlético de Madrid
2025.10.05	Athletic Bilbao	vs	Mallorca
2025.10.05	Girona	vs	Valencia
2025.10.05	Real Madrid	vs	Villarreal
2025.10.05	Alavés	vs	Elche

DAY 9

Date	Home		Away
2025.10.19	Elche	vs	Athletic Bilbao
2025.10.19	Villarreal	vs	Real Betis
2025.10.19	Real Oviedo	vs	Espanyol
2025.10.19	Sevilla	vs	Mallorca
2025.10.19	Levante	vs	Rayo Vallecano
2025.10.19	Getafe	vs	Real Madrid
2025.10.19	Atlético de Madrid	vs	Osasuna
2025.10.19	Barcelona	vs	Girona
2025.10.19	Celta de Vigo	vs	Real Sociedad
2025.10.19	Alavés	vs	Valencia

DAY 10

Date	Home		Away
2025.10.26	Real Madrid	vs	Barcelona
2025.10.26	Osasuna	vs	Celta de Vigo
2025.10.26	Espanyol	vs	Elche
2025.10.26	Mallorca	vs	Levante
2025.10.26	Real Betis	vs	Atlético de Madrid
2025.10.26	Rayo Vallecano	vs	Alavés
2025.10.26	Girona	vs	Real Oviedo
2025.10.26	Real Sociedad	vs	Sevilla
2025.10.26	Valencia	vs	Villarreal
2025.10.26	Athletic Bilbao	vs	Getafe

DAY 11

Date	Home		Away
2025.11.02	Real Sociedad	vs	Athletic Bilbao
2025.11.02	Levante	vs	Celta de Vigo
2025.11.02	Real Oviedo	vs	Osasuna
2025.11.02	Villarreal	vs	Rayo Vallecano
2025.11.02	Real Madrid	vs	Valencia
2025.11.02	Getafe	vs	Girona
2025.11.02	Atlético de Madrid	vs	Sevilla
2025.11.02	Barcelona	vs	Elche
2025.11.02	Real Betis	vs	Mallorca
2025.11.02	Alavés	vs	Espanyol

DAY 12

Date	Home		Away
2025.11.09	Celta de Vigo	vs	Barcelona
2025.11.09	Valencia	vs	Real Betis
2025.11.09	Mallorca	vs	Getafe
2025.11.09	Sevilla	vs	Osasuna
2025.11.09	Girona	vs	Alavés
2025.11.09	Rayo Vallecano	vs	Real Madrid
2025.11.09	Atlético de Madrid	vs	Levante
2025.11.09	Elche	vs	Real Sociedad
2025.11.09	Espanyol	vs	Villarreal
2025.11.09	Athletic Bilbao	vs	Real Oviedo

DAY 13

Date	Home		Away
2025.11.23	Barcelona	vs	Athletic Bilbao
2025.11.23	Getafe	vs	Atlético de Madrid
2025.11.23	Valencia	vs	Levante
2025.11.23	Villarreal	vs	Mallorca
2025.11.23	Real Oviedo	vs	Rayo Vallecano
2025.11.23	Osasuna	vs	Real Sociedad
2025.11.23	Real Betis	vs	Girona
2025.11.23	Elche	vs	Real Madrid
2025.11.23	Espanyol	vs	Sevilla
2025.11.23	Alavés	vs	Celta de Vigo

DAY 14

Date	Home		Away
2025.11.30	Barcelona	vs	Alavés
2025.11.30	Levante	vs	Athletic Bilbao
2025.11.30	Sevilla	vs	Real Betis
2025.11.30	Getafe	vs	Elche
2025.11.30	Real Sociedad	vs	Villarreal
2025.11.30	Rayo Vallecano	vs	Valencia
2025.11.30	Celta de Vigo	vs	Espanyol
2025.11.30	Girona	vs	Real Madrid
2025.11.30	Mallorca	vs	Osasuna
2025.11.30	Atlético de Madrid	vs	Real Oviedo

DAY 15

Date	Home		Away
2025.12.07	Villarreal	vs	Getafe
2025.12.07	Osasuna	vs	Levante
2025.12.07	Real Oviedo	vs	Mallorca
2025.12.07	Valencia	vs	Sevilla
2025.12.07	Real Madrid	vs	Celta de Vigo
2025.12.07	Real Betis	vs	Barcelona
2025.12.07	Athletic Bilbao	vs	Atlético de Madrid
2025.12.07	Elche	vs	Girona
2025.12.07	Espanyol	vs	Rayo Vallecano
2025.12.07	Alavés	vs	Real Sociedad

DAY 16

Date	Home		Away
2025.12.14	Mallorca	vs	Elche
2025.12.14	Getafe	vs	Espanyol
2025.12.14	Real Sociedad	vs	Girona
2025.12.14	Sevilla	vs	Real Oviedo
2025.12.14	Rayo Vallecano	vs	Real Betis
2025.12.14	Celta de Vigo	vs	Athletic Bilbao
2025.12.14	Atlético de Madrid	vs	Valencia
2025.12.14	Barcelona	vs	Osasuna
2025.12.14	Levante	vs	Villarreal
2025.12.14	Alavés	vs	Real Madrid

DAY 17

Date	Home		Away
2025.12.21	Girona	vs	Atlético de Madrid
2025.12.21	Villarreal	vs	Barcelona
2025.12.21	Real Oviedo	vs	Celta de Vigo
2025.12.21	Valencia	vs	Mallorca
2025.12.21	Osasuna	vs	Alavés
2025.12.21	Real Madrid	vs	Sevilla
2025.12.21	Real Betis	vs	Getafe
2025.12.21	Elche	vs	Rayo Vallecano
2025.12.21	Levante	vs	Real Sociedad
2025.12.21	Athletic Bilbao	vs	Espanyol

DAY 18

Date	Home		Away
2026.01.04	Real Madrid	vs	Real Betis
2026.01.04	Rayo Vallecano	vs	Getafe
2026.01.04	Mallorca	vs	Girona
2026.01.04	Sevilla	vs	Levante
2026.01.04	Espanyol	vs	Barcelona
2026.01.04	Real Sociedad	vs	Atlético de Madrid
2026.01.04	Celta de Vigo	vs	Valencia
2026.01.04	Elche	vs	Villarreal
2026.01.04	Osasuna	vs	Athletic Bilbao
2026.01.04	Alavés	vs	Real Oviedo

DAY 19

2026.01.11	Sevilla	vs	Celta de Vigo
2026.01.11	Valencia	vs	Elche
2026.01.11	Levante	vs	Espanyol
2026.01.11	Rayo Vallecano	vs	Mallorca
2026.01.11	Real Oviedo	vs	Real Betis
2026.01.11	Barcelona	vs	Atlético de Madrid
2026.01.11	Getafe	vs	Real Sociedad
2026.01.11	Girona	vs	Osasuna
2026.01.11	Villarreal	vs	Alavés
2026.01.11	Athletic Bilbao	vs	Real Madrid

DAY 20

2026.01.18	Atlético de Madrid	vs	Alavés
2026.01.18	Mallorca	vs	Athletic Bilbao
2026.01.18	Real Sociedad	vs	Barcelona
2026.01.18	Real Madrid	vs	Levante
2026.01.18	Osasuna	vs	Real Oviedo
2026.01.18	Getafe	vs	Valencia
2026.01.18	Celta de Vigo	vs	Rayo Vallecano
2026.01.18	Elche	vs	Sevilla
2026.01.18	Espanyol	vs	Girona
2026.01.18	Real Betis	vs	Villarreal

DAY 21

2026.01.25	Rayo Vallecano	vs	Osasuna
2026.01.25	Villarreal	vs	Real Madrid
2026.01.25	Alavés	vs	Real Betis
2026.01.25	Atlético de Madrid	vs	Mallorca
2026.01.25	Girona	vs	Getafe
2026.01.25	Valencia	vs	Espanyol
2026.01.25	Sevilla	vs	Athletic Bilbao
2026.01.25	Real Sociedad	vs	Celta de Vigo
2026.01.25	Levante	vs	Elche
2026.01.25	Barcelona	vs	Real Oviedo

DAY 22

2026.02.01	Elche	vs	Barcelona
2026.02.01	Getafe	vs	Celta de Vigo
2026.02.01	Real Oviedo	vs	Girona
2026.02.01	Real Madrid	vs	Rayo Vallecano
2026.02.01	Levante	vs	Atlético de Madrid
2026.02.01	Espanyol	vs	Alavés
2026.02.01	Real Betis	vs	Valencia
2026.02.01	Mallorca	vs	Sevilla
2026.02.01	Osasuna	vs	Villarreal
2026.02.01	Athletic Bilbao	vs	Real Sociedad

DAY 23

2026.02.08	Villarreal	vs	Espanyol
2026.02.08	Sevilla	vs	Girona
2026.02.08	Valencia	vs	Real Madrid
2026.02.08	Rayo Vallecano	vs	Real Oviedo
2026.02.08	Real Sociedad	vs	Elche
2026.02.08	Celta de Vigo	vs	Osasuna
2026.02.08	Athletic Bilbao	vs	Levante
2026.02.08	Atlético de Madrid	vs	Real Betis
2026.02.08	Barcelona	vs	Mallorca
2026.02.08	Alavés	vs	Getafe

DAY 24

2026.02.15	Rayo Vallecano	vs	Atlético de Madrid
2026.02.15	Girona	vs	Barcelona
2026.02.15	Mallorca	vs	Real Betis
2026.02.15	Espanyol	vs	Celta de Vigo
2026.02.15	Real Oviedo	vs	Athletic Bilbao
2026.02.15	Sevilla	vs	Alavés
2026.02.15	Getafe	vs	Villarreal
2026.02.15	Levante	vs	Valencia
2026.02.15	Real Madrid	vs	Real Sociedad
2026.02.15	Elche	vs	Osasuna

DAY 25

2026.02.22	Getafe	vs	Sevilla
2026.02.22	Osasuna	vs	Real Madrid
2026.02.22	Villarreal	vs	Valencia
2026.02.22	Real Sociedad	vs	Real Oviedo
2026.02.22	Celta de Vigo	vs	Mallorca
2026.02.22	Real Betis	vs	Rayo Vallecano
2026.02.22	Athletic Bilbao	vs	Elche
2026.02.22	Atlético de Madrid	vs	Espanyol
2026.02.22	Barcelona	vs	Levante
2026.02.22	Alavés	vs	Girona

DAY 26

2026.03.01	Real Oviedo	vs	Atlético de Madrid
2026.03.01	Girona	vs	Celta de Vigo
2026.03.01	Real Madrid	vs	Getafe
2026.03.01	Valencia	vs	Osasuna
2026.03.01	Rayo Vallecano	vs	Athletic Bilbao
2026.03.01	Levante	vs	Alavés
2026.03.01	Real Betis	vs	Sevilla
2026.03.01	Elche	vs	Espanyol
2026.03.01	Mallorca	vs	Real Sociedad
2026.03.01	Barcelona	vs	Villarreal

DAY 27

2025.03.08	Villarreal	vs	Elche
2025.03.08	Levante	vs	Girona
2025.03.08	Getafe	vs	Real Betis
2025.03.08	Sevilla	vs	Rayo Vallecano
2025.03.08	Osasuna	vs	Mallorca
2025.03.08	Athletic Bilbao	vs	Barcelona
2025.03.08	Valencia	vs	Alavés
2025.03.08	Celta de Vigo	vs	Real Madrid
2025.03.08	Atlético de Madrid	vs	Real Sociedad
2025.03.08	Espanyol	vs	Real Oviedo

DAY 28

2026.03.15	Real Madrid	vs	Elche
2026.03.15	Mallorca	vs	Espanyol
2026.03.15	Rayo Vallecano	vs	Levante
2026.03.15	Real Sociedad	vs	Osasuna
2026.03.15	Girona	vs	Athletic Bilbao
2026.03.15	Real Oviedo	vs	Valencia
2026.03.15	Atlético de Madrid	vs	Getafe
2026.03.15	Alavés	vs	Villarreal
2026.03.15	Barcelona	vs	Sevilla
2026.03.15	Real Betis	vs	Celta de Vigo

DAY 29

2026.03.22	Real Madrid	vs	Atlético de Madrid
2026.03.22	Celta de Vigo	vs	Alavés
2026.03.22	Osasuna	vs	Girona
2026.03.22	Villarreal	vs	Real Sociedad
2026.03.22	Sevilla	vs	Valencia
2026.03.22	Elche	vs	Mallorca
2026.03.22	Levante	vs	Real Oviedo
2026.03.22	Barcelona	vs	Rayo Vallecano
2026.03.22	Athletic Bilbao	vs	Real Betis
2026.03.22	Espanyol	vs	Getafe

DAY 30

2026.04.05	Valencia	vs	Celta de Vigo
2026.04.05	Rayo Vallecano	vs	Elche
2026.04.05	Real Sociedad	vs	Levante
2026.04.05	Getafe	vs	Athletic Bilbao
2026.04.05	Real Oviedo	vs	Sevilla
2026.04.05	Alavés	vs	Osasuna
2026.04.05	Real Betis	vs	Espanyol
2026.04.05	Atlético de Madrid	vs	Barcelona
2026.04.05	Girona	vs	Villarreal
2026.04.05	Mallorca	vs	Real Madrid

DAY 31

2026.04.12	Sevilla	vs	Atlético de Madrid
2026.04.12	Osasuna	vs	Real Betis
2026.04.12	Real Madrid	vs	Girona
2026.04.12	Real Sociedad	vs	Alavés
2026.04.12	Levante	vs	Getafe
2026.04.12	Athletic Bilbao	vs	Villarreal
2026.04.12	Mallorca	vs	Rayo Vallecano
2026.04.12	Barcelona	vs	Espanyol
2026.04.12	Celta de Vigo	vs	Real Oviedo
2026.04.12	Elche	vs	Valencia

DAY 32

2026.04.19	Getafe	vs	Barcelona
2026.04.19	Villarreal	vs	Celta de Vigo
2026.04.19	Atlético de Madrid	vs	Athletic Bilbao
2026.04.19	Valencia	vs	Girona
2026.04.19	Real Oviedo	vs	Elche
2026.04.19	Alavés	vs	Mallorca
2026.04.19	Rayo Vallecano	vs	Real Sociedad
2026.04.19	Espanyol	vs	Levante
2026.04.19	Real Betis	vs	Real Madrid
2026.04.19	Osasuna	vs	Sevilla

DAY 33

2026.04.22	Elche	vs	Atlético de Madrid
2026.04.22	Girona	vs	Real Betis
2026.04.22	Rayo Vallecano	vs	Espanyol
2026.04.22	Real Sociedad	vs	Getafe
2026.04.22	Real Madrid	vs	Alavés
2026.04.22	Real Oviedo	vs	Villarreal
2026.04.22	Barcelona	vs	Celta de Vigo
2026.04.22	Athletic Bilbao	vs	Osasuna
2026.04.22	Levante	vs	Sevilla
2026.04.22	Mallorca	vs	Valencia

DAY 34

2026.05.03	Osasuna	vs	Barcelona
2026.05.03	Valencia	vs	Atlético de Madrid
2026.05.03	Villarreal	vs	Levante
2026.05.03	Sevilla	vs	Real Sociedad
2026.05.03	Girona	vs	Mallorca
2026.05.03	Celta de Vigo	vs	Elche
2026.05.03	Alavés	vs	Athletic Bilbao
2026.05.03	Real Betis	vs	Real Oviedo
2026.05.03	Getafe	vs	Rayo Vallecano
2026.05.03	Espanyol	vs	Real Madrid

DAY 35

2026.05.10	Real Sociedad	vs	Real Betis
2026.05.10	Sevilla	vs	Espanyol
2026.05.10	Rayo Vallecano	vs	Girona
2026.05.10	Elche	vs	Alavés
2026.05.10	Real Oviedo	vs	Getafe
2026.05.10	Mallorca	vs	Villarreal
2026.05.10	Athletic Bilbao	vs	Valencia
2026.05.10	Barcelona	vs	Real Madrid
2026.05.10	Atlético de Madrid	vs	Celta de Vigo
2026.05.10	Levante	vs	Osasuna

DAY 36

2026.05.13	Osasuna	vs	Atlético de Madrid
2026.05.13	Villarreal	vs	Sevilla
2026.05.13	Real Madrid	vs	Real Oviedo
2026.05.13	Espanyol	vs	Athletic Bilbao
2026.05.13	Valencia	vs	Rayo Vallecano
2026.05.13	Girona	vs	Real Sociedad
2026.05.13	Real Betis	vs	Elche
2026.05.13	Alavés	vs	Barcelona
2026.05.13	Getafe	vs	Mallorca
2026.05.13	Celta de Vigo	vs	Levante

DAY 37

2026.05.17	Real Sociedad	vs	Valencia
2026.05.17	Sevilla	vs	Real Madrid
2026.05.17	Rayo Vallecano	vs	Villarreal
2026.05.17	Osasuna	vs	Espanyol
2026.05.17	Real Oviedo	vs	Alavés
2026.05.17	Levante	vs	Mallorca
2026.05.17	Atlético de Madrid	vs	Girona
2026.05.17	Athletic Bilbao	vs	Celta de Vigo
2026.05.17	Elche	vs	Getafe
2026.05.17	Barcelona	vs	Real Betis

DAY 38

2026.05.24	Real Madrid	vs	Athletic Bilbao
2026.05.24	Villarreal	vs	Atlético de Madrid
2026.05.24	Valencia	vs	Barcelona
2026.05.24	Mallorca	vs	Real Oviedo
2026.05.24	Girona	vs	Elche
2026.05.24	Celta de Vigo	vs	Sevilla
2026.05.24	Alavés	vs	Rayo Vallecano
2026.05.24	Real Betis	vs	Levante
2026.05.24	Espanyol	vs	Real Sociedad
2026.05.24	Getafe	vs	Osasuna

FC BARCELONA

28	 32	5	0	3	0
SPANISH LA LIGA	SPANISH COPA DEL REY	UEFA CHAMPIONS LEAGUE	UEFA EUROPA LEAGUE	FIFA CLUB WORLD CUP	UEFA-CONMEBOL INTERCONTINENTAL

Founded 구단 창립 1899년
Owner FC 바르셀로나 시민 주주
CEO 호안 라포르타 1962.06.29
Manager 한지 플릭 1965.02.24
25-26 Odds 벳365 : 1.2배 윌리엄힐 : 1.2배

Nationality 27명 · 외국 선수 8명 · 스페인 선수 19명
Age 27명 평균 25.6세
Height 27명 평균 182cm
Market Value 27명 평균 4023만 유로
Game Points 24-25 : 88점 통산 : 5978점

Win 24-25 : 28승 통산 : 1787승
Draw 24-25 : 4무 통산 : 617무
Loss 24-25 : 6패 통산 : 662패
Goals For 24-25 : 102득점 통산 : 6579득점
Goals Against 24-25 : 39실점 통산 : 3396실점

More Minutes 페드리 2897분
Top Scorer 로베르트 레반도프스키 27골
More Assists 라민 야말 13도움
More Subs 파우 빅토르 19회 교체 IN
More Cards 이니고 마르티네스 Y5+R0

2024-25 SEASON RESULT

상대팀	홈	원정
Real Madrid	4-3	4-0
Atletico Madrid	1-2	4-2
Athletic Bilbao	2-1	3-0
Villarreal	2-3	5-1
Real Betis	1-1	2-2
Celta Vigo	4-3	2-2
Rayo Vallecano	1-0	2-1
Osasuna	3-0	2-4
Mallorca	1-0	5-1
Real Sociedad	4-0	0-1
Valencia	7-1	2-2
Getafe	1-0	1-1
Espanyol	3-1	2-0
Alaves	1-0	3-0
Girona	4-1	4-1
Sevilla FC	5-1	4-1
Leganes	0-1	1-0
Las Palmas	1-2	2-0
Valladolid	7-0	2-1

PLAY STYLE

OFFENSIVE STYLE
상대 진영에서 볼 컨트롤
측면 돌파와 중앙 돌파 균형
포제션 풋볼 지향
짧은 패스 콤비네이션 위주
스루볼 침투 자주 시도

DEFENSIVE STYLE
블록 수비 위주
하프코트 프레싱
오프사이드트랩 활성화

Camp Nou
구장 오픈 / 증개축
1957년, 증개축 3회
구장 소유
FC 바르셀로나
수용 인원
9만 9354명
피치 규모
105m X 68m
잔디 종류
하이브리드 잔디

STRENGTHS & WEAKNESSES

OFFENSE		DEFENSE	
직접 프리킥	B	세트피스 수비	C
문전 처리	A	상대 볼 뺏기	A
측면 돌파	A	공중전 능력	D
스루볼 침투	A	역습 방어	D
개인기 침투	A	지공 방어	D
카운터 어택	A	스루패스 방어	C
기회 만들기	B	리드 지키기	D
세트피스	A	실수 조심	C
OS 피하기	C	측면 방어력	C
중거리 슈팅	B	파울 주의	C
볼 점유율	A	중거리슈팅 수비	C

매우 강함 A   강한 편 B   보통 수준 C   약한 편 D   매우 약함 E

RANKING OF LAST 10 YEARS

15-16	16-17	17-18	18-19	19-20	20-21	21-22	22-23	23-24	24-25
1	2	1	1	2	3	2	1	2	1
91점	90점	93점	87점	82점	79점	73점	88점	85점	88점

위치	선수	국적	생년월일	키	몸무게	출전	선발 11	교체 IN	출전(분)	득점	도움	경고	퇴장	MOM
GK	Iñaki Peña	ESP	1999-03-02	184	78	16	15	1	1394	0	0	1	0	0
	Wojciech Szczęsny	POL	1990-04-18	195	90	15	15	0	1350	0	0	0	0	0
	Marc-André ter Stegen	GER	1992-04-30	187	85	8	8	0	677	0	0	0	0	0
DF	Pau Cubarsí	ESP	2007-01-22	184	75	35	29	6	2621	0	3	3	0	0
	Jules Koundé	FRA	1998-11-12	180	75	32	29	3	2606	2	3	4	0	3
	Íñigo Martínez	ESP	1991-05-17	182	76	28	28	0	2493	0	4	5	0	1
	Gerard Martín	ESP	2002-02-26	186	76	28	11	17	1033	1	3	2	0	1
	Ronald Araújo	URU	1999-03-07	188	79	13	12	1	760	1	1	3	0	0
	Héctor Fort	ESP	2006-08-02	185	78	17	5	12	579	0	0	2	0	0
	Sergi Domínguez	ESP	2005-04-01	188	78	3	2	1	173	0	0	1	0	0
DF MF	Alejandro Balde	ESP	2003-10-18	175	69	32	26	6	2292	0	4	2	0	0
	Eric García	ESP	2001-01-09	182	76	29	14	15	1556	2	3	4	0	0
	Frenkie de Jong	NED	1997-05-12	181	74	26	9	17	1140	2	2	3	0	0
	Andreas Christensen	DEN	1996-04-10	187	82	5	2	3	252	0	0	3	0	0
MF	Pedri	ESP	2002-11-25	174	60	37	35	2	2897	4	5	3	0	5
	Marc Casadó	ESP	2003-09-14	172	66	23	20	3	1618	1	3	2	1	0
	Fermín López	ESP	2003-05-11	174	64	28	12	16	1247	6	5	4	1	1
	Gavi	ESP	2004-08-05	173	70	26	14	12	1085	1	1	4	0	0
	Pablo Torre	ESP	2003-04-03	173	65	10	4	6	309	3	1	0	0	0
	Pau Victor	ESP	2001-11-26	184	77	21	2	19	309	2	1	2	0	0
	Marc Bernal	ESP	2007-05-26	191	84	3	3	0	244	0	0	2	0	0
	Dani Rodríguez	ESP	2005-08-09	175	70	1	1	0	38	0	0	0	0	0
MF FW	Raphinha	BRA	1996-02-14	176	68	36	32	4	2845	18	9	4	0	10
	Dani Olmo	ESP	1998-05-07	179	72	25	13	12	1217	10	3	1	0	1
	Ferrán Torres	ESP	2000-02-09	184	77	27	12	15	1104	10	6	1	0	0
	Ansu Fati	ESP	2002-10-31	178	66	6	3	3	233	0	0	0	0	0
FW	Lamine Yamal	ESP	2007-07-13	180	72	35	31	4	2864	9	13	3	0	12
	Robert Lewandowski	POL	1988-08-21	185	81	34	32	2	2682	27	2	1	0	4

LA LIGA 2024-25 SEASON

FC BARCELONA vs. OPPONENTS PER GAME STATS

FC 바르셀로나	vs 상대팀	득점	슈팅	유효슈팅	코너킥	오프사이드	패스시도	패스성공	태클	공중경합승리	인터셉트	파울	경고	퇴장
2.68	1.03		17.9 / 7.8	6.6 / 2.8	7.0 / 3.9	1.7 / 4.8	658 / 296	584 / 212						
89%	72%		14.2 / 18.2	10.2 / 9.3	6.0 / 10.0	9.7 / 12.6	1.66 / 2.34	0.079 / 0.053						

2024-25 SEASON SQUAD LIST & GAMES PLAYED
괄호 안의 숫자는 선발 출전 횟수, 교체 출전은 포함시키지 않음

LW: 하피냐(4), F.토레스(2), P.빅토르(1), 가비(1)
CF: R.레반도프스키(32), F.토레스(5), P.빅토르(1)
RW: L.야말(6), 하피냐(1), F.토레스(1)

LAM: 하피냐(18), F.토레스(4), A.파티(3), D.올모(1), 가비(1), F.로페스(1), P.토레(1)
CAM: F.로페스(9), D.올모(8), 하피냐(5), 가비(5), P.토레(1), 페드리(1)
RAM: L.야말(24), 하피냐(3), F.로페스(1), D.로드리게스(1)

LM: 하피냐(1)
CM: 페드리(9), D.올모(4), F.더용(3), M.카사도(3), E.가르시아(2), P.토레(2), 가비(1), F.로페스(1)
RM: L.야말(1)

LWB: N/A
DM: 페드리(25), M.카사도(17), F.더용(3), 가비(1), E.가르시아(3), M.베르날(3)
RWB: N/A

LB: A.발데(26), G.마르틴(11), H.포르트(1)
CB: P.쿠바르시(29), I.마르티네스(28), R.아라우호(11), E.가르시아(4), A.크리스턴슨(2), S.도밍게스(2)
RB: J.쿤데(29), E.가르시아(5), H.포르트(4)

GK: I.페냐(15), W.시쳉스니(15), M.테어슈테겐(8)

SHOTS & GOALS

38경기 총 680슈팅 - 102득점
38경기 총 296슈팅 허용 - 39실점

65-18
371-65
241-16
* 자책골 3-3

	유효 슈팅 250	비유효 슈팅 430
득점	102	블록 당함 183
GK 방어	148	골대 밖 226
유효슈팅률 37%		골대 맞음 21

	유효 슈팅 108	비유효 슈팅 188
실점	39	블록 66
GK 방어	69	골대 밖 121
유효슈팅률 36%		골대 맞음 1

74-2
203-30
19-7
*자책골 0-0

SHOT TIME | GOAL TIME

시간대별 슈팅: 135 85 / 96 108 / 140 116
시간대별 득점: 23 13 / 12 19 / 23 12

슈팅 차이
전반 슈팅 차이 +185
후반 슈팅 차이 +199
전체 슈팅 차이 +384

득실차
전반 골 득실차 +26
후반 골 득실차 +37
전체 골 득실차 +63

시간대별 상대 슈팅: 64 47 / 55 34 / 53 43
시간대별 실점: 8 8 / 7 3 / 6 7

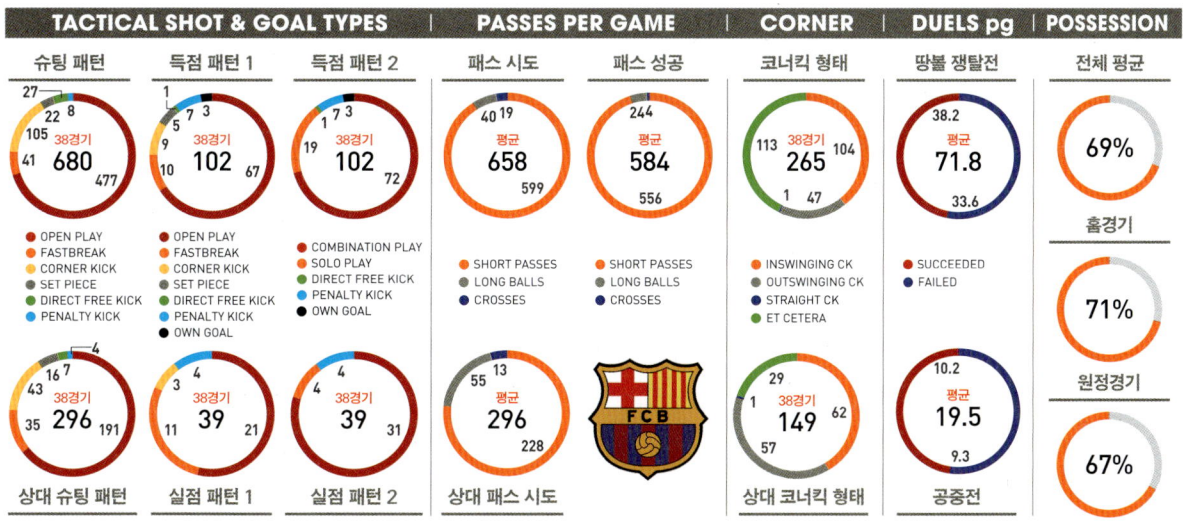

TACTICAL SHOT & GOAL TYPES | PASSES PER GAME | CORNER | DUELS pg | POSSESSION

슈팅 패턴: 38경기 680 (27/8/105/22/41/477)
득점 패턴 1: 38경기 102 (1/5/9/3/10/7/67)
득점 패턴 2: 38경기 102 (1/7/3/19/72)
- OPEN PLAY / FASTBREAK / CORNER KICK / SET PIECE / DIRECT FREE KICK / PENALTY KICK
- COMBINATION PLAY / SOLO PLAY / DIRECT FREE KICK / PENALTY KICK / OWN GOAL

패스 시도: 평균 658 (40/19/599)
패스 성공: 평균 584 (244/556)
- SHORT PASSES / LONG BALLS / CROSSES

코너킥 형태: 38경기 265 (113/104/1/47)
- INSWINGING CK / OUTSWINGING CK / STRAIGHT CK / ET CETERA

땅볼 쟁탈전: 평균 71.8 (38.2/33.6) - SUCCEEDED / FAILED

전체 평균: 69%
홈경기: 71%
원정경기: 67%

상대 슈팅 패턴: 38경기 296 (4/16/7/43/35/191)
실점 패턴 1: 38경기 39 (4/11/3/21)
실점 패턴 2: 38경기 39 (4/4/31)

상대 패스 시도: 평균 296 (55/13/228)
상대 코너킥 형태: 38경기 149 (29/62/1/57)
공중전: 평균 19.5 (10.2/9.3)

FORMATION SUMMARY

포메이션	승	무	패	득점	실점
4-2-3-1	22	2	5	73	28
4-3-3	5	2	1	25	11
4-1-4-1	1	0	0	4	0
TOTAL	28	4	6	102	39

WHO SCORED
포지션별 득점: FW진 66골 / MF진 26골 / DF진 7골
상대 포지션별 실점: DF진 4골 / MF진 10골 / FW진 25골
*상대 자책골 3골

ACTION ZONE
공격 방향: 왼쪽 33% / 중앙 32% / 오른쪽 35%
볼 점유 위치: 상대 진영 35% / 중간 지역 44% / 우리 진영 21%

PASSES pg BY ZONE
평균 패스 성공: 하프라인 위쪽 339회 / 하프라인 아래 245회
패스 성공률: 하프라인 위쪽 83% / 하프라인 아래 93%

REAL MADRID CF

36	20	15	2	5	3
SPANISH LA LIGA	SPANISH COPA DEL REY	UEFA CHAMPIONS LEAGUE	UEFA EUROPA LEAGUE	FIFA CLUB WORLD CUP	UEFA-CONMEBOL INTERCONTINENTAL

Club Info

- **Founded**: 1902년
- **Owner**: 레알 마드리드 회원 공동 주주
- **CEO**: 플로렌티노 페레스 (1947.03.08)
- **Manager**: 사비 알론소 (1981.11.25)
- **25-26 Odds**: 벳365 : 0.7배 / 윌리엄힐 : 0.67배

- **Nationality**: 외국 선수 20명 / 스페인 선수 9명 (29명)
- **Age**: 29명 평균 25.6세
- **Height**: 29명 평균 183cm
- **Market Value**: 29명 평균 4638만 유로
- **Game Points**: 24-25: 84점 / 통산: 6151점

- **Win**: 24-25: 26승 / 통산: 1846승
- **Draw**: 24-25: 6무 / 통산: 613무
- **Loss**: 24-25: 6패 / 통산: 607패
- **Goals For**: 24-25: 78득점 / 통산: 6561득점
- **Goals Against**: 24-25: 38실점 / 통산: 3414실점

- **More Minutes**: 페데리코 발베르데 3034분
- **Top Scorer**: 킬리안 음바페 31골
- **More Assists**: 비니시우스+1명 8도움
- **More Subs**: 엔드릭 19회 교체 IN
- **More Cards**: 비니시우스 Y8+R0

2024-25 SEASON RESULT

상대팀	홈	원정
FC Barcelona	0-4	3-4
Atletico Madrid	1-1	1-1
Athletic Bilbao	1-0	1-2
Villarreal	2-0	2-1
Real Betis	2-0	1-2
Celta Vigo	3-2	2-1
Rayo Vallecano	2-1	3-3
Osasuna	4-0	1-1
Mallorca	2-1	1-1
Real Sociedad	2-0	2-0
Valencia	1-2	2-1
Getafe	2-0	1-0
Espanyol	4-1	0-1
Alaves	3-2	1-0
Girona	2-0	3-0
Sevilla FC	4-2	2-0
Leganes	3-2	3-0
Las Palmas	4-1	1-1
Valladolid	3-0	3-0

Estadio Santiago Bernabéu

- **구장 오픈 / 증개축**: 1947년, 증개축 7회
- **구장 소유**: 레알 마드리드 CF
- **수용 인원**: 8만 1044명
- **피치 규모**: 105m X 68m
- **잔디 종류**: 하이브리드 잔디

STRENGTHS & WEAKNESSES

OFFENSE		DEFENSE	
직접 프리킥	B	세트피스 수비	B
문전 처리	B	상대 볼 뺏기	B
측면 돌파	C	공중전 능력	D
스루볼 침투	A	역습 방어	C
개인기 침투	B	지공 방어	E
카운터 어택	A	스루패스 방어	C
기회 만들기	B	리드 지키기	D
세트피스	B	실수 조심	C
OS 피하기	D	측면 방어력	C
중거리 슈팅	A	파울 주의	C
볼 점유율	A	중거리슈팅 수비	C

매우 강함 A / 강한 편 B / 보통 수준 C / 약한 편 D / 매우 약함 E

RANKING OF LAST 10 YEARS

15-16	16-17	17-18	18-19	19-20	20-21	21-22	22-23	23-24	24-25
2위	1위	3위	3위	1위	2위	1위	2위	1위	2위
90점	93점	76점	68점	87점	84점	86점	78점	95점	84점

PLAY STYLE

OFFENSIVE STYLE
- 포지션 풀백 지향
- 짧은 패스 콤비네이션 위주
- 상대 진영에서 볼을 컨트롤
- 왼 측면 돌파 활성화
- 스루볼 침투 자주 시도

DEFENSIVE STYLE
- 블록 수비 위주
- 하프코트 프레싱

Squad

위치	선수	국적	생년월일	키	몸무게	출전	선발 11	교체 IN	출전(분)	득점	도움	경고	퇴장	MOM
GK	Thibaut Courtois	BEL	1992-05-11	200	96	30	30	0	2700	0	0	1	0	1
	Andriy Lunin	UKR	1999-02-11	191	80	7	7	0	630	0	1	0	0	0
	Fran González	ESP	2005-06-24	199	72	1	1	0	90	0	0	0	0	0
DF	Antonio Rüdiger	GER	1993-03-03	190	85	29	26	3	2292	0	0	3	0	0
	Fran García	ESP	1999-08-14	167	69	31	24	7	2174	0	2	0	0	0
	Raúl Asencio	ESP	2003-02-13	184	79	23	18	5	1674	0	1	3	0	1
	Éder Militão	BRA	1998-01-18	186	78	12	11	1	940	1	1	2	0	1
	Daniel Carvajal	ESP	1992-01-11	173	73	8	7	1	611	1	0	2	0	0
	Jacobo Ramón	ESP	2005-01-06	188	80	3	2	1	203	1	0	1	0	0
	Jesús Vallejo	ESP	1997-01-05	184	79	4	1	3	136	0	1	0	0	0
	Loren Aguado	ESP	2002-09-19	177	77	2	0	2	4	0	0	0	0	0
DF MF	Federico Valverde	URU	1998-07-22	182	78	36	34	2	3034	6	4	4	0	4
	Aurélien Tchouaméni	FRA	2000-01-27	187	81	32	31	1	2691	0	0	5	0	0
	Eduardo Camavinga	FRA	2002-11-10	182	68	19	11	8	1098	1	2	2	0	1
	Ferland Mendy	FRA	1995-06-08	180	73	14	12	2	1008	0	1	1	0	0
	David Alaba	AUT	1992-06-24	180	78	7	4	3	317	0	0	1	0	0
MF	Lucas Vázquez	ESP	1991-07-01	173	70	32	25	7	2193	1	5	4	0	0
	Luka Modrić	CRO	1985-09-09	172	66	35	17	18	1820	2	6	7	0	1
	Arda Güler	TUR	2005-02-25	176	67	28	14	14	1249	3	4	1	0	2
	Dani Ceballos	ESP	1996-08-07	179	70	23	15	8	1219	0	4	0	0	0
	Chema Andrés	ESP	2005-04-05	190	82	2	0	2	10	0	0	0	0	0
MF FW	Jude Bellingham	ENG	2003-06-29	186	75	31	29	2	2495	9	8	5	1	4
	Vinícius Júnior	BRA	2000-07-12	176	73	30	24	6	2259	11	8	8	1	4
	Rodrygo	BRA	2001-01-09	174	64	30	22	8	1938	6	5	0	0	0
	Brahim Díaz	MAR	1999-08-23	171	59	31	16	15	1382	4	2	0	0	0
FW	Kylian Mbappé	FRA	1998-12-20	178	75	34	34	0	2917	31	3	3	1	9
	Endrick	BRA	2006-07-21	173	66	22	3	19	356	1	0	1	0	0
	Gonzalo García	ESP	2004-03-24	182	74	3	0	3	53	0	1	0	0	0
	Víctor Muñoz	ESP	2003-07-13	173	70	2	0	2	34	0	0	0	0	0
	Dani Yáñez	ESP	2007-03-28	177	73	1	0	1	2	0	0	0	0	0

LA LIGA 2024-25 SEASON

REAL MADRID vs. OPPONENTS PER GAME STATS

레알 마드리드 vs 상대팀

독점	슈팅	유효슈팅	코너킥	오프사이드	패스시도	패스성공	패스성공률	태클	공중전승리	인터셉트	파울	경고	퇴장
2.05 / 1.00	16.7 / 10.7	6.4 / 3.3	6.4 / 4.2	2.2 / 1.1	621 / 405	558 / 331	90% / 82%	15.4 / 17.7	9.0 / 7.2	8.7 / 8.8	8.7 / 14.1	1.50 / 2.34	0.105 / 0.158

2024-25 SEASON SQUAD LIST & GAMES PLAYED

*괄호 안의 숫자는 선발 출전 횟수, 교체 출전은 포함시키지 않음

LW: 비니시우스 Jr.(5), 호드리구(1), K.음바페(1), B.디아스(1)
CF: K.음바페(33), 비니시우스 Jr.(10), 호드리구(5), 엔드릭(3)
RW: 호드리구(5), A.귈레르(2), B.디아스(1)

LAM: 비니시우스 Jr.(8), 호드리구(4), B.디아스(3)
CAM: J.벨링엄(14), A.귈레르(2), L.모드리치(1), 비니시우스 Jr.(1)
RAM: B.디아스(6), A.귈레르(5), 호드리구(4)

LM: J.벨링엄(9), E.카마빙가(1), F.발베르데(1), 호드리구(1)
CM: F.발베르데(12), A.추아메니(11), L.모드리치(10), D.세바요스(7), E.카마빙가(6), J.벨링엄(5), A.귈레르(1), B.디아스(1)
RM: A.귈레르(4), B.디아스(3), F.발베르데(2), L.모드리치(1), 호드리구(1), J.벨링엄(1)

LWB: F.가르시아(1)
DM: F.발베르데(14), D.세바요스(8), L.모드리치(5), A.추아메니(4), E.카마빙가(2)
RWB: L.바스케스(1)

LB: F.가르시아(23), F.멘디(12), E.카마빙가(2)
CB: A.뤼디거(26), R.아센시오(17), A.추아메니(16), E.밀리탕(11), D.알라바(4), J.라몬(2), J.바예호(1)
RB: L.바스케스(24), D.카르바할(7), F.발베르데(5), R.아센시오(1)

GK: T.쿠르투아(30), A.루닌(7), F.곤살레스(1)

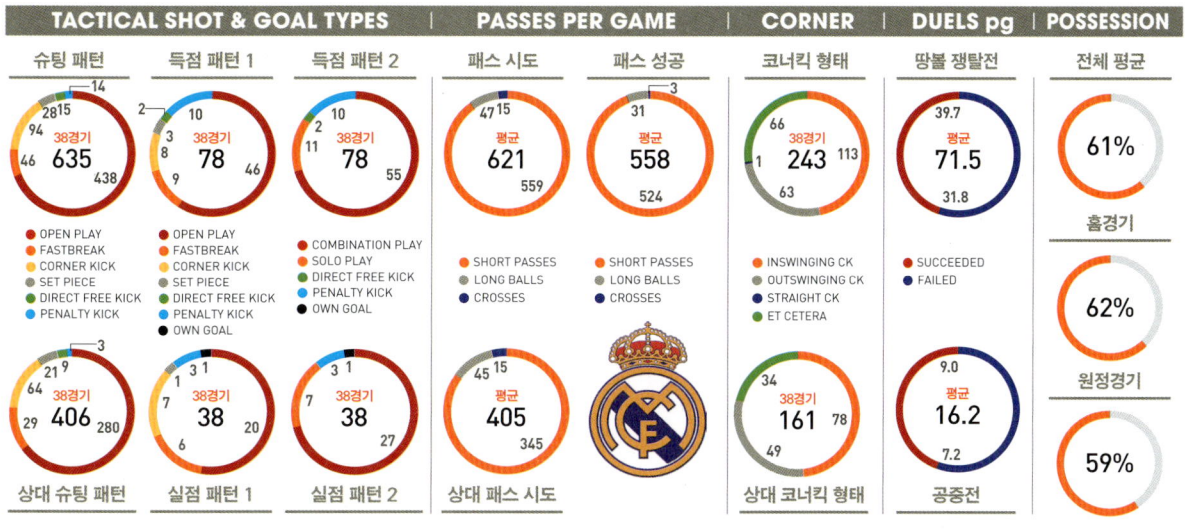

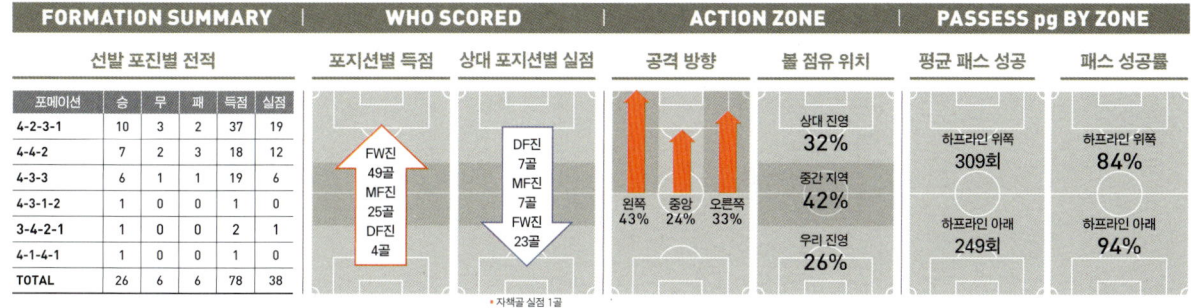

CLUB ATLÉTICO DE MADRID

🏆 11	🏆 10	🏆 0	🏆 3	🏆 0	🏆 1
SPANISH LA LIGA	SPANISH COPA DEL REY	UEFA CHAMPIONS LEAGUE	UEFA EUROPA LEAGUE	FIFA CLUB WORLD CUP	UEFA-CONMEBOL INTERCONTINENTAL

Founded 구단 창립 1903년
Owner 구단 홀드 Co. 이단 오페르
CEO 엔리케 세레소 1948.02.27
Manager 디에고 시메오네 1968.04.28
25-26 Odds 벳365: 8배 윌리엄힐: 8배

Nationality 23명 · 외국 선수 18명 · 스페인 선수 8명
Age 23명 평균 28.2세
Height 23명 평균 181cm
Market Value 23명 평균 2400만 유로
Game Points 24-25: 76점 통산: 4932점

Win 24-25: 22승 통산: 1420승
Draw 24-25: 10무 통산: 672무
Loss 24-25: 6패 통산: 826패
Goals For 24-25: 68점 통산: 5038득점
Goals Against 24-25: 30실점 통산: 3561실점

More Minutes 얀 오블락 3240분
Top Scorer 알렉산데르 쇠를로트 20골
More Assists 앙투안 그리즈만 7도움
More Subs 앙헬 코레아 28회 교체 IN
More Cards 클레망 랑글레 Y9+R0

2024-25 SEASON RESULT

상대팀	홈	원정
FC Barcelona	2-4	2-1
Real Madrid	1-1	1-1
Athletic Bilbao	1-0	1-0
Villarreal	1-1	2-2
Real Betis	4-1	0-1
Celta Vigo	1-1	1-0
Rayo Vallecano	3-0	1-1
Osasuna	1-0	0-2
Mallorca	2-0	1-0
Real Sociedad	4-0	1-1
Valencia	3-0	3-0
Getafe	1-0	1-2
Espanyol	0-0	1-1
Alaves	2-1	0-0
Girona	3-0	4-0
Sevilla FC	4-3	2-1
Leganes	3-1	0-1
Las Palmas	2-0	0-1
Valladolid	4-2	5-0

PLAY STYLE

OFFENSIVE STYLE
오른 측면 돌파 활성화
짧은 패스 콤비네이션 위주
스루볼 침투 자주 시도
포제션 풋볼과 다이렉트 플레이 균형

DEFENSIVE STYLE
블록 수비 위주
하프코트 프레싱

Metropolitano Stadium
구장 오픈 2017년
구장 소유 아틀레티코 마드리드
수용 인원 6만 8456명
피치 규모 105m X 68m
잔디 종류 천연 잔디

STRENGTHS & WEAKNESSES

OFFENSE		DEFENSE	
직접 프리킥	A	세트피스 수비	B
문전 처리	B	상대 볼 뺏기	B
측면 돌파	C	공중전 능력	C
스루볼 침투	C	역습 방어	C
개인기 침투	B	지공 방어	C
카운터 어택	B	스루패스 방어	C
기회 만들기	B	리드 지키기	C
세트피스	C	실수 줄임	C
OS 피하기	C	측면 방어력	C
중거리 슈팅	B	파울 주의	C
볼 점유율	C	중거리슈팅 수비	C

매우 강함 A 강한 편 B 보통 수준 C 약한 편 D 매우 약함 E

RANKING OF LAST 10 YEARS

15-16	16-17	17-18	18-19	19-20	20-21	21-22	22-23	23-24	24-25
3	3	2	2	3	1	3	3	4	3
88점	78점	79점	76점	70점	86점	71점	77점	76점	76점

위치	선수	국적	생년월일	키	몸무게	출전	선발 11	교체 IN	출전(분)	득점	도움	경고	퇴장	MOM
GK	Jan Oblak	SVN	1993-01-07	188	87	36	36	0	3240	0	0	0	0	1
GK	Juan Musso	ARG	1994-05-06	191	93	2	2	0	180	0	0	0	0	0
DF	Robin Le Normand	ESP	1996-11-11	187	80	27	24	3	2150	1	0	8	0	0
DF	José Giménez	URU	1995-01-20	185	77	28	21	7	1997	0	1	5	0	2
DF	Clément Lenglet	FRA	1995-06-17	186	81	23	23	0	1976	2	1	9	0	2
DF/MF	Marcos Llorente	ESP	1995-01-30	184	74	33	28	5	2516	2	4	0	1	2
DF/MF	Javi Galán	ESP	1994-11-19	172	70	25	21	4	1795	0	3	8	0	2
DF/MF	Nahuel Molina	ARG	1997-12-02	175	70	30	17	13	1585	0	3	1	0	0
DF/MF	Reinildo Mandava	MOZ	1994-01-21	180	73	19	10	9	936	0	0	4	0	0
DF/MF	César Azpilicueta	ESP	1989-08-28	178	76	15	11	4	879	1	0	1	0	1
DF/MF	Axel Witsel	BEL	1989-01-12	186	81	14	9	5	848	1	0	1	0	0
MF	Pablo Barrios	ESP	2003-06-15	181	75	31	28	3	2338	1	4	4	1	0
MF	Koke	ESP	1992-01-08	176	77	32	20	12	1928	1	1	4	0	2
MF	Conor Gallagher	ENG	2000-02-06	182	77	32	19	13	1637	3	3	2	0	3
MF	Thomas Lemar	FRA	1995-11-12	171	63	5	0	5	80	0	0	0	0	0
MF/FW	Julián Álvarez	ARG	2000-01-31	170	71	37	30	7	2521	17	4	5	0	5
MF/FW	Antoine Griezmann	FRA	1991-03-21	176	73	38	29	9	2480	8	7	2	0	2
MF/FW	Rodrigo De Paul	ARG	1994-05-24	180	70	34	23	11	2114	3	5	7	0	1
MF/FW	Samuel Lino	BRA	1999-12-23	170	69	31	21	10	1570	3	4	3	0	1
MF/FW	Alexander Sørloth	NOR	1995-12-05	195	90	35	15	20	1563	20	2	4	0	3
MF/FW	Ángel Correa	ARG	1995-03-09	171	68	31	3	28	785	4	1	3	1	0
FW	Giuliano Simeone	ARG	2002-12-18	173	75	33	26	7	1943	2	6	4	0	0
FW	Rodrigo Riquelme	ESP	2000-04-02	174	66	16	4	12	509	0	1	0	0	0
FW	Adrián Niño	ESP	2004-06-19	184	70	1	0	1	11	0	0	0	0	0

LA LIGA 2024-25 SEASON

ATLETICO MADRID vs. OPPONENTS PER GAME STATS

아틀레티코 마드리드 vs 상대팀

아틀레티코		상대팀
1.79	득점	0.79
12.3	슈팅	10.3
4.7	유효슈팅	3.1
5.0	코너킥	3.8
1.9	오프사이드	1.0
543	패스시도	497
463	패스성공	414
85%	패스성공률	83%
16.3	태클	15.2
11.9	공중경합승리	11.3
6.8	인터셉트	9.7
10.8	파울	11.8
1.97	경고	1.79
0.079	퇴장	0.000

2024-25 SEASON SQUAD LIST & GAMES PLAYED

* 괄호 안의 숫자는 선발 출전 횟수, 교체 출전은 포함시키지 않음

LW: S.리노(1)
CF: J.알바레스(29), A.그리즈만(24), A.쇠를로트(15), A.코레아(3)
RW: G.시메오네(1)

LAM: N/A
CAM: A.그리즈만(4), C.갤러거(1), S.리노(1)
RAM: N/A

LM: S.리노(14), C.갤러거(11), J.알바레스(1), G.시메오네(1), P.바리오스(1), R.리켈메(1), A.그리즈만(1)
CM: P.바리오스(26), R.데폴(21), 코케(19), C.갤러거(7), M.요렌테(5), S.리노(2), R.리켈메(1)
RM: G.시메오네(24), M.요렌테(3), R.데폴(2), P.바리오스(1)

LWB: S.리노(1), 헤이닐두(1)
DM: 코케(1)
RWB: M.요렌테(2)

LB: J.갈란(21), 헤이닐두(7), C.아스필리쿠에타(4), R.리켈메(2), S.리노(2)
CB: R.르노르망(24), C.랑글레(23), J.히메네스(20), A.비첼(9), C.아스필리쿠에타(5), 헤이닐두(2)
RB: M.요렌테(18), N.몰리나(17), C.아스필리쿠에타(1)

GK: J.오블락(36), J.무소(2)

SHOTS & GOALS

38경기 총 468슈팅 - 68득점
38경기 상대 총 393슈팅 - 30실점

37-13		*자책골 0-0
283-45		
148-10		

유효슈팅 179 / 비유효 슈팅 289
- 득점 68 / 블록 당함 115
- GK 방어 111 / 골대 밖 160
- 유효슈팅률 38% / 골대 맞음 14

유효슈팅 118 / 비유효 슈팅 275
- 실점 30 / 블록 100
- GK 방어 88 / 골대 밖 165
- 유효슈팅률 30% / 골대 맞음 10

165-5
205-19
21-4
*자책골 2-2

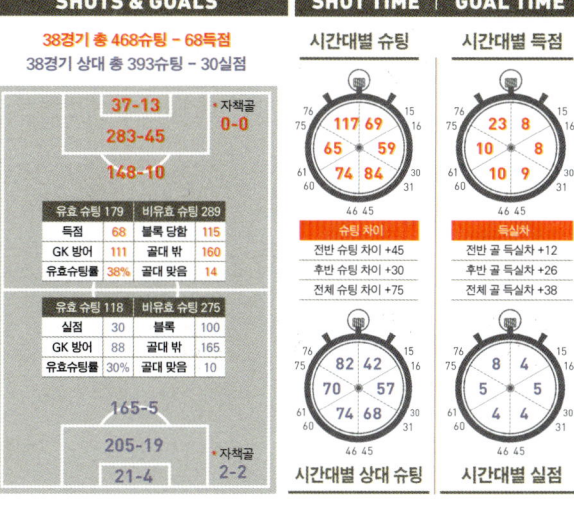

SHOT TIME | GOAL TIME
시간대별 슈팅 / 시간대별 득점
(117, 69, 65, 59, 74, 84) / (23, 8, 10, 8, 10, 9)

슈팅 차이: 전반 슈팅 차이 +45, 후반 슈팅 차이 +30, 전체 슈팅 차이 +75
득실차: 전반 골 득실차 +12, 후반 골 득실차 +26, 전체 골 득실차 +38

시간대별 상대 슈팅 / 시간대별 실점
(82, 42, 70, 57, 74, 68) / (8, 4, 5, 4, 4, 5)

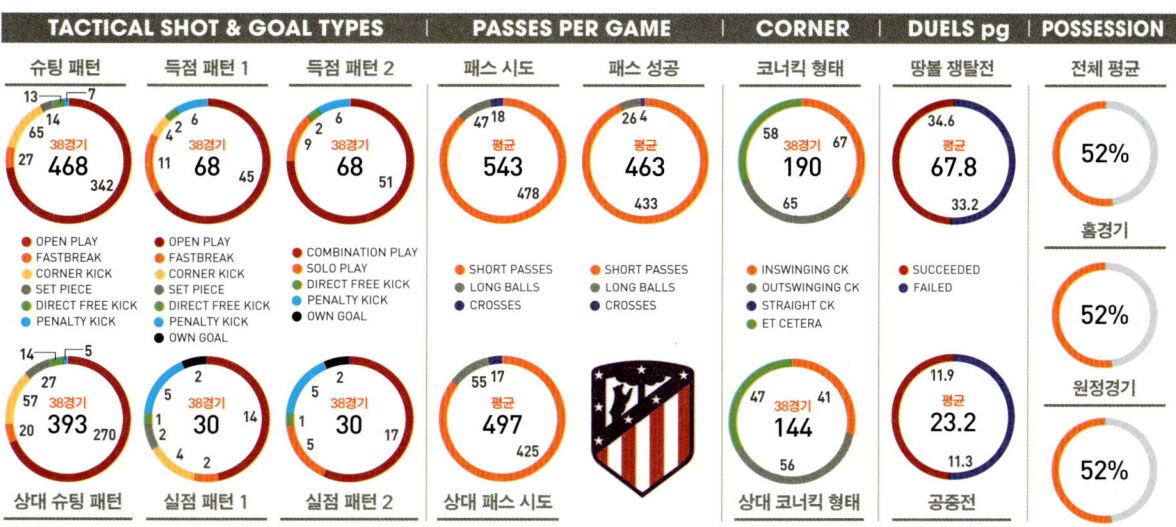

TACTICAL SHOT & GOAL TYPES
슈팅 패턴 38경기 468 (OPEN PLAY, FASTBREAK, CORNER KICK, SET PIECE, DIRECT FREE KICK, PENALTY KICK)
득점 패턴 1 38경기 68 (OPEN PLAY, FASTBREAK, CORNER KICK, SET PIECE, DIRECT FREE KICK, PENALTY KICK)
득점 패턴 2 38경기 68 (COMBINATION PLAY, SOLO PLAY, DIRECT FREE KICK, PENALTY KICK, OWN GOAL)

PASSES PER GAME
패스 시도 평균 543 / 패스 성공 평균 463 (SHORT PASSES, LONG BALLS, CROSSES)

CORNER
코너킥 형태 38경기 190 (INSWINGING CK, OUTSWINGING CK, STRAIGHT CK, ET CETERA)

DUELS pg
땅볼 쟁탈전 평균 67.8 (SUCCEEDED, FAILED)

POSSESSION
전체 평균 52%
홈경기 52%
원정경기 52%

상대 슈팅 패턴 38경기 393
실점 패턴 1 38경기 30
실점 패턴 2 38경기 30
상대 패스 시도 평균 497
상대 코너킥 형태 38경기 144
공중전 평균 23.2

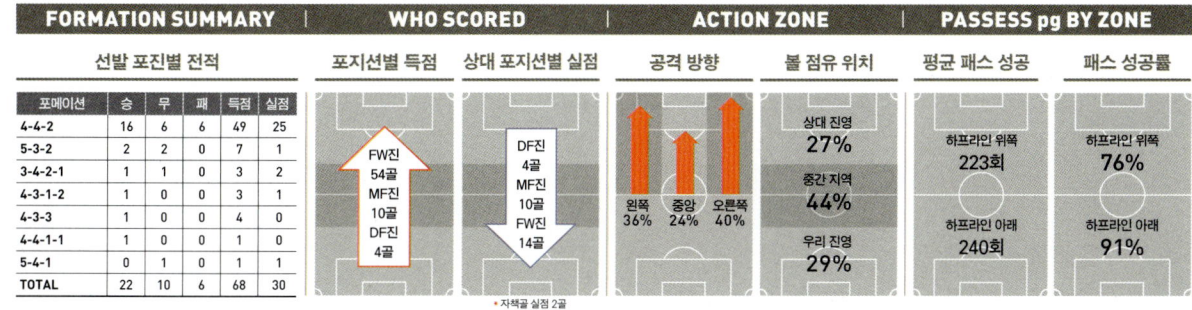

FORMATION SUMMARY
선발 포지션별 전적

포메이션	승	무	패	득점	실점
4-4-2	16	6	6	49	25
5-3-2	2	2	0	7	1
3-4-2-1	1	1	0	3	2
4-3-1-2	1	0	0	3	1
4-3-3	1	0	0	4	0
4-4-1-1	1	0	0	1	0
5-4-1	0	1	0	1	1
TOTAL	22	10	6	68	30

WHO SCORED
포지션별 득점: FW진 54골, MF진 10골, DF진 4골
상대 포지션별 실점: DF진 4골, MF진 10골, FW진 14골
*자책골 실점 2골

ACTION ZONE
공격 방향: 왼쪽 36%, 중앙 24%, 오른쪽 40%
볼 점유 위치: 상대 진영 27%, 중간 지역 44%, 우리 진영 29%

PASSES pg BY ZONE
평균 패스 성공: 하프라인 위쪽 223회, 하프라인 아래 240회
패스 성공률: 하프라인 위쪽 76%, 하프라인 아래 91%

ATHLETIC BILBAO

Founded 구단 창립 1898년	**Owner** 아슬레틱 클럽 회원 주주	**CEO** 혼 우리아르테	**Manager** 에르네스토 발베르데 1964.02.09	**25-26 Odds** 벳365 : 50배 윌리엄힐 : 66배	
Nationality ●외국 선수 3명 ●스페인 선수 27명	**Age** 30명 평균 26.2세	**Height** 30명 평균 181cm	**Market Value** 30명 평균 1218만 유로	**Game Points** 24-25 : 70점 통산 4697점	
Win 24-25 : 19승 통산 1322승	**Draw** 24-25 : 13무 통산 731무	**Loss** 24-25 : 6패 통산 1013패	**Goals For** 24-25 : 54득점 통산 5005득점	**Goals Against** 24-25 : 29실점 통산 4019실점	
More Minutes 다니엘 비비안 2605분	**Top Scorer** 오이한 산세트 15골	**More Assists** 이냐키 윌리암스 8도움	**More Subs** 우나이 고메스 18회 교체 IN	**More Cards** 베냐트 프라도스 Y7+R0	

우승 트로피

8	24	0	0	0	0
SPANISH LA LIGA	SPANISH COPA DEL REY	UEFA CHAMPIONS LEAGUE	UEFA EUROPA LEAGUE	FIFA CLUB WORLD CUP	UEFA-CONMEBOL INTERCONTINENTAL

2024-25 SEASON RESULT

상대팀	홈	원정
FC Barcelona	0-3	1-2
Real Madrid	2-1	0-1
Atletico Madrid	0-1	0-1
Villarreal	2-0	0-0
Real Betis	1-1	2-2
Celta Vigo	3-1	2-1
Rayo Vallecano	3-1	2-1
Osasuna	0-0	2-1
Mallorca	1-1	0-0
Real Sociedad	1-0	0-0
Valencia	1-0	1-0
Getafe	1-1	2-0
Espanyol	4-1	1-1
Alaves	1-0	1-1
Girona	3-0	1-2
Sevilla FC	1-1	1-0
Leganes	0-0	2-0
Las Palmas	1-0	3-2
Valladolid	7-1	1-1

San Mamés Stadium

구장 오픈 2013년
구장 소유 산마메스 시
수용 인원 5만 3331명
피치 규모 105m X 68m
잔디 종류 하이브리드 잔디

PLAY STYLE

OFFENSIVE STYLE
전체 패스 대비 크로스 자주 시도
볼 점유율 대비 슈팅 횟수 많은 편
상대 진영에서 볼을 컨트롤
오른 측면 돌파 활성화

DEFENSIVE STYLE
선발 일레븐 로테이션
블록 수비 위주
하프코트 프레싱 지향

STRENGTHS & WEAKNESSES

OFFENSE		DEFENSE	
직접 프리킥	C	세트피스 수비	B
문전 처리	C	상대 볼 뺏기	C
측면 돌파	B	공중전 능력	C
스루볼 침투	C	역습 방어	C
개인기 침투	B	지공 방어	C
카운터 어택	C	스루패스 방어	C
기회 만들기	B	리드 지키기	B
세트피스	C	실수 조심	D
OS 피하기	C	측면 방어력	C
중거리 슈팅	C	파울 주의	C
볼 점유율	D	중거리슈팅 수비	C

매우 강함 A 강한 편 B 보통 수준 C 약한 편 D 매우 약함 E

RANKING OF LAST 10 YEARS

15-16	16-17	17-18	18-19	19-20	20-21	21-22	22-23	23-24	24-25
5위 62점	7위 63점	16위 43점	8위 53점	11위 51점	10위 46점	8위 55점	8위 51점	5위 68점	4위 70점

선수단

위치	선수	국적	생년월일	키	몸무게	출전	선발 11	교체 IN	출전(분)	득점	도움	경고	퇴장	MOM
GK	Álex Padilla	ESP	2003-09-01	190	83	5	3	2	320	0	0	0	0	0
GK	Julen Agirrezabala	ESP	2000-12-26	187	80	14	14	0	1208	0	0	1	1	0
GK	Unai Simón	ESP	1997-06-11	190	88	21	21	0	1890	0	0	0	0	0
DF	Daniel Vivian	ESP	1999-07-05	183	78	32	28	4	2605	4	0	3	0	3
DF	Aitor Paredes	ESP	2000-04-29	186	76	23	21	2	1815	3	0	2	1	1
DF	Yeray Álvarez	ESP	1995-01-24	182	78	21	20	1	1781	1	0	4	0	3
DF	Adama Boiro	SEN	2002-06-22	183	75	18	13	5	1105	0	0	3	0	0
DF	Íñigo Lekue	ESP	1993-05-04	180	70	16	8	8	770	0	0	1	0	0
DF	Unai Núñez	ESP	1997-01-30	186	80	10	7	3	645	0	0	4	0	0
DF	Aimar Duñabeitia	ESP	2003-02-26	183	75	1	0	1	18	0	0	0	0	0
DF/MF	Yuri Berchiche	ESP	1990-02-10	181	79	30	22	8	2041	0	2	5	0	0
DF/MF	Óscar de Marcos	ESP	1989-04-14	182	77	26	17	9	1563	0	4	0	0	0
DF/MF	Andoni Gorosabel	ESP	1996-08-04	174	70	20	17	3	1489	0	2	5	0	0
MF	Mikel Jauregizar	ESP	2003-11-13	177	74	34	25	9	2245	2	1	4	1	2
MF	Beñat Prados	ESP	2001-02-08	180	72	30	21	9	1721	1	0	7	0	1
MF	Íñigo Ruiz	ESP	1993-08-06	175	69	26	18	8	1490	0	4	5	0	0
MF	Unai Gómez	ESP	2003-05-25	183	75	32	14	18	1281	1	3	1	0	0
MF	Mikel Vesga	ESP	1993-04-08	191	83	25	10	15	983	0	0	1	0	0
MF	Ander Herrera	ESP	1989-08-14	182	71	8	2	6	268	0	0	2	0	0
MF	Peio Canales	ESP	2005-11-17	179	68	8	2	6	255	0	0	0	0	0
MF/FW	Iñaki Williams	GHA	1994-06-15	186	81	35	29	6	2654	6	8	1	0	4
MF/FW	Alex Berenguer	ESP	1995-07-04	175	73	36	28	8	2354	6	7	5	0	2
MF/FW	Oihan Sancet	ESP	2000-04-25	188	73	29	19	10	1628	15	1	2	0	4
MF/FW	Álvaro Djaló	ESP	1999-08-16	175	73	17	7	10	657	1	0	2	0	0
FW	Nico Williams	ESP	2002-07-12	181	67	29	22	7	2001	5	5	1	0	1
FW	Gorka Guruzeta	ESP	1996-09-12	188	77	36	21	15	1845	7	2	2	0	1
FW	Maroan Sannadi	ESP	2001-02-01	192	78	16	7	9	752	1	1	0	0	0
FW	Nico Serrano	ESP	2003-03-05	181	72	4	1	3	110	0	0	0	0	0
FW	Aingeru Olabarrieta	ESP	2005-11-14	181	70	1	1	0	55	0	0	1	0	0
FW	Javier Martón	ESP	1999-05-06	183	72	3	0	3	49	0	0	1	0	0
FW	Endika Buján	ESP	2003-01-16	170	72	1	0	1	6	0	0	0	0	0

LA LIGA 2024-25 SEASON

ATHLETIC CLUB BILBAO vs. OPPONENTS PER GAME STATS

아슬레틱 빌바오	상대팀	항목
1.42	0.76	득점
12.4	9.1	슈팅
4.1	3.0	유효슈팅
5.1	4.1	코너
1.8	2.2	오프사이드
433	476	패스시도
351	377	패스성공
81%	79%	패스성공률
15.2	20.8	태클
13.3	13.7	공중전승리
9.1	9.5	인터셉트
12.7	10.7	파울
1.68	2.18	경고
0.079	0.105	퇴장

2024-25 SEASON SQUAD LIST & GAMES PLAYED
* 괄호 안의 숫자는 선발 출전 횟수, 교체 출전은 포함시키지 않음

LW: A.베렝게르(1)
CF: G.구루세타(20), M.사나디(7), A.베렝게르(5), A.잘로(3), I.윌리암스(2), U.고메스(2), O.산세트(1)
RW: I.윌리암스(1)

LAM: N.윌리암스(19), A.베렝게르(11), A.잘로(2), U.고메스(1), A.보이로(1)
CAM: O.산세트(17), U.고메스(10), A.베렝게르(6), P.카날레스(2), G.구루세타(1)
RAM: I.윌리암스(24), A.베렝게르(4), N.윌리암스(2), A.잘로(2), N.세라노(1), A.올라바리에타(1)

LM: A.베렝게르(1), N.윌리암스(1)
CM: M.하우레기사르(2), M.베스가(2), I.R.갈라레타(2), B.프라도스(1), O.산세트(1), A.에레라(1)
RM: I.윌리암스(1)

LWB: U.고메스(1)
DM: M.하우레기사르(23), B.프라도스(20), I.R.갈라레타(16), M.베스가(8), A.에레라(1)
RWB: A.고로사벨(1)

LB: Y.베르치체(21), A.보이로(12), I.레쿠에(4)
CB: D.비비안(28), A.파레데스(21), Y.알바레스(20), U.누녜스(7), Y.베르치체(1)
RB: O.D.마르코스(17), A.고로사벨(16), I.레쿠에(1)

GK: U.시몬(21), J.아히레사발라(14), A.파디야(3)

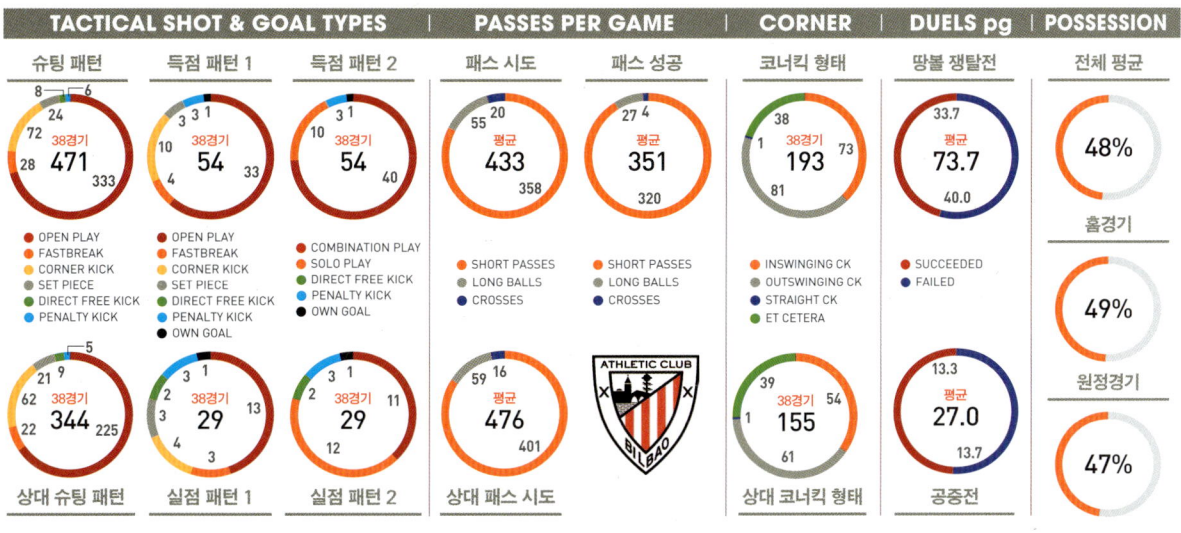

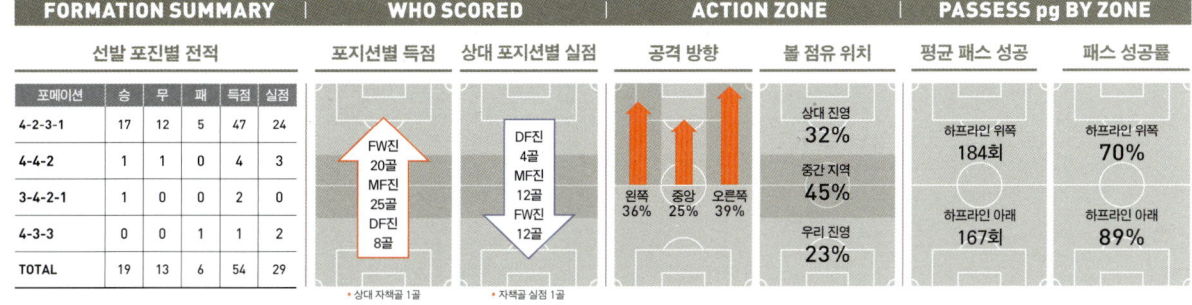

포메이션	승	무	패	득점	실점
4-2-3-1	17	12	5	47	24
4-4-2	1	1	0	4	3
3-4-2-1	1	0	0	2	0
4-3-3	0	0	1	1	2
TOTAL	19	13	6	54	29

VILLARREAL CF

 Founded 구단 창립 1923년
 Owner 비야레알 회원 주주
 CEO 페르난도 로이그 1947.06.25
 **Manager** 마르셀리노 1965.08.14
25-26 Odds 벳365 : 50배 윌리엄힐 : 66배

🏆 0	🏆 0	🏆 0	🏆 1	🏆 0	🏆 0
SPANISH LA LIGA	SPANISH COPA DEL REY	UEFA CHAMPIONS LEAGUE	UEFA EUROPA LEAGUE	FIFA CLUB WORLD CUP	UEFA-CONMEBOL INTERCONTINENTAL

 Nationality 외국 선수 9명 / 스페인 선수 15명
 **Age** 24명 평균 26.0세
 Height 24명 평균 182cm
 **Market Value** 24명 평균 855만 유로
 **Game Points** 24-25 : 70점 통산 : 1439점

2024-25 SEASON RESULT

상대팀	홈	원정
FC Barcelona	1-5	3-2
Real Madrid	1-2	0-2
Atletico Madrid	2-2	1-1
Athletic Bilbao	0-0	0-2
Real Betis	1-2	2-1
Celta Vigo	4-3	0-3
Rayo Vallecano	1-1	1-0
Osasuna	4-2	2-2
Mallorca	4-0	2-1
Real Sociedad	2-2	0-1
Valencia	1-1	1-1
Getafe	1-1	2-1
Espanyol	1-0	2-1
Alaves	3-0	0-1
Girona	2-2	1-0
Sevilla FC	4-2	2-1
Leganes	3-0	5-2
Las Palmas	3-1	2-1
Valladolid	5-1	2-1

Estadio de la Cerámica
구장 오픈 / 증개축 : 1923년, 증개축 5회
구장 소유 : 비야레알 CF
수용 인원 : 2만 3000명
피치 규모 : 105m X 68m
잔디 종류 : 하이브리드 잔디

 **Win** 24-25 : 20승 통산 : 396승
 Draw 24-25 : 10무 통산 : 251무
Loss 24-25 : 8패 통산 : 303패
 Goals For 24-25 : 71득점 통산 : 1379득점
 Goals Against 24-25 : 51실점 통산 : 1177실점

More Minutes 세르히 카르도나 2955분
Top Scorer 아요세 페레스 19골
More Assists 알렉스 바에나 9도움x
More Subs 데니스 수아레스 14회 교체 IN
More Cards 예레미 피노+1명 Y11+R0

STRENGTHS & WEAKNESSES

OFFENSE		DEFENSE	
직접 프리킥	C	세트피스 수비	C
문전 처리	B	상대 볼 뺏기	B
측면 돌파	A	공중전 능력	B
스루볼 침투	B	역습 방어	B
개인기 침투	C	지공 방어	C
카운터 어택	A	스루패스 방어	C
기회 만들기	A	리드 지키기	D
세트피스	B	실수 조심	C
OS 피하기	C	측면 방어력	D
중거리 슈팅	C	파울 주의	D
볼 점유율	D	중거리슈팅 수비	D

매우 강함 A 강한 편 B 보통 수준 C 약한 편 D 매우 약함 E

PLAY STYLE

OFFENSIVE STYLE
볼 점유율 대비 슈팅 횟수 많은 편
스루볼 침투 자주 시도
중앙 돌파 지향
오른 측면 돌파 활성화

DEFENSIVE STYLE
블록 수비 위주
하프코트 프레싱 선호

RANKING OF LAST 10 YEARS

15-16	16-17	17-18	18-19	19-20	20-21	21-22	22-23	23-24	24-25
4위 64점	5위 67점	5위 61점	14위 44점	5위 60점	7위 58점	7위 59점	5위 64점	8위 53점	5위 70점

위치	선수	국적	생년월일	키	몸무게	출전	선발 11	교체 IN	출전(분)	득점	도움	경고	퇴장	MOM
GK	Diego Conde	ESP	1998-10-20	188	78	22	22	0	1963	0	1	2	0	1
GK	Luiz Júnior	BRA	2001-01-14	194	88	17	16	1	1457	0	0	2	0	1
DF	Sergi Cardona	ESP	1999-07-08	185	77	35	34	1	2955	1	7	11	0	3
DF	Logan Costa	CPV	2001-04-01	190	91	32	28	4	2586	2	1	3	0	0
DF	Raúl Albiol	ESP	1985-09-04	190	82	15	14	1	1189	0	0	4	0	0
DF	Willy Kambwala	FRA	2004-08-25	192	85	19	12	7	1116	0	0	1	1	0
DF	Pau Navarro	ESP	2005-04-25	185	72	17	8	9	918	0	0	1	0	0
DF	Eric Bailly	CIV	1994-04-12	187	77	12	8	4	620	0	0	2	1	0
DF	Arnau Solà	ESP	2003-04-04	179	73	1	0	1	12	0	0	0	0	0
DF/MF	Kiko Femenía	ESP	1991-02-02	176	61	28	27	1	2232	0	1	7	0	0
DF/MF	Juan Foyth	ARG	1998-01-12	187	83	19	17	2	1517	1	0	4	0	1
DF/MF	Alfonso Pedraza	ESP	1996-04-09	184	73	12	4	8	454	0	2	0	0	0
DF/MF	Tajon Buchanan	CAN	1999-02-08	183	68	13	4	9	414	1	2	2	0	0
DF/MF	Juan Bernat	ESP	1993-03-01	177	67	10	1	9	205	0	1	0	0	0
MF	Santi Comesaña	ESP	1996-10-05	188	75	35	30	5	2565	4	2	8	0	2
MF	Daniel Parejo	ESP	1989-04-16	182	74	36	26	10	2281	3	3	8	0	2
MF	Pape Gueye	SEN	1999-01-24	189	79	34	26	8	2232	4	4	2	2	2
MF	Denis Suárez	ESP	1994-01-06	176	69	21	7	14	603	1	1	0	0	0
MF	Ramon Terrats	ESP	2000-10-18	181	71	11	1	10	124	0	0	1	0	0
MF	Etta Eyong	CMR	2003-10-14	181	75	4	0	4	34	1	0	0	0	0
MF	Dani Requena	ESP	2004-02-12	186	76	1	0	1	9	0	0	0	0	0
MF/FW	Álex Baena	ESP	2001-07-20	175	70	32	30	2	2608	7	9	9	0	3
MF/FW	Ayoze Pérez	ESP	1993-07-23	178	66	30	22	8	1978	19	2	4	0	4
MF/FW	Nicolas Pépé	CIV	1995-05-29	183	73	28	15	13	1497	3	6	3	0	1
MF/FW	Gerard Moreno	ESP	1992-04-07	180	77	17	6	11	719	3	2	0	0	0
MF/FW	Arnaut Danjuma	NED	1997-01-31	178	74	3	3	0	203	2	0	1	0	0
FW	Thierno Barry	FRA	2002-10-21	195	82	35	25	10	2325	11	4	4	0	4
FW	Yéremi Pino	ESP	2002-10-20	172	65	34	25	9	1948	4	7	11	0	1
FW	Ilias Akhomach	MAR	2004-04-16	175	70	11	7	4	589	1	0	1	0	0
FW	Pau Cabanes	ESP	2005-02-17	179	72	10	0	10	156	1	0	0	0	0
FW	Thiago Ojeda	ARG	2003-01-12	188	82	1	0	1	7	0	0	0	0	0

LA LIGA 2024-25 SEASON

VILLARREAL CF vs. OPPONENTS PER GAME STATS

비야레알 vs 상대팀

비야레알		상대팀
1.87	득점	1.34
14.2	슈팅	12.7
4.7	유효슈팅	4.2
4.8	코너리	4.7
2.0	오프사이드	1.1
453	패스시도	506
386	패스성공	422
82%	패스성공률	83%
17.1	태클	14.9
13.3	공중전승리	10.8
7.4	인터셉트	7.8
11.6	파울	13.1
2.53	경고	2.61
0.105	퇴장	0.184

2024-25 SEASON SQUAD LIST & GAMES PLAYED

* 괄호 안의 숫자는 선발 출전 횟수, 교체 출전은 포함시키지 않음

LW: A.바에나(1)
CF: T.베리(25), A.페레즈(22), N.페페(9), G.모레노(6), A.단주마(3), A.바에나(3), P.게이(3), R.테라츠
RW: N.페페(1)
LAM: Y.피노(2), A.바에나(1)
CAM: A.바에나(2), P.게이(1)
RAM: N.페페(2), I.아코마시(1)
LM: A.바에나(23), D.수아레스(5), Y.피노(3), A.페드라사(1), P.게이(1), S.코메사냐(1)
CM: S.코메사냐(27), D.파레호(24), P.게이(19), D.수아레스(1)
RM: Y.피노(20), I.아코마시(6), T.부캐년(4), N.페페(3), D.수아레스(3)
LWB: N/A
DM: D.파레호(2), P.게이(2), S.코메사냐(2)
RWB: N/A
LB: S.카르도나(34), A.페드라사(3), J.베르나트(1)
CB: L.코스타(28), J.포이스(14), R.알비올(14), W.캄브왈라(12), E.바이(8)
RB: K.페메니아(27), P.나바로(8), J.포이스(3)
GK: D.콘데(22), L.주니오르(16)

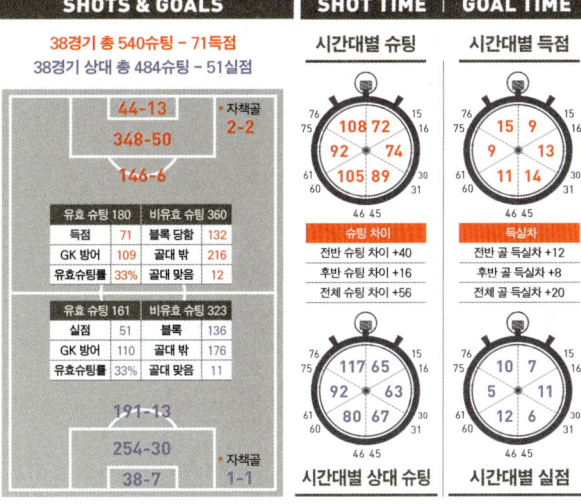

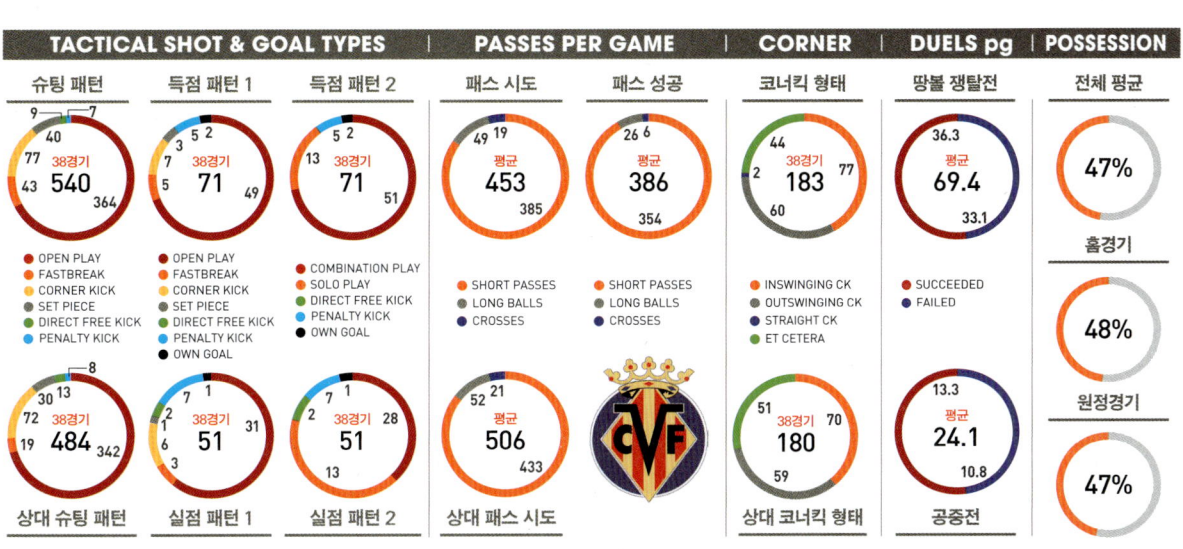

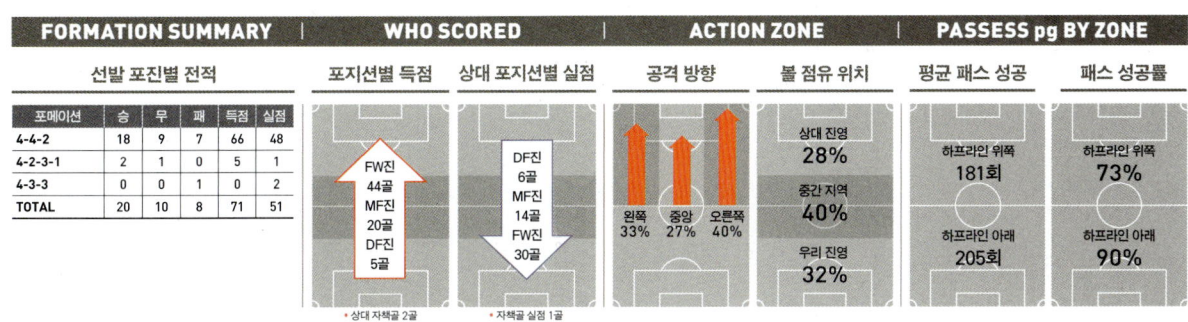

FORMATION SUMMARY

선발 포진별 전적

포메이션	승	무	패	득점	실점
4-4-2	18	9	7	66	48
4-2-3-1	2	1	0	5	1
4-3-3	0	0	1	0	2
TOTAL	20	10	8	71	51

REAL BETIS BALOMPIÉ

클럽 정보

Founded 구단 창립 1907년	**Owner** 레알 베티스 회원 주주	**CEO** 앙헬 A.가르시아	**Manager** 마누엘 펠레그리니 1953.09.16	**25-26 Odds** 벳365 : 66배 윌리엄힐 : 80배
Nationality 외국 선수 11명 스페인 선수 16명	**Age** 27명 평균 28.4세	**Height** 27명 평균 183cm	**Market Value** 27명 평균 613만 유로	**Game Points** 24-25 : 60점 통산 : 2712점
Win 24-25 : 16승 통산 : 731승	**Draw** 24-25 : 12무 통산 : 519무	**Loss** 24-25 : 10패 통산 : 782패	**Goals For** 24-25 : 57득점 통산 : 2577득점	**Goals Against** 24-25 : 50실점 통산 : 2890실점
More Minutes 디에고 요렌테 2522분	**Top Scorer** 이스코 9골	**More Assists** 이스코 8도움	**More Subs** 세드릭 바캄부 19회 교체 IN	**More Cards** 로맹 페로 Y8+R1

우승 기록

1	3	0	0	0	0
SPANISH LA LIGA	SPANISH COPA DEL REY	UEFA CHAMPIONS LEAGUE	UEFA EUROPA LEAGUE	FIFA CLUB WORLD CUP	UEFA-CONMEBOL INTERCONTINENTAL

2024-25 SEASON RESULT

상대팀	홈	원정
FC Barcelona	2-2	1-1
Real Madrid	2-1	0-2
Atletico Madrid	1-0	1-4
Athletic Bilbao	2-2	1-1
Villarreal	1-2	2-1
Celta Vigo	2-2	2-3
Rayo Vallecano	1-1	2-2
Osasuna	1-1	2-1
Mallorca	1-2	1-0
Real Sociedad	3-0	0-2
Valencia	1-1	2-4
Getafe	2-1	2-1
Espanyol	1-0	2-1
Alaves	1-3	0-0
Girona	1-1	3-1
Sevilla FC	2-1	0-1
Leganes	2-0	3-2
Las Palmas	1-0	1-1
Valladolid	5-1	0-1

Estadio Benito Villamarín

구장 오픈 / 증개축: 1929년, 증개축 7회
구장 소유: 레알 베티스
수용 인원: 6만 720명
피치 규모: 105m X 68m
잔디 종류: 천연 잔디

STRENGTHS & WEAKNESSES

OFFENSE		DEFENSE	
직접 프리킥	C	세트피스 수비	C
문전 처리	C	상대 볼 뺏기	B
측면 돌파	B	공중전 능력	C
스루볼 침투	C	역압 방어	C
개인기 침투	C	지공 방어	D
카운터 어택	B	스루패스 방어	D
기회 만들기	B	리드 지키기	D
세트피스	C	실수 조심	D
OS 피하기	C	측면 방어력	C
중거리 슈팅	B	파울 주의	C
볼 점유율	B	중거리슈팅 수비	C

매우 강함 A 강한 편 B 보통 수준 C 약한 편 D 매우 약함 E

PLAY STYLE

OFFENSIVE STYLE
짧은 패스 콤비네이션 위주
왼 측면 돌파 활성화
점유율 대비 슈팅 많은 편

DEFENSIVE STYLE
오프사이드랩 많이 활용
블록 수비 위주
하프코트 프레싱

RANKING OF LAST 10 YEARS

시즌	15-16	16-17	17-18	18-19	19-20	20-21	21-22	22-23	23-24	24-25
순위	10	6	10	15	6	5	6	7	6	6
점수	45점	60점	50점	39점	41점	61점	65점	60점	57점	60점

선수 명단

위치	선수	국적	생년월일	키	몸무게	출전	선발 11	교체 IN	출전(분)	득점	도움	경고	퇴장	MOM
GK	Adrián	ESP	1987-01-31	190	80	21	21	0	1712	0	0	3	0	0
	Rui Silva	POR	1994-02-07	191	91	15	15	0	1350	0	0	1	0	0
	Fran Vieites	ESP	1999-05-07	196	88	4	4	0	360	0	0	0	0	0
DF	Natan	BRA	2001-02-06	188	92	31	23	8	2172	1	1	5	1	0
	Ángel Ortiz	ESP	2004-07-25	167	60	5	4	1	353	0	1	0	0	1
	Nobel Mendy	SEN	2004-08-16	187	78	2	1	1	107	0	0	1	0	0
	Sergio Arribas	ESP	2003-02-10	185	78	1	1	0	90	0	0	0	0	0
DF MF	Diego Llorente	ESP	1993-08-16	186	75	30	29	1	2522	2	0	4	0	1
	Marc Bartra	ESP	1991-01-15	184	70	25	23	2	2101	2	1	2	0	0
	Romain Perraud	FRA	1997-09-22	173	68	28	22	6	1999	2	2	8	1	1
	Youssouf Sabaly	SEN	1993-03-05	174	67	22	20	2	1590	0	1	1	0	0
	Ricardo Rodríguez	SUI	1992-08-25	182	83	18	15	3	1281	0	1	0	0	0
	Marc Roca	ESP	1996-11-26	184	77	14	11	3	910	2	2	4	0	1
	Héctor Bellerín	ESP	1995-03-19	178	74	9	6	3	579	0	2	1	0	0
MF	Johnny Cardoso	USA	2001-09-20	185	78	28	24	4	2143	3	1	5	0	0
	Sergi Altimira	ESP	2001-08-25	188	80	32	22	10	1978	0	1	4	0	0
	Pablo Fornals	ESP	1996-02-22	178	67	26	22	4	1838	2	2	2	0	0
	William Carvalho	POR	1992-04-07	187	83	14	6	8	481	0	0	1	0	1
	Iker Losada	ESP	2001-08-01	175	70	10	3	7	334	0	0	0	0	0
	Assane Diao	SEN	2005-09-07	185	80	10	2	8	271	1	2	0	0	0
	Mateo Flores	ESP	2004-04-07	178	70	6	1	5	150	0	0	1	0	0
	Carlos Guirao	ESP	2003-04-27	175	68	2	2	0	112	0	0	0	0	0
MF FW	Isco	ESP	1992-04-21	176	79	22	17	5	1552	9	8	5	0	4
	Giovani Lo Celso	ARG	1996-04-09	177	68	25	15	10	1458	8	3	4	0	3
	Aitor Ruibal	ESP	1996-03-22	176	74	29	13	16	1311	1	3	5	0	0
	Cucho Hernández	COL	1999-04-22	175	73	15	14	1	1149	5	1	0	0	3
	Cédric Bakambu	COD	1991-04-11	182	73	26	7	19	701	2	2	4	0	0
	Chimy Ávila	ARG	1994-02-06	172	81	19	6	13	672	2	0	5	1	0
	Juanmi	ESP	1993-05-20	172	69	11	2	9	238	0	2	0	0	0
	Nabil Fekir	FRA	1993-07-18	173	72	2	2	0	180	0	1	0	0	0
FW	Abde Ezzalzouli	MAR	2001-12-17	177	73	32	23	9	1999	2	2	2	0	1
	Antony	BRA	2000-02-24	174	63	17	15	2	1365	5	2	2	1	1
	Vitor Roque	BRA	2005-02-28	174	78	22	14	8	1238	4	0	4	0	1
	Jesús Rodríguez	ESP	2005-11-21	185	68	21	15	6	1120	2	0	0	0	0
	Rodrigo Marina	ESP	2006-07-28	168	62	3	1	2	117	0	0	0	0	0
	Pablo García	ESP	2006-08-15	175	67	3	0	3	36	0	0	0	0	0

LA LIGA 2024-25 SEASON

REAL BETIS BALOMPIE vs. OPPONENTS PER GAME STATS

레알 베티스		상대팀	항목
1.50	득점	1.32	
13.9	슈팅	11.1	
4.9	유효슈팅	3.7	
5.2	코너킥	4.3	
1.5	오프사이드	2.4	
487	패스시도	442	
419	패스성공	349	
86%	패스성공률	79%	
17.0	태클	19.0	
12.7	공중전승리	13.0	
9.3	인터셉트	8.7	
11.4	파울	14.5	
1.97	경고	2.68	
0.105	퇴장	0.184	

2024-25 SEASON SQUAD LIST & GAMES PLAYED

* 괄호 안의 숫자는 선발 출전 횟수, 교체 출전은 포함시키지 않음

LW
N/A

CF
C.에르난데스(14), V.로케(14)
C.바캄부(6), A.루이발(3)
A.디아오(2), C.아빌라(2)

RW
N/A

LAM
A.에잘쥴리(20), J.로드리게스(11)
후안미(2), P.포르날스(1)

CAM
이스코(17), G.로첼소(12)
N.페키르(2), P.포르날스(2)
I.로사다(2)

RAM
A.안토니(15), P.포르날스(6)
J.로드리게스(4), C.아빌라(4)
G.로첼소(2), I.로사다(3)
A.루이발(1), 로드리(1)

LM
A.에잘쥴리(3), P.포르날스(1)

CM
J.카르도소(4), S.알티미라(4)

RM
P.포르날스(3), A.루이발(1)

LWB
N/A

DM
J.카르도소(20), S.알티미라(18)
M.로카(11), P.포르날스(9)
W.카르발류(6), C.구이라오(2)
G.로첼소(1), M.포르날스(1)

RWB
N/A

LB
R.페로(22), R.로드리게스(15)
S.아리바스(1)

CB
D.요렌테(29), M.바르트라(23)
나탄(23), N.멘디(1)

RB
Y.사발리(20), A.루이발(8)
H.베예린(6), A.오르티스(4)

GK
아드리안(19), R.실바(15)
F.비에이테스(4)

SHOTS & GOALS

38경기 총 530슈팅 - 57득점
38경기 상대 총 423슈팅 - 50실점

SHOT TIME | GOAL TIME

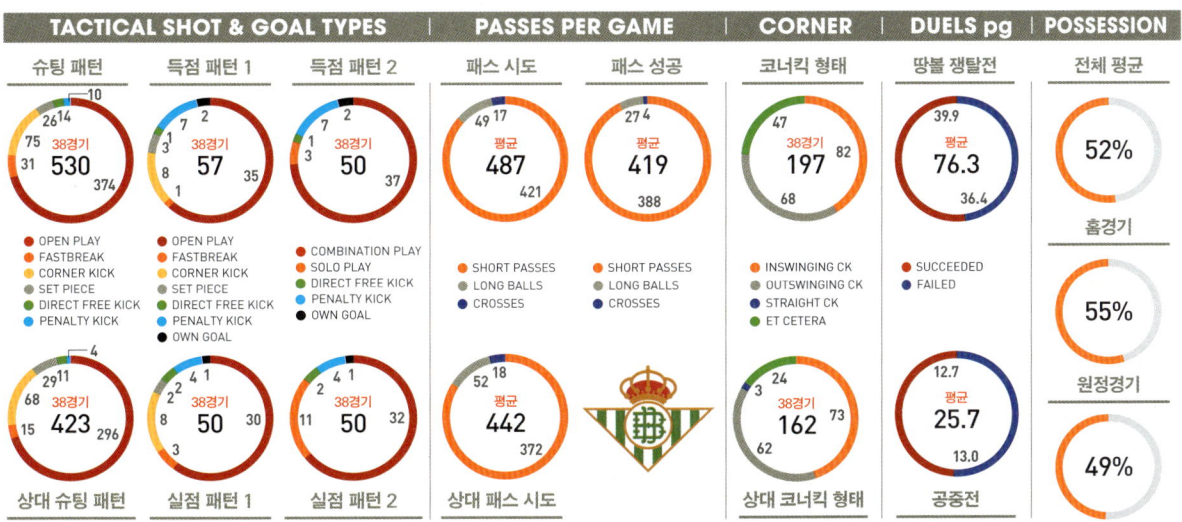

RC CELTA DE VIGO

Club Info

Founded 구단 창립 1923년	**Owner** 그루포 코페라티보	**CEO** 마리안 무리뇨 1975.05.25
Manager 클라우디오 히랄데스 1988.02.24	**25-26 Odds** 벳365 : 250배 윌리엄힐 : 250배	
Nationality • 외국 선수 7명 • 스페인 선수 18명	**Age** 25명 평균 26.2세	**Height** 25명 평균 181cm
Market Value 25명 평균 455만 유로	**Game Points** 24-25 : 55점 통산 : 2512점	
Win 24-25 : 16승 통산 : 679승	**Draw** 24-25 : 7무 통산 : 475무	**Loss** 24-25 : 15패 통산 : 848패
Goals For 24-25 : 59득점 통산 : 2673득점	**Goals Against** 24-25 : 57실점 통산 : 3063실점	
More Minutes 비센테 과이타 3060분	**Top Scorer** 보르하 이글레시아스 11골	**More Assists** 오스카르 밍게사 6도움
More Subs 윌리옷 스웨드베리 17회 교체 IN	**More Cards** 마르코스 알론소 Y9+R2	

Trophies

SPANISH LA LIGA	SPANISH COPA DEL REY	UEFA CHAMPIONS LEAGUE	UEFA EUROPA LEAGUE	FIFA CLUB WORLD CUP	UEFA-CONMEBOL INTERCONTINENTAL
0	0	0	0	0	0

2024-25 SEASON RESULT

상대팀	홈	원정
FC Barcelona	2-2	3-4
Real Madrid	1-2	2-3
Atletico Madrid	0-1	1-1
Athletic Bilbao	1-2	1-3
Villarreal	3-0	3-4
Real Betis	3-2	2-2
Rayo Vallecano	1-2	1-2
Osasuna	1-0	2-3
Mallorca	2-0	2-1
Real Sociedad	2-0	1-0
Valencia	3-1	1-2
Getafe	1-0	2-1
Espanyol	0-2	1-3
Alaves	2-1	1-1
Girona	1-1	2-2
Sevilla FC	3-2	0-1
Leganes	2-1	0-3
Las Palmas	1-1	1-0
Valladolid	3-1	1-0

Estadio Municipal de Balaídos

구장 오픈 / 증개축 : 1928년, 증개축 5회
구장 소유 : 비고 시
수용 인원 : 2만 9000명
피치 규모 : 105m X 70m
잔디 종류 : 천연 잔디

STRENGTHS & WEAKNESSES

OFFENSE		DEFENSE	
직접 프리킥	C	세트피스 수비	C
문전 처리	B	상대 볼 뺏기	B
측면 돌파	C	공중전 능력	D
스루볼 침투	B	역습 방어	C
개인기 침투	C	지공 방어	D
카운터 어택	C	스루패스 방어	E
기회 만들기	C	리드 지키기	D
세트피스	C	실수 조심	E
OS 피하기	C	측면 방어력	C
중거리 슈팅	A	파울 주의	C
볼 점유율	B	중거리슈팅 수비	C

매우 강함 A / 강한 편 B / 보통 수준 C / 약한 편 D / 매우 약함 E

PLAY STYLE

OFFENSIVE STYLE
중앙 돌파 활성화
짧은 패스 콤비네이션 위주
스루볼 침투 자주 시도
포제션 풋볼 지향

DEFENSIVE STYLE
선발 일레븐 로테이션
공격→수비 트랜지션 빠른 편

RANKING OF LAST 10 YEARS

15-16	16-17	17-18	18-19	19-20	20-21	21-22	22-23	23-24	24-25
6위 60점	13위 45점	13위 49점	17위 41점	17위 37점	8위 53점	11위 46점	13위 43점	13위 41점	7위 55점

Squad

위치	선수	국적	생년월일	키	몸무게	출전	선발 11	교체 IN	출전(분)	득점	도움	경고	퇴장	MOM
GK	Vicente Guaita	ESP	1987-01-10	190	80	34	34	0	3060	0	0	0	0	2
GK	Iván Villar	ESP	1997-07-09	186	76	4	4	0	360	0	0	0	0	0
DF	Javi Rodríguez	ESP	2003-06-26	178	70	36	26	10	2514	3	2	7	0	1
DF	Carl Starfelt	SWE	1995-06-01	187	83	28	26	2	2273	1	0	5	0	0
DF	Sergio Carreira	ESP	2000-10-13	170	70	23	19	4	1658	0	4	1	0	0
DF	Carlos Domínguez	ESP	2001-02-11	187	81	19	13	6	1182	0	0	1	0	0
DF	Yoel Lago	ESP	2004-03-25	185	70	8	7	1	584	0	1	2	0	0
DF	Joseph Aidoo	GHA	1995-09-29	184	80	1	0	1	1	0	0	0	0	0
DF/MF	Óscar Mingueza	ESP	1999-05-13	184	75	34	31	3	2740	4	6	6	1	0
DF/MF	Marcos Alonso	ESP	1990-12-28	188	84	31	29	2	2656	3	0	9	2	2
DF/MF	Jailson	BRA	1995-09-07	187	75	13	6	7	613	0	0	2	0	0
DF/MF	Javier Manquillo	ESP	1994-05-05	178	76	10	7	3	520	0	0	1	0	0
DF/MF	Mihailo Ristić	SRB	1995-10-31	180	75	10	6	4	432	0	1	1	0	0
DF/MF	Franco Cervi	ARG	1994-05-26	166	67	7	4	3	274	0	0	1	0	1
MF	Fran Beltrán	ESP	1999-02-03	170	66	34	29	5	2431	2	1	3	0	1
MF	Ilaix Moriba	GUI	2003-01-19	165	73	33	22	11	2135	1	1	7	1	1
MF	Hugo Álvarez	ESP	2003-07-02	176	72	26	16	10	1572	4	3	6	0	1
MF	Williot Swedberg	SWE	2004-02-01	187	78	32	15	17	1351	4	5	1	0	1
MF	Hugo Sotelo	ESP	2003-12-19	180	75	24	15	9	1259	0	0	5	0	0
MF	Damián Rodríguez	ESP	2003-03-17	180	75	17	10	7	926	0	0	3	0	0
MF	Fer López	ESP	2004-05-24	188	76	17	7	10	669	2	0	2	0	0
MF	Iker Losada	ESP	2001-08-01	175	70	12	4	8	355	1	0	2	0	0
MF	Luca de la Torre	USA	1998-05-23	178	63	1	0	1	4	0	0	0	0	0
MF/FW	Iago Aspas	ESP	1987-08-11	176	67	30	19	11	1747	10	5	4	1	4
MF/FW	Jonathan Bamba	CIV	1996-03-26	175	72	12	10	2	815	0	1	1	0	0
MF/FW	Tasos Douvikas	GRE	1999-08-02	186	76	20	6	14	692	3	1	2	0	0
MF/FW	Tadeo Allende	ARG	1999-02-20	183	78	1	0	1	1	0	0	0	0	0
FW	Borja Iglesias	ESP	1993-01-17	187	86	37	24	13	1967	11	3	2	0	1
FW	Pablo Durán	ESP	2001-05-25	176	72	27	15	12	1392	4	4	3	0	2
FW	Alfon González	ESP	1999-05-04	172	60	26	14	12	1373	5	2	1	0	1

LA LIGA 2024-25 SEASON

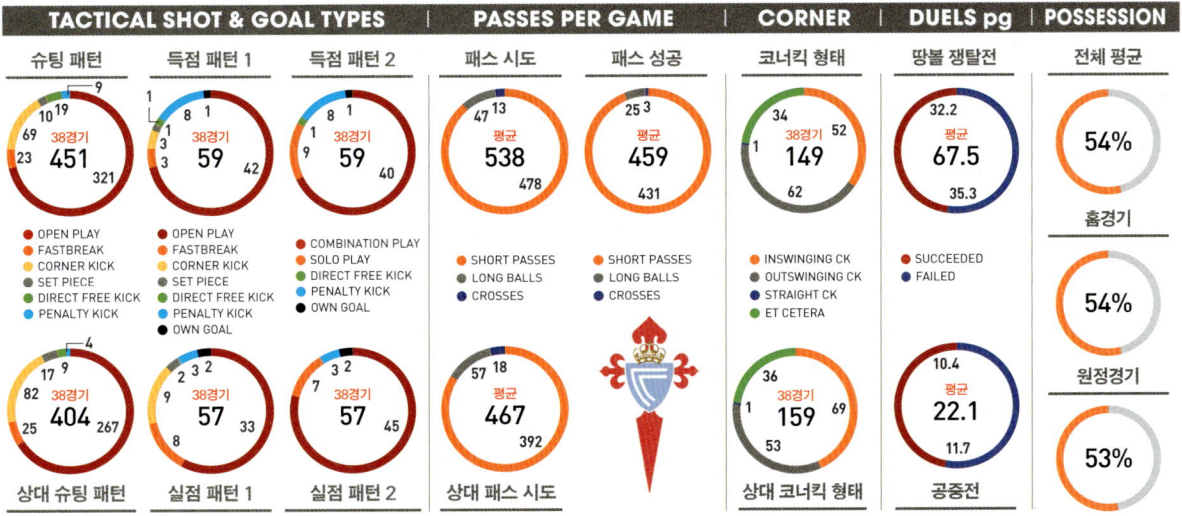

RAYO VALLECANO

Founded 구단 창립 1924년	**Owner** 라울 마르틴 프레사 1977.01.10	**CEO** 라울 마르틴 프레사 1977.01.10	**Manager** 이니고 페레스 1988.01.18	**25-26 Odds** 벳365 : 1000배 윌리엄힐 : 750배

| 0 SPANISH LA LIGA | 0 SPANISH COPA DEL REY | 0 UEFA CHAMPIONS LEAGUE | 0 UEFA EUROPA LEAGUE | 0 FIFA CLUB WORLD CUP | 0 UEFA-CONMEBOL INTERCONTINENTAL |

Nationality 외국 선수 10명 스페인 선수 12명	**Age** 22명 평균 29.4세	**Height** 22명 평균 180cm	**Market Value** 22명 평균 300만 유로	**Game Points** 24-25 : 52점 통산 : 928점

2024-25 SEASON RESULT

상대팀	홈	원정
FC Barcelona	1-2	0-1
Real Madrid	3-3	1-2
Atletico Madrid	1-1	0-3
Athletic Bilbao	1-2	1-3
Villarreal	0-1	1-1
Real Betis	2-2	1-1
Celta Vigo	2-1	2-1
Osasuna	3-1	1-1
Mallorca	0-0	0-1
Real Sociedad	2-2	2-1
Valencia	1-1	1-0
Getafe	1-0	0-0
Espanyol	0-4	1-2
Alaves	1-0	2-0
Girona	2-1	0-0
Sevilla FC	1-1	0-1
Leganes	1-1	1-0
Las Palmas	1-3	1-0
Valladolid	1-0	2-1

Campo de Fútbol de Vallecas

구장 오픈 / 증개축: 1976년, 증개축 2회
구장 소유: 마드리드 시
수용 인원: 1만 4708명
피치 규모: 100m X 65m
잔디 종류: 천연 잔디

Win 24-25 : 13승 통산 : 242승	**Draw** 24-25 : 13무 통산 : 202무	**Loss** 24-25 : 12패 통산 : 388패	**Goals For** 24-25 : 41득점 통산 : 955득점	**Goals Against** 24-25 : 45실점 통산 : 1354실점

STRENGTHS & WEAKNESSES

OFFENSE		DEFENSE	
직접 프리킥	B	세트피스 수비	C
문전 처리	D	상대 볼 뺏기	B
측면 돌파	C	공중전 능력	D
스루볼 침투	C	역습 방어	E
개인기 침투	C	지공 방어	D
카운터 어택	B	스루패스 방어	C
기회 만들기	C	리드 지키기	D
세트피스	B	실수 조심	C
OS 피하기	D	측면 방어력	C
중거리 슈팅	B	파울 주의	C
볼 점유율	C	중거리슈팅 수비	D

매우 강함 A | 강한 편 B | 보통 수준 C | 약한 편 D | 매우 약함 E

More Minutes 플로리안 르죈 3326분	**Top Scorer** 호르헤 데프루토스 6골	**More Assists** 알바로 가르시아 5도움	**More Subs** 아드리 엠바르바 17회 교체 IN	**More Cards** 파테 시스 Y12+R0

RANKING OF LAST 10 YEARS

● 2부 리그

	18	12	1	20	7	6	12	11	17	8
	38점	53점	76점	32점	60점	67점	42점	49점	38점	52점
	15-16	16-17	17-18	18-19	19-20	20-21	21-22	22-23	23-24	24-25

PLAY STYLE

OFFENSIVE STYLE
점유율 대비 슈팅 많은 편
중거리 슈팅 자주 시도
오른 측면 돌파 활성화
공격 시 좌우폭 넓게 활용함

DEFENSIVE STYLE
매우 도전적인 수비
카운터 프레싱 지향
빠른 수비→공격 트랜지션

위치	선수	국적	생년월일	키	몸무게	출전	선발 11	교체 IN	출전(분)	득점	도움	경고	퇴장	MOM
GK	Augusto Batalla	ARG	1996-04-30	186	87	32	32	0	2880	0	0	6	0	2
	Dani Cárdenas	ESP	1997-03-28	186	80	6	6	0	540	0	0	0	0	0
DF	Florian Lejeune	FRA	1991-05-20	189	89	37	37	0	3326	2	3	8	0	2
	Abdul Mumin	GHA	1998-06-06	188	79	24	24	0	2020	2	1	6	1	1
	Aridane Hernández	ESP	1989-03-23	186	77	14	11	3	1024	0	0	1	0	1
	Alfonso Espino	URU	1992-01-05	172	71	16	9	7	833	0	1	4	0	0
	Pelayo Fernández	ESP	2003-04-29	190	83	2	1	1	97	0	0	1	0	0
DF MF	Andrei Rațiu	ROU	1998-06-20	183	75	35	34	1	3067	2	3	5	0	3
	Pep Chavarria	ESP	1998-04-10	174	72	34	28	6	2584	0	1	3	0	0
	Pathé Ciss	SEN	1994-03-16	186	71	33	25	8	2147	4	1	12	0	2
	Iván Balliu	ALB	1992-01-01	172	63	25	12	13	1191	0	0	3	0	0
MF	Óscar Valentín	ESP	1994-08-20	177	72	35	19	16	1833	0	0	5	0	0
	Unai López	ESP	1995-10-30	170	68	32	23	9	1722	3	1	9	1	0
	Pedro Díaz	ESP	1998-06-05	180	75	26	12	14	1207	3	0	2	0	0
	Gerard Gumbau	ESP	1994-12-18	187	77	22	7	15	845	0	1	4	0	0
MF FW	Álvaro García	ESP	1992-10-27	167	61	36	28	8	2570	4	5	4	0	2
	Isi Palazón	ESP	1994-12-27	169	71	35	25	10	2169	4	4	5	0	1
	Adri Embarba	ESP	1992-05-07	173	66	35	18	17	1609	1	1	4	0	0
	Randy Nteka	FRA	1997-12-06	189	75	24	16	8	1138	3	0	6	0	0
	Óscar Trejo	ARG	1988-04-26	180	79	19	6	13	489	1	0	1	0	0
	James Rodríguez	COL	1991-07-12	180	75	6	1	5	136	0	0	1	0	0
FW	Jorge De Frutos	ESP	1997-02-20	173	72	36	30	6	2512	6	3	3	1	2
	Sergio Camello	ESP	2001-02-10	177	69	23	14	9	1140	3	2	2	0	0
	Sergi Guardiola	ESP	1991-05-29	184	78	16	1	15	348	0	0	1	0	0
	Etienne Eto'o	CMR	2002-08-18	191	77	2	0	2	38	0	0	0	0	0
	Raúl de Tomás	ESP	1994-10-17	180	72	2	0	2	21	0	0	0	0	0

LA LIGA 2024-25 SEASON

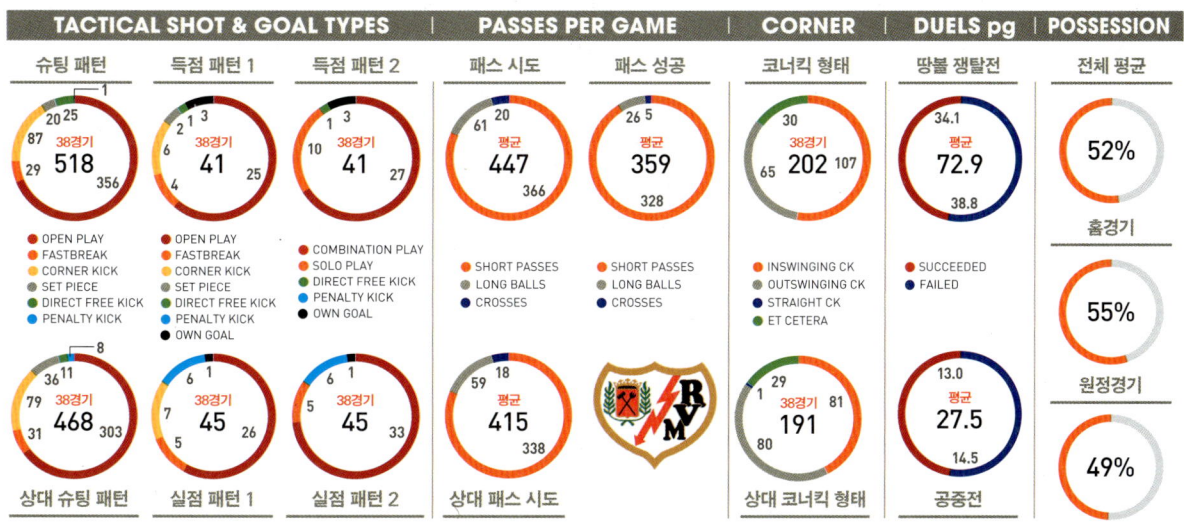

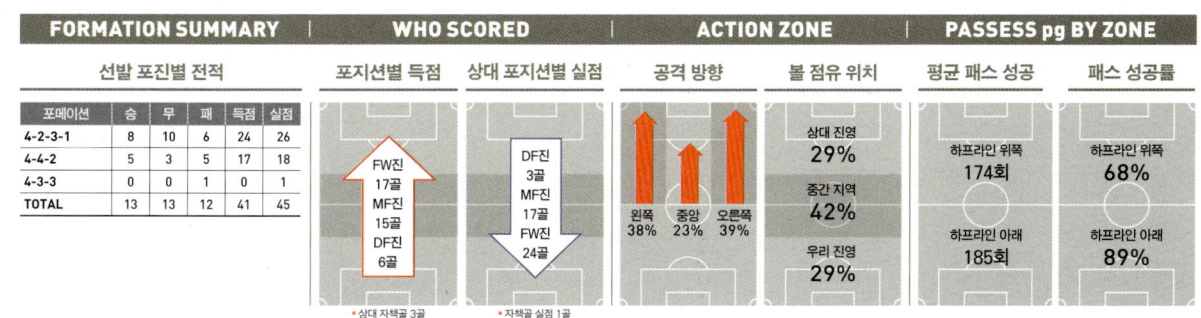

CA OSASUNA

	SPANISH LA LIGA	SPANISH COPA DEL REY	UEFA CHAMPIONS LEAGUE	UEFA EUROPA LEAGUE	FIFA CLUB WORLD CUP	UEFA-CONMEBOL INTERCONTINENTAL
	0	0	0	0	0	0

Founded 구단 창립 1920년
Owner CA 오사수나 회원 주주
CEO 루이스 사발사 1947.10.23
Manager 알레시오 리시 1985.11.04
25-26 Odds 벳365 : 500배 윌리엄힐 : 500배

Nationality 21명 · 외국 선수 3명 · 스페인 선수 18명
Age 21명 평균 27.7세
Height 21명 평균 184cm
Market Value 21명 평균 455만 유로
Game Points 24-25 : 52점 통산 : 1894점

Win 24-25 : 12승 통산 : 500승
Draw 24-25 : 16무 통산 : 394무
Loss 24-25 : 10패 통산 : 650패
Goals For 24-25 : 48득점 통산 : 1747득점
Goals Against 24-25 : 52실점 통산 : 2136실점

More Minutes 세르히오 에레라 3330분
Top Scorer 안테 부디미르 21골
More Assists 브라이안 사리고사 6도움
More Subs 라울 가르시아 27회 교체 IN
More Cards 알레한드로 카테나 Y11+R0

2024-25 SEASON RESULT

상대팀	홈	원정
FC Barcelona	4-2	0-3
Real Madrid	1-1	0-4
Atletico Madrid	2-0	0-1
Athletic Bilbao	1-2	0-0
Villarreal	2-2	2-4
Real Betis	1-2	1-1
Celta Vigo	3-2	0-1
Rayo Vallecano	1-1	1-3
Mallorca	1-0	1-1
Real Sociedad	2-1	2-0
Valencia	3-3	0-0
Getafe	1-2	1-1
Espanyol	2-0	0-0
Alaves	2-2	1-1
Girona	2-1	0-4
Sevilla FC	1-0	1-1
Leganes	1-1	1-1
Las Palmas	2-1	1-1
Valladolid	1-0	3-2

PLAY STYLE

OFFENSIVE STYLE
공격시 좌우폭 넓게 사용
오른 측면 돌파 활성화
롱볼 다이렉트 플레이 중시
전체 패스 대비 크로스 많은 편

DEFENSIVE STYLE
오프사이드트랩 자주 구사
고정적인 선발 일레븐

Estadio El Sadar

구장 오픈 2021년
구장 소유 팜플로나 시
수용 인원 2만 3576명
피치 규모 104m X 67m
잔디 종류 천연 잔디

STRENGTHS & WEAKNESSES

OFFENSE		DEFENSE	
직접 프리킥	B	세트피스 수비	C
문전 처리	C	상대 볼 뺏기	C
측면 돌파	B	공중전 능력	A
스루볼 침투	C	역습 방어	C
개인기 침투	C	지공 방어	C
카운터 어택	C	스루패스 방어	E
기회 만들기	C	리드 지키기	D
세트피스	A	실수 조심	C
OS 피하기	C	측면 방어력	C
중거리 슈팅	C	파울 주의	C
볼 점유율	D	중거리슈팅 수비	C

매우 강함 **A** 강한 편 **B** 보통 수준 **C** 약한 편 **D** 매우 약함 **E**

RANKING OF LAST 10 YEARS

● 2부 리그

15-16	16-17	17-18	18-19	19-20	20-21	21-22	22-23	23-24	24-25
6 / 64점	19 / 22점	8 / 64점	1 / 87점	10 / 52점	11 / 44점	10 / 47점	7 / 53점	11 / 45점	9 / 52점

위치	선수	국적	생년월일	키	몸무게	출전	선발 11	교체 IN	출전(분)	득점	도움	경고	퇴장	MOM
GK	Sergio Herrera	ESP	1993-06-05	192	82	37	37	0	3330	0	0	5	0	2
	Aitor Fernández	ESP	1991-05-03	182	78	1	1	0	90	0	0	0	0	0
DF	Jesús Areso	ESP	1999-07-02	182	81	36	35	1	3088	0	3	9	0	1
	Alejandro Catena	ESP	1994-10-28	194	82	35	35	0	3077	1	3	11	0	3
	Enzo Boyomo	CMR	2001-10-07	180	70	34	33	1	2988	2	0	5	0	1
	Abel Bretones	ESP	2000-08-21	188	78	35	20	15	2068	2	0	3	0	0
	Juan Cruz	ESP	1992-07-28	180	79	25	19	6	1500	0	0	4	0	0
	Jorge Herrando	ESP	2001-02-28	190	78	18	15	3	1364	1	0	3	0	1
	Nacho Vidal	ESP	1995-01-24	180	75	5	1	4	120	0	0	0	0	0
DF MF	Jon Moncayola	ESP	1998-05-13	189	86	32	26	6	2113	0	0	8	0	0
	Rubén Peña	ESP	1991-07-18	170	65	25	7	18	765	0	0	1	0	0
	Unai García	ESP	1992-09-03	186	81	3	1	2	65	0	0	0	0	0
MF	Lucas Torró	ESP	1994-07-19	190	77	35	35	0	2966	3	0	10	0	1
	Rubén García	ESP	1993-07-14	171	72	36	30	6	2435	5	5	2	0	2
	Bryan Zaragoza	ESP	2001-09-09	164	61	27	22	5	1848	1	6	4	0	2
	Pablo Ibáñez	ESP	1998-09-20	179	74	28	13	15	1292	1	1	4	0	0
	Moi Gómez	ESP	1994-06-23	176	71	26	6	20	780	0	0	1	0	0
	Iker Muñoz	ESP	2002-11-05	180	69	23	4	19	601	0	1	2	0	0
	Kike Barja	ESP	1997-04-01	178	69	15	3	12	312	0	1	3	0	0
	Javi Martínez	ESP	1999-12-22	180	68	1	0	1	5	0	0	0	0	0
MF FW	Aimar Oroz	ESP	2001-11-27	177	72	37	35	2	2983	5	4	8	0	3
	José Arnáiz	ESP	1995-04-15	175	70	15	1	14	122	0	0	0	0	0
FW	Ante Budimir	CRO	1991-07-22	190	75	38	34	4	2966	21	4	4	0	5
	Raúl García	ESP	2000-11-03	192	70	32	5	27	732	4	0	1	0	0
	Iker Benito	ESP	2002-08-10	176	71	2	0	2	35	0	0	0	0	0

LA LIGA 2024-25 SEASON

CA OSASUNA vs. OPPONENTS PER GAME STATS

오사수나 vs 상대팀

	독점	슈팅	유효슈팅	코너킥	오프사이드	패스시도	패스성공	패스성공율	태클	공중전승리	인터셉트	파울	경고	퇴장
	1.26	11.1	3.5	4.6	1.7	400	316	79%	16.1	16.5	7.0	13.4	2.32	0.000
	1.37	12.3	4.9	5.0	2.7	474	384	81%	15.1	13.8	6.6	10.7	2.13	0.158

2024-25 SEASON SQUAD LIST & GAMES PLAYED

*괄호 안의 숫자는 선발 출전 횟수, 교체 출전은 포함시키지 않음

LW: B.사라고사(10), K.바르하(2), A.오로스(1), M.고메스(1)
CF: A.부디미르(34), Ru.가르시아(6), Ra.가르시아(5), B.사라고사(1), A.오로스(1)
RW: Ru.가르시아(10), R.페냐(4)

LAM: B.사라고사(10), Ru.가르시아(1), A.브레토네스(1)
CAM: A.오로스(8)
RAM: Ru.가르시아(5), J.몬카욜라(2), R.페냐(1)

LM: B.사라고사(5), A.오로스(2), K.바르하(1), J.아르나이스(1)
CM: A.오로스(23), L.토로(22), J.몬카욜라(21), P.이바녜스(8), M.고메스(4), J.무뇨스(3)
RM: Ru.가르시아(5), J.몬카욜라(1)

LWB: N/A
DM: L.토로(13), P.이바녜스(5), J.몬카욜라(2), M.고메스(1), I.무뇨스(1)
RWB: N/A

LB: J.크루스(19), A.브레토네스(19)
CB: A.카테나(35), E.보요모(33), J.헤란도(15), U.가르시아(1)
RB: J.아레소(35), R.페냐(2), N.비달(1)

GK: S.에레라(37), A.페르난데스(1)

SHOTS & GOALS

38경기 총 422슈팅 - 48득점
38경기 상대 총 469슈팅 - 52실점

28-7
276-33
116-6
자책골 2-2

유효 슈팅 134		비유효 슈팅 288	
득점	48	블록 당함	108
GK 방어	86	골대 밖	175
유효슈팅률	32%	골대 맞음	5

유효 슈팅 188		비유효 슈팅 281	
실점	52	블록	108
GK 방어	136	골대 밖	170
유효슈팅률	40%	골대 맞음	3

168-7
259-30
41-14
자책골 1-1

SHOT TIME | GOAL TIME

시간대별 슈팅: 102, 49, 54, 61, 90, 66 (상반 15, 16, 30, 31, 45, 46)
시간대별 득점: 8, 2, 6, 12, 11, 9

슈팅 차이
전반 슈팅 차이 -26
후반 슈팅 차이 -21
전체 슈팅 차이 -47

득실차
전반 골 득실차이 +4
후반 골 득실차이 -8
전체 골 득실차 -4

시간대별 상대 슈팅: 86, 70, 90, 62, 91, 70
시간대별 실점: 12, 6, 12, 6, 9, 7

TACTICAL SHOT & GOAL TYPES | PASSES PER GAME | CORNER | DUELS pg | POSSESSION

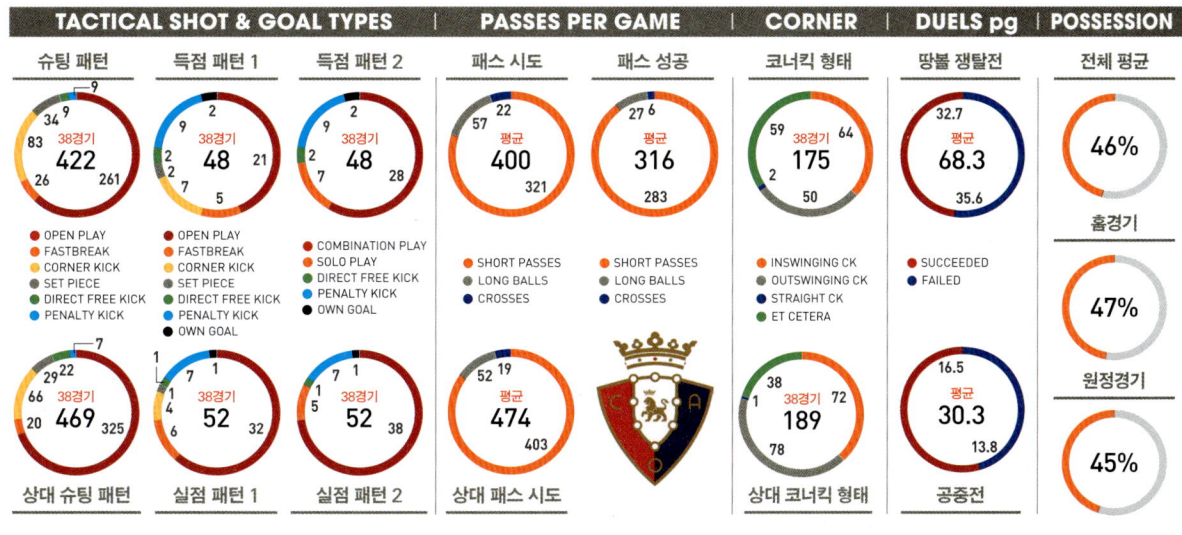

슈팅 패턴 38경기 422 (9, 34, 9, 83, 26, 261)
- OPEN PLAY
- FASTBREAK
- CORNER KICK
- SET PIECE
- DIRECT FREE KICK
- PENALTY KICK

득점 패턴 1 38경기 48 (22, 6, 2, 2, 21, 7, 5)
- OPEN PLAY
- FASTBREAK
- CORNER KICK
- SET PIECE
- DIRECT FREE KICK
- PENALTY KICK
- OWN GOAL

득점 패턴 2 38경기 48 (2, 7, 28)
- COMBINATION PLAY
- SOLO PLAY
- DIRECT FREE KICK
- PENALTY KICK
- OWN GOAL

패스 시도 평균 400 (57, 321)
- SHORT PASSES
- LONG BALLS
- CROSSES

패스 성공 평균 316 (27, 6, 283)
- SHORT PASSES
- LONG BALLS
- CROSSES

코너킥 형태 38경기 175 (59, 64, 2, 50)
- INSWINGING CK
- OUTSWINGING CK
- STRAIGHT CK
- ET CETERA

땅볼 쟁탈전 평균 68.3 (32.7, 35.6)
- SUCCEEDED
- FAILED

전체 평균 46%

상대 슈팅 패턴 38경기 469 (7, 29, 22, 66, 20, 325)

실점 패턴 1 38경기 52 (1, 7, 1, 2, 4, 6, 32)

실점 패턴 2 38경기 52 (7, 1, 6, 38)

상대 패스 시도 평균 474 (52, 19, 403)

상대 코너킥 형태 38경기 189 (38, 72, 1, 78)

공중전 평균 30.3 (16.5, 13.8)

홈경기 47%
원정경기 45%

FORMATION SUMMARY | WHO SCORED | ACTION ZONE | PASSES pg BY ZONE

선발 포진별 전적

포메이션	승	무	패	득점	실점
4-3-3	4	5	5	18	21
4-2-3-1	2	5	1	12	12
5-3-2	3	1	3	9	10
4-1-4-1	3	3	0	9	6
4-4-2	0	1	1	0	3
5-4-1	0	1	0	0	0
TOTAL	12	16	10	48	52

포지션별 득점: FW진 30골, MF진 10골, DF진 6골
상대 포지션별 실점: DF진 2골, MF진 9골, FW진 40골
*상대 자책골 2골   *자책골 실점 1골

공격 방향: 왼쪽 36%, 중앙 22%, 오른쪽 42%
볼 점유 위치: 상대 진영 29%, 중간 지역 43%, 우리 진영 28%

평균 패스 성공: 하프라인 위쪽 165회, 하프라인 아래 151회
패스 성공률: 하프라인 위쪽 68%, 하프라인 아래 89%

RCD MALLORCA

Founded 구단 창립 1916년	**Owner** 앤디 콜버그 S.내시, S 커, S.홀든	**CEO** 앤디 콜버그 1959.08.17	**Manager** 하고바 아라스테 1978.04.22	**25-26 Odds** 벳365 : 500배 윌리엄힐 : 500배	

SPANISH LA LIGA	SPANISH COPA DEL REY	UEFA CHAMPIONS LEAGUE	UEFA EUROPA LEAGUE	FIFA CLUB WORLD CUP	UEFA-CONMEBOL INTERCONTINENTAL
0	1	0	0	0	0

Nationality 외국 선수 11명 스페인 선수 14명	**Age** 25명 평균 28.7세	**Height** 25명 평균 185cm	**Market Value** 25명 평균 299만 유로	**Game Points** 24-25 : 48점 통산 : 1465점

2024-25 SEASON RESULT

상대팀	홈	원정
FC Barcelona	1-5	0-1
Real Madrid	1-1	1-2
Atletico Madrid	0-1	0-2
Athletic Bilbao	0-0	1-1
Villarreal	1-2	0-4
Real Betis	0-1	2-1
Celta Vigo	1-2	0-2
Rayo Vallecano	1-0	0-0
Osasuna	1-1	0-1
Real Sociedad	1-0	2-0
Valencia	2-1	0-1
Getafe	1-2	1-0
Espanyol	2-1	1-2
Alaves	1-1	0-1
Girona	2-1	0-1
Sevilla FC	0-0	1-1
Leganes	0-0	1-0
Las Palmas	3-1	3-2
Valladolid	2-1	2-1

Estadi Mallorca Son Moix

구장 오픈 1999년
구장 소유 팔마 시
수용 인원 2만 3142명
피치 규모 105m X 68m
잔디 종류 천연 잔디

Win 24-25 : 13승 통산 : 387승	**Draw** 24-25 : 9무 통산 : 304무	**Loss** 24-25 : 16패 통산 : 487패	**Goals For** 24-25 : 35득점 통산 : 1363득점	**Goals Against** 24-25 : 44실점 통산 : 1630실점

STRENGTHS & WEAKNESSES

OFFENSE		DEFENSE	
직접 프리킥	C	세트피스 수비	E
문전 처리	D	상대 볼 뺏기	C
측면 돌파	C	공중전 능력	A
스루볼 침투	C	역습 방어	D
개인기 침투	C	지공 방어	C
카운터 어택	B	스루패스 방어	C
기회 만들기	C	리드 지키기	B
세트피스	C	실수 조심	C
OS 피하기	D	측면 방어력	C
중거리 슈팅	C	파울 주의	C
볼 점유율	D	중거리슈팅 수비	D

More Minutes 안토니오 라이요 3209분	**Top Scorer** 키일 래린+1명 7골	**More Assists** 다니 로드리게스 7도움	**More Subs** 아브돈 프라츠+1명 21회 교체 IN	**More Cards** 사무 코스타 Y8+R1

매우 강함 A | 강한 편 B | 보통 수준 C | 약한 편 D | 매우 약함 E

RANKING OF LAST 10 YEARS

15-16	16-17	17-18	18-19	19-20	20-21	21-22	22-23	23-24	24-25
17	20	1	5	19	2	16	9	15	10
49점	45점	73점	69점	33점	82점	39점	50점	40점	48점

● 2부 리그 ● 3부 리그

PLAY STYLE

OFFENSIVE STYLE
중앙 돌파 자주 시도
공격시 좌우폭 넓게 활용
롱볼 다이렉트 플레이 중시
전체 패스 대비 크로스 많은 편

DEFENSIVE STYLE
카운터 프레싱 지향
도전적인 수비 시도

위치	선수	국적	생년월일	키	몸무게	출전	선발 11	교체 IN	출전(분)	득점	도움	경고	퇴장	MOM
GK	Dominik Greif	SVN	1997-04-06	197	82	31	31	0	2790	0	0	1	0	1
	Leo Román	ESP	2000-07-06	189	83	7	7	0	630	0	0	0	0	2
DF	Antonio Raíllo	ESP	1991-10-08	187	80	36	36	0	3209	2	0	7	1	2
	Martin Valjent	SVK	1995-12-11	187	70	31	31	0	2765	3	0	4	0	0
	Copete	ESP	1999-10-10	192	73	25	16	9	1523	0	0	6	0	2
	David López	ESP	2003-02-03	195	87	2	2	0	170	0	0	0	0	0
	Siebe Van der Heyden	BEL	1998-05-30	185	76	2	1	1	96	0	0	0	0	0
DF MF	Johan Mojica	COL	1992-08-21	185	66	36	30	6	2753	1	2	5	0	1
	Pablo Maffeo	ESP	1997-07-12	172	70	30	28	2	2376	0	2	7	0	2
	Omar Mascarell	ESP	1993-02-02	181	76	32	21	11	1989	1	0	5	1	1
	Antonio Sánchez	ESP	1997-04-22	179	78	33	12	21	1388	0	0	3	0	0
	Mateu Morey	ESP	2000-03-02	173	67	17	9	8	740	0	0	1	0	0
	Toni Lato	ESP	1997-11-21	171	64	14	7	7	618	0	0	1	0	1
	Valery Fernández	ESP	1999-11-23	182	75	18	1	17	296	2	0	1	0	0
MF	Sergi Darder	ESP	1993-12-22	180	71	38	34	4	2764	2	6	4	0	4
	Samú Costa	POR	2000-11-27	183	75	32	31	1	2656	0	2	8	1	0
	Manu Morlanes	ESP	1999-01-12	178	75	23	15	8	1341	0	0	7	0	0
	Robert Navarro	ESP	2002-04-12	178	65	23	15	8	1286	1	0	3	0	0
	Jan Salas	ESP	2005-10-08	182	67	4	0	4	39	0	0	0	0	0
	Daniel Luna	COL	2003-05-07	179	66	2	0	2	18	0	0	0	0	0
MF FW	Dani Rodríguez	ESP	1988-06-06	178	71	37	26	11	2177	4	7	5	0	1
	Cyle Larin	CAN	1995-04-17	188	83	32	21	11	1775	7	2	4	0	1
	Takuma Asano	JPN	1994-11-10	173	71	21	13	8	1060	2	1	0	0	0
FW	Vedat Muriqi	KVX	1994-04-24	194	92	29	24	5	2068	7	2	1	2	2
	Abdón Prats	ESP	1992-02-17	181	81	24	3	21	438	2	0	4	0	0
	Marc Domenech	ESP	2006-12-01	182	70	10	3	7	299	0	0	0	0	0
	Chiquinho	POR	2000-02-05	179	73	8	1	7	141	0	2	0	0	0
	Javi Llabrés	ESP	2002-09-11	174	67	1	1	0	58	0	0	0	0	0

LA LIGA 2024-25 SEASON

RCD MALLORCA vs. OPPONENTS PER GAME STATS

마요르카		상대팀
0.92	득점	1.16
10.2	슈팅	14.9
3.0	유효슈팅	4.4
3.8	코너킥	6.3
2.1	오프사이드	1.1
407	패스시도 (PA)	471
327	패스성공 (PC)	366
80%	패스성공률	78%
15.4	태클 (TK)	16.8
18.0	공중전승리 (AD)	16.3
8.6	인터셉트 (IT)	7.2
12.3	파울	11.9
2.13	경고	1.84
0.158	퇴장	0.053

2024-25 SEASON SQUAD LIST & GAMES PLAYED

* 괄호 안의 숫자는 선발 출전 횟수, 교체 출전은 포함시키지 않음

LW
D.로드리게스(2), C.래린(1)

CF
V.무리치(24), C.래린(20)
D.로드리게스(5), A.프라츠(2)
M.도메네크(1), A.산체스(1)
아사노T.(1)

RW
아사노T.(2), A.산체스(1)

LAM
S.다르데르(8), M.도메네크(2)
R.나바로(1), D.로드리게스(1)
시키뉴(1), J.야브레스(1)

CAM
D.로드리게스(13), S.다르데르(1)
A.프라츠(1)

RAM
R.나바로(7), 아사노T.(6)
P.마페오(1)

LM
S.다르데르(13), D.로드리게스(2)
R.나바로(1)

CM
S.코스타(20), O.마스카레(11)
S.다르데르(4), V.페르난데스(1)
A.산체스(3), D.로드리게스(2)

RM
R.나바로(6), 아사노T.(4)
A.산체스(4), V.페르난데스(1)
D.로드리게스(1)

LWB
N/A

DM
S.코스타(11), O.마스카렐(10)
M.모를라네스(6), S.다르데르(1)

RWB
N/A

LB
J.모히카(30), T.라토(7)
S.반더헤이덴(1)

CB
A.라이요(36), M.발리엔트(31)
J.코페테(16), D.로페스(2)

RB
P.마페오(27), M.모레이(8)
A.산체스(3)

GK
D.그레이프(31), L.로만(7)

SHOTS & GOALS

38경기 총 387슈팅 - 35득점
38경기 상대 총 567슈팅 - 44실점

30-8
248-26
108-0
자책골 1-1

유효슈팅 113		비유효슈팅 274	
득점	35	블록 당함	89
GK 방어	78	골대 밖	182
유효슈팅률 29%		골대 맞춤	3

유효슈팅 166		비유효슈팅 401	
실점	44	블록	159
GK 방어	122	골대 밖	235
유효슈팅률 29%		골대 맞춤	7

239-7
285-25
42-11
자책골 1-1

SHOT TIME | GOAL TIME

시간대별 슈팅: 79 / 46 / 64 / 48 / 68 / 82
시간대별 득점: 8 / 4 / 6 / 3 / 10 / 5

슈팅 차이
전반 슈팅 차이 -53
후반 슈팅 차이 -127
전체 슈팅 차이 -180

득실차
전반 골 득실차 -2
후반 골 득실차 -7
전체 골 득실차 -9

시간대별 상대 슈팅: 139 / 56 / 81 / 85 / 118 / 88
시간대별 실점: 11 / 6 / 7 / 7 / 10 / 3

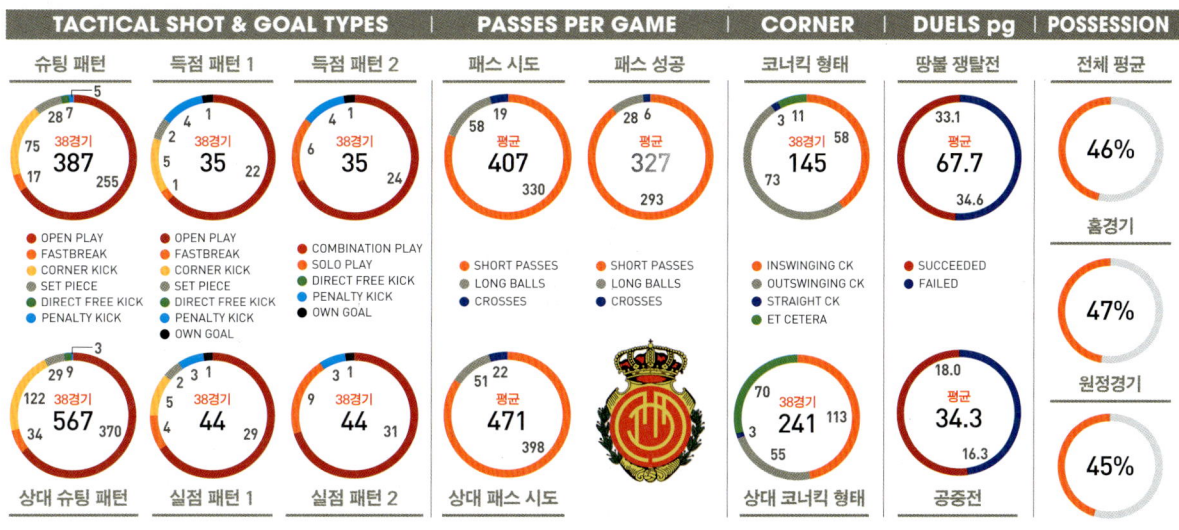

TACTICAL SHOT & GOAL TYPES | PASSES PER GAME | CORNER | DUELS pg | POSSESSION

슈팅 패턴 — 38경기 387 (5 / 28 / 7 / 75 / 17 / 255)
- OPEN PLAY
- FASTBREAK
- CORNER KICK
- SET PIECE
- DIRECT FREE KICK
- PENALTY KICK

득점 패턴 1 — 38경기 35 (1 / 2 / 4 / 5 / 1 / 22)
- OPEN PLAY
- FASTBREAK
- CORNER KICK
- SET PIECE
- DIRECT FREE KICK
- PENALTY KICK

득점 패턴 2 — 38경기 35 (4 / 1 / 3 / 3 / 24)
- COMBINATION PLAY
- SOLO PLAY
- DIRECT FREE KICK
- PENALTY KICK
- OWN GOAL

패스 시도 — 평균 407 (19 / 58 / 330)
- SHORT PASSES
- LONG BALLS
- CROSSES

패스 성공 — 평균 327 (6 / 28 / 293)
- SHORT PASSES
- LONG BALLS
- CROSSES

코너킥 형태 — 38경기 145 (3 / 11 / 58 / 73)
- INSWINGING CK
- OUTSWINGING CK
- STRAIGHT CK
- ET CETERA

땅볼 쟁탈전 — 평균 67.7 (33.1 / 34.6)
- SUCCEEDED
- FAILED

전체 평균 46%

홈경기 47%

원정경기 45%

상대 슈팅 패턴 — 38경기 567 (3 / 29 / 9 / 122 / 34 / 370)

실점 패턴 1 — 38경기 44 (2 / 3 / 1 / 5 / 4 / 29)

실점 패턴 2 — 38경기 44 (3 / 1 / 9 / 31)

상대 패스 시도 — 평균 471 (22 / 51 / 398)

상대 코너킥 형태 — 38경기 241 (70 / 3 / 113 / 55)

공중전 — 평균 34.3 (18.0 / 16.3)

FORMATION SUMMARY | WHO SCORED | ACTION ZONE | PASSES pg BY ZONE

선발 포지션별 전적

포메이션	승	무	패	득점	실점
4-2-3-1	7	1	6	17	16
4-4-2	5	3	3	11	15
5-3-2	1	1	3	3	5
5-4-1	0	2	2	2	4
4-3-3	0	2	1	1	2
4-4-1-1	0	0	1	1	2
TOTAL	13	9	16	35	44

포지션별 득점: FW진 18골, MF진 10골, DF진 6골
상대 포지션별 실점: DF진 6골, MF진 15골, FW진 22골
*상대 자책골 1골 / *자책골 실점 1골

공격 방향: 왼쪽 39% / 중앙 25% / 오른쪽 36%
볼 점유 위치: 상대 진영 26% / 중간 지역 44% / 우리 진영 30%

평균 패스 성공: 하프라인 위쪽 159회 / 하프라인 아래 168회
패스 성공률: 하프라인 위쪽 69% / 하프라인 아래 89%

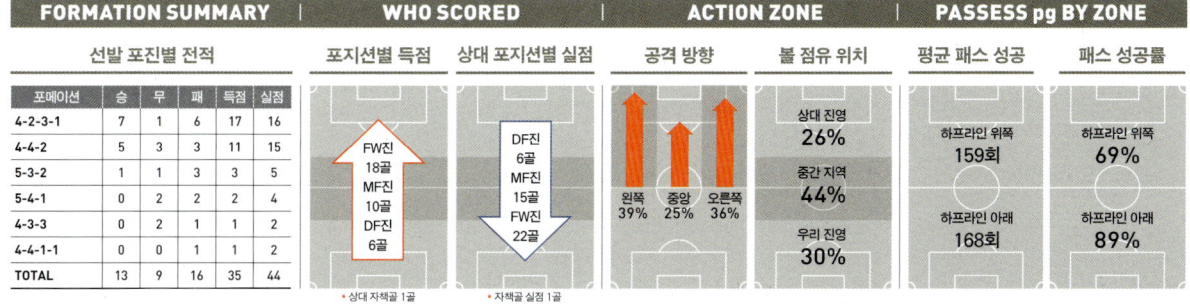

REAL SOCIEDAD

Founded 구단 창립 1909년	**Owner** 레알 소시에다드 회원 주주	**CEO** 호킨 아페리바이 1966.05.27
Manager 세르히오 프란시스코 1979.03.19	**25-26 Odds** 벳365 : 100배 윌리엄힐 : 125배	
Nationality 외국 선수 8명 / 스페인 선수 22명	**Age** 30명 평균 25.4세	**Height** 30명 평균 181cm
Market Value 30명 평균 900만 유로	**Game Points** 24-25 : 46점 통산 : 3625점	
Win 24-25 : 13승 통산 : 991승	**Draw** 24-25 : 7무 통산 : 652무	**Loss** 24-25 : 18패 통산 : 963패
Goals For 24-25 : 35득점 통산 : 3631득점	**Goals Against** 24-25 : 46실점 통산 : 3578실점	
More Minutes 알레한드로 레미로 3240분	**Top Scorer** 미켈 오야르사발 9골	**More Assists** 세르히오 고메스 5도움
More Subs 안데르 바레네체아 16회 교체 IN	**More Cards** 혼 아람부루 Y8+R0	

Honors

2	3	0	0	0	0
SPANISH LA LIGA	SPANISH COPA DEL REY	UEFA CHAMPIONS LEAGUE	UEFA EUROPA LEAGUE	FIFA CLUB WORLD CUP	UEFA-CONMEBOL INTERCONTINENTAL

2024-25 SEASON RESULT

상대팀	홈	원정
FC Barcelona	1-0	0-4
Real Madrid	0-2	0-2
Atletico Madrid	1-1	0-4
Athletic Bilbao	0-0	0-1
Villarreal	1-0	2-2
Real Betis	2-0	0-3
Celta Vigo	0-1	0-2
Rayo Vallecano	1-2	2-2
Osasuna	0-2	1-2
Mallorca	0-2	0-1
Valencia	3-0	0-1
Getafe	0-3	0-0
Espanyol	2-1	1-0
Alaves	1-2	0-1
Girona	3-2	1-0
Sevilla FC	0-1	2-0
Leganes	3-0	3-0
Las Palmas	0-0	3-1
Valladolid	2-1	0-0

Reale Arena

구장 오픈 / 증개축 1993년, 2019년
구장 소유 산세바스티안 시
수용 인원 3만 9313명
피치 규모 105m X 68m
잔디 종류 천연 잔디

PLAY STYLE

OFFENSIVE STYLE
오른 측면 돌파 활성화
포제션 풋볼 지향
공격시 좌우폭 넓게 활용

DEFENSIVE STYLE
선발 일레븐 로테이션
카운터 프레싱 지향
도전적인 수비 구사

STRENGTHS & WEAKNESSES

OFFENSE		DEFENSE	
직접 프리킥	C	세트피스 수비	C
문전 처리	D	상대 볼 뺏기	B
측면 돌파	B	공중전 능력	C
스루볼 침투	C	역습 방어	D
개인기 침투	C	지공 방어	C
카운터 어택	C	스루패스 방어	C
기회 만들기	C	리드 지키기	B
세트피스	C	실수 조심	C
OS 피하기	D	측면 방어력	C
중거리 슈팅	C	파울 주의	C
볼 점유율	B	중거리슈팅 수비	C

매우 강함 A / 강한 편 B / 보통 수준 C / 약한 편 D / 매우 약함 E

RANKING OF LAST 10 YEARS

15-16	16-17	17-18	18-19	19-20	20-21	21-22	22-23	23-24	24-25
9 / 48점	6 / 64점	12 / 49점	9 / 50점	6 / 56점	5 / 62점	6 / 62점	4 / 71점	6 / 60점	11 / 46점

위치	선수	국적	생년월일	키	몸무게	출전	선발 11	교체 IN	출전(분)	득점	도움	경고	퇴장	MOM
GK	Alejandro Remiro	ESP	1995-03-24	192	79	36	36	0	3240	0	0	0	0	1
	Unai Marrero	ESP	2001-10-09	189	82	2	2	0	180	0	0	0	0	0
DF	Jon Aramburu	VEN	2002-07-23	176	71	35	28	7	2463	1	1	8	0	1
	Javi López	ESP	2002-03-25	184	80	29	21	8	1938	0	4	0	0	0
	Nayef Aguerd	MAR	1996-03-30	190	76	21	21	0	1765	0	0	5	0	0
	Aritz Elustondo	ESP	1994-03-28	180	71	22	16	6	1455	0	0	2	1	1
	Aihen Muñoz	ESP	1997-08-16	175	68	21	13	8	1101	0	0	5	0	0
	Jon Martín	ESP	2006-04-23	185	83	13	6	7	900	0	1	2	0	1
	Jon Pacheco	ESP	2001-01-08	184	77	14	9	5	854	0	0	3	0	0
	Álvaro Odriozola	ESP	1995-12-14	176	66	2	0	2	42	0	0	1	0	0
	Luken Beitia	ESP	2004-06-30	191	77	1	0	1	7	0	0	0	0	0
DF MF	Sergio Gómez	ESP	2000-09-04	173	71	37	31	6	2746	2	5	4	0	2
	Igor Zubeldia	ESP	1997-03-30	181	73	28	27	1	2274	0	0	6	1	2
	Hamari Traoré	MLI	1992-01-27	175	64	11	9	2	706	0	1	2	0	1
MF	Martín Zubimendi	ESP	1999-02-02	181	74	36	33	3	2962	2	1	6	0	1
	Luka Sučić	CRO	2002-09-08	185	78	29	21	8	1797	1	1	4	0	1
	Pablo Marín	ESP	2003-07-03	178	71	23	14	9	1238	1	2	3	0	1
	Beñat Turrientes	ESP	2002-01-31	181	70	21	11	11	944	0	4	0	0	0
	Jon Olasagasti	ESP	2000-08-16	176	74	22	7	15	851	1	1	2	0	0
	Arsen Zakharyan	RUS	2003-05-26	182	73	3	1	2	72	1	0	0	0	0
	Urko González	ESP	2001-03-20	189	83	1	1	0	46	0	0	1	0	0
	Jon Magunazelaia	ESP	2001-07-13	181	75	2	0	2	6	0	0	0	0	0
MF FW	Takefusa Kubo	JPN	2001-06-04	173	64	36	27	9	2382	5	0	5	0	2
	Mikel Oyarzabal	ESP	1997-04-21	181	79	35	28	7	2263	9	3	4	1	2
	Brais Méndez	ESP	1997-01-07	187	76	27	19	8	1540	3	2	4	0	1
	Sheraldo Becker	NED	1995-02-09	180	77	22	11	11	996	2	1	1	1	0
FW	Ander Barrenetxea	ESP	2001-12-27	175	74	30	14	16	1263	1	3	6	0	1
	Orri Óskarsson	ISL	2004-08-29	186	76	23	9	14	939	3	0	1	0	0
	Arkaitz Mariezkurrena	ESP	2005-04-05	181	68	9	1	8	236	2	0	1	0	0
	Umar Sadiq	NGA	1997-02-02	192	85	7	2	5	224	0	0	1	0	0
	Dani Díaz	ESP	2006-06-22	167	0	1	0	1	9	0	0	0	0	0

LA LIGA 2024-25 SEASON

REAL SOCIEDAD vs. OPPONENTS PER GAME STATS

레알 소시에다드 vs 상대팀

레알 소시에다드		상대팀	항목
0.92	⚽ 득점	1.21	
10.3	👟 슈팅	11.6	
3.3	유효슈팅	3.7	
5.7	코너킥	4.7	
2.2	오프사이드	2.2	
471	PA 패스시도	410	
387	PC 패스성공	316	
82%	P% 패스성공률	77%	
17.1	TK 태클	15.9	
15.4	AD 공중전승리	16.6	
7.4	IT 인터셉트	7.7	
13.2	파울	11.7	
2.24	경고	2.16	
0.105	퇴장	0.000	

2024-25 SEASON SQUAD LIST & GAMES PLAYED

*괄호 안의 숫자는 선발 출전 횟수, 교체 출전은 포함시키지 않음

LW: S.베커(1), S.고메스(1), A.바레네체아(1)
CF: M.오야르사발(26), O.오스카르손(9), S.베커(3), U.사디크(2), B.멘데스(1), L.수시치(1), A.마리에즈쿠레나(1)
RW: 구보T.(2), S.베커(1)

LAM: A.바레네체아(2), S.고메스(1)
CAM: B.멘데스(3), P.마린(1), 구보T.(1)
RAM: 구보T.(3)

LM: S.고메스(15), A.바레네체아(11), S.베커(4)
CM: L.수시치(19), B.멘데스(15), P.마린(11), B.투리엔테스(8), J.올라가스티(7), M.수비멘디(7), S.고메스(6), A.자카리안(1), U.곤살레스(1)
RM: 구보T.(21), S.고메스(5), M.오야르사발(2), S.베커(2)

LWB: J.로페스(1)
DM: M.수비멘디(26), B.투리엔테스(3), P.마린(2), L.수시치(1)
RWB: A.엘루스톤도(1)

LB: J.로페스(20), A.무뇨스(13), S.고메스(3), J.아람부루(1)
CB: I.수벨디아(27), N.에게르드(21), A.엘루스톤도(14), J.파체코(9), J.마르틴(6)
RB: J.아람부루(27), H.트라오레(9), A.엘루스톤도(1)

GK: A.레미로(36), U.마레로(2)

SHOTS & GOALS

38경기 총 390슈팅 - 35득점
38경기 상대 총 439슈팅 - 46실점

	27-5	
	230-26	자책골
	132-3	1-1

	유효슈팅 127	비유효슈팅 263
득점	35	블록 당함 108
GK 방어	92	골대 밖 146
유효슈팅률	33%	골대 맞음 9

	유효슈팅 142	비유효슈팅 297
실점	46	블록 128
GK 방어	96	골대 밖 162
유효슈팅률	32%	골대 맞음 7

	163-3	
	252-37	자책골
	24-6	0-0

SHOT TIME | GOAL TIME

시간대별 슈팅 / 시간대별 득점
(전반) 88 60 / 12 7
56 62 / 6 5
59 65 / 4 4

슈팅 차이: 전반 슈팅 차이 +2, 후반 슈팅 차이 -51, 전체 슈팅 차이 -49
득실차: 전반 골 득실차 -5, 후반 골 득실차 -6, 전체 골 득실차 -11

(후반) 92 53 / 6 6
72 55 / 9 6
90 77 / 7 10 8

시간대별 상대 슈팅 / 시간대별 실점

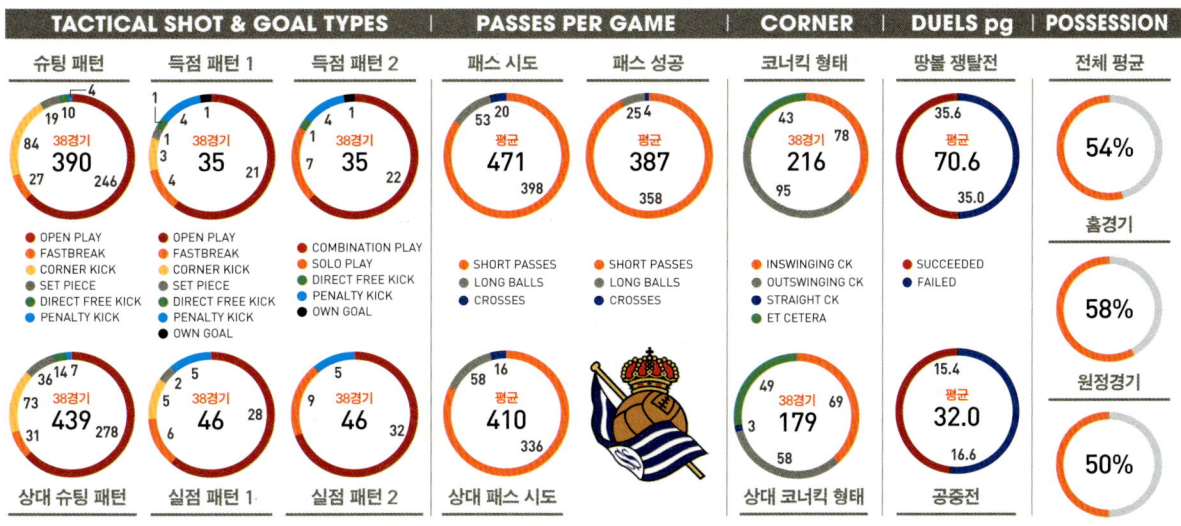

TACTICAL SHOT & GOAL TYPES | PASSES PER GAME | CORNER | DUELS pg | POSSESSION

슈팅 패턴 38경기 390 — OPEN PLAY / FASTBREAK / CORNER KICK / SET PIECE / DIRECT FREE KICK / PENALTY KICK

득점 패턴 1 38경기 35 — OPEN PLAY / FASTBREAK / CORNER KICK / SET PIECE / DIRECT FREE KICK / PENALTY KICK

득점 패턴 2 38경기 35 — COMBINATION PLAY / SOLO PLAY / DIRECT FREE KICK / PENALTY KICK / OWN GOAL

패스 시도 평균 471 / 398 — SHORT PASSES / LONG BALLS / CROSSES

패스 성공 평균 387 / 358 — SHORT PASSES / LONG BALLS / CROSSES

코너킥 형태 38경기 216 — INSWINGING CK / OUTSWINGING CK / STRAIGHT CK / ET CETERA

땅볼 쟁탈전 평균 70.6 / 35.0 — SUCCEEDED / FAILED

전체 평균 54%
홈경기 58%
원정경기 50%

상대 슈팅 패턴 38경기 439
실점 패턴 1 38경기 46
실점 패턴 2 38경기 46
상대 패스 시도 평균 410 / 336
상대 코너킥 형태 38경기 179
공중전 평균 32.0 / 16.6

FORMATION SUMMARY | WHO SCORED | ACTION ZONE | PASSESS pg BY ZONE

선발 포지션별 전적

포메이션	승	무	패	득점	실점
4-1-4-1	10	5	10	26	28
4-2-3-1	1	0	2	3	5
4-3-3	2	0	1	5	3
4-4-2	0	0	3	1	7
4-5-1	0	0	1	0	2
3-5-2	0	0	1	0	1
4-3-1-2	0	1	0	0	0
4-4-1-1	0	1	0	0	0
TOTAL	13	7	18	35	46

포지션별 득점
FW진 22골 / MF진 11골 / DF진 1골

상대 포지션별 실점
DF진 3골 / MF진 11골 / FW진 32골
*상대 자책골 1골

공격 방향
왼쪽 38% / 중앙 23% / 오른쪽 39%

볼 점유 위치
상대 진영 29% / 중간 지역 43% / 우리 진영 28%

평균 패스 성공
하프라인 위쪽 185회 / 하프라인 아래 202회

패스 성공률
하프라인 위쪽 71% / 하프라인 아래 90%

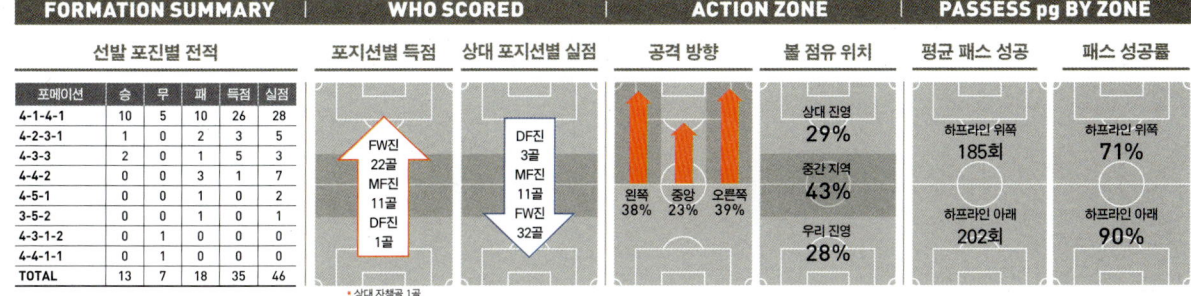

VALENCIA CF

Founded 구단 창립 1919년	**Owner** 피터 림 1953.05.21	**CEO** 키아트 림 1993.07.05	**Manager** 카를로스 코르베란 1983.04.07	**25-26 Odds** 벳365 : 250배 윌리엄힐 : 250배	
Nationality • 외국 선수 7명 • 스페인 선수 17명	**Age** 24명 평균 26.1세	**Height** 24명 평균 182cm	**Market Value** 24명 평균 687만 유로	**Game Points** 24-25 : 46점 통산 : 4592점	
Win 24-25 : 11승 통산 : 1294승	**Draw** 24-25 : 13무 통산 : 710무	**Loss** 24-25 : 14패 통산 : 964패	**Goals For** 24-25 : 44득점 통산 : 4784득점	**Goals Against** 24-25 : 54실점 통산 : 3845실점	
More Minutes 크리스티안 모스케라 3320분	**Top Scorer** 우고 두로 11골	**More Assists** 디에고 로페스 5도움	**More Subs** 프란 페레스 22회 교체 IN	**More Cards** 페펠루 Y7+R1	

6	8	0	1	0	0
SPANISH LA LIGA	SPANISH COPA DEL REY	UEFA CHAMPIONS LEAGUE	UEFA EUROPA LEAGUE	FIFA CLUB WORLD CUP	UEFA-CONMEBOL INTERCONTINENTAL

2024-25 SEASON RESULT

상대팀	홈	원정
FC Barcelona	1-2	1-7
Real Madrid	1-2	2-1
Atletico Madrid	0-3	0-3
Athletic Bilbao	0-1	0-1
Villarreal	1-1	1-1
Real Betis	4-2	1-1
Celta Vigo	2-1	1-3
Rayo Vallecano	0-1	1-1
Osasuna	0-0	3-3
Mallorca	1-0	1-2
Real Sociedad	1-0	0-3
Getafe	3-0	1-1
Espanyol	1-1	1-1
Alaves	2-2	0-1
Girona	2-0	1-1
Sevilla FC	1-0	1-1
Leganes	2-0	0-0
Las Palmas	2-3	3-2
Valladolid	2-1	0-1

PLAY STYLE

OFFENSIVE STYLE
공격시 좌우폭 넓게 활용함
종향향 다이렉트 플레이 중시
수비→공격 트랜지션 우수함

DEFENSIVE STYLE
블록 수비 위주
하프코트 프레싱
오프사이드트랩 활성화
고정적인 선발 일레븐

Mestalla Stadium

구장 오픈 / 증개축
1923년, 증개축 6회
구장 소유
발렌시아 시
수용 인원
4만 9430명
피치 규모
105m x 68m
잔디 종류
천연 잔디

STRENGTHS & WEAKNESSES

OFFENSE		DEFENSE	
직접 프리킥	C	세트피스 수비	B
문전 처리	C	상대 볼 뺏기	A
측면 돌파	B	공중전 능력	D
스루볼 침투	C	역습 방어	C
개인기 침투	C	지공 방어	C
카운터 어택	B	스루패스 방어	D
기회 만들기	C	리드 지키기	D
세트피스	C	실수 조심	C
OS 피하기	C	측면 방어력	C
중거리 슈팅	C	파울 주의	C
볼 점유율	C	중거리슈팅 수비	C

매우 강함 **A** 강한 편 **B** 보통 수준 **C** 약한 편 **D** 매우 약함 **E**

RANKING OF LAST 10 YEARS

15-16	16-17	17-18	18-19	19-20	20-21	21-22	22-23	23-24	24-25
12	12	4	4	9	13	9	16	9	12
44점	46점	73점	61점	53점	43점	48점	42점	49점	46점

위치	선수	국적	생년월일	키	몸무게	출전	선발 11	교체 IN	출전(분)	득점	도움	경고	퇴장	MOM
GK	Giorgi Mamardashvili	GEO	2000-09-29	197	90	34	34	0	3060	0	0	2	0	3
	Stole Dimitrievski	MKD	1993-12-23	188	84	4	4	0	360	0	0	1	0	0
DF	Cristhian Mosquera	COL	2004-06-27	188	78	37	37	0	3320	1	0	6	0	1
	César Tárrega	ESP	2002-02-26	194	78	34	34	0	3027	2	0	7	0	2
	Yarek Gasiorowski	ESP	2005-01-12	190	75	15	9	6	946	0	0	1	0	0
	Jesús Vázquez	ESP	2003-01-02	182	76	19	10	9	920	0	0	3	0	0
	Max Aarons	ENG	2000-01-04	178	69	4	1	3	120	0	0	2	0	0
	Maximiliano Caufriez	BEL	1997-02-16	189	81	1	1	0	90	0	0	1	0	0
	Rodrigo Abajas	ESP	2003-05-12	186	78	1	1	0	66	0	0	1	0	0
DF MF	Dimitri Foulquier	FRA	1993-03-23	183	72	32	25	7	2299	0	1	6	0	0
	José Gayà	ESP	1995-05-25	172	66	23	22	1	1811	0	1	7	0	0
	Thierry Correia	POR	1999-03-09	176	69	11	9	2	771	0	0	1	0	0
	Mouctar Diakhaby	GUI	1996-12-19	189	78	13	7	6	652	2	0	0	0	0
	Hugo Guillamón	ESP	2000-01-31	178	62	12	4	8	361	0	0	2	0	0
MF	Luis Rioja	ESP	1993-10-16	175	68	36	33	3	2846	5	3	6	0	0
	Javi Guerra	ESP	2003-05-13	187	77	36	31	5	2594	3	3	5	0	1
	Enzo Barrenechea	ARG	2001-05-25	186	81	30	26	4	2207	1	2	6	0	0
	Pepelu	ESP	1998-08-11	185	73	34	18	16	1734	2	2	7	1	0
	Fran Pérez	ESP	2002-09-09	175	68	26	4	22	554	0	1	0	0	0
	Martín Tejón	ESP	2004-04-12	165	60	4	0	4	44	0	0	0	0	0
	Iker Córdoba	ESP	2005-11-11	190	78	2	0	2	13	0	0	0	0	0
MF FW	Diego López	ESP	2002-05-13	172	62	38	35	3	2760	8	5	3	0	0
	Hugo Duro	ESP	1999-11-10	177	70	31	25	6	2173	11	2	5	0	0
	André Almeida	POR	2000-05-30	176	62	34	24	10	1987	0	4	2	0	0
	Rafa Mir	ESP	1997-06-18	191	86	20	5	15	745	1	2	3	0	0
	Iván Jaime	ESP	2000-09-26	180	73	9	2	7	292	0	0	0	0	0
FW	Umar Sadiq	NGA	1997-02-02	192	85	16	9	7	825	5	0	4	0	1
	Dani Gómez	ESP	1998-07-30	178	69	14	5	9	526	2	0	1	0	0
	Sergi Canós	ESP	1997-02-02	177	75	17	2	15	359	0	1	3	0	0
	Germán Valera	ESP	2002-03-16	170	68	8	1	7	144	0	0	0	0	0
	David Otorbi	ESP	2007-10-16	180	82	1	0	1	13	0	0	0	0	0
	Alberto Marí	ESP	2001-07-11	183	78	1	0	1	6	0	0	0	0	0

LA LIGA 2024-25 SEASON

VALENCIA CF vs. OPPONENTS PER GAME STATS

발렌시아	vs	상대팀		
1.16	득점	1.42		
10.2	슈팅	11.3		
3.2	유효슈팅	4.0		
4.9	코너킥	5.0		
1.9	오프사이드	2.8		
444	패스시도 (PA)	479		
361	패스성공 (PC)	386		
81%	패스성공률	81%		
17.1	태클 (TK)	17.4		
12.1	공중전승리 (AD)	14.6		
7.9	인터셉트 (IT)	7.7		
11.6	파울	12.5		
2.26	경고	2.26		
0.026	퇴장	0.079		

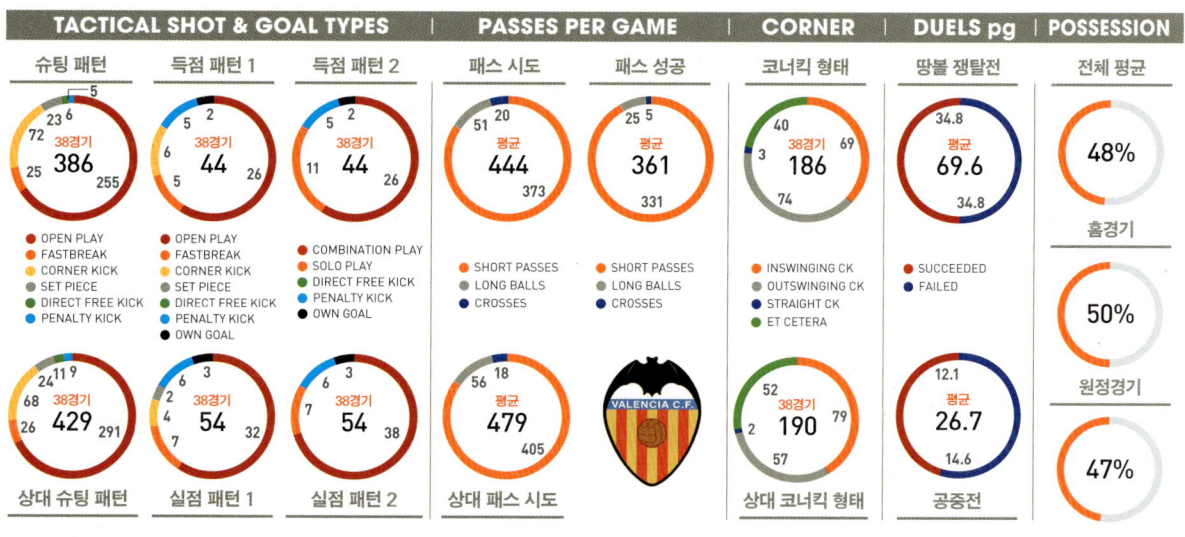

GETAFE CF

Founded	**Owner**	**CEO**	**Manager**	**25-26 Odds**	
구단 창립 1983년	앙헬 토레스 1952.05.07	앙헬 토레스 1952.05.07	호세 보르달라스 1964.03.05	벳365 : 500배 윌리엄힐 : 500배	
Nationality 외국 선수 9명 / 스페인 선수 16명	**Age** 25명 평균 27.2세	**Height** 25명 평균 182cm	**Market Value** 25명 평균 327만 유로	**Game Points** 24-25 : 42점 통산 : 925점	
Win 24-25 : 11승 통산 : 239승	**Draw** 24-25 : 9무 통산 : 208무	**Loss** 24-25 : 18패 통산 : 313패	**Goals For** 24-25 : 34득점 통산 : 824득점	**Goals Against** 24-25 : 39실점 통산 : 960실점	
More Minutes 다비드 소리아 3420분	**Top Scorer** 마우로 아람바리 10골	**More Assists** 크리스투스 우체 6도움	**More Subs** 보르하 마요랄 17회 교체 IN	**More Cards** 즈네 다코남 Y10+R1	

Honours

- SPANISH LA LIGA: 0
- SPANISH COPA DEL REY: 0
- UEFA CHAMPIONS LEAGUE: 0
- UEFA EUROPA LEAGUE: 0
- FIFA CLUB WORLD CUP: 0
- UEFA-CONMEBOL INTERCONTINENTAL: 0

2024-25 SEASON RESULT

상대팀	홈	원정
FC Barcelona	1-1	0-1
Real Madrid	0-1	0-2
Atletico Madrid	2-1	0-1
Athletic Bilbao	0-2	1-1
Villarreal	1-2	1-1
Real Betis	1-2	1-2
Celta Vigo	1-2	0-1
Rayo Vallecano	0-0	0-1
Osasuna	1-1	2-1
Mallorca	0-1	2-1
Real Sociedad	0-0	3-0
Valencia	1-1	0-3
Espanyol	1-0	0-1
Alaves	2-0	1-0
Girona	0-1	2-1
Sevilla FC	0-0	0-1
Leganes	1-1	0-1
Las Palmas	1-3	2-1
Valladolid	2-0	4-0

Coliseum Alfonso Pérez

구장 오픈 / 증개축 : 1998년, 2005년
구장 소유 : 헤타페 시
수용 인원 : 1만 7000명
피치 규모 : 105m X 71m
잔디 종류 : 천연 잔디

STRENGTHS & WEAKNESSES

OFFENSE		DEFENSE	
직접 프리킥	C	세트피스 수비	B
문전 처리	D	상대 볼 뺏기	C
측면 돌파	B	공중전 능력	A
스루볼 침투	C	역습 방어	C
개인기 침투	C	지공 방어	C
카운터 어택	C	스루패스 방어	C
기회 만들기	B	리드 지키기	A
세트피스	A	실수 조심	C
OS 피하기	E	측면 방어력	C
중거리 슈팅	C	파울 주의	C
볼 점유율	E	중거리슈팅 수비	C

매우 강함 A / 강한 편 B / 보통 수준 C / 약한 편 D / 매우 약함 E

PLAY STYLE

OFFENSIVE STYLE
다이렉트 플레이 위주
전체 패스 대비 크로스 많은 편
점유율 대비 슈팅 많이 시도
전체 슈팅 대비 중거리 슈팅 많은 편
상대 진영에서 볼을 컨트롤
왼 측면 돌파 활성화

DEFENSIVE STYLE
도전적인 수비
카운터 프레싱 지향
고정적인 선발 일레븐

RANKING OF LAST 10 YEARS

15-16	16-17	17-18	18-19	19-20	20-21	21-22	22-23	23-24	24-25
19 / 36점	3 / 68점 (2부)	8 / 55점	5 / 59점	8 / 54점	15 / 38점	15 / 39점	15 / 42점	12 / 43점	13 / 42점

Squad

위치	선수	국적	생년월일	키	몸무게	출전	선발 11	교체 IN	출전(분)	득점	도움	경고	퇴장	MOM
GK	David Soria	ESP	1993-04-04	192	83	38	38	0	3420	0	0	2	0	1
DF	Omar Alderete	PAR	1996-12-26	188	77	34	34	0	2978	1	0	8	0	2
DF	Domingos Duarte	POR	1998-03-10	192	80	22	21	1	1861	1	0	2	2	0
DF	Juan Berrocal	ESP	1999-02-05	184	72	19	11	8	1063	0	0	6	1	0
DF	Nabil Aberdin	FRA	2002-08-23	180	75	7	4	3	263	0	0	1	0	0
DF	Ismael Bekhoucha	MAR	2004-11-20	176	69	5	0	5	65	0	0	2	0	0
DF	Gorka Rivera	ESP	2004-08-01	184	70	1	0	1	19	0	0	0	0	0
DF	David Argüelles	ESP	2002-01-10	175	68	1	0	1	6	0	0	0	0	0
DF/MF	Juan Iglesias	ESP	1998-07-03	187	77	37	32	5	2892	0	1	4	0	1
DF/MF	Diego Rico	ESP	1993-02-23	183	76	33	32	1	2820	0	3	9	1	0
DF/MF	Álex Sola	ESP	1999-06-09	178	75	19	13	6	1037	0	1	4	0	0
DF/MF	Allan Nyom	CMR	1988-05-10	188	78	21	11	10	886	1	2	4	0	1
DF/MF	Juan Bernat	ESP	1993-03-01	177	67	14	9	5	702	0	1	0	0	0
MF	Luis Milla	ESP	1994-10-07	175	67	33	32	1	2878	1	4	6	0	2
MF	Mauro Arambarri	URU	1995-09-30	175	71	35	31	4	2665	10	0	10	0	1
MF	Ramon Terrats	ESP	2000-10-18	181	71	15	15	0	1230	4	1	1	0	3
MF	Peter Federico	DOM	2002-07-25	180	68	17	2	15	468	0	0	1	0	0
MF	Carles Aleñá	ESP	1998-01-05	180	70	10	5	5	451	0	0	1	0	0
MF	Yellu Santiago	ESP	2004-05-25	192	78	20	5	15	369	0	0	5	0	0
MF	Alberto Risco	ESP	2005-08-30	157	42	5	0	5	66	0	0	0	0	0
MF	John Patrick	ESP	2003-09-24	192	80	4	0	4	46	0	0	1	0	0
MF/FW	Djené Dakonam	TOG	1991-12-31	178	71	31	31	0	2556	0	0	10	1	0
MF/FW	Chrisantus Uche	NGA	2003-05-19	190	84	33	30	3	2506	4	6	6	2	2
MF/FW	Carles Pérez	ESP	1998-02-16	173	75	27	15	12	1432	3	0	2	0	0
MF/FW	Borja Mayoral	ESP	1997-04-05	182	68	24	7	17	1106	5	1	0	0	0
MF/FW	Juanmi	ESP	1993-05-20	172	69	13	8	5	698	0	0	2	0	0
FW	Bertuğ Yıldırım	TUR	2002-07-12	191	83	22	14	8	1090	1	0	7	0	0
FW	Coba da Costa	ESP	2002-07-26	182	73	19	12	7	1012	1	1	4	0	0
FW	Álvaro Rodríguez	URU	2004-07-14	192	81	22	7	15	848	2	0	0	0	1
FW	Abdoulaye Keita	ESP	2002-09-01	186	71	3	1	2	94	0	0	0	0	0

LA LIGA 2024-25 SEASON

GETAFE CF vs. OPPONENTS PER GAME STATS

헤타페 vs 상대팀

	독점	슈팅	유효슈팅	코너킥	오프사이드	패스시도	패스성공	태클	공중전승리	인터셉트	파울	경고	퇴장
	0.89 / 1.03	11.4 / 9.8	3.3 / 3.3	3.9 / 3.9	2.4 / 2.2	317 / 455	221 / 348	70% / 76%	17.0 / 17.6	12.7 / 13.0	7.2 / 7.4	15.8 / 13.9	2.89 / 2.66	0.184 / 0.132

2024-25 SEASON SQUAD LIST & GAMES PLAYED

*괄호 안의 숫자는 선발 출전 횟수. 교체 출전은 포함시키지 않음

LW: N/A
CF: C.우체(21), B.율드롬(14), 후안미(8), B.마요랄(7), A.로드리게스(7), R.테라스(2), M.아람바리
RW: N/A

LAM: A.솔라(3), C.다코스타(2), J.베르나트(1), P.페데리코(1), C.페레스
CAM: C.우체(4), C.알레나(2), L.밀라(1), M.아람바리(1)
RAM: C.페레스(3), R.테라스(2), A.니옴(2), A.솔라(1)

LM: C.다코스타(10), J.베르나트(8), A.솔라(7), C.우체(2), C.페레스
CM: M.아람바리(25), L.밀라(21), D.다코남(5), R.테라스(4), Y.산티아고(3), C.우체(2), O.알데레테(1), C.알레나(1)
RM: C.페레스(9), R.테라스(7), J.이글레시아스(4), A.니옴(3), A.솔라(2), C.알레나(2), P.페데리코(1), A.케이타(1)

LWB: N/A
DM: L.밀라(10), M.아람바리(4), N.아베르딘(4), D.다코남(2), C.우체(1), Y.산티아고(1)
RWB: N/A

LB: D.리코(32), J.이글레시아스(6)
CB: O.알데레테(33), D.두아르테(21), C.다코남(13), J.베로칼(11)
RB: J.이글레시아스(22), D.다코남(11), A.니옴(5)

GK: D.소리아(38)

SHOTS & GOALS

38경기 총 434슈팅 - 34득점
38경기 상대 총 371슈팅 - 39실점

26-7 / 자책골 0-0
229-25
179-2

유효 슈팅 126	비유효 슈팅 308
득점 34	블록 담당 134
GK 방어 92	골대 밖 166
유효슈팅률 29%	골대 맞음 8

유효 슈팅 126	비유효 슈팅 245
실점 39	블록 86
GK 방어 87	골대 밖 155
유효슈팅률 34%	골대 맞음 4

127-5
215-29
29-5 / 자책골 0-0

SHOT TIME | GOAL TIME

시간대별 슈팅: 112 72 / 62 50 / 73 65 (46 45)
시간대별 득점: 10 4 / 4 4 / 3 4 (46 45)

슈팅 차이: 전반 슈팅 차이 +35, 후반 슈팅 차이 +28, 전체 슈팅 차이 +63
득실차: 전반 골 득실차 -9, 후반 골 득실차 +4, 전체 골 득실차 -5

시간대별 상대 슈팅: 79 38 / 61 52 / 79 62 (46 45)
시간대별 실점: 6 5 / 6 6 / 6 8 (46 45)

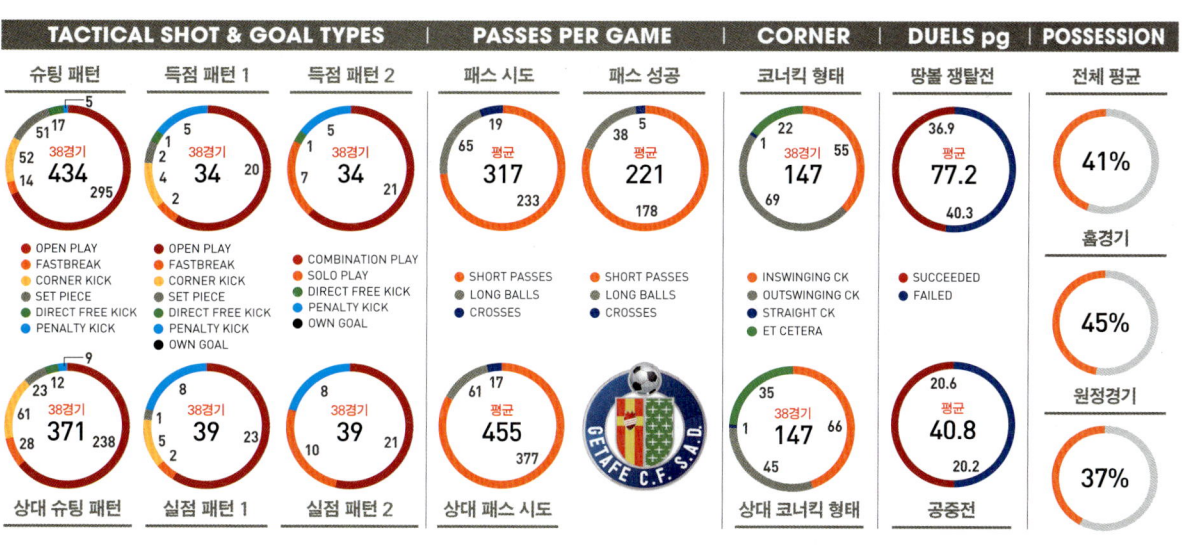

TACTICAL SHOT & GOAL TYPES | PASSES PER GAME | CORNER | DUELS pg | POSSESSION

슈팅 패턴 38경기 434: 5, 51, 17, 52, 14, 295 — OPEN PLAY / FASTBREAK / CORNER KICK / SET PIECE / DIRECT FREE KICK / PENALTY KICK

득점 패턴 1 38경기 34: 5, 1, 2, 4, 2, 20 — OPEN PLAY / FASTBREAK / CORNER KICK / SET PIECE / DIRECT FREE KICK / PENALTY KICK

득점 패턴 2 38경기 34: 5, 1, 7, 21 — COMBINATION PLAY / SOLO PLAY / DIRECT FREE KICK / PENALTY KICK / OWN GOAL

패스 시도 평균 317: 19, 65, 233 — SHORT PASSES / LONG BALLS / CROSSES
패스 성공 평균 221: 38, 5, 178 — SHORT PASSES / LONG BALLS / CROSSES

코너킥 형태 38경기 147: 22, 1, 55, 69 — INSWINGING CK / OUTSWINGING CK / STRAIGHT CK / ET CETERA

땅볼 쟁탈전 평균 77.2: 36.9 / 40.3 — SUCCEEDED / FAILED

전체 평균: 41%
홈경기: 45%
원정경기: 37%

상대 슈팅 패턴 38경기 371: 23, 12, 9, 61, 28, 238
실점 패턴 1 38경기 39: 8, 1, 2, 3, 23
실점 패턴 2 38경기 39: 5, 1, 7, 10, 21
상대 패스 시도 평균 455: 17, 61, 377
상대 코너킥 형태 38경기 147: 35, 1, 66, 45
공중전 평균 40.8: 20.6 / 20.2

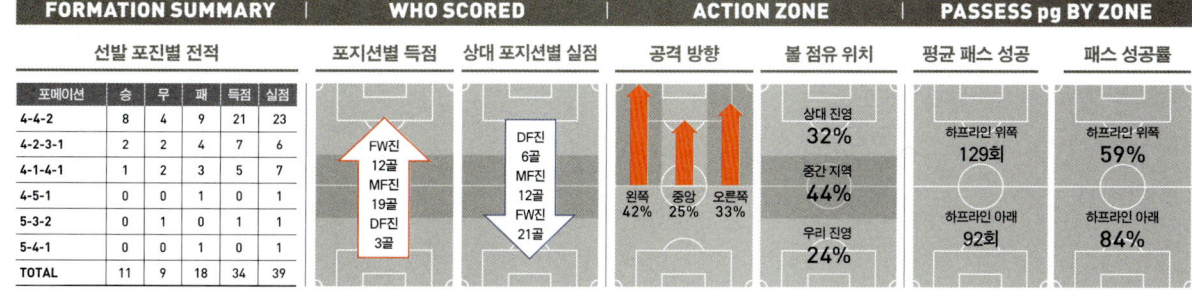

FORMATION SUMMARY | WHO SCORED | ACTION ZONE | PASSESS pg BY ZONE

선발 포진별 전적

포메이션	승	무	패	득점	실점
4-4-2	8	4	9	21	23
4-2-3-1	2	2	4	7	6
4-1-4-1	1	2	3	5	7
4-5-1	0	0	1	0	1
5-3-2	0	1	0	1	1
5-4-1	0	0	1	0	1
TOTAL	11	9	18	34	39

포지션별 득점: FW진 12골, MF진 19골, DF진 3골
상대 포지션별 실점: DF진 6골, MF진 12골, FW진 21골

공격 방향: 왼쪽 42%, 중앙 25%, 오른쪽 33%
볼 점유 위치: 상대 진영 32%, 중간 지역 44%, 우리 진영 24%

평균 패스 성공: 하프라인 위쪽 129회, 하프라인 아래 92회
패스 성공률: 하프라인 위쪽 59%, 하프라인 아래 84%

RCD ESPANYOL

Founded 구단 창립 1900년	**Owner** 라스타 그룹	**CEO** 천안성 1970.01.01	**Manager** 마놀로 곤살레스 1979.01.14	**25-26 Odds** 벳365 : 500배 윌리엄힐 : 500배	
Nationality ● 외국 선수 5명 ● 스페인 선수 22명	**Age** 27명 평균 25.9세	**Height** 27명 평균 183cm	**Market Value** 27명 평균 261만 유로	**Game Points** 24-25 : 42점 통산 : 3700점	
Win 24-25 : 11승 통산 1008승	**Draw** 24-25 : 9무 통산 676무	**Loss** 24-25 : 18패 통산 1170패	**Goals For** 24-25 : 40득점 통산 3852득점	**Goals Against** 24-25 : 51실점 통산 4207실점	
More Minutes 호안 가르시아 3420분	**Top Scorer** 하비 푸아도 12골	**More Assists** 알바로 테헤로 +1명 4도움	**More Subs** 페레 밀라 19회 교체 IN	**More Cards** 폴 로사노 Y13+R0	

	SPANISH LA LIGA	SPANISH COPA DEL REY	UEFA CHAMPIONS LEAGUE	UEFA EUROPA LEAGUE	FIFA CLUB WORLD CUP	UEFA-CONMEBOL INTERCONTINENTAL
우승	0	4	0	0	0	0

2024-25 SEASON RESULT

상대팀	홈	원정
FC Barcelona	0-2	1-3
Real Madrid	1-0	1-4
Atletico Madrid	1-1	0-0
Athletic Bilbao	1-1	1-4
Villarreal	1-2	0-1
Real Betis	1-2	0-1
Celta Vigo	3-1	2-0
Rayo Vallecano	2-1	4-0
Osasuna	0-0	0-2
Mallorca	2-1	1-2
Real Sociedad	0-1	1-2
Valencia	1-1	1-1
Getafe	1-0	0-1
Alaves	3-2	1-0
Girona	1-1	1-4
Sevilla FC	0-2	1-1
Leganes	1-1	2-3
Las Palmas	2-0	0-1
Valladolid	2-1	0-1

Stage Front Stadium

구장 오픈 / 증개축 2009년
구장 소유 에스파뇰 구단
수용 인원 4만 명
피치 규모 105m X 68m
잔디 종류 천연 잔디

STRENGTHS & WEAKNESSES

OFFENSE		DEFENSE	
직접 프리킥	C	세트피스 수비	D
문전 처리	C	상대 볼 뺏기	C
측면 돌파	C	공중전 능력	C
스루볼 침투	B	역습 방어	C
개인기 처리	C	지공 방어	E
카운터 어택	B	스루패스 방어	C
기회 만들기	C	리드 지키기	C
세트피스	C	실수 조심	C
OS 피하기	C	측면 방어력	D
중거리 슈팅	B	파울 주의	D
볼 점유율	E	중거리슈팅 수비	D

매우 강함 **A** 강한 편 **B** 보통 수준 **C** 약한 편 **D** 매우 약함 **E**

PLAY STYLE

OFFENSIVE STYLE
중앙 돌파 활성화
볼 점유율 대비 슈팅 많은 편
전체 슈팅 대비 중거리 슈팅 자주 시도
롱볼 다이렉트 플레이
스루볼 침투 자주 시도

DEFENSIVE STYLE
자기 진영에서 볼을 컨트롤
고정적인 선발 일레븐

RANKING OF LAST 10 YEARS

● 2부 리그

위치	선수	국적	생년월일	키	몸무게	출전	선발 11	교체 IN	출전(분)	득점	도움	경고	퇴장	MOM
GK	Joan García	ESP	2001.5.4	191	79	38	38	0	3420	0	0	2	0	7
DF	Omar El Hilali	MAR	2003.9.12	183	75	36	36	0	3158	0	2	10	0	1
	Marash Kumbulla	ALB	2000.2.8	191	78	35	34	1	2976	3	0	10	0	1
	Leandro Cabrera	URU	1991.6.17	190	80	33	32	1	2871	4	2	4	1	2
	Brian Oliván	ESP	1994.4.1	177	73	17	12	5	1017	0	1	2	0	0
	Sergi Gómez	ESP	1992.7.28	185	80	12	6	6	662	0	0	1	0	0
	Roger Hinojo	ESP	2005.2.21	180	70	1	0	1	8	0	0	0	0	0
DF MF	Javi Puado	ESP	1998.5.25	177	69	35	35	0	2989	12	4	7	0	1
	Carlos Romero	ESP	2001.10.29	180	73	34	28	6	2557	2	1	7	0	1
	Álvaro Tejero	ESP	1996.7.20	174	69	28	13	15	1235	1	4	2	0	1
	Fernando Calero	ESP	1995.6.27	183	71	21	6	15	706	1	0	1	0	0
MF	Alex Král	CZE	1998.5.19	187	80	37	29	8	2713	0	1	1	0	0
	Pol Lozano	ESP	1999.10.6	177	62	30	27	3	1961	0	1	13	0	0
	Urko González de Zárate	ESP	2001.3.20	189	83	17	16	1	1383	0	2	2	0	0
	Edu Expósito	ESP	1996.8.1	178	68	19	12	7	1047	0	2	3	0	1
	José Gragera	ESP	2000.5.14	186	78	10	7	3	572	0	0	0	0	0
	Álvaro Aguado	ESP	1996.5.15	174	66	16	4	12	438	0	1	3	0	0
	Justin Smith	CAN	2003.2.4	190	79	5	3	2	210	0	0	0	0	0
	Rafel Bauzà	ESP	2005.1.30	183	74	5	2	3	182	0	0	1	0	0
	Naci Ünüvar	NED	2003.6.13	168	64	2	0	2	30	0	0	0	0	0
MF FW	Jofre Carreras	ESP	2001.6.17	175	68	37	26	11	2177	3	3	5	0	1
	Irvin Cardona	FRA	1997.8.8	185	76	16	5	11	600	1	1	1	0	0
	Pere Milla	ESP	1992.9.23	184	72	20	1	19	445	3	0	3	0	0
FW	Roberto Fernández	ESP	2002.7.3	186	78	19	18	1	1508	6	0	1	0	0
	Alejo Véliz	ARG	2003.9.19	186	77	27	10	17	1124	1	0	3	0	0
	Antoniu Roca	ESP	2002.9.5	180	65	26	13	13	1024	0	0	3	0	0
	Walid Cheddira	MAR	1998.1.22	187	80	22	5	17	634	1	0	3	0	0

LA LIGA 2024-25 SEASON

RCD ESPANYOL vs. OPPONENTS PER GAME STATS

에스파뇰 vs 상대팀

에스파뇰		상대팀	항목
1.05	⚽ 득점	1.34	
9.4	👟 슈팅	14.9	
2.8	🎯 유효슈팅	5.1	
3.8	🚩 코너킥	6.0	
1.6	🚩 오프사이드	1.4	
349	PA 패스시도	547	
271	PC 패스성공	456	
78%	P% 패스성공률	83%	
16.8	TK 태클	13.3	
13.3	AD 공중전승리	13.4	
8.3	IT 인터셉트	7.7	
13.1	파울	12.0	
2.32	🟨 경고	1.74	
0.026	🟥 퇴장	0.053	

2024-25 SEASON SQUAD LIST & GAMES PLAYED

* 괄호 안의 숫자는 선발 출전 횟수, 교체 출전은 포함시키지 않음

LW: N/A
CF: R.페르난데스(18), J.푸아도(13), A.벨리스(10), W.셰디라(5), I.카르도나(3), A.크랄(2), A.테헤로(1), E.에스포시토(1)
RW: N/A

LAM: J.푸아도(12), I.카르도나(1), A.로카(1), C.로메로(1)
CAM: E.에스포시토(9), A.크랄(7), J.푸아도(1)
RAM: J.카레라스(9), A.로카(6)

LM: J.푸아도(8), J.카레라스(6), C.로메로(2), A.테헤로(1), I.카르도나(1), A.로카(1)
CM: A.크랄(19), P.로사노(9), J.그라게라(5), A.아구아도(4), J.스미스(3), U.곤살레스(3), A.테헤로(2), E.에스포시토(1), P.밀라(1), R.바우사(1)
RM: J.카레라스(8), A.로카(5), A.테헤로(4), J.푸아도(1), E.에스포시토(1)

LWB: N/A
DM: P.로사노(18), U.곤살레스(13), J.그라게라(2), A.크랄(1), R.바우사(1)
RWB: N/A

LB: C.로메로(4), B.올리반(12), L.카브레라(1)
CB: M.쿰불라(34), L.카브레라(31), S.고메스(6), F.칼레로(6), O.힐랄리(4)
RB: O.힐랄리(32), A.테헤로(5), J.카레라스(1)

GK: J.가르시아(38)

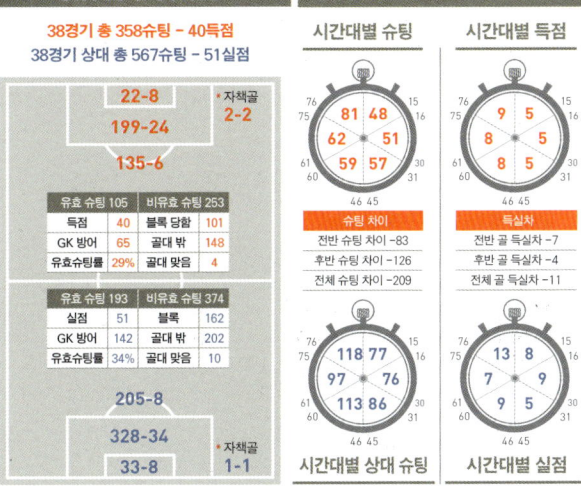

SHOTS & GOALS
38경기 총 358슈팅 - 40득점
38경기 상대 총 567슈팅 - 51실점

22-8, 199-24, 135-6 *자책골 2-2

유효 슈팅 105 / 비유효 슈팅 253
- 득점 40 / 블록 당함 101
- GK 방어 65 / 골대 밖 148
- 유효슈팅률 29% / 골대 맞음 4

유효 슈팅 193 / 비유효 슈팅 374
- 실점 51 / 블록 162
- GK 방어 142 / 골대 밖 202
- 유효슈팅률 34% / 골대 맞음 10

205-8, 328-34, 33-8 *자책골 1-1

SHOT TIME | GOAL TIME
시간대별 슈팅: 81, 48, 15 / 62, 51 / 59, 57, 30 / 76, 61, 46, 45, 31, 60
시간대별 득점: 9, 5, 15 / 8, 5, 30 / 46, 45, 31, 60

슈팅 차이
- 전반 슈팅 차이 -83
- 후반 슈팅 차이 -126
- 전체 슈팅 차이 -209

득실차
- 전반 골 득실차 -7
- 후반 골 득실차 -4
- 전체 골 득실차 -11

시간대별 상대 슈팅: 118, 77, 16 / 97, 76, 30 / 113, 86, 75, 61, 46, 45
시간대별 실점: 13, 8, 16 / 7, 9, 30 / 9, 5, 46, 45

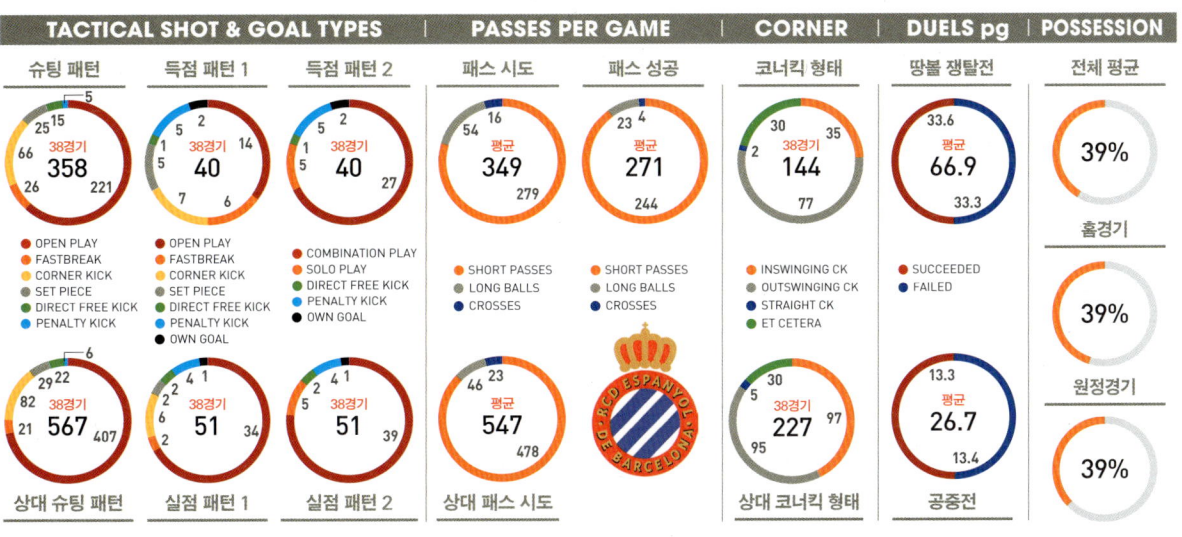

TACTICAL SHOT & GOAL TYPES

슈팅 패턴 (38경기): 358 — 5, 15, 25, 66, 26, 221
득점 패턴 1 (38경기): 40 — 5, 14, 1, 2, 7, 6
득점 패턴 2 (38경기): 40 — 4, 1, 2, 5, 27, 1

- OPEN PLAY / FASTBREAK / CORNER KICK / SET PIECE / DIRECT FREE KICK / PENALTY KICK
- COMBINATION PLAY / SOLO PLAY / DIRECT FREE KICK / PENALTY KICK / OWN GOAL

PASSES PER GAME
패스 시도 평균 349 (54 / 16 / 279)
패스 성공 평균 271 (23 / 4 / 244)
- SHORT PASSES / LONG BALLS / CROSSES

CORNER
코너킥 형태 38경기 144 (30 / 35 / 2 / 77)
- INSWINGING CK / OUTSWINGING CK / STRAIGHT CK / ET CETERA

DUELS pg
땅볼 쟁탈전 평균 66.9 (33.6 / 33.3)
- SUCCEEDED / FAILED

POSSESSION
전체 평균 39%
홈경기 39%
원정경기 39%

상대 슈팅 패턴 (38경기): 567 — 6, 29, 22, 82, 21, 407
실점 패턴 1 (38경기): 51 — 4, 1, 2, 5, 34, 2
실점 패턴 2 (38경기): 51 — 4, 1, 2, 5, 39, 1

상대 패스 시도 평균 547 (46 / 23 / 478)
상대 코너킥 형태 38경기 227 (30, 97, 5, 95)
공중전 평균 26.7 (13.3 / 13.4)

FORMATION SUMMARY
선발 포진별 전적

포메이션	승	무	패	득점	실점
4-2-3-1	7	3	5	18	15
4-4-2	3	3	6	12	16
4-1-4-1	1	1	3	5	7
5-3-2	0	1	2	1	5
5-4-1	0	0	2	3	7
4-3-2-1	0	1	0	1	1
TOTAL	11	9	18	40	51

WHO SCORED
포지션별 득점: FW진 22골, MF진 8골, DF진 8골
상대 포지션별 실점: DF진 8골, MF진 11골, FW진 31골
* 상대 자책골 2골 / *자책골 실점 1골

ACTION ZONE
공격 방향: 왼쪽 35%, 중앙 27%, 오른쪽 38%
볼 점유 위치: 상대 진영 23%, 중간 지역 45%, 우리 진영 32%

PASSES pg BY ZONE
평균 패스 성공: 하프라인 위쪽 113회, 하프라인 아래 158회
패스 성공률: 하프라인 위쪽 62%, 하프라인 아래 88%

DEPORTIVO ALAVÉS

0	0	0	0	0	0
SPANISH LA LIGA	SPANISH COPA DEL REY	UEFA CHAMPIONS LEAGUE	UEFA EUROPA LEAGUE	FIFA CLUB WORLD CUP	UEFA-CONMEBOL INTERCONTINENTAL

Founded 구단 창립 1921년
Owner 바스코니아 알라베스 그룹
CEO 알폰소 페르난데스 1973.03.22
Manager 에두아르도 쿠데 1974.09.12
25-26 Odds 벳365 : 500배 윌리엄힐 : 500배

Nationality 외국 선수 10명 · 스페인 선수 11명
Age 21명 평균 26.5세
Height 21명 평균 182cm
Market Value 21명 평균 305만 유로
Game Points 24-25 : 42점 통산 : 749점

Win 24-25 : 10승 통산 : 202승
Draw 24-25 : 12무 통산 : 143무
Loss 24-25 : 16패 통산 : 301패
Goals For 24-25 : 38득점 통산 : 712득점
Goals Against 24-25 : 48실점 통산 : 1003실점

More Minutes 카를로스 비센테 3099분
Top Scorer 키케 가르시아 13골
More Assists 카를로스 비센테 5도움
More Subs 토니 마르티네스 19회 교체 IN
More Cards 압델카비르 아브카 Y13+R0

2024-25 SEASON RESULT

상대팀	홈	원정
FC Barcelona	0-3	0-1
Real Madrid	0-1	2-3
Atletico Madrid	0-0	1-2
Athletic Bilbao	1-1	0-1
Villarreal	1-0	0-3
Real Betis	0-0	3-1
Celta Vigo	1-1	1-2
Rayo Vallecano	0-2	0-1
Osasuna	1-1	2-2
Mallorca	1-0	1-1
Real Sociedad	1-0	2-1
Valencia	1-0	2-2
Getafe	0-1	0-2
Espanyol	0-1	2-3
Girona	0-1	1-0
Sevilla FC	2-1	1-1
Leganes	1-1	3-3
Las Palmas	2-0	2-2
Valladolid	2-3	1-0

PLAY STYLE

OFFENSIVE STYLE
전체 패스 대비 크로스 많은 편
공격시 좌우폭 넓게 사용
롱볼 다이렉트 플레이 중시

DEFENSIVE STYLE
도전적인 수비
카운터 프레싱 지향

Mendizorrotza Stadium

구장 오픈 / 증개축 1924년, 1997년
구장 소유 빅토리아-가스테이스 시
수용 인원 1만 9840명
피치 규모 105m X 68m
잔디 종류 천연 잔디

STRENGTHS & WEAKNESSES

OFFENSE		DEFENSE	
직접 프리킥	C	세트피스 수비	C
문전 처리	D	상대 볼 뺏기	B
측면 돌파	B	공중전 능력	B
스루볼 침투	C	역습 방어	C
개인기 침투	C	지공 방어	C
카운터 어택	C	스루패스 방어	C
기회 만들기	C	리드 지키기	C
세트피스	B	실수 조심	C
OS 피하기	C	측면 방어력	C
중거리 슈팅	C	파울 주의	D
볼 점유율	D	중거리슈팅 수비	C

매우 강함 A | 강한 편 B | 보통 수준 C | 약한 편 D | 매우 약함 E

RANKING OF LAST 10 YEARS

● 2부 리그

15-16	16-17	17-18	18-19	19-20	20-21	21-22	22-23	23-24	24-25
1위 75점	9위 55점	14위 47점	11위 50점	16위 39점	16위 38점	20위 31점	4위 71점	10위 46점	15위 42점

위치	선수	국적	생년월일	키	몸무게	출전	선발 11	교체 IN	출전(분)	득점	도움	경고	퇴장	MOM
GK	Antonio Sivera	ESP	1996-08-11	184	75	32	32	0	2812	0	0	6	1	0
	Jesús Owono	EQG	2001-03-01	183	67	6	5	1	486	0	0	0	0	0
	Adrián Rodríguez	ARG	2000-12-12	195	82	2	1	1	121	0	0	1	0	0
DF	Nahuel Tenaglia	ARG	1996-02-21	180	73	34	33	1	2924	2	1	11	0	3
	Abdelkabir Abqar	MAR	1999-03-10	188	80	29	29	0	2468	0	1	13	0	0
	Moussa Diarra	MLI	2000-11-10	185	73	26	20	6	1863	0	0	6	0	0
	Santiago Mouriño	URU	2002-02-13	186	76	25	20	5	1847	0	1	7	0	0
	Facundo Garcés	ARG	1999-09-05	188	82	10	7	3	676	0	0	2	0	0
	Aleksandar Sedlar	SRB	1991-12-13	178	79	9	7	2	594	0	0	1	1	0
	Adrián Pica	ESP	2002-01-01	190	75	9	5	4	496	0	0	1	0	0
DF MF	Manu Sánchez	ESP	2000-08-24	171	70	33	30	3	2641	1	0	6	1	1
	Hugo Novoa	ESP	2003-01-24	182	69	5	2	3	234	0	0	0	0	0
	Luis Rioja	ESP	1993-10-16	175	68	1	0	1	22	0	0	0	0	0
MF	Antonio Blanco	ESP	2000-07-23	176	70	35	32	3	2737	0	1	9	1	1
	Ander Guevara	ESP	1997-07-07	180	73	33	20	13	1949	0	1	3	0	0
	Joan Jordán	ESP	1993-07-06	184	74	25	15	10	1416	5	2	4	0	1
	Carles Aleñà	ESP	1998-01-05	180	70	14	13	1	1096	0	2	1	0	0
	Carlos Benavidez	URU	1998-03-30	185	76	19	7	12	480	1	1	3	0	0
	Abde Rebbach	ALG	1998-08-11	176	68	8	4	4	385	0	0	1	0	0
	Luka Romero	ARG	2004-11-18	165	64	6	2	4	197	0	0	0	0	0
MF FW	Carlos Vicente	ESP	1999-04-23	179	72	37	35	2	3099	5	5	3	0	3
	Jon Guridi	ESP	1995-02-28	179	64	33	27	6	2098	3	1	6	0	0
	Carlos Martín	ESP	2002-04-22	180	73	26	16	10	1336	2	2	3	0	0
	Tomás Conechny	ARG	1998-03-30	170	68	22	9	13	847	1	0	8	0	0
	Stoichkov	ESP	1993-11-05	178	71	16	6	10	697	0	1	0	0	0
FW	Kike García	ESP	1989-11-25	186	79	35	29	6	2554	13	0	3	1	1
	Toni Martínez	ESP	1997-06-30	187	83	28	9	19	1007	4	0	1	0	0
	Asier Villalibre	ESP	1997-09-30	184	86	16	2	14	323	1	1	2	0	0
	Pau Cabanes	ESP	2005-02-17	179	72	6	2	4	187	0	0	1	0	0

LA LIGA 2024-25 SEASON

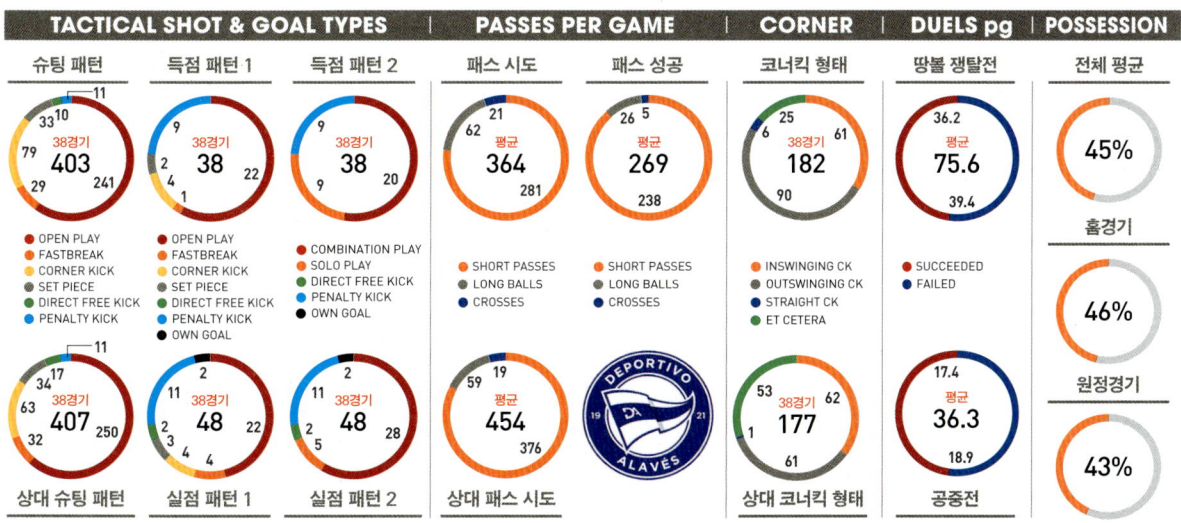

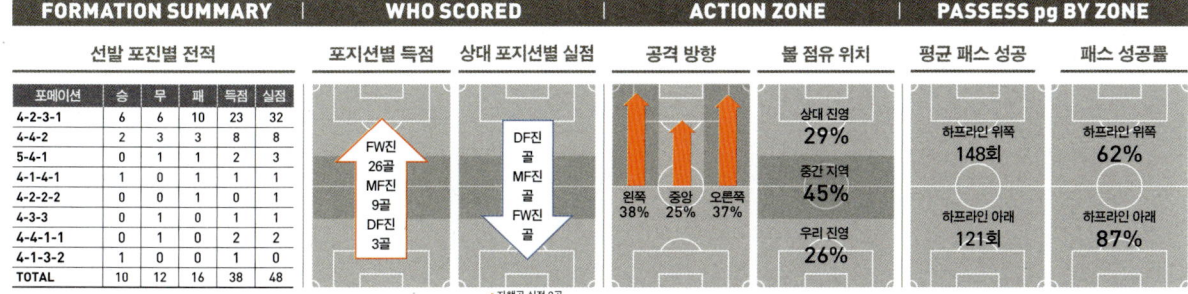

GIRONA FC

Founded 구단 창립 1930년	**Owner** 시티 풋볼 그룹 마르셀로 클라우레	**CEO** 델피 헬리 1969.04.22	**Manager** 미첼 1975.10.30	**25-26 Odds** 벳365 : 250배 윌리엄힐 : 250배
Nationality 외국 선수 14명 스페인 선수 11명	**Age** 25명 평균 26.6세	**Height** 25명 평균 182cm	**Market Value** 25명 평균 499만 유로	**Game Points** 24-25 : 41점 통산 : 259점
Win 24-25 : 11승 통산 : 72승	**Draw** 24-25 : 8무 통산 : 43무	**Loss** 24-25 : 19패 통산 : 75패	**Goals For** 24-25 : 44득점 통산 : 274득점	**Goals Against** 24-25 : 60실점 통산 : 273실점
More Minutes 파울로 가사니가 3196분	**Top Scorer** 크리스티안 스투아니 11골	**More Assists** 빅토르 치한코프+1명 5도움	**More Subs** 크리스티안 스투아니 26회 교체 IN	**More Cards** 양헬 에레라 Y10+R1

Trophies
- SPANISH LA LIGA: 0
- SPANISH COPA DEL REY: 0
- UEFA CHAMPIONS LEAGUE: 0
- UEFA EUROPA LEAGUE: 0
- FIFA CLUB WORLD CUP: 0
- UEFA-CONMEBOL INTERCONTINENTAL: 0

2024-25 SEASON RESULT

상대팀	홈	원정
FC Barcelona	1-4	1-4
Real Madrid	0-3	0-2
Atletico Madrid	0-4	0-3
Athletic Bilbao	2-1	0-3
Villarreal	0-1	2-2
Real Betis	1-3	1-1
Celta Vigo	2-2	1-1
Rayo Vallecano	0-0	1-2
Osasuna	4-0	1-2
Mallorca	1-0	1-2
Real Sociedad	0-1	2-3
Valencia	1-1	0-2
Getafe	1-2	1-0
Espanyol	4-1	1-1
Alaves	0-1	1-0
Sevilla FC	1-2	2-0
Leganes	4-3	1-1
Las Palmas	2-1	0-1
Valladolid	3-0	1-0

Estadi Montilivi

구장 오픈 / 증개축: 1970년, 2017년
구장 소유: 히노라 시
수용 인원: 1만 1810명
피치 규모: 100m X 68m
잔디 종류: 천연 잔디

STRENGTHS & WEAKNESSES

OFFENSE		DEFENSE	
직접 프리킥	C	세트피스 수비	C
문전 처리	C	상대 볼 뺏기	C
측면 돌파	B	공중전 능력	D
스루볼 침투	C	역습 방어	E
개인기 침투	C	지공 방어	D
카운터 어택	C	스루패스 방어	D
기회 만들기	C	리드 지키기	C
세트피스	C	실수 조심	E
OS 피하기	D	측면 방어력	C
중거리 슈팅	C	파울 주의	C
볼 점유율	B	중거리슈팅 수비	D

매우 강함 A / 강한 편 B / 보통 수준 C / 약한 편 D / 매우 약함 E

PLAY STYLE

OFFENSIVE STYLE
포제션 풋볼 지향
오른쪽 측면 돌파 활성화
짧은 패스 콤비네이션 위주
공격시 좌우 폭 넓게 활용

DEFENSIVE STYLE
도전하기보다는 기다리는 수비
블록 수비와 하프코트 프레싱
선발 일레븐 로테이션

RANKING OF LAST 10 YEARS

시즌	15-16	16-17	17-18	18-19	19-20	20-21	21-22	22-23	23-24	24-25
순위	4	2	10	18	5	5	6	10	3	16
점수	66점	70점	51점	37점	63점	71점	68점	49점	81점	41점

● 2부 리그

선수 명단

위치	선수	국적	생년월일	키	몸무게	출전	선발 11	교체 IN	출전(분)	득점	도움	경고	퇴장	MOM
GK	Paulo Gazzaniga	ARG	1992-01-02	195	90	36	36	0	3196	0	0	4	0	1
GK	Vladyslav Krapyvtsov	UKR	2005-06-25	188	70	2	2	0	180	0	0	0	0	0
GK	Pau López	ESP	1994-12-13	189	77	1	0	1	45	0	0	0	0	0
GK	Juan Carlos	ESP	1988-01-20	186	85	1	1	0	1	0	0	0	1	0
DF	Alejandro Francés	ESP	2002-08-01	181	70	18	13	5	1176	0	0	2	0	1
DF	Juanpe	ESP	1991-04-30	190	80	12	8	4	725	0	0	2	0	0
DF	Ferran Ruiz	ESP	2003-04-26	172	65	1	0	1	17	0	0	0	0	0
DF/MF	Daley Blind	NED	1990-03-09	180	72	34	31	3	2779	0	2	2	0	1
DF/MF	Arnau Martínez	ESP	2003-04-25	182	72	32	30	2	2628	2	2	3	0	0
DF/MF	Miguel Gutiérrez	ESP	2001-07-27	180	73	29	29	0	2465	1	5	4	0	3
DF/MF	David López	ESP	1989-10-09	185	81	29	27	2	2431	1	1	4	0	1
MF	Ladislav Krejčí	CZE	1999-04-20	191	87	29	28	1	2440	2	0	10	0	1
MF	Yangel Herrera	VEN	1998-01-07	184	78	29	27	2	2266	4	3	10	1	4
MF	Iván Martín	ESP	1999-02-14	178	70	32	24	8	2045	1	1	1	0	0
MF	Viktor Tsyhankov	UKR	1997-11-15	178	73	27	23	4	1922	2	5	1	0	1
MF	Bryan Gil	ESP	2001-02-11	175	60	25	21	4	1733	3	3	4	0	1
MF	Donny van de Beek	NED	1997-04-18	184	76	26	16	10	1426	2	2	5	0	1
MF	Oriol Romeu	ESP	1991-09-24	183	83	25	17	8	1359	0	0	5	0	0
MF	Arthur	BRA	1996-08-12	171	73	15	10	5	943	0	0	2	0	0
MF	Jhon Solís	COL	2004-10-03	189	80	19	3	16	525	1	0	3	0	0
MF	Selvi Clua	ESP	2005-01-29	189	79	4	2	2	163	0	0	0	0	0
MF/FW	Yáser Asprilla	COL	2003-11-19	185	75	27	15	12	1403	3	1	2	0	1
MF/FW	Arnaut Danjuma	NED	1997-01-31	178	74	25	15	10	1336	2	0	2	0	0
MF/FW	Cristhian Stuani	URU	1986-10-12	186	76	32	6	26	1058	11	2	4	0	1
MF/FW	Portu	ESP	1992-05-21	167	66	27	6	21	768	1	2	4	0	0
MF/FW	Gabriel Misehouy	NED	2005-07-18	173	68	9	1	8	252	1	0	0	0	0
FW	Abel Ruiz	ESP	2000-01-28	182	73	23	17	6	1358	4	0	3	0	0
FW	Bojan Miovski	MKD	1999-06-24	189	76	17	12	5	878	2	1	0	0	0
FW	Papa Dame Ba	SEN	2004-09-12	180	75	1	0	1	47	0	0	0	0	0
FW	Iker Almena	ESP	2004-05-04	177	64	2	0	2	46	0	1	0	0	0
FW	Kim Min-su	KOR	2006-01-19	177	72	3	0	3	20	0	0	0	0	0

LA LIGA 2024-25 SEASON

GIRONA FC vs. OPPONENTS PER GAME STATS

히로나 vs 상대팀	득점	슈팅	유효슈팅	코너킥	오프사이드	패스시도	패스성공	태클	공중전승리	인터셉트	파울	경고	퇴장
	1.16 / 1.58	10.6 / 12.1	3.7 / 4.3	4.9 / 4.4	2.1 / 1.2	545 / 425	479 / 349						
	88% / 82%	15.0 / 15.5	8.8 / 9.3	7.3 / 7.3	11.5 / 12.1	2.00 / 2.11	0.053 / 0.105						

2024-25 SEASON SQUAD LIST & GAMES PLAYED

*괄호 안의 숫자는 선발 출전 횟수, 교체 출전은 포함시키지 않음

LW: B.힐(5), 포르투(4)
CF: A.루이스(17), B.미오프스키(12), C.스투아니(6), A.단주마(5), Y.아스프리야(2), V.치한코프(2), 포르투(1), G.미즈이(1)
RW: V.치한코프(7), B.힐(1), Y.아스프리야(1)

LAM: A.단주마(8), B.힐(6), Y.아스프리야(2), M.구티에레스(1)
CAM: D.반더베크(12), Y.에레라(4), I.마르틴(2), Y.아스프리야(2), V.치한코프(2), B.힐(2), 포르투(1)
RAM: V.치한코프(9), Y.아스프리야(5), B.힐(3)

LM: M.구티에레스(3), B.힐(2), Y.아스프리야(2), A.단주마(2)
CM: Y.에레라(15), I.마르틴(11), Y.아스프리야(6), D.반더베크(4), S.클루아(2), A.마르티네스(2), J.솔리스(1), M.구티에레스(1)
RM: A.마르티네스(4), V.치한코프(3), Y.아스프리야(1), B.힐(1)

LWB: M.구티에레스(5)
DM: I.마르틴(11), O.로메우(7), Y.에레라(8), 아르투르(4), J.솔리스(2), M.구티에레스(1)
RWB: A.마르티네스(4), B.힐(1)

LB: M.구티에레스(18), D.블린트(12)
CB: D.로페스(27), L.크레이치(27), D.블린트(19), 후안페(8), A.프란세스(1)
RB: A.마르티네스(20), A.프란세스(10)

GK: P.가사니가(36), V.크라비브초프(2)

SHOTS & GOALS

38경기 총 403슈팅 - 44득점
38경기 상대 총 458슈팅 - 60실점

32-11 *자책골 1-1
234-28
136-4

유효슈팅 140		비유효 슈팅 263	
득점	44	블록 당함	113
GK 방어	96	골대 밖	147
유효슈팅률	35%	골대 맞음	3

유효슈팅 165		비유효 293	
실점	60	블록	110
GK 방어	105	골대 밖	177
유효슈팅률	36%	골대 맞음	6

177-10
248-36
31-12 *자책골 2-2

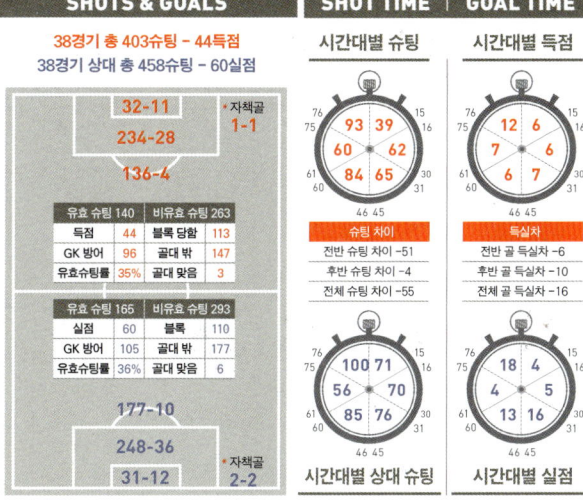

SHOT TIME | GOAL TIME

시간대별 슈팅: 76/93/39/16, 60/62, 84/65, 46/45/31
시간대별 득점: 76/12/4/16, 7/6, 6/7, 46/45/31

슈팅 차이: 전반 슈팅 차이 -51, 후반 슈팅 차이 -4, 전체 슈팅 차이 -55
득실차: 전반 골 득실차 -6, 후반 골 득실차 -10, 전체 골 득실차 -16

시간대별 상대 슈팅: 75/100/71/16, 56/70, 85/76, 61/46/31
시간대별 실점: 75/18/4/16, 4/5, 13/16, 61/46/31

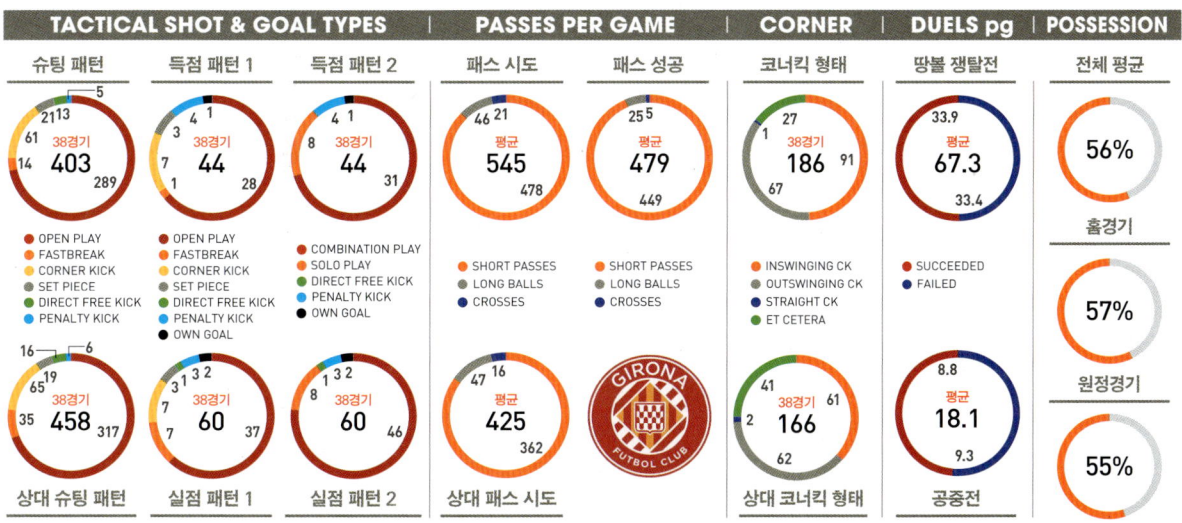

TACTICAL SHOT & GOAL TYPES | PASSES PER GAME | CORNER | DUELS pg | POSSESSION

슈팅 패턴 38경기 403
득점 패턴 1 38경기 44
득점 패턴 2 38경기 44
패스 시도 평균 545
패스 성공 평균 479
코너킥 형태 38경기 186
땅볼 쟁탈전 평균 67.3
전체 평균 56%
홈경기 57%
원정경기 55%

상대 슈팅 패턴 38경기 458
실점 패턴 1 38경기 60
실점 패턴 2 38경기 60
상대 패스 시도 평균 425
상대 코너킥 형태 38경기 166
공중전 평균 18.1

FORMATION SUMMARY | WHO SCORED | ACTION ZONE | PASSESS pg BY ZONE

선발 포진별 전적

포메이션	승	무	패	득점	실점
4-2-3-1	5	3	9	21	30
4-3-3	2	2	2	5	6
4-4-2	1	1	4	6	11
3-4-2-1	1	1	0	6	5
3-4-3	1	1	1	5	3
3-5-1-1	0	0	1	1	2
4-4-1-1	1	0	0	1	0
3-1-4-2	0	0	1	0	1
3-4-1-2	0	0	1	0	2
TOTAL	11	8	19	44	60

포지션별 득점
FW진 24골, MF진 13골, DF진 6골
*상대 자책골 1골

상대 포지션별 실점
DF진 4골, MF진 22골, FW진 32골
*자책골 실점 2골

공격 방향
왼쪽 36%, 중앙 24%, 오른쪽 40%

볼 점유 위치
상대 진영 28%, 중간 지역 44%, 우리 진영 28%

평균 패스 성공
하프라인 위쪽 233회
하프라인 아래 246회

패스 성공률
하프라인 위쪽 78%
하프라인 아래 93%

SEVILLA FC

Founded 구단 창립 1890년	**Owner** 세비야 FC 회원 주주	**CEO** 호세 마리아	**Manager** 마티아스 알메이다 1973.12.21	**25-26 Odds** 벳365 : 250배 윌리엄힐 : 250배	

SPANISH LA LIGA	SPANISH COPA DEL REY	UEFA CHAMPIONS LEAGUE	UEFA EUROPA LEAGUE	FIFA CLUB WORLD CUP	UEFA-CONMEBOL INTERCONTINENTAL
1	5	0	7	0	0

Nationality 27명
- 외국 선수 15명
- 스페인 선수 12명

Age 27명 평균 26.4세

Height 27명 평균 183cm

Market Value 27명 평균 583만 유로

Game Points 24-25 : 41점 통산 : 3966점

Win 24-25 : 10승 통산 : 1118승

Draw 24-25 : 11무 통산 : 612무

Loss 24-25 : 17패 통산 : 982패

Goals For 24-25 : 42득점 통산 : 4088득점

Goals Against 24-25 : 55실점 통산 : 3738실점

More Minutes 도디 루케바키오 3104분

Top Scorer 도디 루케바키오 11골

More Assists 사울 니게스 6도움

More Subs 치데라 에주케 16회 교체 IN

More Cards 이삭 로메로 Y10+R1

2024-25 SEASON RESULT

상대팀	홈	원정
FC Barcelona	1-4	1-5
Real Madrid	0-2	2-4
Atletico Madrid	1-2	3-4
Athletic Bilbao	0-1	1-1
Villarreal	1-2	2-4
Real Betis	1-0	1-2
Celta Vigo	1-0	2-3
Rayo Vallecano	1-0	1-1
Osasuna	1-1	0-1
Mallorca	1-1	0-0
Real Sociedad	0-2	1-0
Valencia	1-1	0-1
Getafe	1-0	0-0
Espanyol	1-1	2-0
Alaves	1-1	1-2
Girona	0-2	2-1
Leganes	2-2	0-1
Las Palmas	1-0	2-2
Valladolid	2-1	4-0

PLAY STYLE

OFFENSIVE STYLE
오른 측면 돌파 활성화
전체 슈팅 대비 중거리 슈팅 많은 편
다이렉트 플레이 활성화

DEFENSIVE STYLE
자기 진영에서 볼을 컨트롤
매우 도전적으로 수비
카운터 프레싱 지향
공격→수비 트랜지션 빠름

Ramón Sánchez Pizjuán Stadium

구장 오픈 / 증개축
1958년, 증개축 4회
구장 소유
세비야 FC
수용 인원
4만 2714명
피치 규모
105m X 68m
잔디 종류
천연 잔디

STRENGTHS & WEAKNESSES

OFFENSE		DEFENSE	
직접 프리킥	C	세트피스 수비	C
문전 처리	D	상대 볼 뺏기	A
측면 돌파	C	공중전 능력	B
스루볼 침투	C	역습 방어	C
개인기 침투	C	지공 방어	C
카운터 어택	B	스루패스 방어	D
기회 만들기	C	리드 지키기	C
세트피스	C	실수 조심	C
OS 피하기	C	측면 방어력	C
중거리 슈팅	C	파울 주의	D
볼 점유율	C	중거리슈팅 수비	D

매우 강함 **A** / 강한 편 **B** / 보통 수준 **C** / 약한 편 **D** / 매우 약함 **E**

RANKING OF LAST 10 YEARS

15-16	16-17	17-18	18-19	19-20	20-21	21-22	22-23	23-24	24-25
7위 52점	4위 72점	7위 58점	6위 59점	4위 70점	4위 77점	4위 70점	12위 49점	14위 41점	17위 41점

위치	선수	국적	생년월일	키	몸무게	출전	선발 11	교체 IN	출전(분)	득점	도움	경고	퇴장	MOM
GK	Ørjan Nyland	NOR	1990-09-10	192	90	30	30	0	2674	0	0	2	0	2
	Álvaro Fernández	ESP	1998-04-13	185	75	9	8	1	746	0	0	2	0	0
DF	Loïc Badé	FRA	2000-04-11	191	89	32	31	1	2688	1	1	7	1	1
	Kike Salas	ESP	2002-04-23	188	80	31	25	6	2237	3	2	6	0	1
	Marcão	BRA	1996-06-05	185	80	12	6	6	552	0	0	3	1	0
	Tanguy Nianzou	FRA	2002-06-07	187	83	12	6	6	519	0	0	1	1	0
	Ramón Martínez	ESP	2002-10-22	185	71	5	2	3	258	1	0	0	0	0
	Diego Hormigo	ESP	2003-04-16	182	75	1	1	0	38	0	0	0	0	0
	Darío Benavides	ESP	2003-01-12	178	72	1	0	1	4	0	0	1	0	0
DF MF	José Ángel Carmona	ESP	2002-01-29	184	80	35	35	0	2954	0	0	11	0	0
	Nemanja Gudelj	SRB	1991-11-16	187	79	31	27	4	2496	1	1	6	0	1
	Adrià Pedrosa	ESP	1998-05-13	176	69	31	27	4	2305	1	1	7	0	1
	Juanlu Sánchez	ESP	2003-08-15	183	68	32	18	14	1725	4	1	4	1	2
	Saúl Ñíguez	ESP	1994-11-21	184	76	24	17	7	1556	1	6	8	1	2
	Jesús Navas	ESP	1985-11-21	172	60	15	3	12	416	1	0	0	0	0
	Gonzalo Montiel	ARG	1997-01-01	175	68	6	1	5	111	0	0	1	0	0
MF	Lucien Agoumé	FRA	2002-02-09	185	72	35	24	11	2119	1	3	6	1	2
	Djibril Sow	SUI	1997-02-06	183	76	30	24	6	2072	2	1	5	0	0
	Albert Sambi Lokonga	BEL	1999-10-22	183	67	22	16	6	1474	0	2	4	0	0
	Valentín Barco	ARG	2004-07-23	170	66	7	3	4	287	0	0	0	0	0
	Stanis Idumbo	BEL	2005-06-29	170	60	14	3	11	280	1	1	0	0	0
	Manu Bueno	ESP	2004-07-27	178	73	9	1	8	134	1	0	0	0	0
MF FW	Dodi Lukebakio	BEL	1997-09-24	187	77	38	36	2	3104	11	2	3	1	4
	Chidera Ejuke	NGA	1998-01-02	176	72	25	9	16	960	2	1	0	0	2
	Ruben Vargas	SUI	1998-08-05	177	77	11	9	2	677	2	1	0	0	0
	Suso	ESP	1993-11-19	177	70	16	4	12	600	0	2	3	0	0
	Kelechi Iheanacho	NGA	1996-10-03	185	82	9	5	4	402	0	0	1	0	0
	Lucas Ocampos	ARG	1994-07-11	187	84	2	2	0	176	0	0	0	0	0
FW	Isaac Romero	ESP	2000-05-18	184	70	31	26	5	2170	4	2	10	1	0
	Peque Fernández	ESP	2002-10-04	172	66	26	14	12	1135	1	1	6	0	0
	García Pascual	ESP	2002-01-01	191	91	8	4	4	410	1	0	0	0	0
	Akor Adams	NGA	2000-01-29	190	92	4	1	3	130	0	0	0	0	0
	Leandro Antonetti	PUR	2003-01-13	189	79	2	0	2	27	0	0	0	0	0
	Isra Domínguez	ESP	2003-05-07	175	70	1	0	1	17	0	0	0	0	0
	Mateo Mejía	COL	2003-03-31	181	70	1	0	1	10	0	0	0	0	0

LA LIGA 2024-25 SEASON

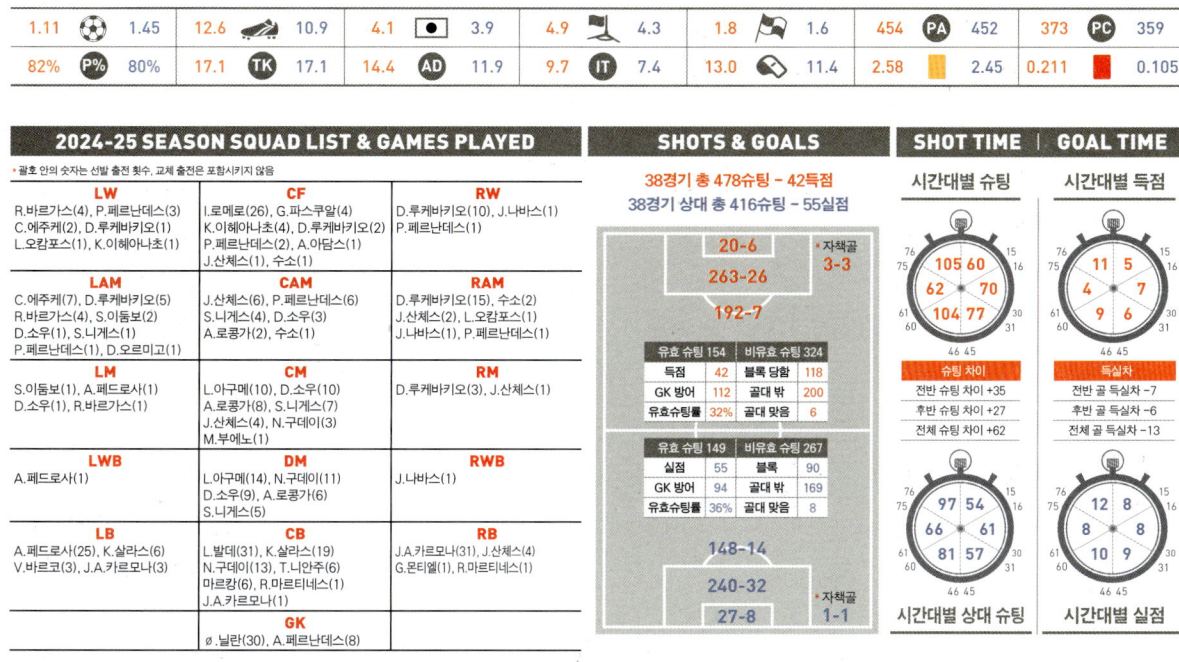

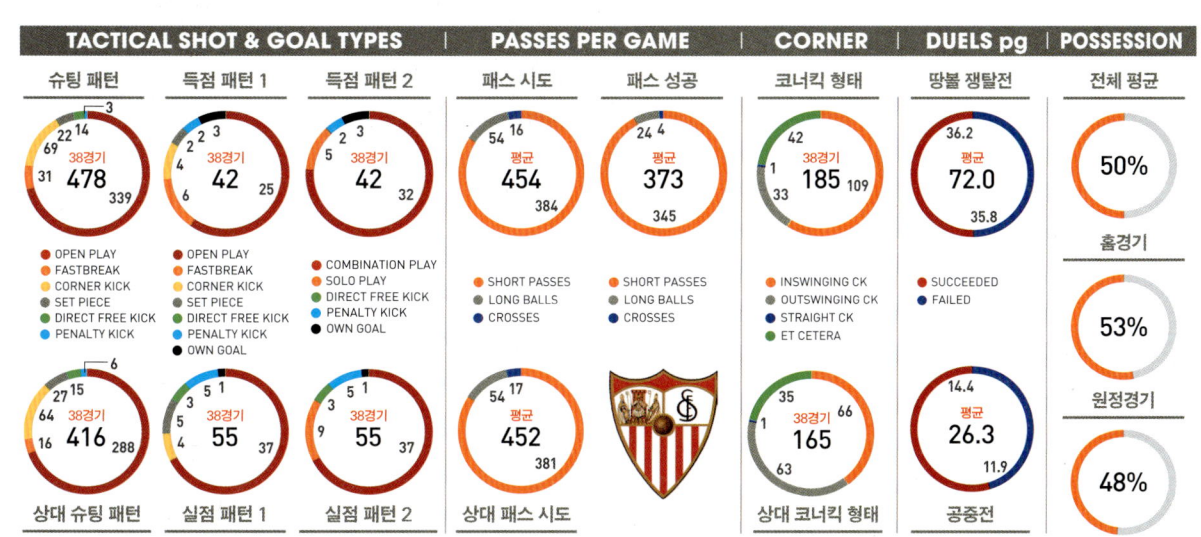

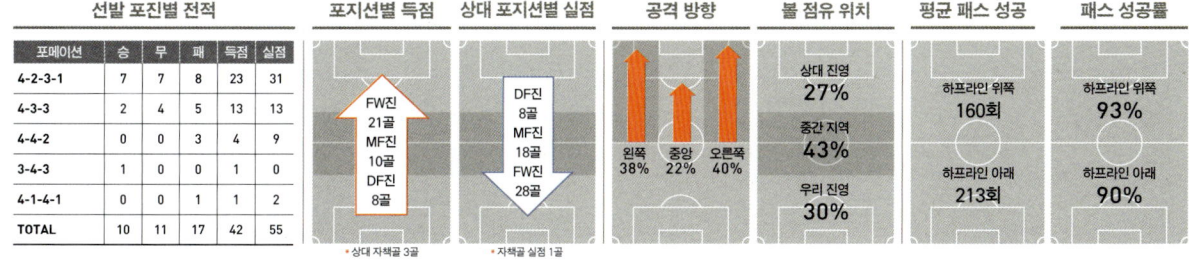

LEVANTE UD

0	1	0	0	0	0
SPANISH LA LIGA	SPANISH COPA DEL REY	UEFA CHAMPIONS LEAGUE	UEFA EUROPA LEAGUE	FIFA CLUB WORLD CUP	UEFA-CONMEBOL INTERCONTINENTAL

Founded 구단 창립 1909년

Owner 레반테 UD 회원 주주

CEO 파블로 산체스 1974.02.23

Manager 훌리안 칼레로 1970.10.26

25-26 Odds 벳365 : 1000배 윌리엄힐 : 1000배

Nationality ● 외국 선수 4명 ● 스페인 선수 17명

Age 21명 평균 25.8세

Height 21명 평균 181cm

Market Value 21명 평균 183만 유로

Game Points 24-25(2부) : 79점 통산 : 649점

Win 24-25(2부) : 22승 통산 : 166승

Draw 24-25(2부) : 13무 통산 : 151무

Loss 24-25(2부) : 7패 통산 : 275패

Goals For 24-25(2부) : 69득점 통산 : 677득점

Goals Against 24-25(2부) : 42실점 통산 : 942실점

More Minutes 안드레스 페르난데스 3690분

Top Scorer 호세 모랄레스+1명 11골

More Assists 카를로스 알바레스 11도움

More Subs 카를로스 에스피 35회 교체 IN

More Cards 델라푸엔테 Y10+R1

2024-25 SEASON RESULT

상대팀	홈	원정
Elche	1-1	3-1
Real Oviedo	0-0	0-1
Mirandes	1-0	1-2
Racing	3-1	0-1
Almeria	4-2	0-1
Granada	3-1	2-1
Huesca	1-1	2-1
Eibar	1-0	2-2
Albacete	1-0	0-0
Sporting Gijon	0-0	2-1
Burgos	3-1	3-2
Cadiz	1-1	0-0
Cordoba	2-2	2-2
Deportivo	2-1	2-1
Malaga	4-2	1-1
Castellon	3-2	0-2
Real Zaragoza	5-2	1-2
Eldense	3-1	2-1
Tenerife	1-1	3-0
Racing Ferrol	0-1	0-0
Cartagena	3-0	1-0

Stage Front Stadium

구장 오픈 / 증축 1969년, 증축 2020년
구장 소유 레반테 UD 구단
수용 인원 2만 6354명
피치 규모 107m X 68m
잔디 종류 천연 잔디

RANKING OF LAST 10 YEARS

● 2부 리그

15-16	16-17	17-18	18-19	19-20	20-21	21-22	22-23	23-24	24-25
20 32점	1 84점	15 46점	15 44점	12 49점	14 41점	19 35점	3 72점	8 59점	1 79점

위치	선수	국적	생년월일	키	몸무게	출전	선발 11	교체 IN	교체 OUT	출전(분)	득점	도움	경고	퇴장
GK	Andrés Fernández	ESP	1986-12-17	185	82	41	41	0	0	3690	0	0	3	0
	Alfonso Pastor	ESP	2000-10-04	190	78	1	1	0	0	90	0	0	0	0
DF	Diego Pampín	ESP	2000-03-15	175	73	35	33	2	2	3005	1	2	4	0
	Adrian De la Fuente	ESP	1999-02-26	179	76	32	28	4	2	2527	2	1	10	0
	Jorge Cabello	ESP	2004-04-25	183	75	20	15	5	0	1460	0	0	5	0
	Marcos Navarro	ESP	2004-05-30	172	67	10	9	1	7	715	0	0	2	0
	Ignasi Miquel	ESP	1992-09-28	189	82	9	8	1	3	703	0	1	2	0
	Xavi Grande	ESP	2005-01-28	175	68	16	8	8	7	628	0	0	0	0
	Manuel Sánchez	ESP	1996-03-24	183	73	5	4	1	3	325	0	0	2	0
	Borja Cortina	ESP	2006-02-24	186	79	1	0	1	0	12	0	0	0	0
DF MF	Elgezabal	ESP	1993-04-25	185	75	40	40	0	0	3600	0	0	9	0
	Andrés García	ESP	2003-02-07	185	78	22	22	0	3	1938	3	3	3	0
	Iborra	ESP	1988-01-16	190	80	26	10	16	9	954	1	0	4	0
MF	Carlos Álvarez	ESP	2003-08-06	168	63	42	39	3	18	3399	7	11	4	0
	Oriol Rey	ESP	1998-02-25	177	71	39	37	2	8	3236	0	3	10	0
	Giorgi Kochorashvili	GEO	1999-06-29	178	74	35	29	6	11	2609	6	4	6	0
	Pablo Martínez	ESP	1998-02-22	182	74	36	32	4	25	2579	3	2	0	0
	Sergio Lozano	ESP	1999-03-24	175	70	40	9	31	8	1177	0	3	4	0
	Ángel Algobia	ESP	1999-06-23	180	78	23	8	15	8	793	2	1	2	0
	Óscar Clemente	ESP	1999-03-26	175	68	8	0	8	0	49	0	2	1	0
MF FW	José Morales	ESP	1987-07-23	180	70	42	36	6	34	2693	11	4	4	0
	Roger Brugué	ESP	1996-11-04	174	68	37	31	6	29	2469	11	4	4	0
	Iván Romero	ESP	2001-04-10	172	72	35	19	16	18	1870	9	4	1	0
	Fabrício	BRA	2000-10-08	186	80	8	0	8	0	122	0	0	1	0
FW	Carlos Espí	ESP	2005-07-24	194	86	36	1	35	1	473	6	0	2	0
	Alex Forés	ESP	2001-04-12	179	67	18	1	17	1	384	5	1	2	0
	Mohamed Bouldini	MAR	1995-11-27	187	77	2	1	1	1	82	0	0	0	0

LA LIGA 2(2부리그) 2024-25 SEASON

LEVANTE UD vs. OPPONENTS PER GAME STATS

레반테 vs 상대팀

레반테		상대팀	지표
1.64	득점	1.00	
12.9	슈팅	12.9	
4.2	유효슈팅	3.5	
1.8	오프사이드	1.5	
20.1	태클	16.6	
11.9	공중전승리	12.6	
10.3	인터셉트	9.2	
9.9	파울	12.4	
2.02	경고	2.24	
0.024	퇴장	0.190	

2024-25 SEASON SQUAD LIST & GAMES PLAYED

괄호 안의 숫자는 선발 출전 횟수, 교체 출전은 포함시키지 않음

LW
R.브루게(5)
J.L.모랄레스(2)

CF
J.L.모랄레스(24), I.로메로(19)
R.브루게(13), 포레스(1)
M.불디니(1), C.에스피(1)

RW
C.알바레스(7)

LAM
J.L.모랄레스(6), R.브루게(6)

CAM
P.마르티네스(10), C.알바레스(1)
S.로사노(1), G.코초라시빌리(1)

RAM
C.알바레스(10), R.브루게(2)

LM
P.마르티네스(17), J.모랄레스(4)
G.코초라시빌리(4), S.로사노(2)
C.알바레스(2), R.브루게(1)

CM
O.레이(17), G.코초라시빌리(11)
V.이보라(7), A.알고베아(7)
P.마르티네스(4), S.로사노(1)
C.알바레스(3)

RM
C.알바레스(19), R.브루게(4)
S.로사노(2), G.코초라시빌리(3)
O.레이(1)

LWB
N/A

DM
O.레이(19), G.코초라시빌리(10)
S.로사노(2), V.이보라(2)
P.마르티네스(1), A.알고비아(1)

RWB
N/A

LB
D.팜핀(33), M.나바로(9)

CB
U.엘게사발(40), A.델라푸엔테(20)
J.카베요(15), 미켈(8)
V.이보라(1)

RB
A.가르시아(22), X.그란데(8)
A.델라푸엔테(8), M.산체스(4)

GK
A.페르난데스(41), A.파스토르(1)

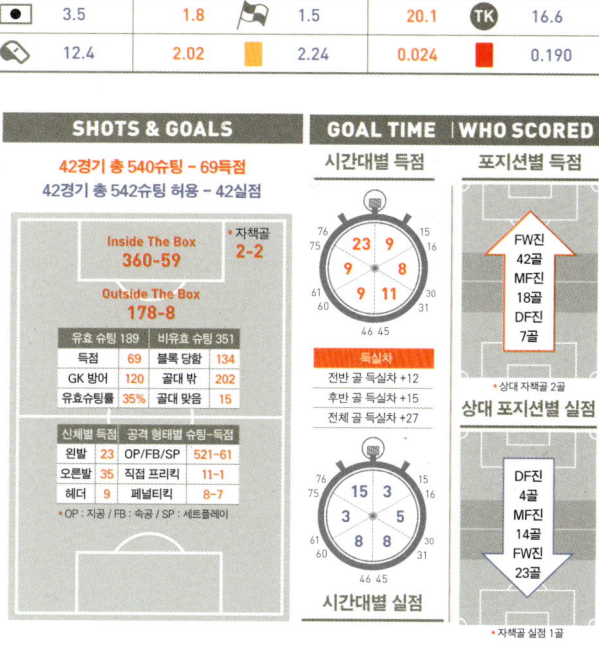

PASSES PER GAME | POSSESSION | DUELS pg

패스 시도 평균 422 (SHORT PASSES 44, LONG BALLS 17, CROSSES 361)

패스 성공 평균 346 (SHORT PASSES 22, LONG BALLS 4, CROSSES 320)

땅볼 쟁탈전 평균 63.2 (SUCCEEDED 31.1, FAILED 32.1)

공중전 평균 24.5 (SUCCEEDED 11.9, FAILED 12.6)

POSSESSION
평균 볼점유율 **49%**

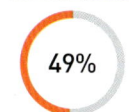

PASSESS pg BY ZONE | FORMATION SUMMARY

평균 패스 성공
- 하프라인 위쪽: 169회
- 하프라인 아래: 181회

패스 성공률
- 하프라인 위쪽: 70%
- 하프라인 아래: 93%

선발 포지션별 전적

포메이션	승	무	패	득점	실점
4-4-2	14	4	2	39	18
4-2-3-1	5	6	3	19	15
4-3-3	2	2	1	5	3
4-1-4-1	0	1	1	2	4
4-4-1-1	1	0	0	4	2
TOTAL	22	13	7	69	42

ELCHE CF

 Founded 구단 창립 1923년
 Owner 크리스티안 브라가르닉 1971.08.13
 CEO 호아킨 부이트라고 1964.05.04
 Manager 에데르 사라비아 1980.09.27
 25-26 Odds 벳365: 1000배 윌리엄힐: 1000배

 Nationality 외국 선수 8명 / 스페인 선수 11명
 Age 19명 평균 26.8세
Height 19명 평균 181cm
 Market Value 19명 평균 128만 유로
 Game Points 24-25(2부): 77점 통산: 892점

 Win 24-25(2부): 22승 통산: 227승
 Draw 24-25(2부): 11무 통산: 211무
 Loss 24-25(2부): 9패 통산: 354패
 Goals For 24-25(2부): 59득점 통산: 854득점
 Goals Against 24-25(2부): 34실점 통산: 1196실점

 More Minutes 마티아스 디투로 3420분
 Top Scorer 엘 게주아니 9골
 More Assists 호산 10도움
 More Subs 엘 게주아니 18회 교체 IN
 More Cards 호세 살리나스 +1명 Y10+R0

 0 SPANISH LA LIGA
 0 SPANISH COPA DEL REY
 0 UEFA CHAMPIONS LEAGUE
 0 UEFA EUROPA LEAGUE
 0 FIFA CLUB WORLD CUP
 0 UEFA-CONMEBOL INTERCONTINENTAL

2024-25 SEASON RESULT

상대팀	홈	원정
Levante	1-3	1-1
Real Oviedo	4-0	1-1
Mirandes	1-0	0-3
Racing	3-0	0-2
Almeria	1-2	1-1
Granada	2-2	1-1
Huesca	0-1	1-2
Eibar	2-0	2-0
Albacete	2-2	0-1
Sporting Gijon	2-1	1-1
Burgos	1-0	1-0
Cadiz	2-1	1-0
Cordoba	3-1	2-1
Deportivo	0-0	4-0
Malaga	2-0	3-0
Castellon	3-1	2-0
Real Zaragoza	1-0	0-3
Eldense	2-0	0-0
Tenerife	2-0	1-1
Racing Ferrol	1-0	0-1
Cartagena	2-1	0-0

Estadio Martínez Valero

구장 오픈 / 증개축 1976년
구장 소유 엘체 CF 구단
수용 인원 3만 1388명
피치 규모 108m x 70m
잔디 종류 천연 잔디

RANKING OF LAST 10 YEARS

● 2부 리그

15-16	16-17	17-18	18-19	19-20	20-21	21-22	22-23	23-24	24-25
11	21	11	6	17	13	20	11	2	
57점	43점	3 55점	63점 61점	36점	42점	25점	59점	77점	

위치	선수	국적	생년월일	키	몸무게	출전	선발 11	교체 IN	교체 OUT	출전(분)	득점	도움	경고	퇴장
GK	Matías Dituro	ARG	1987-05-08	191	82	38	38	0	0	3420	0	0	0	0
	Miguel San Román	ESP	1997-07-14	187	81	3	3	0	0	270	0	0	0	0
	Édgar Badía	ESP	1992-02-12	181	79	1	1	0	0	90	0	0	1	0
DF	Álvaro Núñez	ESP	2000-07-07	177	65	37	33	4	4	2991	2	5	4	0
	Bigas	ESP	1990-05-15	181	78	33	29	4	7	2567	2	2	4	0
	Bambo Diaby	ESP	1997-12-17	188	81	22	14	8	11	1081	0	1	3	0
	Mario Gaspar	ESP	1990-11-24	180	77	19	5	14	3	645	0	1	2	0
	Matia Barzic	ESP	2004-05-31	190	82	8	5	3	5	446	0	0	3	0
	Álex Martín	ESP	1998-01-25	183	79	8	5	3	4	404	0	0	1	0
	Carlos Clerc	ESP	1992-02-21	181	72	1	1	0	1	60	0	0	0	0
	José Salinas	ESP	2000-09-30	178	69	39	38	1	4	3354	2	3	10	1
DF MF	David Affengruber	AUT	2001-03-19	185	79	40	35	5	5	3203	0	2	3	0
	Nicolás Fernández	ARG	2000-01-11	172	66	33	31	2	16	2581	6	8	8	0
	Josan	ESP	1989-12-03	176	68	32	20	12	16	1771	4	10	5	0
	John Donald	ESP	2000-09-25	182	67	19	8	11	2	861	2	0	0	0
	Cristian Salvador	ESP	1994-11-20	184	83	11	2	9	2	336	0	0	2	0
	Jairo	ESP	1993-10-22	165	67	8	0	8	0	112	0	2	0	0
	Aleix Febas	ESP	1996-02-02	172	64	37	36	1	11	3086	1	0	10	0
MF	Nicolás Castro	ESP	2006-05-15	181	75	34	25	9	13	2299	4	2	4	0
	Yago Santiago	ESP	2003-04-15	180	70	18	18	0	13	1377	2	3	2	0
	Óscar Plano	ESP	1991-02-11	179	75	29	16	13	13	1346	3	1	1	0
	Rodrigo Mendoza	ESP	2005-03-15	182	72	21	9	12	9	854	1	2	2	0
	Marc Aguado	ESP	2000-02-22	178	68	13	6	7	7	539	0	1	2	0
	Raúl Guti	ESP	1996-12-30	178	74	10	6	4	4	509	0	1	2	0
	Gerard Hernández	ESP	2005-03-31	177	70	12	7	5	7	495	0	0	0	0
	Pejiño	ESP	1996-07-29	178	67	12	3	9	2	417	1	0	0	0
	Elba Rashani	KVX	1993-05-09	1.81	69	11	2	9	1	317	3	0	2	1
	Rafa Núñez	DOM	2002-01-25	178	65	8	2	6	2	243	1	1	0	0
	Luis Roldán	ESP	2003-03-17	182	77	1	0	1	0	21	0	0	0	0
MF FW	Agustín Álvarez	URU	2001-05-19	177	75	37	27	10	17	2341	8	2	7	0
	Germán Valera	ESP	2002-03-16	170	68	16	15	1	13	1126	3	3	2	0
	Adam Boayar	ESP	2005-10-13	180	74	3	1	2	1	86	1	0	1	0
	Ali Houary	MAR	2005-08-05	178	74	1	0	1	0	6	0	0	0	0
FW	El Ghezouani	MAR	1998-05-27	189	85	31	13	18	11	1288	9	0	1	0
	Sory Kaba	GUI	1995-04-10	189	80	24	8	16	6	871	4	0	4	0

LA LIGA 2(2부리그) 2024-25 SEASON

ELCHE CF vs. OPPONENTS PER GAME STATS

엘체 vs 상대팀

	득점	슈팅	유효슈팅	오프사이드	태클	공중전승리	인터셉트	파울	경고	퇴장
	1.40 / 0.81	12.9 / 9.5	4.8 / 3.0	1.5 / 1.7	16.4 / 16.0					
	11.2 / 10.8 (AD)	7.6 / 8.3 (IT)	12.8 / 15.5	2.21 / 2.90	0.119 / 0.119					

2024-25 SEASON SQUAD LIST & GAMES PLAYED

*괄호 안의 숫자는 선발 출전 횟수, 교체 출전은 포함시키지 않음

LW: Y.산티아고(4), N.페르난데스(1), A.알바레스(1)
CF: A.알바레스(23), D.무라드(12), O.플라노(11), N.페르난데스(9), S.카바(8), S.카스트로(3), F.호산(2), S.야고(2), R.멘도사(1)
RW: 호산(3), N.누녜스(1), 페히뇨(1), N.페르난데스(1)

LAM: Y.산티아고(4), G.발레라(2), 호산(1)
CAM: N.페르난데스(9), R.멘도사(3), N.카스트로(2), A.알바레스(2), O.플라노(2), J.살리나스(1)
RAM: 호산(3), G.발레라(1), O.플라노(1)

LM: G.발레라(6), Y.산티아고(5), N.카스트로(4), D.무라드(1), 라사니(1), A.알바레스(1), R.멘도사(1), J.살리나스(1), 페바스(1), 페히뇨(1)
CM: A.페바스(17), N.카스트로(13), N.페르난데스(6), R.멘도사(3), M.아구아도(2), C.살바도르(2), G.에르난데스(2), R.구티(2), G.발레라(2)
RM: F.호산(6), N.페르난데스(5), O.플라노(2), R.누녜스(2), A.누녜스(1), M.아구아도(1), G.에르난데스(1), R.구티(1), 페히뇨(1)

LWB: J.살리나스(7), C.클레르크(1), E.라사니(1)
DM: A.페바스(18), G.에르난데스(4), N.카스트로(4), R.구티(3), J.은완퀴(1), M.아구아도(1)
RWB: 호산(3), Y.산티아고(2), A.누녜스(1), M.가스페르(1), G.발레라(1)

LB: J.살리나스(28), Y.산티아고(1), A.누녜스(1), G.발레라(1)
CB: D.아펜그루버(35), P.비가스(29), B.디아비(14), M.브라지치(6), A.마틴(5), A.누녜스(2), J.은완퀴(1), J.살리나스(1)
RB: A.누녜스(26), J.은완퀴(5)

GK: 디투로(38), S.로만(3), E.바디아(1)

SHOTS & GOALS

42경기 총 540슈팅 – 59득점
42경기 총 397슈팅 허용 – 34실점

Inside The Box **318-52**
Outside The Box **222-7**

	유효 슈팅 202	비유효 슈팅 338
득점	59	블록 당함 130
GK 방어	143	골대 밖 198
유효슈팅률	37%	골대 맞음 10

신체별득점
왼발 22 / 오른발 23 / 헤더 14

공격 형태별 슈팅-득점
OP/FB/SP 517-54
직접 프리킥 15-0
페널티킥 8-5

* OP : 지공 / FB : 속공 / SP : 세트플레이

GOAL TIME

시간대별 득점
76–15: 17, 75–30: 7, 16: —
61–46: 10, 45–31: 9
5, 11

득실차
전반 골 득실차 +12
후반 골 득실차 +13
전체 골 득실차 +25

시간대별 실점
76–15: 8, 75–30: 4, 16: —
61–46: 5, 45–31: 4

WHO SCORED

포지션별 득점
FW진 34골
MF진 14골
DF진 11골

* 상대 자책골 2골

상대 포지션별 실점
DF진 7골
MF진 8골
FW진 19골

* 자책골 실점 1골

PASSES PER GAME | POSSESSION | DUELS pg

패스 시도 — 평균 **531** (29 / 21 / 481)
패스 성공 — 평균 **463** (15 / 6 / 442)
땅볼 쟁탈전 — 평균 **74.2** (39.9 / 34.3)
공중전 — 평균 **22.0** (11.2 / 10.8)

● SHORT PASSES ● LONG BALLS ● CROSSES
● SUCCEEDED ● FAILED

POSSESSION

평균 볼점유율 **62%**

PASSESS pg BY ZONE

평균 패스 성공
하프라인 위쪽 245회
하프라인 아래 223회

패스 성공률
하프라인 위쪽 79%
하프라인 아래 93%

FORMATION SUMMARY

선발 포진별 전적

포메이션	승	무	패	득점	실점
4-4-2	5	2	2	16	10
4-2-3-1	4	4	1	13	7
4-1-3-2	3	0	0	6	1
4-1-4-1	2	0	1	3	1
4-3-3	2	0	1	4	4
4-4-1-1	2	1	1	5	2
3-5-2	2	1	1	5	6
3-1-4-2	1	1	0	4	0
3-4-1-2	1	0	0	3	0
3-4-2-1	1	2	2	3	4
TOTAL	22	11	9	59	34

REAL OVIEDO

Founded 구단 창립 1926년	Owner 파추카 그룹 카르소 그룹, 기타	CEO 마르틴 펠라에스	Manager 벨리코 파우노비치 1977.08.21	25-26 Odds 벳365 : 1000배 윌리엄힐 : 1000배	

0 SPANISH LA LIGA	0 SPANISH COPA DEL REY	0 UEFA CHAMPIONS LEAGUE	0 UEFA EUROPA LEAGUE	 0 FIFA CLUB WORLD CUP	0 UEFA-CONMEBOL INTERCONTINENTAL

 Nationality 외국 선수 9명 스페인 선수 15명	Age 24명 평균 28.3세	Height 24명 평균 180cm	Market Value 24명 평균 118만 유로	Game Points 24-25(2부) : 75점 통산 : 1516점

Win 24-25(2부) : 21승 통산 : 408승	Draw 24-25(2부) : 12무 통산 : 292무	Loss 24-25(2부) : 9패 통산 : 492패	Goals For 24-25(2부) : 56득점 통산 : 1642득점	 Goals Against 24-25(2부) : 42실점 통산 : 1951실점

More Minutes 아론 에스칸델 3690분	Top Scorer 알렉산드리 알레망 14골	More Assists 산티 카솔라 5도움	More Subs 다니엘 파라시브 26회 교체 IN	More Cards 크와시 시보 Y10+R0

2024-25 SEASON RESULT

상대팀	홈	원정
Levante	1-0	0-0
Elche	1-1	0-4
Mirandes	4-1	0-1
Racing	1-3	1-1
Almeria	3-2	1-1
Granada	2-0	0-1
Huesca	0-3	2-1
Eibar	1-0	1-1
Albacete	1-0	2-2
Sporting Gijon	1-1	1-3
Burgos	3-1	2-1
Cadiz	2-1	0-2
Cordoba	2-3	0-0
Deportivo	1-2	1-0
Malaga	2-1	0-0
Castellon	1-0	0-0
Real Zaragoza	1-0	3-2
Eldense	0-0	1-1
Tenerife	3-1	1-0
Racing Ferrol	3-0	5-1
Cartagena	1-0	1-0

Estadio Carlos Tartiere

구장 오픈 / 증개축: 2000년
구장 소유: 오비에도 시청
수용 인원: 3만 500명
피치 규모: 105m X 68m
잔디 종류: 천연 잔디

RANKING OF LAST 10 YEARS

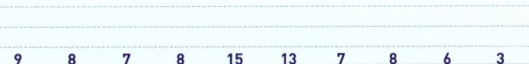

● 2부 리그

	15-16	16-17	17-18	18-19	19-20	20-21	21-22	22-23	23-24	24-25
순위	9	8	8	15	13	7	8	7	6	3
점수	59점	61점	65점	53점	52점	68점	59점	64점	75점	

위치	선수	국적	생년월일	키	몸무게	출전	선발 11	교체 IN	교체 OUT	출전(분)	득점	도움	경고	퇴장
GK	Aarón Escandell	ESP	1995-09-27	185	74	41	41	0	0	3690	0	0	3	0
	Quentin Braat	FRA	1997-07-06	193	85	1	1	0	0	90	0	0	1	0
DF	Dani Calvo	ESP	1994-04-01	193	82	41	41	0	1	3669	2	3	9	0
	David Costas	ESP	1995-03-26	184	80	31	29	2	3	2569	1	1	5	0
	Oier Luengo	ESP	1997-11-11	185	80	28	24	4	6	2101	2	1	8	1
	Rahim Alhassane	NIG	2002-01-01	184	75	25	21	4	5	1855	0	0	4	0
	Lucas Ahijado	ESP	1995-01-30	178	75	16	8	8	4	779	1	2	3	0
	Jaime Vázquez	ESP	2006-02-01	187	79	5	3	2	0	402	0	0	2	0
DF MF	Carlos Pomares	ESP	1992-12-05	182	72	26	18	8	4	1658	0	2	3	0
	Nacho Vidal	ESP	1995-01-24	180	75	18	18	0	2	1600	4	0	4	0
	Álvaro Lemos	ESP	1993-03-30	177	75	9	6	3	3	509	0	0	2	0
	Chukwuma Eze	NGA	2003-05-16	185	78	1	0	1	0	21	0	0	0	0
	Omar Falah	ESP	2003-09-09	178	70	1	0	1	0	7	0	0	0	0
MF	Santiago Colombatto	ARG	1997-01-17	179	71	39	37	2	10	3251	4	3	8	0
	Kwasi Sibo	GHA	1998-06-24	182	72	34	24	10	12	2268	1	1	10	0
	Jaime Seoane	ESP	1997-01-22	177	68	27	18	9	15	1490	3	1	5	0
	Francisco Portillo	ESP	1990-06-13	169	61	22	11	11	11	1025	1	1	2	0
	César de la Hoz	ESP	1992-03-30	179	74	12	8	4	5	644	0	0	2	0
	Álex Cardero	ESP	2003-08-25	174	68	21	3	18	3	583	1	1	4	0
	Alberto Del Moral	ESP	2000-07-20	185	75	12	7	5	5	541	1	1	1	0
	Carlos Dotor	ESP	2001-03-15	180	71	6	2	4	2	190	0	0	1	0
MF FW	Ilyas Chaira	MAR	2001-02-02	180	70	31	28	3	23	2252	7	3	8	0
	Santi Cazorla	ESP	1984-12-13	168	66	32	24	8	22	1911	3	5	1	0
	Sebas Moyano	ESP	1997-03-23	173	66	36	14	22	14	1328	0	5	3	0
	Paulino de la Fuente	ESP	1997-06-27	181	75	25	4	21	4	609	1	1	3	0
	Masca	POR	2000-05-15	182	74	5	0	5	0	87	0	0	0	0
FW	Alexandre Alemão	BRA	1998-04-01	182	78	40	35	5	20	2987	14	4	3	0
	Haissem Hassan	FRA	2002-02-28	175	71	39	25	14	21	2214	4	3	4	0
	Federico Viñas	URU	1998-06-30	182	80	16	10	6	10	677	1	0	3	0
	Daniel Paraschiv	ROU	1999-04-24	185	77	28	2	26	1	591	3	2	1	0

LA LIGA 2(2부리그) 2024-25 SEASON

REAL OVIEDO vs. OPPONENTS PER GAME STATS

레알 오비에도		vs 상대팀									
						득점	슈팅	유효슈팅	오프사이드	태클	공중전승리	인터셉트	파울	경고	퇴장
1.33		1.00	12.1		10.5	4.0		3.7	1.6		1.8	15.8	TK	17.6
17.1	AD	14.2	7.6	IT	8.9	13.8		13.2	2.45		2.38	0.024		0.119

2024-25 SEASON SQUAD LIST & GAMES PLAYED
* 괄호 안의 숫자는 선발 출전 횟수, 교체 출전은 포함시키지 않음

LW: I.샤이라(2), S.모야노(1)
CF: 알레망(35), F.비냐스(9), S.카솔라(3), D.파라시프(2), J.세오아네(1), I.샤이라(1), F.포르티요(1)
RW: P.델라푸엔테(1), S.카솔라(1), H.하산(1)

LAM: I.샤이라(10), S.모야노(6), S.카솔라(1), F.포르티요(1)
CAM: S.카솔라(11), J.세오아네(4), A.카르데로(2), F.포르티요(2), S.콜롬바토(1), C.도토르(1)
RAM: H.하산(12), I.샤이라(5), A.카르데로(1)

LM: I.샤이라(9), S.모야노(7), F.포르티요(1), C.델라오스(1), P.델라푸엔테(1)
CM: S.콜롬바토(15), K.시보(10), J.세오아네(7), S.카솔라(4), C.델라오스(3), A.델모랄(2), C.곤살레스(2)
RM: H.하산(12), S.카솔라(3), P.델라페운테(2), J.세오아네(2), F.포르티요(2), I.샤이라(1), F.비냐스(1), C.델라오스(1)

LWB: N/A
DM: S.콜롬바토(18), K.시보(14), A.델모랄(5), J.세오아네(4), C.델라오스(2), F.포르티요(1), S.카솔라(1)
RWB: N/A

LB: R.알라산(21), C.포마레스(18), L.아이하도(3)
CB: D.칼보(41), J.코스타스(29), O.루엥고(11), J.바스케스(3)
RB: N.비달(18), O.루엥고(13), A.레모스(6), L.아이하도(5)

GK: A.에스칸델(41), 브라트(1)

SHOTS & GOALS

42경기 총 509슈팅 – 56득점
42경기 총 439슈팅 허용 – 42실점

* 자책골 2-2

Inside The Box: 318-49
Outside The Box: 189-5

	유효 슈팅 168	비유효 슈팅 341
득점	56	블록 당함 122
GK 방어	112	골대 밖 208
유효슈팅률	33%	골대 맞음 11

신체별득점		공격 형태별 슈팅-득점	
왼발	15	OP/FB/SP	489-53
오른발	23	직접 프리킥	16-0
헤더	16	페널티킥	4-3

* OP : 지공 / FB : 속공 / SP : 세트플레이

GOAL TIME | WHO SCORED

시간대별 득점
75 — 13 / 4 — 16
61 — 12 / 6 — 30
46 — 8 / 13 — 31
45

독실차
전반 골 득실차 +1
후반 골 득실차 +13
전체 골 득실차 +14

포지션별 득점
FW진 30골
MF진 14골
DF진 10골
* 상대 자책골 2골

상대 포지션별 실점
GK 1골
DF진 11골
MF진 8골
FW진 22골

시간대별 실점
76 — 11 / 4 — 15
61 — 6 / 10 — 30
46 — 3 / 8 — 31
45

PASSES PER GAME | POSSESSION | DUELS pg

패스 시도	패스 성공	땅볼 쟁탈전	공중전
39 / 19 평균 **407** 349	21 / 5 평균 **334** 308	34.8 평균 **71.5** 36.7	17.1 평균 **31.3** 14.2

● SHORT PASSES ● SHORT PASSES ● SUCCEEDED ● SUCCEEDED
● LONG BALLS   ● LONG BALLS   ● FAILED   ● FAILED
● CROSSES   ● CROSSES

POSSESSION
평균 볼점유율
52%

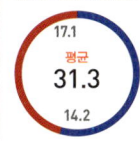

PASSES pg BY ZONE | FORMATION SUMMARY

	평균 패스 성공	패스 성공률
하프라인 위쪽	152회	70%
하프라인 아래	182회	90%

선발 포진별 전적

포메이션	승	무	패	득점	실점
4-2-3-1	8	8	3	22	17
4-4-2	5	2	3	13	11
4-1-4-1	4	1	1	13	6
4-3-3	2	1	0	4	2
4-4-1-1	1	0	2	1	4
4-1-3-2	1	0	0	3	2
TOTAL	21	12	9	56	42

BUNDESLIGA

무 적 함 대
無敵艦隊

'거함' 바이에른 뮌헨이 다시 한번 독일 무대를 평정했다. 이 팀은 2024-25시즌 분데스리가에서 승점 82점을 기록, 직전 우승팀 레버쿠젠(69점), 전통 강호 프랑크푸르트(60점)를 여유 있게 따돌렸다. 2022-23시즌 이후 2년만의 정상 탈환이고, 최근 10년간 무려 9번의 우승이었다. 유럽 5대 리그에서 한 팀이 이렇게 압도적인 성적을 유지하며 무적함대로 군림하는 리그는 PSG가 속한 리그앙 뿐이다. 우승을 위해 토트넘을 떠나 바이에른 유니폼을 입은 해리 케인은 평생의 소원을 이룬 셈이다. 올 시즌 바이에른은 분데스리가, 포칼, 유럽 챔피언스리그에서 모두 우승하는 트레블을 목표로 정했다. 바이에른의 분데스리가 독주에 제동을 걸 수 있는 팀은 많지 않다. 2023-24시즌 정상에 올랐던 레버쿠젠, '데어 클라시코'의 한축인 도르트문트, 젊은 선수들이 주축을 이룬 RB 라이프치히 정도. 그러나 도박사들이 매긴 배당률에서 보듯, 바이에른 뮌헨과 전력 차이가 큰 편이라 그리 쉽지는 않아 보인다. 바이에른은 적어도 독일 안에서는 '무적함대'의 위용을 뽐낼 것이다.

2025-26시즌 BUNDESLIGA 우승 배당률

예상	팀	벳365	윌리엄힐	유니벳	스카이벳
1	Bayern München	0.3배	0.29배	0.25배	0.29배
2	Bayer Leverkusen	7배	6.5배	6배	6.5배
3	Borussia Dortmund	10배	10배	8배	8.5배
4	RB Leipzig	16배	16배	14배	14배
5	Eintracht Frankfurt	50배	40배	40배	40배
6	SC Freiburg	100배	100배	100배	100배
7	Borussia M.Gladbach	150배	150배	150배	175배
8	Wolfsburg	150배	150배	150배	175배
9	VfB Stuttgart	150배	150배	150배	175배
10	Werder Bremen	150배	150배	150배	175배
11	Mainz 05	150배	150배	150배	175배
12	TSG Hoffenheim	250배	300배	100배	300배
13	Union Berlin	250배	250배	250배	300배
14	Hamburg	500배	400배	500배	300배
15	Köln	500배	500배	250배	500배
16	Augsburg	500배	500배	500배	500배
17	St. Pauli	1000배	500배	250배	500배
18	FC Heidenheim	1000배	1000배	500배	500배

배당률은 2025년 7월 14일 기준, 강팀일수록 배당률은 낮아짐

2024-25시즌 BUNDESLIGA 순위

순위	팀	경기	승	무	패	득점	실점	득실	승점
1	Bayern München ★●	34	25	7	2	99	32	+67	82
2	Bayer Leverkusen ●	34	19	12	3	72	43	+29	69
3	Eintracht Frankfurt ●	34	17	9	8	68	46	+22	60
4	Borussia Dortmund ●	34	17	6	11	71	51	+20	57
5	Freiburg ●	34	16	7	11	49	53	-4	55
6	Mainz 05	34	14	10	10	55	43	+12	52
7	RB Leipzig	34	13	12	9	53	48	+5	51
8	Werder Bremen	34	14	9	11	54	57	-3	51
9	VfB Stuttgart	34	14	8	12	64	53	+11	50
10	Borussia M.Gladbach	34	13	6	15	55	57	-2	45
11	Wolfsburg	34	11	10	13	56	54	+2	43
12	Augsburg	34	11	10	13	35	51	-16	43
13	Union Berlin	34	10	10	14	35	51	-16	40
14	St. Pauli	34	8	8	18	28	41	-13	32
15	TSG Hoffenheim	34	7	11	16	46	68	-22	32
16	FC Heidenheim	34	8	5	21	37	64	-27	29
17	Holstein Kiel ▼	34	6	7	21	49	80	-31	25
18	Bochum ▼	34	6	7	21	33	67	-34	25

★ 우승　● 챔피언스리그 출전　● 유로파리그 출전　▼ 강등

2025-26 BUNDESLIGA MATCH SCHEDULE

*시간은 독일 현지 시간. 대한민국은 독일보다 8시간 빠름

DAY 1

2025.08.22	Bayern München	vs	RB Leipzig
2025.08.23	1. FC Heidenheim 1846	vs	Wolfsburg
2025.08.23	FC St. Pauli	vs	Borussia Dortmund
2025.08.23	1. FC Union Berlin	vs	Stuttgart
2025.08.23	Eintracht Frankfurt	vs	Werder Bremen
2025.08.23	Mainz	vs	FC Köln
2025.08.23	SC Freiburg	vs	FC Augsburg
2025.08.23	Bayer Leverkusen	vs	TSG Hoffenheim
2025.08.23	Borussia M´gladbach	vs	Hamburger SV

DAY 2

2025.08.30	TSG Hoffenheim	vs	Eintracht Frankfurt
2025.08.30	FC Köln	vs	SC Freiburg
2025.08.30	Hamburger SV	vs	FC St. Pauli
2025.08.30	FC Augsburg	vs	Bayern München
2025.08.30	RB Leipzig	vs	1. FC Heidenheim 1846
2025.08.30	Borussia Dortmund	vs	1. FC Union Berlin
2025.08.30	Wolfsburg	vs	Mainz
2025.08.30	Werder Bremen	vs	Bayer Leverkusen
2025.08.30	Stuttgart	vs	Borussia M´gladbach

DAY 3

2025.09.13	1. FC Union Berlin	vs	TSG Hoffenheim
2025.09.13	FC St. Pauli	vs	FC Augsburg
2025.09.13	Wolfsburg	vs	FC Köln
2025.09.13	1. FC Heidenheim 1846	vs	Borussia Dortmund
2025.09.13	Bayer Leverkusen	vs	Eintracht Frankfurt
2025.09.13	Borussia M´gladbach	vs	Werder Bremen
2025.09.13	SC Freiburg	vs	Stuttgart
2025.09.13	Bayern München	vs	Hamburger SV
2025.09.13	Mainz	vs	RB Leipzig

DAY 4

2025.09.20	Stuttgart	vs	FC St. Pauli
2025.09.20	FC Augsburg	vs	Mainz
2025.09.20	TSG Hoffenheim	vs	Bayern München
2025.09.20	Hamburger SV	vs	1. FC Heidenheim 1846
2025.09.20	Werder Bremen	vs	SC Freiburg
2025.09.20	RB Leipzig	vs	FC Köln
2025.09.20	Eintracht Frankfurt	vs	1. FC Union Berlin
2025.09.20	Bayer Leverkusen	vs	Borussia M´gladbach
2025.09.20	Borussia Dortmund	vs	Wolfsburg

DAY 5

2025.09.27	FC St. Pauli	vs	Bayer Leverkusen
2025.09.27	1. FC Heidenheim 1846	vs	FC Augsburg
2025.09.27	FC Köln	vs	Stuttgart
2025.09.27	1. FC Union Berlin	vs	Hamburger SV
2025.09.27	SC Freiburg	vs	TSG Hoffenheim
2025.09.27	Wolfsburg	vs	RB Leipzig
2025.09.27	Mainz	vs	Borussia Dortmund
2025.09.27	Bayern München	vs	Werder Bremen
2025.09.27	Borussia M´gladbach	vs	Eintracht Frankfurt

DAY 6

2025.10.04	Borussia M´gladbach	vs	SC Freiburg
2025.10.04	FC Augsburg	vs	Wolfsburg
2025.10.04	TSG Hoffenheim	vs	FC Köln
2025.10.04	Hamburger SV	vs	Mainz
2025.10.04	Stuttgart	vs	1. FC Heidenheim 1846
2025.10.04	Werder Bremen	vs	FC St. Pauli
2025.10.04	Eintracht Frankfurt	vs	Bayern München
2025.10.04	Bayer Leverkusen	vs	1. FC Union Berlin
2025.10.04	Borussia Dortmund	vs	RB Leipzig

DAY 7

2025.10.18	1. FC Union Berlin	vs	Borussia M´gladbach
2025.10.18	FC St. Pauli	vs	TSG Hoffenheim
2025.10.18	1. FC Heidenheim 1846	vs	Werder Bremen
2025.10.18	FC Köln	vs	FC Augsburg
2025.10.18	Wolfsburg	vs	Stuttgart
2025.10.18	RB Leipzig	vs	Hamburger SV
2025.10.18	SC Freiburg	vs	Eintracht Frankfurt
2025.10.18	Bayern München	vs	Borussia Dortmund
2025.10.18	Mainz	vs	Bayer Leverkusen

DAY 8

2025.10.25	Borussia M´gladbach	vs	Bayern München
2025.10.25	FC Augsburg	vs	RB Leipzig
2025.10.25	TSG Hoffenheim	vs	1. FC Heidenheim 1846
2025.10.25	Hamburger SV	vs	Wolfsburg
2025.10.25	Stuttgart	vs	Mainz
2025.10.25	Werder Bremen	vs	1. FC Union Berlin
2025.10.25	Eintracht Frankfurt	vs	FC St. Pauli
2025.10.25	Bayer Leverkusen	vs	SC Freiburg
2025.10.25	Borussia Dortmund	vs	FC Köln

DAY 9

2025.11.01	FC St. Pauli	vs	Borussia M´gladbach
2025.11.01	1. FC Heidenheim 1846	vs	Eintracht Frankfurt
2025.11.01	FC Köln	vs	Hamburger SV
2025.11.01	1. FC Union Berlin	vs	SC Freiburg
2025.11.01	Mainz	vs	Werder Bremen
2025.11.01	FC Augsburg	vs	Borussia Dortmund
2025.11.01	RB Leipzig	vs	Stuttgart
2025.11.01	Bayern München	vs	Bayer Leverkusen
2025.11.01	Wolfsburg	vs	TSG Hoffenheim

DAY 10

2025.11.08	Borussia M´gladbach	vs	FC Köln
2025.11.08	1. FC Union Berlin	vs	Bayern München
2025.11.08	TSG Hoffenheim	vs	RB Leipzig
2025.11.08	Hamburger SV	vs	Borussia Dortmund
2025.11.08	Stuttgart	vs	FC Augsburg
2025.11.08	Werder Bremen	vs	Wolfsburg
2025.11.08	Eintracht Frankfurt	vs	Mainz
2025.11.08	Bayer Leverkusen	vs	1. FC Heidenheim 1846
2025.11.08	SC Freiburg	vs	FC St. Pauli

DAY 11

2025.11.22	FC Augsburg	vs	Hamburger SV
2025.11.22	FC St. Pauli	vs	1. FC Union Berlin
2025.11.22	1. FC Heidenheim 1846	vs	Borussia M´gladbach
2025.11.22	FC Köln	vs	Eintracht Frankfurt
2025.11.22	Wolfsburg	vs	Bayer Leverkusen
2025.11.22	RB Leipzig	vs	Werder Bremen
2025.11.22	Borussia Dortmund	vs	Stuttgart
2025.11.22	Bayern München	vs	SC Freiburg
2025.11.22	Mainz	vs	TSG Hoffenheim

DAY 12

2025.11.29	Borussia M´gladbach	vs	RB Leipzig
2025.11.29	1. FC Union Berlin	vs	1. FC Heidenheim 1846
2025.11.29	TSG Hoffenheim	vs	FC Augsburg
2025.11.29	Hamburger SV	vs	Stuttgart
2025.11.29	Werder Bremen	vs	FC Köln
2025.11.29	SC Freiburg	vs	Mainz
2025.11.29	Bayer Leverkusen	vs	Borussia Dortmund
2025.11.29	Bayern München	vs	FC St. Pauli
2025.11.29	Eintracht Frankfurt	vs	Wolfsburg

DAY 13

2025.12.06	1. FC Heidenheim 1846	vs	SC Freiburg
2025.12.06	FC Köln	vs	FC St. Pauli
2025.12.06	Hamburger SV	vs	Werder Bremen
2025.12.06	FC Augsburg	vs	Bayer Leverkusen
2025.12.06	Wolfsburg	vs	1. FC Union Berlin
2025.12.06	Stuttgart	vs	Bayern München
2025.12.06	Mainz	vs	Borussia M´gladbach
2025.12.06	Borussia Dortmund	vs	TSG Hoffenheim
2025.12.06	RB Leipzig	vs	Eintracht Frankfurt

DAY 14

2025.12.13	Borussia M´gladbach	vs	Wolfsburg
2025.12.13	1. FC Union Berlin	vs	RB Leipzig
2025.12.13	FC St. Pauli	vs	1. FC Heidenheim 1846
2025.12.13	TSG Hoffenheim	vs	Hamburger SV
2025.12.13	Werder Bremen	vs	Stuttgart
2025.12.13	SC Freiburg	vs	Borussia Dortmund
2025.12.13	Bayer Leverkusen	vs	FC Köln
2025.12.13	Bayern München	vs	Mainz
2025.12.13	Eintracht Frankfurt	vs	FC Augsburg

DAY 15

2025.12.20	FC Augsburg	vs	Werder Bremen
2025.12.20	1. FC Heidenheim 1846	vs	Bayern München
2025.12.20	FC Köln	vs	1. FC Union Berlin
2025.12.20	Hamburger SV	vs	Eintracht Frankfurt
2025.12.20	Wolfsburg	vs	SC Freiburg
2025.12.20	Stuttgart	vs	TSG Hoffenheim
2025.12.20	Mainz	vs	FC St. Pauli
2025.12.20	Borussia Dortmund	vs	Borussia M´gladbach
2025.12.20	RB Leipzig	vs	Bayer Leverkusen

DAY 16

2026.01.10	Borussia M´gladbach	vs	FC Augsburg
2026.01.10	1. FC Union Berlin	vs	Mainz
2026.01.10	FC St. Pauli	vs	RB Leipzig
2026.01.10	1. FC Heidenheim 1846	vs	FC Köln
2026.01.10	Werder Bremen	vs	TSG Hoffenheim
2026.01.10	SC Freiburg	vs	Hamburger SV
2026.01.10	Bayer Leverkusen	vs	Stuttgart
2026.01.10	Bayern München	vs	Wolfsburg
2026.01.10	Eintracht Frankfurt	vs	Borussia Dortmund

DAY 17

2026.01.14	FC Augsburg	vs	1. FC Union Berlin
2026.01.14	TSG Hoffenheim	vs	Borussia M´gladbach
2026.01.14	FC Köln	vs	Bayern München
2026.01.14	Wolfsburg	vs	FC St. Pauli
2026.01.14	Hamburger SV	vs	Bayer Leverkusen
2026.01.14	Stuttgart	vs	Eintracht Frankfurt
2026.01.14	Mainz	vs	1. FC Heidenheim 1846
2026.01.14	Borussia Dortmund	vs	Werder Bremen
2026.01.14	RB Leipzig	vs	SC Freiburg

DAY 18

2026.01.17	Stuttgart	vs	1. FC Union Berlin
2026.01.17	Borussia Dortmund	vs	FC St. Pauli
2026.01.17	Wolfsburg	vs	1. FC Heidenheim 1846
2026.01.17	Hamburger SV	vs	Borussia M´gladbach
2026.01.17	FC Köln	vs	Mainz
2026.01.17	RB Leipzig	vs	Bayern München
2026.01.17	TSG Hoffenheim	vs	Bayer Leverkusen
2026.01.17	Werder Bremen	vs	Eintracht Frankfurt
2026.01.17	FC Augsburg	vs	SC Freiburg

DAY 19

2026.01.24	Eintracht Frankfurt	vs	TSG Hoffenheim
2026.01.24	SC Freiburg	vs	FC Köln
2026.01.24	FC St. Pauli	vs	Hamburger SV
2026.01.24	Bayern München	vs	FC Augsburg
2026.01.24	Mainz	vs	Wolfsburg
2026.01.24	1. FC Union Berlin	vs	Borussia Dortmund
2026.01.24	Bayer Leverkusen	vs	Werder Bremen
2026.01.24	1. FC Heidenheim 1846	vs	RB Leipzig
2026.01.24	Borussia M´gladbach	vs	Stuttgart

DAY 20

2026.01.31	TSG Hoffenheim	vs	1. FC Union Berlin
2026.01.31	FC Augsburg	vs	FC St. Pauli
2026.01.31	Borussia Dortmund	vs	1. FC Heidenheim 1846
2026.01.31	FC Köln	vs	Wolfsburg
2026.01.31	Werder Bremen	vs	Borussia M´gladbach
2026.01.31	Hamburger SV	vs	Bayern München
2026.01.31	Stuttgart	vs	SC Freiburg
2026.01.31	Eintracht Frankfurt	vs	Bayer Leverkusen
2026.01.31	RB Leipzig	vs	Mainz

DAY 21

2026.02.07	FC St. Pauli	vs	Stuttgart
2026.02.07	Mainz	vs	FC Augsburg
2026.02.07	Bayern München	vs	TSG Hoffenheim
2026.02.07	SC Freiburg	vs	Werder Bremen
2026.02.07	1. FC Heidenheim 1846	vs	Hamburger SV
2026.02.07	FC Köln	vs	RB Leipzig
2026.02.07	1. FC Union Berlin	vs	Eintracht Frankfurt
2026.02.07	Borussia M´gladbach	vs	Bayer Leverkusen
2026.02.07	Wolfsburg	vs	Borussia Dortmund

DAY 22

2026.02.14	Bayer Leverkusen	vs	FC St. Pauli
2026.02.14	FC Augsburg	vs	1. FC Heidenheim 1846
2026.02.14	Stuttgart	vs	FC Köln
2026.02.14	Hamburger SV	vs	1. FC Union Berlin
2026.02.14	RB Leipzig	vs	Wolfsburg
2026.02.14	Werder Bremen	vs	Bayern München
2026.02.14	Borussia Dortmund	vs	Mainz
2026.02.14	TSG Hoffenheim	vs	SC Freiburg
2026.02.14	Eintracht Frankfurt	vs	Borussia M´gladbach

DAY 23

2026.02.21	SC Freiburg	vs	Borussia M´gladbach
2026.02.21	Wolfsburg	vs	FC Augsburg
2026.02.21	FC Köln	vs	TSG Hoffenheim
2026.02.21	1. FC Heidenheim 1846	vs	Stuttgart
2026.02.21	Mainz	vs	Hamburger SV
2026.02.21	FC St. Pauli	vs	Werder Bremen
2026.02.21	Bayern München	vs	Eintracht Frankfurt
2026.02.21	1. FC Union Berlin	vs	Bayer Leverkusen
2026.02.21	RB Leipzig	vs	Borussia Dortmund

DAY 24

2026.02.28	Borussia M´gladbach	vs	1. FC Union Berlin
2026.02.28	TSG Hoffenheim	vs	FC St. Pauli
2026.02.28	Werder Bremen	vs	1. FC Heidenheim 1846
2026.02.28	Stuttgart	vs	Wolfsburg
2026.02.28	FC Augsburg	vs	FC Köln
2026.02.28	Hamburger SV	vs	RB Leipzig
2026.02.28	Eintracht Frankfurt	vs	SC Freiburg
2026.02.28	Borussia Dortmund	vs	Bayern München
2026.02.28	Bayer Leverkusen	vs	Mainz

DAY 25

2026.03.07	Bayern München	vs	Borussia M´gladbach
2026.03.07	RB Leipzig	vs	FC Augsburg
2026.03.07	1. FC Heidenheim 1846	vs	TSG Hoffenheim
2026.03.07	Wolfsburg	vs	Hamburger SV
2026.03.07	Mainz	vs	Stuttgart
2026.03.07	1. FC Union Berlin	vs	Werder Bremen
2026.03.07	FC St. Pauli	vs	Eintracht Frankfurt
2026.03.07	SC Freiburg	vs	Bayer Leverkusen
2026.03.07	FC Köln	vs	Borussia Dortmund

DAY 26

2026.03.14	Borussia M´gladbach	vs	FC St. Pauli
2026.03.14	SC Freiburg	vs	1. FC Union Berlin
2026.03.14	Eintracht Frankfurt	vs	1. FC Heidenheim 1846
2026.03.14	Hamburger SV	vs	FC Köln
2026.03.14	Stuttgart	vs	RB Leipzig
2026.03.14	Borussia Dortmund	vs	FC Augsburg
2026.03.14	Werder Bremen	vs	Mainz
2026.03.14	Bayer Leverkusen	vs	Bayern München
2026.03.14	TSG Hoffenheim	vs	Wolfsburg

DAY 27

2026.03.21	Bayern München	vs	1. FC Union Berlin
2026.03.21	RB Leipzig	vs	TSG Hoffenheim
2026.03.21	Borussia Dortmund	vs	Hamburger SV
2026.03.21	FC Köln	vs	Borussia M´gladbach
2026.03.21	FC Augsburg	vs	Stuttgart
2026.03.21	1. FC Heidenheim 1846	vs	Bayer Leverkusen
2026.03.21	FC St. Pauli	vs	SC Freiburg
2026.03.21	Mainz	vs	Eintracht Frankfurt
2026.03.21	Wolfsburg	vs	Werder Bremen

DAY 28

2026.04.05	1. FC Union Berlin	vs	FC St. Pauli
2026.04.05	Borussia M´gladbach	vs	1. FC Heidenheim 1846
2026.04.05	Eintracht Frankfurt	vs	FC Köln
2026.04.05	Hamburger SV	vs	FC Augsburg
2026.04.05	Bayer Leverkusen	vs	Wolfsburg
2026.04.05	SC Freiburg	vs	Bayern München
2026.04.05	TSG Hoffenheim	vs	Mainz
2026.04.05	Stuttgart	vs	Borussia Dortmund
2026.04.05	Werder Bremen	vs	RB Leipzig

DAY 29

2026.04.11	1. FC Heidenheim 1846	vs	1. FC Union Berlin
2026.04.11	FC Augsburg	vs	TSG Hoffenheim
2026.04.11	Stuttgart	vs	Hamburger SV
2026.04.11	RB Leipzig	vs	Borussia M´gladbach
2026.04.11	FC Köln	vs	Werder Bremen
2026.04.11	FC St. Pauli	vs	Bayern München
2026.04.11	Wolfsburg	vs	Eintracht Frankfurt
2026.04.11	Borussia Dortmund	vs	Bayer Leverkusen
2026.04.11	Mainz	vs	SC Freiburg

DAY 30

2026.04.18	SC Freiburg	vs	1. FC Heidenheim 1846
2026.04.18	Werder Bremen	vs	Hamburger SV
2026.04.18	Bayer Leverkusen	vs	FC Augsburg
2026.04.18	1. FC Union Berlin	vs	Wolfsburg
2026.04.18	FC St. Pauli	vs	FC Köln
2026.04.18	Bayern München	vs	Stuttgart
2026.04.18	Borussia M´gladbach	vs	Mainz
2026.04.18	TSG Hoffenheim	vs	Borussia Dortmund
2026.04.18	Eintracht Frankfurt	vs	RB Leipzig

DAY 31

2026.04.25	RB Leipzig	vs	1. FC Union Berlin
2026.04.25	1. FC Heidenheim 1846	vs	FC St. Pauli
2026.04.25	Hamburger SV	vs	TSG Hoffenheim
2026.04.25	Wolfsburg	vs	Borussia M´gladbach
2026.04.25	Stuttgart	vs	Werder Bremen
2026.04.25	Mainz	vs	Bayern München
2026.04.25	FC Augsburg	vs	Eintracht Frankfurt
2026.04.25	FC Köln	vs	Bayer Leverkusen
2026.04.25	Borussia Dortmund	vs	SC Freiburg

DAY 32

2026.05.03	Werder Bremen	vs	FC Augsburg
2026.05.03	1. FC Union Berlin	vs	FC Köln
2026.05.03	Eintracht Frankfurt	vs	Hamburger SV
2026.05.03	SC Freiburg	vs	Wolfsburg
2026.05.03	Bayern München	vs	1. FC Heidenheim 1846
2026.05.03	TSG Hoffenheim	vs	Stuttgart
2026.05.03	FC St. Pauli	vs	Mainz
2026.05.03	Borussia M´gladbach	vs	Borussia Dortmund
2026.05.03	Bayer Leverkusen	vs	RB Leipzig

DAY 33

2026.05.09	FC Augsburg	vs	Borussia M´gladbach
2026.05.09	RB Leipzig	vs	FC St. Pauli
2026.05.09	FC Köln	vs	1. FC Heidenheim 1846
2026.05.09	TSG Hoffenheim	vs	Werder Bremen
2026.05.09	Mainz	vs	1. FC Union Berlin
2026.05.09	Hamburger SV	vs	SC Freiburg
2026.05.09	Stuttgart	vs	Bayer Leverkusen
2026.05.09	Wolfsburg	vs	Bayern München
2026.05.09	Borussia Dortmund	vs	Eintracht Frankfurt

DAY 34

2026.05.16	Borussia M´gladbach	vs	TSG Hoffenheim
2026.05.16	Bayern München	vs	FC Köln
2026.05.16	Bayer Leverkusen	vs	Hamburger SV
2026.05.16	1. FC Union Berlin	vs	FC Augsburg
2026.05.16	SC Freiburg	vs	RB Leipzig
2026.05.16	Werder Bremen	vs	Borussia Dortmund
2026.05.16	1. FC Heidenheim 1846	vs	Mainz
2026.05.16	Eintracht Frankfurt	vs	Stuttgart
2026.05.16	FC St. Pauli	vs	Wolfsburg

FC BAYERN MÜNCHEN

Club Info

- **Founded**: 구단 창립 1900년
- **Owner**: 시민 구단
- **CEO**: 허버트 하이너 1954.07.03
- **Manager**: 뱅상 콩파니 1986.04.10
- **25-26 Odds**: 벳365 : 0.3배 / 윌리엄힐 : 0.29배
- **Nationality**: 외국 선수 18명 / 독일 선수 14명
- **Age**: 32명 평균 25.4세
- **Height**: 32명 평균 184cm
- **Market Value**: 32명 평균 2788만 유로
- **Game Points**: 24-25 : 82점 / 통산 : 4149점
- **Win**: 24-25 : 25승 / 통산 : 1237승
- **Draw**: 24-25 : 7무 / 통산 : 438무
- **Loss**: 24-25 : 2패 / 통산 : 369패
- **Goals For**: 24-25 : 99득점 / 통산 : 4614득점
- **Goals Against**: 24-25 : 32실점 / 통산 : 2229실점
- **More Minutes**: 요주아 키미히 2847분
- **Top Scorer**: 해리 케인 26골
- **More Assists**: 마이클 올리세 15도움
- **More Subs**: 토마스 뮐러 18회 교체 IN
- **More Cards**: 콘라트 라이머 Y8+R0

Trophies

34	20	6	1	2	2
GERMAN BUNDESLIGA	GERMAN DFB POKAL	UEFA CHAMPIONS LEAGUE	UEFA EUROPA LEAGUE	FIFA CLUB WORLD CUP	UEFA-CONMEBOL INTERCONTINENTAL

2024-25 SEASON RESULT

상대팀	홈	원정
Leverkusen	1-1	0-0
E. Frankfurt	4-0	3-3
Dortmund	2-2	1-1
Freiburg	2-0	2-1
FSV Mainz	3-0	1-2
RB Leipzig	5-1	3-3
Werder Bremen	3-0	5-0
Stuttgart	4-0	3-1
Mönchengladbach	2-0	1-0
Wolfsburg	3-2	3-2
FC Augsburg	3-0	3-1
Union Berlin	3-0	1-1
Sankt Pauli	3-2	1-0
Hoffenheim	5-0	4-0
Heidenheim	4-2	4-0
Holstein Kiel	4-3	6-1
Bochum	2-3	5-0

Allianz Arena

- 구장 오픈 / 증개축: 2005년, 증개축 2회
- 구장 소유: 뮌헨 슈타디온 GmbH
- 수용 인원: 7만 5024명
- 피치 규모: 105m X 68m
- 잔디 종류: 천연 잔디

PLAY STYLE

OFFENSIVE STYLE
- 상대 진영에서 볼을 컨트롤 함
- 전형적인 포제션 풋볼
- 짧은 패스 콤비네이션 플레이
- 위력적인 스루볼 침투
- 콤비네이션 활용한 중앙 돌파

DEFENSIVE STYLE
- 수비할 때 도전적이지 않음
- 선발 일레븐 로테이션 많음

STRENGTHS & WEAKNESSES

OFFENSE		DEFENSE	
직접 프리킥	A	세트피스 수비	A
문전 처리	A	상대 볼 뺏기	C
측면 돌파	A	공중전 능력	D
스루볼 침투	A	역습 방어	C
개인기 침투	A	지공 방어	E
카운터 어택	C	스루패스 방어	A
기회 만들기	A	리드 지키기	D
세트피스	C	실수 조심	C
OS 피하기	C	측면 방어력	C
중거리 슈팅	B	파울 주의	C
볼 점유율	A	중거리슈팅 수비	C

매우 강함 A / 강한 편 B / 보통 수준 C / 약한 편 D / 매우 약함 E

RANKING OF LAST 10 YEARS

15-16	16-17	17-18	18-19	19-20	20-21	21-22	22-23	23-24	24-25
1	1	1	1	1	1	1	1	3	1
88점	82점	84점	78점	82점	78점	77점	71점	72점	82점

Squad

위치	선수	국적	생년월일	키	몸무게	출전경기	선발11	교체 IN	출전(분)	득점	도움	경고	퇴장	MOM
GK	Manuel Neuer	GER	1986-03-27	193	93	22	22	0	1980	0	0	0	0	0
GK	Jonas Urbig	GER	2003-08-08	189	83	8	8	0	720	0	0	0	0	0
GK	Daniel Peretz	ISR	2000-07-10	195	89	3	3	0	270	0	0	1	0	0
GK	Sven Ulreich	GER	1988-08-03	192	87	1	1	0	90	0	0	0	0	0
DF	Kim Min-jae	KOR	1996-11-15	190	88	27	27	0	2289	2	0	2	0	1
DF	Dayot Upamecano	FRA	1998-10-27	186	90	20	20	0	1763	2	0	6	0	1
DF	Eric Dier	ENG	1994-01-15	188	83	21	16	5	1460	2	1	1	0	0
DF	Sacha Boey	FRA	2000-07-14	178	70	13	6	7	591	0	2	1	0	0
DF	Hiroki Ito	JPN	1999-05-12	188	84	6	3	3	250	1	0	1	0	0
DF/MF	Joshua Kimmich	GER	1995-02-08	177	75	33	32	1	2847	3	6	4	0	2
DF/MF	Konrad Laimer	AUT	1997-05-07	180	72	29	19	10	1696	2	2	8	0	0
DF/MF	Raphaël Guerreiro	POR	1993-12-22	170	71	23	19	4	1582	4	3	2	0	1
DF/MF	Alphonso Davies	CAN	2000-11-02	183	75	19	17	2	1562	1	2	0	0	0
DF/MF	Leon Goretzka	GER	1995-02-06	189	82	26	13	13	1317	4	1	2	0	0
DF/MF	Josip Stanišić	CRO	2000-04-02	186	77	14	9	5	872	0	2	0	0	0
MF	Jamal Musiala	GER	2003-02-06	184	72	25	21	4	1806	12	2	3	0	5
MF	Aleksandar Pavlovic	GER	2004-05-03	188	75	21	18	3	1457	1	0	2	0	0
MF	João Palhinha	POR	1995-07-09	190	84	17	6	11	665	1	0	2	1	0
MF	Gabriel Vidovic	CRO	2003-12-01	180	75	4	0	4	20	0	0	0	0	0
MF/FW	Michael Olise	FRA	2001-12-12	184	76	34	28	6	2347	12	15	3	0	9
MF/FW	Kingsley Coman	FRA	1996-06-13	181	76	14	14	0	1283	5	4	0	0	0
MF/FW	Serge Gnabry	GER	1995-07-14	177	77	27	13	14	1235	7	5	0	0	0
MF/FW	Thomas Müller	GER	1989-09-13	185	76	30	12	18	1216	1	4	3	0	0
MF/FW	Mathys Tel	FRA	2005-04-27	183	77	8	2	6	253	0	0	0	0	0
FW	Harry Kane	ENG	1993-07-28	188	86	31	28	3	2391	26	8	5	0	9
FW	Leroy Sané	GER	1996-01-11	183	80	30	17	13	1634	11	5	0	0	1
FW	Jonah Kusi-Asare	SWE	2007-07-04	196	84	1	0	1	2	0	0	0	0	0

BUNDESLIGA 2024-25 SEASON

BAYERN MÜNCHEN vs. OPPONENTS PER GAME STATS

바이에른 뮌헨		vs 상대팀
2.90	득점	0.94
19.1	슈팅	6.8
7.9	유효슈팅	4.4
6.5	코너킥	2.6
1.6	오프사이드	1.3
739	패스시도 (PA)	341
665	패스성공 (PC)	258
90%	패스성공률 (P%)	76%
14.9	태클 (TK)	18.2
12.4	공중전승리 (AD)	10.6
6.8	인터셉트 (IT)	11.9
8.7	파울	10.5
1.40	경고	1.91
0.029	퇴장	0.059

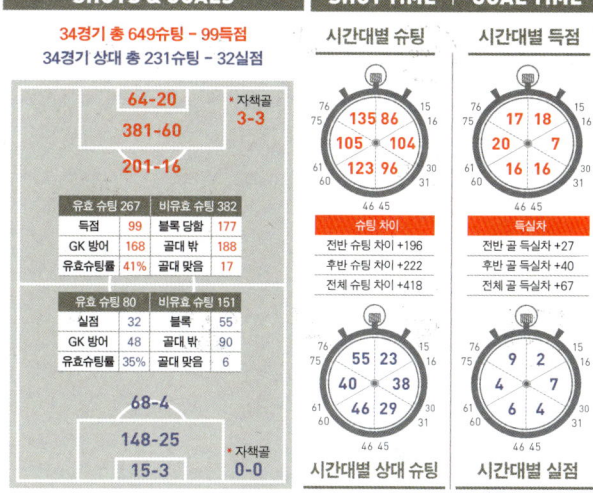

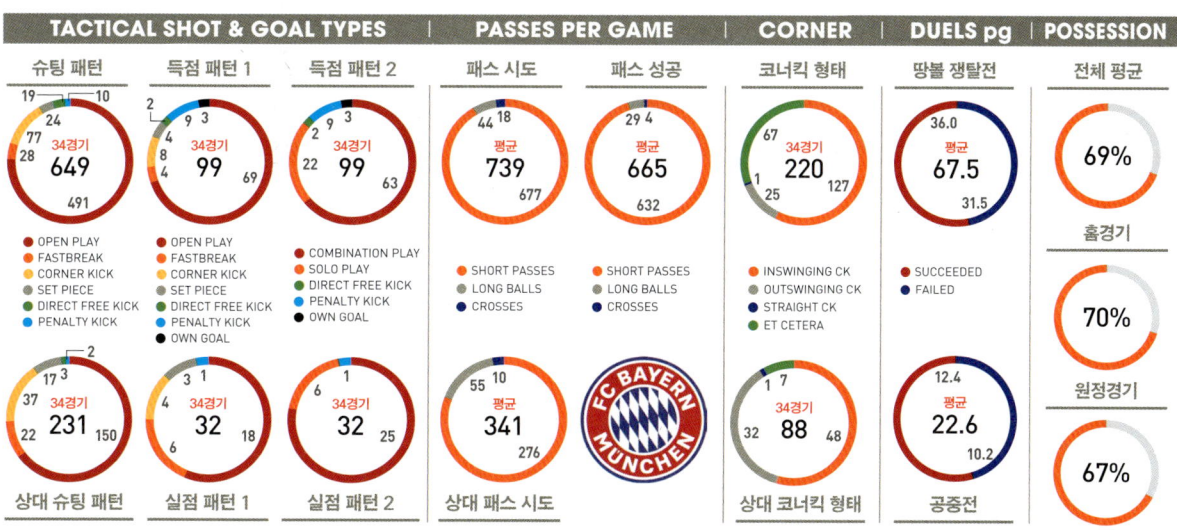

BAYER 04 LEVERKUSEN

Founded 구단 창립 1904년	**Owner** 바이에르 AG	**CEO** 페르난도 카로 1964.07.27	**Manager** 에릭 텐하흐 1970.02.02	**25-26 Odds** 벳365 : 7배 윌리엄힐 : 6.5배	
Nationality 26명 외국 선수 23명 독일 선수 3명	**Age** 26명 평균 26.0세	**Height** 26명 평균 184cm	**Market Value** 26명 평균 1646만 유로	**Game Points** 24-25 : 69점 통산 : 2510점	
Win 24-25 : 19승 통산 : 696승	**Draw** 24-25 : 12무 통산 : 422무	**Loss** 24-25 : 3패 통산 : 450패	**Goals For** 24-25 : 72득점 통산 : 2703득점	**Goals Against** 24-25 : 43실점 통산 : 2074실점	
More Minutes 요나탄 타 2970분	**Top Scorer** 파트릭 쉬크 21골	**More Assists** 플로리안 비르츠 12도움	**More Subs** 아민 아들리 14회 교체 IN	**More Cards** 피에로 인카피에 Y8+R0	

GERMAN BUNDESLIGA 1 | **GERMAN DFB POKAL** 2 | **UEFA CHAMPIONS LEAGUE** 0 | **UEFA EUROPA LEAGUE** 1 | **FIFA CLUB WORLD CUP** 0 | **UEFA-CONMEBOL INTERCONTINENTAL** 0

2024-25 SEASON RESULT

상대팀	홈	원정
Bayern München	0-0	1-1
E. Frankfurt	2-1	4-1
Dortmund	2-4	3-2
Freiburg	5-1	2-2
FSV Mainz	1-0	2-2
RB Leipzig	2-3	2-2
Werder Bremen	0-2	2-2
Stuttgart	0-0	4-3
Mönchengladbach	3-1	3-2
Wolfsburg	4-3	0-0
FC Augsburg	2-0	2-0
Union Berlin	0-0	2-1
Sankt Pauli	2-1	1-1
Hoffenheim	3-1	4-1
Heidenheim	5-2	1-0
Holstein Kiel	2-2	2-0
Bochum	3-1	1-1

PLAY STYLE

OFFENSIVE STYLE
상대 진영에서 볼 컨트롤 함
왼 측면 공격 빈도가 높음
짧은 패스 콤비네이션 위주
포지션 풋볼
좌우폭 넓게 활용함

DEFENSIVE STYLE
선발 일레븐 로테이션 자주 함
블록 수비, 하프코트 프레싱

Bay Arena

구장 오픈 / 증개축
1958년, 증개축 2회
구장 소유
바이엘 제약회사
수용 인원
3만 210명
피치 규모
105x X 68m
잔디 종류
천연 잔디

STRENGTHS & WEAKNESSES

OFFENSE		DEFENSE	
직접 프리킥	C	세트피스 수비	B
문전 처리	B	상대 볼 뺏기	C
측면 돌파	B	공중전 능력	C
스루볼 침투	A	역습 방어	C
개인기 침투	C	지공 방어	C
카운터 어택	B	스루패스 방어	C
기회 만들기	C	리드 지키기	B
세트피스	A	실수 조심	D
OS 피하기	C	측면 방어력	C
중거리 슈팅	B	파울 주의	C
볼 점유율	A	중거리슈팅 수비	C

매우 강함 A 강한 편 B 보통 수준 C 약한 편 D 매우 약함 E

RANKING OF LAST 10 YEARS

시즌	15-16	16-17	17-18	18-19	19-20	20-21	21-22	22-23	23-24	24-25
순위	3	12	5	4	5	6	3	6	1	2
점수	60점	41점	55점	58점	63점	52점	64점	50점	90점	69점

위치	선수	국적	생년월일	키	몸무게	출전경기	선발11	교체 IN	출전(분)	득점	도움	경고	퇴장	MOM
GK	Lukáš Hrádecký	FIN	1989-11-24	192	83	29	29	0	2610	0	0	1	0	1
	Matěj Kovář	CZE	2000-05-17	196	88	5	5	0	450	0	0	0	0	0
DF	Jonathan Tah	GER	1996-02-11	195	94	33	33	0	2970	3	0	3	0	1
	Mario Hermoso	ESP	1995-06-18	184	75	4	3	1	292	0	0	0	0	0
	Edmond Tapsoba	BFA	1999-02-02	194	85	29	29	0	2512	0	0	4	0	0
	Jeanuël Belocian	FRA	2005-02-17	186	73	0	0	0	0	0	0	0	0	0
DF MF	Piero Hincapié	ECU	2002-01-09	184	77	32	28	4	2669	2	2	8	0	2
	Arthur	BRA	2003-03-17	173	70	20	7	13	743	0	1	1	0	0
	Alex Grimaldo	ESP	1995-09-20	171	63	32	31	1	2647	2	7	5	0	3
	Nordi Mukiele	FRA	1997-11-01	187	84	15	10	5	896	1	0	4	0	0
	Jeremie Frimpong	NED	2000-12-10	171	63	33	25	8	2322	5	5	4	0	1
	Robert Andrich	GER	1994-09-22	187	83	23	19	4	1605	2	1	7	0	2
MF	Jonas Hofmann	GER	1992-07-14	176	73	11	4	7	352	2	1	1	0	0
	Aleix García	ESP	1997-06-28	173	68	28	17	11	1451	3	4	3	0	1
	Exequiel Palacios	ARG	1998-10-05	176	69	24	11	13	1146	1	6	2	0	0
	Granit Xhaka	SUI	1992-09-27	186	80	33	33	0	2892	2	7	3	0	0
MF FW	Florian Wirtz	GER	2003-05-03	176	70	31	25	6	2355	10	12	3	0	7
	Emi Buendía	ARG	1996-12-25	172	72	11	3	8	255	2	0	0	0	0
	Nathan Tella	NGA	1999-07-05	173	70	27	17	10	1366	2	4	1	0	0
	Martin Terrier	FRA	1997-03-04	184	71	15	7	8	583	2	1	1	0	0
	Amine Adli	MAR	2000-05-10	174	72	20	6	14	756	2	0	3	0	0
FW	Patrik Schick	CZE	1996-01-24	191	87	31	19	12	1684	21	0	4	0	6
	Victor Boniface	NGA	2000-12-23	189	91	19	12	7	1011	8	1	2	0	0

BUNDESLIGA 2024-25 SEASON

BAYER LEVERKUSEN vs. OPPONENTS PER GAME STATS

바이에르 레버쿠젠 vs 상대팀

바이에르 레버쿠젠		상대팀
2.12	득점	1.26
14.9	슈팅	9.9
5.5	유효슈팅	4.1
6.4	코너킥	3.4
1.9	오프사이드	1.9
617	패스시도 (PA)	417
537	패스성공 (PC)	327
87%	패스성공률 (P%)	79%
11.6	태클 (TK)	16.1
13.9	공중전승리 (AD)	12.6
6.9	인터셉트 (IT)	10.4
9.6	파울	10.8
1.82	경고	2.00
0.029	퇴장	0.029

2024-25 SEASON SQUAD LIST & GAMES PLAYED

*괄호 안의 숫자는 선발 출전 횟수, 교체 출전은 포함시키지 않음

LW: N/A
CF: P.쉬크(16), V.보니페이스(11), N.텔라(6), A.아들리(2), F.비르츠(2), M.테리에(1)
RW: N/A

LAM: A.가르시아(1), M.테리에(1)
CAM: F.비르츠(23), N.텔라(6), M.테리에(5), A.아들리(4), J.호프만(4), E.팔라시오스(2), E.부엔디아(2), P.쉬크(1), J.프림퐁(1), V.보니페이스(1)
RAM: 아르투르(1), N.텔라(1)

LM: A.그리말도(4), E.부엔디아(1)
CM: G.자카(31), A.가르시아(15), R.안드리히(14), E.팔라시오스(9)
RM: J.프림퐁(4), N.텔라(1)

LWB: A.그리말도(25), N.텔라(1), P.인카피에(1)
DM: G.자카(2), R.안드리히(2)
RWB: J.프림퐁(20), 아르투르(3), N.텔라(2), N.무키엘레(2)

LB: P.인카피에(5), A.그리말도(2)
CB: J.타(33), E.탑소바(29), P.인카피에(22), N.무키엘레(4), M.에르모소(3), R.안드리히(4), J.벨로시안(1)
RB: N.무키엘레(4), 아르투르(3)

GK: L.흐라데키(29), M.코바르(5)

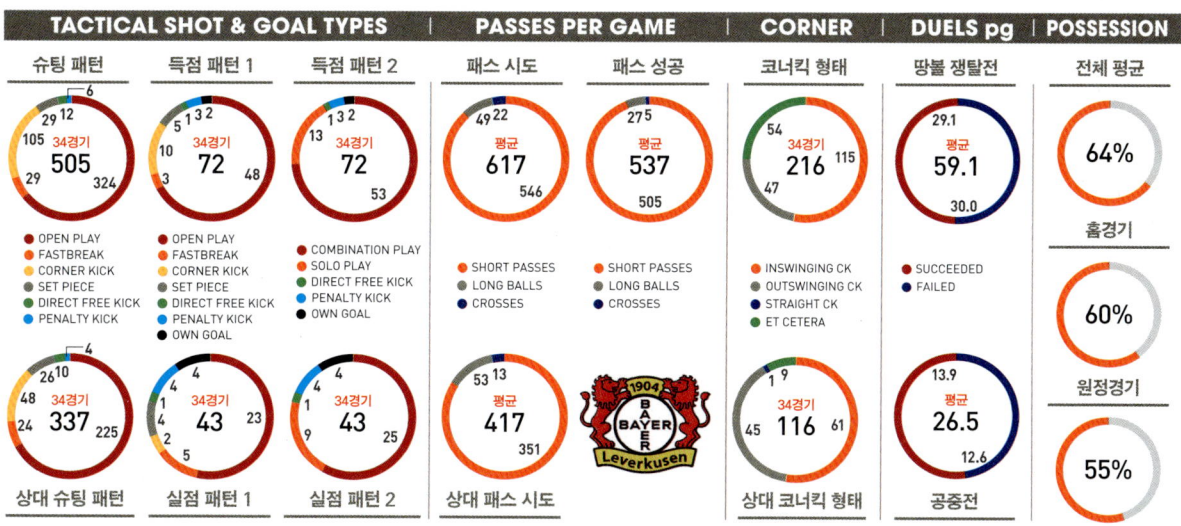

FORMATION SUMMARY

포메이션	승	무	패	득점	실점
3-4-2-1	12	8	3	51	32
3-5-2	2	2	0	5	2
4-2-3-1	1	1	0	5	3
4-4-1-1	2	0	0	6	3
4-4-2	1	1	0	3	2
4-5-1	1	0	0	2	1
TOTAL	19	12	3	72	43

EINTRACHT FRANKFURT

 Founded 구단 창립 1899년
 Owner 프랑크푸르트 시민 주주
 CEO 마티아스 벡
 Manager 디노 토프묄러 1980.11.23
 **25-26 Odds** 벳365 : 50배 윌리엄힐 : 40배

1	5	0	2	0	0
GERMAN BUNDESLIGA	GERMAN DFB POKAL	UEFA CHAMPIONS LEAGUE	UEFA EUROPA LEAGUE	FIFA CLUB WORLD CUP	UEFA-CONMEBOL INTERCONTINENTAL

 Nationality 외국 선수 23명 / 독일 선수 10명 (33명)
 Age 33명 평균 25.3세
 Height 33명 평균 185cm
 **Market Value** 33명 평균 1241만 유로
 Game Points 24-25 : 60점 통산 : 2595점

 Win 24-25 : 17승 통산 : 701승
 Draw 24-25 : 9무 통산 : 464무
 Loss 24-25 : 8패 통산 : 705패
 **Goals For** 24-25 : 68득점 통산 : 2997득점
 Goals Against 24-25 : 46실점 통산 : 2930실점

 More Minutes 아르투르 테아테 2709분
 **Top Scorer** 우고 에키티케 15골
 More Assists 우고 에키티케 8도움
 More Subs 파레스 샤이비 16회 교체 IN
More Cards 투타 Y8+R0

2024-25 SEASON RESULT

상대팀	홈	원정
Bayern München	3-3	0-4
Leverkusen	1-4	1-2
Dortmund	2-0	0-2
Freiburg	4-1	3-1
FSV Mainz	1-3	1-1
RB Leipzig	4-0	1-2
Werder Bremen	1-0	0-2
Stuttgart	1-0	3-2
Mönchengladbach	2-0	1-1
Wolfsburg	1-1	2-1
FC Augsburg	2-2	0-0
Union Berlin	1-2	1-1
Sankt Pauli	2-2	1-0
Hoffenheim	3-1	2-2
Heidenheim	3-0	4-0
Holstein Kiel	3-1	4-2
Bochum	7-2	3-1

PLAY STYLE

OFFENSIVE STYLE
짧은 패스 콤비네이션 위주
중앙 돌파 횟수 많음
우측 돌파 횟수 많음
점유율 대비 높은 슈팅 수

DEFENSIVE STYLE
오프사이드트랩 자주 사용함
선발 일레븐 로테이션
블록 수비, 하프코트 프레싱

Deutsche Bank Park

구장 오픈 / 증개축 1925년, 증개축 5회
구장 소유 발트슈타디온 개발협회
수용 인원 5만 1500명
피치 규모 105m X 68m
잔디 종류 천연 잔디

STRENGTHS & WEAKNESSES

OFFENSE		DEFENSE	
직접 프리킥	B	세트피스 수비	C
문전 처리	B	상대 볼 뺏기	B
측면 돌파	C	공중전 능력	C
스루볼 침투	B	역습 방어	C
개인기 침투	B	지공 방어	D
카운터 어택	A	스루패스 방어	C
기회 만들기	A	리드 지키기	C
세트피스	C	실수 조심	E
OS 피하기	C	측면 방어력	C
중거리 슈팅	C	파울 주의	C
볼 점유율	C	중거리슈팅 수비	D

매우 강함 A / 강한 편 B / 보통 수준 C / 약한 편 D / 매우 약함 E

RANKING OF LAST 10 YEARS

15-16	16-17	17-18	18-19	19-20	20-21	21-22	22-23	23-24	24-25
16	11	8	7	9	5	11	7	6	3
36점	42점	49점	54점	45점	60점	42점	50점	47점	60점

위치	선수	국적	생년월일	키	몸무게	출전경기	선발11	교체 IN	출전(분)	득점	도움	경고	퇴장	MOM
GK	Kevin Trapp	GER	1990-07-08	189	84	26	26	0	2296	0	0	0	0	0
	Kauã Santos	BRA	2003-04-11	196	85	9	8	1	764	0	0	0	0	1
DF	Arthur Theate	BEL	2000-05-25	185	79	31	31	0	2709	0	0	4	0	2
	Rasmus Kristensen	DEN	1997-07-11	187	70	30	28	2	2515	5	3	4	0	2
	Nnamdi Collins	GER	2004-01-10	188	81	24	15	9	1484	1	1	4	0	0
	Aurèle Amenda	SUI	2003-07-31	194	90	8	1	7	91	0	0	1	0	0
DF MF	Robin Koch	GER	1996-07-17	192	85	30	30	0	2589	3	0	3	0	0
	Tuta	BRA	1999-07-04	185	81	30	26	4	2277	2	1	8	0	1
	Nathaniel Brown	GER	2003-06-16	176	60	26	22	4	1952	3	6	2	0	1
	Niels Nkounkou	FRA	2000-11-01	184	75	12	4	8	378	0	0	1	0	0
	Timmy Chandler	USA	1990-03-29	187	84	3	0	3	21	0	0	0	0	0
MF	Hugo Larsson	SWE	2004-06-27	187	79	33	28	5	2405	3	1	2	0	0
	Oscar Højlund	DEN	2005-01-04	184	76	20	7	13	715	1	0	0	0	0
	Mahmoud Dahoud	GER	1996-01-01	178	68	9	3	6	360	1	1	2	0	0
	Junior Dina Ebimbe	FRA	2000-11-21	183	76	7	3	4	291	0	1	0	0	0
MF FW	Ellyes Skhiri	TUN	1995-05-10	185	74	30	26	4	2235	1	1	6	0	1
	Ansgar Knauff	GER	2002-01-10	180	73	30	18	12	1601	4	5	3	0	2
	Mario Götze	GER	1992-06-03	176	75	24	18	6	1547	3	2	1	0	0
	Omar Marmoush	EGY	1999-02-17	183	81	17	17	0	1454	15	9	2	0	9
	Farès Chaibi	ALG	2002-11-28	183	69	26	10	16	1007	1	3	2	0	0
	Elye Wahi	FRA	2003-01-02	184	74	8	1	7	191	0	0	1	0	0
FW	Hugo Ekitike	FRA	2002-06-20	190	76	33	31	2	2581	15	8	1	0	4
	Jean-Mattéo Bahoya	FRA	2005-05-07	180	75	24	10	14	919	2	3	3	0	0
	Can Uzun	GER	2005-11-11	186	70	20	6	14	668	4	1	1	0	1
	Igor Matanović	GER	2003-03-31	194	90	16	2	14	300	1	0	0	0	0
	Michy Batshuayi	BEL	1993-10-02	185	76	10	3	7	296	3	0	2	0	0

BUNDESLIGA 2024-25 SEASON

EINTRACHT FRANKFURT vs. OPPONENTS PER GAME STATS

프랑크푸르트 vs 상대팀

프랑크푸르트	지표	상대팀
2.00	득점	1.35
14.3	슈팅	13.9
5.2	유효슈팅	4.9
4.9	코너	5.1
1.7	오프사이드	2.9
487	PA 패스시도	501
405	PC 패스성공	402
83%	P% 패스성공률	80%
16.6	TK 태클	15.7
14.1	AD 공중전승리	13.2
8.4	IT 인터셉트	7.8
10.0	파울	9.5
1.62	경고	1.71
0.029	퇴장	0.088

2024-25 SEASON SQUAD LIST & GAMES PLAYED

*괄호 안의 숫자는 선발 출전 횟수, 교체 출전은 포함시키지 않음

LW: O.마무시(1)
CF: H.에키티케(30), O.마무시(14), M.바추아이(3), I.마타노비치(2), E.와히(1)
RW: M.괴체(1)

LAM: J.바호야(4), F.샤이비(2), J.D.에빔베(1)
CAM: A.크나우프(7), C.우준(6), M.괴체(5), J.바호야(4), F.샤이비(2), O.마무시(2), H.라르손(2), H.에키티케(1)
RAM: M.괴체(3), F.샤이비(2), J.바호야(1), A.크나우프(1)

LM: N.브라운(5), F.샤이비(2), M.괴체(2), N.은쿤쿠(2), J.바호야(1), A.크나우프(1)
DM: H.라르손(21), E.스키리(20), O.호일룬드(4), M.괴체(4), M.다우드(3), J.바호야(2), N.브라운(1), F.샤이비(1)
RM: A.크나우프(5), M.괴체(3), J.D.에빔베(1), R.크리스텐슨(2)

LWB: N.브라운(9), A.크나우프(3), F.샤이비(1), N.은쿤쿠(1)
DM: E.스키리(6), H.라르손(5), 투타(4), O.호일룬드(3), M.다우드(3)
RWB: R.크리스텐슨(9), N.콜린스(4), A.크나우프(1)

LB: A.테아테(8), N.브라운(7), N.은쿤쿠(2)
CB: R.코흐(30), A.테아테(23), 투타(20), N.콜린스(7), R.크리스텐슨(4), A.아멘다(1)
RB: R.크리스텐슨(13), N.콜린스(4)

GK: K.트랍(26), K.산토스(8)

SHOTS & GOALS

34경기 총 486슈팅 - 68득점
34경기 총 471슈팅 허용 - 46실점

43-18
300-46
143-4
*자책골 0-0

유효 슈팅 177		비유효 슈팅 309	
득점	68	블록 담당	131
GK 방어	109	골대 밖	167
유효슈팅률	36%	골대 맞음	11

유효 슈팅 165		비유효 슈팅 306	
실점	46	블록	134
GK 방어	119	골대 밖	160
유효슈팅률	35%	골대 맞음	12

156-6
273-27
40-11
*자책골 2-2

SHOT TIME | GOAL TIME

시간대별 슈팅: 84/64/108/69/88/73
슈팅 차이 — 전반 슈팅 차이 +2, 후반 슈팅 차이 +13, 전체 슈팅 차이 +15

시간대별 득점: 8/7/16/4/11/12
득실차 — 전반 골 득실차 +16, 후반 골 득실차 +6, 전체 골 득실차 +22

시간대별 상대 슈팅: 88/68/90/75/89/61
시간대별 실점: 8/4/10/9/11/4

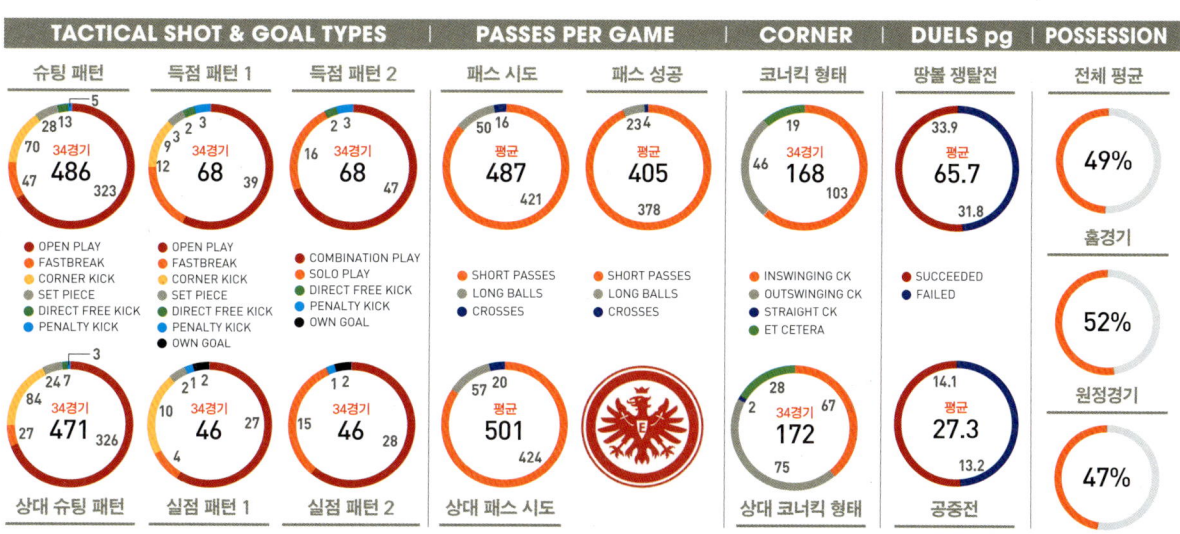

포메이션	승	무	패	득점	실점
3-4-2-1	4	4	2	19	14
4-4-2	6	2	1	24	11
4-2-3-1	4	0	3	12	9
3-1-4-2	2	0	1	6	5
3-5-2	0	2	1	2	4
4-2-2-2	0	1	0	2	2
3-4-3	1	0	0	3	1
TOTAL	17	9	8	68	46

WHO SCORED — 포지션별 득점: FW진 41골, MF진 14골, DF진 13골
상대 포지션별 실점: DF진 7골, MF진 10골, FW진 27골
*상대 자책골 3골

ACTION ZONE — 공격 방향: 왼쪽 34, 중앙 26%, 오른쪽 40%
볼 점유 위치: 상대 진영 27%, 중간 지역 44%, 우리 진영 29%

PASSES pg BY ZONE — 평균 패스 성공: 하프라인 위쪽 186회, 하프라인 아래 219회
패스 성공률: 하프라인 위쪽 73%, 하프라인 아래 90%

BORUSSIA DORTMUND

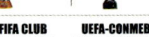

	5	5	1	0	0	1
	GERMAN BUNDESLIGA	GERMAN DFB POKAL	UEFA CHAMPIONS LEAGUE	UEFA EUROPA LEAGUE	FIFA CLUB WORLD CUP	UEFA-CONMEBOL INTERCONTINENTAL

 Founded 구단 창립 1909년

 Owner 도르트문트 시민 주주

 CEO 라르스 릭켄 1976.07.10

 Manager 니코 코바치 1971.10.15

 **25-26 Odds** 벳365 : 10배 윌리엄힐 : 10배

 Nationality 28명
● 외국 선수 14명
● 독일 선수 14명

 Age 28명 평균 26.2세

 Height 28명 평균 185cm

 Market Value 28명 평균 1461만 유로

Game Points 24-25 : 57점 통산 : 3199점

2024-25 SEASON RESULT

상대팀	홈	원정
Bayern München	1-1	2-2
Leverkusen	2-3	4-2
E. Frankfurt	2-0	0-2
Freiburg	4-0	4-1
FSV Mainz	3-1	1-3
RB Leipzig	2-1	0-2
Werder Bremen	2-2	0-0
Stuttgart	1-2	1-5
Mönchengladbach	3-2	1-1
Wolfsburg	4-0	3-1
FC Augsburg	0-1	1-2
Union Berlin	6-0	1-2
Sankt Pauli	2-1	2-0
Hoffenheim	1-1	3-2
Heidenheim	4-2	2-1
Holstein Kiel	3-0	2-4
Bochum	4-2	0-2

Signal Iduna Park
구장 오픈 / 증개축: 1974년, 증개축 2회
구장 소유: 보루시아 도르트문트
수용 인원: 8만 1365명
피치 규모: 105m X 68m
잔디 종류: 천연 잔디

 Win 24-25 : 17승 통산 : 904승

 Draw 24-25 : 6무 통산 : 487무

Loss 24-25 : 11패 통산 : 577패

 Goals For 24-25 : 71득점 통산 : 3598득점

 **Goals Against** 24-25 : 51실점 통산 : 2763실점

 **More Minutes** 그레고르 코벨 2880분

Top Scorer 세르후 기라시 21골

 More Assists 율리안 브란트+1명 10도움

More Subs 얀 쿠토+1명 13회 교체 IN

More Cards 니코 슐로텐벡 Y6+R1

STRENGTHS & WEAKNESSES

OFFENSE		DEFENSE	
직접 프리킥	C	세트피스 수비	C
문전 처리	B	상대 볼 뺏기	C
측면 돌파	A	공중전 능력	C
스루볼 침투	C	역습 방어	D
개인기 침투	A	지공 방어	E
카운터 어택	B	스루패스 방어	C
기회 만들기	C	리드 지키기	C
세트피스	C	실수 조심	D
OS 피하기	C	측면 방어력	C
중거리 슈팅	C	파울 주의	C
볼 점유율	A	중거리슈팅 수비	C

매우 강함 A 강한 편 B 보통 수준 C 약한 편 D 매우 약함 E

RANKING OF LAST 10 YEARS

15-16	16-17	17-18	18-19	19-20	20-21	21-22	22-23	23-24	24-25
2위 78점	3위 64점	4위 55점	2위 76점	2위 69점	3위 64점	2위 69점	2위 71점	5위 63점	4위 57점

PLAY STYLE

OFFENSIVE STYLE
짧은 패스 콤비네이션 위주
상대 진영에서 볼을 컨트롤
포제션 풋볼

DEFENSIVE STYLE
오프사이드트랩 자주 사용
선발 일레븐 자주 로테이션

위치	선수	국적	생년월일	키	몸무게	출전경기	선발11	교체IN	출전(분)	득점	도움	경고	퇴장	MOM
GK	Gregor Kobel	SUI	1997-12-06	195	88	32	32	0	2880	0	0	1	0	1
GK	Alexander Meyer	GER	1991-04-13	195	90	2	2	0	180	0	0	0	0	0
DF	Nico Schlotterbeck	GER	1999-12-01	191	86	23	23	0	1984	0	4	6	1	1
DF	Niklas Süle	GER	1995-09-03	195	99	15	12	3	1059	0	0	1	0	0
DF	Yan Couto	BRA	2002-06-03	168	60	21	8	13	885	0	5	0	0	0
DF	Daniel Svensson	SWE	2002-02-02	183	72	12	8	4	779	1	3	0	0	0
DF	Almugera Kabar	GER	2006-06-06	186	78	5	1	4	134	0	0	1	0	0
DF	Yanick Lührs	GER	2003-09-09	189	70	3	1	2	126	0	0	0	0	0
DF MF	Pascal Groß	GER	1991-06-15	181	78	30	28	2	2338	0	10	5	1	0
DF MF	Julian Ryerson	NOR	1997-11-17	183	86	29	27	2	2272	2	3	5	0	0
DF MF	Emre Can	GER	1994-01-12	186	86	31	23	8	2101	3	0	4	1	0
DF MF	Ramy Bensebaini	ALG	1995-04-16	187	82	31	23	8	2024	1	6	6	0	2
DF MF	Waldemar Anton	GER	1996-07-20	189	86	26	22	4	1946	2	2	4	0	2
MF	Felix Nmecha	ENG	2000-10-10	190	73	26	19	7	1512	4	1	3	0	1
MF	Salih Özcan	TUR	1998-01-11	182	74	11	3	8	386	0	0	0	0	0
MF	Giovanni Reyna	USA	2002-11-13	185	79	16	3	13	341	2	0	3	0	0
MF	Carney Chukwuemeka	ENG	2003-10-20	187	77	10	1	9	245	1	0	1	0	0
MF	Ayman Azhil	MAR	2001-04-10	170	64	1	0	1	23	0	0	1	0	0
MF	Kjell Wätjen	GER	2006-02-16	184	72	2	0	2	13	0	0	0	0	0
MF FW	Julian Brandt	GER	1996-05-02	185	83	30	28	2	2319	5	10	1	0	1
MF FW	Marcel Sabitzer	AUT	1994-03-17	178	76	26	18	8	1614	1	0	3	0	0
MF FW	Maximilian Beier	GER	2002-10-17	183	72	29	17	12	1591	8	5	2	0	2
MF FW	Karim Adeyemi	GER	2002-01-18	180	75	25	17	8	1439	7	6	4	0	1
MF FW	Donyell Malen	NED	1999-01-19	176	68	14	6	8	611	3	0	1	0	0
FW	Serhou Guirassy	GUI	1996-03-12	187	82	30	29	1	2601	21	2	4	0	6
FW	Jamie Bynoe-Gittens	ENG	2004-08-08	175	70	32	21	11	1783	8	3	4	0	1
FW	Julien Duranville	BEL	2006-05-05	170	61	12	2	10	277	1	0	3	0	0
FW	Cole Campbell	USA	2006-02-20	170	68	4	0	4	19	0	0	0	0	0

BUNDESLIGA 2024-25 SEASON

BORUSSIA DORTMUND vs. OPPONENTS PER GAME STATS

도르트문트		상대팀
2.09	득점	1.50
14.2	슈팅	11.1
4.9	유효슈팅	4.1
5.6	코너킥	3.9
1.3	오프사이드	2.7
578	패스시도 (PA)	400
498	패스성공 (PC)	308
86%	패스성공률 (P%)	77%
15.4	태클 (TK)	18.9
14.2	공중전승리 (AD)	12.5
7.3	인터셉트 (IT)	9.2
9.7	파울	10.5
2.09	경고	1.91
0.176	퇴장	0.147

2024-25 SEASON SQUAD LIST & GAMES PLAYED

*괄호 안의 숫자는 선발 출전 횟수, 교체 출전은 포함시키지 않음

LW: J.기튼스(1)
CF: S.기라시(29), M.바이어(7), K.아데예미(3)
RW: K.아데예미(1)

LAM: J.기튼스(11), M.바이어(3), K.아데예미(2), M.자비처(1)
CAM: J.브란트(18), G.레이나(3), M.자비처(3), K.아데예미(3), J.기튼스(3), M.바이어(1)
RAM: K.아데예미(4), M.바이어(4), D.말렌(3), M.자비처(2), J.뒤란빌(1)

LM: J.기튼스(4), J.리에르손(1), D.스벤손(1)
CM: J.브란트(10), P.그로스(9), F.은메차(7), M.자비처(5), E.잔(2), J.기튼스(2), D.말렌(1), K.아데예미(1), C.추쿠메카(1)
RM: M.바이어(2), D.말렌(1), J.뒤란빌(1), J.리에르손(1), Y.쿠투(1)

LWB: D.스벤손(6), R.벤세바이니(1), D.말렌(1)
DM: P.그로스(15), F.은메차(12), M.자비처(7), E.잔(4), S.외진(3), R.벤세바이니(1)
RWB: J.리에르손(1), Y.쿠투(1)

LB: R.벤세바이니(15), J.리에르손(4), N.슐로터벡(2), D.스벤손(1), A.카바르(1)
CB: W.안톤(21), N.슐로터벡(21), E.잔(17), N.쥘레(11), R.벤세바이니(6), J.리에르손(4), Y.뤼르스(1)
RB: J.리에르손(1), Y.쿠투(6), P.그로스(3), W.안톤(1), N.쥘레(1)

GK: G.코벨(32), A.마이어(2)

SHOTS & GOALS

34경기 총 483슈팅 - 71득점
34경기 총 376슈팅 허용 - 51실점

46-17
301-44
134-8
*자책골 2-2

	유효 슈팅 165	비유효 슈팅 318
득점	71	블록 당함 156
GK 방어	94	골대 밖 156
유효슈팅률	34%	골대 맞음 6

	유효 슈팅 141	비유효 슈팅 235
실점	51	블록 104
GK 방어	90	골대 밖 126
유효슈팅률	38%	골대 맞음 5

121-6
236-38
18-6
*자책골 1-1

SHOT TIME | GOAL TIME

시간대별 슈팅 / 시간대별 득점

슈팅 차이: 전반 슈팅 차이 +36, 후반 슈팅 차이 +71, 전체 슈팅 차이 +107
득실차: 전반 골 득실차 +8, 후반 골 득실차 +12, 전체 골 득실차 +20

시간대별 상대 슈팅 / 시간대별 실점

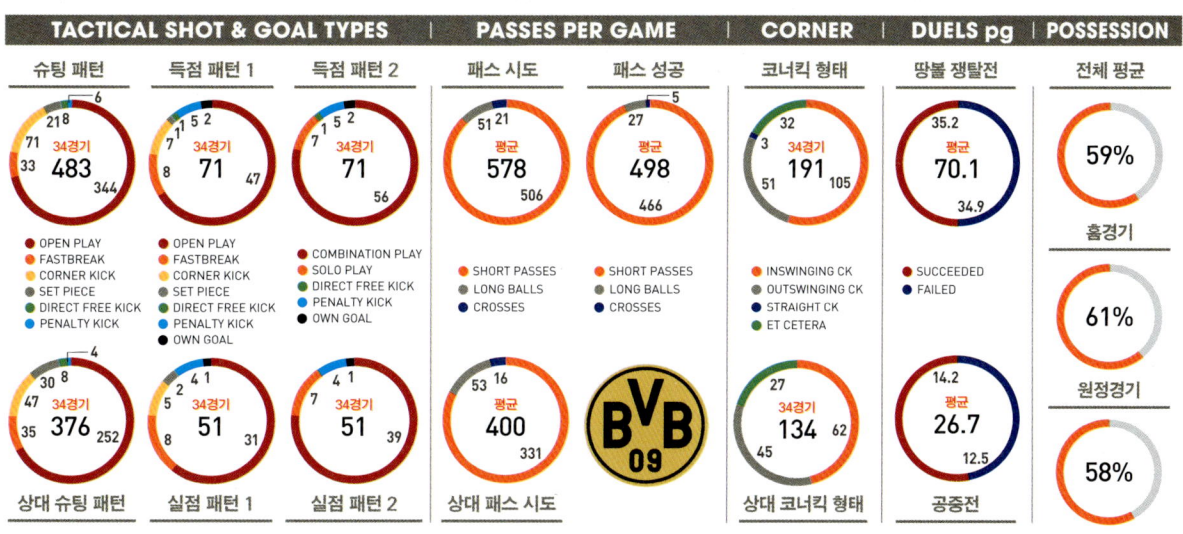

TACTICAL SHOT & GOAL TYPES | PASSES PER GAME | CORNER | DUELS pg | POSSESSION

슈팅 패턴 34경기 483
득점 패턴 1 34경기 71
득점 패턴 2 34경기 71
패스 시도 평균 578
패스 성공 평균 498
코너킥 형태 34경기 191
땅볼 쟁탈전 평균 70.1
전체 평균 59%
홈경기 61%
원정경기 58%

상대 슈팅 패턴 34경기 376
실점 패턴 1 34경기 51
실점 패턴 2 34경기 51
상대 패스 시도 평균 400
상대 코너킥 형태 34경기 134
공중전 평균 26.7

FORMATION SUMMARY | WHO SCORED | ACTION ZONE | PASSESS pg BY ZONE

선발 포진별 전적

포메이션	승	무	패	득점	실점
4-2-3-1	5	4	7	25	24
3-4-2-1	6	0	1	19	8
4-1-4-1	2	0	2	9	8
4-1-3-2	1	0	1	5	4
3-1-4-2	1	1	0	5	3
3-2-4-1	1	0	0	2	1
3-5-2	1	0	0	4	1
4-3-3	0	1	0	2	2
TOTAL	17	6	11	71	51

포지션별 득점
FW진 47골
MF진 16골
DF진 6골
*상대 자책골 2골

상대 포지션별 실점
DF진 8골
MF진 17골
FW진 25골
*자책골 실점 1골

공격 방향
왼쪽 35%, 중앙 28%, 오른쪽 37%

볼 점유 위치
상대 진영 30%
중간 지역 44%
우리 진영 26%

평균 패스 성공
하프라인 위쪽 247회
하프라인 아래 251회

패스 성공률
하프라인 위쪽 77%
하프라인 아래 92%

SC FREIBURG

Club Info

- **Founded** 구단 창립 1904년
- **Owner** 프라이부르크 시민 주주
- **CEO** 에베르하르트 푸그만
- **Manager** 율리안 슈스터 1985.04.15
- **25-26 Odds** 벳365 : 100배 윌리엄힐 : 100배

Trophies

GERMAN BUNDESLIGA	GERMAN DFB POKAL	UEFA CHAMPIONS LEAGUE	UEFA EUROPA LEAGUE	FIFA CLUB WORLD CUP	UEFA-CONMEBOL INTERCONTINENTAL
0	0	0	0	0	0

Squad Info

- **Nationality**: 외국 선수 15명 / 독일 선수 18명
- **Age**: 33명 평균 26.8세
- **Height**: 33명 평균 183cm
- **Market Value**: 33명 평균 629만 유로
- **Game Points**: 24-25 : 55점 / 통산 : 1059점

- **Win**: 24-25 : 16승 / 통산 : 280승
- **Draw**: 24-25 : 7무 / 통산 : 219무
- **Loss**: 24-25 : 11패 / 통산 : 351패
- **Goals For**: 24-25 : 49득점 / 통산 : 1105득점
- **Goals Against**: 24-25 : 53실점 / 통산 : 1341실점

- **More Minutes**: 도안 리츠 2876분
- **Top Scorer**: 도안 리츠 10골
- **More Assists**: 빈첸초 그리포 11도움
- **More Subs**: 미하엘 그레고리치 15회 교체 IN
- **More Cards**: 주니어 아다무 Y5+R1

2024-25 SEASON RESULT

상대팀	홈	원정
Bayern München	1-2	0-2
Leverkusen	2-2	1-5
E. Frankfurt	1-3	1-4
Dortmund	1-4	0-4
FSV Mainz	0-0	2-2
RB Leipzig	0-0	1-3
Werder Bremen	5-0	1-0
Stuttgart	3-1	0-4
Mönchengladbach	3-1	2-1
Wolfsburg	3-2	1-0
FC Augsburg	3-1	0-0
Union Berlin	1-2	0-0
Sankt Pauli	0-3	1-0
Hoffenheim	3-2	1-1
Heidenheim	1-0	3-0
Holstein Kiel	3-2	2-1
Bochum	2-1	1-0

Europa-Park Stadion

- 구장 오픈: 2021년
- 구장 소유: 프라이부르크 시
- 수용 인원: 3만 4700명
- 피치 규모: 105m X 68m
- 잔디 종류: 천연 잔디

STRENGTHS & WEAKNESSES

OFFENSE
직접 프리킥	B
문전 처리	C
측면 돌파	C
스루볼 침투	C
개인기 침투	C
카운터 어택	C
기회 만들기	C
세트피스	C
OS 피하기	C
중거리 슈팅	A
볼 점유율	D

DEFENSE
세트피스 수비	C
상대 볼 뺏기	C
공중전 능력	C
역습 방어	D
지공 방어	D
스루패스 방어	C
리드 지키기	C
실수 조심	C
측면 방어력	C
파울 주의	C
중거리슈팅 수비	D

매우 강함 **A** 강한 편 **B** 보통 수준 **C** 약한 편 **D** 매우 약함 **E**

PLAY STYLE

OFFENSIVE STYLE
중앙 돌파 빈도 높음
선수비 후역습

DEFENSIVE STYLE
블록 수비, 하프코트 프레싱
선발 일레븐 고정

RANKING OF LAST 10 YEARS

시즌	15-16	16-17	17-18	18-19	19-20	20-21	21-22	22-23	23-24	24-25
순위	1 (72점, 2부)	7 (48점)	15 (36점)	13 (36점)	8 (48점)	10 (45점)	6 (55점)	5 (59점)	10 (45점)	5 (55점)

선수 명단

위치	선수	국적	생년월일	키	몸무게	출전경기	선발11	교체 IN	출전(분)	득점	도움	경고	퇴장	MOM
GK	Noah Atubolu	GER	2002-05-25	190	78	26	26	0	2308	0	0	2	0	1
GK	Florian Müller	GER	1997-11-13	190	88	9	8	1	752	0	0	0	0	0
DF	Philipp Lienhart	AUT	1996-07-11	189	83	32	31	1	2772	1	0	5	0	1
DF	Jordy Makengo	FRA	2001-08-03	191	78	19	7	12	735	0	0	1	0	0
DF	Max Rosenfelder	GER	2003-02-10	186	76	25	13	12	1243	1	0	2	0	1
DF	Bruno Ogbus	SUI	2005-12-17	185	84	2	0	2	17	0	0	0	0	0
DF/MF	Lukas Kübler	GER	1992-08-30	182	74	28	22	6	1849	5	1	5	0	3
DF/MF	Kiliann Sildillia	FRA	2002-05-16	186	84	21	8	13	791	2	0	2	0	2
DF/MF	Matthias Ginter	GER	1994-01-19	191	86	32	28	4	2558	2	1	5	0	1
DF/MF	Christian Günter	GER	1993-02-28	184	83	29	27	2	2324	2	2	0	0	0
DF/MF	Jan-Niklas Beste	GER	1999-01-04	175	66	12	0	12	201	0	1	0	0	0
MF	Patrick Osterhage	GER	2000-02-01	184	75	30	27	3	2274	1	0	5	0	0
MF	Maximilian Eggestein	GER	1996-12-08	181	75	33	33	0	2855	2	0	4	0	1
MF	Florent Muslija	GER	1998-07-06	172	65	9	0	9	159	0	0	0	0	0
MF	Nicolas Höfler	GER	1990-03-09	181	79	20	7	13	782	0	0	3	0	0
MF	Merlin Röhl	GER	2002-07-05	192	75	19	11	8	966	0	1	2	0	0
MF	Johan Manzambi	SUI	2005-10-14	182	75	11	4	7	332	2	1	2	0	0
MF/FW	Vincenzo Grifo	ITA	1993-04-07	180	76	34	31	3	2453	8	11	2	0	4
MF/FW	Ritsu Doan	JPN	1998-06-16	172	70	34	33	1	2876	10	7	2	0	2
MF/FW	Lucas Höler	GER	1994-07-10	184	83	31	21	10	1869	6	4	3	0	2
MF/FW	Eren Dinkçi	GER	2001-12-13	188	70	23	13	10	1197	0	3	1	0	0
MF/FW	Maximilian Philipp	GER	1994-03-01	183	79	2	0	2	15	0	0	0	0	0
FW	Junior Adamu	AUT	2001-06-06	183	79	25	19	6	1555	2	2	5	1	0
FW	Michael Gregoritsch	AUT	1994-04-18	193	91	20	5	15	629	2	1	2	0	0

BUNDESLIGA 2024-25 SEASON

SC FREIBURG vs. OPPONENTS PER GAME STATS

SC 프라이부르크	vs	상대팀
1.44	득점	1.56
12.1	슈팅	12.8
4.1	유효슈팅	4.4
3.9	코너킥	4.3
1.8	오프사이드	1.3
466	패스시도 (PA)	495
375	패스성공 (PC)	398
81%	패스성공률 (P%)	81%
15.0	태클 (TK)	14.6
17.8	공중전승리 (AD)	18.2
8.1	인터셉트 (IT)	7.6
9.3	파울	10.1
1.59	경고	1.74
0.059	퇴장	0.059

2024-25 SEASON SQUAD LIST & GAMES PLAYED

*괄호 안의 숫자는 선발 출전 횟수, 교체 출전은 포함시키지 않음

LW	CF	RW
V.그리포(1)	J.아다무(19), L.휠러(12) M.그레고리치(5)	R.도안(1)

LAM	CAM	RAM
V.그리포(22), E.딩크지(1) M.륄(1)	E.딩크지(10), L.휠러(9) M.륄(8), J.만잠비(4) P.오스테르하게(1), R.도안(1) V.그리포(1)	R.도안(23), E.딩크지(1)

LM	CM	RM
V.그리포(7), P.오스테르하게(1)	N.에게스타인(9), J.만잠비(7) P.오스테르하게(6), E.딩크지(1) N.회플러(1), M.륄(1)	R.도안(8)

LWB	DM	RWB
N/A	M.에게스타인(24), N.회플러(6) P.오스테르하게(19), M.륄(1)	N/A

LB	CB	RB
C.귄터(27), J.마켄고(7)	P.린하르트(31), M.긴터(28) M.로젠펠드(9)	L.퀴블러(22), K.실딜리아(8) M.로젠펠드(4)

	GK	
	N.아투볼루(26), F.뮐러(8)	

SHOTS & GOALS

34경기 총 412슈팅 - 49득점
34경기 총 434슈팅 허용 - 53실점

30-10
244-26 → 자책골 3-3
135-10

유효 슈팅 138		비유효 슈팅 274	
득점	49	블록 담함	126
GK 방어	89	골대 밖	139
유효슈팅률	33%	골대 맞음	9

유효 슈팅 151		비유효 슈팅 283	
실점	53	블록	119
GK 방어	98	골대 밖	157
유효슈팅률	35%	골대 맞음	7

160-8
238-33 → 자책골 1-1
35-11

SHOT TIME | GOAL TIME

시간대별 슈팅 / 시간대별 득점

슈팅 차이: 전반 슈팅 차이 +17 / 후반 슈팅 차이 -39 / 전체 슈팅 차이 -22
득실차: 전반 골 득실차 +3 / 후반 골 득실차 -7 / 전체 골 득실차 -4

시간대별 상대 슈팅 / 시간대별 실점

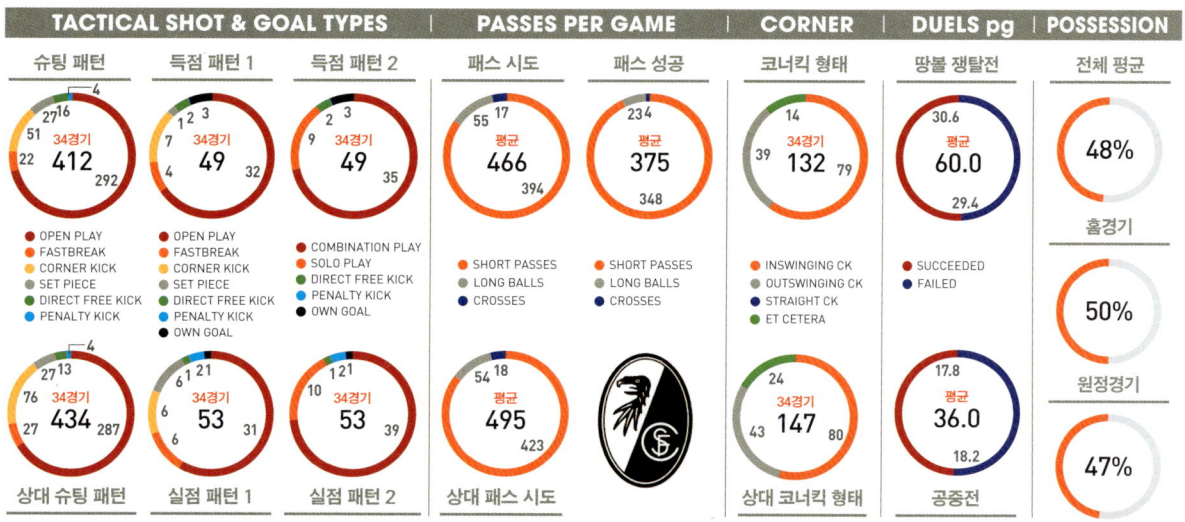

FORMATION SUMMARY

선발 포진별 전적

포메이션	승	무	패	득점	실점
4-2-3-1	12	4	8	32	34
4-4-1-1	3	2	2	12	12
4-4-2	0	1	0	1	1
4-3-3	0	0	1	1	4
4-2-2-2	1	0	0	3	2
TOTAL	16	7	11	49	53

WHO SCORED

포지션별 득점: FW진 28골, MF진 5골, DF진 13골 (상대 자책골 3골)
상대 포지션별 실점: DF진 10골, MF진 10골, FW진 32골 (자책골 실점 1골)

ACTION ZONE

공격 방향: 왼쪽 33%, 중앙 29%, 오른쪽 38%
볼 점유 위치: 상대 진영 28%, 중간 지역 43%, 우리 진영 29%

PASSESS pg BY ZONE

평균 패스 성공: 하프라인 위쪽 174회, 하프라인 아래 201회
패스 성공률: 하프라인 위쪽 69%, 하프라인 아래 90%

1.FSV MAINZ 05

Founded 구단 창립 1905년	**Owner** 마인츠 05 시민 주주	**CEO** 슈테판 호프만	**Manager** 보 헨릭슨 1975.02.07	**25-26 Odds** 벳365 : 150배 윌리엄힐 : 150배	

GERMAN BUNDESLIGA	GERMAN DFB POKAL	UEFA CHAMPIONS LEAGUE	UEFA EUROPA LEAGUE	FIFA CLUB WORLD CUP	UEFA-CONMEBOL INTERCONTINENTAL
0	0	0	0	0	0

Nationality 외국 선수 14명 독일 선수 17명	**Age** 31명 평균 26.4세	**Height** 31명 평균 181cm	**Market Value** 31명 평균 473만 유로	**Game Points** 24-25 : 52점 통산 : 815점

Win 24-25 : 14승 통산 : 215승	**Draw** 24-25 : 10무 통산 : 170무	**Loss** 24-25 : 10패 통산 : 261패	**Goals For** 24-25 : 55득점 통산 : 859득점	**Goals Against** 24-25 : 43실점 통산 : 957실점

More Minutes 카이슈 사노 3044분	**Top Scorer** 요나탄 부르카트 18골	**More Assists** 앙토니 카시 7도움	**More Subs** 실반 비트머 24회 교체 IN	**More Cards** 도미틱 코어 Y11+R1

2024-25 SEASON RESULT

상대팀	홈	원정
Bayern München	2-1	0-3
Leverkusen	2-2	0-1
E. Frankfurt	1-1	3-1
Dortmund	3-1	1-3
Freiburg	2-2	0-0
RB Leipzig	0-2	2-1
Werder Bremen	1-2	0-1
Stuttgart	2-0	3-3
Mönchengladbach	1-1	3-1
Wolfsburg	2-2	3-4
FC Augsburg	0-0	3-2
Union Berlin	1-1	1-2
Sankt Pauli	2-0	3-0
Hoffenheim	2-0	0-2
Heidenheim	0-2	2-0
Holstein Kiel	1-1	3-0
Bochum	2-0	4-1

Mewa Arena

구장 오픈 2011년
구장 소유 마인츠 토지 관리회사
수용 인원 3만 4000명
피치 규모 105m X 68m
잔디 종류 천연 잔디

PLAY STYLE

OFFENSIVE STYLE
우측면 돌파 많음
롱볼 게임
크로스 공격 위력적
좌우폭 넓게 활용

DEFENSIVE STYLE
선발 일레븐 고정적
카운터 프레싱

STRENGTHS & WEAKNESSES

OFFENSE		DEFENSE	
직접 프리킥	B	세트피스 수비	D
문전 처리	C	상대 볼 뺏기	A
측면 돌파	B	공중전 능력	C
스루볼 침투	C	역습 방어	C
개인기 침투	C	지공 방어	C
카운터 어택	C	스루패스 방어	C
기회 만들기	C	리드 지키기	C
세트피스	C	실수 조심	D
OS 피하기	C	측면 방어력	C
중거리 슈팅	B	파울 주의	D
볼 점유율	D	중거리슈팅 수비	C

매우 강함 A / 강한 편 B / 보통 수준 C / 약한 편 D / 매우 약함 E

RANKING OF LAST 10 YEARS

15-16	16-17	17-18	18-19	19-20	20-21	21-22	22-23	23-24	24-25
6위 50점	15위 37점	14위 36점	12위 43점	13위 37점	12위 39점	8위 46점	9위 46점	13위 35점	6위 52점

위치	선수	국적	생년월일	키	몸무게	출전경기	선발11	교체 IN	출전(분)	득점	도움	경고	퇴장	MOM
GK	Robin Zentner	GER	1994-10-28	194	96	32	32	0	2880	0	0	3	0	1
	Lasse Rieß	GER	2001-07-27	191	88	2	2	0	180	0	0	1	0	0
DF	Moritz Jenz	GER	1999-04-30	190	86	19	18	1	1602	0	0	4	0	1
	Stefan Bell	GER	1991-08-24	192	88	18	15	3	1439	0	1	4	0	1
	Andreas Hanche-Olsen	NOR	1997-01-17	185	79	22	12	10	1276	1	1	3	0	0
	Maxim Leitsch	GER	1998-05-18	188	75	14	6	8	668	1	0	2	0	0
DF MF	Anthony Caci	FRA	1997-07-01	184	76	33	33	0	2706	1	7	6	0	2
	Phillipp Mwene	AUT	1994-01-29	170	68	32	32	0	2620	1	4	7	0	0
	Dominik Kohr	GER	1994-01-31	183	77	28	28	0	2306	2	0	11	1	1
	Danny da Costa	GER	1993-07-13	187	78	25	25	0	2011	0	1	0	0	1
	Silvan Widmer	SUI	1993-03-05	183	77	27	3	24	486	0	1	3	0	0
	Lennard Maloney	GER	1999-10-08	187	89	5	0	5	21	0	0	1	0	0
MF	Kaishu Sano	JPN	2000-12-31	176	67	34	34	0	3044	0	0	3	0	0
	Nadiem Amiri	GER	1996-10-27	180	75	30	30	0	2485	7	5	8	1	5
	Paul Nebel	GER	2002-10-10	169	66	31	26	5	2348	10	4	4	0	4
	Aymen Barkok	GER	1998-05-21	188	82	4	0	4	519	0	0	0	0	0
	Hong Hyun-Seok	KOR	1999-06-16	175	66	23	4	19	516	0	1	0	0	0
	Nikolas Veratschnig	AUT	2003-01-24	180	75	15	2	13	353	0	1	0	0	0
	Karim Onisiwo	AUT	1992-03-17	188	85	6	1	5	107	0	0	0	0	0
MF FW	Lee Jae-Sung	KOR	1992-08-10	180	70	33	31	2	2664	7	6	4	0	1
	Armindo Sieb	GER	2003-02-17	175	75	27	5	22	750	2	2	2	0	0
	Arnaud Nordin	FRA	1998-06-17	170	70	6	0	6	74	0	0	0	0	0
FW	Jonathan Burkardt	GER	2000-07-11	181	76	29	28	1	2126	18	2	2	0	4
	Nelson Weiper	GER	2005-03-17	191	82	23	7	16	695	3	2	2	0	0

BUNDESLIGA 2024-25 SEASON

1.FSV MAINZ 05 vs. OPPONENTS PER GAME STATS

마인츠 05 vs 상대팀

마인츠 05	항목	상대팀
1.62	득점	1.26
12.4	슈팅	13.6
4.4	유효슈팅	4.4
4.9	코너	5.1
2.3	오프사이드	1.4
461	패스시도 (PA)	457
360	패스성공 (PC)	348
78%	패스성공률 (P%)	76%
16.6	태클 (TK)	16.1
18.6	공중전승리 (AD)	21.1
10.4	인터셉트 (IT)	8.9
12.0	파울	10.3
2.09	경고	2.44
0.147	퇴장	0.176

2024-25 SEASON SQUAD LIST & GAMES PLAYED

* 괄호 안의 숫자는 선발 출전 횟수, 교체 출전은 포함시키지 않음

LW	CF	RW
N/A	J.부르카트(28), N.바이퍼(7) A.지브(2)	N/A

LAM	CAM	RAM
N/A	이재성(30), P.네벨(26) 홍현석(4), A.지브(3) K.오니시워(1), N.베라칭(1)	N/A

LM	CM	RM
P.음웨네(2), N.베라칭(1)	K.사노(34), N.아미리(30) D.코어(3), 이재성(1)	A.카시(3)

LWB	DM	RWB
P.음웨네(30), S.비트머(1)	N/A	A.카시(29), S.비트머(2)

LB	CB	RB
N/A	D.코어(25), D.다코스타(25) M.엔즈(18), S.벨(15) A.한체-올센(12), M.라이치(6) A.카시(1)	N/A

	GK	
	R.첸트너(32), L.리스(2)	

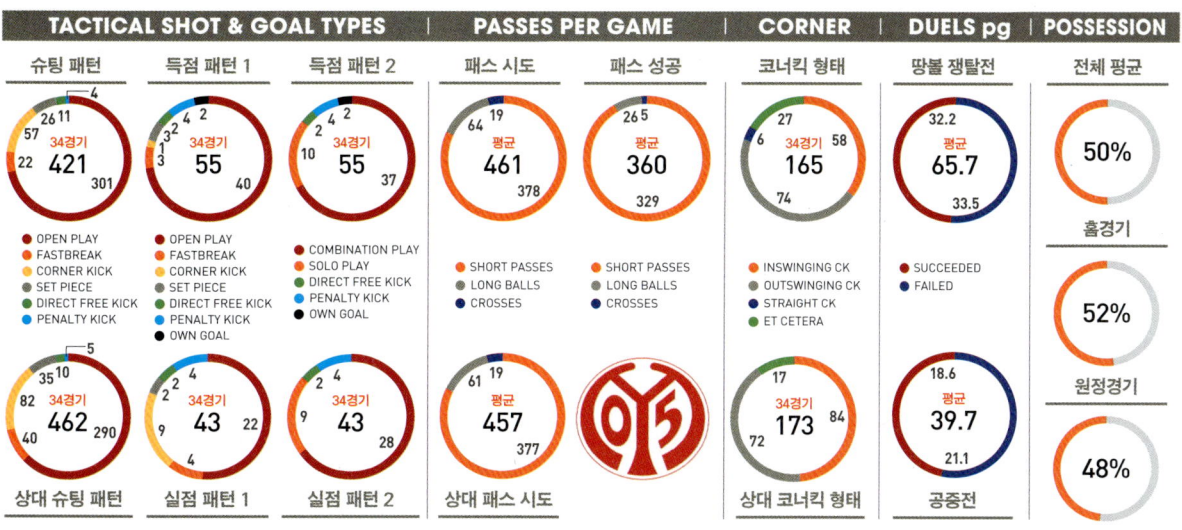

포메이션	승	무	패	득점	실점
3-4-2-1	12	9	10	49	41
3-4-1-2	2	1	0	6	2
TOTAL	14	10	10	55	43

RB LEIPZIG

	GERMAN BUNDESLIGA	GERMAN DFB POKAL	UEFA CHAMPIONS LEAGUE	UEFA EUROPA LEAGUE	FIFA CLUB WORLD CUP	UEFA-CONMEBOL INTERCONTINENTAL
	0	1	0	0	0	0

Founded 구단 창립 2009년
Owner 레드불 GmbH
CEO 올리버 민츨라프
Manager 올레 베르너 1988.05.04
25-26 Odds 벳365 : 16배 윌리엄힐 : 16배

Nationality 외국 선수 23명 / 독일 선수 13명
Age 36명 평균 24.9세
Height 36명 평균 183cm
Market Value 36명 평균 1405만 유로
Game Points 24-25 : 51점 / 통산 : 557점

Win 24-25 : 13승 / 통산 160승
Draw 24-25 : 12무 / 통산 77무
Loss 24-25 : 9패 / 통산 69패
Goals For 24-25 : 53득점 / 통산 593득점
Goals Against 24-25 : 48실점 / 통산 355실점

More Minutes 페테르 굴라치 2633분
Top Scorer 벤야민 세시코 13골
More Assists 사비 시몬스 7도움
More Subs 유수프 포울슨 20회 교체 IN
More Cards A.베르메렌+1명 Y7+R0

2024-25 SEASON RESULT

상대팀	홈	원정
Bayern München	3-3	1-5
Leverkusen	2-2	3-2
E. Frankfurt	2-1	0-4
Dortmund	2-0	1-2
Freiburg	3-1	0-0
FSV Mainz	1-2	2-0
Werder Bremen	4-2	0-0
Stuttgart	2-3	1-2
Mönchengladbach	0-0	0-1
Wolfsburg	1-5	3-2
FC Augsburg	4-0	0-0
Union Berlin	0-0	0-0
Sankt Pauli	2-0	0-0
Hoffenheim	3-1	3-4
Heidenheim	2-2	1-0
Holstein Kiel	1-1	2-0
Bochum	1-0	3-3

PLAY STYLE

OFFENSIVE STYLE
스루볼 침투 자주 시도함
짧은 패스 콤비네이션 위주
중거리 슈팅 횟수 많음
왼측면 돌파 자주 사용

DEFENSIVE STYLE
선발 일레븐 로테이션 활용
매우 도전적으로 수비함

Red Bull Arena

구장 오픈 2004년
구장 소유 레드불 아레나 소유회사
수용 인원 4만 7069명
피치 규모 105m X 68m
잔디 종류 천연 잔디

STRENGTHS & WEAKNESSES

OFFENSE		DEFENSE	
직접 프리킥	C	세트피스 수비	D
문전 처리	C	상대 볼 뺏기	B
측면 돌파	B	공중전 능력	C
스루볼 침투	B	역습 방어	C
개인기 침투	C	지공 방어	D
카운터 어택	A	스루패스 방어	C
기회 만들기	C	리드 지키기	E
세트피스	C	실수 조심	D
OS 피하기	C	측면 방어력	C
중거리 슈팅	B	파울 주의	C
볼 점유율	C	중거리슈팅 수비	D

매우 강함 A / 강한 편 B / 보통 수준 C / 약한 편 D / 매우 약함 E

RANKING OF LAST 10 YEARS

시즌	15-16	16-17	17-18	18-19	19-20	20-21	21-22	22-23	23-24	24-25
순위	2(2부) / 67점	2 / 67점	6 / 53점	3 / 66점	3 / 66점	2 / 65점	4 / 58점	3 / 66점	4 / 65점	7 / 51점

위치	선수	국적	생년월일	키	몸무게	출전경기	선발11	교체IN	출전(분)	득점	도움	경고	퇴장	MOM
GK	Péter Gulácsi	HUN	1990-05-06	191	86	30	30	0	2633	0	0	0	0	2
	Maarten Vandevoordt	BEL	2002-02-26	192	80	6	4	2	427	0	0	0	0	0
DF	Willi Orbán	HUN	1992-11-03	186	87	25	25	0	2224	5	0	4	2	3
	Castello Lukeba	FRA	2002-12-17	184	73	23	18	5	1577	0	0	2	0	1
	El Chadaille Bitshiabu	FRA	2005-05-16	196	95	21	13	8	1128	0	0	2	1	0
	Kosta Nedeljković	SRB	2005-12-16	184	72	10	6	4	479	0	0	1	0	0
DF MF	Nicolas Seiwald	AUT	2001-05-04	179	79	30	20	10	2080	0	0	2	0	1
	Lukas Klostermann	GER	1996-06-03	187	88	28	20	8	1834	1	0	4	0	0
	David Raum	GER	1998-04-22	183	75	22	21	1	1788	1	5	5	0	1
	Lutsharel Geertruida	NED	2000-07-18	184	70	24	17	7	1556	1	0	3	0	0
	Ridle Baku	GER	1998-04-08	176	72	19	15	4	1280	2	3	1	0	0
	Benjamin Henrichs	GER	1997-02-23	183	79	15	10	5	934	0	2	3	0	1
MF	Kevin Kampl	SVN	1990-10-09	177	65	26	18	8	1597	1	0	5	0	0
	Arthur Vermeeren	BEL	2005-02-07	180	76	28	18	10	1578	0	2	7	0	0
	Amadou Haidara	MLI	1998-01-31	175	72	28	16	12	1321	0	1	1	0	0
	Xaver Schlager	AUT	1997-09-28	174	76	4	2	2	181	0	0	1	0	0
	Viggo Gebel	GER	2007-11-22	174	69	1	0	1	13	0	0	0	0	0
	Faik Sakar	GER	2008-01-14	177	65	1	0	1	0	0	0	0	0	0
MF FW	Loïs Openda	BEL	2000-02-16	177	75	33	28	5	2464	9	5	4	0	1
	Benjamin Šeško	SVN	2003-05-31	195	85	33	30	3	2399	13	5	1	0	3
	Xavi Simons	NED	2003-04-21	179	58	25	25	0	2157	10	7	5	0	4
	Christoph Baumgartner	AUT	1999-08-01	180	73	31	18	13	1606	2	1	5	0	0
	Yussuf Poulsen	DEN	1994-06-15	192	84	22	2	20	361	2	0	1	0	0
	Assan Ouédraogo	GER	2006-05-09	191	84	3	0	3	47	0	0	1	0	0
	Eljif Elmas	MKD	1999-09-24	184	75	2	0	2	42	0	1	0	0	0
FW	Antonio Nusa	NOR	2005-04-17	180	73	25	16	9	1556	3	3	0	0	0
	Tidiam Gomis	FRA	2006-08-08	182	71	8	1	7	146	0	1	2	0	0
	André Silva	POR	1995-11-06	185	84	8	0	8	124	1	2	0	0	0

BUNDESLIGA 2024-25 SEASON

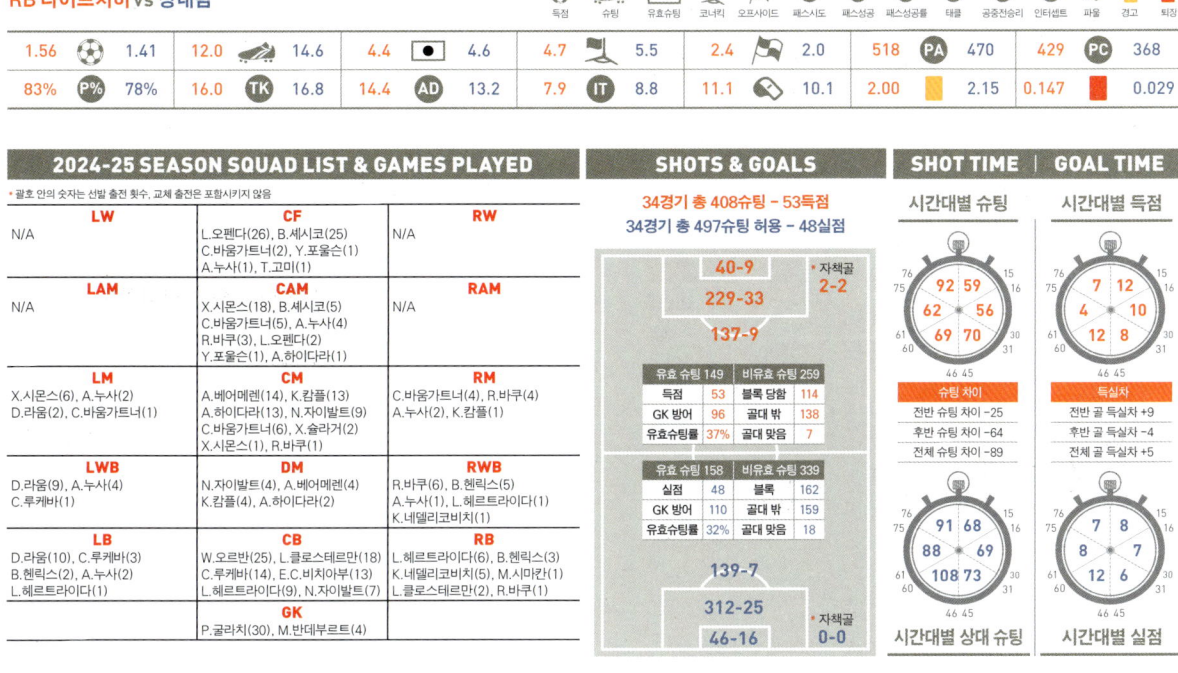

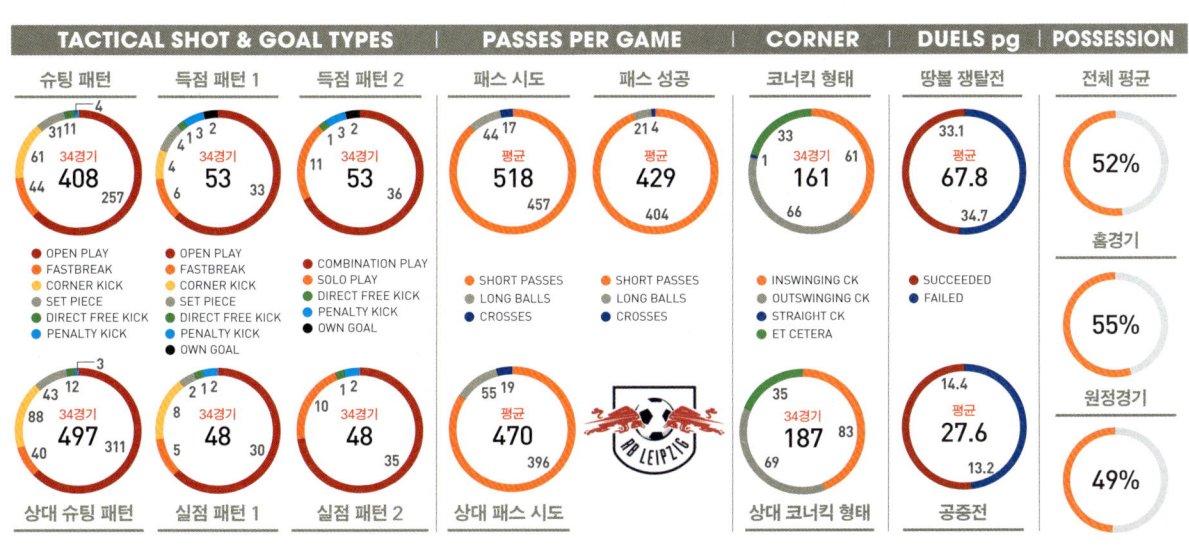

SV WERDER BREMEN

	4	6	0	0	0	0
	GERMAN BUNDESLIGA	GERMAN DFB POKAL	UEFA CHAMPIONS LEAGUE	UEFA EUROPA LEAGUE	FIFA CLUB WORLD CUP	UEFA-CONMEBOL INTERCONTINENTAL

Founded 구단 창립 1899년
Owner 베르더 브레멘 시민 주주
CEO 헤스-그루네발트
Manager 호르스트 슈테펜 1969.03.03
25-26 Odds 벳365 : 150배 윌리엄힐 : 150배

Nationality 외국 선수 15명 / 독일 선수 15명
Age 30명 평균 24.9세
Height 30명 평균 188cm
Market Value 30명 평균 408만 유로
Game Points 24-25 : 51점 통산 : 3015점

Win 24-25 : 14승 통산 : 835승
Draw 24-25 : 9무 통산 : 510무
Loss 24-25 : 11패 통산 : 691패
Goals For 24-25 : 54득점 통산 : 3363득점
Goals Against 24-25 : 57실점 통산 : 3010실점

More Minutes 미하엘 제테러 3060분
Top Scorer 옌스 스타게 10골
More Assists 마빈 둑슈 8도움
More Subs 케케 토프 18회 교체 IN
More Cards 마르코 프리들 Y9+R1

2024-25 SEASON RESULT

상대팀	홈	원정
Bayern München	0-5	0-3
Leverkusen	2-2	2-0
E. Frankfurt	2-0	0-1
Dortmund	0-0	2-2
Freiburg	0-1	0-5
FSV Mainz	1-0	2-1
RB Leipzig	0-0	2-4
Stuttgart	2-2	2-1
Mönchengladbach	2-4	1-4
Wolfsburg	1-2	4-2
FC Augsburg	0-2	2-2
Union Berlin	4-1	2-2
Sankt Pauli	0-0	2-0
Hoffenheim	1-3	4-3
Heidenheim	3-3	4-1
Holstein Kiel	2-1	3-0
Bochum	1-0	1-0

Weserstadion

구장 오픈 / 증개축 1947년, 증개축 9회
구장 소유 슈타디온 GmbH
수용 인원 4만 2100명
피치 규모 105m X 68m
잔디 종류 천연 잔디

STRENGTHS & WEAKNESSES

OFFENSE		DEFENSE	
직접 프리킥	C	세트피스 수비	C
문전 처리	C	상대 볼 뺏기	B
측면 돌파	B	공중전 능력	D
스루볼 침투	B	역습 방어	C
개인기 침투	C	지공 방어	D
카운터 어택	B	스루패스 방어	C
기회 만들기	C	리드 지키기	B
세트피스	C	실수 조심	D
OS 피하기	C	측면 방어력	C
중거리 슈팅	C	파울 주의	C
볼 점유율	C	중거리슈팅 수비	D

매우 강함 A / 강한 편 B / 보통 수준 C / 약한 편 D / 매우 약함 E

PLAY STYLE

OFFENSIVE STYLE
다이렉트 플레이 선호
윙 어택 활성화
오프사이드에 자주 걸림

DEFENSIVE STYLE
선발 일레븐 고정적
오프사이드트랩 자주 활용
블록 수비, 하프코트 프레싱

RANKING OF LAST 10 YEARS

15-16	16-17	17-18	18-19	19-20	20-21	21-22	22-23	23-24	24-25
13	8	11	8	16	17	2	13	9	8
38점	45점	42점	53점	31점	31점	63점	36점	42점	51점

위치	선수	국적	생년월일	키	몸무게	출전경기	선발11	교체IN	출전(분)	득점	도움	경고	퇴장	MOM
GK	Michael Zetterer	GER	1995-07-12	187	79	34	34	0	3060	0	0	2	0	3
DF	Amos Pieper	GER	1998-01-17	192	86	23	16	7	1499	0	0	3	0	0
DF	Julián Malatini	ARG	2001-05-31	191	84	10	5	5	452	1	1	1	0	0
DF	Marco Friedl	AUT	1998-03-16	187	82	26	25	1	2165	0	0	9	1	2
DF	Niklas Stark	GER	1995-04-14	190	88	26	25	1	2113	0	1	5	0	0
DF	Anthony Jung	GER	1991-11-03	186	83	28	20	8	1895	0	0	1	0	0
DF/MF	Mitchell Weiser	GER	1994-04-21	177	70	32	32	0	2870	5	8	8	0	2
DF/MF	Felix Agu	GER	1999-09-27	180	67	22	21	1	1763	3	0	1	0	1
DF/MF	Derrick Köhn	GER	1999-02-04	180	73	27	14	13	1343	2	2	2	0	0
DF/MF	Miloš Veljković	SRB	1995-09-26	188	83	14	11	3	1028	0	1	1	0	0
DF/MF	Issa Kaboré	BFA	2001-05-12	180	77	9	3	6	305	0	1	0	0	0
MF	Senne Lynen	BEL	1999-02-19	185	80	32	32	0	2747	0	1	9	0	0
MF	Jens Stage	DEN	1996-11-08	187	81	28	26	2	2212	10	5	10	0	1
MF	Skelly Alvero	FRA	2002-05-02	202	93	12	1	11	226	0	0	1	0	0
MF/FW	Romano Schmid	AUT	2000-01-27	168	69	32	32	0	2846	5	4	4	0	3
MF/FW	Marvin Ducksch	GER	1994-03-07	188	79	32	30	2	2438	8	8	3	0	2
MF/FW	Marco Grüll	AUT	1998-07-06	182	74	30	13	17	1177	6	1	1	0	1
MF/FW	Leonardo Bittencourt	GER	1993-12-19	171	63	27	10	17	973	2	1	3	0	0
MF/FW	Justin Njinmah	GER	2000-11-15	184	75	26	10	16	943	3	2	1	0	0
MF/FW	Oliver Burke	SCO	1997-04-07	188	74	25	9	16	898	5	0	4	0	1
MF/FW	Olivier Deman	BEL	2000-04-06	181	74	9	0	9	59	0	1	0	0	0
FW	André Silva	POR	1995-11-06	185	84	7	4	3	376	1	0	0	0	0
FW	Keke Topp	GER	2004-03-25	192	81	19	1	18	235	2	2	1	0	0

BUNDESLIGA 2024-25 SEASON

WERDER BREMEN vs. OPPONENTS PER GAME STATS

베르더 브레멘 vs 상대팀	득점	슈팅	유효슈팅	코너킥	오프사이드	패스시도	패스성공	패스성공률	태클	공중전승리	인터셉트	파울	경고	퇴장
	1.59 / 1.68	12.6 / 13.9	4.2 / 4.7	4.7 / 4.8	2.1 / 2.1	498 / 505	407 / 406	82% / 80%	16.2 / 14.6	14.4 / 14.1	9.3 / 9.3	9.9 / 12.4	2.21 / 2.38	0.118 / 0.235

2024-25 SEASON SQUAD LIST & GAMES PLAYED

* 괄호 안의 숫자는 선발 출전 횟수, 교체 출전은 포함시키지 않음

LW	CF	RW
N/A	M.둑슈(30), O.버크(9), M.그륄(8), J.진마(5), A.실바(4), K.톱(1)	N/A

LAM	CAM	RAM
N/A	R.슈미트(10), J.진마(5), M.그륄(3), M.바이저(2)	N/A

LM	CM	RM
R.슈미트(3), D.퀸(2)	S.리넨(30), J.스테이(26), R.슈미트(19), L.비텐코트(10), S.알베로(1), M.그륄(1)	M.바이저(4), M.그륄(1)

LWB	DM	RWB
F.아구(18), D.퀸(2)	S.리넨(2)	M.바이저(24), F.아구(3), I.카보레(1)

LB	CB	RB
D.퀸(4)	M.프리들(25), N.스타크(23), A.융(20), A.피퍼(16), M.벨리코비치(11), J.말라티니(5)	N.스타크(2), M.바이저(1)

GK
M.체터러(34)

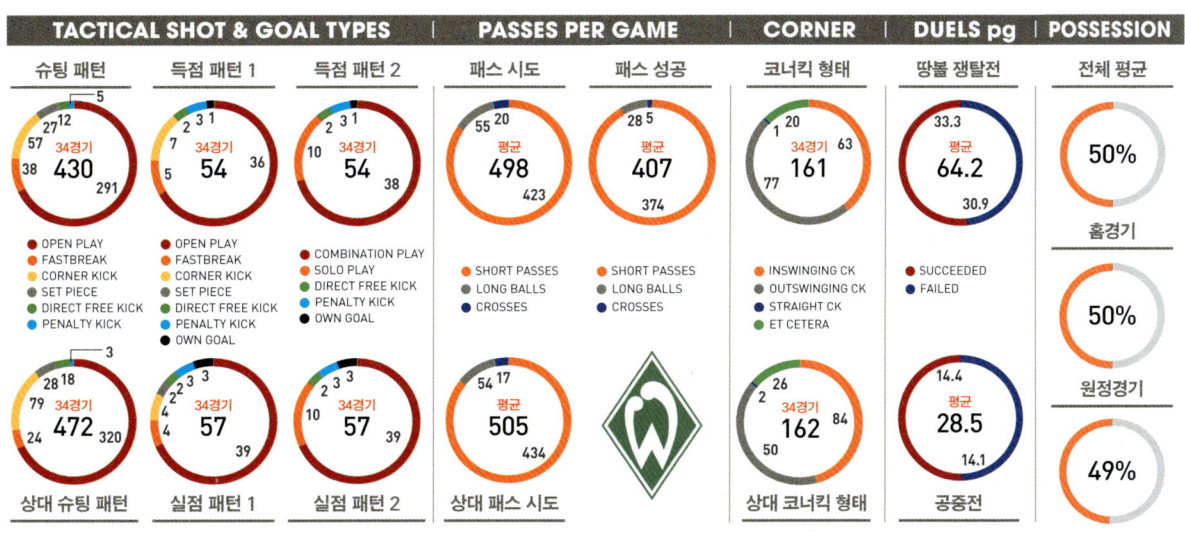

VFB STUTTGART

Founded 구단 창립 1893년	**Owner** VfB 슈투트가르트 시민 주주	**CEO** 디트마르 알가이어	**Manager** 세바스티안 회네스 1982.05.12	**25-26 Odds** 벳365 : 150배 윌리엄힐 : 150배	

트로피	개수
GERMAN BUNDESLIGA	5
GERMAN DFB POKAL	3
UEFA CHAMPIONS LEAGUE	0
UEFA EUROPA LEAGUE	0
FIFA CLUB WORLD CUP	0
UEFA-CONMEBOL INTERCONTINENTAL	0

Nationality 외국 선수 14명 / 독일 선수 10명	**Age** 30명 평균 24.9세	**Height** 30명 평균 186cm	**Market Value** 30명 평균 1112만 유로	**Game Points** 24-25 : 50점 통산 : 2888점

2024-25 SEASON RESULT

상대팀	홈	원정
Bayern München	1-3	0-4
Leverkusen	3-4	0-0
E. Frankfurt	2-3	0-1
Dortmund	5-1	2-1
Freiburg	4-0	1-3
FSV Mainz	3-3	0-2
RB Leipzig	2-1	3-2
Werder Bremen	1-2	2-2
Mönchengladbach	1-2	3-1
Wolfsburg	1-2	2-2
FC Augsburg	4-0	1-0
Union Berlin	3-2	4-4
Sankt Pauli	0-1	1-0
Hoffenheim	1-1	1-1
Heidenheim	0-1	3-1
Holstein Kiel	2-1	2-2
Bochum	2-0	4-0

Mercedes-Benz Arena

구장 오픈 / 증개축: 1933년, 증개축 10회
구장 소유: 슈타디온 GmbH & CO.
수용 인원: 6만 441명
피치 규모: 105m X 68m
잔디 종류: 천연 잔디

Win 24-25 : 14승 통산 : 803승	**Draw** 24-25 : 8무 통산 : 479무	**Loss** 24-25 : 12패 통산 : 686패	**Goals For** 24-25 : 64득점 통산 : 3253득점	**Goals Against** 24-25 : 53실점 통산 : 2891실점

STRENGTHS & WEAKNESSES

OFFENSE		DEFENSE	
직접 프리킥	C	세트피스 수비	C
문전 처리	C	상대 볼 뺏기	B
측면 돌파	B	공중전 능력	C
스루볼 침투	B	역습 방어	D
개인기 침투	C	지공 방어	D
카운터 어택	C	스루패스 방어	C
기회 만들기	C	리드 지키기	E
세트피스	C	실수 조심	C
OS 피하기	C	측면 방어력	C
중거리 슈팅	B	파울 주의	C
볼 점유율	A	중거리슈팅 수비	C

매우 강함 A, 강한 편 B, 보통 수준 C, 약한 편 D, 매우 약함 E

More Minutes 알렉산데르 뉘벨 3060분	**Top Scorer** 에르메디 데미로비치 15골	**More Assists** 앙겔로 스틸러 8도움	**More Subs** 라몬 헨드릭스 15회 교체 IN	**More Cards** 율리안 샤보 Y10+R1

RANKING OF LAST 10 YEARS

14-15	15-16	16-17	17-18	18-19	19-20	20-21	21-22	22-23	23-24
17위 33점	1위 69점 (2부)	7위 51점	16위 28점	2위 58점 (2부)	9위 45점	15위 33점	16위 33점	2위 73점	9위 50점

위치	선수	국적	생년월일	키	몸무게	출전경기	선발11	교체 IN	출전(분)	득점	도움	경고	퇴장	MOM
GK	Alexander Nübel	GER	1996-09-30	193	86	34	34	0	3060	0	1	0	0	0
DF	Jeff Chabot	GER	1998-02-12	195	95	31	27	4	2273	3	1	10	0	0
DF	Anthony Rouault	FRA	2001-05-29	186	77	18	14	4	1215	1	0	1	0	0
DF	Ramon Hendriks	NED	2001-07-18	189	83	25	10	15	1141	0	1	3	0	0
DF	Leonidas Stergiou	SUI	2002-03-03	181	75	12	11	1	857	1	2	0	1	0
DF	Finn Jeltsch	GER	2006-07-17	186	78	12	9	3	777	0	0	2	0	0
DF	Anrie Chase	JPN	2004-03-24	188	81	12	7	5	728	0	0	1	0	0
DF	Ameen Al-Dakhil	BEL	2002-03-06	187	70	7	6	1	436	0	0	1	0	0
DF	Luca Jaquez	SUI	2003-06-02	187	80	5	2	3	253	0	0	0	0	0
DF	Dan-Axel Zagadou	FRA	1999-06-30	196	90	2	0	2	27	0	0	1	0	0
DF/MF	Atakan Karazor	GER	1996-10-13	191	76	32	31	1	2627	2	4	9	0	1
DF/MF	Maximilian Mittelstädt	GER	1997-03-18	180	71	31	28	3	2476	1	7	5	0	3
DF/MF	Josha Vagnoman	GER	2000-12-11	190	90	26	19	7	1833	1	1	4	0	0
DF/MF	Pascal Stenzel	GER	1996-03-20	183	75	10	4	6	288	0	0	0	0	0
DF/MF	Yannik Keitel	GER	2000-02-15	186	85	11	2	9	264	0	1	0	0	0
MF	Angelo Stiller	GER	2001-04-04	183	77	32	31	1	2743	1	8	6	0	3
MF	Enzo Millot	FRA	2002-07-17	174	66	29	22	7	1852	6	5	9	0	1
MF	Fabian Rieder	SUI	2002-02-16	179	74	21	8	13	864	1	3	1	0	0
MF	Frans Krätzig	GER	2003-01-14	177	70	1	1	0	57	0	0	0	0	0
MF	Nikolas Nartey	DEN	2000-02-22	186	82	1	0	1	21	0	0	0	0	0
MF/FW	Chris Führich	GER	1998-01-09	181	70	33	23	10	1986	2	3	1	0	2
MF/FW	Deniz Undav	GER	1996-07-19	179	86	27	20	7	1729	9	3	4	0	1
MF/FW	Jamie Leweling	GER	2001-02-26	185	86	27	22	5	1677	2	2	4	0	1
MF/FW	Nick Woltemade	GER	2002-02-14	198	90	28	17	11	1620	12	2	4	0	1
FW	Jacob Bruun Larsen	DEN	1998-09-19	183	77	15	3	12	406	1	0	1	0	0
FW	Ermedin Demirović	BIH	1998-03-25	185	84	34	20	14	1854	15	1	2	0	2
FW	El Bilal Touré	MLI	2001-10-03	185	77	12	3	9	350	1	0	0	0	1
FW	Justin Diehl	GER	2004-11-27	174	67	6	0	6	98	1	0	0	0	0
FW	Jarzinho Malanga	GER	2006-07-10	179	80	1	0	1	3	0	0	0	0	0

PLAY STYLE

OFFENSIVE STYLE
왼측면 공격 빈도 높음
포제션 풋볼 지향
주로 상대 진영에서 볼을 컨트롤 함
중앙 돌파 횟수 높음
짧은 패스 콤비네이션 위주

DEFENSIVE STYLE
오프사이드 트랩 자주 사용
선발 일레븐 로테이션 함

BUNDESLIGA 2024-25 SEASON

VfB STUTTGART vs. OPPONENTS PER GAME STATS

슈투트가르트 vs 상대팀	득점	슈팅	유효슈팅	코너킥	오프사이드	패스시도	패스성공	태클	공중전승리	인터셉트	파울	경고	퇴장
	1.88 / 1.56	14.0 / 11.4	5.3 / 4.0	5.3 / 4.7	1.6 / 2.4	563 / 415	485 / 321						
	86% / 77%	16.8 / 17.2	13.4 / 12.2	9.0 / 8.9	10.0 / 12.6	2.12 / 2.82	0.147 / 0.206						

2024-25 SEASON SQUAD LIST & GAMES PLAYED

*괄호 안의 숫자는 선발 출전 횟수, 교체 출전은 포함시키지 않음

LW: N.볼테마데(1)
CF: E.데미로비치(20), N.볼테마데(14), D.운다프913), E.B.투레(3)
RW: E.밀로(1)

LAM: C.퓌리히(12), J.레벨링(2)
CAM: E.밀로(8), D.운다프(6), J.레벨링(5), C.퓌리히(4), F.리더(2), N.볼테마데(2), J.B.라슨(1)
RAM: J.레벨링(6), F.리더(4), J.바그노만(2), D.운다프(1), E.밀로(1)

LM: C.퓌리히(5), J.레벨링(3), E.밀로(2), J.B.라슨(1)
CM: A.카라초르(13), A.슈틸러(12), E.밀로(6), Y.카이텔(2)
RM: J.레벨링(4), E.밀로(3), F.리더(2), J.B.라슨(1), J.바그노만(1)

LWB: M.미텔슈테트(3), C.퓌리히(2)
DM: A.카라초르(4), A.슈틸러(17), E.밀로(1)
RWB: J.바그노만(3), J.레벨링(2)

LB: M.미텔슈테트23), R.헨드릭스(5), F.크레치히(1)
CB: J.샤보(27), A.루오(14), F.젤츠흐(7), A.체이스(7), A.A.다릴(6), R.헨드릭스(5), A.슈틸러(2), L.하케즈(2), M.미텔슈테트(2), L.스테르기우(1)
RB: J.바그노만(13), L.스테르기우(10), P.슈텐젤(4), F.젤츠흐(2)

GK: A.뉘벨(34)

SHOTS & GOALS

34경기 총 475슈팅 - 64득점
34경기 상대 총 388슈팅 - 53실점

57-16
291-37
124-8

유효 슈팅 181		비유효 슈팅 294	
득점	64	블록 당함	131
GK 방어	117	골대 밖	150
유효슈팅률 38%		골대 맞음	13

유효 슈팅 137		비유효 슈팅 251	
실점	53	블록	107
GK 방어	84	골대 밖	136
유효슈팅률 35%		골대 맞음	8

125-9
232-32
30-11   *자책골 1-1

SHOT TIME / GOAL TIME
시간대별 슈팅: 120/65, 61/72, 98/59 (76-90, 61-75, 46-60, 31-45, 16-30, 1-15)
시간대별 득점: 16/11, 5/10, 18/4

슈팅 차이: 전반 +46, 후반 +41, 전체 +87
득실차: 전반 +3, 후반 +8, 전체 +11

시간대별 상대 슈팅: 88/45, 62/48, 88/57
시간대별 실점: 15/4, 8/6, 8/10

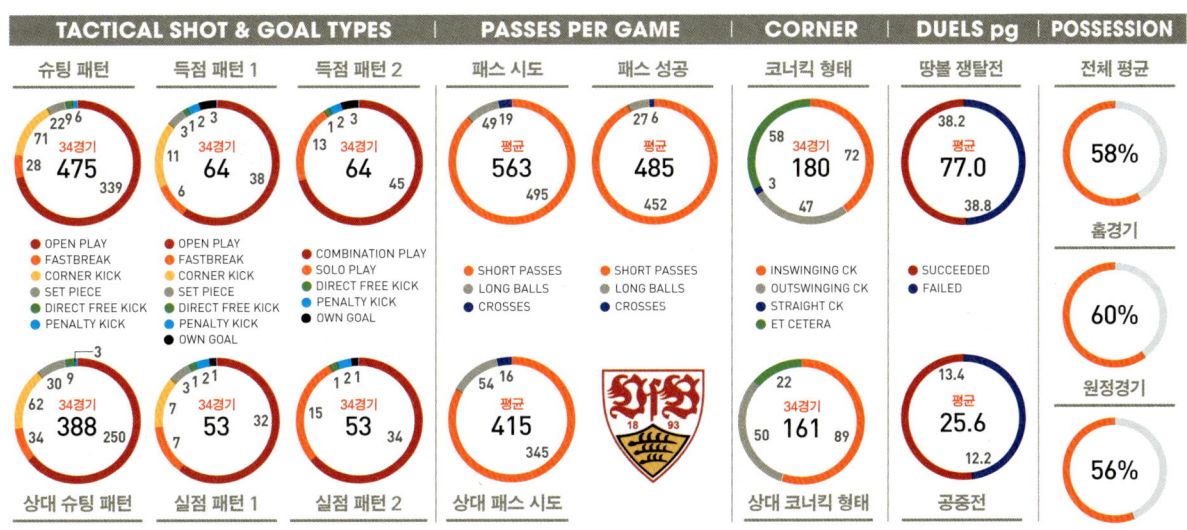

TACTICAL SHOT & GOAL TYPES | PASSES PER GAME | CORNER | DUELS pg | POSSESSION

슈팅 패턴 34경기 475 (22/9/6/71/28/339)
득점 패턴 1 34경기 64 (3/12/3/11/6/38)
득점 패턴 2 34경기 64 (2/3/13/45)
- OPEN PLAY / FASTBREAK / CORNER KICK / SET PIECE / DIRECT FREE KICK / PENALTY KICK
- COMBINATION PLAY / SOLO PLAY / DIRECT FREE KICK / PENALTY KICK / OWN GOAL

패스 시도: 평균 563 (49/19/495)
패스 성공: 평균 485 (27/6/452)
- SHORT PASSES / LONG BALLS / CROSSES

코너킥 형태: 34경기 180 (58/72/3/47)
- INSWINGING CK / OUTSWINGING CK / STRAIGHT CK / ET CETERA

땅볼 쟁탈전: 평균 77.0 / 38.2 / 38.8
- SUCCEEDED / FAILED

전체 평균: 58%
홈경기: 60%
원정경기: 56%

상대 슈팅 패턴: 34경기 388 (30/9/3/62/34/250)
실점 패턴 1: 34경기 53 (3/2/1/7/6/32)
실점 패턴 2: 34경기 53 (1/2/1/15/34)
상대 패스 시도: 평균 415 (54/16/345)
상대 코너킥 형태: 34경기 161 (22/89/50)
공중전: 평균 25.6 / 13.4 / 12.2

FORMATION SUMMARY — 선발 포진별 전적

포메이션	승	무	패	득점	실점
4-2-3-1	3	4	7	24	29
4-4-2	7	2	2	26	11
4-2-2-2	1	2	5	7	
3-4-2-1	2	0	1	5	4
3-4-3	1	0	0	3	1
3-5-2	0	1	0	1	1
TOTAL	14	8	12	64	53

WHO SCORED
포지션별 득점: FW진 42골, MF진 12골, DF진 7골
*상대 자책골 3골

상대 포지션별 실점: DF진 10골, MF진 11골, FW진 31골
*자책골 실점 1골

ACTION ZONE
공격 방향: 왼쪽 43%, 중앙 28%, 오른쪽 29%
볼 점유 위치: 상대 진영 30%, 중간 지역 44%, 우리 진영 26%

PASSES pg BY ZONE
평균 패스 성공: 하프라인 위쪽 229회, 하프라인 아래 256회
패스 성공률: 하프라인 위쪽 77%, 하프라인 아래 93%

BORUSSIA MÖNCHENGLADBACH

F Founded 구단 창립 1900년	**O** Owner 묀헨글라트바흐 시민 주주	**C** CEO 롤프 쾨니히	**M** Manager 헤라르도 세오아네 1978.10.30	**25-26 Odds** 벳365 : 150배 윌리엄힐 : 150배	

German Bundesliga	German DFB Pokal	UEFA Champions League	UEFA Europa League	FIFA Club World Cup	UEFA-CONMEBOL Intercontinental
5	3	0	2	0	0

Nationality 외국 선수 16명 독일 선수 14명	Age 30명 평균 25.8세	Height 30명 평균 185cm	Market Value 30명 평균 535만 유로	Game Points 24-25 : 45점 통산 : 2841점
Win 24-25 : 13승 통산 : 777승	Draw 24-25 : 6무 통산 : 510무	Loss 24-25 : 15패 통산 : 655패	Goals For 24-25 : 55득점 통산 : 3293득점	Goals Against 24-25 : 57실점 통산 : 2857실점
More Minutes 율리안 바이글 2888분	Top Scorer 팀 클라인딘스트 16골	More Assists 로빈 학크 +2명 7도움	More Subs 토마시 치반차라 21회 교체 IN	More Cards 율리안 바이글 Y8+R0

2024-25 SEASON RESULT

상대팀	홈	원정
Bayern München	0-1	0-2
Leverkusen	2-3	1-3
E. Frankfurt	1-1	0-2
Dortmund	1-1	2-3
Freiburg	1-2	1-3
FSV Mainz	1-3	1-1
RB Leipzig	1-0	0-0
Werder Bremen	4-1	4-2
Stuttgart	1-3	2-1
Wolfsburg	0-1	1-5
FC Augsburg	0-3	1-2
Union Berlin	1-0	2-1
Sankt Pauli	2-0	1-1
Hoffenheim	4-4	2-1
Heidenheim	3-2	3-0
Holstein Kiel	4-1	3-4
Bochum	3-0	2-0

Borussia-Park

구장 오픈 2004년
구장 소유 묀헨글라트바흐
수용 인원 5만 4057명
피치 규모 105m X 68m
잔디 종류 천연 잔디

STRENGTHS & WEAKNESSES

OFFENSE		DEFENSE	
직접 프리킥	C	세트피스 수비	D
문전 처리	C	상대 볼 뺏기	C
측면 돌파	B	공중전 능력	C
스루볼 침투	B	역습 방어	C
개인기 침투	C	지공 방어	E
카운터 어택	C	스루패스 방어	C
기회 만들기	C	리드 지키기	C
세트피스	C	실수 조심	C
OS 피하기	C	측면 방어력	C
중거리 슈팅	C	파울 주의	D
볼 점유율	C	중거리슈팅 수비	D

매우 강함 A   강한 편 B   보통 수준 C   약한 편 D   매우 약함 E

PLAY STYLE

OFFENSIVE STYLE
스루볼 침투 자주 활용
오른 측면 공격 활성화
좌우폭 넓게 활용함

DEFENSIVE STYLE
블록 수비, 하프코트 프레싱
주로 하프라인 근처에서 볼을 컨트롤

RANKING OF LAST 10 YEARS

15-16	16-17	17-18	18-19	19-20	20-21	21-22	22-23	23-24	24-25
4위 55점	9위 45점	9위 47점	5위 55점	4위 65점	8위 49점	10위 45점	10위 43점	14위 34점	10위 45점

위치	선수	국적	생년월일	키	몸무게	출전경기	선발11	교체 IN	출전(분)	득점	도움	경고	퇴장	MOM
GK	Moritz Nicolas	GER	1997-10-21	193	87	19	19	0	1640	0	0	0	0	1
	Jonas Omlin	SUI	1994-01-10	190	80	12	11	1	980	0	0	0	1	0
	Tiago Pereira Cardoso	LUX	2006-04-07	191	87	5	4	1	378	0	0	0	0	1
	Tobias Sippel	GER	1988-03-22	183	80	1	0	1	58	0	0	0	0	0
DF	Nico Elvedi	SUI	1996-09-30	189	84	25	25	0	2138	1	1	1	0	1
	Lukas Ullrich	GER	2004-03-16	180	69	26	24	2	1919	1	2	4	0	0
	Marvin Friedrich	GER	1995-12-13	193	81	22	9	13	976	0	1	0	0	1
	Fabio Chiarodia	ITA	2005-06-05	186	80	16	3	13	368	1	0	0	0	0
	Noah Pesch	CRO	2005-05-18	183	70	1	0	1	5	0	0	0	0	0
DF MF	Julian Weigl	GER	1995-09-08	186	72	33	33	0	2888	0	2	8	0	0
	Ko Itakura	JPN	1997-01-27	188	80	31	31	0	2790	3	0	5	0	0
	Joe Scally	USA	2002-12-31	184	80	32	30	2	2586	0	0	6	0	1
	Luca Netz	GER	2003-05-15	180	83	24	8	16	958	0	2	2	0	0
	Stefan Lainer	AUT	1992-08-27	175	73	21	6	15	744	1	0	2	0	1
MF	Rocco Reitz	GER	2002-05-29	176	75	27	21	6	1841	2	1	1	0	1
	Kevin Stöger	AUT	1993-08-27	175	74	31	16	15	1545	3	4	3	0	1
	Philipp Sander	GER	1998-02-21	186	77	27	16	11	1400	1	0	2	0	0
	Nathan Ngoumou	FRA	2000-03-14	182	70	19	9	10	827	2	1	0	0	1
	Florian Neuhaus	GER	1997-03-16	185	74	18	2	16	366	0	1	1	0	0
MF FW	Robin Hack	GER	1998-08-27	176	68	33	27	6	2188	4	7	4	0	2
	Alassane Pléa	FRA	1993-03-10	181	79	30	24	6	1914	11	4	3	0	2
	Franck Honorat	FRA	1996-08-11	180	70	19	18	1	1454	4	7	0	0	1
	Tomáš Čvančara	CZE	2000-08-13	190	79	28	7	21	819	2	0	4	0	0
FW	Tim Kleindienst	GER	1995-08-31	194	85	31	31	0	2744	16	7	4	0	6
	Shio Fukuda	JPN	2004-04-08	178	70	6	0	6	54	1	0	0	0	0

BUNDESLIGA 2024-25 SEASON

BORUSSIA MÖNCHENGLADBACH vs. OPPONENTS PER GAME STATS

묀헨글라트바흐 vs 상대팀

	득점	슈팅	유효슈팅	코너킥	오프사이드	패스시도	패스성공	패스성공률	태클	공중전승리	인터셉트	파울	경고	퇴장
	1.62	12.3	4.7	4.6	1.9	495		409						
	1.68	17.2	5.7	5.3	1.7	505		410						
	83%	14.8	15.9	9.3	10.0	1.56		0.088						
	81%	14.7	14.4	8.9	9.9	1.35		0.029						

2024-25 SEASON SQUAD LIST & GAMES PLAYED

* 괄호 안의 숫자는 선발 출전 횟수, 교체 출전은 포함시키지 않음

LW: R.하크(1)
CF: T.클라인딘스트(31), A.플레아(1), T.츠반차라(2)
RW: F.오노라(1)

LAM: R.하크(23), A.플레아(6), K.슈퇴거(2)
CAM: A.플레아(17), K.슈퇴거(14)
RAM: F.오노라(16), N.은구무(9), T.츠반차라(4), R.라이츠(1), R.하크(1)

LM: R.하크(1)
CM: R.라이츠(3), P.잔더(3), J.바이글(2)
RM: T.츠반차라(1), F.오노라(1)

LWB: N/A
DM: J.바이글(31), R.라이츠(17), P.잔더(13), F.노이하우스(2)
RWB: N/A

LB: L.울리히(24), L.네츠(8), J.스컬리(2)
CB: 이타쿠라 K.(31), N.엘베디(25), M.프리드리히(9), F.키아로디아(3)
RB: J.스컬리(28), S.라이너(6)

GK: M.니콜라스(19), J.올린(11), T.P.카르도소(4)

SHOTS & GOALS

34경기 총 419슈팅 - 55득점
34경기 상대 총 585슈팅 - 57실점

SHOT TIME | GOAL TIME

시간대별 슈팅 | 시간대별 득점

슈팅 차이
전반 슈팅 차이 -23
후반 슈팅 차이 -143
전체 슈팅 차이 -166

득점차
전반 골 득실차 +3
후반 골 득실차 -5
전체 골 득실차 -2

시간대별 상대 슈팅 | 시간대별 실점

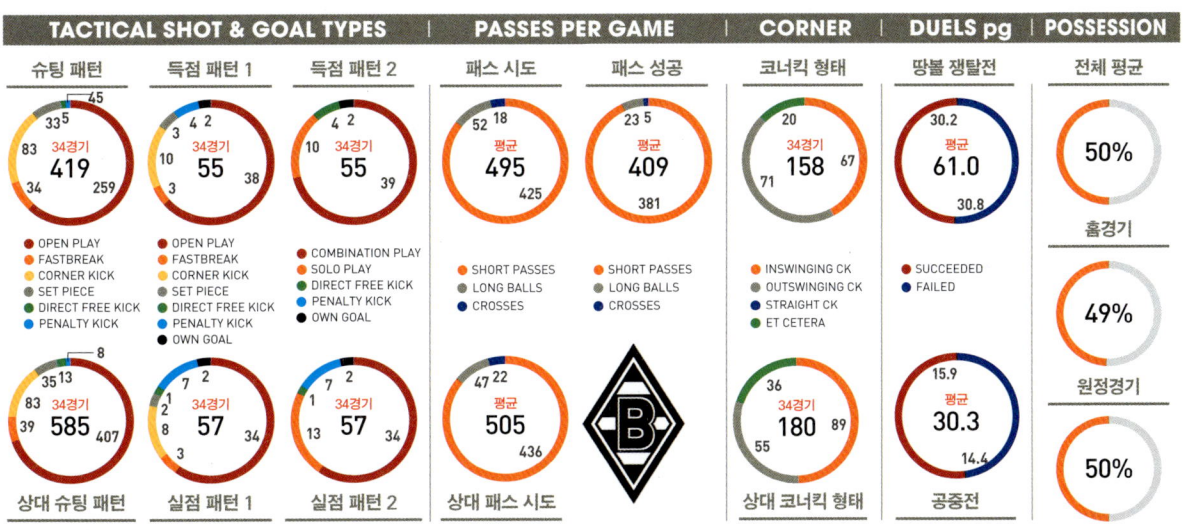

TACTICAL SHOT & GOAL TYPES | PASSES PER GAME | CORNER | DUELS pg | POSSESSION

슈팅 패턴 34경기 419
득점 패턴 1 34경기 55
득점 패턴 2 34경기 55
패스 시도 평균 495
패스 성공 평균 409
코너킥 형태 34경기 158
땅볼 쟁탈전 평균 61.0
전체 평균 50%
홈경기 49%
원정경기 50%

상대 슈팅 패턴 34경기 585
실점 패턴 1 34경기 57
실점 패턴 2 34경기 57
상대 패스 시도 평균 505
상대 코너킥 형태 34경기 180
공중전 평균 30.3

FORMATION SUMMARY | WHO SCORED | ACTION ZONE | PASSESS pg BY ZONE

선발 포지션별 전적

포메이션	승	무	패	득점	실점
4-2-3-1	13	6	12	54	51
4-3-3	0	0	1	0	1
4-5-1	0	0	1	1	3
4-1-4-1	0	0	1	0	2
TOTAL	13	6	15	55	57

포지션별 득점: FW진 40골, MF진 6골, DF진 7골 · 상대 자책골 2골
상대 포지션별 실점: DF진 6골, MF진 18골, FW진 31골 · 자책골 실점 2골

공격 방향: 왼쪽 35%, 중앙 27%, 오른쪽 38%
볼 점유 위치: 상대 진영 23%, 중간 지역 43%, 우리 진영 34%

평균 패스 성공: 하프라인 위쪽 165회, 하프라인 아래 244회
패스 성공률: 하프라인 위쪽 70%, 하프라인 아래 90%

VfL WOLFSBURG

GERMAN BUNDESLIGA 1	**GERMAN DFB POKAL** 1	**UEFA CHAMPIONS LEAGUE** 0	**UEFA EUROPA LEAGUE** 0	**FIFA CLUB WORLD CUP** 0	**UEFA-CONMEBOL INTERCONTINENTAL** 0

Founded 구단 창립 1945년
Owner 폭스바겐 AG
CEO 피터 크리스티앤슨 1975.01.30
Manager 폴 시모니스 1985.02.14
25-26 Odds 벳365 : 150배 윌리엄힐 : 150배

Nationality 외국 선수 21명 / 독일 선수 8명
Age 29명 평균 25.1세
Height 29명 평균 185cm
Market Value 29명 평균 891만 유로
Game Points 24-25 : 43점 / 통산 : 1321점

Win 24-25 : 11승 / 통산 : 359승
Draw 24-25 : 10무 / 통산 : 244무
Loss 24-25 : 13패 / 통산 : 349패
Goals For 24-25 : 56득점 / 통산 : 1433득점
Goals Against 24-25 : 54실점 / 통산 : 1396실점

More Minutes 카밀 그라바라 2586분
Top Scorer 모하메드 아무라 10골
More Assists 모하메드 아무라 9도움
More Subs 케빈 베렌스 18회 교체 IN
More Cards 막시밀리안 아놀트 Y7+R1

2024-25 SEASON RESULT

상대팀	홈	원정
Bayern München	2-3	2-3
Leverkusen	0-0	3-4
E. Frankfurt	1-2	1-1
Dortmund	1-3	0-4
Freiburg	0-1	2-3
FSV Mainz	4-3	2-2
RB Leipzig	2-3	5-1
Werder Bremen	2-4	2-1
Stuttgart	2-2	2-1
Mönchengladbach	5-1	1-0
FC Augsburg	1-1	0-1
Union Berlin	1-0	0-1
Sankt Pauli	1-1	0-0
Hoffenheim	2-2	1-0
Heidenheim	0-1	3-1
Holstein Kiel	2-2	2-0
Bochum	1-1	3-1

Volkswagen Arena
구장 오픈 2002년
구장 소유 볼프스부르크 AG
수용 인원 3만명
피치 규모 105m X 68m
잔디 종류 하이브리드 잔디

PLAY STYLE
OFFENSIVE STYLE
중거리 슈팅 자주 구사함
롱볼 게임 선호
오른 측면 돌파 활성화
다이렉트 플레이 선호

DEFENSIVE STYLE
도전적인 수비, 카운터 프레싱
공격-수비 트랜지션 잘 이뤄짐

STRENGTHS & WEAKNESSES

OFFENSE		DEFENSE	
직접 프리킥	C	세트피스 수비	D
문전 처리	C	상대 볼 뺏기	B
측면 돌파	B	공중전 능력	D
스루볼 침투	C	역습 방어	C
개인기 침투	C	지공 방어	E
카운터 어택	C	스루패스 방어	C
기회 만들기	B	리드 지키기	C
세트피스	B	실수 조심	C
OS 피하기	C	측면 방어력	C
중거리 슈팅	B	파울 주의	C
볼 점유율	D	중거리슈팅 수비	C

매우 강함 A / 강한 편 B / 보통 수준 C / 약한 편 D / 매우 약함 E

RANKING OF LAST 10 YEARS

15-16	16-17	17-18	18-19	19-20	20-21	21-22	22-23	23-24	24-25
8	16	16	6	7	4	8	12	12	11
45점	37점	33점	55점	49점	61점	42점	49점	37점	43점

위치	선수	국적	생년월일	키	몸무게	출전경기	선발11	교체 IN	출전(분)	득점	도움	경고	퇴장	MOM
GK	Kamil Grabara	POL	1999-01-08	195	80	29	29	0	2586	0	0	2	0	2
	Marius Müller	GER	1993-07-12	192	92	6	5	1	474	0	0	0	0	0
DF	Konstantinos Koulierakis	GRE	2003-11-28	188	78	30	28	2	2470	0	2	4	0	0
	Denis Vavro	SVK	1996-04-10	189	81	29	27	2	2461	2	0	4	0	2
	Sebastiaan Bornauw	BEL	1999-03-22	191	81	15	8	7	781	2	1	2	0	0
	Cédric Zesiger	SUI	1998-06-24	194	92	7	5	2	521	0	0	4	0	0
	David Odogu	GER	2006-06-03	191	83	3	2	1	194	0	0	0	0	0
DF MF	Kilian Fischer	GER	2000-10-12	182	77	32	29	3	2311	1	0	7	0	0
	Joakim Mæhle	DEN	1997-05-20	185	79	28	25	3	2189	3	4	6	0	0
	Yannick Gerhardt	GER	1994-03-13	184	81	29	15	14	1510	1	0	5	1	1
	Ridle Baku	GER	1998-04-08	176	72	15	14	1	1175	2	1	2	0	1
	Mads Roerslev	DEN	1999-06-24	184	77	7	2	5	294	0	0	0	0	0
	Kevin Paredes	USA	2003-05-07	170	61	2	2	0	125	0	1	0	0	0
MF	Maximilian Arnold	GER	1994-05-27	184	74	28	27	1	2358	3	5	7	1	1
	Bence Dárdai	GER	2006-01-24	188	71	21	16	5	1312	1	1	1	0	0
	Mattias Svanberg	SWE	1999-01-05	185	75	20	14	6	1222	1	1	4	0	1
	Jakub Kamiński	POL	2002-06-05	179	64	22	12	10	1124	0	2	2	0	0
	Aster Vranckx	BEL	2002-10-04	183	78	14	6	8	553	0	0	1	0	0
	Salih Özcan	TUR	1998-01-11	182	74	11	3	8	347	0	0	0	0	0
	Lovro Majer	CRO	1998-01-17	178	76	9	3	6	302	2	1	1	0	0
MF FW	Mohammed Amoura	ALG	2000-05-09	170	61	31	29	2	2484	10	9	6	0	3
	Jonas Wind	DEN	1999-02-07	190	82	31	21	10	1969	9	3	2	0	2
	Tiago Tomás	POR	2002-06-16	180	69	32	23	9	1894	6	1	7	0	0
	Patrick Wimmer	AUT	2001-05-30	182	77	29	22	7	1781	3	4	5	1	2
	Lukas Nmecha	GER	1998-12-12	185	80	19	3	16	455	3	0	1	0	0
FW	Andreas Skov Olsen	DEN	1999-12-29	187	75	12	4	8	530	1	1	0	0	0
	Kevin Behrens	GER	1991-02-03	184	84	18	0	18	152	1	0	2	0	0

BUNDESLIGA 2024-25 SEASON

VfL WOLFSBURG vs. OPPONENTS PER GAME STATS

볼프스부르크 vs 상대팀

볼프스부르크		상대팀	항목
1.65	⚽	1.59	득점
13.0	👟	13.9	슈팅
4.3	●	4.7	유효슈팅
4.9	🚩	5.2	코너
1.4	🏳	2.0	오프사이드
424	PA	500	패스시도
334	PC	402	패스성공
79%	P%	80%	패스성공률
14.4	TK	0.0	태클
15.7	AD	16.9	공중전승리
9.2	IT	0.0	인터셉트
10.3		11.1	파울
2.21	🟨	1.97	경고
0.088	🟥	0.059	퇴장

2024-25 SEASON SQUAD LIST & GAMES PLAYED

*괄호 안의 숫자는 선발 출전 횟수, 교체 출전은 포함시키지 않음

LW
M.아모우라(4), T.토마스(2)

CF
M.아모우라(21), J.빈(16)
P.비머(6), T.토마스(6)
L.은메차(3)

RW
A.S.올슨(2), T.토마스(2)
R.바쿠(1), P.비머(1)

LAM
T.토마스(4), M.아모우라(2)

CAM
J.빈(9), L.마예르(2)
P.비머(2), T.토마스(1)
M.스반베리(1)

RAM
R.바쿠(5), A.S.올슨(1)

LM
P.비머(4), J.카민스키(3)
Y.게르하르트(2), T.토마스(2)
M.아모우라(2), J.멜레(1)

CM
M.아놀트(18), B.다르다이(14)
M.스반베리(1), Y.게르하르트(9)
S.외잔(9), A.브량크스(5)
T.토마스(3), L.마예르(1), S.외잔(1)

RM
R.바쿠(7), J.카민스키(4)
T.토마스(3)

LWB
J.멜레(4)

DM
M.아놀트(7), M.스반베리(3)
Y.게르하르트(2), B.다르다이(2)
S.외잔(2), A.브랑크스(1)

RWB
K.파레데스(2), R.바쿠(1)
A.S.올슨(1)

LB
J.멜레(20), J.카민스키(4)
Y.게르하르트(1), K.쿨리에라키스(1)

CB
D.바브로(27), K.쿨리에라키스(27)
S.보라누아(8), K.피셔(6)
C.체지거(5), D.오도구(4)
Y.게르하르트(1)

RB
K.피셔(23), M.로어슬레프(2)
J.카민스키(1)

GK
K.그라바라(29), M.윌러(5)

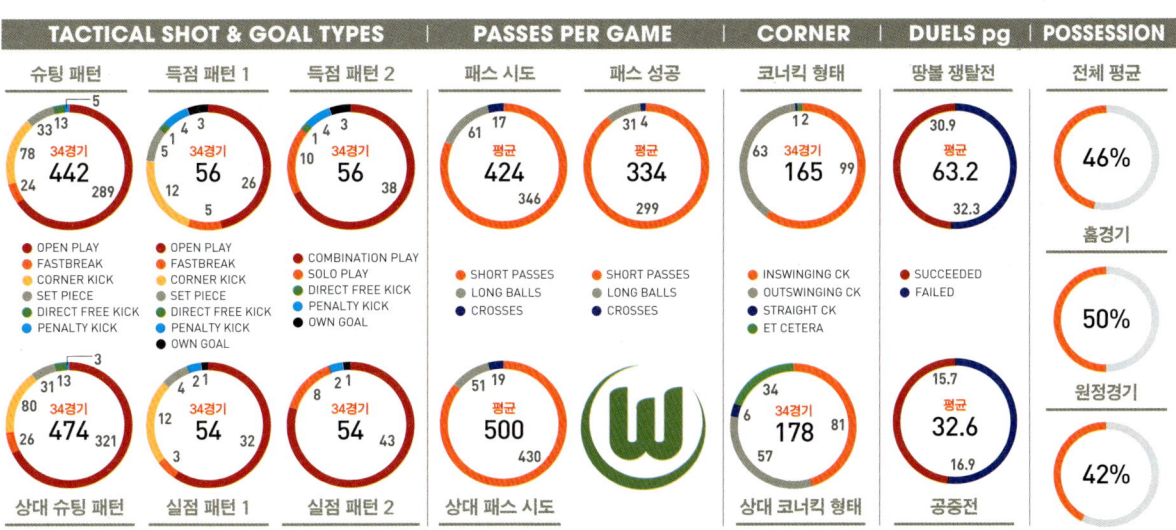

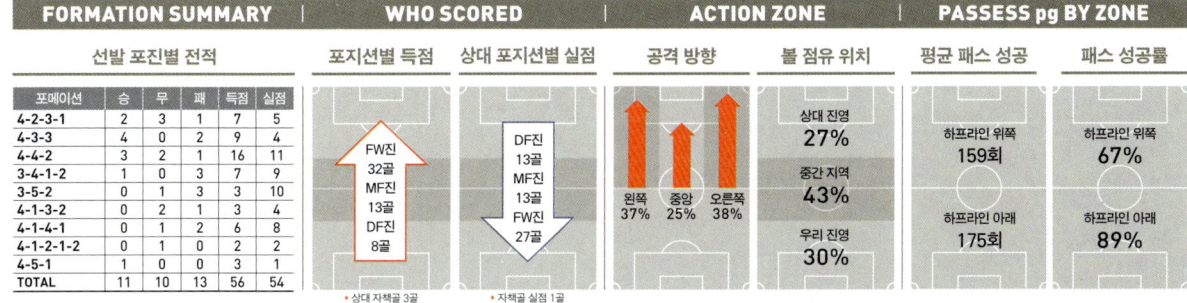

FC AUGSBURG

Founded 구단 창립 1907년	 Owner 클라우스 호프만 다비트 블리처	 CEO 마르쿠스 크라프	Manager 산드로 바그너 1987.11.29	25-26 Odds 벳365 : 500배 윌리엄힐 : 500배	 GERMAN BUNDESLIGA 0 / GERMAN DFB POKAL 0 / UEFA CHAMPIONS LEAGUE 0 / UEFA EUROPA LEAGUE 0 / FIFA CLUB WORLD CUP 0 / UEFA-CONMEBOL INTERCONTINENTAL 0

| Nationality 외국 선수 17명 독일 선수 13명 | Age 30명 평균 25.8세 | Height 30명 평균 185cm | Market Value 30명 평균 414만 유로 | Game Points 24-25 : 43점 통산 : 547점 |

|  Win 24-25 : 11승 통산 : 141승 | Draw 24-25 : 10무 통산 : 124무 | Loss 24-25 : 13패 통산 : 211패 | Goals For 24-25 : 35득점 통산 : 577득점 | Goals Against 24-25 : 51실점 통산 : 757실점 |

| More Minutes 제프리 하우웰레우 2945분 | Top Scorer 알렉시스 클로드모리스 9골 | More Assists D.야눌리스+1명 4도움 | More Subs 아르네 마이어 21회 교체 IN | More Cards 제프리 하우웰레우 Y9+R0 |

2024-25 SEASON RESULT

상대팀	홈	원정
Bayern München	1-3	0-3
Leverkusen	0-2	0-2
E. Frankfurt	0-0	2-2
Dortmund	2-1	1-0
Freiburg	0-0	1-3
FSV Mainz	2-3	0-0
RB Leipzig	0-0	0-4
Werder Bremen	2-2	2-0
Stuttgart	0-1	0-4
Mönchengladbach	2-1	3-0
Wolfsburg	1-0	1-1
Union Berlin	1-2	2-0
Sankt Pauli	3-1	1-1
Hoffenheim	0-0	1-1
Heidenheim	2-1	0-4
Holstein Kiel	1-3	1-5
Bochum	1-0	2-1

WWK Arena

구장 오픈 2009년
구장 소유 FC 아우쿠스부르크
수용 인원 3만 660명
피치 규모 105m X 68m
잔디 종류 천연 잔디

STRENGTHS & WEAKNESSES

OFFENSE		DEFENSE	
직접 프리킥	C	세트피스 수비	C
문전 처리	D	상대 볼 뺏기	B
측면 돌파	B	공중전 능력	C
스루볼 침투	C	역습 방어	C
개인기 침투	C	지공 방어	C
카운터 어택	C	스루패스 방어	C
기회 만들기	C	리드 지키기	B
세트피스	C	실수 조심	C
OS 피하기	C	측면 방어력	C
중거리 슈팅	B	파울 주의	D
볼 점유율	D	중거리슈팅 수비	C

PLAY STYLE

OFFENSIVE STYLE
좌우폭 넓게 활용함
점유율 대비 슈팅 많은 편
중거리 슈팅 자주 구사함
오른 측면 돌파 빈도 높음

DEFENSIVE STYLE
매우 도전적으로 수비함
고정적인 선발 일레븐

매우 강함 A / 강한 편 B / 보통 수준 C / 약한 편 D / 매우 약함 E

RANKING OF LAST 10 YEARS

15-16	16-17	17-18	18-19	19-20	20-21	21-22	22-23	23-24	24-25
12	13	12	15	15	13	14	15	11	12
38점	38점	41점	32점	36점	36점	38점	34점	39점	43점

위치	선수	국적	생년월일	키	몸무게	출전경기	선발11	교체 IN	출전(분)	득점	도움	경고	퇴장	MOM
GK	Finn Dahmen	GER	1998-03-27	186	80	19	19	0	1710	0	0	0	0	0
	Nediljko Labrović	CRO	1999-10-10	186	88	15	15	0	1350	0	0	0	0	0
DF	Jeffrey Gouweleeuw	NED	1991-07-10	188	83	33	33	0	2945	1	4	9	0	1
	Chrislain Matsima	FRA	2002-05-15	193	81	30	28	2	2551	1	1	4	0	3
	Keven Schlotterbeck	GER	1997-04-28	189	84	18	15	3	1298	3	1	3	0	1
	Cédric Zesiger	SUI	1998-06-24	194	92	15	15	0	1228	0	2	6	0	1
	Noahkai Banks	USA	2006-12-01	193	93	8	2	6	274	0	0	2	0	0
DF MF	Dimitris Giannoulis	GRE	1996-10-17	175	62	31	31	0	2655	1	4	8	0	0
	Kristijan Jakić	CRO	1997-05-14	184	78	31	27	4	2310	0	0	2	0	1
	Marius Wolf	GER	1995-05-27	188	81	32	28	4	2165	1	3	2	0	1
	Robert Gumny	POL	1998-06-04	182	71	7	2	5	268	0	0	2	0	0
	Mads Pedersen	DEN	1996-09-01	174	72	7	2	5	231	0	0	0	0	0
MF	Frank Onyeka	NGA	1998-01-01	183	70	31	30	1	2596	0	1	8	0	2
	Elvis Rexhbecaj	GER	1997-11-01	182	78	27	22	5	1794	1	1	8	0	0
	Arne Maier	GER	1999-01-08	186	79	28	7	21	924	0	0	0	1	0
	Henri Koudossou	GER	1999-09-03	180	76	21	4	17	733	0	0	1	0	0
	Mert Kömür	GER	2005-07-17	183	77	20	5	15	645	2	1	1	0	0
	Tim Breithaupt	GER	2002-02-07	192	74	2	2	0	122	0	1	0	0	0
	Arne Engels	BEL	2003-09-08	185	78	1	1	0	80	0	0	1	0	0
	Niklas Dorsch	GER	1998-01-15	178	76	1	0	1	31	0	0	0	0	0
MF FW	Alexis Claude-Maurice	FRA	1998-06-06	174	62	28	25	3	2124	9	2	4	0	3
	Fredrik Jensen	FIN	1997-09-09	183	78	20	9	11	759	0	0	3	0	0
	Rubén Vargas	SUI	1998-08-05	177	77	8	3	5	305	0	0	1	0	0
	Mërgim Berisha	KVX	1998-05-11	186	81	2	0	2	38	0	1	0	0	0
FW	Philip Tietz	GER	1997-07-09	190	86	34	19	15	1685	7	2	4	0	1
	Samuel Essende	FRA	1998-01-23	192	88	30	21	9	1646	7	2	4	2	1
	Steve Mounié	BEN	1994-09-29	190	83	16	1	15	333	1	0	2	0	0
	Yusuf Kabadayı	GER	2004-02-02	186	75	5	0	5	66	1	0	0	0	0

BUNDESLIGA 2024-25 SEASON

FC AUGSBURG vs. OPPONENTS PER GAME STATS

FC 아우크스부르크 vs 상대팀

항목	아우크스부르크	상대팀
득점	1.03	1.50
슈팅	11.6	13.3
유효슈팅	3.4	4.6
코너	4.6	5.1
오프사이드	1.7	1.7
패스시도	419	540
패스성공	333	439
패스성공률	80%	81%
태클	13.6	17.0
공중전승리	15.9	14.7
인터셉트	10.0	7.9
파울	10.3	11.1
경고	2.29	1.47
퇴장	0.147	0.088

2024-25 SEASON SQUAD LIST & GAMES PLAYED

* 괄호 안의 숫자는 선발 출전 횟수, 교체 출전은 포함시키지 않음

LW	CF	RW
N/A	S.에사드(21), P.티츠(19) A.클로드-모리스(5), S.무니에(1)	N/A

LAM	CAM	RAM
N/A	A.클로드-모리스(19), F.옌센(9) E.레주베차이(7), M.쾨비르트(5) R.바르가스(3), A.마이어(2) A.엥겔스(1)	N/A

LM	CM	RM
D.야눌리스(1)	F.온예카(30), K.야키치(26) E.레주베차이(15), A.마이어(5) A.클로드-모리스(5)	M.볼프(1)

LWB	DM	RWB
D.야눌리스(27), H.쿠도수(2) C.체지거(1)	T.브라이트하우프트(2) K.야키치(1)	M.볼프(26), H.쿠도수(2) R.굼니(2)

LB	CB	RB
D.야눌리스(3)	J.하우웰레우(33), C.마시마(28) K.슐로터벡(15), C.체지거(14) M.바우어(8), K.뱅크스(2)	M.피더슨(2), M.볼프(1)

	GK	
	F.다멘(19), N.라브로비치(15)	

SHOTS & GOALS

34경기 총 396슈팅 - 35득점
34경기 상대 총 452슈팅 - 51실점

30-3 *자책골 0-0
225-29
141-3

유효 슈팅 116		비유효 슈팅 280	
득점	35	블록 당함	97
GK 방어	81	골대 밖	177
유효슈팅률	29%	골대 맞음	6

유효 158		비유효 294	
실점	51	블록	124
GK 방어	107	골대 밖	160
유효슈팅률	35%	골대 맞음	10

142-6
257-28
51-15 *자책골 2-2

SHOT TIME | GOAL TIME

시간대별 슈팅 — 83 43 / 70 56 / 78 66 (16 5 / 5 5 / 7 8)
시간대별 득점

슈팅 차이 — 전반 슈팅 차이 -17, 후반 슈팅 차이 -39, 전체 슈팅 차이 -56
득실차 — 전반 골 득실차 -7, 후반 골 득실차 -9, 전체 골 득실차 -16

시간대별 상대 슈팅 — 106 52 / 74 65 / 90 65
시간대별 실점 — 8 11 / 10 3 / 8 11

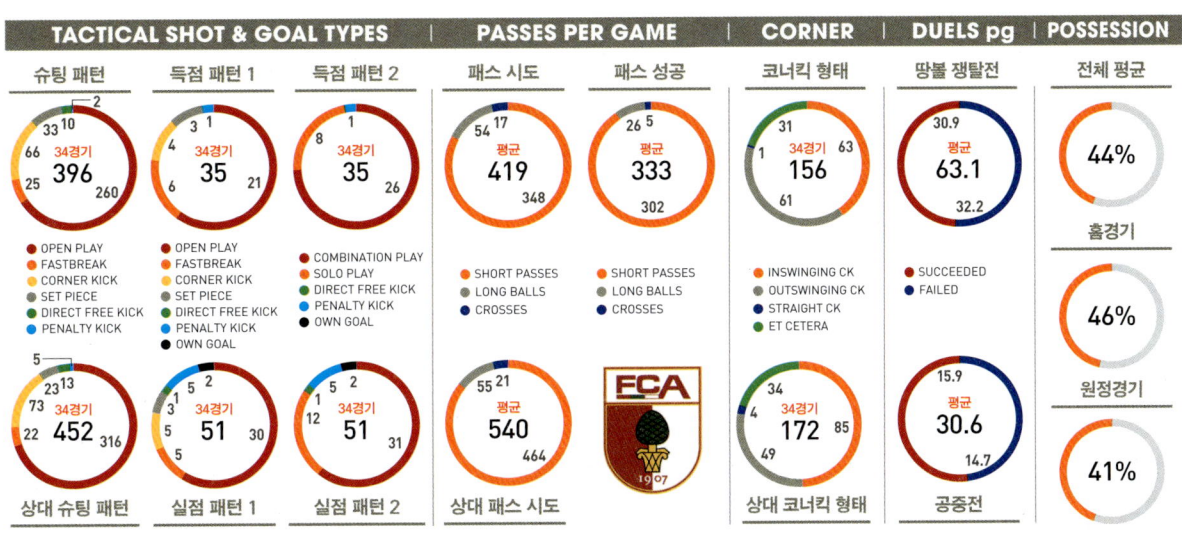

TACTICAL SHOT & GOAL TYPES | PASSES PER GAME | CORNER | DUELS pg | POSSESSION

슈팅 패턴: 34경기 396 (2, 10, 33, 66, 25, 260)
득점 패턴 1: 34경기 35 (1, 3, 4, 21)
득점 패턴 2: 34경기 35 (1, 4, 8, 26)
패스 시도: 평균 419 (17, 54, 348)
패스 성공: 평균 333 (5, 26, 302)
코너킥 형태: 34경기 156 (31, 63, 61, 1)
땅볼 쟁탈전: 평균 63.1 (30.9, 32.2)
전체 평균: 44%

- OPEN PLAY / FASTBREAK / CORNER KICK / SET PIECE / DIRECT FREE KICK / PENALTY KICK
- OPEN PLAY / FASTBREAK / CORNER KICK / SET PIECE / DIRECT FREE KICK / PENALTY KICK
- COMBINATION PLAY / SOLO PLAY / DIRECT FREE KICK / PENALTY KICK / OWN GOAL
- SHORT PASSES / LONG BALLS / CROSSES
- SHORT PASSES / LONG BALLS / CROSSES
- INSWINGING CK / OUTSWINGING CK / STRAIGHT CK / ET CETERA
- SUCCEEDED / FAILED

홈경기: 46%

상대 슈팅 패턴: 34경기 452 (5, 13, 23, 73, 22, 316)
실점 패턴 1: 34경기 51 (2, 5, 5, 9, 30)
실점 패턴 2: 34경기 51 (2, 5, 12, 31)
상대 패스 시도: 평균 540 (21, 55, 464)
상대 코너킥 형태: 34경기 172 (34, 85, 49, 4)
공중전: 평균 30.6 (15.9, 14.7)

원정경기: 41%

FORMATION SUMMARY | WHO SCORED | ACTION ZONE | PASSES pg BY ZONE

선발 포지션별 전적

포메이션	승	무	패	득점	실점
3-4-2-1	8	6	8	23	27
3-5-2	2	3	3	8	15
4-1-2-1-2	0	1	1	2	6
5-3-2	1	0	0	2	1
3-1-4-2	0	0	1	0	2
TOTAL	11	10	13	35	51

포지션별 득점: FW진 16골, MF진 12골, DF진 7골
상대 포지션별 실점: DF진 5골, MF진 10골, FW진 34골
*자책골 실점 2골

공격 방향: 왼쪽 38%, 중앙 23%, 오른쪽 39%
볼 점유 위치: 상대 진영 29%, 중간 지역 44%, 우리 진영 27%

평균 패스 성공: 하프라인 위쪽 170회, 하프라인 아래 163회
패스 성공률: 하프라인 위쪽 68%, 하프라인 아래 89%

1.FC UNION BERLIN

GERMAN BUNDESLIGA 0	**GERMAN DFB POKAL** 0	**UEFA CHAMPIONS LEAGUE** 0	**UEFA EUROPA LEAGUE** 0	**FIFA CLUB WORLD CUP** 0	**UEFA-CONMEBOL INTERCONTINENTAL** 0

Founded 구단 창립 1966년
Owner 우니온 베를린 시민 주주
CEO 디르크 칭글러
Manager 슈테펜 바움가르트 1972.01.05
25-26 Odds 벳365 : 250배 윌리엄힐 : 250배

Nationality 외국 선수 16명 / 독일 선수 13명
Age 29명 평균 26.1세
Height 29명 평균 186cm
Market Value 29명 평균 416만 유로
Game Points 24-25 : 40점 통산 : 283점

Win 24-25 : 10승 통산 : 77승
Draw 24-25 : 10무 통산 : 52무
Loss 24-25 : 14패 통산 : 75패
Goals For 24-25 : 35득점 통산 : 260득점
Goals Against 24-25 : 51실점 통산 : 292실점

More Minutes 다닐로 두키 3060분
Top Scorer 베네딕트 홀레르바흐 9골
More Assists 톰 로테+1명 3도움
More Subs 팀 스카르케 22회 교체 IN
More Cards 레오폴트 쿼르펠트 Y8+R0

2024-25 SEASON RESULT

상대팀	홈	원정
Bayern München	1-1	0-3
Leverkusen	1-2	0-0
E. Frankfurt	1-1	2-1
Dortmund	2-1	0-6
Freiburg	0-0	2-1
FSV Mainz	2-1	1-1
RB Leipzig	0-0	0-0
Werder Bremen	2-2	1-4
Stuttgart	4-4	2-3
Mönchengladbach	1-2	0-1
Wolfsburg	1-0	0-1
FC Augsburg	0-2	2-1
Sankt Pauli	1-0	0-3
Hoffenheim	2-1	4-0
Heidenheim	0-3	0-2
Holstein Kiel	0-1	2-0
Bochum	0-2	1-1

PLAY STYLE

OFFENSIVE STYLE
점유율 대비 슈팅 많은 편
롱볼 게임 선호
패스 대비 크로스 비율 높음
왼 측면 돌파 비중 높음
전형적인 선수비-후역습

DEFENSIVE STYLE
매우 도전적인 수비
카운터 프레싱 선호

Stadion An der Alten Försterei

구장 오픈 / 증개축 1920년, 증개축 6회
구장 소유 슈타디온 운영 회사
수용 인원 2만 2012명
피치 규모 109m X 73m
잔디 종류 천연 잔디

STRENGTHS & WEAKNESSES

OFFENSE		DEFENSE	
직접 프리킥	C	세트피스 수비	B
문전 처리	D	상대 볼 뺏기	C
측면 돌파	C	공중전 능력	B
스루볼 침투	C	역습 방어	C
개인기 침투	C	지공 방어	D
카운터 어택	C	스루패스 방어	C
기회 만들기	B	리드 지키기	B
세트피스	A	실수 조심	C
OS 피하기	C	측면 방어력	D
중거리 슈팅	C	파울 주의	D
볼 점유율	E	중거리슈팅 수비	C

매우 강함 **A** 강한 편 **B** 보통 수준 **C** 약한 편 **D** 매우 약함 **E**

RANKING OF LAST 10 YEARS

15-16	16-17	17-18	18-19	19-20	20-21	21-22	22-23	23-24	24-25
6	4	8	3	11	7	5	4	15	13
49점	60점	47점	57점	41점	50점	57점	62점	33점	40점

위치	선수	국적	생년월일	키	몸무게	출전경기	선발11	교체IN	출전(분)	득점	도움	경고	퇴장	MOM
GK	Frederik Rønnow	DEN	1992-08-04	188	81	28	28	0	2520	0	0	2	0	4
	Alexander Schwolow	GER	1992-06-02	190	84	6	6	0	540	0	0	0	0	0
DF	Danilho Doekhi	NED	1998-06-30	190	83	34	34	0	3060	1	0	4	0	0
	Diogo Leite	POR	1999-01-23	188	70	30	29	1	2547	1	2	3	0	0
	Leopold Querfeld	AUT	2003-12-20	190	83	27	17	10	1740	2	2	8	0	2
DF MF	Rani Khedira	GER	1994-01-27	188	84	32	31	1	2727	1	1	7	0	1
	Christopher Trimmel	AUT	1987-02-24	189	82	26	20	6	1745	0	3	5	0	0
	Tom Rothe	GER	2004-10-29	193	85	26	19	7	1671	3	3	4	1	2
	Kevin Vogt	GER	1991-09-23	194	87	18	16	2	1371	1	0	6	0	0
	Josip Juranović	CRO	1995-08-16	173	68	17	13	4	1158	0	0	4	0	0
	Jérôme Roussillon	FRA	1993-01-06	175	80	7	1	6	131	0	0	0	0	0
MF	András Schäfer	HUN	1999-04-13	179	70	26	17	9	1538	1	1	3	0	0
	Aljoscha Kemlein	GER	2004-08-02	185	78	15	11	4	925	1	0	3	0	0
	László Bénes	SVK	1997-09-09	181	75	23	3	20	571	2	1	4	0	0
	Lucas Tousart	FRA	1997-04-29	185	83	15	6	9	557	0	1	2	0	0
MF FW	Janik Haberer	GER	1994-04-20	186	78	28	21	7	1706	0	0	1	0	0
	Jeong Woo-Yeong	KOR	1999-09-20	179	71	23	17	6	1272	3	2	2	0	0
	Tim Skarke	GER	1996-09-07	181	78	33	11	22	1155	0	2	1	0	0
	Robert Skov	DEN	1996-05-20	185	81	15	11	4	858	2	2	1	0	0
	Yorbe Vertessen	BEL	2001-01-08	176	71	17	7	10	718	1	0	2	0	0
	Kevin Volland	GER	1992-07-30	174	85	4	0	4	57	0	0	1	0	0
FW	Benedict Hollerbach	GER	2001-05-17	188	81	34	30	4	2552	9	0	3	0	3
	Andrej Ilić	SRB	2000-04-19	189	86	16	11	5	943	7	0	1	0	0
	Jordan Siebatcheu	USA	1996-04-26	190	84	18	10	8	909	0	1	0	0	0
	Marin Ljubičić	CRO	2002-02-28	183	78	13	1	12	270	1	0	0	0	0
	David Preu	GER	2004-10-26	172	72	5	1	4	118	0	0	1	0	0
	Ivan Prtajin	CRO	1996-05-14	189	85	5	2	3	160	0	0	0	0	0

BUNDESLIGA 2024-25 SEASON

UNION BERLIN vs. OPPONENTS PER GAME STATS

우니온 베를린 vs 상대팀

	득점	슈팅	유효슈팅	코너킥	오프사이드	패스시도	패스성공	패스성공%	태클	공중전승리	인터셉트	파울	경고	퇴장
	1.03 / 1.50	12.2 / 12.2	3.6 / 4.1	4.5 / 4.9	2.0 / 1.2	383 / 573	286 / 466	75% / 81%	15.9 / 14.7	19.7 / 20.3	9.2 / 7.4	12.4 / 9.6	2.12 / 1.68	0.029 / 0.059

2024-25 SEASON SQUAD LIST & GAMES PLAYED

*괄호 안의 숫자는 선발 출전 횟수, 교체 출전도 포함시키지 않음

LW	CF	RW
Y.베아터선(3), B.홀레르바흐(3) L.베네스(1)	B.홀레르바흐(12), A.일리치(11) J.시바추(10), T.스카르케(6) I.프르타인(2), M.류비치치(1)	정우영(4), B.홀레르바흐(2) T.스카르케(1)

LAM	CAM	RAM
B.홀레르바흐(3)	정우영(9), B.홀레르바흐(9) Y.베아터선(4), A.세퍼(3) T.스카르케(2), J.하버러(1) R.스코프(1), L.투자르(1) D.프뢰이(1), L.베네스(1)	T.스카르케(2), 정우영(1)

LM	CM	RM
정우영(3), T.로테(1)	R.케디라(28), A.세퍼(14) J.하버러(12), A.켐라인(11) L.투자르(4), L.베네스(1)	R.스코프(1), B.홀레르바흐(1) J.하버러(1), C.트리멜(1)

LWB	DM	RWB
T.로테(15), J.유라노비치(5) R.스코프(4), D.레이테(1) R.고젠스(1)	R.케디라(4), J.하버러(2) L.투자르(1)	C.트리멜(16), J.하버러(5) J.유라노비치(3), R.스코프(2)

LB	CB	RB
R.스코프(3), T.로테(2) J.루시옹(1), J.유라노비치(1)	D.두히(34), D.라이테(28) L.쿼르펠트(17), K.포크트(16) T.로테(1)	J.유라노비치(4), C.트리멜(3)

	GK	
	F.뢰노(28), A.슈뵬로브(6)	

SHOTS & GOALS

34경기 총 415슈팅 - 35득점
34경기 상대 총 416슈팅 - 51실점

21-5
259-24
135-7

유효 슈팅 122		비유효 슈팅 293	
득점	35	블록 당함	111
GK 방어	87	골대 밖	177
유효슈팅률	29%	골대 맞음	5

유효 슈팅 139		비유효 슈팅 277	
실점	51	블록	120
GK 방어	88	골대 밖	148
유효슈팅률	33%	골대 맞음	9

138-3
244-36
33-10   자책골 1-1

SHOT TIME | GOAL TIME

시간대별 슈팅 / 시간대별 득점
슈팅 차이 / 득실차
전반 슈팅 차이 -12 / 전반 골 득실차 -9
후반 슈팅 차이 +11 / 후반 골 득실차 -7
전체 슈팅 차이 -1 / 전체 골 득실차 -16

시간대별 상대 슈팅 / 시간대별 실점

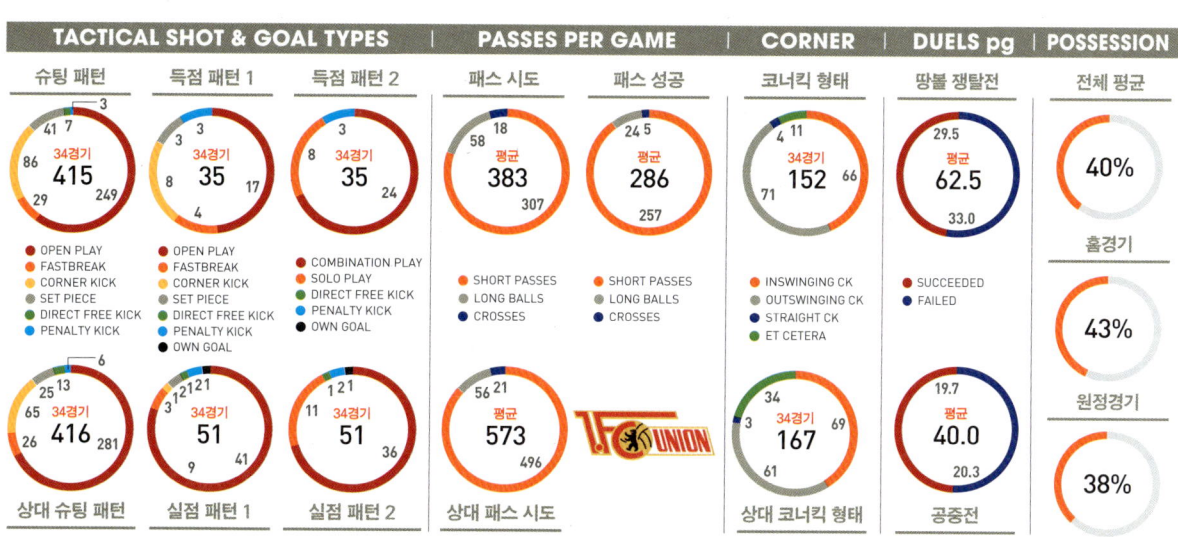

TACTICAL SHOT & GOAL TYPES | PASSES PER GAME | CORNER | DUELS pg | POSSESSION

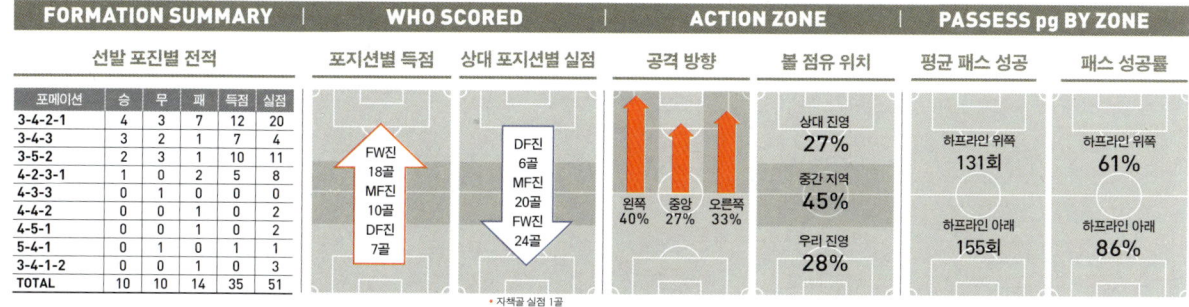

FORMATION SUMMARY

선발 포진별 전적

포메이션	승	무	패	득점	실점
3-4-2-1	4	3	7	12	20
3-4-3	3	2	1	7	4
3-5-2	2	3	1	10	11
4-2-3-1	1	0	2	5	8
4-3-3	0	1	0	0	0
4-4-2	0	0	1	0	2
4-5-1	0	0	1	0	2
5-4-1	0	1	0	1	1
3-4-1-2	0	0	1	0	3
TOTAL	10	10	14	35	51

WHO SCORED

포지션별 득점: FW진 18골, MF진 10골, DF진 7골
상대 포지션별 실점: DF진 6골, MF진 20골, FW진 24골
*자책골 실점 1골

ACTION ZONE

공격 방향: 왼쪽 40%, 중앙 27%, 오른쪽 33%
볼 점유 위치: 상대 진영 27%, 중간 지역 45%, 우리 진영 28%

PASSESS pg BY ZONE

평균 패스 성공: 하프라인 위쪽 131회, 하프라인 아래 155회
패스 성공률: 하프라인 위쪽 61%, 하프라인 아래 86%

FC ST. PAULI

구단 정보

- **Founded** 구단 창립: 1910년
- **Owner**: FC 상파울리 시민 주주
- **CEO**: 오케 괴틀리히
- **Manager**: 알렉산더 블레싱 1973.05.28
- **25-26 Odds**: 벳365 : 1000배 / 윌리엄힐 : 500배

우승 기록

- GERMAN BUNDESLIGA: 0
- GERMAN DFB POKAL: 0
- UEFA CHAMPIONS LEAGUE: 0
- UEFA EUROPA LEAGUE: 0
- FIFA CLUB WORLD CUP: 0
- UEFA-CONMEBOL INTERCONTINENTAL: 0

팀 통계

- **Nationality**: 외국 선수 23명 / 독일 선수 7명
- **Age**: 30명 평균 25.5세
- **Height**: 30명 평균 184cm
- **Market Value**: 30명 평균 162만 유로
- **Game Points**: 24-25 : 32점 / 통산 : 286점
- **Win**: 24-25 : 8승 / 통산 : 66승
- **Draw**: 24-25 : 8무 / 통산 : 88무
- **Loss**: 24-25 : 18패 / 통산 : 152패
- **Goals For**: 24-25 : 28득점 / 통산 : 324득점
- **Goals Against**: 24-25 : 41실점 / 통산 : 526실점
- **More Minutes**: 니콜라 바실리+1명 2970분
- **Top Scorer**: 모르강 빌라보기 6골
- **More Assists**: 잭슨 어바인 6도움
- **More Subs**: 올라다포 아폴라얀 15회 교체 IN
- **More Cards**: 에릭 스미스 Y7+R0

2024-25 SEASON RESULT

상대팀	홈	원정
Bayern München	0-1	2-3
Leverkusen	1-1	1-2
E. Frankfurt	0-1	2-2
Dortmund	0-2	1-2
Freiburg	0-1	3-0
FSV Mainz	0-3	0-2
RB Leipzig	0-0	0-2
Werder Bremen	0-2	0-0
Stuttgart	0-1	1-0
Mönchengladbach	1-1	0-2
Wolfsburg	0-0	1-1
FC Augsburg	1-1	1-3
Union Berlin	3-0	0-1
Hoffenheim	1-0	2-0
Heidenheim	0-2	2-0
Holstein Kiel	3-1	2-1
Bochum	0-2	0-1

Millerntor-Stadion

- 구장 오픈 / 증개축: 1963년 / 증개축 2회
- 구장 소유: FC 상파울리 구단
- 수용 인원: 2만 9546명
- 피치 규모: 105m X 68m
- 잔디 종류: 천연 잔디

STRENGTHS & WEAKNESSES

OFFENSE		DEFENSE	
직접 프리킥	C	세트피스 수비	B
문전 처리	D	상대 볼 뺏기	C
측면 돌파	B	공중전 능력	D
스루볼 침투	C	역습 방어	E
개인기 침투	C	지공 방어	C
카운터 어택	C	스루패스 방어	C
기회 만들기	C	리드 지키기	A
세트피스	C	실수 조심	C
OS 피하기	C	측면 방어력	C
중거리 슈팅	B	파울 주의	C
볼 점유율	D	중거리슈팅 수비	C

매우 강함 A 강한 편 B 보통 수준 C 약한 편 D 매우 약함 E

PLAY STYLE

OFFENSIVE STYLE
- 중거리 슈팅 선호
- 오른 측면 돌파 활성화
- 좌우폭 넓게 활용

DEFENSIVE STYLE
- 선발 일레븐 변화 적음
- 블록 수비 선호, 하프코트 프레싱
- 오프사이드트랩 자주 구사

RANKING OF LAST 10 YEARS

15-16	16-17	17-18	18-19	19-20	20-21	21-22	22-23	23-24	24-25
4	7	12	9	14	10	5	5	1	14점
53점	45점	43점	49점	39점	47점	57점	58점	69점	

● 2부 리그

선수 명단

위치	선수	국적	생년월일	출전(분)	출전경기	선발11	교체인	교체아웃	벤치출발	득점	도움	경고	경고누적	퇴장
GK	Nikola Vasilj	BIH	1995-12-02	2970	33	33	0	0	0	0	0	1	0	0
	Ben Voll	GER	2000-12-09	90	2	1	1	0	23	0	0	1	0	0
	Eric Oelschlägel	GER	1995-09-20	0	0	0	0	0	10	0	0	0	0	0
DF	Hauke Wahl	GER	1994-04-15	2970	33	33	0	0	0	0	0	1	0	0
	Philipp Treu	GER	2000-12-03	2885	33	33	0	4	0	0	2	2	0	0
	David Nemeth	AUT	2001-03-18	2142	24	24	0	5	10	0	1	3	0	0
	Lars Ritzka	GER	1998-05-27	922	21	11	10	10	18	1	0	1	0	0
	Siebe Van Der Heyden	BEL	1998-05-30	876	13	11	2	5	2	1	0	3	1	0
	Adam Dźwigała	POL	1995-09-25	362	16	2	14	2	29	0	0	2	0	1
	Emil Staugaard	DEN	2001-09-20	0	0	0	0	0	3	0	0	0	0	0
DF MF	Eric Smith	SWE	1997-01-08	2829	32	32	0	2	0	1	1	7	0	0
	Manolis Saliakas	GRE	1996-09-12	2322	30	26	4	12	5	2	1	4	0	0
	Karol Mets	EST	1993-05-16	900	10	10	0	0	0	0	0	1	0	0
	James Sands	USA	2000-07-06	452	7	5	2	1	2	0	0	1	0	0
	Fin Stevens	WAL	2003-04-10	0	1	0	1	0	16	0	0	0	0	0
MF	Jackson Irvine	AUS	1993-03-07	2610	29	29	0	0	0	0	6	2	0	0
	Carlo Boukhalfa	GER	1999-05-03	1654	25	19	6	14	13	2	0	1	0	0
	Noah Weißhaupt	GER	2001-09-20	1167	19	13	6	12	6	1	0	0	0	0
	Robert Wagner	GER	2003-07-14	403	12	5	7	4	9	0	0	1	0	0
	Conor Metcalfe	AUS	1999-11-05	355	10	3	7	2	10	0	0	1	1	0
	Scott Banks	SCO	2001-09-26	103	12	0	12	0	22	0	0	1	0	0
	Erik Ahlstrand	SWE	2001-10-14	39	5	0	5	0	21	0	0	0	0	0
	Marwin Schmitz	GER	2007-01-07	0	0	0	0	0	9	0	0	0	0	0
MF FW	Johannes Eggestein	GER	1998-05-08	1868	27	22	5	19	10	3	4	3	0	0
	Oladapo Afolayan	ENG	1997-09-11	1639	32	17	15	15	17	3	1	3	0	0
	Danel Sinani	LUX	1997-04-05	1251	26	14	12	13	19	2	1	3	0	0
	Andreas Albers	DEN	1990-03-23	47	14	0	14	0	18	0	0	0	0	0
FW	Morgan Guilavogui	GUI	1998-03-10	1816	25	21	4	14	4	6	2	6	0	0
	Elias Saad	GER	1999-12-27	900	18	10	8	9	9	3	2	1	0	0
	Abdoulie Ceesay	GAM	2004-01-05	54	7	0	7	0	14	0	0	1	0	0

BUNDESLIGA 2024-25 SEASON

FC ST. PAULI vs. OPPONENTS PER GAME STATS

FC 상파울리 vs 상대팀

	득점	슈팅	유효슈팅	코너킥	오프사이드	패스시도	패스성공	패스성공률	태클	공중경합승리	인터셉트	파울	경고	퇴장
	0.82	11.2	3.3	4.4	1.9	429		339						
	1.21	11.2	4.1	4.5	2.2	553		453						
	79%	15.8	16.0	7.6	10.4	1.56		0.118						
	82%	13.6	19.6	7.2	10.8	2.21		0.029						

2024-25 SEASON SQUAD LIST & GAMES PLAYED

괄호 안의 숫자는 선발 출전 횟수, 교체 출전은 포함시키지 않음

LW: M.길라보기(5), O.아플라얀(5), E.사드(4), N.바이스하우프트(4)
CF: J.에게스타인(22), D.시나니(8), N.바이스하우프트(4), E.사드(3), M.길라보기(2), O.아플라얀(1)
RW: M.길라보기(7), O.아플라얀(5), D.시나니(2), C.멧카프(1), N.바이스하우프트(2), C.부할파(1)

LAM: N/A
CAM: M.길라보기(5), O.아플라얀(5), D.시나니(4), E.사드(3), N.바이스하우프트(3)
RAM: N/A

LM: P.트로이(3), L.리츠카(2), O.아플라얀(1)
CM: J.어바인(28), C.부할파(18), E.스미스(12), J.샌즈(5), R.바그너(5), C.멧카프(2)
RM: M.살리아카스(3), P.트로이(2), M.길라보기(2)

LWB: P.트로이(22), L.리츠카(4), S.반더하이던(2)
DM: J.어바인(1)
RWB: M.살리아카스(22), P.트로이(6)

LB: L.리츠카(1)
CB: H.왈(33), D.네메트(24), E.스미스(20), K.메츠(10), S.반더하이던(9), L.리츠카(4), A.즈비갈라(2)
RB: M.살리아카스(1)

GK: N.바실리(33), B.볼(1)

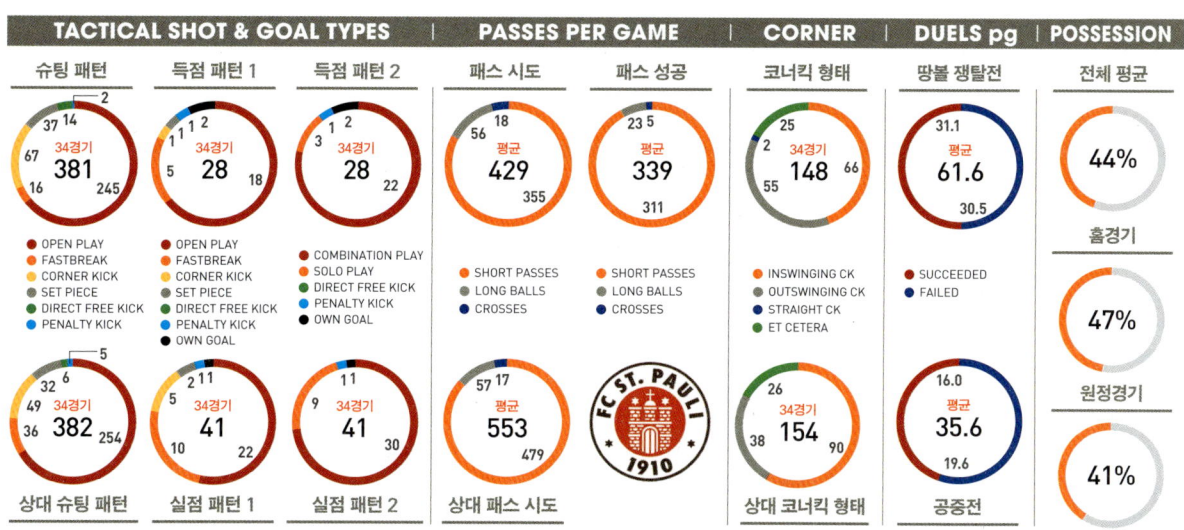

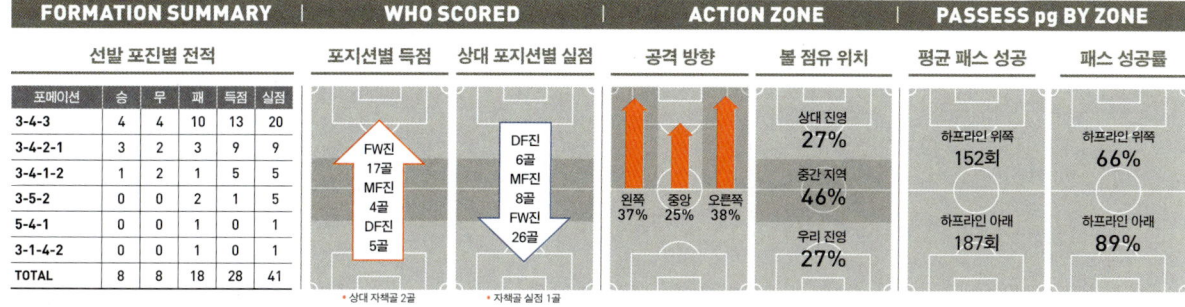

TSG 1899 HOFFENHEIM

Founded 구단 창립 1899년	Owner 디트마르 호프 1940.04.26	CEO 외르크 알브레헤트	Manager 크리스티안 일처 1977.10.21	25-26 Odds 벳365 : 250배 윌리엄힐 : 300배	

Nationality 외국 선수 22명 독일 선수 15명	Age 37명 평균 25.3세	Height 37명 평균 185cm	Market Value 37명 평균 481만 유로	Game Points 24-25 : 32점 통산 : 760점

Win 24-25 : 7승 통산 : 200승	Draw 24-25 : 11무 통산 : 160무	Loss 24-25 : 16패 통산 : 218패	Goals For 24-25 : 46득점 통산 : 923득점	Goals Against 24-25 : 68실점 통산 : 929실점

More Minutes 안드레이 크라마리치 2782분	Top Scorer 안드레이 크라마리치 11골	More Assists 안드레이 크라마리치 8도움	More Subs 하리스 타바코비치 16회 교체 IN	More Cards 안톤 스타흐+1명 Y8+R0

Trophies

GERMAN BUNDESLIGA	GERMAN DFB POKAL	UEFA CHAMPIONS LEAGUE	UEFA EUROPA LEAGUE	FIFA CLUB WORLD CUP	UEFA-CONMEBOL INTERCONTINENTAL
0	0	0	0	0	0

2024-25 SEASON RESULT

상대팀	홈	원정
Bayern Munich	0-4	0-5
Leverkusen	1-4	1-3
E. Frankfurt	2-2	1-3
Dortmund	2-3	1-1
Freiburg	1-1	2-3
FSV Mainz	2-0	0-2
RB Leipzig	4-3	1-3
Werder Bremen	3-4	3-1
Stuttgart	1-1	1-1
Monchengladbach	1-2	4-4
Wolfsburg	0-1	2-2
FC Augsburg	1-1	0-0
Union Berlin	0-4	1-2
Sankt Pauli	0-2	0-1
Heidenheim	1-1	0-0
Holstein Kiel	3-2	1-1
Bochum	3-1	1-0

Rhein-Neckar-Arena

구장 오픈 / 증개축 2009년
구장 소유 TSG 호펜하임
수용 인원 3만 150명
피치 규모 105m × 68m
잔디 종류 천연 잔디

STRENGTHS & WEAKNESSES

OFFENSE		DEFENSE	
직접 프리킥	C	세트피스 수비	D
문전 처리	C	상대 볼 뺏기	B
측면 돌파	B	공중전 능력	C
스루볼 침투	C	역습 방어	C
개인기 침투	C	지공 방어	C
카운터 어택	A	스루패스 방어	E
기회 만들기	C	리드 지키기	C
세트피스	C	실수 조심	C
OS 피하기	C	측면 방어력	E
중거리 슈팅	B	파울 주의	D
볼 점유율	C	중거리슈팅 수비	C

매우 강함 A 강한 편 B 보통 수준 C 약한 편 D 매우 약함 E

PLAY STYLE

OFFENSIVE STYLE
좌우폭 넓게 사용
오른 측면 돌파 활성화
패스 대비 크로스 많음
슈팅 대비 중거리 슈팅 많음

DEFENSIVE STYLE
선발 일레븐 로테이션
도전적인 수비

RANKING OF LAST 10 YEARS

15-16	16-17	17-18	18-19	19-20	20-21	21-22	22-23	23-24	24-25
15위 37점	4위 62점	3위 55점	9위 51점	6위 52점	11위 43점	9위 46점	12위 36점	7위 46점	15위 32점

선수 명단

위치	선수	국적	생년월일	키	몸무게	출전경기	선발11	교체 IN	출전(분)	득점	도움	경고	퇴장	MOM
GK	Oliver Baumann	GER	1990-06-02	187	82	28	28	0	2520	0	0	1	0	2
	Luca Philipp	GER	2000-11-28	192	83	6	6	0	540	0	0	0	0	0
DF	Arthur Chaves	BRA	2001-01-29	188	80	26	24	2	2188	1	0	8	0	1
	Leo Østigård	NOR	1999-11-28	182	81	11	11	0	928	0	0	0	1	1
	Tim Drexler	GER	2005-03-06	183	78	8	5	3	358	0	0	2	0	0
	Robin Hranáč	CZE	2000-01-29	190	85	4	2	2	219	0	0	1	0	0
	Hennes Behrens	GER	2005-01-19	175	70	1	0	1	28	0	0	0	0	0
DF MF	Anton Stach	GER	1998-11-15	193	86	30	29	1	2589	1	2	8	0	0
	Kevin Akpoguma	GER	1995-04-19	192	85	32	23	9	2213	0	0	3	0	1
	Pavel Kadeřábek	CZE	1992-04-25	182	81	24	18	6	1576	2	0	6	0	0
	Alexander Prass	AUT	2001-05-26	180	72	23	19	4	1572	0	1	1	0	1
	Valentin Gendrey	FRA	2000-06-21	179	75	22	14	8	1412	1	1	1	0	0
	Stanley Nsoki	FRA	1999-04-09	184	77	22	16	6	1308	0	0	3	1	0
	David Jurásek	CZE	2000-08-07	183	76	14	6	8	615	0	1	0	0	0
	Florian Grillitsch	AUT	1995-08-07	187	77	8	8	0	605	0	0	1	0	0
MF	Tom Bischof	GER	2005-06-28	176	66	31	30	1	2567	5	2	5	0	3
	Dennis Geiger	GER	1998-06-10	173	67	20	7	13	726	0	0	4	0	0
	Finn Ole Becker	GER	2000-06-08	177	71	13	7	6	666	0	1	1	0	0
	Bazoumana Touré	CIV	2006-03-02	173	74	13	7	6	609	0	3	1	0	0
	Umut Tohumcu	GER	2004-08-11	175	71	12	3	9	369	0	1	3	0	0
	Diadie Samassékou	MLI	1996-01-11	175	70	8	6	2	295	0	0	0	0	0
	Grischa Prömel	GER	1995-01-09	180	75	2	2	0	175	0	1	0	0	0
	Florian Micheler	AUT	2005-05-17	185	76	1	0	1	31	0	0	1	0	0
MF FW	Andrej Kramarić	CRO	1991-06-19	177	73	32	32	0	2782	11	8	4	0	0
	Adam Hložek	CZE	2002-07-25	188	84	27	22	5	1874	8	3	2	0	4
	Marius Bülter	GER	1993-03-29	188	85	25	22	3	1741	7	2	4	0	1
	Jacob Bruun Larsen	DEN	1998-09-19	183	77	12	3	9	393	2	2	0	0	0
	Ihlas Bebou	TOG	1994-04-23	185	80	1	0	1	8	0	0	0	0	0
FW	Haris Tabaković	SUI	1994-06-20	196	90	22	6	16	809	3	1	0	0	0
	Gift Orban	NGA	2002-07-17	178	73	13	7	6	688	4	0	2	0	0
	Max Moerstedt	GER	2006-01-15	194	77	12	5	7	451	0	0	2	0	0
	Erencan Yardımcı	TUR	2002-02-04	188	80	8	3	5	311	0	0	1	0	0
	David Mokwa	FRA	2004-05-03	181	81	2	0	2	20	0	0	0	0	0
	Paul Hennrich	GER	2005-03-06	181	77	1	0	1	11	0	0	0	0	0

BUNDESLIGA 2024-25 SEASON

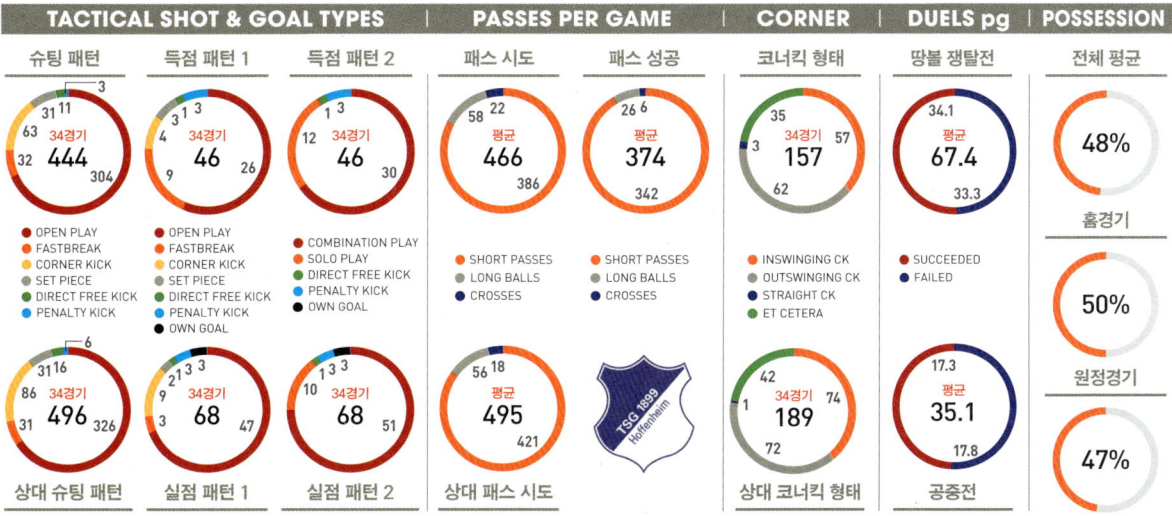

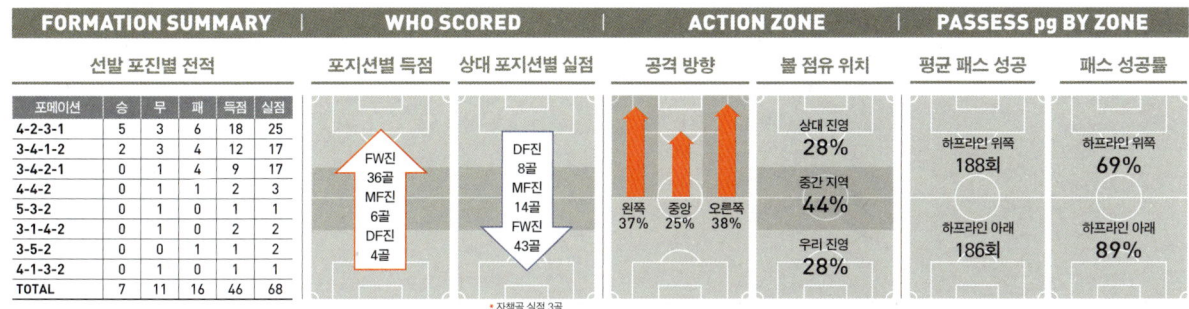

1.FC HEIDENHEIM

Founded 구단 창립 1846년	**Owner** FC 하이덴하임 시민 주주	 **CEO** 홀거 잔발트	**Manager** 프랑크 슈미트 1974.01.03	**24-25 Odds** 벳365 : 1000배 윌리엄힐 : 1000배
Nationality 외국 선수 5명 독일 선수 22명	**Age** 27명 평균 26.2세	**Height** 27명 평균 186cm	**Market Value** 27명 평균 187만 유로	**Game Points** 24-25 : 29점 통산 : 71점
Win 24-25 : 8승 통산 : 18승	**Draw** 24-25 : 5무 통산 : 17무	**Loss** 24-25 : 21패 통산 : 33패	**Goals For** 24-25 : 37득점 통산 : 87득점	 **Goals Against** 24-25 : 64실점 통산 : 119실점
More Minutes 파트릭 마인카 3060분	**Top Scorer** 마르빈 피에링거 7골	**More Assists** 레오 시엔자+2명 3도움	**More Subs** 시를로트 콘테 25회 교체 IN	**More Cards** 베네딕트 김버 Y9+R0

GERMAN BUNDESLIGA 0 | GERMAN DFB POKAL 0 | UEFA CHAMPIONS LEAGUE 0 | UEFA EUROPA LEAGUE 0 | FIFA CLUB WORLD CUP 0 | UEFA-CONMEBOL INTERCONTINENTAL 0

2024-25 SEASON RESULT

상대팀	홈	원정
Bayern Munich	0-4	2-4
Leverkusen	0-1	2-5
E. Frankfurt	0-4	0-3
Dortmund	1-2	2-4
Freiburg	0-3	0-1
FSV Mainz	0-2	2-0
RB Leipzig	0-1	2-2
Werder Bremen	1-4	3-3
Stuttgart	1-3	1-0
Monchengladbach	0-3	2-3
Wolfsburg	1-3	1-0
FC Augsburg	4-0	1-2
Union Berlin	2-0	3-0
Sankt Pauli	0-2	2-0
Hoffenheim	0-0	1-1
Holstein Kiel	3-1	0-1
Bochum	0-0	0-2

Voith-Arena

구장 오픈 / 증개축: 1972년, 2013년
구장 소유: 하이덴하임 시
수용 인원: 1만 5000명
피치 규모: 105m X 68m
잔디 종류: 하이브리드 잔디

STRENGTHS & WEAKNESSES

OFFENSE		DEFENSE	
직접 프리킥	C	세트피스 수비	B
문전 처리	D	상대 볼 뺏기	B
측면 돌파	B	공중전 능력	D
스루볼 침투	C	역습 방어	E
개인기 침투	C	지공 방어	C
카운터 어택	C	스루패스 방어	C
기회 만들기	C	리드 지키기	B
세트피스	C	실수 조심	C
OS 피하기	C	측면 방어력	C
중거리 슈팅	B	파울 주의	D
볼 점유율	D	중거리슈팅 수비	C

매우 강함 **A** 강한 편 **B** 보통 수준 **C** 약한 편 **D** 매우 약함 **E**

PLAY STYLE

OFFENSIVE STYLE
오른 측면 돌파 활성화
전체 슈팅수 대비 중거리 슈팅 많음
전체 패스 대비 크로스 횟수 많음
좌우 측면 폭넓게 활용
낮은 점유율 대비 슈팅 많이 함

DEFENSIVE STYLE
자기 진영에서 볼 컨트롤
블록 수비 위주. 하프코트 프레싱

RANKING OF LAST 10 YEARS

● 2부 리그

15-16	16-17	17-18	18-19	19-20	20-21	21-22	22-23	23-24	24-25
11	6	13	5	3	8	6	1	8	16
45점	46점	42점	55점	55점	51점	52점	67점	42점	29점

위치	선수	국적	생년월일	키	몸무게	출전경기	선발11	교체 IN	출전(분)	득점	도움	경고	퇴장	MOM
GK	Kevin Müller	GER	1991-03-15	190	94	33	33	0	2940	0	0	0	0	0
	Frank Feller	GER	2004-01-07	183	74	2	1	1	120	0	0	0	0	0
DF	Patrick Mainka	GER	1994-11-06	194	86	34	34	0	3060	1	0	4	0	2
	Frans Krätzig	GER	2003-01-14	177	70	16	15	1	1225	1	2	1	0	0
	Tim Siersleben	GER	2000-03-09	187	80	16	14	2	1185	0	0	4	0	0
	Norman Theuerkauf	GER	1987-01-24	183	80	1	0	1	21	0	0	0	0	0
DF MF	Benedikt Gimber	GER	1997-02-19	187	85	32	32	0	2680	0	0	9	0	0
	Omar Traoré	GER	1998-02-04	187	77	30	30	0	2622	0	1	6	0	0
	Jonas Föhrenbach	GER	1996-01-26	184	81	27	22	5	1832	0	1	3	0	0
	Marnon Busch	GER	1994-12-08	182	80	23	15	8	1395	0	1	1	0	0
	Lennard Maloney	USA	1999-10-08	187	89	11	10	1	765	0	0	1	0	0
	Thomas Keller	GER	1999-08-05	186	80	6	2	4	145	0	0	2	0	0
MF	Jan Schöppner	GER	1999-06-12	190	78	33	32	1	2690	4	3	8	0	2
	Paul Wanner	GER	2005-12-23	185	72	29	20	9	1780	3	2	2	0	0
	Adrian Beck	GER	1997-06-09	186	75	32	18	14	1596	4	1	1	0	1
	Niklas Dorsch	GER	1998-01-15	178	76	22	19	3	1350	2	2	5	1	0
	Luca Kerber	GER	2002-03-10	180	77	23	7	16	775	2	0	1	0	0
	Julian Niehues	GER	2001-04-17	195	89	8	0	8	147	0	0	1	0	0
MF FW	Marvin Pieringer	GER	1999-10-04	191	81	31	26	5	2220	7	3	7	0	1
	Mathias Honsak	AUT	1996-12-20	188	78	22	12	10	1175	5	1	1	0	0
	Sirlord Conteh	GHA	1996-07-09	178	78	29	4	25	873	1	1	2	0	0
FW	Léo Scienza	BRA	1998-09-13	175	69	25	13	12	1153	3	3	1	0	2
	Budu Zivzivadze	GEO	1994-03-10	189	85	15	10	5	955	2	2	0	0	2
	Mikkel Kaufmann	DEN	2001-01-03	190	81	9	3	6	369	0	0	0	0	0
	Maximilian Breunig	GER	2000-08-14	195	78	13	2	11	340	2	0	0	0	0
	Stefan Schimmer	GER	1994-04-28	185	87	13	0	13	235	0	0	1	0	0

BUNDESLIGA 2024-25 SEASON

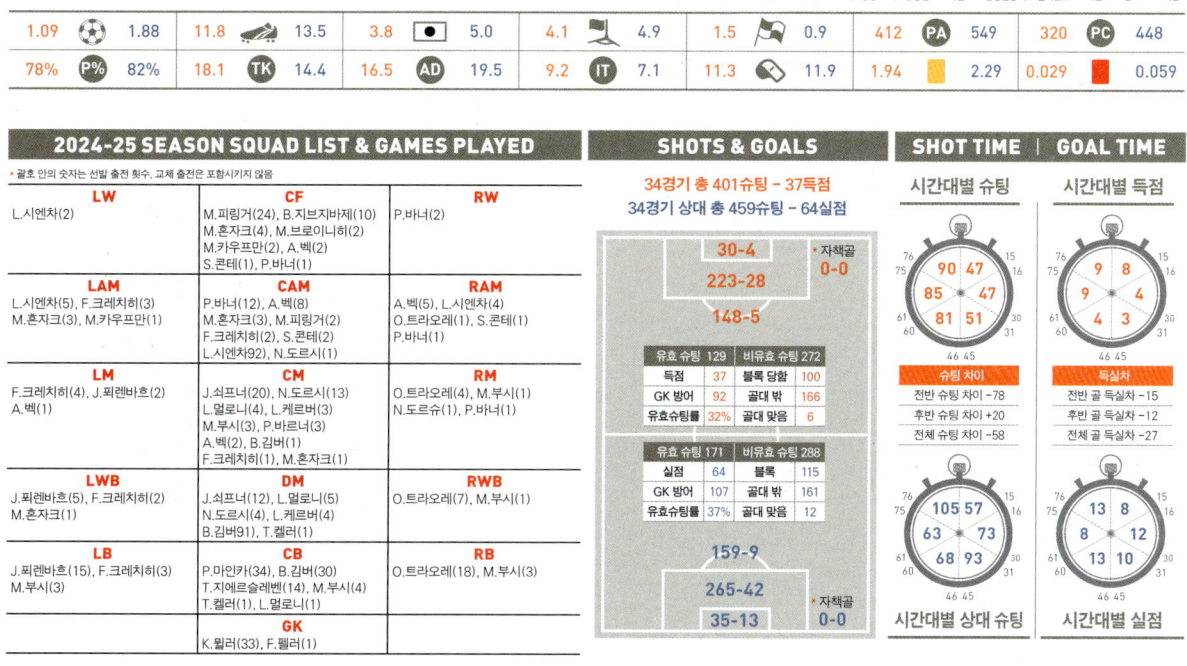

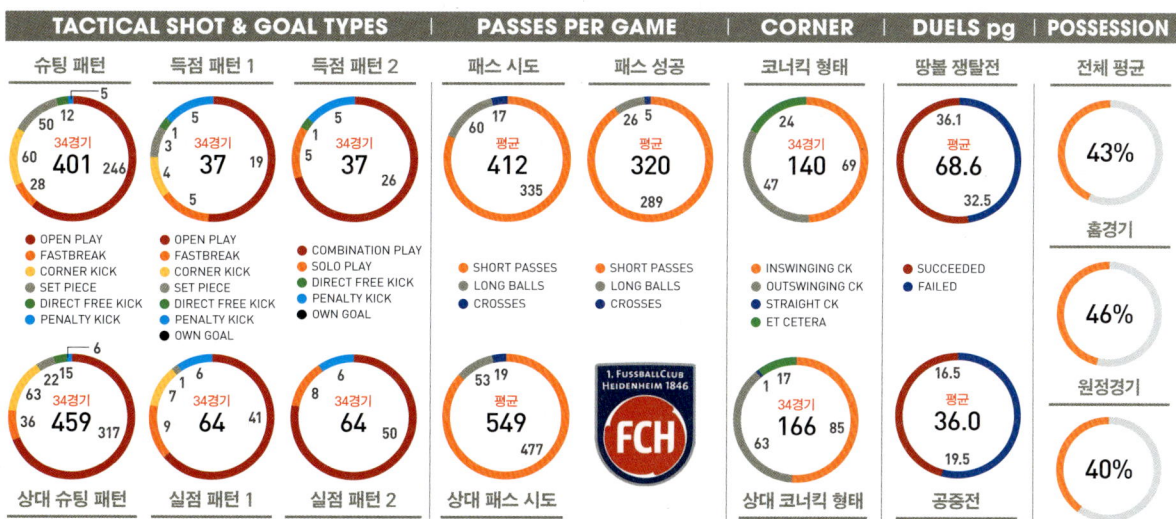

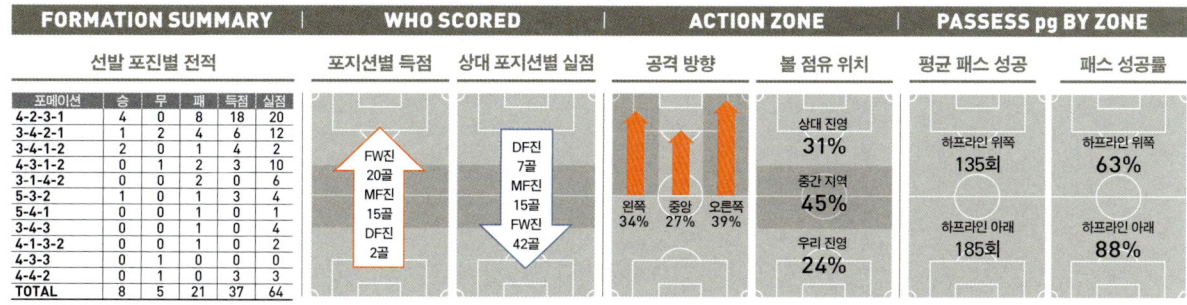

1.FC KÖLN

 Founded 구단 창립 1948년
 Owner FC 쾰른 시민 주주
 CEO 베르너 볼프
 Manager 루카스 크바스니오크 1981.06.12
 24-25 Odds 벳365 : 500배 윌리엄힐 : 500배

 3 **GERMAN BUNDESLIGA**
 4 **GERMAN DFB POKAL**
 0 **UEFA CHAMPIONS LEAGUE**
 0 **UEFA EUROPA LEAGUE**
0 **FIFA CLUB WORLD CUP**
0 **UEFA-CONMEBOL INTERCONTINENTAL**

Nationality 외국 선수 11명 / 독일 선수 19명
 Age 30명 평균 25.9세
Height 30명 평균 186cm
 Market Value 30명 평균 222만 유로
 Game Points 24-25(2부) : 61점 통산 : 2484점

 Win 24-25(2부) : 18승 통산 : 676승
 Draw 24-25(2부) : 7무 통산 : 456무
 Loss 24-25(2부) : 9패 통산 : 632패
 Goals For 24-25(2부) : 53득점 통산 : 2831득점
 Goals Against 24-25(2부) : 38실점 통산 : 2656실점

 More Minutes 에릭 마르텔 2742분
 Top Scorer 데미언 다운스 10골
 More Assists 린톤 마이나 11도움
 More Subs 슈테판 티게스 13회 교체 IN
 More Cards 도미니크 하인츠+1명 Y7+R0

2024-25 SEASON RESULT

상대팀	홈	원정
Hamburger SV	1-2	0-1
Elversberg	1-0	2-2
Paderborn	1-2	2-1
Magdeburg	1-2	0-3
Dusseldorf	1-1	2-2
Kaiserslautern	4-0	1-0
Karlsruher SC	4-4	0-1
Hannover 96	2-2	0-1
FC Nurnberg	3-1	2-1
Hertha Berlin	0-1	1-0
Darmstadt	2-1	1-5
Schalke 04	1-0	3-1
Greuther Furth	1-0	1-1
Preuss. Munster	3-1	1-0
Braunschweig	5-0	2-1
Ulm	2-0	1-0
Regensburg	1-1	1-0

 **RheinEnergieStadion**

구장 오픈 / 증개축: 1923년, 증개축 2회
구장 소유: 쾰르너 스포트슈테텐
수용 인원: 4만 9698명
피치 규모: 105m X 68m
잔디 종류: 천연 잔디

PLAY STYLE

OFFENSIVE STYLE
상대 진영에서 볼 컨트롤
윈 측면 공격 활성화
짧은 패스 콤비네이션 위주
스루볼 침투 자주 시도
볼 점유율 대비 슈팅 횟수 많음
포제션 풋볼

DEFENSIVE STYLE
블록 수비 중심
하프코트 프레싱

RANKING OF LAST 10 YEARS

15-16	16-17	17-18	18-19	19-20	20-21	21-22	22-23	23-24	24-25
9 (43점)	5 (49점)	18 (22점)	1 (63점)	14 (36점)	16 (33점)	7 (52점)	11 (42점)	17 (27점)	1 (61점)

*지난 시즌 독일 2부 리그 기록

위치	선수	국적	생년월일	키	몸무게	출전경기	선발11	교체인	출전(분)	득점	도움	경고	퇴장	MOM
GK	Marvin Schwäbe	GER	1995-04-25	190	86	24	24	0	2160	0	0	3	0	1
GK	Jonas Urbig	GER	2003-08-08	189	83	10	10	0	900	0	0	0	0	0
DF	Timo Hübers	GER	1996-07-20	190	82	29	29	0	2544	3	1	6	0	1
DF	Dominique Heintz	GER	1993-08-15	188	89	28	22	6	1912	0	2	7	0	1
DF	Julian Pauli	GER	2005-07-18	190	87	17	14	3	1208	0	0	3	0	0
DF	Joël Schmied	SUI	1998-09-23	188	84	12	10	2	917	0	0	2	0	0
DF	Nco Tolle	GER	2005-04-24	183	75	3	0	3	54	0	0	0	0	0
DF	Mikail Özkan	GER	2003-03-29	184	72	1	0	1	0	0	0	0	0	0
DF	Meiko Sponsel	GER	2002-02-28	189	75	1	0	1	0	0	0	0	0	0
DF/MF	Eric Martel	GER	2002-04-29	188	81	31	31	0	2742	3	0	4	0	4
DF/MF	Leart Paqarada	KVX	1994-10-08	184	76	31	30	1	2534	0	6	6	0	2
DF/MF	Jan Thielmann	GER	2002-05-26	178	72	30	24	6	2080	2	3	7	0	1
DF/MF	Max Finkgräfe	GER	2004-03-27	183	77	14	7	7	809	0	0	4	0	0
DF/MF	Jusuf Gazibegović	BIH	2000-03-11	174	67	11	10	1	765	0	0	2	0	0
MF	Denis Huseinbašić	GER	2001-07-03	184	76	31	25	6	2319	3	1	3	0	0
MF	Dejan Ljubičić	AUT	1997-10-08	187	74	27	23	4	2004	4	3	6	0	2
MF	Florian Kainz	AUT	1992-10-24	176	71	27	16	11	1376	5	2	3	0	2
MF	Mathias Olesen	LUX	2001-03-21	187	83	18	7	11	669	0	0	0	0	0
MF/FW	Linton Maina	GER	1999-06-23	173	70	27	22	5	2041	3	11	3	0	0
MF/FW	Tim Lemperle	GER	2002-02-05	187	78	25	22	3	1801	10	6	4	0	1
MF/FW	Luca Waldschmift	GER	1996-05-19	181	74	30	19	11	1650	8	3	4	0	1
MF/FW	Mark Uth	GER	1991-08-24	185	72	12	0	12	119	1	0	1	0	0
FW	Damion Downs	GER	2004-07-06	192	80	29	21	8	1802	10	3	2	0	3
FW	Imad Rondić	BIH	1999-02-16	190	83	9	4	5	415	1	0	0	0	1
FW	Steffen Tigges	GER	1998-07-31	193	90	16	3	13	361	1	0	0	0	0
FW	Marvin Obuz	GER	1202-01-25	182	75	5	0	5	96	1	0	0	0	0
FW	Jaka Čuber Potočnik	SVN	2005-06-17	189	77	1	0	1	15	0	0	0	0	0
FW	Oliver Schmitt	GER	2000-06-04	180	77	1	0	1	2	0	0	0	0	0

2°BUNDESLIGA(2부리그) 2024-25 SEASON

FC KÖLN vs. OPPONENTS PER GAME STATS

FC 쾰른 vs 상대팀									
1.56 (득점) 1.03	16.8 (슈팅) 10.8	5.3 (유효슈팅) 3.7	2.2 (오프사이드) 1.5	15.9 (태클) 15.1
16.3 (공중전승리) 15.4	8.7 (인터셉트) 9.6	12.3 (파울) 10.6	2.15 (경고) 2.50	0.029 (퇴장) 0.118

2024-25 SEASON SQUAD LIST & GAMES PLAYED
* 괄호 안의 숫자는 선발 출전 횟수, 교체 출전은 포함시키지 않음

LW
T.렘페를레(1), L.마이나(1)

CF
D.다운스(21), T.렘페를레(18)
L.마이나(4), I.론디치(4)
S.티게스(3), J.틸만(1)
M.올리센(1), L.발트슈미트(1)

RW
L.발트슈미트(1), D.류비치비치(1)

LAM
F.카인츠(3), L.마이나(3)

CAM
L.발트슈미트(15), L.마이나(11)
D.류비치비치(8), F.카인츠(3)

RAM
J.틸만(3), T.렘페를레(2)
D.류비치비치(2)

LM
L.파카라다(6), M.핑크그라페(2)
L.마이나(1)

CM
D.후세인바시티(16), E.마르텔(8)
D.류비치비치(11), F.카인츠(8)
M.올리센(4), L.마이나(2)
L.발트슈미트(2)

RM
J.가지베고비치(5), J.틸만(3)
T.렘페를레(1)

LWB
L.파카라다(7), M.핑크그라페(2)

DM
E.마르텔(12), D.후세인바시티(9)
M.올리센(2)

RWB
J.틸만(5), D.류비치비치(2)
J.가지베고비치(2)

LB
L.파카라다(15), M.핑크그라페(2)

CB
T.휘버스(29), D.하인츠(22)
J.파울리(14), J.슈미트(10)
E.마르텔(8), L.파카라다(2)

RB
J.틸만(12), J.가지베고비치(3)
R.캐스턴슨(1), M.핑크그라페(1)

GK
M.슈바베(24), J.우르비히(10)

SHOTS & GOALS

34경기 총 571슈팅 - 53득점
34경기 상대 총 368슈팅 - 38실점

Inside The Box 386-48
Outside The Box 188-5
자책골 0-0

	유효슈팅 177	비유효슈팅 394
득점	53	블록 당함 177
GK 방어	124	골대 밖 207
유효슈팅률	31%	골대 맞음 10

신체별		공격 형태별 슈팅-득점	
왼발	18	OP/FB/SP	554-46
오른발	26	직접 프리킥	11-0
헤더	9	페널티킥	6-4

GOAL TIME | WHO SCORED

시간대별 득점

득실차
전반 골 득실차 +22
후반 골 득실차 +12
전체 골 득실차 +34

시간대별 실점

포지션별 득점
FW진 38골
MF진 12골
DF진 3골

상대 포지션별 실점
DF진 6골
MF진 11골
FW진 18골

* 자책골 실점 3골

PASSES PER GAME | POSSESSION | DUELS pg

패스 시도 평균 491 (52 LONG BALLS, 2 CROSSES, 417 SHORT PASSES)

패스 성공 평균 405 (22 LONG BALLS, 6 CROSSES, 377 SHORT PASSES)

땅볼 쟁탈전 평균 65.3 / 34.4 (SUCCEEDED/FAILED)

공중전 평균 31.7 (16.3/15.4 SUCCEEDED/FAILED)

POSSESSION
평균 볼점유율 53%

PASSES pg BY ZONE | FORMATION SUMMARY

평균 패스 성공
하프라인 위쪽 204회
하프라인 아래 201회

패스 성공률
하프라인 위쪽 72%
하프라인 아래 90%

선발 포진별 전적

포메이션	승	무	패	득점	실점
3-4-1-2	6	0	1	9	4
3-4-2-1	4	2	1	9	5
3-4-3	1	0	0	1	0
3-5-2	0	1	1	1	4
4-2-3-1	3	2	1	14	9
4-3-1-2	2	2	3	13	12
4-3-3	0	0	1	0	1
4-4-2	2	0	1	6	3
TOTAL	18	7	9	53	38

HAMBURGER SV

6	3	1	0	0	0
GERMAN BUNDESLIGA	GERMAN DFB POKAL	UEFA CHAMPIONS LEAGUE	UEFA EUROPA LEAGUE	FIFA CLUB WORLD CUP	UEFA-CONMEBOL INTERCONTINENTAL

Founded 구단 창립 1887년

Owner 함부르크 SV 시민 주주

CEO 마르셀 얀센 1985.11.04

Manager 메를린 폴친 1990.11.07

24-25 Odds 벳365: 500배 윌리엄힐: 400배

Nationality 29명 · 외국 선수 19명 · 독일 선수 12명

Age 31명 평균 25.3세

Height 31명 평균 184cm

Market Value 31명 평균 202만 유로

Game Points 24-25 (2부): 59점 통산: 2733점

Win 24-25 (2부): 16승 통산: 746승

Draw 24-25 (2부): 11무 통산: 495무

Loss 24-25 (2부): 7패 통산: 625패

Goals For 24-25 (2부): 78득점 통산: 2937득점

Goals Against 24-25 (2부): 44실점 통산: 2662실점

More Minutes 다니엘 페르난데스 2790분

Top Scorer 다비 셀케 22골

More Assists 장-뤽 동페 12도움

More Subs 파비오 발데 17회 교체 IN

More Cards 다니엘 엘파들리 Y10+R1

2024-25 SEASON RESULT

상대팀	홈	원정
FC Köln	1-0	2-1
Elversberg	0-0	2-4
Paderborn	2-2	0-2
Magdeburg	3-1	3-0
Düsseldorf	4-1	3-0
Kaiserslautern	3-0	2-2
Karlsruher SC	1-2	3-1
Hannover 96	2-2	0-1
FC Nürnberg	1-1	3-0
Hertha Berlin	1-1	3-2
Darmstadt	2-2	4-0
Schalke 04	2-2	2-2
Greuther Fürth	5-0	3-3
Preuss. Münster	4-1	2-1
Braunschweig	2-4	1-3
Ulm	6-1	1-1
Regensburg	5-0	1-1

PLAY STYLE

OFFENSIVE STYLE
짧은 패스 콤비네이션 위주
오른 측면 돌파 활성화
포제션 풋볼
좌우폭 넓게 활용함

DEFENSIVE STYLE
선발 일레븐 고정
오프사이드트랩 자주 활용
도전적인 수비, 카운터 프레싱

Volksparkstadion

구장 오픈 / 증개축 1953년, 증개축 2회
구장 소유 함부르크시
수용 인원 5만 7000명
피치 규모 105m X 68m
잔디 종류 천연 잔디

RANKING OF LAST 10 YEARS

● 2부 리그

15-16	16-17	17-18	18-19	19-20	20-21	21-22	22-23	23-24	24-25
10 41점	14 38점	17 31점	4 56점	4 54점	3 58점	3 60점	4 66점	2 58점	2 59점

*지난 시즌 독일 2부 리그 기록

위치	선수	국적	생년월일	키	몸무게	출전경기	선발11	교체 IN	출전(분)	득점	도움	경고	퇴장	MOM
GK	Daniel Fernandes	POR	1992-11-13	188	81	31	31	0	2790	0	0	0	0	1
	Matheo Raab	GER	1998-12-18	186	82	3	3	0	270	0	0	0	0	0
DF	Miro Muheim	SUI	1998-03-24	182	77	30	30	0	2667	1	11	6	0	1
	Dennis Hadžikadunić	SWE	1998-07-09	191	81	25	24	1	2023	1	0	4	0	1
	Sebastian Schonlau	GER	1994-08-05	185	80	23	19	4	1763	0	0	6	1	0
	Nicolas Oliveira	GER	2004-02-06	187	81	1	0	1	1	0	0	0	0	0
	Joel Ayyekum	GER	2005-03-08	186	79	1	0	1	0	0	0	0	0	0
DF MF	Daniel Elfadli	GER	1997-04-06	188	78	31	30	1	2653	3	3	10	0	0
	William Mikelbrencis	FRA	2004-02-25	176	64	25	19	6	1654	0	2	4	0	0
	Ludovit Reis	NED	2000-06-01	178	78	26	18	8	1621	2	2	5	0	1
	Silvan Hefti	SUI	1997-10-25	182	76	19	11	8	1000	1	1	4	0	0
	Noah Katterbach	GER	2001-04-13	180	73	8	7	1	550	1	1	2	0	0
MF	Jonas Meffert	GER	1994-09-04	186	76	29	28	1	2376	0	2	3	0	0
	Adam Karabec	CZE	2003-07-02	186	74	31	24	7	1957	3	4	3	0	0
	Łukasz Poręba	POL	2000-03-13	179	76	17	5	12	657	1	0	4	0	0
	Levin Öztunali	GER	1996-03-15	184	80	2	0	2	26	0	0	0	0	0
MF FW	Ransford Königsdörffer	GHA	2001-09-13	182	78	32	19	13	1680	14	2	4	0	3
	Marco Richter	GER	1997-11-24	176	74	27	14	13	1183	1	2	2	0	0
	Immanuel Pherai	NED	2001-04-25	175	74	18	5	13	608	0	3	4	0	0
	Bakery Jatta	GAM	1998-06-06	184	79	8	6	2	423	0	1	1	0	0
	Adedire Mebude	SCO	2004-05-28	189	78	4	1	3	113	0	0	2	0	0
FW	Jean-Luc Dompé	FRA	1995-08-12	170	65	32	27	5	2402	9	12	3	0	6
	Davie Selke	GER	1995-01-20	195	85	31	22	9	1930	22	0	7	0	4
	Emir Sahiti	KVX	1998-11-29	174	65	22	15	7	1263	3	2	4	0	1
	Robert Glatzel	GER	1994-01-08	193	85	15	6	9	670	10	1	0	0	2
	Fabio Baldé	GER	2005-07-20	182	75	22	5	17	664	1	3	2	0	0
	Otto Stange	GER	2007-02-09	185	82	14	1	13	143	2	0	0	0	0
	Alexander Røssing-Lelesiit	NOR	2000-01-07	173	65	0	0	2	9	0	0	0	0	0

2°BUNDESLIGA(2부리그) 2024-25 SEASON

HAMBURGER SV vs. OPPONENTS PER GAME STATS

함부르크 SV vs 상대팀

독점	슈팅	유효슈팅	오프사이드	태클	공중전승리	인터셉트	파울	경고	퇴장
2.29 / 1.29	14.9 / 13.9	6.0 / 3.9	1.6 / 1.9	16.3 / 16.9					
13.7 / 13.0 (AD)	7.6 / 9.3 (IT)	12.4 / 10.5	2.50 / 2.62	0.147 / 0.088					

2024-25 SEASON SQUAD LIST & GAMES PLAYED

*괄호 안의 숫자는 선발 출전 횟수, 교체 출전은 포함시키지 않음

LW: J.돔페(12), R.쾨니히스되르퍼(2), F.발데(1), O.스탄게(1)
CF: D.셀케(22), R.쾨니히스되르퍼(12), R.글라첼(6), A.카라벡(1)
RW: E.사히티(1), A.카라벡(5), F.발데(2), B.자타(1), R.쾨니히스되르퍼(1), M.리흐터(1)

LAM: J.돔페(3)
CAM: A.카라벡(6), L.라이스(1), L.포레바(1), R.쾨니히스되르퍼(1), I.페라이(1), M.리흐터(1)
RAM: E.사히티(2), A.메부데(1)

LM: J.돔페(9), N.카테르바흐(2)
CM: J.메퍼르트(18), L.라이스(15), A.카라벡(11), M.리흐터(11), D.엘파들리(9), I.페라이(4), R.쾨니히스되르퍼(3), E.사히티(3), L.포레바(2), J.돔페(2), F.발데(1), B.자타(1)
RM: E.사히티(4), N.카테르바흐(3), B.자타(2), W.미켈브랑시(1), A.카라벡(1)

LWB: M.무하임(1), F.발데(1), J.돔페(1)
DM: J.메퍼르트(8), L.라이스(2), D.엘파들리(1), M.리흐터(1), L.포레바(1)
RWB: N.카테르바흐(2), S.헤프티(1)

LB: M.무하임(21), S.헤프티(3), W.미켈브랑시(2)
CB: D.하지카도니치(24), D.엘파들리(20), S.쇼늘라우(19), M.무하임(4), L.페랑(3), J.메퍼르트(2), L.포레바(1), H.하이어(1)
RB: W.미켈브랑시(16), S.헤프티(7), B.자타(2), M.무하임(1)

GK: D.H.페르난데스(31), M.라브(3)

SHOTS & GOALS

34경기 총 508슈팅 - 78득점
34경기 상대 총 473슈팅 - 44실점

Inside The Box 355-64 · 자책골 2-2
Outside The Box 151-12

	유효 슈팅 204	비유효 슈팅 304
득점	78	블록 당함 111
GK 방어	126	골대 밖 170
유효슈팅률	40%	골대 맞음 23

신체별		공격 형태별 슈팅-득점	
왼발	9	OP/FB/SP	489-70
오른발	45	직접 프리킥	12-3
헤더	21	페널티킥	7-5

GOAL TIME | WHO SCORED

시간대별 득점
21 / 19 / 16
9 / 14 / 30
61 / 46 45 / 31

포지션별 득점
FW진 61골
MF진 10골
DF진 5골
* 상대 자책골 2골

독실차
전반 골 독실차 +15
후반 골 독실차 0
전체 골 독실차 +15

시간대별 실점
9 / 4 / 16
8 / 3 / 30
61 / 46 45 / 31

상대 포지션별 실점
DF진 7골
MF진 10골
FW진 26골
* 자책골 실점 1골

PASSES PER GAME | POSSESSION | DUELS pg

패스 시도: 평균 499 (42 / 21 / 436)
패스 성공: 평균 427 (18 / 6 / 427)
땅볼 쟁탈전: 평균 70.9 (35.1 / 35.8)
공중전: 평균 26.7 (13.7 / 13.0)

- SHORT PASSES / LONG BALLS / CROSSES
- SUCCEEDED / FAILED

POSSESSION

평균 볼점유율 **55%**

PASSES pg BY ZONE

평균 패스 성공
- 하프라인 위쪽: 184회
- 하프라인 아래: 243회

패스 성공률
- 하프라인 위쪽: 74%
- 하프라인 아래: 92%

FORMATION SUMMARY

선발 포진별 전적

포메이션	승	무	패	득점	실점
4-3-3	7	2	5	30	20
4-1-4-1	4	2	0	16	6
4-2-3-1	3	2	0	13	3
4-4-2	2	0	0	8	0
3-1-4-2	0	2	2	7	11
3-4-3	0	2	0	3	3
3-5-1-1	0	1	0	1	1
TOTAL	16	11	7	78	44

SERIE A

박빙승부
薄氷勝負

2022-23시즌 우승팀 나폴리와 2023-24시즌 우승팀 인테르 밀란. 두 팀은 지난 시즌 세리에A 마지막날까지 도저히 향방을 예측할 수 없는 '살얼음판 승부'를 벌였다. 최종 승자는 나폴리였다. 승점 82점. 2위 인테르 밀란(81점)과 딱 1점차였다. 양팀 감독, 선수들, 프런트 직원, 팬들은 손에서 땀이 나고, 마른침을 삼켰을 것이다. 그러나 직접 관련이 없는 제3자의 입장에서는 역대 그 어느 시즌보다도 재미있는 레이스를 즐겼을 게 틀림없다. 나폴리는 이로써 통산 4번째 스쿠데토의 주인공이 되었다. 인테르 밀란은 당초 세리에A 최강 전력의 팀으로 평가된 만큼, 2위에 머문 게 무척 아쉬울만 하다. 더구나 유럽 챔피언스리그에서도 프랑스의 PSG에 완패하며 타이틀을 놓친 만큼 올 시즌을 단단히 벼르고 있다. 전문가들은 2025-26시즌에도 나폴리와 인테르 밀란을 가장 강력한 우승후보로 꼽는다. 여기에 유벤투스와 AC 밀란이 도전장을 내밀 것으로 예상한다.

2025-26시즌 SERIE-A 우승 배당률

예상	팀	벳365	윌리엄힐	유니벳	스카이벳
1	Napoli	2배	2배	2배	2배
2	Inter Milan	2.5배	2.5배	2.5배	2.5배
3	Juventus	4.5배	4.5배	4.5배	4.5배
4	AC Milan	5.5배	5.5배	5.5배	5.5배
5	AS Roma	11배	10배	10배	10배
6	Atalanta	20배	20배	18배	18배
7	Lazio	33배	33배	33배	28배
8	Fiorentina	66배	66배	66배	50배
9	Bologna	80배	80배	80배	66배
10	Como	100배	80배	100배	80배
11	Sassuolo	500배	500배	500배	300배
12	Genoa	500배	500배	500배	300배
13	Torino	500배	500배	500배	300배
14	Parma Calcio	750배	750배	750배	500배
15	Udinese	750배	750배	750배	500배
16	Cagliari	1000배	1000배	1000배	500배
17	Verona	1000배	1000배	1000배	500배
18	Lecce	1000배	1000배	1000배	500배
19	Cremonese	1500배	1500배	1500배	500배
20	Pisa	1500배	1500배	1500배	500배

배당률은 2025년 7월 14일 기준. 강팀일수록 배당률은 낮아짐

2024-25시즌 SERIE-A 순위

순위	팀	경기	승	무	패	득점	실점	득실	승점
1	Napoli ★●	38	24	10	4	59	27	+32	82
2	Inter Milan ●	38	24	9	5	79	35	+44	81
3	Atalanta ●	38	22	8	8	78	37	+41	74
4	Juventus ●	38	18	16	4	58	35	+23	70
5	AS Roma ●	38	20	9	9	56	35	+21	69
6	Fiorentina	38	19	8	11	60	41	+19	65
7	Lazio	38	18	11	9	61	49	+12	65
8	AC Milan	38	18	9	11	61	43	+18	63
9	Bologna	38	16	14	8	57	47	+10	62
10	Como	38	13	10	15	49	52	−3	49
11	Torino	38	10	14	14	39	45	−6	44
12	Udinese	38	12	8	18	41	56	−15	44
13	Genoa	38	10	13	15	37	49	−12	43
14	Verona	38	10	7	21	34	66	−32	37
15	Cagliari	38	9	9	20	40	56	−16	36
16	Parma Calcio	38	7	15	16	44	58	−14	36
17	Lecce	38	8	10	20	27	58	−31	34
18	Empoli ▼	38	6	13	19	33	59	−26	31
19	Venezia ▼	38	5	14	19	32	56	−24	29
20	Monza ▼	38	3	9	26	28	69	−41	18

★ 우승 ● 챔피언스리그 출전 ● 유로파리그 출전 ▼ 강등

2025-26 SERIE-A MATCH SCHEDULE

*시간은 이탈리아 현지 시간. 대한민국은 이탈리아보다 8시간 빠름

DAY 1

Date	Home		Away
2025.08.23	Genoa	vs	Lecce
2025.08.23	Sassuolo	vs	Napoli
2025.08.23	Milan	vs	Cremonese
2025.08.23	Roma	vs	Bologna
2025.08.24	Como 1907	vs	Lazio
2025.08.24	Cagliari	vs	Fiorentina
2025.08.24	Juventus	vs	Parma
2025.08.24	Atalanta	vs	Pisa
2025.08.25	Udinese	vs	Hellas Verona
2025.08.25	Internazionale	vs	Torino

DAY 2

Date	Home		Away
2025.08.29	Cremonese	vs	Sassuolo
2025.08.30	Parma	vs	Atalanta
2025.08.30	Bologna	vs	Como 1907
2025.08.30	Napoli	vs	Cagliari
2025.08.30	Pisa	vs	Roma
2025.08.31	Lecce	vs	Milan
2025.08.31	Torino	vs	Fiorentina
2025.08.31	Genoa	vs	Juventus
2025.08.31	Internazionale	vs	Udinese
2025.08.31	Lazio	vs	Hellas Verona

DAY 3

Date	Home		Away
2025.09.13	Cagliari	vs	Parma
2025.09.13	Juventus	vs	Internazionale
2025.09.13	Fiorentina	vs	Napoli
2025.09.14	Roma	vs	Torino
2025.09.14	Atalanta	vs	Lecce
2025.09.14	Pisa	vs	Udinese
2025.09.14	Sassuolo	vs	Lazio
2025.09.14	Milan	vs	Bologna
2025.09.15	Hellas Verona	vs	Cremonese
2025.09.15	Como 1907	vs	Genoa

DAY 4

Date	Home		Away
2025.09.21	Hellas Verona	vs	Juventus
2025.09.21	Internazionale	vs	Sassuolo
2025.09.21	Lecce	vs	Cagliari
2025.09.21	Udinese	vs	Milan
2025.09.21	Cremonese	vs	Parma
2025.09.21	Torino	vs	Atalanta
2025.09.21	Bologna	vs	Genoa
2025.09.21	Lazio	vs	Roma
2025.09.21	Napoli	vs	Pisa
2025.09.21	Fiorentina	vs	Como 1907

DAY 5

Date	Home		Away
2025.09.28	Lecce	vs	Bologna
2025.09.28	Sassuolo	vs	Udinese
2025.09.28	Roma	vs	Hellas Verona
2025.09.28	Pisa	vs	Fiorentina
2025.09.28	Parma	vs	Torino
2025.09.28	Milan	vs	Napoli
2025.09.28	Juventus	vs	Atalanta
2025.09.28	Como 1907	vs	Cremonese
2025.09.28	Cagliari	vs	Internazionale
2024.09.22	Juventus	vs	Napoli

DAY 6

Date	Home		Away
2025.10.05	Juventus	vs	Milan
2025.10.05	Napoli	vs	Genoa
2025.10.05	Udinese	vs	Cagliari
2025.10.05	Lazio	vs	Torino
2025.10.05	Parma	vs	Lecce
2025.10.05	Internazionale	vs	Cremonese
2025.10.05	Atalanta	vs	Como 1907
2025.10.05	Bologna	vs	Pisa
2025.10.05	Fiorentina	vs	Roma
2025.10.05	Hellas Verona	vs	Sassuolo

DAY 7

Date	Home		Away
2025.10.19	Como 1907	vs	Juventus
2025.10.19	Lecce	vs	Sassuolo
2025.10.19	Roma	vs	Internazionale
2025.10.19	Milan	vs	Fiorentina
2025.10.19	Torino	vs	Napoli
2025.10.19	Cremonese	vs	Udinese
2025.10.19	Atalanta	vs	Lazio
2025.10.19	Genoa	vs	Parma
2025.10.19	Cagliari	vs	Bologna
2025.10.19	Pisa	vs	Hellas Verona

DAY 8

Date	Home		Away
2025.10.26	Milan	vs	Pisa
2025.10.26	Napoli	vs	Internazionale
2025.10.26	Sassuolo	vs	Roma
2025.10.26	Lazio	vs	Juventus
2025.10.26	Torino	vs	Genoa
2025.10.26	Hellas Verona	vs	Cagliari
2025.10.26	Cremonese	vs	Atalanta
2025.10.26	Udinese	vs	Lecce
2025.10.26	Fiorentina	vs	Bologna
2025.10.26	Parma	vs	Como 1907

DAY 9

2025.10.29	Genoa	vs	Cremonese
2025.10.29	Juventus	vs	Udinese
2025.10.29	Roma	vs	Parma
2025.10.29	Internazionale	vs	Fiorentina
2025.10.29	Lecce	vs	Napoli
2025.10.29	Como 1907	vs	Hellas Verona
2025.10.29	Atalanta	vs	Milan
2025.10.29	Cagliari	vs	Sassuolo
2025.10.29	Pisa	vs	Lazio
2025.10.29	Bologna	vs	Torino

DAY 10

2025.11.02	Parma	vs	Bologna
2025.11.02	Torino	vs	Pisa
2025.11.02	Milan	vs	Roma
2025.11.02	Udinese	vs	Atalanta
2025.11.02	Sassuolo	vs	Genoa
2025.11.02	Cremonese	vs	Juventus
2025.11.02	Napoli	vs	Como 1907
2025.11.02	Hellas Verona	vs	Internazionale
2025.11.02	Lazio	vs	Cagliari
2025.11.02	Fiorentina	vs	Lecce

DAY 11

2025.11.09	Lecce	vs	Hellas Verona
2025.11.09	Parma	vs	Milan
2025.11.09	Roma	vs	Udinese
2025.11.09	Genoa	vs	Fiorentina
2025.11.09	Como 1907	vs	Cagliari
2025.11.09	Atalanta	vs	Sassuolo
2025.11.09	Pisa	vs	Cremonese
2025.11.09	Juventus	vs	Torino
2025.11.09	Internazionale	vs	Lazio
2025.11.09	Bologna	vs	Napoli

DAY 12

2025.11.23	Napoli	vs	Atalanta
2025.11.23	Udinese	vs	Bologna
2025.11.23	Torino	vs	Como 1907
2025.11.23	Lazio	vs	Lecce
2025.11.23	Sassuolo	vs	Pisa
2025.11.23	Internazionale	vs	Milan
2025.11.23	Cagliari	vs	Genoa
2025.11.23	Fiorentina	vs	Juventus
2025.11.23	Cremonese	vs	Roma
2025.11.23	Hellas Verona	vs	Parma

DAY 13

2025.11.30	Juventus	vs	Cagliari
2025.11.30	Parma	vs	Udinese
2025.11.30	Roma	vs	Napoli
2025.11.30	Genoa	vs	Hellas Verona
2025.11.30	Pisa	vs	Internazionale
2025.11.30	Atalanta	vs	Fiorentina
2025.11.30	Como 1907	vs	Sassuolo
2025.11.30	Bologna	vs	Cremonese
2025.11.30	Lecce	vs	Torino
2025.11.30	Milan	vs	Lazio

DAY 14

2025.12.07	Internazionale	vs	Como 1907
2025.12.07	Hellas Verona	vs	Atalanta
2025.12.07	Lazio	vs	Bologna
2025.12.07	Cremonese	vs	Lecce
2025.12.07	Pisa	vs	Parma
2025.12.07	Cagliari	vs	Roma
2025.12.07	Udinese	vs	Genoa
2025.12.07	Torino	vs	Milan
2025.12.07	Sassuolo	vs	Fiorentina
2025.12.07	Napoli	vs	Juventus

DAY 15

2025.12.14	Genoa	vs	Internazionale
2025.12.14	Lecce	vs	Pisa
2025.12.14	Roma	vs	Como 1907
2025.12.14	Milan	vs	Sassuolo
2025.12.14	Udinese	vs	Napoli
2025.12.14	Atalanta	vs	Cagliari
2025.12.14	Bologna	vs	Juventus
2025.12.14	Parma	vs	Lazio
2025.12.14	Fiorentina	vs	Hellas Verona
2025.12.14	Torino	vs	Cremonese

DAY 16

2025.12.21	Fiorentina	vs	Udinese
2025.12.21	Genoa	vs	Atalanta
2025.12.21	Internazionale	vs	Lecce
2025.12.21	Cagliari	vs	Pisa
2025.12.21	Sassuolo	vs	Torino
2025.12.21	Lazio	vs	Cremonese
2025.12.21	Napoli	vs	Parma
2025.12.21	Hellas Verona	vs	Bologna
2025.12.21	Como 1907	vs	Milan
2025.12.21	Juventus	vs	Roma

DAY 17

2025.12.28	Parma	vs	Fiorentina
2025.12.28	Milan	vs	Hellas Verona
2025.12.28	Udinese	vs	Lazio
2025.12.28	Bologna	vs	Sassuolo
2025.12.28	Torino	vs	Cagliari
2025.12.28	Atalanta	vs	Internazionale
2025.12.28	Roma	vs	Genoa
2025.12.28	Pisa	vs	Juventus
2025.12.28	Cremonese	vs	Napoli
2025.12.28	Lecce	vs	Como 1907

DAY 18

2026.01.03	Juventus	vs	Lecce
2026.01.03	Lazio	vs	Napoli
2026.01.03	Genoa	vs	Pisa
2026.01.03	Fiorentina	vs	Cremonese
2026.01.03	Hellas Verona	vs	Torino
2026.01.03	Atalanta	vs	Roma
2026.01.03	Internazionale	vs	Bologna
2026.01.03	Cagliari	vs	Milan
2026.01.03	Sassuolo	vs	Parma
2026.01.03	Como 1907	vs	Udinese

DAY 19

2026.01.06	Lazio	vs	Fiorentina
2026.01.06	Napoli	vs	Hellas Verona
2026.01.06	Sassuolo	vs	Juventus
2026.01.06	Bologna	vs	Atalanta
2026.01.06	Parma	vs	Internazionale
2026.01.06	Cremonese	vs	Cagliari
2026.01.06	Torino	vs	Udinese
2026.01.06	Lecce	vs	Roma
2026.01.06	Milan	vs	Genoa
2026.01.06	Pisa	vs	Como 1907

DAY 20

2026.01.11	Internazionale	vs	Napoli
2026.01.11	Juventus	vs	Cremonese
2026.01.11	Udinese	vs	Pisa
2026.01.11	Genoa	vs	Cagliari
2026.01.11	Lecce	vs	Parma
2026.01.11	Fiorentina	vs	Milan
2026.01.11	Atalanta	vs	Torino
2026.01.11	Como 1907	vs	Bologna
2026.01.11	Roma	vs	Sassuolo
2026.01.11	Hellas Verona	vs	Lazio

DAY 21

2026.01.18	Parma	vs	Genoa
2026.01.18	Cagliari	vs	Juventus
2026.01.18	Torino	vs	Roma
2026.01.18	Bologna	vs	Fiorentina
2026.01.18	Udinese	vs	Internazionale
2026.01.18	Pisa	vs	Atalanta
2026.01.18	Lazio	vs	Como 1907
2026.01.18	Cremonese	vs	Hellas Verona
2026.01.18	Napoli	vs	Sassuolo
2026.01.18	Milan	vs	Lecce

DAY 22

2026.01.25	Hellas Verona	vs	Udinese
2026.01.25	Roma	vs	Milan
2026.01.25	Genoa	vs	Bologna
2026.01.25	Fiorentina	vs	Cagliari
2026.01.25	Sassuolo	vs	Cremonese
2026.01.25	Internazionale	vs	Pisa
2026.01.25	Como 1907	vs	Torino
2026.01.25	Juventus	vs	Napoli
2026.01.25	Atalanta	vs	Parma
2026.01.25	Lecce	vs	Lazio

DAY 23

2026.02.01	Napoli	vs	Fiorentina
2026.02.01	Parma	vs	Juventus
2026.02.01	Torino	vs	Lecce
2026.02.01	Como 1907	vs	Atalanta
2026.02.01	Udinese	vs	Roma
2026.02.01	Lazio	vs	Genoa
2026.02.01	Bologna	vs	Milan
2026.02.01	Cremonese	vs	Internazionale
2026.02.01	Pisa	vs	Sassuolo
2026.02.01	Cagliari	vs	Hellas Verona

DAY 24

2026.02.08	Atalanta	vs	Cremonese
2026.02.08	Bologna	vs	Parma
2026.02.08	Roma	vs	Cagliari
2026.02.08	Lecce	vs	Udinese
2026.02.08	Sassuolo	vs	Internazionale
2026.02.08	Milan	vs	Como 1907
2026.02.08	Fiorentina	vs	Torino
2026.02.08	Hellas Verona	vs	Pisa
2026.02.08	Genoa	vs	Napoli
2026.02.08	Juventus	vs	Lazio

DAY 25

2026.02.15	Pisa	vs	Milan
2026.02.15	Torino	vs	Bologna
2026.02.15	Udinese	vs	Sassuolo
2026.02.15	Parma	vs	Hellas Verona
2026.02.15	Como 1907	vs	Fiorentina
2026.02.15	Lazio	vs	Atalanta
2026.02.15	Cremonese	vs	Genoa
2026.02.15	Napoli	vs	Roma
2026.02.15	Cagliari	vs	Lecce
2026.02.15	Internazionale	vs	Juventus

DAY 26

2026.02.22	Milan	vs	Parma
2026.02.22	Fiorentina	vs	Pisa
2026.02.22	Lecce	vs	Internazionale
2026.02.22	Cagliari	vs	Lazio
2026.02.22	Juventus	vs	Como 1907
2026.02.22	Bologna	vs	Udinese
2026.02.22	Roma	vs	Cremonese
2026.02.22	Genoa	vs	Torino
2026.02.22	Sassuolo	vs	Hellas Verona
2026.02.22	Atalanta	vs	Napoli

DAY 27

2026.03.01	Hellas Verona	vs	Napoli
2026.03.01	Pisa	vs	Bologna
2026.03.01	Parma	vs	Cagliari
2026.03.01	Torino	vs	Lazio
2026.03.01	Roma	vs	Juventus
2026.03.01	Como 1907	vs	Lecce
2026.03.01	Internazionale	vs	Genoa
2026.03.01	Udinese	vs	Fiorentina
2026.03.01	Sassuolo	vs	Atalanta
2026.03.01	Cremonese	vs	Milan

DAY 28

2026.03.08	Juventus	vs	Pisa
2026.03.08	Genoa	vs	Roma
2026.03.08	Lazio	vs	Sassuolo
2026.03.08	Lecce	vs	Cremonese
2026.03.08	Fiorentina	vs	Parma
2026.03.08	Milan	vs	Internazionale
2026.03.08	Napoli	vs	Torino
2026.03.08	Atalanta	vs	Udinese
2026.03.08	Bologna	vs	Hellas Verona
2026.03.08	Cagliari	vs	Como 1907

DAY 29

2026.03.15	Lazio	vs	Milan
2026.03.15	Como 1907	vs	Roma
2026.03.15	Udinese	vs	Juventus
2026.03.15	Pisa	vs	Cagliari
2026.03.15	Hellas Verona	vs	Genoa
2026.03.15	Internazionale	vs	Atalanta
2026.03.15	Cremonese	vs	Fiorentina
2026.03.15	Torino	vs	Parma
2026.03.15	Sassuolo	vs	Bologna
2026.03.15	Napoli	vs	Lecce

DAY 30

2026.03.22	Juventus	vs	Sassuolo
2026.03.22	Milan	vs	Torino
2026.03.22	Parma	vs	Cremonese
2026.03.22	Roma	vs	Lecce
2026.03.22	Genoa	vs	Udinese
2026.03.22	Cagliari	vs	Napoli
2026.03.22	Como 1907	vs	Pisa
2026.03.22	Fiorentina	vs	Internazionale
2026.03.22	Atalanta	vs	Hellas Verona
2026.03.22	Bologna	vs	Lazio

DAY 31

2026.04.05	Hellas Verona	vs	Fiorentina
2026.04.05	Internazionale	vs	Roma
2026.04.05	Sassuolo	vs	Cagliari
2026.04.05	Udinese	vs	Como 1907
2026.04.05	Lecce	vs	Atalanta
2026.04.05	Cremonese	vs	Bologna
2026.04.05	Pisa	vs	Torino
2026.04.05	Juventus	vs	Genoa
2026.04.05	Napoli	vs	Milan
2026.04.05	Lazio	vs	Parma

DAY 32

2026.04.12	Cagliari	vs	Cremonese
2026.04.12	Fiorentina	vs	Lazio
2026.04.12	Bologna	vs	Lecce
2026.04.12	Torino	vs	Hellas Verona
2026.04.12	Milan	vs	Udinese
2026.04.12	Parma	vs	Napoli
2026.04.12	Como 1907	vs	Internazionale
2026.04.12	Genoa	vs	Sassuolo
2026.04.12	Atalanta	vs	Juventus
2026.04.12	Roma	vs	Pisa

DAY 33

2026.04.19	Roma	vs	Atalanta
2026.04.19	Pisa	vs	Genoa
2026.04.19	Sassuolo	vs	Como 1907
2026.04.19	Udinese	vs	Parma
2026.04.19	Hellas Verona	vs	Milan
2026.04.19	Lecce	vs	Fiorentina
2026.04.19	Napoli	vs	Lazio
2026.04.19	Internazionale	vs	Cagliari
2026.04.19	Cremonese	vs	Torino
2026.04.19	Juventus	vs	Bologna

DAY 34

2026.04.26	Milan	vs	Juventus
2026.04.26	Napoli	vs	Cremonese
2026.04.26	Parma	vs	Pisa
2026.04.26	Torino	vs	Internazionale
2026.04.26	Lazio	vs	Udinese
2026.04.26	Hellas Verona	vs	Lecce
2026.04.26	Bologna	vs	Roma
2026.04.26	Fiorentina	vs	Sassuolo
2026.04.26	Genoa	vs	Como 1907
2026.04.26	Cagliari	vs	Atalanta
2025.04.27	Lazio	vs	Parma

DAY 35

2026.05.03	Internazionale	vs	Parma
2026.05.03	Pisa	vs	Lecce
2026.05.03	Sassuolo	vs	Milan
2026.05.03	Como 1907	vs	Napoli
2026.05.03	Roma	vs	Fiorentina
2026.05.03	Atalanta	vs	Genoa
2026.05.03	Cremonese	vs	Lazio
2026.05.03	Udinese	vs	Torino
2026.05.03	Bologna	vs	Cagliari
2026.05.03	Juventus	vs	Hellas Verona

DAY 36

2026.05.10	Milan	vs	Atalanta
2026.05.10	Napoli	vs	Bologna
2026.05.10	Torino	vs	Sassuolo
2026.05.10	Lecce	vs	Juventus
2026.05.10	Parma	vs	Roma
2026.05.10	Lazio	vs	Internazionale
2026.05.10	Cagliari	vs	Udinese
2026.05.10	Cremonese	vs	Pisa
2026.05.10	Hellas Verona	vs	Como 1907
2026.05.10	Fiorentina	vs	Genoa

DAY 37

2026.05.17	Pisa	vs	Napoli
2026.05.17	Udinese	vs	Cremonese
2026.05.17	Juventus	vs	Fiorentina
2026.05.17	Sassuolo	vs	Lecce
2026.05.17	Roma	vs	Lazio
2026.05.17	Genoa	vs	Milan
2026.05.17	Atalanta	vs	Bologna
2026.05.17	Internazionale	vs	Hellas Verona
2026.05.17	Como 1907	vs	Parma
2026.05.17	Cagliari	vs	Torino

DAY 38

2026.05.24	Lazio	vs	Pisa
2026.05.24	Lecce	vs	Genoa
2026.05.24	Parma	vs	Sassuolo
2026.05.24	Hellas Verona	vs	Roma
2026.05.24	Torino	vs	Juventus
2026.05.24	Napoli	vs	Udinese
2026.05.24	Bologna	vs	Internazionale
2026.05.24	Milan	vs	Cagliari
2026.05.24	Cremonese	vs	Como 1907
2026.05.24	Fiorentina	vs	Atalanta

SSC NAPOLI

 Founded 구단 창립 1926년
 Owner 필마루 SRL
 CEO A.라우렌티스 1949.05.24
 **Manager** 안토니오 콘테 1969.07.31
25-26 Odds 벳365 : 2배 윌리엄힐 : 2배

 4 ITALIAN SERIE-A
 6 COPPA ITALIA
 0 UEFA CHAMPIONS LEAGUE
 1 UEFA EUROPA LEAGUE
 0 FIFA CLUB WORLD CUP
 0 UEFA-CONMEBOL INTERCONTINENTAL

Nationality 외국 선수 16명 / 이탈리아 16명
Age 32명 평균 27.4세
 Height 32명 평균 181cm
 **Market Value** 32명 평균 1544만 유로
Game Points 24-25 : 82점 / 통산 : 4093점

Win 24-25 : 24승 / 통산 : 1094승
Draw 24-25 : 10무 / 통산 : 811무
Loss 24-25 : 4패 / 통산 : 755패
 Goals For 24-25 : 59득점 / 통산 : 3671득점
Goals Against 24-25 : 27실점 / 통산 : 2999실점

More Minutes 아미르 라흐마니 3406분
 Top Scorer 로멜루 루카쿠 14골
 **More Assists** 로멜루 루카쿠 10도움
 **More Subs** 조반니 시메오네 29회 교체 IN
More Cards 조반니 디로렌초 Y6+R0

2024-25 SEASON RESULT

상대팀	홈	원정
Inter Milan	1-1	1-1
Atalanta	0-3	3-2
Juventus	2-1	0-0
AS Roma	1-0	1-1
Fiorentina	2-1	3-0
Lazio	0-1	2-2
AC Milan	2-1	2-0
Bologna	3-0	1-1
Como	3-1	1-2
Torino	2-0	1-0
Udinese	1-1	3-1
Genoa	2-2	2-1
Hellas Verona	2-0	0-3
Cagliari	2-0	4-0
Parma	2-1	0-0
Lecce	1-0	1-0
Empoli	3-0	1-0
Venezia	1-0	0-0
Monza	2-0	1-0

PLAY STYLE

OFFENSIVE STYLE
오른 측면 돌파 활성화
포제션 풋볼 지향
짧은 패스 콤비네이션 중시

DEFENSIVE STYLE
블록 수비 지향
하프코트 프레싱
고정적인 선발 일레븐

Stadio Diego Armando Maradona
구장 오픈 / 증개축 1959년, 증개축 4회
구장 소유 나폴리 시
수용 인원 5만 4726명
피치 규모 110m X 68m
잔디 종류 천연 잔디

STRENGTHS & WEAKNESSES

OFFENSE		DEFENSE	
직접 프리킥	C	세트피스 수비	A
문전 처리	B	상대 볼 뺏기	C
측면 돌파	B	공중전 능력	B
스루볼 침투	B	역습 방어	C
개인기 침투	A	지공 방어	C
카운터 어택	C	스루패스 방어	C
기회 만들기	A	리드 지키기	B
세트피스	C	실수 조심	C
OS 피하기	C	측면 방어력	C
중거리 슈팅	A	파울 주의	C
볼 점유율	B	중거리슈팅 수비	C

매우 강함 A / 강한 편 B / 보통 수준 C / 약한 편 D / 매우 약함 E

RANKING OF LAST 10 YEARS

15-16	16-17	17-18	18-19	19-20	20-21	21-22	22-23	23-24	24-25
2위 82점	3위 86점	2위 91점	2위 79점	7위 62점	5위 77점	3위 79점	1위 90점	10위 53점	1위 82점

위치	선수	국적	생년월일	키	몸무게	출전경기	선발11	교체 IN	출전(분)	득점	도움	경고	퇴장	MOM
GK	Alex Meret	ITA	1997-03-22	190	82	34	34	0	3006	0	0	0	0	0
	Elia Caprile	ITA	2001-08-25	191	74	4	3	1	324	0	0	0	0	1
	Simone Scuffet	ITA	1996-05-31	193	77	1	1	0	90	0	0	0	0	0
	Nikita Contini	ITA	1996-05-21	190	82	1	1	0	1	0	0	1	0	0
DF	Amir Rrahmani	KVX	1994-02-24	192	87	38	38	0	3406	1	3	2	0	2
	Alessandro Buongiorno	ITA	1999-06-06	190	86	22	22	0	1926	1	0	2	0	0
	Juan Jesus	BRA	1991-06-10	185	83	15	12	3	1075	0	1	2	0	0
	Rafa Marín	ESP	2002-05-19	191	83	4	1	3	139	0	0	1	0	0
DF MF	Giovanni Di Lorenzo	ITA	1993-08-04	183	83	37	37	0	3330	3	2	6	0	1
	Scott McTominay	SCO	1996-12-08	193	88	34	33	1	2941	12	4	3	0	7
	Mathías Olivera	URU	1997-10-31	185	78	32	26	6	2374	0	2	4	0	1
	Leonardo Spinazzola	ITA	1993-03-25	186	75	27	17	10	1521	1	1	1	0	0
	Pasquale Mazzocchi	ITA	1995-07-27	183	78	21	8	13	696	0	0	3	0	0
MF	Frank Zambo Anguissa	CMR	1995-11-16	184	78	35	32	3	2858	6	4	5	0	7
	Stanislav Lobotka	SVK	1994-11-25	168	68	32	31	1	2650	0	1	3	0	0
	Billy Gilmour	SCO	2001-06-11	170	60	26	13	13	1174	0	1	0	0	0
	Michael Folorunsho	ITA	1998-02-07	190	92	6	0	6	31	0	0	0	0	0
	Alessio Zerbin	ITA	1999-03-03	182	80	2	0	2	2	0	0	0	0	0
MF FW	Matteo Politano	ITA	1993-08-03	171	67	37	34	3	2829	3	4	3	0	2
	Khvicha Kvaratskhelia	GEO	2001-02-12	183	76	17	15	2	1191	5	3	1	0	0
	Giacomo Raspadori	ITA	2000-02-18	172	69	26	11	15	1095	6	1	1	0	0
	Giovanni Simeone	ARG	1995-07-05	180	81	30	1	29	392	1	1	1	0	0
	Cyril Ngonge	BEL	2000-05-26	179	73	18	1	17	204	0	0	2	0	0
	Philip Billing	DEN	1996-06-11	193	83	10	1	9	189	1	0	1	0	0
	Noah Okafor	SUI	2000-05-24	185	85	4	0	4	36	0	0	0	0	0
FW	Romelu Lukaku	BEL	1993-05-13	191	93	36	35	1	2871	14	10	4	0	1
	David Neres	BRA	1997-03-03	176	66	28	13	15	1279	2	4	2	0	0
	Walid Cheddira	MAR	1998-01-22	187	80	1	0	1	11	0	0	0	0	0

SERIE A 2024-25 SEASON

SSC NAPOLI vs. OPPONENTS PER GAME STATS

나폴리 vs 상대팀

나폴리		상대팀	지표
1.55	득점	0.71	
13.3	슈팅	9.7	
4.2	유효슈팅	2.6	
5.5	코너킥	5.2	
1.4	오프사이드	1.0	
508	패스시도 (PA)	417	
439	패스성공 (PC)	346	
87%	패스성공률 (P%)	81%	
14.1	태클 (TK)	16.1	
14.3	공중전승리 (AD)	12.4	
7.1	인터셉트 (IT)	8.7	
10.9	파울	12.4	
1.24	경고	1.89	
0.000	퇴장	0.026	

2024-25 SEASON SQUAD LIST & GAMES PLAYED

괄호 안의 숫자는 선발 출전 횟수, 교체 출전은 포함시키지 않음

LW: D.네레스(11), K.크바라츠헬리아(9), L.스피나촐라(3), G.라스파도리(3)
CF: R.루카쿠(35), G.라스파도리(6), G.시메오네(1)
RW: M.폴리타노(23), D.네레스(2), C.은곤토(1)
LAM: S.맥토미니(2), K.크바라츠헬리아(9)
CAM: M.폴리타노(4), K.크바라츠헬리아(2), S.맥토미니(2), G.라스파도리(2)
RAM: M.폴리타노(4)
LM: N/A
CM: F.앙기사(29), S.맥토미니(29), S.로보트카(28), B.길모어(11), P.빌링스(1)
RM: N/A
LWB: L.스피나촐라(5), M.올리베라(2), P.마초키(1)
DM: S.로보트카(3), F.앙기사(3), B.길모어(1)
RWB: P.마초키(4), M.폴리타노(3), G.D.로렌초(1)
LB: M.올리베라(20), L.스피나촐라(9), P.마초키(1)
CB: A.라흐마니(38), A.부온조르노(22), J.제주스(12), G.D.로렌초(7), M.올리베라(4), R.마린(1)
RB: G.D.로렌초(29), P.마초키(1)
GK: A.메렛(34), E.카프릴레(3), S.스쿠펫(1)

SHOTS & GOALS

38경기 총 507슈팅 - 59득점
38경기 상대 총 368슈팅 - 27실점

	39-7		*자책골
	312-43		3-3
	153-6		

유효슈팅 158		비유효슈팅 349	
득점	59	블록 담당	166
GK 방어	99	골대 밖	171
유효슈팅률	31%	골대 맞음	12

유효슈팅 98		비유효슈팅 270	
실점	27	블록	104
GK 방어	71	골대 밖	157
유효슈팅률	27%	골대 맞음	9

155-8
192-13   *자책골
19-4   2-2

SHOT TIME | GOAL TIME

시간대별 슈팅 / 시간대별 득점

슈팅 차이: 전반 슈팅 차이 +87, 후반 슈팅 차이 +52, 전체 슈팅 차이 +139
득실차: 전반 골 득실차 +15, 후반 골 득실차 +17, 전체 골 득실차 +32

시간대별 상대 슈팅 / 시간대별 실점

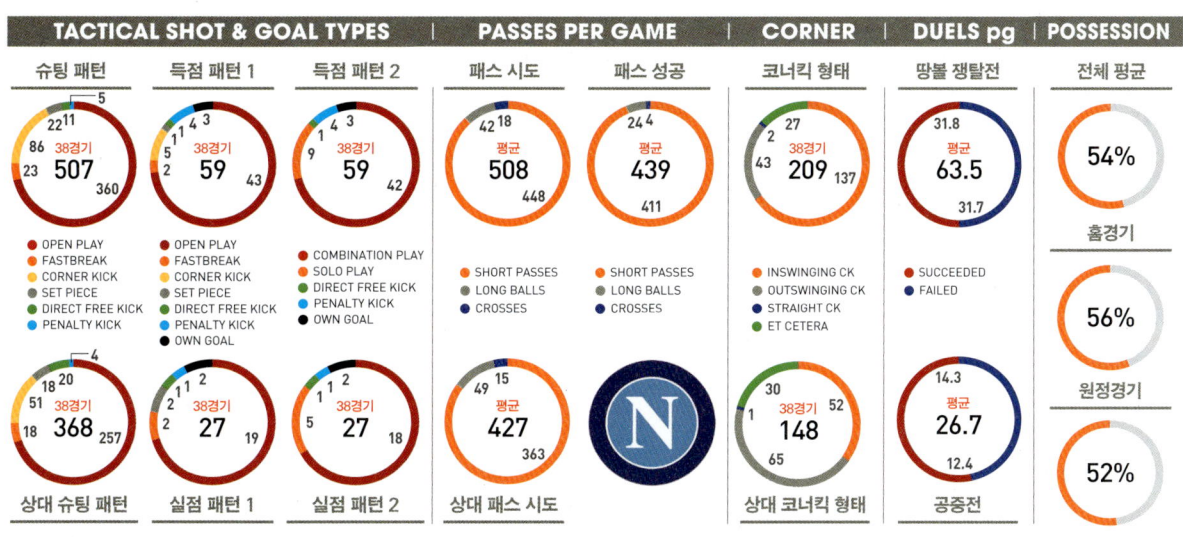

TACTICAL SHOT & GOAL TYPES

슈팅 패턴 (38경기 507): OPEN PLAY 360, FASTBREAK 23, CORNER KICK 86, SET PIECE 22, DIRECT FREE KICK 11, PENALTY KICK 5

득점 패턴 1 (38경기 59): OPEN PLAY 43, FASTBREAK 5, CORNER KICK 4, SET PIECE 3, DIRECT FREE KICK 1, PENALTY KICK 3

득점 패턴 2 (38경기 59): COMBINATION PLAY 42, SOLO PLAY 4, DIRECT FREE KICK 3, PENALTY KICK 5, OWN GOAL 1

상대 슈팅 패턴 (38경기 368): 257, 18, 51, 18, 20, 4

실점 패턴 1 (38경기 27): 19, 2, 2, 2, 1, 1

실점 패턴 2 (38경기 27): 18, 5, 2, 1, 1

PASSES PER GAME

패스 시도 평균 508 (18, 42, 448)
패스 성공 평균 439 (4, 24, 411)
상대 패스 시도 평균 427 (15, 49, 363)

CORNER

코너킥 형태 (38경기 209): INSWINGING CK 137, OUTSWINGING CK 43, STRAIGHT CK 2, ET CETERA 27
상대 코너킥 형태 (38경기 148): 65, 1, 30, 52

DUELS pg

땅볼 쟁탈전 평균 63.5 (31.8 / 31.7)
공중전 평균 26.7 (14.3 / 12.4)

POSSESSION

전체 평균 54%
홈경기 56%
원정경기 52%

FORMATION SUMMARY - 선발 포지션별 전적

포메이션	승	무	패	득점	실점
4-3-3	19	5	2	40	15
3-4-2-1	3	0	1	9	4
3-5-2	1	2	1	7	7
4-2-3-1	1	3	0	3	1
TOTAL	24	10	4	59	27

WHO SCORED

포지션별 득점: FW진 31골, MF진 19골, DF진 6골 (*상대 자책골 3골)
상대 포지션별 실점: DF진 2골, MF진 3골, FW진 20골 (*자책골 실점 2골)

ACTION ZONE

공격 방향: 왼쪽 33%, 중앙 26%, 오른쪽 41%
볼 점유 위치: 상대 진영 28%, 중간 지역 45%, 우리 진영 27%

PASSESS pg BY ZONE

평균 패스 성공: 하프라인 위쪽 203회, 하프라인 아래 236회
패스 성공률: 하프라인 위쪽 77%, 하프라인 아래 92%

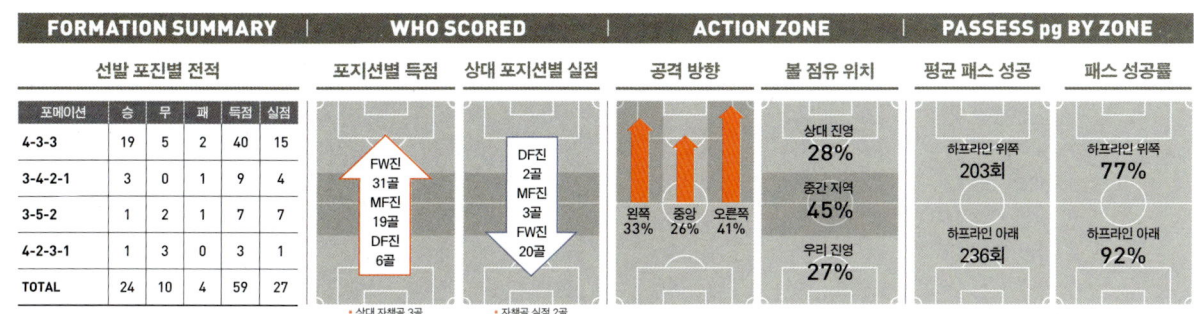

INTER MILAN

Founded 구단 창립 1908년
Owner 오크트리 캐피털 매니지먼트
CEO 주제페 마로타 1957.03.25
Manager 크리스티안 키부 1980.10.24
25-26 Odds 벳365 : 2.5배 / 윌리엄힐 : 2.5배

Nationality 34명 · 외국 선수 25명 · 이탈리아 9명
Age 34명 평균 27.1세
Height 34명 평균 183cm
Market Value 34명 평균 2235만 유로
Game Points 24-25 : 81점 / 통산 : 5656점

Win 24-25 : 24승 / 통산 : 1598승
Draw 24-25 : 9무 / 통산 : 862무
Loss 24-25 : 5패 / 통산 : 695패
Goals For 24-25 : 79득점 / 통산 : 5390득점
Goals Against 24-25 : 35실점 / 통산 : 3236실점

More Minutes 얀 조머 2970분
Top Scorer 마르쿠 튀랑 14골
More Assists 페데리코 디마르코 7도움
More Subs 메흐디 타레미+1명 19회 교체 IN
More Cards 알레산드로 바스토니 Y4+R1

Trophies

ITALIAN SERIE-A	COPPA ITALIA	UEFA CHAMPIONS LEAGUE	UEFA EUROPA LEAGUE	FIFA CLUB WORLD CUP	UEFA-CONMEBOL INTERCONTINENTAL
20	8	3	3	1	2

2024-25 SEASON RESULT

상대팀	홈	원정
Napoli	1-1	1-1
Atalanta	4-0	2-0
Juventus	4-4	0-1
AS Roma	0-1	1-0
Fiorentina	2-1	0-3
Lazio	2-2	6-0
AC Milan	1-2	1-1
Bologna	2-2	0-1
Como	2-0	2-0
Torino	3-2	2-0
Udinese	2-1	3-2
Genoa	1-0	2-2
Hellas Verona	1-0	5-0
Cagliari	3-1	3-0
Parma	3-1	2-2
Lecce	2-0	4-0
Empoli	3-1	3-0
Venezia	1-0	1-0
Monza	3-2	1-1

Stadio Guieseppe Meazza

구장 오픈 / 증개축: 1926년, 증개축 4회
구장 소유: 밀라노 시
수용 인원: 7만 5923명
피치 규모: 105m X 68m
잔디 종류: 하이브리드 잔디

STRENGTHS & WEAKNESSES

OFFENSE		DEFENSE	
직접 프리킥	B	세트피스 수비	B
문전 처리	A	상대 볼 뺏기	C
측면 돌파	B	공중전 능력	A
스루볼 침투	A	역습 방어	C
개인기 침투	C	지공 방어	E
카운터 어택	B	스루패스 방어	C
기회 만들기	B	리드 지키기	D
세트피스	A	실수 조심	C
OS 피하기	E	측면 방어력	C
중거리 슈팅	B	파울 주의	C
볼 점유율	A	중거리슈팅 수비	C

매우 강함 A, 강한 편 B, 보통 수준 C, 약한 편 D, 매우 약함 E

PLAY STYLE

OFFENSIVE STYLE
포제션 풋볼 지향
스루볼 침투 자주 시도
자신 있는 중앙 돌파
왼 측면 돌파 활성화
상대 진영에서 볼을 컨트롤
짧은 패스 콤비네이션

DEFENSIVE STYLE
하프코트 프레싱
블록 수비 지향
선발 일레븐 로테이션

RANKING OF LAST 10 YEARS

15-16	16-17	17-18	18-19	19-20	20-21	21-22	22-23	23-24	24-25
4위 67점	7위 62점	4위 72점	4위 69점	2위 82점	1위 91점	2위 84점	3위 72점	1위 94점	2위 81점

선수 명단

위치	선수	국적	생년월일	키	몸무게	출전경기	선발11	교체 IN	출전(분)	득점	도움	경고	퇴장	MOM
GK	Yann Sommer	SUI	1988-12-17	183	79	33	33	0	2970	0	0	0	0	1
GK	Josep Martínez	ESP	1998-05-27	191	78	5	5	0	450	0	0	0	0	0
DF	Alessandro Bastoni	ITA	1999-04-13	190	75	33	31	2	2422	1	5	4	1	0
DF	Stefan de Vrij	NED	1992-02-05	190	78	26	18	8	1723	3	0	2	0	2
DF	Francesco Acerbi	ITA	1988-02-10	192	88	23	20	3	1710	0	1	0	0	1
DF	Yann Aurel Bisseck	GER	2000-11-29	196	83	27	17	10	1643	3	2	4	0	0
DF	Tajon Buchanan	CAN	1999-02-08	183	68	6	0	6	89	0	0	0	0	0
DF	Tomás Palacios	ARG	2003-04-28	196	80	2	0	2	10	0	0	0	0	0
DF/MF	Federico Dimarco	ITA	1997-11-10	175	75	33	28	5	2163	4	7	3	0	2
DF/MF	Denzel Dumfries	NED	1996-04-18	188	80	29	20	9	1952	7	2	4	0	1
DF/MF	Matteo Darmian	ITA	1989-12-02	182	70	29	20	9	1784	3	2	1	0	2
DF/MF	Carlos Augusto	BRA	1999-01-07	184	78	29	15	14	1683	3	2	1	0	1
DF/MF	Benjamin Pavard	FRA	1996-03-28	186	76	23	18	5	1585	0	1	4	0	0
DF/MF	Nicola Zalewski	POL	2002-01-23	175	68	11	4	7	433	1	1	3	0	1
MF	Nicolò Barella	ITA	1997-02-07	175	68	33	28	5	2467	3	6	4	0	3
MF	Davide Frattesi	ITA	1999-09-22	178	74	28	9	19	1214	5	1	1	0	1
MF	Kristjan Asllani	ALB	2002-03-09	179	69	22	10	12	984	2	2	4	0	2
MF	Piotr Zieliński	POL	1994-05-20	180	76	26	8	18	971	2	2	0	0	0
MF	Luka Topalović	SVN	1996-02-23	186	77	1	0	1	10	0	0	0	0	0
MF/FW	Henrikh Mkhitaryan	ARM	1988-01-21	177	75	32	30	2	2410	1	4	4	0	1
MF/FW	Marcus Thuram	FRA	1997-08-06	192	90	32	27	5	2299	14	4	1	0	5
MF/FW	Hakan Çalhanoğlu	TUR	1994-02-08	178	76	29	26	3	1964	5	6	5	0	1
MF/FW	Joaquín Correa	ARG	1994-08-13	189	75	19	6	13	723	2	2	3	0	1
FW	Lautaro Martínez	ARG	1997-08-22	174	72	31	31	0	2579	12	3	1	0	4
FW	Mehdi Taremi	IRN	1992-07-18	185	82	26	7	19	808	1	2	1	0	0
FW	Marko Arnautović	AUT	1989-04-19	192	83	18	5	13	542	4	2	2	0	1

SERIE A 2024-25 SEASON

INTER MILAN vs. OPPONENTS PER GAME STATS

인데르 밀란 vs 상대팀

득점	슈팅	유효슈팅	코너킥	오프사이드	패스시도	패스성공	패스성공률	태클	공중전승리	인터셉트	파울	경고	퇴장
2.08 / 0.92	15.2 / 10.5	5.0 / 3.4	5.6 / 3.7	2.4 / 0.9	577 / 384	508 / 310	88% / 81%	13.3 / 11.5	16.3 / 11.4	6.0 / 6.7	11.0 / 11.2	1.47 / 1.34	0.026 / 0.105

2024-25 SEASON SQUAD LIST & GAMES PLAYED

* 괄호 안의 숫자는 선발 출전 횟수, 교체 출전은 포함시키지 않음

LW	CF	RW
N/A	L.마르티네스(31), M.튀랑(27) M.타레미(7), M.아르나우토비치(5) J.코레아(4)	N/A

LAM	CAM	RAM
N/A	J.코레아(2), N.잘레프스키(2)	N/A

LM	CM	RM
F.디마르코(4), C.아우구스토(1)	H.미키타리안(30), N.바렐라(29) H.찰하놀루(23), D.프라테시(9) P.지엘린스키(8), K.아슬라니(8)	D.둠프리스(5)

LWB	DM	RWB
F.디마르코(25), C.아우구스토(6) N.잘레프스키(1), A.바스토니(1)	H.찰하놀루(3), K.아슬라니(2)	M.다르미안(17), D.둠프리스(15) N.잘레프스키(1)

LB	CB	RB
N/A	A.바스토니(30), F.아체르비(20) S.더프레이(18), B.파바르(18) Y.비섹(17), C.아우구스토(4) M.다르미안(3)	N/A

	GK	
	Y.조머(33), J.마르티네스(5)	

SHOTS & GOALS

38경기 총 578슈팅 – 79득점
38경기 상대 총 399슈팅 – 35실점

57-18
350-51
168-7
• 자책골 3-3

유효 슈팅 190		비유효 슈팅 388	
득점	79	블록 당함	152
GK 방어	111	골대 밖	221
유효슈팅률	33%	골대 맞음	15

유효 슈팅 131		비유효 슈팅	
실점	35	블록	132
GK 방어	96	골대 밖	134
유효슈팅률	33%	골대 맞음	6

133-3
236-24
29-7
• 자책골 1-1

SHOT TIME | GOAL TIME

시간대별 슈팅 / 시간대별 득점

슈팅 차이: 전반 슈팅 차이 +123, 후반 슈팅 차이 +56, 전체 슈팅 차이 +179
득실차: 전반 골 득실차 +24, 후반 골 득실차 +20, 전체 골 득실차 +44

시간대별 상대 슈팅 / 시간대별 실점

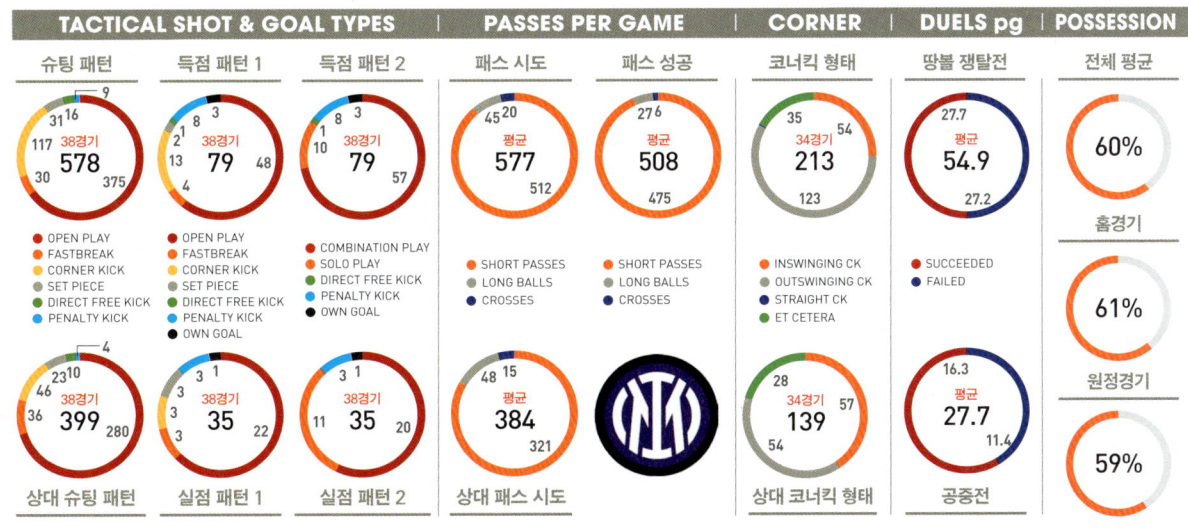

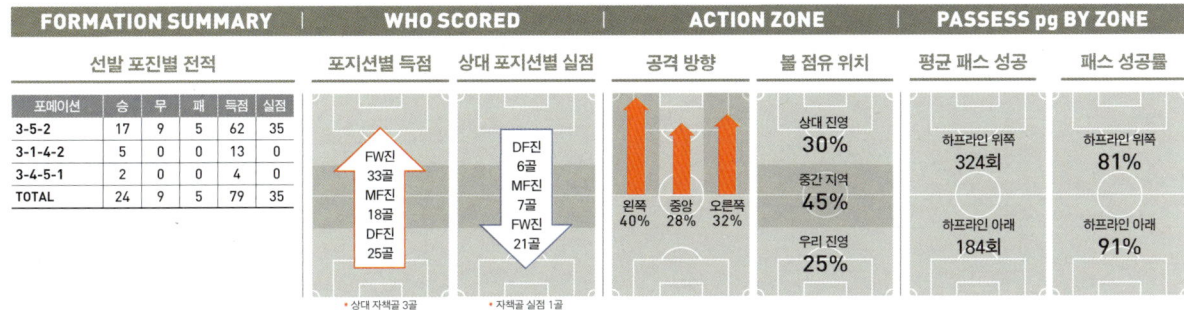

FORMATION SUMMARY

포메이션	승	무	패	득점	실점
3-5-2	17	9	5	62	35
3-1-4-2	5	0	0	13	0
3-4-5-1	2	0	0	4	0
TOTAL	24	9	5	79	35

ATALANTA BC

0	1	0	0	0	0
ITALIAN SERIE-A	COPPA ITALIA	UEFA CHAMPIONS LEAGUE	UEFA EUROPA LEAGUE	FIFA CLUB WORLD CUP	UEFA-CONMEBOL INTERCONTINENTAL

Founded 구단 창립 1907년
Owner 라 데아 SRL
CEO 안토니오 페르카시 1953.07.09
Manager 이반 유리치 1979.08.25
25-26 Odds 벳365: 20배 / 윌리엄힐: 20배

Nationality 27명 · 외국 선수 15명 · 이탈리아 12명
Age 27명 평균 26.1세
Height 27명 평균 186cm
Market Value 27명 평균 1780만 유로
Game Points 24-25: 74점 / 통산: 2833점

Win 24-25: 22승 / 통산: 714승
Draw 24-25: 8무 / 통산: 699무
Loss 24-25: 8패 / 통산: 813패
Goals For 24-25: 78득점 / 통산: 2668득점
Goals Against 24-25: 37실점 / 통산: 2861실점

More Minutes 마르코 카르네세키 3060분
Top Scorer 마테오 레테기 25골
More Assists 라울 벨라노바 9도움
More Subs 라자 사마르지치 24회 교체 IN
More Cards 이삭 히엔 Y10+R0

2024-25 SEASON RESULT

상대팀	홈	원정
Napoli	2-3	3-0
Inter Milan	0-2	0-4
Juventus	1-1	4-0
AS Roma	2-1	2-0
Fiorentina	3-2	0-1
Lazio	0-1	1-1
AC Milan	2-1	1-0
Bologna	2-0	1-1
Como	2-3	2-1
Torino	1-1	1-2
Udinese	2-1	0-0
Genoa	5-1	3-2
Hellas Verona	6-1	5-0
Cagliari	0-0	1-0
Parma	2-3	3-1
Lecce	1-1	4-0
Empoli	3-2	5-0
Venezia	0-0	2-0
Monza	2-0	4-0

PLAY STYLE

OFFENSIVE STYLE
상대 진영에서 볼을 컨트롤
왼 측면 돌파 활성화
짧은 패스 콤비네이션 위주
포제션 풋볼 지향

DEFENSIVE STYLE
블록 수비 지향
하프코트 프레싱
도전적인 공중전 전개

Gewiss Stadium

구장 오픈 / 증개축: 1928년, 증개축 2회
구장 소유: 스타디움 관리회사
수용 인원: 2만 1747명
피치 규모: 105m X 68m
잔디 종류: 하이브리드 잔디

STRENGTHS & WEAKNESSES

OFFENSE		DEFENSE	
직접 프리킥	C	세트피스 수비	B
문전 처리	B	상대 볼 뺏기	B
측면 돌파	B	공중전 능력	B
스루볼 침투	C	역습 방어	C
개인기 침투	C	지공 방어	D
카운터 어택	B	스루패스 방어	D
기회 만들기	A	리드 지키기	C
세트피스	C	실수 조심	B
OS 피하기	C	측면 방어력	C
중거리 슈팅	B	파울 주의	C
볼 점유율	A	중거리슈팅 수비	C

매우 강함 A / 강한 편 B / 보통 수준 C / 약한 편 D / 매우 약함 E

RANKING OF LAST 10 YEARS

15-16	16-17	17-18	18-19	19-20	20-21	21-22	22-23	23-24	24-25
13 / 45점	4 / 72점	7 / 60점	3 / 69점	3 / 78점	3 / 78점	8 / 59점	5 / 64점	4 / 69점	3 / 74점

위치	선수	국적	생년월일	키	몸무게	출전경기	선발11	교체 IN	출전(분)	득점	도움	경고	퇴장	MOM
GK	Marco Carnesecchi	ITA	2000-07-01	191	83	34	34	0	3060	0	0	1	0	4
	Rui Patrício	POR	1988-02-15	190	84	3	3	0	270	0	0	0	0	0
	Juan Musso	ARG	1994-05-06	193	93	1	1	0	90	0	0	0	0	0
DF	Berat Djimsiti	ALB	1993-02-19	190	83	34	32	2	2647	1	2	6	0	1
	Raoul Bellanova	ITA	2000-05-16	188	82	34	27	7	2408	0	9	3	0	0
	Isak Hien	SWE	1999-01-13	191	88	30	27	3	2329	0	0	10	0	0
	Matteo Ruggeri	ITA	2002-07-11	187	69	30	19	11	1750	0	3	2	0	1
	Odilon Kossounou	CIV	2001-01-04	191	79	18	12	6	1126	0	0	1	0	0
	Rafael Tolói	ITA	1990-10-10	185	75	11	2	9	463	0	0	1	0	1
	Stefan Posch	AUT	1997-05-14	190	82	5	4	1	388	0	0	0	0	0
	Giorgio Scalvini	ITA	2003-12-11	194	76	6	4	2	274	0	0	2	0	0
	Marco Palestra	ITA	2005-03-03	186	80	9	2	7	219	0	0	0	0	0
	Ben Godfrey	ENG	1998-01-15	184	74	1	0	1	22	0	0	0	0	0
DF/MF	Marten de Roon	NED	1991-03-29	186	76	36	34	2	3059	4	4	5	0	0
	Davide Zappacosta	ITA	1992-06-11	182	70	30	26	4	2079	4	2	3	0	1
	Sead Kolašinac	BIH	1993-06-20	183	85	23	23	0	1910	0	2	7	0	0
	Juan Cuadrado	COL	1988-05-26	179	72	23	7	16	827	0	2	3	0	0
	Mitchel Bakker	NED	2000-06-20	185	85	1	0	1	21	0	0	0	0	0
MF	Éderson	BRA	1999-07-07	183	83	37	32	5	2888	4	1	3	1	1
	Lazar Samardžić	SRB	2002-02-24	184	70	31	7	24	1151	2	1	3	0	1
	Marco Brescianini	ITA	2000-01-20	188	80	29	9	20	982	4	2	1	0	0
	Ibrahim Sulemana	GHA	2003-05-22	180	72	9	3	6	283	2	0	1	0	0
	Federico Cassa	ITA	2006-02-01	176	75	2	0	2	12	0	0	0	0	0
	Alberto Manzoni	ITA	2005-06-25	178	64	1	0	1	5	0	0	0	0	0
MF/FW	Ademola Lookman	NGA	1997-10-20	174	71	31	28	3	2266	15	5	4	0	5
	Charles De Ketelaere	BEL	2001-03-10	192	74	36	25	11	2080	7	7	1	0	2
	Mario Pašalić	CRO	1995-02-09	188	77	34	23	11	1971	3	4	1	0	0
	Nicolò Zaniolo	ITA	1999-07-02	190	79	14	0	14	344	2	0	4	0	0
	Daniel Maldini	ITA	2001-10-11	188	83	10	2	8	254	3	0	0	0	0
FW	Mateo Retegui	ITA	1999-04-29	186	84	36	32	4	2405	25	8	2	0	4
	Vanja Vlahović	SRB	2005-11-26	184	75	3	0	3	58	0	0	0	0	0
	Gianluca Scamacca	ITA	1999-01-01	196	85	1	0	1	5	0	0	0	0	0

SERIE A 2024-25 SEASON

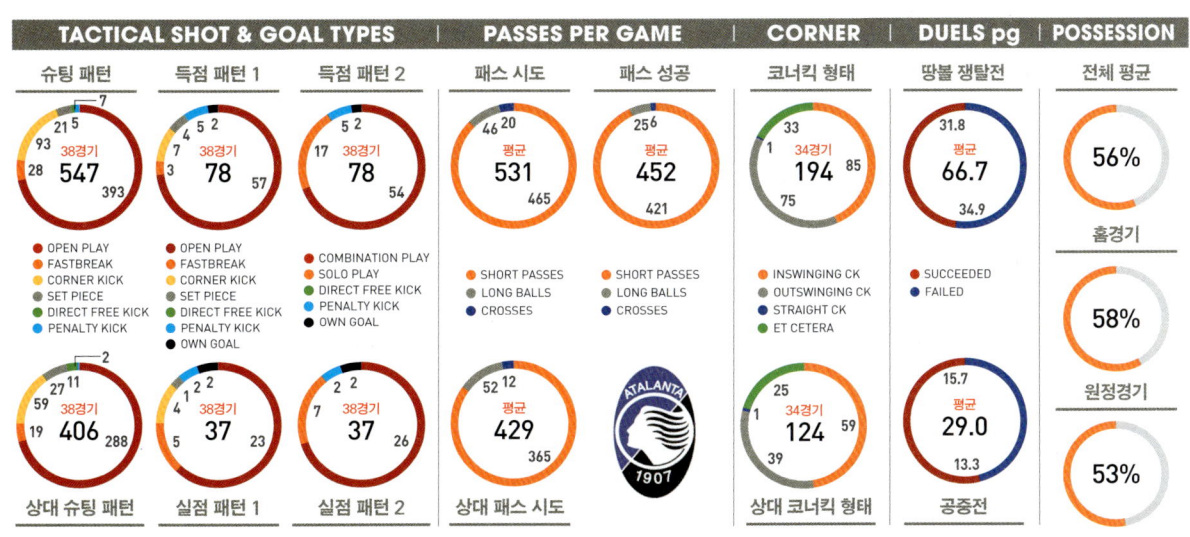

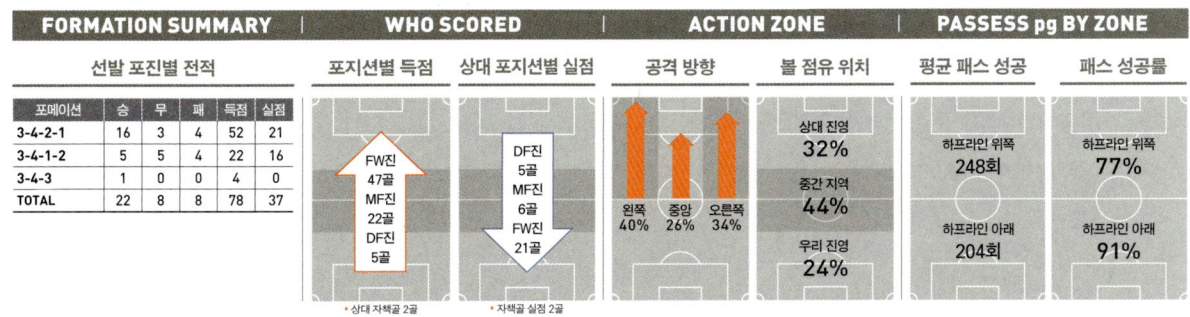

JUVENTUS FC

F Founded 구단 창립 1897년	**O** Owner 아녤리 패밀리	**C** CEO 잔루카 페레로	**M** Manager 이고르 투도르 1978.04.16	25-26 Odds 벳365 : 4.5배 윌리엄힐 : 4.5배	

ITALIAN SERIE-A	COPPA ITALIA	UEFA CHAMPIONS LEAGUE	UEFA EUROPA LEAGUE	FIFA CLUB WORLD CUP	UEFA-CONMEBOL INTERCONTINENTAL
36	15	2	3	0	2

Nationality 33명
- 외국 선수 24명
- 이탈리아 9명

Age 33명 평균 26.0세

Height 33명 평균 185cm

Market Value 33명 평균 1972만 유로

Game Points 24-25 : 70점 통산 : 5971점

2024-25 SEASON RESULT

상대팀	홈	원정
Napoli	0-0	1-2
Inter Milan	1-0	4-4
Atalanta	0-4	1-1
AS Roma	0-0	1-1
Fiorentina	2-2	0-3
Lazio	1-0	1-1
AC Milan	2-0	0-0
Bologna	2-2	1-1
Como	3-0	2-1
Torino	2-0	1-1
Udinese	2-0	2-0
Genoa	1-0	3-0
Hellas Verona	2-0	3-0
Cagliari	1-1	1-0
Parma	2-2	0-1
Lecce	2-1	1-1
Empoli	4-1	0-0
Venezia	2-2	3-2
Monza	2-0	2-1

Juventus Stadium
구장 오픈 2011년
구장 소유 유벤투스 FC
수용 인원 4만 1507명
피치 규모 105m X 68m
잔디 종류 천연 잔디

Win 24-25 : 18승 통산 : 1711승

Draw 24-25 : 16무 통산 : 848무

Loss 24-25 : 4패 통산 : 557패

Goals For 24-25 : 58득점 통산 : 5416득점

Goals Against 24-25 : 35실점 통산 : 2939실점

More Minutes 미켈레 디그레고리오 2970분

Top Scorer 두샨 블라호비치 10골

More Assists 케프랑 튀랑 5도움

More Subs 더글라스 루이스 +1명 16회 교체 IN

More Cards 마누엘 로카텔리 Y9+R0

STRENGTHS & WEAKNESSES

OFFENSE		DEFENSE	
직접 프리킥	C	세트피스 수비	C
문전 처리	C	상대 볼 뺏기	B
측면 돌파	B	공중전 능력	D
스루볼 침투	C	역습 방어	B
개인기 침투	A	지공 방어	C
카운터 어택	B	스루패스 방어	C
기회 만들기	B	리드 지키기	C
세트피스	C	실수 조심	C
OS 피하기	C	측면 방어력	C
중거리 슈팅	C	파울 주의	C
볼 점유율	A	중거리슈팅 수비	B

매우 강함 **A** | 강한 편 **B** | 보통 수준 **C** | 약한 편 **D** | 매우 약함 **E**

PLAY STYLE

OFFENSIVE STYLE
왼 측면 돌파 활성화
포제션 풋볼 지향
짧은 패스 콤비네이션 위주
상대 진영에서 볼 컨트롤

DEFENSIVE STYLE
공격 → 수비 트랜지션 빠름
하프코트 프레싱
블록 수비 위주

RANKING OF LAST 10 YEARS

15-16	16-17	17-18	18-19	19-20	20-21	21-22	22-23	23-24	24-25
1	1	1	1	1	4	4	7	3	4
91점	91점	95점	90점	83점	78점	70점	62점	71점	70점

위치	선수	국적	생년월일	키	몸무게	출전경기	선발11	교체 IN	출전(분)	득점	도움	경고	퇴장	MOM
GK	Michele Di Gregorio	ITA	1997-07-27	187	82	33	33	0	2970	0	0	0	0	1
	Mattia Perin	ITA	1992-11-10	188	85	5	5	0	450	0	0	0	0	0
DF	Pierre Kalulu	FRA	2000-07-05	179	69	29	25	4	2336	1	0	2	1	0
	Federico Gatti	ITA	1998-06-24	190	82	30	26	4	2196	1	0	2	0	2
	Nicolò Savona	ITA	2003-03-19	192	80	28	19	9	1728	2	1	5	0	1
	Renato Veiga	POR	2003-07-29	190	88	13	12	1	1094	0	1	2	0	1
	Lloyd Kelly	ENG	1998-10-01	178	70	12	11	1	1015	0	0	1	0	0
	Bremer	BRA	1997-03-18	188	80	6	6	0	540	0	0	0	0	1
	Juan Cabal	COL	2001-01-08	186	79	7	6	1	462	0	0	1	0	0
	Alberto Costa	POR	2003-09-29	186	78	9	3	6	353	0	1	3	0	0
	Jonas Rouhi	SWE	2004-01-07	183	68	5	1	4	208	0	0	0	0	0
DF MF	Khéphren Thuram	FRA	2001-03-26	192	80	35	26	9	2328	4	5	5	0	3
	Weston McKennie	USA	1998-08-28	183	84	32	27	5	2318	2	4	3	0	0
	Andrea Cambiaso	ITA	2000-02-20	182	77	33	25	8	2222	2	3	4	0	2
	Teun Koopmeiners	NED	1998-02-28	184	77	28	23	5	1998	3	3	3	0	0
	Danilo	BRA	1991-07-15	184	78	12	6	6	579	0	1	2	0	0
MF	Manuel Locatelli	ITA	1998-01-08	185	75	36	34	2	2833	2	2	9	0	1
	Nicolò Fagioli	ITA	2001-02-12	178	71	17	5	12	565	0	0	4	0	0
	Douglas Luiz	BRA	1998-05-09	175	66	19	3	16	518	0	0	2	0	0
	Vasilije Adžić	MNE	2006-05-12	185	75	6	0	6	39	0	0	0	0	0
MF FW	Kenan Yıldız	TUR	2005-05-04	185	77	35	28	7	2413	7	4	2	1	5
	Nicolás González	ARG	1998-04-06	180	72	26	23	3	1765	3	2	3	0	0
	Timothy Weah	USA	2000-02-22	183	66	30	18	12	1638	5	2	4	0	1
	Randal Kolo Muani	FRA	1998-12-05	187	73	16	13	3	1164	8	1	0	0	2
FW	Dušan Vlahović	SRB	2000-01-28	190	88	29	21	8	1786	10	4	3	0	3
	Francisco Conceição	POR	2002-12-14	170	64	26	12	14	1339	3	3	3	1	0
	Samuel Mbangula	BEL	2004-01-16	171	64	23	7	16	702	3	3	1	0	1
	Diego Pugno	ITA	2006-07-07	174	61	1	0	1	6	0	0	0	0	0
	Lorenzo Anghelè	ITA	2005-02-26	186	75	1	0	1	5	0	0	0	0	0

SERIE A 2024-25 SEASON

JUVENTUS FC vs. OPPONENTS PER GAME STATS

유벤투스	vs	상대팀		
1.53	득점	0.92		
13.6	슈팅	10.5		
4.8	유효슈팅	3.1		
5.0	코너킥	4.5		
1.4	오프사이드	1.0		
543	패스시도	394		
478	패스성공	317		
88%	패스성공률	81%		
15.9	태클	15.6		
12.3	공중전승리	12.4		
5.7	인터셉트	7.8		
12.6	파울	10.3		
1.76	경고	1.92		
0.079	퇴장	0.053		

2024-25 SEASON SQUAD LIST & GAMES PLAYED

*괄호 안의 숫자는 선발 출전 횟수, 교체 출전은 포함시키지 않음

LW: T.웨아(1), K.율드즈(1)
CF: D.블라호비치(21), R.K.무아니(12), N.곤살레스(3), T.코프메이너스(2), T.웨아(1), W.맥케니(1)
RW: A.캄비아소(1), F.콘세이상(1)

LAM: K.율드즈(12), S.음반굴라(7), N.곤살레스(6), T.웨아(2)
CAM: T.코프메이너스(16), W.맥케니(9), Y.율드즈(9), N.곤살레스(5), F.콘세이상(2), N.파솔리(1), R.K.무아니(1)
RAM: F.콘세이상(80), N.곤살레스(6), K.율드즈(6), A.캄비아소(2), W.맥케니(1)

LM: A.캄비아소(1)
CM: M.로카텔리(10), K.튀랑(10), W.맥케니(1), D.루이스(1)
RM: T.웨아(1)

LWB: A.캄비아소(3), W.맥케니(2), T.웨아(2)
DM: M.로카텔리(24), K.튀랑(16), W.맥케니(1), T.코프메이너스(5), N.파솔리(4), D.루이스(2)
RWB: N.곤살레스(3), W.맥케니(3), A.코스타(1)

LB: A.캄비아소(15), J.카발(6), W.맥케니(3), N.사보나(3), J.로우이(1), 다닐루(1), L.켈리(1)
CB: F.가티(26), P.칼룰루(24), R.베이가(12), L.켈리(10), 브레메르(6), N.사보나(3), 다닐루(2), A.코스타(1)
RB: N.사보나(13), T.웨아(7), 다닐루(3), A.캄비아소(3), W.맥케니(2), A.코스타(1), P.칼룰루(1)

GK: M.D.그레고리오(33), M.페린(5)

SHOTS & GOALS

38경기 총 517슈팅 - 58득점
38경기 상대 총 399슈팅 - 35실점

32-10		*자책골
315-38		2-2
168-8		

유효 슈팅 183		비유효 슈팅 334	
득점	58	블록 당함	152
GK 방어	125	골대 밖	176
유효슈팅률	35%	골대 맞음	6

유효 슈팅 119		비유효 슈팅 280	
실점	35	블록	146
GK 방어	84	골대 밖	125
유효슈팅률	30%	골대 맞음	9

154-2
218-25 *자책골
27-8 0-0

SHOT TIME / GOAL TIME
시간대별 슈팅 / 시간대별 득점

슈팅 차이: 전반 슈팅 차이 +62, 후반 슈팅 차이 +56, 전체 슈팅 차이 +118
득실차: 전반 골 득실차 +11, 후반 골 득실차 +12, 전체 골 득실차 +23

시간대별 상대 슈팅 / 시간대별 실점

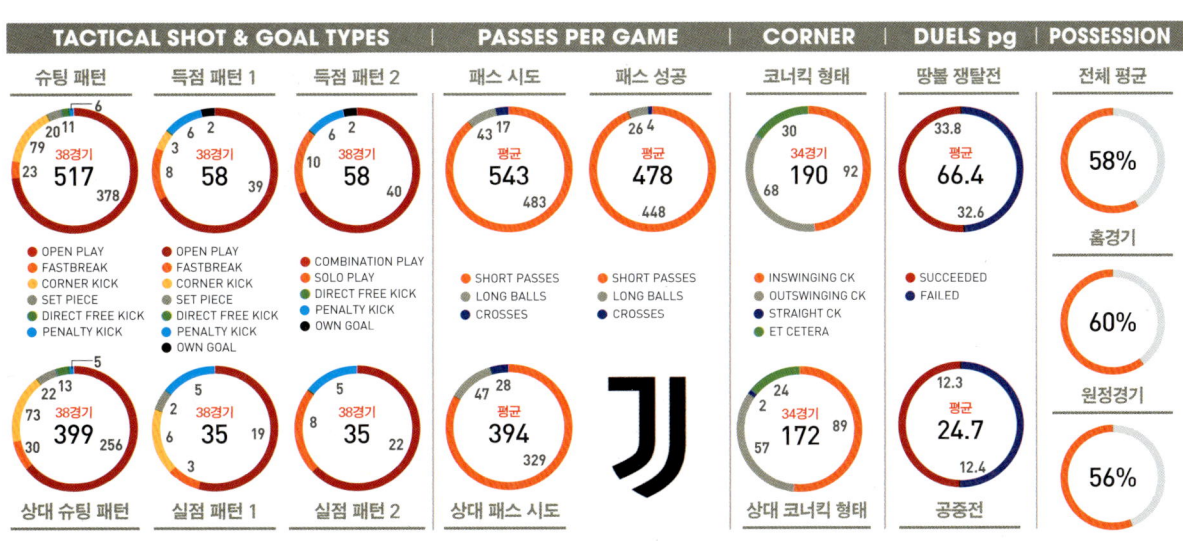

FORMATION SUMMARY — 선발 포진별 전적

포메이션	승	무	패	득점	실점
4-2-3-1	13	11	3	44	26
3-4-2-1	4	2	1	10	6
4-3-3	1	1	0	3	2
4-4-2	0	1	0	0	0
3-4-1-2	0	1	0	1	1
TOTAL	18	16	4	58	35

WHO SCORED — 포지션별 득점: FW진 37골, MF진 13골, DF진 6골
상대 포지션별 실점: DF진 7골, MF진 15골, FW진 13골
*상대 자책골 2골

ACTION ZONE — 공격 방향: 왼쪽 40%, 중앙 26%, 오른쪽 34%
볼 점유 위치: 상대 진영 29%, 중간 지역 44%, 우리 진영 27%

PASSES pg BY ZONE — 평균 패스 성공: 하프라인 위쪽 227회, 하프라인 아래 251회
패스 성공률: 하프라인 위쪽 79%, 하프라인 아래 93%

AS ROMA

ITALIAN SERIE-A	COPPA ITALIA	UEFA CHAMPIONS LEAGUE	UEFA EUROPA LEAGUE	FIFA CLUB WORLD CUP	UEFA-CONMEBOL INTERCONTINENTAL
3	9	0	0	0	0

Founded 구단 창립 1927년
Owner 더 프리드킨 그룹
CEO 댄 프리드킨
Manager 잔피에로 가스페리니 1958.01.26
25-26 Odds 벳365: 11배 / 윌리엄힐: 10배

Nationality 26명 — 외국 선수 16명 / 이탈리아 10명
Age 26명 평균 25.9세
Height 26명 평균 182cm
Market Value 26명 평균 1141만 유로
Game Points 24-25: 69점 / 통산: 4891점

Win 24-25: 20승 / 통산: 1324승
Draw 24-25: 9무 / 통산: 919무
Loss 24-25: 9패 / 통산: 871패
Goals For 24-25: 56득점 / 통산: 4597득점
Goals Against 24-25: 35실점 / 통산: 3522실점

More Minutes 밀르 스빌라르+1명 3420분
Top Scorer 아르템 도브비크 12골
More Assists 마티아스 소울레 5도움
More Subs 토마소 발단치 26회 교체 IN
More Cards 잔루카 만치니+1명 Y8+R0

2024-25 SEASON RESULT

상대팀	홈	원정
Napoli	1-1	0-1
Inter Milan	0-1	1-0
Atalanta	0-2	1-2
Juventus	1-1	0-0
Fiorentina	1-0	1-5
Lazio	2-0	1-1
AC Milan	3-1	1-1
Bologna	2-3	2-2
Como	2-1	0-2
Torino	1-0	2-0
Udinese	3-0	2-1
Genoa	3-1	1-1
Hellas Verona	1-0	2-3
Cagliari	1-0	0-0
Parma	5-0	1-0
Lecce	4-1	1-0
Empoli	1-2	1-0
Venezia	2-1	1-0
Monza	4-0	1-1

PLAY STYLE

OFFENSIVE STYLE
짧은 패스 콤비네이션 위주
포제션 풋볼 지향
상대 진영에서 볼을 컨트롤
오른 측면 돌파 활성화

DEFENSIVE STYLE
블록 수비 위주
하프코트 프레싱

Stadio Olimpico
구장 오픈 / 증개축: 1930년, 증개축 2회
구장 소유: 이탈리아 올림픽위원회
수용 인원: 7만 634명
피치 규모: 105m X 66m
잔디 종류: 천연 잔디

STRENGTHS & WEAKNESSES

OFFENSE		DEFENSE	
직접 프리킥	A	세트피스 수비	B
문전 처리	C	상대 볼 뺏기	C
측면 돌파	B	공중전 능력	D
스루볼 침투	C	역습 방어	D
개인기 침투	C	지공 방어	D
카운터 어택	C	스루패스 방어	C
기회 만들기	C	리드 지키기	A
세트피스	B	실수 조심	C
OS 피하기	C	측면 방어력	C
중거리 슈팅	A	파울 주의	C
볼 점유율	A	중거리슈팅 수비	C

매우 강함 A / 강한 편 B / 보통 수준 C / 약한 편 D / 매우 약함 E

RANKING OF LAST 10 YEARS

15-16	16-17	17-18	18-19	19-20	20-21	21-22	22-23	23-24	24-25
3위 80점	2위 87점	3위 77점	6위 66점	5위 70점	7위 62점	6위 63점	6위 63점	6위 63점	5위 69점

위치	선수	국적	생년월일	키	몸무게	출전경기	선발11	교체 IN	출전(분)	득점	도움	경고	퇴장	MOM
GK	Mile Svilar	BEL	1999-08-27	189	77	38	38	0	3420	0	0	1	0	4
DF	Evan Ndicka	CIV	1999-08-20	192	82	38	38	0	3420	0	1	2	0	0
DF	Mats Hummels	GER	1988-12-16	191	94	14	11	3	920	0	0	1	0	1
DF	Mario Hermoso	ESP	1995-06-18	184	75	8	2	6	246	0	0	0	1	0
DF	Saud Abdulhamid	KSA	1999-07-18	171	71	4	2	2	205	0	1	0	0	0
DF	Victor Nelsson	DEN	1998-10-14	185	78	4	1	3	185	0	0	0	0	0
DF	Samuel Dahl	SWE	2003-03-04	174	68	2	0	2	41	0	0	0	0	0
DF/MF	Angeliño	ESP	1997-01-04	175	69	38	36	2	3179	2	1	1	0	3
DF/MF	Gianluca Mancini	ITA	1996-04-17	190	77	37	36	1	3146	2	0	8	0	0
DF/MF	Zeki Çelik	TUR	1997-02-17	180	78	31	27	4	2266	0	2	5	0	2
DF/MF	Bryan Cristante	ITA	1995-03-03	186	80	30	23	7	2048	4	2	8	0	2
DF/MF	Nicola Zalewski	POL	2002-01-23	175	68	12	4	8	532	0	0	0	0	0
DF/MF	Devyne Rensch	NED	2003-01-18	181	75	14	5	9	465	0	1	0	0	0
DF/MF	Anass Salah-Eddine	NED	2002-01-18	180	66	3	2	1	153	0	1	0	0	0
MF	Manu Koné	FRA	2001-05-17	185	80	34	31	3	2580	2	1	6	0	0
MF	Lorenzo Pellegrini	ITA	1996-06-19	186	77	25	20	5	1636	3	1	4	0	0
MF	Alexis Saelemaekers	BEL	1999-06-27	180	72	22	17	5	1397	7	3	4	0	2
MF	Leandro Paredes	ARG	1994-06-29	180	75	22	15	7	1373	3	1	4	0	0
MF	Niccolò Pisilli	ITA	2004-09-23	181	73	28	11	17	1220	2	1	7	0	0
MF	Enzo Le Fée	FRA	2000-02-03	170	63	6	4	2	319	0	0	1	0	0
MF	Lucas Gourna-Douath	FRA	2003-08-05	185	81	6	2	4	226	0	0	2	0	0
MF/FW	Matías Soulé	ARG	2003-04-15	182	76	27	22	5	1792	5	5	3	0	4
MF/FW	Eldor Shomurodov	UZB	1995-06-29	190	76	27	11	16	1095	4	4	1	0	0
MF/FW	Stephan El Shaarawy	ITA	1992-10-27	178	72	31	12	19	1091	3	4	2	0	3
FW	Artem Dovbyk	UKR	1997-06-21	189	92	32	27	5	2432	12	2	0	0	2
FW	Paulo Dybala	ARG	1993-11-15	177	75	24	16	8	1420	6	3	2	0	4
FW	Tommaso Baldanzi	ITA	2003-03-23	176	63	31	5	26	815	1	1	2	0	0
FW	Tammy Abraham	ENG	1997-10-02	190	80	1	0	1	0	0	0	0	0	0

SERIE A 2024-25 SEASON

AS ROMA vs. OPPONENTS PER GAME STATS

AS 로마 vs 상대팀	득점	슈팅	유효슈팅	코너킥	오프사이드	패스시도	패스성공	패스성공률	태클	공중전승리	인터셉트	파울	경고	퇴장
	1.47 / 0.92	13.8 / 11.7	4.5 / 4.0	4.5 / 4.0	1.6 / 1.2	515 / 441	PA 443 / 360	86% / 82%	14.5 / 14.4	11.9 / 12.8	7.4 / 6.9	10.7 / 13.3	1.74 / 2.29	0.026 / 0.158

2024-25 SEASON SQUAD LIST & GAMES PLAYED
* 괄호 안의 숫자는 선발 출전 횟수, 교체 출전은 포함시키지 않음

LW	CF	RW
S.엘샤라위(1)	A.도브비크(27), E.쇼무로도프(1) P.디발라(5), A.살레마커스(2) M.소울레(1), S.엘샤라위(1)	M.소울레(1)

LAM	CAM	RAM
A.살레마커스(2), N.잘레프스키(1)	M.소울레(12), P.디발라(11) L.펠레그리니(11), T.발단치(5) S.엘샤라위(4), N.피실리(3) A.살레마커스(1), E.쇼무로도프(1)	M.소울레(3)

LM	CM	RM
N.피실리(1), A.살레마커스(1) 앙헬리뇨	M.코네(30), B.크리스탄테(21) L.파레데스(13), L.펠레그리니(9) N.피실리(6), E.르페(3) L.구르나-두아스(2)	S.엘샤라위(1), M.소울레(1) Z.첼리크(1)

LWB	DM	RWB
앙헬리뇨(20), S.엘샤라위(4) N.잘레프스키(3), A.살라-에딘(1) A.살레마커스(1)	B.크리스탄테(1), L.파레데스(1) N.피실리(1), M.코네(1) E.르페(1)	Z.첼리크(10), A.살레마커스(10) M.소울레(4), D.렌슈(3) S.압둘하미드(2), S.엘샤라위(1)

LB	CB	RB
앙헬리뇨(7)	E.은디카(38), G.만치니(36) M.후멜스(11), Z.첼리크(10) 앙헬리뇨(8), M.에르모소(2) V.넬손(1), D.렌수(1)	Z.첼리크(6), D.렌수(1)

GK
M.스빌라르(38)

SHOTS & GOALS

38경기 총 523슈팅 - 56득점
38경기 상대 총 443슈팅 - 35실점

	34-13		자책골 1-1
	302-31		
	186-11		

유효 슈팅 171		비유효 슈팅 352	
득점	56	블록 당함	160
GK 방어	115	골대 밖	178
유효슈팅률	33%	골대 맞음	14

유효 슈팅 152		비유효 슈팅 291	
실점	35	블록	114
GK 방어	117	골대 밖	169
유효슈팅률	34%	골대 맞음	8

	167-3		
	242-24		자책골 1-1
	33-7		

SHOT TIME | GOAL TIME
시간대별 슈팅 | 시간대별 득점

시간대별 슈팅: 96, 78, 83, 88, 106, 72
시간대별 득점: 10, 8, 11, 8, 14, 5

슈팅 차이 / 득실차
전반 슈팅 차이 +54 / 전반 골 득실차 +4
후반 슈팅 차이 +26 / 후반 골 득실차 +17
전체 슈팅 차이 +80 / 전체 골 득실차 +21

시간대별 상대 슈팅: 91, 59, 78, 64, 90, 61
시간대별 실점: 6, 4, 6, 3, 6, 1

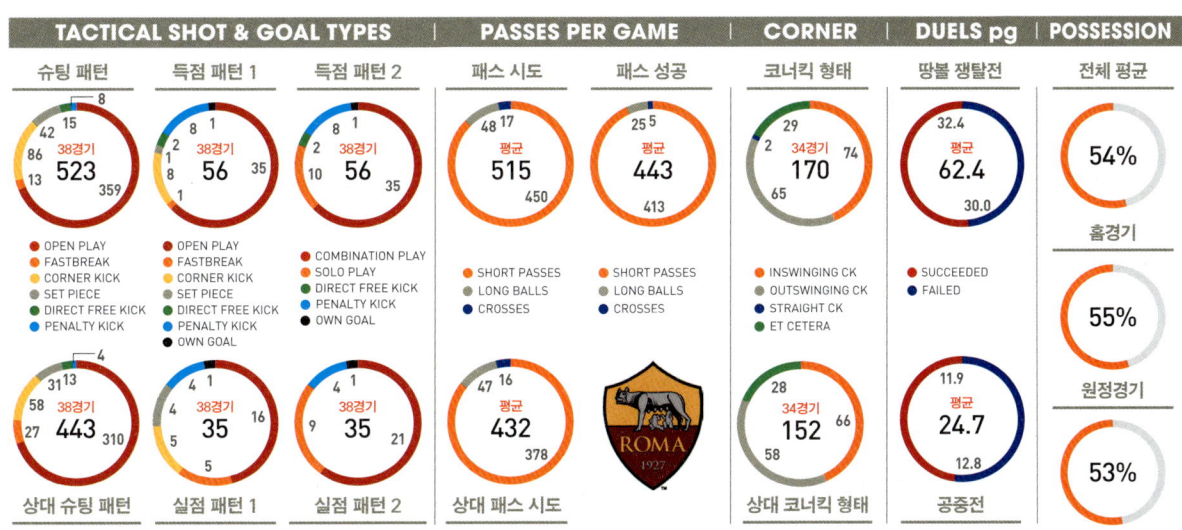

FORMATION SUMMARY · WHO SCORED · ACTION ZONE · PASSES pg BY ZONE

선발 포진별 전적

포메이션	승	무	패	득점	실점
3-4-2-1	10	3	5	27	16
3-5-2	6	1	0	13	4
3-5-1-1	2	1	2	7	9
4-2-3-1	0	3	0	1	1
4-3-2-1	0	0	1	1	2
4-3-3	0	1	0	1	1
4-4-1-1	0	0	1	0	1
4-1-4-1	1	0	0	2	0
3-4-1-2	1	0	0	4	1
TOTAL	20	9	9	56	35

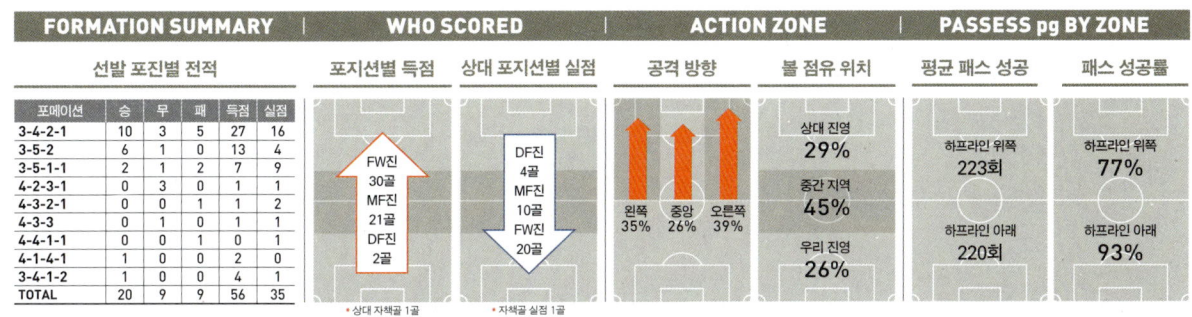

ACF FIORENTINA

Founded 구단 창립 1926년	**Owner** 뉴피오렌티나 SRL	**CEO** 로코 코미소 1949.11.25	**Manager** 스테파노 피올리 1965.10.20	**25-26 Odds** 벳365 : 66배 윌리엄힐 : 66배	

🏆 2	🏆 6	🏆 0	🏆 0	🏆 0	🏆 0
ITALIAN SERIE-A	COPPA ITALIA	UEFA CHAMPIONS LEAGUE	UEFA EUROPA LEAGUE	FIFA CLUB WORLD CUP	UEFA-CONMEBOL INTERCONTINENTAL

Nationality 외국 선수 18명 이탈리아 19명	**Age** 37명 평균 25.8세	**Height** 37명 평균 185cm	**Market Value** 37명 평균 825만 유로	**Game Points** 24-25 : 65점 통산 : 4356점	

Win 24-25 : 19승 통산 : 1169승	**Draw** 24-25 : 8무 통산 : 894무	**Loss** 24-25 : 11패 통산 : 889패	**Goals For** 24-25 : 60득점 통산 : 4115득점	**Goals Against** 24-25 : 41실점 통산 : 3424실점

More Minutes 도도 3119분	**Top Scorer** 모이제 켄 19골	**More Assists** 야신 아들리 6도움	**More Subs** 아미르 리차드슨 17회 교체 IN	**More Cards** 도도 Y8+R0

2024-25 SEASON RESULT

상대팀	홈	원정
Napoli	0-3	1-2
Inter Milan	3-0	1-2
Atalanta	1-0	2-3
Juventus	3-0	2-2
AS Roma	5-1	0-1
Lazio	2-1	2-1
AC Milan	2-1	2-2
Bologna	3-2	0-1
Como	0-2	2-0
Torino	1-1	1-0
Udinese	1-2	3-2
Genoa	2-1	1-0
Hellas Verona	3-1	0-1
Cagliari	1-0	2-1
Parma	0-0	1-1
Lecce	1-0	6-0
Empoli	2-1	0-0
Venezia	0-0	1-2
Monza	2-2	1-2

PLAY STYLE

OFFENSIVE STYLE
측면 돌파 활성화
종방향 다이렉트 플레이 중시
민첩한 수비-공격 트랜지션
다양한 세트 플레이 전술

DEFENSIVE STYLE
자기 진영에서 볼 컨트롤
블록 수비 위주
하프코트 프레싱

Stadio Artemio Franchi

구장 오픈 1931년
구장 소유 피렌체 시
수용 인원 4만 3147명
피치 규모 105m X 68m
잔디 종류 천연 잔디

STRENGTHS & WEAKNESSES

OFFENSE		DEFENSE	
직접 프리킥	B	세트피스 수비	B
문전 처리	B	상대 볼 뺏기	C
측면 돌파	B	공중전 능력	C
스루볼 침투	C	역습 방어	C
개인기 침투	C	지공 방어	D
카운터 어택	B	스루패스 방어	C
기회 만들기	C	리드 지키기	C
세트피스	C	실수 조심	C
OS 피하기	A	측면 방어력	C
중거리 슈팅	C	파울 주의	C
볼 점유율	C	중거리슈팅 수비	D

매우 강함 A 강한 편 B 보통 수준 C 약한 편 D 매우 약함 E

RANKING OF LAST 10 YEARS

15-16	16-17	17-18	18-19	19-20	20-21	21-22	22-23	23-24	24-25
5	8	8	16	10	14	7	8	8	6
64점	60점	57점	41점	49점	40점	62점	56점	60점	65점

위치	선수	국적	생년월일	키	몸무게	출전경기	선발11	교체 IN	출전(분)	득점	도움	경고	퇴장	MOM
GK	David De Gea	ESP	1990-11-07	192	76	35	35	0	3150	0	1	1	0	2
	Pietro Terracciano	ITA	1990-03-08	193	85	3	3	0	270	0	0	0	0	0
	Tommaso Martinelli	ITA	2006-01-06	170	63	1	0	1	7	0	0	0	0	0
DF	Pietro Comuzzo	ITA	2005-02-20	185	75	33	24	9	2197	1	0	5	0	0
	Marin Pongračić	CRO	1997-09-11	190	95	20	14	6	1368	0	0	1	1	0
	Pablo Marí	ESP	1993-08-31	193	87	13	12	1	1098	0	0	2	0	1
	Lucas Martínez Quarta	ARG	1996-05-10	183	76	8	4	4	349	1	0	1	0	0
	Matías Moreno	ARG	2003-09-24	193	81	4	2	2	144	0	0	0	0	0
	Michael Kayode	ITA	2004-07-10	179	74	5	1	4	124	0	0	0	0	0
DF MF	Dodô	BRA	1998-11-17	166	68	35	35	0	3119	0	5	8	0	1
	Luca Ranieri	ITA	1999-04-23	187	73	36	35	1	3077	1	3	7	0	1
	Robin Gosens	GER	1994-07-05	183	76	32	29	3	2529	5	5	6	0	5
	Fabiano Parisi	ITA	2000-11-09	178	70	26	11	15	1116	2	0	3	0	1
	Cristiano Biraghi	ITA	1992-09-01	185	78	8	5	3	431	1	0	0	0	1
	Sofyan Amrabat	MAR	1996-08-21	183	82	2	2	0	180	0	0	0	0	0
MF	Rolando Mandragora	ITA	1997-06-29	183	76	29	22	7	1937	4	3	7	0	3
	Danilo Cataldi	ITA	1994-08-06	180	70	25	22	3	1726	3	0	1	0	2
	Andrea Colpani	ITA	1999-05-11	184	69	25	17	8	1443	2	1	1	0	0
	Yacine Adli	FRA	2000-07-29	186	73	26	15	11	1235	4	6	1	1	2
	Amir Richardson	MAR	2002-01-24	197	79	27	10	17	1093	1	1	6	0	1
	Edoardo Bove	ITA	2002-05-16	179	77	12	11	1	857	1	2	3	0	1
	Riccardo Sottil	ITA	1999-06-03	180	75	18	8	10	829	1	1	2	0	0
	Michael Folorunsho	ITA	1998-02-07	190	92	14	6	8	647	0	0	5	0	1
	Cher Ndour	ITA	2004-07-27	190	82	9	4	5	404	0	0	1	0	0
	Jonathan Ikoné	FRA	1998-05-02	175	67	14	1	13	325	0	0	0	0	0
	Antonín Barák	CZE	1994-12-03	190	86	1	1	0	55	0	0	1	0	0
	Alessandro Bianco	ITA	2002-10-01	173	67	1	0	1	17	0	0	0	0	0
MF FW	Albert Guðmundsson	ISL	1997-06-15	177	80	24	16	8	1280	6	1	2	0	1
	Nicolò Fagioli	ITA	2001-02-12	178	71	15	10	5	963	1	2	2	0	0
	Christian Kouamé	CIV	1997-12-06	188	75	18	5	13	614	0	1	1	0	0
FW	Moise Kean	ITA	2000-02-28	183	67	32	31	1	2712	19	3	6	0	3
	Lucas Beltrán	ARG	2001-03-29	174	75	33	21	12	1960	5	4	6	0	0
	Nicolò Zaniolo	ITA	1999-07-02	190	79	9	4	5	343	0	0	2	1	0
	Maat Caprini	ITA	2006-02-11	180	72	2	0	2	7	0	0	0	0	0

SERIE A 2024-25 SEASON

ACF FIORENTINA vs. OPPONENTS PER GAME STATS

피오렌티나		상대팀
1.58	득점	1.08
11.8	슈팅	11.7
4.6	유효슈팅	3.9
3.9	코너킥	3.9
2.3	오프사이드	1.1
444	패스시도 (PA)	436
370	패스성공 (PC)	350
83%	패스성공률 (P%)	80%
14.0	태클 (TK)	14.3
13.7	공중전승리 (AD)	13.3
7.2	인터셉트 (IT)	6.1
11.6	파울	15.2
2.13	경고	2.42
0.079	퇴장	0.184

2024-25 SEASON SQUAD LIST & GAMES PLAYED

* 괄호 안의 숫자는 선발 출전 횟수, 교체 출전은 포함시키지 않음

LW	CF	RW
N/A	M.켄(31), L.벨트란(5) A.귀드묀드손(5), N.차니올로(3) C.쿠아메(1)	N/A

LAM	CAM	RAM
R.소틸(7), E.보베(4) L.벨트란(3), M.폴로룬쇼(2) C.쿠아메(1)	L.벨트란(12), A.구드문드손(11) A.콜파니(4), C.쿠아메(2) E.보베(2), N.파졸리(1) A.바락(1), A.리차드슨(1) C.은두르(1), R.소틸(1)	A.콜파니(13), M.폴로룬쇼(2) N.차니올로(1), J.이코네(1)

LM	CM	RM
E.보베(1), L.벨트란(1) R.고젠스(1)	R.만드라고라(18), D.카탈디(12) N.파졸리(9), A.리차드슨(5) Y.아들리(4), C.은두르(3) S.암라바트(2), F.파리시(1)	A.콜파니(1), M.폴로룬쇼(1) 도도(1)

LWB	DM	RWB
R.고젠스(11), F.파리시(6) C.비라기(1)	Y.아들리(11), D.카탈디(11) R.만드라고라(4), E.보베(4) A.리차드슨(1)	도도(16), F.파리시(1) M.폴로룬쇼(1)

LB	CB	RB
R.고젠스(17), F.파리시(3)	L.라니에리(35), P.코무초(23) M.폰그라치치(14), P.마리(12) L.M.콰르타(4), C.비라기(4) M.모레노(1)	도도(18), M.카요데(1) P.코무초(1)

	GK	
	D.데헤아(35), P.테라차노(3)	

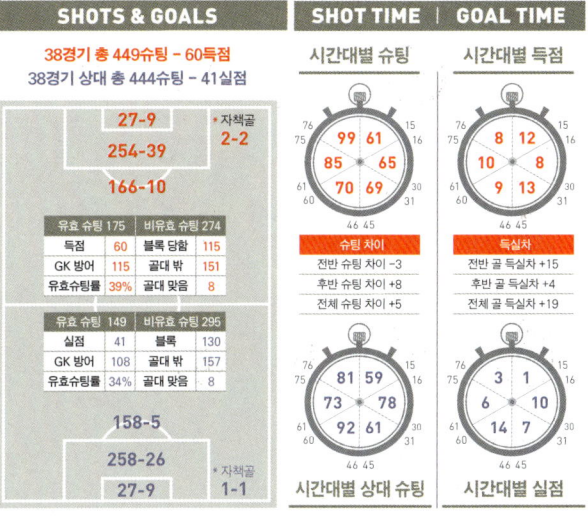

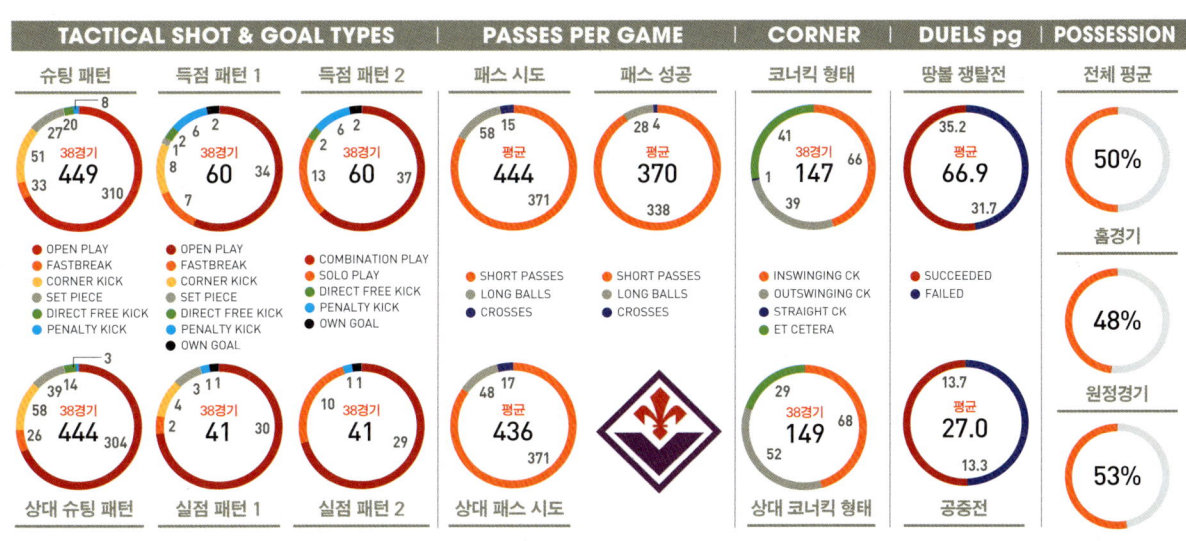

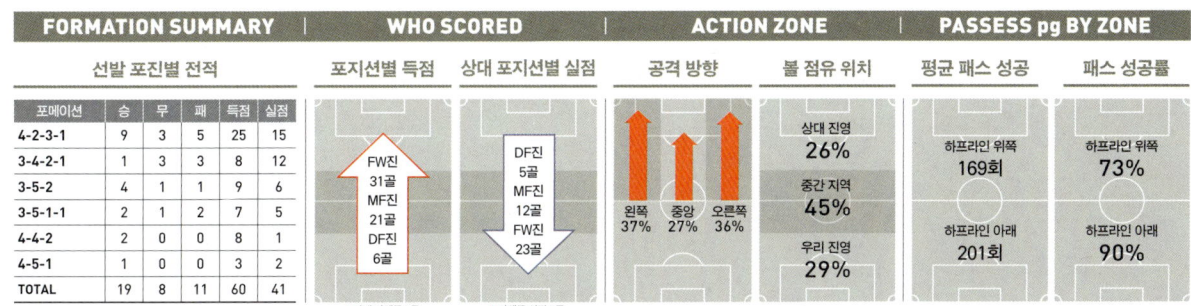

SS LAZIO

Founded 구단 창립 1900년	**Owner** 클라우디오 로티토 1957.05.09	**CEO** 클라우디오 로티토 1957.05.09	**Manager** 마우리치오 사리 1959.01.10	**25-26 Odds** 벳365 : 33배 윌리엄스 : 33배	
Nationality • 외국 선수 22명 • 이탈리아 12명	**Age** 34명 평균 26.8세	**Height** 34명 평균 183cm	**Market Value** 34명 평균 821만 유로	**Game Points** 24-25 : 65점 통산 : 4060점	
Win 24-25 : 18승 통산 : 1094승	**Draw** 24-25 : 11무 통산 : 811무	**Loss** 24-25 : 9패 통산 : 909패	**Goals For** 24-25 : 61득점 통산 : 3954득점	**Goals Against** 24-25 : 49실점 통산 : 3493실점	
More Minutes 마테오 귀엔두지 3275분	**Top Scorer** 페드로+1명 10골	**More Assists** 누누 타바레스 8도움	**More Subs** 페드로 24회 교체 IN	**More Cards** 니콜로 로벨라 Y13+R0	

Trophies:
- ITALIAN SERIE-A: 2
- COPPA ITALIA: 7
- UEFA CHAMPIONS LEAGUE: 0
- UEFA EUROPA LEAGUE: 0
- FIFA CLUB WORLD CUP: 0
- UEFA-CONMEBOL INTERCONTINENTAL: 0

2024-25 SEASON RESULT

상대팀	홈	원정
Napoli	2-2	1-0
Inter Milan	0-6	2-2
Atalanta	1-1	1-0
Juventus	1-1	0-1
AS Roma	1-1	0-2
Fiorentina	1-2	1-2
AC Milan	2-2	2-1
Bologna	3-0	0-5
Como	1-1	5-1
Torino	1-1	3-2
Udinese	1-1	1-2
Genoa	3-0	2-0
Hellas Verona	2-1	3-0
Cagliari	2-1	2-1
Parma	2-2	1-3
Lecce	0-1	2-1
Empoli	2-1	1-0
Venezia	3-1	0-0
Monza	5-1	1-0

Stadio Olimpico

구장 오픈 / 증개축
1930년, 증개축 2회
구장 소유
이탈리아 올림픽위원회
수용 인원
7만 634명
피치 규모
105m X 66m
잔디 종류
천연 잔디

STRENGTHS & WEAKNESSES

OFFENSE		DEFENSE	
직접 프리킥	C	세트피스 수비	C
문전 처리	B	상대 볼 뺏기	C
측면 돌파	C	공중전 능력	D
스루볼 침투	B	역습 방어	C
개인기 침투	B	지공 방어	C
카운터 어택	B	스루패스 방어	C
기회 만들기	B	리드 지키기	C
세트피스	C	실수 조심	C
OS 피하기	C	측면 방어력	C
중거리 슈팅	C	파울 주의	C
볼 점유율	A	중거리슈팅 수비	C

매우 강함 A 강한 편 B 보통 수준 C 약한 편 D 매우 약함 E

PLAY STYLE

OFFENSIVE STYLE
포제션 풋볼 지향
상대 진영에서 볼을 컨트롤
왼 측면 돌파 활성화
전체 패스 대비 크로스, 스루볼 비율 높음

DEFENSIVE STYLE
도전적인 수비 구사
카운터 프레싱 지향
선발 일레븐 로테이션

RANKING OF LAST 10 YEARS

15-16	16-17	17-18	18-19	19-20	20-21	21-22	22-23	23-24	24-25
8위 54점	5위 70점	5위 72점	8위 59점	4위 78점	6위 68점	5위 64점	2위 74점	7위 61점	7위 65점

위치	선수	국적	생년월일	키	몸무게	출전경기	선발11	교체 IN	출전(분)	득점	도움	경고	퇴장	MOM
GK	Ivan Provedel	ITA	1994-03-17	194	82	29	29	0	2610	0	0	0	0	0
	Christos Mandas	GRE	2001-09-17	189	83	9	9	0	810	0	0	0	0	1
DF	Mario Gila	ESP	2000-08-29	185	74	32	31	1	2743	1	0	8	0	1
	Alessio Romagnoli	ITA	1995-01-12	185	75	32	31	1	2675	2	0	4	2	0
	Samuel Gigot	FRA	1993-10-12	187	83	15	7	8	683	2	0	2	0	0
	Nicolò Casale	ITA	1998-02-14	191	84	2	2	0	136	0	0	0	0	0
	Oliver Provstgaard	DEN	2003-06-04	194	70	2	0	2	33	0	0	1	0	0
	Adam Marušić	SRB	1992-10-17	185	76	35	26	9	2338	4	0	1	0	1
	Nuno Tavares	POR	2000-01-26	183	75	23	22	1	1701	0	8	2	1	3
DF MF	Manuel Lazzari	ITA	1993-11-29	174	67	25	16	9	1410	0	1	3	0	0
	Luca Pellegrini	ITA	1999-03-07	178	72	22	10	12	1060	0	4	5	0	0
	Patric	ESP	1993-04-17	184	72	11	6	5	605	1	0	3	0	0
	Elseid Hysaj	ALB	1994-02-02	182	70	11	4	7	422	0	0	3	0	1
MF	Mattéo Guendouzi	FRA	1999-04-14	185	68	37	37	0	3275	1	3	8	0	1
	Nicolò Rovella	ITA	2001-12-04	179	66	33	31	2	2729	0	3	13	0	1
	Fisayo Dele-Bashiru	ENG	2001-02-06	176	70	20	12	8	947	3	1	0	0	0
	Matías Vecino	URU	1991-08-24	187	81	20	7	13	869	2	3	7	0	0
	Reda Belahyane	MAR	2004-06-01	169	53	6	1	5	191	0	0	1	0	0
	Gaetano Castrovilli	ITA	1997-02-17	176	71	9	1	8	140	0	0	0	0	0
	Arijon Ibrahimović	GER	2005-12-11	176	69	1	0	1	7	0	0	0	0	0
MF FW	Mattia Zaccagni	ITA	1995-06-16	177	63	34	33	1	2704	8	6	10	0	4
	Boulaye Dia	SEN	1996-11-16	180	75	35	27	8	2196	9	3	2	0	2
	Pedro	ESP	1987-07-28	169	65	30	6	24	1088	10	1	3	0	1
	Tijjani Noslin	NED	1999-07-07	180	75	30	8	22	849	2	2	2	0	0
	Loum Tchaouna	FRA	2003-09-08	180	68	24	6	18	651	1	0	0	0	0
FW	Valentín Castellanos	ARG	1998-10-03	178	70	29	28	1	2396	10	3	8	1	4
	Gustav Isaksen	DEN	2001-04-19	181	68	37	29	8	2234	4	2	2	0	0

SERIE A 2024-25 SEASON

SS LAZIO vs. OPPONENTS PER GAME STATS

라치오 vs 상대팀

라치오		상대팀
1.61	득점	1.29
14.1	슈팅	10.2
5.0	유효슈팅	3.2
6.0	코너킥	4.4
1.2	오프사이드	0.9
496	패스시도	406
431	패스성공	329
87%	패스성공률	81%
13.7	태클	15.2
12.9	공중전승리	13.4
7.8	인터셉트	7.2
11.2	파울	13.4
2.45	경고	3.05
0.184	퇴장	0.368

2024-25 SEASON SQUAD LIST & GAMES PLAYED

*괄호 안의 숫자는 선발 출전 횟수, 교체 출전은 포함시키지 않음

LW M.차카니(5)
CF V.카스테야노스(28), B.디아(6), L.차우나(2), T.노슬린(2)
RW T.노슬린(2), 페드로 G.이삭슨(1)

LAM M.차카니(27), T.노슬린(3), B.디아(1), F.델레-바시루(1)
CAM B.디아(20), F.델레-바시루(5), 페드로(4), M.베시노(2), T.노슬린(1), L.차우나(1)
RAM G.이삭슨(28), A.마루시치(2), L.차우나(1)

LM M.차카니(1)
CM M.귀엔두지(6), N.로벨라(5), M.베시노(3), F.델레-바시루(3)
RM L.차우나(1)

LWB N/A
DM M.귀엔두지(31), N.로벨라(26), F.델레-바시루(3), M.베시노(2), G.카스트로빌리(1), R.벨라인(1)
RWB N/A

LB N.타바레스(22), L.펠레그리니(10)
CB M.힐라(31), A.로마뇰리(31), S.지고(7), 파트릭(5), N.카잘레(2)
RB A.마루시치(18), M.라차리(16), E.히사이(4)

GK I.프로베델(29), C.만다스(9)

SHOTS & GOALS

38경기 총 536슈팅 - 61득점
38경기 상대 총 386슈팅 - 49실점

40-16
303-41
192-3
자책골 1-1

유효 슈팅 191		비유효 슈팅 345	
득점	61	블록 담함	142
GK 방어	130	골대 밖	192
유효슈팅률	36%	골대 맞춤	11

유효 슈팅 120		비유효 슈팅 266	
실점	49	블록	97
GK 방어	71	골대 밖	162
유효슈팅률	31%	골대 맞춤	7

131-4
226-32
27-11
자책골 2-2

SHOT TIME | GOAL TIME

시간별 슈팅 / 시간별 득점

슈팅: 123 73 83 87 103 67
득점: 21 7 10 8 8 7

슈팅 차이
전반 슈팅 차이 +57
후반 슈팅 차이 +93
전체 슈팅 차이 +150

득실차
전반 골 득실차 +3
후반 골 득실차 +9
전체 골 득실차 +12

상대 슈팅: 82 64 64 48 70 58
실점: 12 11 6 3 12 5

시간대별 상대 슈팅 / 시간대별 실점

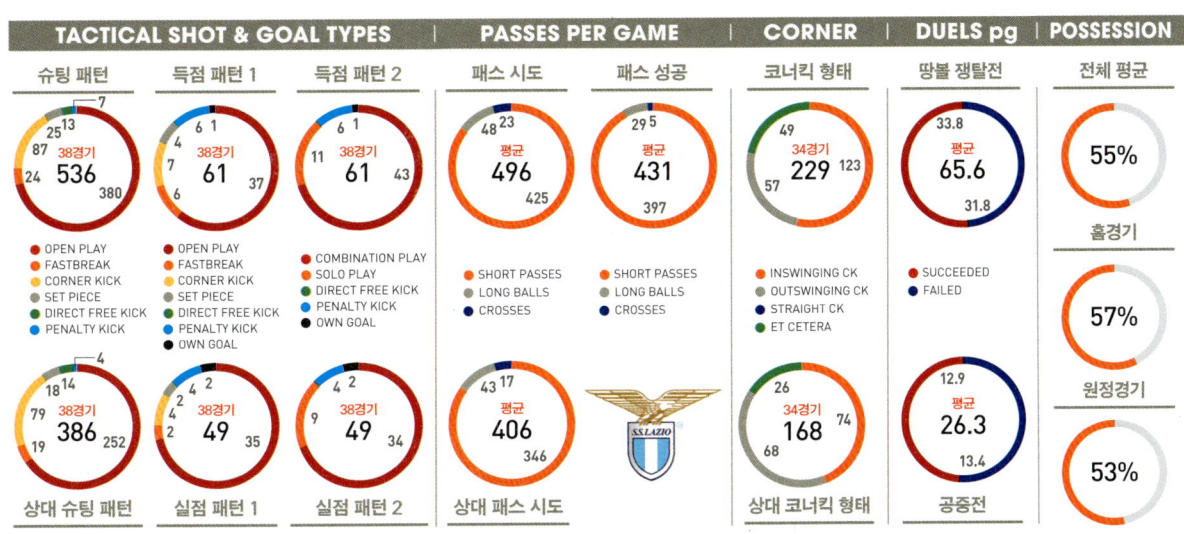

TACTICAL SHOT & GOAL TYPES

슈팅 패턴 38경기 536 (7, 13, 25, 87, 24, 380)
- OPEN PLAY
- FASTBREAK
- CORNER KICK
- SET PIECE
- DIRECT FREE KICK
- PENALTY KICK

득점 패턴 1 38경기 61 (6, 1, 4, 7, 6, 37)
- OPEN PLAY
- FASTBREAK
- CORNER KICK
- SET PIECE
- DIRECT FREE KICK
- PENALTY KICK

득점 패턴 2 38경기 61 (6, 1, 11, 43)
- COMBINATION PLAY
- SOLO PLAY
- DIRECT FREE KICK
- PENALTY KICK
- OWN GOAL

상대 슈팅 패턴 38경기 386 (4, 14, 18, 79, 19, 252)

실점 패턴 1 38경기 49 (4, 2, 2, 4, 2, 35)

실점 패턴 2 38경기 49 (4, 2, 9, 34)

PASSES PER GAME

패스 시도 평균 496 (48, 23, 425)
패스 성공 평균 431 (29, 5, 397)
- SHORT PASSES
- LONG BALLS
- CROSSES

상대 패스 시도 평균 406 (43, 17, 346)

CORNER

코너킥 형태 34경기 229 (49, 57, 123)
- INSWINGING CK
- OUTSWINGING CK
- STRAIGHT CK
- ET CETERA

상대 코너킥 형태 34경기 168 (26, 68, 74)

DUELS pg

땅볼 쟁탈전 평균 65.6 (33.8, 31.8)
- SUCCEEDED
- FAILED

공중전 평균 26.3 (12.9, 13.4)

POSSESSION

전체 평균 55%
홈경기 57%
원정경기 53%

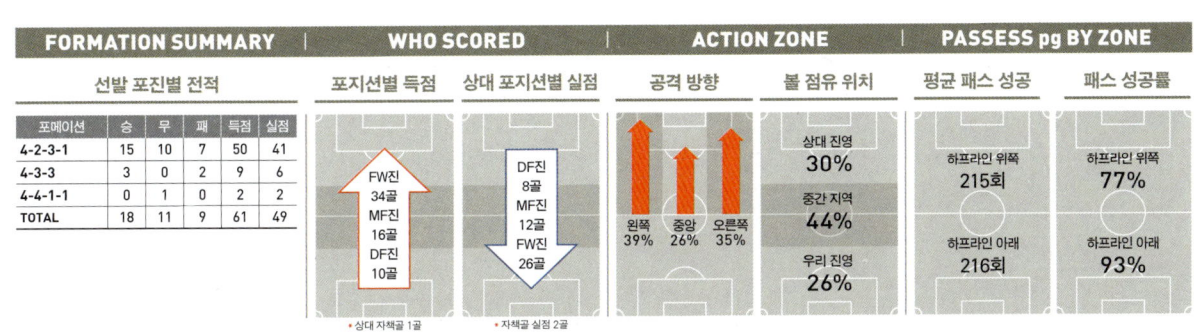

FORMATION SUMMARY

선발 포지션별 전적

포메이션	승	무	패	득점	실점
4-2-3-1	15	10	7	50	41
4-3-3	3	0	2	9	6
4-4-1-1	0	1	0	2	2
TOTAL	18	11	9	61	49

WHO SCORED

포지션별 득점
FW진 34골
MF진 16골
DF진 10골
*상대 자책골 1골

상대 포지션별 실점
DF진 8골
MF진 12골
FW진 26골
*자책골 실점 2골

ACTION ZONE

공격 방향
왼쪽 39% 중앙 26% 오른쪽 35%

볼 점유 위치
상대 진영 30%
중간 지역 44%
우리 진영 26%

PASSESS pg BY ZONE

평균 패스 성공
하프라인 위쪽 215회
하프라인 아래 216회

패스 성공률
하프라인 위쪽 77%
하프라인 아래 93%

AC MILAN

 Founded 구단 창립 1899년
 Owner 레드버드 캐피탈
 CEO 파울로 스카로니 1946.11.28
 Manager 마시밀리아노 알레그리 1967.08.11
 25-26 Odds 벳365 : 5.5배 윌리엄힐 : 5.5배

	19	5	7	0	1	3
	ITALIAN SERIE-A	COPPA ITALIA	UEFA CHAMPIONS LEAGUE	UEFA EUROPA LEAGUE	FIFA CLUB WORLD CUP	UEFA-CONMEBOL INTERCONTINENTAL

 Nationality 외국 선수 19명 / 이탈리아 7명
 Age 26명 평균 25.5세
 Height 26명 평균 cm
 Market Value 26명 평균 1753만 유로
 Game Points 24-25 : 63점 / 통산 : 5382점

 **Win** 24-25 : 18승 / 통산 : 1506승
 Draw 24-25 : 9무 / 통산 : 902무
 Loss 24-25 : 11패 / 통산 : 684패
 Goals For 24-25 : 61득점 / 통산 : 5084득점
 Goals Against 24-25 : 43실점 / 통산 : 3181실점

More Minutes 마이크 매냥 3295분
Top Scorer 크리스찬 풀리식 11골
More Assists 크리스찬 풀리식 9도움
More Subs 사무엘 추쿠우에제 17회 교체 IN
More Cards 알렉스 히메네스 Y6+R0

2024-25 SEASON RESULT

상대팀	홈	원정
Napoli	0-2	1-2
Inter Milan	1-1	2-1
Atalanta	0-1	1-2
Juventus	0-0	0-2
AS Roma	1-1	1-3
Fiorentina	2-2	1-2
Lazio	1-2	2-2
Bologna	3-1	1-2
Como	2-1	2-1
Torino	2-2	1-2
Udinese	1-0	4-0
Genoa	0-0	2-1
Hellas Verona	1-0	1-0
Cagliari	1-1	3-3
Parma	3-2	1-2
Lecce	3-0	3-2
Empoli	3-0	2-0
Venezia	4-0	2-0
Monza	2-0	1-0

Stadio San Siro
구장 오픈 / 증개축 1926년, 증개축 4회
구장 소유 밀라노 시
수용 인원 7만 5923명
피치 규모 105m X 68m
잔디 종류 하이브리드 잔디

PLAY STYLE

OFFENSIVE STYLE
포제션 풋볼 지향
짧은 패스 콤비네이션 위주
상대 진영에서 볼 컨트롤
중앙 돌파, 스루패스 침투 활성화
점유율 대비 슈팅 횟수 많은 편

DEFENSIVE STYLE
블록 수비 위주
하프코트 프레싱
오프사이드트랩 활성화

STRENGTHS & WEAKNESSES

OFFENSE		DEFENSE	
직접 프리킥	C	세트피스 수비	B
문전 처리	B	상대 볼 뺏기	A
측면 돌파	C	공중전 능력	D
스루볼 침투	A	역습 방어	C
개인기 침투	C	지공 방어	D
카운터 어택	A	스루패스 방어	C
기회 만들기	B	리드 지키기	B
세트피스	C	실수 조심	C
OS 피하기	C	측면 방어력	C
중거리 슈팅	C	파울 주의	C
볼 점유율	B	중거리슈팅 수비	D

매우 강함 A 강한 편 B 보통 수준 C 약한 편 D 매우 약함 E

RANKING OF LAST 10 YEARS

15-16	16-17	17-18	18-19	19-20	20-21	21-22	22-23	23-24	24-25
7위 57점	6위 63점	6위 64점	5위 68점	6위 66점	2위 79점	1위 86점	4위 70점	2위 75점	8위 63점

위치	선수	국적	생년월일	키	몸무게	출전경기	선발11	교체 IN	출전(분)	득점	도움	경고	퇴장	MOM
GK	Mike Maignan	FRA	1995-07-03	191	89	37	37	0	3295	0	0	2	0	0
	Marco Sportiello	ITA	1992-05-10	192	87	2	1	1	125	0	0	0	0	0
DF	Matteo Gabbia	ITA	1999-10-21	185	78	26	24	2	2155	2	0	4	0	0
	Strahinja Pavlović	SRB	2001-05-24	194	88	24	21	3	1865	0	1	3	1	1
	Malick Thiaw	GER	2001-08-08	191	80	22	19	3	1803	0	0	2	0	1
	Fikayo Tomori	ENG	1997-12-19	185	75	22	19	3	1593	0	1	2	1	0
	Álex Jiménez	ESP	2005-05-08	177	73	22	14	8	1272	0	1	6	0	0
	Davide Bartesaghi	ITA	2005-12-29	193	86	4	1	3	119	0	0	1	0	0
DF/MF	Theo Hernández	FRA	1997-10-06	184	81	33	30	3	2699	4	3	4	1	2
	Emerson Royal	BRA	1999-01-14	181	79	17	16	1	1382	0	0	5	0	1
	Kyle Walker	ENG	1990-05-28	183	80	11	7	4	659	0	0	1	0	0
	Filippo Terracciano	ITA	2003-02-08	180	68	13	6	7	535	0	0	3	0	0
	Davide Calabria	ITA	1996-12-06	177	70	7	4	3	317	0	0	0	0	0
	Alessandro Florenzi	ITA	1991-03-11	173	67	1	0	1	4	0	0	0	0	0
MF	Tijjani Reijnders	NED	1998-07-29	178	73	37	36	1	3132	10	4	2	1	4
	Youssouf Fofana	FRA	1999-01-10	185	75	35	29	6	2510	1	6	5	0	0
	Yunus Musah	USA	2002-11-29	178	71	29	19	10	1575	0	2	5	0	0
	Ruben Loftus-Cheek	ENG	1996-01-23	191	88	19	10	9	1032	0	0	3	0	0
	Ismaël Bennacer	ALG	1997-12-01	175	70	6	4	2	304	0	0	2	0	0
	Warren Bondo	FRA	2003-09-15	177	63	4	3	1	164	0	0	1	0	0
	Alexis Saelemaekers	BEL	1999-06-27	180	72	2	1	1	90	0	0	1	0	0
	Kevin Zeroli	ITA	2005-01-11	176	60	1	0	1	11	0	0	0	0	0
MF/FW	Christian Pulisic	USA	1998-09-18	177	73	34	29	5	2490	11	9	1	0	5
	Rafael Leão	POR	1999-06-10	188	81	34	25	9	2332	8	8	5	0	5
	João Félix	POR	1999-11-10	181	70	15	8	7	762	2	0	3	0	1
	Noah Okafor	SUI	2000-05-24	185	85	11	5	6	413	1	0	0	0	0
	Samuel Chukwueze	NGA	1999-05-22	172	70	26	9	17	920	3	2	0	0	0
	Riccardo Sottil	ITA	1999-06-30	180	75	6	1	5	122	0	0	0	0	0
	Mattia Liberali	ITA	2007-04-06	169	67	1	1	0	62	0	0	0	0	0
FW	Tammy Abraham	ENG	1997-10-02	190	80	28	12	16	1181	3	4	1	0	0
	Álvaro Morata	ESP	1992-10-23	190	84	16	13	3	1107	5	0	5	0	0
	Santiago Giménez	MEX	2001-04-18	182	79	14	7	7	670	5	2	1	0	0
	Luka Jović	SRB	1997-12-23	181	78	15	6	9	553	2	0	1	0	1
	Francesco Camarda	ITA	2008-03-10	184	77	10	1	9	200	0	0	0	0	0
	Bob Omoregbe	ITA	2003-11-05	185	68	1	0	1	2	0	0	0	0	0

SERIE A 2024-25 SEASON

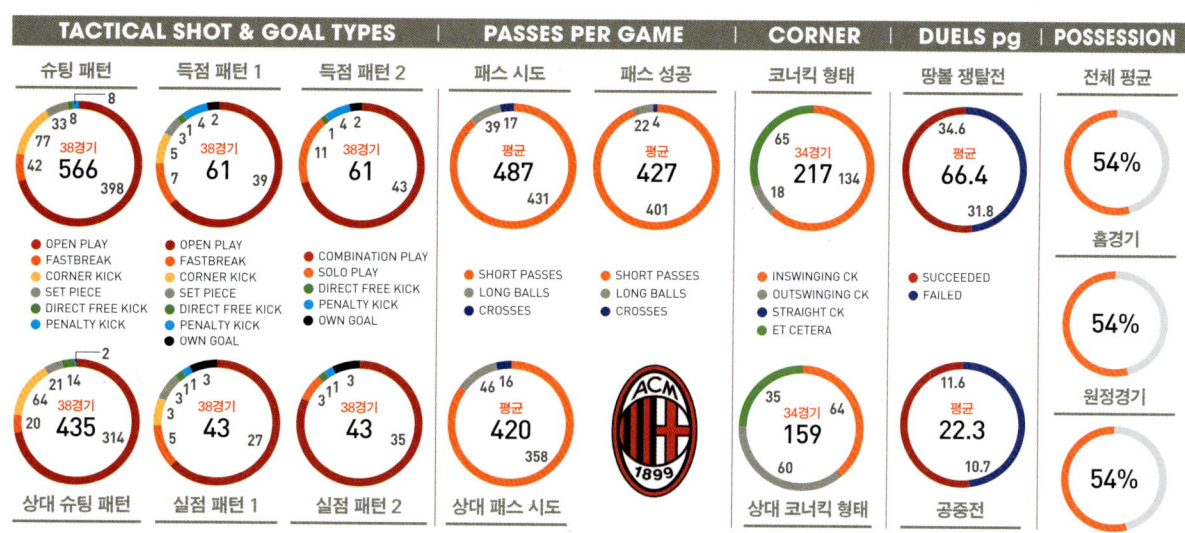

BOLOGNA FC 1909

7	**2**	**0**	**0**	**0**	**0**
ITALIAN SERIE-A	COPPA ITALIA	UEFA CHAMPIONS LEAGUE	UEFA EUROPA LEAGUE	FIFA CLUB WORLD CUP	UEFA-CONMEBOL INTERCONTINENTAL

Founded 구단 창립 1909년
Owner BFC 1909 LuxSPV S.A.
CEO 조이 사푸토 1964.09.25
Manager 빈첸초 이탈리아노 1977.12.10
25-26 Odds 벳365 : 80배 윌리엄힐 : 80배

Nationality 37명 평균 · 외국 선수 26명 · 이탈리아 11명
Age 37명 평균 26.0세
Height 37명 평균 186cm
Market Value 37명 평균 906만 유로
Game Points 24-25 : 62점 통산 : 3666점

Win 24-25 : 16승 통산 : 947승
Draw 24-25 : 14무 통산 : 833무
Loss 24-25 : 8패 통산 : 874패
Goals For 24-25 : 57득점 통산 : 3478득점
Goals Against 24-25 : 47실점 통산 : 3253실점

More Minutes 레모 프로일러 3214분
Top Scorer 리카르도 오르솔리니 15골
More Assists 후안 미란다 6도움
More Subs 조반니 파비안 21회 교체 IN
More Cards 존 루쿠미 Y8+R1

2024-25 SEASON RESULT

상대팀	홈	원정
Napoli	1-1	0-3
Inter Milan	1-0	2-2
Atalanta	1-1	0-2
Juventus	1-1	2-2
AS Roma	2-2	3-2
Fiorentina	1-0	2-3
Lazio	5-0	0-5
AC Milan	2-1	1-3
Como	2-0	2-2
Torino	3-2	2-0
Udinese	1-1	0-0
Genoa	1-3	2-2
Hellas Verona	2-3	2-1
Cagliari	2-1	2-0
Parma	0-0	0-2
Lecce	1-0	0-0
Empoli	1-1	1-1
Venezia	3-0	1-0
Monza	3-1	2-1

PLAY STYLE

OFFENSIVE STYLE
포지션 풋볼 지향
상대 진영에서 볼을 컨트롤
오른 측면 돌파 활성화
공격 시 좌우폭 넓게 활용

DEFENSIVE STYLE
블록 수비 지향
하프코트 프레싱
공격→수비 트랜지션 민첩함
선발 일레븐 로테이션

Stadio Renato Dall'Ara

구장 오픈 / 증개축 1927년, 2015년
구장 소유 볼로냐 FC, 볼로냐 시
수용 인원 3만 1070명
피치 규모 105m X 68m
잔디 종류 천연 잔디

STRENGTHS & WEAKNESSES

OFFENSE		DEFENSE	
직접 프리킥	C	세트피스 수비	A
문전 처리	B	상대 볼 뺏기	B
측면 돌파	B	공중전 능력	C
스루볼 침투	B	역습 방어	D
개인기 침투	B	지공 방어	E
카운터 어택	C	스루패스 방어	C
기회 만들기	C	리드 지키기	D
세트피스	B	실수 조심	D
OS 피하기	C	측면 방어력	C
중거리 슈팅	C	파울 주의	C
볼 점유율	A	중거리슈팅 수비	C

매우 강함 A   강한 편 B   보통 수준 C   약한 편 D   매우 약함 E

RANKING OF LAST 10 YEARS

15-16	16-17	17-18	18-19	19-20	20-21	21-22	22-23	23-24	24-25
14	15	15	10	12	12	13	9	5	9
42점	41점	39점	44점	47점	41점	46점	54점	68점	62점

위치	선수	국적	생년월일	키	몸무게	출전경기	선발11	교체 IN	출전(분)	득점	도움	경고	퇴장	MOM
GK	Łukasz Skorupski	POL	1991-05-05	187	90	27	27	0	2365	0	0	1	0	0
	Federico Ravaglia	ITA	1999-11-11	196	88	12	11	1	1055	0	0	0	0	0
DF	Sam Beukema	NED	1998-11-17	188	77	35	33	2	3011	0	1	1	0	0
	Jhon Lucumí	COL	1998-06-26	187	84	32	29	3	2615	0	1	8	1	1
	Juan Miranda	ESP	2000-01-19	185	76	31	25	6	2277	0	6	4	1	1
	Nicolò Casale	ITA	1998-02-14	191	84	15	9	6	899	0	1	1	0	0
	Stefan Posch	AUT	1997-05-14	190	82	14	7	7	711	0	0	1	0	0
	Martin Erlić	CRO	1998-01-24	192	78	8	5	3	334	0	0	0	0	0
DF MF	Emil Holm	SWE	2000-05-13	191	83	21	12	9	1134	1	1	3	0	1
	Lorenzo De Silvestri	ITA	1988-05-23	186	84	18	13	5	1066	1	0	1	0	1
	Charalampos Lykogiannis	GRE	1993-10-22	190	82	17	12	5	1051	0	0	3	0	1
	Davide Calabria	ITA	1996-12-06	177	70	11	7	4	631	0	1	3	0	0
	Samuel Iling-Junior	ENG	2003-10-04	182	74	7	0	7	113	1	0	0	0	1
MF	Remo Freuler	SUI	1992-04-15	180	77	37	37	0	3214	1	2	6	0	1
	Nikola Moro	CRO	1998-03-12	183	77	22	15	7	1212	0	2	1	0	0
	Tommaso Pobega	ITA	1999-07-15	188	75	21	13	8	1179	2	2	4	2	1
	Giovanni Fabbian	ITA	2003-01-14	186	75	30	9	21	1016	3	1	2	0	0
	Lewis Ferguson	SCO	1999-08-24	181	75	16	10	6	982	1	0	1	0	0
	Michel Aebischer	SUI	1997-01-06	183	78	14	9	5	728	0	0	2	0	0
	Kacper Urbanski	POL	2004-09-07	183	66	7	1	6	244	1	0	2	0	0
	Oussama El Azzouzi	MAR	2001-05-29	189	82	2	0	2	17	0	0	0	0	0
MF FW	Jens Odgaard	DEN	1999-03-31	188	83	29	24	5	1967	6	1	1	0	1
	Riccardo Orsolini	ITA	1997-01-24	183	73	30	23	7	1889	15	4	2	0	4
	Nicolò Cambiaghi	ITA	2000-12-28	173	66	18	4	14	610	1	3	0	0	0
	Jesper Karlsson	SWE	1998-07-25	171	70	7	3	4	297	1	0	1	0	0
FW	Santiago Castro	ARG	2004-09-18	180	80	36	27	9	2303	8	4	8	0	1
	Dan Ndoye	SUI	2000-10-25	184	79	30	26	4	2151	8	4	4	0	6
	Benjamín Domínguez	ARG	2003-09-19	172	68	24	16	8	1290	3	2	0	0	0
	Thijs Dallinga	NED	2000-08-03	180	75	31	11	20	1146	9	2	1	0	0
	Estanis Pedrola	ESP	2003-08-24	185	78	1	0	1	8	0	0	0	0	0

SERIE A 2024-25 SEASON

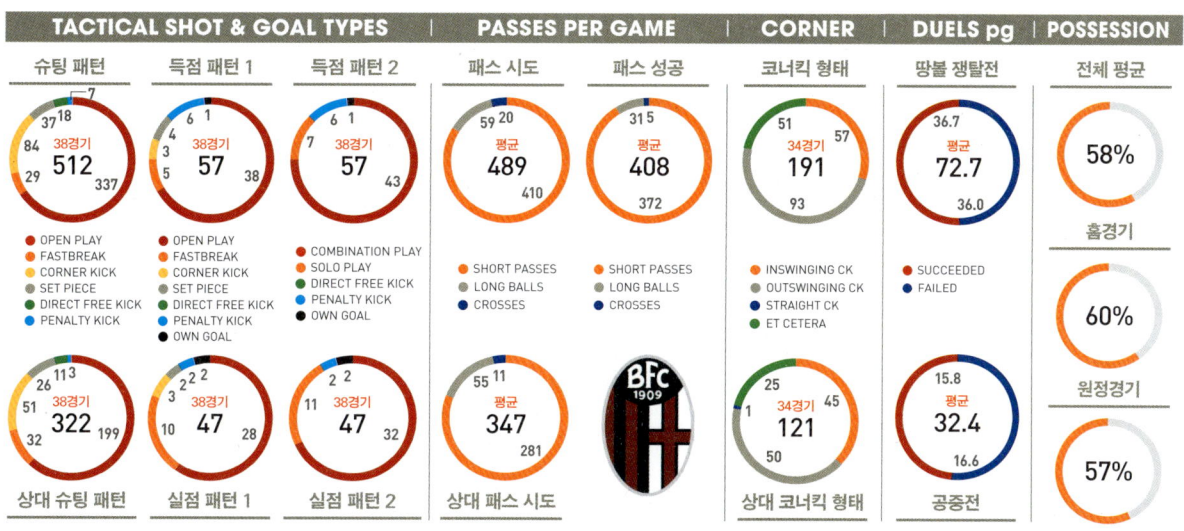

COMO 1907

 Founded 구단 창립 1907년

 Owner 자줌 그룹

 CEO 미르완 수와르소

 Manager 세스크 파브레가스 1987.05.04

 25-26 Odds 벳365 : 100배 윌리엄힐 : 80배

 0 **ITALIAN SERIE-A**
 0 **COPPA ITALIA**
 0 **UEFA CHAMPIONS LEAGUE**
 0 **UEFA EUROPA LEAGUE**
 0 **FIFA CLUB WORLD CUP**
 0 **UEFA-CONMEBOL INTERCONTINENTAL**

 **Nationality** 45명
● 외국 선수 32명
● 이탈리아 13명

 **Age** 45명 평균 25.7세

 **Height** 45명 평균 182cm

 Market Value 45명 평균 551만 유로

 Game Points 24-25 : 49점 통산 : 510점

 **Win** 24-25 : 13승 통산 : 122승

Draw 24-25 : 10무 통산 : 144무

Loss 24-25 : 15패 통산 : 198패

Goals For 24-25 : 49득점 통산 : 460득점

Goals Against 24-25 : 52실점 통산 : 624실점

 More Minutes 니코 파스 2695분

 **Top Scorer** 아산 디아오 8골

More Assists 니코 파스 8도움

More Subs 아닉 엥겔하르트+1명 15회 교체 IN

More Cards 에도아르도 골다니가 Y10+R1

2024-25 SEASON RESULT

상대팀	홈	원정
Napoli	2-1	1-3
Inter Milan	0-2	0-2
Atalanta	1-2	3-2
Juventus	1-2	0-3
AS Roma	2-0	1-2
Fiorentina	0-2	2-0
Lazio	1-5	1-1
AC Milan	1-2	1-2
Bologna	2-2	0-2
Torino	1-0	0-1
Udinese	4-1	0-1
Genoa	1-0	1-1
Hellas Verona	3-2	1-1
Cagliari	3-1	1-1
Parma	1-1	1-0
Lecce	2-0	3-0
Empoli	1-1	0-1
Venezia	1-1	2-2
Monza	1-1	3-1

Stadio Giuseppe Sinigaglia

구장 오픈 1927년, 2002년
구장 소유 코모 시
수용 인원 1만 3602명
피치 규모 105m X 68m
잔디 종류

STRENGTHS & WEAKNESSES

OFFENSE		DEFENSE	
직접 프리킥	C	세트피스 수비	B
문전 처리	D	상대 볼 뺏기	B
측면 돌파	C	공중전 능력	D
스루볼 침투	B	역습 방어	D
개인기 침투	C	지공 방어	D
카운터 어택	C	스루패스 방어	C
기회 만들기	B	리드 지키기	D
세트피스	B	실수 조심	C
OS 피하기	D	측면 방어력	C
중거리 슈팅	C	파울 주의	D
볼 점유율	A	중거리슈팅 수비	C

매우 강함 A 강한 편 B 보통 수준 C 약한 편 D 매우 약함 E

PLAY STYLE

OFFENSIVE STYLE
포제션 풋볼 지향
짧은 패스 콤비네이션 위주

DEFENSIVE STYLE
오프사이드트랩 활성화
도전적인 수비
카운터 프레싱 지향
고정적인 선발 일레븐

RANKING OF LAST 10 YEARS

● 2부 리그 ● 3부 리그 ● 4부 리그

15-16	16-17	17-18	18-19	19-20	20-21	21-22	22-23	23-24	24-25
33점	759점	281점	189점	12 32점	175점	47점	47점	73점	10 49점
						13	13	2	
22									

*이탈리아 2부 리그 기록

위치	선수	국적	생년월일	키	몸무게	출전경기	선발11	교체IN	출전(분)	득점	도움	경고	퇴장	MOM
GK	Jean Butez	FRA	1995-06-08	188	70	19	18	1	1663	0	0	0	0	0
	Pepe Reina	ESP	1982-08-31	188	92	12	12	0	1035	0	0	0	1	0
	Emil Audero	ITA	1997-01-18	190	83	8	8	0	720	0	0	0	0	0
DF	Marc Kempf	GER	1995-01-28	186	87	31	30	1	2619	0	0	4	1	1
	Edoardo Goldaniga	ITA	1993-11-02	193	87	32	28	4	2531	1	0	10	1	0
	Alberto Dossena	ITA	1998-10-13	195	85	23	20	3	1829	0	2	1	1	0
	Álex Valle	ESP	2004-04-25	178	72	15	12	3	1035	0	0	2	0	0
	Ivan Smolčić	CRO	2000-08-17	181	78	9	7	2	629	0	0	2	0	0
	Federico Barba	ITA	1993-09-01	187	80	7	5	2	431	0	0	1	0	0
	Marco Sala	ITA	1999-06-04	182	72	8	3	5	259	0	0	3	0	0
	Fellipe Jack	BRA	2006-01-12	187	80	7	1	6	168	0	0	2	0	0
DF MF	Alberto Moreno	ESP	1992-07-05	171	65	24	21	3	1736	0	0	4	0	0
	Ignace Van Der Brempt	BEL	2002-04-01	187	76	20	14	6	1258	0	1	3	0	0
	Mërgim Vojvoda	KVX	1995-02-01	187	78	11	8	3	718	1	2	2	0	0
	Sergi Roberto	ESP	1992-02-07	178	68	13	8	5	697	0	1	4	0	0
	Alessio Iovine	ITA	1991-02-01	174	70	10	3	7	383	0	2	0	0	0
MF	Lucas Da Cunha	FRA	2001-06-09	174	66	36	30	6	2625	3	2	4	0	0
	Maximo Perrone	ARG	2003-01-07	177	68	26	20	6	1861	0	3	6	0	0
	Yannik Engelhardt	GER	2001-02-07	184	74	26	11	15	1152	1	1	4	0	1
	Maxence Caqueret	FRA	2000-02-015	174	63	18	15	3	1101	2	3	4	0	0
	Luca Mazzitelli	ITA	1995-11-15	184	76	11	3	8	330	1	0	1	0	0
	Matthias Braunöder	AUT	2002-03-27	173	67	8	3	5	266	0	0	1	1	0
	Daniele Baselli	ITA	1992-03-12	182	70	2	1	1	23	0	0	0	0	0
MF FW	Nico Paz	ARG	2004-09-08	186	74	35	30	5	2695	6	8	6	0	4
	Gabriel Strefezza	BRA	1997-04-18	168	63	37	32	5	2636	6	4	5	0	6
	Assane Diao	ESP	2005-09-07	185	80	15	14	1	1259	8	1	2	0	2
	Tasos Douvikas	GRE	1999-08-02	186	76	13	6	7	578	2	1	1	0	0
	Jonathan Ikoné	FRA	1998-05-02	175	67	13	5	8	538	2	0	0	0	0
	Simone Verdi	ITA	1992-07-12	171	62	9	0	9	108	0	0	1	0	0
FW	Patrick Cutrone	ITA	1998-01-03	183	75	33	23	10	2056	7	4	1	0	2
	Alieu Fadera	GAM	2001-11-03	182	71	28	20	8	1650	1	3	2	1	0
	Andrea Belotti	ITA	1993-12-20	181	72	18	7	11	589	2	0	1	0	1
	Alessandro Gabrielloni	ITA	1994-07-10	178	70	15	0	15	130	1	0	0	0	0

SERIE A 2024-25 SEASON

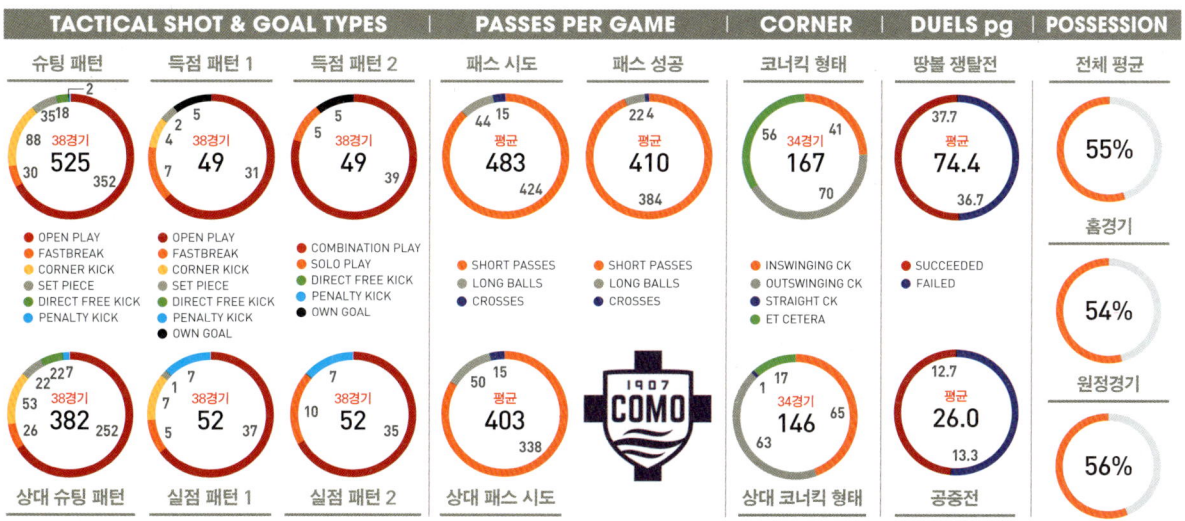

TORINO FC

7	5	0	0	0	0
ITALIAN SERIE-A	COPPA ITALIA	UEFA CHAMPIONS LEAGUE	UEFA EUROPA LEAGUE	FIFA CLUB WORLD CUP	UEFA-CONMEBOL INTERCONTINENTAL

Founded 구단 창립 1906년
Owner UT 커뮤니케이션
CEO 우르바노 카이로 1957.05.21
Manager 마르코 바로니 1963.09.11
25-26 Odds 벳365 : 500배 윌리엄힐 : 500배

Nationality 34명
● 외국 선수 27명
● 이탈리아 7명
Age 34명 평균 25.9세
Height 34명 평균 187cm
Market Value 34명 평균 422만 유로
Game Points 24-25 : 44점 통산 : 3833점

Win 24-25 : 10승 통산 : 981승
Draw 24-25 : 14무 통산 : 891무
Loss 24-25 : 14패 통산 : 852패
Goals For 24-25 : 39득점 통산 : 3554득점
Goals Against 24-25 : 45실점 통산 : 3225실점

More Minutes V.밀린코비치-사비치 3330분
Top Scorer 체 애덤스 9골
More Assists 블라시노 라자로 6도움
More Subs 안 카라모 19회 교체 IN
More Cards 사울 코코 Y10+R0

2024-25 SEASON RESULT

상대팀	홈	원정
Napoli	0-1	0-2
Inter Milan	0-2	2-3
Atalanta	2-1	1-1
Juventus	1-1	0-2
AS Roma	0-2	0-1
Fiorentina	0-1	1-1
Lazio	2-3	1-1
AC Milan	2-1	2-2
Bologna	0-2	2-3
Como	1-0	0-1
Udinese	2-0	2-2
Genoa	1-1	0-0
Hellas Verona	1-1	3-2
Cagliari	2-0	2-3
Parma	0-0	2-2
Lecce	0-0	0-1
Empoli	1-0	1-0
Venezia	1-1	1-0
Monza	1-1	2-0

PLAY STYLE

OFFENSIVE STYLE
중앙 돌파 활성화
전체 슈팅 대비 중거리 슈팅 많은 편
종방향 다이렉트 플레이 위주
선수비 후역습 지향

DEFENSIVE STYLE
하프코트 프레싱
블록 수비 지향
선발 일레븐 로테이션

Stadio Olimpico Grande Torino

구장 오픈 / 증개축 1933년, 2006년
구장 소유 토리노 시
수용 인원 2만 7958명
피치 규모 105m X 68m
잔디 종류 천연 잔디

STRENGTHS & WEAKNESSES

OFFENSE		DEFENSE	
직접 프리킥	C	세트피스 수비	D
문전 처리	C	상대 볼 뺏기	B
측면 돌파	C	공중전 능력	C
스루볼 침투	B	역습 방어	C
개인기 침투	C	지공 방어	C
카운터 어택	B	스루패스 방어	C
기회 만들기	C	리드 지키기	C
세트피스	C	실수 조심	B
OS 피하기	C	측면 방어력	D
중거리 슈팅	B	파울 주의	C
볼 점유율	C	중거리슈팅 수비	D

매우 강함 A 강한 편 B 보통 수준 C 약한 편 D 매우 약함 E

RANKING OF LAST 10 YEARS

15-16	16-17	17-18	18-19	19-20	20-21	21-22	22-23	23-24	24-25
12위 45점	9위 53점	9위 54점	7위 63점	16위 40점	17위 37점	10위 50점	10위 53점	9위 43점	11위 44점

위치	선수	국적	생년월일	키	몸무게	출전경기	선발11	교체IN	출전(분)	득점	도움	경고	퇴장	MOM
GK	Vanja Milinković-Savić	SRB	1997-02-20	202	96	37	37	0	3330	0	0	3	0	5
	Alberto Paleari	ITA	1992-08-29	193	88	1	1	0	90	0	0	0	0	0
DF	Saúl Coco	EQG	1999-02-09	187	86	32	32	0	2847	2	0	10	0	2
	Guillermo Maripán	CHI	1994-05-06	190	84	28	27	1	2341	1	1	4	1	0
	Sebastian Walukiewicz	POL	2000-04-05	188	80	29	20	9	1666	0	0	6	0	0
	Marcus Pedersen	NOR	2000-07-16	184	76	29	15	14	1361	0	0	3	0	0
	Ali Dembélé	FRA	2004-01-05	185	69	15	4	11	384	1	0	1	1	0
	Saba Sazonov	RUS	2002-02-01	192	82	1	0	1	2	0	0	0	0	0
DF MF	Valentino Lazaro	AUT	1996-03-24	180	75	33	26	7	2319	0	6	6	0	1
	Adam Masina	MAR	1994-01-02	189	78	28	20	8	1920	1	2	5	U	1
	Borna Sosa	CRO	1998-01-21	187	79	19	14	5	1187	0	0	0	0	0
	Cristiano Biraghi	ITA	1992-09-01	185	78	15	13	2	1159	0	0	0	0	1
	Mërgim Vojvoda	KOS	1995-02-01	187	78	17	12	5	1108	0	0	4	0	0
	Adrien Tameze	FRA	1994-11-04	180	78	20	9	11	648	0	0	3	0	0
MF	Samuele Ricci	ITA	2001-08-21	181	76	34	34	0	2841	1	1	8	1	0
	Karol Linetty	POL	1995-02-02	176	73	28	18	10	1543	1	0	6	0	0
	Gvidas Gineitis	LTU	2004-04-15	187	79	30	15	15	1429	3	1	5	0	0
	Cesare Casadei	ITA	2003-01-10	192	77	15	13	2	1023	1	1	1	0	1
	Ivan Ilić	SRB	2001-03-17	186	77	19	9	10	917	1	0	4	0	0
	Sergiu Perciun	MDA	2006-04-23	175	65	5	0	5	148	0	0	0	0	0
	Raoul Bellanova	ITA	2000-05-17	188	82	1	1	0	88	0	0	0	0	0
	Aaron Ciammaglichella	ITA	2005-01-26	180	70	1	0	1	1	0	0	0	0	0
MF FW	Ché Adams	SCO	1996-07-13	175	70	36	30	6	2660	9	3	3	0	2
	Nikola Vlašić	CRO	1997-10-04	179	79	30	23	7	2121	5	4	0	0	0
	Eljif Elmas	MKD	1999-09-24	184	78	13	12	1	1025	4	0	0	0	0
	Antonio Sanabria	PAR	1996-03-04	180	70	26	16	10	1319	2	1	2	0	0
FW	Yann Karamoh	FRA	1998-07-08	185	77	29	10	19	1042	0	1	2	0	0
	Duván Zapata	COL	1991-04-01	189	88	7	7	0	589	3	0	1	0	1
	Alieu Njie	SWE	2005-05-14	171	60	16	0	16	381	1	0	1	0	0
	Alessio Cacciamani	ITA	2007-06-29	170	0	2	0	2	29	0	0	0	0	0
	Tommaso Gabellini	ITA	2006-10-21	180	78	1	0	1	9	0	0	0	0	0

SERIE A 2024-25 SEASON

TORINO FC vs. OPPONENTS PER GAME STATS

토리노FC vs 상대팀														
득점	슈팅	유효슈팅	코너킥	오프사이드	패스시도(PA)	패스성공(PC)	패스성공%(P%)	태클(TK)	공중전승리(AD)	인터셉트(IT)	파울	경고	퇴장	
1.03 / 1.18	10.2 / 14.0	3.4 / 4.8	4.2 / 5.1	1.5 / 1.3	429 / 475	352 / 392	82% / 82%	12.3 / 13.4	14.7 / 15.2	7.3 / 7.6	12.7 / 10.9	2.11 / 1.66	0.079 / 0.026	

2024-25 SEASON SQUAD LIST & GAMES PLAYED

*괄호 안의 숫자는 선발 출전 횟수, 교체 출전은 포함시키지 않음

LW: E.엘마스(1)
CF: C.애덤스(30), A.사나브리아(16), D.사파타(7), N.블라시치(4), Y.카라모(3), E.엘마스(1), C.카사데이(1)
RW: N.블라시치(1)
LAM: E.엘마스(7), G.지네이티스(1), Y.카라모(1)
CAM: N.블라시치(12), Y.카라모(2), E.엘마스(1)
RAM: V.라자로(9), G.지네이티스(1)
LM: Y.마라모(4), E.엘마스(1)
CM: S.리치(26), K.리네티(16), G.지네이티스(11), I.일리이(9), A.타메제(8), N.블라시치(5), C.카사데이(1), E.엘마스
RM: V.라자로(3), G.지네이티스(1), N.블라시치(1)
LWB: B.소사(90), V.라자로(8), M.보이보다(3), C.비라기(1)
DM: C.카사데이(8), S.리치(8), K.리네티(2), G.지네이티스(1)
RWB: M.페더슨(11), V.라자로(6), M.보이보다(2), R.벨라노바(1), S.발루키에비츠(1)
LB: C.비라기(12), B.소사(5)
CB: S.코코(32), G.마리판(27), A.마시나(20), S.발루키에비츠(11), M.보이보다(6), A.타마제(1), M.페더슨(1)
RB: S.발루키에비츠(8), A.덴벨레(4), M.페더슨(3), M.보이보다(1), V.라자로(1)
GK: V.밀린코비치-사비치(37), A.팔레아리(1)

SHOTS & GOALS

38경기 총 388슈팅 - 39득점
38경기 상대 총 531슈팅 - 45실점

28-7
208-25
149-4
*자책골 3-3

	유효슈팅 129		비유효슈팅 259	
득점	39		블록 당함	118
GK 방어	90		골대 밖	135
유효슈팅률	33%		골대 맞음	6

	유효슈팅 182		비유효슈팅 349	
실점	45		블록	141
GK 방어	137		골대 밖	198
유효슈팅률	34%		골대 맞음	10

191-7
300-26
38-10
*자책골 2-2

SHOT TIME / GOAL TIME

시간대별 슈팅 / 시간대별 득점

슈팅 (75, 53, 51, 58, 81, 70) / 득점 (7, 3, 12, 3, 6, 8)

슈팅 차이: 전반 슈팅 차이 -40, 후반 슈팅 차이 -103, 전체 슈팅 차이 -143
득실차: 전반 골 득실차 -8, 후반 골 득실차 +2, 전체 골 득실차 -6

시간대별 상대 슈팅 (113, 64, 94, 83, 103, 74) / 시간대별 실점 (9, 5, 7, 10)

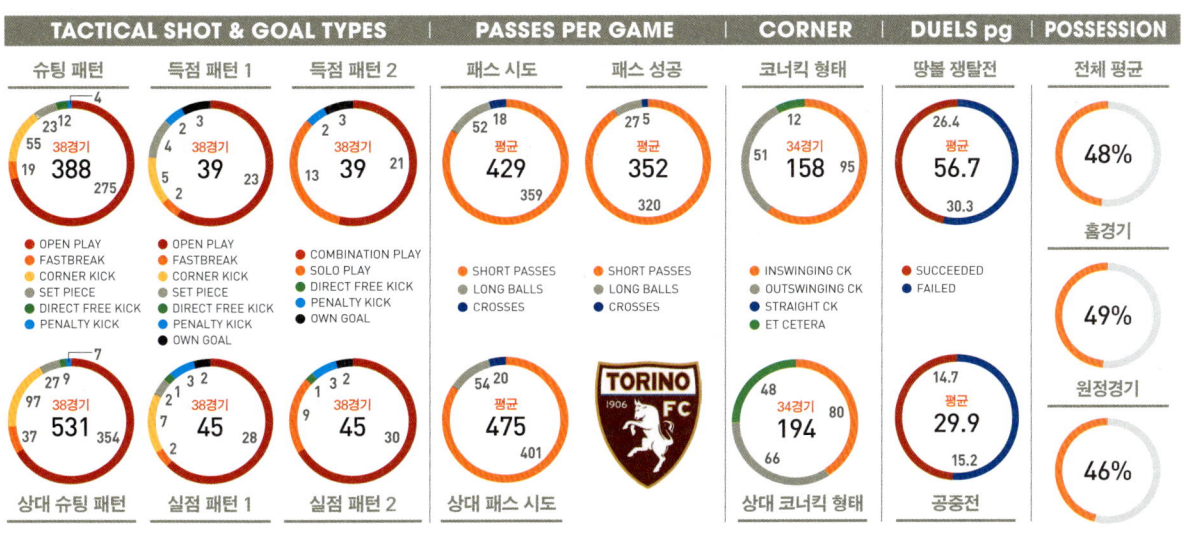

UDINESE CALCIO

Founded 구단 창립 1911년	**Owner** 잠파올로 포초 1941.05.25	**CEO** 프랑코 솔다티 1959.09.30	**Manager** 코스타 루나이치 1971.06.04	**25-26 Odds** 벳365 : 750배 윌리엄힐 : 750배	

Trophy	Count
ITALIAN SERIE-A	0
COPPA ITALIA	0
UEFA CHAMPIONS LEAGUE	0
UEFA EUROPA LEAGUE	0
FIFA CLUB WORLD CUP	0
UEFA-CONMEBOL INTERCONTINENTAL	0

Nationality 외국 선수 28명 이탈리아 6명	**Age** 34명 평균 26.1세	**Height** 34명 평균 185cm	**Market Value** 34명 평균 435만 유로	**Game Points** 24-25 : 44점 통산 : 2282점	

2024-25 SEASON RESULT

상대팀	홈	원정
Napoli	1-3	1-1
Inter Milan	2-3	1-2
Atalanta	0-0	1-2
Juventus	0-2	0-2
AS Roma	1-2	0-3
Fiorentina	2-3	2-1
Lazio	2-1	1-1
AC Milan	0-4	0-1
Bologna	0-0	1-1
Como	1-0	1-4
Torino	2-2	0-2
Genoa	0-2	0-1
Hellas Verona	0-1	0-0
Cagliari	2-0	2-1
Parma	1-0	3-2
Lecce	1-0	1-0
Empoli	3-0	1-1
Venezia	3-2	2-3
Monza	1-2	2-1

Stadio Friuli

구장 오픈 / 증개축 1971년, 2016년
구장 소유 우디네세 칼초
수용 인원 2만 5144명
피치 규모 105m X 68m
잔디 종류 하이브리드 잔디

Win 24-25 : 12승 통산 : 583승	**Draw** 24-25 : 8무 통산 : 542무	**Loss** 24-25 : 18패 통산 : 707패	**Goals For** 24-25 : 41득점 통산 : 2291득점	**Goals Against** 24-25 : 56실점 통산 : 2584실점	

STRENGTHS & WEAKNESSES

OFFENSE		DEFENSE	
직접 프리킥	B	세트피스 수비	C
문전 처리	D	상대 볼 뺏기	C
측면 돌파	C	공중전 능력	C
스루볼 침투	C	역습 방어	D
개인기 침투	C	지공 방어	C
카운터 어택	C	스루패스 방어	D
기회 만들기	B	리드 지키기	D
세트피스	C	실수 조심	D
OS 피하기	C	측면 방어력	C
중거리 슈팅	B	파울 주의	C
볼 점유율	D	중거리슈팅 수비	C

More Minutes 예스퍼 칼스트롬 3189분	**Top Scorer** 로렌초 루카 12골	**More Assists** 하산 카마라 4도움	**More Subs** 이케르 브라보 25회 교체 IN	**More Cards** 자카 비졸 Y11+R1	

매우 강함 A 강한 편 B 보통 수준 C 약한 편 D 매우 약함 E

RANKING OF LAST 10 YEARS

15-16	16-17	17-18	18-19	19-20	20-21	21-22	22-23	23-24	24-25
17	13	14	12	13	14	12	12	15	12
39점	45점	40점	43점	45점	40점	47점	46점	37점	44점

위치	선수	국적	생년월일	키	몸무게	출전경기	선발11	교체 IN	출전(분)	득점	도움	경고	퇴장	MOM
GK	Maduka Okoye	NGA	1999-08-28	197	94	25	25	0	2250	0	0	1	0	0
	Răzvan Sava	ROU	2002-06-21	195	84	12	12	0	1080	0	0	1	0	0
	Daniele Padelli	ITA	1985-10-25	191	82	1	1	0	90	0	0	0	0	0
DF	Thomas Kristensen	DEN	2002-01-17	198	85	24	19	5	1753	1	0	5	0	0
	Oumar Solet	FRA	2000-02-07	192	88	19	19	0	1674	1	2	1	1	2
	Christian Kabasele	BEL	1991-02-24	187	84	16	12	4	1163	2	0	4	0	0
	Lautaro Gianetti	ARG	1993-11-13	184	79	15	11	4	881	1	0	4	0	1
	Isaak Touré	FRA	2003-03-28	206	98	12	11	1	738	1	0	2	2	0
	Nehuén Pérez	ARG	2000-06-24	185	75	2	2	0	180	0	0	0	0	0
	Enzo Ebosse	CMR	1999-03-11	185	74	2	0	2	90	0	0	1	0	0
	James Abankwah	IRL	2004-01-16	182	79	6	0	6	85	0	0	1	0	0
	Matteo Palma	GER	2008-03-13	194	0	1	0	1	4	0	0	0	0	0
DF MF	Jaka Bijol	SVN	1999-02-05	190	85	34	34	0	2965	1	0	11	1	3
	Kingsley Ehizibue	NED	1995-05-25	189	78	33	30	3	2510	0	1	5	0	0
	Hassane Kamara	CIV	1994-09-19	168	67	30	25	5	2010	1	4	6	1	3
	Jordan Zemura	ZIM	1999-11-16	173	63	23	13	10	1412	1	2	2	0	1
MF	Jesper Karlström	SWE	1995-06-21	185	81	37	36	1	3189	0	3	9	0	0
	Sandi Lovrič	SVN	1998-03-28	180	70	36	31	5	2329	2	3	5	0	1
	Jurgen Ekkelenkamp	NED	2000-04-05	188	83	34	20	14	1896	3	2	2	0	1
	Martín Payero	ARG	1998-09-11	183	80	25	16	9	1386	1	1	5	0	0
	Arthur Atta	FRA	2003-01-14	189	77	27	12	15	1246	0	1	5	0	0
	Oier Zarraga	ESP	1999-01-04	175	76	22	9	13	895	1	0	2	0	0
	Rui Modesto	ANG	1999-10-07	181	72	20	4	16	596	0	1	1	0	0
	Simone Pafundi	ITA	2006-03-14	166	64	9	0	9	110	0	0	0	0	0
MF FW	Florian Thauvin	FRA	1993-01-26	179	70	25	24	1	1971	8	3	0	0	4
	Iker Bravo	ESP	2005-01-13	182	75	29	4	25	665	2	1	3	0	0
	Alexis Sánchez	CHI	1988-12-19	169	62	13	6	7	436	0	0	0	0	0
	Brenner	BRA	2000-01-16	175	70	9	5	4	386	1	2	0	0	0
FW	Lorenzo Lucca	ITA	2000-09-10	201	80	33	27	6	2364	12	1	10	0	1
	Keinan Davis	ENG	1998-06-01	191	68	23	10	13	1064	2	1	2	0	1
	Damián Pizarro	CHI	2005-03-28	187	85	2	0	2	14	0	0	0	0	0

PLAY STYLE

OFFENSIVE STYLE
공격 시 좌우폭 넓게 활용
오른 측면 돌파 활성화
롱볼 플레이 자주 시도
전체 패스 대비 크로스 횟수 많은 편
다이렉트 플레이 지향

DEFENSIVE STYLE
오프사이드 트랩 자주 활용
도전적인 수비
카운터 프레싱 지향

SERIE A 2024-25 SEASON

UDINESE CALCIO vs. OPPONENTS PER GAME STATS

우디네세 vs 상대팀

우디네세		상대팀
1.08	득점	1.47
11.4	슈팅	13.4
3.7	유효슈팅	4.4
4.7	코너킥	5.3
1.3	오프사이드	2.2
411	패스시도	458
337	패스성공	372
82%	패스성공률	81%
14.8	태클	15.5
14.6	공중전승리	13.6
7.9	인터셉트	7.1
14.3	파울	10.7
2.32	경고	1.61
0.132	퇴장	0.132

2024-25 SEASON SQUAD LIST & GAMES PLAYED

*괄호 안의 숫자는 선발 출전 횟수. 교체 출전은 포함시키지 않음

LW	CF	RW
N/A	L.루카(27), F.토뱅(16), K.데이비스(10), A.산체스(6), I.브라보(3), 브레네르(1)	N/A

LAM	CAM	RAM
J.에켈렌캄프(1)	F.토뱅(5), 브레네르(4), A.아타(3), O.사라가(2), J.에켈렌캄프(2), S.로브리치(1), I.브라보(1), M.파예로	A.아타(1)

LM	CM	RM
J.에켈렌캄프(9), M.파예로(1)	J.칼스트롬(35), S.로브리치(29), M.파예로(14), J.에켈렌캄프(8), O.사라가(6), A.아타(2)	A.아타(6), F.토뱅(3), O.사라가(1)

LWB	DM	RWB
H.카마라(16), J.제무라(10)	S.로브리치(34), J.칼스트룀(1)	K.에히지부에(22), R.모데스토(4)

LB	CB	RB
H.카마라(9), J.제무라(3)	J.비졸(34), O.솔레트(19), T.크리스텐슨(15), C.카바셀레(12), I.투레(11), L.자네티(11), N.페레스(2)	K.에히지부에(8), T.크리스텐슨(4)

	GK	
	M.오코예(25), R.사바(12), D.파델리(1)	

SHOTS & GOALS

38경기 총 433슈팅 - 41득점
38경기 상대 총 508슈팅 - 56실점

38-10	자책골 0-0
233-24	
162-7	

	유효 슈팅 141	비유효 슈팅 292
득점	41	블록 담함 116
GK 방어	100	골대 밖 167
유효슈팅률	33%	골대 맞음 9

	유효 슈팅 169	비유효 슈팅 339
실점	56	블록 150
GK 방어	113	골대 밖 182
유효슈팅률	33%	골대 맞음 7

151-5	
304-34	자책골
48-12	5-5

SHOT TIME | GOAL TIME

시간대별 슈팅 | 시간대별 득점

슈팅 차이
- 전반 슈팅 차이 -34
- 후반 슈팅 차이 -41
- 전체 슈팅 차이 -75

득실차
- 전반 골 득실차 -5
- 후반 골 득실차 -10
- 전체 골 득실차 -15

시간대별 상대 슈팅 | 시간대별 실점

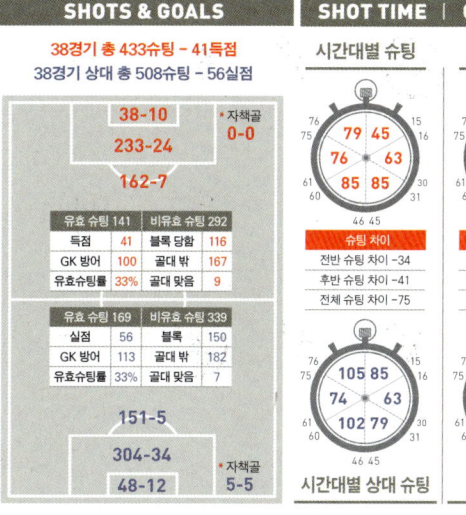

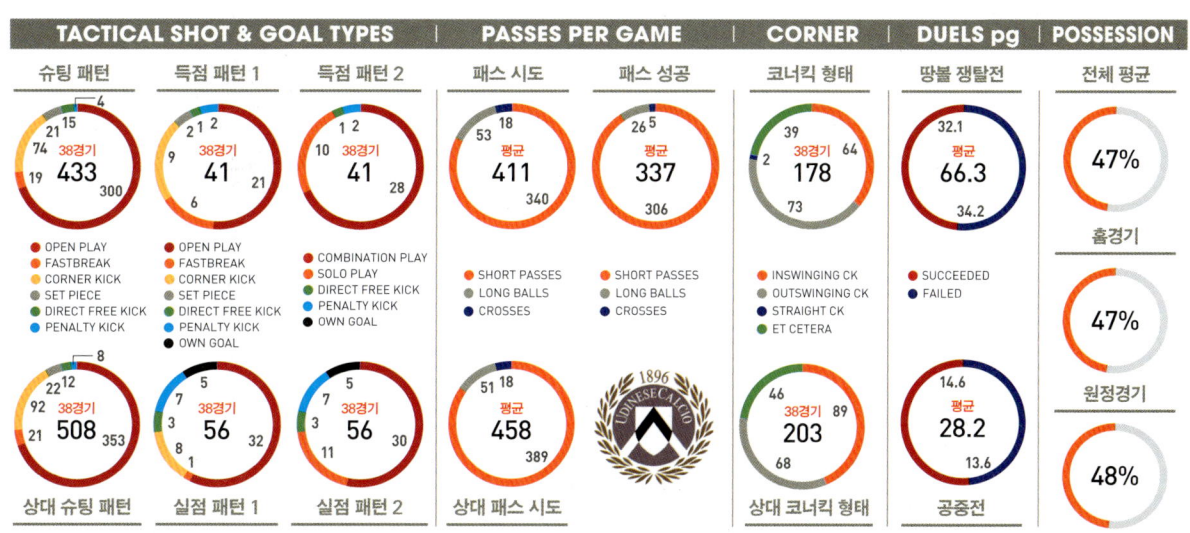

TACTICAL SHOT & GOAL TYPES | PASSES PER GAME | CORNER | DUELS pg | POSSESSION

슈팅 패턴 38경기 433
득점 패턴 1 38경기 41
득점 패턴 2 38경기 41

- OPEN PLAY
- FASTBREAK
- CORNER KICK
- SET PIECE
- DIRECT FREE KICK
- PENALTY KICK
- COMBINATION PLAY
- SOLO PLAY
- OWN GOAL

패스 시도 평균 411
패스 성공 평균 337

- SHORT PASSES
- LONG BALLS
- CROSSES

코너킥 형태 38경기 178

- INSWINGING CK
- OUTSWINGING CK
- STRAIGHT CK
- ET CETERA

땅볼 쟁탈전 평균 66.3

- SUCCEEDED
- FAILED

전체 평균 47%
홈경기 47%
원정경기 48%

상대 슈팅 패턴 38경기 508
실점 패턴 1 38경기 56
실점 패턴 2 38경기 56
상대 패스 시도 평균 458
상대 코너킥 형태 38경기 203
공중전 평균 28.2

FORMATION SUMMARY | WHO SCORED | ACTION ZONE | PASSES pg BY ZONE

선발 포진별 전적

포메이션	승	무	패	득점	실점
3-5-2	3	5	8	17	25
4-4-2	5	0	3	10	7
3-4-2-1	3	1	3	7	10
3-5-1-1	0	0	3	3	9
4-2-3-1	0	1	0	1	1
4-1-1-1	0	0	1	0	2
5-3-2	1	0	0	3	2
5-4-1	0	1	0	0	0
TOTAL	12	8	18	41	56

포지션별 득점: FW진 24골, MF진 7골, DF진 8골
상대 포지션별 실점: DF진 12골, MF진 13골, FW진 26골
*자책골 실점 5골

공격 방향: 왼쪽 36%, 중앙 25%, 오른쪽 39%
볼 점유 위치: 상대 진영 29%, 중간 지역 43%, 우리 진영 28%

평균 패스 성공: 하프라인 위쪽 153회, 하프라인 아래 184회
패스 성공률: 하프라인 위쪽 70%, 하프라인 아래 90%

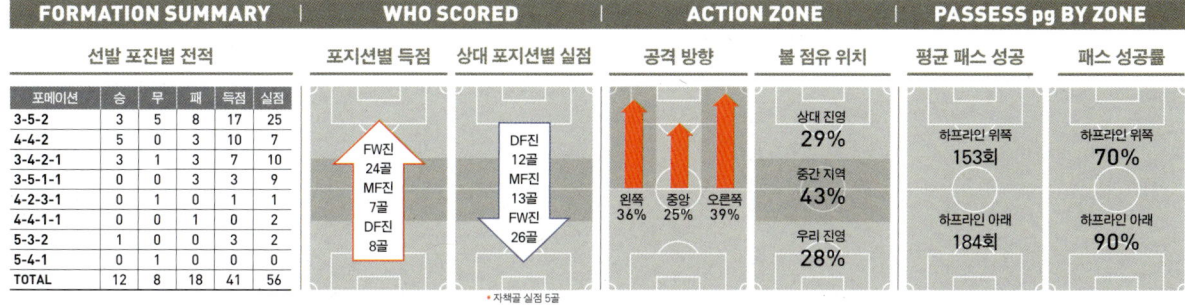

GENOA CFC

 Founded 구단 창립 1893년
 Owner 단 슈쿠
 CEO 단 슈쿠
 Manager 파트릭 비에라 1976.06.23
 25-26 Odds 벳365 : 500배 윌리엄힐 : 500배

ITALIAN SERIE-A	COPPA ITALIA	UEFA CHAMPIONS LEAGUE	UEFA EUROPA LEAGUE	FIFA CLUB WORLD CUP	UEFA-CONMEBOL INTERCONTINENTAL
9	1	0	0	0	0

 Nationality 외국 선수 20명 · 이탈리아 13명
 Age 33명 평균 26.0세
 Height 33명 평균 183cm
 **Market Value** 33명 평균 402만 유로
 Game Points 24-25 : 43점 통산 : 2424점

2024-25 SEASON RESULT

상대팀	홈	원정
Napoli	1-2	2-2
Inter Milan	2-2	0-1
Atalanta	2-3	1-5
Juventus	0-3	0-1
AS Roma	1-1	1-3
Fiorentina	0-1	1-2
Lazio	0-2	0-3
AC Milan	1-2	0-0
Bologna	2-2	3-1
Como	1-1	0-1
Torino	0-0	1-1
Udinese	1-0	2-0
Hellas Verona	0-2	0-0
Cagliari	2-2	1-1
Parma	1-0	1-0
Lecce	2-1	0-0
Empoli	1-1	2-1
Venezia	2-0	0-2
Monza	2-0	1-0

Stadio Luigi Ferraris
구장 오픈 / 증개축 1911년, 증개축 3회
구장 소유 제노아 시
수용 인원 3만 6599명
피치 규모 105m X 68m
잔디 종류 천연 잔디

 **Win** 24-25 : 10승 통산 : 608승
 Draw 24-25 : 13무 통산 : 600무
 **Loss** 24-25 : 15패 통산 : 764패
 Goals For 24-25 : 37득점 통산 : 2430득점
Goals Against 24-25 : 49실점 통산 : 2769실점

More Minutes 모어텐 프렌드롭 3107분
 **Top Scorer** 안드레아 피나몬티 10골
 More Assists 아론 마르틴 8도움
 More Subs 제프 에카토르 18회 교체 IN
More Cards 요한 바스케스 Y9+R0

STRENGTHS & WEAKNESSES

OFFENSE		DEFENSE	
직접 프리킥	C	세트피스 수비	C
문전 처리	D	상대 볼 뺏기	B
측면 돌파	B	공중전 능력	B
스루볼 침투	C	역습 방어	C
개인기 침투	C	지공 방어	C
카운터 어택	C	스루패스 방어	C
기회 만들기	C	리드 지키기	B
세트피스	C	실수 조심	C
OS 피하기	C	측면 방어력	D
중거리 슈팅	C	파울 주의	D
볼 점유율	D	중거리슈팅 수비	C

매우 강함 A 강한 편 B 보통 수준 C 약한 편 D 매우 약함 E

PLAY STYLE

OFFENSIVE STYLE
공격 시 좌우폭 넓게 활용
오른 측면 돌파 활성화
전체 패스 대비 크로스 시도 많은 편
다이렉트 플레이 지향

DEFENSIVE STYLE
자기 진영에서 볼을 컨트롤
선발 일레븐 로테이션
도전적인 수비 구사

RANKING OF LAST 10 YEARS

15-16	16-17	17-18	18-19	19-20	20-21	21-22	22-23	23-24	24-25
11	16	12	17	17	11	19	2	11	13
46점	41점	36점	38점	39점	42점	28점	80점	49점	43점

● 2부 리그

위치	선수	국적	생년월일	키	몸무게	출전경기	선발11	교체 IN	출전(분)	득점	도움	경고	퇴장	MOM
GK	Nicola Leali	ITA	1993-02-17	195	80	29	29	0	2610	0	0	1	0	1
	Pierluigi Gollini	ITA	1995-03-18	194	94	7	7	0	630	0	0	1	0	0
	Benjamin Siegrist	SUI	1992-01-31	194	85	2	2	0	153	0	0	0	0	0
	Daniele Sommariva	ITA	1997-07-18	185	76	1	0	1	27	0	0	0	0	0
DF	Johan Vásquez	MEX	1998-10-22	184	78	36	34	2	3042	3	0	9	0	2
	Koni De Winter	BEL	2002-06-12	188	74	25	23	2	2133	3	0	6	0	1
	Stefano Sabelli	ITA	1993-01-13	176	70	34	23	11	2061	0	2	3	0	0
	Mattia Bani	ITA	1993-12-10	188	80	20	19	1	1512	0	0	3	0	0
	Alan Matturro	URU	2004-10-11	189	74	13	9	4	896	0	0	2	0	1
	Alessandro Vogliacco	ITA	1998-09-14	186	82	12	8	4	716	2	0	3	0	0
	Honest Ahanor	ITA	2008-02-23	184	79	6	3	3	270	0	0	0	0	0
	Sebastian Otoa	DEN	2004-05-13	188	75	3	3	0	180	0	0	1	1	0
	Alessandro Marcandalli	ITA	2002-10-25	195	80	2	1	1	47	0	0	0	0	0
DF MF	Morten Frendrup	DEN	2001-04-07	178	63	35	35	0	3107	2	0	5	0	3
	Aarón Martín	ESP	1997-04-22	180	72	36	35	1	3089	0	8	5	0	1
	Alessandro Zanoli	ITA	2000-10-03	188	74	31	19	12	1715	1	0	3	0	1
	Brooke Norton-Cuffy	ENG	2004-01-12	181	70	14	8	6	722	0	0	0	0	0
	Maxwel Cornet	CIV	1996-09-27	179	69	7	2	5	243	2	1	0	0	0
MF	Morten Thorsby	NOR	1996-05-05	188	72	30	22	8	1904	0	1	5	0	0
	Fabio Miretti	ITA	2003-08-03	179	75	25	22	3	1696	3	3	2	0	2
	Patrizio Masini	ITA	2001-01-27	182	72	26	16	10	1533	1	0	3	0	0
	Milan Badelj	CRO	1989-02-25	186	76	23	21	2	1487	1	0	3	0	0
	Jean Onana	CMR	2000-01-08	189	85	9	2	7	298	0	0	1	0	0
	Lior Kasa	ISR	2005-09-27	185	75	8	2	6	226	0	0	0	0	0
	Emil Bohinen	NOR	1999-03-12	189	75	3	1	2	165	0	0	0	0	0
	Filippo Carbone	ITA	2006-12-29	186	74	3	1	2	88	0	1	0	0	0
	Federico Accornero	ITA	2004-02-05	175	69	1	0	1	4	0	0	0	0	0
MF FW	Junior Messias	BRA	1991-05-13	174	70	17	8	9	845	1	1	1	0	0
	Jeff Ekhator	ITA	2006-11-11	190	82	24	6	18	759	1	1	1	0	0
	Ruslan Malinovskyi	UKR	1993-05-04	181	79	9	4	5	385	0	2	2	0	0
	Gastón Pereiro	URU	1995-06-11	188	76	2	0	2	29	0	0	0	0	0
FW	Andrea Pinamonti	ITA	1999-05-19	188	72	36	33	3	2860	10	1	4	0	6
	Vitinha	POR	2000-03-15	178	74	25	16	9	1335	2	3	2	0	0
	Caleb Ekuban	GHA	1994-03-23	188	80	18	3	15	543	1	3	1	0	0
	Lorenzo Venturino	ITA	2006-06-22	169	57	6	1	5	163	2	0	0	0	1
	Mario Balotelli	ITA	1990-08-12	189	88	6	0	6	57	0	0	2	0	0
	David Ankeye	NGA	2002-05-22	191	84	4	0	4	43	0	0	0	0	0

SERIE A 2024-25 SEASON

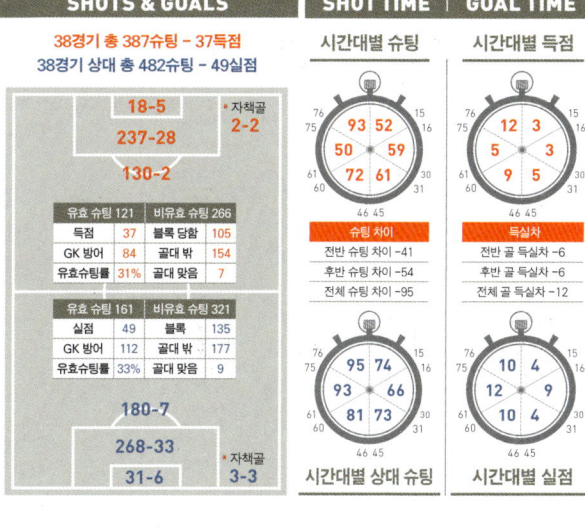

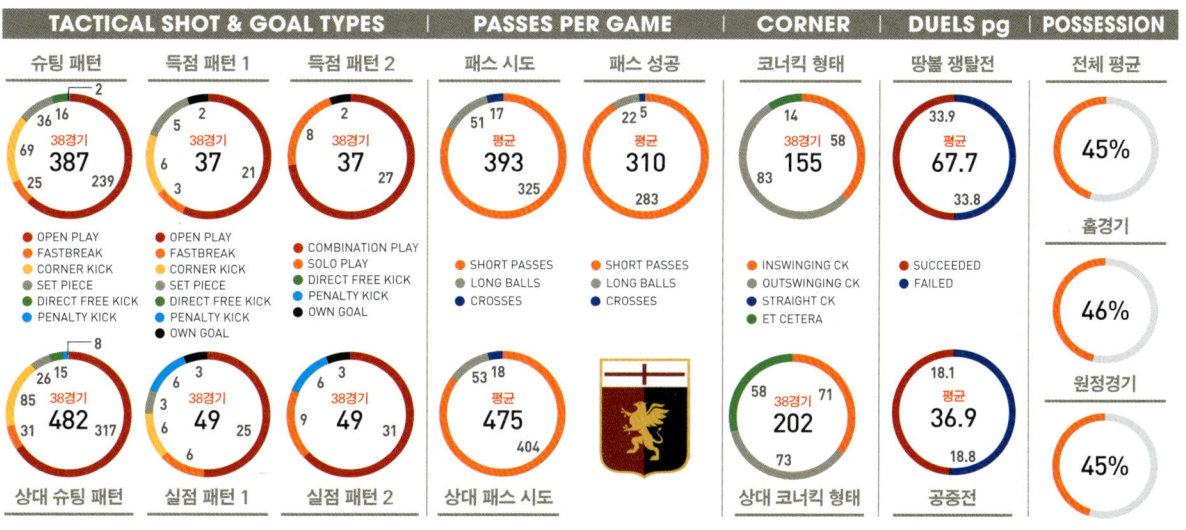

HELLAS VERONA FC

Founded 구단 창립 1903년	**Owner** 프레시디오 인베스터스
CEO 이탈로 찬치 1974.05.18	**Manager** 파올로 차네티 1982.12.16
25-26 Odds 벳365 : 1000배 윌리엄힐 : 1000배	

Nationality 외국 선수 22명 / 이탈리아 9명	**Age** 31명 평균 24.2세
Height 31명 평균 183cm	**Market Value** 31명 평균 186만 유로
Game Points 24-25 : 37점 통산 : 1257점	

Win 24-25 : 10승 통산 : 298승	**Draw** 24-25 : 7무 통산 : 363무
Loss 24-25 : 21패 통산 : 472패	**Goals For** 24-25 : 34득점 통산 : 1189득점
Goals Against 24-25 : 66실점 통산 : 1566실점	

More Minutes 잭슨 차추아 3169분	**Top Scorer** 캐스퍼 텡스트드 6골
More Assists 다르코 라조비치+2명 3도움	**More Subs** 다니엘 모스케라 23회 교체 IN
More Cards 온드레이 두다 Y10+R2	

Trophies
- ITALIAN SERIE-A: 0
- COPPA ITALIA: 0
- UEFA CHAMPIONS LEAGUE: 0
- UEFA EUROPA LEAGUE: 0
- FIFA CLUB WORLD CUP: 0
- UEFA-CONMEBOL INTERCONTINENTAL: 0

2024-25 SEASON RESULT

상대팀	홈	원정
Napoli	3-0	0-2
Inter Milan	0-5	0-1
Atalanta	0-5	1-6
Juventus	0-3	0-2
AS Roma	3-2	0-1
Fiorentina	1-0	1-3
Lazio	0-3	1-2
AC Milan	0-1	0-1
Bologna	1-2	3-2
Como	1-1	2-3
Torino	2-3	1-1
Udinese	0-0	1-0
Genoa	0-0	2-0
Cagliari	0-2	0-1
Parma	0-0	3-2
Lecce	1-1	0-1
Empoli	1-4	2-1
Venezia	2-1	1-1
Monza	0-3	1-0

Stadio Marcantonio Bentegodi

구장 오픈: 1963년 / 1989년
구장 소유: 베로나 시
수용 인원: 3만 9211명
피치 규모: 105m x 67m
잔디 종류: 천연 잔디

STRENGTHS & WEAKNESSES

OFFENSE		DEFENSE	
직접 프리킥	C	세트피스 수비	D
문전 처리	D	상대 볼 뺏기	B
측면 돌파	B	공중전 능력	B
스루볼 침투	C	역습 방어	C
개인기 침투	C	지공 방어	C
카운터 어택	C	스루패스 방어	E
기회 만들기	C	리드 지키기	A
세트피스	C	실수 조심	D
OS 피하기	C	측면 방어력	C
중거리 슈팅	C	파울 주의	E
볼 점유율	E	중거리슈팅 수비	E

매우 강함 A / 강한 편 B / 보통 수준 C / 약한 편 D / 매우 약함 E

PLAY STYLE

OFFENSIVE STYLE
롱볼 플레이 중시
다이렉트 플레이 지향
전체 슈팅 대비 중거리 슈팅 많은 편
공격 시 좌우폭 넓게 활용
극단적인 선수비-후역습

DEFENSIVE STYLE
도전적인 수비
카운터 프레싱 지향
선발 일레븐 로테이션

RANKING OF LAST 10 YEARS

15-16	16-17	17-18	18-19	19-20	20-21	21-22	22-23	23-24	24-25
20	2	19	5	9	10	9	18	13	14
28점	25점	74점	52점	49점	45점	53점	31점	38점	37점

● 2부 리그

위치	선수	국적	생년월일	키	몸무게	출전경기	선발11	교체 IN	출전(분)	득점	도움	경고	퇴장	MOM
GK	Lorenzo Montipò	ITA	1996-02-20	191	82	36	36	0	3240	0	0	0	0	1
	Simone Perilli	ITA	1995-01-07	195	88	2	2	0	180	0	0	0	0	0
DF	Diego Coppola	ITA	2003-12-28	192	78	34	33	1	2927	2	0	10	0	4
	Daniele Ghilardi	ITA	2003-01-06	189	77	24	21	3	2031	0	0	7	1	1
	Nicolás Valentini	ARG	2001-04-06	184	79	14	13	1	1132	0	0	3	1	2
	Giangiacomo Magnani	ITA	1995-10-04	190	85	17	11	6	1060	1	0	2	0	1
	Flavius Daniliuc	AUT	2001-04-27	188	77	18	9	9	1005	0	0	0	0	0
	Martin Frese	DEN	1998-01-04	179	75	11	5	6	545	0	0	0	0	0
	Yllan Okou	FRA	2002-12-23	189	77	1	0	1	1	0	0	0	0	0
DF MF	Jackson Tchatchoua	CMR	2001-06-23	186	76	36	36	0	3169	2	3	6	1	1
	Domagoj Bradarić	CRO	1999-12-10	178	69	28	24	4	1946	1	0	6	0	0
	Paweł Dawidowicz	POL	1995-05-20	189	80	26	24	2	1852	0	0	7	1	0
	Davide Faraoni	ITA	1991-10-25	180	71	9	4	5	258	0	0	1	0	0
	Daniel Oyegoke	ENG	2003-01-03	188	63	5	0	5	99	0	0	1	0	0
MF	Tomáš Suslov	SVK	2002-06-07	173	72	31	27	4	2098	0	1	5	1	0
	Reda Belahyane	FRA	2004-06-01	169	53	22	17	5	1657	0	2	4	1	0
	Darko Lazović	SRB	1990-09-15	181	73	27	17	10	1463	2	3	0	0	0
	Suat Serdar	GER	1997-04-11	184	75	22	16	6	1377	2	1	2	1	1
	Grigoris Kastanos	CYP	1998-01-30	176	71	27	8	19	863	1	1	4	0	0
	Cheikh Niasse	SEN	2000-01-19	188	73	11	8	3	757	0	0	4	0	0
	Antoine Bernède	FRA	1999-05-26	178	73	14	7	7	594	1	0	2	0	0
	Abdou Harroui	NED	1998-01-13	182	76	10	5	5	463	1	2	1	0	0
	Dani Silva	POR	2000-04-11	180	75	11	4	7	405	0	0	1	0	0
	Faride Alidou	GER	2001-07-18	186	84	3	0	3	68	0	0	0	0	0
MF FW	Ondrej Duda	SVK	1994-12-15	181	75	28	27	1	2404	1	3	10	2	1
	Amin Sarr	SWE	2001-03-11	188	83	32	25	7	1920	4	1	1	0	0
	Casper Tengstedt	DEN	2000-06-01	184	79	25	20	5	1531	6	1	2	0	0
	Dailon Livramento	CPV	2001-05-04	185	82	29	8	21	936	1	2	1	0	0
FW	Daniel Mosquera	COL	1999-10-20	181	75	35	12	23	1365	5	1	4	0	0
	Mathis Lambourde	FRA	2006-01-09	179	72	7	0	7	83	1	0	1	0	0
	Junior Ajayi	CIV	2004-10-11	183	75	2	0	2	11	0	0	0	0	0
	Alphadjo Cissè	ITA	2006-10-22	178	68	2	0	2	7	0	0	0	0	0

SERIE A 2024-25 SEASON

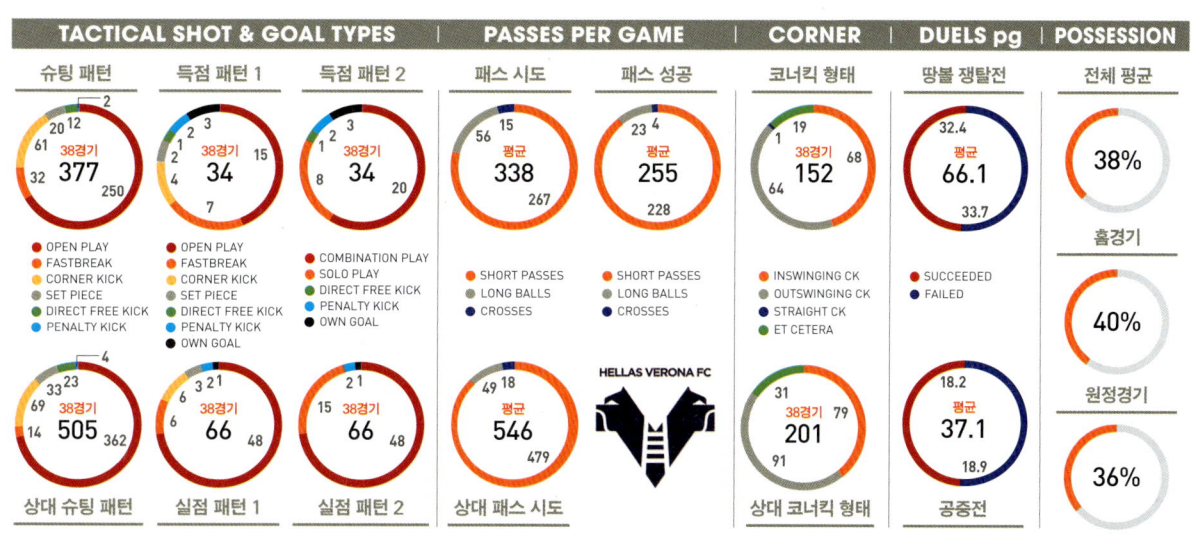
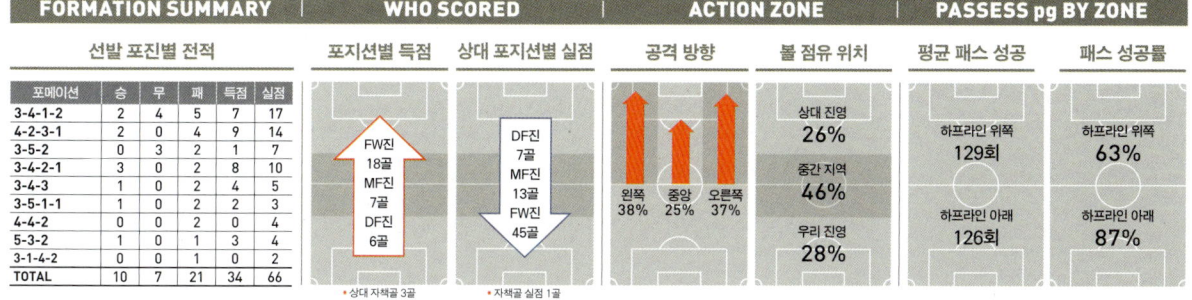

CAGLIARI CALCIO

1	0	0	0	0	0
ITALIAN SERIE-A	COPPA ITALIA	UEFA CHAMPIONS LEAGUE	UEFA EUROPA LEAGUE	FIFA CLUB WORLD CUP	UEFA-CONMEBOL INTERCONTINENTAL

Founded 구단 창립 1920년
Owner 플루어사이드 그룹
CEO 토마스 줄리니 1977.06.18
Manager 파비오 피사카네 1986.01.28
25-26 Odds 벳365 : 1000배 / 윌리엄힐 : 1000배

Nationality 외국 선수 9명 / 이탈리아 19명 (28명)
Age 28명 평균 25.7세
Height 28명 평균 187cm
Market Value 28명 평균 288만 유로
Game Points 24-25 : 36점 / 통산 : 1796점

Win 24-25 : 9승 / 통산 : 435승
Draw 24-25 : 9무 / 통산 : 491무
Loss 24-25 : 20패 / 통산 : 594패
Goals For 24-25 : 40득점 / 통산 : 1667득점
Goals Against 24-25 : 56실점 / 통산 : 1984실점

More Minutes 세바스티아노 루페르토 3240분
Top Scorer 로베르토 피콜리 10골
More Assists 토마소 아게요 7도움
More Subs 레오나르도 파볼레티 25회 교체 IN
More Cards 로베르토 피콜리 +1명 Y6+R0

2024-25 SEASON RESULT

상대팀	홈	원정
Napoli	0-4	0-2
Inter Milan	0-3	1-3
Atalanta	0-1	0-0
Juventus	0-1	1-1
AS Roma	0-0	0-1
Fiorentina	1-2	0-1
Lazio	1-2	1-2
AC Milan	3-3	1-1
Bologna	0-2	1-2
Como	1-1	1-3
Torino	3-2	0-2
Udinese	1-2	0-2
Genoa	1-1	2-2
Hellas Verona	1-0	2-0
Parma	2-1	3-2
Lecce	4-1	0-1
Empoli	0-2	0-0
Venezia	3-0	1-2
Monza	3-0	2-1

Unipol Domus

구장 오픈 / 증개축 : 2017년 / 2018년
구장 소유 : 칼리아리 칼초
수용 인원 : 1만 6416명
피치 규모 : 105m X 68m
잔디 종류 : 천연 잔디

STRENGTHS & WEAKNESSES

OFFENSE		DEFENSE	
직접 프리킥	B	세트피스 수비	D
문전 처리	D	상대 볼 뺏기	C
측면 돌파	B	공중전 능력	C
스루볼 침투	C	역습 방어	C
개인기 침투	C	지공 방어	D
카운터 어택	C	스루패스 방어	D
기회 만들기	B	리드 지키기	C
세트피스	C	실수 조심	C
OS 피하기	D	측면 방어력	C
중거리 슈팅	C	파울 주의	C
볼 점유율	D	중거리슈팅 수비	C

매우 강함 A / 강한 편 B / 보통 수준 C / 약한 편 D / 매우 약함 E

PLAY STYLE

OFFENSIVE STYLE
롱볼 플레이 중시
다이렉트 플레이 지향
공격 시 좌우폭 넓게 활용
전체 볼 점유율 대비 슈팅 많은 편
전체 패스 대비 크로스 많은 편

DEFENSIVE STYLE
자기 진영에서 볼을 컨트롤
오프사이드트랩 활성화
고정적인 선발 일레븐

RANKING OF LAST 10 YEARS

15-16	16-17	17-18	18-19	19-20	20-21	21-22	22-23	23-24	24-25
1 (83점)	11 (47점)	16 (39점)	15 (41점)	14 (45점)	16 (37점)	18 (30점)	5 (60점)	16 (36점)	15 (36점)

● 2부 리그

위치	선수	국적	생년월일	키	몸무게	출전경기	선발11	교체 IN	출전(분)	득점	도움	경고	퇴장	MOM
GK	Elia Caprile	ITA	2001-08-25	191	74	18	18	0	1620	0	0	0	0	2
	Simone Scuffet	ITA	1996-05-31	193	77	13	13	0	1170	0	0	0	0	1
	Alen Sherri	ALB	1997-12-15	197	92	7	7	0	622	0	0	0	0	0
	Giuseppe Ciocci	ITA	2002-01-24	193	90	1	0	1	8	0	0	0	0	0
DF	Sebastiano Luperto	ITA	1996-09-06	191	75	36	36	0	3240	1	3	4	0	0
	Yerry Mina	COL	1994-09-23	195	94	31	31	0	2577	1	0	4	1	1
	José Palomino	ARG	1990-01-05	188	87	18	10	8	1076	1	0	3	0	0
	Mateusz Wieteska	POL	1997-02-11	187	77	5	1	4	182	0	0	1	0	0
	Nicola Pintus	ITA	2005-05-22	189	0	1	0	1	3	0	0	0	0	0
DF MF	Gabriele Zappa	ITA	1999-12-22	180	78	37	35	2	3063	2	0	4	0	0
	Nadir Zortea	ITA	1999-06-19	175	70	35	33	2	2728	6	2	3	0	1
	Tommaso Augello	ITA	1994-08-30	180	70	38	30	8	2716	0	7	3	0	4
	Adam Obert	SVK	2002-08-23	188	84	21	13	8	1077	1	1	4	0	0
MF	Michel Adopo	FRA	2000-07-19	187	76	35	27	8	2418	1	1	3	1	1
	Antoine Makoumbou	CGO	1998-07-18	183	73	33	27	6	2165	0	3	2	1	1
	Alessandro Deiola	ITA	1995-08-01	189	85	29	16	13	1430	2	1	6	0	0
	Răzvan Marin	ROU	1996-05-23	178	70	33	13	20	1396	3	2	4	0	0
	Matteo Prati	ITA	2003-12-28	183	73	12	8	4	574	0	0	1	0	0
	Paulo Azzi	BRA	1994-07-15	188	80	6	5	1	428	0	0	0	0	0
MF FW	Zito Luvumbo	ANG	2002-03-09	171	65	26	19	7	1616	2	2	2	0	0
	Nicolas Viola	ITA	1989-10-12	180	76	27	18	9	1278	3	1	2	0	2
	Gianluca Gaetano	ITA	2000-05-05	183	71	28	8	20	999	2	4	0	0	1
	Florinel Coman	ROU	1998-04-10	182	75	9	2	7	257	1	0	2	0	0
FW	Roberto Piccoli	ITA	2001-01-27	187	78	37	37	0	3143	10	1	6	0	0
	Mattia Felici	ITA	2001-04-17	182	75	20	9	11	923	0	3	1	0	0
	Leonardo Pavoletti	ITA	1988-11-26	188	80	26	1	25	426	2	0	0	0	0
	Gianluca Lapadula	PER	1990-02-07	178	71	12	1	11	303	1	0	0	0	0
	Kingstone Mutandwa	ZAM	2003-01-05	180	73	6	0	6	122	0	0	0	0	0

SERIE A 2024-25 SEASON

CAGLIARI CALCIO vs. OPPONENTS PER GAME STATS

칼리아리 vs 상대팀

칼리아리		상대팀	항목
1.05	⚽	1.47	득점
11.2	👟	13.2	슈팅
3.2	●	4.0	유효슈팅
4.8	🚩	5.0	코너
1.7	🚩	1.9	오프사이드
398	PA	499	패스시도
314	PC	409	패스성공
79%	P%	82%	패스성공률
14.2	TK	14.9	태클
16.2	AD	16.5	공중전승리
7.3	IT	7.1	인터셉트
13.2		11.1	파울
1.79	🟨	1.61	경고
0.079	🟥	0.132	퇴장

2024-25 SEASON SQUAD LIST & GAMES PLAYED

괄호 안의 숫자는 선발 출전 횟수, 교체 출전은 포함시키지 않음

LW	CF	RW
N/A	R.피올리(37), Z.루붐보(10) N.비올라(4), G.라파둘라(1) L.파볼레티(1)	N/A

LAM	CAM	RAM
Z.루붐보(3), T.아게요(3) F.코망(1)	N.비올라(14), G.가에타노(7) Z.루붐보(4), F.코망(1) M.펠리치(1)	N.조르테아(7)

LM	CM	RM
M.펠리치(8), T.아게요(2) G.가에타노(1), A.오베르트(1) Z.루붐보(1)	M.아도포(23), A.마쿰부(21) A.데이올라(14), M.마린(11) M.프라티(8), Z.루붐보(1)	N.조르테아(13)

LWB	DM	RWB
T.아게요(17), A.오베르트(1)	A.마쿰부(6), M.아도포(4) A.데이올라(2), R.마린(2)	N.조르테아(13), P.아치(5)

LB	CB	RB
A.오베르트(10), T.아게요(8)	S.루페르토(36), Y.미나(31) G.차파(17), J.팔로미노(10) M.비테스카(1), A.오베르트(1)	G.차파(18)

GK
E.카프릴레(18), S.스쿠펫(13) A.세리(7)

SHOTS & GOALS

38경기 총 425슈팅 - 40득점
38경기 상대 총 500슈팅 - 56실점

	유효슈팅 120	비유효슈팅 305
득점	40	블록 당함 124
GK 방어	80	골대 밖 168
유효슈팅률	28%	골대 맞음 13

	유효슈팅 153	비유효슈팅 347
실점	56	블록 133
GK 방어	97	골대 밖 206
유효슈팅률	31%	골대 맞음 8

SHOT TIME | GOAL TIME

시간대별 슈팅 / 시간대별 득점
슈팅 차이 — 전반 슈팅 차이 -57, 후반 슈팅 차이 -18, 전체 슈팅 차이 -75
득실차 — 전반 골 득실차 -9, 후반 골 득실차 -7, 전체 골 득실차 -16
시간대별 상대 슈팅 / 시간대별 실점

TACTICAL SHOT & GOAL TYPES | PASSES PER GAME | CORNER | DUELS pg | POSSESSION

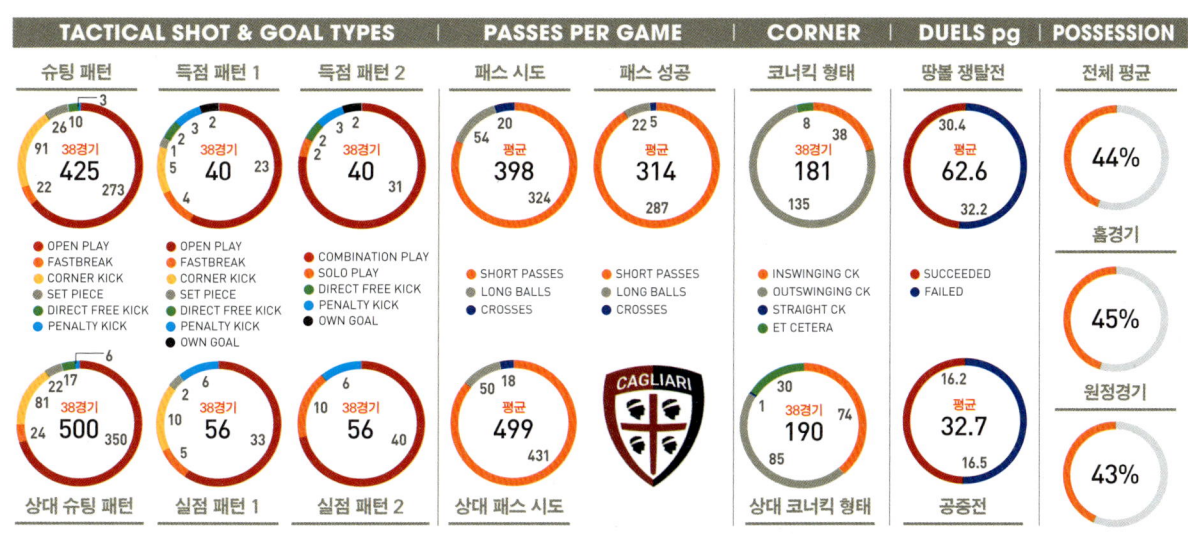

FORMATION SUMMARY | WHO SCORED | ACTION ZONE | PASSESS pg BY ZONE

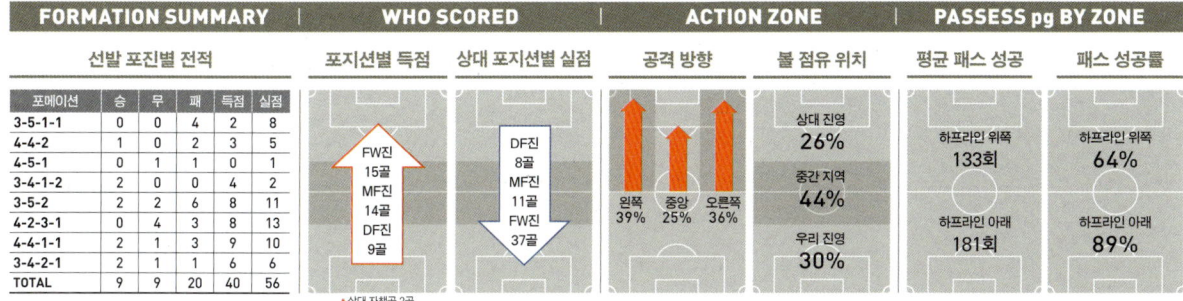

포메이션	승	무	패	득점	실점
3-5-1-1	0	0	4	2	8
4-4-2	1	0	2	3	5
4-5-1	0	1	1	0	1
3-4-1-2	2	0	0	4	2
3-5-2	2	2	6	3	11
4-2-3-1	0	4	3	8	13
4-4-1-1	2	1	3	9	10
3-4-2-1	2	1	1	6	6
TOTAL	9	9	20	40	56

*상대 자책골 2골

PARMA CALCIO 1913

Founded 구단 창립 1913년
Owner 크로스 그룹 CSR
CEO 페데리코 케루비니
Manager 카를로스 쿠에스타 1995.07.29
25-26 Odds 벳365 : 750배 윌리엄힐 : 750배

0	3	0	2	0	0
ITALIAN SERIE-A	COPPA ITALIA	UEFA CHAMPIONS LEAGUE	UEFA EUROPA LEAGUE	FIFA CLUB WORLD CUP	UEFA-CONMEBOL INTERCONTINENTAL

Nationality 34명
외국 선수 27명
이탈리아 7명

Age 34명 평균 24.2세

Height 34명 평균 186cm

Market Value 34명 평균 456만 유로

Game Points 24-25 : 36점 통산 : 1375점

Win 24-25 : 7승 통산 : 362승
Draw 24-25 : 15무 통산 : 296무
Loss 24-25 : 16패 통산 : 353패
Goals For 24-25 : 44득점 통산 : 1303득점
Goals Against 24-25 : 58실점 통산 : 1312실점

More Minutes 스즈키 자이언 3315분
Top Scorer 얀제-요안 보니 6골
More Assists 에마누엘레 발레리 6도움
More Subs 드리사 카마라 20회 교체 IN
More Cards 엔리코 델프라토 Y8+R0

2024-25 SEASON RESULT

상대팀	홈	원정
Napoli	0-0	1-2
Inter Milan	2-2	1-3
Atalanta	1-3	3-2
Juventus	1-0	2-2
AS Roma	0-1	0-5
Fiorentina	1-1	0-0
Lazio	3-1	2-2
AC Milan	2-1	2-3
Bologna	2-0	0-0
Como	0-1	1-1
Torino	2-2	0-0
Udinese	2-3	0-1
Genoa	0-1	0-1
Hellas Verona	2-3	0-0
Cagliari	2-3	1-2
Lecce	1-3	2-2
Empoli	1-1	1-2
Venezia	1-1	2-1
Monza	2-1	1-1

Stadio Ennio Tardini
구장 오픈 1923년, 증개축 1993년
구장 소유 파르마 시
수용 인원 2만 7906명
피치 규모 105m X 68m
잔디 종류 천연 잔디

STRENGTHS & WEAKNESSES

OFFENSE		DEFENSE	
직접 프리킥	C	세트피스 수비	C
문전 처리	C	상대 볼 뺏기	A
측면 돌파	C	공중전 능력	C
스루볼 침투	C	역습 방어	C
개인기 침투	B	지공 방어	C
카운터 어택	B	스루패스 방어	E
기회 만들기	C	리드 지키기	E
세트피스	C	실수 조심	C
OS 피하기	C	측면 방어력	E
중거리 슈팅	B	파울 주의	C
볼 점유율	D	중거리슈팅 수비	C

매우 강함 A 강한 편 B 보통 수준 C 약한 편 D 매우 약함 E

PLAY STYLE

OFFENSIVE STYLE
선수비-후역습 중시
종방향 다이렉트 플레이 지향
오른 측면 돌파 활성화
낮은 점유율 대비 슈팅 많은 편
전체 슈팅 대비 중거리 슈팅 많은 편

DEFENSIVE STYLE
자기 진영에서 볼 컨트롤
오프사이드 트랩 활성화
선발 일레븐 로테이션
공격→수비 트랜지션 빠른 편

RANKING OF LAST 10 YEARS

● 2부 리그 ● 3부 리그 ● 4부 리그

채정 문제 4부 강등 | 14 | 11 | | | | | 16
| | 41점 | 49점 | 20 | 12 | 4 | 1 | 36점
1 90점 | 1 70점 | | 20점 | 49점 | 61점 | 76점 |
| | 72점 | | | | | |
15-16 | 16-17 | 17-18 | 18-19 | 19-20 | 20-21 | 21-22 | 22-23 | 23-24 | 24-25

위치	선수	국적	생년월일	키	몸무게	출전경기	선발11	교체 IN	출전(분)	득점	도움	경고	퇴장	MOM
GK	Suzuki Zion	JPN	2002-08-21	190	98	37	37	0	3315	0	0	1	0	1
	Leandro Chichizola	ARG	1990-03-27	185	80	1	1	0	90	0	0	0	0	0
DF	Botond Balogh	HUN	2002-06-06	189	83	29	23	6	2053	0	1	5	0	0
	Lautaro Valenti	ARG	1999-01-14	188	80	20	18	2	1557	1	0	4	1	1
	Giovanni Leoni	ITA	2006-12-21	189	76	17	14	3	1204	1	0	3	1	1
	Alessandro Vogliacco	ITA	1998-09-14	186	82	10	10	0	775	0	0	2	0	0
	Alessandro Circati	AUS	2003-10-10	190	78	6	6	0	540	0	0	1	0	0
	Yordan Osorio	VEN	1994-05-10	189	77	3	2	1	172	0	0	0	0	0
	Mathias Løvik	NOR	2003-12-06	183	78	6	0	6	86	0	0	0	0	0
DF MF	Enrico Delprato	ITA	1999-11-10	183	76	34	32	2	2946	4	0	8	0	0
	Emanuele Valeri	ITA	1998-12-07	180	78	35	34	1	2881	2	6	1	0	1
	Antoine Hainaut	FRA	2002-02-18	187	75	25	10	15	1200	2	0	3	0	0
	Woyo Coulibaly	FRA	1999-05-26	188	77	14	12	2	1085	0	1	1	1	0
	Nahuel Estévez	ARG	1995-11-14	181	77	15	8	7	660	0	0	3	0	0
MF	Drissa Camara	CIV	2002-02-18	179	69	21	1	20	433	0	0	0	0	0
	Hernani	BRA	1994-03-27	188	77	25	15	10	1333	3	3	7	0	1
	Mandela Keita	BEL	2002-05-10	180	78	30	24	6	1833	0	2	4	1	0
	Adrián Bernabé	ESP	2001-05-26	170	66	21	18	3	1461	1	1	1	0	1
	Wylan Cyprien	FRA	1995-01-28	180	79	2	0	2	26	0	0	0	0	0
	Simon Sohm	SUI	2001-04-11	188	85	37	36	1	3000	4	0	7	0	2
MF FW	Dennis Man	ROU	1998-08-26	183	82	33	23	10	2003	4	4	0	0	2
	Matteo Cancellieri	ITA	2002-02-12	180	79	27	19	8	1433	3	0	2	1	2
	Valentin Mihăilă	ROU	2000-02-02	173	61	21	16	5	1296	0	3	2	0	0
	Pontus Almqvist	SWE	1999-07-10	183	67	29	10	19	1109	1	1	5	0	0
	Anas Haj Mohamed	TUN	2005-03-26	175	65	15	3	12	448	1	2	4	0	0
	Jacob Ondrejka	SWE	2002-09-02	180	73	12	3	9	417	5	0	0	0	4
FW	Ange-Yoan Bonny	FRA	2003-10-25	189	83	37	30	7	2546	6	4	2	0	0
	Mateo Pellegrino	ARG	2001-10-22	193	85	13	8	5	739	3	1	0	0	1
	Gabriel Charpentier	CGO	1999-05-17	188	76	10	0	10	266	1	2	1	0	0
	Milan Djurić	BIH	1990-05-22	198	94	9	3	6	266	1	0	1	0	0
	Adrian Benedyczak	POL	2000-11-24	191	78	9	2	7	210	0	0	0	0	0
	Mateusz Kowalski	POL	2005-07-21	197	82	1	1	0	57	0	0	0	0	0

SERIE A 2024-25 SEASON

PARMA CALCIO 1913 vs. OPPONENTS PER GAME STATS

파르마 vs 상대팀

파르마		상대팀
1.16	득점	1.53
11.2	슈팅	14.3
3.9	유효슈팅	4.2
4.4	코너	5.9
0.8	오프사이드	3.1
398	PA 패스시도	509
322	PC 패스성공	419
81%	P% 패스성공률	82%
13.8	TK 태클	15.1
13.7	AD 공중전승리	13.5
7.3	IT 인터셉트	7.3
10.7	파울	12.7
2.05	경고	2.11
0.158	퇴장	0.079

2024-25 SEASON SQUAD LIST & GAMES PLAYED

괄호 안의 숫자는 선발 출전 횟수, 교체 출전은 포함시키지 않음

LW: M.칸첼리에리(3), V.미하일라(2), P.알름크비스트(2), D.만(1), D.카마라(1)

CF: A.보니(30), M.페예그리노(8), M.칸첼리에리(3), M.주리치(3), V.미하일라(1), D.만

RW: D.만(4), M.칸첼리에리(3), P.알름크비스트(3)

LAM: V.미하일라(4), M.칸첼리에리(4), A.베네디차크(2), D.만(1), P.알름크비스트(1)

CAM: 에르나니(4), S.솜(3), A.H.모하메드(3), D.만(3), V.미하일라(2), A.에노(1), A.베르나베(1), M.코발스키(1)

RAM: D.만(11), M.칸첼리에리(4), P.알름크비스트(2), V.미하일라(1)

LM: M.칸첼리에리(2), E.발레리(2), P.알름크비스트(1)

CM: S.솜(19), M.케이타(14), A.베르나베(8), 에르나니(7), N.에스테베스(3), J.온드레이카(3), A.에노(1)

RM: D.만(2), E.델프라토(1)

LWB: E.발레리(4)

DM: S.솜(14), M.케이타(10), A.베르나베(9), 에르나니(4), N.에스테베스(4)

RWB: A.에노(2), E.델프라토(1)

LB: E.발레리(28), W.쿨리발리(2)

CB: B.발로그(23), L.발렌티(18), E.델프라토(13), G.레오니(12), A.볼리아코(10), A.치르카티(6), Y.오소리오(2)

RB: E.델프라토(15), W.쿨리발리(8), A.에노(6), G.레오니(2), P.알름크비스트(1)

GK: 스즈키 Z.(37), L.치치솔라(1)

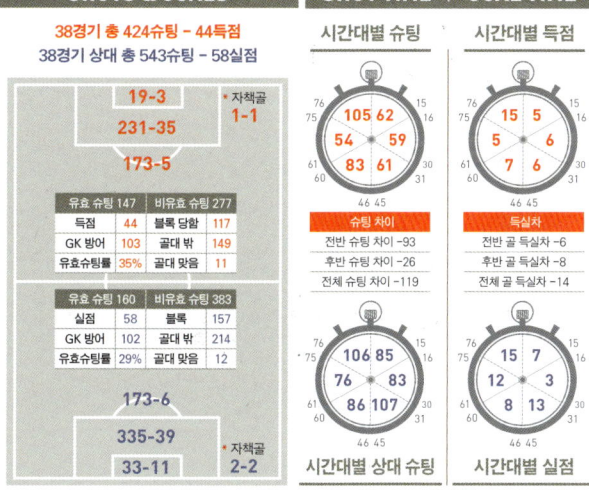

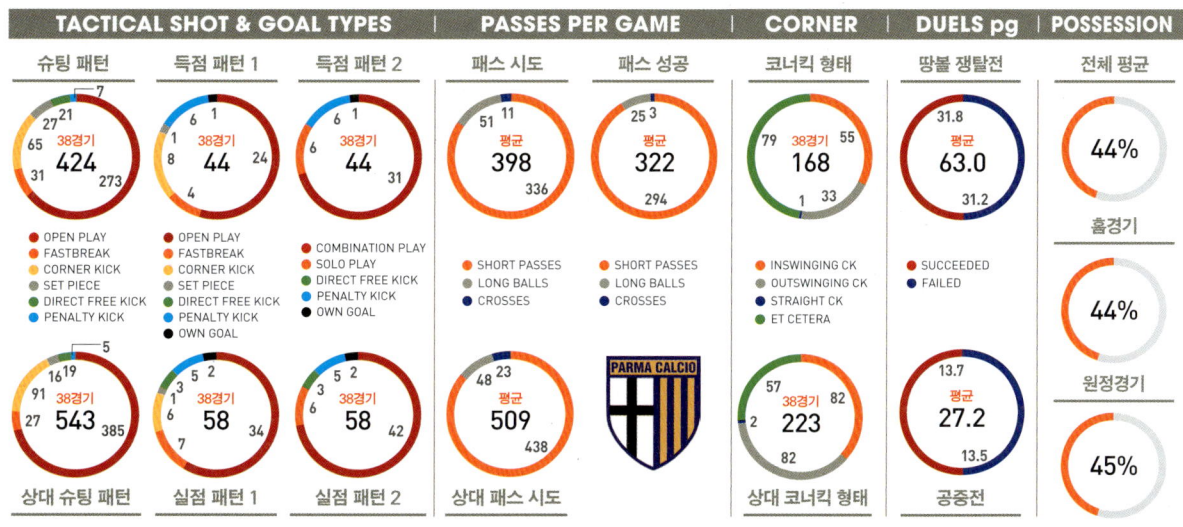

US LECCE

Trophy	Count
ITALIAN SERIE-A	0
COPPA ITALIA	0
UEFA CHAMPIONS LEAGUE	0
UEFA EUROPA LEAGUE	0
FIFA CLUB WORLD CUP	0
UEFA-CONMEBOL INTERCONTINENTAL	0

Founded: 구단 창립 1934년
Owner: 사베리오 스티키 / 알빈 사리아트마자
CEO: 사베리오 스티키
Manager: 에우세비오 디프란체스코 1969.09.08
25-26 Odds: 벳365 1000배 / 윌리엄힐 1000배

Nationality: 외국 선수 34명 / 이탈리아 6명
Age: 40명 평균 24.0세
Height: 40명 평균 185cm
Market Value: 40명 평균 223만 유로
Game Points: 24-25: 34점 / 통산: 638점

Win: 24-25: 8승 / 통산: 147승
Draw: 24-25: 10무 / 통산: 197무
Loss: 24-25: 20패 / 통산: 334패
Goals For: 24-25: 27득점 / 통산: 672득점
Goals Against: 24-25: 58실점 / 통산: 1104실점

More Minutes: W. 팔코네 +1명 3420분
Top Scorer: 니콜라 크르스토비치 11골
More Assists: 니콜라 크르스토비치 5도움
More Subs: 안테 레비치 20회 교체 IN
More Cards: 프레데릭 길베르 Y3+R2

2024-25 SEASON RESULT

상대팀	홈	원정
Napoli	0-1	0-1
Inter Milan	0-4	0-2
Atalanta	0-4	1-1
Juventus	1-1	1-2
AS Roma	0-1	1-4
Fiorentina	0-6	0-1
Lazio	1-2	1-0
AC Milan	2-3	0-3
Bologna	0-0	0-1
Como	0-3	0-2
Torino	1-0	0-0
Udinese	0-1	0-1
Genoa	0-0	1-2
Hellas Verona	1-0	1-1
Cagliari	1-0	1-4
Parma	2-2	3-1
Empoli	1-1	3-1
Venezia	1-1	1-0
Monza	2-1	0-0

PLAY STYLE

OFFENSIVE STYLE
선수비 후역습 패턴
다이렉트 플레이 지향
롱볼 플레이 주도
점유율 대비 슈팅 많은 편
전체 슈팅 대비 중거리 슈팅 많은 편

DEFENSIVE STYLE
자기 진영에서 볼 컨트롤
오프사이드 트랩 활성화
고정적인 선발 일레븐

Stadio Via del mare
구장 오픈: 1966년
구장 소유: 레체 시
수용 인원: 4만 670명
피치 규모: 105m X 68m
잔디 종류: 천연 잔디

STRENGTHS & WEAKNESSES

OFFENSE		DEFENSE	
직접 프리킥	B	세트피스 수비	D
문전 처리	E	상대 볼 뺏기	C
측면 돌파	C	공중전 능력	A
스루볼 침투	C	역습 방어	D
개인기 침투	C	지공 방어	D
카운터 어택	C	스루패스 방어	D
기회 만들기	C	리드 지키기	C
세트피스	C	실수 조심	D
OS 피하기	C	측면 방어력	D
중거리 슈팅	C	파울 주의	D
볼 점유율	E	중거리슈팅 수비	D

매우 강함 A / 강한 편 B / 보통 수준 C / 약한 편 D / 매우 약함 E

RANKING OF LAST 10 YEARS

15-16	16-17	17-18	18-19	19-20	20-21	21-22	22-23	23-24	24-25
3	2	7	18	4	1	16	14	17	—
63점	74점	76점	35점	66점	62점	72점	36점	38점	34점

●2부 리그 ●3부 리그

위치	선수	국적	생년월일	키	몸무게	출전경기	선발11	교체IN	출전(분)	득점	도움	경고	퇴장	MOM
GK	Wladimiro Falcone	ITA	1995-04-12	195	85	38	38	0	3420	0	0	2	0	3
DF	Federico Baschirotto	ITA	1996-09-20	184	90	38	38	0	3420	2	0	3	0	5
DF	Kialonda Gaspar	ANG	1997-09-27	193	90	24	24	0	2143	0	1	3	0	3
DF	Gaby Jean	FRA	2000-02-19	191	75	19	16	3	1389	0	0	0	0	0
DF	Andy Pelmard	FRA	2000-03-12	181	68	3	1	2	127	0	0	1	0	0
DF	Tiago Gabriel	POR	2004-12-26	196	88	2	0	2	95	0	0	0	0	0
DF	Marco Sala	ITA	1999-06-04	182	72	2	0	2	71	0	0	0	0	0
DF	Kevin Bonifazi	ITA	1996-05-19	187	70	3	0	3	62	0	0	0	0	0
DF/MF	Antonino Gallo	ITA	2000-01-05	183	69	31	31	0	2616	0	2	3	1	0
DF/MF	Frédéric Guilbert	FRA	1994-12-24	178	70	31	31	0	2452	0	1	3	2	1
DF/MF	Patrick Dorgu	DEN	2004-10-26	185	68	21	21	0	1843	3	1	2	1	0
DF/MF	Danilo Veiga	POR	2002-09-25	183	78	13	2	11	365	0	0	0	0	0
DF/MF	Valentin Gendrey	FRA	2000-06-21	179	75	2	2	0	180	0	0	0	0	0
MF	Lassana Coulibaly	MLI	1996-04-10	183	77	38	30	8	2677	1	0	3	0	0
MF	Ylber Ramadani	ALB	1996-04-12	185	80	30	22	8	1817	1	1	4	0	1
MF	Balthazar Pierret	FRA	2000-05-15	186	82	30	21	9	1730	0	0	2	0	0
MF	Þórir Helgason	ISL	2000-09-28	187	66	21	13	8	1158	0	4	0	0	0
MF	Hamza Rafia	TUN	1999-04-20	180	75	18	14	4	1067	0	0	4	0	0
MF	Medon Berisha	ALB	2003-10-21	186	81	17	7	10	715	0	1	5	0	0
MF	Mohamed Kaba	FRA	2001-10-27	185	71	15	2	13	445	0	0	1	0	0
MF	Filip Marchwiński	POL	2002-01-10	187	72	1	0	1	14	0	0	0	0	0
MF/FW	Nikola Krstović	MNE	2000-04-05	185	83	37	37	0	3070	11	5	6	0	2
MF/FW	Santiago Pierotti	ARG	2001-04-03	189	80	36	22	14	1947	4	2	4	1	1
MF/FW	Ante Rebić	CRO	1993-09-21	185	78	28	8	20	782	1	0	3	2	0
MF/FW	Jesper Karlsson	SWE	1998-07-25	171	70	13	6	7	498	1	0	2	0	0
MF/FW	Konan N'Dri	CIV	2000-08-27	174	73	11	2	9	300	0	0	0	0	0
MF/FW	Rémi Oudin	FRA	1996-11-18	185	79	11	3	8	295	0	0	1	0	0
MF/FW	Nicola Sansone	ITA	1991-09-10	175	68	6	1	5	63	0	0	1	0	0
FW	Tete Morente	ESP	1996-12-04	180	76	31	23	8	2031	3	2	5	0	2
FW	Lameck Banda	ZAM	2001-01-29	169	69	15	6	9	609	0	1	1	0	0
FW	Rares Burnete	ROU	2004-01-31	185	77	4	0	4	25	0	0	0	0	0

SERIE A 2024-25 SEASON

US LECCE vs. OPPONENTS PER GAME STATS

레체 vs 상대팀														
	득점	슈팅	유효슈팅	코너킥	오프사이드	패스시도 (PA)	패스성공 (PC)	태클 (TK)	공중전승리 (AD)	인터셉트 (IT)	파울	경고	퇴장	
	0.71 / 1.53	11.9 / 14.0	3.2 / 4.8	4.3 / 6.0	1.4 / 2.1	377 / 491	296 / 398							
	79% / 81%	16.5 / 14.2	18.4 / 17.7	7.5 / 7.7	12.3 / 11.9	1.61 / 2.13	0.184 / 0.132							

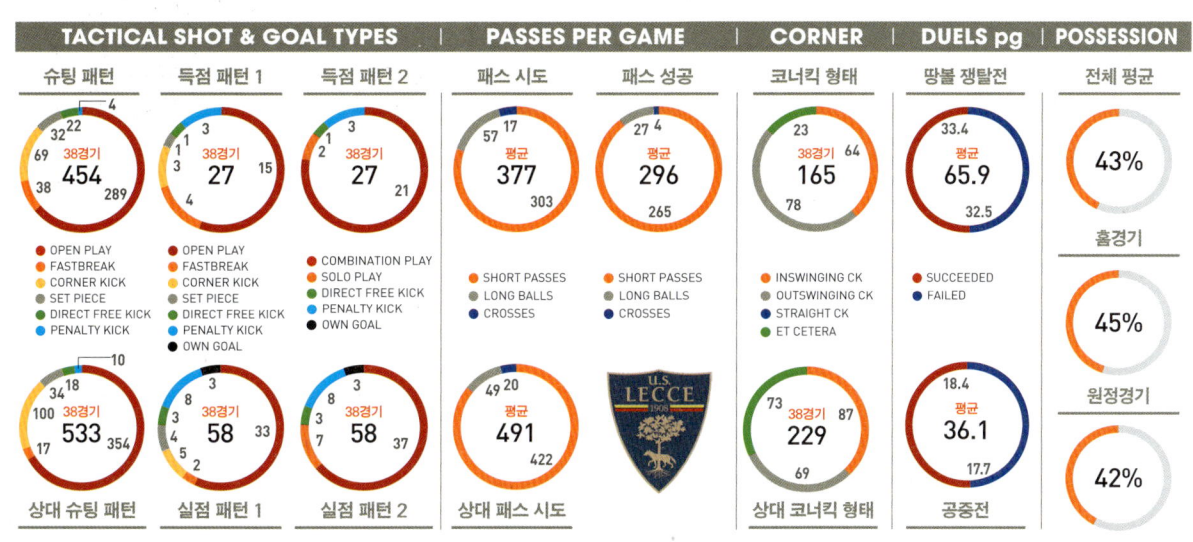

US SASSUOLO CALCIO

Founded 구단 창립 1920년	**Owner** 마페이 SPA	**CEO** 카를로 로시	**Manager** 파비오 그로소 1977.11.28	**25-26 Odds** 벳365 : 500배 윌리엄힐 : 500배	

	ITALIAN SERIE-A	COPPA ITALIA	UEFA CHAMPIONS LEAGUE	UEFA EUROPA LEAGUE	FIFA CLUB WORLD CUP	UEFA-CONMEBOL INTERCONTINENTAL
	0	0	0	0	0	0

Nationality 32명 외국 선수 11명 이탈리아 21명	**Age** 32명 평균 24.4세	**Height** 32명 평균 185cm	**Market Value** 32명 평균 374만 유로	**Game Points** 24-25 (2부): 82점 통산 : 514점

Win 24-25 (2부): 25승 통산 : 133승	**Draw** 24-25 (2부): 7무 통산 : 115무	**Loss** 24-25 (2부): 6패 통산 : 170패	**Goals For** 24-25 (2부): 78득점 통산 : 568득점	**Goals Against** 24-25 (2부): 38실점 통산 : 672실점

More Minutes 예레미 톨리안 2864분	**Top Scorer** 아르망 로리앙테 18골	**More Assists** 도메니코 베라디 13도움	**More Subs** 페드로 오비앙 22회 교체 IN	**More Cards** 아르망 로리앙테 Y8+R0

2024-25 SEASON RESULT

상대팀	홈	원정
Pisa	1-0	1-3
Spezia	0-0	1-2
Cremonese	1-4	1-1
Juve Stabia	2-0	2-2
Cesena	2-1	2-0
Catanzaro	0-2	1-1
Palermo	2-1	3-5
Bari	1-1	1-1
Sudtirol	5-3	1-0
Modena	2-0	3-1
Carrarese	2-0	2-0
Reggiana	5-1	2-0
Mantova	1-0	3-0
Brescia	2-0	5-2
Frosinone	0-1	2-1
Salernitana	4-0	2-1
Sampdoria	5-1	0-0
Cittadella	6-1	2-1
Cosenza	2-1	1-0

Mapei Stadium – Città del Tricolore

구장 오픈 1995년 / 증개축 없음
구장 소유 마페이 S.P.A.
수용 인원 2만 1525명
피치 규모 105m X 68m
잔디 종류 천연 잔디

RANKING OF LAST 10 YEARS

● 2부 리그

15-16	16-17	17-18	18-19	19-20	20-21	21-22	22-23	23-24	24-25
6 61점	12 46점	11 43점	11 43점	8 51점	8 62점	11 50점	13 45점	19 30점	1 82점

• 이탈리아 2부 리그 기록

위치	선수	국적	생년월일	키	몸무게	출전경기	선발11	교체 IN	교체 OUT	출전(분)	득점	도움	경고	퇴장
GK	Horațiu Moldovan	ROU	1998-01-20	193	78	27	27	0	0	2430	0	0	1	0
GK	Giacomo Satalino	ITA	1999-05-20	188	78	10	10	0	0	900	0	0	0	0
GK	Alessandro Russo	ITA	2001-03-31	196	86	1	1	0	0	90	0	0	0	0
DF	Jeremy Toljan	GER	1994-08-08	182	74	34	31	3	2	2864	0	6	3	0
DF	Tarik Muharemović	BIH	2003-02-28	182	76	28	22	6	0	2080	1	2	3	0
DF	Filippo Romagna	ITA	1997-05-26	186	75	23	21	2	2	1870	0	0	3	0
DF	Cas Odenthal	NED	2000-09-26	190	79	22	18	4	1	1681	1	1	3	0
DF	Matteo Lovato	ITA	2000-02-14	188	78	20	16	4	4	1343	1	0	1	1
DF	Josh Doig	SCO	2002-05-18	189	71	29	25	4	6	2192	1	1	4	0
DF/MF	Edoardo Pieragnolo	ITA	2003-01-03	185	72	20	13	7	11	1199	0	1	3	0
	Yeferson Paz	COL	2002-06-13	176	67	13	6	7	5	432	0	0	4	0
	Filippo Missori	ITA	2004-03-24	182	77	4	1	3	0	155	0	0	0	0
MF	Daniel Boloca	ITA	1998-12-22	188	76	34	32	2	9	2698	4	3	4	0
	Kristian Thorstvedt	NOR	1999-03-13	189	84	22	22	0	6	1925	7	4	5	0
	Pedro Obiang	EQG	1992-03-27	186	75	35	13	22	8	1512	1	0	3	0
	Andrea Ghion	ITA	2000-02-23	174	68	23	19	4	19	1422	0	1	2	0
	Edoardo Iannoni	ITA	2001-04-11	185	78	22	10	12	7	985	1	2	5	0
	Luca Lipani	ITA	2005-05-18	185	78	22	6	16	4	706	1	2	1	0
	Luca Mazzitelli	ITA	1995-11-15	187	76	7	4	3	3	277	0	1	1	0
	Fabrizio Caligara	ITA	2000-04-12	180	74	4	3	1	3	241	0	0	0	0
	Justin Kumi	ITA	2004-07-16	182	70	3	2	1	2	131	0	0	0	0
	Kevin Leone	ITA	2005-03-28	182	73	1	0	1	0	18	0	0	0	0
MF/FW	Armand Laurienté	FRA	1998-12-04	171	59	33	29	4	23	2383	18	5	8	0
	Domenico Berardi	ITA	1994-08-01	183	72	29	25	4	16	2263	6	13	4	0
	Nicholas Pierini	ITA	1998-08-06	176	70	31	10	21	7	1272	10	3	1	0
	Cristian Volpato	AUS	2003-11-15	187	78	18	9	9	9	708	4	6	4	1
	Simone Verdi	ITA	1992-07-12	174	72	9	2	7	3	260	2	0	0	0
	Nedim Bajrami	SUI	1999-02-28	178	69	2	2	0	2	118	0	0	0	0
	Luca D'Andrea	ITA	2004-09-06	175	70	1	0	1	0	3	0	0	0	0
FW	Flavio Russo	ITA	2004-08-31	188	75	12	5	7	5	407	2	1	1	0
	Samuele Mulattieri	ITA	2000-10-07	183	77	32	19	13	16	1620	9	3	3	0
	Luca Moro	ITA	2001-01-25	180	64	25	11	14	10	1056	7	1	2	0
	Laurs Skjellerup	DEN	2002-08-12	195	90	5	2	3	2	174	0	0	0	0
	Janis Antiste	FRA	2002-08-18	183	75	4	2	2	2	171	1	1	2	0

SERIE B(2부리그) 2024-25 SEASON

US SASSUOLO CALCIO vs. OPPONENTS PER GAME STATS

사수올로 vs 상대팀

사수올로		상대팀	항목
2.05	⚽	1.00	득점
13.7	👟	12.6	슈팅
5.5	🎯	3.9	유효슈팅
1.4	🚩	1.6	오프사이드
13.2	TK	15.1	태클
15.2	AD	16.3	공중전승리
7.6	IT	7.6	인터셉트
12.5		13.2	파울
1.87	🟨	2.18	경고
0.053	🟥	0.053	퇴장

2024-25 SEASON SQUAD LIST & GAMES PLAYED

* 괄호 안의 숫자는 선발 출전 횟수, 교체 출전은 포함시키지 않음

LW
A.로리앙테(10), N.피에리니(4)

CF
S.물라티에리(19), L.모로(9)
F.루소(5), K.토르스트베트(1)
J.안티스트(1), L.스켈러룸(1)
D.볼로카(1)

RW
D.베라르디(8), C.볼파토(4)
M.피에리니(1), N.바자르미(1)

LAM
A.로리앙테(13), N.피에리니(2)

CAM
K.토르스트베트(11), C.볼파토(3)
S.베라르디(2), L.마치텔리(2)
A.로리앙테(1), N.바자르미(1)
D.베라르디(1), J.안티스트(1)

RAM
D.베라르디(15)

LM
D.볼로카(7), K.토르스트베트(3)
F.칼키가라(3), A.로리앙테(3)
N.피에리니(1), L.리파니(1)
A.기온(1)

CM
E.이아노니(3), D.볼로카(2)
K.토르스트베트(1)

RM
K.토르스트베트(6), E.이아노니(5)
C.볼파토(5), J.쿠미(2)
N.피에리니(1), L.리파니(1)
D.베라르디(1)

LWB
N/A

DM
D.볼로카(21), A.기온(15)
P.오비앙(12), I.리파니(2)
E.이아노니(1), L.마치텔리(1)

RWB
N/A

LB
J.도이그(24), 피에라놀로(11)

CB
F.로마냐(20), T.무하레모비치(20)
C.오덴탈(17), 로바토(14)

RB
J.톨리안(30), Y.파스(5)

GK
J.H.몰도반(27), 사탈리노(10)
A.루소(1)

SHOTS & GOALS
34경기 총 519슈팅 - 78득점
34경기 상대 총 480슈팅 - 38실점

	Inside The Box	자책골
	299-63	1-1
	Outside The Box	
	219-14	

유효슈팅 209		비유효슈팅 310
득점	78	블록 당함 137
GK 방어	131	골대 밖 169
유효슈팅률	40%	골대 맞음 4

신체별 득점		공격 형태별 슈팅-득점	
왼발	33	OP/FB/SP	487-68
오른발	36	직접 프리킥	23-2
헤더	8	페널티킥	8-7

GOAL TIME | WHO SCORED

시간대별 득점 / 포지션별 득점

FW진 55골
MF진 18골
DF진 4골

* 상대 자책골 1골

상대 포지션별 실점

DF진 9골
MF진 13골
FW진 15골

시간대별 실점
전반 골 득실차 +10
후반 골 득실차 +30
전체 골 득실차 +40

* 자책골 실점 1골

PASSES PER GAME | POSSESSION | DUELS pg

패스 시도 평균 467 (35 / 15 / 417)
패스 성공 평균 392 (17 / 4 / 371)
땅볼 쟁탈전 평균 64.8 (32.7 / 32.1)
공중전 평균 31.5 (15.2 / 16.3)

● SHORT PASSES ● LONG BALLS ● CROSSES ● SUCCEEDED ● FAILED

POSSESSION
평균 볼점유율
52%

PASSESS pg BY ZONE | FORMATION SUMMARY

평균 패스 성공 — 하프라인 위쪽 212회 / 하프라인 아래 180회
패스 성공률 — 하프라인 위쪽 76% / 하프라인 아래 91%

선발 포진별 전적

포메이션	승	무	패	득점	실점
4-2-3-1	12	3	2	32	16
4-3-3	7	2	3	27	14
4-1-4-1	2	0	0	5	0
4-1-3-2	1	1	0	7	2
4-2-2-2	1	0	0	3	1
4-3-2-1	1	0	0	2	1
5-3-2	1	0	0	1	0
4-4-1-1	0	1	0	0	0
4-3-1-2	0	0	1	1	4
TOTAL	25	7	6	78	38

PISA SC

 Founded 구단 창립 1909년
 **Owner** 알렉산더 내스터 1959.02.19
 CEO 주제페 코라도
 Manager 알베르토 질라르디노 1982.07.05
25-26 Odds 벳365 : 1500배 윌리엄힐 : 1500배

 ITALIAN SERIE-A 0
 COPPA ITALIA 0
 UEFA CHAMPIONS LEAGUE 0
UEFA EUROPA LEAGUE 0
 FIFA CLUB WORLD CUP 0
UEFA-CONMEBOL INTERCONTINENTAL 0

 Nationality 외국 선수 18명 / 이탈리아 15명
 Age 33명 평균 25.0세
 Height 33명 평균 183cm
 Market Value 33명 평균 211만 유로
 Game Points 24-25(2부) : 76점 / 통산 : 203점

2024-25 SEASON RESULT

상대팀	홈	원정
Sassuolo	3-1	0-1
Spezia	2-2	2-3
Cremonese	2-1	3-1
Juve Stabia	3-1	0-2
Cesena	3-1	1-1
Catanzaro	0-0	0-0
Palermo	2-0	2-1
Bari	2-0	0-1
Sudtirol	3-3	2-1
Modena	1-2	0-1
Carrarese	2-1	0-1
Reggiana	2-1	2-0
Mantova	3-1	3-2
Brescia	2-1	1-0
Frosinone	1-0	0-0
Salernitana	1-0	3-2
Sampdoria	3-0	1-0
Cittadella	0-1	3-0
Cosenza	2-2	3-0

Arena Garibaldi - Stadio Romeo Anconetani

구장 오픈 / 증개축 1919년
구장 소유 피사 시청
수용 인원 2만 5000명
피치 규모 107m x 68m
잔디 종류 천연 잔디

 **Win** 24-25(2부) : 23승 / 통산 : 42승
 Draw 24-25(2부) : 7무 / 통산 : 77무
 Loss 24-25(2부) : 8패 / 통산 : 99패
 Goals For 24-25(2부) : 64득점 / 통산 : 174득점
 Goals Against 24-25(2부) : 36실점 / 통산 : 275실점

 **More Minutes** 아드리안 셈페르 3240분
 Top Scorer 마테오 트라모니 13골
 More Assists 스테파노 모레노 6도움
 **More Subs** 말더 회이홀트 19회 교체 IN
 More Cards 마리우스 마린 Y9+R1

RANKING OF LAST 10 YEARS

● 2부 리그   ● 3부 리그

15-16	16-17	17-18	18-19	19-20	20-21	21-22	22-23	23-24	24-25
22 / 262점	35점	367점	369점	9 / 54점	14 / 48점	3 / 67점	11 / 47점	5 / 46점	2 / 76점

*이탈리아 2부 리그 기록

위치	선수	국적	생년월일	키	몸무게	출전경기	선발11	교체 IN	교체 OUT	출전(분)	득점	도움	경고	퇴장
GK	Adrian Šemper	CRO	1998-01-12	194	89	36	36	0	0	3240	0	0	1	0
	Leonardo Loria	ITA	1999-03-28	195	91	1	1	0	0	90	0	0	0	0
	Nicolas	BRA	1988-04-12	190	85	1	1	0	0	90	0	0	0	0
DF	Simone Canestrelli	ITA	2000-09-11	192	85	36	35	1	5	3091	3	2	6	0
	Antonio Caracciolo	ITA	1990-06-30	181	73	35	34	1	5	3032	2	0	7	0
	Giovanni Bonfanti	ITA	2003-01-17	188	83	22	21	1	10	1720	0	1	4	0
	Adrián Rus	HUN	1996-03-18	188	84	25	14	11	7	1237	2	0	8	0
	Arturo Calabresi	ITA	1996-03-17	186	75	28	10	18	9	1086	0	1	4	0
	Alessio Castellini	ITA	2003-04-01	182	77	3	1	2	0	150	0	0	0	0
DF/MF	Samuele Angori	ITA	2003-10-07	184	77	37	25	12	9	2356	2	3	4	0
	Pietro Beruatto	ITA	1998-12-21	185	80	16	10	6	9	768	0	0	1	0
	Leonardo Sernicola	ITA	1997-07-30	188	78	13	5	8	1	579	1	1	1	0
	Žan Jevšenak	SVN	2003-05-15	191	82	2	1	1	1	73	0	0	1	0
	Christian Sussi	ITA	2001-03-07	182	75	1	1	0	1	66	0	0	0	0
MF	Marius Marin	ROU	1998-08-30	180	69	34	31	3	7	2648	1	2	9	1
	Idrissa Touré	GER	1998-04-29	188	76	33	31	2	14	2437	6	4	7	1
	Gabriele Piccinini	ITA	2001-04-06	184	76	38	25	13	16	2332	4	4	2	0
	Malthe Højholt	DEN	2001-04-16	182	70	30	11	19	6	1268	0	1	1	0
	Oliver Abildgaard	DEN	1996-06-10	175	66	24	7	17	5	769	0	1	4	0
	Markus Solbakken	NOR	2000-07-26	182	70	7	4	3	3	341	0	0	2	0
	Stefano Moreo	ITA	1993-06-30	191	85	35	31	4	19	2691	7	6	2	0
MF/FW	Matteo Tramoni	FRA	2000-01-20	175	72	26	23	3	13	1954	13	3	0	0
	Alessandro Arena	ITA	2000-08-03	171	58	21	8	13	6	742	2	1	0	0
	Emanuel Vignato	BRA	2000-08-24	175	67	11	5	6	5	459	0	1	1	0
	Olimpiu Moruțan	ROU	1999-04-25	172	71	10	4	6	3	448	1	1	1	0
	Jan Mlakar	SVN	1998-10-23	183	78	12	1	11	1	233	0	0	0	0
	Mehdi Léris	ALG	1998-05-23	186	83	3	2	1	2	169	0	0	0	0
FW	Alexander Lind	DEN	2002-06-26	186	85	32	25	7	15	2167	8	3	3	1
	Nicholas Bonfanti	ITA	2002-03-28	178	70	14	8	6	7	708	4	1	0	0
	Henrik Meister	DEN	2003-11-17	191	86	15	7	8	7	539	2	0	5	0
	Tommaso Ferrari	ITA	2006-09-20	185	75	1	0	1	0	7	0	0	0	0
	Lorenzo Tosi	ITA	2008-03-12	178	70	1	0	1	0	6	0	0	0	0
	Janis Antiste	FRA	2002-08-18	183	75	4	2	2	2	171	1	1	2	0

SERIE B(2부리그) 2024-25 SEASON

PISA SC vs. OPPONENTS PER GAME STATS

피사 vs 상대팀

피사		상대	항목
1.61	득점	0.95	
12.6	슈팅	10.1	
3.8	유효슈팅	3.4	
1.1	오프사이드	2.5	
16.6	태클	13.4	
26.7	공중전승리	21.7	
7.6	인터셉트	7.0	
16.5	파울	11.7	
2.00	경고	2.32	
0.079	퇴장	0.211	

2024-25 SEASON SQUAD LIST & GAMES PLAYED

괄호 안의 숫자는 선발 출전 횟수, 교체 출전은 포함시키지 않음

LW	CF	RW
M.트라모니(3)	A.린드(23), N.본판티(8) H.M.메이스터(3), J.클라카르(1)	S.모레오(3)

LAM	CAM	RAM
N/A	S.모레오(26), M.트라모니(18) A.아레나(9), O.모루찬(5) E.비냐토(4), H.W.메이스터(3) I.투레(1), M.레리스(1)	N/A

LM	CM	RM
M.트라모니(2), G.본판티(1)	M.마린(14), G.피치니니(8) M.회이홀트(4), O.아빌코(4) Z.예브세니치(1)	S.모레오(2), M.레리스(1)

LWB	DM	RWB
S.앙고리(23), P.페루아토(10) L.세르니굴라(2), C.수시(1)	M.마린(16), G.피치니니(13) M.회이홀트(6), M.솔반켄(4) O.아빌코(2), M.폼페티(1)	I.투레(29), G.피치니니(3) L.세르니굴라(3), A.칼라브레시(1)

LB	CB	RB
S.앙고리(2)	S.카네스트렐리(34), A.카라촐로(33) G.본판티(19), A.루스(13) A.칼라브레시(8), 베루아토(1)	I.투레(2)

	GK	
	A.셈페르(36), L.로리아(1) 니콜라스(1)	

SHOTS & GOALS

38경기 총 479슈팅 - 61득점
38경기 상대 총 383슈팅 - 36실점

Inside The Box 344-53
자책골 4-4
몰수게임 3골

Outside The Box 131-4

유효 슈팅 144		비유효 슈팅 335	
득점	57	블록 당함	173
GK 방어	86	골대 밖	149
유효슈팅률	30%	골대 맞음	13

신체별득점		공격 형태별 슈팅-득점	
왼발	17	OP/FB/SP	456-52
오른발	26	직접 프리킥	14-1
헤더	14	페널티킥	5-4

GOAL TIME | WHO SCORED

시간대별 득점

포지션별 득점
FW진 37골
MF진 10골
DF진 10골

독실차
전반 골 득실차 +18
후반 골 득실차 +7
전체 골 득실차 +25

몰수 게임 3골 / 상대 자책골 4골

상대 포지션별 실점
DF진 5골
MF진 7골
FW진 23골

시간대별 실점

*자책골 실점 1골

PASSES PER GAME | POSSESSION | DUELS pg

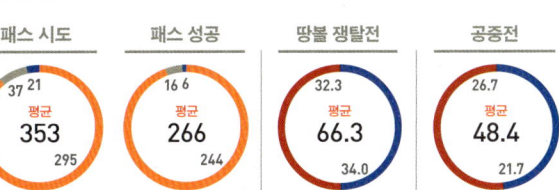

패스 시도 평균 353 (37 / 21 / 295)
패스 성공 평균 266 (16 / 6 / 244)
땅볼 쟁탈전 평균 66.3 (32.3 / 34.0)
공중전 평균 48.4 (26.7 / 21.7)

SHORT PASSES / LONG BALLS / CROSSES
SUCCEEDED / FAILED

POSSESSION

평균 볼점유율 **46%**

PASSESS pg BY ZONE | FORMATION SUMMARY

평균 패스 성공
하프라인 위쪽 141회
하프라인 아래 125회

패스 성공률
하프라인 위쪽 64%
하프라인 아래 86%

선발 포지션별 전적

포메이션	승	무	패	득점	실점
3-4-2-1	20	7	6	58	34
3-4-3	1	0	2	2	2
5-4-1	2	0	0	4	0
TOTAL	23	7	8	64	36

US CREMONESE

 Founded 구단 창립 1903년
 **Owner** 조반니 아르베디
 CEO 파울로 로시
  **Manager** 다비데 니콜라 1973.03.05
 25-26 Odds 벳365 : 1500배 윌리엄힐 : 1500배

	0		0		0		0		0		0
ITALIAN SERIE-A		COPPA ITALIA		UEFA CHAMPIONS LEAGUE		UEFA EUROPA LEAGUE		FIFA CLUB WORLD CUP		UEFA-CONMEBOL INTERCONTINENTAL	

 Nationality 외국 선수 9명 / 이탈리아 22명
 **Age** 31명 평균 26.5세
Height 명 평균 183cm
Market Value 31명 평균 122만 유로
Game Points 24-25 (2부) : 61점 / 통산 : 228점

 Win 24-25(2부) : 16승 / 통산 : 48승
 Draw 24-25(2부) : 13무 / 통산 : 84무
 Loss 24-25(2부) : 9패 / 통산 : 140패
 **Goals For** 24-25(2부) : 62득점 / 통산 : 258득점
 Goals Against 24-25(2부) : 44실점 / 통산 : 436실점

 **More Minutes** 안드레아 풀리냐티 3420분
 Top Scorer 프랑코 바스케스 9골
 More Assists 야리 반데푸트 14도움
 More Subs 마르코 나스티+1명 19회 교체 IN
 More Cards 마르코 나스티 Y10+R0

2024-25 SEASON RESULT

상대팀	홈	원정
Sassuolo	1-1	4-1
Pisa	1-3	1-1
Spezia	1-1	3-2
Juve Stabia	1-1	2-1
Cesena	1-2	1-0
Catanzaro	4-0	2-1
Palermo	0-1	3-2
Bari	1-1	1-1
Sudtirol	3-1	4-0
Modena	2-2	2-2
Carrarese	1-0	2-2
Reggiana	0-2	2-1
Mantova	4-2	0-1
Brescia	1-1	2-3
Frosinone	1-0	3-0
Salernitana	2-1	0-1
Sampdoria	1-1	0-0
Cittadella	2-2	0-0
Cosenza	3-1	0-1

Stadio Giovanni Zini

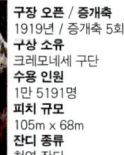

구장 오픈 / 증개축
1919년 / 증개축 5회
구장 소유
크레모네세 구단
수용 인원
1만 5191명
피치 규모
105m x 68m
잔디 종류
천연 잔디

RANKING OF LAST 10 YEARS

● 2부 리그 ● 3부 리그

	15-16	16-17	17-18	18-19	19-20	20-21	21-22	22-23	23-24	24-25
순위	4	14	9	12	13	2	19		4	4
점수	61점	78점	48점	49점	49점	48점	69점	27점	67점	61점

*이탈리아 2부 리그 기록

위치	선수	국적	생년월일	키	몸무게	출전경기	선발11	교체 IN	교체 OUT	출전(분)	득점	도움	경고	퇴장
GK	Andrea Fulignati	ITA	1994-10-31	188	87	38	38	0	0	3420	0	0	0	0
DF	Matteo Bianchetti	ITA	1993-03-17	189	80	35	35	0	1	3075	1	2	8	0
	Valentin Antov	BUL	2000-11-09	185	75	31	27	4	5	2412	1	0	8	0
	Luca Ravanelli	ITA	1997-01-16	187	75	28	26	2	4	2275	1	1	3	0
	Federico Ceccherini	ITA	1992-05-11	187	78	17	16	1	10	1198	1	1	5	0
	Francesco Folino	ITA	2002-01-23	192	85	7	3	4	0	385	0	0	1	0
	Luka Lochoshvili	GEO	1998-05-29	191	84	7	3	4	0	322	0	0	1	1
	Lorenzo Moretti	ITA	2002-02-26	187	79	5	2	3	0	297	0	0	1	0
DF MF	Tommaso Barbieri	ITA	2002-08-26	181	72	31	20	11	14	1777	3	5	9	0
	Paulo Azzi	BRA	1994-07-15	188	78	16	13	3	1	1187	3	3	3	0
	Leonardo Sernicola	ITA	1997-07-30	187	81	18	13	5	6	1155	2	1	2	0
	Giacomo Quagliata	ITA	2000-02-19	180	70	11	5	6	4	464	0	5	1	0
MF	Michele Collocolo	ITA	1999-11-08	188	78	30	26	4	7	2284	7	3	7	0
	Michele Castagnetti	ITA	1989-12-27	180	71	31	26	5	12	2256	1	3	6	0
	Jari Vandeputte	BEL	1996-02-14	174	70	35	26	9	23	2016	4	14	4	0
	Charles Pickel	COD	1997-05-15	184	76	31	21	10	7	1905	2	0	3	0
	Žan Majer	SVN	1992-07-25	179	69	20	10	10	8	835	0	1	4	0
	Mattia Valoti	ITA	1993-09-06	187	82	12	3	9	3	412	3	1	1	0
	Francesco Gelli	ITA	1996-10-15	183	74	6	1	5	0	168	1	1	0	0
	Tommaso Milanese	ITA	2002-07-31	173	64	4	2	2	2	161	0	0	0	0
MF FW	Franco Vázquez	ARG	1989-02-22	187	80	27	23	4	17	1869	9	4	5	0
	Luca Zanimacchia	ITA	1998-07-19	178	72	31	20	11	12	1828	1	4	3	0
	Manuel De Luca	ITA	1998-07-17	192	82	34	16	18	11	1648	8	2	3	0
	Cristian Buonaiuto	ITA	1992-12-26	178	69	9	4	5	4	400	1	1	0	0
	Frank Tsadjout	ITA	1999-07-28	190	79	2	2	0	2	141	0	1	0	0
FW	Dennis Johnsen	NOR	1998-02-17	185	72	31	12	19	8	1474	6	7	5	0
	Federico Bonazzoli	ITA	1997-05-21	182	74	26	18	8	15	1323	6	1	2	0
	Marco Nasti	ITA	2003-09-17	179	69	26	7	19	6	923	2	2	10	0
	Giacomo Gabbiani	ITA	2006-06-19	169	59	1	0	1	0	8	0	0	0	0

SERIE B(2부리그) 2024-25 SEASON

US CREMONESE vs. OPPONENTS PER GAME STATS

크레모네세 vs 상대팀

크레모네세	항목	상대팀
1.63	득점	1.16
15.7	슈팅	10.1
5.1	유효슈팅	2.9
1.5	오프사이드	2.1
14.1	TK 태클	14.4
13.7	AD 공중전승리	17.1
7.5	IT 인터셉트	7.4
17.1	파울	14.0
3.00	경고	2.26
0.132	퇴장	0.079

2024-25 SEASON SQUAD LIST & GAMES PLAYED

* 괄호 안의 숫자는 선발 출전 횟수, 교체 출전은 포함시키지 않음

LW	CF	RW
D.온슨(1)	M.데루카(16), F.보나졸리(15) F.바스케스(9), M.나스티(7) D.온슨(5), F.사주(4) C.부오나이우토(1), M.콜로콜로(1)	L.차니마카아(1)

LAM	CAM	RAM
N/A	F.바스케스(10), J.반더푸트(6) D.온슨(6), F.보나졸리(1) M.발로티(1) F.사주(1) P.아지(1), L.차니마카아(1)	N/A

LM	CM	RM
J.반더푸트(5), D.온슨(1) M.카스타네티(1), F.바스케스(1)	M.콜로콜로(18), C.피켈(10) J.반더푸트(9), M.카스타네티(4) F.바스케스(3), C.부오나이우토(3) T.밀라네세(2), Z.마예르(1)	L.차니마카아(2), F.바스케스(2) M.콜로콜로(1), D.온슨(1) J.반더푸트(1), C.피켈(1)

LWB	DM	RWB
P.아지(12), L.세르니콜라(7) L.차니마카아(5), G.콸리아타(5) T.바르비에리(2), J.반더푸트(1)	M.카스타네티(23), Z.마예르(8) C.피켈(7), M.콜로콜로(3) F.바스케스(1)	T.바르비에리(14), L.차니마카아(9) M.콜로콜로(6), L.세르니콜라(2) F.젤리(1)

LB	CB	RB
L.세르니콜라(4), P.아지(2) L.로초시빌리(1), L.차니마카아(1)	M.비앙케티(34), V.안토페(26) L.라베넬리(25), F.세케리니(18) F.폴리노(3), L.로초시빌리(2) L.모레티(2), T.바르비에리(1)	T.바르비에리(5), L.차니마카아(3) V.안토페(1), M.콜로콜로(1)

	GK	
	A.풀리나티(38)	

SHOTS & GOALS

34경기 총 597슈팅 - 62득점
34경기 상대 총 384슈팅 - 44실점

Inside The Box 394-51
Outside The Box 203-11
* 자책골 0-0

유효 슈팅 194		비유효 슈팅 403	
득점	62	블록 당함	152
GK 방어	132	골대 밖	251
유효슈팅률	32%	골대 맞음	17

신체득점		공격 형태별 슈팅-득점	
왼발	18	OP/FB/SP	575-59
오른발	31	직접 프리킥	20-1
헤더	12	페널티	2-2

GOAL TIME | WHO SCORED

시간대별 득점
- 75~: 16
- 15~: 6
- 61~: 13
- 30~: 9
- 46~: 8, 10
- 45: 31

독실차
전반 골 득실차 0
후반 골 득실차 +18
전체 골 득실차 +18

시간대별 실점
- 75~: 7
- 15~: 4
- 61~: 5
- 30~: 10
- 46~: 7, 11
- 45: 31

포지션별 득점
FW진 23골
MF진 27골
DF진 12골

상대 포지션별 실점
DF진 11골
MF진 9골
FW진 22골
* 자책골 실점 2골

PASSES PER GAME | POSSESSION | DUELS pg

패스 시도	패스 성공	땅볼 쟁탈전	공중전
평균 473 (37/24/412)	평균 401 (19/6/376)	평균 68.5 (33.0 succeeded / 35.5 failed)	평균 35.8 (18.7 succeeded / 17.1 failed)

● SHORT PASSES ● LONG BALLS ● CROSSES

POSSESSION
평균 볼점유율 60%

PASSESS pg BY ZONE | FORMATION SUMMARY

평균 패스 성공
하프라인 위쪽 203회
하프라인 아래 199회

패스 성공률
하프라인 위쪽 75%
하프라인 아래 91%

선발 포진별 전적

포메이션	승	무	패	득점	실점
3-5-2	3	6	4	17	13
3-5-1-1	7	2	2	18	9
3-4-2-1	3	3	1	14	11
4-4-2	1	0	1	2	2
3-4-1-2	1	0	0	4	1
5-4-1	1	0	0	1	0
4-3-3	0	1	0	2	2
5-3-2	0	1	0	2	2
4-4-1-1	0	0	1	1	3
TOTAL	16	13	9	62	44

LIGUE 1
Uber Eats

역 사 창 조
歷 史 創 造

파리 생제르맹이 새 역사를 썼다. 2024-25시즌 리그앙, 쿠프드프랑스에 이어 구단 역사상 최초로 UEFA 챔피언스리그까지 거머쥐었다. 프랑스 클럽으로는 1992-93시즌 올랭피크 마르세유 이후 무려 32년만의 챔스 우승이었다. 리그앙 우승이야 밥 먹듯이 하는 것이니 별다른 감흥이 없다고 해도, 챔스 우승은 정말 특별한 이벤트였다. 1970년 구단 창립 이후 최고의 역사를 쓴 셈이다. PSG는 여세를 몰아 FIFA 클럽월드컵까지 5관왕을 노렸다. 전 세계 모든 축구 전문가들은 PSG의 압도적인 우세를 점쳤다. 그러나 예상을 뒤엎고, 첼시의 역습 전술에 말려 힘 한번 못 쓰고 0-3으로 완패해 아쉬움을 남겼다. PSG는 클럽월드컵 제패를 4년 후로 미룬 대신, 올 시즌 트레블 2연패를 목표로 출격한다. 일단 리그앙에서 PSG의 적수는 없어 보인다. AS 모나코, 올랭피크 마르세유 등이 도전하겠지만 전력차는 커 보인다. PSG는 일단 리그앙을 제패한 다음, 챔스 2연패를 위해 전력할 것이다.

2025-26시즌 LIGUE-1 우승 배당률

예상	팀	벳365	윌리엄힐	유니벳	스카이벳
1	Paris Saint-Germain	0.13배	0.11배	0.13배	0.1배
2	AS Monaco	12배	12배	11배	14배
3	Olympique Marseille	14배	14배	12배	14배
4	Lille OSC	20배	22배	22배	28배
5	Olympique Lyonnais	28배	28배	28배	28배
6	Nice	33배	33배	33배	40배
7	RC Lens	100배	125배	150배	250배
8	Strasbourg	200배	250배	200배	300배
9	Toulouse	350배	500배	500배	1000배
10	Stade Rennes	350배	500배	500배	1000배
11	Brest	750배	1000배	750배	1000배
12	Nantes	500배	1000배	1000배	1000배
13	Auxerre	1000배	2000배	1500배	1000배
14	Lorient	1000배	2500배	1500배	1000배
15	Paris FC	1500배	1500배	2000배	1000배
16	Angers	2500배	1500배	1500배	1000배
17	Metz	1500배	2500배	2000배	1000배
18	Le Havre	2000배	2500배	2000배	1000배

2024-25시즌 LIGUE-1 순위

순위	팀	경기	승	무	패	득점	실점	득실	승점
1	Paris Saint-Germain ★●	34	26	6	2	92	35	+57	84
2	Olympique Marseille ●	34	20	5	9	74	47	+27	65
3	AS Monaco ●	34	18	7	9	63	41	+22	61
4	Nice ●	34	17	9	8	66	41	+25	60
5	Lille OSC ●	34	17	9	8	52	36	+16	60
6	Olympique Lyonnais	34	17	6	11	65	46	+19	57
7	Strasbourg	34	16	9	9	56	44	+12	57
8	RC Lens	34	15	7	12	42	39	+3	52
9	Brest	34	15	5	14	52	59	-7	50
10	Toulouse	34	11	9	14	44	43	+1	42
11	Auxerre	34	11	9	14	48	51	-3	42
12	Stade Rennes	34	13	2	19	51	50	+1	41
13	Nantes	34	8	12	14	39	52	-13	36
14	Angers	34	10	6	18	32	53	-21	36
15	Le Havre	34	10	4	20	40	71	-31	34
16	Stade Reims ▼	34	8	9	17	33	47	-14	33
17	Saint-Etienne ▼	34	8	6	20	39	77	-38	30
18	Montpellier ▼	34	4	4	26	23	79	-56	16

배당률은 2025년 7월 14일 기준. 강팀일수록 배당률은 낮아짐

★ 우승　● 챔피언스리그 출전　● 챔피언스리그 예선　● 유로파리그 출전　▼ 강등

2025-26 LIGUE 1 MATCH SCHEDULE

*시간은 프랑스 현지 시간. 대한민국은 프랑스보다 8시간 빠름

DAY 1

2025.08.17	Brest	vs	Lille
2025.08.17	Rennes	vs	Marseille
2025.08.17	Auxerre	vs	Lorient
2025.08.17	Lens	vs	Lyon
2025.08.17	Angers	vs	Paris FC
2025.08.17	Monaco	vs	Le Havre
2025.08.17	Nice	vs	Toulouse
2025.08.17	Metz	vs	Strasbourg
2025.08.17	Nantes	vs	PSG

DAY 2

2025.08.24	Lille	vs	Monaco
2025.08.24	PSG	vs	Angers
2025.08.24	Strasbourg	vs	Nantes
2025.08.24	Marseille	vs	Paris FC
2025.08.24	Lorient	vs	Rennes
2025.08.24	Le Havre	vs	Lens
2025.08.24	Lyon	vs	Metz
2025.08.24	Toulouse	vs	Brest
2025.08.24	Nice	vs	Auxerre

DAY 3

2025.08.31	Lyon	vs	Marseille
2025.08.31	Lens	vs	Brest
2025.08.31	Toulouse	vs	PSG
2025.08.31	Angers	vs	Rennes
2025.08.31	Monaco	vs	Strasbourg
2025.08.31	Paris FC	vs	Metz
2025.08.31	Lorient	vs	Lille
2025.08.31	Le Havre	vs	Nice
2025.08.31	Nantes	vs	Auxerre

DAY 4

2025.09.14	PSG	vs	Lens
2025.09.14	Strasbourg	vs	Le Havre
2025.09.14	Brest	vs	Paris FC
2025.09.14	Rennes	vs	Lyon
2025.09.14	Lille	vs	Toulouse
2025.09.14	Marseille	vs	Lorient
2025.09.14	Metz	vs	Angers
2025.09.14	Auxerre	vs	Monaco
2025.09.14	Nice	vs	Nantes

DAY 5

2025.09.21	Lyon	vs	Angers
2025.09.21	Lens	vs	Lille
2025.09.21	Brest	vs	Nice
2025.09.21	Marseille	vs	PSG
2025.09.21	Auxerre	vs	Toulouse
2025.09.21	Paris FC	vs	Strasbourg
2025.09.21	Monaco	vs	Metz
2025.09.21	Le Havre	vs	Lorient
2025.09.21	Nantes	vs	Rennes

DAY 6

2025.09.28	PSG	vs	Auxerre
2025.09.28	Strasbourg	vs	Marseille
2025.09.28	Angers	vs	Brest
2025.09.28	Rennes	vs	Lens
2025.09.28	Lille	vs	Lyon
2025.09.28	Nice	vs	Paris FC
2025.09.28	Metz	vs	Le Havre
2025.09.28	Lorient	vs	Monaco
2025.09.28	Toulouse	vs	Nantes

DAY 7

2025.10.05	Lyon	vs	Toulouse
2025.10.05	Lille	vs	PSG
2025.10.05	Strasbourg	vs	Angers
2025.10.05	Brest	vs	Nantes
2025.10.05	Paris FC	vs	Lorient
2025.10.05	Metz	vs	Marseille
2025.10.05	Auxerre	vs	Lens
2025.10.05	Le Havre	vs	Rennes
2025.10.05	Monaco	vs	Nice

DAY 8

2025.10.19	PSG	vs	Strasbourg
2025.10.19	Lens	vs	Paris FC
2025.10.19	Angers	vs	Monaco
2025.10.19	Rennes	vs	Auxerre
2025.10.19	Marseille	vs	Le Havre
2025.10.19	Nice	vs	Lyon
2025.10.19	Nantes	vs	Lille
2025.10.19	Lorient	vs	Brest
2025.10.19	Toulouse	vs	Metz

DAY 9

2025.10.26	Angers	vs	Lorient
2025.10.26	Brest	vs	PSG
2025.10.26	Rennes	vs	Nice
2025.10.26	Lens	vs	Marseille
2025.10.26	Monaco	vs	Toulouse
2025.10.26	Lille	vs	Metz
2025.10.26	Paris FC	vs	Nantes
2025.10.26	Auxerre	vs	Le Havre
2025.10.26	Lyon	vs	Strasbourg

DAY 10

2025.10.29	Toulouse	vs	Rennes
2025.10.29	Nice	vs	Lille
2025.10.29	Marseille	vs	Angers
2025.10.29	Strasbourg	vs	Auxerre
2025.10.29	Paris FC	vs	Lyon
2025.10.29	Nantes	vs	Monaco
2025.10.29	Lorient	vs	PSG
2025.10.29	Le Havre	vs	Brest
2025.10.29	Metz	vs	Lens

DAY 11

2025.11.02	PSG	vs	Nice
2025.11.02	Lens	vs	Lorient
2025.11.02	Brest	vs	Lyon
2025.11.02	Rennes	vs	Strasbourg
2025.11.02	Lille	vs	Angers
2025.11.02	Toulouse	vs	Le Havre
2025.11.02	Monaco	vs	Paris FC
2025.11.02	Auxerre	vs	Marseille
2025.11.02	Nantes	vs	Metz

DAY 12

2025.11.09	Lyon	vs	PSG
2025.11.09	Angers	vs	Auxerre
2025.11.09	Strasbourg	vs	Lille
2025.11.09	Paris FC	vs	Rennes
2025.11.09	Metz	vs	Nice
2025.11.09	Monaco	vs	Lens
2025.11.09	Le Havre	vs	Nantes
2025.11.09	Lorient	vs	Toulouse
2025.11.09	Marseille	vs	Brest

DAY 13

2025.11.23	PSG	vs	Le Havre
2025.11.23	Lens	vs	Strasbourg
2025.11.23	Rennes	vs	Monaco
2025.11.23	Brest	vs	Metz
2025.11.23	Lille	vs	Paris FC
2025.11.23	Nice	vs	Marseille
2025.11.23	Nantes	vs	Lorient
2025.11.23	Auxerre	vs	Lyon
2025.11.23	Toulouse	vs	Angers

DAY 14

2025.11.30	Lyon	vs	Nantes
2025.11.30	Marseille	vs	Toulouse
2025.11.30	Strasbourg	vs	Brest
2025.11.30	Angers	vs	Lens
2025.11.30	Paris FC	vs	Auxerre
2025.11.30	Metz	vs	Rennes
2025.11.30	Monaco	vs	PSG
2025.11.30	Le Havre	vs	Lille
2025.11.30	Lorient	vs	Nice

DAY 15

2025.12.07	Nice	vs	Angers
2025.12.07	Lille	vs	Marseille
2025.12.07	PSG	vs	Rennes
2025.12.07	Brest	vs	Monaco
2025.12.07	Toulouse	vs	Strasbourg
2025.12.07	Nantes	vs	Lens
2025.12.07	Auxerre	vs	Metz
2025.12.07	Le Havre	vs	Paris FC
2025.12.07	Lorient	vs	Lyon

DAY 16

2025.12.14	Strasbourg	vs	Lorient
2025.12.14	Lens	vs	Nice
2025.12.14	Angers	vs	Nantes
2025.12.14	Rennes	vs	Brest
2025.12.14	Marseille	vs	Monaco
2025.12.14	Lyon	vs	Le Havre
2025.12.14	Metz	vs	PSG
2025.12.14	Auxerre	vs	Lille
2025.12.14	Paris FC	vs	Toulouse

DAY 17

2026.01.04	Marseille	vs	Nantes
2026.01.04	Lille	vs	Rennes
2026.01.04	PSG	vs	Paris FC
2026.01.04	Nice	vs	Strasbourg
2026.01.04	Brest	vs	Auxerre
2026.01.04	Toulouse	vs	Lens
2026.01.04	Monaco	vs	Lyon
2026.01.04	Le Havre	vs	Angers
2026.01.04	Lorient	vs	Metz

DAY 18

2026.01.18	Lens	vs	Auxerre
2026.01.18	Angers	vs	Marseille
2026.01.18	Rennes	vs	Le Havre
2026.01.18	Strasbourg	vs	Metz
2026.01.18	PSG	vs	Lille
2026.01.18	Nantes	vs	Paris FC
2026.01.18	Toulouse	vs	Nice
2026.01.18	Lyon	vs	Brest
2026.01.18	Monaco	vs	Lorient

DAY 19

2026.01.25	Le Havre	vs	Monaco
2026.01.25	Lille	vs	Strasbourg
2026.01.25	Brest	vs	Toulouse
2026.01.25	Rennes	vs	Lorient
2026.01.25	Marseille	vs	Lens
2026.01.25	Paris FC	vs	Angers
2026.01.25	Metz	vs	Lyon
2026.01.25	Auxerre	vs	PSG
2026.01.25	Nantes	vs	Nice

DAY 20

2026.02.01	Strasbourg	vs	PSG
2026.02.01	Lens	vs	Le Havre
2026.02.01	Angers	vs	Metz
2026.02.01	Lyon	vs	Lille
2026.02.01	Nice	vs	Brest
2026.02.01	Monaco	vs	Rennes
2026.02.01	Paris FC	vs	Marseille
2026.02.01	Lorient	vs	Nantes
2026.02.01	Toulouse	vs	Auxerre

DAY 21

2026.02.08	PSG	vs	Marseille
2026.02.08	Lens	vs	Rennes
2026.02.08	Angers	vs	Toulouse
2026.02.08	Nice	vs	Monaco
2026.02.08	Brest	vs	Lorient
2026.02.08	Nantes	vs	Lyon
2026.02.08	Auxerre	vs	Paris FC
2026.02.08	Le Havre	vs	Strasbourg
2026.02.08	Metz	vs	Lille

DAY 22

2026.02.15	Marseille	vs	Strasbourg
2026.02.15	Lille	vs	Brest
2026.02.15	Rennes	vs	PSG
2026.02.15	Lyon	vs	Nice
2026.02.15	Metz	vs	Auxerre
2026.02.15	Le Havre	vs	Toulouse
2026.02.15	Paris FC	vs	Lens
2026.02.15	Monaco	vs	Nantes
2026.02.15	Lorient	vs	Angers

DAY 23

2026.02.22	Lens	vs	Monaco
2026.02.22	PSG	vs	Metz
2026.02.22	Angers	vs	Lille
2026.02.22	Brest	vs	Marseille
2026.02.22	Nice	vs	Lorient
2026.02.22	Nantes	vs	Le Havre
2026.02.22	Auxerre	vs	Rennes
2026.02.22	Toulouse	vs	Paris FC
2026.02.22	Strasbourg	vs	Lyon

DAY 24

2026.03.01	Marseille	vs	Lyon
2026.03.01	Lille	vs	Nantes
2026.03.01	Strasbourg	vs	Lens
2026.03.01	Paris FC	vs	Nice
2026.03.01	Rennes	vs	Toulouse
2026.03.01	Metz	vs	Brest
2026.03.01	Monaco	vs	Angers
2026.03.01	Le Havre	vs	PSG
2026.03.01	Lorient	vs	Auxerre

DAY 25

2026.03.08	Lille	vs	Lorient
2026.03.08	PSG	vs	Monaco
2026.03.08	Lens	vs	Metz
2026.03.08	Brest	vs	Le Havre
2026.03.08	Lyon	vs	Paris FC
2026.03.08	Nice	vs	Rennes
2026.03.08	Nantes	vs	Angers
2026.03.08	Auxerre	vs	Strasbourg
2026.03.08	Toulouse	vs	Marseille

DAY 26

2026.03.15	Strasbourg	vs	Paris FC
2026.03.15	PSG	vs	Nantes
2026.03.15	Angers	vs	Nice
2026.03.15	Rennes	vs	Lille
2026.03.15	Lorient	vs	Lens
2026.03.15	Marseille	vs	Auxerre
2026.03.15	Monaco	vs	Brest
2026.03.15	Le Havre	vs	Lyon
2026.03.15	Metz	vs	Toulouse

DAY 27

2026.03.22	Marseille	vs	Lille
2026.03.22	Lens	vs	Angers
2026.03.22	Rennes	vs	Metz
2026.03.22	Lyon	vs	Monaco
2026.03.22	Nice	vs	PSG
2026.03.22	Auxerre	vs	Brest
2026.03.22	Paris FC	vs	Le Havre
2026.03.22	Nantes	vs	Strasbourg
2026.03.22	Toulouse	vs	Lorient

DAY 28

2026.04.05	Strasbourg	vs	Nice
2026.04.05	Angers	vs	Lyon
2026.04.05	Brest	vs	Rennes
2026.04.05	PSG	vs	Toulouse
2026.04.05	Lille	vs	Lens
2026.04.05	Le Havre	vs	Auxerre
2026.04.05	Lorient	vs	Paris FC
2026.04.05	Monaco	vs	Marseille
2026.04.05	Metz	vs	Nantes

DAY 29

2026.04.12	Lens	vs	PSG
2026.04.12	Brest	vs	Strasbourg
2026.04.12	Rennes	vs	Angers
2026.04.12	Marseille	vs	Metz
2026.04.12	Lyon	vs	Lorient
2026.04.12	Auxerre	vs	Nantes
2026.04.12	Toulouse	vs	Lille
2026.04.12	Paris FC	vs	Monaco
2026.04.12	Nice	vs	Le Havre

DAY 30

2026.04.19	PSG	vs	Lyon
2026.04.19	Lens	vs	Toulouse
2026.04.19	Angers	vs	Le Havre
2026.04.19	Lille	vs	Nice
2026.04.19	Strasbourg	vs	Rennes
2026.04.19	Nantes	vs	Brest
2026.04.19	Lorient	vs	Marseille
2026.04.19	Monaco	vs	Auxerre
2026.04.19	Metz	vs	Paris FC

DAY 31

2026.04.26	Angers	vs	PSG
2026.04.26	Brest	vs	Lens
2026.04.26	Rennes	vs	Nantes
2026.04.26	Marseille	vs	Nice
2026.04.26	Lyon	vs	Auxerre
2026.04.26	Le Havre	vs	Metz
2026.04.26	Paris FC	vs	Lille
2026.04.26	Lorient	vs	Strasbourg
2026.04.26	Toulouse	vs	Monaco

DAY 32

2026.05.03	Lyon	vs	Rennes
2026.05.03	PSG	vs	Lorient
2026.05.03	Strasbourg	vs	Toulouse
2026.05.03	Nice	vs	Lens
2026.05.03	Lille	vs	Le Havre
2026.05.03	Paris FC	vs	Brest
2026.05.03	Metz	vs	Monaco
2026.05.03	Auxerre	vs	Angers
2026.05.03	Nantes	vs	Marseille

DAY 33

2026.05.09	PSG	vs	Brest
2026.05.09	Angers	vs	Strasbourg
2026.05.09	Rennes	vs	Paris FC
2026.05.09	Toulouse	vs	Lyon
2026.05.09	Lens	vs	Nantes
2026.05.09	Metz	vs	Lorient
2026.05.09	Auxerre	vs	Nice
2026.05.09	Le Havre	vs	Marseille
2026.05.09	Monaco	vs	Lille

DAY 34

2026.05.16	Lille	vs	Auxerre
2026.05.16	Strasbourg	vs	Monaco
2026.05.16	Brest	vs	Angers
2026.05.16	Marseille	vs	Rennes
2026.05.16	Paris FC	vs	PSG
2026.05.16	Lorient	vs	Le Havre
2026.05.16	Nantes	vs	Toulouse
2026.05.16	Nice	vs	Metz
2026.05.16	Lyon	vs	Lens

PARIS SAINT GERMAIN FC

13 FRENCH LIGUE-1	**16** COUPE DE FRANCE	**1** UEFA CHAMPIONS LEAGUE	**0** UEFA EUROPA LEAGUE	**0** FIFA CLUB WORLD CUP	**0** UEFA-CONMEBOL INTERCONTINENTAL

Founded 구단 창립 1970년
Owner 카타르 스포츠투자 악토스 파트너스
CEO 나세르 알켈라이피 1973.11.27
Manager 루이스 엔리케 1970.05.08
25-26 Odds 벳365 : 0.13배 윌리엄힐 : 0.11배

Nationality 28명 · 외국 선수 19명 · 프랑스 9명
Age 28명 평균 25.1세
Height 28명 평균 183cm
Market Value 28명 평균 4000만 유로
Game Points 24-25 : 84점 통산 : 3356점

Win 24-25 : 26승 통산 : 953승
Draw 24-25 : 6무 통산 : 497무
Loss 24-25 : 2패 통산 : 487패
Goals For 24-25 : 92득점 통산 : 3194득점
Goals Against 24-25 : 35실점 통산 : 2061실점

More Minutes 브래들리 바르콜라 2193분
Top Scorer 우스만 뎀벨레 21골
More Assists 브래들리 바르콜라 10도움
More Subs 데지레 두에 13회 교체 IN
More Cards 루카스 베랄도 Y6+R0

2024-25 SEASON RESULT

상대팀	홈	원정
Marseille	3-1	3-0
Monaco	4-1	4-2
Nice	1-3	1-1
Lille	4-1	3-1
Lyon	3-1	3-2
Strasbourg	4-2	1-2
Lens	1-0	2-1
Brest	3-1	5-2
Toulouse	3-0	1-0
Auxerre	3-1	0-0
Rennes	3-1	4-1
Nantes	1-1	1-1
Angers	1-0	4-2
Le Havre	2-1	4-1
Reims	1-1	1-1
Saint-Etienne	2-1	6-1
Montpellier	6-0	4-1

Parc des Princes
구장 오픈 / 증개축: 1972년, 증개축 3회
구장 소유: 파리 시의회
수용 인원: 4만 7929명
피치 규모: 105m X 68m
잔디 종류: 하이브리드 잔디

PLAY STYLE
OFFENSIVE STYLE
상대 진영에서 볼을 컨트롤
포제션 풋볼
짧은 패스 콤비네이션 위주
스루볼 침투 위력적
오른 측면 돌파 활성화

DEFENSIVE STYLE
선발 일레븐 로테이션 함
블록 수비, 하프코트 프레싱
오프사이드트랩 자주 활용

STRENGTHS & WEAKNESSES

OFFENSE		DEFENSE	
직접 프리킥	B	세트피스 수비	B
문전 처리	A	상대 볼 뺏기	C
측면 돌파	A	공중전 능력	D
스루볼 침투	A	역습 방어	C
개인기 침투	A	지공 방어	E
카운터 어택	A	스루패스 방어	C
기회 만들기	A	리드 지키기	D
세트피스	C	실수 조심	C
OS 피하기	C	측면 방어력	C
중거리 슈팅	A	파울 주의	C
볼 점유율	A	중거리슈팅 수비	C

매우 강함 A 강한 편 B 보통 수준 C 약한 편 D 매우 약함 E

RANKING OF LAST 10 YEARS

15-16	16-17	17-18	18-19	19-20	20-21	21-22	22-23	23-24	24-25
1	2	1	1	1	2	1	1	1	1
96점	87점	93점	91점	68점	82점	86점	85점	76점	84점

위치	선수	국적	생년월일	키	몸무게	출전경기	선발11	교체 IN	출전(분)	득점	도움	경고	퇴장	MOM
GK	Gianluigi Donnarumma	ITA	1999-02-25	196	90	24	24	0	2092	0	0	2	0	0
	Matvey Safonov	RUS	1999-02-25	192	82	10	9	1	878	0	0	0	0	0
	Arnau Tenas	ESP	2001-05-30	185	85	1	1	0	90	0	1	0	0	0
DF	William Pacho	ECU	2001-10-16	188	81	28	23	5	2130	0	1	2	0	0
	Lucas Beraldo	BRA	2003-11-24	186	78	25	22	3	2011	1	0	6	0	0
	Lucas Hernández	FRA	1996-02-14	184	79	16	10	6	876	0	0	2	0	0
	Milan Škriniar	SVK	1995-02-11	188	83	5	4	1	381	0	0	1	0	0
	Yoram Zague	FRA	2006-05-15	168	58	4	2	2	183	0	0	0	0	0
	Noham Kamara	FRA	2007-01-22	185	78	2	0	2	74	0	0	0	0	0
	Presnel Kimpembe	FRA	1995-08-23	182	79	2	0	2	21	0	0	0	0	0
DF MF	Achraf Hakimi	MAR	1998-11-04	181	73	25	24	1	2068	4	6	4	0	0
	Warren Zaire-Emery	FRA	2006-03-08	178	68	29	23	6	2052	1	2	3	0	0
	Marquinhos	BRA	1994-05-14	183	75	22	19	3	1725	2	0	3	0	0
	Nuno Mendes	POR	2002-06-19	180	70	24	19	5	1676	1	3	3	0	1
MF	Vitinha	POR	2000-02-13	172	64	29	20	9	2034	5	1	1	0	1
	Fabián Ruiz	ESP	1996-04-03	189	70	30	21	9	1923	4	5	2	0	2
	João Neves	POR	2004-09-27	174	66	29	22	7	1847	3	8	1	0	1
	Désiré Doué	FRA	2005-06-03	181	79	31	18	13	1732	6	6	1	0	2
	Senny Mayulu	FRA	2006-05-17	183	69	20	8	12	801	2	2	2	0	0
	Axel Tape	FRA	2007-08-10	180	75	2	2	0	180	0	0	1	0	0
MF FW	Bradley Barcola	FRA	2002-09-02	182	73	34	27	7	2193	14	10	2	0	4
	Lee Kang-In	KOR	2001-02-19	173	66	30	19	11	1666	6	6	1	0	2
	Khvicha Kvaratskhelia	GEO	2001-02-12	183	76	14	11	3	920	4	3	0	0	3
	Marco Asensio	ESP	1996-01-21	182	76	12	8	4	620	2	4	0	0	0
	Randal Kolo Muani	FRA	1998-12-05	187	73	10	2	8	351	2	1	0	0	0
FW	Ousmane Dembélé	FRA	1997-05-15	178	67	29	20	9	1737	21	6	2	0	9
	Gonçalo Ramos	POR	2001-06-20	185	79	22	12	10	1062	10	3	1	0	1
	Ibrahim Mbaye	FRA	2008-01-24	185	65	9	4	5	337	1	1	0	0	0

LIGUE 1 2024-25 SEASON

PARIS SAINT GERMAIN FC vs. OPPONENTS PER GAME STATS

파리 생제르맹 vs 상대팀

	득점	슈팅	유효슈팅	코너킥	오프사이드	패스시도	패스성공	패스성공율	태클	공중전승리	인터셉트	파울	경고	퇴장
	2.71 / 1.03	18.8 / 9.2	8.3 / 3.1	6.4 / 3.3	1.7 / 0.0	741 / 340	659 / 264	89% / 78%	20.2 / 21.2	10.2 / 9.6	8.8 / 9.9	8.9 / —	1.09 / 1.79	0.000 / 0.059

2024-25 SEASON SQUAD LIST & GAMES PLAYED

*괄호 안의 숫자는 선발 출전 횟수, 교체 출전은 포함시키지 않음

LW: B.바르콜라(23), K.크바라츠헬리아(7), D.두에(2), I.음바이(1)
CF: G.라모스(12), O.뎀벨레(9), M.아센시오(7), D.두에(2), 이강인(2), K.크바라츠헬리아(1), R.콜로무아니(1)
RW: O.뎀벨레(10), 이강인(9), D.두에(4), K.크바라츠헬리아(3), B.바르콜라(3), I.음바이(3), R.콜로무아니(1)
LAM: B.바르콜라(1)
CAM: D.두에(2)
RAM: O.뎀벨레(1)
LM: N/A
CM: F.루이스(21), 비티냐(20), J.네베스(16), W.자이르에메리(15), D.두에(8), 이강인(8), S.마율루(6), M.아센시오(1)
RM: N/A
LWB: S.마율루(2), N.멘데스(1)
DM: W.자이르에메리(2), J.네베스(1)
RWB: W.자이르에메리(1), A.하키미(1), J.네베스(1)
LB: N.멘데스(18), L.베랄두(5), L.에르난데스(4), Y.자게(2), J.네베스(1)
CB: W.파초(23), 마르키뉴스(19), L.베랄두(17), L.에르난데스(6), M.시크리니아르(4), 악셀(2), W.자이르에메리
RB: A.하키미(23), W.자이르에메리(4)
GK: G.돈나룸마(24), M.사포노프(9), A.테나스(1)

SHOTS & GOALS

34경기 총 639슈팅 - 91득점
34경기 상대 총 314슈팅 - 35실점

54-16
389-67
194-7

유효슈팅 283		비유효슈팅 356	
득점	92	블록 당함	149
GK 방어	191	골대 밖	194
유효슈팅률	44%	골대 맞음	13

유효슈팅 104		비유효슈팅 210	
실점	35	블록	106
GK 방어	69	골대 밖	101
유효슈팅률	33%	골대 맞음	3

113-7
174-20
26-7   *자책골 1-1

*자책골 2-2

SHOT TIME | GOAL TIME

시간대별 슈팅
124 / 86 / 15
92 / 100
124 / 113 / 31
46 / 45

슈팅 차이
전반 슈팅 차이 +183
후반 슈팅 차이 +142
전체 슈팅 차이 +325

시간대별 득점
20 / 11 / 15
12 / 14
23 / 12 / 31
46 / 45

득점차
전반 골 득실차 +25
후반 골 득실차 +32
전체 골 득실차 +57

시간대별 상대 슈팅
76 / 38 / 15
58 / 40
64 / 38 / 31
46 / 45

시간대별 실점
8 / 2 / 15
6 / 4
10 / 6 / 31
46 / 45

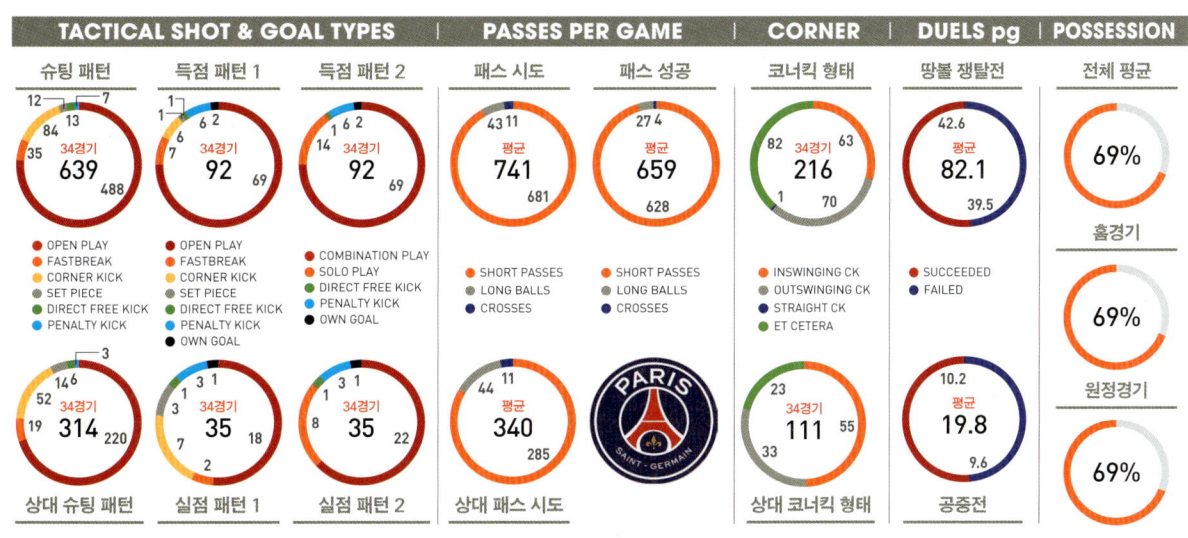

TACTICAL SHOT & GOAL TYPES | PASSES PER GAME | CORNER | DUELS pg | POSSESSION

슈팅 패턴 — 34경기 639 (12/7/84/35/13/488)
- OPEN PLAY
- FASTBREAK
- CORNER KICK
- SET PIECE
- DIRECT FREE KICK
- PENALTY KICK

득점 패턴 1 — 34경기 92 (1/6/2/7/6/69)
- OPEN PLAY
- FASTBREAK
- CORNER KICK
- SET PIECE
- DIRECT FREE KICK
- PENALTY KICK

득점 패턴 2 — 34경기 92 (14/6/2/69)
- COMBINATION PLAY
- SOLO PLAY
- DIRECT FREE KICK
- PENALTY KICK
- OWN GOAL

패스 시도 — 평균 741 (43/11/681)
- SHORT PASSES
- LONG BALLS
- CROSSES

패스 성공 — 평균 659 (27/4/628)
- SHORT PASSES
- LONG BALLS
- CROSSES

코너킥 형태 — 34경기 216 (82/63/1/70)
- INSWINGING CK
- OUTSWINGING CK
- STRAIGHT CK
- ET CETERA

땅볼 쟁탈전 — 평균 82.1 (42.6/39.5)
- SUCCEEDED
- FAILED

전체 평균: 69%
홈경기: 69%
원정경기: 69%

상대 슈팅 패턴 — 34경기 314 (3/14/52/19/6/220)
실점 패턴 1 — 34경기 35 (3/1/7/18/2/6)
실점 패턴 2 — 34경기 35 (3/1/6/2/22)
상대 패스 시도 — 평균 340 (11/44/285)
상대 코너킥 형태 — 34경기 111 (23/33/55)
공중전 — 평균 19.8 (10.2/9.6)

FORMATION SUMMARY

선발 포진별 전적

포메이션	승	무	패	득점	실점
4-3-3	22	6	1	80	30
3-4-3	3	0	1	9	5
4-2-3-1	1	0	0	3	0
TOTAL	26	6	2	92	35

WHO SCORED

포지션별 득점
FW진 54골
MF진 27골
DF진 9골
*상대 자책골 2골

상대 포지션별 실점
DF진 5골
MF진 8골
FW진 21골
*자책골 실점 1골

ACTION ZONE

공격 방향: 왼쪽 34% / 중앙 25% / 오른쪽 41%

볼 점유 위치:
상대 진영 34%
중간 지역 43%
우리 진영 23%

PASSESS pg BY ZONE

평균 패스 성공
하프라인 위쪽 357회
하프라인 아래 302회

패스 성공률
하프라인 위쪽 84%
하프라인 아래 92%

OLYMPIQUE DE MARSEILLE

DROIT AU BUT

구단 정보

Founded	1899년
Owner	프랑크 맥코트 (M. 루이-드리퓌스)
CEO	파블로 롱고리아 (1986.06.09)
Manager	로베르토 데제르비 (1979.06.06)
25-26 Odds	벳365: 14배 / 윌리엄힐: 14배
Nationality	외국 선수 25명 / 프랑스 5명
Age	30명 평균 26.0세
Height	30명 평균 182cm
Market Value	30명 평균 1081만 유로
Game Points	24-25: 65점 / 통산: 4294점
Win	24-25: 20승 / 통산: 1204승
Draw	24-25: 5무 / 통산: 683무
Loss	24-25: 9패 / 통산: 797패
Goals For	24-25: 74득점 / 통산: 4336득점
Goals Against	24-25: 47실점 / 통산: 3430실점
More Minutes	G.루이 3060분
Top Scorer	M.그린우드 21골
More Assists	L.엔리케 7도움
More Subs	J.로우 22회 교체 IN
More Cards	D.코르넬리우스 Y2+R0

우승 기록

- FRENCH LIGUE-1: 9
- COUPE DE FRANCE: 10
- UEFA CHAMPIONS LEAGUE: 1
- UEFA EUROPA LEAGUE: 0
- FIFA CLUB WORLD CUP: 0
- UEFA-CONMEBOL INTERCONTINENTAL: 0

2024-25 SEASON RESULT

상대팀	홈	원정
Paris SG	0-3	1-3
Monaco	2-1	0-3
Nice	2-0	0-2
Lille	1-1	1-1
Lyon	3-2	3-2
Strasbourg	1-1	0-1
Lens	0-1	3-1
Brest	4-1	5-1
Toulouse	3-2	3-1
Auxerre	1-3	0-3
Rennes	4-2	2-1
Nantes	2-0	2-1
Angers	1-1	2-0
Le Havre	5-1	3-1
Reims	2-2	1-3
Saint-Etienne	5-1	2-0
Montpellier	5-1	5-0

Stade Vélodrome

- 구장 오픈 / 증개축: 1937년, 증개축 4회
- 구장 소유: 마르세유 시
- 수용 인원: 6만 7394명
- 피치 규모: 105m X 68m
- 잔디 종류: 하이브리드 잔디

STRENGTHS & WEAKNESSES

OFFENSE
항목	등급
직접 프리킥	B
문전 처리	A
측면 돌파	B
스루볼 침투	B
개인기 침투	B
카운터 어택	B
기회 만들기	C
세트피스	C
OS 피하기	C
중거리 슈팅	B
볼 점유율	A

DEFENSE
항목	등급
세트피스 수비	B
상대 볼 뺏기	C
공중전 능력	C
역습 방어	C
지공 방어	D
스루패스 방어	D
리드 지키기	C
실수 조심	E
측면 방어력	C
파울 주의	C
중거리슈팅 수비	C

매우 강함 A / 강한 편 B / 보통 수준 C / 약한 편 D / 매우 약함 E

PLAY STYLE

OFFENSIVE STYLE
- 짧은 패스 콤비네이션 위주
- 포제션 풋볼
- 상대 진영에서 볼을 컨트롤
- 중앙 돌파 활성화

DEFENSIVE STYLE
- 오프사이드트랩 자주 구사
- 베스트 일레븐 고정적

RANKING OF LAST 10 YEARS

시즌	순위	점수
15-16	13	48점
16-17	5	62점
17-18	4	77점
18-19	5	61점
19-20	3	56점
20-21	5	60점
21-22	2	71점
22-23	3	73점
23-24	8	50점
24-25	2	65점

선수 명단

위치	선수	국적	생년월일	키	몸무게	출전경기	선발11	교체IN	출전(분)	득점	도움	경고	퇴장	MOM
GK	Gerónimo Rulli	ARG	1992-05-20	189	84	34	34	0	3060	0	0	1	0	2
DF	Leonardo Balerdi	ARG	1999-01-26	187	77	27	27	0	2276	0	0	8	0	0
DF	Derek Cornelius	CAN	1997-11-25	188	86	21	17	4	1424	0	0	7	0	0
DF	Lilian Brassier	FRA	1999-11-02	186	78	12	9	3	780	0	0	3	0	0
DF	Luiz Felipe	ITA	1997-03-22	187	80	4	2	2	122	0	0	1	0	0
DF	Alexi Koum	FRA	2006-02-05	180	71	1	0	1	11	0	0	0	0	0
DF/MF	Michael Amir Murillo	PAN	1996-02-11	184	75	30	27	3	2436	1	3	3	0	0
DF/MF	Geoffrey Kondogbia	CTA	1993-02-15	188	80	25	22	3	2021	0	0	1	0	0
DF/MF	Quentin Merlin	FRA	2002-05-16	174	68	27	21	6	1600	1	3	1	0	1
DF/MF	Valentin Rongier	FRA	1994-12-07	172	67	25	17	8	1563	3	1	5	0	0
DF/MF	Ulisses Garcia	SUI	1996-01-11	182	73	20	10	10	930	2	2	2	0	0
DF/MF	Pol Lirola	ESP	1997-08-13	183	70	19	5	14	673	1	2	1	1	0
DF/MF	Amar Dedić	BIH	2002-08-11	180	74	10	2	8	308	0	1	1	0	0
MF	Pierre-Emile Højbjerg	DEN	1995-08-05	185	84	30	30	0	2666	2	4	5	0	1
MF	Adrien Rabiot	FRA	1995-04-30	188	72	29	27	2	2483	9	4	4	0	2
MF	Bilal Nadir	MAR	2003-11-28	172	65	15	5	10	378	1	0	2	0	0
MF	Ismaël Koné	CAN	2002-06-16	188	76	8	3	5	361	0	0	1	0	0
MF	Darryl Bakola	FRA	2007-11-30	178	70	2	0	2	12	0	0	1	0	0
MF/FW	Mason Greenwood	ENG	2001-10-01	181	70	34	32	2	2818	21	5	2	0	11
MF/FW	Luis Henrique	BRA	2001-12-14	171	85	33	29	4	2621	7	7	0	0	5
MF/FW	Amine Gouiri	FRA	2000-02-16	180	72	14	12	2	1051	10	3	0	0	3
MF/FW	Neal Maupay	FRA	1996-08-14	173	69	22	13	9	1045	4	4	2	0	0
MF/FW	Ismaël Bennacer	ALG	1997-12-01	175	70	12	8	4	650	0	2	2	0	0
MF/FW	Elye Wahi	FRA	2003-01-02	184	74	13	7	6	577	3	1	1	0	0
MF/FW	Amine Harit	MAR	1997-06-18	180	67	13	8	5	522	2	4	1	0	0
FW	Jonathan Rowe	ENG	2003-04-30	178	74	28	6	22	791	3	3	2	0	1
FW	Robinio Vaz	FRA	2007-02-17	185	75	2	0	2	73	0	0	0	0	0
FW	Faris Moumbagna	CMR	2000-07-01	185	77	1	0	1	8	0	0	0	0	0
FW	Keyliane Abdallah	FRA	2006-04-05	185	71	1	0	1	2	0	0	0	0	0

LIGUE 1 2024-25 SEASON

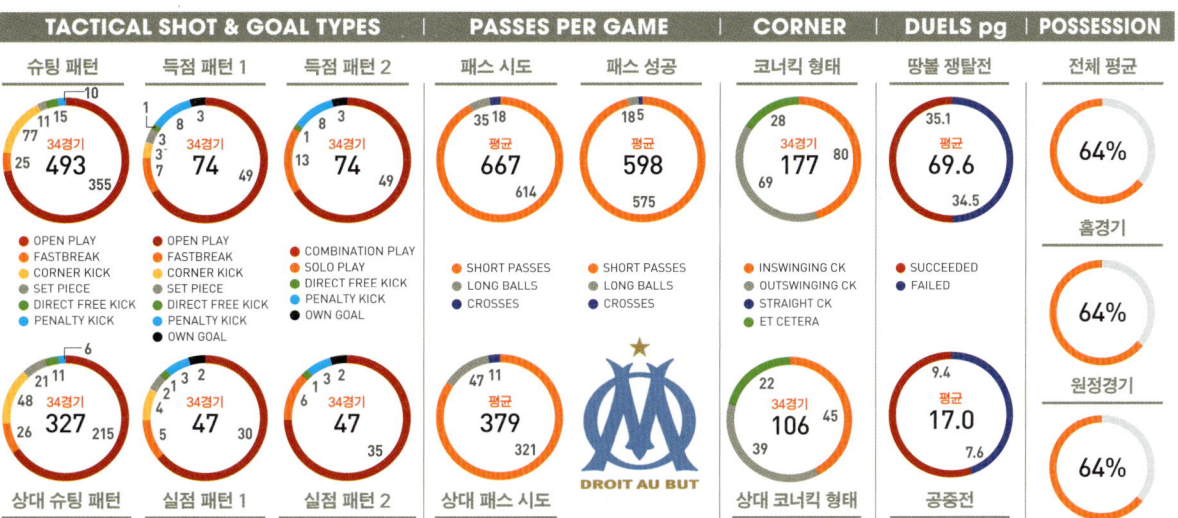

AS MONACO FC

Founded 구단 창립 1924년	**Owner** 모나코 스포츠 투자 모나코 왕실	**CEO** 드미트리 리볼로블레프 1966.11.22	**Manager** 아디 휘터 1970.02.11	**25-26 Odds** 벳365 : 12배 윌리엄힐 : 12배	
Nationality ● 외국 선수 22명 ● 프랑스 8명	**Age** 30명 평균 24.7세	**Height** 30명 평균 183cm	**Market Value** 30명 평균 1386만 유로	**Game Points** 24-25 : 61점 통산 : 3958점	
Win 24-25 : 18승 통산 : 1099승	**Draw** 24-25 : 7무 통산 : 661무	**Loss** 24-25 : 9패 통산 : 678패	**Goals For** 24-25 : 63득점 통산 : 3727득점	**Goals Against** 24-25 : 41실점 통산 : 2766실점	
More Minutes 마그네스 아클리우세 2408분	**Top Scorer** 미카 비이레스 13골	**More Assists** 마그네스 아클리우세 10도움	**More Subs** 조르주 일레니케나 17회 교체 IN	**More Cards** 라민 카마라 Y10+R1	

8 FRENCH LIGUE-1	**5** COUPE DE FRANCE	**0** UEFA CHAMPIONS LEAGUE	**0** UEFA EUROPA LEAGUE	**0** FIFA CLUB WORLD CUP	**0** UEFA-CONMEBOL INTERCONTINENTAL

2024-25 SEASON RESULT

상대팀	홈	원정
Paris SG	2-4	1-4
Marseille	3-0	1-2
Nice	2-1	1-2
Lille	0-0	1-2
Lyon	2-0	2-0
Strasbourg	0-0	3-1
Lens	1-1	0-4
Brest	3-2	1-2
Toulouse	2-0	1-1
Auxerre	4-2	3-0
Rennes	3-2	2-1
Nantes	7-1	2-2
Angers	0-1	2-0
Le Havre	3-1	1-1
Reims	3-0	0-0
Saint-Etienne	1-0	3-1
Montpellier	2-1	1-2

PLAY STYLE
OFFENSIVE STYLE
스루볼 침투 활성화
중앙 돌파 선호
포제션 풋볼
상대 진영에서 볼을 컨트롤
DEFENSIVE STYLE
선발 일레븐 로테이션
블록 수비, 하프코트 프레싱

STADE LOUIS-II

구장 오픈 / 증개축: 1985년, 증개축 2회
구장 소유: 모나코 시
수용 인원: 1만 6360명
피치 규모: 105m X 68m
잔디 종류: 하이브리드 잔디

STRENGTHS & WEAKNESSES

OFFENSE		DEFENSE	
직접 프리킥	C	세트피스 수비	B
문전 처리	C	상대 볼 뺏기	B
측면 돌파	C	공중전 능력	B
스루볼 침투	B	역습 방어	C
개인기 침투	C	지공 방어	C
카운터 어택	A	스루패스 방어	C
기회 만들기	B	리드 지키기	C
세트피스	C	실수 조심	D
OS 피하기	D	측면 방어력	C
중거리 슈팅	B	파울 주의	C
볼 점유율	B	중거리슈팅 수비	E

매우 강함 **A** 강한 편 **B** 보통 수준 **C** 약한 편 **D** 매우 약함 **E**

RANKING OF LAST 10 YEARS

15-16	16-17	17-18	18-19	19-20	20-21	21-22	22-23	23-24	24-25
3위 65점	1위 95점	2위 80점	17위 40점	9위 36점	3위 78점	3위 69점	6위 65점	2위 67점	3위 61점

위치	선수	국적	생년월일	키	몸무게	출전경기	선발11	교체 IN	출전(분)	득점	도움	경고	퇴장	MOM
GK	Philipp Köhn	SUI	1998-04-02	190	80	19	19	0	1710	0	0	1	0	0
	Radosław Majecki	POL	1999-11-16	193	78	15	15	0	1350	0	0	1	0	0
DF	Thilo Kehrer	GER	1996-09-21	186	76	27	27	0	2385	0	4	1	0	1
	Caio Henrique	BRA	1997-07-31	178	68	27	21	6	1932	0	6	3	0	1
	Christian Mawissa	FRA	2005-04-18	185	77	22	17	5	1501	0	0	3	0	0
	Mohammed Salisu	GHA	1999-04-17	191	82	15	11	4	1020	1	0	2	0	0
	Jordan Teze	NED	1999-09-30	183	68	16	8	8	569	1	0	2	1	1
DF MF	Denis Zakaria	SUI	1996-11-20	191	76	26	24	2	2147	2	6	4	5	0	2
	Wilfried Singo	CIV	2000-12-25	190	79	27	23	4	2092	1	2	4	0	1
	Vanderson	BRA	2001-06-21	173	74	29	23	6	2070	1	3	5	0	2
	Soungoutou Magassa	FRA	2003-10-08	188	80	21	12	9	1024	0	1	5	1	0
	Krépin Diatta	SEN	1999-02-25	175	68	19	3	16	494	0	0	3	0	0
	Kassoum Ouattara	FRA	2004-10-14	176	73	12	5	7	389	0	1	2	0	0
MF	Maghnes Akliouche	FRA	2002-02-25	183	72	32	27	5	2408	5	10	2	0	3
	Lamine Camara	SEN	2004-01-01	173	65	29	25	4	2066	4	2	7	10	0	1
	Aleksandr Golovin	RUS	1996-05-30	178	69	19	13	6	1155	6	3	0	1	0	1
	Ali Elmusrati	LBY	1996-04-06	189	80	10	3	7	381	7	1	1	0	0	1
	Saïmon Bouabré	FRA	2006-06-01	174	63	3	1	2	96	2	0	0	0	0	0
	Mamadou Coulibaly	FRA	2004-04-21	180	75	1	0	1	7	1	0	0	0	0	0
MF FW	Takumi Minamino	JPN	1995-01-16	172	68	31	27	4	2245	4	6	3	4	0	1
	Breel Embolo	SUI	1997-02-14	187	84	29	19	10	1842	6	4	5	0	1
	Eliesse Ben Seghir	FRA	2005-02-16	178	72	33	19	14	1749	6	3	0	0	2
FW	Mika Biereth	DEN	2003-02-08	187	73	16	16	0	1240	13	2	1	0	4
	George Ilenikhena	FRA	2006-08-16	185	76	23	6	17	705	3	2	0	0	1
	Folarin Balogun	USA	2001-07-03	178	66	13	7	6	613	4	0	0	0	1
	Lucas Michal	FRA	2005-06-22	172	61	8	0	8	110	0	0	0	0	0

LIGUE 1 2024-25 SEASON

AS MONACO vs. OPPONENTS PER GAME STATS

AS 모나코	vs	상대팀												
			득점	슈팅	유효슈팅	코너킥	오프사이드	패스시도	패스성공	패스성공률	태클	공중전승리	인터셉트	파울	경고	퇴장
1.85		1.21		14.6		9.9		5.5		3.8		5.4		3.5		2.0		1.4		508		420		423		326
83%		78%		19.7		18.9		12.9		12.7		10.5		10.8		13.6		13.8		1.76		2.06		0.118		0.088

2024-25 SEASON SQUAD LIST & GAMES PLAYED

*괄호 안의 숫자는 선발 출전 횟수, 교체 출전시 포함시키지 않음

LW	CF	RW
N/A	M.비어레스(16), B.엠볼로(16) F.발로군(7), G.일레니케나(6)	N/A

LAM	CAM	RAM
E.B.세기르(10), A.골로빈(7) 미나미노 T.(3)	미나미노 T.(14), E.B.세기르(7) B.엠볼로(3), A.골로빈(2) S.부야브레(1), M.아킬리우세(6)	M.아킬리우세(18), 미나미노 T.(1) K.디아타(1)

LM	CM	RM
미나미노 T.(7), E.B.세기르(2) A.골로빈(1)	D.자카리아(10), L.카마라(10) S.마가사(4), A.골로빈(2)	M.아킬리우세(2), 미나미노 T.(2)

LWB	DM	RWB
K.우아타라(3)	L.카마라(15), D.자카리아(14) S.마가사(8), A.무스라티(3) E.마타조(1), A.골로빈(1)	반데르송(2), J.테제(1)

LB	CB	RB
L.엔리케(21), C.마위사(4) K.우아타라(2), I.아랍스(2) 반데르송(1), K.디아타(1)	T.케러(27), W.싱고(20) C.마위사913(6), M.살리수(11)	반데르송(20), J.테제(7) W.싱고(3), K.디아타(1)

GK
P.퀸(19), R.마예츠키(15)

SHOTS & GOALS

34경기 총 498슈팅 - 63득점
34경기 상대 총 337슈팅 - 41실점

52-16
311-41
135-6

*자책골 0-0

유효 슈팅 186		비유효 슈팅 312	
득점	63	블록 당함	135
GK 방어	123	골대 밖	169
유효슈팅률	37%	골대 맞춤	8

유효 슈팅 128		비유효 슈팅 209	
실점	41	블록	81
GK 방어	87	골대 밖	119
유효슈팅률	38%	골대 맞춤	9

137-6
179-26
20-8   *자책골 1-1

SHOT TIME | GOAL TIME

시간대별 슈팅: 102/67/79/80/101/69
시간대별 득점: 15/6/11/6/14/11

슈팅 차이: 전반 슈팅 차이 +70, 후반 슈팅 차이 +91, 전체 슈팅 차이 +161
득점차: 전반 골 득실차 +5, 후반 골 득실차 +17, 전체 골 득실차 +22

시간대별 상대 슈팅: 69/49/50/50/72/47
시간대별 실점: 10/5/5/7/8/6

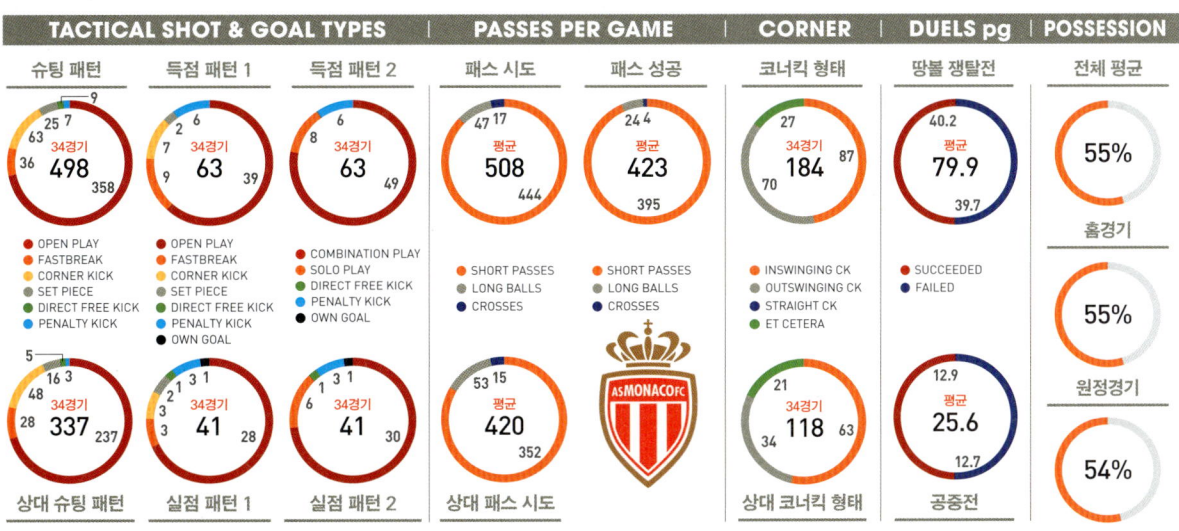

FORMATION SUMMARY | WHO SCORED | ACTION ZONE | PASSES pg BY ZONE

선발 포진별 전적

포메이션	승	무	패	득점	실점
4-2-3-1	10	4	6	40	26
4-4-2	6	1	3	17	11
3-4-2-1	1	2	0	4	3
4-2-2-2	1	0	0	2	1
TOTAL	18	7	9	63	41

포지션별 득점
FW진 38골
MF진 17골
DF진 8골

상대 포지션별 실점
DF진 5골
MF진 11골
FW진 24골
*자책 실점 1골

공격 방향
왼쪽 35% / 중앙 31% / 오른쪽 34%

볼 점유 위치
상대 진영 30%
중간 지역 45%
우리 진영 25%

평균 패스 성공
하프라인 위쪽 228회
하프라인 아래 195회

패스 성공률
하프라인 위쪽 75%
하프라인 아래 91%

OGC NICE

F Founded 구단 창립 1904년	**O** Owner 이네오스 그룹	**C** CEO 장-피에르 리베르 1957.09.02	**M** Manager 프랑크 에세 1971.04.15	**25-26 Odds** 벳365 : 33배 윌리엄힐 : 33배	

4	3	0	0	0	0
FRENCH LIGUE-1	COUPE DE FRANCE	UEFA CHAMPIONS LEAGUE	UEFA EUROPA LEAGUE	FIFA CLUB WORLD CUP	UEFA-CONMEBOL INTERCONTINENTAL

31명 Nationality ●외국 선수 21명 ●프랑스 10명	**Age** 31명 평균 25.7세	**H** Height 31명 평균 182cm	**€** Market Value 31명 평균 660만 유로	**GP** Game Points 24-25 : 60점 통산 : 3327점
W Win 24-25 : 17승 통산 : 903승	**D** Draw 24-25 : 9무 통산 : 619무	**L** Loss 24-25 : 8패 통산 : 888패	**GF** Goals For 24-25 : 66득점 통산 : 3347득점	**GA** Goals Against 24-25 : 41실점 통산 : 3345실점
More Minutes 마르친 부카 3060분	**G** Top Scorer 에반 게상 12골	**A** More Assists 조나산 클로스+1명 8도움	More Subs 소피안 디옵 20회 교체 IN	**C** More Cards 히샴 부다위 Y9+R0

2024-25 SEASON RESULT

상대팀	홈	원정
Paris SG	1-1	3-1
Marseille	2-0	0-2
Monaco	2-1	1-2
Lille	2-2	1-2
Lyon	0-2	1-4
Strasbourg	2-1	2-2
Lens	2-0	0-0
Brest	6-0	1-1
Toulouse	1-1	1-1
Auxerre	1-1	1-2
Rennes	3-2	0-2
Nantes	1-2	1-1
Angers	2-1	4-1
Le Havre	2-1	3-1
Reims	1-0	4-2
Saint-Etienne	8-0	3-1
Montpellier	2-0	2-2

Allianz Riviera

구장 오픈 2013년
구장 소유 니스 시
수용 인원 3만 6178명
피치 규모 105m X 68m
잔디 종류 천연 잔디

STRENGTHS & WEAKNESSES

OFFENSE		DEFENSE	
직접 프리킥	C	세트피스 수비	C
문전 처리	B	상대 볼 뺏기	A
측면 돌파	B	공중전 능력	B
스루볼 침투	A	역습 방어	C
개인기 침투	C	지공 방어	C
카운터 어택	C	스루패스 방어	C
기회 만들기	A	리드 지키기	D
세트피스	B	실수 조심	E
OS 피하기	C	측면 방어력	C
중거리 슈팅	C	파울 주의	C
볼 점유율	D	중거리슈팅 수비	E

매우 강함 **A** 강한 편 **B** 보통 수준 **C** 약한 편 **D** 매우 약함 **E**

PLAY STYLE

OFFENSIVE STYLE
중앙 돌파 선호
스루볼 침투 활성화
낮은 점유율 대비 슈팅 횟수 많은 편
선수비 후역습 패턴

DEFENSIVE STYLE
블록 수비 선호, 하프코트 프레싱
공격→수비 트랜지션 빠른 편

RANKING OF LAST 10 YEARS

15-16	16-17	17-18	18-19	19-20	20-21	21-22	22-23	23-24	24-25
4 / 63점	3 / 78점	8 / 54점	7 / 56점	5 / 41점	9 / 52점	5 / 66점	9 / 58점	5 / 55점	4 / 60점

위치	선수	국적	생년월일	키	몸무게	출전경기	선발11	교체 IN	출전(분)	득점	도움	경고	퇴장	MOM
GK	Marcin Bułka	POL	1999-10-04	199	97	34	34	0	3060	0	0	0	0	2
DF	Moïse Bombito	CAN	2000-03-30	190	83	27	25	2	2195	0	0	2	0	1
DF	Dante	BRA	1983-10-18	188	87	25	21	4	1964	0	0	5	1	0
DF	Ali Abdi	TUN	1993-12-20	183	73	25	17	8	1396	5	2	2	0	3
DF	Mohamed Abdelmonem	EGY	1999-02-01	183	78	12	10	2	855	0	0	2	0	0
DF	Antoine Mendy	SEN	2004-05-27	187	75	18	8	10	819	0	0	2	0	0
DF	Yaël Nandjou	FRA	2005-07-06	185	74	3	2	1	155	0	0	0	0	0
DF	Amidou Doumbouya	FRA	2007-08-05	182	72	2	0	2	44	0	0	0	0	0
DF/MF	Jonathan Clauss	FRA	1992-09-25	178	69	28	27	1	2311	3	8	7	0	3
DF/MF	Melvin Bard	FRA	2000-11-06	173	65	24	22	2	1942	2	1	3	1	1
DF/MF	Youssouf Ndayishimiye	BDI	1998-10-27	183	79	23	22	1	1933	3	0	5	0	0
DF/MF	Pablo Rosario	NED	1997-01-07	188	73	29	21	8	1775	3	1	7	1	0
DF/MF	Tom Louchet	FRA	2003-05-04	176	65	22	7	15	764	1	0	1	0	1
MF	Hicham Boudaoui	ALG	1999-09-23	175	61	29	27	2	2439	2	3	9	0	0
MF	Tanguy NDombèlé	FRA	1996-12-28	181	76	18	12	6	1134	1	2	2	0	0
MF	Badredine Bouanani	FRA	2004-12-08	177	68	26	11	15	1095	3	3	2	0	0
MF	Sofiane Diop	FRA	2000-06-09	175	65	28	8	20	1047	6	4	3	0	1
MF	Baptiste Santamaria	FRA	1995-03-09	183	81	13	11	2	932	0	0	1	0	1
MF	Morgan Sanson	FRA	1994-08-18	180	73	6	3	3	236	3	0	0	0	0
MF/FW	Evann Guessand	FRA	2001-07-01	185	79	33	30	3	2575	12	8	2	0	5
MF/FW	Gaëtan Laborde	FRA	1994-05-03	181	78	28	20	8	1838	11	4	1	0	3
MF/FW	Mohamed-Ali Cho	FRA	2004-01-19	181	69	27	21	6	1635	3	4	2	0	0
MF/FW	Jérémie Boga	CIV	1997-01-03	172	68	21	12	9	1053	1	1	0	0	0
MF/FW	Terem Moffi	NGA	1999-05-25	188	87	5	0	5	54	1	0	0	0	0
FW	Youssoufa Moukoko	GER	2004-11-20	179	72	11	2	9	200	2	1	0	0	1
FW	Victor Orakpo	NGA	2006-01-14	194	80	4	0	4	32	0	0	0	0	0
FW	Bernard Nguene	CMR	2006-08-04	178	70	1	0	1	13	0	0	2	0	0

LIGUE 1 2024-25 SEASON

OGC NICE vs. OPPONENTS PER GAME STATS

니스 vs 상대팀

니스	항목	상대팀
1.94	득점	1.21
14.6	슈팅	13.4
5.7	유효슈팅	4.7
5.0	코너킥	5.3
1.6	오프사이드	0.8
458	패스시도(PA)	507
385	패스성공(PC)	419
84%	패스성공률(P%)	83%
18.6	태클(TK)	19.4
13.0	공중전승리(AD)	12.1
10.7	인터셉트(IT)	9.2
11.5	파울	12.7
1.74	경고	2.12
0.147	퇴장	0.118

2024-25 SEASON SQUAD LIST & GAMES PLAYED

괄호 안의 숫자는 선발 출전 횟수, 교체 출전은 포함시키지 않음

LW: J.보가(3), S.디옵(2), E.게산(1), G.라보르드(1), B.부아나니(1)
CF: G.라보르드(19), E.게산(9), M.쇼(6), B.부아나니(3), Y.무코코(2), S.디옵(1)
RW: M.쇼(5), E.게산(3)

LAM: S.디옵(2), E.게산(1)
CAM: E.게산(13), M.쇼(8), J.보가(8), B.부아나니(6), S.디옵(1)
RAM: E.게산(5), M.쇼(1)

LM: J.보가(1), S.디옵(1)
CM: H.부다위(23), P.로사리오(17), B.산타마리아(11), T.은돔벨레(10), M.샹송(3), T.루세(1), Y.온다이시메이(1), S.디옵(1), S.디옵(1)
RM: M.쇼(1), E.게산(1)

LWB: A.아브디(16), M.바(10), B.브라이미(1)
DM: H.부다위(4), T.은돔벨레(2), P.로사리오(2)
RWB: J.클로스(24), T.루세(2), A.멘디(1)

LB: M.바(3), Y.난주(2), A.아브디(1), J.클로스(1)
CB: M.봄비토(25), 단치(21), Y.온다이시메(21), M.바(9), M.압델모넴(10), A.멘디(6), P.로사리오(1)
RB: T.루세(4), J.클로스(2), A.멘디(1)

GK: M.부카(34)

SHOTS & GOALS

34경기 총 495슈팅 - 66득점
34경기 상대 총 457슈팅 - 41실점

```
        42-12      *자책골
        311-44      4-4
        138-6
```

유효슈팅 193		비유효슈팅 302	
득점	66	블록 당함	125
GK 방어	127	골대 밖	170
유효슈팅률 39%		골대 맞음	7

유효슈팅 161		비유효슈팅 296	
실점	41	블록	130
GK 방어	120	골대 밖	158
유효슈팅률 35%		골대 맞음	8

```
        177-7
        250-25
        30-9        *자책골 0-0
```

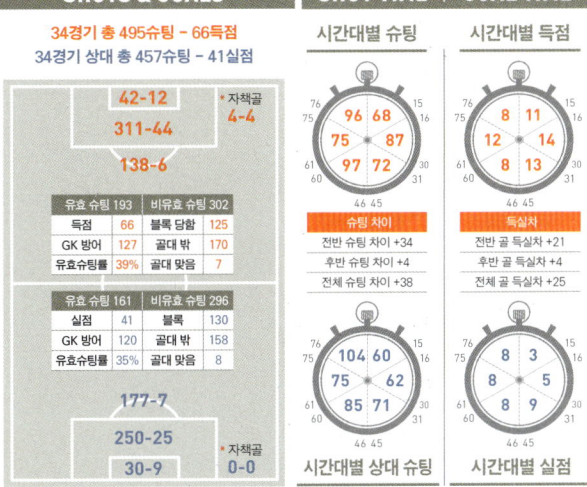

SHOT TIME | GOAL TIME

시간대별 슈팅: 96, 68, 75, 87, 97, 72 (전반 슈팅 차이 +34, 후반 슈팅 차이 +4, 전체 슈팅 차이 +38)

시간대별 득점: 8, 11, 12, 14, 8, 13 (전반 골 득실차 +21, 후반 골 득실차 +4, 전체 골 득실차 +25)

시간대별 상대 슈팅: 104, 60, 75, 62, 85, 71

시간대별 실점: 8, 3, 8, 9

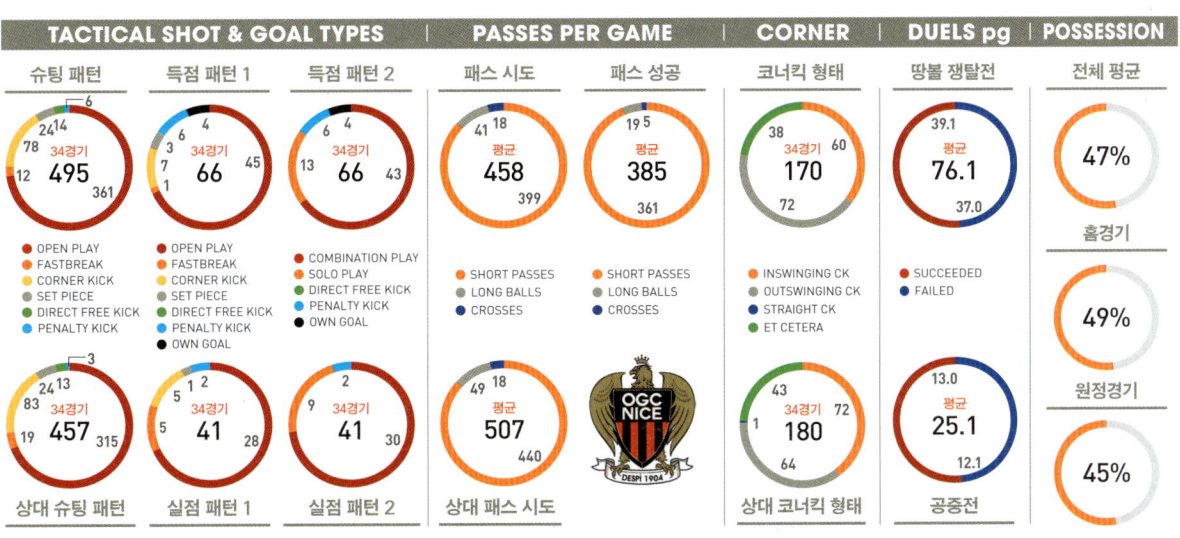

TACTICAL SHOT & GOAL TYPES | PASSES PER GAME | CORNER | DUELS pg | POSSESSION

슈팅 패턴 (34경기 495): 361 OPEN PLAY, 78 FASTBREAK, 14 CORNER KICK, 24 SET PIECE, 12 DIRECT FREE KICK, 6 PENALTY KICK

득점 패턴 1 (34경기 66): 45 OPEN PLAY, 7 FASTBREAK, 6 CORNER KICK, 3 SET PIECE, 4 DIRECT FREE KICK, 1 PENALTY KICK

득점 패턴 2 (34경기 66): 43 COMBINATION PLAY, 13 SOLO PLAY, DIRECT FREE KICK, PENALTY KICK, OWN GOAL

패스 시도 평균 458 (18 LONG BALLS, 41 CROSSES, 399 SHORT PASSES)
패스 성공 평균 385 (19 / 5 / 361 — SHORT PASSES, LONG BALLS, CROSSES)

코너킥 형태 34경기 170: 60 INSWINGING CK, 38 OUTSWINGING CK, 72 STRAIGHT CK, ET CETERA

땅볼 쟁탈전 평균 76.1 (39.1 SUCCEEDED, 37.0 FAILED)

전체 평균 47%
홈경기 49%
원정경기 45%

상대 슈팅 패턴 (34경기 457): 315, 83, 24, 13, 19, 3

실점 패턴 1 (34경기 41): 28, 5, 1, 2, 1

실점 패턴 2 (34경기 41): 30, 9, 2

상대 패스 시도 평균 507 (49, 18, 440)

상대 코너킥 형태 34경기 180: 43, 1, 72, 64

공중전 평균 25.1 (13.0, 12.1)

FORMATION SUMMARY | WHO SCORED | ACTION ZONE | PASSESS pg BY ZONE

선발 포지션별 전적

포메이션	승	무	패	득점	실점
3-4-2-1	9	5	2	29	13
3-4-3	2	2	3	17	10
3-5-2	2	1	1	5	4
4-2-3-1	2	0	1	8	6
4-3-1-2	1	0	0	2	1
4-3-3	0	0	1	1	4
4-4-2	1	0	0	2	1
4-1-4-1	0	1	0	2	2
TOTAL	17	9	8	66	41

포지션별 득점: FW진 39골, MF진 17골, DF진 6골
상대 포지션별 실점: DF진 6골, MF진 11골, FW진 24골
*상대 자책골 4골

공격 방향: 왼쪽 36%, 중앙 27%, 오른쪽 36%
볼 점유 위치: 상대 진영 27%, 중간 지역 45%, 우리 진영 28%

평균 패스 성공: 하프라인 위쪽 172회, 하프라인 아래 213회
패스 성공률: 하프라인 위쪽 73%, 하프라인 아래 91%

LILLE OSC

 Founded 구단 창립 1944년
 Owner 메를린 파트너스
 CEO 올리비에 레탕 1972.11.29
 Manager 브루노 제네시오 1966.09.01
 **25-26 Odds** 벳365 : 20배 윌리엄힐 : 22배

	4	6	0	0	0	0
	FRENCH LIGUE-1	COUPE DE FRANCE	UEFA CHAMPIONS LEAGUE	UEFA EUROPA LEAGUE	FIFA CLUB WORLD CUP	UEFA-CONMEBOL INTERCONTINENTAL

 **Nationality** 외국 선수 17명 · 프랑스 10명
 Age 27명 평균 25.4세
 Height 27명 평균 184cm
 Market Value 27명 평균 943만 유로
Game Points 24-25 : 60점 통산 : 점

 **Win** 24-25 : 17승 통산 : 승
 Draw 24-25 : 9무 통산 : 무
Loss 24-25 : 8패 통산 : 패
 **Goals For** 24-25 : 52득점 통산 : 득점
 Goals Against 24-25 : 36실점 통산 : 실점

 More Minutes L.세발리에 3020분
 Top Scorer J.데이비드 16골
 More Assists J.데이비드 5도움
 More Subs 오사메 사하루이 20회 교체 IN
 More Cards 벤자맹 앙드레 Y12+R0

2024-25 SEASON RESULT

상대팀	홈	원정
Paris SG	1-3	1-4
Marseille	1-1	1-1
Monaco	2-1	0-0
Nice	2-1	2-2
Lyon	1-1	1-2
Strasbourg	3-3	1-2
Lens	1-0	2-0
Brest	3-1	0-2
Toulouse	2-1	2-1
Auxerre	3-1	0-0
Rennes	1-0	2-0
Nantes	1-1	0-1
Angers	2-0	2-0
Le Havre	1-2	3-0
Reims	2-1	2-0
Saint-Etienne	4-1	0-1
Montpellier	1-0	2-2

Stade Pierre-Mauroy
구장 오픈 2012년
구장 소유 에파쥐 SA
수용 인원 5만 186명
피치 규모 105m X 68m
잔디 종류 하이브리드 잔디

STRENGTHS & WEAKNESSES

OFFENSE		DEFENSE	
직접 프리킥	B	세트피스 수비	B
문전 처리	C	상대 볼 뺏기	B
측면 돌파	C	공중전 능력	B
스루볼 침투	C	역습 방어	C
개인기 침투	C	지공 방어	C
카운터 어택	C	스루패스 방어	C
기회 만들기	C	리드 지키기	D
세트피스	B	실수 조심	C
OS 피하기	C	측면 방어력	C
중거리 슈팅	C	파울 주의	C
볼 점유율	B	중거리슈팅 수비	C

매우 강함 A 강한 편 B 보통 수준 C 약한 편 D 매우 약함 E

PLAY STYLE

OFFENSIVE STYLE
포제션 풋볼 지향
상대 진영에서 볼을 컨트롤
짧은 패스 콤비네이션 위주
중거리 슈팅 선호

DEFENSIVE STYLE
블록 수비, 하프코트 프레싱
전투적인 공중전 전개

RANKING OF LAST 10 YEARS

	15-16	16-17	17-18	18-19	19-20	20-21	21-22	22-23	23-24	24-25
순위	5	11	17	2	4	1	10	5	4	5
점수	60점	46점	38점	75점	49점	83점	55점	67점	59점	60점

위치	선수	국적	생년월일	키	몸무게	출전경기	선발11	교체 IN	출전(분)	득점	도움	경고	퇴장	MOM
GK	Lucas Chevalier	FRA	2001-11-06	189	78	34	34	0	3060	0	0	0	0	0
DF	Bafodé Diakité	FRA	2001-01-06	185	74	31	31	0	2767	4	1	7	0	2
DF	Alexsandro	BRA	1999-08-09	189	82	30	30	0	2700	1	1	10	0	2
DF	Aïssa Mandi	ALG	1991-10-22	184	78	24	20	4	1736	0	0	3	0	0
DF	Ismaily	BRA	1990-01-11	177	82	16	10	6	905	0	1	4	0	0
DF	Tiago Santos	POR	2002-07-23	175	67	7	4	3	404	0	0	1	0	0
DF/MF	Benjamin André	FRA	1990-08-03	180	76	30	30	0	2693	0	3	12	0	3
DF/MF	Thomas Meunier	BEL	1991-09-12	190	78	30	21	9	1924	2	0	5	0	2
DF/MF	Gabriel Gudmundsson	SWE	1999-04-29	180	74	30	20	10	1787	2	0	3	0	0
DF/MF	Mitchel Bakker	NED	2000-06-20	185	85	24	14	10	1229	3	2	3	1	1
DF/MF	Rémy Cabella	FRA	1990-03-08	171	68	23	12	11	1012	1	2	1	0	3
MF	Osame Sahraoui	NOR	2001-06-11	170	65	30	10	20	1282	3	3	1	0	0
MF	Ngal'ayel Mukau	COD	2004-11-03	188	70	22	14	8	1193	0	1	4	0	0
MF	Ayyoub Bouaddi	FRA	2007-10-02	186	72	24	11	13	1145	0	1	2	0	1
MF	Edon Zhegrova	KVX	1999-03-31	181	66	12	12	0	986	4	1	1	0	1
MF	Angel Gomes	ENG	2000-08-31	168	58	14	10	4	740	1	1	1	0	1
MF	Nabil Bentaleb	ALG	1994-11-24	187	78	10	3	7	323	1	0	0	0	0
MF	Ethan Mbappé	FRA	2006-12-29	176	70	10	1	9	214	0	0	3	0	0
MF/FW	Hákon Arnar Haraldsson	ISL	2003-04-10	180	73	25	21	4	1766	5	3	3	0	2
MF/FW	André Gomes	POR	1993-07-30	188	84	20	16	4	1283	0	0	3	0	0
MF/FW	Matias Fernandez-Pardo	BEL	2005-02-03	183	70	22	12	10	1065	4	2	4	0	0
MF/FW	Chuba Akpom	ENG	1995-10-09	183	73	14	6	8	638	3	1	0	0	0
FW	Jonathan David	CAN	2000-01-14	175	70	32	28	4	2557	16	5	4	0	5
FW	Younes Lachaab	FRA	2005-01-06	185	74	2	0	2	7	0	0	0	0	0

LIGUE 1 2024-25 SEASON

OSC LILLE vs. OPPONENTS PER GAME STATS

OSC 릴 vs 상대팀

득점	슈팅	유효슈팅	코너킥	오프사이드	패스시도	패스성공	태클	공중전승리	인터셉트	파울	경고	퇴장
1.53 / 1.06	12.8 / 9.9	4.8 / 3.7	4.9 / 4.2	1.6 / 1.6	562 / 412	487 / 331	87% / 80%	18.4 / 17.3	11.9 / 10.6	8.0 / 11.0	12.1 / 11.5	2.26 / 1.85	0.059 / 0.235

2024-25 SEASON SQUAD LIST & GAMES PLAYED

괄호 안의 숫자는 선발 출전 횟수, 교체 출전은 포함시키지 않음

LW: M.페르난데스-파르도(2), H.하랄드손(1)
CF: J.데이비드(28), C.아크품(6), M.바요(4), M.페르난데스-파르도(1)
RW: R.카벨라(1), M.바커(1), E.제그로바(1)

LAM: O.사르하위(7), R.카벨라(4), M.페르난데스-파르도(4), M.바커(3), H.하랄드손(3)
CAM: H.하랄드손(10), A.고메스(8), N.무카우(3), O.사르하위(2), R.카벨라(1), A.부아디(1), E.제그로바(1), E.음바페(1)
RAM: E.제그로바(9), R.카벨라(4), M.바커(4), M.페르난데스-파르도(2), H.하랄드손(1), N.무카우(1)

LM: M.페르난데스-파르도(1), H.하랄드손(1), O.사르하위(1), R.카벨라(1)
CM: B.안드레(11), A.부아디(5), N.무카우(4), A.고메스(4), N.벤탈렙(2), A.고메스(2), H.하랄드손(1)
RM: H.하랄드손(2), N.무카우(2), M.바커(1), R.카벨라(1), E.제그로바(1)

LWB: G.구드문드손(2), M.바커(1)
DM: B.안드레(19), A.고메스(12), A.부아디(5), N.무카우(5), N.벤탈렙(1)
RWB: T.뫼니에(2), T.산토스(1)

LB: G.구드문드손(17), 이스마일리(10), M.바커(4)
CB: B.디아키테(31), A.히베이루(30), A.만디(10), G.구드문드손(1), T.뫼니에(1)
RB: T.뫼니에(18), A.만디(10), T.산토스(3)

GK: L.셰발리에(34)

SHOTS & GOALS

34경기 총 434슈팅 - 52득점
34경기 상대 총 338슈팅 - 36실점

34-10
273-39
127-3

유효 슈팅 164		비유효 슈팅 270	
득점	52	블록 당함	121
GK 방어	112	골대 밖	138
유효슈팅률	38%	골대 맞음	11

유효 슈팅 127		비유효 슈팅 211	
실점	36	블록	80
GK 방어	91	골대 밖	119
유효슈팅률	38%	골대 맞음	12

94-1
206-24
37-10 *자책골 1-1

*자책골 0-0

SHOT TIME | GOAL TIME

시간대별 슈팅: 96, 57, 75, 52, 80, 74
슈팅 차이 - 전반 슈팅 차이 +49, 후반 슈팅 차이 +47, 전체 슈팅 차이 +96

시간대별 득점: 15, 7, 8, 5, 6, 11
득점차 - 전반 골 득실차 +5, 후반 골 득실차 +11, 전체 골 득실차 +16

시간대별 상대 슈팅: 69, 48, 54, 43, 81, 43
시간대별 실점: 6, 3, 8, 2, 6, 10

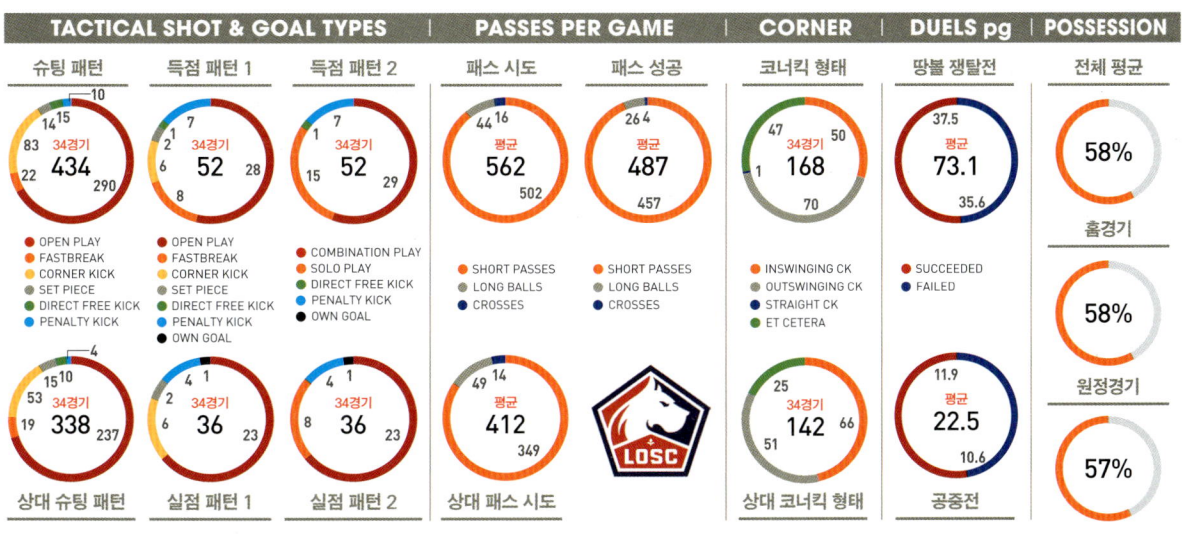

TACTICAL SHOT & GOAL TYPES | PASSES PER GAME | CORNER | DUELS pg | POSSESSION

슈팅 패턴 34경기 434 — OPEN PLAY, FASTBREAK, CORNER KICK, SET PIECE, DIRECT FREE KICK, PENALTY KICK

득점 패턴 1 34경기 52 — OPEN PLAY, FASTBREAK, CORNER KICK, SET PIECE, DIRECT FREE KICK, PENALTY KICK

득점 패턴 2 34경기 52 — COMBINATION PLAY, SOLO PLAY, DIRECT FREE KICK, PENALTY KICK, OWN GOAL

패스 시도 평균 562 / 502 — SHORT PASSES, LONG BALLS, CROSSES

패스 성공 평균 487 / 457 — SHORT PASSES, LONG BALLS, CROSSES

코너킥 형태 34경기 168 — INSWINGING CK, OUTSWINGING CK, STRAIGHT CK, ET CETERA

땅볼 쟁탈전 평균 73.1 / 35.6 — SUCCEEDED, FAILED

전체 평균 58%
홈경기 58%
원정경기 57%

상대 슈팅 패턴 34경기 338
실점 패턴 1 34경기 36
실점 패턴 2 34경기 36
상대 패스 시도 평균 412 / 349
상대 코너킥 형태 34경기 142
공중전 평균 22.5 / 10.6

FORMATION SUMMARY | WHO SCORED | ACTION ZONE | PASSESS pg BY ZONE

선발 포진별 전적

포메이션	승	무	패	득점	실점
4-2-3-1	10	7	4	34	23
4-4-2	3	1	1	8	5
4-3-3	2	1	0	4	2
3-4-2-1	1	0	2	4	5
5-4-1	1	0	1	2	1
TOTAL	17	9	8	52	36

포지션별 득점: FW진 37골, MF진 6골, DF진 9골
상대 포지션별 실점: DF진 5골, MF진 8골, FW진 22골 *자책골 실점 1골

공격 방향: 왼쪽 37%, 중앙 25%, 오른쪽 38%
볼 점유 위치: 상대 진영 32%, 중간 지역 25%, 우리 진영 23%

평균 패스 성공: 하프라인 위쪽 255회, 하프라인 아래 232회
패스 성공률: 하프라인 위쪽 79%, 하프라인 아래 93%

OLYMPIQUE LYONNAIS

Club Info

Founded 구단 창립 1950년	**Owner** 이글 풋볼 그룹	**CEO** 존 텍스터 1965.09.30
Manager 파울루 폰세카 1973.03.05	**25-26 Odds** 벳365 : 28배 윌리엄힐 : 28배	
Nationality 외국 선수 25명 · 프랑스 5명	**Age** 30명 평균 26.0세	**Height** 30명 평균 184cm
Market Value 30명 평균 1081만 유로	**Game Points** 24-25 : 57점 통산 : 3805점	
Win 24-25 : 17승 통산 : 1063승	**Draw** 24-25 : 6무 통산 : 617무	**Loss** 24-25 : 11패 통산 : 788패
Goals For 24-25 : 65득점 통산 : 3725득점	**Goals Against** 24-25 : 46실점 통산 : 3212실점	
More Minutes 루카스 페리 2970분	**Top Scorer** 알렉상드르 라카제트 15골	**More Assists** 라얀 세르키 11도움
More Subs 조제스 미카우타제 21회 교체 IN	**More Cards** 두에 찰레타-차르 Y9+R0	

Trophies

FRENCH LIGUE-1	COUPE DE FRANCE	UEFA CHAMPIONS LEAGUE	UEFA EUROPA LEAGUE	FIFA CLUB WORLD CUP	UEFA-CONMEBOL INTERCONTINENTAL
7	5	0	0	0	0

2024-25 SEASON RESULT

상대팀	홈	원정
Paris SG	2-3	1-3
Marseille	2-3	2-3
Monaco	0-2	0-2
Nice	4-1	2-0
Lille	2-1	1-1
Strasbourg	4-3	2-4
Lens	1-2	0-0
Brest	2-1	1-2
Toulouse	0-0	2-1
Auxerre	2-2	3-1
Rennes	4-1	0-3
Nantes	2-0	1-1
Angers	2-0	3-0
Le Havre	4-2	4-0
Reims	4-0	1-1
Saint-Etienne	1-0	1-2
Montpellier	1-0	4-1

Parc Olympique Lyonnais

구장 오픈 2016년
구장 소유 OL 그룹
수용 인원 5만 9186명
피치 규모 105m X 68m
잔디 종류 하이브리드 잔디

STRENGTHS & WEAKNESSES

OFFENSE		DEFENSE	
직접 프리킥	C	세트피스 수비	C
문전 처리	B	상대 볼 뺏기	A
측면 돌파	B	공중전 능력	E
스루볼 침투	C	역습 방어	C
개인기 침투	C	지공 방어	D
카운터 어택	C	스루패스 방어	D
기회 만들기	B	리드 지키기	C
세트피스	C	실수 조심	C
OS 피하기	D	측면 방어력	C
중거리 슈팅	B	파울 주의	C
볼 점유율	B	중거리슈팅 수비	C

매우 강함 A 강한 편 B 보통 수준 C 약한 편 D 매우 약함 E

PLAY STYLE

OFFENSIVE STYLE
왼 측면 돌파 활성화
포제션 풋볼
짧은 패스 콤비네이션 위주
상대 진영에서 볼을 컨트롤

DEFENSIVE STYLE
블록 수비 형태, 하프코트 프레싱
선발 일레븐 로테이션

RANKING OF LAST 10 YEARS

15-16	16-17	17-18	18-19	19-20	20-21	21-22	22-23	23-24	24-25
2위 65점	4위 67점	3위 78점	3위 72점	7위 40점	4위 76점	8위 61점	7위 62점	6위 53점	6위 57점

Squad

위치	선수	국적	생년월일	키	몸무게	출전경기	선발11	교체 IN	출전(분)	득점	도움	경고	퇴장	MOM
GK	Lucas Perri	BRA	1997-12-10	197	98	33	33	0	2970	0	0	1	0	2
	Rémy Descamps	FRA	1996-06-25	194	80	1	1	0	90	0	0	0	0	0
DF	Moussa Niakhaté	SEN	1996-03-08	190	82	31	30	1	2725	0	0	2	0	1
	Duje Ćaleta-Car	CRO	1996-09-17	192	89	19	17	2	1585	1	0	9	0	0
	Abner	BRA	2000-05-27	182	75	19	12	7	1089	1	1	1	0	0
	Warmed Omari	COM	2000-04-23	188	74	1	0	1	7	0	0	0	0	0
	Téo Barišić	FRA	2004-09-30	185	70	1	0	1	1	0	0	0	0	0
DF MF	Clinton Mata	BRA	1992-11-07	180	72	29	27	2	2370	0	4	5	0	1
	Corentin Tolisso	FRA	1994-08-03	181	81	32	27	5	2334	7	4	4	0	0
	Ainsley Maitland-Niles	ENG	1997-08-29	177	71	32	20	12	1976	1	4	1	0	0
	Nicolás Tagliafico	ARG	1992-08-31	172	67	24	22	2	1904	3	1	7	0	1
	Saël Kumbedi	FRA	2005-03-26	175	67	14	12	2	956	0	0	3	0	0
	Thiago Almada	ARG	2001-04-26	171	63	16	9	7	948	1	4	3	0	0
MF	Nemanja Matić	SRB	1998-08-01	194	85	29	25	4	2025	0	1	1	0	0
	Jordan Veretout	FRA	1993-03-01	177	67	27	19	8	1556	2	0	4	0	0
	Tanner Tessmann	USA	2001-09-24	188	86	25	13	12	1228	1	0	3	0	0
	Said Benrahma	ALG	1995-08-10	172	67	13	9	4	737	1	1	0	0	0
	Maxence Caqueret	FRA	2000-02-15	174	63	9	6	3	571	0	0	1	0	0
	Paul Akouokou	CIV	1997-12-20	181	68	2	0	2	18	0	0	0	0	0
MF FW	Alexandre Lacazette	FRA	1991-05-28	175	73	30	24	6	2061	15	2	5	0	2
	Rayan Cherki	FRA	2003-08-17	180	71	30	22	8	2047	8	11	3	0	6
FW	Malick Fofana	BEL	2005-03-31	169	61	29	16	13	1586	5	4	2	0	0
	Georges Mikautadze	GEO	2000-10-31	176	71	34	13	21	1433	11	6	2	0	0
	Ernest Nuamah	GHA	2003-11-01	178	71	23	13	10	1053	3	1	2	0	0
	Gift Orban	NGA	2002-07-17	178	73	3	2	1	186	2	0	1	0	0
	Alejandro Rodriguez	VEN	2008-03-11	176	70	1	0	1	19	0	0	0	0	0

LIGUE 1 2024-25 SEASON

OLYMPIQUE LYON vs. OPPONENTS PER GAME STATS

올랭피크 리옹 vs 상대팀														
	득점	슈팅	유효슈팅	코너킥	오프사이드	PA 패스시도	P% 패스성공률	TK 태클	AD 공중전승리	IT 인터셉트	파울	경고	퇴장	
	1.91 / 1.35	13.1 / 13.2	5.5 / 4.9	5.4 / 4.7	2.1 / 1.6	544 / 416	469 PC 337							
	86% / 81%	16.9 TK 16.4	9.1 AD 10.0	8.3 IT 9.4	12.0 / 11.4	1.76 / 2.09	0.000 / 0.088							

2024-25 SEASON SQUAD LIST & GAMES PLAYED

괄호 안의 숫자는 선발 출전 횟수, 교체 출전은 포함시키지 않음

LW: M.포파나(8), S.벤라흐마(2), E.누아마(1), W.자하(1)
CF: A.라카제트(24), G.미카우타제(10), R.세르키(2), G.오르반(2), M.포파나(1)
RW: R.세르키(6), S.벤라흐마(3), E.누아마(3)

LAM: M.포파나(6), E.누아마(3), G.미카우타제(3), T.알마다(1), C.톨리소(1), S.벤라흐마(1)
CAM: T.알마다(7), C.톨리소(6), R.세르키(4), S.벤라흐마(1)
RAM: R.세르키(8), E.누아마(5), T.알마다(1), S.벤라흐마(1)

LM: R.세르키(1), M.포파나(1)
CM: J.베레투(14), N.마티치(14), C.톨리소(14), M.카카레(5), T.테스만(4), S.벤라흐마(1), O.망갈라(1)
RM: R.세르키(1), E.누아마(1)

LWB: A.비니시우스(3)
DM: N.마티치(11), T.테스만(9), C.톨리소(7), J.베레투(5), M.카카레(2), A.메이틀랜드-나일스(1)
RWB: A.메이틀랜드-나일스(3)

LB: N.탈리아피코(21), A.비니시우스(9), A.메이틀랜드-나일스(1)
CB: N.니아카테(30), C.마타(23), D.찰레타-차르(17), N.탈리아피코(1)
RB: A.메이틀랜드-나일스(15), S.쿰베디(12), C.마타(4)

GK: L.페리(33), R.데캉(1)

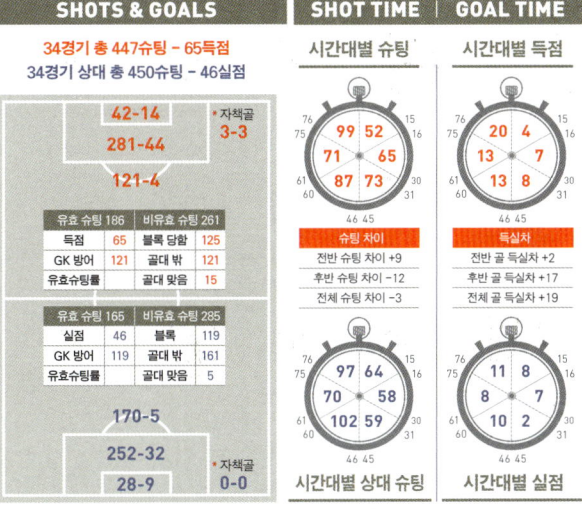

TACTICAL SHOT & GOAL TYPES | PASSES PER GAME | CORNER | DUELS pg | POSSESSION

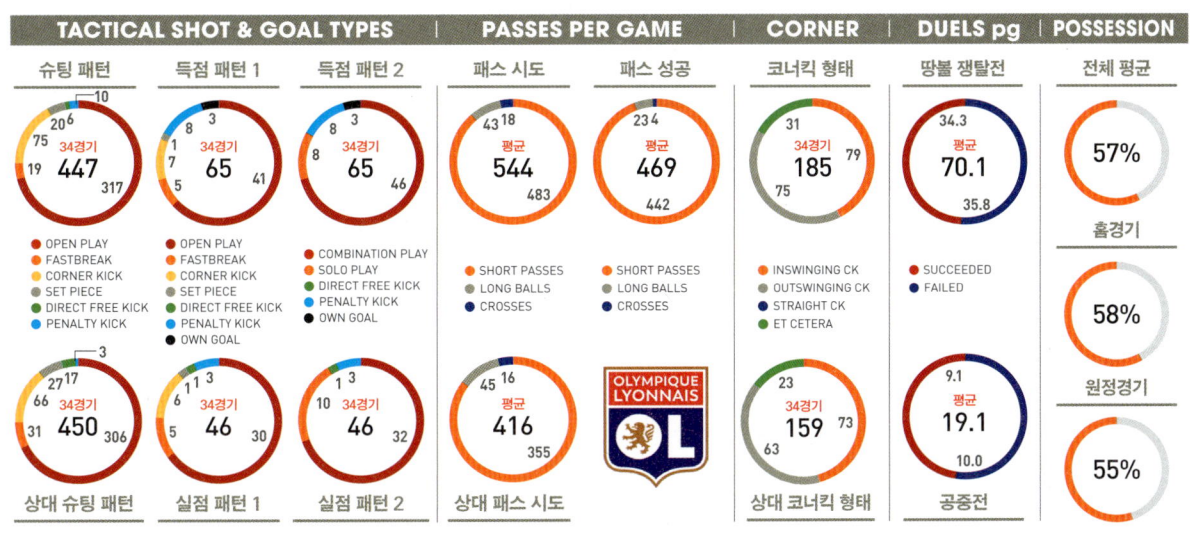

슈팅 패턴 34경기 447 / 독점 패턴 1 34경기 65 / 독점 패턴 2 34경기 65
패스 시도 평균 544 / 패스 성공 평균 469
코너킥 형태 34경기 185 / 땅볼 쟁탈전 평균 70.1
전체 평균 57% / 홈경기 58% / 원정경기 55%

상대 슈팅 패턴 34경기 450 / 실점 패턴 1 34경기 46 / 실점 패턴 2 34경기 46
상대 패스 시도 평균 416
상대 코너킥 형태 34경기 159 / 공중전 평균 19.1

FORMATION SUMMARY | WHO SCORED | ACTION ZONE | PASSES pg BY ZONE

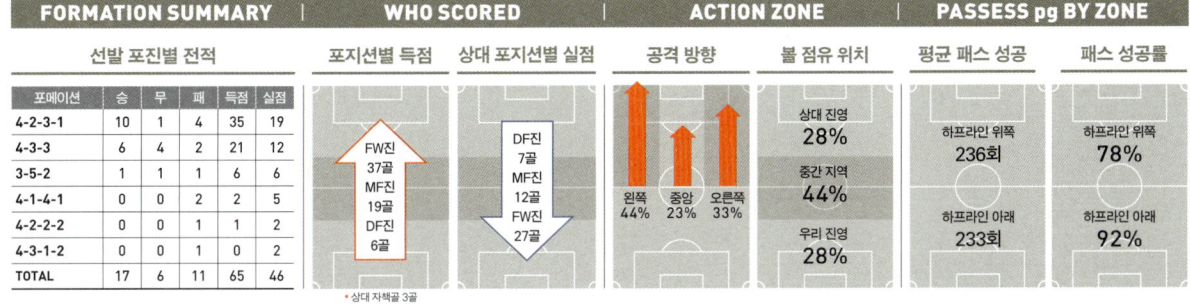

포메이션	승	무	패	득점	실점
4-2-3-1	10	1	4	35	19
4-3-3	6	4	2	21	12
3-5-2	1	1	1	6	6
4-1-4-1	0	0	2	2	5
4-2-2-2	0	0	1	1	2
4-3-1-2	0	0	1	0	2
TOTAL	17	6	11	65	46

* 상대 자책골 3골

RC STRASBOURG ALSACE

Club Info

- **Founded** 구단 창립 1906년
- **Owner** 블루 Co.
- **CEO** 마크 켈러 1968.01.14
- **Manager** 리암 로시니어 1984.07.09
- **25-26 Odds** 벳365 : 200배 윌리엄힐 : 250배
- **Nationality** 29명 · 외국 선수 19명 · 프랑스 10명
- **Age** 29명 평균 22.0세
- **Height** 29명 평균 183cm
- **Market Value** 29명 평균 748만 유로
- **Game Points** 24-25 : 57점 통산 : 2980점
- **Win** 24-25 : 16승 통산 : 784승
- **Draw** 24-25 : 9무 통산 : 628무
- **Loss** 24-25 : 9패 통산 : 889패
- **Goals For** 24-25 : 56득점 통산 : 3183득점
- **Goals Against** 24-25 : 44실점 통산 : 3370실점
- **More Minutes** 안드레이 산토스 2857분
- **Top Scorer** 에마누엘 에메가 14골
- **More Assists** 딜란 바크와 8도움
- **More Subs** 세쿠 마라 18회 교체 IN
- **More Cards** 안드레이 산토스 Y8+R0

Trophies

FRENCH LIGUE-1	COUPE DE FRANCE	UEFA CHAMPIONS LEAGUE	UEFA EUROPA LEAGUE	FIFA CLUB WORLD CUP	UEFA-CONMEBOL INTERCONTINENTAL
1	3	0	0	0	0

2024-25 SEASON RESULT

상대팀	홈	원정
Paris SG	2-1	2-4
Marseille	1-0	1-1
Monaco	1-3	0-0
Nice	2-2	1-2
Lille	2-1	3-3
Lyon	4-2	3-4
Lens	2-2	2-0
Brest	0-0	1-3
Toulouse	2-1	2-1
Auxerre	3-1	1-0
Rennes	3-1	0-1
Nantes	3-1	1-0
Angers	1-1	1-2
Le Havre	2-3	3-0
Reims	0-0	1-0
Saint-Etienne	3-1	0-2
Montpellier	2-0	1-1

Stade de la Meinau

- 구장 오픈 / 증개축 1914년, 증개축 5회
- 구장 소유 스트라스부르 시
- 수용 인원 2만 6109명
- 피치 규모 105m X 68m
- 잔디 종류 하이브리드 잔디

STRENGTHS & WEAKNESSES

OFFENSE		DEFENSE	
직접 프리킥	C	세트피스 수비	B
문전 처리	B	상대 볼 뺏기	C
측면 돌파	C	공중전 능력	D
스루볼 침투	C	역습 방어	C
개인기 침투	C	지공 방어	C
카운터 어택	C	스루패스 방어	C
기회 만들기	B	리드 지키기	E
세트피스	C	실수 조심	C
OS 피하기	C	측면 방어력	C
중거리 슈팅	B	파울 주의	C
볼 점유율	C	중거리슈팅 수비	C

매우 강함 A 강한 편 B 보통 수준 C 약한 편 D 매우 약함 E

PLAY STYLE

OFFENSIVE STYLE
중앙 돌파 선호
짧은 패스 콤비네이션

DEFENSIVE STYLE
후방에서 볼 컨트롤
오프사이드트랩 활성화
선발 일레븐 고정적

RANKING OF LAST 10 YEARS

● 2부 리그 ● 3부 리그

15-16	16-17	17-18	18-19	19-20	20-21	21-22	22-23	23-24	24-25
1 / 58점 / 67점	15 / 38점	11 / 49점	10 / 38점	15 / 42점	6 / 63점	15 / 40점	13 / 39점	7 / 57점	

Squad

위치	선수	국적	생년월일	키	몸무게	출전경기	선발11	교체 IN	출전(분)	득점	도움	경고	퇴장	MOM
GK	Djordje Petrović	SRB	1999-10-08	194	89	31	31	0	2790	0	0	2	0	4
	Karl-Johan Johnsson	SWE	1990-01-28	188	84	3	3	0	270	0	0	0	0	0
DF	Guéla Doué	FRA	2002-10-17	187	84	32	30	2	2716	1	2	7	0	1
	Mamadou Sarr	FRA	2005-08-29	194	80	27	27	0	2368	0	1	4	0	1
	Saïdou Sow	SEN	2002-07-04	187	87	12	11	1	1019	0	1	2	0	0
	Abakar Sylla	CIV	2002-12-25	188	78	21	10	11	943	1	0	2	1	0
	Andrew Omobamidele	IRL	2002-06-23	188	78	10	6	4	536	0	0	4	0	0
DF MF	Ismaël Doukouré	FRA	2003-07-25	183	76	31	31	0	2647	1	1	7	0	1
	Diego Moreira	POR	2004-08-06	179	73	32	29	3	2579	2	7	4	1	4
	Valentín Barco	ARG	2004-07-23	170	66	14	14	0	1166	0	2	2	0	0
	Caleb Wiley	USA	2004.12.22	180	73	6	3	3	268	0	1	1	0	0
	Marvin Senaya	FRA	2001-01-28	181	76	10	1	9	221	0	0	3	0	0
	Eduard Sobol	UKR	1995-04-20	186	79	10	0	10	85	0	0	2	0	0
	Thomas Delaine	FRA	1992-03-24	180	72	2	0	2	7	0	0	0	0	0
MF	Andrey Santos	BRA	2004-05-03	180	75	32	32	0	2857	10	3	8	0	3
	Habib Diarra	SEN	2004-01-03	179	74	30	27	3	2357	4	5	5	0	1
	Félix Lemaréchal	FRA	2003-08-07	180	73	27	20	7	1783	4	3	2	0	0
	Abdoul Ouattara	CIV	2005-10-22	178	68	17	3	14	460	1	1	1	0	0
	Junior Mwanga	FRA	2003-05-11	184	80	8	2	6	291	0	0	0	0	0
	Pape Diong	SEN	2006-06-15	190	75	9	1	8	71	1	0	0	0	0
MF FW	Emanuel Emegha	NED	2003-02-03	195	82	27	27	0	2308	14	3	6	0	2
	Sebastian Nanasi	SWE	2002-05-16	178	71	31	26	5	2124	6	4	1	0	0
FW	Dilane Bakwa	FRA	2002-08-26	180	75	30	29	1	2512	6	8	4	0	5
	Sékou Mara	FRA	2002-07-30	184	73	25	7	18	756	1	0	1	0	0
	Samuel Amo-Ameyaw	ENG	2006-07-18	174	64	9	3	6	319	2	0	1	0	0
	Jérémy Sebas	FRA	2003-04-14	187	82	13	1	12	182	0	0	0	0	0
	Óscar Perea	COL	2005-09-27	174	75	2	0	2	12	0	0	0	0	0

LIGUE 1 2024-25 SEASON

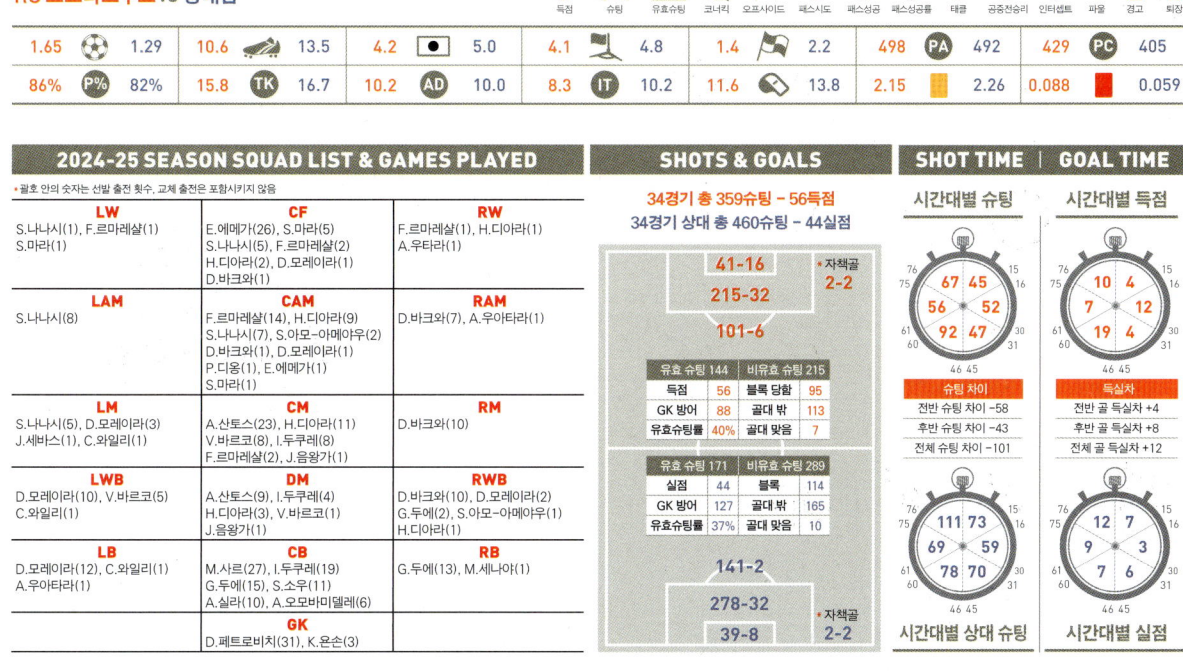
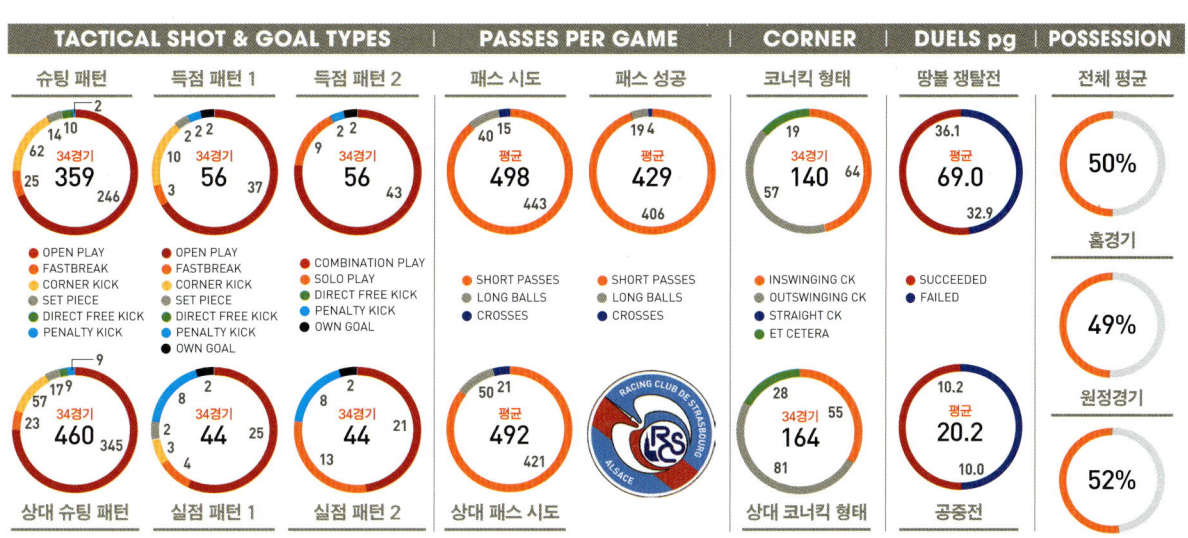

RC LENS

F Founded 구단 창립 1906년	**O** Owner 솔페리노 SARL 앰버 캐피털	**C** CEO 조셉 우구를리안 1972.02.15	**M** Manager 피에르 사지 1979.05.05	**25-26 Odds** 뱃365 : 100배 윌리엄힐 : 125배	
27명 Nationality ● 외국 선수 15명 ● 프랑스 12명	**Age** 27명 평균 25.6세	**H** Height 27명 평균 182cm	**€** Market Value 27명 평균 391만 유로	**GP** Game Points 24-25 : 52점 통산 : 3188점	
W Win 24-25 : 15승 통산 : 856승	**D** Draw 24-25 : 7무 통산 : 620무	**L** Loss 24-25 : 12패 통산 : 826패	**GF+** Goals For 24-25 : 42득점 통산 : 3244득점	**GA-** Goals Against 24-25 : 39실점 통산 : 3218실점	
More Minutes 아드리앙 토마송 2626분	Top Scorer 닐 엘 아이나위 8골	More Assists 아드리앙 토마송 7도움	More Subs 함자 오예디란 16회 교체 IN	More Cards 파쿤도 메디나 Y14+R1	

	FRENCH LIGUE-1	COUPE DE FRANCE	UEFA CHAMPIONS LEAGUE	UEFA EUROPA LEAGUE	FIFA CLUB WORLD CUP	UEFA-CONMEBOL INTERCONTINENTAL
	1	0	0	0	0	0

2024-25 SEASON RESULT

상대팀	홈	원정
Paris SG	1-2	0-1
Marseille	1-3	1-0
Monaco	4-0	1-1
Nice	0-0	0-2
Lille	0-2	0-1
Lyon	0-0	2-1
Strasbourg	0-2	2-2
Brest	2-0	3-1
Toulouse	0-1	1-1
Auxerre	0-4	2-2
Rennes	1-0	1-1
Nantes	3-2	1-3
Angers	1-0	1-0
Le Havre	3-4	2-1
Reims	0-2	2-0
Saint-Etienne	1-0	2-0
Montpellier	2-0	2-0

Stade Bollaert-Delelis

구장 오픈 / 증개축
1933년, 증개축 6회
구장 소유
랑스 시
수용 인원
3만 8223명
피치 규모
105m X 68m
잔디 종류
천연 잔디

STRENGTHS & WEAKNESSES

OFFENSE		DEFENSE	
직접 프리킥	C	세트피스 수비	B
문전 처리	D	상대 볼 뺏기	C
측면 돌파	C	공중전 능력	B
스루볼 침투	C	역습 방어	C
개인기 침투	C	지공 방어	C
카운터 어택	C	스루패스 방어	C
기회 만들기	B	리드 지키기	D
세트피스	C	실수 조심	C
OS 피하기	E	측면 방어력	C
중거리 슈팅	B	파울 주의	D
볼 점유율	B	중거리슈팅 수비	C

매우 강함 A 강한 편 B 보통 수준 C 약한 편 D 매우 약함 E

PLAY STYLE

OFFENSIVE STYLE
포지션 풋볼
상대 진영에서 볼을 컨트롤
중앙 돌파 활성화
우측 돌파 위력적

DEFENSIVE STYLE
도전적인 수비
카운터 프레싱 위주

RANKING OF LAST 10 YEARS

● 2부 리그

15-16	16-17	17-18	18-19	19-20	20-21	21-22	22-23	23-24	24-25
6 58점	4 65점	14 43점	5 63점	2 53점	7 57점	7 62점	2 84점	7 51점	8 52점

위치	선수	국적	생년월일	키	몸무게	출전경기	선발11	교체 IN	출전(분)	득점	도움	경고	퇴장	MOM
GK	Brice Samba	FRA	1994-04-25	187	90	15	15	0	1350	0	0	1	0	1
GK	Mat Ryan	AUS	1992-04-08	184	83	14	14	0	1260	0	0	0	0	2
GK	Hervé Koffi	BFA	1996-10-16	186	80	5	5	0	450	0	0	2	0	0
DF	Facundo Medina	ARG	1999-05-28	184	78	29	29	0	2547	0	1	14	0	0
DF	Jonathan Gradit	FRA	1992-11-24	180	75	25	24	1	2116	0	0	4	0	1
DF	Malang Sarr	FRA	1999-01-23	183	73	21	15	6	1381	0	0	0	0	0
DF	Kevin Danso	AUT	1998-09-19	190	85	12	12	0	1080	0	0	3	0	2
DF	Abdukodir Khusanov	UZB	2004-02-29	186	84	13	11	2	976	0	0	2	0	0
DF	Juma Bah	SLE	2006-04-11	195	80	10	8	2	685	0	0	2	0	1
DF	Kyllian Antonio	FRA	2008-01-04	183	75	3	2	1	140	0	0	0	0	0
DF/MF	Deiver Machado	COL	1992-09-02	180	75	27	20	7	1804	1	4	6	0	0
DF/MF	Ruben Aguilar	FRA	1993-04-26	172	70	16	13	3	1130	1	2	4	0	0
DF/MF	Jhoanner Chávez	ECU	2002-04-25	182	77	10	7	3	599	1	0	1	0	1
MF	Adrien Thomasson	FRA	1993-12-10	175	72	33	31	2	2626	3	7	6	0	2
MF	Andy Diouf	FRA	2003-05-17	187	82	34	27	7	2236	1	2	2	0	1
MF	Neil El Aynaoui	FRA	2001-07-02	185	77	24	17	7	1586	8	1	4	0	4
MF	Przemyslaw Frankowski	POL	1995-04-12	175	70	18	16	2	1389	4	2	3	0	1
MF	David da Costa	POR	2001-01-05	168	64	11	3	8	349	0	0	1	0	0
MF	Nampalys Mendy	SEN	1992-06-23	168	70	10	7	3	590	0	1	2	0	0
MF	Hamzat Ojediran	NGA	2003-11-14	172	79	17	1	16	401	0	0	5	0	0
MF	Jeremy Agbonifo	SWE	2005-10-24	178	68	8	1	7	294	1	0	1	0	0
MF	Tom Pouilly	FRA	2003-06-18	180	70	10	2	8	267	0	0	1	0	0
MF/FW	Florian Sotoca	FRA	1990-10-25	187	77	31	22	9	1801	1	1	3	1	1
MF/FW	Anass Zaroury	MAR	2000-11-07	176	70	28	16	12	1407	2	2	2	0	0
MF/FW	Angelo Fulgini	FRA	1996-08-20	183	71	23	11	12	1043	1	1	4	0	0
MF/FW	Wesley Said	FRA	1995-04-19	171	72	24	11	13	902	3	0	1	0	0
FW	M'Bala Nzola	FRA	1996-08-18	185	91	21	16	5	1464	6	1	3	1	0
FW	Goduine Koyalipou	CTA	2000-02-15	184	82	15	12	3	895	4	0	0	0	0
FW	Rémy Labeau Lascary	FRA	2003-03-03	184	72	14	6	8	634	2	1	5	0	1
FW	Martín Satriano	URU	2001-02-20	187	75	7	0	7	82	0	0	0	0	0
FW	Rayan Fofana	FRA	2006-02-12	182	74	2	0	2	23	0	0	0	0	0

LIGUE 1 2024-25 SEASON

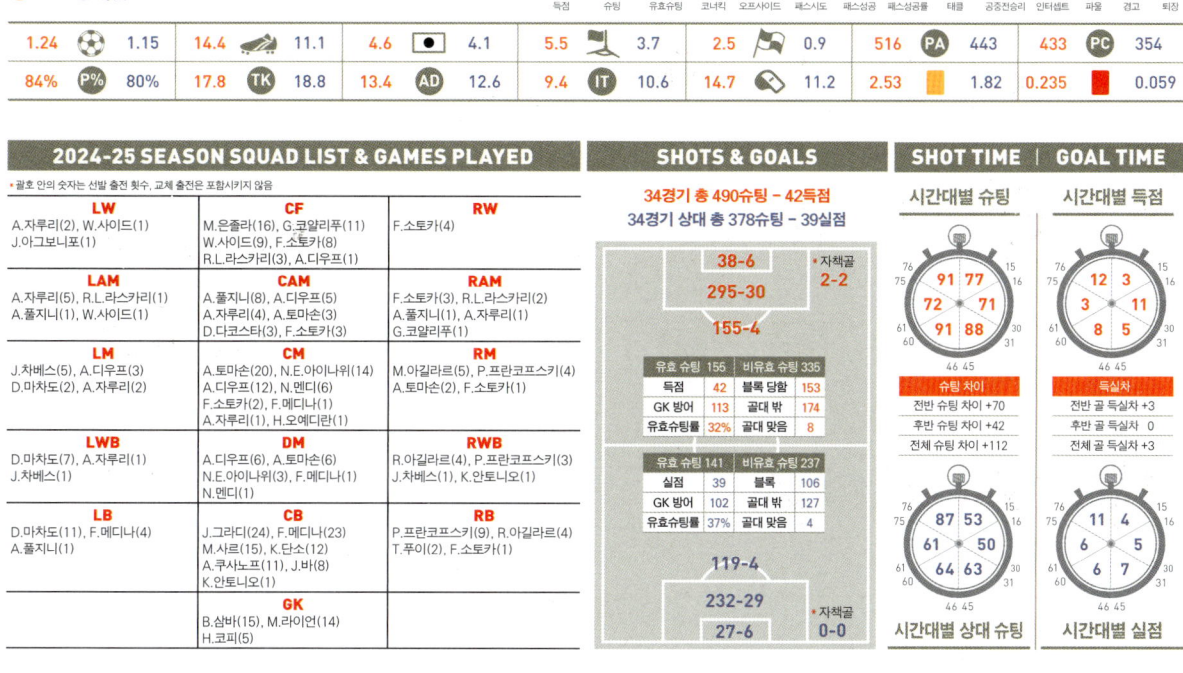

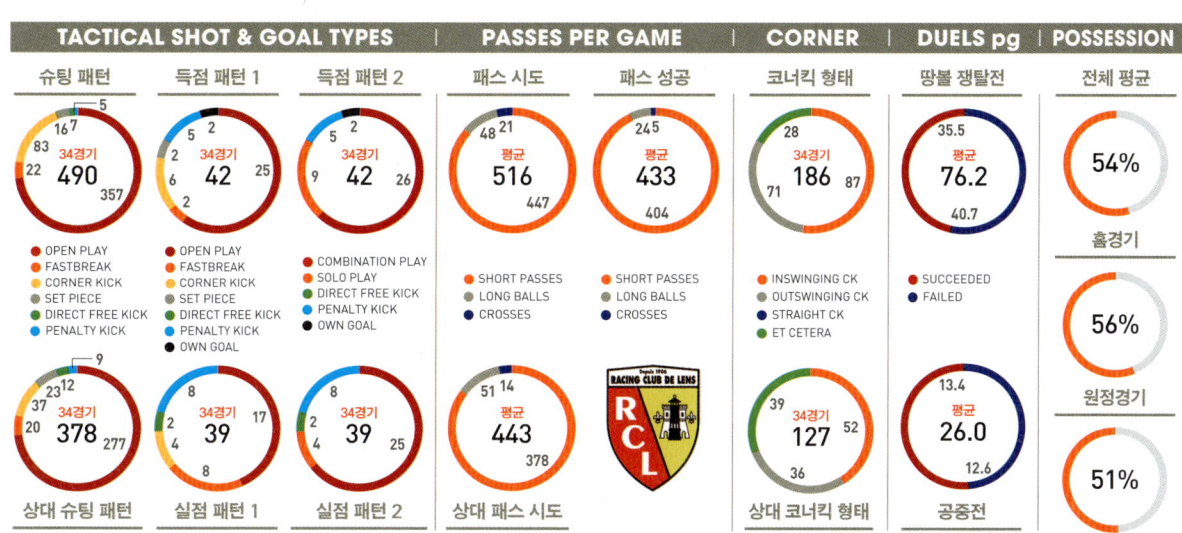

STADE BRESTOIS 29

Founded 구단 창립 1903년	**Owner** 드니 르생 제라르 르생	**CEO** 드니 르생
Manager 에릭 로이 1967.09.26	**25-26 Odds** 벳365 : 750배 윌리엄힐 : 1000배	
Nationality 외국 선수 6명 프랑스 13명	**Age** 19명 평균 26.5세	**Height** 19명 평균 182cm
Market Value 19명 평균 374만 유로	**Game Points** 24-25 : 50점 통산 : 845점	
Win 24-25 : 15승 통산 : 215승	**Draw** 24-25 : 5무 통산 : 200무	**Loss** 24-25 : 14패 통산 : 289패
Goals For 24-25 : 52득점 통산 : 815득점	**Goals Against** 24-25 : 59실점 통산 : 1001실점	
More Minutes 마르코 비조트 2880분	**Top Scorer** 뤼도빅 아조르케 13골	**More Assists** 마티아스 페레라 7도움
More Subs 카모리 둠비아 17회 교체 IN	**More Cards** 피에르 레스-멜루 Y7+R0	

FRENCH LIGUE-1 0 | **COUPE DE FRANCE** 0 | **UEFA CHAMPIONS LEAGUE** 0 | **UEFA EUROPA LEAGUE** 0 | **FIFA CLUB WORLD CUP** 0 | **UEFA-CONMEBOL INTERCONTINENTAL** 0

2024-25 SEASON RESULT

상대팀	홈	원정
Paris SG	2-5	1-3
Marseille	1-5	1-4
Monaco	2-1	2-3
Nice	0-1	0-6
Lille	2-0	1-3
Lyon	2-1	1-2
Strasbourg	3-1	0-0
Lens	1-3	0-2
Toulouse	2-0	4-2
Auxerre	2-2	0-3
Rennes	1-1	2-1
Nantes	4-1	2-0
Angers	2-0	0-2
Le Havre	2-0	1-0
Reims	0-0	2-1
Saint-Etienne	4-0	3-3
Montpellier	1-0	1-3

Stade Francis-Le Blé
구장 오픈 / 증개축: 1922년, 증개축 2회
구장 소유: 브레스트 시
수용 인원: 1만 5931명
피치 규모: 105m X 68m
잔디 종류: 천연 잔디

PLAY STYLE

OFFENSIVE STYLE
좌우폭 넓게 활용
중앙 돌파 침투
롱볼 게임 활성화
패스 횟수 대비 크로스 많음

DEFENSIVE STYLE
선발 일레븐 로테이션
공격→수비 트랜지션 빠름

STRENGTHS & WEAKNESSES

OFFENSE		DEFENSE	
직접 프리킥	C	세트피스 수비	C
문전 처리	C	상대 볼 뺏기	B
측면 돌파	C	공중전 능력	A
스루볼 침투	C	역습 방어	C
개인기 침투	B	지공 방어	C
카운터 어택	C	스루패스 방어	C
기회 만들기	C	리드 지키기	C
세트피스	A	실수 조심	C
OS 피하기	C	측면 방어력	C
중거리 슈팅	C	파울 주의	D
볼 점유율	D	중거리슈팅 수비	C

매우 강함 A / 강한 편 B / 보통 수준 C / 약한 편 D / 매우 약함 E

RANKING OF LAST 10 YEARS

15-16	16-17	17-18	18-19	19-20	20-21	21-22	22-23	23-24	24-25
10	5	5	2	14	17	11	14	3	9
47점	65점	65점	74점	34점	41점	48점	44점	61점	50점

위치	선수	국적	생년월일	키	몸무게	출전경기	선발11	교체 IN	출전(분)	득점	도움	경고	퇴장	MOM
GK	Marco Bizot	NED	1991-03-10	193	88	32	32	0	2880	0	0	4	0	0
	Gregoire Coudert	FRA	1999-04-03	188	85	2	2	0	180	0	0	0	0	0
DF	Brendan Chardonnet	FRA	1994-12-22	181	74	27	27	0	2417	1	0	6	0	0
	Abdoulaye Ndiaye	SEN	2002-04-10	185	75	22	19	3	1706	1	0	4	1	0
	Julien Le Cardinal	FRA	1997-08-03	182	73	16	15	1	1378	0	1	3	0	0
	Luck Zogbé	CIV	2005-03-24	178	70	13	7	6	634	0	0	2	0	0
	Soumaila Coulibaly	FRA	2003-10-14	191	73	7	5	2	438	0	0	1	0	0
	Justin Bourgault	FRA	2005-09-14	185	78	2	2	0	123	1	0	0	0	0
DF MF	Kenny Lala	FRA	1991-10-03	178	78	30	29	1	2685	3	2	5	0	0
	Mahdi Camara	FRA	1998-06-30	178	73	34	31	3	2669	5	3	5	0	2
	Massadio Haïdara	MLI	1992-12-02	179	76	22	20	2	1682	0	0	2	1	0
	Edimilson Fernandes	SUI	1996-04-15	186	77	19	12	7	1102	0	1	1	0	0
	Jordan Amavi	FRA	1994-03-09	176	70	11	8	3	792	0	0	2	0	0
	Bradley Locko	FRA	2002-05-06	180	74	2	1	1	97	0	0	1	0	0
MF	Hugo Magnetti	FRA	1998-05-30	180	75	32	27	5	2331	1	0	5	0	0
	Mathias Pereira Lage	FRA	1996-11-30	180	73	29	18	11	1573	2	7	4	0	2
	Pierre Lees-Melou	FRA	1993-05-25	185	69	20	17	3	1527	2	2	7	0	2
	Kamory Doumbia	MLI	2003-02-18	170	60	30	13	17	1316	3	2	1	0	0
	Romain Faivre	FRA	1998-07-14	180	75	20	10	10	900	3	2	2	0	0
	Jonas Martin	FRA	1990-04-09	184	77	17	5	12	489	1	0	2	0	0
	Hamidou Makalou	MLI	2006-07-15	164	58	4	0	4	28	0	0	0	0	0
MF FW	Romain Del Castillo	FRA	1996-03-29	172	60	26	14	12	1260	6	4	0	0	1
	Abdallah Sima	SEN	2001-06-17	188	79	27	14	13	1238	7	2	2	0	1
	Mama Baldé	GNB	1995-11-06	176	69	27	12	15	1148	2	3	4	0	1
	Ibrahim Salah	MAR	2001-08-30	185	75	12	4	8	354	1	1	0	0	0
FW	Ludovic Ajorque	FRA	1994-02-25	197	92	31	29	2	2504	13	2	5	0	3
	Saliou Diop	SEN	2005-05-12	193	84	2	0	2	0	0	0	0	0	0

LIGUE 1 2024-25 SEASON

STADE BRESTOIS 29 vs. OPPONENTS PER GAME STATS

브레스트 vs 상대팀	득점	슈팅	유효슈팅	코너킥	오프사이드	패스시도	패스성공	대결	공중전승리	인터셉트	파울	경고	퇴장
	1.53 / 1.74	12.4 / 12.2	4.7 / 4.2	4.2 / 4.9	1.2 / 1.7	454 / 490	370 / 399						
	82% / 82%	19.3 / 14.4	16.1 / 15.6	9.3 / 8.8	12.6 / 13.0	2.03 / 1.85	0.088 / 0.059						

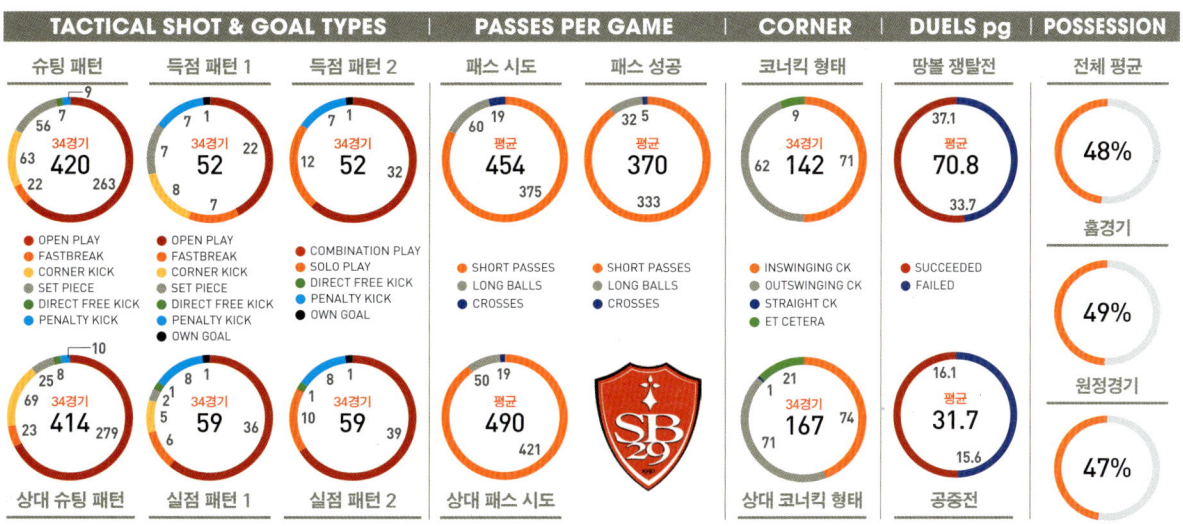

TOULOUSE FC

 Founded 구단 창립 1970년
 Owner 레드버드 캐피털
 **CEO** 다미앙 코몰리 1971.11.24
 **Manager** 카를로스 마르티네스 1984.05.18
 **25-26 Odds** 벳365 : 350배 윌리엄힐 : 500배

 0 **FRENCH LIGUE-1**
 0 **COUPE DE FRANCE**
 0 **UEFA CHAMPIONS LEAGUE**
 0 **UEFA EUROPA LEAGUE**
 0 **FIFA CLUB WORLD CUP**
0 **UEFA-CONMEBOL INTERCONTINENTAL**

 **Nationality** ●외국 선수 17명 ●프랑스 7명
 Age 24명 평균 24.5세
 Height 24명 평균 182cm
 Market Value 24명 평균 397만 유로
 Game Points 24-25 : 42점 통산 : 2547점

2024-25 SEASON RESULT

상대팀	홈	원정
Paris SG	0-1	0-3
Marseille	1-3	2-3
Monaco	1-1	0-2
Nice	1-1	1-1
Lille	1-2	1-2
Lyon	1-2	0-0
Strasbourg	1-2	1-2
Lens	1-1	1-0
Brest	2-4	0-2
Auxerre	2-0	2-2
Rennes	2-1	2-0
Nantes	0-0	0-0
Angers	1-1	4-0
Le Havre	2-0	4-1
Reims	1-0	0-1
Saint-Etienne	2-1	3-2
Montpellier	1-2	3-0

Stadium de Toulouse

구장 오픈 / 증개축 1949년, 증개축 6회
구장 소유 툴루즈 시청
수용 인원 3만 3150명
피치 규모 105m X 68m
잔디 종류 하이브리드 잔디

 **Win** 24-25 : 11승 통산 : 668승
 Draw 24-25 : 9무 통산 : 543무
 Loss 24-25 : 14패 통산 : 767패
 **Goals For** 24-25 : 44득점 통산 : 2458득점
 Goals Against 24-25 : 43실점 통산 : 2660실점

 More Minutes 크리스티안 카세레스 2705분
 Top Scorer 자카리아 아부클랄 7골
More Assists 가브리엘 수아조 6도움
More Subs 샤비 바비카 19회 교체 IN
More Cards 크리스티안 카세레스 Y11+R0

STRENGTHS & WEAKNESSES

OFFENSE		DEFENSE	
직접 프리킥	C	세트피스 수비	B
문전 처리	D	상대 볼 뺏기	C
측면 돌파	B	공중전 능력	C
스루볼 침투	C	역습 방어	C
개인기 침투	C	지공 방어	D
카운터 어택	C	스루패스 방어	C
기회 만들기	B	리드 지키기	C
세트피스	B	실수 조심	C
OS 피하기	C	측면 방어력	C
중거리 슈팅	C	파울 주의	C
볼 점유율	D	중거리슈팅 수비	C

매우 강함 A 강한 편 B 보통 수준 C 약한 편 D 매우 약함 E

PLAY STYLE

OFFENSIVE STYLE
왼 측면 돌파 활성화
점유율 대비 슈팅 수 많음

DEFENSIVE STYLE
블록 수비, 하프코트 프레싱
선발 일레븐 고정적

RANKING OF LAST 10 YEARS

15-16	16-17	17-18	18-19	19-20	20-21	21-22	22-23	23-24	24-25
17	13	18	16	20	3	1	13	11	10
40점	44점	37점	38점	13점	70점	79점	48점	43점	42점

위치	선수	국적	생년월일	출전(분)	출전경기	선발11	교체인	교체아웃	벤치출발	득점	도움	경고	경고누적	퇴장
GK	Guillaume Restes	FRA	2005-03-11	2545	29	29	0	2	0	0	1	2	0	0
GK	Kjetil Haug	NOR	1998-06-12	497	6	5	1	0	12	0	0	0	0	0
GK	Justin Lacombe	FRA	2003-04-09	0	0	0	0	0	2	0	0	0	0	0
GK	Mathys Niflore	FRA	2007-03-02	0	0	0	0	0	4	0	0	0	0	0
DF	Charlie Cresswell	ENG	2002-12-07	2593	31	29	2	3	3	3	1	5	0	0
DF	Mark McKenzie	USA	1999-02-25	2498	30	29	1	2	?	1	1	2	0	1
DF	Rasmus Nicolaisen	DEN	1997-03-16	624	7	7	0	1	1	0	1	0	0	0
DF	Ümit Akdağ	TUR	2003-10-06	503	9	6	3	6	25	0	0	2	0	0
DF	Dayann Methalie	FRA	2006-02-15	0	0	0	0	0	10	0	0	0	0	0
DF/MF	Gabriel Suazo	CHI	1997-08-09	2161	30	23	7	6	8	0	6	0	0	0
DF/MF	Djibril Sidibé	FRA	1992-07-29	2105	28	24	4	8	4	0	3	1	0	0
DF/MF	Jaydee Canvot	FRA	2006-07-29	1104	18	12	6	4	12	0	0	2	0	0
DF/MF	Warren Kamanzi	NOR	2000-11-11	1017	24	11	13	7	22	1	1	3	0	0
MF	Cristian Cásseres Jr	VEN	2000-01-20	2705	32	31	1	11	1	1	3	11	0	0
MF	Aron Dønnum	NOR	1998-04-20	2698	32	31	1	11	1	2	2	6	0	0
MF	Vincent Sierro	SUI	1995-10-08	2409	29	27	2	9	2	5	1	4	0	0
MF	Rafik Messali	ALG	2003-04-28	453	13	5	8	5	22	0	1	0	0	0
MF	Edhy Zuliani	ALG	2004-08-11	8	1	0	1	0	13	0	0	0	0	0
MF	Mathis Saka	FRA	2006-09-20	0	0	0	0	0	15	0	0	0	0	0
MF/FW	Yann Gboho	FRA	2001-01-14	2341	31	27	4	13	4	5	4	2	0	0
MF/FW	Zakaria Aboukhlal	MAR	2000-02-18	1910	26	22	4	13	4	7	2	4	0	0
MF/FW	Shavy Babicka	GAB	2000-06-01	1177	30	11	19	9	21	4	2	2	0	0
MF/FW	Miha Zajc	SVN	1994-07-01	246	19	1	18	1	30	0	1	1	0	0
MF/FW	Niklas Schmidt	GER	1998-03-01	200	9	2	7	2	12	0	1	0	0	0
FW	Joshua King	NOR	1992-01-15	1681	28	21	7	15	7	6	3	2	0	0
FW	Frank Magri	CMR	1999-09-04	1513	31	17	14	10	14	5	1	6	0	0
FW	NoahEdjouma	FRA	2005-10-04	164	10	1	9	0	18	2	0	0	0	1

LIGUE 1 2024-25 SEASON

TOULOUSE FC vs. OPPONENTS PER GAME STATS

툴루즈 vs 상대팀														
	득점		슈팅		유효슈팅		코너킥		오프사이드	패스시도	패스성공	패스성공률	태클	공중전승리	인터셉트	파울	경고	퇴장
1.29	1.26	11.9	10.4	4.4	3.3	4.8	3.8	1.4	1.2	419 PA 527	338 PC 438
81% P% 83%	17.8 TK 18.1	13.0 AD 13.7	8.3 IT 8.8	13.0 12.9	1.59 2.26	0.088 0.088

2024-25 SEASON SQUAD LIST & GAMES PLAYED

*괄호 안의 숫자는 선발 출전 횟수, 교체 출전은 포함시키지 않음

LW: Y.그보(3), J.킹(1)
CF: F.마그리(16), J.킹(15), Y.그보(2), Z.아부클랄(1)
RW: Z.아부클랄(3), Y.그보(1)
LAM: Y.그보(1)
CAM: Y.그보(20), Z.아부클랄(17), S.바비카(9), J.킹(5), A.되눔(4), F.마그리(1), N.에주마(1)
RAM: S.바비카(1)
LM: Z.아부클랄(1)
CM: C.카세레스(31), V.시에로(26), J.칸보(5), D.젠로(2), N.슈미트(2)
RM: S.바비카(1)
LWB: G.수아소(19), A.되눔(10), W.카만지(3)
DM: V.시에로(2), M.자이치(1)
RWB: A.되눔(16), W.카만지(8), R.메살리(5), D.시디베(2), G.수아소(1)
LB: U.아크다(1), G.수아소(1)
CB: M.맥켄지(29), C.크레스웰(29), D.시디베(21), J.칸보(7), R.니콜라이선(7), U.아크다(5), G.수아소(2), K.하우그(5)
RB: D.시디베(1), A.되눔(1)
GK: G.레스테스(29), K.하우그(5)

SHOTS & GOALS

34경기 총 403슈팅 - 44득점
34경기 상대 총 352슈팅 - 43실점

41-14 · 자책골 1-1
260-23
101-6

	유효 슈팅 160	비유효 슈팅 253
득점	44	블록 당함 106
GK 방어	106	골대 밖 143
유효슈팅률 37%		골대 맞음 4

	유효 슈팅 111	비유효 슈팅 241
실점	43	블록
GK 방어	68	골대 밖 127
유효슈팅률 32%		골대 맞음 9

126-8
196-25 · 자책골 3-3
27-7

SHOT TIME — 시간대별 슈팅: 94, 61, 68, 51, 81, 48 (46/45)
GOAL TIME — 시간대별 득점: 11, 8, 9, 4, 7, 5

슈팅 차이 / 득실차
전반 슈팅 차이 +5 / 전반 골 득실차 +1
후반 슈팅 차이 +46 / 후반 골 득실차 0
전체 슈팅 차이 +51 / 전체 골 득실차 +1

시간대별 상대 슈팅: 70, 36, 53, 61, 74, 58
시간대별 실점: 7, 3, 8, 10, 12, 3

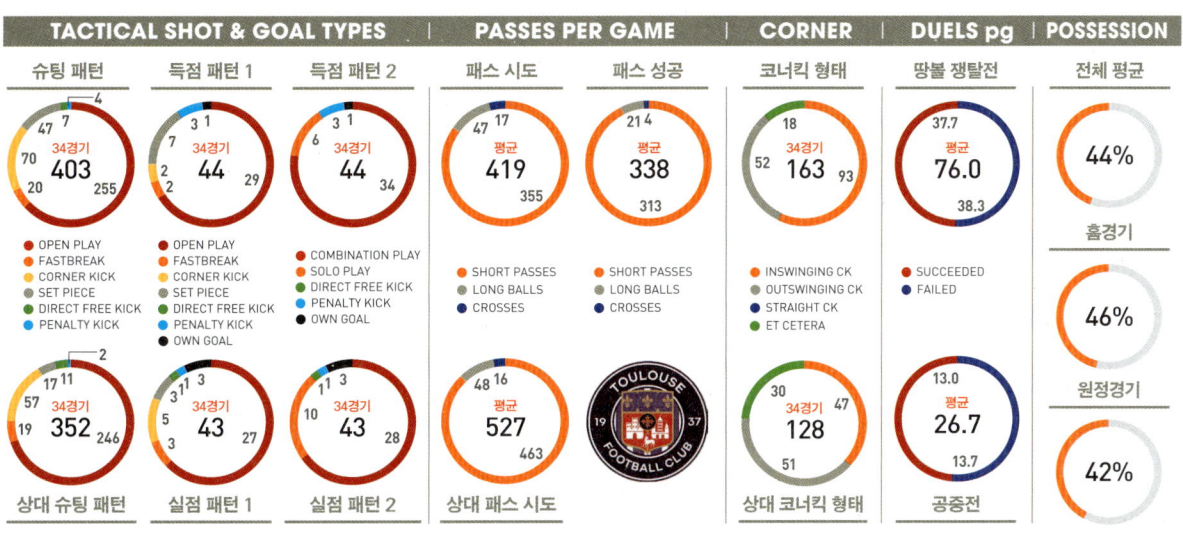

TACTICAL SHOT & GOAL TYPES | PASSES PER GAME | CORNER | DUELS pg | POSSESSION

슈팅 패턴 34경기 403 (47, 7, 4, 70, 20, 255)
- OPEN PLAY, FASTBREAK, CORNER KICK, SET PIECE, DIRECT FREE KICK, PENALTY KICK

득점 패턴 1 34경기 44 (7, 3, 1, 2, 2, 29)
- OPEN PLAY, FASTBREAK, CORNER KICK, SET PIECE, DIRECT FREE KICK, PENALTY KICK, OWN GOAL

득점 패턴 2 34경기 44 (3, 1, 6, 34)
- COMBINATION PLAY, SOLO PLAY, DIRECT FREE KICK, PENALTY KICK, OWN GOAL

패스 시도 평균 419 (47, 17, 355)
- SHORT PASSES, LONG BALLS, CROSSES

패스 성공 평균 338 (21, 4, 313)
- SHORT PASSES, LONG BALLS, CROSSES

코너킥 형태 34경기 163 (18, 52, 93)
- INSWINGING CK, OUTSWINGING CK, STRAIGHT CK, ET CETERA

땅볼 쟁탈전 평균 76.0 (37.7, 38.3)
- SUCCEEDED, FAILED

전체 평균 44%
홈경기 46%
원정경기 42%

상대 슈팅 패턴 34경기 352 (57, 11, 2, 17, 19, 246)
실점 패턴 1 34경기 43 (3, 1, 5, 2, 5, 27)
실점 패턴 2 34경기 43 (1, 3, 10, 28)
상대 패스 시도 평균 527 (48, 16, 463)
상대 코너킥 형태 34경기 128 (30, 47, 51)
공중전 평균 26.7 (13.0, 13.7)

FORMATION SUMMARY | WHO SCORED | ACTION ZONE | PASSESS pg BY ZONE

선발 포진별 전적

포메이션	승	무	패	득점	실점
3-4-2-1	8	7	13	36	39
3-4-3	3	1	0	7	2
4-2-3-1	0	1	0	1	1
5-4-1	0	0	1	0	1
TOTAL	11	9	14	44	43

포지션별 득점: FW진 27골, MF진 11골, DF진 5골 · 상대 자책골 1골
상대 포지션별 실점: DF진 8골, MF진 14골, FW진 18골 · 자책골 실점 3골

공격 방향: 왼쪽 40%, 중앙 23%, 오른쪽 37%
볼 점유 위치: 상대 진영 30%, 중간 지역 45%, 우리 진영 25%

평균 패스 성공: 하프라인 위쪽 155회, 하프라인 아래 183회
패스 성공률: 하프라인 위쪽 68%, 하프라인 아래 90%

AJ AUXERRE

1	**4**	**0**	**0**	**0**	**0**
FRENCH LIGUE-1	COUPE DE FRANCE	UEFA CHAMPIONS LEAGUE	UEFA EUROPA LEAGUE	FIFA CLUB WORLD CUP	UEFA-CONMEBOL INTERCONTINENTAL

Founded 구단 창립 1905년
Owner 제임스 주
CEO 밥티스트 말레르브
Manager 크리스토프 펠리시에 1965.10.05
25-26 Odds 벳365 : 1000배 윌리엄힐 : 2000배

Nationality ●외국 선수 17명 ●프랑스 13명
Age 30명 평균 24.8세
Height 30명 평균 181cm
Market Value 30명 평균 230만 유로
Game Points 24-25 : 42점 통산 : 1872점

Win 24-25 : 11승 통산 : 502승
Draw 24-25 : 9무 통산 : 366무
Loss 24-25 : 14패 통산 : 400패
Goals For 24-25 : 48득점 통산 : 1609득점
Goals Against 24-25 : 51실점 통산 : 1365실점

More Minutes 도노반 레온 2880분
Top Scorer 가에탕 페랭+1명 10골
More Assists 가에탕 페랭 11도움
More Subs 플로리앙 아에+1명 22회 교체 IN
More Cards 주발+2명 Y7+R0

2024-25 SEASON RESULT

상대팀	홈	원정
Paris SG	0-0	1-3
Marseille	3-0	3-1
Monaco	0-3	2-4
Nice	2-1	1-1
Lille	0-0	1-3
Lyon	1-3	2-2
Strasbourg	0-1	1-3
Lens	2-2	4-0
Brest	3-0	2-2
Toulouse	2-2	0-2
Rennes	4-0	1-0
Nantes	1-1	0-2
Angers	1-0	0-2
Le Havre	1-2	1-3
Reims	2-1	2-0
Saint-Etienne	1-1	1-3
Montpellier	1-0	2-3

Stade Abbé-Deschamps

구장 오픈 / 증개축 1919년. 1994년
구장 소유 AJ 오세르 구단
수용 인원 1만 8541명
피치 규모 110m X 60m
잔디 종류 천연 잔디

STRENGTHS & WEAKNESSES

OFFENSE		DEFENSE	
직접 프리킥	B	세트피스 수비	D
문전 처리	C	상대 볼 뺏기	B
측면 돌파	C	공중전 능력	C
스루볼 침투	C	역습 방어	C
개인기 침투	C	지공 방어	D
카운터 어택	B	스루패스 방어	D
기회 만들기	C	리드 지키기	D
세트피스	C	실수 조심	C
OS 피하기	C	측면 방어력	D
중거리 슈팅	C	파울 주의	C
볼 점유율	D	중거리슈팅 수비	C

매우 강함 **A** 강한 편 **B** 보통 수준 **C** 약한 편 **D** 매우 약함 **E**

PLAY STYLE

OFFENSIVE STYLE
롱볼 플레이 위주
왼 측면 돌파 활성화
낮은 점유율 대비 슈팅 횟수 많음
철저한 선수비 후역습

DEFENSIVE STYLE
선발 일례브 고정적
오프사이드트랩 자주 활용
자기 진영에서 볼을 컨트롤

RANKING OF LAST 10 YEARS

●2부 리그

순위	8	17	11	15	11	6	3	17	1	11
승점	55점	43점	47점	41점	34점	62점	74점	35점	74점	42점
시즌	15-16	16-17	17-18	18-19	19-20	20-21	21-22	22-23	23-24	24-25

위치	선수	국적	생년월일	키	몸무게	출전경기	선발11	교체 IN	출전(분)	득점	도움	경고	퇴장	MOM
GK	Donovan Léon	GUY	1992-11-03	187	94	32	32	0	2880	0	2	4	0	2
	Theo De Percin	FRA	2001-02-02	185	81	2	2	0	180	0	0	0	0	1
DF	Jubal	BRA	1993-08-29	190	77	30	30	0	2643	6	0	7	0	2
	Clément Akpa	FRA	2001-11-24	181	68	31	29	2	2494	0	1	7	0	0
	Sinaly Diomandé	CIV	2001-04-09	184	74	23	22	1	1946	3	2	6	0	0
	Paul Joly	FRA	2000-06-07	182	75	26	10	16	1000	0	1	3	1	1
	Fredrik Oppegård	NOR	2002-08-07	175	67	9	2	7	268	1	0	0	0	0
	Ange Loïc N'Gatta	FRA	2003-12-11	175	67	2	0	2	11	0	0	1	0	0
DF MF	Gideon Mensah	GHA	1998-07-18	178	70	29	26	3	2284	0	1	2	0	0
	Ki-Jana Hoever	NED	2002-01-18	183	75	30	26	4	2141	1	2	3	0	0
	Gabriel Osho	ENG	1998-08-14	185	70	20	20	0	1657	1	0	1	1	0
	Rayan Raveloson	MAD	1997-01-16	182	73	13	7	6	721	1	0	3	0	0
MF	Elisha Owusu	GHA	1997-11-07	182	72	28	28	0	2356	1	3	7	0	1
	Hamed Traoré	CIV	2000-02-16	184	77	26	26	0	2109	10	2	5	0	3
	Kévin Danois	FRA	2004-06-28	183	72	22	16	6	1459	0	2	5	0	0
	Han-Noah Massengo	FRA	2001-07-07	178	70	17	11	6	1046	0	0	5	0	0
	Assane Dioussé	SEN	1997-09-20	175	68	17	7	10	658	0	0	1	0	0
	Rudy Matondo	FRA	2008-03-13	180	72	5	0	5	61	0	0	0	0	0
	Lasso Coulibaly	GHA	2002-10-19	186	70	3	0	3	41	1	0	0	0	0
	Aristide Zossou	CIV	2005-06-14	178	70	3	0	3	13	0	0	0	0	0
	Ben Viadère	FRA	2005-09-02	176	71	1	0	1	4	0	0	0	0	0
	Yoann Cisse	FRA	2004-12-13	175	65	2	0	2	3	0	0	0	0	0
MF FW	Gaëtan Perrin	FRA	1996-06-07	169	63	34	31	3	2705	10	11	2	0	7
	Lassine Sinayoko	MLI	1999-12-08	186	81	34	25	9	2306	5	8	6	0	0
	Theo Bair	CAN	1999-08-27	191	87	29	11	18	933	2	1	1	0	0
FW	Ado Onaiwu	JPN	1995-11-08	180	75	31	9	22	945	4	1	1	1	0
	Florian Ayé	FRA	1997-01-19	184	79	26	4	22	558	2	0	0	0	0
	Eros Maddy	NED	2001-02-05	177	71	2	0	2	13	0	0	1	0	0

LIGUE 1 2024-25 SEASON

AJ AUXERRE vs. OPPONENTS PER GAME STATS

오세르 vs 상대팀																
1.41	득점	1.50	11.2	슈팅	13.4	4.4	유효슈팅	5.2	3.9	코너킥	5.9	1.4	오프사이드	2.4	400 PA	543	318 PC	450
80% P%	83%	19.3 TK	19.7	12.4 AD	12.8	10.3 IT	8.2	11.9 파울	11.4	2.00 경고	1.47	0.118 퇴장	0.118

2024-25 SEASON SQUAD LIST & GAMES PLAYED

* 괄호 안의 숫자는 선발 출전 횟수, 교체 출전은 포함시키지 않음

LW: H.트라오레(1)
CF: L.시나요코(19), T.베어(11), F.아예(4), A.오나이우(2)
RW: G.페랑(1)

LAM: L.시나요코(3)
CAM: H.트라오레(13), G.페랑(11), A.오나이우(3)
RAM: G.페랑(3)

LM: H.트라오레(10), A.오나이우(4), L.시나요코(3)
CM: E.오우수(25), K.다누아(16), H.마센고(10), A.디우세(7), R.라벨로손(4), H.트라오레(1)
RM: G.페랑(16), H.트라오레(1)

LWB: G.멘사(11), F.오페고르(1), C.아크파(1)
DM: E.오우수(2), R.라벨로손(2), H.마센고(1)
RWB: K.후베르(11), P.졸리(2)

LB: G.멘사(15), C.아크파(3), F.오페고르(1), K.후베르(1), P.졸리(1)
CB: 주발(30), C.아크파(25), S.디오만데(22), G.오쇼(20), R.라벨로손(1)
RB: K.후베르(14), P.졸리(7)

GK: D.레온(32), T.D.페르샹(2)

TACTICAL SHOT & GOAL TYPES | PASSES PER GAME | CORNER | DUELS pg | POSSESSION

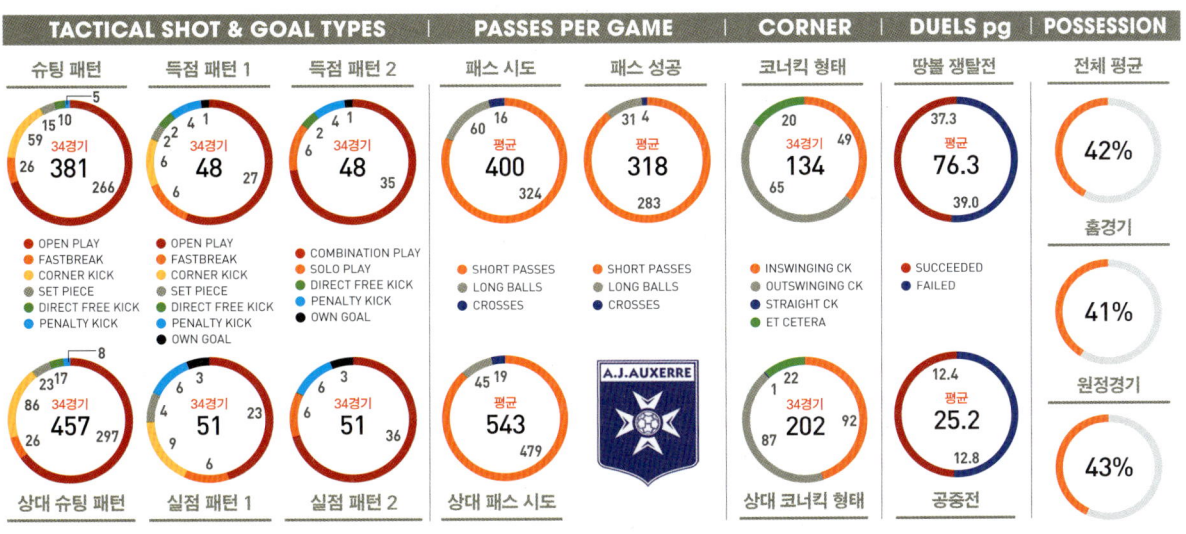

FORMATION SUMMARY | WHO SCORED | ACTION ZONE | PASSESS pg BY ZONE

포메이션	승	무	패	득점	실점
5-4-1	4	4	8	21	25
3-4-2-1	5	4	3	18	15
4-2-3-1	0	1	2	3	7
4-4-2	1	0	0	2	1
5-3-2	1	0	0	3	0
3-4-3	0	0	1	1	3
TOTAL	11	9	14	48	51

STADE RENNAIS FC

2	3	0	0	0	0
FRENCH LIGUE-1	COUPE DE FRANCE	UEFA CHAMPIONS LEAGUE	UEFA EUROPA LEAGUE	FIFA CLUB WORLD CUP	UEFA-CONMEBOL INTERCONTINENTAL

Founded 구단 창립 1901년

Owner 아르테미스

CEO 아르노 푸이

Manager 아비브 베이 1977.10.19

25-26 Odds 벳365 : 350배 윌리엄힐 : 500배

Nationality 32명
● 외국 선수 21명
● 프랑스 11명

Age 32명 평균 24.4세

Height 32명 평균 182cm

Market Value 32명 평균 606만 유로

Game Points 24-25 : 41점 통산 : 3215점

Win 24-25 : 13승 통산 : 864승

Draw 24-25 : 2무 통산 : 623무

Loss 24-25 : 19패 통산 : 955패

Goals For 24-25 : 51득점 통산 : 3340득점

Goals Against 24-25 : 50실점 통산 : 3546실점

More Minutes 아드리앙 트뤼페 2755분

Top Scorer 아르노 칼리무엔도 17골

More Assists 뤼도빅 블라스 8도움

More Subs 카를로스 고메스 15회 교체 IN

More Cards 로렌츠 아시뇽 Y9+R0

2024-25 SEASON RESULT

상대팀	홈	원정
Paris SG	1-4	1-3
Marseille	1-2	2-4
Monaco	1-2	2-3
Nice	2-0	2-3
Lille	0-2	0-1
Lyon	3-0	1-4
Strasbourg	1-0	1-3
Lens	1-1	0-1
Brest	1-2	1-1
Toulouse	0-2	1-2
Auxerre	0-1	0-4
Nantes	2-1	0-1
Angers	2-0	3-0
Le Havre	1-0	5-1
Reims	1-0	1-2
Saint-Etienne	5-0	2-0
Montpellier	3-0	4-0

Roazhon Park

구장 오픈 / 증개축 1912년, 증개축 7회
구장 소유 렌 시
수용 인원 2만 9778명
피치 규모 105m × 68m
잔디 종류 하이브리드 잔디

STRENGTHS & WEAKNESSES

OFFENSE		DEFENSE	
직접 프리킥	C	세트피스 수비	C
문전 처리	C	상대 볼 뺏기	B
측면 돌파	B	공중전 능력	B
스루볼 침투	C	역습 방어	D
개인기 침투	C	지공 방어	C
카운터 어택	C	스루패스 방어	D
기회 만들기	C	리드 지키기	B
세트피스	C	실수 조심	C
OS 피하기	C	측면 방어력	D
중거리 슈팅	B	파울 주의	C
볼 점유율	B	중거리슈팅 수비	C

매우 강함 A 강한 편 B 보통 수준 C 약한 편 D 매우 약함 E

PLAY STYLE

OFFENSIVE STYLE
다이렉트 플레이 중시
좌우폭 넓게 활용
중거리 슈팅 활성화

DEFENSIVE STYLE
오프사이드 트랩 활성화
블록 수비 위주, 하프코트 프레싱

RANKING OF LAST 10 YEARS

15-16	16-17	17-18	18-19	19-20	20-21	21-22	22-23	23-24	24-25
8 / 52점	9 / 50점	5 / 58점	10 / 52점	3 / 50점	6 / 58점	4 / 66점	4 / 68점	10 / 46점	12 / 41점

위치	선수	국적	생년월일	키	몸무게	출전경기	선발11	교체 IN	출전(분)	득점	도움	경고	퇴장	MOM
GK	Brice Samba	FRA	1994-04-25	187	90	17	17	0	1530	0	0	3	0	1
GK	Steve Mandanda	FRA	1985-03-28	187	88	18	17	1	1486	0	0	0	0	0
GK	Gauthier Gallon	FRA	1993-04-23	186	79	1	0	1	44	0	0	0	0	0
DF	Christopher Wooh	CMR	2001-09-18	191	92	20	17	3	1458	0	0	6	1	0
DF	Lilian Brassier	FRA	1999-11-02	186	78	14	14	0	1236	1	1	1	0	0
DF	Anthony Rouault	FRA	2001-05-29	186	77	11	11	0	973	0	0	2	0	0
DF	Jérémy Jacquet	FRA	2005-07-13	188	77	11	11	0	929	0	1	0	0	2
DF	Alidu Seidu	GHA	2000-06-04	173	68	11	10	1	807	0	0	4	0	0
DF	Mikayil Faye	SEN	2004-07-14	186	81	11	7	4	688	0	0	1	1	0
DF	Mahamadou Nagida	CMR	2005-06-28	176	63	13	4	9	430	2	0	1	0	0
DF MF	Adrien Truffert	FRA	2001-11-20	176	72	33	31	2	2755	2	2	3	0	1
DF MF	Lorenz Assignon	FRA	2000-06-22	179	67	32	27	5	2363	3	4	9	0	2
DF MF	Hans Hateboer	NED	1994-01-09	185	72	26	18	8	1680	0	0	3	0	0
MF	Azor Matusiwa	NED	1998-04-28	173	72	29	23	6	2079	1	3	3	0	1
MF	Jordan James	WAL	2004-04-27	182	72	23	14	9	1179	0	1	4	0	0
MF	Djaoui Cissé	FRA	2004-01-31	188	73	14	14	0	1130	1	0	4	0	0
MF	Seko Fofana	FRA	1995-05-07	183	74	16	9	7	844	1	1	3	0	0
MF	Glen Kamara	FIN	1995-10-28	181	78	13	8	5	662	0	0	1	0	0
MF	Baptiste Santamaría	FRA	1995-03-09	183	81	10	5	5	480	0	1	1	0	0
MF	Ismaël Koné	CAN	2002-06-06	188	76	13	4	9	464	2	1	1	0	0
MF FW	Ludovic Blas	FRA	1997-12-31	180	70	29	26	3	2301	6	8	6	0	0
MF FW	Amine Gouiri	FRA	2000-02-16	180	72	19	11	8	1036	3	2	2	0	1
MF FW	Albert Grønbæk	DEN	2001-05-23	176	65	16	9	7	819	2	1	1	0	1
MF FW	Musa Al-Taamari	JOR	1997-06-10	175	72	11	7	4	567	1	0	0	0	0
MF FW	Andrés Gómez	COL	2002-09-12	171	61	17	2	15	373	3	0	1	0	0
MF FW	Jota	POR	1999-03-30	175	65	9	3	6	332	1	0	0	0	0
MF FW	Kazeem Olaigbe	BEL	2003-01-02	178	71	10	3	7	295	0	2	0	0	0
FW	Arnaud Kalimuendo	FRA	2002-01-20	178	79	33	31	2	2592	17	3	2	0	3
FW	Mohamed Meïté	FRA	2007-10-11	191	80	12	5	7	535	2	0	0	0	0
FW	Kyogo Furuhashi	JPN	1995-01-20	170	63	6	1	5	120	0	0	0	0	0

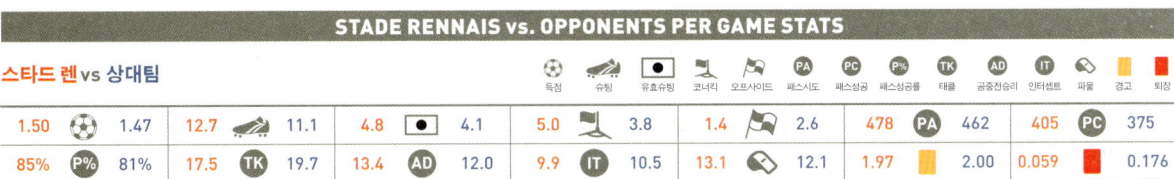

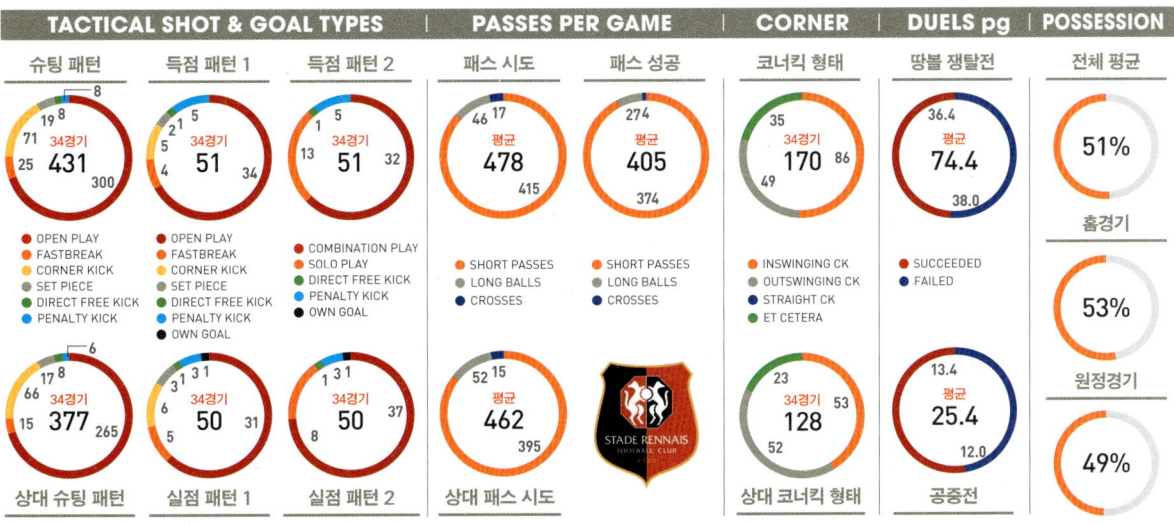

FC NANTES

Founded 구단 창립 1943년	**Owner** 발데마르 키타 1953.05.07	**CEO** 발데마르 키타 1953.05.07
Manager 루이스 카스트로 1980.05.07	**25-26 Odds** 벳365 : 500배 윌리엄힐 : 1000배	

FRENCH LIGUE-1 8	**COUPE DE FRANCE** 4	**UEFA CHAMPIONS LEAGUE** 0	**UEFA EUROPA LEAGUE** 0
FIFA CLUB WORLD CUP 0	**UEFA-CONMEBOL INTERCONTINENTAL** 0		

Nationality 22명 · 외국 선수 8명 · 프랑스 14명	**Age** 22명 평균 25.9세	**Height** 22명 평균 187cm
Market Value 22명 평균 335만 유로	**Game Points** 24-25 : 36점 통산 : 3214점	

Win 24-25 : 8승 통산 : 874승	**Draw** 24-25 : 12무 통산 : 594무	**Loss** 24-25 : 14패 통산 : 644패
Goals For 24-25 : 39득점 통산 : 2891득점	**Goals Against** 24-25 : 52실점 통산 : 2337실점	

More Minutes 마티스 알빈 2789분	**Top Scorer** 마티스 알빈 9골	**More Assists** 모제스 사이먼 10도움
More Subs 모스타파 모하메드 19회 교체 IN	**More Cards** 니콜라 팔루아 Y9+R0	

2024-25 SEASON RESULT

상대팀	홈	원정
Paris SG	1-1	1-1
Marseille	1-2	0-2
Monaco	2-2	1-7
Nice	1-1	2-1
Lille	1-0	1-1
Lyon	1-1	0-2
Strasbourg	0-1	1-3
Lens	3-1	0-2
Brest	0-2	1-4
Toulouse	0-0	0-0
Auxerre	2-0	1-1
Rennes	1-0	1-2
Angers	0-1	1-1
Le Havre	0-2	2-3
Reims	1-2	2-1
Saint-Etienne	2-2	1-1
Montpellier	3-0	3-1

Stade de la Beaujoire

구장 오픈 / 증개축: 1984년, 2017년
구장 소유: 낭트 시
수용 인원: 3만 5322명
피치 규모: 105m X 68m
잔디 종류: 하이브리드 잔디

STRENGTHS & WEAKNESSES

OFFENSE		DEFENSE	
직접 프리킥	C	세트피스 수비	C
문전 처리	D	상대 볼 뺏기	B
측면 돌파	C	공중전 능력	C
스루볼 침투	C	역습 방어	C
개인기 침투	C	지공 방어	C
카운터 어택	C	스루패스 방어	C
기회 만들기	C	리드 지키기	D
세트피스	C	실수 조심	C
OS 피하기	C	측면 방어력	C
중거리 슈팅	C	파울 주의	D
볼 점유율	D	중거리슈팅 수비	D

매우 강함 A, 강한 편 B, 보통 수준 C, 약한 편 D, 매우 약함 E

PLAY STYLE

OFFENSIVE STYLE
좌우폭 넓게 사용
롱볼 플레이 선호
전체 패스 대비 크로스 비중 높음
점유율 대비 슈팅 횟수 많음

DEFENSIVE STYLE
자기 진영에서 볼을 컨트롤
적극적인 공격→수비 트랜지션

RANKING OF LAST 10 YEARS

15-16	16-17	17-18	18-19	19-20	20-21	21-22	22-23	23-24	24-25
14위 48점	7위 51점	9위 52점	12위 48점	13위 37점	18위 40점	9위 55점	16위 36점	14위 33점	13위 36점

위치	선수	국적	생년월일	키	몸무게	출전경기	선발11	교체IN	출전(분)	득점	도움	경고	퇴장	MOM
GK	Anthony Lopes	POR	1990-10-01	184	81	18	18	0	1564	0	0	2	0	0
	Alban Lafont	FRA	1999-01-23	193	82	12	12	0	1080	0	0	1	0	2
	Patrik Carlgren	SWE	1992-01-08	188	84	4	4	0	416	0	0	0	0	1
DF	Jean-Charles Castelleto	CMR	1995-01-26	186	79	30	30	0	2623	0	0	5	1	1
	Nicolas Pallois	FRA	1987-09-19	190	89	26	23	3	2018	0	2	9	0	1
	Nathan Zézé	FRA	2005-06-18	190	80	18	17	1	1513	0	0	6	0	1
	Saïdou Sow	GUI	2002-07-04	187	87	9	9	0	800	1	0	1	0	0
	Sékou Doucouré	FRA	2005-04-26	187	79	2	0	2	10	0	0	0	0	0
DF MF	Kelvin Amian	FRA	1998-02-08	180	78	30	23	7	2163	1	0	5	0	0
	Nicolas Cozza	FRA	1999-01-18	178	72	27	23	4	2051	1	0	3	1	0
	Marcus Coco	FRA	1996-06-24	184	79	20	10	10	950	0	1	3	2	1
	Jean-Kévin Duverne	FRA	1997-07-12	184	71	9	7	2	540	0	0	2	0	1
	Fabien Centonze	FRA	1996-01-16	182	75	7	3	4	263	0	0	1	0	0
	Jean-Philippe Gbami	CIV	1995-09-25	186	88	14	2	12	210	0	0	1	0	0
MF	Pedro Chirivella	ESP	1997-05-23	178	68	30	28	2	2363	0	2	6	0	0
	Douglas Augusto	BRA	1997-01-13	173	70	28	28	0	2317	4	2	8	0	0
	Johann Lepenant	FRA	2002-10-22	176	69	29	23	6	2054	2	1	3	0	1
	Louis Leroux	FRA	2006-01-23	184	75	16	8	8	812	2	1	1	0	0
	Florent Mollet	FRA	1991-11-19	170	67	9	3	6	240	0	0	1	0	0
	Francis Coquelin	FRA	1991-05-13	176	74	6	3	3	222	1	1	1	0	0
	Dehmaine Assoumani	FRA	2005-04-17	181	73	12	0	12	87	0	0	0	0	0
MF FW	Matthis Abline	FRA	2003-03-28	176	67	34	33	1	2789	9	2	3	0	1
	Moses Simon	NGA	1995-07-12	168	66	32	31	1	2626	8	10	2	0	5
	Sorba Thomas	WAL	1999-08-22	185	79	25	15	10	1324	1	3	3	0	1
	Tinotenda Kadewere	ZIM	1996-01-05	183	72	12	6	6	512	1	2	1	0	0
	Ignatius Ganago	CMR	1999-02-16	179	73	11	1	10	231	0	0	1	0	0
	Meschack Elia	COD	1997-08-06	173	67	8	1	7	164	1	0	0	0	0
FW	Mostafa Mohamed	EGY	1997-11-28	185	78	30	11	19	1244	5	0	3	0	0
	Herba Guirassy	GUI	2006-08-29	177	67	19	2	17	333	2	0	0	0	0
	Plamedi Nsingi	FRA	2000-12-17	189	83	1	0	1	16	0	0	0	0	0

LIGUE 1 2024-25 SEASON

FC NANTES vs. OPPONENTS PER GAME STATS

FC 낭트 vs 상대팀

낭트	항목	상대
1.15	득점	1.53
10.3	슈팅	12.6
3.6	유효슈팅	4.4
4.2	코너킥	6.2
0.9	오프사이드	1.2
393	패스시도 (PA)	600
318	패스성공 (PC)	512
81%	패스성공률 (P%)	85%
19.0	태클 (TK)	16.6
13.0	공중전승리 (AD)	13.2
8.3	인터셉트 (IT)	6.5
12.1	파울	12.0
2.09	경고	1.62
0.118	퇴장	0.147

2024-25 SEASON SQUAD LIST & GAMES PLAYED

* 괄호 안의 숫자는 선발 출전 횟수, 교체 출전은 포함시키지 않음

LW M.사이먼(10)
CF F.아블린(24), M.모하메드(11), M.사이먼(8)
RW M.아블린(8), M.엘리아(1), S.토마스(1)

LAM M.사이먼(10), M.아블린(1)
CAM J.르프낭(5), T.카드웨어(4), F.몰레(1), P.치리베야(1)
RAM S.토마스(7), T.카드웨어(4), F.몰레(1), H.기라시(1)

LM M.사이먼(3), I.가나고(1)
CM D.아우구스토(19), P.치리베야(16), J.르프낭(16), L.르루(6), F.코켈랑(3), F.몰레(1), J.카스텔레토(1)
RM S.토마스(2), H.기라시(1), J.르프낭(1)

LWB N.코자(3), L.르루(1)
DM P.치리베야(11), D.아우구스토(5), J.카스텔레토(2), J.그바망(2), J.르프낭(1)
RWB S.토마스(3), K.아미안(1)

LB N.코자(20), J.뒤베른(4), F.센톤제(2), L.르루(1), K.아미안(1), M.코코(1), N.팔루아(1)
CB J.카스텔레토(27), N.팔루아(22), N.제제(17), S.소우(9), K.아미안(4), J.뒤베른(2)
RB K.아미안(17), M.코코(9), S.토마스(2), J.뒤베른(1), F.센톤제(1)

GK A.로페스(18), A.라퐁(12), P.칼그렌(4)

SHOTS & GOALS

34경기 총 349슈팅 - 39득점
34경기 상대 총 429슈팅 - 52실점

26-5
231-31
92-3
*자책골 0-0

유효슈팅 122		비유효슈팅 227	
득점	39	블록 당함	96
GK 방어	83	골대 밖	119
유효슈팅률	35%	골대 맞음	12

유효슈팅 151		비유효슈팅 278	
실점	52	블록	121
GK 방어	99	골대 밖	145
유효슈팅률	35%	골대 맞음	12

119-4
260-35
48-11
*자책골 2-2

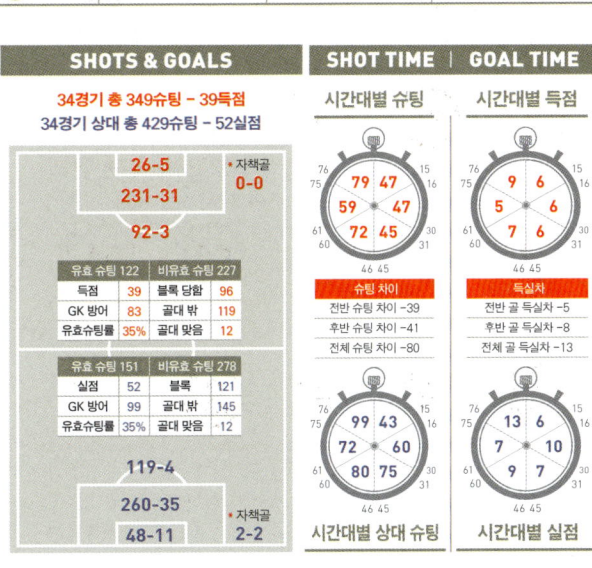

SHOT TIME | GOAL TIME

시간대별 슈팅: 79/47/59/47/72/75 (전반/후반)
시간대별 득점: 9/6/5/6/7/6

슈팅 차이 — 전반 슈팅 차이 -39, 후반 슈팅 차이 -41, 전체 슈팅 차이 -80
득차 — 전반 골 득실차 -5, 후반 골 득실차 -8, 전체 골 득실차 -13

시간대별 상대 슈팅: 99/43/72/60/80/75
시간대별 실점: 13/6/7/10/9/7

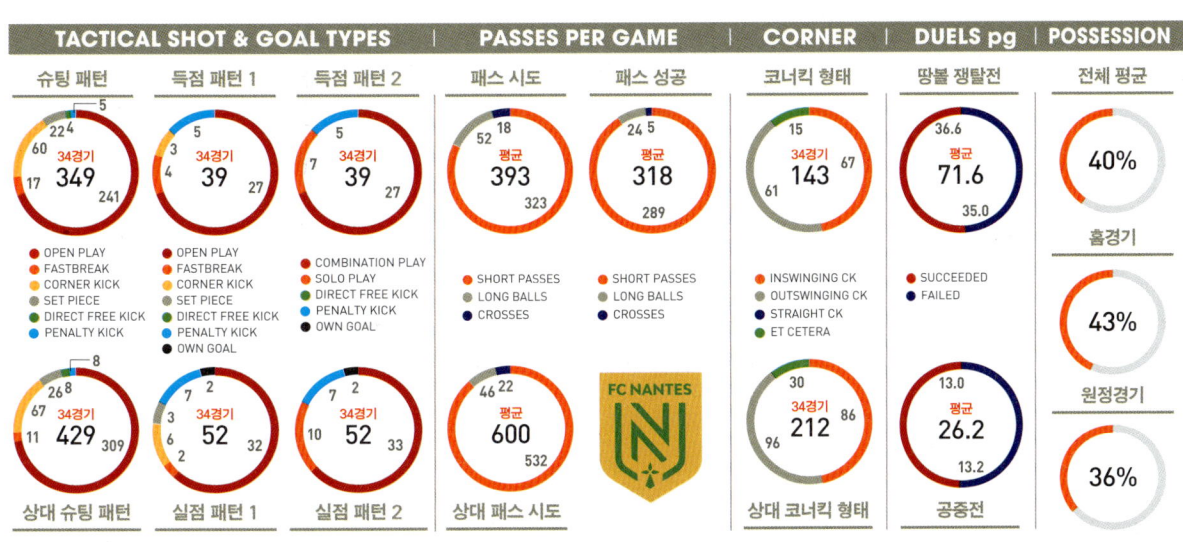

TACTICAL SHOT & GOAL TYPES | PASSES PER GAME | CORNER | DUELS pg | POSSESSION

슈팅 패턴 (34경기 349): OPEN PLAY, FASTBREAK, CORNER KICK, SET PIECE, DIRECT FREE KICK, PENALTY KICK

득점 패턴 1 (34경기 39): OPEN PLAY, FASTBREAK, CORNER KICK, SET PIECE, DIRECT FREE KICK, PENALTY KICK

득점 패턴 2 (34경기 39): COMBINATION PLAY, SOLO PLAY, DIRECT FREE KICK, PENALTY KICK, OWN GOAL

패스 시도 평균 393
패스 성공 평균 318
SHORT PASSES, LONG BALLS, CROSSES

코너킥 형태 (34경기 143): INSWINGING CK, OUTSWINGING CK, STRAIGHT CK, ET CETERA

땅볼 쟁탈전 평균 71.6: SUCCEEDED, FAILED

전체 평균 40%
홈경기 43%
원정경기 36%

상대 슈팅 패턴 (34경기 429)
실점 패턴 1 (34경기 52)
실점 패턴 2 (34경기 52)
상대 패스 시도 평균 600 (532)
상대 코너킥 형태 (34경기 212)
공중전 평균 26.2 (13.0 / 13.2)

FORMATION SUMMARY | WHO SCORED | ACTION ZONE | PASSESS pg BY ZONE

선발 포지션별 전적

포메이션	승	무	패	득점	실점
3-4-3	1	0	2	5	6
4-1-4-1	0	3	0	4	4
5-4-1	0	0	1	0	2
3-5-2	1	0	0	3	0
4-2-3-1	2	4	5	12	16
5-3-2	1	4	3	6	15
4-3-3	3	1	3	9	9
TOTAL	8	12	14	39	52

포지션별 득점: FW진 27골, MF진 7골, DF진 5골
상대 포지션별 실점: DF진 8골, MF진 15골, FW진 27골

공격 방향: 왼쪽 39%, 중앙 22%, 오른쪽 39%
볼 점유 위치: 상대 진영 25%, 중간 지역 46%, 우리 진영 29%

평균 패스 성공: 하프라인 위쪽 148회, 하프라인 아래 170회
패스 성공률: 하프라인 위쪽 68%, 하프라인 아래 90%

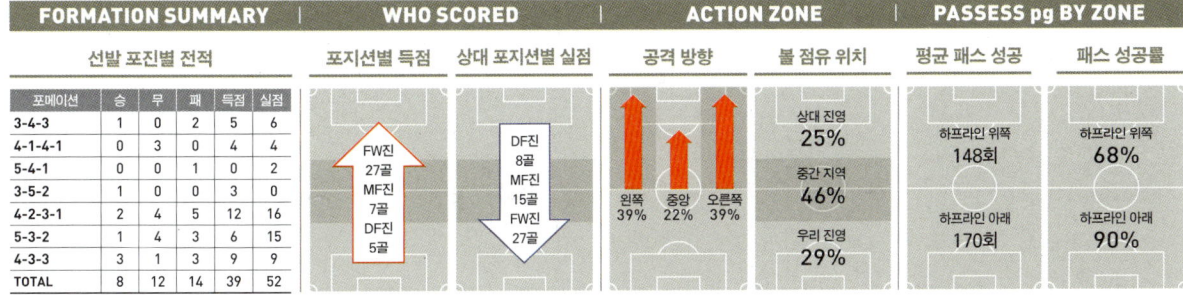

ANGERS SCO

Founded 구단 창립 1919년	**Owner** 샤반 패밀리	**CEO** 로맹 샤반
Manager 알렉상드르 두주 1976.01.08	**25-26 Odds** 벳365 : 2500배 윌리엄힐 : 1500배	
Nationality ● 외국 선수 12명 ● 프랑스 13명	**Age** 25명 평균 25.3세	**Height** 25명 평균 185cm
Market Value 25명 평균 157만 유로	**Game Points** 24-25 : 36점 통산 : 1449점	
Win 24-25 : 10승 통산 : 376승	**Draw** 24-25 : 6무 통산 : 321무	**Loss** 24-25 : 18패 통산 : 485패
Goals For 24-25 : 32득점 통산 : 1578득점	**Goals Against** 24-25 : 53실점 통산 : 1804실점	
More Minutes 조르당 르포르 3060분	**Top Scorer** 에스테반 르폴 9골	**More Assists** 짐 알레비나+2명 3도움
More Subs 지네딘 페르하트+1명 16회 교체 IN	**More Cards** 장-외드 아올루 Y7+R0	

	FRENCH LIGUE-1	COUPE DE FRANCE	UEFA CHAMPIONS LEAGUE	UEFA EUROPA LEAGUE	FIFA CLUB WORLD CUP	UEFA-CONMEBOL INTERCONTINENTAL
	0	0	0	0	0	0

2024-25 SEASON RESULT

상대팀	홈	원정
Paris SG	2-4	0-1
Marseille	0-2	1-1
Monaco	0-2	1-0
Nice	1-4	1-2
Lille	0-2	0-2
Lyon	0-3	0-1
Strasbourg	2-1	1-1
Lens	0-1	0-1
Brest	2-0	0-2
Toulouse	0-4	1-1
Auxerre	2-0	0-1
Rennes	0-3	0-2
Nantes	1-1	1-0
Le Havre	1-1	1-0
Reims	1-3	1-0
Saint-Etienne	4-2	3-3
Montpellier	2-0	3-1

Stade Raymond Kopa

구장 오픈 / 증개축 1912년, 2024년
구장 소유 앙제 시
수용 인원 1만 8752명
피치 규모 105m X 68m
잔디 종류 하이브리드 잔디

STRENGTHS & WEAKNESSES

OFFENSE		DEFENSE	
직접 프리킥	A	세트피스 수비	C
문전 처리	D	상대 볼 뺏기	C
측면 돌파	C	공중전 능력	E
스루볼 침투	C	역습 방어	C
개인기 침투	C	지공 방어	C
카운터 어택	C	스루패스 방어	C
기회 만들기	C	리드 지키기	B
세트피스	C	실수 조심	C
OS 피하기	D	측면 방어력	D
중거리 슈팅	C	파울 주의	C
볼 점유율	D	중거리슈팅 수비	C

매우 강함 **A** 강한 편 **B** 보통 수준 **C** 약한 편 **D** 매우 약함 **E**

PLAY STYLE

OFFENSIVE STYLE
좌우폭 넓게 사용
왼 측면 돌파 활성화
전체 슈팅 대비 중거리 슈팅 많음
롱볼 게임 선호
전체 패스 대비 크로스 많음
스루 패스 선호

DEFENSIVE STYLE
블록 수비 위주, 하프코트 프레싱
자기 진영에서 볼 컨트롤
도전적인 수비 자제
선발 일레븐 고정적

RANKING OF LAST 10 YEARS

● 2부 리그

15-16	16-17	17-18	18-19	19-20	20-21	21-22	22-23	23-24	24-25
9 50점	12 46점	14 41점	13 46점	11 39점	13 44점	14 41점	20 18점	2 68점	14 36점

위치	선수	국적	생년월일	키	몸무게	출전경기	선발11	교체 IN	출전(분)	득점	도움	경고	퇴장	MOM
GK	Yahia Fofana	CIV	2000-08-21	194	89	33	33	0	2970	0	0	5	0	2
	Melvin Zinga	FRA	2002-03-16	187	80	1	1	0	90	0	0	0	0	0
DF	Jordan Lefort	FRA	1993-06-28	184	81	34	34	0	3060	0	1	3	0	0
	Carlens Arcus	HAI	1996-06-28	180	73	28	25	3	2056	0	1	3	0	1
	Lilian Raolisoa	FRA	2000-06-16	178	70	29	14	15	1313	0	3	1	2	0
	Jacques Ekomié	GAB	2003-08-19	179	74	18	7	11	692	0	0	1	0	U
	Marius Courcoul	FRA	2007-01-01	182	70	8	3	5	306	0	0	0	0	0
	Cédric Hountondji	FRA	1994-01-19	194	81	3	3	0	270	0	0	0	0	0
	Ousmane Camara	FRA	2003-03-06	197	90	3	3	0	253	0	0	0	0	0
DF MF	Florent Hanin	FRA	1990-02-04	177	73	33	31	2	2679	1	2	2	0	0
	Farid El-Melali	ALG	1997-05-05	168	65	32	22	10	1903	2	3	1	0	1
	Abdoulaye Bamba	CIV	1990-04-25	182	72	19	16	3	1509	0	0	3	0	0
	Pierrick Capelle	FRA	1987-04-15	181	73	16	3	13	473	0	0	4	0	0
MF	Himad Abdelli	FRA	1999-11-17	185	81	32	32	0	2849	6	1	4	0	0
	Haris Belkebla	ALG	1994-01-28	177	68	22	21	1	1795	0	1	1	0	1
	Yassin Belkhdim	FRA	2002-02-14	175	70	29	16	13	1520	1	1	4	0	0
	Emmanuel Biumla	FRA	2005-05-08	185	75	17	15	2	1335	1	0	2	0	0
	Zinedine Ferhat	ALG	1993-03-01	183	77	24	8	16	838	2	0	1	0	0
	Zinédine Ould Khaled	FRA	2000-01-14	195	85	10	4	6	341	0	0	1	0	0
MF FW	Jean-Eudes Aholou	CIV	1994-03-20	186	71	26	26	0	1978	2	0	7	0	1
	Ibrahima Niane	SEN	1999-03-11	187	73	24	8	16	934	3	1	0	0	0
	Bamba Dieng	SEN	2000-03-23	178	72	18	5	13	523	3	0	2	0	0
	Jim Allevinah	GAB	1995-02-27	172	67	28	23	5	1768	1	3	3	0	0
FW	Esteban Lepaul	FRA	2000-04-18	177	71	28	18	10	1627	9	0	2	0	3
	Sidiki Chérif	FRA	2006-12-15	185	75	7	3	4	322	0	0	0	0	0
	Justin Kalumba	FRA	2004-12-25	180	75	2	0	2	29	0	0	0	0	0
	Lanroy Machine	FRA	2005-10-13	187	80	2	0	2	6	0	0	0	0	0

LIGUE 1 2024-25 SEASON

ANGERS SCO vs. OPPONENTS PER GAME STATS

앙제 vs 상대팀	득점	슈팅	유효슈팅	코너킥	오프사이드	패스시도 (PA)	패스성공 (PC)	태클 (TK)	공중전승리 (AD)	인터셉트 (IT)	파울	경고	퇴장
	0.94 / 1.56	9.3 / 14.2	2.8 / 5.6	3.8 / 4.7	2.0 / 0.8	397 / 580	324 / 492						
	82% / 85%	18.4 / 18.5	10.4 / 12.9	9.9 / 7.4	11.2 / 12.4	1.44 / 2.32	0.059 / 0.206						

2024-25 SEASON SQUAD LIST & GAMES PLAYED

* 괄호 안의 숫자는 선발 출전 횟수, 교체 출전은 포함시키지 않음

LW: F.E.멜랄리(1)
CF: E.르폴(18), I.니안(8), B.디앙(5), F.E.멜랄리(4), S.세리프(3), H.아브델리(2)
RW: J.알레비나(1)

LAM: J.멜랄리(17), J.알레비나(6), L.라올리소아(1)
CAM: H.아브델리(23), Y.벨카딤(2)
RAM: J.알레비나(15), Z.페르하트(7), Y.벨크딤(1), L.라올리소아(1)

LM: J.알레비나(1), J.에코미에(1), Z.페르하트(1)
CM: Y.벨크딤(9), H.아브델리(6), J.아울루(5), Z.칼레드(3), M.쿠르쿨(3), P.카펠르(2), H.벨케블라(1)
RM: L.라올리소아(3)

LWB: N/A
DM: J.아울루(21), H.벨케블라(20), Y.벨크딤(4), H.아브델리(1), Z.칼레드(1), P.카펠르(1)
RWB: N/A

LB: F.아낭(28), J.에코미에(6)
CB: J.르프르(34), A.방바(16), E.비물라(15), F.아낭(3), C.운톤지(1), O.카카라(3)
RB: C.아르퀴스(25), L.라올리소아(9)

GK: Y.포파나(33), M.징가(1)

SHOTS & GOALS
34경기 총 317슈팅 - 32득점
34경기 상대 총 482슈팅 - 53실점

28-9
175-17
113-5

* 자책골 1-1

유효 슈팅 96 / 비유효 슈팅 221
득점 32 / 블록 당함 89
GK 방어 64 / 골대 밖 124
유효슈팅률 30% / 골대 맞음 8

유효 슈팅 189 / 비유효 슈팅 293
실점 53 / 블록 123
GK 방어 136 / 골대 밖 160
유효슈팅률 39% / 골대 맞음 10

161-4
275-32
46-17
* 자책골 0-0

SHOT TIME | GOAL TIME

TACTICAL SHOT & GOAL TYPES | PASSES PER GAME | CORNER | DUELS pg | POSSESSION

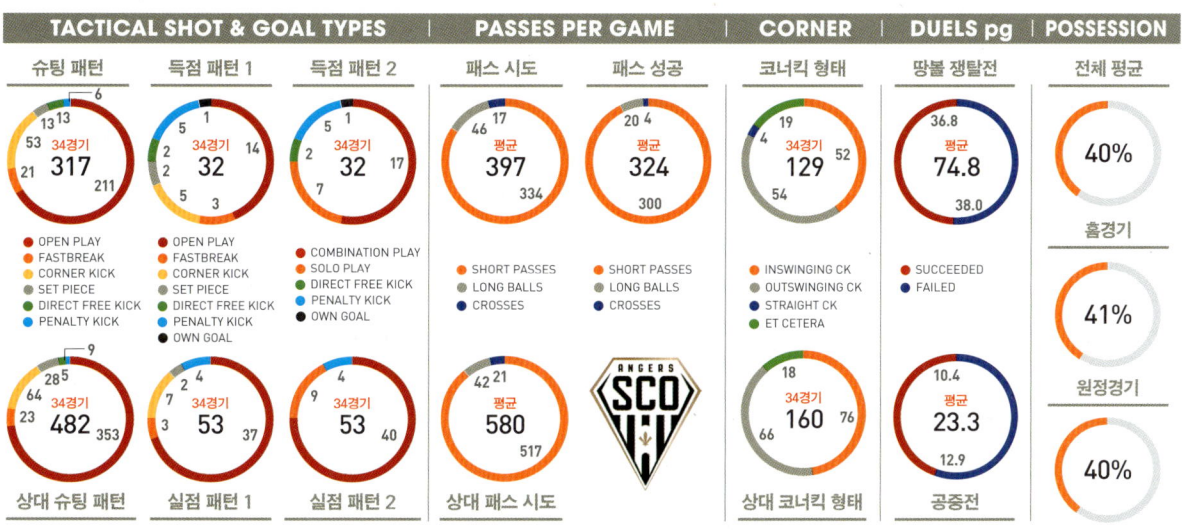

FORMATION SUMMARY | WHO SCORED | ACTION ZONE | PASSESS pg BY ZONE

포메이션	승	무	패	득점	실점
4-2-3-1	7	6	11	25	37
5-3-2	1	0	5	4	10
4-5-1	1	0	1	2	3
4-3-3	0	0	1	0	3
4-4-1-1	1	0	0	1	0
TOTAL	10	6	18	32	53

LE HAVRE AC

Founded 구단 창립 1894년	**Owner** 어메리칸 펌 블루 크로	**CEO** 빈센트 볼페	**Manager** 디디에 디가르 1986.07.12	**25-26 Odds** 벳365 : 2000배 윌리엄힐 : 2500배	

0 FRENCH LIGUE-1	1 COUPE DE FRANCE	0 UEFA CHAMPIONS LEAGUE	0 UEFA EUROPA LEAGUE	0 FIFA CLUB WORLD CUP	0 UEFA-CONMEBOL INTERCONTINENTAL

Nationality 외국 선수 12명 프랑스 10명	**Age** 22명 평균 25.2세	**Height** 22명 평균 183cm	**Market Value** 22명 평균 164만 유로	**Game Points** 24-25 : 34점 통산 : 1077점

Win 24-25 : 10승 통산 : 274승	**Draw** 24-25 : 4무 통산 : 255무	**Loss** 24-25 : 20패 통산 : 411패	**Goals For** 24-25 : 40득점 통산 : 1077득점	**Goals Against** 24-25 : 71실점 통산 : 1400실점

More Minutes 로익 네고 2462분	**Top Scorer** 압돌라이 투레 10골	**More Assists** 이사 수마레 4도움	**More Subs** 앙투안 주쑤 17회 교체 IN	**More Cards** 로익 네고+4명 Y5+R0

2024-25 SEASON RESULT

상대팀	홈	원정
Paris SG	1-4	1-2
Marseille	1-3	1-5
Monaco	1-1	1-3
Nice	1-3	1-2
Lille	0-3	2-1
Lyon	0-4	2-4
Strasbourg	0-3	3-2
Lens	1-2	4-3
Brest	0-1	0-2
Toulouse	1-4	0-2
Auxerre	3-1	2-1
Rennes	1-5	0-1
Nantes	3-2	2-0
Angers	0-1	1-1
Reims	0-3	1-1
Saint-Etienne	1-1	2-0
Montpellier	1-0	2-0

Stade Océane

구장 오픈 2012년
구장 소유 르아브르 시
수용 인원 2만 5178명
피치 규모 105m X 68m
잔디 종류 하이브리드 잔디

STRENGTHS & WEAKNESSES

OFFENSE		DEFENSE	
직접 프리킥	C	세트피스 수비	D
문전 처리	C	상대 볼 뺏기	B
측면 돌파	B	공중전 능력	B
스루볼 침투	C	역습 방어	D
개인기 침투	C	지공 방어	C
카운터 어택	C	스루패스 방어	E
기회 만들기	C	리드 지키기	B
세트피스	B	실수 조심	C
OS 피하기	C	측면 방어력	B
중거리 슈팅	C	파울 주의	C
볼 점유율	D	중거리슈팅 수비	C

매우 강함 A 강한 편 B 보통 수준 C 약한 편 D 매우 약함 E

PLAY STYLE

OFFENSIVE STYLE
전체 패스 대비 크로스 많음
좌우폭 넓게 활용
왼 측면 돌파 활성화
중거리 슈팅 적극 구사
롱볼 게임 선호

DEFENSIVE STYLE
블록 수비 선호, 하프코트 프레싱
자기 진영에서 볼 컨트롤
도전적인 수비 자제

RANKING OF LAST 10 YEARS

2부 리그

15-16	16-17	17-18	18-19	19-20	20-21	21-22	22-23	23-24	24-25
4	8	4	7	6	12	8	1	15	15
65점	54점	66점	54점	44점	47점	50점	75점	32점	34점

위치	선수	국적	생년월일	키	몸무게	출전경기	선발11	교체 IN	출전(분)	득점	도움	경고	퇴장	MOM
GK	Arthur Desmas	FRA	1994-04-07	196	87	18	18	0	1620	0	0	2	0	0
	Mathieu Gorgelin	FRA	1990-08-05	187	83	16	16	0	1440	0	0	2	0	1
DF	Gautier Lloris	FRA	1995-07-18	191	87	31	31	0	2770	2	1	5	0	2
	Étienne Youté	FRA	2002-01-14	196	88	28	26	2	2320	0	0	5	1	0
	Arouna Sanganté	SEN	2002-04-12	189	79	16	16	0	1251	3	0	4	1	1
	Yanis Zouaoui	FRA	1998-04-28	183	75	17	9	8	970	0	2	3	0	2
	Yoann Salmier	FRA	1992-11-21	188	85	13	9	4	798	0	0	0	0	0
DF MF	Loïc Nego	HUN	1991-01-15	181	71	31	28	3	2462	0	0	5	0	0
	Christopher Opéri	FRA	1997-04-29	183	73	13	13	0	1170	0	2	0	1	1
	Timothée Pembele	FRA	2002-09-09	183	80	20	12	8	1109	1	0	2	0	0
	Fodé Ballo-Touré	SEN	1997-01-03	182	70	10	9	1	596	0	0	0	0	0
	Daler Kuzyayev	RUS	1993-01-15	182	74	12	6	6	564	1	0	1	0	0
	Aloïs Confais	FRA	1996-09-07	174	61	1	0	1	2	0	0	0	0	0
MF	Abdoulaye Touré	GUI	1994-03-03	188	84	28	26	2	2331	10	1	5	0	2
	Yassine Kechta	MAR	2002-02-25	174	68	31	25	6	2111	2	0	4	0	1
	Rassoul Ndiaye	FRA	2001-12-11	179	70	27	11	16	1053	1	0	2	0	0
	Junior Mwanga	FRA	2003-05-11	184	80	11	11	0	954	1	2	1	1	0
	Mahamadou Diawara	FRA	2005-02-17	187	74	15	6	9	578	0	1	0	0	0
	Mathéo Bodmer	FRA	2004-05-06	179	70	1	0	1	5	0	0	0	0	0
MF FW	Josué Casimir	FRA	2001-09-24	178	68	27	23	4	2007	4	3	5	0	1
	Issa Soumaré	SEN	2000-10-10	182	78	29	21	8	1904	5	4	0	0	2
	André Ayew	GHA	1989-12-17	175	70	27	15	12	1451	4	1	2	0	0
FW	Ahmed Hassan 'KOKA'	EGY	1993-03-05	191	85	16	10	6	853	3	1	2	0	0
	Antoine Joujou	FRA	2003-03-12	189	84	24	7	17	767	0	2	0	0	0
	Emmanuel Sabbi	USA	1997-12-24	178	73	18	7	11	651	0	0	1	0	0
	Steve Ngoura	FRA	2005-02-22	185	75	8	2	6	284	0	0	0	0	0
	Ilyes Housni	FRA	2005-05-14	176	70	12	3	9	225	0	0	0	0	0
	Élysée Logbo	FRA	2004-05-06	188	78	1	0	1	26	0	0	0	0	0

LIGUE 1 2024-25 SEASON

LE HAVRE AC vs. OPPONENTS PER GAME STATS

르아브르 vs 상대팀

	르아브르		상대팀
득점	1.18		2.09
슈팅	10.3		14.3
유효슈팅	3.2		5.2
코너킥	3.9		5.5
오프사이드	1.5		1.3
패스시도	399	PA	537
패스성공	325	PC	454
패스성공률	82%	P%	85%
태클	18.3	TK	16.1
공중전승리	13.6	AD	13.1
인터셉트	9.5	IT	7.3
파울	11.1		12.5
경고	1.65		2.00
퇴장	0.118		0.176

2024-25 SEASON SQUAD LIST & GAMES PLAYED

* 괄호 안의 숫자는 선발 출전 횟수, 교체 출전은 포함시키지 않음

LW I.수마레(3), A.주주(1)
CF A.아이유(15), 코카(10), I.수마레(4), J.카시미르(4), I.우스니(3), Y.케시타(2), S.은구라(2), E.사비(1)
RW J.카시미르(3), Y.케시타(1)
LAM I.수마레(6), A.주주(1), C.오페리(1)
CAM Y.케시타(2), E.사비(1), I.수마레(2), O.타르갈린(2)
RAM J.카시미르(3), Y.케시타(1)
LM A.주주(6), I.수마레(5), C.오페리(3), O.타르갈린(2), Y.주아위(1)
CM A.투레(16), J.네베스(13), R.은다이이(8), O.타르갈린(8), D.쿠자예프(6), M.디아와라(5), J.음왕가(2), I.수마레(1), L.네고(1), Y.주아위(1)
RM J.카시미르(6), L.네고(5), A.주주(1), R.은디아뇨(1), Y.케시타(1), E.사비(1), T.펨벨레(1)
LWB S.마율루(2), N.멘데스(1)
DM W.자이르에메리(2), J.네베스(1)
RWB W.자이르에메리(1), A.하키미(1), J.네베스(1)
LB F.발로-투레(8), Y.자우위(6), T.펨벨레(4), C.오페리(2)
CB G.요리스(31), E.유테(25), A.상간테(15), Y.살미에(8), T.펨벨레(3)
RB L.네고(19), J.카시미르(3), A.상간테(1), Y.살미에(1)
GK A.데스마스(18), M.고르줄랑(16)

SHOTS & GOALS

34경기 총 350슈팅 - 40득점
34경기 상대 총 485슈팅 - 71실점

36-10
185-24
127-4

유효슈팅 110		비유효슈팅 240	
득점	40	블록 당함	91
GK 방어	70	골대 밖	142
유효슈팅률	31%	골대 맞음	7

유효슈팅 176		비유효슈팅 309	
실점	71	블록	139
GK 방어	105	골대 밖	160
유효슈팅률	36%	골대 맞음	10

144-8
297-43
43-19 * 자책골 1-1

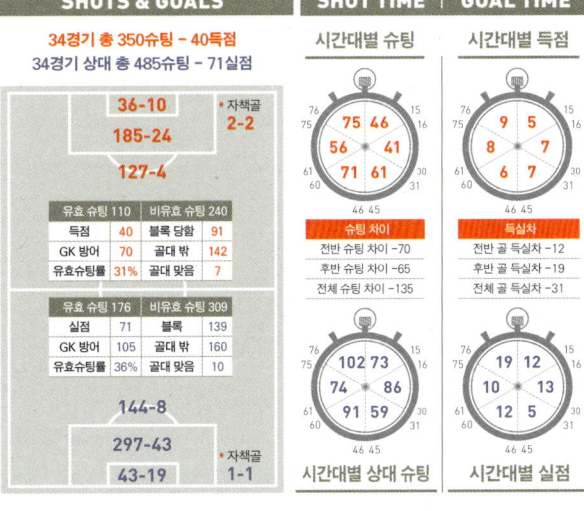

SHOT TIME / GOAL TIME

시간대별 슈팅: 75, 46, 56, 41, 71, 61
슈팅 차이 — 전반 슈팅 차이 -70 / 후반 슈팅 차이 -65 / 전체 슈팅 차이 -135

시간대별 득점: 9, 5, 8, 7, 6, 7
득실차 — 전반 골 득실차 -12 / 후반 골 득실차 -19 / 전체 골 득실차 -31

시간대별 상대 슈팅: 102, 73, 74, 86, 91, 59
시간대별 실점: 19, 12, 10, 13, 12, 5

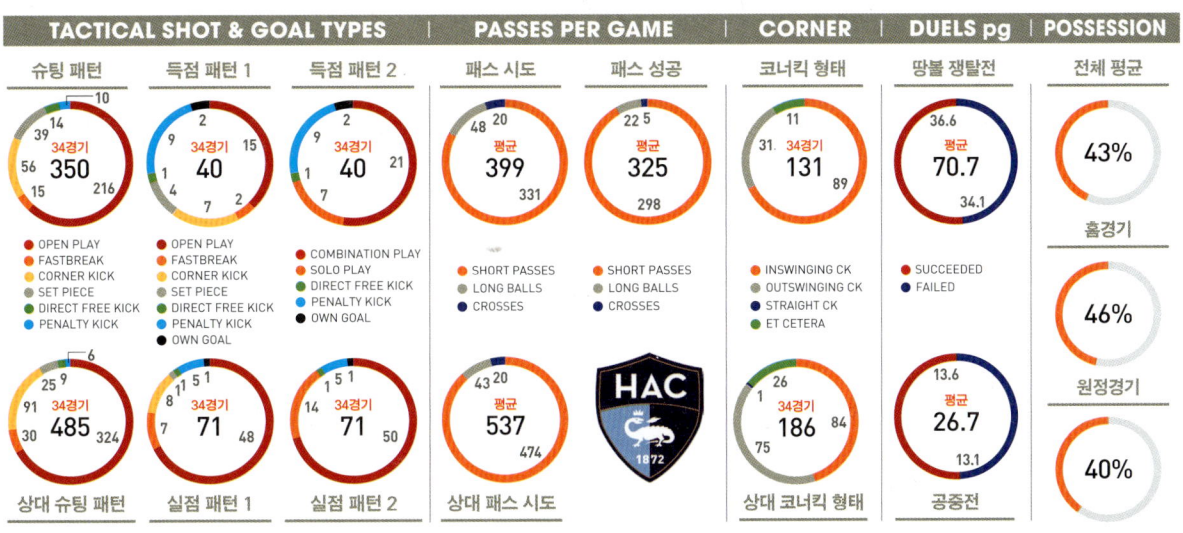

TACTICAL SHOT & GOAL TYPES | PASSES PER GAME | CORNER | DUELS pg | POSSESSION

슈팅 패턴: 34경기 350
득점 패턴 1: 34경기 40
득점 패턴 2: 34경기 40
패스 시도: 평균 399
패스 성공: 평균 325
코너킥 형태: 34경기 131
땅볼 쟁탈전: 평균 70.7
전체 평균: 43%
홈경기: 46%
원정경기: 40%

상대 슈팅 패턴: 34경기 485
실점 패턴 1: 34경기 71
실점 패턴 2: 34경기 71
상대 패스 시도: 평균 537
상대 코너킥 형태: 34경기 186
공중전: 평균 26.7

FORMATION SUMMARY | WHO SCORED | ACTION ZONE | PASSES pg BY ZONE

선발 포진별 전적

포메이션	승	무	패	득점	실점
4-2-3-1	2	2	3	10	14
4-1-4-1	2	1	2	7	10
5-4-1	2	0	2	5	6
3-1-4-2	1	0	3	1	7
3-4-2-1	1	0	2	2	4
4-3-3	0	0	3	3	9
3-5-2	0	0	3	1	10
4-4-2	1	1	1	6	8
3-4-3	1	0	2	2	3
3-3-3-1	0	0	1	0	3
TOTAL	10	4	20	40	71

포지션별 득점
FW진 17골
MF진 15골
DF진 6골
* 상대 자책골 2골

상대 포지션별 실점
DF진 8골
MF진 15골
FW진 47골
* 자책골 실점 1골

공격 방향
왼쪽 40% / 중앙 23% / 오른쪽 37%

볼 점유 위치
상대 진영 24%
중간 지역 45%
우리 진영 31%

평균 패스 성공
하프라인 위쪽 139회
하프라인 아래 186회

패스 성공률
하프라인 위쪽 68%
하프라인 아래 89%

FC LORIENT

0	1	0	0	0	0
FRENCH LIGUE-1	COUPE DE FRANCE	UEFA CHAMPIONS LEAGUE	UEFA EUROPA LEAGUE	FIFA CLUB WORLD CUP	UEFA-CONMEBOL INTERCONTINENTAL

Founded 구단 창립 1926년
Owner 로익 페리 빌 폴리
CEO 로익 페리
Manager 올리비에 판탈로니 1966.12.13
25-26 Odds 벳365 : 1000배 / 윌리엄힐 : 2500배

Nationality 외국 선수 17명 / 프랑스 10명
Age 27명 평균 24.9세
Height 27명 평균 181cm
Market Value 27명 평균 221만 유로
Game Points 24-25(2부) : 71점 / 통산 : 747점

Win 24-25(2부) : 22승 / 통산 : 187승
Draw 24-25(2부) : 5무 / 통산 : 186무
Loss 24-25(2부) : 7패 / 통산 : 261패
Goals For 24-25(2부) : 68득점 / 통산 : 743득점
Goals Against 24-25(2부) : 31실점 / 통산 : 913실점

More Minutes 이본 음보고 2970분
Top Scorer 삼부 수마노 14골
More Assists 토신 아이예군 8도움
More Subs 삼부 수마노 21회 교체 IN
More Cards 이고르 실바 +1명 Y6+R0

2024-25 SEASON RESULT

상대팀	홈	원정
Paris FC	2-0	2-3
Metz	0-0	1-1
USL Dunkerque	4-2	1-0
Guingamp	3-1	2-1
Annecy	4-2	0-0
Laval	0-1	0-2
SC Bastia	4-0	0-0
Grenoble	2-0	2-1
Troyes	2-0	1-0
Amiens	3-1	0-1
AC Ajaccio	3-0	1-2
Pau FC	5-0	0-1
Rodez Aveyron	3-1	3-3
Red Star	2-1	2-1
Clermont	3-2	1-2
Martigues	5-1	1-0
Caen	4-0	2-1

Stade du Moustoir
구장 오픈 / 증개축 : 1959년 / 증개축 2회
구장 소유 : 로리앙 시
수용 인원 : 1만 8110명
피치 규모 : 105m X 70m
잔디 종류 : 하이브리드 잔디

RANKING OF LAST 10 YEARS

15-16	16-17	17-18	18-19	19-20	20-21	21-22	22-23	23-24	24-25
15 / 46점	18 / 36점	7 / 62점	6 / 63점	1 / 54점	16 / 42점	16 / 36점	10 / 55점	17 / 29점	1 / 71점

*프랑스 2부 리그 기록

위치	선수	국적	생년월일	키	몸무게	출전경기	선발11	교체 IN	교체 OUT	출전(분)	득점	도움	경고	퇴장
GK	Yvon Mvogo	SUI	1994-06-06	186	84	33	33	0	0	2970	0	0	0	0
GK	Benjamin Leroy	FRA	1989-04-07	183	68	1	1	0	0	90	0	0	0	0
DF	Darlin Yongwa	CMR	2000-09-22	177	70	33	31	2	2	2826	1	5	4	0
DF	Montassar Talbi	TUN	1998-05-26	190	74	30	30	0	0	2650	1	1	4	0
DF	Igor Silva	BRA	1996-08-21	174	67	25	21	4	8	1870	0	1	6	0
DF	Julien Laporte	FRA	1993-11-04	185	82	21	20	1	0	1800	2	0	5	0
DF	Formose Mendy	SEN	2001-01-02	191	77	22	12	10	0	1215	1	0	2	0
DF	Panos Katseris	GRE	2001-07-05	179	72	22	15	7	13	1206	4	0	3	0
DF	Gédéon Kalulu	COD	1997-08-29	179	74	20	12	8	6	1095	0	0	2	0
DF	Nathaniel Adjei	GHA	2002-08-21	186	77	9	7	2	0	648	0	0	0	0
DF/MF	Laurent Abergel	FRA	1993-02-01	170	65	32	32	0	5	2856	1	7	6	0
DF/MF	Isaac James	NGA	2004-08-28	175	69	7	3	4	2	263	0	0	2	0
DF/MF	Enzo Genton	FRA	2006-03-31	188	80	6	0	6	0	42	1	0	1	0
MF	Arthur Avom	CMR	2004-12-15	185	78	32	27	5	8	2420	2	4	2	0
MF	Julien Ponceau	FRA	2000-11-28	170	62	30	23	7	9	2085	3	5	3	0
MF	Jean-Victor Makengo	FRA	1998-06-12	177	75	18	8	10	8	696	1	1	1	0
MF	Bandiougou Fadiga	FRA	2001-01-15	169	60	6	0	6	1	56	0	1	0	0
MF/FW	Pablo Pagis	FRA	2002-12-29	181	70	26	21	5	20	1605	4	5	3	0
MF/FW	Joel Mvuka	NOR	2002-11-12	173	64	30	19	11	18	1591	3	0	0	0
MF/FW	Eli Junior Kroupi	FRA	2006-06-23	179	70	13	11	2	10	904	13	2	2	0
MF/FW	Stéphane Diarra	CIV	1998-12-09	173	65	3	0	3	0	34	0	0	0	0
FW	Sambou Soumano	SEN	2001-01-03	182	72	32	11	21	7	1287	14	3	1	0
FW	Tosin Aiyegun	NGA	1998-06-26	179	77	26	13	13	11	1235	3	8	0	0
FW	Mohamed Bamba	CIV	2001-12-10	180	70	18	10	8	11	827	3	6	1	0

LIGUE-2(2부리그) 2024-25 SEASON

FC LORIENT vs. OPPONENTS PER GAME STATS

로리앙	vs	상대팀	항목
2.00	⚽ 득점	0.91	
15.5	👟 슈팅	8.1	
5.6	유효슈팅	2.9	
2.3	오프사이드	1.0	
17.8	TK 태클	16.7	
14.7	AD 공중전승리	15.1	
9.4	IT 인터셉트	9.3	
13.1	파울	12.3	
1.41	경고	1.56	
0.029	퇴장	0.176	

2024-25 SEASON SQUAD LIST & GAMES PLAYED

*괄호 안의 숫자는 선발 출전 횟수, 교체 출전은 포함시키지 않음

- **LW**: A.토신(1)
- **CF**: E.크루피(18), A.토신(10), S.수마노(11), M.방바(10), A.B.디앙(10), P.파지스(1)
- **RW**: J.음부카(1)
- **LAM**: P.파지스(2)
- **CAM**: A.토신(1), J.마켄고(1), E.크루피(1)
- **RAM**: J.음부카(1), P.카세리스(1)
- **LM**: P.파지스(14), J.폰소(12), E.크루피(4), A.토신(1)
- **CM**: L.아베르젤(19), A.에봉(25), J.폰소(9), J.마켄고(7), P.파지스(4)
- **RM**: J.음부카(17), P.카세리스(13), J.폰소(1)
- **LWB**: I.제임스(1)
- **DM**: L.아베르젤(13), A.에봉(2), J.폰소(1)
- **RWB**: P.카세리스(1)
- **LB**: D.용와(31), I.제임스(2)
- **CB**: M.탈비(29), J.라포르트(20), F.멘디(12), N.아제이(7), I.카리오카(1)
- **RB**: I.카리오카(20), G.칼룰루(12), M.탈비(1)
- **GK**: Y.음보고(33), B.르루아(1)

SHOTS & GOALS

34경기 총 527슈팅 - 68득점
34경기 상대 총 274슈팅 - 31실점

	Inside The Box	*자책골
	330-59	1-1
	196-8	

유효슈팅 192		비유효슈팅 335	
득점	68	블록 당함	146
GK 방어	124	골대 밖	176
유효슈팅률	36%	골대 맞음	13

신체별득점		공격 형태별 슈팅-득점	
왼발	10	OP/FB/SP	526-56
오른발	51	직접 프리킥	9-0
헤더	6	페널티킥	12-11

* OP: 오픈 / FB: 속공 / SP: 세트플레이

GOAL TIME | WHO SCORED

시간대별 득점

- 76–90: 22
- 61–75: 15, 8 (46–60)
- 31–45: 8, 6 (16–30)
- 0–15: (balance)

독실차
- 전반 골 득실차 +7
- 후반 골 득실차 +30
- 전체 골 득실차 +37

포지션별 득점
- FW진 50골
- MF진 11골
- DF진 6골

*상대 자책골 1골

상대 포지션별 실점
- DF진 8골
- MF진 8골
- FW진 15골

시간대별 실점

PASSES PER GAME | POSSESSION | DUELS pg

패스 시도	패스 성공	땅볼 쟁탈전	공중전
평균 496 (21 / 36 / 439)	평균 420 (19 / 5 / 396)	평균 72.7 / 35.5 (37.2)	평균 29.8 / 15.1 (14.7)

● SHORT PASSES ● LONG BALLS ● CROSSES
● SUCCEEDED ● FAILED

POSSESSION
평균 볼점유율
56%

PASSESS pg BY ZONE

평균 패스 성공	패스 성공률
하프라인 위쪽 192회	하프라인 위쪽 72%
하프라인 아래 228회	하프라인 아래 93%

FORMATION SUMMARY

선발 포진별 전적

포메이션	승	무	패	득점	실점
3-4-3	0	0	1	1	2
4-1-4-1	9	2	2	26	10
4-2-3-1	2	0	0	5	0
4-4-2	11	3	4	36	19
TOTAL	22	5	7	68	31

PARIS FC

Founded 구단 창립 1969년	**Owner** 아가슈 스포츠 알테 파리	**CEO** 피에르 페라시 1952.06.11
Manager 스테판 질리 1974.04.30	**25-26 Odds** 벳365 : 1500배 윌리엄힐 : 2000배	**Nationality** ● 외국 선수 10명 ● 프랑스 14명
Age 24명 평균 26.2세	**Height** 24명 평균 181cm	**Market Value** 24명 평균 229만 유로
Game Points 24-25(2부) 69점 통산 122점	**Win** 24-25(2부) 21승 통산 31승	**Draw** 24-25(2부) 6무 통산 29무
Loss 24-25(2부) 7패 통산 54패	**Goals For** 24-25(2부) 55득점 통산 150득점	**Goals Against** 24-25(2부) 33실점 통산 214실점
More Minutes 오베드 은캄바디오 3016분	**Top Scorer** 장-필립 크라소 17골	**More Assists** 일란 케빌 7도움
More Subs 줄리앙 로페스 22회 교체 IN	**More Cards** 막심 로페스 Y11+R0	

	French Ligue-1	Coupe de France	UEFA Champions League	UEFA Europa League	FIFA Club World Cup	UEFA-CONMEBOL Intercontinental
	0	0	0	0	0	0

2024-25 SEASON RESULT

상대팀	홈	원정
Lorient	3-2	0-2
Metz	1-2	1-3
USL Dunkerque	3-2	0-1
Guingamp	2-0	1-0
Annecy	0-0	3-2
Laval	1-0	0-3
SC Bastia	1-0	1-2
Grenoble	2-1	2-1
Troyes	1-0	3-0
Amiens	1-0	0-0
AC Ajaccio	2-0	2-0
Pau FC	3-1	0-0
Rodez Aveyron	3-3	1-1
Red Star	4-1	3-1
Clermont	2-0	1-0
Martigues	1-2	1-1
Caen	4-2	2-0

Stade Jean-Bouin

구장 오픈 / 증개축 1925년 / 증개축 2회
구장 소유 마이리 드 파리
수용 인원 2만 명
피치 규모 100m X 70m
잔디 종류 인조 잔디

RANKING OF LAST 10 YEARS

● 2부 리그
● 3부 리그

	15-16	16-17	17-18	18-19	19-20	20-21	21-22	22-23	23-24	24-25
순위	20	3	8	4	17	5	4	7	5	2
점수	30점	54점	61점	65점	28점	64점	70점	55점	59점	69점

*프랑스 2부 리그 기록

위치	선수	국적	생년월일	키	몸무게	출전경기	선발11	교체 IN	교체 OUT	출전(분)	득점	도움	경고	퇴장
GK	Obed Nkambadio	FRA	2003-02-07	185	78	34	34	0	1	3016	0	0	0	0
GK	Rémy Riou	FRA	1987-08-06	191	81	1	0	1	0	44	0	0	0	0
GK	Thomas Himeur	FRA	2001-01-17	187	72	0	0	0	0	0	0	0	0	0
DF	Moustapha Mbow	SEN	2000-03-08	192	74	32	32	0	1	2873	2	1	2	0
DF	Timothée Kolodziejczak	FRA	1991-10-01	181	74	31	31	0	1	2790	2	1	5	0
DF	Mathys Tourraine	FRA	2001-01-14	170	68	29	25	4	6	2191	0	0	5	0
DF	Thibault De Smet	BEL	1998-06-05	182	75	15	15	0	2	1306	0	2	5	0
DF	Tuomas Ollila	FIN	2000-04-25	173	68	22	10	12	8	946	0	0	1	0
DF	Samir Chergui	FRA	1999-02-06	183	73	9	6	3	0	573	1	0	1	0
DF	Sofiane Alakouch	MAR	1998-07-29	175	67	1	0	1	0	10	0	0	0	0
DF/MF	Maxime López	FRA	1997-12-04	167	58	27	26	1	4	2340	3	6	11	0
DF/MF	Mohamadou Kanté	FRA	2005-09-20	178	74	6	0	6	0	59	0	0	0	0
MF	Adama Camara	FRA	1996-10-18	179	70	31	27	4	11	2382	3	1	6	0
MF	Ilan Kebbal	ALG	1998-07-10	169	60	30	25	5	12	2323	5	7	4	0
MF	Vincent Marchetti	FRA	1997-07-04	181	71	28	24	4	16	2057	2	5	4	1
MF	Lohann Doucet	FRA	2002-09-14	180	73	30	13	17	10	1109	2	0	3	0
MF/FW	Alimami Gory	FRA	1996-08-30	182	72	30	23	7	19	1899	4	4	5	0
MF/FW	Julien López	ALG	1992-03-01	173	65	31	9	22	8	1058	3	1	5	0
MF/FW	Mathieu Cafaro	FRA	1997-03-25	175	65	11	9	2	9	568	4	2	3	0
MF/FW	Omar Sissoko	FRA	2006-08-18	175	70	11	0	11	1	88	1	0	0	0
MF/FW	Lamine Gueye	SEN	1998-03-13	178	74	0	0	0	0	0	0	0	0	0
FW	Jean-Philippe Krasso	FRA	1997-07-17	187	80	31	27	4	15	2340	17	5	2	0
FW	Nouha Dicko	MLI	1992-05-14	173	74	32	16	16	16	1407	1	5	2	0
FW	Pierre-Yves Hamel	FRA	1994-02-03	185	77	23	9	14	8	907	5	0	1	0
FW	Andy Pembélé	FRA	2000-07-04	180	70	0	0	0	0	0	0	0	0	0

LIGUE-2 (2부리그) 2024-25 SEASON

PARIS FC vs. OPPONENTS PER GAME STATS

파리 FC vs 상대팀

파리 FC	항목	상대팀
1.62	득점	0.97
13.1	슈팅	10.4
4.9	유효슈팅	3.6
2.1	오프사이드	1.2
17.8	태클	16.2
12.4	공중선승리	12.1
8.2	인터셉트	10.3
12.6	파울	13.1
2.09	경고	2.12
0.118	퇴장	0.206

2024-25 SEASON SQUAD LIST & GAMES PLAYED

괄호 안의 숫자는 선발 출전 횟수, 교체 출전은 포함시키지 않음

LW	CF	RW
N/A	J.크라소(23), N.디코(15) A.고리(10), P.하멜(6) I.케발(2)	N/A

LAM	CAM	RAM
M.카파로(6), A.고리(2) I.케발(2), J.로페스(1)	I.케발(13), J.크라소(4) J.로페스(4), P.하멜(3) A.고리(2), A.카마라(1) N.디코(1)	A.고리(8), I.케발(2) M.로페스(1)

LM	CM	RM
A.카마라(17), J.로페스(2) A.고리(1), I.케발(1) V.마르케티(1), M.카파로(1)	M.로페스(22), V.마르케티(20) A.카마라(4), L.두세(4) J.로페스(1), A.수마오로(1)	L.두세(9), V.마르케티(3) I.케발(3), M.로페스(3) M.카파로(1)

LWB	DM	RWB
N/A	V.마르케티(11), M.로페스(9) A.수마오로(1), A.카마라(1) L.두세(1)	N/A

LB	CB	RB
T.데스멧(15), T.올릴라(10) J.고당(7), A.수마오로(2)	M.음보우(32), T.콜로지에차크(31) A.수마오로(3), S.세르기(2)	M.투레인(25), A.카마라(5) S.세르기(4)

	GK	
	O.은캄바디오(34)	

SHOTS & GOALS

34경기 총 444슈팅 - 55득점
34경기 상대 총 355슈팅 - 33실점

Inside The Box	* 자책골
279-45	0-0

Outside The Box
165-10

유효 슈팅 167		비유효 슈팅 277	
득점	55	블록 당함	122
GK 방어	112	골대 밖	137
유효슈팅률	38%	골대 맞음	18

신체별득점		공격 형태별 슈팅-득점	
왼발	21	OP/FB/SP	427-50
오른발	25	직접 프리킥	13-2
헤더	8	페널티킥	4-3

* OP: 지공 / FB: 속공 / SP: 세트플레이

GOAL TIME | WHO SCORED

시간대별 득점
11, 10, 15
6, 5, 30
11, 12, 31
61 — 46 45 — 60

독실차
전반 골 득실차 +13
후반 골 득실차 +9
전체 골 득실차 +22

시간대별 실점
8, 6, 15
5, 6, 30
6, 4, 31
61 — 46 45 — 60

포지션별 득점
FW진 40골
MF진 10골
DF진 5골
* 상대 자책골 1골

상대 포지션별 실점
DF진 8골
MF진 8골
FW진 15골
* 자책골 실점 2골

PASSES PER GAME | POSSESSION | DUELS pg

패스 시도
49 / 17
평균 **556**
490
- SHORT PASSES
- LONG BALLS
- CROSSES

패스 성공
29 / 5
평균 **480**
446
- SHORT PASSES
- LONG BALLS
- CROSSES

땅볼 쟁탈전
37.4
평균 **72.7**
35.5
- SUCCEEDED
- FAILED

공중전
12.4
평균 **24.5**
12.1
- SUCCEEDED
- FAILED

POSSESSION

평균 볼점유율
61%

PASSESS pg BY ZONE | FORMATION SUMMARY

평균 패스 성공	패스 성공률
하프라인 위쪽 212회	하프라인 위쪽 76%
하프라인 아래 268회	하프라인 아래 93%

선발 포진별 전적

포메이션	승	무	패	득점	실점
4-3-1-2	9	3	5	25	18
4-2-3-1	8	2	2	21	11
4-4-2	3	0	0	8	4
4-1-3-2	1	1	0	1	0
TOTAL	21	6	7	55	33

FC METZ

Founded 구단 창립 1932년	Owner 베르나르 세린	CEO 베르나르 세린	Manager 스테판 르미냥 1974.06.04	25-26 Odds 벳365 : 1500배 윌리엄힐 : 2500배	

FRENCH LIGUE-1	COUPE DE FRANCE	UEFA CHAMPIONS LEAGUE	UEFA EUROPA LEAGUE	FIFA CLUB WORLD CUP	UEFA-CONMEBOL INTERCONTINENTAL
0	2	0	0	0	0

Nationality 외국 선수 19명 프랑스 6명	Age 25명 평균 24.1세	Height 25명 평균 181cm	Market Value 25명 평균 155만 유로	Game Points 24-25(2부) : 65점 통산 : 2858점

2024-25 SEASON RESULT

상대팀	홈	원정
Lorient	1-1	0-0
Paris FC	3-1	2-1
USL Dunkerque	2-0	3-2
Guingamp	1-0	3-0
Annecy	5-1	0-0
Laval	1-1	3-2
SC Bastia	1-1	1-1
Grenoble	3-0	0-2
Troyes	2-1	1-2
Amiens	3-2	2-1
AC Ajaccio	0-1	1-0
Pau FC	0-0	1-2
Rodez Aveyron	3-3	1-3
Red Star	2-2	0-1
Clermont	3-1	1-1
Martigues	6-0	4-1
Caen	1-0	2-2

Stade Saint-Symphorien

구장 오픈 / 증개축
1923년 / 증개축 2회
구장 소유
메스 시
수용 인원
3만 명
피치 규모
105m X 68m
잔디 종류
하이브리드 잔디

Win 24-25(2부): 18승 통산: 749승	Draw 24-25(2부): 11무 통산: 612무	Loss 24-25(2부): 5패 통산: 933패	Goals For 24-25(2부): 65득점 통산: 2914득점	Goals Against 24-25(2부): 34실점 통산: 3418실점

More Minutes 고티에 에인 3041분	Top Scorer 셰이크 사발리 15골	More Assists 마티외 우돌 8도움	More Subs 모르간 보켈레 21회 교체 IN	More Cards 코피 쿠아오+1명 Y6+R0

RANKING OF LAST 10 YEARS

● 2부 리그

	15-16	16-17	17-18	18-19	19-20	20-21	21-22	22-23	23-24	24-25
순위	3	14	20	1	15	10	19	2	16	3
점수	65점	43점	26점	81점	34점	47점	31점	72점	29점	65점

*프랑스 2부 리그 기록

위치	선수	국적	생년월일	키	몸무게	출전경기	선발11	교체 IN	교체 OUT	출전(분)	특점	도움	경고	퇴장
GK	Arnaud Bodart	BEL	1998-03-11	184	75	17	17	0	1	1463	0	0	0	0
	Alexandre Oukidja	ALG	1988-07-19	185	79	16	15	1	0	1415	0	0	0	0
	Pape Sy	SEN	1997-05-02	206	94	4	3	1	1	272	0	0	0	0
DF	Koffi Kouao	CIV	1998-05-20	173	67	30	28	2	11	2437	0	3	6	1
	Sadibou Sané	SEN	2004-06-10	185	80	26	26	0	1	2289	0	0	5	0
	Ismaël Traoré	CIV	1986-08-18	185	77	19	18	1	1	1664	2	1	2	0
	Aboubacar Lô	SEN	2000-01-02	183	76	16	12	4	2	1046	0	0	4	0
	Urie-Michel Mboula	GAB	2003-04-30	184	76	11	11	0	1	970	0	0	2	0
DF/MF	Matthieu Udol	FRA	1996-03-20	178	75	32	32	0	0	2880	4	8	6	0
	Benjamin Stambouli	FRA	1990-08-13	180	75	27	24	3	6	2141	1	3	2	0
	Maxime Colin	FRA	1991-11-15	186	76	16	7	9	2	604	0	0	3	0
	Kevin Van Den Kerkhof	ALG	1996-03-14	190	80	15	4	11	3	522	2	3	3	0
MF	Cheikh Tidiane Sabaly	SEN	1999-03-04	168	60	34	31	3	21	2694	15	2	1	0
	Jessy Deminguet	FRA	1998-01-07	178	74	31	30	1	15	2477	1	2	4	0
	Papa Amadou Diallo	SEN	2004-06-25	182	75	29	23	6	22	1805	7	4	0	0
	Alpha Touré	SEN	2006-01-25	180	72	17	7	10	2	798	0	0	2	0
	Joseph Nduquidi	FRA	2004-10-31	187	78	10	4	6	2	413	0	0	1	0
MF/FW	Gauthier Hein	FRA	1996-08-07	170	63	34	34	0	5	3041	12	6	5	0
	Ablie Jallow	GAM	1998-11-14	168	60	30	18	12	12	1700	5	1	2	0
	Morgan Bokele	CMR	2004-03-13	175	71	29	8	21	8	855	3	3	3	0
	Joel Asoro	SWE	1999-04-27	175	75	20	2	18	2	306	3	2	0	0
FW	Idrissa Guèye	SEN	2006-09-16	186	80	18	13	5	10	1129	6	1	2	0
	Ibou Sané	SEN	2005-03-28	180	72	22	8	14	7	758	2	0	0	0
	Joseph Mangondo	FRA	2005-08-06	179	72	4	0	4	0	76	0	1	0	0

LIGUE-2(2부리그) 2024-25 SEASON

FC METZ vs. OPPONENTS PER GAME STATS

FC 메스 vs 상대팀

FC 메스	항목	상대팀
1.88	득점	1.00
13.3	슈팅	12.1
4.9	유효슈팅	4.1
1.9	오프사이드	1.6
15.4	태클	17.7
13.3	공중전승리	14.5
9.2	인터셉트	9.6
11.3	파울	14.4
1.71	경고	2.12
0.029	퇴장	0.088

2024-25 SEASON SQUAD LIST & GAMES PLAYED

괄호 안의 숫자는 선발 출전 횟수, 교체 출전은 포함시키지 않음

LW: C.사발리(2), I.사네(1)
CF: C.사발리(24), I.게이(12), G.에인(11), I.사네(4), S.엘리소르(4), P.디알로(1)
RW: A.잘로우(3)

LAM: C.사발리(2), G.에인(2), P.디알로(1), M.보켈레(1)
CAM: G.에인(3), C.사발리(1), I.게이(1), I.사네(1)
RAM: A.잘로우(4), P.디알로(2)

LM: P.디알로(15), M.보켈레(6), G.에인(1), M.우돌(1), J.아소로(1), J.데밍게(1)
CM: J.데밍게(25), B.스탐불리(17), G.에인(7), A.투레(2), J.은뒤키디(1)
RM: A.잘로우(11), G.에인(8), I.사네(2), P.디알로(1), J.은뒤키디(1), C.사발리(1), J.아소로(1)

LWB: F.캉데(2), P.디알로(1)
DM: B.스탐불리(7), J.데밍게(3), A.투레(4), J.은뒤키디(1), G.에인(1)
RWB: K.쿠아오(3)

LB: M.우돌(26), F.캉데(3), M.콜린(1), P.디알로(1)
CB: S.사디부(25), I.트라오레(18), A.로(12), U.음불라(10), M.우돌(4), M.콜린(1), F.캉데(1)
RB: K.쿠아오(24), K.반덴케르코프(4), M.콜린(3)

GK: A.보다르(17), A.우키자(15), P.시(2)

SHOTS & GOALS

34경기 총 452슈팅 - 64득점
34경기 상대 총 411슈팅 - 34실점

	Inside The Box	Outside The Box	자책골
	313-58	137-5	2-2

유효 슈팅 168		비유효 슈팅 284	
득점	64	블록 당함	102
GK 방어	103	골대 밖	171
유효슈팅률	37%	골대 맞음	11

신체별득점		공격 형태별 슈팅-득점	
왼발	30	OP/FB/SP	432-56
오른발	27	직접 프리킥	11-1
헤더	6	페널티킥	8-7

※ OP : 지공 / FB : 속공 / SP : 세트플레이

GOAL TIME | WHO SCORED

시간대별 득점: 21, 6, 10, 15, 3, 9 (46 45)

포지션별 득점
FW진 30골
MF진 23골
DF진 9골

특실차
전반 골 득실차 +18
후반 골 득실차 +12
전체 골 득실차 +30

※ 상대 자책골 2골

상대 포지션별 실점
DF진 4골
MF진 8골
FW진 21골

시간대별 실점: 9, 15, 1, 7, 6, 1 (46 45)

※ 자책골 실점 1골

PASSES PER GAME | POSSESSION | DUELS pg

패스 시도	패스 성공	땅볼 쟁탈전	공중전
45 / 19 / 467 평균 **531**	25 / 5 / 426 평균 **456**	35.9 / 33.1 평균 **69.0**	13.3 / 14.5 평균 **27.8**

● SHORT PASSES ● LONG BALLS ● CROSSES
● SUCCEEDED ● FAILED

POSSESSION

평균 볼점유율

58%

PASSES pg BY ZONE | FORMATION SUMMARY

	평균 패스 성공	패스 성공률
하프라인 위쪽	209회	75%
하프라인 아래	247회	92%

선발 포지션별 전적

포메이션	승	무	패	득점	실점
4-4-2	13	3	3	36	13
4-1-3-2	3	6	1	20	15
3-4-3	1	1	1	5	4
5-3-2	0	1	0	0	0
5-4-1	1	0	0	3	2
TOTAL	18	11	5	64	34

사진 제공
gettyimages.com

선수, 팀 데이터 참조 및 분석
fifa.com, uefa.com, conmebol.com, the-afc.com, concacaf.com, espn.com, goal.com,
playmakerstats.com, soccerway.com, sofascore.com, whoscored.com, wikipedia.org,
beinsports.com, namu.wiki, transfermarkt.com, capology.com, salarysport.com,
timeanddate.com, naver.com, daum.net

유럽 풋볼 스카우팅리포트 2025-26

2025년 7월 18일 1판 1쇄 인쇄 | 2025년 7월 30일 1판 1쇄 발행

지은이 장원구 전지훈 김유미 김깅현

발행인 황민호 | **콘텐츠4사업본부장** 박정훈
편집기획 신주식 김선림 최경민 윤혜림 | **마케팅** 이승아
제작 최택순 성시원 | **디자인** 엔드디자인
발행처 대원씨아이(주) | **주소** 서울특별시 용산구 한강대로 15길 9-12
전화 (02)2071-2018 | **팩스** (02)797-1023 | **등록** 제3-563호 | **등록일자** 1992년5월11일
www.dwci.co.kr

ISBN 979-11-423-2622-6 13690

● 이 책은 대원씨아이㈜와 저작권자의 계약에 의해 출판된 것이므로, 무단 전재 및 유포, 공유, 복제를 금합니다.
● 이 책 내용의 전부 또는 일부를 이용하려면 반드시 저작권자와 대원씨아이(주)의 서면동의를 받아야 합니다.
● 잘못 만들어진 책은 판매처에서 교환해 드립니다.
● 책 가격은 뒤표지에 있습니다.